KURSBUCH
KINDER

ANDREA ERNST · VERA HERBST
KURT LANGBEIN · CHRISTIAN SKALNIK

KURSBUCH KINDER

ELTERN WERDEN – ELTERN SEIN
ENTWICKLUNG UND ERZIEHUNG
GESUNDHEIT UND KINDGERECHTE MEDIZIN
KINDERGARTEN, SCHULE UND FREIZEIT

BÜCHERGILDE GUTENBERG

Lizenzausgabe für die Büchergilde Gutenberg,
Frankfurt am Main und Wien,
mit freundlicher Genehmigung
des Verlags Kiepenheuer & Witsch, Köln
© 1993 by Verlag Kiepenheuer & Witsch, Köln
Layout und Ausstattungsbetreuung Christian Guth
Cartoons Detlef Kersten
Illustrationen Eitel Schwarzer
Einbandgestaltung Eckard Warminski, Büdingen
Satz und Lithoherstellung trend-Verlagstechnik, Wien
Druck und Bindearbeiten Mohndruck, Gütersloh
ISBN 3 7632 4223 6

93– 14

REDAKTION

ROLAND BETTSCHART, ANDREA ERNST, MARTIN FISCHER,
RIKE FOCHLER, RENATE GRABER, MONIKA GRAF, VERA HERBST,
ANDREA HLAVAC, MARGIT HÖH, TRAUDE KOGOJ, KURT LANGBEIN,
CHRISTIAN SKALNIK, INGE SMOLEK, SABINE STATTMUELLER

MIT CARTOONS VON DETLEF KERSTEN
UND ILLUSTRATIONEN VON EITEL SCHWARZER

LAYOUT UND AUSSTATTUNGSBETREUUNG: CHRISTIAN GUTH

LEKTORAT: ERIKA STEGMANN

FACHBERATUNG

Gabriel Graber, 1 Jahr

Daniel Langbein, 6 Jahre

Fabian Graber, 7 Jahre

Frederik Glaeske, 15 Jahre

Gesa Herbst, 16 Jahre

Annika Herbst, 18 Jahre

Die im folgenden genannten WissenschaftlerInnen und
ExpertInnen haben in den angeführten Fachgebieten ihr Wissen
eingebracht und damit wesentliche Grundlagen für die Aussagen
im Buch geschaffen. Für die Aussagen selbst sind jedoch
ausschließlich die AutorInnen verantwortlich.

Dr. Michael Adam
Gynäkologe und Geburtshelfer, Wien
Für Schwangerschaft und Geburt

Univ. Doz. Ernst Berger
Facharzt für Kinderneuropsychiatrie, Wien
Für Behinderte Kinder

Ilsa Diller-Murschall
Bundesverband der Arbeiterwohlfahrt, Referentin für
Kinderhilfe und Familienpolitik
Für Krippen, Kindergärten und Horte

Univ. Prof. Detlev Carstenson
Gynäkologe, Hamburg
Für Schwangerschaft und Geburt

Univ. Prof. Dr. Max Friedrich
Kinder- und Jugendneuropsychiater, Wien
Für Tod und Umgang mit Geld

Dr. Bernhard Frischhut
Kinder- und Jugendorthopäde, Innsbruck
Für Gesundheit

Dr. Iris Grützmacher-Sawicka
Gynäkologin, Bad Salzuflen
Für Kindgerechte Medizin

Dr. Charlotte Günther
Psychoanalytikerin, Kindertherapeutin, Frankfurt/M
Für Entwicklung, Erziehungsfragen, Kindersexualität,
Verhaltensauffälligkeiten

Dr. Ferdinand Hackmann
Fachtierarzt für Kleintiere, Düsseldorf
Für Tiere

Dr. Renate Häfner
Rheumatologin, Garmisch-Partenkirchen

Prof. Dr. Dieter Höltershinken
Institut für Sozialpädagogik, Erwachsenenbildung und Pädagogik
der frühen Kindheit, Universität Dortmund
Für Medien

Dagmar von Katen
Bundesverband der Jugendkunstschulen und
kulturpädagogischen Einrichtungen, Unna
Für Kunst und Kultur

Univ. Doz. Dr. Peter Kemeter
Gynäkologe und Geburtshelfer, Wien
Für Unerfüllter Kinderwunsch

Univ. Doz. Dr. Jochen Jordan
Zentrum für Psychiatrie, Fachbereich Psychosomatik,
Universität Frankfurt
Für Entwicklung, Erziehung, Beratung und Psychotherapie

Christa Merfert-Diete
Deutsche Hauptstelle gegen Suchtgefahren, Hamm
Für Sucht

Dr. Franz Paky
Kinderarzt, Wien
Für Kindgerechte Medizin

Gisela Petersen
Diplompädagogin; Fortbildnerin für den Bereich der
Tagesbetreuung von Kindern unter drei Jahren, Rothenberg
Für Kinderkrippen

Dr. Eva Pichler
Kinderärztin, Psychotherapeutin, Salzburg
Für Kindgerechte Medizin

Univ. Prof. Ludwig Prokop
Institut für Sportmedizin, Wien
Für Bewegung und Sport

Dr. Ernst Rösner
Wissenschaftlicher Angestellter des Instituts für
Schulentwicklungsforschung, Universität Dortmund
Für Schule

Dr. Bibiane Schuch
Klinische Psychologin an der Universität Wien
Für Spiele

Dr. Brigitte Sindelar
Klinische Psychologin und Psychotherapeutin, Wien
Für Verhaltensauffälligkeiten bei Kindern

Petra Schwalbe
Ernährungswissenschaftlerin, Frankfurt
Für Ernährung

Dr. Harald von Zimmermann
Kinderarzt, Köln
Für Kindgerechte Medizin

Inhalt

9

ABSCHNITT 4: AUFWACHSEN

ABSCHNITT 5: ALLTAG

Inhalt

ABSCHNITT 6: KINDER-HÄUSER – INSTITUTIONEN

ABSCHNITT 7: GESUNDHEIT

VORWORT

Als wir mit der Arbeit zu diesem Buch begannen, ahnten wir nicht, wie sehr sie jeden von uns in die eigene Kindheit zurückführen würde. Immer wieder mischten sich in die Suche nach einer sinnvollen Struktur und Gliederung die eigenen Familienerinnerungen. Viele der vorbereitenden Diskussionen waren von der Frage geprägt: »Was hätten wir damals – als Kinder – anderes gewünscht, wo hätten wir uns mehr Zuwendung und Aufmerksamkeit, wo mehr Distanz und Unabhängigkeit erhofft?«

Auf der anderen Seite standen unsere eigenen Erfahrungen als Eltern und Stiefeltern: Das Chaos, das Kinder produzieren können, war uns wohlvertraut; ebenso wie die Erfahrung, wie schnell sich erzieherische Vorsätze im Alltag in nichts auflösen können. Wir alle haben erlebt, wie schwierig es oft ist, die eigenen Bedürfnisse mit den Wünschen und Interessen von Kindern zu vereinbaren. Und jeder von uns hatte sich schon mehr als einmal dabei ertappt, wie schnell dieses Dilemma dazu verführen kann, auf Erziehungs- und Verhaltensweisen zurückzugreifen, die man längst als falsch erkannt hat.

Kinder sind spontan und total. Sie erobern sich nicht unsere, sondern ihre eigene Welt, wenn wir sie nur lassen. Sie fordern ihr Recht – und zwar hier und jetzt, auch wenn das so gar nicht zu unseren Bedürfnissen paßt. Sie empfangen jede unserer Botschaften und Gefühle, auch und ganz besonders die, die wir lieber verborgen gehalten hätten. Kinder nehmen im Wortsinn wahr.

Erwachsene sind zunächst einmal übermächtig und unbezwingbar. Eltern, die eigenständige Menschenwesen heranwachsen lassen wollen, tun gut daran, ihr Arsenal an Druckmitteln abzubauen. Kinder zu erziehen heißt: begleiten, nicht bestimmen.

Die moderne Wissenschaft hat dazu eine Fülle an Erkenntnissen zusammengetragen. Die gesammelten Forschungsarbeiten der Pädagogik und Verhaltenswissenschaften, der Kinderpsychologie und -medizin füllen ganze Bibliotheken und Datenbanken. Bei der Vorbereitung zu diesem Buch haben wir unzählige Bücher, Zeitschriften, Studien und Ratgeber studiert, Hunderte Stunden im Gespräch mit Expertinnen und Experten verbracht und dabei viel Wissenswertes, ebensoviel Widersprüchliches und teilweise sogar Widerlegbares gefunden.

Die Wissenschaft bietet vieles an tauglichen Hilfsmitteln zum Leben mit Kindern, gleichzeitig sind ihr aber auch Grenzen gesetzt: Keiner noch so seriösen Untersuchung kann es gelingen, für alle gültige und in jeder Familienkonstellation anwendbare Anleitungen zu entwickeln. Objektive Wahrheiten, Erziehungsideale, die für jede Lebensfrage ein korrektes Rezept parat haben, kann es – wenn es um die individuelle Gestaltung des individuellsten aller Lebensbereiche geht – nicht geben.

Aus dieser Einsicht heraus haben wir versucht, für dieses Kursbuch einen Stil zu entwickeln, der sich bewußt von den meisten Ratgebern und Leitfäden abhebt: Wir wollten keine »Betriebsanleitung« zum Umgang mit Kindern, sondern einen Rat-geber im ursprünglichsten Wortsinn entwickeln. Es ging uns nicht darum, Regeln und Vorschriften mit rituellem Charakter festzuschreiben, sondern Hilfe im Sinn von Anregung und Alternativen zu bieten, die allen Beteiligten Spielraum zum Ausprobieren und zum Sammeln eigener Erfahrungen lassen. In einer Zeit, in der sich endlich die Einsicht durchsetzt, daß Kinder keine Leibeigenen sind, die es zu formen gilt, sondern selbständige und eigenwillige kleine Menschen, mit denen Wege des Zusammenlebens gefunden werden müssen, muß jede Mutter, jeder Vater nach der eigenen Position in der Familiendemokratie suchen.

Ohne die zahlreichen Expertinnen und Experten, die uns beraten und korrigiert haben, hätten wir dieses Buch nicht schreiben können. Die beste und wertvollste Hilfe haben wir aber von unseren eigenen Kindern erhalten. Immer wieder haben wir erlebt, wie sie die in langwierigen und kräfteraubenden Sitzungen erarbeiteten Gedankengebäude in kurzer Zeit als papierene Konstruktion enttarnt und zum Einsturz gebracht haben. Anschaulicher, als es uns lieb war, haben sie uns gezeigt, wie oft unsere Ansichten und Einstellungen, wie sehr das, was wir für richtig und empfehlenswert hielten, vom Gepäck der eigenen Biographie geprägt war. Ihre unberechenbaren, spontanen Reaktionen, ihre alltäglichen Nöte und Sorgen haben uns die Kluft zwischen theoretischer Schreibtischarbeit und dem gelebten Alltag mit Kindern deutlich gemacht. Nicht nur einmal ist es vorgekommen, daß die Ereignisse zu Hause dazu geführt haben, die eben fertiggestellten Manuskripte noch einmal zu überarbeiten.

Ihnen ist es zu verdanken, daß wir uns im Verlauf der dreijährigen Arbeit immer weiter vom Stil herkömmlicher Ratgeber entfernt haben. Am Ende stand der Versuch, die Probleme und Schwierigkeiten, aber auch die Freuden und Glücksmomente, die die ersten 15 Lebensjahre bestimmen, aus der Sicht von Kindern darzustellen.

Wien und Köln im Juni 1993
Die Herausgeberinnen und Herausgeber

WEGWEISER

WEGWEISER

WEGWEISER

DIE ELTERN

Eltern sein dagegen sehr

Dutzende Male haben die angehenden Eltern sich ausgemalt, wie das Leben mit dem eigenen Sprößling beginnen wird. Doch fast immer kommt alles anders. Kinder zu haben bedeutet für das Liebespaar eine gewaltige Veränderung – es wird zum Elternpaar. Glücksgefühle, die neue Liebe auf der einen, körperliche und seelische Überlastung und fast unvermeidliche Auseinandersetzungen zwischen den Partnern auf der anderen Seite begleiten den Weg von der Zwei- zur Dreisamkeit.

Da ist er nun, der Winzling. Ein neues Wesen, das schon seit Monaten für innige Momente, aber auch für Ängste und Niedergeschlagenheit gesorgt hat. Ein Wunderwesen, mit allen Gliedmaßen und Sinnesorganen ausgestattet. Der Blick, das erste Saugen, die erste Grimasse, der erste suchende Griff der Händchen: ein kleiner Mensch, unser kleiner Mensch.

So lange haben sich Vater und Mutter ausgemalt, wie es sein wird, das neue, gemeinsame Glück: Grundsätzlich anders als die eigene Kindheit oder ganz genauso, in jedem Fall harmonisch. Selbst wer an solchen Glücksphantasien zweifelt, wird sich von ihnen nicht vollständig lösen können.

Und das ist gut so. Der Traum von der vollkommenen Harmonie im Leben mit den eigenen Kindern, die Hoffnungen und Ideale können jungen Eltern helfen, die Anstrengungen und Belastungen zu bewältigen, die auf sie zukommen.

Kinder sind ein Elementarereignis, das die Paarbeziehung und das eigene Leben von Grund auf ändert, nicht selten auch in Frage stellt. Eltern zu werden bedeutet, daß in der eigenen inneren Struktur nichts gleichbleibt, alles neu wird, alles eine andere Gewichtung bekommt.

Kinder bedeuten Euphorie und berauschendes Glück. Sie schenken vielen Menschen eine neue Identität: Kinder bedeuten Verantwortung, Bindung und Sinn.

Und sie bringen Verunsicherung und Überlastung, Heulen und Zähneknirschen, Mangel an Schlaf, Zärtlichkeit und Sexualität, die auch eine gut erprobte Partnerschaft an den Rand der Katastrophe bringen kann. Die meisten Ehen werden in den ersten zwei Jahren nach der Geburt des ersten Kindes geschieden.

Es ist kaum möglich, sich zuvor auszumalen, wie intensiv die Änderungen sind. Sicher ist nur eines: Die Erzählungen von erfahrenen Eltern, denen man während der Schwangerschaft gerne lauscht, sind nur unvollständige, mehr oder minder bewußt zensurierte Skizzen dessen, was einen tatsächlich erwartet. Das Gedächtnis ist gnädig, in einer geglückten Beziehung vergessen die meisten, wieviel Kraft die erste Zeit mit dem eigenen Nachwuchs gekostet, wieviel Schmerz die Glücksgefühle begleitet hat.

Kinder eröffnen einen neuen Lebensabschnitt. Die Wahrnehmung des eigenen Lebens wird über das Hier und Jetzt hinaus erweitert. Das Kind, das Vater und Mutter voraussichtlich überleben wird, macht die Begrenztheit des eigenen Seins bewußt, schenkt aber auch die Perspektive, im Kind weiterleben zu können.

Durch Kinder eröffnen sich den Eltern neue, andere Ebenen des Empfindens: Die Haut, die Hände, das erste Lächeln, die ersten Laute, aber auch die ersten Schritte, die der Sprößling weg von den Eltern tut, sind intensive Erlebnisse.

Kinder halten den Eltern einen Spiegel vor und lassen sie neue Seiten an sich entdecken. Kinder eröffnen die Chance zu einer neuen Liebesbeziehung – oft intensiver, als sie je zuvor erlebt wurde.

Die Euphorie über das neue Familienmitglied kann große Energien freisetzen, das Gefühl der Verantwortung Eigenschaften mobilisieren, die bislang im verborgenen geschlummert haben.

Abschied von der eigenen Kindheit

Kinder zu bekommen bedeutet den endgültigen Abschied von der eigenen Kindheit. Erstmals sind nun die Eltern in ihrer eigenen Herkunftsfamilie nicht mehr die Jüngsten. Gleichgültig wie alt Mutter und Vater sind, wie ihre Lebenssituation ist, ab der Geburt ihres ersten Kindes treten sie in eine andere Generation ein.

Das befreit zum einen: Herauszutreten aus dem Schatten der eigenen Eltern, selbst zum Zentrum sozialer Bindungen zu werden, ist wichtig und kann befriedigend sein. Zum anderen verunsichert es aber auch: Die Fülle neuer Verantwortungen und Anforderungen verursacht fast immer auch tiefe Selbstzweifel. Bin ich reif genug, solche Verantwortungen zu übernehmen? Was ist, wenn ich es nicht schaffe, immer verfügbar zu sein, nicht ausweichen zu können?

Was Frau und Mann für sich und miteinander an eingespielten Umgangstechniken entwickelt haben, funktioniert mit einem Mal nicht mehr: Plötzlich ist ein Wesen da, das zunächst keinerlei Aufschub bei der Befriedigung seiner Bedürfnisse duldet. Ein Wesen, das damit alte Ordnungen über den Haufen wirft.

Und da ist auch die Gewißheit, daß hier ein kleiner Mensch ist, für den man nun sein Leben lang Mutter und Vater sein wird – eine Verbindlichkeit in der Beziehung, wie sie bislang nur mit den eigenen Eltern bestand – dort freilich mit umgekehrten Vorzeichen.

Das Erspüren des Kind-Seins

Die Geburt des ersten Kindes löst bei jedem Menschen Erinnerungsstürme aus – freilich oft, ohne daß ihm das wirklich bewußt wird: Wie war wohl ich selbst in diesem Alter? Was habe ich gespürt, erlebt, wie ging man mit mir um?

Niemand kann sich an sehr viele Details seiner Lebenswelt in den ersten fünf Jahren erinnern. 90 Prozent dessen, was wir erlebt haben, bleibt nicht im Bewußtsein – was allerdings nicht bedeutet, daß es verschwunden ist. Das meiste bleibt im Gedächtnis eingraviert, und viel davon gerät mit der Ankunft des ersten Kindes ins Schwingen, beeinflußt und gestaltet die Gefühle und das Erleben mit dem Winzling.

Ein wenig wird davon sichtbar, wenn Mutter und Vater sensibel nach innen schauen:
● Träume oder Tagträume über die eigenen Eltern können die »Schwingungen« zeitweise ins Bewußtsein bringen.
● Die meisten Eltern durchleben mit den Sprößlingen aktiv Phasen des eigenen Kind-Seins: Sie knuddeln, spielen, lallen und nehmen damit auf sehr direkte Art Kontakt mit ihrem Baby auf.
● In ihren eigenen Reaktionen, den Verhaltensweisen des Partners oder der frischgebackenen Großeltern erkennen und erleben Eltern wie in Schnappschüssen Situationen der eigenen Kindheit wieder.

Im Umgang mit dem Sprößling können Eltern das Verständnis für sich selbst erweitern. Doch um das zu erreichen, müssen sie sich der Flut zwiespältiger Gefühle stellen, die in den ersten Jahren mit eigenem Kind auf sie einstürzen.

Spurensuche

Vieles von dem, was junge Eltern an sich selbst oder über sich entdecken, ist kränkend. Die negativen Gefühle der eigenen Kindheit wiederzuerleben, macht nicht glücklich. An sich selbst als Mutter oder Vater Verhaltensweisen festzustellen, unter denen man selbst als Kind gelitten hat, verunsichert gehörig. Wenn etwa die Mutter bemerkt, daß sie wie ihre eigene Mutter der Tochter oft das Gefühl vermittelt, ihren Ansprüchen nicht zu genügen, nicht gut genug zu sein, ist das eine schmerzhafte Erfahrung. Väter, die plötzlich spüren, daß sie im Zorn genauso agieren wie sie es vom eigenen Vater in quälender Erinnerung haben, werden damit schlaflose Nächte verbringen.

Doch dieses Wiederaufleben der eigenen Wahrnehmungen als Kind hat auch gute Seiten: Wer erkennt, unter welchem Mangel oder Konflikt sie oder er als Kind gelitten hat, wird selbst leichter damit umgehen und vielleicht dieses Verhalten in kleinen Schritten verändern können. Sich damit nicht zu beschäftigen kann dagegen problematisch sein: Unbewußte und ungelöste Probleme der eigenen Kindheit werden sich mit Sicherheit auf das Verhalten dem eigenen Kind gegenüber auswirken.

Viele frischgebackene Mütter und Väter wollen alles anders, besser machen, als sie es selbst aus ihrer Kindheit in Erinnerung haben. Fast alle Menschen hätten sich mehr Aufmerksamkeit, Lob und Rückenstärkung gewünscht. Und die alten Leitbilder, nach denen Kindererziehung in der Vergangenheit abgespult wurde, haben für die meisten mit gutem Grund an Gültigkeit verloren. Doch was ist nun richtig, was falsch, was förderlich, was schädlich?

So gut wie alles, was man mit einem Säugling tut,

könnte man auch anders tun. Jede Lebensregung, jeder Rhythmus könnte auch anders aussehen.

FreundInnen und Großeltern sind oft mit Ratschlägen nicht gerade sparsam. Das kann in den Situationen helfen, in denen man sich Hilfe wünscht. Doch wenn junge Eltern ihren eigenen Weg erproben wollen, sollten sie viele Tips und »Anregungen« einfach ignorieren.

MUTTERGLÜCK

Mutterliebe ist außergewöhnlich. Schwangerschaft und Geburt haben eine Beziehung zum neuen Menschenwesen geschaffen, die an Intensität kaum zu überbieten ist.

Mutterliebe entsteht nicht automatisch; sie ist vielfältigen Brechungen unterworfen. Ob eine Mutter ihr Kind grundsätzlich annehmen kann, hängt von ihrer eigenen Lebensgeschichte und ihrer aktuellen Lebenssituation ab (> Kinderwunsch und Wunschkinder, Seite 66).

Wie alle intensiven Gefühle ist Mutterliebe ambivalent: Innigste Liebe steht neben plötzlichem Haß, jubelnde Freude neben tiefer Trauer.

Widersprüche

Alle werdenden Mütter träumen vom zufriedenen, schönen Zusammenleben mit Kind und Mann, wollen es besser machen als ihre eigene Mutter. Manchen gelingt es, diesen Traum – zumindest was das Kind betrifft –, schon von Anfang an zu leben. Dies wird leichter, wenn der Zeitpunkt des Kinderkriegens bewußt gewählt war.

Für solche Mütter kann die neue Zweisamkeit ein Wunder an Innigkeit und Zärtlichkeit sein. Wenn es dem Baby gutgeht, geht es ihnen auch gut. Jede Regung des Kleinen verschafft Wonne und Freude. Sie geben Gefühl und Zuwendung, ohne etwas zurückzuverlangen: Indem sie das Baby lieben, lieben sie zunächst einen Teil von sich. Erst nach und nach wird das eigene Fleisch und Blut für sie zur selbständigen Person. Diese innige Phase wird als »wahre Liebe« empfunden, weit weg von den Anforderungen der Realität.

Der »alte« Partner ist kein solch idealer Liebespartner. Das bekommt er auch zu spüren. Von ihm wird erwartet, was eigentlich nicht möglich ist und was die Mutter teilweise selbst erschwert: Er soll an der Symbiose als Dritter teilnehmen, soll sie vor der Außenwelt abschirmen – gleichzeitig ist der Vater Teil der Außenwelt. Die Exklusivität der neuen Zweisamkeit verteidigt die Mutter oft, indem sie die Fähigkeiten des Partners, ebenfalls liebevoll zu sorgen, in Frage stellt. Sie will es zwar, kann es aber gleichzeitig nicht ertragen, wenn auch er tröstet und pflegt. Und während der Stillzeit (> An der Mutterbrust, Seite 217) bleibt es in jedem Fall die Frau allein, die diese Innigkeit mit dem Kind teilt.

Bei vielen Müttern schleichen sich freilich schon in den ersten Tagen Zweifel und Schuldgefühle ein, weil sie beim Anblick ihres Babies nicht stets vor lauter Muttergefühl dahinschmelzen, weil sie Schwierigkeiten beim Stillen haben, weil die Brust schmerzt, wenn ihr Winzling gierig saugt, weil sie sich ausgelaugt fühlen, erschöpft sind und matt von den Schmerzen der Geburt, weil sie nur das Bedürfnis nach Ruhe und Schlaf haben und sehr bald merken, daß aus beidem in den nächsten Monaten nichts wird.

Relativ viele junge Mütter bekommen nach der Geburt Depressionen. Dafür ist neben hormonellen Umstellungen (> Die ersten Wochen, Seite 211) auch die neue Situation verantwortlich: Nun ist es unwiderruflich, daß die Geburt des geliebten Kindes ihr ganzes Leben verändert hat.

Das Mutterglück ist auch deswegen zweischneidig, weil damit konkrete Verluste verbunden sind: Zumindest für einige Zeit verzichtet die Frau auf Beruf, soziale Anerkennung, Aufstieg und eigenes Geld, der Wiedereinstieg in die Arbeitswelt fällt nicht immer leicht.

Mutterliebe und Haß liegen oft eng beieinander.

Ein Kind kann man nicht zurückgeben. Mütter fühlen sich glücklich, aber auch ausgebrannt und ohnmächtig, abhängig und gefangen. Sie mögen ihr Kind, und der Gedanke, es nicht zu haben, ist schrecklich. Und dennoch können Tötungswünsche entstehen. Sie lieben ihr Kind und wünschen gleichzeitig, es wäre nie geboren. Ihr geliebtes Kind hat sie in eine Situation gebracht, der sie sich ausgeliefert fühlen, in der sie nicht mehr selbst die Regeln setzen können. Die Folgen sind oft Schuldgefühle wegen der geheimen Wünsche, Zweifel und Wut über die Erkenntnis, keine »perfekte Mutter« zu sein (> Kinderwunsch und Wunschkinder, Seite 66).

Die perfekte Mutter

Das Bild der perfekten Mutter, die den Mann umhegt und dafür sorgt, daß die Kinder im warmen Nest, das sie schafft, bestens gedeihen, ist in der Geschichte der Menschheit relativ neu. Früher waren Frauen nicht automatisch auf die Welt der Familie beschränkt. Erst als die Industriegesellschaft aufkam und Arbeitswelt und Familie trennte, wurde die Frau in den häuslichen Bereich verwiesen und bekam die Aufgabe zugeteilt, die Härte und Konkurrenz des Erwerbslebens auszugleichen.

Auch den Begriff der »Mutterliebe« gibt es erst seit etwa dem 19. Jahrhundert so, wie wir ihn heute verstehen. Im 20. Jahrhundert bekam die Mutterliebe im Zuge der Beschäftigung mit dem Seelenleben der Kinder noch zusätzliche Bedeutung: Die Mutter wird meist für alles haftbar gemacht, was mit den Kindern schiefgeht. Mütter gelten als ausbeuterisch, verschlingend, überfürsorglich oder nachlässig und sind damit für die psychischen Probleme der Nachkommenschaft verantwortlich. Wer solchen Interpretationen und Schuldzuweisungen das Wort redet, verdrängt, daß derartiger Machtmißbrauch nur möglich ist, weil die Väter in aller Regel der Mutter die Alleinverantwortung für das Kind überlassen (> Arbeit teilen, Seite 74).

Das Recht auf Zorn

Mutterschaft ist doppelgesichtig, sie kennt die schönen und die Kehrseiten. Es ist wichtig, das anzuerkennen und das Tabu zu brechen, indem Mütter offen über ihre Probleme, Unsicherheiten, Haßgefühle und Verzweiflung sprechen. Mütter sollten für sich klären, wozu sie Lust haben, was das Beste für sie und damit für ihr Kind ist und Mitarbeit und Unterstützung ihres Partners rechtzeitig einfordern.

Es gibt eine Fülle von Ratschlägen – auch in diesem Buch –, die wissenschaftlich fundiert, aber dennoch nur beschränkt gültig sind. Denn ein oberster Grundsatz im Umgang mit der Verpflichtung einem Kind gegenüber ist es, die eigenen Bedürfnisse und Gefühle nicht zu verdrängen. Tief im Inneren schlummernd bleiben sie aktiv und wirken. Mütter haben ein Recht auf Zorn, das Recht, sich zeitweise vom Kind zu distanzieren. Das zu ermöglichen, ist eine der Pflichten des Partners.

Damit er sie erfüllen kann, müssen Mütter freilich auch selbst etwas tun, um die neue Zwei-Personen-Welt allmählich zu durchbrechen. Vielen fällt es nicht leicht, den Partner an ein »Stück von sich selbst« heranzulassen.

Beruf und Kinder

Am Arbeitsplatz erwarten Vorgesetzte und KollegInnen von den frischgebackenen Müttern die gleiche Flexibilität wie vorher. Zu Hause erwarten die eigenen alten Vorstellungen, Verwandte und oft auch der Mann die gleiche Liebesleistung wie vor der Geburt: Berufstätige Mütter leiden fast zwangsläufig unter Schuldgefühlen: gegenüber den Kindern, dem Mann und dem Beruf.

Sie gelten immer noch als Rabenmütter: jenes Drittel Frauen, die schon zu arbeiten beginnen, wenn das Kleine gerade drei Jahre alt ist oder gar jünger, oder jene Hälfte aller Mütter, die den Weg zurück in den Beruf findet, obwohl die Kinder noch im gemeinsamen Haushalt leben.

TIPS FÜR MÜTTER

● Kein Mensch ist ständig freundlich und ausgeglichen. Haben Sie den Mut, Wut und Zorn rauszulassen – auch das Kind wird damit besser umgehen können als mit den verschluckten Spuren dieser Gefühle.

● Beziehen Sie den Partner auch während der Stillzeit in die Betreuung ein. Wenn er etwa immer wieder eine Woche lang die erste Bezugsperson für das Baby ist und Sie nur zum Stillen kommen, wird er sehen, wie plötzlich auch für ihn die ganze Welt nur mehr aus dem Kind besteht.

Kinder und Beruf

● Ihr Partner sollte dafür sorgen, daß Sie ein, zwei Stunden täglich ohne Belastung durch Hausarbeit oder Alltagskram mit den Kindern allein sein können. Partnerschaft besteht auch darin, daß Hausarbeit geteilt wird.

Hausfrauen-Rechte

● Hausarbeit darf kein 24-Stunden-Job sein. Ein mit dem Partner ausgehandelter Zeitplan sollte Kinderbetreuung und Hausarbeit aufteilen und für Ruhepausen und Freizeit sorgen. Stundenweise Betreuung der Kinder durch Großeltern, Spielgruppen oder Tagesmütter können den Raum für die eigene Entfaltung unabhängig vom Kind schaffen.

● Ein guter Kindergarten ist keineswegs nur dazu da, Berufstätigen ihre Arbeit zu ermöglichen: Er ist eine wichtige Einrichtung, in der Ihr Sproß den Umgang mit Gleichaltrigen und soziale Fähigkeiten lernt und sich auf die Schule vorbereitet (> Seite 618).

Zu Unrecht: Bislang konnte keine der vielen umfassenden Untersuchungen einen statistisch faßbaren Unterschied zwischen der Entwicklung von Kindern berufstätiger Mütter und Hausfrauen belegen. Eine gute Betreuung durch Großeltern (> Seite 86), Kinderkrippen (Seite 606) und -gärten (> Seite 618) oder Tagesmütter (> Seite 614) hinterläßt keine negativen Spuren.

Hausfrauen

Etwa zwei Drittel der Mütter entscheiden sich, zumindest die ersten drei Jahre bei den Kindern zu bleiben. Die Hälfte aller Mütter bleibt zu Hause, bis die Sprößlinge 15 sind.

Die Motive dafür sind unterschiedlich: Etliche wollen ganz bewußt die ersten Jahre intensiv mit ihren Kindern verbringen; manche sind froh, einer schweren und schlecht bezahlten Arbeit entronnen zu sein; vielen bleibt keine Wahl, weil Kinderbetreuungseinrichtungen und Ganztagsschulen fehlen.

Das Hausfrauendasein ist zweischneidig: Zum einen sind die Frauen von den Zwängen des Berufslebens befreit und können sich voll und ganz auf die neuen Lebenspartner einstellen. Zum anderen haben sie meist kaum Rückzugsmöglichkeiten, müssen permanent für die Winzlinge dasein und die Hausarbeit im Alleingang verrichten. Das Dasein als »Nur-Hausfrau« rangiert in der Skala der öffentlichen Wertschätzung weit unten. Diese Frauen sind (wieder) finanziell vom Partner abhängig und leiden häufig unter sozialer Isolation.

VATERFREUDEN

Für die »neuen«, teilnehmenden Väter gilt es nicht mehr als lächerlich und unmännlich, sich von Anfang an um ihre Kinder zu kümmern. Sie wollen Schwangerschaft und Geburt miterleben und sich an der Säuglingspflege beteiligen. Doch die alte Rollenverteilung, die über Generationen die Denk-muster geprägt hat, erweist sich als außerordentlich zählebig.

Während Frauen zum Zeitpunkt der Geburt schon neun Monate lang intensiv mit dem Baby verbunden sind, müssen Männer diese Erlebensschritte im Kopf konstruieren und nachzuempfinden versuchen.

Das fällt den meisten nicht leicht – um so mehr, als sie zunächst auch noch einen Verlust zu beklagen haben: Die Frau, die bislang für emotionale Wärme und Rückhalt gesorgt hat, wendet all ihre Beziehungsenergie einem neuen Liebhaber zu: dem Baby.

Daher stehen am Anfang der Vaterschaft, ob nun bewußt wahrgenommen oder nicht, tiefe Krisen. Sensiblen Männern entgeht nicht, daß sich viele Frauen in dieser Phase nur widerwillig dem Mann zuwenden, nicht aus innerem Bedürfnis.

Die ersten Schritte zu einer eigenständigen Beziehung zum Kind sind oft mit zusätzlichen Kränkungen verbunden. Wenn das Kleine eher von Mama getröstet werden will als von Papa, ist die Versuchung groß, sich aus Verletzung zurückzuziehen. Junge Väter neigen in dieser Situation zur Mißinterpretation. Sie glauben, das Kind will sie nicht. Die Kränkung und das darauffolgende Mißtrauen produziert freilich die Situationen mit – eine Spirale des Rückzuges beginnt. Und bald finden sich die meisten jungen Väter im Kinderalltag genau in der Rolle wieder, die auch ihre Väter gespielt haben: als Zaungast.

Solche Unbill gab es für die Väter in einer Familie mit traditioneller Funktionsteilung nicht. Sie waren für die zentralen Entscheidungen zuständig, ließen sich allenfalls als eine Art »Freund« auf ihre Kinder ein, wenn ihnen danach war, und sie behielten weitgehend das Privileg des Züchtigungs»rechtes«. Die alltägliche Fürsorge war ihre Sache nicht.

Erst in den sechziger und siebziger Jahren begannen die Männer allmählich, sich der Kinderbetreuung zuzuwenden. Wissenschaft und Frauenbewegung mußten freilich kräftig nachhelfen. Was es bedeutet, wenn der Vater wirklich an der Entwicklung des Kindes teilnimmt, wurde zum Thema der Entwicklungspsychologie. Frauen, die genug davon hatten, mit ihrer Doppelbelastung durch Beruf und Familie im Stich gelassen zu werden, forderten das Tätigsein der Väter ein.

Der Dritte im Bunde

Väter erleben die Intensität des Elterndaseins in dem Ausmaß, in dem sie sich auf das Kind einlassen. Wer sich am traditionellen Vaterbild orientiert, wird an sich wenig Veränderungen bemerken – und nicht nur die gute Beziehung zur Mutter zumindest längerfristig riskieren, sondern voraussichtlich auch ein, zwei Jahrzehnte später bemerken, welchen intensiven Lebensabschnitt er versäumt hat.

Noch in den siebziger Jahren war es die eher ungern gesehene Ausnahme, daß Väter bei der Geburt ihres Kindes dabei waren. Inzwischen gibt es nur noch wenige Kliniken, die diese Selbstverständlichkeit behindern (> Wahl des Orts, Seite 179).

Viel von dem, was Kinderkriegen bedeutet, können Männer freilich nur im Kopf nachvollziehen. Und in der ersten Zeit der Elternschaft sind sie von den intensivsten Handlungen der neuen Dreierbeziehung ausgeschlossen: Während der Stillzeit erleben die meisten, was es bedeutet, tatsächlich nur der Dritte im Bunde zu sein.

Männer, die ihr Vaterdasein ernst nehmen, müssen Kompetenzen erlernen, die ihnen bis dahin nicht vertraut waren, weil sie traditionell den Frauen zugesprochen wurden: Verantwortung übernehmen, beruhigen und auf Emotionen eingehen, aber auch wickeln, schaukeln, baden, ankleiden.

Ein teilnehmender Vater sein zu wollen bedeutet fast immer, sich darauf einzustellen, eine Zeitlang mit einer permanenten Kränkung des eigenen Selbstwertgefühls zu leben. Den teilweisen Verzicht auf Bestätigung in den Bereichen der Männerwelt, im Beruf, können andere Bestätigungen nur zum Teil kompensieren.

Es gehört zu einem in vielen Studien beschriebenen Grundmuster, daß sich die meisten »neuen« Väter

TIPS FÜR VÄTER

● Wenn Sie den neuen Lebensabschnitt ernst nehmen, dann stellen Sie sich darauf ein, daß Ihr Beruf für einige Jahre nicht mehr absolute Priorität haben wird. Aufgeschoben ist nicht aufgehoben.

● Entlasten Sie die Mutter in der ersten Zeit auch während der Nacht. Sie hat es bitter nötig. Falls Ihre Partnerin damit nicht einverstanden ist, versuchen Sie, sie davon zu überzeugen.

● Wenn Sie schon während der Stillzeit immer wieder eine Woche lang die erste Bezugsperson für das Baby sind und die Mutter nur zum Stillen kommt, können Sie lernen, wie die neue Zweisamkeit mit dem Nachwuchs funktioniert, und eine eigenständige Beziehung aufbauen. Die Partnerin wird spüren, wie schwer es ist, in diese Welt einzutauchen, wenn man nach vielen Stunden nach Hause kommt.

● Auch Männer können putzen, wickeln, einkaufen und für Kleidung sorgen.

● Partnerschaft besteht auch darin, daß Hausarbeit geteilt wird. Versuchen Sie, die Partnerin zu Kompromissen in den Kriterien für die Haushaltsführung zu motivieren. Die Vorstellungen, was wann wie getan werden muß, unterscheiden sich oft extrem.

● Eine andere Möglichkeit – vor allem wenn Sie voll berufstätig bleiben und das Einkommen ausreicht – ist, die Hausarbeit oder Teile davon zu bezahlen und Haushaltshilfen in Anspruch zu nehmen.

● Sorgen Sie dafür, daß die Partnerin ein, zwei Stunden täglich ohne Belastung durch Hausarbeit oder Alltagskram mit den Kindern alleine sein kann.

dem Dilemma auf spezielle Art entziehen: Sie widmen dem Kleinen Zeit und Zuwendung, spielen und tollen mit dem Kind. Gewickelt, gebadet, gefüttert und gekleidet wird es jedoch nach wie vor hauptsächlich von der Mutter. Väter, die sich gleichermaßen um die Grundversorgung kümmern, sind nach wie vor eine Rarität (> Arbeit teilen, Seite 74).

Neue, alte Patriarchen

Die Arbeit im Beruf gibt Männern Sicherheit, wird geschätzt und bezahlt, bringt Anerkennung und Macht. Mehr Macht auch zu Hause – als Alleinverdiener kann man viele Debatten um die Aufteilung der Haus- und Kinderarbeit mit dem Verweis auf die eigenen lebenswichtigen Aufgaben beenden.

Gebäude aus Erklärungen und Rechtfertigungen sind schnell errichtet: Ausgerechnet jetzt gibt es im Büro wichtige Projekte, eröffnen sich ungeahnte Karrieremöglichkeiten, die so schnell nicht wiederkommen werden, gerade jetzt ballen sich Fortbildungsseminare und unaufschiebbare Verpflichtungen.

Auch an inneren Rechtfertigungen herrscht für den traditionellen Vater kein Mangel: Er fühlt sich als Liebhaber vom Nachwuchs verdrängt, grollt darüber, daß die Familie als Fitmacher für den Beruf nicht mehr recht taugt, pocht darauf, wie dringend notwendig er Entspannung braucht.

Selbstverständlich ist er kein Rabenvater: Er tut mit dem Kind, was Spaß macht – und was »wichtig« ist. Zum Elternabend in der Schule geht er zum Beispiel nur, wenn es ernsthafte Probleme gibt.

Dem Kind zeigt er so, daß dessen Alltag für den Vater unwichtig ist. Aber die Sonderrolle des Halbfremden, der nicht mit Alltagsfragen belastet ist, macht ihn für das Kind andererseits auch attraktiv – eine vergängliche Attraktivität freilich.

Solchen Vätern ist nicht bewußt, daß sie später einmal dem Versäumten nachjammern werden – die Dynamik ihrer Flucht aus der Vaterschaft beherrscht sie.

Vaterpflichten

Wer die Vaterschaft ernst nimmt, hat eine unerhörte Chance, sein Leben zu erweitern. Wer die fast unvermeidbaren Kränkungen, die sich durch die Stillzeit ergeben, und die Mühsal des Lernens überwindet, wird belohnt. Er erlebt eine Beziehung mit neuen Dimensionen, Gefühle von bislang unbekannter Tiefe – und sich selbst in Facetten, die den meisten Männern bislang verschlossen waren.

Leichter hat er es deswegen nicht: Ernsthafte Väter können sich bei diesen Bemühungen kaum am Leitbild des eigenen Vaters orientieren – der war meist noch der traditionellen Rolle als Ernährer und Familienoberhaupt verhaftet.

Wer Verantwortung im Alltag übernimmt, erlebt auch mehr Spannungen und Konflikte mit den Kindern. Eines der faszinierendsten Erlebnisse, die es überhaupt gibt, ist der Lohn dafür: Die Entwicklung eines Kleinkindes hautnah mitzuerleben und eine immer stärkere Bindung aufzubauen.

Teilnehmende Väter müssen dafür eine Menge lernen: Von einfachen Regeln der Hygiene bis zur Ausdauer des Gebens. Und sie müssen eine Menge tun. Zur Beteiligung an der Hausarbeit muß daher auch der »neue Vater« meist immer noch hingebettelt werden.

Hinzu kommt, daß auch die Beziehung zur jungen Mutter neue Anforderungen stellt: Sie braucht gerade in der ersten Zeit, in der sie extrem viel gibt, besondere Zuwendung, Wärme und Geborgenheit. Und sie ist kaum in der Lage, viel von dem zurückzugeben, was sie bekommt.

Allerdings sollten die Mütter auch bereit sein, einen Teil des bislang ihnen allein vorbehaltenen Terrains aufzugeben und die eigenständige Beziehung des Vaters zum Kind zuzulassen oder auch zu fördern. Wer prinzipiell immer falsch findet, wie der Partner sich in den Alltag einschaltet, darf sich nicht wundern, wenn dieser es nach einiger Zeit sein läßt.

Beruf und Kinder

Meist tut sich ein tiefer Konflikt auf: Der Mann will seine »männlichen« Entfaltungsmöglichkeiten in Beruf und Freizeit nicht völlig aufgeben, gleichzeitig will der Vater im Leben seines Kindes Verantwortung übernehmen und wichtig sein.

Die Lösung des Problems ist nicht nur eine Frage der Zeit. Verantwortung für den Alltag der Kinder kann auch übernehmen, wer voll berufstätig ist. Hausarbeit kann auch verrichten, wer nach der Arbeit nach Hause kommt: Die Frauen führen das seit langem recht eindrucksvoll vor. Aber es ist eine Frage der Prioritäten. Die Erfordernisse der Berufskarriere müssen eine Zeitlang hinter der als Vater zurücktreten.

Noch besser ist es sicher, die Zeit der Kinderbetreuung wirklich zu teilen: Es ist mittlerweile in etlichen Branchen und im Öffentlichen Dienst möglich, daß Männer die Kinderbetreuung einige Zeit komplett übernehmen (> Erziehungsurlaub, Seite 76). Gerade Männer unterschätzen oder übersehen oft die Möglichkeiten, ihre Arbeitszeit zu reduzieren. Wer sich bewußt entscheidet, in der nächsten Zeit nicht auf die nächsthöhere Stufe der Karriereleiter weiterzurücken, hat an seinem Arbeitsplatz durchaus Verhandlungsspielraum (> Teilzeit, Seite 76).

ALTE UND NEUE LIEBSCHAFTEN

Die ersten zwei Jahre der Elternschaft sind die Zeit der 1000 Mißverständnisse. Die jungen Mütter meinen, ihre Partner wären dazu da, um die Familie vor der Außenwelt abzuschirmen. Die innige Symbiose, so der Wunsch, soll nicht durch allzuviel spröde Realität gestört werden.

Die jungen Väter empfinden das nicht so und können es auch nicht nachempfinden. Sie kommen »von außen« und fühlen sich daher durch diesen Wunsch abgelehnt, sich als Liebhaber verdrängt, und sind es wohl eine Zeitlang auch wirklich. Stillen ist eine sexuelle Beziehung (> An der Mutterbrust, Seite 217).

Die Anforderungen, die der Alltag mit einem Baby an die Eltern stellt, sind enorm und überfordern meist doppelt: Schlafmangel und Erschöpfung reizen die ohnehin angespannten Nerven, und die Organisation des Alltags beschäftigt dermaßen, daß für ruhige Gespräche und gemeinsames Nachdenken wenig Zeit bleibt.

Dazu kommen neue Konkurrenzerlebnisse auf mehreren Ebenen. Bei wem lächelt das Kleine offener, bei wem sucht es Trost, mit wem spielt es lieber? Was bedeute ich noch für die Partnerin, den Partner, die/der sich anscheinend nur dem Kind zuwendet?

Fast jede Paarbeziehung macht in den ersten zwei Jahren mit einem Kind eine tiefe Krise durch. Es mag Mut machen, daß die Mehrheit diese Krise bewältigt.

Spätestens, wenn – etwa nach einem bis eineinhalb Jahren, da sind die Unterschiede beträchtlich – das Kind wieder ein wenig Freiraum gewährt, sollten sich die »alten« Partner ihrer Zweisamkeit wieder besinnen, Konflikte aufarbeiten (> Streiten lernen, Seite 62) und Inhalte jenseits des zwangsläufig dominierenden Themas »Kind« suchen.

Den Alltag wiedergewinnen

Der beruflichen und individuellen Selbstverwirklichung sind deutliche Grenzen gesetzt. Die eigene Freizeit ist stark reduziert; sie läßt sich allenfalls zu Lasten des jeweils anderen noch ein wenig ausweiten, die Zeit für intensive Zweisamkeit tendiert gegen Null. Mutter und Vater werden oft vor die Alternative gestellt, die wenige verbleibende Zeit für gemeinsame Unternehmungen oder für sich selbst zu nutzen – für beides reicht die Zeit meist nicht.

In den ersten Monaten ist es unvermeidlich, daß sich die Interessen der Eltern fast vollständig auf

STREITEN LERNEN

In der fast unvermeidlichen Krise nach der Geburt des ersten Kindes entfernen sich viele Paare emotional voneinander – eine Art Pattsituation hindert sie daran, neue Formen des Zusammenlebens zu finden. Vor allem Paare, die wenig Erfahrung haben, Konflikte miteinander auszutragen, tun sich nun schwer. Das wichtigste, um die Krise zu bewältigen, sind Geduld und die Fähigkeit, Konflikte auszutragen, ohne daß sofort eine Lösung gefunden werden muß.

● Zunächst reduziert sich die Beziehung des Paares darauf, den Alltag der Kinderbetreuung zu bewältigen. Das wird bald zur Belastung. Sprechen Sie miteinander darüber, der oder die andere empfindet wahrscheinlich das gleiche.

● Versuchen Sie, den Alltag gemeinsam neu zu organisieren. Die Alltagspflichten müssen aufgeteilt werden. Auch der Anspruch, die gesamte Freizeit gemeinsam zu verbringen, ist nun nicht mehr zu erfüllen. Jeder Mensch braucht seinen eigenen Freiraum zum Luftschnappen, und um eigene Beziehungen zu pflegen.

● Zuhören kann man lernen: Etwa dadurch, daß beide erzählen, wie sie sich im Moment fühlen. Bevor der andere antwortet, sollte er in eigenen Worten wiederholen, was der Partner über sich gesagt hat. Sie werden sich wundern, wie viele Mißverständnisse auf diese Art korrigiert werden.

● Lernen Sie streiten. Unstimmigkeiten müssen angesprochen werden, Aggression und Zorn sich Ausdruck verschaffen können. Es ist allerdings einige Selbstkontrolle nötig, um den am weitesten verbreiteten Streitstil aufzugeben: den anderen nach Möglichkeit zu verletzen. Es

gibt nicht eine Wahrheit, sondern immer zwei Personen mit unterschiedlichen Sichtweisen, die zu respektieren sind, auch wenn man sie ändern möchte.

● Hilfreich kann dabei sein, Regeln für den Streit festzulegen: Wenn jeder nur von sich und seinen Gefühlen spricht, ohne den anderen zu beurteilen, kann das neue Sichtweisen ermöglichen.

● Hilfe von außen kann viel bringen, wenn Sie eingefahrene Situationen nicht mehr selbst überwinden können. Paare als Gesprächspartner haben gegenüber Einzelpersonen den Vorteil, daß sie nicht so leicht Partei ergreifen.

● Wer das Gefühl hat, daß die Beziehung trotz beiderseitiger Bemühungen über längere Zeit stagniert, sollte professionelle Hilfe suchen. Eine Paarberatung oder -therapie (> Beratung und Psychotherapie, Seite 757) ist erfolgversprechender als eine Einzeltherapie, weil beide Partner in das Erkennen und Verändern der Situation einbezogen sind.

In jeder größeren Stadt gibt es solche Ehe- oder Familienberatungsstellen, die Beratungen und Therapien meist kostenlos anbieten. Zusätzlich gibt es PaartherapeutInnen in freier Praxis.

Zum Weiterlesen

Hermann Bullinger: Wenn Paare Eltern werden. Rowohlt, Reinbek bei Hamburg, 1986

Jürg Willi: Koevolution. Die Kunst des gemeinsamen Wachsens. Rowohlt, Reinbek bei Hamburg, 1985

Jürg Willi: Die Zweierbeziehung. Spannungsursachen – Störungsmuster – Klärungsprozesse – Lösungsmodelle. Rowohlt, Reinbek bei Hamburg, 1983

Lutz Schwäbisch, Martin Siems: Anleitung zum sozialen Lernen für Paare, Gruppen und Erzieher, Frankfurt 1985 das Kind konzentrieren. Doch nach und nach ist zu bedenken, daß sich die Eltern nicht mit dem bescheiden sollten, was das Kind übrigläßt (> Vorleben statt erziehen, Seite 324). Auch im Interesse des Nachwuchses. Denn Eltern, deren Paarbeziehung und außerhäusliches Leben sie befriedigt, eröffnen dem Kind größere Chancen als solche, die als eigenständige Personen ganz in der Kinderbetreuung aufgehen.

Freundschaften

Der Freundes- und Bekanntenkreis ändert sich meist rasch. Viele FreundInnen, die keine Kinder haben, ziehen sich allmählich zurück, weil sich das Interesse der frischgebackenen Eltern sehr oft nahezu ausschließlich auf Kinder konzentriert, weil sie sich tatsächlich verändert haben oder weil kinderlose Erwachsene nicht gerne mit den Kleinen und mit ihrer eigenen Unsicherheit bezüglich eines Kinderwunsches konfrontiert werden wollen. Das Deutsche Jugendinstitut hat erhoben, daß die Anzahl von FreundInnen, mit denen persönliche Dinge besprochen werden können, mit zunehmender Kinderzahl deutlich sinkt: Alleinstehende haben einen dreimal größeren Freundeskreis als Ehepaare mit zwei Kindern.

Umgekehrt bietet schon die Zeit der Schwangerschaft eine Fülle von Möglichkeiten, angehende Eltern kennenzulernen, die in einer ähnlichen Lebenssituation sind (> Vorbereitung in der Gruppe, Seite 174). Solche FreundInnen sind wichtig: Mit ihnen können Erfahrungen ausgetauscht und Strategien zum Umgang mit Problemen besprochen werden.

Die gewaltig ausgeweitete Hausarbeit und der Streß sorgen dafür, daß sich Kontakte nun viel seltener spontan ergeben. Wer Sorge hat, in Alltäglichkeit und allzuviel Dreisamkeit zu ertrinken, sollte bald beginnen, soziale Beziehungen planvoll zu pflegen, und sich darum bemühen, auch andere Themen als den Umgang mit den Sprößlingen zuzulassen.

Freizeit, Hobbies

Vor allem der Elternteil, der zunächst beim Kind bleibt, sollte liebgewordene frühere Hobbies weiter pflegen können. Konkret bedeutet das meist: Der Mann sollte seiner Frau die Möglichkeit dazu schaffen.

Wann immer die Partner gemeinsame Unternehmungen gewohnt waren, sollten sie sie möglichst bald wiederaufnehmen – selbst wenn der Winzling nicht dabeisein kann.

Nicht doch, die Kinder

In den ersten Monaten hindert meist Erschöpfung das Elternpaar daran, im Bereich der Sexualität dort anzuknüpfen, wo sie vor der Geburt aufgehört haben. Und dann drängt sich der Winzling – meist im Wortsinn – zwischen die Eltern (> Die Schlafzimmertür, Seite 317). Kinder sind zumindest das Ende spontaner Sexualität, am Anfang »töten« sie oft sogar die Lust.

Nun liegen nicht mehr Geliebte und Geliebter miteinander im Bett, sondern auch Mama und Papa. Meist dauert es eine Weile, bis diese ihre erotische Sprache wiederfinden oder neu entwickeln: Die meisten haben sich die eigenen Eltern als sexlose Wesen gedacht, die Allgegenwart eines Kleinkindes in der Wohnung verunsichert, schon bewältigt geglaubte Probleme im Umgang mit der körperlichen Lust kehren zurück.

Viele Frauen erleben während der Stillzeit ein deutlich geringeres Bedürfnis nach Sex. Männer fühlen sich dann ausgeschlossen und zurückgewiesen – eine Situation, die zu längerdauerndem Stillstand bei der körperlichen Liebe führen kann.

Dazu kommt die Unsicherheit: Ist es harmlos, wenn die Kleinen mitbekommen, was die Eltern miteinander tun? (> Elternliebe, Kinderliebe, Seite 316).

Wer verhindern will, daß das Liebesleben verkümmert, muß handeln: Die neue Heimlichkeit kann reizvoll sein; die Eltern können dem Kind aber auch klar sagen, daß sie auch einmal allein sein wollen, und diese Stunden dann organisieren (> Nicht im Alltag ertrinken, Seite 65). Sie brauchen sich keine Sorgen zu machen, das Kleine allzusehr wegzuschieben: Nur Eltern mit einem lustvollen Liebesleben können dem Nachwuchs ein positives Verhältnis zu seiner Sexualität vermitteln.

Was braucht ein Kind?

Zunächst brauchen Kinder fast alles, was Eltern an Zeit und Lebensenergie verfügbar haben. Und sie sollten es auch bekommen, denn ohne stabile, verfügbare Bezugspersonen können sie die wesentlichen Etappen ihrer Entwicklung nicht erreichen (> Soziale und geistige Entwicklung, Seite 256).

Die kleinen Wesen wollen in Sicherheit, Wärme und Liebe eingehüllt werden. Wie man das tut, dafür gibt es kein Patentrezept. Jede Bezugsperson muß die Beziehung herausfinden, die für beide paßt. Und da sind die Unterschiede nicht nur bei den Erwachsenen groß. Auch Säuglinge sind recht unterschiedliche Persönlichkeiten, die sich mit ihren Regungen und Bedürfnissen nicht an Tabellen und fixierte Vorstellungen halten. Gemeinsam ist allen Winzlingen freilich: Was sie wollen, wollen sie hier und jetzt.

Nach der ersten Zeit bewußter »Selbstaufgabe« sollten Mama und Papa jedoch daran denken, daß sie auch Bedürfnisse außerhalb der so zehrenden neuen Liebe haben, und diese nicht ohne Schaden jahrelang zurückstellen können. Die Zeit, sie zu befriedigen, ist da: Nicht allein die Stunden sind wichtig, die man dem Kind widmet – auch die Intensität, wie man es tut. Weniger kann dabei mehr sein: Wer glaubt, 24 Stunden am Tag verfügbar sein zu müssen, wird sich schwertun, sich entspannt auf den Nachwuchs einzulassen. Auch Eltern brauchen Zeit.

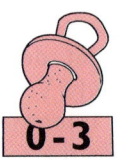

Im ersten Jahr regiert der Säugling. Die vielen neu zu lernenden Tätigkeiten und die Verantwortung für einen Menschen, der noch völlig unselbständig ist, fordern Eltern in hohem Maß, manchmal überfordert es sie auch.

Das Baby kann noch nichts ohne fremde Hilfe. Es schreit und macht auf sich und seine Bedürfnisse nach Nahrung, Nähe und Abwechslung aufmerksam. Zwar schläft es in den ersten Wochen noch viel, trotzdem verlangt es die Gewißheit, daß jemand in seiner Nähe und abrufbar ist. Nur selten schlafen Babies nachts durch. Fast immer müssen die Eltern mit einem 24-Stunden-Arbeitstag rechnen.

Babies wissen nicht, daß ohnehin immer jemand da ist, der sich um sie kümmert. Wenn Papa oder Mama weggehen, sind sie »verschwunden«. Weinen bedeutet auch ständiges Nachfragen: »Ist da noch jemand?« Mutter und Vater müssen nicht bei jedem Piepser sofort losrennen – antworten sollten sie freilich immer. Wenn das Baby merkt, daß es verstanden wird und auch mit leisem Rufen Erfolg erzielen kann, wird es in der Regel ruhiger und sicherer agieren.

Der beliebte Blick in andere Kinderwagen, wie »weit« denn der Nachwuchs der Konkurrenz ist, fördert nichts Sinnvolles zutage. Wer sich darauf kapriziert, von seinem Sproß bessere »Leistungen« zu erwarten, tut ihm nichts Gutes. Die Unterschiede in der Baby-Welt sind zu groß und kaum erklärbar, die Erwachsenen müssen sich darauf einstellen (> Soziale und geistige Entwicklung, Seite 256; > Körperliche Entwicklung, Seite 246) .

Da gibt es die ruhigen Winzlinge, die interessiert beobachten und sich rasch beruhigen lassen. Und da gibt es die Schreihälse, die fast ständig Hautkontakt und Beruhigung suchen und die BetreuerInnen bis an den Rand der Nervenkraft beanspruchen. Ein schwacher Trost, daß der ganze Spuk meist nach einem Jahr vorüber ist.

Je sicherer ein Kleinkind fühlt, daß die Eltern es nicht im Stich lassen, desto wohler fühlt es sich und kann beginnen, seine Umwelt zu erforschen. Das

NICHT IM ALLTAG ERTRINKEN

Es begann wie fast immer. Erich und Ursula schwebten auf einer Wolke aus Glückseligkeit, als Sabina auf die Welt kam. Dann kamen die schlaflosen Nächte und der Streß des Tages. »Alltagsaufgaben, die früher in einer Stunde erledigt waren, wurden zum Halbtages-Unternehmen«, erzählt Ursula. Einkaufen gehen hieß nun Flasche vorbereiten, wickeln, dann das Ganze noch einmal, weil die Windel voll war, dann anziehen, dann mit dem Kinderwagen auf den Weg usw.

Es gab keine Diskussion, wer beim Kind zu Hause bleibt. »Für mich war das einfach klar«, so Ursula. Erich hatte geschworen, daß er die Verantwortung mittragen wird. Er tut es

zunächst auch, kommt gleich nach der Arbeit heim, kann aber nun nicht wie gewohnt verschnaufen. »Ich wollte manchmal einfach nur wegtauchen«, beschreibt er seine Überlastung. Um halb neun, wenn Sabina im Bett ist, ist Ursula »einfach erschöpft, es hat fast nichts mehr gegeben zwischen uns«. Schließlich will es der Zufall, daß Erich immer öfter Überstunden machen »muß«.

Sie machen sich gegenseitig Vorwürfe. Ursula, weil sie sich im Stich gelassen, Erich, weil er sich eingeengt und überfordert fühlt. Die FreundInnen haben sich in alle Winde zerstreut. »Wir haben ständig über uns und das Kind geredet«, erinnert sich Ursula, »und außerdem hatten wir meist gar keine Lust mehr, etwas zu unternehmen.« Selbst am Wochenende hält sich der Elan der bei-

den in Grenzen. Sie unternehmen zwar einiges mit dem Kind, doch meist alleine.

Nach einer Phase der »dumpfen Verzweiflung« (Ursula) schaffen es die beiden doch, darüber zu reden. Einige Gespräche bei einer Therapeutin in der Familienberatungsstelle reichen, um ihnen die Probleme bewußtzumachen. Und sie finden eine organisatorische Lösung:

● Sie haben nach einiger Suche Anschluß an eine Kindergruppe gefunden, wo die zweijährige Sabina jetzt vier Stunden täglich verbringt. Nach einer kurzen Eingewöhnungszeit freut sich die Kleine fast immer auf die Spiele unter Gleichaltrigen. »In der Zeit erledige ich alles und habe auch noch Zeit für mich«, ist Ursula zufrieden, »und der Nachmittag gehört dann wirklich nur Sabina und mir.«

● Erich übernimmt drei Abende die Woche und bei Bedarf auch die Wochenenden.

● Jeder der beiden hat einen »freien Abend« pro Woche, der außer Haus mit FreundInnen verbracht wird.

● Einmal pro Woche werden FreundInnen eingeladen, die sozialen Kontakte wiederhergestellt, auch die Gestaltung der Wochenenden wird geplant.

● Und einmal die Woche, gelegentlich auch am Wochenende kommt eine »Leihoma« ins Haus, deren Adresse die beiden bei einem Sozialverein erhalten haben. Dieser Abend ist »ihr« Abend, sie gehen gemeinsam fort. »Da beide Großeltern nicht in der Stadt wohnen und uns verschiedene Babysitter nicht gefielen, haben wir bis dahin derartiges überhaupt nicht mehr gemacht.«

»Am Anfang kam mir das alles überorganisiert vor«, zieht Erich Bilanz, »aber es hat sich gezeigt, daß es so besser geht.«

»Ich komme jetzt wieder raus«, ist auch Ursula zufrieden, »früher bin ich im Alltag ertrunken.«

Gefühl des Erfolgs »Ich kann das« spornt an, allemal, wenn die Eltern das Kind stützen und verstärken und nicht durch ängstliche Eingriffe einschränken (> Überbehütung, Seite 72). Der Aufwand wird dadurch freilich kaum geringer. Das Kleine will herumgetragen, bei seinen Entdeckungsreisen liebevoll begleitet werden.

Doch auch in dieser Zeit läßt sich die Belastung erträglich gestalten. In den ersten Monaten kann man das Baby noch relativ leicht überallhin mitnehmen. Großeltern (> Seite 86), FreundInnen oder BabysitterInnen können dem Elternpaar den einen oder anderen freien Abend oder zumindest ein paar Stunden zwischendurch verschaffen.

Etwa mit einem Jahr gönnt das Kind seinen Eltern die erste Verschnaufpause. Es entwickelt mit seinen motorischen und sprachlichen Fähigkeiten zusehends den Drang nach Unabhängigkeit, spielt mit Gegenständen und den ersten FreundInnen. In dieser Zeit müssen die Vertrauenspersonen nicht mehr alleine die Eltern sein:
● Spielgruppen und Kindergruppen ermöglichen dem Kleinen Kontakte zu Gleichaltrigen und lassen ihn die Welt außerhalb der Wohnung entdecken (> Elterninitiativen, Seite 633). Auch Elternteile, die sich zum Hausfrauen(männer)dasein entschlossen haben, können nun über einen Teil ihrer Zeit wieder selbst verfügen.
● Tagesmütter (> Seite 614) und Kinderkrippen (> Seite 606) können der Mutter die Möglichkeit geben, wieder in den Beruf einzusteigen.

Nun ist der Sprößling in der Lage, eigenständig zu spielen, hat FreundInnen. Gute Kindergärten oder Kindergruppen können zu einer zweiten, von den Eltern unabhängigen Heimat werden, das Übernachten bei FreundInnen oder Großeltern begeistert die meisten Kleinen.

Die größere Autonomie des Kindes schenkt auch den Eltern Freiräume. Die Entdeckungsreise des Kindes, die etwa mit drei Jahren beginnt und mit der es die nächsten Jahre verbringen wird, stellt gleichzeitig aber auch Anforderungen: Wo sollen die Eltern anbieten, fördern, wo bremsen? (> Kinder brauchen Zeit, Seite 436; > Kunst und Kultur, Seite 456; Bewegung und Sport, Seite 506, > Medien, Seite 480.)

Nun verlassen alle Kinder die Familie für längere Zeit. Trotzdem bedeuten die ersten Schuljahre meist wieder mehr Aufwand. Da Ganztagsschulen selten und gute Horte oft nicht zu finden sind (> Seite 640), muß die Zeit ab Mittag meist wieder organisiert werden.

Das Alleinsein zu Hause wird nun für die Kinder schon unproblematisch, sie können die ersten Reisen allein antreten (> Ferien, Urlaub, Reisen, Seite 426).

Nun zeigen sich die ersten Zeichen der Loslösung von den Eltern. Die Zehnjährigen gestalten sich einen Gutteil der Zeit alleine – nur wenn's problematisch wird, sind die Eltern noch gefragt (> Ablösung vom Elternhaus, Seite 279).

KINDERWUNSCH UND WUNSCHKINDER

Kinder können Bedürfnisse befriedigen – Zärtlichkeit, Nähe, Zuwendung werden täglich erlebbar. Mit Kindern darf man selber wieder kindlich werden. Kinder geben Sinn: Sie machen die Partnerschaft verbindlicher, stellen Kontinuität her. Kinder geben die Gewißheit, selbst geliebt und gebraucht zu werden. Und sie sorgen für Aufmerksamkeit.

Wer sich für Nachwuchs entscheidet, tut das heute aus unterschiedlichen Motiven. Denn alte und neue Normen und Lebenskonzepte bestehen nebeneinander. Da gibt es die traditionellen Familien, in denen die Kinder Funktion und Sinn hauptsächlich für die Mutter bedeuten. Und da gibt es die modernen Familien, in denen beide Elternteile versuchen, die Elternwelt gemeinsam zu gestalten – sie suchen nach dem neuen Glück, bisweilen finden sie es auch. Und dazwischen gibt es viele Zwischentöne.

Nachwuchs als Visitenkarte

Daß Kinder für die Identität der Erwachsenen so wichtig sind, daß Mann und Frau versuchen, im eigenen Nachwuchs ihre Träume zu verwirklichen, ist ein relativ neues Phänomen. Es ist noch nicht so lange her, da waren Kinder allenfalls ein Thema, wenn sie nicht in ausreichender Zahl zur Verfügung standen.

In der vorindustriellen Gesellschaft galt Nachwuchs als »Geschenk Gottes« – Gott gab die Kinder, und er nahm sie – häufig sehr bald. Man durfte schon aus Selbstschutz sein Herz nicht allzusehr an sie hängen, und man tat es auch nicht.

Kinder wurden gebraucht – zunächst aus ökonomischen Gründen: als Arbeitskräfte in Haus und Hof, zur Alterssicherung der Eltern, um Besitz und Namen zu vererben. Auch für die vermögenden Schichten hatten Kinder eine handfeste finanzielle Bedeutung, vorgegeben durch Erbfolge- und Mitgiftbestimmungen.

Gefühle für das Kind wollten und konnten sich Eltern noch im vorigen Jahrhundert nicht leisten, weder vor der Geburt noch nachher. Gefühle kamen allenfalls auf, wenn »ein größeres Kind stirbt, das bald bei der Arbeit an die Hand gehen könnte. Bei kleinen Kindern, die sterben, hat man selten großes Leid«, schreibt der Volkskundler Karl von Leoprechting noch 1855.

Das hat sich mit Beginn der Industriegesellschaft gründlich geändert. Aus den Großfamilien wurden Kernfamilien, die eigentlich nur in der Idealbesetzung – Vater, Mutter, Kinder – ihre Berechtigung hatten. Des wirtschaftlichen Wertes beraubt, wurde der Nachwuchs für die Eltern mehr und mehr zum Objekt der Erziehung, der Bildung, zum Prestigeobjekt, zur Visitenkarte besondere Art.

Die Ambivalenz

Am Anfang steht immer die Überraschung. Für die einen erfüllt die Schwangerschaft ihren Lebenstraum, für andere ist sie die Vertreibung aus dem Paradies. Den dritten schließlich – und das sind nicht wenige –, gelingt es gar nicht, sich ihren Kinderwunsch zu erfüllen (> Unerfüllter Kinderwunsch, Seite 226).

Die Glücklichen haben die »Frucht« ihrer Liebe geplant und oft schon jahrelang herbeigesehnt, für die Unglücklichen ist die Ankunft des Kindes ein Alptraum, und sie fürchten sich. Hie die Hoffnung und der beschwingte Gang in den Schwangerschaftskurs, dort Angst und Hoffnungslosigkeit: Trotz Aufklärung und Pille beginnt nur ein Drittel der Schwangerschaften bewußt und geplant, die anderen »passieren«.

Die Einstellung zu Schwangerschaft und Kind ist niemals eindeutig. Liebe, Zuneigung und Glück gehören ebenso zum Gefühlsalltag der entstehenden Eltern-Kind-Beziehung wie Zorn, Wut und gelegentlich auch Haß. Bejahung und Ablehnung sind immer in einem Mischungsverhältnis vorhanden. Sich dieser gegensätzlichen Gefühle bewußt zu werden, zu ihnen zu stehen, sie zu überdenken und neu zu gestalten, ist die Aufgabe und auch die Herausforderung, der sich Eltern zu stellen haben. Eine »ausgeglichen-ambivalente« elterliche Gefühlswelt ist wichtig, wenn aus ungeplanten, aber auch aus Wunschkindern glückliche Kinder werden sollen.

Eltern sind Mutter und Vater

Kinder in einer Partnerschaft zur Welt kommen zu lassen, obwohl es ein Partner eigentlich nicht will, belastet nicht nur die Beziehung, sondern ganz sicher auch die Kinder.

ELTERN OHNE TRAUSCHEIN

Immer mehr Paare leben ohne staatliche Legitimation zusammen. Die meisten heiraten allerdings, sobald sich Nachwuchs einstellt. Paare, die trotz Kindersegen den Weg zum Standesamt verweigern, müssen eine Reihe von Formalitäten erledigen, wenn sie ihre Kinder mit allen Rechten und Möglichkeiten von ehelich Geborenen ausstatten wollen.

Namenslotterie

Nichteheliche Kinder erhalten den Namen, den die Mutter zur Zeit der Geburt führt. Gleichgültig, ob das ihr Mädchenname oder der Name aus einer inzwischen geschiedenen Ehe ist. Bei Doppelnamen wird das Kind nur mit dem Ehenamen registriert.

Frauen, die das nicht wollen, können ihren angeheirateten Namen ablegen und wieder ihren Mädchennamen annehmen. In diesem Fall ändert sich auch der Name des Kindes. Durch einen speziellen Antrag kann das uneheliche Kind auch den Namen seines Vaters bekommen.

Österreich

Grundsätzlich erhält ein uneheliches Kind nach der Geburt den Mädchennamen der Mutter. Und zwar auch dann, wenn sie noch den Namen aus einer früheren Ehe trägt. Allerdings kann das Kind auch den Namen seines Vaters bekommen. Und wenn die Mutter heiratet, kann der Ehemann dem Kind seinen Namen geben, egal, ob es seines ist oder nicht. In beiden Fällen müssen die Mutter und ab dem 14. Lebensjahr das Kind selbst zustimmen.

Wie wird man unehelicher Vater

Väter, die nicht mit der Mutter ihres Kindes verheiratet sind, müssen ihre Kinder erst offiziell anerkennen. Das geschieht, indem sie den BeamtInnen auf dem Jugendamt versichern, »in der empfängniskritischen Zeit Geschlechtsverkehr mit der Kindesmutter gehabt« zu haben. Danach erhalten Standesamt, Kind und Mutter je eine beglaubigte Urkunde, die den Vater nun auch amtlich als Vater ausweist.

Eine freiwillige Anerkennung der Vaterschaft kann bereits vor der Geburt des Kindes erfolgen.

(> Wenn Mütter den Vater nicht nennen wollen, Seite 116)

Sorgerecht

Bei verheirateten Paaren teilen sich Vater und Mutter gleichberechtigt die elterlichen Sorgen und Pflichten. Unverheiratete Paare sind hier benachteiligt. Weil diese Form des Zusammenlebens und die Modalitäten einer eventuellen Trennung nirgendwo geregelt sind, werden sie behandelt, als hätten sie sich schon getrennt: Das Sorgerecht bekommt nur die Mutter (> Behörden als Miterzieher, Seite 117).

Für Väter ist das nicht nur ein emotionales Problem, sondern kann auch eine Reihe praktischer Nachteile haben: Sie können die Kinder nicht in ihren Paß eintragen lassen, in der Schule muß man ihnen keine Auskunft über ihr Kind geben, im Krankenhaus haben sie kein Mitspracherecht bei der Wahl der Behandlung.

Langsam tragen jedoch die Gesetze dem geänderten Familienverhalten Rechnung. Inzwischen ist es auch für unverheiratete Väter unter bestimmten Voraussetzungen möglich, das Sorgerecht für ihre Kinder zu bekommen.

Deutschland

Väter nichtehelicher Kinder können ihre Sprößlinge beim zuständigen Vormundschaftsgericht für ehelich erklären lassen. Sie erhalten dann das Sorgerecht – allerdings um den Preis, daß die Mutter ihres verliert.

Erst 1991 hat das Bundesverfassungsgericht festgestellt, daß Ausnahmen von dieser Regel möglich sein müssen, wenn Eltern ihr nichteheliches Kind gemeinsam erziehen wollen.

Österreich

In Österreich können unverheiratete Paare die gemeinsame Obsorge für ihr Kind beim Pflegschaftsgericht beantragen.

Dort wird geprüft, ob diese Regelung dem Wohl des Kindes entspricht. Üblicherweise stimmt das Gericht zu, wenn Eltern und Kind in einem gemeinsamen Haushalt leben. Sollte die Lebensgemeinschaft aufgehoben werden, erhält die Mutter die Obsorge für das Kind allerdings nicht automatisch wieder zurück. Das trennungswillige Paar befindet sich dann in genau der gleichen Situation wie Verheiratete.(> Bei wem leben die Kinder, Seite 99).

Die Behörde erzieht mit

Bei nichtehelichen Kindern ist das Sorgerecht der Mutter eingeschränkt. Nicht sie, sondern das Jugendamt vertritt das Kind bei der Feststellung der Vaterschaft, den Unterhaltsansprüchen und der Regelung von Erbschaften, wenn der Vater stirbt.
Um die Amtspflegschaft aufzuheben, muß ein Antrag an das Vormundschaftsgericht gestellt werden. Meist kommt dann ein Sozialarbeiter oder eine -arbeiterin, um sich zu vergewissern, daß das Kind in »ordentlichen Verhältnissen« aufwächst.

Wenn die Vaterschaft feststeht, der Unterhalt geregelt ist und der Vater noch dazu im gemeinsamen Haushalt lebt, wird die Amtspflegschaft meist problemlos aufgehoben.

Trennung nichtehelicher Beziehungen

Eheähnliche Lebensgemeinschaften stehen unter keinem besonderen Schutz. Ihre Auflösung ist nicht gesetzlich geregelt. Gleichgültig, wie lange die Beziehung gedauert hat – die Partner müssen keine Trennungsfristen einhalten, haben keinen Anspruch auf Unterhalt und müssen allein regeln, wer was bekommt.

Partnerschafts GmbH

Die Modalitäten einer Trennung lassen sich am besten regeln, solange die Beziehung noch von gegenseitigem Vertrauen und Respekt für den anderen geprägt ist. Der Vorschlag, für den Fall der Fälle vertraglich vorzusorgen, ist kein Zeichen von Mißtrauen, sondern von Fürsorge. Falls die Beziehung nicht lebenslang hält, sind beide abgesichert und ersparen sich den zermürbenden Kampf um Wohnung und Habseligkeiten.

● Ganz wichtig ist der Mietvertrag. Paare, die gemeinsam eine neue Wohnung beziehen, sollten den Mietvertrag auf beide ausstellen lassen. Erfolgt das nicht, hat die Person, die die Wohnung gemietet hat, das Recht, den andern ohne Grund und ohne Kündigungsfrist auf die Straße zu setzen.

● Ein Vertrag sollte immer festlegen, wem was gehört und wer was in die Gemeinschaft eingebracht hat. Anders als in der Ehe sind nichteheliche Partner nicht automatisch Miteigentümer bei allem, was in der Zeit der Partnerschaft angeschafft wurde.

● Bei finanziellen Dingen gehören die Karten offen auf den Tisch. Wie sieht die Beteiligung des Partners an Miete, Gas, Strom, Einkauf oder Telefon aus? Wer hat wem wieviel Geld geborgt? Ist die Belastung ungleich verteilt, etwa weil einer noch studiert oder arbeitslos ist, sollte das festgehalten und ein eventueller Ausgleich vereinbart werden.

● Banken sind persönliche Beziehungen gleichgültig. Übernimmt einer die Bürgschaft für einen Kredit, haftet er auch dann noch, wenn die Partnerschaft längst beendet ist.

● Auch für den Todesfall sollten nichteheliche Partner vorsorgen. Weil es für sie keinen gegenseitigen gesetzlichen Erbanspruch gibt, muß jeder sein eigenes Testament machen, wenn er den anderen als Erben einsetzen will. Das gilt auch für Kinder aus unehelichen Beziehungen.

Wenn die Frau eigentlich noch weiterstudieren oder ihren Beruf nicht verlieren will, der Mann sich jedoch mit moralischen und/oder religiösen Argumenten seinen Kinderwunsch erfüllt, wird die Beziehung zwischen Mutter und Kind nur selten harmonisch sein können.

Will andererseits die Frau das Kind haben, weil sie glaubt, damit den Mann binden und verpflichten zu können, wird er sich fast immer emotional nicht erst auf diese Wesen einlassen wollen, die ihn so sehr zwingen.

Von Wunschkindern kann daher nur die Rede sein, wenn sich beide Eltern überwiegend wünschen, ein Kind zu haben.

Wunschkinder

Seit Schwangerschaft planbar geworden ist, der Kopf über den Bauch bestimmen kann, kommen Kinder nicht mehr ausschließlich als Naturereignis zur Welt. Ein Glück für die lang Ersehnten: Wunschkindern geht es oft im Leben besser als jenen, die gegen den Willen der Eltern kamen.

Was freilich nicht bedeutet, daß sich Eltern nicht oft eigentlich etwas »anderes« wünschten, als sie ein Kind bekamen. Der Kinderwunsch kann für die Suche nach einer Ersatzbeziehung stehen, für Beziehungskitt, für den verlorenen Sinn in einer leeren Zweierbeziehung, für die Flucht aus dem Bestehen-Müssen in der Außenwelt. Derartige Motive schwingen in irgendeiner Form bei fast jedem Kinderwunsch mit. Sich diese egoistischen Interessen einzugestehen, ist die Voraussetzung dafür, daß sie nicht unbewußt das Leben mit dem neuen, kleinen Partner dominierend gestalten.

Selbst wenn beiden Partnern klar ist, daß sie das Kind wollen und was der Wunsch für sie bedeutet, ist nicht immer ausschließlich wonnige Erwartung angesagt. Alles läßt sich irgendwie rückgängig machen, wenn es sich als falsch herausgestellt hat

oder nun nicht mehr paßt. Beruf und Arbeitsplatz können gewechselt, Partnerschaften beendet werden.

Die Entscheidung für ein Kind nicht.

Kinderwunsch und Kinderliebe

»Liebt ihr mich wirklich so, wie ich bin?« Um diese zentrale Frage dreht sich alles im Leben eines Kindes.

Das Kind gewollt zu haben, ist noch keine Garantie dafür, es so zu lieben, wie das Kleine es braucht. Die Mutter, die sich jedesmal ärgert, weil ihr Sproß unter Gleichaltrigen »zu schüchtern« ist, sich deshalb vor den anderen Müttern schämt, läßt (auch unbewußt) ihr Kind spüren, daß sie es so, wie es ist, nicht liebt. Der Vater, der immer zornig wird, weil sein Kind so aggressiv ist, vermittelt ähnlich negative Gefühle. Beide lieben mehr ihr Bild vom Kind als ihr Kind. Und beide verstärken das unerwünschte Verhalten noch einmal.

Alle Eltern erträumen sich das Wunschbild ihres Kindes – allerdings dürfen sie darüber nicht vergessen, ihre Vorstellungen immer wieder der Realität anzupassen. Mutter und Vater sollten sich klarwerden, daß sie in ihrem Nachwuchs eigenständige Menschenwesen lieben und keine Phantasiewesen.

Akzeptierte Kinder

Frauen, die ungeplant schwanger werden, stehen meist in einer schwierigen Lebenssituation. Sie können sich ein Leben mit einem Kind nicht vorstellen, weil sie noch zu jung, in Ausbildung oder von ihren Eltern finanziell abhängig sind. Sie meinen, der Aufgabe psychisch nicht gewachsen zu sein, oder fürchten, daß ihr Partner sie nicht genügend unterstützen wird; sie wollen auf den Beruf nicht verzichten, der ihnen Bestätigung, Selbständigkeit und Freude schenkt. Aber auch für Frauen, die bereits Kinder haben, kann eine erneute Schwangerschaft zur erschreckenden Überraschung werden. Sie haben die Familienplanung bereits abgeschlossen und wollen nicht wieder von vorne beginnen.

Solchen Frauen und ihren Partnern bleiben zwölf Wochen, um sich zu entscheiden. Eine denkbar kurze Zeit für eine Entscheidung, die so tiefgreifende Konsequenzen nach sich zieht. Es gibt tausend Gründe, die für, und tausend, die gegen Kinder sprechen. Tatsächlich wird nur ein Bruchteil der unerwünschten Schwangerschaften unterbrochen (> Schwangerschaftsabbruch, Seite 143).

Die Mehrheit der Frauen stellt sich der Herausforderung. Sie entscheidet sich für das Kind mit freudigem Herzklopfen und zugleich mit Ziehen in der Magengrube. Die Vorstellung, für lange Zeit nicht mehr allein sein zu müssen, die Hoffnung, die Beziehung zum Partner zu festigen, der Wunsch nach Abnabelung von der eigenen Familie spielen oft eine wichtige Rolle.

Wenn auch der Partner zur Entscheidung der Schwangeren steht, ist das zwar sicher noch nicht das Ende der ambivalenten Gefühle (> Schwangerschaft, Seite 136). Doch grundsätzlich kann es diesem Kind ebenso ergehen wie jenen, die geplant gezeugt wurden: Sie sind letztlich von ungeplanten oder auch ungewollten zu Wunschkindern geworden.

Abgelehnte Kinder

Wenn Kinder zur Welt kommen, obwohl zumindest ein Elternteil überwiegend negativ eingestellt war, haben Kind und Eltern eine Hypothek zu tragen. Die Formen, in denen sich die Ablehnung bemerkbar macht, sind höchst unterschiedlich: Sie kann offen ausgelebt, aber auch kanalisiert oder verdrängt werden. Denn die meisten Menschen haben es tief verinnerlicht, daß man Kinder lieben muß, nicht hassen darf, und daß ein Abbruch als verpönte Tötung gilt. Doch was verdrängt wird und nicht gefühlt werden darf, ist deshalb noch lange nicht aus der Welt.

DEN WUNSCH ÜBERDENKEN

● Keine Frau sollte eine ungeplante Schwangerschaft deshalb einfach hinnehmen, weil sie sich nicht zu denken traut, ob sie das Kind will (> Schwangerschaftsabbruch, Seite 143). Religiöse Zwänge hemmen solche zweifelnden Gedanken am stärksten. Doch die Gefahr, daß das eigentlich ungewollte Kind abgelehnt oder für seine Existenz verantwortlich gemacht wird, ist groß, die Folgen für das Kind sind drastisch (> Seite 73). Die Entscheidung für oder gegen das Kind muß ein aktiver Prozeß sein. Nur so steht am Ende jene Verantwortlichkeit der Eltern gegenüber dem Sprößling, ohne die das Kind einem traurigen Schicksal überlassen bliebe.

● Schwangerschaft ist keine exklusive Angelegenheit der Frau. Der Beziehungspartner muß bereit sein, Verantwortung für das Kind mit zu übernehmen. Andererseits ist ein Kind ein denkbar ungeeignetes Druckmittel, damit der Partner endlich das tut, was von ihm erwartet wird. Nur wenn beide Partner es wollen, stimmen die Voraussetzungen.

● Bekannte und BerufskollegInnen können kein geeigneter Maßstab für die eigene Entscheidung sein. Manchmal belasten sie unnötig mit Fragen, warum noch immer kein Kind da ist, oft begegnen sie einer Schwangeren andererseits mit Ablehnung. Die Kriterien, nach denen sie einen Kinderwunsch beurteilen, mögen für sie selbst gelten – für Ihre Entscheidung sollten sie keine Rolle spielen.

Solche tief im Innern ablaufenden, sehr einflußreichen Prozesse können nur mit professioneller Hilfe bewältigt werden (> Beratung und Psychotherapie, Seite 757).

Überbehütung

Angst vor negativen Emotionen gegenüber dem Kind kann massive, aber unbewußte Abwehrmechanismen mobilisieren. Statt die eigenen negativen Gefühle gegenüber dem Nachwuchs zu spüren, fürchten diese Eltern zum Beispiel ständig, dem Kind drohe Gefahr. Solche Eltern leben in ständiger Angst, ihr Kind könne krank werden oder einen Unfall erleiden. Weil sie permanent die Sorge quält, der Sproß könnte sich erkälten, zu wenig essen oder schlafen, von Gleichaltrigen geschlagen, von ErzieherInnen benachteiligt werden, behüten sie ihn mit übertriebenem, für Außenstehende oft lächerlich erscheinendem Aufwand.

Mit der Besorgnis bekämpfen die »überbehütende« Mutter oder der Vater unbewußt eigene Aggressionen gegen das Kind.

Dem Sprößling freilich wird dadurch weitgehend die Möglichkeit genommen, sich mit seinen Eltern als »sicherem Hinterland« auf die Entdeckungsreise in die Welt zu begeben. Weil ihr Selbstvertrauen angegriffen wird, sind sie meist wirklich ängstlich, scheu, isoliert.

»Vernünftig« begründete Ablehnung

Wenn die elterliche Ablehnung weniger stark aus dem Bewußtsein verdrängt wird, ersparen oft andere Abwehrmechanismen Mutter und/oder Vater, mit dem fürchterlichen Gefühl leben zu müssen, das eigene Kind nicht zu wollen.

Solche Eltern finden im Verhalten des Kindes ständig Gründe, warum sie glauben, es immer wieder ablehnen zu müssen. Das Kleine ist einfach nie so, wie es sein sollte. Wäre es ordentlicher, braver, lieber, sportlicher, erfolgreicher, mutiger, weniger aggressiv, höflicher, dann würden sie es ja gerne lie-

ben. Solche Eltern erziehen ihre Kinder manchmal geradezu überperfekt, ja, sie drillen sie geradezu.

Offene Ablehnung

Manche Eltern zwängen sich in den Mantel der diffusen Liebe gegenüber dem Kind und erkennen erst spät, daß er ihnen zu eng ist. »Ich will nicht vom Kind belästigt werden« ist das bei ihnen dominierende Gefühl. Mit Strenge, Bestrafungsritualen und der Vermeidung von Kontakt leben sie die Ablehnung ihres Kindes offen aus (> Abgelehnte Kinder, Seite 71). Oft ist diese Ablehnung von starken Gefühlsschwankungen, unterschwelliger Wut und Enttäuschung begleitet. Die psychischen Verletzungen, die das Kind dadurch erfährt, sind kaum weniger zerstörerisch als brachiale Gewalt.

Kinderlos statt Kinder-Los

Viele Paare und Frauen warten heute länger als ihre Mütter, bis sie sich zu Kindern entschließen. Das durchschnittliche Alter, in dem Frauen Mütter werden, ist deutlich angestiegen: Anfang, Mitte Dreißig ist fast schon die Norm. Frauen, die als Twens Kinder bekommen, sind in der Minderheit. Die Motive dafür sind vielfältig: Die Beziehung soll erst ihre Stabilität beweisen, ein erster Karriereabschnitt absolviert sein, damit das befristete Aussteigen zur angenehmen Perspektive wird, die eigene Persönlichkeit soll noch gefestigt werden.

Das »späte Kind« ist medizinisch kaum noch ein Problem. Gerade wer sich bewußt in seiner reiferen Lebensphase für ein Kind entscheidet, geht in aller Regel sorgsamer mit Risikofaktoren um. Mütter mit 35 bringen gleich gesunde Kinder zur Welt wie 25jährige (> Schwangerschaft, Seite 136).

Kind oder Beruf

Eine Frau, die sich in Deutschland oder Österreich für ein Kind entscheidet, entscheidet sich fast automatisch gegen Karriere und Beruf. Dazu sind viele Frauen nicht mehr bereit. Ein Viertel aller Frauen, so schätzen BevölkerungsstatistikerInnen, wird ihr Leben lang kinderlos bleiben. Besonders hoch ist die »Verweigerungs«-Quote bei den Akademikerinnen.

Eine Frau, die 1930 geboren wurde, brachte in ihrem Leben noch durchschnittlich 2,6 Kinder zur Welt. Derzeit zählen Deutschland mit einem Mittelwert von 1,48 Kindern und Österreich mit 1,45 Kindern pro Frau zu den vier Welt-Schlußlichtern bei den Geburtenraten. Nur in Italien (1,31) und Spanien (1,36) werden noch weniger Kinder geboren.

Dabei wollen auch junge Frauen Kinder. Nur ein Prozent der Verheirateten und sechs Prozent der ledigen Frauen verneinen die Frage nach dem Kinderwunsch. Das Heranwachsen und die Erziehung der Kinder ist für 74 Prozent der unter 30jährigen Frauen »sehr wichtig«.

Frauen wollen Kinder, aber sie erkennen, daß die Männer nicht ausreichend mittun und daß sie sich zusätzlich ihre Chancen im Beruf verringern.

Der Weg zu mehr Kindern

Solche Zahlen erschrecken mehrfach: Eine Gemeinschaft benötigt statistisch gesehen 2,1 Kinder pro Frau, damit sie gleich groß bleibt. Weniger Kinder bedeuten große Probleme bei der Finanzierung der Sozialsysteme. PolitikerInnen in anderen Ländern haben daher schon Anfang der achtziger Jahre reagiert. Mit Erfolg.

Schweden konnte seine Geburtenrate – die ähnlich niedrig war wie die deutsche – wieder auf die nötige Zahl 2,1 steigern. Bereits 80 Prozent der Frauen sind dort erwerbstätig, für das Jahr 2000 wird der »Geschlechter-Gleichklang« auf dem Arbeitsmarkt prognostiziert. Gleichzeitig sind – und über das Ausmaß waren zunächst selbst die schwedischen SozialpolitikerInnen überrascht – die Geburtenraten geradezu explodiert. Der Grund: Frauen müssen sich nicht auf eine längere Zeit in der Familie fern vom Arbeitsplatz einlassen, um Kinder

UNGELIEBTE KINDER

Ungeliebte und ungewollte Kinder werden häufiger geschlagen und seelisch gequält als erwünschte. Bei einem Vergleich beider Gruppen wurden 66 Prozent der mißhandelten Kinder von ihren Eltern als ungewollt bezeichnet. Die Sozialwissenschaftler Gerhard Amendt und Michael Schwarz werteten über 500 Untersuchungen aus und kamen zu einem niederschmetternden Ergebnis: Ungeliebte und unerwünschte Kinder kommen häufiger als Frühgeburten zur Welt und sind schon in der Schwangerschaft mit ablehnenden Gefühlen konfrontiert. Sie haben generell geringere Überlebenschancen als geliebte Kinder, weil ihre Eltern – bewußt oder unbewußt – Krankheitssymptome oder Gefährdungen ignorieren und ärztliche Hilfe hinauszögern. Die Kinder leiden unter mangelnder Aufmerksamkeit, Zuwendung und Wärme.

Was tun?

Es gehört zu den schmerzhaftesten Bekenntnissen, sich selbst einzugestehen, daß man sein Kind nicht lieben kann; ja im Gegenteil, daß man es haßt und daß dieses Gefühl nicht weichen will. Dennoch gelingt es vielen Eltern später, eine positive Beziehung zu ihrem Kind zu entwickeln. Vielen Eltern scheint eine zufriedenere Zukunft aber gänzlich verschlossen. Sie sollten auf jeden Fall professionellen Rat suchen, sich dort aussprechen und Lösungen diskutieren. Vielleicht helfen sie sich selbst und ihrem Kind, indem sie es zur Adoption freigeben oder in eine Pflegefamilie übergeben (> Seite 124).

zu haben. Ein dichtes Netz von Tages- oder Familientagesstätten, von Förderungen für Elternkooperativen, die selbst eine Betreuungsperson anstellen, von Vorschulen, ja selbst von Nacht-Kindergärten macht das möglich. Seit 1991 gibt es einen einklagbaren Rechtsanspruch auf einen Betreuungsplatz für jedes Kind ab dem Alter von 18 Monaten.

Daß die meisten Schulen ganztägig betrieben werden, ist im skandinavischen Land ebenso selbstverständlich wie (schon traditionell) in Großbritannien und in Frankreich, das sich seit dem fast hundertprozentigen Ausbau der Betreuungseinrichtungen im vergangenen Jahrzehnt wieder an mehr Kindersegen erfreut.

Als besonders kinderliebend kolportierte Länder wie Italien und Spanien dagegen durchlaufen gerade den gegenläufigen Trend: Wenig staatliche Kinderbetreuung und starker Emanzipationsdrang der Frauen machen sie mit Deutschland und Österreich zu den Schlußlichtern der internationalen Geburtenstatistik.

Neue Geldsorgen

Kinder machen vergleichsweise arm: Der nötige Aufwand für die Sprößlinge ist in den vergangenen Jahrzehnten stark gestiegen, deutlich schneller als Einkommen und Lebenshaltungskosten. Denn ein Kind braucht nach den heutigen Normen nicht nur Essen und Kleidung. Spielzeug für jede Alterstufe (> Spielen, Seite 440), ein möglichst großes Kinderzimmer (> Seite 402), Taschengeld (> Das Geld des Kindes, Seite 533) und dann auch bald Skikurse und Reisen (> Urlaub von den Eltern, Seite 435) verschlingen einen Gutteil des Haushaltsbudgets: Untersuchungen zeigen, daß schon Familien mit einem Kind bei durchschnittlichem Einkommen rund ein Drittel des zur Verfügung stehenden Geldes dem Nachwuchs opfern.

Angehende Eltern müssen sich darauf einstellen, daß sie, was den Konsumgenuß betrifft, kürzertreten müssen als ihre kinderlosen AltersgenossInnen.

ARBEIT TEILEN

Mit der Geburt eines Kindes ändert sich das Verhältnis der Partner zueinander schlagartig. Keiner kann nun Entscheidungen für sich alleine treffen, ohne daß der andere direkt mitbetroffen ist.

Am bedeutsamsten ist die Entscheidung, wie Erwerbsarbeit und Familienarbeit aufgeteilt werden sollen. Denn selbst wenn Großeltern, Tagesmütter oder Kinderkrippen zur Verfügung stehen, steht meist irgendwann die Entscheidung an, wer beruflich zurücksteckt: Ein krankes Kind braucht einen Elternteil auch tagsüber, Krisen wollen mit Mama oder Papa bewältigt werden.

Seit bei der Kinderbetreuung die traditionelle Rollenteilung zwischen Mann und Frau nicht mehr selbstverständlich ist, gehört die intensive Auseinandersetzung um die Arbeitsteilung zum Alltag. Es ist die Zeit der Abstriche von eigenen Bedürfnissen. Und die Zeit der Kompromisse.

Alte Rollen, neue Rollen

Daß sich Frauen mit Kindern zur Zeit wesentlich eingeschränkter fühlen als Männer, ist kaum verwunderlich: Selbst wenn sie berufstätig sind, bleibt fast ausschließlich ihnen die Verantwortung für Pflege und Erziehung überlassen. Die »neuen Väter«, die sowohl emotional als auch real mehr an der Kinderbetreuungsarbeit teilnehmen, sind nach wie vor Ausnahmen.

Repräsentativumfragen zeigen immer noch: Bei 90 Prozent der Kinder unter 15 Jahren sind die Frauen weiterhin für die Basis-Betreuung zuständig. Immer noch ein Drittel der Männer leisten dabei »selten oder nie Hilfe«. Putzen, kochen, mit Kindergärtnerin oder LehrerIn zu sprechen, sind ebenfalls zu rund 80 Prozent Frauenarbeit geblieben.

Das vielen vorschwebende Ideal wäre die Aufteilung des Erziehungsurlaubs und danach Teilzeitarbeit für beide Elternteile – aber davon ist die Realität noch weit entfernt.

WENIG GELD FÜR KINDER

Wer Kinder hat, kann sich in aller Regel den Lebensstil der gleichaltrigen Umgebung ohne Kinder nicht mehr leisten: Rund ein Drittel eines durchschnittlichen Haushaltseinkommens wird für ein Kind aufgewendet, bei zwei Kindern entsprechend mehr.

Der Staat gleicht diesen erhöhten Aufwand nur zum kleineren Teil aus. Durch Kindergeld und andere Förderungen wird ein Teil der Steuerleistung wieder refundiert. Deutschland liegt dabei allerdings nur im unteren Mittelfeld der OECD-Staaten. Ein Durchschnittsverdiener mit zwei Kindern kann gerade über 78 Prozent seines Gehalts tatsächlich verfügen, in Österreich immerhin über 90 Prozent. Allerdings ist das Einkommensniveau in Österreich insgesamt niedriger.

Im Vergleich zu Erwachsenen ohne Kinder sind Eltern in beiden Ländern deutlich im Nachteil. Sobald ein Elternteil sich ganz dem Nachwuchs widmet, ersetzen die für diese Zeit bezahlten Erziehungs- oder Karenzgelder das verlorene Einkommen kaum. Und selbst, wenn beide (wieder) berufstätig sind, wird weit mehr Geld für die neuen Familienmitglieder ausgegeben, als an Steuererleichterungen und Direktzahlungen im Vergleich zu Kinderlosen dazukommen.

Um dem Phänomen entgegenzuwirken, werden zwei

	Steuern und Sozialversicherung	staatliche Geld- und Sachleistungen	tatsächlich verfügbares Einkommen
Luxemburg	−13,0	+10,1	97,1
Österreich	−23,7	+14,9	91,2
Frankreich	−17,0	+7,2	90,2
Schweiz	−16,9	+6,7	89,8
Belgien	−27,2	+13,2	86,0
Italien	−24,2	+8,3	84,1
Norwegen	−25,9	+9,4	83,5
Großbritannien	−24,4	+7,1	82,7
Deutschland	−26,2	+4,3	78,1
Irland	−25,8	+3,4	77,6
Finnland	−29,8	+5,8	76,0
Schweden	−35,8	+9,2	73,4
Niederlande	−34,6	+7,7	73,1
Dänemark	−38,2	+5,5	67,3

Tatsächlich verfügbares Einkommen eines verheirateten Durchschnittsverdieners mit zwei Kindern in Prozent seines Gehalts, Quelle: OECD

grundverschiedene Strategien diskutiert, und – zum Teil – auch umgesetzt:

● Ein von der Erwerbsarbeit unabhängiges Grundeinkommen könnte die Entscheidung für Kinder von der Last drohender Einkommenseinbußen befreien. Dieses Konzept – es wurde zunächst von eher konservativen TheoretikerInnen in Großbritannien entwickelt und wird heute von Linkskatholiken und Alternativen, aber auch von manchen christlich-sozialen PolitikerInnen propagiert – fußt auf der Überlegung, daß Kindererziehung, Pflege und Hausarbeit ebenso gesellschaftlich notwendige Arbeit ist wie traditionelle Lohnarbeit. Realisiert ist ein solches Grundeinkommen freilich bislang nirgendwo. Die Ansätze, etwa über »Erziehungsgeld« Haus- und Kinderarbeit zu belohnen, wird von den TheoretikerInnen allenfalls als altbackener Abklatsch der Grundidee interpretiert.

● Das andere, eher von SozialdemokratInnen favorisierte Konzept will Vollbeschäftigung von Männern und Frauen mit Kindererziehung vereinbar machen: Ein umfassender Ausbau von qualitätsvollen Kinder-Betreuungseinrichtungen und Hilfestellungen bei den täglichen Notwendigkeiten soll dies ermöglichen. Beiden Konzepten gemein ist die Einsicht, daß starre Arbeitszeiten das größte Hindernis sind, um in einer hochentwickelten Wohlstandsgesellschaft den Kinderwunsch wieder wachsen zu lassen. Nur halten in Deutschland wie in Österreich das tatsächliche Angebot an Teilzeit-Arbeitsplätzen und an Betrieben, die flexible Arbeitszeiten ermöglichen, mit dieser gemeinsamen Erkenntnis in keiner Weise Schritt.

Erziehungsurlaub (D), Karenz (Ö)

Fast immer bleibt die Frau zunächst ganz beim Kind. Gerade mal einer von hundert Männern nimmt Erziehungsurlaub oder Karenzzeit (Ö) in Anspruch. Und das, obwohl die Möglichkeit besteht, die Zeit der ausschließlichen Kinderbetreuung zu teilen (> Die Rechtslage, Seite 77 und Seite 78).

Dafür gibt es handfeste wirtschaftliche Gründe: Das Erziehungs- oder Karenzurlaubsgeld ist relativ gering und steht in keinem Verhältnis zum zuletzt bezogenen Gehalt. Da Frauen immer noch meist weniger verdienen, kann es die Familie leichter verkraften, wenn ihr Einkommen ausfällt. In Ländern, die 70, 80 Prozent des Gehaltes als Erziehungsgeld bezahlen – wie etwa Schweden –, beträgt der Anteil an erziehungsurlaubenden Männern etwa zehn Prozent. Und dort entscheiden sich auch viel mehr Paare wieder für zwei oder mehr Kinder als in Deutschland oder Österreich (> Der Weg zu mehr Kindern, Seite 73).

Teilzeit

In Deutschland und Österreich können Mütter genauso wie Väter ab dem zweiten Lebensjahr des Kindes eine Teilzeitarbeit annehmen und zusätzlich einen Teil des Erziehungsgeldes/Teilzeitkarenz-Urlaubsgelds erhalten (> Die Rechtslage, Seite 77 und Seite 78).

Es ist heute für Männer leicht und fast schon selbstverständlich, für die Gleichberechtigung der Geschlechter einzutreten. Wenn aber ein Kind da ist und aus der Theorie ernst werden soll, scheuen die meisten immer noch die Konsequenzen: Teilzeitarbeit erfordert zumindest den befristeten Abschied vom männlichen Karrieredenken.

Diese ausschließliche Entscheidung der Männer für den Beruf ist oft kurzsichtig: Es geht nicht nur darum, daß sie ihre Pflicht als Vater erfüllen – die selbstgewählte »Pause« kann neue Lebensperspektiven außerhalb des Jobs eröffnen, und sie kann später die Arbeit wieder zum freudigeren Erlebnis machen.

Berufstätigkeit beider

Nehmen beide Elternteile die Berufsarbeit wieder voll auf, dann werden die organisatorischen Anforderungen noch größer:

Der Morgen will organisiert sein, am Nachmittag wird meist zusätzliche Hilfe benötigt, und wenn das Kleine krank wird, bricht jedesmal eine kleine Krise aus.

> Großeltern, Seite 86
> Kinderkrippen, Kindergruppen, Seite 606
> Tagesmütter, Seite 614
> Kindergarten, Seite 618
> Hort, Seite 640
> Auch Berufstätige
  haben kranke Kinder, Seite 763

ELTERNPFLICHTEN, KINDERRECHTE

Zu dem, was Mutter und Vater sich selbst an Zielen setzen, wenn Nachkömmlinge unterwegs sind, gesellen sich noch die Anforderungen, die der Staat und die Gesetze an die Eltern stellen.

Für knapp zwei Jahrzehnte übernehmen Eltern nun auch die komplette rechtliche Verantwortung für nahezu alle Lebenssphären des Kindes.

Schon das Neugeborene gilt zwar als eigenständige Rechtsperson. Es kann klagen, wenn sein Recht verletzt wird (z.B. auf Unterhalt), und verklagt werden, wenn es seine Pflichten versäumt (z.B. Zahlung von Erbschaftsteuer). Seine Interessen kann es jedoch nicht selbst vertreten, denn es ist noch nicht »geschäftsfähig«. Die Eltern handeln an Stelle des Kindes.

ERZIEHUNGS-URLAUB

Der Erziehungsurlaub ermöglicht es der berufstätigen Mutter oder dem berufstätigen Vater, sich bis zu drei Jahre lang intensiv dem Kind zu widmen. Um den Arbeitsplatz müssen sie sich nicht sorgen, da ein Kündigungsschutz bis zu dem Zeitpunkt besteht, an dem sie an den Arbeitsplatz zurückkehren.

Erziehungsurlaub gibt es in jedem Arbeitnehmerverhältnis, auch bei befristeten Verträgen und bei geringfügigen Beschäftigungen. Auch Auszubildende, Umschülerlnnen, zur beruflichen Fortbildung und in Heimarbeit Beschäftigte können Erziehungsurlaub verlangen.

Voraussetzungen sind, daß das Kind im selben Haushalt lebt, daß Sie das Kind überwiegend betreuen und verpflegen und daß der andere Elternteil erwerbstätig, in Ausbildung oder arbeitslos ist, sofern Sie in einer Lebensgemeinschaft wohnen oder verheiratet sind.

Arbeitnehmerinnen können Erziehungsurlaub im Anschluß an die Mutterschutzfrist nehmen, das gleiche gilt für Arbeitnehmer. Die Eltern können bis zum dritten Lebensjahr des Kindes abwechselnd Erziehungsurlaub nehmen.

Auch Adoptiveltern haben Anspruch auf Erziehungsurlaub. Eine Mutter, die den Erziehungsurlaub im Anschluß an die achtwöchige Mutterschutzfrist nach der Geburt ihres Kindes nehmen will, muß dies vier Wochen nach der Geburt ihrem Arbeitgeber mitteilen. Der Vater braucht seine Absicht auf Erziehungsurlaub erst vier Wochen vor dessen Beginn bekanntzugeben.

Erziehungsgeld

Das Erziehungsgeld beträgt DM 600 monatlich. Der Anspruch auf Erziehungsgeld besteht vom Tage der Geburt bis zum vierundzwanzigsten Lebensmonat des Kindes. Erziehungsgeld wird unabhängig von der bisherigen Tätigkeit gezahlt, d. h., auch Hausfrauen und mithelfende Familienangehörige haben darauf Anspruch.

An Adoptiveltern kann das Erziehungsgeld bis zum Ende des dritten Lebensjahres gezahlt werden.

Ab dem siebenten Lebensmonat des Kindes wird Erziehungsgeld nur dann weiterbezahlt, wenn eine Einkommensobergrenze nicht überschritten wird.

Das Erziehungsgeld muß schriftlich bei der Erziehungsgeldstelle beantragt werden, in deren Bereich Sie Ihren Wohnsitz haben.

Teilzeitarbeit im Erziehungs- urlaub

Während des Erziehungsurlaubes ist eine Teilzeitbeschäftigung beim bisherigen Arbeitgeber bis zu 19 Stunden wöchentlich möglich, ohne daß das Erziehungsgeld gekürzt wird. Wer ab dem siebenten Lebensmonat des Kindes eine Teilzeitbeschäftigung ausüben will, sollte sich von der Erziehungsgeldstelle beraten lassen.

Krankenversicherung

Mutter oder Vater bleiben während des Erziehungsurlaubes krankenversichert, ohne daß aus dem Erziehungsgeld Beträge zu leisten sind.

Erziehungszeiten in der Rentenversicherung

Mit dem Rentenreformgesetz 1992 werden für Kinder, die ab 1992 geboren sind, drei Erziehungsjahre anerkannt.

KARENZ

Der Karenzurlaub bietet unselbständig erwerbstätigen Müttern oder Vätern wahlweise die Möglichkeit, insgesamt zwei Jahre bei ihrem Kind zu bleiben.

Frau und Mann dürfen einander allerdings nur einmal abwechseln. Der Karenzurlaub muß mindestens drei Monate in Anspruch genommen werden.

Die Anmeldung erfolgt von der Mutter innerhalb von acht Wochen nach der Geburt beim Arbeitgeber. Der Vater muß Beginn und Dauer seines Karenzurlaubes dem Arbeitgeber spätestens vier Wochen nach der Geburt melden.

Leibliche sowie Adoptiv-(Pflege)eltern können den verlängerten Karenzurlaub in Anspruch nehmen.

Der Kündigungs- und Entlassungsschutz gilt bis vier Wochen nach Beendigung des Karenzurlaubes.

Nimmst du mir mal den Kleinen ab?

Karenzurlaubsgeld

Anspruch auf Karenzgeld haben Mütter (Väter), die innerhalb der letzten zwei Jahre vor Antragstellung mindestens 52 Wochen in Österreich angemeldet gearbeitet haben. Wenn weitere Kinder dazukommen, so genügen 20 Wochen nachweisbare Erwerbstätigkeit innerhalb des letzten Jahres vor Antragstellung. Die »20-Wochen-Regelung« gilt auch für Mütter (Väter), deren Kind vor ihrem 25. Lebensjahr geboren wurde oder die, bevor sie Karenzurlaub beantragt haben, schon Arbeitslosengeld oder Notstandshilfe erhielten.

Das Neugeborene muß im Haushalt der Mutter (des Vaters) leben und überwiegend von ihr (ihm) selbst gepflegt werden.

Anspruch auf Karenzurlaubsgeld haben auch Adoptivmütter (-väter), die ein Kind vor dessen erstem Geburtstag adoptieren bzw. in unentgeltliche Pflege nehmen, um es zu adoptieren.

Verheiratete Mütter (Väter) erhalten maximal zwei Jahre lang ein Karenzurlaubsgeld von 4.893 Schilling monatlich, alleinstehende Mütter (Väter) bekommen 7.317 Schilling im Monat.

Teilzeitarbeit und Karenz

Während des Karenzurlaubes kann eine Beschäftigung ausgeübt werden, die nicht mehr als 2.990 Schilling monatlich einbringt.

Mütter oder Väter, die ihr Kind vorwiegend betreuen, haben nach dem einjährigen Karenzurlaub die Möglichkeit, eine Teilzeitbeschäftigung anzunehmen. Bis zum vollendeten zweiten Lebensjahr des Kindes erhalten sie dann ein Teilzeitkarenzurlaubsgeld, das maximal die Hälfte des vollen Karenzurlaubsgeldes beträgt.

Die Arbeitszeit muß dabei mindestens um zwei Fünftel der wöchentlichen Normalarbeitszeit reduziert sein.

Beim früheren Arbeitgeber haben Väter und Mütter sogar einen Rechtsanspruch auf Teilzeitarbeit: Ihm muß lediglich diese Absicht spätestens vier Wochen nach der Entbindung mitgeteilt werden.

Krankenversicherung und Karenz

Karenzierte Mütter oder Väter sind krankenversichert.

Pensionsversicherung und Karenz

Die Zeit bis zur Vollendung des dritten Lebensjahres des Kindes wird der Mutter oder dem Vater als Pensionsversicherungszeit angerechnet.

Bis der Sproß mit 18 Jahren volljährig ist, wird er in fast allen Belangen von Vater und Mutter vertreten, können die Eltern über die Lebensschritte des Kindes verfügen. Erst nach und nach gehen einzelne Rechte tatsächlich auf das Kind über (> Was Kinder dürfen, Seite 80).

An Stelle des Kindes

Die Eltern müssen für die Erziehung ihres Kindes sorgen. Wie und nach welchen Grundsätzen sie das tun, ist ausschließlich ihre Angelegenheit. Der Staat schreibt keine Erziehungsziele vor. Allerdings ist das elterliche Erziehungsrecht nicht unbegrenzt. »Entwürdigende Erziehungsmaßnahmen« etwa sind verboten, grobe Übergriffe mit schweren körperlichen und seelischen Auswirkungen für das Kind können strafbar sein. Dennoch ist in Deutschland die Züchtigung eines Kindes immer noch nicht explizit verboten (> Gewalt gegen Kinder, Seite 372).

Eltern haben ein Recht auf ihr Kind. Das heißt, sie dürfen die Herausgabe ihres Kindes von jedem verlangen, der es ihnen vorenthält. Und die Eltern dürfen darüber bestimmen, wer mit dem Kind zusammensein darf oder nicht. Sie dürfen auch den Aufenthaltsort ihres Kindes bestimmen.

Ihrem Kind die Freiheit zu entziehen, ist allerdings verboten. Eltern sind nicht berechtigt, ihr Kind mutwillig einzusperren.

Wenn die Eltern das seelische oder körperliche Wohl der Kinder gefährden, hat der Staat allerdings das Recht, über die Jugendämter in das Sorgerecht einzugreifen. Die Palette der gesetzlichen Maßnahmen reicht bis zum vollständigen Entzug des Sorgerechts (> Gewalt gegen Kinder, Seite 372).

Insgesamt haben also Mutter und Vater über ihre Kinder Macht in einer Fülle, wie sie sonst keinem Menschen über andere Menschen zugestanden wird.

Die UNO hat versucht, diese fast unbeschränkte Macht mit einer »Kinderrechtskonvention« ein wenig einzudämmen. Einige Auszüge daraus sollen verdeutlichen, daß manches von dem, was uns als selbstverständliches Menschenrecht in der Erwachsenenwelt geläufig ist, im Umgang mit Kindern erst in Erinnerung gerufen werden muß:

● Das Kind hat das Recht auf freie Meinungsäußerung; dieses Recht schließt die Freiheit ein, sich Informationen und Gedankengut jeder Art zu beschaffen.

● Es hat das Recht, in allen seine eigenen Angelegenheiten berührenden Fragen seine Meinung zu äußern – und das Recht, daß diese Meinung angemessen berücksichtigt wird.

● Das Kind hat Gedanken-, Gewissens- und Religionsfreiheit.

● Es hat das Recht, sich frei mit anderen zusammenzuschließen und zu versammeln.

Das deutsche und das österreichische Parlament haben der UNO-Konvention zugestimmt. In ihre Gesetzgebung hat sie jedoch noch keinen Eingang gefunden.

Im Erziehungsalltag von Eltern sollten diese Grundsätze jedoch das Minimum dessen sein, was den Kindern an Eigenständigkeit zugestanden wird (> Vorleben statt erziehen, Seite 324).

Die Pflicht zu sorgen

Die Eltern sind für das Wohl ihres Kindes verantwortlich. Sie müssen für Essen, Kleidung und Unterhalt aufkommen.

● Eltern müssen ihr Kind beaufsichtigen. Verletzt sich das Kind beispielsweise bei einem Verkehrsunfall, weil es plötzlich auf die Straße lief oder nicht angeschnallt war, so können die Eltern wegen Unterlassung der Aufsichtspflicht angezeigt werden.

● Eltern müssen für die Ausbildung und das Erlernen eines Berufes sorgen. Dabei müssen sie allerdings auf »Eignung, Neigung und den Willen des Kindes« Rücksicht nehmen. Entscheiden die Eltern in Eigenregie, kann der Jugendliche sich an das Vormundschaftsgericht wenden.

● Der Unterhaltspflicht müssen die Eltern so lange nachkommen, bis ihr Kind eine abgeschlossene

WAS KINDER DÜRFEN

Bis zum Alter von sieben Jahren regieren die Eltern praktisch alleine. Das Kind ist zwar auf dem Papier ein eigenes Rechtssubjekt, doch die Eltern vertreten es in allen Belangen.

Alkohol

Hier ist der Gesetzgeber großzügig: Ist ein Erwachsener dabei, dürfen auch Kinder unter 16 in einem Lokal Alkoholisches trinken. Ab 16 Jahren können sie sich Bier oder Wein bestellen, ohne um Erlaubnis zu fragen. Hochprozentiges gibt es allerdings erst ab 18 (> Seite 369).

Arbeiten

Kinderarbeit ist grundsätzlich verboten.
Ab dem Alter von 13 Jahren dürfen die Kids mit leichten Arbeiten beschäftigt werden:

- mit Handreichungen beim Sport bis zu 2 Stunden täglich.
- bei Veranstaltungen wie Theateraufführungen oder Konzerten, wenn dadurch Gesundheit und Entwicklung nicht gefährdet sind.
- mit dem Austragen von Zeitungen und Zeitschriften bis zu 2 Stunden an Werktagen.
- In der Landwirtschaft bis zu 3 Stunden täglich.
Nach dem Ende der Schulpflicht dürfen die Kids arbeiten. Bis sie 16 sind, darf der Job allerdings nicht vor sechs Uhr früh beginnen, außer in ganz speziellen Berufen (z.B. Bäckerlehrlinge).

Ausgehen

Discos, Restaurants oder Kneipen dürfen bis zum Alter von 16 Jahren nur in Begleitung Erwachsener besucht werden. Zwischen 16 und 18 müssen die Kids spätestens um Mitternacht nach Hause gehen.

Auslandsreisen

Ab dem Alter von zehn Jahren brauchen Kinder einen eigenen Kinderpaß mit Foto, ab 16 sind Paß oder Personalausweis Pflicht.
Generell dürfen Jugendliche unter 18 Jahren nur mit Erlaubnis ihrer Eltern allein verreisen. Für den Fall, daß sie in eine Ausweiskontrolle geraten, sollten sie eine schriftliche Erklärung des Einverständnisses von Mutter oder Vater mithaben.

Auto fahren

Den Führerschein für PKW und Motorrad gibt es ab 18. Fahrstunden dürfen allerdings schon vorher absolviert werden.

Bankkonto

Ein »erwachsenes« Konto dürfen erst 18jährige eröffnen. Jugendkonten mit stark eingeschränktem Überziehungsrahmen werden jedoch bereits für 14jährige angeboten. Voraussetzung ist dabei das Einverständnis der Eltern.

Die Pille

Mädchen können sich mit 14 Jahren die Pille auch ohne Zustimmung der Eltern verschreiben lassen (> Seite 300).

Radfahren

Bis zum Alter von acht Jahren müssen Kinder mit dem Rad den Gehsteig benutzen, es sei denn, es gibt eigene Radwege. Zum Überqueren der Straßen müssen die Vehikel geschoben werden.
Ab acht (in Österreich ab zwölf) Jahren ist es den Kids erlaubt, die Straße mit dem Fahrrad zu benutzen (> Seite 420).

Heiraten

Mit 16 darf geheiratet werden, wenn sein/ihr Zunkünftige/r volljährig ist oder wenn das Paar ein Kind erwartet.

Kinobesuche

Bis zum Alter von 12 Jahren ist der Kinobesuch nur erlaubt, wenn der Film für das jeweilige Alter freigegeben und die Vorführung bis spätestens 20 Uhr zu Ende ist.

Ab 14 ist der Kinobesuch bis 22 Uhr erlaubt, und mit 16 dürfen sich die Kids auch die Spätvorstellungen ansehen.

Mofa fahren

Der Jugendliche darf mit einem Mofa (bis 50 Kubik und 25 km/h), Moped (bis 50 Kubik und 50 km/h) und einem Leichtkraftrad (80 Kubik und 80 km/h) fahren. Voraussetzung ist die Mofa-Prüfbescheinigung, der Führerschein Klasse 4 und der Führerschein Klasse 1b.

Rechtsverletzungen

Ab 14 müssen Jugendliche für Übertretungen der Gesetze selbst einstehen. Bei Straftaten sind Jugendstrafen ebenso möglich wie etwa bei Verkehrsunfällen, die durch grobe Fahrlässigkeit verursacht wurden.

Rauchen

In der Öffentlichkeit dürfen sich Jugendliche erst mit dem blauen Dunst einnebeln, wenn sie 16 sind.

Religion

Ab zehn Jahren haben Kinder das Recht, etwa bei einem Wechsel der Religion gehört zu werden.

Sind die Kids 12 Jahre alt, können die Eltern die Religionszugehörigkeit des Kindes nicht mehr gegen seinen Willen wechseln.

Mit 14 schließlich entscheiden Jugendliche alleine, woran sie glauben. Sie können aus der Kirche austreten, aber auch ohne Zustimmung der Eltern einer Religionsgemeinschaft beitreten (> Seite 586).

Schaden

Ab dem Alter von sieben Jahren können Kinder für von ihnen verursachte Schäden verantwortlich gemacht werden, wenn sie die möglichen Folgen dessen, was sie getan haben, abschätzen konnten. In der Praxis bedeutet dies freilich, daß weiter die Eltern (oder ihre Haftpflichtversicherung) zahlen müssen, wenn das Kind beim Ballspiel ein Fenster beschädigt.

Schule

Welche Schule ein Kind besucht, entscheiden letztlich die Eltern. Ab dem Alter von sieben Jahren muß allerdings der Wille des Kindes bei der Entscheidung berücksichtigt werden. Wie das geschieht, bleibt jedoch den Eltern überlassen. Wirklich alleine entscheiden können Jugendliche erst ab 18 Jahren.

Streit um Vater und Mutter

Kinder müssen ab 14 Jahren in persönlichen Fragen vom Vormundschaftsgericht angehört werden. 14jährige haben das Recht, gegen jedes Urteil des Vormundschaftsgerichts, das ihre Person betrifft, Einspruch zu erheben. Sie können auch die Bestellung eines anderen Vormunds beantragen und dürfen etwa nach einer Scheidung entscheiden, bei welchem Elternteil sie bleiben wollen.

Taschengeld

Was Kinder mit dem eigenen Geld tun, ist ihre Sache. Sie können damit kaufen, was sie wollen. Lediglich für Ratenzahlungen brauchen sie die Unterschrift der Eltern.

Verträge

Verträge können Jugendliche bis 18 Jahre nur schließen, wenn die Eltern mit unterzeichnen. Erst dann sind die Verträge bindend und rechtskräftig.

Volle Rechte

Den Erwachsenen gleichgestellt sind Jugendliche mit 18 Jahren.

Berufsausbildung hat und finanziell für sich selbst sorgen kann. Das bedeutet in aller Regel, daß Eltern verpflichtet sind, auch ein Studium zu bezahlen – unabhängig davon, ob ihnen die Studienrichtung paßt oder nicht.

● Eltern sind verpflichtet, ihre Kinder bei der Gründung eines selbständigen Haushalts zu unterstützen. Die Höhe der »Aussteuer« hängt von den finanziellen Möglichkeiten ab und ist gesetzlich nicht geregelt. Ebenso sind Eltern verpflichtet, ihren Kindern einen Teil ihres Vermögens zu vererben. Die Kinder haben Anspruch auf einen »Pflichtanteil«, auch wenn sie per Testament »enterbt« wurden.

● Auch für die Verwaltung des kindlichen Vermögens sind die Eltern zuständig. Bekommt das Kind Geschenke, die über 1000 Mark wert sind, oder erbt das Kind ein Vermögen, müssen die Eltern dieses verwalten. Auch hier gilt die Sorgepflicht. Das kindliche Vermögen darf nicht für eigene Bedürfnisse ausgegeben werden.

DIE WAHL DER ZAHL

Die Arbeit, die Kinder mit sich bringen, bekommt mit zwei oder mehr Kindern eine völlig neue Dimension. Denn es ist ein Unterschied, ob man mit einem Kind in den Zoo geht oder FreundInnen besucht oder ob drei Sprößlinge in unterschiedlichen Entwicklungsstufen um Aufmerksamkeit, Versorgung und Zärtlichkeit konkurrieren.

Mehrere Kinder verschlingen zunächst ein Vielfaches an Zeit, Kraft und Geld.

Mehrere Kinder erfordern von den Eltern mehr Umsicht im familiären Zusammenleben. Die Zeit der Eltern für sich und für einander fällt am Anfang häufig noch spärlicher aus.

Mehrere Kinder entwickeln aber nach einiger Zeit ihre eigene Beziehung zueinander, werden zu SpielgefährtInnen, können einander helfen und

unterstützen, brauchen nicht mehr für jedes Problem elterlichen Rat.

Wer Zwillinge oder Drillinge bekommt, erspart sich diese Abwägungen. Solche Eltern müssen sich in der ersten Zeit auf eine extreme Belastung einstellen. Doch sie können sich trösten: Um so intensiver wird die Geschwisterbindung sie später entlasten. Und die Probleme durch die Entthronung des Erstgeborenen bleiben ihnen überhaupt erspart (> Wütende Liebe, Seite 83).

Die Sorge um die Mehrbelastung scheint bei den meisten Eltern zu überwiegen: Schon die Hälfte der Eltern entscheidet, es bei einem Kind zu belassen – nicht selten mit Schuldgefühlen.

Einzelkinder

»Feigheit, Unselbständigkeit und Ungeschicklichkeit. Altklugheit und Hypochondrie. Eitelkeit, Selbstsucht und Ungeselligkeit.« Diese Charakterzüge schrieb der Wiener Kinderarzt Josef Friedjung um die Jahrhundertwende Einzelkindern zu.

Seine Thesen sind bis heute Allgemeingut. Obwohl wissenschaftliche Untersuchungen immer wieder zeigen, daß Einzelkinder keineswegs »psychisch deformiert« sind, spuken negative Meinungen über sie durch die Köpfe der Eltern, Großeltern, FreundInnen und NachbarInnen. »Das Kind wird niemals lernen zu teilen, es wird immer im Mittelpunkt stehen wollen und nicht fähig sein, die eigenen Probleme zu lösen, weil es von vorn bis hinten bedient wird.« Vorteile, ätzt die Volksmeinung, habe ein Einzelkind allenfalls für Mutter und Vater.

Möglicherweise auch fürs Kind, sagen WissenschaftlerInnen. Jedenfalls keinen Nachteil: Auch großangelegte Studien zeigen, daß es »das typische Einzelkind« nicht gibt. Wenn es überhaupt Unterschiede gab, dann eher zugunsten des »einsamen« Sprößlings. Im Durchschnitt erreichen Einzelkinder einen höheren Bildungsabschluß, so eine kalifornische Studie, in der 150.000 Lebensläufe von Einzelkindern untersucht wurden. Man führt dies darauf zurück, daß Einzelkinder durch die ungeteilte Aufmerksamkeit, die sie von ihren Eltern bekommen, in einem höheren Maß gefördert werden, als dies in Mehrkindfamilien der Fall sein kann.

Zuviel fürs Kind

Die ausgeprägte Beschäftigung mit dem Kind kann freilich auch überfürsorglich und einschränkend werden: Laut einer österreichischen Studie erleben 66 Prozent der Einzelkinder ihre Mütter als »überprotektiv«, jedoch nur 60 Prozent der Kinder mit einem, und 54 Prozent derer mit zwei Geschwistern.

Eltern von Einzelkindern sollten sich bewußt sein, daß ihr Kleines möglicherweise allzusehr im Mittelpunkt ihres Interesses steht. Dann besteht die Tendenz, das Kind allzusehr zu behüten, jeden Schritt mitvollziehen zu wollen. Das engt das Kind in seinen Entwicklungschancen ein.

Der frühzeitige häufige und alltägliche Kontakt mit anderen Kindern ermöglicht die wichtigen sozialen Lernprozesse, die Kinder miteinander machen (> Tagesmütter, Seite 614; > Kinderkrippen, Seite 606, > Kindergärten; Seite 618). Und wenn es gelingt, FreundInnen oder Großeltern für die Übernahme von Betreuungszeiten zu gewinnen, wird das Kleine eher selbständig werden.

Geschwister

Die Eltern lernen mit zwei oder mehreren Kindern kennen, was landläufig als »richtige Familie« gilt. Waren sie mit einem Kind noch relativ flexibel in ihrer Berufs-, Freizeit- und Abendgestaltung, konnten sie ihr Kleinkind schon mal für Stunden FreundInnen oder Verwandten überlassen oder es mitnehmen, so ändert sich das mit mehreren Kindern. Später kehrt sich das freilich wieder um – dann können die Älteren auf die Kleinen aufpassen.

In jedem Fall bedeutet die Ankunft des zweiten Kindes, daß das allmählich aufgebaute Dreiecks-verhältnis Mutter-Vater-Kind wieder umgebaut werden muß. König Baby, inzwischen zum Kleinkind geworden, ist plötzlich entthront. Es ist oft viel Feingefühl und Einfallsreichtum nötig, um dem älteren Kind zu vermitteln, daß sein Platz in der Familie nun nur anders aussieht, nicht aber zur Gänze gefährdet ist.

Die Geburt des zweiten Kind zwingt das Erstgeborene in jedem Fall, selbständiger zu werden. Eltern sollten behutsam damit umgehen, dafür sorgen, daß sich das ältere Kind nicht plötzlich nur noch alleine anziehen, die Spielsachen wegräumen und seine Schuhe in den Schrank stellen muß. Die alltäglichen Verrichtungen weiterhin gemeinsam zu bewältigen, vermittelt dem Kind Geborgenheit.

Doch insgesamt ist nicht daran zu rütteln: Das neue Baby ist für das ältere Kind ein Eindringling, zwingt es, eine neue Beziehungskonstellation aufzubauen.

Wütende Liebe

Etwa die Hälfte der älteren Kinder reagiert auf die Geburt eines Geschwisters mit deutlichen Verhaltensveränderungen wie Trotz, Anklammern oder Rückzug (> Autonomie und Sicherheit, Seite 270). Wenn das Kind wie aus heiterem Himmel wieder zu krabbeln beginnt, wenn es ins Bett näßt oder teure Tassen zertrümmert, sollten bei den Eltern die Alarmglocken klingeln: Das Ältere fühlt sich zurückgesetzt, zu wenig geliebt und will mehr Aufmerksamkeit.

Empörung bei Mutter und Vater machen das Kind nur noch einsamer und unglücklicher: Die Gefühle des Kindes sollten gerade jetzt nicht reglementiert werden, es verlangt nach ungeteilter Hinwendung (> Eifersucht: Der Umgang mit dem Drama, Seite 85).

Eifersüchtige Kinder verhalten sich sehr unterschiedlich. Nicht alle zeigen ihren Schmerz offen, manche sind dem Geschwisterchen gegenüber übertrieben lieb und sanft, gehen dafür aber auf andere Kinder los (> Aggressionen, Seite 356).

Wenn die Entthronten übertrieben brav werden, bedeutet das nichts anderes, als daß sie um die Zuneigung von Mutter und Vater buhlen. Sie wollen »gefallen«.

Die Geschwister interessieren sich meist relativ bald füreinander: Indem sie sich gegenseitig behindern und belästigen, aber auch indem sie miteinander auf Entdeckungsreisen gehen.

Das ältere Geschwister versucht oft, die Elternrolle zu spielen, und übernimmt Teile der Kindesbetreuung. Dennoch dürfen die Eltern dieses Mittun, die Unterstützung, nicht einfordern.

Wenn der zweite Sprößling etwa drei Jahre alt ist, festigt sich die Geschwisterbeziehung und wird von den Eltern unabhängiger.

Das Gebot für die Eltern im Umgang der Geschwister miteinander sollte lauten: Nicht immer einspringen, nicht urteilen, wenn's zwischen den Kindern kracht (> Aggressionen, Seite 356).

Die beste Zeit für Nummer 2

Gleichzeitig mit der Entscheidung für ein zweites Kind stellt sich zwangsläufig die Frage: Wann ist der richtige Zeitpunkt?

Einen idealen Zeitpunkt gibt es sicher nicht – wohl aber einige Vor- und Nachteile für Kinder und Eltern, die abzuwägen sind.

Ist das erste Kind erst rund ein Jahr alt, wird der Schock der Entthronung kaum sehr heftig sein. Allerdings hat man dann zwei Wickelkinder gleichzeitig zu versorgen, es gibt keine Verschnaufpause für die Eltern.

Andererseits gewinnen Familien mit zwei fast gleichaltrigen Kindern nach drei bis vier Jahren wieder Freiraum für Unternehmungen, die mit Babies kaum durchzuführen sind: Wanderungen, größere Reisen können für die geballte Betreuungszeit entschädigen.

Ist das erste Kind zwei Jahre, wird's in aller Regel schwieriger. In dieser Lebensphase sind die Kleinen besonders intensiv auf die Eltern angewiesen, haben das Privileg des Einzelkinderdaseins schon

ausführlich genossen und sind obendrein im dritten Lebensjahr in der »Trotzphase«. Sie haben noch nicht gelernt, zu warten, wenn sie ein Bedürfnis haben.

Wenn drei oder mehr Jahre zwischen den Geschwistern liegen, scheinen die Konflikte am geringsten zu sein. Die Älteren sind nicht mehr ausschließlich von Mama und Papa abhängig, agieren bereits öfter selbständig und haben Kontakte zu anderen Kindern. Dreijährige haben auch schon eine Vorstellung von Zeit, können warten und die Befriedigung von Bedürfnissen aufschieben.

Im Teenageralter ist ein Altersabstand von drei, vier Jahren dagegen schon fast zu groß, um die Jugendzeit gemeinsam zu durchleben.

Brüder und Schwestern

Es bleibt zwar meist eine »Kampfbeziehung«, aber Geschwister können einander eine Menge geben:
- Sie können Bündnisse eingehen und sich dadurch schützen. Nach dem Motto »Wenn du mir bei der Mama hilfst, helfe ich dir bei einer anderen Angelegeheit beim Vater« können sie Koalitionen gegenüber den Eltern bilden und so Interessen durchsetzen.
- Geschwister können voneinander lernen – vom Lesen und Schreiben bis zu den Geschlechterrollen.
- Sie verändern die Gruppendynamik in der Familie. Streiten die Eltern untereinander, können sich die Kinder besser »absetzen«.

Geschwister differenzieren allerdings meist die elterlichen Gefühle. Sehr oft werden die älteren Kinder »Papalieblinge«, während die Kleinen Favoriten der Mama sind.

Drei Kinder

Bei drei Kindern hat es in aller Regel das mittlere besonders schwer. Die Identitätssuche ist für ein Kind in dieser Position besonders schwierig, weil es ständig um Zustimmung und Liebe der Eltern und

EIFERSUCHT: DER UMGANG MIT DEM DRAMA

Kleine Kinder teilen nicht gerne, schon gar nicht Mutter und Vater. Kaum ein entthronter Sprößling reagiert nicht mit Eifersucht. Das ist gesund und normal. Eltern sollten lediglich versuchen, von Anfang an das Gefühl zu vermitteln, daß sie in der Lage sind, ihre Liebe und Zuwendung zu teilen:

● Vergessen Sie nicht, daß auch das »große« Kleine gerade jetzt intensive Zuwendung braucht. Verbale Erklärungen mögen ihren Stellenwert haben. Schmusen wirkt aber mehr als Worte. Das gilt auch, wenn gerade der Fernseher mit Wasser übergossen

Brüderchen zu verkaufen

wurde. Strafen macht die Eifersucht nur noch schlimmer und führt zur Verdrängung.

● Zuwendung bedeutet auch, daß sich die Eltern immer wieder ganz allein für das ältere Kind Zeit nehmen. Haben beide Eltern Zeit, können sie die Betreuung der beiden Kinder phasenweise aufteilen. Machen Sie mit dem älteren Kind ohne Begleitung durch die Konkurrenz einen Spaziergang in den Zoo, ins Kino, nützen Sie die Zeit, wenn das neue Baby schläft.

● Beziehen Sie das Ältere in die Betreuung des Kleinsten ein. Wenn das ältere Kind will, soll es den Kleinen füttern, ihn wickeln, mit ihm baden.

● Die Wut über den Kleinen muß leben dürfen. Eine Buhmann-Puppe hält einiges aus und ist allemal besser als kaputte Tassen. Ermöglichen Sie auch dann mit behutsamer, aber bestimmter Begleitung engen Kontakt mit dem Baby, wenn das ältere Kind sehr aggressiv ist. Sonst lernt es nie, mit ihm umzugehen.

● Fordern Sie Umsicht von BesucherInnen. Sie sollen sich nicht auf den kleinen Star stürzen. Zuerst kommt die liebevolle Begrüßung des »Großen«.

● Lassen Sie es zu, daß das Große manchmal wieder zum Baby wird. Spielen Sie mit.

Diesen regressiven Verhaltensweisen steht in der ersten Phase, die meist etwa ein Jahr lang dauert, ein oft fast übertrieben positives Verhalten zum Neuankömmling gegenüber. Das ältere Kind inszeniert sich, bis sich beide vor Lachen krümmen, es entwickelt Besitzansprüche auf den Winzling und verteidigt ihn gegenüber anderen Kindern.

Wenn sich das jüngere Kind selbständig fortbewegen kann, beginnt die zweite Phase der Auseinandersetzung. Die Jüngeren suchen die Nähe der Älteren, aber auch die Nähe ihrer Spielsachen und Heiligtümer. Erneut stoßen sie damit häufig auf Abwehr. Zugleich aber beginnen sie ansatzweise, miteinander zu spielen.

Geschrei und Gezeter der Kleinen können den Eltern kräftig an die Nerven gehen. Dabei sollten sie einige Regeln beachten:

● Seins bleibt seins. Das ältere Kind entscheidet selbst, was es zum Spielen abgeben oder herborgen will. Gibt es was, ist es gut. Gibt es nichts, ist es auch gut.

● Wenn das Kleine aus Tapsigkeit die mühsam zusammengebaute Eisenbahn zerdeppert, so muß sie – und sei es mit Hilfe der Eltern – wieder zusammengebaut werden. Ähnliches Spielzeug kann die Neugier des Kleinen auf die Sachen vom Älteren ein wenig zügeln.

um den Platz in der Familie ringen muß. Diese »Sandwichkinder« bedienen sich in ihren sozialen Kontakten oft gewundener Wege oder gelten als ungewöhnlich aggressiv.

GROSSELTERN

In den Bilderbüchern sehen sie noch immer so aus wie früher: Die weißhaarige Oma strickt, der Opa raucht zittrig die Pfeife. Die gestiegene Lebenserwartung bringt es jedoch mit sich, daß sehr häufig vier recht agile Großeltern, bisweilen auch noch Urgoßeltern zum Kinderalltag gehören.

Großeltern übernehmen oft die Rolle von Babysittern oder Ersatzeltern. Sie erledigen die Hausarbeit, wenn die Mütter krank sind, Ferien machen oder wenn ein weiteres Baby geboren wird. Mehr als ein Viertel der Eltern nehmen bei der Kinderbetreuung täglich Hilfe durch ihre eigenen Eltern in Anspruch. Und bei zehn Prozent der Eltern übernehmen die Großeltern die gesamte Arbeit, die im Haushalt anfällt, vom Einkaufengehen über Kochen, Putzen bis zur Reparatur von technischen Geräten.

Die großen Eltern

Für die Kinder können Oma und Opa ein Hit sein.
● Die Enkel erfahren bei ihnen durch Bilder und Erzählungen etwas über ihre eigenen Eltern, die Kindheit von Vater oder Mutter.
● Großeltern können in konfliktträchtigen Familien ein stabiler Bezugspunkt für die Kleinen sein.
● Durch Großeltern erleben Kinder unmittelbar und direkt, was es heißt, alt zu sein, später auch, daß Krankheit und Tod Bestandteile des Lebens sind (> Leben mit dem Tod, Seite 594).
● Bei Oma und Opa darf das Kind, was andernorts verboten ist: Welch ein Genuß, welch eine Befreiung!

In den letzten Jahrzehnten hat sich die Großeltern-Eltern-Enkel-Beziehung gewandelt: Die alte Unterordnung wurde zunehmend von gegenseitigem Verständnis zwischen den Generationen, von mehr Freundschaft und emotionaler Wärme abgelöst. Heute existieren mehrere Beziehungsmuster nebeneinander:
● Die »formellen« Großeltern tauchen nur ab und zu auf und mischen sich in familiäre Angelegenheiten keinesfalles ein. Durch finanzielle Unterstützung und Geschenke kommen sie ihrer formalen Pflicht nach, emotional fühlen sie sich jedoch weder positiv noch negativ durch die Existenz der Enkel angesprochen.
● Großeltern als »Ersatzeltern« übernehmen einen guten Teil der Kinderbetreuung und der Haushaltsführung, weil beide Eltern berufstätig sind oder weil eine Scheidung des Sohnes oder der Tochter zu dieser Rollenübernahme zwingt.
● Großeltern als »weise« Ratgeber. Hier stellen die Großeltern ihre Fähigkeiten, ihr Know-how, ihre Erfahrung den Enkeln zur Verfügung, suchen aber ansonsten eine »distanzierte Autorität« zu wahren.
● Großeltern als »Freudensucher« sind jene, die Spiel und Spaß mit ihren Enkeln teilen möchten. Es sind Großeltern, die sich aber hüten, als Autoritäten aufzutreten und Disziplinierungsmaßnahmen einzusetzen.
● »Distanzierte Großeltern« schließlich wahren zu ihren Enkeln Abstand, verbieten sich die Anrede als »Oma« oder »Opa« und wollen sich ihr eigenes Leben nicht durch die Enkelkinder beeinträchtigen lassen.

Die zweite Elternschaft

Eines aber haben alle Großeltern gemeinsam: Kein Paar ist gefragt worden, ob es zu Großeltern werden wollte oder nicht. Großeltern wird man einfach.

Manche Großeltern erblicken im Enkelkind einen neuen Lebensinhalt, träumen von gemeinsamen Spaziergängen im Park oder vom Spiel vor dem Kamin. Für sie sind Enkel die Chance, noch einmal – allerdings in einem Lebensabschnitt mit viel mehr Erfahrung – einen Teil der Elternschaft zu durchleben.

Andere wiederum sind zunächst schockiert, weil die Existenz des Enkelkindes sie mit der Frage des Alters und des Alterns konfrontiert.

Manche sind verunsichert, scheu und meiden den Kontakt, weil sie das Gefühl haben, selbst als Eltern viel falsch gemacht zu haben.

Immer bietet Großelternschaft die Möglichkeit, über sich, das eigene Leben, die Beziehung zu den Kindern, über das, was einem wichtig, und das, was einem unwichtig erscheint, nachzudenken.

Auch die jungen Eltern haben sich die Großeltern nicht ausgesucht. Oft sind Spannungen zu den eigenen oder den Schwiegereltern kaum zu bereinigen, mindestens ebensooft wird von den jungen Eltern nun auch die eigene Kindheit wiedererlebt.

Es kann ziemlich aufreibend sein, an den Aktionen der Eltern seinen eigenem Kind gegenüber Phasen der eigenen Kindheit wiederzuerleben.

Und es kann die ohnehin angespannten Nerven zum Zerreißen bringen, wenn die Suche nach einem eigenen Erziehungsstil ständig durchkreuzt oder in Frage gestellt wird.

Junge Eltern, die es dennoch schaffen, ihre eigenen Eltern in die Kinderbetreuung einzubeziehen, gewinnen jedoch mehrfach:

● Sie werden bei der Kinderbetreuung nachhaltig entlastet. Voraussetzung ist freilich, daß Eltern und Großeltern den Erziehungsstil des jeweilig anderen respektieren. Dem Kind kann das nicht schaden – es wird auch später mit vielen sozialen Realitäten konfrontiert sein und lernt früh, sich darauf einzustellen.

● Sie haben die Chance, eine neue Beziehung mit ihren Eltern aufzubauen. Sie sind nun nicht mehr in erster Linie Kinder, sondern selbst Vater und Mutter. Gelingen kann das nur, wenn frühzeitig die Angelegenheiten der neuen von denen der alten Familie getrennt werden: Wie sie ihr Leben gestalten, sollten Vater und Mutter selbst bestimmen können.

● Sie können – mit Abstand – mit ihren Eltern auch die gemeinsame Geschichte besprechen.

TIPS FÜR GROSSELTERN

● Oma und Opa sollten zunächst klären, wie sie sich einbringen wollen. Pflichtgefühl allein ist keine gute Basis für die neue Beziehung. Achtung vor der Großelternfalle: Großeltern sind keine Märtyrer, die immer dasein müssen, wenn man sie braucht. Ein klares »Nein«, wenn Sie weder Zeit noch Lust auf Babysitting haben, tut einer guten Beziehung keinen Abbruch.

● Gleiches gilt für die jungen Eltern: Es sollte im Prinzip angenehm sein, wenn die Großeltern sich einbringen. Wenn es auch nur einem Partner allzusehr zuwiderläuft, sollte man eher andere Hilfen suchen.

● Eine gute Beziehung zwischen Großeltern und Eltern ist dann möglich, wenn allen die einzunehmenden Funktionen klar sind und im Einverständnis mit allen Beteiligten eingegrenzt werden.

● Grundsätzlich gilt: Die Eltern bestimmen die Regeln des Zusammenlebens, der Betreuung, der Versorgung ihres Kleinen.

● Das sollte jedoch nicht dazu führen, daß die neuen Eltern die Lebensregeln auch dann bestimmen wollen, wenn die Großeltern mit den Kleinen alleine sind. Wenn der Winzling keine Schleckereien bekommen soll, die Oma aber davon nicht ablassen will, hilft nur eines: Diskussion, Respekt – und ein wenig Bereitschaft, die eigenen Prinzipien nicht tierisch ernst zu nehmen.

● Gleiches gilt für Oma und Opa: Ihre Erfahrungen mögen wichtig und richtig sein. Sie zu verkünden, wird fast immer als lästig empfunden, wenn sie nicht direkt um Rat gefragt wurden.

Scheiden tut weh

Scheidung ist längst kein Minderheitenschicksal mehr. Bereits bei einem Drittel der Paare geht der Bund, der fürs Leben halten sollte, in die Brüche. Bei jeder zweiten Scheidung sind Kinder mitbetroffen. Für sie ist die Trennung ihrer Eltern immer ein dramatisches Ereignis. Das Vorurteil, daß »Scheidungswaisen« mit schlechten Startbedingungen ins Leben gehen, stimmt trotzdem nicht.

In der chinesischen Kalligrafie setzt sich das Wort Krise aus den Symbolen für Gefahr und Chance zusammen. Das Wort Scheidung, meinen moderne FamilienforscherInnen, müßte dort ähnlich geschrieben werden.

Für Kinder ist die Trennung der Eltern zunächst immer ein Drama. Die Schwierigkeiten und Probleme, Schmerzen und Ängste, die Kinder bei der Trennung ihrer Eltern plagen, übersteigen alles, was sie bisher erlebt haben. Selbst Kinder, die vor der Trennung tägliche und mit Fäusten ausgetragene Konflikte ihrer Eltern miterleben mußten, empfinden die Scheidung meist bedrohlicher als die Prügelszenen davor.

Für die Kleinen ist Ehe kein bewußter Zusam-

menschluß von zwei Menschen und Familie nicht eine Lebensform, die sich unterschiedlich gestalten läßt. Für sie ist es die Welt, die nur so und nicht anders sein kann. Bis über das Schulalter hinaus begreifen sie sich als Teil der untrennbaren Einheit Vater-Mutter-Kind.

Wenn ein Elternteil weggeht, zerreißt diese Einheit. Für ein Kind bedeutet das nicht nur, daß sich zwei Erwachsene trennen, es fühlt sich immer auch selbst verlassen. Für die Kleinen ist das so unbegreiflich wie der Tod eines Elternteils. Sie können sich zunächst nicht vorstellen, daß jemand, der nicht mehr hier ist, trotzdem für sie dasein kann. Liebe und Zuneigung, Wärme und Geborgenheit sind für sie untrennbar mit Anwesenheit verbunden.

Der Verlust eines Elternteils erschüttert ihr Ur-Vertrauen in soziale Bindungen nachhaltig. Zum Trennungsschmerz kommt noch die Angst, daß auch der andere Elternteil weggehen könnte. Mißtrauisch beobachten sie jede Veränderung im Verhalten der Erwachsenen: Plötzlich sind die Eltern, die immer stark waren, schwach. Sie weinen, sind nervös und gereizt, schimpfen bei jeder Kleinigkeit. Für Kinder, die sich bis über das Schulalter hinaus als Mittelpunkt der Welt begreifen, gibt es für diese Veränderungen nur eine Erklärung: Sie selbst sind daran schuld, und wenn ihr Fehlverhalten schon einen Elternteil vertrieben hat, ist es nur wahrscheinlich, daß auch der andere gehen wird (> Weil ich schlimm war, Seite 92).

Zu alledem müssen Kinder während und nach einer Scheidung oft noch erleben, wie sich auch die Welt außerhalb der Familie mit bisher unbekannter Rasanz verändert. Oma und Opa sind plötzlich irgendwie anders. FreundInnen, deren Eltern früher Mama oder Papa besucht haben, kommen plötzlich nicht mehr. Mit einem Mal zählt Mutter mit sorgenvollem Gesicht den Inhalt ihrer Geldbörse, und die kleinen Geschenke, die bisher selbstverständlich waren, müssen nun erst erbettelt werden.

Oft verbindet sich mit der Trennung ein Woh-

SCHEIDUNG IN ZAHLEN

Scheidung trifft schon lange nicht mehr nur einige wenige. Seit 1964 hat sich die Scheidungsrate in Deutschland verdoppelt. Hier und in Österreich wird bereits jeder dritte Bund, der für das Leben halten sollte, frühzeitig aufgelöst. Die Trennungen unverheirateter Paare sind dabei noch gar nicht eingerechnet.

Daß Ehen meistens im »verflixten siebenten Jahr« auseinandergehen, stimmt nicht mehr. Heute brechen die Beziehungen statistisch gesehen am häufigsten nach vier bis fünf Jahren auseinander, sehr oft ein bis zwei Jahre nach der Geburt des ersten Kindes (> Eltern sein, Seite 52). Mehr als die Hälfte der Ehen werden in den ersten acht Jahren geschieden.

Bei mehr als der Hälfte aller Scheidungen sind minderjährige Kinder betroffen. 1990 lebten in Deutschland 587.000 Kinder unter 18 mit geschiedenen Eltern. Gut 90 Prozent der Kinder leben nach der Scheidung bei der Mutter.

nungs- und Schulwechsel. Vor allem für kleinere Kinder gerät damit ihre ganze Welt aus den Fugen. Das neue Heim ist kleiner, die Lehrerin nicht so nett wie die alte, und die KameradInnen wohnen – unerreichbar – am anderen Ende der Stadt (> Umziehen mit Kindern, Seite 101).

Wie Kinder auf all die angstmachenden und verwirrenden Ereignisse reagieren, hängt entscheidend von ihrem Alter und von der Art, wie die Eltern mit ihrer Trennung umgehen, ab. Ein »günstiges« oder gar »ideales« Scheidungsalter, wie es FamilienforscherInnen immer wieder gesucht haben, gibt es nicht. Mit Ausnahme von Säuglingen und fast schon erwachsenen Jugendlichen bedeutet Scheidung für Kinder in jedem Alter eine extreme Belastung. Jedes Kind reagiert darauf verschieden und unterschiedlich stark. Auch wenn in bestimmten Entwicklungsstufen bestimmte Auffälligkeiten häufiger beobachtet werden können, gibt es keine starren Muster. Manche Kinder reagieren spontan und unmittelbar, bei anderen treten sichtbare Symptome gar nicht oder erst mit zeitlicher Verzögerung auf. Bei einfühlsamer Betreuung verschwinden die Begleiterscheinungen fast immer innerhalb eines Jahres (> Wir werden uns scheiden lassen, Seite 98).

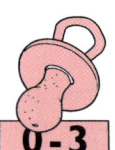 Weil kleine Kinder Angst und Unsicherheit noch nicht artikulieren können, glauben viele Eltern, daß sie nichts von der Scheidung und dem Chaos rundherum mitbekommen. In Wahrheit erleben aber auch ganz Kleine, daß ihre Welt ins Wanken gerät.

Sie spüren, daß ihnen Teile ihrer Sicherheit und Geborgenheit abhanden gekommen sind, jeder Schritt, den Mutter aus dem Zimmer tut, bedroht sie plötzlich elementar. Mit aller Kraft, zu der ihre kleinen Körper fähig sind, klammern sie sich an die Erwachsenen, sie wollen keine Minute mehr allein bleiben.

Die Angst, von allen verlassen zu werden, verfolgt sie bis in den Schlaf. Kinder, die schon durchgeschlafen haben, halten Mutter oder Vater nun wieder die ganze Nacht auf Trab, wenn sie aus Angstträumen aufschrecken, weinen und schreien. Sie machen wieder ins Bett oder in die Hose und zwingen so die Erwachsenen, sich mit ihnen zu beschäftigen (> Schlafstörungen, Seite 358; > Bettnässen, Seite 361).

Kindern in diesem Alter das Warum und Wie einer Scheidung zu erklären, ist nicht einfach. Kein Argument der Welt macht das Unbegreifliche für sie begreifbar. Trotzdem sind Erklärungen wichtig: Auch wenn das Kind den Sinn der einzelnen Worte nicht verstehen kann, spürt es zumindest, daß jemand da ist, der seine Probleme ernst nimmt, an den es sich kuscheln und mit dem es weinen kann. Spiele und Bücher sind Hilfsmittel, mit denen es gelingen kann, dem Kind die Probleme der Erwachsenen ein wenig näherzubringen: Mutter oder Vater – oder beide gemeinsam – können mit Teddybär und Pelzhasen die Szene nachstellen, erklären, warum Bär und Hase nicht mehr in der gemeinsamen Höhle leben wollen und daß beide ihr Bären-Hasen-Baby weiter liebhaben werden. Der Bär wird sich eine Höhle ganz in der Nähe bauen, damit das Baby ihn immer besuchen kann.

3-6 Im Vorschulalter reagieren Kinder auf den Verlust eines Elternteils besonders verstört. In diesem Alter identifizieren sich die Kleinen sehr stark mit den Eltern und entwickeln an ihrem Vorbild gerade ihre eigene Identität (> Kindersexualität, Seite 290).

Die Erklärungen der Erwachsenen stürzen sie in ein Dilemma: Im Kindergarten oder mit FreundInnen haben sie bereits die Erfahrung gemacht, daß Beziehungen nichts Starres sind und sich verändern können. Sie haben am eigenen Leib erfahren, daß Freundschaften zerbrechen können und wie weh das tut.

Sie verstehen ein wenig, was da zwischen Mutter und Vater vorgehen mag – und können es dennoch nicht begreifen. Denn die Mutter verläßt nicht

ALARM-SIGNALE

Viele Mütter und Väter reagieren gereizt oder schockiert, zumindest aber unsicher. Ausgerechnet in der Scheidungsphase, wenn ohnehin alles drunter und drüber geht, beginnt das Kind, wieder ins Bett zu machen, hat »eine schlechte Phase«, ist besonders aggressiv oder macht plötzlich wieder stundenlanges Theater, wenn es ins Bett gehen soll.

Viel zu oft erkennen Eltern nicht, daß diese Auffälligkeiten unmittelbare Folge der Scheidung sind, daß Kinder erst ganz wenig Möglichkeiten haben, auf die so verwirrenden Ereignisse zu reagieren. Eltern, die von ihren Kindern erwarten, in dieser für alle schwierigen Zeit doch ein wenig Rücksicht zu nehmen, überfordern ihre Sprößlinge.

Wenn Kinder plötzlich wieder ins Bett machen, aggressiv oder trotzig sind, greifen Eltern oft auf Erziehungsmaßnahmen zurück, die sich in ähnlicher Situation – aber mit ganz anderem Hintergrund – bewährt haben. Dabei übersehen sie, daß die Auffälligkeiten jetzt Alarmsignale sind, denen mit herkömmlichen Strategien nicht beizukommen ist (> Problemkinder, Seite 348).

Die Kinder brauchen jetzt vor allem Zeit. Eltern, die sie trösten, streicheln, ihnen zuhören, die ihnen Zeit geben, die Dinge zu verarbeiten. Wenn Kinder spüren, daß ihre Nöte ernst genommen werden, daß sie nicht alleine sind, wird das Bett bald wieder trocken bleiben.

WEIL ICH SCHLIMM WAR

Vor allem Vorschulkinder, die sich selbst noch stark als Mittelpunkt der Welt begreifen, glauben häufig, an der Trennung ihrer Eltern schuld zu sein. Teilweise haben Eltern das mit verursacht. Sehr häufig tragen Paare ihre Partnerschaftschwierigkeiten über Erziehungsfragen aus. Und später bei der Scheidung stehen dann wieder die Kinder im Mittelpunkt, wenn sich die Eltern um Sorge- und Besuchsrecht oder Unterhaltszahlungen streiten. So erleben sie sich tagtäglich als Zankapfel der Eltern.

Eltern müssen nicht nur dem Kind, sondern auch sich selbst klarmachen, daß sie als Mann und Frau Probleme haben, nicht als Vater und Mutter.

Nach der Trennung vermeiden es viele Eltern, die gemeinsame Vergangenheit anzusprechen – meist aus Angst, alte Wunden wieder aufzureißen. Dabei eignen sich Geschichten von früher so gut, um kindliche Schuldgefühle abzubauen. Beim gemeinsamen Blättern im Familienalbum läßt sich dem Kind die Geschichte der Familie und der Konflikte leichter erklären: »Sieh mal, hier haben wir uns kennengelernt. Da waren wir noch sehr verliebt. Da sieht man, wie Mamas Bauch mit Dir langsam wächst. In der Zeit hatten wir schon manchmal Krach miteinander. Aber dann kamst du, schau, wie sich der Papa gefreut hat, als er dich endlich im Arm hielt.« Solche Erinnerungen geben dem Kind Sicherheit. Es kann noch einmal unmittelbar nacherleben, wie wichtig es für seine Eltern ist, und spürt, daß beide es lieben.

nur den Vater, sie verläßt auch das Kind. Und wenn sie geht, geht auch ein Teil ihrer Persönlichkeit.

Deshalb bemühen sich Kinder in diesem Alter besonders heftig darum, ihre Eltern wieder zusammenzubringen. Sie klagen, weinen, sind aggressiv oder trotzig und fordern lautstark, der weggegangene Elternteil solle zurückkommen. Gleichzeitig spüren sie, wie chancenlos ihre Forderungen sind. In ihren Spielen kommen Trauer, Einsamkeit und ein überwältigendes Gefühl der Hilflosigkeit deutlich zum Ausdruck (> Problemkinder, Seite 348).

Solange die Familie noch intakt war, waren die Kinder der unumstrittene Mittelpunkt, alles drehte sich um sie, Mutter und Vater waren für nichts anderes da. Für die Kids ist es nur logisch, daß niemand anderer als sie selbst schuld sein kann, wenn diese heile Welt in die Brüche geht: »Der Papa ist weggegangen, weil ich schlimm war«, ist für sie die einzige einleuchtende Erklärung (> Weil ich schlimm war, Seite 92).

 Schulkinder können die konfliktgeladene Familiensituation bereits relativ nüchtern erkennen. Weil sie Gegenwart, Vergangenheit und Zukunft auseinanderhalten und die Konsequenzen einer Scheidung abschätzen können, kann Neunjährigen eine realistische Auseinandersetzung mit dem Konflikt gelingen. Trotzdem leiden auch sie darunter, daß die Familie auseinanderbricht, und sie vermissen den weggehenden Elternteil. Viele fühlen sich in ihrem Selbstwertgefühl getroffen, erleben sich als machtlose Figur am Rande des Scheidungsprozesses und geben sich die Schuld, weil sie es nicht geschafft haben, die Eltern zusammenzuhalten.

Typisch für diese Altersstufe sind Schamgefühle. Oft versuchen Kinder, die Trennung ihrer Eltern vor ihren FreundInnen zu verbergen. Für solche Kinder ist es besonders wichtig zu erkennen, daß Scheidung kein Stigma bedeutet, daß sich auch die Eltern anderer Kinder trennen und daß Scheidung auch positive Folgen haben kann. Wenn der weggegangene Vater sein Kind weiterhin von der Schule abholt, werden alle sehen, daß es ihn weiter gibt und daß er für sein Kind da ist.

Häufig wenden sich Kinder in dieser Altersgruppe aus Sorge und Mitleid dem Elternteil, bei dem sie leben, verstärkt zu. Den Weggehenden klagen sie offen an, häufig wollen sie nichts mehr mit ihm zu tun haben, verweigern Besuche und schicken Briefe oder Geschenke zurück. Eltern, die selbst noch unter der Trennung leiden, tut diese scheinbare «Solidarität» natürlich gut – trotzdem müssen sie sie zurückweisen und dem Kind möglichst sachlich die Gründe für das Auseinandergehen erklären (> Kinder sind keine Schiedsrichter, Seite 97).

Pubertierende verstehen meist recht gut, was zu Hause vorgeht. Reifere Kinder sind bereits in der Lage, auch die positiven Seiten einer Trennung zu sehen – sie wissen es zu schätzen, wenn die Spannungen und Streitereien zwischen den Eltern ihr Ende finden.

Andererseits brauchen die Kinder gerade in dieser Entwicklungsphase die Unterstützung beider Eltern. Sie haben oft das Gefühl, im Stich gelassen worden zu sein, und leiden besonders heftig unter Loyalitätskonflikten. Ihre scheinbare Reife verleitet viele Mütter oder Väter dazu, in ihnen BündnispartnerInnen gegen den jeweils anderen Elternteil zu suchen. Öfter als die Kleinen werden sie damit gequält, daß Mutter oder Vater die Fehler und Charakterlosigkeiten des jeweils anderen aufzählen. In einer Zeit, die ohnehin von Ablösungsprozessen geprägt ist, sehen viele Jugendliche dann nur einen Ausweg: Sie lösen sich abrupt von einem oder gar beiden Elternteilen.

Langzeitfolgen

Wenn Kinder mit überdurchschnittlicher Intensität auf die Scheidung reagieren, muß das noch kein Grund zur Sorge sein. Aus den unmittelbaren Reaktionen – das zeigen die wenigen Langzeituntersuchungen – läßt sich nicht auf die langfristige Entwicklung schließen. Oft werden gerade anfängliche »Problemkinder« am besten mit der Trennung fertig.

Umgekehrt gilt leider auch, daß Kinder, denen die Trennung ihrer Eltern anscheinend wenig ausmachte, die besonders angepaßt reagierten, Jahre später am intensivsten unter den Langzeitfolgen litten.

Besonders gilt das für Mädchen. In den Anfängen der Scheidungsforschung meinten fast alle WissenschaftlerInnen, Mädchen würden mit der Scheidung ihrer Eltern besser fertig werden als Buben. Für die akute Trennungsphase stimmt das anscheinend auch: Mädchen reagieren weniger heftig, anfängliche Irritationen legen sich rascher. Wirklich erklären konnte diese geschlechtsspezifischen Unterschiede niemand. Die meisten ForscherInnen vermuteten, daß für Knaben der Verlust des Vaters als Identifikationsfigur problematischer sei und sie deshalb schlechter mit der Trennung ihrer Eltern fertig würden.

Die ersten Studien, in denen die Entwicklung von Kindern aus geschiedenen Ehen über 15 Jahre und länger verfolgt wurde, haben diese These inzwischen relativiert. Mädchen, stellte sich heraus, werden nach einer Trennung weitaus häufiger als Buben in die Rolle von »Ersatzerwachsenen« gedrängt, müssen Haushaltspflichten übernehmen, Entscheidungen mit treffen oder sich um jüngere Geschwister kümmern.

Zwar überdeckt die starke Bindung an Haushalt und Familie zunächst die üblichen Symptome, langfristig blockiert das aber die soziale Entwicklung solcher Kinder. Oft haben gerade sie später große Probleme beim Erwachsenwerden. Junge Frauen, die als Kinder in die Rolle von Ersatzerwachsenen gedrängt wurden, tun sich oft erkennbar schwer, sich von zu Hause zu lösen. Sie haben weniger Pläne für das eigene Leben. Solche

SCHULDGEFÜHLE

Für keinen Elternteil ist es leicht, miterleben zu müssen, wie sehr die Kinder unter ihrer Trennung leiden (> Seite 90). Damit nicht genug, sorgen die Reaktionen der Umwelt oft zusätzlich für Schuldgefühle. In Fragen und Ratschlägen, wie »Habt ihr euch überlegt, was das für die Kinder bedeutet?« »Wie werden die Kinder damit fertig?« oder »Wir haben auch Probleme, aber die Kinder brauchen eine Familie«, schwingen oft genug Vorwurf und Ablehnung mit.

Dazu kommen die Erkenntnisse der Familienforschung, deren erklärtes Ziel es bis in die jüngste Vergangenheit war, die traditionelle Familienform aufrechtzuerhalten. In den ersten Studien über Scheidungsfolgen, Ende der fünfziger Jahre erstellt, wurden Familien mit nur einem Elternteil beinahe durchgängig als »nicht normal«, »zerrüttet«, »irregulär« oder »gestört« bezeichnet.

Untersucht wurden immer nur die negativen Folgen einer Scheidung. Von ganz wenigen Ausnahmen abgesehen vergaßen die HüterInnen der »Norm-Familie« stets, ihr Datenmaterial mit den sozialen Phänomenen in sogenannten »intakten Familien« zu vergleichen.

Wenn etwa in amerikanischen Studien nachzulesen ist, daß statistisch gesehen jeder dritte Psychotherapie-Patient aus einer Scheidungsfamilie kommt und jeder fünfte Alkoholiker die Trennung seiner Eltern miterlebt hat, sagt das noch nichts über die Ursachen dieser Schwierigkeiten. Nie wurde untersucht, ob tatsächlich die Scheidung der Eltern verantwortlich war, oder eher die Art und Weise, wie sie vollzogen wurde. Niemand weiß, ob der Umstand, nur mit einem Elternteil aufgewachsen zu sein, ausschlaggebend war oder vielmehr die Zeit davor, in der das Kind die Konflikte zwischen den Ehepartnern miterleben mußte.

Aus der Perspektive eines Kindes ist Scheidung kein einmaliges, punktuelles Ereignis, sondern vielmehr eine Folge von Erfahrungen, in deren Verlauf die Trennung nur ein – wenn auch zentrales – Element darstellt. Wenn die Eltern auseinandergehen, wird für das Kind äußerlich sichtbar, was es schon lange gespürt hat: Daß sich die Eltern emotional voneinander zu trennen begonnen haben.

Kinder, die in einem konfliktreichen Familienklima aufwachsen, leiden darunter mindestens so sehr wie Kinder, deren Eltern auseinandergehen. In den wenigen Langzeitstudien, die es zu diesem Thema gibt, stießen PsychologInnen oft auf Jugendliche, die noch zehn oder fünfzehn Jahre, nachdem sie ihre Eltern zankend oder prügelnd erlebt hatten, ständig von Alpträumen gequält wurden. Vergleichende Beobachtungen ergaben, daß Kinder aus geschiedenen Ehen zunächst mehr Verhaltensauffälligkeiten zeigen als solche aus nicht geschiedenen Konfliktehen. Nach zwei Jahren verkehrt sich dieses Muster jedoch ins Gegenteil.

Die Begründung »Wir bleiben wegen der Kinder zusammen« erscheint daher eher als Bedrohung denn als Schutz kindlicher Interessen. In 40 Prozent aller Problemehen, vermuten ExpertInnen, brächte eine Scheidung auch den Kindern Erleichterung und Hilfe. Unter einer zwanghaft und qualvoll aufrechterhaltenen, kaputten Ehe leiden alle Beteiligten. Eine »richtig« durchgeführte Trennung bietet zumindest die Chance auf Besserung. Vorausgesetzt, die Eltern schaffen es, nur die Ehe, nicht aber die Familie aufzulösen.

Mädchen heiraten öfter als andere bereits ihren ersten Partner – nicht selten geschiedene Männer, deren Kinder sie dann betreuen wie früher die eigenen Geschwister.

Wie Eltern die Scheidung erleben

Scheidungen, bei denen beide Partner gleichzeitig und gleich stark die Trennung wollen, sind die Ausnahme. Normalerweise ist Trennung immer mit ambivalenten Gefühlen verbunden: Erleichterung, Resignation, neue Hoffnung und das Gefühl, verlassen und enttäuscht worden zu sein, wechseln einander ab.

Verlassen, was nun?

PsychologInnen beobachten nach plötzlichen, unerwarteten Scheidungen oft, daß sich die Verlassenen regelrecht einigeln. Viele versuchen, den Schein zu wahren, wollen vermeiden, daß NachbarInnen und FreundInnen merken, was los ist, und vermeiden nach Möglichkeit den Kontakt zur Außenwelt. FreundInnen und Bekannte registrieren das sehr genau, können aber die Gründe dafür nicht ahnen und vermuten daher, die oder der Betroffene hätte das Interesse an ihnen verloren. Sie melden sich auch nicht mehr. Das wiederum bestärkt die Verzweifelten in ihrem Schneckenhaus in dem Glauben, die ganze Welt wolle nichts mehr von ihnen wissen.

Solche Gefühle sind verständlich, aber gefährlich. Besonders wenn es sich um geschiedene Eltern handelt, die auch weiterhin für ihre Kinder dasein müssen. Eltern, die ihr Selbstwertgefühl aufgeben, von Selbstzweifeln zernagt werden und sich in ihrer Opferrolle verlieren, können Kindern die intensive Hilfe, die sie brauchen, nicht geben. Und Mütter oder Väter, die sich ein- und damit von der Welt abschließen, enthalten den Kindern wichtige Kontakte vor, die sie neben dem zur Mutter bzw.

Vater brauchen (> Die Mutter allein genügt nicht, Seite 110). PsychologInnen raten daher, Kontakte zu FreundInnen, Bekannten und NachbarInnen nicht zu vernachlässigen, sondern eher zu intensivieren.

Auch wenn es schwerfällt: Niemand sollte in solch einer Situation zögern, andere um Hilfe zu bitten. Wirklichen FreundInnen muß man nicht beweisen, daß man »auch so zurechtkommt«. Sie werden erkennen, daß es sich um eine Ausnahmesituation handelt, geduldig zuhören und mit Rat und Tat zur Seite stehen (> Beratung und Psychotherapie, Seite 757).

Als Vater gestorben?

Viele Väter erleben die Trennung von den Kindern wie eine Amputation. Auch Männer, die sich vor der Scheidung nicht allzuviel um die Kinder gekümmert haben, empfinden die Stille und Leere der neuen Wohnung plötzlich als beklemmend: kein Kinderspielzeug auf dem Sofa, keine Kinderschuhe, über die man so oft gestolpert ist, an der Garderobe nur eine Jacke.

Nach der Scheidung fühlen sich Väter als Vertriebene, weggedrängt von allem, was früher lebendig, lustvoll, nervenaufreibend, zärtlich oder ärgerlich war. Sie leiden darunter, daß sie nicht mehr unmittelbar spüren, was ihre Kinder von ihnen erwarten.

Dazu kommt die tiefe Kränkung, wenn sie realisieren, daß sie bei der Kindererziehung nichts mehr mitzureden haben. Ob sie ein gemeinsames Sorgerecht haben oder nicht: Praktisch haben geschiedene Väter in Alltagsfragen nicht mehr allzuviel zu bestellen. Wann ein Kind ins Bett zu gehen hat, kann nur die beurteilen, die den Tag mit ihm verbracht hat. Ob das Kind alt genug ist, um allein bei FreundInnen zu übernachten, weiß der besser, der es schon einmal spätabends von dort abholen mußte. Ob eine Erkältung Grund genug ist, die Klassenarbeit zu versäumen, kann derjenige besser entscheiden, der mit dem Kind Vokabeln gepaukt hat.

Für Väter, die sich weiter um ihre Kinder kümmern wollen, ist das nicht leicht zu ertragen. Sie müssen erst lernen, ihre Rolle neu zu definieren. Auch wer nicht mehr in allen Details gefragt ist, kann an der Erziehung aktiv Anteil nehmen. Kinder spüren genau, ob ihr Schulerfolg dem Vater wichtig ist. Und sie wissen es zu schätzen, wenn sie in ihm einen Ansprechpartner für alle Sorgen und Nöte haben (> Eltern bleiben, Seite 102).

WIR HABEN KRACH

Konflikte lassen sich vor Kindern nicht verbergen. Sie erscheinen ihnen um so bedrohlicher, je weniger offen die Streithähne damit umgehen.

Wenn es Krach gibt, sollten die Eltern möglichst gemeinsam versuchen, dem Kind kurz und sachlich zu erklären, warum. Das heißt nicht, daß Eltern all ihre Probleme vor dem Kind ausbreiten sollten. Dazu ist Kindern ist die Gedankenwelt von Erwachsenen viel zu fremd.

Häufig lassen sich aber aus dem Alltag der Kinder Antworten finden: »Mama und Papa haben im Augenblick dauernd Streit. Du weißt ja, daß das eigentlich nicht schlimm ist. Aber wir sind so oft verschiedener Meinung, daß wir im Augenblick gar nicht mehr richtig miteinander sprechen können und nur noch wütend sind. Ein bißchen kennst du das aus dem Kindergarten. Da habt ihr auch manchmal Streit. Oft ist das schnell wieder vorbei. Aber mit dem Alexander hast du schon so viel Krach gehabt, daß du gar nicht mehr mit ihm reden oder spielen magst. Uns geht es im Moment genauso.«

SCHEIDUNG ALS CHANCE

Scheidung kann der erste, schadenbegrenzende Schritt aus einer zerrütteten Beziehung sein. Selbst wenn Schmerz, Wut und Trauer am Anfang stehen, kann eine rücksichtsvoll und pragmatisch durchgeführte Trennung Kindern zeigen, wie man ernste Lebensprobleme mit Klugheit, Mitgefühl und angemessenem Verhalten meistert (> Schuldgefühle, Seite 94).

Das gilt nicht nur für die paar Wochen unmittelbar bevor und nachdem ein Elternteil die eheliche Wohnung räumt. Kinder erleben die Scheidung ihrer Eltern als fortlaufenden Prozeß, der lange vor der eigentlichen Trennung beginnt und erst viele, viele Jahre später oder auch nie endet.

Ob die Kinder später zu den GewinnerInnen oder VerliererInnen einer Scheidung zählen, hängt immer unmittelbar mit dem Verhalten der Eltern vor, während und nach der Trennung zusammen. Für alle Phasen des Auseinandergehens gilt: Offenheit und Ehrlichkeit, gepaart mit Rücksicht, helfen Kindern mehr als alles andere, mit den verwirrenden Vorgängen fertig zu werden.

Ehekrach

Emotionen lassen sich nicht immer so lange im Zaum halten, bis die Kinder im Bett sind. Selbst dann spüren Kinder genau, daß der Haussegen schief hängt. Dazu müssen sie keine Schreiereien, zugeknallte Türen und die anschließenden Tränen miterlebt haben. Das demonstrative Schweigen am Frühstückstisch macht ihnen mindestens so viel angst wie laute Szenen. Sie spüren, wie zersetzend still hineingefressenes Leid und Aggressionen sind. Und sie werden es um so bedrohlicher erleben, je mehr die Eltern versuchen, ihre Probleme geheimzuhalten.

Die Doppelbotschaft »Es ist nichts – Wir reden

nicht mehr miteinander« macht Kindern angst: Sie werden unruhig und nervös, klagen über Bauchweh, klammern sich – oft sogar im Wortsinn – an ihre Eltern oder wollen plötzlich nicht mehr in den Kindergarten.

Für ein Kind ist eine Bedrohung, über die offen und ehrlich gesprochen wird, viel leichter zu ertragen als eine undurchsichtige Situation. Auch wenn es Erklärungen nicht in jedem Detail verstehen kann, spürt es, daß sich zwischen den Eltern nichts (Un)heimliches abspielt.

(> Wir haben Krach, Seite 96)
(> Streiten lernen, Seite 62)

Kinder sind keine Schiedsrichter

Kinder lieben grundsätzlich beide Eltern. Wenn es Streit gibt, fühlen sie sich zwischen beiden hin- und hergerissen – und das um so mehr, wenn die Eltern um sie buhlen.

Bewußt oder unbewußt versuchen viele Eltern trotzdem – spätestens wenn eine Trennung absehbar ist –, das Kind »auf ihre Seite zu bringen«: Indem sie mehr erlauben als sonst, kleine und große Geschenke präsentieren – vor allem aber, indem sie den anderen Erwachsenen schlechtmachen und sich selbst als Opfer des Konflikts hinstellen. »Ich will ja nicht dauernd streiten, aber dein Vater gibt keine Ruhe.« »Es tut mir leid, daß du das mit ansehen mußt, aber mit deiner Mutter ist es nicht auszuhalten.«

Wenn Kinder fragen, warum Mama wieder wütend war, als der Papa angerufen hat, fragen sie nicht, wer im Recht und wer im Unrecht ist – sie zeigen nur ihre Angst. Sie fordern Erklärungen und keine Urteile. »Mich stört es, daß dein Vater nie im Haushalt hilft«, bringt den eigenen Standpunkt zum Ausdruck, »dein Vater ist ein fauler Hund« ist ein pauschales Urteil.

Jedes Kind, erklären PsychologInnen, fühlt sich als die Summe aus beiden Eltern. Wenn die eine Hälfte ständig die andere schlechtmacht, müßte das Kind diese Anteile in sich abwerten, hassen oder verleugnen. Später tun sich solche Kinder schwer, Trauer um den »verlorenen« Elternteil zu zeigen. Etwa nach dem Motto »Um einen Vater, der ohnehin nur widerlich, gemein, faul und gehässig ist, darf man nicht weinen«, versuchen Kinder, ihre Gefühle zu verbergen. Trauer und Traurigsein-Dürfen sind aber die wichtigsten Voraussetzungen, um Verluste zu verarbeiten.

Sich einvernehmlich trennen

Kinder bedrückt es ungemein, wenn sie erleben müssen, daß nach der Scheidung und all ihren chaotischen Folgen nichts besser geworden ist. Schei-

DIE CHANCE IM RECHT

Auch wenn das Scheidungsrecht zunehmend liberaler geworden ist, stellt der Gesetzgeber immer noch einige Bedingungen, ehe er Eheleuten gestattet, formlos auseinanderzugehen.

● Die Lebensgemeinschaft muß seit mindestens einem Jahr (in Österreich: sechs Monaten) aufgehoben sein. Das heißt nicht immer, daß einer der beiden Partner die Ehewohnung verlassen haben muß. Es genügt, wenn in der gemeinsamen Wohnung getrennte Bereiche geschaffen wurden.

● Beide Teile müssen die Ehe für zerrüttet halten und die Scheidung wollen.

● Über alle das Kind, den Unterhalt und das eheliche Vermögen betreffenden Fragen muß Einigkeit herrschen – wobei Sorgerecht, Besuchsregelung und Unterhaltsvereinbarung der Zustimmung des Gerichtes vorbehalten sind (> Das liebe Geld, Seite 101).

WIR WERDEN UNS SCHEIDEN LASSEN

Diese Nachricht trifft Kinder wie ein Keulenschlag. Selbst wenn sie tägliche Streitereien miterlebt haben und in anderen Familien beobachten konnten, daß Mutter und Vater nicht immer zusammenleben müssen, bricht für sie eine Welt zusammen. Jedes Kind reagiert darauf anders. Die einen stellen unaufhörlich Fragen, die andern grübeln still in sich hinein.

Wenn sich die Eltern trennen, wollen alle Kinder mehr über Ursachen und Konsequenzen erfahren: »Hat der Papa die andere Frau lieber?«, »Warum könnt ihr euch nicht mehr leiden?«, »Könnt ihr nicht doch wieder zusammenziehen?«

Es ist falsch und auch unmöglich, Dinge unter den Tisch zu kehren. Kinder spüren es ja doch und ängstigen sich um so mehr, wenn nicht klar ausgesprochen wird, was rundherum geschieht, was geschehen und auf sie zukommen wird.

● Es ist nicht notwendig, alle Einzelheiten des ehelichen Konflikts vor dem Kind auszubreiten. Einfache Worte können dem Kind erklären, daß Papa und Mama es besser finden, in Zukunft nicht mehr zusammenzuleben, daß sie sich nicht mehr lieben, daß so etwas zwischen Erwachsenen vorkommen kann, aber keinesfalls bedeutet, daß einer der beiden nun auch das Kind nicht mehr liebt.

● Wichtig ist, dem Kind die positiven Seiten der neuen Situation klarzumachen: »Du siehst, daß jetzt endlich Schluß ist mit den Streitereien. Jetzt können wir alle langsam wieder zur Ruhe kommen. Mami und Papi haben jetzt weniger Schwierigkeiten miteinander, deshalb können wir uns beide wieder mehr um dich kümmern.«

● Das vertraute Umfeld gewährt dem Kind die Sicherheit, die es gerade nach so verwirrenden Ereignissen dringend braucht. Sich von der Umwelt abzuschotten, versperrt den Kindern die Chance, von anderen Bezugspersonen Trost und Unterstützung zu erhalten.

● Wohnungs- und Schulwechsel tun unmittelbar nach der Scheidung besonders weh. Wenn die Eltern zusammenarbeiten, der Vater vielleicht in eine Übergangswohnung zieht und die Familie finanziell unterstützt, kann damit gewartet werden, bis die ersten Krisen überwunden sind.

● Kindern hilft es, wenn sie sich ein Bild von dem machen können, was sie erwartet, was sich ändern und was gleichbleiben wird. Am besten geht das, wenn sie aktiv an den Veränderungen teilhaben dürfen. Sie können sich mit dem Vater gemeinsam auf Wohnungssuche begeben und selbst festlegen, welche Spielsachen mit zu ihm ziehen.

● Ein Kind muß beide Eltern lieben dürfen. Das fällt schwer, wenn die Erwachsenen um es buhlen und den jeweils anderen schlechtmachen.

● Einem Kind kann man nicht erklären, daß Scheidung nicht die Auflösung der Familie bedeutet — man muß es vorleben. Wenn der Vater bei der ersten Krankheit trotzdem da ist, wird es seine Ängste rascher verlieren, als wenn er wegbleibt.

● Kinder hegen oft noch Jahre nach einer Scheidung intensive Wiedervereinigungsphantasien. Wer falsche Hoffnungen bestärkt, tut dem Kind nichts Gutes. Auch einem Kind, das weint, seine ohnmächtige Wut in Aggressionen kleidet, muß ehrlich gesagt werden, daß Mama und Papa nie wieder in einer Wohnung leben werden.

● Mit der Scheidung sollten die Konflikte der Erwachsenen zu Ende sein. Nichts macht Kindern mehr angst, als erleben zu müssen, daß die Scheidung keine Besserung gebracht hat.

dungsprozesse, die sich über Jahre hinziehen, bei denen das Kind als »Zeuge« befragt wird und die Auseinandersetzungen und Verhandlungen zwischen den Gerichtsterminen miterleben muß, sind deshalb die schlechteste Form, sich zu trennen.

Im Verhandlungssaal begründen die Streitparteien mit dem »Kindeswohl«, womit sie sich in Wahrheit am untreuen Partner bzw. der Partnerin rächen wollen. Da werden Unterhaltszahlungen gegen Besuchstage getauscht – und in der Hitze des Gefechts fällt den Eltern gar nicht mehr auf, daß sie die Kinder damit gleich doppelt betrügen. Die Kleinen wollen beide Eltern behalten und erleben es als bedrohlich, wenn der Unterhaltsscheck bereits zur Monatsmitte aufgebraucht ist.

ScheidungskandidatInnen, die als Gegner vor Gericht ziehen, berauben das Kind der Möglichkeit, zu erleben, daß man Konflikte auch vernünftig und zum Wohle aller Beteiligten lösen kann. Und sie bringen sich selbst um die Möglichkeit, nach der Trennung weiter Eltern zu bleiben. Nach den Streitigkeiten und Beleidigungen vor Gericht ist es schwer, am nächsten Tag gemeinsam für das Kind dazusein, die Schwierigkeiten in der Schule oder den kommenden Skiurlaub sachlich zu besprechen.

(> Eltern bleiben, Seite 102)
(> Was geregelt werden muß, Seite 99)
(> Die Chance im Recht, Seite 97)

Bei wem leben die Kinder?

90 Prozent der Kinder aus geschiedenen Ehen leben bei der Mutter. Auch wenn die alleinerziehenden Männer inzwischen langsam aufholen, bleiben sie doch deutlich in der Minderheit.

Die kleine, aber lautstarke Gruppe, die für mehr Männerrechte im Scheidungsfall eintritt, zitiert diese Zahlen gerne als Beleg daür, wie ihre Geschlechtsgenossen diskriminiert werden. Frauen, klagen sie, würden von RichterInnen und Sachverständigen aus Gründen der Tradition bevorzugt. Männer, die ihre Kinder zu sich nehmen

WAS GEREGELT WERDEN MUSS

1. Obsorge:
Bei wem wird das Kind leben? Wer soll in Zukunft das Sorgerecht für das Kind erhalten. Vater, Mutter, oder beide gemeinsam?

2. Besuchsrecht:
Wie oft und wann wird der weggehende Elternteil sein Kind sehen? Wo wird das Kind abgeholt, wo muß es zurückgebracht werden? Wie lange muß der eine warten, wenn der andere nicht pünktlich kommt?

3. Unterhalt:
Wie hoch ist der Unterhalt? Wie werden die Zahlungsmodalitäten aussehen?

Die Punkte 1 bis 3 müssen vom zuständigen Pflegschaftsgericht genehmigt werden. Alle weiteren Punkte können von den Ehepartnern nach freiem Ermessen geregelt werden.

4. Unterhalt für den Ehegatten:
Soll der Elternteil, bei dem das Kind lebt, regelmäßige Unterstützung erhalten? Soll er zeitlich befristet werden?

5. Wohnung:
Der weggehende Elternteil verzichtet auf sein Miet- oder Nutzungsrecht in der gemeinsamen Wohnung.

6. Gütertrennung:
Wer soll welche Einrichtungsgegenstände bekommen? Wer erhält das Auto?

7. Schulden:
Wer wird den gemeinsam aufgenommenen Kredit zurückzahlen?

wollten, hätten wesentlich schlechtere Chancen, weil man sie immer noch nicht für gleichwertige Erzieher hält.

Zu Recht, wie man Untersuchungen über Rollen- und Aufgabenverteilung innerhalb der Familie entnehmen kann (> Kinder ohne Väter, Seite 104). Nur wenige Männer beantragen das Sorgerecht. Das Interesse hält sich schon deshalb in Grenzen, weil sich leicht ausrechnen läßt, was es heißt, geschieden, berufstätig und hauptverantwortlicher Erzieher zu sein (> Mutter und Vater zugleich sein, Seite 110).

Bei den wenigen Paaren, bei denen beide ernsthaftes Interesse und Erfahrung in der Kinderbetreuung haben, kann die Frage, bei wem lebt das Kind, allerdings zu einem Problem werden. Niemand wird leugnen, daß eine andere Form von Beziehung entsteht, wenn man sein Kind nicht jeden Tag, sondern nur an den Wochenenden sieht. Auch wenn die zeitliche und räumliche Trennung nicht bedeutet, daß man als Eltern-

ZUM STREITEN GENÜGT EINER

Wenn einer die Scheidungsklage einbringt, den anderen mit seitenlangen Vorwürfen und Anschuldigungen bombardiert, ihm alle Qualitäten als Ehepartner und Elternteil abspricht, hat der andere schon aus Gründen der Prozeßstrategie oft keine Wahl: Sie oder er muß kontern – und jede neue Anschuldigung schaukelt den Konflikt weiter auf.

In einer so verfahrenen Situation hilft nur, das Verfahren so lange ruhen zu lassen, bis sich die Wogen wieder geglättet haben. Nur so ist es möglich, sich – und den Kindern – die Option auf eine Partnerschaft über die Ehe hinaus zu erhalten.

teil für das Kind ausscheidet, macht es doch einen großen Unterschied, ob man die kleinen Alltagsfreuden und -sorgen miterlebt oder nur das mitbekommt, was dem Kind auch am Wochenende wichtig ist.

Gemeinsames Sorgerecht

In Deutschland können Eltern nach der Scheidung das gemeinsame Sorgerecht behalten. In Österreich ist das im Gesetz explizit ausgeschlossen; dennoch ist es schon einigen Paaren gelungen, die gemeinsame Obsorge für ihr Kind durchzusetzen.

Die Idee klingt nicht schlecht: Die gemeinsame Regelung soll sicherstellen, daß sich nach der Scheidung beide Eltern weiter um das Kind kümmern. Und sie soll verhindern, daß der weggehende Elternteil all seiner Rechte beraubt wird. In der Tat ist es für Geschiedene schmerzlich, wenn sie von ÄrztInnen oder LehrerInnen plötzlich keine Auskunft mehr bekommen, weil sie formal nicht mehr erziehungsberechtigt sind.

Trotzdem werden in Deutschland nur etwa zwei von hundert Sorgerechtsentscheidungen zugunsten von Mutter und Vater gefällt. Weil viele gar nicht wissen, daß es beantragt werden kann, und weil sich FamilienrichterInnen immer noch scheuen, das Kind beiden Eltern zuzusprechen.

Tatsächlich kann ein gemeinsames Sorgerecht auch Nachteile haben: Oft steckt hinter dem Wunsch nach einer solchen Regelung die Sorge, andernfalls die Kontrolle über die Ex-Partnerin oder den Ex-Partner zu verlieren. Da beide Elternteile alle Entscheidungen gemeinsam treffen müssen, kann das die ehelichen Konflikte verlängern. Da die Sorgerechtsregelung nur einen Rahmen, aber keine Spielregeln für den weiteren Umgang festlegt, können die Ex-Partner sie als Druckmittel mißbrauchen.

ExpertInnen raten Frauen daher, sich genau zu überlegen, ob eine gemeinsame Obsorge für sie wirklich günstig sein wird. Väter, denen es tatsächlich nur um das Wohl ihrer Kinder geht, werden auch ohne amtliche Bestätigung weiter für sie dasein.

Wer behält die Wohnung?

Geschiedene mit Kindern sind meist mehr auf das Umfeld ihrer Wohnung angewiesen als Verheiratete oder kinderlose Singles. Wenn niemand da ist, der einige Minuten auf die Kleinen aufpaßt, erfordert schon der Weg zum nächsten Supermarkt Organisation. Lange Anfahrtzeiten zur Arbeit oder zum Kindergarten sind nervenaufreibend und vergrößern das Problem der Kinderbetreuung.

Vieles spricht dafür, daß der Elternteil, bei dem das Kind wohnen wird, die eheliche Wohnung behält. Doch dem Vorteil der vertrauten Umgebung stehen möglicherweise auch Nachteile gegenüber.

Meist wurde die Wohnung gesucht, als beide verdienten. Für eine Alleinerziehende oder einen Alleinverdienenden kann die Miete zum Problem werden. Außerdem können Wohnungen, in denen sich Familien wohl fühlen, Alleinerziehende isolieren. Hinzu kommt der emotionale Aspekt, daß die Räumlichkeiten oft an die belastende Vergangenheit erinnern (> Gründe für einen Umzug, Seite 112).

Umziehen mit Kindern

Kinder kann ein Wohnungswechsel erheblich belasten. Die FreundInnen, die sich immer auf dem Spielplatz versammelten, und die MitschülerInnen, die zum gemeinsamen Aufgabenmachen kamen, wohnen plötzlich unerreichbar weit weg. Der Schulweg hat sich verändert, und die Lehrerin legt auf ganz andere Dinge wert. Nun gibt es an der Ecke keinen Konditor mehr, bei dem man mal ein Bonbon bekommt.

Gerade nach der schmerzhaften Trennung von einem Elternteil kann die vertraute Umgebung ein wenig Sicherheit geben (> Wir ziehen um, Seite 101).

Das liebe Geld

Rechte und Pflichten, die vor Gericht erstritten wurden, sind meist für keine der Streitparteien wirklich befriedigend gelöst. Ein selbst erarbeiteter Scheidungsvergleich bietet wesentlich mehr Spielraum, Unangenehmes wenigstens einigermaßen praktikabel zu gestalten.

Für Frauen etwa reicht der gerichtlich festgelegte Unterhalt meist nur dann zum Leben, wenn der Mann zu den absoluten Spitzenverdienern zählt.

WIR ZIEHEN UM

● Nichts ist schwerer, als von heute auf morgen Abschied nehmen zu müssen. Kinder, die sich frühzeitig auf den Umzug vorbereiten und mit dem Gedanken vertraut machen können, verkraften die Veränderung leichter.

● Sie werden das neue Heim schneller akzeptieren, wenn sie es mitgestalten können: Kinder wollen bei der Wohnungssuche dabeisein, bei der Aufteilung der Zimmer gefragt werden, bei der Auswahl der mitgenommenen und neu zu kaufenden Einrichtungsstücke mitreden.

● Vor dem Umzug kann man die neue Umgebung gemeinsam erforschen: Wo ist der nächste Spielplatz, ein Kino? Wer wohnt in der näheren Umgebung? Wie ist der Schulweg?

● Je schneller es neue FreundInnen gibt, desto eher werden Kinder die neue Umgebung schätzen: Einladungen an Nachbarkinder und neue SchulkollegInnen mildern den Trennungsschmerz.

● Die alten FreundInnen sind nicht aus der Welt: Auch wenn es organisiert werden muß, kann man ehemalige SpielkameradInnen besuchen oder in die neue Wohnung einladen.

Sie sind daher relativ bald gezwungen, arbeiten zu gehen. Und das ohne Rücksicht darauf, ob die Kinder vielleicht gerade dann – etwa weil sie mit der Schule begonnen haben – besonders viel Zuwendung und Aufmerksamkeit brauchen.

Für Männer stellt der Unterhalt an die Ex-Partnerin trotzdem eine empfindliche Einbuße für den gewohnten Lebensstandard dar. Die tut um so mehr weh, wenn sie auf unbestimmte Zeit zahlen müssen.

Ein vernünftiger Vergleich kann beide Probleme lösen: Er garantiert der Frau über wichtige Entwicklungsjahre der Kinder hinweg ein Einkommen, das über den Gerichtstarifen liegt und die Existenz der Rumpffamilie wirklich sichert. Gleichzeitig hilft er dem Zahlenden, indem festgelegt wird, wann die Leistungen unwiderruflich zu Ende sein werden.

ELTERN BLEIBEN

Mittlerweile hat es sich herumgesprochen; oft wird es wie eine beschwörende Formel heruntergebetet: Alles kein Problem, solange wir nur als Paar auseinandergehen, aber weiter Eltern bleiben, brauchen wir dem Kind gegenüber kein schlechtes Gewissen zu haben.

Die Theorie stimmt zwar – und wenn sie eingehalten wird, kann Scheidung wirklich eine Chance für alle Beteiligten sein. Nur die Realität sieht anders aus: 40 Prozent aller geschiedenen Eltern haben überhaupt keinen Kontakt mehr zueinander – und das nicht nur unmittelbar nach der Trennung, sondern dauerhaft. Und die, die einander zumindest bei der Kinderübergabe begegnen, tun das nicht selten wortlos. Die Hälfte der Geschiedenen sprechen nie oder nur gelegentlich über die Kinder, ihre aktuellen Probleme, Entwicklunsphasen oder Erziehungsziele.

Fast allen Paaren fällt es schwer, sich nach einer Scheidung weiter als Eltern zu begegnen. Kein Gerichtsurteil der Welt macht die bösen Worte, Kränkungen und Verletzungen ungeschehen. Und kein Gerichtsurteil gibt eine Anleitung, wie Eltern, die keine Paare mehr sind, miteinander umgehen sollen.

Jeder Widerspruch kommt bei den Ex-PartnerInnen als Bosheit oder Trotzreaktion an – und allzuoft ist er das auch. Untersuchungen zeigen, daß im ersten Jahr nach einer Scheidung die Streitigkeiten zwischen den geschiedenen Eheleuten meist noch zunehmen. Eine Besserung der Beziehungen ist – statistisch gesehen – erst nach zwei Jahren zu erwarten.

Gerade in diesem Punkt gehen ScheidungsexpertInnen mit Eltern aber hart ins Gericht: Auch wenn es schwierig ist, viel Kraft und Überwindung kostet, haben getrennt lebende Paare die Pflicht, weiter zusammenzuarbeiten. Kinder haben ein Recht auf beide Eltern, auch wenn sie unter getrennten Dächern wohnen.

Die neue Beziehung klären

Viele Eltern machen sich gar nicht bewußt, wie sehr sie es ablehnen, daß auch der andere für sein Kind verfügbar bleiben will. Frauen und Männern, die dem »davongelaufenen« Partner nachtrauern, zornig und gekränkt sind, fällt es schwer, die Liebe des Kindes zum anderen Elternteil zu akzeptieren.

Auch wenn es nie ausgesprochen wird, merken die Kleinen das ganz genau. Ein Kind spürt, daß die Mutter unruhig wird, bevor der Vater kommt, es sieht, wie sie sich mit kummervollem Blick ins Schlafzimmer verkriecht, wenn er im Vorzimmer steht. Oft weigern sich die Kinder aus purer Beklommenheit, den Vater zu umarmen, oder wollen deshalb nicht mit ihm gehen. Nicht selten nimmt die Frau diese Weigerungen des Kindes dann zum Anlaß, die Besuche einzuschränken oder ganz abzustellen.

Umgekehrt zeigen Väter, die sich während der Ehe kaum jemals um »Nebensächlichkeiten« ge-

ELTERN UNTER GETRENNTEN DÄCHERN

Die vierjährige Dana war verschlossen und still. Während der ganzen Stunde, die sie im Spielzimmer der Beratungsstelle verbrachte, lachte sie kein einziges Mal. Ohne auf die Fragen der Psychologin zu reagieren, konzentrierte sie sich auf ihr Spiel mit den Puppen.

Zuerst arrangierte sie eine Szene, in der Puppenmutter und Puppenvater zusammen im Bett lagen. Die Puppenkinder spielten im Nebenzimmer, das winzige Baby schlief in seinem Bett.

Eine Woche später stellte Dana wortlos eine andere Szene: Die Puppenfamilie saß zusammen vor dem Fernsehapparat. Der Vater hatte sein kleines Mädchen auf dem Schoß. Nach der Sendung aßen alle gemeinsam zu Abend.

Beim dritten Besuch erreichte Danas Spiel eine neue Intensität. Erst setzte sie die Mutter, den Vater und alle Kinder in  die Badewanne, verlegte die ganze Familie dann unters Dach und stapelte die Figuren dort übereinander. Kurz darauf begann sie, in herumliegende Figuren zu beißen, schlug mit Fäusten auf Stofftiere ein und warf sie durchs Zimmer. »Aus ihrem Spiel«, analysierte die Psychotherapeutin, »kann man deutlich die unausgesprochene Trauer darüber herauslesen, daß sie nicht imstande war, die Familie wieder zusammenzuführen. Zärtlichkeit, Zusammengehörigkeit und gegenseitiges Vertrauen werden abgelöst von Aggressionen, Zorn und Zerstörung.«

Danas Verhalten nach der Trennung vergrößerte die Befürchtungen von PsychologInnen und Eltern noch: Beinahe ein ganzes Jahr lang zeigte sie die Symptome einer Depression, hatte Schlafstörungen und wurde von heftigen Alpträumen gequält. Beide Eltern, die sie trösten wollten, wies sie zornig ab.

Doch dann traten die Symptome immer seltener auf und verschwanden schließlich ganz. Beide Eltern hatten sich während der kritischen Phase – auch gemeinsam – verstärkt um das Kind bemüht.

Am schwersten war es, Danas Ängste abzubauen. Wie viele Kinder glaubte sie, an der Trennung ihrer Eltern schuld zu sein, und fürchtete, nach dem Vater auch die Mutter zu verlieren. Die verstärkte Zuwendung gab ihr ihre Sicherheit zurück. Als sie fünf war, erzählte sie der Psychologin, es gefalle ihr jetzt sehr gut, zwei Elternhäuser zu haben. Über Mami und Papi sagte sie: »Beide haben mich lieb.«

Dana lebte bei ihrer Mutter, die sich trotz ihres Berufes viel mit dem Kind beschäftigte. Danas Vater, der in eine andere Stadt gezogen war, unterstützte sie, so gut es ging: Er nahm aktiv Anteil an Danas Erziehung, interessierte sich für ihr schulisches Fortkommen, legte bei Danas Besuchen wert auf ein geregeltes Familienleben, war da, wenn sie krank war.

Danas Eltern kamen auch zehn Jahre nach der Scheidung noch schlecht miteinander aus. Beide Eltern räumten aber den Bedürfnissen ihrer Tochter Priorität vor den eigenen Konflikten ein. Keiner versuchte, die Pläne des anderen zu durchkreuzen. Obwohl sich die Erwachsenen als Partner nichts mehr zu sagen hatten, redeten sie weiter über die Interessen des Kindes, Erziehungsziele und Entwicklungsphasen. Als Dana 19 war, unterschied sie sich in nichts von ihren Freundinnen aus völlig intakten Familien: Sie studierte erfolgreich, hatte eine Menge Pläne für die Zukunft, einen großen Freundeskreis und war in einen jungen Mann verliebt, der sich eifrig um sie bemühte.

kümmert haben, nach der Trennung oft ein geradezu reflexhaftes Interesse an allen Fragen, die den kindlichen Alltag bestimmen. Entscheidungen, die früher ohne große Diskussionen über die Bühne gingen, werden plötzlich zu Formalfragen: «Da hättest du mich aber fragen müssen.« Im Hintergrund steht meist Unbehagen: Plötzlich entscheidet die Frau allein und autonom, ohne vorher um Rat oder gar Erlaubnis fragen zu müssen (> Als Vater gestorben, Seite 95).

Als erster Schritt kann es hilfreich sein, wenn jeder für sich und dann beide Eltern gemeinsam die neue Beziehung klären. Oft sind die Gründe, die zur Scheidung geführt haben, nach der Trennung nicht mehr relevant. Die vielen Überstunden, die mangelnde Bereitschaft, im Haushalt zu helfen, sind nicht mehr wichtig.

Gelingt es einem Paar nach einer Scheidung nicht, das Gemeinsame über das Trennende zu stellen, sollte es professionelle Hilfe suchen. Bei Beratungsgesprächen stellen ExpertInnen immer wieder fest, daß Eltern, die ihren persönlichen Groll zähmen und gemeinsam über aktuelle Probleme ihrer Kinder, Erziehungsziele oder Schulfragen reden, feststellen, daß sie sich in überraschend vielen Punkten einig sind. Viele geschiedene Paare erfahren nach der langen Zeit des Ehekriegs zum ersten Mal wieder, daß sie auch noch gemeinsame Anliegen und Ziele haben.

Wieviel Vater braucht ein Kind?

Gerichte und ihre Sachverständigen vertreten immer noch oft die Meinung, daß die Besuchstage besonders für kleinere Kinder begrenzt sein sollten. Mehr als ein halber Tag alle zwei Wochen, meinen sie, bedeute für das Kind zuviel an Umstellung und emotionaler Belastung.

Manche PsychologInnen argumentieren noch radikaler: Für die Kinder sei es am besten, wenn sich der Vater nach der Scheidung gänzlich zurückzieht, damit sich die kindliche Seele konfliktfrei neu orientieren kann.

Untersuchungen belegen genau das Gegenteil: Gerade kleine Kinder brauchen möglichst viel Kontakt zum außerhalb lebenden Elternteil. Bis zum Alter von drei Jahren bedeutet Zusammengehören und Zusammensein für Kinder das gleiche. Wenn sie den Vater drei oder vier Tage nicht sehen und nichts von ihm hören, existiert er für sie nicht mehr.

Für Erwachsene können lange Besuchsintervalle ähnlich problematisch sein. Kleine Kinder entwickeln sich sprunghaft. Kaum ein Tag, an dem nicht neue Fähigkeiten dazukommen, sich Sprache, Bedürfnisse, Gesten und Verhalten ändern. Das Besuchswochenende ist oft zu kurz, um den Anschluß zu finden.

Folgende Regelung befriedigt alle Mitglieder vieler Scheidungsfamilien: Jedes zweite Wochenende verbringt das Kind beim außerhalb lebenden

KINDER OHNE VÄTER

● Rund die Hälfte aller Scheidungskinder verlieren bereits im Lauf der ersten Jahre nach der Trennung den Kontakt zu einem Elternteil.
● Nach zwei Jahren pflegt nur noch ein Drittel der geschiedenen Väter regelmäßigen Kontakt zu ihren Kindern.
● Nur zwei Prozent der berufstätigen Alleinerzieherinnen können bei der Betreuung von kranken Kindern auf die Hilfe ihres Ex-Partners zählen. Zu einer Betreuung während der Ferien finden sich ganze sechs Prozent der geschiedenen Väter bereit.
● Trotz der einklagbaren Verpflichtung auf Unterhalt bleibt immerhin jeder sechste Vater die monatliche Überweisung schuldig.

Elternteil. Damit die Intervalle nicht zu lang werden, kommen in der Woche ohne Besuchszeit am Wochenende noch ein Nachmittag und eine Nacht dazu. So können Vater und Kind ein wenig Alltag mit pünktlichem Schlafengehen und termingerechtem Frühstück gemeinsam erleben; für die Mutter bedeutet es einen freien Abend, den sie ohne Rücksicht auf Babysitter gestalten kann.

Wichtig ist, daß die einzelnen Besuche nicht zu kurz sind. Die Kleinen brauchen bei jedem Wechsel ein wenig »Eingewöhnungszeit«. Kinder lieben es, abends von dem zu Bett gebracht zu werden, mit dem sie den Tag verbracht haben, und sie wollen die Gute-Nacht-Geschichte und den Gute-Nacht-Kuß auch vom anderen Elternteil bekommen.

Bis zur Pubertät sollten Kinder die Besuchstage genau planen können: Allzu häufiges Hin und Her kann Kleinere leicht in Loyalitätsprobleme stürzen. »Ich mag zum Papa« heißt immer auch »Ich will weg von der Mama« – und umgekehrt. Dazu kommt, daß sich die Wünsche der Kinder nicht immer mit den Terminkalendern ihrer Eltern vereinbaren lassen. Wenn das Kind spontan beim Vater anruft, weil es kommen will, der aber sein Geschäftsessen nicht mehr absagen kann, suchen Kinder den Grund für die Absage häufig bei sich. »Weil ich böse war, will er nichts mehr von mir wissen« (> Weil ich schlimm war, Seite 92).

Klare Regelungen müssen freilich nicht starr sein. Das gilt besonders für die erste Zeit, in der sich das Kind oft nur versichern will, daß der andere noch verfügbar ist. Ist diese Sicherheit einmal da, kommen Kinder in aller Regel ganz gut mit dem Besuchsplan ihrer Eltern zurecht. Ausnahmen, etwa weil Vater gerade noch Karten für den Zirkus bekommen hat, sollten immer möglich sein.

Ältere Kinder möchten über ihre Zeit selbst bestimmen. Zehnjährige können den routinemäßigen Vater-Tag als ausgesprochen lästig empfinden, weil sie vielleicht lieber mit FreundInnen zum wichtigsten Fußballmatch der Saison gehen wollen, noch ältere finden es peinlich, der ersten Liebe einen Korb zu geben, »weil ich zu meinem Papa muß«.

Sorgepflicht statt Sorgerecht

Medienberichte und Untersuchungen über das Thema Sorgerecht und Besuchsregelung behandeln immer nur die eine Seite des Problems: Beide Eltern streiten, um möglichst viele Rechte und möglichst viel garantierte Zeit mit dem Kind zu bekommen. Oft und gerne wird über Väter berichtet, die in

---

Zum Weiterlesen

Die alleinerziehende Mutter – und ihre Probleme im Alltag.
SABINE KARTTE-PFÄHLER
Orientierungshilfen. Mosaik, 1991.

Gewinner und Verlierer – Frauen, Männer, Kinder nach der Scheidung. Eine Langzeituntersuchung.
JUDITH WALLERSTEIN
Droemer Knaur, 1989.

Rechts-Ratgeber für Scheidungswillige:

DEUTSCHLAND

Ehe- und Familienrecht – eine Broschürenreihe über alle Rechtsfragen einer Scheidung. Erhältlich beim Bundesjustizministerium, bei Pflegschaftsgerichten, Jugendämtern und in Beratungsstellen.

ÖSTERREICH

Was tue ich, wenn es zur Scheidung kommt. Rechtsratgeber für Frauen in Ehekrisen. Erhältlich bei den Bundesministerien für Frauen oder Familie, bei Pflegschaftsgerichten, Jugendämtern und in Beratungsstellen.

ihrer Verzweiflung sogar das eigene Kind entführen.

Solche Fälle gibt es. Aber viel häufiger sind die »Sonntagsväter«, die gelegentlich mal vorbeikommen, den Kindern ein mehr oder minder tolles Programm bieten, sich aber kaum je um die täglichen Kleinigkeiten kümmern, die man gemeinhin Erziehung nennt.

Wenn der Vater verschwindet, verletzt das die Kinder immer tief. Sie fühlen sich unwichtig und gekränkt, ihr Selbstbewußtsein leidet. In ihrer sozialen Reife bleiben sie deutlich hinter ihren AlterskollegInnen zurück.

Leider regeln Gesetze nur das Sorgerecht – nicht aber die Sorgepflicht, die auch Geschiedene nicht ausnimmt. Väter, die nur sporadisch aufkreuzen, um danach wieder auf unbestimmte Zeit zu verschwinden, verunsichern ihre Kinder immer wieder von neuem. Jedesmal, wenn sie vor der Tür stehen, sehen die Kleinen ihre Wünsche und Hoffnungen erfüllt, die Enttäuschung ist danach um so größer.

GETRENNTE WELTEN

Die meisten Kinder reagieren auf die ersten Besuche beim Vater verstört. Sie registrieren, daß es auf einmal zwei Welten gibt. Und das erste Mal in ihrem Leben wissen sie nicht genau, welche davon die ihre ist. Sie fühlen sich hin und her gerissen. Wenn Eltern nach der Scheidung vernünftig miteinander umgehen, verschwinden diese Irritationen nach und nach.

Kindern hilft es, wenn sie ihre neuen Welten mitgestalten können. Es beruhigt sie, wenn sie wissen, wie Papas neue Wohnung aussehen wird, wo dort die Spielsachen untergebracht und in welcher Schublade die Süßigkeiten zu finden sein werden. Je mehr sie ihre neue Situation selbst gestalten dürfen, desto eher finden sie sich darin zurecht. Kinder können selbst entscheiden, ob der Teddy hier oder dort wohnen soll. Die Eisenbahn kann in der neuen Wohnung schon viel Vertrautheit schaffen.

Wenn sich Kinder über längere Zeit mit dem Pendeln zwischen beiden Lebenswelten schwertun, liegen die Ursachen dafür meist bei den Eltern. Sie sollten sich beide selbstkritisch prüfen: Wie verhalte ich mich, wenn das Kind zum anderen geht und wenn es wiederkommt? Wie spreche ich dem Kind gegenüber vom anderen? Wie stehe ich zur neuen Beziehung meines Ex-Partners?

Vater-Tage

Viele Mütter leiden sehr darunter, daß sich der Vater an den Besuchswochenenden regelmäßig von der »besten Seite« zeigt. Während sie den Alltag mit all seinen Problemen und unerfreulichen Randerscheinungen zu bewältigen haben, können die Väter an ihren Tagen alles bieten, was das Kinderherz erfreut: Ausflüge, Bastelstunden, gemeinsames Fernsehen, Geschenke.

Die Frauen fürchten, wenn es die Kinder beim Vater nur gut haben, könnten sie eines Tages für immer dort bleiben wollen. Die Praxis zeigt, daß diese Angst fast immer unbegründet ist. Kinder, auch sehr kleine, können sehr genau zwischen Sonntag und Alltag unterscheiden. Und sie schätzen beides: das tolle Programm beim Vater, die Sicherheit und Regelmäßigkeit zu Hause. Mütter, die das neue Rollenspiel als Chance für Vater und Kind und als Entlastung für sich sehen können, tun sich leichter.

Viele Männer, die dem Kind während der Ehe lediglich als Ernährer und Disziplinierer begegnet sind, entdecken nach einer Scheidung neue, intensive Möglichkeiten, mit ihm umzugehen. Für viele bedeutet der Zwang, sich ein ganzes Wochenende freizuhalten, zum ersten Mal die Chance, sich wirklich auf das Kind einzulassen. Die meisten erkennen nach kurzer Zeit, daß Kinder kein spezielles Programm brauchen, um die Vater-Tage zu genießen. Noch mehr als den Zirkusbesuch mögen es Kinder, wenn sie einmal den Sonntagvormittag gemeinsam im Bett herumlungern dürfen, in einem Buch blättern und zwischendurch ein wenig kuscheln können.

Eine Frau, die solche Vorstellungen mit Eifersucht erfüllen, sollte sich immer wieder klarmachen, daß sie – trotz aller Belastungen – auch privilegiert ist. Der Vater muß ähnliche Gefühle meist viel länger ertragen. Wenn er die Kinder nach einem tollen, erlebnisreichen Wochenende zurückbringt, ist er es, der in eine leere Wohnung zurückkehrt.

Ich zieh' zum Papa

Kinder, die in zwei Familien aufwachsen, versuchen manchmal, die Eltern gegeneinander auszuspielen. Vor allem in der ersten Zeit nach der Trennung steht dahinter Unsicherheit. Kinder, die eben erlebt haben, daß Bindungen nicht ewig halten, wollen erproben, wie sicher die Beziehung zum gebliebenen Elternteil ist. Sie sagen »Jetzt zieh' ich zum Papa« und fragen eigentlich »Würdest du mich weglassen?«

In dieser Phase sagt man ihnen am besten, was sie hören wollen: Daß man sehr traurig wäre, wenn es wegginge, daß man es lieb hat und sich nicht vorstellen könne, wie man ohne sein Kind leben sollte.

In späteren Phasen verwenden Kinder diesen Satz gelegentlich auch als Druckmittel. In ihrer Angst, das Kind könnte zur »Gegenseite überlaufen«, verwöhnen Eltern die kleinen ErpresserInnen dann mit Geschenken oder übertriebener Zuwendung. Damit riskieren sie, bei der nächsten Meinungsverschiedenheit wieder mit einer Auszugsdrohung konfrontiert zu sein. Kinder verunsichert das in höchstem Maß: Wenn sie merken, daß die Mutter unsicher ist, ob ihr Kind bei ihr bleibt, fragen sie sich, ob sie dann noch sicher sein können, daß die Mutter bei ihnen bleibt.

Am meisten Sicherheit vermittelt eine ruhige und pragmatische Reaktion: »Wenn du gehst, werde ich sehr traurig sein, aber ich würde es akzeptieren, wenn du es wirklich willst.«

Zwei Familien

Wenn Kinder zwischen zwei Familien pendeln, müssen alle Beteiligten lernen. In erster Linie das Kind, das sich in zwei Welten zurechtfinden muß, die durchaus unterschiedlich sein können, und in denen verschiedene Normen und Regeln gelten.

Aber auch die Eltern müssen akzeptieren lernen, daß jeder von beiden das Recht hat, »seine« Welt für sich und das Kind so zu gestalten, wie er es für richtig hält (> Vater-Tage, Seite 106). Kinder haben das Recht, jeden Elternteil mit all seinen Seiten zu erleben. Und sie nehmen sicher keinen Schaden, wenn Normen, die in der einen Welt gelten, in der andern nicht so wichtig sind. ExpertInnen halten das sogar für einen der wenigen Vorteile, die Scheidungsfamilien bieten: Kinder lernen so, daß es unterschiedliche Wertvorstellungen und Lebensstrategien gibt (> Uneinige Eltern, Seite 333).

Am häufigsten treten Probleme auf, wenn einer der beiden Eltern eine neue Beziehung eingeht. Mütter und Väter, auch wenn sie schon länger getrennt leben, reagieren dann mit Eifersucht und projizieren ihre eigenen Gefühle auf das Kind. Dem sei es nicht zuzumuten, daß es der neuen Freundin des Vaters begegnet. Solche Emotionen sind zwar verständlich, dürfen sich aber nicht zuungunsten des Kindes auswirken. Nachgewiesenermaßen schadet es Kindern nicht, wenn Vater oder Mutter neue Beziehungen eingehen (> Leben in einer Stieffamilie, Seite 118). Viel schädlicher ist für sie, daß die Eltern offenbar immer noch Schwierigkeiten haben, ihre Rolle als Paar von der als Eltern zu trennen.

Leben mit einem Elternteil

Viele Frauen erziehen ihre Kinder allein – sei es aus freier Entscheidung, sei es, daß der Freund sie verließ, noch bevor das Kind geboren war. Auch geschiedene Frauen tragen oft allein die Verantwortung für ihre Kinder, weil die meisten Väter nach der Trennung rasch das Interesse an ihren Kindern verlieren. Ein-Eltern-Familien sind keine »Notlösung« dabei und können Kindern die gleichen Chancen bieten wie traditionelle Familien.

Mitte der 60er Jahre gab es in der BRD rund 500.000 Halbfamilien – so hießen Ledige, Getrenntlebende, Geschiedene oder Verwitwete damals offiziell. 1992 versorgten 1,5 Millionen alleinerziehende Frauen und Männer insgesamt 2,5 Millionen Kinder.

So steht es zumindest in den Statistiken. Dort wird unter »Alleinerzieher« allerdings jeder geführt, der Kinder, aber keinen Trauschein hat. Also auch Paare, die wie Ehepaare zusammenleben, oder Geschiedene, die sich längst wieder neu gebunden haben. Insgesamt, schätzen ExpertInnen, lebt wohl rund die Hälfte der offiziellen AlleinerzieherInnen in einer eheähnlichen Beziehung.

Auch wenn die nackten Zahlen das Bild verzerren

– der Trend stimmt: Immer mehr Frauen – und zunehmend auch Männer – erziehen ihre Kinder allein. Und immer mehr Menschen haben es gar nicht anders versucht. Zwar stellen die Geschiedenen immer noch die größte Gruppe der Ein-Eltern-Familien, aber die ledigen Mütter, die ihre Kinder von Anfang an allein betreuen, holen kräftig auf. Rund die Hälfte der Kinder, die mit ihrer Mutter allein leben, hat ihren Vater durch eine Scheidung »verloren«, ein Viertel hat ihn überhaupt nie gekannt.

Beide Gruppen haben ein gemeinsames Problem: Immer noch gelten Ein-Eltern-Familien als »unvollständig«, »minderwertig«, als »Notlösung«. Dabei ist die These, daß Kinder in Teilfamilien eine unerfreuliche Kindheit und geringere Chancen im

Leben hätten und damit automatisch benachteiligt wären, ebenso alt wie falsch. Es gibt Zehntausende Beispiele, mit denen AlleinerzieherInnen eindrucksvoll bewiesen haben, daß diese Lebensform Kindern ebenso viele Möglichkeiten eröffnen kann wie die traditionelle Vater-Mutter-Kind-Familie. Daß sie Familien vorzuziehen ist, in denen Enttäuschung und Streit zwischen den Eltern den Alltag bestimmen, bestreitet ohnehin niemand mehr (> Scheiden tut weh, Seite 88).

Die Gegenthese, daß sich Ein-Eltern-Familien überhaupt nicht von anderen Familien unterscheiden, ist aber ebenso falsch. Die Ein-Eltern-Familie ist eine spezielle Familienform mit eigenen Anforderungen, Vor- und Nachteilen.

MUTTER UND VATER ZUGLEICH SEIN

Wenn ein Kind auf nur einen Elternteil angewiesen ist, bekommt diese Beziehung ungeheures Gewicht. Das Kind ist der ganzen Liebe, aber auch der geballten Macht dieser Person ausgesetzt.

Gerade alleinerziehende Eltern neigen dazu, die-

MUTTER ALLEIN GENÜGT NICHT

Erwachsenwerden ist ein schrittweiser Ablösungsprozeß, der schon in frühen Kinderjahren beginnt. Auch kleine Kinder brauchen manchmal Abstand von ihrer Mutter, brauchen die Chance, hin und wieder mal einen kleinen »Verrat« begehen zu können, müssen Geheimnisse haben und diese mit jemand anderem als ihr teilen können. In traditionellen Familien übernimmt meist der Vater diese Rolle. Er »stört« die Zweisamkeit zwischen Mutter und Kind und regt damit Tochter oder Sohn an, andere Menschen wahrzunehmen und sich nach und nach auf sie einzustellen. Frauen, die ihre Kinder ohne Vater großziehen, müssen in diesem Punkt für Ersatz sorgen. Das heißt keineswegs, daß Alleinerzieherinnen eine Partnerschaft eingehen müssen. Aber sie sollten dem Kind so viele Kontakte wie möglich eröffnen. KindergärtnerInnen, LehrerInnen, FreundInnen, Großeltern oder NachbarInnen, zu denen das Kind eine intensive Beziehung entwickelt, können die Rolle der Mutter relativieren und den Kindern zu einer weiteren Anlaufstelle bei Problemen, Sorgen und Nöten werden.

ser Beziehung noch mehr Gewicht zu geben. Geschiedene und ledige Mütter haben ein besonders enges und fürsorgliches Verhältnis zu ihren Kindern. Sie beobachten jeden Schritt und jede Regung, sind immer sofort zur Stelle, wenn Probleme auftauchen, spüren mit angespannter Aufmerksamkeit Wünsche auf und wachen intensiv über das Wohlergehen ihrer Kleinen. Kurz: Sie verschmelzen mit ihren Kindern zu einer untrennbaren Einheit.

Meist stehen Schuldgefühle hinter dieser fürsorglichen Belagerung. Viele AlleinerzieherInnen geben sich die Schuld, daß die Kinder mit nur einem Elternteil aufwachsen müssen, und wollen den Verlust mit allen Mittel kompensieren. Sie empfinden es – bewußt oder unbewußt – als Buße, wenn sie die eigenen Wünsche und Bedürfnisse vernachlässigen und alles dem Wohl des Kindes unterordnen. Dem darf es an nichts fehlen, weil es ohnehin genug zu leiden hatte und weil AlleinerzieherInnen sich, den Kindern und allen anderen beweisen müssen, daß einer allein »Vater und Mutter zugleich« sein kann.

Vor allem ledige Mütter, die ungewollt schwanger wurden, spüren, daß sie in den hintersten Winkeln ihrer Seele manchmal dem Kind die Schuld an ihrer jetzigen Situation geben, schämen sich dieser Gefühle und wollen sie mit übertriebener Fürsorge und Aufmerksamkeit wiedergutmachen.

Den Kindern tut das nur scheinbar gut. Die Überbehütung behindert sie in ihrem Lernprozeß und erschwert es ihnen, selbständige Erfahrungen zu machen.

Überbehütung und ihre Folgen

Die Kinder von AlleinerzieherInnen können sich gegen allzuviel Fürsorge am wenigsten wehren: Sie haben nur die Mutter oder nur den Vater. Kinder, die die Scheidung ihrer Eltern erlebt haben, leiden oft unter Trennungsängsten. Die unbewußte Angst, auch noch den übriggebliebenen Elternteil zu verlieren, verhindert, daß sie sich auf notwendige Auseinandersetzungen einlassen. Oft vermeiden sie um des lieben Friedens willen jeden Streit.

Kinder, die derart überbehütet aufwachsen, zeigen als Jugendliche vor allem zwei Verhaltensmuster: Entweder hängen sie zu lange an der Mutter und können sich nur schwer auf einen Partner einlassen. Oder sie lösen sich während der Pubertät mit einem gewaltigen Kraftakt aus der überstarken Bindung.

AlleinerzieherInnen, die es schaffen, ihre Kinder loszulassen und auch andere Menschen eine wichtige Rolle im Leben der Kinder spielen zu lassen, befreien die Kinder von einer schweren Bürde. Zusätzlich entlasten sie sich selbst. Die Energie und Lebensfreude, die sie gewinnen, wenn sie ihren Freiraum nutzen, kommen auch dem Kind zugute.

(> Mutter allein genügt nicht, Seite 110)
(> Wohngemeinschaften, Seite 112)

Kinder sind keine Ersatzpartner

Kinder in Ein-Eltern-Familien werden oft früher als andere selbständig, organisieren größere Teile ihres Alltags allein und zeigen mehr Initiative, wenn es gilt, die noch unbekannten Regionen ihrer Welt zu erobern.

ExpertInnen halten das für einen der wenigen Vorteile, die Kinder mit nur einem Elternteil haben. Gleichzeitig warnen sie davor, die Selbständigkeit der Kleinen allzusehr zu strapazieren. Kinder, die Gleichaltrigen bei bestimmten Fähigkeiten voraus sind, früher als andere einkaufen gehen oder ihre Garderobe selbst zusammenstellen, sind deshalb noch lange keine kleinen Erwachsenen. AlleinerzieherInnen, die ihren Kindern immer neue Pflichten aufhalsen, im Haushalt oder bei der Betreuung von Geschwistern allzuoft auf ihre Mithilfe setzen, überfordern sie damit.

Noch belastender ist es, wenn Mütter oder Väter ihre emotionalen Probleme bei den Kindern abladen. Die Sprößlinge dürfen ihre Eltern getrost traurig erleben oder weinen sehen. Sie werden mitlei-

den und auf ihre unnachahmliche Art zu trösten versuchen. Werden sie aber als Abladeplatz für den Seelenmüll der Erwachsenen mißbraucht, verunsichert sie das und macht ihnen angst. Auch Kinder, die selbstbewußter und eigenständiger als ihre AltersgenossInnen erscheinen, brauchen Schutz, Geborgenheit und das Gefühl, daß Mama oder Papa die Dinge im Griff haben und jederzeit helfend einspringen können, wenn sie in Schwierigkeiten geraten.

Ohne Männer geht es nicht

Jungen brauchen ein männliches Vorbild, um sich mit ihrer künftigen Rolle als Mann auseinanderzusetzen und um ihre Geschlechtsidentität zu finden. Für Mädchen ist es wichtig, den Gegenpol zu ihrem eigenen Geschlecht kennenzulernen (> Entwicklung der Geschlechter, Seite 288). Untersuchungen zeigen, daß Knaben, die ohne Vater oder andere männliche Vorbilder aufgewachsen sind, später eher Schwierigkeiten mit ihrer Sexualität und Mädchen ihrerseits häufiger Probleme mit dem anderen Geschlecht haben.

Für Kinder, die bei alleinerziehenden Müttern aufwachsen, sind Kontakte zu Männern deshalb wichtig. Das kann neben oder statt dem Freund der Mutter der Großvater sein, ein Onkel oder Nachbar – jemand, der bereit ist, ein möglichst dauerhaftes Verhältnis zum Kind aufzubauen.

VOM ALLTAG OHNE PARTNER

Wohnen, Kinder zu betreuen, mit den Finanzen auszukommen, ist ohnedies kein leichtes Unterfangen. Für Frauen ohne Männer, dafür aber oft mit einer belastenden Erfahrung mit Männern im Hintergrund können sich die Probleme manchmal schier haushoch türmen.

GRÜNDE FÜR EINEN UMZUG

● Hannelore hatte ihre beiden Töchter im Kindergarten der Siedlung untergebracht. Die Zeit zwischen dessen Öffnung und ihrem Arbeitsbeginn war jedoch zu knapp für die Stunde Fahrt. Wenn sie nicht zu spät zur Arbeit kommen wollte, mußte sie die Kinder eine halbe Stunde lang bei der Nachbarin unterbringen, die sie dann auch zum Kindergarten brachte. Von dieser Frau abgesehen hatte Hannelore in dem riesigen Wohnsilo kaum Kontakte. Sie zog zurück in ihre Heimatstadt. Dort leben ihre Eltern, die tagsüber auf die Mädchen aufpassen.

● Alexandras Freund verschwand über Nacht, als sie ihm von dem Baby erzählte. Sie wird das Kleine allein großziehen und meint, daß die Voraussetzungen dafür in der Großstadt besser seien als im Dorf. Während sie eine Wohnung sucht, knüpft sie Kontakte zu anderen alleinziehenden Frauen und hofft, daß sie spätestens in einem Jahr einen Krippenplatz und dann Arbeit bei einer Werbeagentur bekommen wird.

● Susanne besaß zwar eine schöne Wohnung, hatte aber das Umfeld satt. Die Familie lebte gut in dem Nobelbezirk. Die Wochenenden verbrachten sie meist auf dem Land, große Einkäufe wurden einmal im Monat erledigt. Doch seit Susanne wieder berufstätig ist, fehlen ihr Einkaufsmöglichkeiten in der Nähe und der Austausch mit NachbarInnen. Gemeinsam mit ihrem sechsjährigen Sohn zog Susanne in eine moderne Siedlung in der Nähe. Dort wohnt sie zwar weniger schön, hat aber Kontakt zu anderen Frauen.

Wohnen

Viele AlleinerzieherInnen haben Angst, der Vermieter könnte sie auf die Straße setzen, wenn er von der Scheidung oder der Geburt des Babies erfährt. Solange die Frau jedoch die Miete bezahlt, kann das Mietverhältnis nicht gekündigt werden.

Gerade die Finanzierung wird aber für viele Mütter zum Problem, wenn sie mit ihren Kindern in der gemeinsamen Wohnung bleiben (> Alleinsein macht arm, Seite 113). Und immer mehr Frauen machen aus dieser Not eine Tugend. Sie suchen sich eine Untermieterin oder einen Untermieter, wenn die Wohnung dafür groß genug ist. Diese decken nicht nur einen Teil der Miete, sondern können abends vielleicht auch mal auf die Kinder aufpassen.

Wohngemeinschaften

Nicht jede oder jeder mag Wohngemeinschaften. Mit jemandem zusammenzuleben, zwingt zu Kompromissen und erfordert Toleranz. Gerade nach einer Trennung kann das eine starke Belastung sein.

Andererseits bietet die Wohngemeinschaft mehr als finanzielle Vorteile. Zwei alleinerziehende Mütter können sich die Hausarbeit teilen und sich bei der Kinderbetreuung gegenseitig entlasten. Für beider Kinder kann es vorteilhaft sein, neben der eigenen Mutter noch eine andere Bezugsperson und Kinder zum Spielen zu haben (> Mutter allein genügt nicht, Seite 110).

WohnungseigentümerInnen vergeben ihre Objekte meist ungern an Menschen in »ungeordneten Verhältnissen«. Allerdings können sie nicht verhindern, daß in eine Wohnung entsprechender Größe noch jemand einzieht. Manche Sozialämter sind sogar bereit, große Sozialwohnungen speziell für Wohngemeinschaften alleinerziehender Frauen zu vermitteln.

Eine neue Wohnung suchen

AlleinerzieherInnen sind auf ihre Wohnung ganz besonders angewiesen (> Wer behält die Wohnung? Seite 101). Wenn sich die Bleibe als zu teuer, zu ungünstig gelegen oder mit zuviel negativen Erinnerungen belastet herausstellt, kann ein Umzug die günstigste Lösung sein (> Gründe für einen Umzug, Seite 112)

AlleinerzieherInnen haben es sogar ein wenig leichter als Geschiedene: Sie müssen bei der Wahl des neuen Wohnortes keine Rücksicht auf die Nähe zum Vater nehmen, der nach der Trennung auch für die Kinder dasein will.

Alleinsein macht arm

Kinder machen arm (> Wenig Geld für Kinder, Seite 75), Kinder allein zu haben, macht noch ärmer. AlleinerzieherInnen müssen im Durchschnitt mit zwei Drittel dessen auskommen, was in anderen Familien zur Verfügung steht. Jede fünfte Alleinerzieherin muß mit einem Einkommen unter 1200 Mark auskommen. Ein Drittel ist auf Sozialhilfe angewiesen.

Bei vielen Müttern rächt sich nun, daß sie jahrelang für die Kinder da waren und dabei die eigene Karriere vernachlässigt haben (> Beruf oder Sozialamt, Seite 114). Was früher willkommenes Zubrot war, muß nun für die ganze Familie reichen. Auf die Unterstützung ihrer Männer können nicht alle zählen: Zwischen 30 und 40 Prozent der Frauen, schätzt der Verband Alleinerziehender Mütter und Väter, bekommen weniger Unterhalt, als ihnen zusteht.

Alleinerziehende Frauen leiden unter der finanziellen Misere doppelt: Der Zwang zu sparen, paart sich meist mit dem schlechten Gewissen den Kindern gegenüber, die doch nichts dafür können und zusätzlich zur Trennung nicht auch noch unter Entbehrungen leiden sollen.

Viele machen dann Überstunden – und sich selbst ein noch schlechteres Gewissen. Die Kinder spüren sehr genau, daß ihre Mutter leidet, und empfinden das sicher als schmerzlicher, als wenn sie auf ein Spielzeug verzichten müßten. Natürlich haben sie Wünsche, natürlich registrieren sie genau, wieviel Spielsachen ihre FreundInnen bekommen. Aber Kinder sind auch Argumenten zugänglich, sie begreifen, wie sehr die Anschaffung eines neuen Traktors oder einer Puppe die Mutter belasten würde. Sie verstehen, daß Baukasten und Schulskikurs das Budget sprengen würden. Das Verständnis

BITTGANG ZUM AMT

Viele Menschen empfinden den Gang zur Behörde als demütigend. Weil die Sozialtöpfe nur beschränkt gefüllt sind und viele Unterstützungen vom Ermessen der Beamten abhängen, bekommen AntragstellerInnen allzuoft die Allmachtsphantasien der BürokratInnen zu spüren: Da wird beanstandet, daß eine Mutter schon nach einem Jahr neue Winterstiefel für den Sohn gekauft hat, oder sie lehnen die Reparatur eines Fernsehapparats ab.

Auch in einer Notsituation sollten Frauen nicht vergessen, daß sie auf die gewährten Unterstützungen einen Rechtsanspruch haben. Beamte sollten sie als das sehen, was sie sind: Angestellte des Staates und damit der SteuerzahlerInnen, die den administrativen Teil dieses Anspruchs abzuwickeln haben. Fühlt sich jemand bei einer Behörde schlecht behandelt, unzureichend beraten oder gar gezielt falsch informiert, gibt es immer Vorgesetzte oder Rechtsberatungen anderer Einrichtungen, an die man sich um Rat und Unterstützung wenden kann.

ist um so größer, wenn man sie in die monatliche Finanzplanung einbezieht (> Werbung, Geld, Konsum, Seite 528).

Kinder messen eine Beziehung nicht nach dem Wert von Geschenken. Eine Stunde, in der die Mutter unbelastet mit ihnen spielt, ist für sie allemal wertvoller als die Dinge, die sie mit der gleichen Stunde mehr im Büro finanzieren könnte.

WO IST DER PAPA?

Jede ledige Mutter fürchtet sich vor den unvermeidlichen Fragen: »Wer ist mein Papa?« »Wo ist er?« »Warum ist er nicht bei uns?«

Es gibt nur einen guten Weg, mit diesen Fragen umzugehen: so offen, ehrlich und sachlich wie möglich.

● Jedes Kind hat das Recht zu erfahren, von wem es abstammt.

● Auch wenn das Kind seinen Vater nicht kennt, existiert er in seinem Kopf. Fotos, Filme, vor allem aber Erzähltes können dem Kind helfen, ein realitätsnahes Bild zu gewinnen.

● Wenn der Vater das Kind abgelehnt hat, braucht es eine Begründung dafür, die sein Selbstwertgefühl nicht verletzt. Folgende Erklärungen kann auch ein jüngeres Kind verkraften: »Er hat dich gar nicht gekannt und konnte deshalb nicht wissen, wie lieb du bist« oder »Er hätte vielleicht gern mit dir gelebt, aber er war schon verheiratet.«

● Das Kind darf kein Vaterbild vermittelt bekommen, dessen es sich schämen muß. Abwertende Bemerkungen und Urteile über den Vater sollten dem Kind erspart bleiben.

Beruf oder Sozialamt

Jede zweite alleinerziehende Frau muß neben Kinderpflege und Haushalt einem Beruf nachgehen. Zwei Drittel von ihnen arbeiten ganztags.

98 Prozent geben als Grund für ihre Berufstätigkeit an, daß sie »auf das Geld angewiesen sind«, zwei von dreien, zeigt eine österreichische Untersuchung, würden die Doppelt- und Dreifachbelastung sofort reduzieren, wenn sie dann finanziell noch über die Runden kämen. Gut bezahlte Teilzeitjobs sind allerdings rar und nur mit entsprechender Ausbildung zu bekommen. Auf eine qualifizierte Ausbildung haben aber viele Frauen zugunsten des Ehemanns und der Kinder verzichtet.

Dazu kommt, daß Alleinerzieherinnen als Arbeitskräfte nicht besonders gefragt sind. Jede dritte dieser Frauen, zeigt eine österreichische Studie, hat Schwierigkeiten, weil sie ihren Arbeitsplatz immer pünktlich verlassen muß. Jede vierte muß mit Ärger rechnen, wenn sie Pflegeurlaub nimmt, weil das Kind krank ist. Das Resultat ist klar: Bei einem Fünftel der Frauen schlagen sich die mütterlichen Sorgepflichten in verminderten Aufstiegschancen nieder. Laut einer Untersuchung der Leitstelle zur Gleichstellung der Frau in Hamburg meint ein Drittel der berufstätigen Alleinerzieherinnen, unter ihrer Qualifikation beschäftigt zu sein.

Trotz schlechter Jobs, unterdurchschnittlicher Bezahlung und hohen Anforderungen an ihr Organisationstalent gewinnen die meisten Alleinerzieherinnen dem täglichen Wirrwarr dennoch gute Seiten ab. Sie sind im allgemeinen zufriedener mit ihrem Leben als Frauen, die der Kinder wegen zu Hause bleiben.

Betreuung

An den Betreuungsmöglichkeiten für Kinder gemessen ist die reiche Bundesrepublik ein Entwicklungsland. Nicht einmal drei Prozent aller

Vorschulkinder kommen in den wenigen Krippenplätzen unter, Kindergärten und Schulen mit ganztägiger Betreuung sind rar (> Kinderkrippen, Seite 606).

AlleinerzieherInnen haben Anspruch darauf, daß die wenigen Plätze bevorzugt an sie vergeben werden. Dieses Recht sollten sie offensiv einfordern.

Haushalt

Alleinerzieherinnen müssen viele Nachteile in Kauf nehmen, einen aber ersparen sie sich: Anders als berufstätige Ehefrauen müssen sie am Abend nicht auch noch ihre Männer bedienen. Untersuchungen zeigen dann auch, daß sie in aller Regel weniger Zeit mit Hausarbeit verbringen als verheiratete Berufstätige.

Trotzdem bleibt noch genug zu tun. Putzen, waschen, einkaufen, Abendessen richten, das alles zusätzlich zu Beruf und Kinderbetreuung bringt nicht wenige an den Rand ihrer Leistungsfähigkeit.

Der oft zu lesende Ratschlag, Alleinerziehende sollten sich nicht scheuen, die Kinder zur Mitarbeit im Haushalt anzuhalten, ist mit Vorsicht zu genießen. Die Kleinen sind mit Schule, Hausaufgaben und diversen Kursen ohnehin ausreichend mit Arbeit eingedeckt und kommen nicht selten auf eine 60-Stunden-Woche. Zusätzliche Haushaltspflichten würden die Zeit, die noch zum Spielen bleibt, auf ein nicht mehr vertretbares Minimum reduzieren.

LEDIGE MÜTTER

Der Anteil von nichtehelich geborenen Kindern hat sich seit 1960 fast verdoppelt. Derzeit kommen in Deutschland jährlich etwa 70.000 ledige Kinder zur Welt.

Ihre Mütter werden in den Statistiken großteils zu Recht als Alleinerzieherinnen geführt. Gemäß einer Untersuchung haben 62 Prozent von ihnen noch vor der Geburt oder spätestens während des ersten Lebensjahres des Kindes den Kontakt zum Vater verloren. Nicht einmal ein Viertel der Kinder sieht den Vater regelmäßig.

Oft leiten Männer die Trennung ein, weil sie keine Beziehung, die ein gemeinsames Kind einschließt, eingehen wollen. Frauen ergreifen ebensooft die Initiative, weil sie das Verhalten des Mannes zu ihrer Schwangerschaft als verletzend empfinden. Sie entscheiden sich oft für ein Leben mit ihrem Kind allein nach dem Motto: Lieber harmonisch zu zweit als enttäuscht zu dritt.

MAMI, WER IST DER MANN?

Manchmal tauchen Väter plötzlich auf. Ohne Ankündigung läuten sie an der Eingangstür und wollen »ihr« Kind sehen. Für Mütter, die sich vielleicht jahrelang unter erheblichen Anstrengungen allein um ihre Kinder kümmern mußten, kann das eine ziemliche Zumutung sein.

PsychologInnen empfehlen trotzdem, die Bedürfnisse des Kindes über die eigenen Gefühle zu stellen. Auch wenn der Vater lange abwesend war, können Kinder davon profitieren, wenn sie nun eine Beziehung zu ihrem Vater aufbauen können.

Diese sollte dann allerdings dauerhaft sein. Wenn der plötzlich erschienene Vater nicht sicher ist, daß er in Zukunft eine zuverlässige Rolle spielen will, kann es für ganz kleine Kinder schonender sein, ihn als guten Freund vorzustellen. Hoffnungen, die der Vater nicht erfüllen kann oder will, sollten Kindern erspart bleiben.

Auch ledige Kinder haben Väter

Vielen Männern muß die Anerkenntnis der Vaterschaft für ihr ungewolltes Kind erst per Gerichtsbeschluß abgerungen werden. Eine Reihe von Frauen will von sich aus darauf verzichten, den Vater ihres Kindes amtsbekannt zu machen. Rechtlich ist das kein Problem: Kein Gericht und keine Jugendbehörde kann eine Mutter zwingen, den Vater ihres Kindes zu nennen. Doch nur, wenn die Vaterschaft eindeutig geklärt ist, kann die Frau Unterhalt erhoffen.

Feststellungsklage

In einem solchen Verfahren muß die Frau inmer als Zeugin auftreten. Da sie aber mit dem Kind verwandt ist, hat sie das Recht, die Aussage zu verweigern. Das ist vor allem dann ein Segen, wenn abzusehen ist, daß der mutmaßliche Vater diskriminierende Fragen an sie stellen wird. Häufigstes Argument, mit dem sich Männer der Unterhaltszahlung entziehen wollen, ist der Vorwurf, zum in Frage kommenden Zeitpunkt hätte die Frau mehrere sexuelle Beziehungen gehabt.

Wenn Mütter den Vater nicht nennen wollen

Das konsequente Bekenntnis zur Ein-Eltern-Familie hat für die Frau Folgen, die sie gründlich bedenken sollte. Der Staat »rächt« sich für die mangelnde Kooperationsbereitschaft gerne, indem er die Amtspflegschaft nicht aufhebt oder die Sozialhilfe kürzt. Auf sie sind aber gerade Mütter, die den Vater nicht bekanntgeben, in höchstem Maße angewiesen, weil sie ohne Vaterschaftsanerkenntnis keine Unterhaltsansprüche geltend machen können.

Ihre Entscheidung, den Vater geheimzuhalten, kann die Frau jederzeit revidieren. Bei später angestrengten Vaterschaftsklagen ist es allerdings schwierig, die Unterhaltsansprüche rückwirkend einzufordern.

Mütter, die die Anonymität des Vaters ihres Kindes wahren wollen, sollten sich bewußt sein, daß jedes Kind irgendwann einmal beginnt, seine Herkunft zu erforschen (> Wo ist der Papa? Seite 114).

Sorgerecht

Väter nichtehelicher Kinder erhalten kein Sorgerecht, und sie können auch keines erzwingen. Die »Ehelicherklärung«, mit der Paare, die ohne Trauschein zusammenleben, ein gemeinsames Sorgerecht für ihr Kind bekommen können, ist an die Zustimmung der Mutter gebunden. Das gleiche gilt, wenn der Vater sein Kind adoptieren möchte (> Paare ohne Trauschein, Seite 68).

Unterhalt für das Kind

Väter nichtehelicher Kinder müssen für den Lebensunterhalt ihrer Sprößlinge genauso aufkommen wie eheliche und geschiedene Väter. Das heißt, mindestens so lange, bis die Kinder ihre Berufsausbildung beziehungsweise ihr Studium abgeschlossen haben.

Unterhalt für die Mutter

Im Gegensatz zu geschiedenen Müttern können Ledige nur relativ kurze Zeit auf finanzielle Unterstützung des Kindesvaters zählen. Sie erhalten höchstens bis zum ersten Geburtstag des Kindes Unterhalt, und auch das nur, wenn sie nachweisen können, daß sie entweder durch die Schwangerschaft krank und deshalb arbeitsunfähig wurden oder daß es keine Möglichkeit gibt, das Kind in öffentlichen Betreuungseinrichtungen unterzubringen.

Umgangsrecht des Vaters

Im Gegensatz zu geschiedenen Vätern dürfen Väter von nichtehelichen Kindern ihre Sprößlinge nicht automatisch sehen. Ob und wie das Kind Kontakt zum Vater hat, bestimmt ausschließlich die Mutter.

Gegen den Willen der Mutter ist ein »Umgangsrecht« nur möglich, wenn das Vormundschaftsgericht feststellt, daß ein persönlicher Kontakt dem Wohl des Kindes dient. Allerdings ist geplant, diese Zeile im Gesetzestext zu ändern. Demnächst soll es genügen, wenn der Kontakt zum Vater dem Kindeswohl nicht widerspricht. In Österreich haben Väter unehelicher Kinder schon jetzt das Recht, ihre Kinder regelmäßig zu sehen.

Frauen, deren ehemaliger Partner nur gelegentlich auftaucht, argumentieren oft, die Besuche brächten vor allem Unruhe, die Kinder würden mehr darunter leiden, als wenn der Vater überhaupt nicht erschiene. ExpertInnen bezweifeln das: Gelegentlicher Kontakt sei besser als gar keiner. Selbst wenn der Vater erst nach Jahren zurückkehrt, raten sie, der Beziehung eine Chance zu geben (> Mami, wer ist der Mann? Seite 115).

Behörde als Miterzieherin

Bei nichtehelichen Kindern schränkt die Amtsgewalt das Sorgerecht der Mutter ein. Das Jugendamt vertritt das Kind bei der Feststellung der Vaterschaft, den Unterhaltsansprüchen und der Regelung von Erbschaften, wenn der Vater stirbt.

Auch wenn es sich im Alltag kaum auswirkt, fühlen sich viele ledige Mütter dadurch in ihrer Kompetenz eingeschränkt. Es gibt kein nachvollziehbares Argument, warum Mütter von nichtehelichen Kindern deren Interessen schlechter vertreten sollten als etwa Geschiedene.

Trotzdem läßt sich dieser fürsorglichen Belagerung nicht immer leicht entkommen. Um die Amtspflegschaft aufzuheben, ist ein spezieller Antrag nötig. Die einzelnen Gerichte knüpfen ihre Zustimmung an unterschiedliche Anforderungen.

Vor allem Frauen, die den Kindesvater nicht bekanntgeben wollen (oder können) und deshalb auch keine Unterhaltsregelung vorweisen können, kämpfen oft jahrelang vergeblich um ihre Unabhängigkeit.

Gegenüber der Amtspflegschaft gibt es noch die Beistandschaft des Jugendamtes. Sie soll die Mutter bei der Ausübung der elterlichen Sorge unterstützen. Sie ist freiwillig, wird nur auf Antrag bestellt und kann auf eigens definierte Angelegenheiten beschränkt werden.

Kontakte

Der Verband Alleinstehender Mütter und Väter unterhält in fast jeder Stadt der alten Bundesländer Gruppen und Kontaktstellen. In den neuen Bundesländern läuft die Gründung von regionalen Stützpunkten erst an.
Der Verband organisiert Gesprächsgruppen, informiert über Rechte, hilft im Umgang mit Behörden, berät bei Problemen mit Scheidung, Unterhalt, Arbeitsplatz, Erziehung und Kinderbetreuung. Die Adressen der Stadtbüros sind über die Bundesgeschäftsstelle des Verbandes erhältlich.

Von-Groote-Platz 2
53173 Bonn

Zum Weiterlesen

Der Ratgeber
»So schaffe ich es allein«,
den der Bundesverband kostenlos verschickt, ist ein Leitfaden durch den Dschungel der staatlichen Hilfen und informiert über Rechte und Pflichten alleinerziehender Eltern.

Leben in einer Stieffamilie

Nur jedes zweite Kind, das heute zur Welt kommt, wird seine ganze Kindheit mit beiden Eltern verbringen. Zwischen zwei Familien zu pendeln, vier Eltern und bis zu acht Großeltern zu haben, wird für Kinder normal sein. Der Nachwuchs kommt damit glänzend zurecht – vorausgesetzt, alle Beteiligten erkennen, daß eine Stieffamilie unter besonderen Voraussetzungen zustande gekommen ist und eigene Gesetze hat.

Stief- oder Fortsetzungs-, Zweit- und Zweikernfamilien, wie sie auch genannt werden, stellen zahlenmäßig mittlerweile die zweitstärkste Familienform dar. In Deutschland leben schätzungsweise mehr als eine Million Kinder in Mehr-Eltern-Familien, fast 90 Prozent davon stammen aus geschiedenen Familien.

Stieffamilien geben sich gerne der Illussion hin, eine »ganz normale« Familie zu sein. Tatsächlich aber starten Stieffamilien unter gänzlich anderen Voraussetzungen, haben ihre eigenen Gesetzmäßigkeiten und müssen mit einer Reihe von Problemen fertigwerden.

In Stieffamilien läuft nichts in der gewohnten Bahn. Während sich Mann und Frau normaler-

weise erst als Paar finden und in aller Ruhe zusammenraufen können, bevor die Kinder kommen, fallen diese Schritte bei der Gründung einer Stieffamilie alle zusammen.

Für den Elternteil bedeutet das fast immer eine schwierige Gratwanderung: Auf der einen Seite die Kinder, die ihre Rechte fordern und sie auch erfüllt bekommen sollen, auf der anderen Seite die neue Liebe, die auch Zeit und Zuwendung braucht.

Für die neuen Partner ist die Situation auch nicht leicht zu ertragen. Sie dringen in eine festgefügte Familienkonstellation ein und müssen darin erst ihren Platz finden. Alles, was sie anfangs mit den Kindern gemeinsam haben, ist die Zuneigung zum Elternteil – und oft genug wird genau das von bei-

den Seiten als Bedrohung der eigenen Beziehung gesehen.

Für Kinder bedeutet die Gründung einer neuen Familie nicht – wie oft angenommen – die Rückkehr zur Normalität und Vollständigkeit. Sie beruhigt es keineswegs, wenn der Freund der Mutter immer mehr Zeit in der Wohnung verbringt, bald die ersten Sachen daläßt und schließlich mit Sack und Pack einzieht.

Kindern macht das neue Glück der Erwachsenen gleich mehrfach angst. Sie spüren, daß Mutter oder Vater Gefühle für den oder die Unbekannte(n) hegen, und fürchten, ausgeschlossen zu werden. Die Kleinen haben schon bei der Scheidung ihrer Eltern erlebt, daß Beziehungen nicht ewig halten müssen, und haben Angst, nun auch noch den zweiten Elternteil zu verlieren.

Jede Zärtlichkeit zwischen den Erwachsenen steigert ihre Eifersucht. Jede Minute, die sich Mutter oder Vater nicht um sie, sondern um die neue Freundin, den neuen Freund kümmern, nährt ihre Befürchtungen. Sie drängen sich dazwischen, wenn sich die Großen umarmen, wollen abends nicht schlafen gehen, solange der Rivale noch im Wohnzimmer sitzt, machen plötzlich wieder ins Bett, sind aggressiv oder weinerlich und tun alles, um Aufmerksamkeit auf sich zu ziehen (> Alarmsignale, Seite 91).

Auch wenn es die Beziehung der Erwachsenen auf eine harte Probe stellt – die Bedürfnisse der Kinder sollten zumindest anfänglich über ihren eigenen stehen. Es ist unangenehm, wenn auch der dritte Anlauf zum gemeinsamen Theaterabend scheitert, weil die Kleinen heulend im Flur stehen. Nachzugeben und die Babysitterin wieder wegzuschicken gibt den Knirpsen aber genau das, was sie im Moment so dringend brauchen: das Gefühl, die Dinge unter Kontrolle zu haben, und die Sicherheit, daß sie für Mutter oder Vater doch das Wichtigste auf der Welt sind.

Das bedeutet nicht, daß die Erwachsenen ihre Wünsche und Vorstellungen aufgeben müssen: Kinder spüren, daß die Großen intensive Gefühle füreinander hegen – so zu tun, als wäre es anders, würde sie nur noch mehr beunruhigen. Die Kinder können getrost hören, was die Erwachsenen füreinander empfinden – aber sie brauchen die Gewißheit, daß die neue Liebe der alten keinen Abbruch tut. »Ich hab' diesen Mann sehr gern, deshalb möchte ich möglichst viel mit ihm zusammensein. Am schönsten wäre es für mich, wenn es uns allen zusammen gutgeht. Wenn ihr ihn aber nicht mögt, werde ich achtgeben, daß ihr euch möglichst wenig gegenseitig stört.«

Kampf um Raum und Zeit

Wenn der Freund der Mutter oder die neue Partnerin des Vaters einziehen, lassen sich Reibereien am Anfang kaum vermeiden. Der oder die »Neue« bringen Unruhe in den Alltag, bislang anerkannte Regeln und Rituale geraten plötzlich durcheinander. Selbst bei häufigen und lautstarken Streitereien zwischen Groß und Klein können die Erwachsenen gelassen bleiben. Kinder, die ihre Rechte und Privilegien verteidigen und die neue Situation nicht widerspruchslos akzeptieren, zeigen auch, daß sie sich stabil genug fühlen, um eine solche Auseinandersetzung zu wagen.

Mit der neuen Verbindung gewinnen die Erwachsenen etwas hinzu: Ihr Traum von Gemeinsamkeit und Nähe kann sich erfüllen. Kinder müssen zunächst vornehmlich etwas hergeben: Zeit, Aufmerksamkeit und Raum teilen. Das fällt ihnen leichter, wenn sie die neuen Arrangements mitgestalten können. Man kann sie fragen, wo genau im Badezimmer die Rasiersachen hingestellt werden dürfen und welcher Platz am Eßtisch noch nicht reserviert ist.

Es wäre schön, wenn sich auch die Neuankömmlinge im Teilen üben könnten: Vielleicht gibt es in der mitgebrachten Plattensammlung einige Exemplare, die auch die Kinder spielen dürfen, oder Bücher, die sie lesen dürfen.

Das Recht auf die wirklichen Eltern

Wenn Mütter oder Väter neue Partnerschaften eingehen, versuchen viele, ihre »Altlasten« loszuwerden. Sie wollen den Kindern nach den vielen Turbulenzen endlich wieder eine normale Familie bieten und fürchten, daß der außerhalb lebende Elternteil die neue Idylle stören könnte.

Kinder spüren genau, wenn Mutter oder Vater unruhig werden, weil wieder einmal ein Besuchswochenende beginnt. Aus Angst, das »Dauer-Elternteil« zu verletzen, verzichten manche Kinder dann von sich aus auf den Besuchstag (> Eltern bleiben, Seite 102).

In den Kinderköpfen bleiben die wirklichen Eltern aber immer präsent. Kinder, die keinen oder wenig Kontakt zum ferneren Elternteil haben, phantasieren sich oft ein Elternbild, das mit der

Realität nur noch wenig gemein hat. Mit diesen Traumbildern kann natürlich niemand konkurrieren – schon gar nicht ein Stiefelternteil, dem sie insgeheim die Schuld dafür geben, daß sie ihren Vater oder die Mutter nicht mehr sehen dürfen.

Stiefeltern sind Eltern besonderer Art

Stiefeltern sind seltsame Zwitterwesen. Sie tragen Verantwortung, beteiligen sich an der Erziehung und dem Lebensunterhalt der Kinder, teilen ihre Sorgen und Nöte und sind da, wenn sie gebraucht werden. Trotzdem sind sie keine richtigen Eltern, und die Kinder sehen sie auch nicht als solche.

Eltern sein ist keine Rolle, in die man nahtlos einsteigen könnte. Vater und Mutter sind Menschen, zu denen das Kind eine eigene unverwechselbare Beziehung aufgebaut hat. Wenn der neue Freund der Mutter ein toller Spielkamerad ist, werden ihn Kinder schätzen oder sogar lieben – den richtigen Vater kann er aber nicht ersetzen. Keine noch so liebevoll sorgende »neue Mutter« kann die Gemeinsamkeit, Nähe und Zärtlichkeit, die das Kind in den ersten Jahren bei seiner Mutter gefunden hat, vergessen machen.

Stiefeltern schmerzt es oft, niemals an erster Stelle stehen zu können. Sie lieben die Kinder »wie ihre eigenen« und spüren gleichzeitig, daß sie in ihren Herzen immer nur den zweiten Platz einnehmen werden (> Erst Feind, dann Freund, Seite 123).

Stiefmütter

Stiefmütter haben unter diesem Zwiespalt besonders zu leiden. Alle Untersuchungen über die Lebenssituation in Zweitfamilien zeigen, daß Stiefmütter noch größere Probleme mit ihrer Rolle haben als Stiefväter.

Von einer Frau wird viel häufiger als von einem Mann erwartet, daß sie nahtlos eine Rolle ausfüllt, die nicht die ihre ist. Vom ersten Tag an soll sie

SCHRITT FÜR SCHRITT

Wie Kinder auf die neuen PartnerInnen ihrer Eltern reagieren, hängt auch davon ab, wie sie sie präsentiert bekommen. Es muß nicht sein, daß Kinder eines Morgens jemand Fremdem am Frühstückstisch begegnen.

● Solange sich die Erwachsenen nicht sicher sind, wie dauerhaft ihre Beziehung sein kann, tun sie gut daran, bei den Kindern keine falschen Hoffnungen oder Befürchtungen zu wecken. In der Zeit des Kennenlernens kann die neue Liebschaft als Bekannte oder ein Freund gelten, mit denen man gelegentlich etwas gemeinsam unternimmt.

● Erscheint die Beziehung dauerhaft, spricht nichts dagegen, daß Kinder und der oder die »Neue« sich anfreunden. Stundenweises Babysitten, ein Kino- oder Zoobesuch bieten beiden Seiten Gelegenheit, sich zu beschnuppern. Solche Zusammentreffen setzen allerdings das Einverständnis der Kinder voraus. Sie können sehr gut selbst entscheiden, ob und wann sie mit dem neuen Freund allein sein wollen.

● Wenn sich die Erwachsenen sicher sind, daß sie künftig zusammenbleiben wollen, sollten sie die Kinder mit ihren Absichten vertraut machen. Für sie bedeutet der Einzug eines neuen Familienmitglieds in den meisten Fällen einige Umstellungen. Sie lassen sich leichter verkraften, wenn sie in das Vorhaben eingeweiht wurden.

Mutterpflichten übernehmen, sich um Haushalt und Kinder kümmern.

In vielen Fällen beginnt sich damit eine Spirale zu drehen: Die Frauen engagieren sich – viel mehr als Stiefväter das tun – für die Kinder ihrer Partner.

ALLER ANFANG IST SCHWER

PsychologInnen, die sich mit den typischen Anlaufschwierigkeiten in Zweitfamilien beschäftigt haben, raten:

● Für die Probleme, die bei der Gründung einer Stieffamilie auftreten können, eignet sich nur ein Mittel wirklich: So viel Zeit lassen wie nötig, um die Rollen neu zu bestimmen. Der Versuch, Kinder, Mütter oder Väter in Rollen hineinzuzwingen, die noch nicht die ihren sind, ist immer zum Scheitern verurteilt und produziert nur Enttäuschungen und noch mehr Probleme.

● Stieffamilien, die zwanghaft versuchen, »eine ganz normale Familie« zu sein, scheitern öfter als solche, die akzeptieren können, daß sie unter anderen Voraussetzungen zustande gekommen sind und mit besonderen Schwierigkeiten fertig werden müssen.

● Stiefeltern müssen weiterhin die Rechte des außerhalb lebenden Elternteils akzeptieren. Nur Kinder, die erkennen, daß der neue Partner der Mutter oder Vaters Freundin ihnen weder Vater noch Mutter wegnehmen, werden akzeptieren, daß ein Elternteil eine neue Beziehung hat und diese Zeit, Energie und Aufmerksamkeit von ihnen abzieht.

Den Kindern erscheint das als unerwünschte Einmischung in ihre Beziehung zum Vater und als Versuch, die leibliche Mutter auszubooten. Sie reagieren mit Ablehnung. Darunter leidet die Frau, weil sie dem Mutterideal nicht entsprechen kann. Um nicht wie die böse Stiefmutter im Märchen dazustehen, überschüttet sie die Kinder mit noch mehr Liebesbeweisen und erntet dafür noch entschlossenere Ablehnung.

Zeit lassen

Viele Stiefeltern wollen die Kinder ihrer PartnerInnen im Sturm erobern. Sie überhäufen sie mit Geschenken, sind immer zum Spielen bereit und lesen ihnen jeden Wunsch von den Augen ab.

Die Kleinen geraten dadurch leicht in Bedrängnis. Niemand kann jemanden auf Befehl lieben – auch Kinder nicht. Sie brauchen Zeit, ihre Stiefeltern kennen- und schätzenzulernen. Und sie wollen dabei selbst entscheiden, welche Erlebnisse sie mit wem teilen: Eine Fremde kann die Mutter, die immer die Gute-Nacht-Geschichte vorgelesen hat, nicht sofort ersetzen, auch nicht, wenn sie wieder einmal ein neues Buch mitgebracht hat.

Kindern fällt die Annäherung leichter, wenn sie Angebote gemacht bekommen, die sie annehmen, aber auch ablehnen können. Bitten die Kleinen die Mutter um Hilfe bei den Hausaufgaben, kann sie fragen, ob das nicht auch der Freund übernehmen kann. Lehnt das Kind jedoch ab und erntet dafür offensichtliche Enttäuschung oder gar Beleidigtsein, kann es sich in seinen Ängsten und Vorurteilen bestätigt sehen.

Erziehen lernen

Stiefeltern, die noch ohne Erfahrungen mit Kindern und Familienleben sind, verändern mit dem Einzug in eine Teilfamilie ihr gesamtes Leben. Vor allem den Männern gelingt die Verwandlung vom Junggesellen zum Familienvater nicht immer problemlos.

Schließlich ist es ein großer Unterschied, ob jemand über seine Freizeit allein verfügen kann oder auf Partnerin und Kinder Rücksicht nehmen muß. Als Single hat er seinen Haushalt nur selten so geführt, wie es in einer Familie üblich ist. Auch den Alltag von drei oder mehr Menschen so zu koordinieren, daß jeder seine Bedürfnisse erfüllt bekommt, will erst gelernt sein.

Vor allem müssen viele »Neue« erst lernen, was es heißt, Kinder zu erziehen. Wer ihnen als Spielkamerad, und nicht als Autoritätsperson begegnet, wird es leichter haben und gibt den Kindern die Chance, sich langsam auf die neue Familienstruktur einzustellen. Die Kleinen brauchen Zeit und Gelegenheit, den neuen Mitbewohner oder Vaters neue Frau langsam in ihre Welt einzuführen. Dann können sie bald akzeptieren, wenn sich der oder die »Neue« gelegentlich zu Wort meldet, weil der Abwasch schon wieder nicht gemacht oder der Meerschweinchenkäfig immer noch nicht gereinigt wurde.

Erst Feind, dann Freund

Stiefelten können im Leben der Kinder eine besondere Rolle spielen. Haben die Kleinen sie akzeptiert, werden sie zu SpielkameradInnen, ErzieherInnen, Vertrauten, Verbündeten und Vorbildern. Sie avancieren zur »besten Freundin« oder zum »guten Freund«, mit dem die Kinder Freud und Leid teilen. Sie können Anlaufstelle für Sorgen und Nöte werden, die der eigentliche Elternteil zunächst nicht erfahren soll.

Hängt der Haussegen schief oder kommen Eltern und Kinder mit einem Problem nicht zu Rande, können Stiefeltern hervorragende Berater und Vermittler sein. Sie leben eng mit den Kindern zusammen und können ihre Reaktionen und Gefühle besser einschätzen als jeder Außenstehende. Gleichzeitig haben sie den Eltern gegenüber den Vorteil, daß sie die Dinge mit mehr Distanz und Gelassenheit sehen können. Für sie müssen schlechte Leistungen des Kindes in der Schule nicht unbedingt das eigene Versagen dokumentieren. Entwicklungsprobleme signalisieren ihnen nicht unbedingt sofort, daß das Kind die Scheidung doch nicht verkraftet hat (> Schuldgefühle, Seite 94). Weil Stiefeltern manchmal unbefangener mit Problemen umgehen können, kann es ihnen leichterfallen, sachliche und konstruktive Lösungen zu finden.

Den Stiefeltern eine Chance geben

Noch Jahre nach einer Scheidung träumen Kinder davon, daß der weggegangene Elternteil wieder zurückkommt und alles wieder so sein wird wie früher (> Scheiden tut weh, Seite 88). Auch Kinder, denen Mutters oder Vaters neue Liebe anfangs recht sympathisch war, können aggressiv und ablehnend reagieren, wenn sie merken, daß sich die Besuche häufen und die Beziehung intensiver wird.

Wenn Mutters neuer Freund nun am Frühstückstisch sitzt, sitzt er auf einem Stuhl, den die Kleinen immer noch für ihren Vater reserviert halten. Es ist mehr als Eifersucht, wenn sie frühmorgens im Schlafzimmer der Erwachsenen toben und versuchen, den Eindringling aus dem Bett zu zerren.

In solchen Situationen kann vor allem der außerhalb lebende Elternteil helfen. Er muß klarstellen, daß er nie wieder in die Wohnung zurückkommen wird und daß dieser Entschluß nichts mit dem neuen Freund oder der neuen Freundin zu tun hat. Vielen Kindern fällt ein Stein vom Herzen, wenn ihnen der Vater sagt, daß er es in Ordnung findet, wenn sie den neuen Freund der Mutter gernhaben – und daß sich dadurch an seiner Zuneigung zu ihnen nichts ändern wird.

Für eine solche Hilfestellung müssen sich jedoch die geschiedenen Eheleute über ihre Beziehung im klaren sein. Solange sie nicht genug Distanz zum früheren Partner bzw. zur Partnerin haben, eifersüchtig sind und den oder die neuen FreundInnen als RivalInnen empfinden, können Eltern ihren Kindern noch so glaubhaft versichern, die neue Beziehung sei schon in Ordnung – das Kind wird die wahre Einstellung spüren und noch stärker verunsichert reagieren (> Die neue Beziehung klären, Seite 102).

Adoption und Pflege

Meist ist es der unerfüllte Wunsch
nach einem eigenen Kind, der Paare
motiviert, Kinder zu adoptieren.
Der Weg zum Wahlkind ist langwierig
und kompliziert. Ist er dann geschafft,
trüben manche Schwierigkeiten die
Elternfreuden. Doch Eltern, die
sich auf ihr Adoptivkind vorbereiten,
sich offen mit ihren Ängsten
auseinandersetzen und einige
Grundregeln berücksichtigen, kann ein
zufriedenes Familienleben gelingen.

Der römische Kaiser Augustus war ein Adoptivsohn von Cäsar, Nero erbte die Herrschaft über das gesamte Römische Reich von Kaiser Claudius, weil dieser ihn adoptierte. »Wahlkinder« begleiten den Weg der menschlichen Geschichte. Stets sollte die Adoption das Eigentum in der Familie halten, das Fortleben des Geschlechts sichern. Im germanischen Kulturkreis garantierte die »Ankindung« den unehelich Geborenen die Rechte ehelicher Kinder.

Heute geht es nur noch in den seltensten Fällen vorrangig um die Vererbung von Namen und Vermögen. Der Großteil der rund 200.000 Paare, die sich zur Zeit in Deutschland um eine Adoption

bemühen, will ein »eigenes« Kind, um eine neue »Liebesgemeinschaft« zu gründen: Ihr Ziel ist es, mit einem Kind zusammenzuleben und gemeinsam glücklich zu werden, und sie hoffen, das Elternsein werde ihnen einen neuen, tieferen Lebenssinn verleihen.

Die eigene Unfruchtbarkeit ist mit Abstand der häufigste Grund, warum Paare ein Kind adoptieren. Schätzungsweise zehn bis fünfzehn Prozent aller Ehen bleiben ungewollt kinderlos (> Unerfüllter Kinderwunsch, Seite 226). Nur eines von zehn Paaren, das sich um ein »fremdes« Kind bemüht, hat bereits leibliche Kinder.

Zu dem persönlichen Kummer gesellen sich beim Adoptionswunsch häufig noch soziale Motive: Das Paar möchte sich eines Kindes annehmen, für das niemand sorgen will oder kann.

Pro Jahr werden in der Bundesrepublik knapp 8.000 Kinder angenommen, ungefähr die Hälfte davon durch Stiefeltern oder Verwandte. Die »Nachfrage« nach Adoptivkindern ist aber erheblich größer: Auf ein zur Adoption freigegebenes Kind kommen bis zu 30 Bewerberpaare. Die Vormerklisten sind lang, Wartezeiten von mehreren Jahren die Regel.

Besonders wenig Hoffnung haben Paare, die sich ein Baby als Adoptivkind wünschen: Nur etwa zwölf von hundert adoptierten Kindern sind jünger als ein Jahr.

Die eigenen Wünsche kennenlernen

Bevor sich ein Paar entscheidet, ein Kind anzunehmen, sollten sich beide über ihre tiefen Motive für den Adoptionswunsch klarwerden und mit dem Partner bzw. der Partnerin oder FreundInnen darüber sprechen. Sich ein Kind zu wünschen, kann für viel stehen: die Hoffnung, das eigene Leben möge erfüllter verlaufen; die Erwartung, endlich erkenne jemand die eigenen Vorstellungen einmal fraglos an. Viele wollen mehr und beständigere Liebe empfangen, andere erhoffen sich, daß das Kind den Partner oder die Frau zu mehr Verantwortlichkeit bringt oder die Beziehung stabilisiert (> Kinderwunsch und Wunschkinder, Seite 66).

Je mehr Wünsche in die Entscheidung hineinspielen, die sich nicht direkt auf das Kind beziehen, desto eher überfordern die Erwachsenen das Kind. Ähnliches gilt für Paare, die sich ein ganz bestimmtes Kind wünschen; die genau angeben, wie es beschaffen sein soll, welche Charaktereigenschaften es aufweisen soll, ob es weiblich oder männlich, groß oder klein, brav oder kess sein soll, blauäugig oder mit braunen Mandelaugen. Die besten Voraussetzungen, als Adoptivfamilie glücklich zu werden, haben Paare, die sich ein Adoptivkind wünschen, weil sie Kinder lieben und sich ein Zusammenleben mit Kindern schön vorstellen, die aber auch neugierig sind, welche Erfahrungen und Kämpfe sie durchmachen werden.

Bekommen Paare die Möglichkeit, zwischen mehreren Kindern zu wählen, so sollten sie es getrost tun, auch wenn das vielen unethisch scheinen mag.

Die Ängste

Viele Adoptiveltern fürchten sich, daß ihr Kind »schlechte« Anlagen der unbekannten leiblichen Eltern als »Erbteil« mitbekommen haben könnte. Bei Kindern, die bereits eine Zeit in Heimen und Pflegefamilien verbracht haben, kommt die Sorge hinzu, welche Verhaltensprobleme daraus resultieren mögen.

Bleiben diese Ängste unerkannt, können sie Eltern dazu verleiten, Verhaltensweisen ihres Kindes, mit denen sie schlecht umgehen können, mit der »Veranlagung« oder der teilweise unbekannten

SÄUGLINGE ADOPTIEREN

- Ein Säugling kann sich an jeden Menschen binden, der ihn betreut. Auch leibliche Eltern werden nicht dadurch zu »wirklichen« Eltern, daß sie das Kind zeugen, austragen und gebären, sondern durch die Bindung im ersten Lebensjahr. Die Adoptivelternschaft steht der leiblichen Elternschaft kaum nach.
- Die Angst, das adoptierte Kind könnte die Wahleltern verlassen, wenn es die Wahrheit über seine Vergangenheit erfährt, ist so groß wie unbegründet. Die Vergangenheit sollte von Anfang an Thema sein.
- Wenn dann im Kleinkindalter die Frage auftaucht: »Mami, woher komme ich?« können die Eltern ohne Angst erklären, daß manche Kinder eben zwei Mütter haben. Eine, die es im Bauch getragen hat, und die gegenwärtige Mutter, bei der das Kind jetzt lebt und immer bleiben wird.
- Früher oder später taucht die für alle Kinder schmerzliche Frage auf, warum die erste Mutter sie nicht behalten wollte. Die Antwort darauf muß einfühlsam und verständlich sein. Das Kind braucht von seiner leiblichen Mutter und seinen leiblichen Eltern ein positives Bild, um ein gesundes Selbstbewußtsein entwickeln zu können.

Vorgeschichte zu erklären. Das würde das Selbstwertgefühl des Kindes aber empfindlich treffen. Gespräche der Partner untereinander, mit FreundInnen oder professionellen BeraterInnen etwa in einer Familienberatungsstelle können helfen, dieser »Falle« zu entgehen.

Die Beziehung zu einem älteren Adoptivkind kann es intensivieren, wenn sich Eltern und Kind darüber austauschen, welche Vorstellungen beide Seiten von den leiblichen Eltern des Kindes haben.

Der Weg

Mit dem Gang zum Jugendamt beginnt für viele Paare nach jahrelanger, oft zermürbender Kinderwunsch-Behandlung (> Unerfüllter Kinderwunsch, Seite 226) eine neue Etappe.

Das Adoptionsverfahren ist langwierig, mühsam und kann aufreibend sein. Die BewerberInnen müssen Fragebögen ausfüllen, Gesundheits- und Führungszeugnis beibringen, ihre finanzielle Situation offenlegen. Nur die, deren soziale Lage gesichert ist, haben überhaupt Aussicht, daß ihr Wunsch in Erfüllung geht.

Bei einem Hausbesuch prüfen SozialarbeiterInnen, in welcher Umgebung das Kind aufwachsen würde. Im persönlichem Gespräch versuchen die BeamtInnen des Jugendamtes herauszufinden, warum das Paar ein Kind annehmen möchte, welche Erziehungsziele es hat, ob es für mögliche Probleme gewappnet ist.

Rechtliches

Bei deutschen Paaren muß die Frau zumindest 21, der Mann mindestens 25 Jahre alt sein. Für Alleinstehende gilt 25 als Mindestalter. Der Altersunterschied zwischen Kind und Adoptiveltern soll dem durchschnittlichen Altersunterschied zwischen Kindern und ihren leiblichen Eltern entsprechen. Ab 35 Jahren gelten Menschen als zu alt für die neue Elternrolle.

ÄLTERE KINDER ADOPTIEREN

Kinder, die bei der Adoption einige Jahre alt sind, waren meist »Heimkinder« und haben einen Leidensweg hinter sich. Häufig wurden sie als Kleinkinder geschlagen oder sexuell mißbraucht (> Seite 372).

● Heimkinder müssen egoistisch sein. Sich in den Vordergrund zu drängen, ist genauso typisch für sie wie die Angst, zu kurz zu kommen. Dieses Verhalten ändert sich erst, wenn das Kind die Erfahrung gemacht hat, daß es immer geliebt und zuverlässig versorgt wird. Nur so entwickelt sich die Gelassenheit, die Kinder haben, die sich in ihrer Umgebung vertraut und absolut sicher fühlen.

● Jedes adoptierte Heimkind hat Anpassungsschwierigkeiten. Anfänglich ist es oft überangepaßt oder zurückgezogen. Es tut, was die Eltern verlangen, ist freundlich und hilfsbereit. Diese Phase dauert meist nur wenige Monate. Dann kommt die Bewährungsprobe, bei der sich herausstellt, ob die neue Familie der Herausforderung wirklich gewachsen ist. Fast jedes Kind findet den »wunden Punkt« der Adoptiveltern. Es probiert aus, ob die neuen Eltern es auch dann lieb behalten, wenn es sich schlimm benimmt.

● Sehr viele Heimkinder haben Berührungsängste. Gestreichelt und angefaßt zu werden, ist ihnen fremd und somit unangenehm. Manchmal dauert es Monate, ehe das Kind genug Vertrauen faßt und zu einer zärtlichen Geste bereit ist.

ÖsterreicherInnen haben's noch schwerer: Der Wahlvater muß das 30., die Wahlmutter das 28. Lebensjahr vollendet haben. Der Altersunterschied zum Wahlkind muß mindestens 18 Jahre betragen. Das Paar muß verheiratet sein, Adoptionen durch alleinstehende Personen sind nur in begründeten Einzelfällen möglich.

Das Adoptivkind erhält in beiden Ländern den Familiennamen der Adoptiveltern und alle Rechte und Pflichten eines ehelichen Kindes. So wird es zum Beispiel seinen neuen Verwandten gegenüber erbberechtigt, aber auch unterhaltspflichtig – und umgekehrt.

Wartezeit

Wenn das Paar nach allen Kriterien als geeignet eingestuft worden ist, dauert es durchschnittlich noch weitere zwei Jahre, ehe die Adoptiveltern ihr sehnlich erwünschtes Kind in die Arme schließen können.

Zuerst müssen sie beim örtlichen Jugendamt eine Pflegeerlaubnis beantragen. Erst mit dieser Erlaubnis können sie sich bei anderen Jugendämtern und zugelassenen Vermittlungsstellen wie der Caritas, dem Diakonischen Werk, der Arbeiterwohlfahrt bewerben. Wenn sie ein Kind adoptieren wollen, das älter ist als sechs Jahre, behindert oder krank, können sich die zukünftigen Eltern zusätzlich an das jeweilige Landesjugendamt wenden.

Ausländische Kinder

Voraussetzung, um ein Kind aus der Dritten Welt adoptieren zu können, ist der Eignungsbericht (home study) des örtlichen Jugendamts. Dazu kommt das Auswahlverfahren der jeweiligen Vermittlungsstelle. Staatlich zugelassene Organisationen sind: »Eltern für Kinder e.V.«, »Pro infante«, »Terre des hommes«, »ISD« (Internationaler Sozialdienst).

Für die Adoptiveltern sind Auslandsadoptionen eine besondere Herausforderung. Zum einen, weil das Kind sein Anderssein ständig merkt und die Eltern mit Fragen seiner Herkunft löchert oder umgekehrt solche Fragen permanent vermeidet. Und einmal, weil die Reaktionen der Umgebung häufig diskriminierend sind und eine Integration mit viel Mühen und Aufklärungsarbeit verbunden ist. Von den jährlich etwa 800 Auslandsadoptionen läuft höchstens ein Viertel über die offiziellen Organisationen. Der große Rest sind Privatadoptionen, wo sich die Paare selbst auf die Suche nach einem ausländischen Kind machen. Dort besteht die Gefahr, daß sie professionellen Geschäftemachern in die Hände fallen.

Die Ankunft

Adoptiveltern fehlen die Schwangerschaft als Vorbereitungszeit auf das Kind, die Erfahrung der Entbindung und oft auch der frühe Kontakt in den ersten Monaten mit dem Säugling. Ist das Kind noch sehr klein, erleichtert das den Prozeß des Elternwerdens (> Säuglinge adoptieren, Seite 126).

Anders ist das bei Kindern, die bereits einige Jahre alt sind (> Pflegekinder, Seite 131; > Ein älteres Kind adoptieren, Seite 127). Viele Jugendämter versuchen in solchen Fällen, die Mitglieder der neuen Familie allmählich aneinander heranzuführen. Sie gehen zunächst miteinander spazieren, verbringen dann Wochenenden miteinander und so weiter.

Alte und neue Eltern

Die in Deutschland und Österreich bislang einzig akzeptierte Adoptionsform ist die »anonyme oder Inkognito-Adoption«. Dabei lernen sich leibliche Eltern und Adoptiveltern nicht kennen. Sie wissen nur sehr wenig voneinander. Staatliche oder vom Staat beauftragte Stellen vermitteln zwischen

ENDLICH KANN ICH LOSLASSEN

Zwei Jahre haben Ines und Ralf darauf gewartet, ihr Adoptivkind in die Arme nehmen zu können. Dann war es soweit: »Mein Herz pochte. Ich hielt ihr meine zittrige Hand entgegen, doch Doris rührte sich nicht«, erzählt Ines. Die zweijährige Doris war wie aus Stein, bewegungslos und kalt. Weder die geschmückte Wohnung noch die kleinen Geschenke konnten sie zu einem Lächeln ermuntern. Mehrere Monate hielt dieser Zustand an. Doris ließ weder die Gleichaltrigen im Park noch ihre Adoptiveltern an sich heran. Die meiste Zeit hockte sie in der Ecke und spielte gedankenverloren mit den Plüschtieren.

»Wir waren verzweifelt. Oft haben wir uns überlegt, ob wir überhaupt in der Lage sind, mit Doris zusammenzuleben«, beschreibt Ines die erste Zeit mit ihrer Wahltochter. Das Gefühl, versagt zu haben, und die Frage, »ob die Adoption gut genug überlegt war«, ließen Ines und Ralf nicht mehr los bis zum Urlaub am Meer: »Auf Kreta ging uns ein Licht auf. Ihr permanentes Spiel mit den Tieren, das ist ihre Vergangenheit, die sie nicht vergessen kann, an der sie sich die Zähne ausbeißt.«

Für die Adoptiveltern war diese Erkenntnis der Schlüssel zu Doris. Mehr und mehr begann sich die mittlerweile Siebenjährige zu öffnen: »Ihr erstes Bedürfnis war ein Ausflug in den Tiergarten. Wir waren früher schon öfter da, doch immer betrachtete sie die Tiere, ohne ein Wort über sie zu verlieren. Sie war wie ausgewechselt«, schwärmt Ralf. Doris wollte alles kennenlernen, fremde Länder, Museen, Kirchen. Sie wollte überall dabeisein, ob

beim Pferderennen oder beim Tennisturnier. Und sie entdeckte das Lesen. »Wir waren unbeschreiblich glücklich und erstaunt, was alles in Doris steckt. Sie war geistreich, ging auf die Menschen zu und war immer unter den Besten in der Schule.«

Das Familienleben war aufregend, glücklich, und Ines wurde schwanger. Das Glück über den Nachwuchs war groß. Dann kam der Tag, an dem die dreizehnjährige Doris wie nebenbei die Frage nach ihrer Geburt stellte. »Eine schreckliche Angst befiel mich in diesem Moment. Die Stunde der Wahrheit war gekommen. Jetzt ist alles aus.« Ines ist heute noch aufgewühlt, wenn sie daran denkt. Jahrelang hat das Paar auf diese Frage gewartet, trotzdem fühlte sich Ines damals überrumpelt. Mit dem halbjährigen Thomas im Arm und »unter Tränen« erzählte sie Doris die wahre Geschichte ihrer Vergangenheit. »Ich sehe sie vor mir, ihre Augen sind groß und ungläubig. Plötzlich stürzte sie davon, nahm die Tiere und verschwand.«

Nach fünf Stunden kam Doris wieder zurück, verheult und kalt, wie beim Kennenlernen. »Auf uns war sie zornig, und ihren Bruder Thomas ignorierte sie.« Nächte voller Diskussionen und Streitigkeiten folgten. Ralf nahm sich von der Arbeit frei. Gemeinsam überwanden sie die langdauernde Krise. Das Verhältnis zu Doris hat sich wieder normalisiert, und Thomas ist ihr »Lieblingsbruder«.

Vor einem Jahr gab es ein erstes Treffen zwischen Doris und ihrer leiblichen Mutter. »Als sie nach zwei Stunden wiederkam, küßte und umarmte sie mich ganz fest.« Seither hat sich für Ines vieles verändert. »Sie fühlt sich uns zugehörig, und ich kann endlich loslassen, Doris gehen lassen, wenn sie es wünscht, ohne die ständige Angst im Nacken, daß sie uns ablehnt und nie wiederkommt.«

Abgebenden und Annehmenden. Allerdings gab es schon immer Ausnahmen. Zum Beispiel bei Adoptionen durch Verwandte, FreundInnen oder durch Pflegeeltern.

Seit mehreren Jahren versuchen Adoptionsvermittlungsstellen, offenere Formen der Adoption einzuführen und die Rechte der leiblichen Eltern zu stärken. So kann die leibliche Mutter bei der Auswahl der Adoptiveltern mitentscheiden, allerdings ohne Namen und Adresse zu erfahren. Sie kann auch mit ihnen sprechen und sich dann für oder gegen sie entscheiden. Die abgebende Mutter kann mit den Adoptiveltern vereinbaren, daß sie sie regelmäßig über die Entwicklung des Kindes informieren und daß sie ihm Geschenke schicken darf. SozialarbeiterInnen und Jugendämter ermöglichen das, ohne daß das Inkognito der Adoptiveltern gelüftet wird.

ZAHLEN UND FAKTEN

Adoptiveltern gehören fast immer der Oberschicht an. Die Hälfte der BewerberInnen sind AkademikerInnen, jede/r Dritte hat einen Fachhochschulabschluß. Die zur Adoption freigegebenen Kinder kommen dagegen überwiegend aus schlechteren sozialen Verhältnissen. 70 Prozent dieser Kinder werden von ledigen Müttern geboren. Ursache für die Freigabe zur Adoption sind meist materielle und soziale Schwierigkeiten.
17 Prozent der AdoptionsbewerberInnen wünschen sich ein Mädchen, 13 Prozent wünschen sich einen Jungen. Immerhin ist 69 Prozent der zukünftigen Eltern das Geschlecht gleichgültig. Lediglich ein Adoptiveltarnpaar von hundert wünscht sich gleich ein Geschwisterpaar.

Aber auch diese Barriere könnte wegfallen, wenn die Adoptiveltern und die leibliche Mutter/Eltern einander namentlich kennen würden und frei wären, etwa Besuche oder Telefonate in gewissen Zeitabständen zu vereinbaren. Diese Möglichkeit lehnen die meisten Adoptiveltern jedoch ab, weil sie fürchten, sie könnten eines Tages ihr Adoptivkind verlieren. Zu Unrecht, denn bei einem offenen Verhältnis zwischen Adoptiveltern-Adoptivkind und dessen leiblichen Eltern gewinnen meist alle Beteiligten:
● Das Adoptivkind, weil es von vornherein das Gefühl bekommt, daß die neuen Eltern es als Person akzeptieren. Es hat zudem die Möglichkeit, sich mit den leiblichen Eltern emotional und inhaltlich auseinanderzusetzen, und muß sich nicht erst auf die Suche nach seinen biologischen Eltern begeben – ein Suche, die früher oder später immer kommt.
● Den Adoptiveltern hilft es, das Zusammenleben zu meistern, wenn sie die Herkunftsgeschichte ihres Adoptivkindes kennen. Sie müssen sich vor den leiblichen Eltern nicht fürchten, denn das Recht liegt ganz allein bei ihnen. Sie allein entscheiden über den Lebensweg ihres Adoptionskindes.
● Die leiblichen Eltern müssen sich nicht jahrelang den Kopf zerbrechen, wo ihr Kind ist und ob es ihm wohl gutgeht. Sie erhalten darüber hinaus die Chance, ihrem Kind erklären zu können, warum sie es weggeben mußten. Sehr viele leibliche Mütter/Eltern kommen nämlich oft ein Leben lang nicht darüber hinweg, daß sie ihr Kind weggegeben haben, und quälen sich mit Schuld- und Versagensgefühlen.

Der Alltag

Das Alltagsleben konfrontiert Adoptiveltern immer wieder mit der Sonderrolle, die sie übernommen haben. Vorurteilbeladene FreundInnen und NachbarInnen können zumindest eine

Zeitlang irritieren. Eine klare Konfrontation kann den Wahleltern und ihrem Kind dann sehr helfen, ihre Position zu finden. Eines darf dabei niemals aus den Augen geraten: Das Adoptivkind hat einen Anspruch, die Wahrheit über seine Herkunft zu erfahren und die leiblichen Eltern kennenzulernen. Diese Maxime gilt für alle Adoptiveltern.

Die Kinder können laut Gesetz nur mit Zustimmung der Adoptiveltern Nachforschungen anstellen. Erst ab dem 16. Lebensjahr darf der Jugendliche Einsicht in das Geburtenbuch und ab dem 18. Lebensjahr in die Gerichtsakte beim Vormundschaftsgericht nehmen. Alle Angst der Adoptiveltern vor diesem Tag ist unbegründet: Adoptivkinder verlassen so gut wie nie ihre Adoptiveltern, auch nicht, nachdem sie mit ihren leiblichen Eltern Kontakt aufgenommen haben (> Endlich kann ich loslassen, Seite 129).

Ein immer wiederkehrendes Problem in der Beziehung zwischen Adoptiveltern und Adoptivkind ist die hohe Erwartungshaltung von Wahlvater und -mutter an sich selbst, die oftmals in ebenso große Wünsche an das Kind mündet.

Viele Eltern erhoffen sich vom Adoptivkind, daß es ihnen dankbar ist, daß es sich möglichst »pflegeleicht«, erfolgreich und lieb entwickelt, weil es nun doch endlich in Liebe aufgenommen ist. Ist das nicht der Fall, reagieren die Eltern mit Liebesentzug. Sie beteuern, daß sie das Kind zwar lieben wie ihr eigenes, aber nicht bereit sind, alles zu tolerieren und auf sich zu nehmen. Derlei ist für das Adoptivkind schwer zu verkraften und hinterläßt womöglich tiefe seelische Wunden.

Ein »eigenes« Kind kommt

Etwa jede zehnte Adoptivmutter bekommt etwa drei Jahre nach der Adoption ein eigenes Kind. Die Freude der zukünftigen Eltern ist groß. Gleichzeitig fürchten sie, sie könnten möglicherweise dazu neigen, ihr eigenes dem adoptierten Kind vorzuziehen. Oftmals ist diese Sorge so groß, daß genau das Gegenteil eintritt: Das adoptierte Kind wird »in Watte gepackt«, das Kind, das ohnehin »eigene« Eltern hat, wird benachteiligt. Das wiederum führt zu unbewußten Aggressionen gegenüber dem adoptierten Kind und zu Schuldgefühlen gegenüber dem eigenen.

Das Adoptivkind seinerseits merkt sofort, wenn sich die Haltung der Eltern zu ändern beginnt, sich also Schuldgefühle in das familiäre Beziehungsgeflecht einmischen, wenn es plötzlich überschwenglich mit Geschenken überschüttet und noch mehr behütet und umsorgt wird.

Die Eltern sollten die Zeit der Schwangerschaft in Ruhe dazu nützen, sich zunächst selbst ihre inneren Konflikte einzugestehen. Dann haben sie immer noch genügend Zeit, ihr erstes (adoptiertes) Kind besonders liebevoll auf die neue Situation vorzubereiten (> Geschwister, Seite 83).

PFLEGEKINDER

Verläßliche, dauerhafte Bindungen einzugehen, ist ein Grundbedürfnis jedes Kindes. Aus dieser Erfahrung heraus entwickelt sich das sogenannte Ur-Vertrauen und damit ein stabiles Selbstwertgefühl (> Auf Gegenseitigkeit angelegt, Seite 261).

Kontakte

Kontakt zu anderen Adoptivfamilien vermittelt der

Bundesverband der Pflege- und Adoptiveltern e.V.
ROGGENMARKT 9
48143 MÜNSTER

Kinder, die in Pflegefamilien vermittelt werden, haben zumeist Jahre in Heimen verbracht und/oder einen mehrfachen Wechsel ihrer Bezugspersonen hinter sich. Die Bedürfnisse nach Anerkennung, Zuwendung und Liebe blieben ungestillt, die Bereitschaft zu vertrauen, ist verletzt oder konnte sich gar nicht entwickeln. Sie sind oft »verhaltensauffällig« und haben »Anpassungsschwierigkeiten« (> Problemkinder, Seite 348).

Rund 90.000 Kinder in Deutschland können nicht bei ihren Eltern aufwachsen. Noch nicht einmal die Hälfte von ihnen hat das Glück, in einer neuen Familie Wärme und Sicherheit zu finden. Die anderen bleiben im Heim. Oft ihre Kindheit lang.

Die Umstände, die ein Kind zum Pflegekind machen, können vielfältig sein. Nicht immer sind es »Rabeneltern«, die die Kleinen vernachlässigt, mißbraucht oder geschlagen haben. Manchmal sind Mutter und Vater gestorben. Oder die blanke materielle Not hat Eltern und Kind auseinandergebracht.

Meist erfolgt die Übernahme des Kindes durch das Jugendamt im Einvernehmen mit den biologischen Eltern. Sie sind nicht in der Lage, ihr Kind für eine Adoption freizugeben und hoffen, irgendwann einmal wieder selbst für ihr Kind sorgen zu können.

Familie auf Zeit

Die Pflegefamilie ist eine Familie auf Zeit: Sie soll das Kind aufnehmen und lieben. Sie soll aber gleichzeitig bereit sein, es jederzeit wieder herzugeben.

Pflegeeltern haben nur eingeschränkte Rechte. Sie dürfen zwar die »Rechtsgeschäfte des täglichen Lebens« für das bei ihnen lebende Kind wahrnehmen, wie etwa über eine anstehende Operation entscheiden. Doch schon beim Schulbesuch ist das prinzipielle Einverständnis der biologischen Eltern einzuholen.

Dazu kommt, daß die Kinder aus ihren ersten Lebensjahren oft Erfahrungen mitbringen, die von den Pflegeeltern besonders viel Einfühlungsvermögen und Toleranz erfordern. Viele Pflegeverhältnisse scheitern, weil sich die Familien den Schwierigkeiten auf Dauer nicht gewachsen fühlen. Zwischen 15 und 30 Prozent der Familie brechen die Pflegebeziehung frühzeitig ab. Für die Kinder bedeutet dieser Schritt oft das völlige Aus. Sie können das erneute Scheitern einer Beziehung kaum verkraften.

Um seine Zukunft positiv gestalten zu können, muß sich ein Pflegekind aktiv mit seinen Eltern auseinandersetzen. Nur so kann es die Trennung und den Verlust bewältigen. Zu dieser Bearbeitung der Vergangenheit können vor allem die Pflegeeltern Wertvolles beitragen, indem sie versuchen, sich möglichst in die leiblichen Eltern einzufühlen, sie zu verstehen und sie nicht vor dem Kind zu verurteilen.

Kinder im Dreiecksverhältnis

Pflegekinder sollten kein Ersatz für ein eigenes ausgebliebenes oder verstorbenes Kind sein oder vornehmlich als Spielkamerad für das eigene Kind aufgenommen werden.

Nur mit viel sozialem Engagement und Durchhaltevermögen gelingt es Pflegeeltern, ihr Leben auf die Bedürfnisse des Pflegekindes einzustellen. Dieses Kind ist Kind seiner leiblichen Eltern, an die es auf eine bestimmte Art und Weise gebunden bleibt. Es bringt auf der einen Seite Erfahrungen aus der »einen Welt« mit, ist gefühlsmäßig an diese gebunden und beginnt andererseits, in eine neue Welt hineinzuwachsen.

Ein Pflegekind greift in die familiäre Beziehungsstruktur der Pflegefamilie ein. Es braucht viel Liebe und Zuneigung, was die meist jahrelang gewachsene Situation der Familie aus dem Gleichgewicht bringen kann. Konkurrenzverhältnisse treten auf, da sich die Familienmitglieder einen neuen Platz in der Familie suchen müssen.

Konkurrenz, Eifersucht und Aggression können vor allem dann vermieden werden, wenn beide Familien zusammenarbeiten. So schwer es ist – den Pflegeeltern muß bewußt bleiben, daß sie mit ihrem Pflegekind nur vorübergehend zusammenleben, daß sie für die erzieherische und zwischenmenschliche Leistung Geld bekommen und daß es bei dieser Beziehung vorwiegend um das Wohl des Kindes geht und weniger um die Bedürfnisse der Pflegefamilie.

Die biologischen Eltern ihrerseits haben die schwierige Aufgabe, ihrem zur Pflege freigegebenen Kind die Möglichkeit zu lassen, sich in die neue Familie einzuleben und in ihr leben zu können, ohne daß sie die Atmosphäre in der Pflegefamilie durch häufige Einmischungsversuche stören. Sie müssen bereit sein, mit ihrem Kind über die Gründe der Pflegschaft zu sprechen, und sie müssen damit umgehen lernen, daß ihr Kind diesen Schritt unmöglich akzeptieren kann.

Verletzt eine der Familien die Spielregeln, indem sie die ausschließliche Liebe des Kindes an sich zu reißen versucht, entstehen für das Kind massive Loyalitätskonflikte und Identitätsprobleme. Solche Mehrfachbindungen sind kompliziert und verursachen reichlich Konflikte. Oft läßt sich ein solches Dreiecksverhältnis nur mit professionellen HelferInnen bewältigen.

Pflegeeltern müssen sich gegenüber dem Jugendamt in allen Fragen, die für das Wohlbefinden und die Entwicklung ihres Schützlings ausschlaggebend sein können, verantworten. Damit geben sie einen gewissen Teil ihrer Privatheit und Intimsphäre auf. Im Bewußtsein, daß die Pflegschaft dem Kind hilft und die Öffentlichkeit auf Pflegefamilien stolz sein kann, fällt das vielen Familien freilich nicht so schwer.

DIE RECHTSLAGE

● Die »Personenberechtigten«, das sind die leiblichen Eltern, und das Kind haben das Recht, sich an der Auswahl einer Pflegefamilie zu beteiligen. Die Wahl der Pflegefamilie fällt in Übereinstimmung mit dem Jugendamt. Den Wünschen der Herkunftsfamilie wird dann nicht entsprochen, wenn die Pflege mit unverhältnismäßigen Mehrkosten verbunden ist.

● Pflegeeltern haben vor Aufnahme des Kindes oder Jugendlichen und während der Dauer der Pflege Anspruch auf Beratung und finanzielle Unterstützung. Das monatliche Pflegegeld setzen die nach Landesrecht zuständigen Behörden fest. Pflegepersonen haben zusätzlich Anspruch auf Kindergeld(-beihilfe) für ihre Pflegekinder. Das gleiche gilt für den Kindergeldzuschlag.

● Das Jugendamt hat das Recht, an Ort und Stelle zu überprüfen, ob die Pflegeperson eine »dem Wohl des Kindes oder Jugendlichen förderliche Erziehung« gewährleistet.

● Sofern die leiblichen Eltern nicht etwas anderes erklärt haben oder das Vormundschaftsgericht etwas anderes angeordnet hat, dürfen die Pflegeeltern die täglichen Rechtsgeschäfte ihres Pflegekindes abwickeln. Das heißt, sie verwalten den Arbeitsverdienst eines Jugendlichen und entscheiden im Rahmen einer »prinzipiellen Entscheidung der leiblichen Mutter/Eltern« über den Schulbesuch und alle damit zusammenhängenden Angelegenheiten.

KINDER KRIEGEN

Schwangerschaft

Eine Schwangerschaft ist für ein Paar eine Zeit sehr einschneidender Veränderungen. Körper und Seele der Frau müssen sich auf das Neue, daß in ihr ein Kind heranwächst, einstellen. Und Frau wie Mann müssen sich mit ihrer Aufgabe, Eltern zu werden, langsam vertraut machen. Ängste gehören zu diesen neun Monaten ebenso dazu wie Glücksgefühle und wachsende Liebe zum Kind.

Zu Beginn fast jeder Schwangerschaft steht eine wichtige Entscheidung: Soll dieses Kind heranwachsen, oder ist es den Eltern nicht möglich, die nötige Sorge und Verantwortung zu tragen? Erst wenn diese Zweifel beseitigt sind und die Frau das Kind weiter in sich wachsen lassen möchte, kann sich die Freude über das neue Leben durchsetzen.

Nur 25 bis 40 Prozent aller Schwangerschaften entstehen geplant. Die anderen passieren zufällig oder sind sogar ungewollt. Der Großteil der ungeplanten Kinder wird – wenn sie sich erst einmal angekündigt haben – von seinen Eltern akzeptiert. Während das Kind im Mutterleib reift und wächst, durchlaufen auch seine Eltern einen

Reifungsprozeß (> Kinderwunsch und Wunschkinder, Seite 66).

Dafür haben sie etwa zehn Mondmonate Zeit – 280 Tage oder 40 Wochen nach der letzten Regel kommt das Kind zur Welt. Eine Schwangerschaft kann aber durchaus auch zwei Wochen vorher enden oder entsprechend länger dauern.

Frauen erleben ihre Schwangerschaft sehr unterschiedlich. Für manche ist diese Zeit eine runde Sache: Sie erfreuen sich an jedem Fortschritt, am Runderwerden des Bauchs, an den ersten Kindesbewegungen – schlicht darüber, daß sie Leben schenken können.

Andere Frauen tun sich schwerer, diese Zeit gelassen zu ertragen. Dazu gehören jene, die Gedanken plagen über etwaige Gefahren für das Leben in ihrem Bauch, aber auch Frauen, die existentielle Nöte und ernste Probleme drücken. Je mehr Unterstützung und Liebe ihr Partner ihnen gibt, desto eher können sich diese Frauen im Zustand ihrer Fruchtbarkeit annehmen. Dann kann es ihnen gelingen, das Gefühl zu überwinden, sie seien unbeweglich und unattraktiv für ihren Partner; sie müssen nicht mehr länger mit ihrem Schicksal hadern und das Ende der anderen Umstände begierig herbeisehnen. Das beste Rezept für eine leichte und angenehme Schwangerschaft ist, sich selbst möglichst wenig Zwang und Verhaltensvorschriften vorzuschreiben, sondern sich nach den eigenen Bedürfnissen zu richten.

SCHWANGERSCHAFT ERKENNEN

Wenn die monatliche Regelblutung ausbleibt, ist das ein erstes, aber unsicheres Zeichen, das auf eine eventuelle Schwangerschaft hinweist. Zu diesem Zeitpunkt ist die Eizelle schon mindestens eine Woche lang befruchtet und hat sich in der Gebärmutter eingenistet.

Jede vierte Frau hat in den ersten Monaten – trotz Schwangerschaft – zum gewohnten Termin leichte Blutungen. Manche Frau erkennt ihre Schwangerschaft dadurch vorerst gar nicht. Wahrscheinlicher wird die Veränderung schon, wenn der Frau morgens häufig übel wird und ihre Brüste zu spannen beginnen. Die nun größere Menge der Geschlechtshormone Östrogen und Progesteron im Blut vergrößert die Brustdrüsen rasch und deutlich spürbar.

Hat eine Frau schon längere Zeit ihre morgendliche Aufwachtemperatur gemessen und notiert, kann sie die Schwangerschaft an der veränderten Temperaturkurve erkennen. Normalerweise sinkt die Körpertemperatur vor der Regelblutung um einige Zehntelgrad ab. Bleibt die Temperatur aber gleich, ist möglicherweise eine Schwangerschaft eingetreten.

Tests für zu Hause

Die Heimtests beruhen alle auf dem gleichen Prinzip. Sie weisen ein Hormon nach, das der Körper schon in den ersten Tagen nach der Befruchtung produziert. Dieses Humane Choriongonadotropin, abgekürzt HCG, ist auch im Harn zu finden. Und zwar verdoppelt sich die Konzentration ungefähr alle zwei Tage. Bereits nach dem Ausbleiben der Regel ist die Hormonkonzentration im Harn so hoch, so daß moderne Tests das HCG einwandfrei nachweisen können. Diese Sicherheit bieten alle erhältlichen Schwangerschaftstests für zu Hause.

Ärztliche Diagnose

ÄrztInnen erkennen eine Schwangerschaft zwei bis drei Wochen nach dem Ausbleiben der Regel an der vergrößerten Gebärmutter. Häufig fertigen sie auch noch ein Ultraschallbild an. Schon eine Woche nach dem Ausbleiben der Periode ist auf dem Bildschirm des Ultraschallgeräts ein rundes Bläschen zu sehen: die embryonale Anlage.

Die Vaginal-Sonografie, bei der der zapfenförmige Ultraschallkopf in die Scheide eingeführt

---

SCHWANGERSCHAFTSTESTS

Die Tests sind heute so einfach, daß eigentlich nichts schiefgehen kann. Bei allen Tests für zu Hause wird ein Streifen oder ein Stäbchen in den Urinstrahl gehalten. Nach nur wenigen Minuten zeigt ein Farbumschlag oder das Erscheinen eines + Zeichens oder einer Linie, daß eine Schwangerschaft besteht.

Es gibt zwar falsch positive und falsch negative Tests, aber keine halb-positive Anzeige. Ist der Wechsel erkennbar, ist ein Kind unterwegs. Manche Tests zeigen sogar das negative Testergebnis an.

Die meist im Doppelpack verkauften Heimtests kosten zwanzig bis vierzig Mark.

Welchen Babytest eine Frau wählt, ist gleichgültig. Sie alle zeigen sehr genau und schon wenige Tage nach dem Ausbleiben der Blutung eine etwaige Schwangerschaft an.

wird, kann das befruchtete Ei noch früher als jeder Hormontest sichtbar machen.

Viele ÄrztInnen und die meisten Laien halten Untersuchungen mittels Ultraschall für vollkommen harmlos. Tatsächlich ist es jedoch noch nicht ausreichend untersucht, inwieweit es dem Embryo schaden kann, zu einem so frühen Zeitpunkt und aus nächster Nähe Ultraschallwellen ausgesetzt zu werden (> Ultraschalluntersuchung, Seite 152).

Geburtstermin bestimmen

Wohl jede Frau will wissen, wann »es« soweit sein wird. Auf das Datum, das Ärztin oder Arzt als voraussichtlichen Entbindungstermin in den Mutterpaß schreiben, sollte sich die Frau allerdings nicht verbindlich einstellen. Der Termin markiert lediglich einen Tag innerhalb eines Zeitraums, in dem das Baby vermutlich zur Welt kommen wird. Zweieinhalb Wochen davor oder danach sind genauso »normal«.

Berechnung

Weil der Tag selten exakt feststellbar ist, an dem Ei und Samenfaden miteinander verschmolzen sind, berechnen die MedizinerInnen eine Schwangerschaft ausgehend vom ersten Tag der letzten Regel. Etwa 280 Tage, also zehn Mondmonate oder 40 Wochen dauert die so berechnete Schwangerschaft.

Der Geburtstermin läßt sich aber auch selbst errechnen. Dazu rechnet man vom Datum des Beginns der letzten Blutung drei Monate ab und ein Jahr plus eine Woche hinzu. Weicht die Zyklusdauer jedoch vom 28-Tage-Ideal ab, muß das berücksichtigt werden.

Ein Beispiel soll diese Berechnung veranschaulichen:
Erster Tag der letzten Regel: 7. Februar 1993.
Minus drei Monate: 7. November 1992.
Plus ein Jahr und eine Woche: Der 14. November 1993 ist der voraussichtliche Geburtstermin.

Ultraschall

Als Mittel, um den voraussichtlichen Geburtstermin zu bestimmen, ist der routinemäßige Einsatz des Ultraschallgeräts abzulehnen. Nicht selten wird auf Grund einer solchen Untersuchung der nach dem Zyklusdatum errechnete Termin so korrigiert, daß er nicht mehr stimmt; und das, obwohl die Frau einen regelmäßigen Zyklus hat, den Termin ihrer letzten Monatsblutung genau kennt und damit alles hat, was sie braucht, um den voraussichtlichen Geburtstermin ausrechnen zu können. Die meisten Frauen wissen zudem genau, wann ihr Kind entstanden ist.

Bei der Ultraschalluntersuchung wird der Embryo auf dem Computerbildschirm genau vermessen. Aus seiner Größe schließen ÄrztInnen, wie alt er ist und daraus auf den Geburtstermin. Je jünger der Embryo bei dieser Untersuchung ist, desto exakter kann der ermittelte Termin sein.

TESTS FÜR DAS »RICHTIGE« KIND

Wenn sich ein Paar ein Kind wünscht, aber befürchtet, daß spezielle Erbanlagen das Risiko besonders vergrößern, daß dieses Kind krank oder mit Fehlbildungen geboren wird, so können sie sich im Rahmen einer humangenetischen Beratung noch vor der geplanten Schwangerschaft darüber aufklären lassen, wie berechtigt diese Angst ist.

Während der Schwangerschaft sind Untersuchungen möglich, die manche Beeinträchtigung des Kindes schon so früh aufdecken, daß sich die Eltern gegebenenfalls noch entschließen können, dieses Kind nicht zur Welt kommen zu lassen.

Humangenetische Beratung

Humangenetische Beratungsstellen klären Paare über ihr persönliches Risiko auf, ein krankes oder behindertes Kind in die Welt zu setzen. Die schwierige Entscheidung, ob es trotz eines erhöhten Risikos ein Kind will, muß das Paar dann selbst fällen.

Angeborene, ererbte Krankheiten sind sehr selten. Sich ohne triftigen Grund beraten zu lassen ist daher nicht angebracht. Wenn in einer der beiden Familien der Partner bereits schwerwiegende erbliche Krankheiten aufgetreten sind oder das Paar miteinander verwandt und die Gefahr daher größer ist, daß krankmachende Gene zusammenkommen, kann die Beratung sinnvoll sein.

HumangenetikerInnen können aus den Krankengeschichten der Familien schließen, ob ein Kind dieses Paares mit erhöhter Wahrscheinlichkeit krank oder behindert sein wird.

Auch Paare, die bereits ein behindertes oder krankes Kind haben und ein weiteres Kind wollen, können bei einer solchen Beratungsstelle eine Entscheidungshilfe bekommen.

Grundsätzlich sollten Frau und Mann aber bedenken: Es gibt keine sichere Prognose, daß ein Kind gesund zur Welt kommen wird: Von etwa 5.000 Krankheiten ist bekannt, daß sie durch defekte Gene verursacht werden, doch erst bei 300 Krankheiten gibt es Methoden, den Defekt zu erkennen.

Vorgeburtliche Untersuchungen

Auch während der Schwangerschaft können ÄrztInnen mit Tests manche Krankheiten und wahrscheinliche Behinderungen des heranwachsenden Kindes feststellen. Eine solche pränatale Untersuchung will gut überlegt sein. Sie bringt der Frau in den ersten Wochen ihrer Schwangerschaft tiefe Zweifel und setzt sie unter Druck. Für die Frauen, die sich aus freier Entscheidung der Untersuchung unterziehen, um anschließend um so unbeschwerter die Zeit genießen zu können, bleibt die Belastung meist erträglich.

Schlimm trifft es jedoch die Frauen, die von ÄrztInnen ziemlich unvorbereitet zur Untersuchung geschickt werden. Vielen von ihnen wird erst hinterher bewußt, vor welche Entscheidung sie sich gestellt hätten, wenn das Untersuchungsergebnis eine Behinderung ihres Kindes wahrscheinlich gemacht hätte.

Deutet das Ergebnis auf eine Behinderung hin, sind die meisten Frauen allein gelassen. Für viele beginnt ein wochenlanger, konfliktreicher und unglaublich belastender Prozeß. Sie müssen sich für oder gegen das Kind entscheiden.

Konsequenzen

Bisher ist es noch praktisch unmöglich, Krankheiten und Behinderungen, die MedizinerInnen vor der Geburt des Kindes feststellen können, auch vorher zu beeinflussen. Pränatale Untersuchungen werden demnach vor dem Hintergrund durchgeführt, dem Paar die Möglichkeit zu geben, sich gegen dieses Kind zu entscheiden. Kommt ein vorzeitiger Abbruch der Schwangerschaft nicht in Frage, belasten diese Tests unnötig.

Die Schattenseite dieser vorgeburtlichen Diagnostik ist, daß unsere an Gesundheit und Vitalität orientierte Gesellschaft kaum akzeptiert, daß ein Paar derartige Test nicht durchführen läßt und ein Kind mit einer Beeinträchtigung bekommt. Mit dem Ausspruch »Das wäre wirklich nicht notwendig gewesen« sehen sich Eltern behinderter Kinder häufig konfrontiert.

Dabei wird aber übersehen, daß diese Tests nur jene Krankheiten aufspüren können, auf die sie ganz spezifisch ausgerichtet sind. Das Kind könnte aber auch eine der nahezu 5.000 anderen, sehr seltenen Erbkrankheiten haben, nach denen nicht gefahndet wurde. Außerdem gibt es viele, viele andere Gründe, warum ein Mensch im Laufe seines Lebens dauerhaft krank oder behindert werden kann (> Behinderungen, Seite 892).

HANNAH IM ZWIESPALT

Hannah, 44 Jahre alt, ist Autorin und Psychotherapeutin. Sie ist seit 22 Jahren verheiratet und hatte bereits zwei halbwüchsige Kinder, als sie vor fünf Jahren wieder schwanger wurde.

»Cara war mein Wunschkind, zu dem mir damals der Mut fehlte«, sagt sie heute. Die Schwangerschaft hatte Hannah in einer schwierigen Lebensphase überrascht, in der sie mit ihren eigenen Grenzen konfrontiert war. Ihr Mann war arbeitslos, und sie lebten seit Monaten auf einer Baustelle.

Nach einigen Wochen des Überlegens sagten Hannah und ihr Mann ja zu diesem Kind, und langsam wuchs die Freude darauf. Der Gang zur Fruchtwasseruntersuchung war für die damals 39jährige mehr oder weniger Routine, zu der ihr der Frauenarzt wegen ihres Alters geraten hatte. Sie hatte keine Bedenken, daß etwas mit dem Kind nicht in Ordnung sein könnte. Sie spürte es schon seit der 13. Woche strampeln und fühlte sich rund und gut. Warum aber dann die Untersuchung?

»Weil es mir im Ohr klang, daß man ab 35 solch eine Untersuchung machen sollte. Ich hatte mich vorher gar nicht damit auseinandergesetzt.«

Zum Untersuchungstermin lag die Plazenta in der Stichrichtung. Also verschob Hannah den Einstich auf später. Stunden später drehte sich das Kind. Wieder auf dem Operationstisch überkam Hannah unwillkürliche Angst. Sie wollte ihre Hände schützend über ihren Bauch legen – als der Arzt sich ihr zuwendet, läßt sie aber den Eingriff an sich machen. Er tat nicht weh, wühlte aber ihre Emotionen auf. »Ich habe auch in der Wartezeit meine Beziehung zum Kind nicht auf Eis gelegt«, erzählt Hannah.

Der Befund ließ auf sich warten. Hannah bekam mehr und mehr Angst. Als der Frauenarzt anrief, ahnte sie Unheil. Hannah erinnert sich noch heute an einige Gesprächsfetzen. Er sagte: »Es ist kein Mongolismus. Es ist ein Mädchen, das das Turner-Syndrom hat. Es ist eigentlich meist gar nicht so schlimm.« Turner-Syndrom? Noch nie gehört. »Was ist denn das?« fragte ich, und er hat es mir dann so geschildert: »Sie ist zwergenwüchsig, hat einen Flügelhals und keine weiblichen Organe.«

In den nächsten Tagen und Wochen geriet Hannah in einen tiefen Gewissenskonflikt. Sie will mehr über die geheimnisvolle Krankheit erfahren und durchsucht ihre Bibliothek. Das Foto eines Turner-Mädchens in einem medizinischen Fachbuch hat sie zutiefst erschreckt. »Ich wünsche keinem Menschen, jemals in seinem Leben vor so einer Entscheidung zu stehen.«

Niemand drängte Hannah zu einem Abbruch. Es gab nur diesen Befund und die Angst, dieses Kind könnte ihre Kräfte übersteigen.

Innerlich wie gelähmt, fuhr sie in Begleitung ihres Mannes in die Klinik, ohne eine Entscheidung getroffen zu haben. Bei einem Spaziergang fand sie den seit der Untersuchung verlorengegangenen Kontakt zu dem Kind in ihrem Bauch. »Sie hat zu mir gesprochen. Sie hat mir zugeflüstert ‚Gut, ich gehe wieder‘.«

Danach war Hannah ganz ruhig, in der 23. Woche wurde die Geburt eingeleitet. Drei Tage lang lag sie am Wehentropf, bis sie Cara, ihr totes Kind geboren hatte.

Sie empfand noch lange Zeit tiefe Trauer um dieses Mädchen, dessen Tod sie selbst herbeigeführt hat.

Erfahrungsgemäß entscheiden sich fast alle Frauen, bei deren Embryo ein Down-Syndrom (Mongolismus) festgestellt wird, dafür, die Schwangerschaft abzubrechen.

Fruchtwasseruntersuchung

Sie wird ab der 16. Schwangerschaftswoche durchgeführt. Dann eignen sich die im Fruchtwasser enthaltenen abgeschilferten Hautzellen des Embryos im Fruchtwasser für vorgeburtliche Untersuchungen. Um das Untersuchungsmaterial zu gewinnen, stechen die ÄrztInnen mit einer Nadel in die Gebärmutter und saugen etwas Fruchtwasser ab. Eine Ultraschalluntersuchung muß vorher geklärt haben, an welcher Stelle der Embryo liegt, damit die Nadel ihn nicht trifft.

Mit der Fruchtwasseruntersuchung lassen sich Chromosomenstörungen wie das Down-Syndrom und ausgeprägte Fehlbildungen des zentralen Nervensystems und der Wirbelsäule (> Spina bifida, Seite 782) verläßlich feststellen.

Nachteile:
● Die Frau muß relativ lange auf das Untersuchungsergebnis warten. Bis dahin ist sie in der 18. bis 21. Schwangerschaftswoche. Ein Abbruch kommt für die Frau dann einer Geburt gleich (> Prostaglandine, Seite 146).
● Es besteht ein, wenn auch geringes, Risiko, daß die Untersuchung eine Fehlgeburt auslöst.
● Blutungen, Bauchschmerzen, Fruchtwasserabgang und frühzeitige Wehen können vorkommen.

Üblicherweise werden Frauen, die älter als 35 Jahre sind, oder die gemeinsam mit ihrem Partner mehr als 70 Jahre zählen, zur Fruchtwasseranalyse geschickt, weil mit zunehmendem Alter das statistische Risiko, ein Kind mit Down-Syndrom zu bekommen, größer wird (> Erblich bedingte Schädigungen, Seite 144).

Chorionzottenuntersuchung

Diese Untersuchung kann schon in der neunten bis zehnten Schwangerschaftswoche durchgeführt werden. Bei ihr werden Zellen der Chorionzotten mit einem biegsamen Schlauch durch den Muttermund entnommen. Diese Bestandteile des Mutterkuchens haben dasselbe Erbgutmuster wie das Kind.

Das Ergebnis liegt bereits einen oder wenige Tage nach dem Test vor. Dadurch wird ein eventueller Abbruch innerhalb des ersten Schwangerschaftsdrittels möglich.

Die Chorionzottenuntersuchung ist umstritten. Dem Vorteil, das Testergebnis so früh zu kennen, stehen gravierende Nachteile gegenüber:
● Die Gefahr, daß die Untersuchung eine Fehlgeburt auslöst, ist höher als bei der Fruchtwasseruntersuchung. ExpertInnen sind sich noch uneins, ob zwei, fünf oder gar acht von 100 Frauen durch die Untersuchung das Kind verlieren.
● Der Test gibt nur Aufschluß über Chromosomenveränderungen. Er sagt nichts über Fehlbildungen wie offener Rücken (> Spina bifida, Seite 782) oder Anenzephalie, bei der das Gehirn nicht ausgebildet wird, so daß das Kind nicht lebensfähig ist.
● Der Eingriff verursacht möglicherweise selbst Behinderungen. Eine amerikanische Frau hat nach einer Chorionzottenuntersuchung ein Kind geboren, dessen Finger und Zehen sich nicht richtig ausbildeten. Zwei große US-Studien ergaben, daß derartige Fehlbildungen nach dieser Untersuchung gehäuft auftreten.
● Es können Komplikationen eintreten: vaginale Blutungen, Bauchschmerzen, vorzeitige Wehen, vorzeitiger Blasensprung, Fehlgeburt.

Hormonuntersuchung

Eine Untersuchung des Bluts der Frau auf ein bestimmtes Eiweiß kann in der 16. bis 18. Woche Hinweise auf ein Down-Syndrom, Spina bifida oder Anenzephalie (> Chorionzottenuntersuchung, Seite 142) geben. Dieses Eiweiß heißt Alpha-Fetoprotein (AFP) und gelangt mit dem Urin des Fetus ins Fruchtwasser. Wie AFP durch die Plazenta ins mütterliche Blut kommt, ist noch nicht bekannt.

Alpha-Fetoprotein kann auch im Fruchtwasser nachgewiesen werden (> Fruchtwasseruntersuchung, Seite 142). Ist der AFP-Wert zu hoch, kann ein offener Rücken vorliegen.

Die Alpha-Fetoprotein-Diagnostik allein ist allerdings nicht sehr aussagekräftig. Das Ergebnis muß durch Ultraschall- und/oder Fruchtwasseruntersuchungen bestätigt werden.

Zwillingsschwangerschaften oder falsch berechnete Geburtstermine können zu falschen Interpretationen der Ergebnisse führen.

MOM-Test (Triple-Test)

Diese Hormonuntersuchung ist eine Weiterentwicklung der Alpha-Fetoprotein-Diagnostik. MOM-Test ist eine Abkürzung von »Multiple of the Medium«.

Von drei aus dem Blut der Mutter ermittelten Laborwerten wird das »Vielfache des Mittelwerts« verglichen: Alpha-Fetoprotein, das anzeigt, ob beim Feten möglicherweise ein offener Rücken vorliegt, sowie die beiden Hormone Östriol und HCG (Humanes Choriongonadotropin).

WissenschaftlerInnen haben herausgefunden, daß aus dem Verhältnis dieser drei Werte zueinander mittels Computer ein statistisches Risiko für das Down-Syndrom errechenbar ist. Neben diesen drei Werten gehen in die Berechnung noch weitere Faktoren ein, wie die genaue Wochentragzeit und das Gewicht der Frau. Der Computer wirft eine »Risikozahl« aus, die einen Anhaltspunkt über den Gefährdungsgrad liefert. Je nachdem, wie Ärztin oder Arzt diese Zahl interpretieren, wird der Frau anschließend eine Fruchtwasseruntersuchung empfohlen.

SCHWANGERSCHAFTS-ABBRUCH

Nur 25 bis 40 Prozent aller Schwangerschaften, so die Statistik, sind von den Eltern geplant. Mit dieser unerwarteten Situation müsse sich die meisten Frauen erst einmal auseinandersetzen. Mehr als ein Drittel empfindet den Zeitpunkt ihres Schwangerwerdens zunächst als ungünstig. 15 bis 20 Prozent der Frauen, die ungeplant schwanger werden, überlegen eine Zeitlang, ob sie dieses Kind austragen sollen oder nicht.

In den westlichen Bundesländern Deutschlands entscheiden sich 10 von 1.000 Frauen im Alter von 15 bis 55 Jahren, die Schwangerschaft abbrechen zu lassen. In den östlichen Bundesländern sind es doppelt so viele.

Die Tendenz zum Schwangerschaftsabbruch ist in ganz Deutschland rückläufig.

Von Österreich ist nicht bekannt, wie viele Schwangerschaften vorzeitig beendet werden.

Die Möglichkeit, eine Schwangerschaft legal abbrechen zu lassen, hat, so meinen ExpertInnen, entscheidend dazu beigetragen, daß sich die Komplikationen in der Schwangerschaft und bei der Geburt so weit verringert haben. Eine Frau, die – bewußt oder unbewußt – ihr Kind ablehnt, entwickelt sehr oft psychische und körperliche Bedingungen, die Schwangerschaft, Geburt und die ersten Lebensmonate des Kindes entscheidend beeinträchtigen können.

Rechtslage

Seit 1993 gilt in ganz Deutschland die Fristenregelung. Abtreibung bleibt zwar rechtswidrig, ist bis zur zwölften Schwangerschaftswoche aber straffrei, wenn mindestens drei Tage vorher ein Beratungsgespräch stattgefunden hat, das der Frau schriftlich bestätigt werden muß. Die Frau ist nicht verpflichtet, den BeraterInnen darzulegen, aus welchem Grund sie die Schwangerschaft abbrechen möchte. Sie kann bei dem Gespräch sogar anonym bleiben.

Beratungen zum Schwangerschaftsabbruch dürfen nur die MitarbeiterInnen von Institutionen durchführen, die von der zuständigen Behörde dazu autorisiert sind. Meist gehören sie den Organisationen Pro Familia, Caritas oder Diakonisches Werk an. Die Person, die die Beratung durchge-

ERBLICH BEDINGTE SCHÄDIGUNGEN

● Down-Syndrom (Trisomie 21, Mongolismus)

Diese Chromosomenabweichung wird vor der Geburt am häufigsten diagnostiziert. 50 bis 70 Prozent aller positiven Befunde beziehen sich darauf. Eines von 650 Kindern wird mit Trisomie 21 geboren.

Diese Menschen haben in ihren Erbanlagen das Chromosom 21 dreimal angelegt statt – wie sonst üblich – zweimal. Die Veränderung entsteht meist spontan und tritt sprunghaft häufiger auf, je älter die Frau ist.

Alter									
25	30	34	36	38	40	42	44	45	46
Häufigkeit (von 100 Frauen sind betroffen)									
0,08	0,1	0,2	0,3	0,5	1,0	1,5	3,2	4,0	5,0

● Abweichung der Geschlechtschromosomen

Veränderungen der Geschlechtschromosomen entstehen meist zufällig.

Klinefelter-Syndrom

Es kommt nur bei Jungen vor. Sie haben ein X-Chromosom zuviel (XXY). Einer von hundert Knaben hat diese Abweichung.

Turner-Syndrom

Es kommt nur bei Mädchen vor. Sie haben statt zwei X-Chromosomen nur eines. Nur eines von 2.500 Mädchen wird mit der Abweichung geboren; tatsächlich dürfte aber jede wohl 80. Schwangerschaft mit einem Mädchen betroffen sein. 95 Prozent der Feten mit dieser Chromosomenveränderung sterben vorzeitig, und die Schwangerschaft endet mit einer Fehlgeburt.

● Neuralrohrdefekte (Spina bifida – »Offener Rücken« und Anenzephalie)

Bei diesen Defekten schließt sich der knöcherne Teil des Schädels oder der Wirbelsäule nicht richtig, so daß Gehirn oder Rückenmark bloßliegen. Die Schädigung geschieht in der zweiten bis vierten Embryonalwoche. Das Ausmaß richtet sich danach, wie viele Wirbel betroffen sind.

Das Alter der Eltern spielt bei der Häufigkeit keine Rolle, möglicherweise aber die Versorgung der Frau mit Folsäure zu Beginn der Schwangerschaft.

Auf 10.000 geborene Kinder kommt eines, das anenzephal, also ohne Gehirn auf die Welt kommt. Diese Kinder sind nicht lebensfähig.

Ein bis zwei von 1.000 Kindern werden mit einem offenen Rücken geboren (> Spina bifida, Seite 782).

● In den Genen angelegte Krankheiten

Mit Hilfe der DNA-Diagnostik, einer teuren und aufwendigen Methode, um einzelne Erbanlagen zu sondieren, können Krankheiten, die durch ein defektes Gen verursacht werden, schon während der Schwangerschaft festgestellt werden. Die häufigsten sind:

Mukoviszidose (Zystische Fibrose)

Etwa eines von 2.000 Kindern wird mit Zystischer Fibrose geboren. Das Krankheitsbild ist geprägt durch den zähen Schleim, den diese Menschen in ihren Luftwegen und ihren Verdauungsorganen produzieren und kaum loswerden können (> Mukoviszidose, Seite 822).

Duchenne Muskeldystrophie

Bei dieser Erbkrankheit, die einen von 2.000 geborenen Jungen trifft, kommt es schon früh zu fortschreitender Muskelschwäche und schließlich zum Muskelschwund (> Muskelkrankheiten, Seite 795).

Hämophilie (Bluterkrankheit)

Die erbliche Blutgerinnungsstörung kommt bei etwa einem von 5.000 Jungen vor. Die Möglichkeit, diesen Menschen Blutgerinnungsfaktoren zu injizieren, hat ihre Lebenserwartung ganz entscheidend verbessert.

Chorea Huntington (Veitstanz)

Bei diesem Erbleiden kommt es ab einem Alter von etwa 40 Jahren zu Muskelkrämpfen und geistigem Verfall. Einer von 10.000 Menschen ist betroffen.

führt hat, und die, die den Abbruch vornimmt, dürfen nicht identisch sein.

Wenn das Kind mit schweren geistigen oder körperlichen Schäden geboren werden könnte, kann die Frau die Schwangerschaft spätestens bis zur 22. Woche beenden lassen. Ist die körperliche oder psychische Gesundheit der Frau in Gefahr, wenn sie das Kind bekommen würde, kann die Schwangerschaft jederzeit beendet werden.

Auch in Österreich gilt die Fristenregelung. Das heißt, der Abbruch ist bis zur zwölften Schwangerschaftswoche ohne Einschränkungen straffrei. Bei einer Gefährdung der Mutter oder einer Schädigung des Kindes darf die Schwangerschaft auch noch später abgebrochen werden.

Gründe für einen Schwangerschaftsabbruch

Nur selten führt ein Grund allein zu der Entscheidung, die Schwangerschaft zu beenden. Meist kommen mehrere Faktoren zusammen:
● Die Frau fühlt sich verlassen: Der Mann lehnt das Vatersein und die damit einhergehende Verantwortung ab; sie vermutet, daß der Mann sie nicht ausreichend unterstützen wird. Eine große deutsche Untersuchung ergab 1992, daß sich die meisten Frauen zum Abbruch entschließen, weil die Männer sich ihnen gegenüber indifferent bis klar ablehnend verhielten, als sie von der Schwangerschaft erfuhren. Unter dieser Voraussetzung fühlten sich die Frauen der Verantwortung für ein Kind nicht gewachsen.
● Die Frau ist noch sehr jung und hat noch keine Lebensperspektive, die die Verantwortung für ein Kind einschließt.
● Die Frau befindet sich im Umbruch: vor einem Partnerwechsel, nach einer Trennung, vor einer Ausbildung, dem Beginn eines neuen Berufs.
● Die Frau befindet sich in sozialer Not, hat bereits schon mehrere Kinder oder lebt in einer hoffnungslosen Partnerschaft.

● Die Frau hat ihren Kinderwunsch bereits erfüllt und möchte die kommende Lebensetappe ohne weitere Kinder zurücklegen.

Eine schwere Entscheidung

Keine Frau trifft den Entschluß, eine Schwangerschaft abbrechen zu lassen, leichtfertig. Aber viele fühlen sich in seelischer und körperlicher Hinsicht überfordert.

Die Zweifel und Angst, die eine ungewollt schwangere Frau quälen, sind groß. Da ist zum einen die seelische Belastung, sagen zu müssen »Ich will das Kind nicht«, da ist die Angst vor dem Eingriff, vor befürchteten gesundheitlichen Risiken, vor der Reaktion des Partners.

Methoden

Schwangerschaften werden heute sehr früh – meist sieben bis neun Wochen nach der letzten Regel – und auf relativ ungefährliche Weise abgebrochen. Komplikationen sind sehr selten. Trotzdem haben viele Frauen Angst vor Verletzungen, Schmerzen oder vor späterer Kinderlosigkeit. Und nicht zuletzt fürchten sie sich davor, in dieser Situation lieblos behandelt zu werden.

Absaugen

Die Absaugmethode ist die schonendste Art, eine Schwangerschaft zu beenden. Untersuchungen von mehreren tausend Frauen vier Wochen nach dem Eingriff ergaben, daß 94 Prozent von ihnen danach keinerlei gesundheitliche Schwierigkeiten haben. Sechs von hundert Frauen müssen mit Komplikationen rechnen:
● Verstärkte Blutungen. Dagegen werden ÄrztInnen gezielt Medikamente verordnen, so daß sich die Gebärmutter stärker zusammenzieht und die Blutung wieder aufhört.

● Eileiterentzündungen, die mit Fieber, Schmerzen und Blutungen einhergehen. Sie werden mit Antibiotika behandelt.

● Verletzung der Gebärmutter. Dieses müßte operativ behoben werden.

● Unvollständige Absaugung, bei der ein Rest des Mutterkuchens zurückgeblieben ist. Ist das der Fall, muß eine Ausschabung gemacht werden.

ABSAUGUNG

Bevor Ärztin oder Arzt das Gewebe absaugen, untersuchen sie die Frau und fertigen ein Ultraschallbild an.

Danach desinfizieren sie die Scheide und machen mit vier Injektionen links und rechts neben den Muttermund die Region schmerzunempfindlich.

Langsam weiten Ärztin oder Arzt den Gebärmuttermund so, daß sie ein Röhrchen einführen können. Daran ist ein Schlauch befestigt, der mit einer Vakuumpumpe verbunden ist. Durch den Unterdruck können sie das Fruchtbläschen samt anhängendem Gewebe in etwa zwei Minuten restlos absaugen.

Die Frau spürt während des Geschehens nur ein leichtes Ziehen im Bauch. Der Eingriff ist nach etwa sieben Minuten überstanden. Dann vergewissern sich Ärztin oder Arzt durch eine neuerliche Ultraschalluntersuchung, daß kein Schwangerschaftsgewebe zurückgeblieben ist. Nach dem Eingriff wird das abgesaugte Gewebe kontrolliert und anschließend in ein pathologisches Institut geschickt.

An dem Tag, an dem das Gewebe abgesaugt wurde, kann die Frau noch Schmerzen im Unterleib haben, mit leichten Blutungen muß sie etwa zehn Tage lang rechnen.

Das Risiko, an einem Abbruch zu sterben, liegt bei 1: 250.000 und ist damit etwa 25mal geringer als bei einer Geburt.

Ausschabung

Als Methode zum Schwangerschaftsabbruch ist die Ausschabung veraltet. Sie dauert länger als die Absaugmethode, der Gebärmutterhals muß weiter aufgedehnt werden, und die Gefahr einer Komplikation ist größer.

Nach dem Weiten des Gebärmutterhalses wird eine Metallschlinge, die Kürette, durch den Muttermund in die Gebärmutter eingeführt. Damit werden Embryo, Plazenta und Schleimhäute entfernt.

Prostaglandine

Prostaglandine sind natürliche Gewebehormone, die auf die Gebärmutter zwei Wirkungen haben. Sie lockern und erweitern den Gebärmutterhals und veranlassen die Gebärmutter, sich zusammenzuziehen.

In niedriger Dosierung werden Prostaglandine eingesetzt, um den Abbruch einer Schwangerschaft in frühem Stadium vorzubereiten.

Prostaglandine können aber auch eine Fehlgeburt provozieren. Diese Wirkung macht man sich zunutze, wenn eine Schwangerschaft in der 15. bis 24. Woche abgebrochen werden muß.

Bei diesem späten Abbruch müssen die Frauen erhebliche Nebenwirkungen und psychische Belastungen auf sich nehmen. Das Medikament bedingt Übelkeit, Schmerzen und Kreislaufprobleme, und es dauert oft tagelang, bis die Gebärmutter den Feten ausstößt. Diese Qualen müssen die Frauen meist ohne Beistand ertragen. Häufig ist auch dem Klinikpersonal der Vorgang so unangenehm, daß sie die Frau im Kreißzimmer alleinlassen.

Bei einem solchen späten Abbruch bleibt meist Gewebe in der Gebärmutter zurück. Es muß abgesaugt oder ausgeschabt werden.

Einem späten Abbruch stimmen Frauen meist dann zu, wenn eine Fruchtwasseruntersuchung (> Seite 142) ergeben hat, daß der Embryo geschädigt ist.

RU 486

Das Medikament zur Schwangerschaftsunterbrechung mit dem wenig einprägsamen Namen ist ein Antihormon, das die Wirkung des weiblichen Hormons Progesteron außer Kraft setzt. Ohne die Progesteronwirkung kann der Körper die Schwangerschaft nicht mehr erhalten.

Der durch das Antihormon hervorgerufene Progesteronmangel kann verschiedenen Zwecken dienen: als Verhütungsmittel, als Pille danach (bis zu 14 Tagen nach der Befruchtung), zur Krebsbehandlung. Vor der achten Schwangerschaftswoche eingenommen, führt RU 486 bei vier von fünf Frauen dazu, daß die Fruchtanlage komplett ausgestoßen wird.

In Frankreich können Frauen, die eine Schwangerschaft abbrechen wollen, wählen, ob das medikamentös oder mit einer der herkömmlichen Methoden geschehen soll. Viele entscheiden sich heute für das Medikament. Es wird ausschließlich in staatlichen Familienplanungszentren von ÄrztInnen abgegeben.

In Deutschland und Österreich ist RU 486 nicht zugelassen.

In Frankreich wird die Effektivität des Präparats durch eine geringe Menge Prostaglandin verstärkt. Damit erleben 96 von 100 eine Abtreibung, bei der keine Gewebereste in der Gebärmutter zurückbleiben; allerdings können wehenartige Schmerzen auftreten.

Für den Körper ist der medikamentöse Abbruch ausgesprochen schonend. Die Psyche kann er jedoch mehr belasten als der chirurgische Abbruch. Frauen erzählen von dem Gefühl, sich den Eingriff selbst anzutun; schließlich müssen sie die Tabletten selbst schlucken. Bei den chirurgischen Methoden kann sich die Frau hingegen »freisprechen«, weil Ärztin oder Arzt das tun, was für den Abbruch notwendig ist.

Ungemein quälend ist bei der medikamentösen Abtreibung zudem die lange Wartezeit, bis der Embryo abgeht. Viele Frauen plagen in der Zwischenzeit Zweifel, ob das, was sie getan haben, richtig war – wohl wissend, daß ein Zurück in letzter Minute nicht mehr möglich ist.

Danach

Nach dem Schwangerschaftsabbruch sollten sich die Frauen zwei Tage lang Ruhe gönnen und viel liegen. Danach können sie ihr gewohntes Leben wieder aufnehmen. Mit dem Geschlechtsverkehr sollten sie allerdings noch warten, bis Ärztin oder Arzt die notwendige Abschlußuntersuchung durchgeführt haben.

Die Nachblutungen dauern üblicherweise acht bis zehn Tage. Tampons empfehlen sich in dieser Zeit nicht. Normalerweise stellt sich nach vier bis sechs Wochen die normale Regelblutung wieder ein.

Gibt es Komplikationen, so sendet der Körper deutliche Signale aus: Fieber, Unterleibsschmerzen oder starke Blutungen. Sie können auf eine Eileiterentzündung hinweisen oder darauf, daß in der Gebärmutter Gewebe zurückgeblieben ist.

Will eine Frau von nun an mit der Pille eine weitere Empfängnis verhüten, sollte sie mit der Einnahme am Tag des Abbruchs beginnen. Andersfalls müßte sie sich bis zur nächsten Regel mit anderen Methoden schützen.

Das Geschehen verarbeiten

Angst begleitet die meisten Frauen bei einem Schwangerschaftsabbruch. Sie haben Angst, eine Entscheidung zu treffen, die sie später lieber wieder rückgängig machen würden; sie haben Angst vor dem Eingriff, Angst vor Komplikationen, Angst, gesundheitliche Schäden zu riskieren. Aber auch Angst, wie der Freund, der Lebensgefährte auf ihren Entschluß reagieren wird.

Die polarisierte und emotionalisierte Auseinandersetzung um den § 218 verschlimmert die Situation noch. Behauptungen wie »Viele Frauen leiden ein

Leben lang unter dieser Entscheidung« flößen Furcht ein, spiegeln aber nicht die Wirklichkeit wider.

Die meisten Frauen fühlen sich nach einer Abtreibung von einer schweren Last befreit. Nur eine von zehn Frauen, das haben Untersuchungen gezeigt, kann hinterher nicht mehr zu ihrer Entscheidung stehen.

Eine Frau ist meist dann niedergeschlagen, wenn sie schon vor dem Eingriff mit Problemen konfrontiert war, die ihre Kräfte zu übersteigen drohten. Partnerschaftliche Probleme, Unsicherheit im Beruf, Arbeitslosigkeit, Ablösungsprozesse vom Elternhaus, keine geeignete Unterkunft – all diese existentiellen Unsicherheiten verstärken die Sorgen und Zweifel um einen Schwangerschaftsabbruch.

Eine Frau in einer solchen Situation braucht Hilfe, Unterstützung und Zuneigung von nahestehenden Personen. Denn wie sie mit der Tatsache, abgetrieben zu haben, fertig wird, hängt zu einem großen Teil von den Reaktionen ihrer Umgebung und den Begleitumständen der Abtreibung ab.

Frauen, die eine Schwangerschaft abgebrochen haben, verspüren häufig Trauer um das verlorene Kind. Diese Trauerarbeit ist wichtig und notwendig, um das Geschehen verarbeiten zu können.

WO SITZEN DIE KILOS?

Das in der Schwangerschaft zugelegte Gewicht verteilt sich auf
- das Baby: 3 bis 4 Kilo
- das Fruchtwasser: 0,5 bis 1 Kilo
- den Mutterkuchen: 0,5 Kilo
- die Gebärmuttermuskeln: 1 bis 2 Kilo
- die Brust: 250 Gramm
- Muskeln und Fett: 4 bis 5 Kilo
- Blut und Wasser in den Zellen: 0,5 bis 1,5 Kilo

Häufig behindert jedoch eine verständnislose Umgebung den seelischen Abschied.

ALS SCHWANGERE LEBEN

Fast jede Frau entwickelt zu Beginn der neun Monate ambivalente Gefühle. Vielleicht hat sie erst spät »ja« zu dem werdenden Leben gesagt und braucht einige Zeit, bis sie das Kind in ihrem Bauch annehmen kann. Auf jeden Fall aber braucht sie Zeit, sich auf die neue Lebensperspektive einzustellen.

Erzählungen der eigenen Mutter oder von Freundinnen über deren belastende Schwangerschaft nehmen häufig den Mut, statt Mut zu machen. Dazu kommen unzählige Tips und Vorschriften, die verunsichern. Dabei verlaufen die meisten Schwangerschaften problemlos.

Kein Streß mit der Waage

Es gibt unzählige Tips, Richtlinien und Maßregelungen, was, wieviel und wovon eine Schwangere essen darf. Dabei zeigt die Erfahrung, daß es gar nicht so wichtig ist, wieviel eine Frau in dieser Zeit zunimmt. Wichtig ist vielmehr, daß sie sich wohl fühlt und sich ihr Wohlbehagen nicht durch Gewissensbisse verdirbt. Bewegt sie sich zudem noch ausreichend und ernährt sie sich gesund (> Gesunde Ernährung, Seite 568), darf sie auch 16 oder 17 Kilogramm zulegen, ohne sich von Ärztin oder Arzt Vorwürfe gefallen lassen zu müssen.

Erst ab einer Zunahme von 20 Kilogramm oder bei Frauen mit mehr als 30 Prozent Übergewicht kann das Gewicht zu einem gesundheitlichen Risiko werden. Die Gewichtszunahme kann auf eine Störung der Nierentätigkeit, auf Zuckerkrankheit oder Bluthochdruck hinweisen. Um das festzustellen, bedarf es ärztlicher Hilfe.

Eine abwechslungsreiche Kost mit frischem Obst und Gemüse, Vollkornprodukten und Milch versorgt die Schwangere und das heranwachsende Kind mit allem, was notwendig ist. Auf Innereien sollte sie jedoch verzichten (> Warnung vor Leber, Seite 149).

Salz

Lagert sich zu viel Wasser im Gewebe ein und bilden sich Ödeme, wird vielen Frauen geraten, auf Salz zu verzichten. Neue wissenschaftliche Untersuchungen haben jedoch ergeben, daß es gar nicht so günstig ist, den Salzkonsums stark einzuschränken. Auch die häufig propagierten Reistage sind für Schwangere wenig empfehlenswert.

Besser ist es, viel Wasser oder Früchtetee zu trinken, um die Nierentätigkeit in Schwung zu halten.

Körperpflege

Viele Frauen schwitzen während der Schwangerschaft recht stark. Die vermehrte Ausscheidung von Körperflüssigkeiten – auch in der Genitalregion – macht regelmäßige Pflege notwendig. Duschen oder Baden sind jederzeit erlaubt.

Bauchpflege

Je länger die Schwangerschaft dauert, desto stärker dehnt sich die Bauchdecke. Das geht oft mit unangenehmen Spannungsgefühlen und Juckreiz einher. Bei manchen Frauen beginnt das Gewebe unter der Haut zu reißen, bläuliche Schwangerschaftsstreifen sind die Folge. Nach der Entbindung werden sie heller und unscheinbarer, allerdings verschwinden sie nie mehr ganz.

Der Juckreiz läßt sich mit kühlen Abreibungen lindern. Das Gewebe von Brust, Bauch, Po und Schenkel kann mit Franzbranntwein eingerieben oder mit einer Körperbürste etwas abgehärtet werden. Noch bevor der Bauch größer wird, kann die Frau ihre

Bauchhaut »trainieren«: Die Haut immer wieder mit zwei Fingern leicht abheben (zupfen) oder »rollen«.

Auf die durchblutungsfördernde Wirkung des Einreibens setzen auch alle Einreibemittel gegen Schwangerschaftsstreifen. Doch die teuren Cremes sind unnötig: Ein gewöhnliches Hautöl, gut einmassiert, hat den gleichen Effekt.

Brustpflege

Die Haut der schwerer werdenden Brust kann die Frau mit demselben Öl oder derselben Creme pfle-

WARNUNG VOR DER LEBER

Leber zu essen, kann schädlich sein. Zum einen gehört sie zu der Fleischsorte mit der höchsten Schwermetallbelastung, zum anderen kann ihr sehr hoher Gehalt an Vitamin A den Embryo schädigen. Dorsch-, Schweine- und Rinderleber enthalten enorme Mengen Vitamin A. Selbst eine einzige Portion kann den Embryo, vor allem zwischen der dritten und neunten Woche, schädigen.

Der durchschnittliche Vitamin-A-Bedarf eines Erwachsenen wird mit etwas über einem Milligramm pro Tag angegeben. Schlachtleber enthält gemäß deutschen Untersuchungen 18 bis 37 Milligramm in 100 Gramm, vereinzelt sogar 100 Milligramm.

Wer längere Zeit zuviel Vitamin A zu sich nimmt, den können Schwindelgefühle, Kopfschmerzen, Erbrechen und Leberschwellung auf das Zuviel aufmerksam machen. Milch, Milchprodukte, Eier, Möhren und grünes Gemüse decken den Vitamin A-Bedarf.

gen, die sie zur Bauchpflege verwendet. Dabei dürfen die Brustwarzen nicht mit dem Öl in Berührung kommen: Fett macht sie weich und empfindlich – eine schlechte Voraussetzung für das Stillen.

Die BH-Größe sollte in jeder Zeit dem neuen Brustvolumen entsprechen – selbst wenn die Brust in den ersten drei bis vier Monaten um ein bis zwei BH-Größen wächst. Frauen, die sich damit wohl fühlen, können auch getrost auf einen BH verzichten.

Frische Luft ist hervorragend geeignet, um die Brust abzuhärten und sie auf das Stillen vorzubereiten. Nur direkte Sonnenbestrahlung sollte gemieden werden.

Tägliches Abfrottieren, kalte Duschen oder sonstige unangenehme Prozeduren, die häufig empfohlen werden, um die Brustwarzen abzuhärten, sind eher schädlich als nützlich.

Flach- und Hohlwarzen

Flache Brustwarzen hindern nicht am Stillen. Viele Frauen haben gute Erfahrungen damit gemacht, daß sie die Brustwarzen durch regelmäßige Massage auf das Stillen vorbereitet haben. Dazu werden die Brustwarzen mehrmals täglich zwischen Daumen und Zeigefinger sanft mit drehender Bewegung in die Länge gezogen, »gezwirbelt«.

Eine andere Möglichkeit ist, in den BH im Bereich der Brustwarze ein Loch hineinzuschneiden. Dadurch werden die Brustwarzen etwas herausgedrückt und durch das Reiben an den Textilien unempfindlicher.

Nur selten hat eine Frau wirkliche Hohlwarzen, die es dem Baby schwer machen, die Brustwarze zu fassen. Man erkennt sie folgendermaßen: Mit Daumen und Zeigefinger auf den Warzenhof drücken. Hohlwarzen ziehen sich dabei nach innen. Frauen mit Hohlwarzen können versuchen, durch regelmäßiges »Zwirbeln« der Brustwarzen in der Schwangerschaft ihre Stillmöglichkeit zu verbessern, oder sie können Brustschalen tragen, die in den BH gelegt werden und die Brustwarzen herausdrücken.

Sport

Eine Frau, die ein Kind erwartet, kann nahezu jeden Sport betreiben, den sie vorher ausgeübt hat. Bewegung aktiviert den Kreislauf, hebt die Stimmung und steigert die Kraft für die anstrengende Geburtsarbeit. Je »normaler« sie mit sich umgeht, desto unkomplizierter verlaufen im allgemeinen Schwangerschaft und Geburt. Wenn eine Fehlgeburt eintritt, sind die sportlichen Aktivitäten der Schwangeren dafür kaum je verantwortlich. Ist die Schwangerschaft weiter fortgeschritten, ist etwas mehr Vorsicht angebracht.

Besonders empfehlenswerte Sportarten sind Schwimmen, Gymnastik und Yoga speziell für werdende Mütter.

Schwangerschaftsgymnastik

Fast jede Frau, die ein Kind erwartet, leidet zumindest zeitweise unter Rückenschmerzen, weil das Rückgrat stärker beansprucht wird als sonst. Außerdem lockern sich Bänder und Sehnen durch die hormonellen Veränderungen zunehmend auf.

Gymnastische Übungen helfen gegen diese Beschwerden. Kurzes, aber regelmäßiges Turnen wirkt den Schmerzen entgegen, kräftigt und lockert das Gewebe für die Geburt (> Gymnastik, Seite 151).

Ruhe

Sich neben Beruf, Haushalt, Kinderversorgung und Bewegung auch noch Mußestunden zu organisieren, ist ebenso schwierig wie wichtig. Dennoch ist Entspannung ebenso unerläßlich wie Aktivität. Dazu kann auch gehören, sich hinzusetzen und auf die Bewegungen im Bauch zu achten, mit dem Kind zu reden, ein Bad zu nehmen oder Musik zu hören.

Rauchen

Jede Zigarette, die die Schwangere raucht, raucht das Kind mit. Kinder von Frauen, die viel rauchen, wiegen bei der Geburt durchschnittlich 170 bis 400 Gramm weniger als Kinder von Nichtraucherinnen. Hört die Frau während der Schwangerschaft auf zu rauchen, leidet das Ungeborene ebenso wie seine Mutter unter Entzugserscheinungen.

Und auch der Rauch, mit dem der Mann die Atemluft seiner schwangeren Frau anreichert, schadet dem Baby. Wenn der Vater raucht, rauchen Mutter und Kind passiv mit.

Die Schwangerschaft kann für Raucherinnen und ihre jeweiligen Partner eine besonders gute Motivation sein, mit der Gewohnheit oder gar Sucht Schluß zu machen. Von Ärztin oder Arzt verordnete Nikotinpflaster können den Streß in der Zeit des Entzugs mindern. Auch Akupunktur hat schon manchem geholfen, von dem Laster loszukommen.

Alkohol

Alkohol schadet dem Ungeborenen – ganz besonders in den ersten Wochen der Schwangerschaft. Er gelangt über den Mutterkuchen zum Kind. Wenn die negativen Auswirkungen des Alkoholkonsums auch vornehmlich bei Frauen offenkundig wurden, die erheblich tranken, so ist er dem Ungeborenen doch auch in geringeren Mengen nicht zuträglich.

Frauen, die regelmäßig trinken, verdoppeln das Risiko einer Fehlgeburt. Alkohol bremst das Baby im Wachstum und vergrößert das Risiko, daß das Kind zu früh geboren wird. Ein Drittel bis die Hälfte der Kinder von Alkoholikerinnen kommen geschädigt zur Welt.

Kaffee

Gegen die gewohnte Tasse Kaffee ist auch während der Schwangerschaft nichts einzuwenden. Sehr

GYMNASTIK

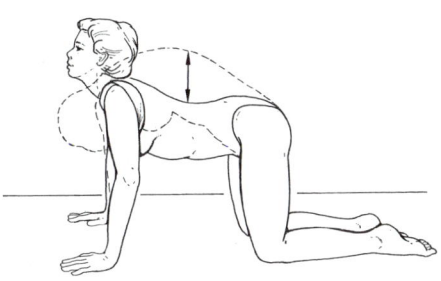

Übung 1:
»Katzenbuckel«: Den Rücken abwechselnd zum Katzenbuckel hochdrücken und dabei den Kopf senken, dann wieder den Rücken locker durchhängen lassen und den Kopf hochnehmen.

Übung 2:
Auf dem Rücken liegend, werden die Beine angezogen, die Füße stehen auf dem Boden. Beide Knie einmal nach rechts, einmal nach links fallenlassen.

Übung 3:
Auf dem Rücken liegend die gestreckten Beine auf- und abwippen.

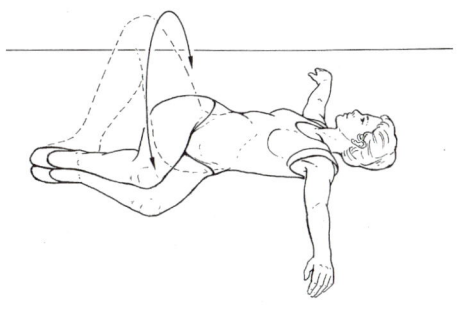

große Mengen Kaffee können aber schaden. Mehr als 600 Milligramm Koffein pro Tag – das entspricht zwei bis vier Tassen Kaffee – können zu Fehl- oder Frühgeburten führen.

Zu Ärztin oder Arzt

Bei der ersten Untersuchung tasten Ärztin oder Arzt die Gebärmutter ab, bestimmen ihre Größe und schließen daraus auf das Stadium der Schwangerschaft. Sie fragen nach früheren Beschwerden und Krankheiten – auch solchen, die »in der Familie liegen« –, nach vorangegange-nen Schwangerschaften und eventuellen Komplikationen.

Sobald die Schwangerschaft zweifelsfrei festgestellt ist, stellen Ärztin oder Arzt einen Mutter-Paß (in Österreich: Mutter-Kind-Paß) aus. In ihn werden alle Untersuchungsergebnisse eingetragen.

Routineuntersuchungen

Alle vier Wochen, gegen Ende der Schwangerschaft alle zwei Wochen, stehen im Terminkalender der Frau ärztliche Kontrollen. Das bedeutet jedoch nicht, daß die Schwangerschaft eine Art Krankheit ist und die Frau zur Patientin wird. ÄrztInnen achten bei den regelmäßigen Untersuchungen auf Anzeichen, die auf eine Gefährdung von Mutter und Kind hinweisen.

Je nach dem Stadium der Schwangerschaft gehören zu den üblichen Untersuchungen:
● Blutdruck messen. Zu hoher Blutdruck kann das Leben der Frau bedrohen und zur Mangelversorgung des Kindes führen (> Unzureichende Versorgung des Kindes, Seite 202).
● Urin auf Eiweiß und Zucker prüfen, um einen eventuellen Schwangerschaftshochdruck (> Seite 173) festzustellen.
● Herztöne des Kindes abhören; die obere Grenze der Gebärmutter austasten; die Lage des Kindes überprüfen.
● Bei der ersten Untersuchung werden Eileiter und Eierstöcke abgetastet und ein Krebsabstrich gemacht.
● Wenn nötig, wird das Scheidensekret mikroskopisch untersucht.
● Einmal wird auch die Beckenweite gemessen (> Das enge Becken, Seite 174).

Bei jeder schwangeren Frau wird eine Blutuntersuchung durchgeführt, um Blutgruppe und Rhesusfaktor zu bestimmen und das Blutbild zu kontrollieren (> Befund interpretieren, Seite 165). Außerdem wird geprüft, ob sie ausreichend Antikörper gegen Röteln im Blut hat (> Impfung-Röteln, Seite 733) und Hinweise auf Syphilis vorhanden sind. Beim Verdacht auf diese Geschlechtskrankheit folgen weitere Untersuchungen.

In Österreich gibt es zudem eine Pflichtuntersuchung auf Toxoplasmose-Antikörper (> Seite 170). Zunehmend öfter untersuchen ÄrztInnen auch, ob die Frau mit Hepatitis- oder HI-Viren infiziert ist.

AllgemeinärztInnen oder InternistInnen überprüfen zudem noch den allgemeinen Gesundheitszustand der Frau.

Ultraschalluntersuchung

Bei der Ultraschalluntersuchung sendet ein Schallkopf, den die Frau auf den Bauch gesetzt bekommt, Schallwellen aus. Um sie besser zu übertragen, wird auf die Bauchhaut ein Gleitmittel aufgetragen. Die Oberfläche des Kindes wirft die ausgesandten Schallwellen zurück, und der angeschlossene Computer entwirft aus diesen Echowellen das Bild des Ungeborenen auf seinem Bildschirm.

Bei Komplikationen ist die Ultraschalluntersuchung im allgemeinen ein sehr wichtiges Instrument, um festzustellen, wie es dem Kind geht. Eine solche Untersuchung sollte gemacht werden, wenn Blutungen oder Schmerzen auftreten, die Herztöne des Kindes nicht zu hören sind und wenn sich das Baby schon längere Zeit nicht bewegt hat.

Weitere Gründe für eine Ultraschalluntersuchung sind: Ärztin oder Arzt können die Geburtslage des Kindes nicht sicher feststellen; die Frau erwartet Mehrlinge; es besteht der Verdacht auf eine Fehlbildung des Kindes (> Messungen per Ultraschall, Seite 163). In Kombination von Ultraschall und einer Bestimmung der Konzentration an Plazentahormon können ÄrztInnen abklären, ob das Kind ausreichend ernährt wird oder nicht mehr genügend wächst.

Jede Fruchtwasserpunktion sollte unter Ultraschallsicht durchgeführt werden (> Fruchtwasseruntersuchung, Seite 142).

Nachteile der Ultraschalluntersuchung:

Die Bilder aus dem Bauch sind so faszinierend, daß die meisten ÄrztInnen auch bei einer komplikationslosen Schwangerschaft nicht mehr auf sie verzichten wollen. Sie bitten nahezu jede Frau wie selbstverständlich zur Ultraschalluntersuchung. Viele Paare freuen sich speziell über das »Foto« des Kleinen, das ihnen Ärztin oder Arzt mit nach Hause geben, und wollen selbst »Babyfernsehen«.

Doch die Ultraschalluntersuchung während der Schwangerschaft ist nicht unumstritten. Der Beweis, daß sie für Mutter und Kind unschädlich ist, steht noch aus. Zudem werden die Bilder sehr häufig fehlinterpretiert. Nur SpezialistInnen können Fehlbildungen und Wachstumsstörungen sicher diagnostizieren.

Die Weltgesundheitsorganisation lehnt die Ultraschalluntersuchung als Routinemaßnahme entschieden ab. In Deutschland ist sie trotzdem üblich; in Österreich ist sie für den Mutter-Kind-Paß in der 16. bis 20. Woche sowie zwischen der 30. und 34. Woche vorgesehen.

Impfungen

Impfungen mit sogenannten Lebendimpfstoffen, zu denen die gegen Masern, Mumps, Tuberkulose, Gelbfieber und Röteln gehören, sind nichts für schwangere Frauen.

Wenn Auffrischungimpfungen, zum Beispiel gegen Diphtherie oder Tetanus, fällig sind, sollten sie möglichst vor der Schwangerschaft stattfinden. Wurde das versäumt, steht einer Impfung gegen Tetanus oder Kinderlähmung (Poliomyelitis) in der Schwangerschaft jedoch nichts entgegen. Auch auf die FSME-Impfung (> Seite 734) müssen schwangere Frauen nicht verzichten, wenn sie sie für nötig halten.

Zahnärztliche Behandlung

Frauen, die ihre Zähne in der Schwangerschaft noch gründlicher putzen als sonst, brauchen um die Gesundheit ihrer Zähne nicht zu fürchten. Zu Beginn der Schwangerschaft können Zahnärztin oder Zahnarzt dem Gebiß noch einmal eine Intensivpflege angedeihen lassen und den Zahnstein entfernen.

Während der Schwangerschaft ist das Zahnfleisch stärker als sonst durchblutet, dementsprechend leicht blutet es beim Zähneputzen. Darüber hinaus kann es sich leicht entzünden und anschwellen. Und weil sich im aufgelockerten Zahnfleisch leichter Bakterien festsetzen, wird die Kariesgefahr größer.

Arbeit

Solange sich eine Schwangere wohl fühlt, kann sie ihrer gewohnten beruflichen Tätigkeit bis sechs Wochen vor dem voraussichtlichen Geburtstermin nachgehen. In Österreich beginnt die Mutterschutzfrist acht Wochen vor dem voraussichtlichen Entbindungstermin. Ausgenommen sind schwere körperliche Arbeit oder Arbeit, bei der die Schwangere gesundheitsgefährdenden Einflüssen wie Strahlen, Staub, Gasen, Dämpfen, Hitze, Kälte, Nässe, Erschütterung oder Lärm ausgesetzt ist.

Das soll jetzt vermieden werden

Ob in Haushalt, Beruf oder Freizeit: Eine schwangere Frau sollte Tätigkeiten meiden, bei denen sie sich völlig verausgabt. Erschöpfungszustände wirken sich auf die Schwangerschaft ungünstig aus. So hat eine Studie ergeben, daß schwangere Frauen nicht mehr als 40 Stunden pro Woche oder mehr als acht Stunden pro Tag arbeiten sollten. Auch Belastungen durch Stehen oder Lärm sind der werdenden Mutter nicht zuträglich.

Arbeitsrecht- und Mutterschutz-Bestimmungen berücksichtigen das bereits: Sie sollen dafür sorgen, daß die Berufstätigkeit weder die Frau noch ihr Baby gefährdet (> Mutterschutz, Seite 169).

FOLSÄURE

Frauen, die bereits ein Kind mit einem Neuralrohrdefekt geboren haben oder eine Schwangerschaft abbrechen ließen, weil eine pränatale Untersuchung darauf hinwies, daß der Embryo diese Fehlbildung haben würde (> Spina bifida, Seite 782), können vor einer neuerlichen Schwangerschaft darauf achten, daß sie ausreichend mit Folsäure versorgt sind. Jüngste Untersuchungen ergaben Hinweise darauf, daß ein Folsäuremangel in den ersten Schwangerschaftswochen die Entstehung eines Neuralrohrdefekts begünstigen kann.

Frauen, die vor der geplanten Schwangerschaft eine Empfängnis mit der Pille verhütet haben, sollten bedenken, daß die Pilleneinnahme einen Folsäuremangel bewirken kann.

Folsäurereiche Nahrungsmittel sind Weizenkeime, Spinat, Tomaten, Kohl, Vollkornprodukte und Kartoffeln.

BERG- UND TALFAHRT DER GEFÜHLE

Schwangere Frauen durchleben alle Höhen und Tiefen der Freude und Verzweiflung, der Hoffnung und der Angst. Ihr bisher so vertrauter Körper verändert sich immer aufs neue; die bisher abschätzbare Zukunft wird mit einem Kind ungewiß; die Freude aufs Baby wechselt mit der Angst vor der neuen Verantwortung; es ist nicht vorhersehbar, wie der Partner in seine neue Funktion einsteigen wird; der Blick in eine Zukunft als Alleinerzieherin ist bang.

Frauen, die wunschgemäß und zum für sie richtigen Zeitpunkt schwanger werden, sind meist besser dran als die, die ungeplant schwanger werden. Sie haben meist schon vieles arrangiert, noch mehr überlegt und hoffen – ob mit oder ohne Partner –, das Neue in den Griff zu bekommen.

Chaos der Gefühle

Eine ungeplante oder unerwünschte Schwangerschaft führt zunächst zum Gefühlschaos. Das Durcheinander ist um so größer, je abhängiger und ungefestigter die soziale und finanzielle Situation der Frau ist.

Ist das erste Kind unterwegs, so muß die Frau zur Kenntnis nehmen, daß der Lebensabschnitt, in dem sie ausschließlich sich selbst verantwortlich war, zu Ende geht und ein neuer, noch ungewisser beginnt.

Die Umgebung

Je negativer die Reaktionen der FreundInnen und Verwandten auf den ins Haus stehenden Kindersegen sind, desto holpriger ist der Weg zum Mutterglück. Etwa wenn die Frau zunächst einmal die Enttäuschung verwinden muß, daß sich ihr Partner seiner Verantwortung entzieht, oder wenn zum Beispiel die eigenen Eltern der Frau jegliche Unterstützung verweigern. Sie fühlt sich im Stich gelassen, verzweifelt an der Situation. Nur zu verständlich ist ihr Zorn auf die Welt und nicht selten auch auf ihr Ungeborenes. Egal, warum sich die Frau für die Schwangerschaft und das Kind entschieden hat, ihre Motive stützen sie kaum noch, wenn sie jetzt allein gelassen wird (> Kinderwunsch und Wunschkinder, Seite 66; > Mutterglück, Seite 55).

Freude auf das Kind

Je mehr aus dem bloßen Wissen »Ich bin schwanger« ein für die Frau spürbares Erlebnis wird, desto leichter kann sich die Freude auf das Baby durchsetzen, desto eher treten die Zweifel in den Hintergrund. Schon bald wird die Frau das leichte Blubbern in ihrem Bauch als Kindesbewegungen deuten, die vorerst nur sie allein und noch niemand anderer spüren kann. Schon allein das stärkt die emotionale Bindung der Frau zu dem Wesen in ihrem Bauch.

In den neun (Kalender-)Monaten, die eine Schwangerschaft dauert, hat die Frau viel Zeit, sich an ihr Kind zu gewöhnen, Freude und Neugier wachsen zu lassen. Selbst bei einer ungeplanten Schwangerschaft beginnen viele Frauen bald, ihr Kind nicht mehr als Eindringling zu betrachten, sondern als Teil von sich.

FRAU UND MANN

Die Belastung, die eine Schwangerschaft und später das Kind mit sich bringen, kann selbst die harmonischste Partnerschaft ziemlich durcheinanderwirbeln.

Viele Paare fühlen sich ihrer neuen Situation hilflos ausgeliefert. Ängste und Gedanken, die bis dahin tief im Inneren verborgen waren, kommen an die Oberfläche und bringen einiges an Konfliktstoff mit sich: Die einen fürchten, daß der Partner sie gerade wegen der Schwangerschaft im Stich lassen könnte. Die anderen wiederum meinen, unter dem Gefühl ersticken zu müssen, ab nun für immer an diesen Partner, diese Partnerin gebunden zu sein.

Eltern zu werden bedeuten, sich völlig neu zu orientieren, neue Ziele anzusteuern (> Eltern sein, Seite 52).

Am ehesten können Frau und Mann dieses Wirrwarr bewältigen, indem sie möglichst oft und viel über ihre zwiespältigen Gefühle miteinander sprechen, ihre gegenseitigen Erwartungen aussprechen, ihre Freuden und Ängste benennen.

Der werdende Vater

Auch Männer haben es schwer, sich in der neuen Situation zurechtzufinden. Für sie ist Schwangerschaft keine Sensation im eigenen Körper.

TIPS FÜR IHN

So mancher werdende Väter fühlt sich als »überflüssiger Dritter« und zieht sich zurück. Die Frau schließt daraus, er wolle mit ihrer Schwangerschaft möglichst wenig zu tun haben, behelligt ihn kaum mit ihren Problemen, läßt ihn aber auch an ihrer Freude nicht teilnehmen. So trennt, was die beiden so verbinden könnte wie kaum etwas zuvor.

Das ist anders, wenn beide Glück und Verunsicherung teilen, indem sie sich mitteilen. Ohne Vorwurf, sondern als Information über die innere Gefühlslandschaft ist alles ansprechbar: daß er sich beiseite gestellt und unnütz vorkommt; daß er mit dem nicht klarkommt, was seine Partnerin – ausgesprochen oder still hoffend – von ihm erwartet; daß er eifersüchtig ist auf das Wesen, das ihm so viel von »seiner« Frau wegnimmt. Was einmal ausgesprochen ist, kann nicht mehr im verborgenen zerstörerisch wirken. Es wird vielmehr einer Veränderung zugänglich.

Viele Männer sind irritiert, daß sich ihre Frau jetzt auf das werdende Leben in ihrem Körper konzentriert, und reagieren mit Eifersucht. Sie fühlen sich ausgeschlossen, beneiden die Frau um ihre Fähigkeit, ein Kind auszutragen. Sie müssen voller Schmerz begreifen, daß Schwangersein etwas ist, was sie nie erleben werden. Mit großer Ungeduld sehnen viele daher den Tag der Geburt herbei. Endlich können auch sie etwas für ihr Kind tun und nicht nur – wie es ihnen scheint – »danebenstehen«.

Schwangerschaft ist auch für Männer eine intensive Erfahrung. Sie brauchen Verständnis für den schwierigen Anpassungsprozeß.

Verantwortung

Werdende Väter fühlen sich von ihrer Umgebung oft unverstanden. Sie haben den Eindruck, daß auf ihre Gefühle zu wenig Rücksicht genommen wird. Andererseits sind sie stets bemüht, ihre Gefühle vor der Umgebung zu verbergen. Nur wenige Männer geben unumwunden zu, daß sie Probleme mit dem neuen Lebensabschnitt als (werdender) Vater haben, daß sie sich intensiv Gedanken und Sorgen über die Zukunft der Familie machen. Viele Männer plagen Existenzängste, ohne daß sie das je zugeben würden. Sie sorgen sich, daß das Geld nicht für alle reichen könnte, daß sie ihren Arbeitsplatz verlieren könnten und der Familie nicht die notwendige Sicherheit bieten könnten.

Sexualität in der Schwangerschaft

Die Warnung vor Sex in der Schwangerschaft ist uralt und dennoch unsinnig. Der Geschlechtsverkehr seiner Eltern kann dem Baby nicht schaden. Schließlich liegt es gut geschützt in seinem Wasserpolster, kann nicht erdrückt oder erstickt werden. Ganz im Gegenteil: Ein erfülltes Liebesleben wirkt sich positiv auf die Schwangerschaft aus; fühlen sich die Eltern wohl, so geht es meist auch dem

Ungeborenen gut. Sex wirkt sich auf das Kind auch körperlich positiv aus: Die Kontraktionen der Gebärmutter beim Orgasmus lockern die Muskeln und trainieren den Uterus und das Baby in ihm für die Geburt, die bessere Durchblutung und das tiefe Atmen kommen dem Baby zugute.

Viele Paare erleben ihre Sexualität glücklicher und sinnlicher als vor der Schwangerschaft. Genießt ein Mann die neuen Rundungen seiner Frau auch körperlich und teilt er dieses Empfinden der Frau mit, so kann Sex in der Schwangerschaft zu einem ungeahnten Erlebnis werden.

Keine Gefahr einer Fehlgeburt

Selbst am Beginn der Schwangerschaft kann Sex niemals alleinige Ursache für eine Fehlgeburt sein. Bei einer Fehlgeburt innerhalb der ersten drei Monate ist anzunehmen, daß der Embryo nicht gesund war und der Körper die Schwangerschaft daher abgebrochen hat (> Fehlgeburt, Seite 167).

Auch gegen Ende der Schwangerschaft kann Geschlechtsverkehr die Geburt nicht vorzeitig auslösen. Er ist weder schuld an Infektionen des Fruchtwassers, noch führt er zu vorzeitigen Wehen. Das Zusammenziehen der Gebärmuttermuskeln beim sexuellen Höhepunkt kann eine Geburt nur dann einleiten, wenn es ohnehin Zeit dafür ist.

Auf Sex sollten Paare verzichten, wenn
● einer der beiden keine Lust dazu hat. Seelischer Streß kann im Extremfall eine Frühgeburt auslösen.
● die Frau Schmerzen im Unterleib verspürt.
● die Frau Blutungen hat.
● die akute Gefahr einer Frühgeburt besteht.
● die Fruchtblase gesprungen ist. Das Baby ist dann nicht mehr vor Keimen von außen geschützt.

Keine Lust auf Sex

Nicht alle Paare erleben ihre Sexualität während der Schwangerschaft erfüllend. Sie haben vielmehr Probleme mit dem Liebesleben sobald ein Baby unterwegs ist. Über die Qualität der Beziehung der Partner zueinander sagt das jedoch nichts aus.

Viele Frauen haben besonders in den letzten Wochen vor der Entbindung keine Lust auf Sex. Die ungewohnten Körperempfindungen stimmen sie alles andere als sinnlich: Sie fühlen sich müde und schlapp, dick und behäbig, ihre Brust ist druckempfindlich geworden, und ihr Körper hat sich massiv verändert.

Andere Frauen wiederum empfinden das Liebesspiel mit dem Partner als ein Eindringen in ihre Intimität mit dem Kind. Auch das unterbewußte Gefühl der Frau, daß tief drinnen in ihrem Bauch ein Baby heranwächst, das sie beschützen muß, mag dabei eine Rolle spielen.

Zwiespältige Gefühle in bezug auf Sex plagen aber auch den Mann. Auch er kann sich mit den körperlichen Veränderungen seiner Partnerin schwertun. Die Scheide ist feuchter als sonst, die Brüste mit ihren dunkel verfärbten Brustwarzen sind schwer, mit der Zeit kann die bisherige Wendigkeit und Aktivität der Frau durch ihren dicker werdenden Bauch nachlassen. All das Neue an der Frau kann einen Mann verunsichern und von sexuellen Aktivitäten abhalten – was aber nicht bedeutet, daß er seine Partnerin nicht mehr mag. Männer haben Probleme, zwei innere Bilder ihrer Frau zusammenzubringen: das Bild von der Geliebten und das Bild von der Mutter. Es kann sein, daß der Mann Schwiergkeiten hat, mit einer »Mutter« zu schlafen. Inzestängste spielen dabei eine wesentliche Rolle.

Was tun?

Frauen und Männer, die Sex als Liebesbeweis werten, tun sich mit etwaiger Lustlosigkeit in der Schwangerschaft sehr schwer. Sie empfinden den erotischen Rückzug des oder der anderen als kränkend, als Beweis dafür, daß der Partner oder die Partnerin sie nicht mehr liebt.

Einzige Abhilfe: Offene Worte finden. Paare, die ihre Gefühle nicht verheimlichen, haben die Chance, sich ihrer Liebe auf andere Weise zu versichern.

FRAUEN OHNE PARTNER

Eine schwangere Frau ohne Partner kämpft oft an mehreren Fronten. Die Familie läßt sie spüren, daß sie nicht damit einverstanden ist, daß sie »ein Kind bekommt, ohne dafür einen Vater zu haben«. FreundInnen und Bekannte mögen ihr vorwerfen, sich wegen des Babies »das ganze Leben zu verpfuschen.«

Alleinstehende Frauen, die sich vielleicht erst nach langem Überlegen für ihr Kind entschieden haben (> Schwangerschaftsabbruch, Seite 143), fühlen sich häufig sehr einsam. Sie erleben die Schwangerschaft belastender als andere Frauen. Nur selten können sie sich fallenlassen, ihre Ängste und Sorgen einem Partner mitteilen, sich völlig entspannen und einfach auf das Baby freuen. Ganz allein die Verantwortung für den neuen, kleinen Menschen tragen zu müssen ist sehr anstrengend, macht oft mutlos und verzweifelt (> Leben mit einem Elternteil, Seite 108).

Zu den seelischen Problemen gesellen sich meist noch existentielle Sorgen. Alleinstehende Frauen leiden vielfach unter der finanziellen Unsicherheit, in der sie leben.

Allein und nicht verzweifelt

Vielen Frauen hilft es, Rat bei anderen alleinerziehenden Frauen zu suchen. In vielen Städten gibt es Gruppen für Alleinerziehende, die ihre Probleme miteinander teilen und Tips, Nähe und Geborgenheit vermitteln. Aus solchen Kontakten entstehen ab und an nicht nur Freundschaften, sondern auch Wohngemeinschaften von Einelternfamilien, in denen die Frauen einander gegenseitig helfen.

Frauen, die besonders verzweifelt darüber sind, daß die Beziehung zum Vater des Kindes ausgerechnet während der Schwangerschaft zerbrochen ist, sollten sich nicht scheuen, psychologische Hilfe in Anspruch zu nehmen. Die seelischen Wunden nach diesem harten Schlag brauchen meist lange Zeit, bis sie verheilen.

EIN KIND ENTSTEHT

Etwa 400.000 Eizellen bringt ein neugeborenes Mädchen in ihren Eierstöcken mit auf die Welt. Ab der Pubertät reifen jeden Monat ein oder zwei von ihnen heran. Das Eibläschen platzt, und die Eileiter nehmen das Ei auf.

Bei jedem Samenerguß schickt der Mann bis zu 600 Millionen Samenfäden auf die Reise. Trotzdem ist ihre Chance, das Ei zu befruchten, nicht sehr groß. Die Eizelle ist nur sechs bis zwölf Stunden nach dem Eisprung bereit, eine Samenzelle aufzunehmen. Und nur wenige der Millionen von Samenzellen überwinden den verhältnismäßig langen Weg von der Scheide bis in den Eileiter. Schafft in dieser Phase kein Samenfaden den Durchbruch, ist die Chance für einen Monat dahin.

Die Samenfäden dagegen bleiben bis zu fünf Tage lang befruchtungsfähig. Daher kann es auch dann zu einer Schwangerschaft kommen, wenn das Paar bereits vor dem Eisprung miteinander geschlafen hat.

Befruchtung

Nur ein einziger Samenfaden gelangt in das Innere der Eizelle. Und in diesem Moment fällt die Entscheidung, ob das Kind ein Mädchen oder ein Junge sein wird. Besteht das Erbgut der Samenzelle aus 22 Chromosomen und einem X-Chromosom, also einem weiblichen Geschlechtschromosom, wächst ein weiblicher Embryo heran. Ist aber statt des X- ein Y-Chromosom vorhanden, also

ein männliches Geschlechtschromosom, wächst ein männlicher Embryo heran. Ob es ein Mädchen oder ein Junge wird, bestimmt also die Chromosomenzusammensetzung des Samens des Mannes.

Erste und zweite Woche

Nahezu die gesamte erste Woche verbringt das befruchtete Ei im Eileiter. Es wird langsam, sich immer wieder teilend, von feinen Wellenbewegungen des Eileiters weiter »geschubst«. Nach sechs Tagen nistet sich der bereits aus 150 Zellen bestehende Zellhaufen in der dafür vorbereiteten Gebärmutterschleimhaut ein. Aus dieser Zellansammlung entstehen später außer dem Embryo auch der Mutterkuchen und die Nabelschnur.

Die Frau erwartet ihre nächste Regelblutung erst in einer Woche.

Dritte und vierte Woche

Ab der dritten Woche bilden sich die ersten Organe des Embryos, zum Beispiel das Nervensystem. Die Monatsblutung der Frau ist gerade eine Woche ausgeblieben, da entstehen im Embryo schon die Anlagen zu Armen und Beinen, Rückgrat und Gesicht. Vier Millimeter klein und 0,4 Gramm schwer ist der Embryo zu diesem Zeitpunkt.

Fünfte und sechste Woche

Vier Wochen nach der Zeugung beginnt das Herz des Embryos zu schlagen. Er entwickelt sich sehr rasch. Die ersten Ansätze des Gehirns bilden sich, Hände und Füße nehmen langsam

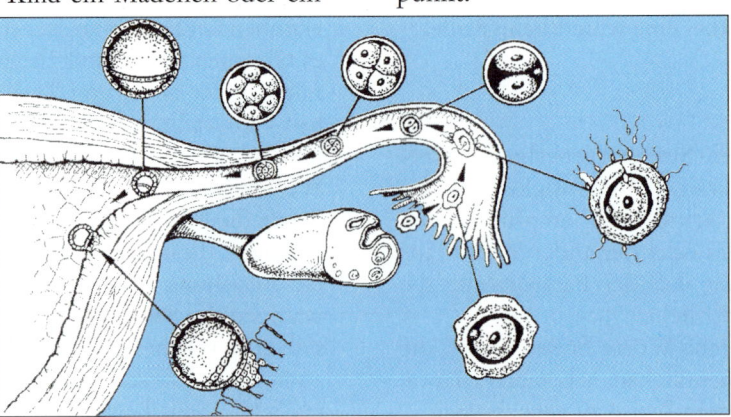

Gestalt an. Am Ende der fünften Woche ist der Embryo so groß wie ein Daumennagel. Die ersten Ansätze von Nase, Kinn, Mund und Ohren erscheinen. Magen und Darm formen sich. An den Händen wachsen die Finger.

Siebte und achte Woche

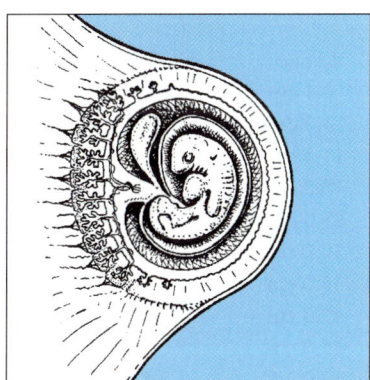

Bei einem weiblichen Embryo sind jetzt schon die Eierstöcke ausgebildet, bei einem männlichen Embryo die Hoden. Das immer noch weiche Skelett beginnt zu verknöchern. Das Herz pumpt das Blut durch ein schon weit verzweigtes Kreislausystem.

In der achten und neunten Woche haben sich die Augenlider gebildet, die vorerst aber fest verschlossen bleiben.

Mit jedem Tag wächst der Embryo nun um einen Millimeter. Nach acht Wochen ist er bereits vier Zentimeter groß und wird von nun an Fetus oder Fötus genannt.

Dritter Monat

Schon zu Beginn des dritten Monats zeigt sich die erste Haaranlage. Allmählich verschwinden jedoch diese Haare. Sie werden von der Wollbehaarung ersetzt, der sogenannten Lanugobehaarung, die wie ein flaumiges Fell den gesamten Körper bedeckt.

Der Fetus beginnt, seine Muskeln zu trainieren, indem er sich häufig bewegt. Seine Lippen kann er schon öffnen und schließen. Im dritten Monat verdoppelt er seine Länge auf acht Zentimeter und bringt 45 Gramm auf die Waage.

Vierter Monat

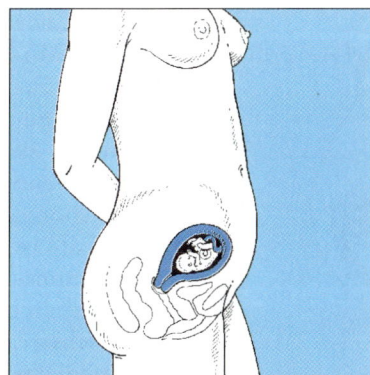

Im vierten Monat kann die Frau die ersten Bewegungen ihres Kindes spüren: Es fühlt sich ungefähr so an, als würden kleine Luftblasen im Bauch zerplatzen. Zu diesem Zeitpunkt sind beim Feten die wichtigsten Reflexe ausgebildet. Das Ungeborene kann den Kopf bewegen, die Stirn runzeln, seine Zehen spreizen und mit den Beinen strampeln. Auch Schmecken und Tasten gehören zu seinen neu entstandenen Fähigkeiten. Das Sehvermögen ist meistens schon so weit gediehen, daß der Fetus bereits zwischen Hell und Dunkel unterscheiden kann.

Der Fetus trainiert fleißig Atmen und Schlukken, Saugen und Gähnen. Obwohl das Gehirn noch nicht ausgereift ist, kann er bereits sinnvoll reagieren.

Am Ende dieses Monats ist der Fetus zehn Zentimeter lang.

Fünfter und sechster Monat

Der Talg der Talgdrüsen und die abgeschilferten Hautzellen bilden eine Schicht auf der Haut des Feten, die Käseschmiere. Sie schützt das Ungeborene davor, daß das Fruchtwasser seine Haut »aufweicht«. Wegen dieser Schutzschicht wirkt ein Neugeborenes wie frisch eingefettet.

Mit dem fünften Monat reifen das Gehör und die Gleichgewichtsorgane. Manchmal steckt das Ungeborene seinen Daumen in den Mund. Es bewegt jetzt schon die Augenmuskeln, hält die Augenlider aber noch immer fest geschlossen. Erst im siebten Monat wird es die Augen öffnen.

Letztes Drittel der Schwangerschaft

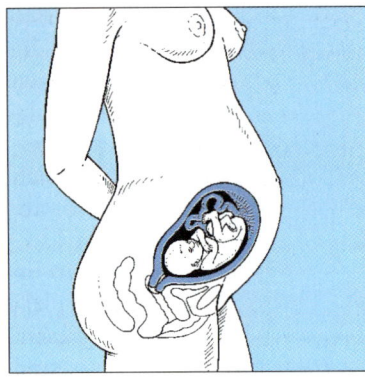

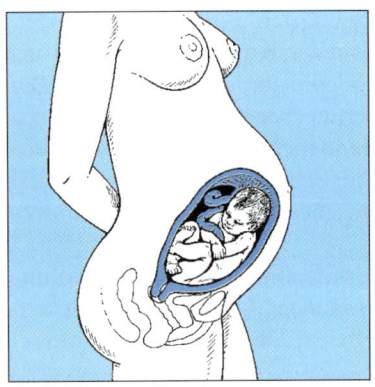

Mit dem Ende des siebten Monats hat der Fetus bereits gute Chancen zu überleben, wenn er jetzt geboren würde. Es ist etwa 40 Zentimeter lang und drei Pfund schwer. Jede zusätzliche Woche im Mutterleib bringt dem Ungeborenen aber zusätzliche Reife.

In dieser Zeit entwickelt das Kind sein Bewußtsein und sein Gedächtnis. Die Ergebnisse vieler psychoanalytischer Forschungen legen nahe, daß es in jedem Menschen eine Erinnerung gibt – zumindest an die letzten Monate seiner Zeit in der Gebärmutter und ganz sicher an seine Geburt. Allerdings sind diese Erinnerungen nur wenigen Menschen zugänglich.

In den letzten drei Monaten nimmt das Kind zunehmend am körperlichen und seelischen Leben seiner Mutter teil. Es dreht sich von unangenehmen Geräuschquellen weg, reagiert unterschiedlich auf laute und leise Musik. Es kann erschrecken, erlebt Ärger, Unruhe und Streß, aber auch Geborgenheit und Ruhe. Viele Eltern versuchen, in dieser Zeit mental Kontakt zu ihrem Kleinen aufzunehmen.

Im achten Monat verliert sich die Lanugobehaarung. Nur bei sehr früh geborenen Babies kann

SO WÄCHST EIN KIND HERAN

Durchschnittliche Länge und durchschnittliches Gewicht des Ungeborenen:

Woche	Länge	Gewicht
4	0,4 cm	0,4 g
8	3,0 cm	2 g
12	11,5 cm	19 g
16	15,0 cm	120 g
20	23,0 cm	300 g
24	30,0 cm	640 g
28	35,0 cm	1230 g
32	40,0 cm	1700 g
36	45,0 cm	2300 g
40	50,0 cm	3250 g

man diese Körperhaare noch sehen. Die Käseschmiere bleibt bis zur Geburt am Körper und zieht in den ersten Lebenstagen in die Haut ein – wenn sie nicht abgewaschen wird.

In den Wochen vor der Geburt legt das Kind meist noch 500 bis 600 Gramm Gewicht zu, die Lungen bekommen ihre endgültige Reife und sind bereit für den ersten Atemzug.

Mutterkuchen (Nachgeburt, Plazenta)

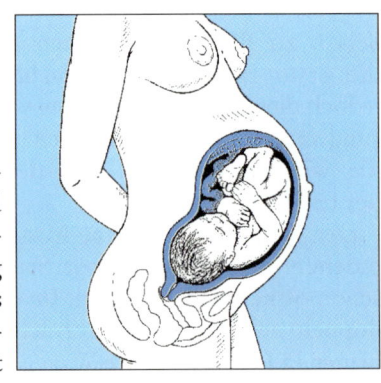

Das Organ Mutterkuchen wird bei jeder Schwangerschaft völlig neu gebildet. Aus dem befruchteten Ei entwickelt sich nicht nur das Baby, sondern auch die Versorgungseinheit im Mutterleib, der Mutterkuchen mit der daranhängenden Nabelschnur. Schon nach wenigen Tagen beginnen die Zellen mit der Versorgung des Embryos. Am Rand des Mutterkuchens sind die Fruchthäute festgewachsen, das Amnion und das Chorion. Wie durchsichtige Hüllen umspannen sie kuppelförmig die Fruchtblase.

Während der Schwangerschaft wächst die Plazenta in der Gebärmutter zu einem tellergroßen Gebilde von zweieinhalb Zentimetern Dicke heran und wiegt schließlich rund ein halbes Kilogramm.

Für das Kind erfüllt die Plazenta lebenswichtige Aufgaben. Sie ist seine Lunge: Im Mutterkuchen tritt der Sauerstoff aus dem Blut der Frau in das Blut des Feten über. Sie funktioniert als Magen: Die Chorionzotten transportieren Nährstoffe, Vitamine und Spurenelemente aus dem Blut der Mutter zum Feten. Sie ersetzt Niere und Darm: Die Produkte aus dem kindlichen Stoffwechsel werden über den Mutterkuchen an das Blut der Mutter weitergegeben.

Immer wirkt die Plazenta dabei wie ein Filter zwischen den getrennten Blutkreisläufen von Mutter und Kind. Größere Partikel bleiben in diesem Filter hängen.

Außerdem schüttet die Plazenta Hormone aus, die die Schwangerschaft erhalten und die Geburt vorbereiten.

BESCHWERDEN IN DER SCHWANGERSCHAFT

Schwangeren Frauen wird zwar dringend angeraten, die empfohlenen regelmäßigen Arztbesuche wahrzunehmen, und die meisten Frauen gehen zur Entbindung in ein Krankenhaus, Schwangerschaft ist aber dennoch keine Krankheit. Die meisten Frauen fühlen sich in dieser Zeit wohl, gesund und zufrieden. Andere hingegen erleben körperliche Unannehmlichkeiten, die das Kinderkriegen auch

mit sich bringen kann. Ihr Körper braucht eventuell mehr Zeit als der anderer Frauen, um sich an seine neue Aufgabe zu gewöhnen. Schließlich wird er förmlich überschwemmt mit Hormonen, die das Geschehen regulieren: 60mal mehr Progesteron und 30mal mehr Östrogen als sonst kursieren im Blut. Die Beschwerden, die diese Umstellungen nach sich ziehen können, sind allerdings meist harmlos.

Atemnot

Im letzten Schwangerschaftsdrittel drückt die wachsende Gebärmutter mit dem Kind auf das Zwerchfell. Das Atmen fällt vor allem bei Belastungen wie etwa Treppensteigen recht schwer. Vor der Geburt, nach den Senkwehen, rutscht das Kind ins kleine Becken, dadurch wird der Druck auf die Lungen wieder geringer.

Ausfluß

Verstärkte schleimige und geruchlose Absonderungen vom Gebärmutterhals gehören zur Schwangerschaft dazu, weil sich das Scheidenmilieu verändert. Dadurch kann es leichter zu Infektionen mit Bakterien oder Pilzen kommen. Nimmt der Ausfluß eine ungewöhnliche Farbe an oder riecht er unangenehm, sollten Ärztin oder Arzt das kontrollieren.

Manche ÄrztInnen empfehlen, Joghurt mit viel rechtsdrehender Milchsäure in die Scheide einzuführen und so die natürliche Scheidenflora bei ihrer Abwehr gegen krankmachende Keime zu unterstützen.

Blutarmut (Anämie)

Während der Schwangerschaft erhöht sich die Blutmenge im Körper der Frau um 40 Prozent. Das Blut wird dadurch verdünnt, und der Anteil an roten Blutkörperchen (Erythrozyten) und Blutfarbstoff (Hämoglobin) sinkt.

Hämoglobin transportiert den Sauerstoff im Blut. Frauen, die sich besonders müde und abgespannt fühlen, unter Kopfschmerzen, Schlaflosigkeit, entzündeten Mundwinkeln, Sodbrennen und Appetitlosigkeit leiden, deren Fingernägel spröde werden und splittern, haben möglicherweise einen Eisenmangel.

Ursache dieses Mangels ist meist, daß die Frau mit der Nahrung zu wenig Eisen zu sich nimmt. Während der Schwangerschaft ist der Eisenbedarf dreimal höher als sonst. Doch auch zuviel Eisen tut nicht gut. Das führt im Extremfall zu einer Sauerstoffunterversorgung des Babys.

Eisenpräparate sind nicht notwendig, wenn sich die werdende Mutter ausgewogen ernährt. Besonders viel Eisen ist in Fleisch, Eiern, Vollkornprodukten und roter Bete enthalten.

Blutungen

Jede schwangere Frau, die Blutungen hat, sollte umgehend zu ihrer Ärztin oder ihrem Arzt gehen. Nur MedizinerInnen können abklären, ob die Blutung harmlos oder ein Warnzeichen ist.

Hämorrhoiden

Hämorrhoiden sind Krampfadern im After. Während der Schwangerschaft treten sie bei den Frauen relativ häufig auf, deren Blutgefäße anlagebedingt schwach sind. Das Gewicht der Gebärmutter drückt zusätzlich auf die Beckenvenen, so daß sich das Blut staut. Um Hämorrhoiden vorzubeugen, empfiehlt sich eine ballaststoffreiche Kost. Wenn das Kind geboren ist, verschwinden die Hämorrhoiden meist wieder.

Harnweginfektionen

Schwangere Frauen sind für Infektionen der Harnwege anfällig. Der wachsende Druck im Unterleib begünstigt Stauungen des Urins in den Harnwegen, so daß sich Bakterien, die einmal dort angekommen sind, sehr schnell vermehren können. Die ersten Anzeichen eines Harnweginfekts sind Brennen und

Stechen beim Wasserlassen. Sie sollten die Frau unbedingt und so bald wie möglich zu Ärztin oder Arzt führen. Aus einem unbehandelten Harnweginfekt kann sich schnell und leicht eine bedrohliche Nierenentzündung entwickeln. Viel Tee und stille Mineralwässer zu trinken, beschäftigt die Nieren und kann so Infektionen vorbeugen.

Häufiges Wasserlassen

Jede schwangere Frau muß häufiger zur Toilette als in der Zeit vorher. Ihr Körper speichert viel mehr Wasser als sonst, und die wachsende Gebärmutter lastet immer schwerer auf der Blase. Nach der Geburt hört der lästige Harndrang wieder auf.

Hoher Blutdruck

Hoher Blutdruck, der erstmals in der Schwangerschaft auftritt, kann ein Warnzeichen für einen beginnenden Schwangerschaftshochdruck (> Seite 173) sein. Manchmal sind Frauen beim Blutdruckmessen in der ärztlichen Praxis so aufgeregt, daß die Messung erhöhte Werte ergibt. Die regelmäßige Kontrolle zu Hause oder in der Apotheke zeigt, ob tatsächlich ein gefährlicher Bluthochdruck besteht.

Hoher Blutdruck muß immer ärztlich behandelt werden. Salzarme Kost ist sinnlos, Entspannung und Streßabbau hingegen sinnvoll.

Juckreiz

Juckreiz auf der Haut ist in dieser Zeit ganz normal. Vor allem, wenn die Bauchdecke in der späten Schwangerschaft schon recht gespannt ist, macht sich das unangenehme Jucken bemerkbar. Eincremen der Haut bringt oft Abhilfe..

Krampfadern

Eine Schwangerschaft kann eine vererbte Bindegewebsschwäche verstärken.

Wann immer möglich, sollte eine schwangere Frau Füße und Beine hochlagern. Bürstenmassagen von den Zehenspitzen zu den Hüften hin und Fußgymnastik wie zum Beispiel mit den Füßen kreisen, Zehen hin- und herbewegen helfen den Venen, das Blut von der Peripherie zum Herzen zurückzutransportieren.

Die wirksamste Hilfe bei ihrer schweren Aufgabe bekommen die Venen, wenn die Frau Kompressionsstrumpfhosen trägt. Kalte Güsse trainieren die Venen.

Krämpfe in den Beinen

Muskelkrämpfe treten häufig in den Waden auf und sind meist harmlos. Ein Krampf läßt sich beenden, indem man die Zehen mit den Händen fest nach oben zieht, damit sich der Wadenmuskel streckt.

Die Krämpfe sind in den meisten Fällen ein Hinweis auf einen Mangel an Magnesium. Magnesium ist in Aprikosen, Nüssen, Trockenfrüchten, Bohnen und Linsen enthalten.

Niedriger Blutdruck

Niedriger Blutdruck kann mit Kopfschmerzen, Schwindelgefühlen und Übelkeit einhergehen. Wenn der Blutdruck unter einen Wert von 80/60 fällt, befürchten manche ÄrztInnen, daß der Mutterkuchen (> Seite 160) das Ungeborene nicht mehr richtig versorgt.

Regelmäßige Bewegung wie Gymnastik und Schwimmen und Kneippgüsse regen im allgemeinen den Blutdruck an.

Ödeme

Ödeme sind Flüssigkeitsansammlungen im Gewebe. Man erkennt sie daran, daß nach einem festen Druck mit dem Finger eine Delle in der Haut zurückbleibt. Die Wasseransammlungen finden sich hauptsächlich in den Beinen. Etwas dickere Beine sind während der Schwangerschaft jedoch normal.

MESSUNGEN PER ULTRASCHALL

Aus Ultraschallbildern können ÄrztInnen direkt auf reale Größen schließen. Aus den Werten, die sie errechnen, ergibt sich, wie lange die Schwangerschaft bereits besteht und wann das Baby voraussichtlich zur Welt kommen wird (> Geburtstermin bestimmen, Seite 139). Je früher das werdende Kind vermessen wird, desto genauer können ÄrztInnen den Zeitpunkt der Geburt feststellen. Spätere Messungen sind häufig ungenau und können zur falschen Korrektur des Termins führen.

5. bis 10. Woche:
Größe des Fruchtsacks – der Hohlraum, in dem sich der Embryo entwickelt. Auf Befunden steht dafür die Abkürzung FS oder GS.

Ab der 6. Woche:
Länge zwischen Kopf und Steiß des Kindes (Scheitelsteißlänge – SSL, CRL).

Ab der 7. Woche:
ÄrztInnen sehen den Herzschlag des Ungeborenen.

Nach der 10. Woche:
Durchmesser des Kopfes quer (Biparietaler Durchmesser – BPD, BIP).
Durchmesser des Brustkorbs (THQU, TVD).
Länge des Oberschenkelknochens (Femurlänge, FL).
Lage des Mutterkuchens: F bedeutet Fundus, das ist der obere Teil der Gebärmutter. Die Abkürzungen HW und VW bedeuten Hinterwand und Vorderwand.

Nimmt eine Frau sehr rasch und viel zu, kann das zeigen, daß die Nieren überlastet sind.

Es empfiehlt sich, die Beine so oft wie möglich hochzulagern. Bürstenmassagen zum Herzen hin und Kneippgüsse können ebenfalls helfen. Wichtig ist auch ausreichender Schlaf. In dieser Zeit zieht der Körper wieder viel Wasser aus Armen und Beinen ab.

Rückenschmerzen

Vor allem gegen Ende der Schwangerschaft leiden viele Frauen unter Rückenschmerzen. Der Kopf des Kindes drückt gegen das Kreuzbein, das Gewicht des Kindes belastet die Wirbelsäule sehr, Fehlhaltungen wie zum Beispiel ein Hohlkreuz verstärken sich. Außerdem kann die hormonelle Auflockerung der Gelenke zu Rückenschmerzen führen.

Regelmäßige Schwangerschaftsgymnastik (> Seite 150), Entspannungsübungen und Rückenschwimmen helfen.

Scheidenentzündung

Eine Scheidenentzündung macht sich durch in Geruch und Farbe veränderten Ausfluß und eventuell Juckreiz, Rötung und Schwellung bemerkbar.

Ärztliche Behandlung ist notwendig, weil die Scheidenentzündung zu einem vorzeitigem Blasensprung führen könnte.

Schlafstörungen

Im letzten Schwangerschaftsdrittel rauben der große Bauch oder Tritte und Püffe des Babys der werdenden Mutter oft den Schlaf. Manche Frauen halten auch Sorgen und Ängste vom Schlafen ab.

Ein warmes Bad kann beruhigen, ein leichtes Abendessen belastet die Verdauungsorgane nicht. Frauen, die auf der Seite schlafen, können ein Kissen oder eine Rolle zwischen ihre Knie legen, wenn die Schlafstellung dadurch angenehmer wird.

Sodbrennen

Sodbrennen kann schon zu Beginn der Schwangerschaft auftreten, weil die Hormonwirkung die Schließkraft des Muskels zum Mageneingang verringert. Dadurch kann saurer Mageninhalt in die Speiseröhre gelangen. Später kann der Druck der Gebärmutter auf den Magen zu Sodbrennen führen.

Leichtes Essen und kleine, aber häufigere Portionen kann die Beschwerden mildern. Gegen leichtes Sodbrennen hilft auch, langsam und gründlich Haselnüsse, Mandeln oder ein Stück trockenes Weißbrot zu kauen oder einen Schluck Milch zu trinken.

Übelkeit

Die allmorgendliche Übelkeit in den ersten Schwangerschaftswochen ist bei vielen Frauen ein Anpassungsproblem des Körpers auf die hormonellen Veränderungen. Öfter kleine Happen zu essen verhindert, daß der Blutzuckerspiegel zwischen den Mahlzeiten zu sehr absinkt.

Frauen, die sich morgens leicht übergeben, sollten langsam aufstehen, vorher ihren Kreislauf mit Füßekreisen, -strecken und -anziehen ankurbeln und möglichst im Bett eine Kleinigkeit essen.

Doch nicht immer beschränkt sich die Übelkeit auf die Morgenstunden. Ist einer Frau ständig schlecht und nimmt sie ab, weil sie die meiste Nahrung wieder erbricht, sollte sie Ärztin oder Arzt aufsuchen.

Gegen starke Übelkeit in der Schwangerschaft hat sich Akupunktur als sehr wirksam erwiesen.

Verstopfung

Der Darm ist in der Schwangerschaft träger als sonst; der Speisebrei wird langsamer transportiert. Doch solange die Frau zwei- bis dreimal pro Woche Stuhlgang hat, braucht sie sich keine Sorgen zu machen.

Faserreiche Kost mit viel Vollkornprodukten, frischem Obst und Gemüse regt die Darmtätigkeit an. Eine andere Möglichkeit ist, auf nüchternen Magen den Saft zu trinken, der entsteht, wenn man

BEFUND INTERPRETIEREN

Während der Schwangerschaft gelten andere »Sollwerte« als die auf einem Befundzettel vorgedruckten. Der Körper ändert sich in dieser Zeit so grundlegend, daß vieles von dem abweicht, was sonst als »normal« gilt.

● **Blutbild**

Erythrozyten (Rote Blutkörperchen)
Normalwert: 3,6 bis 5 Millionen pro Mikroliter.
Hämoglobin (Roter Blutfarbstoff)
Normalwert: 11,5 bis 16,4 g% (Gramm-Prozent).
Weil während der Schwangerschaft bis zu 40 Prozent mehr Blut zirkuliert, ist für die Diagnose »Blutarmut« die Zahl der roten Blutkörperchen nicht aussagekräftig. Die kritische Untergrenze signalisiert ein Hämoglobingehalt von 11 g%. Meist ist Eisenmangel Ursache der »Blutarmut«.
Wenn bei einer weiteren Untersuchung herauskommt, daß im Durchschnitt ein rotes Blutkörperchen weniger als 28 Pikogramm Hämoglobin enthält (»mittlerer Hämoglobingehalt des Einzelerythrozyten«, MCHC), ist ein Eisenmangel erwiesen.
Leukozyten (Weiße Blutkörperchen)
Normalwert: 4.000 bis 10.000 pro Kubikmilliliter.
In der Schwangerschaft ist es normal, daß ihre Anzahl größer ist als sonst. Wenn die Zahl auf 15.000 klettert, zeugt das von einer funktionierenden Infektionsabwehr.
Eisen im Blutserum
Normalwert: 80 bis 100 Mikrogramm pro 100 Milliliter.
Während der Schwangerschaft liegt der Eisenwert meist an der Untergrenze.

Blutsenkung (Blutkörperchen-Senkungsgeschwindigkeit, BSG):
Normalwert: Nach einer Stunde 3 bis 13; nach zwei Stunden 7 bis 20.
Die Blutsenkung ist während der Schwangerschaft immer erhöht, die Untersuchung sagt in dieser Zeit wenig aus.

● **Antikörperbestimmungen**

Antikörper sind Abwehrstoffe im Blut. Der Körper bildet sie, wenn er mit einem Fremdstoff in Berührung kommt.
Rötelnantikörper
Sicherer Schutz bei 1:32.
Wenn der Verdacht auf eine frische Infektion besteht, muß eine besondere Untersuchung gemacht werden.
Toxoplasmose-Antikörper
IIFT (Indirekter Immuno Fluoreszenz Test) negativ heißt, daß diese Erkrankung nie bestanden hat. Weitere Kontrollen sind sinnvoll, weil eine Neuinfektion im Laufe der Schwangerschaft gefährlich ist (Gefahr von Mißbildungen). Die Werte 1:16, 1:32, 1:64, 1:128, 1:256 bedeuten, daß schon früher eine Infektion durchgemacht wurde und keine Gefahr einer neuerlichen Erkrankung besteht.
IIFT 1:4224 und mehr zeigt eine frische Infektion mit Toxoplasmoseerregern an. Die Erkrankung muß sofort behandelt werden.
Lues-Reaktion (Suchtest auf Syphilis)
Meist werden zwei verschiedene Tests durchgeführt. Beide können aber auch bei anderen Infektionskrankheiten reagieren. Daher bedeutet ein positives Ergebnis nicht unbedingt, daß eine Schwangere an Lues erkrankt ist. Dazu sind weitere Untersuchungen notwendig.
Rhesusantikörper
Wenn eine Frau rhesus-negativ ist, wird im Lauf der Schwangerschaft dreimal untersucht, ob sie Rhesusantikörper im Blut hat.

getrocknete Pflaumen über Nacht in einem großen Glas Wasser einweicht.

ZWILLINGE UND MEHRLINGE

Jede 50. Frau erwartet nicht ein Kind, sondern gleich zwei oder noch mehr. Mehrlingsgeburten werden immer häufiger – vor allem durch die Kinderwunschbehandlung (> Unerfüllter Kinderwunsch, Seite 226).

Frauen, die sich einer solchen Behandlung unterziehen, müssen damit rechnen, ihren Kinderwunsch gleich mehrfach erfüllt zu bekommen. Weil Ärztin oder Arzt sie auf den Kindersegen jedoch schon vorbereitet haben und das Paar meist schon jahrelang vergeblich auf ein Kind gehofft hat, reagieren sie auf die Mitteilung »Mehrlingsschwangerschaft« meist gelassen.

Anders kann es bei Paaren sein, in deren Familie es nie Mehrlinge gegeben hat und die nun von einer Zwillingsschwangerschaft überrascht werden. Ihre Lebensperspektive ändert sich mit einem Schlag. Aus dem »zweiten und letzten Kind«, das sich das Paar vielleicht gewünscht hat, werden ein zweites und ein drittes. Schon ein Kind kann recht anstrengend sein, zwei oder mehr Kinder bedeuten eine enorme Mehrbelastung.

Auch den Körper der Frau belastet eine Mehrlingsschwangerschaft sehr stark. Frauen, die gleich zwei oder noch mehr Babies erwarten, leiden öfter unter Übelkeit als andere Schwangere, ihr Bauch wächst rascher und wird oft recht groß.

Eine Mehrlingsschwangerschaft erkennen

Meist deckt eine Ultraschalluntersuchung die Mehrlingsschwangerschaft auf. Zwillinge können Ärztin oder Arzt schon ab der fünften Woche erkennen; noch mehr Embryos liegen jedoch häufig so, daß die MedizinerInnen den einen oder anderen manchmal noch übersehen.

Ohne Ultraschall erkennen ÄrztInnen Mehrlingsschwangerschaften an der sehr rasch wachsenden Gebärmutter. Sie ist dem Uterus mit nur einem Embryo im Wachstum um vier oder mehr Wochen voraus. Auch mehrere Herzschlagrhythmen sind hörbar.

Der Patz wird eng

Je größer die Ungeborenen werden, desto beschwerlicher wird die Schwangerschaft – für alle. Die Frau fühlt sich behäbig, dick und unbeweglich. Die Nebenerscheinungen des Kinderkriegens können noch ausgeprägter sein als sonst. Die Kinder drücken auf Magen, Darm und Blase, das Zwerchfell wird nach oben gedrückt, die mit mehreren Kindern schwangere Frau ist kurzatmig und fühlt sich wenig belastbar. Frauen, die mit mehreren Kindern schwanger sind, haben häufig schon frühzeitig Zeichen einer Schwangerschafts-Gestose (> Seite 173).

Die meisten Mehrlingsschwangerschaften enden vor der 40. Woche. Je mehr Kinder sich im Bauch der Frau drängeln, desto früher setzen die Wehen ein. Die Neugeborenen sind üblicherweise kleiner als Einzelkinder. Der Gewichtsunterschied macht rund 700 Gramm aus, und zwar nicht nur, weil die Kleinen weniger Zeit zum Wachsen haben, sondern auch, weil der Mutterkuchen meist nicht so gut arbeitet. Doch obwohl Zwillinge bei der Geburt weniger wiegen als Einzelkinder, sind sie reifer als diese.

Was tun?

Bereits während der Schwangerschaft können sich Paare auf ihre Zeit als Eltern mehrerer gleichaltriger Kinder vorbereiten, indem sie Kontakt mit Eltern aufnehmen, die diese Situation bereits erlebt haben. Sie finden sie zum Beispiel in Stillgruppen (> Seite 218). Die Frau erfährt von ihren Schicksalsgenossinnen ohne Schönfärberei, wie es ihr gelingen kann, Zwillinge voll zu stillen.

Mehrlingsmütter müssen öfter zu Ärztin oder Arzt zur Kontrolle, weil ihre Schwangerschaft mit einem größeren Risiko belastet ist: Blutarmut, Gestose oder Frühgeburt sind häufiger, als wenn eine Frau nur ein Kind erwartet.

GEFAHREN UND KOMPLIKATIONEN

Manche Schwangerschaft ist von Anbeginn an nicht stabil – sei es, daß der Embryo sich an falscher Stelle eingenistet hat, sei es, daß er nicht gesund ist. Die Gründe für ein vorzeitiges Ende können vielfältig sein. Und manch eine Frau erlebt eine Schwangerschaft mit unerwarteten Komplikationen, die ihr die Zeit sehr erschwert oder die Geburt vor der 40. Woche notwendig macht.

Eileiterschwangerschaft

Manchmal nistet sich das befruchtete Ei nicht in der Gebärmutter ein, sondern im Eileiter.

Symptome einer Eileiterschwangerschaft sind Blutungen im zweiten Schwangerschaftsmonat und krampfartige, wehenähnliche Schmerzen im Unterleib.

Eine Eileiterschwangerschaft muß ausnahmslos abgebrochen werden. Das geschieht entweder chirurgisch oder medikamentös. Letzteres bedeutet, daß ÄrztInnen ein Medikament direkt an die Fruchtanlage heranbringen, das diese auflöst.

Fehlgeburt (Abortus)

Regelmäßige Kontraktionen im Unterleib und Schmierblutungen vor der 29. Schwangerschaftswoche kündigen eine Fehlgeburt an. Beendet der Körper die Schwangerschaft schon innerhalb der ersten drei Monate, war der Embryo wahrscheinlich nicht gesund.

HILFE NACH FEHLGEBURTEN

Frauen, die ihr Kind schon in den ersten Wochen der Schwangerschaft verlieren, sollten ihre Enttäuschung und Trauer mit dem Partner oder einer guten Freundin besprechen.

Nach einem späten Abort, vor allem, wenn eine Frau bereits die Bewegungen ihres Kindes verspürt hat, schmerzt der Verlust des Kindes sehr. Die Umgebung reagiert darauf oft mit Unverständnis. FreundInnen und Bekannte finden, man solle doch froh sein, daß die Sache »so glimpflich« ausgegangen ist. Trauer um dieses Kind wird ein Außenstehender kaum verstehen, die Frauen fühlen sich mit ihren Gefühlen allein gelassen. In dieser Situation können Selbsthilfegruppen die Frau unterstützen, eine traumatisch erlebte Fehlgeburt aufzuarbeiten.

Kontakte
Regenbogen-Kontaktkreis für verwaiste Eltern bei Fehl- und Totgeburt
Barbara Künzer-Riebel
Rosenstraße 9; 73550 Waldstetten

Hilfe für verwaiste Eltern
Dr. Karl-Heinz Wehkamp
Frauenklinik St. Jürgen
St.-Jürgen-Straße; 28205 Bremen
Tel.: 0421/4971

Auskunft über weitere Adressen:
Beratungsstelle für Selbsthilfegruppen
Theodor-Stern-Kai 7, Haus 64;
60596 Frankfurt/Main
Tel.: 069/6301-7480

So gut es geht, versuchen ÄrztInnen, eine drohende Fehlgeburt zu verhindern, indem sie der Frau Bettruhe verordnen. Hormonbehandlungen, die dem gleichen Zweck dienen sollen, sind unter ExpertInnen heftig umstritten. Ihr Nutzen ist nicht eindeutig erwiesen, statt dessen gibt es Hinweise, daß solche Behandlungen zu Fehlbildungen beim Kind führen können.

Ist die Frühgeburt nicht abzuwenden, bekommt die Frau starke Blutungen und Bauchkrämpfe, bei denen der Körper den Embryo und die anderen Gewebe ausstößt. Bleiben Teile davon im Uterus zurück, müssen Ärztin oder Arzt eine Ausschabung der Gebärmutter vornehmen.

Bis sich der Hormonhaushalt der Frau nach einer Fehlgeburt wieder einreguliert hat, vergehen meist einige Wochen.

Viele Frauen verkraften das vorzeitige Ende der Schwangerschaft nur schwer. Je länger sie gedauert hat, je mehr sich die Frau auf das Kind gefreut hat, um so größer war ihre Bindung an das Ungeborene und desto größer sind die Seelenschmerzen.

Nach einer Frühgeburt braucht das Paar Zeit, das Geschehene zu verarbeiten. Seele und Körper der Frau sollten sich von der mißglückten Schwangerschaft erholen dürfen, bis das Paar einen erneuten Versuch wagt.

Drohende Frühgeburt

Kreuzschmerzen, die nicht vergehen, regelmäßiges Ziehen im unteren Teil der Gebärmutter und ein unangenehmes Druckgefühl im Unterbauch: Im letzten Schwangerschaftsdrittel weisen diese Alarmzeichen auf eine drohende Frühgeburt hin. Die Frau sollte umgehend ihre Ärztin oder ihren Arzt aufsuchen (> Vorzeitige Wehen, Seite 198).

Eine echte Schwäche des Muttermundes, der ÄrztInnen mit einer Gebärmutterstütznaht (Cerclage) entgegentreten können, tritt nur auf, wenn die Frau zuvor eine Fehlgeburt oder einen Schwangerschaftsabbruch vor der zwölften Schwangerschaftswoche hatte. Mit dieser »Umschlingung« verschließen ÄrztInnen zwischen der 16. und 27. Schwangerschaftswoche künstlich den Gebärmutterhals. Dazu legen sie um den oberen Bereich des Gebärmutterhalskanals einen Faden und verknüpfen ihn fest. Der Eingriff erfolgt in der Klinik.

Manchmal genügt es auch, ein Pessar – ein Ring, der über den Muttermund geschoben wird – zur Stütze einzulegen. Diese Methode ist einfacher als die Cerclage und kann in jeder Arztpraxis gemacht werden.

Chlamydien

Chlamydien gehören zu den am meisten verbreiteten Infektionserregern im Genitalbereich.

Sechs von hundert schwangeren Frauen sind infiziert, meist ohne es zu wissen. Die Infektion kann monate- und jahrelang unerkannt im Körper stecken. Besteht die Erkrankung schon während

FRÜHGEBURT-WARNZEICHEN

Frühgeburten kündigen sich manchmal durch geringfügige Anzeichen an. Frauen, die ein oder mehrere der Alarmzeichen an sich beobachten, sollten ärztlichen Rat suchen. Manchmal genügt schon ein offenes Gespräch über bestehende Ängste und Probleme, um eine Frühgeburt zu verhindern. Warnsignale des Körpers:
● Nachts öfter als zweimal Wasser lassen müssen.
● Schlafstörungen, weil die Gedanken nicht zur Ruhe kommen wollen.
● Leichte Blutungen.
● Die Gebärmutter zieht sich öfter als dreimal in der Stunde für 30 bis 60 Sekunden zusammen, ohne dabei zu schmerzen.

der Schwangerschaft, kann es zum vorzeitigen Blasensprung kommen (> Seite 173).

Der Großteil der infizierten Frauen steckt ihr Kind bei der Geburt an. Vorsichtshalber können die Frauen vor der Geburt überprüfen lassen, ob sie infiziert sind.

Chlamydien können beim Säugling Genitalinfektionen und Lungenentzündungen hervorrufen. Drei Prozent aller Neugeborenen werden mit dem Keim infiziert, das sind in Deutschland mindestens 25.000 Kinder.

Herpes simplex

Fünfzehn Prozent der Bevölkerung haben eine Infektion mit Herpesviren. Diese Viren verursachen nicht nur die bekannten Fieberblasen – unter anderem können sie sich auch an Muttermund und Scheide in Form von Rötung, Schwellung und zahlreichen flachen Bläschen unangenehm bemerkbar machen.

Herpesviren, die sich einmal im Körper angesiedelt haben, bleiben dort das ganze Leben lang existent.Das Abwehrsystem hält sie jedoch in Schach, so daß sie unbemerkt bleiben. Wenn das Immunsystem jedoch überfordert ist, treten die typischen Bläschen wieder auf. Ist das bei einer Schwangeren kurz vor der Geburt der Fall, kann das Neugeborene mit den Viren infiziert werden und schwer erkranken.

Erkrankt eine Frau kurz vor der Entbindung zum ersten Mal an Herpes, wird das Baby vorsichtshalber mittels Kaiserschnitt zur Welt gebracht.

Das Medikament Aciclovir (Zovirax [D/Ö]) kann die Symptome der Krankheit abschwächen; die Viren im Körper tötet es jedoch nicht ab.

Zur Vorbeugung sollten Frauen im letzten Drittel der Schwangerschaft engen Kontakt zu Personen meiden, die Herpes haben.

Röteln

Die Infektion einer Schwangeren mit Röteln ist gefürchtet, weil die Krankheit bei dem Kind sehr häufig zu Fehlbildungen führt: Steckt sich die Frau im ersten Schwangerschaftsmonat an, beträgt die Wahrscheinlichkeit, daß das Kind geschädigt ist, 50 bis 60 Prozent; im zweiten Monat sind es 25 Prozent und im dritten noch 15 Prozent.

Nach dem vierten Monat ist eine Schädigung recht unwahrscheinlich, Entwicklungs- oder Wachstumsstörungen sind aber möglich.

Vor diesem Unglück schützt eine einmal durchgemachte Rötelnerkrankung meist lebenslang. Im

---

MUTTERSCHUTZ

ArbeitgeberInnen dürfen Schwangere nicht für Akkordarbeit am Fließband sowie für Arbeiten, bei denen sich die Frauen häufig strecken und bücken müssen, heranziehen. Wer an einem Gerät sitzt, das mit dem Fuß betrieben wird, muß einen anderen Arbeitsplatz bekommen. Ist das nicht möglich, wird die Frau bei vollen Bezügen von der Arbeit freigestellt. Grundsätzlich dürfen schwangere Frauen nicht mehr als 8,5 Stunden pro Tag oder 90 Stunden in der Doppelwoche arbeiten. Nacht- und Wochenendarbeit sind verboten. Ab der 14. Woche gelten noch strengere Mutterschutzbestimmungen. Arbeiten in Fahrzeugen sind verboten. Nach dem fünften Monat darf eine schwangere Frau an ihrem Arbeitsplatz nicht mehr als vier Stunden täglich stehen. Während der gesetzlichen Schutzfrist, das sind sechs Wochen vor und acht Wochen nach der Geburt (in Österreich je acht Wochen vor und nach der Geburt) besteht ein Beschäftigungsverbot. Wenn während der Schutzfristen keine Lohn- oder Gehaltsfortzahlung besteht oder die gesetzliche Krankenversicherung eintritt, zahlt der Bund Mutterschaftsgeld.

Rahmen der üblichen Blutuntersuchungen zu Beginn einer Schwangerschaft wird darum auch geprüft, ob die Frau genügend Antikörper gegen Röteln in ihrem Blut hat, so daß sie gegen die Krankheit immun ist (> Befund interpretieren, Seite 165). Ist das nicht der Fall, muß sie sich vor rötelnkranken Kindern sehr in acht nehmen und sich bei jedem Verdacht, mit einem Rötelnkranken in Kontakt gekommen zu sein, sofort mit ihrer Ärztin oder ihrem Arzt in Verbindung setzen.

Um das Fehlbildungsrisiko möglichst gering zu halten, sollten alle Frauen, die eine Schwangerschaft planen und sich nicht sicher sind, ob sie Röteln gehabt haben, ihr Blut auf den Gehalt an Rötelnantikörpern testen lassen. Ist er zu niedrig, empfiehlt sich eine einmalige Impfung gegen Röteln. Nach acht bis zehn Wochen sollte eine Blutuntersuchung bestätigen, daß die Frau nun ausreichend geschützt ist.

Die seit einigen Jahren üblicherweise bei Kindern durchgeführte Rötelnimpfung schützt nicht in jedem Fall verläßlich vor einer Rötelninfektion (> Impfung-Röteln, Seite 724).

Toxoplasmose

Die Toxoplasmose ist eine sehr seltene Erkrankung. Die Erreger sitzen vornehmlich in rohem Fleisch und werden über Katzenkot weitergegeben (> Krank durch Tiere, Seite 504). Studien haben ergeben, daß die Infektion das ungeborene Kind weitaus weniger gefährdet als lange Zeit angenommen. Nur, wenn sich die Frau während der Schwangerschaft zum ersten Mal mit Toxoplasmoseerregern infiziert, besteht Gefahr für das Ungeborene. Es kann Augenschäden davontragen und häufig auch eine geistige Behinderung. 1991 wurden in Deutschland 50 toxoplasmosekranke Kinder geboren.

Toxoplasmose läuft sehr oft unerkannt ab. Die Symptome der Erkrankung ähneln denen einer Erkältung.

In Österreich gehört ein Toxoplasmosetest zu den Pflichtuntersuchungen im Mutter-Kind-Paß.

In Deutschland wird der Test im zweiten Schwangerschaftsmonat empfohlen (> Befund interpretieren, Seite 165).

Um einer Toxoplasmoseinfektion vorzubeugen, sollten Schwangere kein rohes Fleisch essen, ihrer Katze nichts Rohes zu fressen geben und die Reinigung der Katzentoilette während der Zeit jemand anderem übertragen.

Listeriose

Listerien sind Bakterien, die in Stuhl, Erde, Kuhmilch, Käse und Fleisch vorkommen. Vor allem Käserinde ist eine mögliche Ansteckungsquelle.

Wenn sich eine werdende Mutter zum erstenmal mit diesen Bakterien infiziert, kann auch das ungeborene Kind angesteckt werden. Bei der Erstinfektion können – müssen aber nicht – Beschwerden wie bei einer Erkältung, Halsentzündung oder Blasenentzündung auftreten. Meist geht die Infektion im letzten Drittel der Schwangerschaft auf das Kind über. Fast immer ist eine Frühgeburt die Folge. Etwa ein Viertel der infizierten Kinder werden tot geboren. 1991 wurden in Deutschland 34 listeriosekranke Kinder geboren.

Besteht bei einer Schwangeren der Verdacht auf eine Listeriose, muß sie mit einem Breitbandantibiotikum behandelt werden.

Medikamente

Während der ganzen Schwangerschaft gilt: Nur die Medikamente einnehmen, die wirklich unvermeidlich sind. Das gilt auch für solche Mittel, die die Frau schon vor der Schwangerschaft einnahm. Fast jedes Arzneimittel erreicht über den Mutterkuchen das Kind.

Während der Schwangerschaft sollte eine Frau kein Medikament einnehmen, ohne daß Ärztin oder Arzt dem zugestimmt hätten. Arzneimittel, die die Über- oder Unterfunktion der Schilddrüse ausgleichen sollen, müssen während der letzten beiden Schwangerschaftsmonate oft abgesetzt werden, damit sich beim Kind keine Schilddrüsenüber- oder -unterfunktion entwickelt. Auch inwieweit die Frau Mittel gegen Epilepsie weiter einnehmen oder absetzen soll, müssen die behandelnden MedizinerInnen entscheiden.

Allerdings: Eine Berliner Untersuchung ergab, daß fast jede fünfte Schwangere Arzneimittel verordnet bekam, bei denen der Verdacht begründet ist, daß sie das Kind schädigen können.

Ist sich die Frau nicht sicher, ob ihre Ärztin oder ihr Arzt sie umfassend informiert, kann sie sich an das Pharmakologische Institut der nächstgelegenen Universitätsklinik wenden.

Auch bei rezeptfrei erhältlichen Arzneimitteln ist nicht sichergestellt, daß sie dem Kind nicht schaden. Ein Beispiel dafür ist der Wirkstoff Azetylsalizylsäure (ASS), der unter anderem in Aspirin (D/Ö) und Aspro (D/Ö) enthalten ist. Diese Substanz kann beim Kind Probleme bei der Umstellung des Kreislaufs von intrauterin auf extrauterin verursachen; außerdem kann sie das Geburtsgewicht des Kindes verringern und vermehrt zu Totgeburten führen.

In den ersten drei Wochen nach der Befruchtung gilt bei der Schädigung des Embryos durch Medikamente das »Alles-oder-nichts-Prinzip«: Entweder verträgt er die Substanz schadlos, oder der Schaden ist so groß, daß der Embryo abgestoßen wird. In der 4. bis 14. Schwangerschaftswoche folgt eine sehr sensible Phase, in der die Organe und Gliedmaßen des Embryos angelegt werden. Schmerz-, Schlaf- und Beruhigungsmittel können in dieser Zeit Fehlbildungen verursachen.

Nach der 28. Schwangerschaftswoche sind nur noch wenige Medikamente gefährlich, weil das Kind jetzt bereits vollständig entwickelt ist und nur noch an Gewicht zulegt. Einige Medikamente können allerdings in den letzten Schwangerschaftswochen die Geburt beeinträchtigen.

Manche schwerwiegenden Infektionen müssen auch während der Schwangerschaft mit Antibiotika bekämpft werden. Penicillin gilt in jeder Phase als unbedenkliches Mittel. Streptomyzin hingegen kann beim Kind zu Innenohrschäden führen, die bis zur Taubheit reichen können; Tetrazyklin hemmt das Wachstum des Feten und färbt seine Zähne gelb.

Röntgenstrahlen

Schwangere sollten Röntgenuntersuchungen nur dann zustimmen, wenn sie wirklich unumgänglich sind.

Die Gefahr, daß das Kind mit Fehlbildungen geboren wird, steigt mit der Strahlungsdosis. Ist die Belastung nur sehr gering, hat der Körper eine gute Chance, den Schaden wieder zu reparieren.

Zwischen der zweiten und zehnten Schwangerschaftswoche ist der Embryo für Strahlenschäden am empfindlichsten.

Folgende Schäden können Röntgenstrahlen beim Ungeborenen hervorrufen:

WOHLFÜHL-PROGRAMM

Während Ihrer Schwangerschaft sollten Sie sich, wenn es irgendwie mit dem Alltag zu vereinbaren ist, möglichst verwöhnen (lassen). Tun Sie alles, was Ihnen Spaß macht, guttut und wonach Ihnen gerade ist. Sie spüren sofort, wenn Ihr Körper sich wehrt. Beachten Sie Unlustgefühle, Erschöpfung, Ziehen im Unterbauch oder im Rücken. Dann lassen Sie Ihre Aktivitäten bleiben, ruhen sich wieder aus.

Haben Sie das Gefühl, überfordert zu sein, schalten Sie einen oder mehrere Gänge zurück. Der Haushalt muß nicht perfekt sein; wichtiger ist, sich entspannt auf die »anderen Umstände« einzustellen.

Nutzen Sie jede greifbare Hilfe, ob von Partner, Freundin oder Verwandten für Beruf, Haushalt und Kinderbetreuung.

GESTOSE-WARNZEICHEN

Wenn eine Frau mehr als eines der Warnsignale eines Schwangerschaftshochdrucks an sich feststellt, sollte sie sich Ruhe und viel Schlaf gönnen und sich besonders ausgewogen und eiweißreich ernähren.

● Hoher Blutdruck

Blutdruck bis zu einem Wert von 135/85 ist normal. Am besten ist es, den Blutdruck dreimal täglich zu Hause selbst zu messen. Häufig sind Frauen beim Arzt so nervös, daß sich ihr Blutdruck erhöht.

● Eiweiß im Harn

Geringe Mengen von Eiweiß im Harn sind während der Schwangerschaft sehr häufig. Vermehrtes Eiweiß im Harn ist nur zusammen mit Bluthochdruck und stärkeren Wasseransammlungen in Armen und Beinen verdächtig.

● Ödeme

Ödeme sind Wasseransammlungen im Bindegewebe. Leicht geschwollene Füße, Beine und Finger sind in der Schwangerschaft normal. Wenn keine anderen Beschwerden dazukommen, besteht keine Gefahr.

● Plötzliche starke Gewichtszunahme

Ob eine Frau in der Schwangerschaft viel oder wenig zunimmt, ist nicht so wichtig. Nur wenn die Gewichtszunahme nicht mehr gleichmäßig, sondern sprunghaft ist, besteht Grund zur Sorge.

Der auf die Waage fixierte Blick verursacht allerdings häufig unnötigen Streß. Einen Schwangerschaftshochdruck kann man auch ohne häufiges Wiegen feststellen. Nimmt eine Frau gleichmäßig zu, ist die Gewichtszunahme nicht auf eine Gestose zurückzuführen.

● Funktionelle Störungen wie eine verminderte Lernfähigkeit oder verminderte Funktion von Organen.
● Wachstumsstörungen, geringe Körpergröße, Hirnschaden, Unterentwicklung bestimmter Organe.
● Mißbildungen an den Geschlechtsteilen und am Skelett, Augen- und Ohrenschäden.
● Krebserkrankungen wie zum Beispiel Leukämie und Tumore.
● Fehlgeburt oder baldiger Tod nach der Geburt.

Drogen

Alle Drogen gelangen über den Mutterkuchen zum Kind. Frauen, die regelmäßig Drogen konsumieren, gebären drogensüchtige Babies. Endet für sie die Stoffzufuhr bei der Geburt plötzlich, leiden sie an Entzugserscheinungen: Atemstörungen, Zittern, Unruhe, Durchfall, Fieber, Erbrechen. Diese Neugeborenen bedürfen ärztlicher Behandlung.

Rhesusfaktor

85 Prozent der Menschen haben den sogenannten Rhesusfaktor im Blut (rh-positiv), fünfzehn Prozent nicht (rh-negativ). Trifft rh-negatives auf rh-positives Blut, bildet der Körper mit rh-negativem Blut Antikörper, die die roten Blutzellen des rh-positiven Blutes zerstören.

Wächst in einer Frau mit rh-negativem Blut ein Kind heran, das rh-positives Blut hat, kann ihr Blut nach der Geburt solche Antikörper bilden. Das Blut solch einer Frau wird regelmäßig auf Antikörper untersucht (> Befund interpretieren, Seite 165). Weist nichts auf Komplikationen hin, kann sie das Kind normal austragen und zur Welt bringen.

Rh-negative Frauen werden nach der Geburt mit Anti-D-Serum geimpft, um zu verhindern, daß sie Antikörper bilden. Trägt die Frau aber bereits aus einer früheren Schwangerschaft, Fehlgeburt oder Bluttransfusion Antikörper gegen rh-positives Blut in sich, nützt diese Maßnahme nichts mehr.

Schwangerschaftshochdruck (Schwangerschaftsvergiftung, EPH-Gestose, Prä-Eklampsie)

Mehrere Symptome, die für sich allein genommen harmlos sind, weisen – wenn sie gemeinsam auftreten – auf einen Schwangerschaftshochdruck hin. Eine solche Gestose kann sich zu einer schwerwiegenden Komplikation entwickeln. Als Alarmsignal gilt, wenn Ödeme (> Seite 163), hoher Blutdruck (> Seite 162), plötzliche, übermäßige Gewichtszunahme und viel Eiweiß im Harn zugleich auftreten.

Ein nicht behandelter Schwangerschaftshochdruck kann beim Baby zu einer Mangelversorgung führen, weil der Mutterkuchen nur noch ungenügend funktioniert (> Unzureichende Versorgung des Kindes, Seite 202). Die Frau kann über Schwindelanfälle, Kopfschmerzen, Augenflimmern, Ohrensausen und Erbrechen klagen – Beschwerden, die auf die Entgleisung des Organismus hinweisen. Im schlimmsten Fall können Krampfanfälle, Bewußtlosigkeit und schließlich die Schädigung von Leber, Niere und Gehirn zum Tod führen (Eklampsie).

Frauen, die erste Anzeichen einer Gestose haben, brauchen dringend Ruhe und Entlastung. Besonders wichtig ist ungestörter und ausreichender Schlaf.

Entwässernde Mittel werden heute bei der Gestose nicht mehr verabreicht. Sie verlangsamen die Fließgeschwindigkeit des Bluts und vergrößern damit die Gefahr für Mutter und Kind.

Vorzeitiger Blasensprung

Springt die Fruchtblase, so tritt das Fruchtwasser, in dem das Kind bisher gelebt hat, aus. Diese Flüssigkeit kann die Frau – im Gegensatz zu ihrem Urin – nicht zurückhalten; das Wasser kann langsam auströpfeln oder sogar im Schwall die Beine hinunterrinnen. Frauen, die für ein solches Ereignis gewappnet sein möchten, und fürchten, nicht sicher zu wissen, ob sie Harn oder Fruchtwasser verlieren, können sich von ihrer Ärztin oder ihrem Arzt Teststreifen geben lassen, mit denen sie den Unterschied feststellen können. In Österreich sind diese Streifen allerdings nicht erhältlich.

Eine gesprungene Fruchtblase ist eine Eintrittspforte für alle Keime, die sich in der Scheide befinden. Nun ist das Kind nicht mehr sicher geschützt.

Wenn die Fruchtblase kurz vor dem errechneten Geburtstermin springt, kann die Frau abwarten, ob der Blasensprung die Geburt in Gang setzt. Die Wartezeit sollte sie aber liegend verbringen. Wenn der Kopf des Kindes nämlich noch nicht ganz tief unten steht, besteht die Gefahr, daß sich die Nabelschnur um den Kopf des Babys legt.

Verliert die Schwangere das Fruchtwasser bereits vor der 32. Schwangerschaftswoche, warten Ärztin oder Arzt das weitere spontane Geschehen ab, behalten die Frau aber unter ständiger Kontrolle. Steht der Kopf tief genug im kleinen Becken, dichtet er die Fruchtblase relativ gut ab.

Plazenta praevia

Bei einer von hundert schwangeren Frauen nistet sich das befruchtete Ei zu nahe am Muttermund an. Dann muß die Schwangerschaft mit einem Kaiserschnitt beendet werden, weil der Mutterkuchen den natürlichen Geburtsweg verlegt.

Vorzeitige Plazentaablösung

Hoher Blutdruck kann die Blutgefäße des Mutterkuchens so schädigen, daß dort ein Bluterguß entsteht, wo die Plazenta an der Gebärmutter ansitzt. Dadurch löst sie sich ab, und das Kind wird nur noch unzureichend versorgt.

Nur wenn sich das Blut einen Weg durch die Gebärmutter nach außen bahnt, bemerkt die werdende Mutter an den Blutungen die drohende Gefahr für ihr Kind. Auch ein starker Schlag auf den Leib, etwa bei einem Autounfall, kann eine vorzeitige Plazentaablösung hervorrufen. Das Baby muß dann möglichst rasch durch einen Kaiserschnitt auf die Welt gebracht werden.

Das enge Becken

Nur sehr wenige Frauen haben ein so enges Becken, daß eine Geburt auf natürlichem Wege unmöglich ist. Besteht dieser Verdacht, vermessen Ärztin oder Arzt die Beckenweite mit Ultraschall und erfahren so, ob eine natürliche Geburt gelingen kann oder nicht.

VORBEREITUNG IN DER GRUPPE

Die Angebote einer zielführenden Geburtsvorbereitungsgruppe sollten möglichst vielfältig sein:
● Gespräche über Veränderungen und Abläufe während der Schwangerschaft, bei der Geburt und im Wochenbett.
● Ängste vor möglichen Eingriffen zur Sprache bringen.
● Auf die neue Lebenssituation einstimmen.
● Hinweise für eine gesunde Ernährung und Lebensweise geben.
● Über die Bedeutung des Kindes für die Partnerbeziehung informieren.
● Tips zur optimalen Organisation des Alltags geben.
● Auf die Vorteile des Stillens hinweisen und darauf vorbereiten.
● Übungen zum Kennenlernen des eigenen Körpers anbieten.
● Entspannungsmethoden und Atemtechniken trainieren.
● Gymnastische Übungen anbieten.
● Eine vertraute Person, die später bei der Geburt dabei ist, in das Geschehen miteinbeziehen.
● Akupunktur zur Geburtserleichterung anbieten.

Hydramnion

Darunter verstehen MedizinerInnen eine übermäßige Ansammlung von Fruchtwasser in der Fruchthöhle. Normalerweise schwimmt das Kind in etwa einem Liter Wasser. In ungewöhnlichen Fällen kann sich das Fruchtwasser jedoch vervier- bis verfünffachen.

Eine Behandlung ist meist nicht notwendig; nur wenn sich die Frau elend fühlt und unter Atemnot leidet, wird die Fruchtblase punktiert.

GEBURTSVORBEREITUNG

Frauen, die sich auf die Geburt sorgfältig vorbereiten, haben bei der Entbindung üblicherweise kaum Komplikationen zu erwarten. Es kommt seltener zu Frühgeburten und Schwangerschaftshochdruck, die Geburt dauert nicht so lange, die Frauen brauchen weniger Schmerzmittel, und auch geburtshilfliche Operationen sind seltener notwendig als bei Frauen, die ihre besonderen Umstände gar nicht zur Kenntnis nehmen. Die drei klassischen Methoden zur Geburtsvorbereitung sind nach ihren Erfindern benannt: Read, Lamaze, Zilgrei.

Read

Der englische Arzt und Geburtshelfer Grantly Dick Read beobachtete, daß gut informierte und entspannte Frauen weniger Probleme und Schmerzen bei der Geburt haben als unvorbereitete Frauen. Deshalb plädierte er dafür, den Frauen zu erklären, was sie bei der Geburt erwartet. Er entwickelte spezielle Lockerungs- und Atemübungen, damit sie lernen, jeden Körperteil bewußt wahrzunehmen, ihre Muskeln aktiv anzuspannen und wieder zu lockern.

Lamaze

Der französische Geburtshelfer Fernand Lamaze erkannte, wie wichtig die psychische Einstellung zum Schmerz bei der Entbindung ist.

Frauen können mit speziellen, zum Teil sehr komplizierten Atemtechniken ihren Schmerzen bewußt begegnen. Der Partner nimmt am Training während der Schwangerschaft teil, damit er die Frau bei der Geburt an die – je nach Wehenart – richtige Atmung erinnert. Je konzentrierter dieses bewußte und gezielte Atmen mit den Wehen gelingt, desto weniger schmerzhaft soll die Entbindung sein.

Zilgrei

Die Zilgrei-Methode soll bei Schmerzen sehr rasch helfen können. Ruhige und rhythmische Bewegungen sollen verhindern, daß sich die Frau bei der Entbindung verspannt.

Geburtsvorbereitungskurse

Die meisten Kurse zur Vorbereitung auf die Geburt tragen nicht den Namen des Begründers der vermittelten Methode, sondern heißen schlicht »Kurs zur Geburtsvorbereitung«, und werden in Familienzentren, Familienbildungsstätten, Beratungsstellen für natürliche Geburt, aber auch Krankenhäusern mit Entbindungsstationen angeboten.

Effektiv sind kleine Gruppen, in denen sich immer die gleichen Paare treffen. In diesem Klima des Vertrauens lassen sich selbst intime Fragen und Probleme ansprechen. Kurse, in denen sich bis zu 80 Frauen und Männer tummeln, sind Zeitverschwendung.

Allerdings ist es immer noch günstiger, an einem weniger ideal gestalteten Kurs teilzunehmen, als unvorbereitet zur Geburt zu gehen. Selbst die herkömmliche Schwangerschaftsgymnastik bringt den Kreislauf ein wenig in Schwung; die in jedem Kurs geübten Entspannungs- und Atemübungen helfen bei der Geburt ganz wesentlich.

DEHNUNGSÜBUNGEN

Die Schmetterlingsübung trägt zur Lockerung und Dehnung des Beckenbodens bei. Die Frau kann sie beim Lesen oder Fernsehen in den Tagesablauf einbauen:

Auf dem Boden sitzend die Knie weit auseinanderfallen lassen. Die Fußsohlen liegen aneinander. Nun mit den Knien leicht auf und ab wippen, wie Schmetterlingsflügel. Dann abwechselnd mit dem linken oder rechten Knie den Boden berühren.

Übung an der Wand:

● Vor einer Wand so auf den Rücken legen, daß der Po direkt an der Wand liegt und die Beine nach oben gestreckt werden. Die Fersen und nicht die Zehen nach oben ziehen.

● In dieser Stellung die Beine auseinanderfallen lassen, so daß die gestreckten Beine an der Wand bleiben. Die Zehen zeigen von der Wand weg.

● Den Dehnungsschmerz, der dabei entsteht, annehmen, sich nicht dagegen wehren. Ruhig weiteratmen. Dabei den Rhythmus finden, der am besten hilft, die Anspannung zu ertragen. Das ist eine gute Vorbereitung auf die Wehen.

● In dieser Stellung zehn Sekunden lang verharren. Dann die Knie einknicken lassen und entspannen. Es tut dem Rücken gut, wenn die ganze Wirbelsäule auf dem Boden ruht.

● Die Arme ausgestreckt hinter den Kopf legen. Das weitet den Brustkorb und hilft beim Atmen.

● Nach fünf Minuten Ruhepause die Übung wiederholen und, wenn es geht, länger anhalten.

Geburt

Für die einen ist die Geburt eines
Kindes ein wunderschönes Erlebnis,
für die anderen eine Quälerei – für
alle aber ist es ein unvergleichliches,
unvergeßliches Ereignis. Die Stunden,
die vergehen, bis ein neuer Erdenbürger den ersten Atemzug tut,
werden heute ganz unterschiedlich
gestaltet. Während manche ÄrztInnen
und Eltern auf intensive medizinische
Überwachung von Mutter und Kind
setzen, treten andere ebenso
überzeugt für eine möglichst
natürliche und sanfte Geburt ein.

Sobald die Wehen einsetzen, beginnt die intensiv-
ste Phase der Schwangerschaft. Für die Frau verbindet sie sich mit der Freude darüber, daß die
Schwangerschaft nun ein Ende hat und sie endlich
ihr Kind, das immer noch unbekannte Wesen, kennenlernen kann. Dem stehen die Furcht vor dem
Ungewissen und die Angst vor Schmerzen gegenüber oder auch – wenn eine vorangegangene Entbindung wenig erfreulich verlief – die Angst vor
dem Bevorstehenden.

Die beste Voraussetzung für eine angenehme
Geburt ist eine vertraute, ruhige Atmosphäre, in der
die Frau von verständnisvollen Menschen umgeben
ist, die ihr mit Rat und Tat zur Seite stehen.

Doch viele fürchten sich vor Komplikationen. In

den fünfziger Jahren haben Medizin und Technik in die Kreißzimmer Einzug gehalten. Mittel, die Wehen hemmen oder fördern, Herzton-Wehenschreiber und Skalpell, weiße Kittel und Krankenhausbett sind für viele bei einer Geburt nicht mehr wegzudenken. Diese Technisierung hat dem Naturereignis viel an Selbstverständlichkeit genommen. Immer mehr Frauen und ihren ÄrztInnen wurde das in den vergangenen Jahren schmerzlich bewußt. Gemeinsam haben sie mittlerweile erreicht, daß das Gebären wieder menschlicher und sanfter wurde – auch in den meisten Kliniken. Die meisten ÄrztInnen und Hebammen geben den Frauen das Recht, das ihnen zusteht: die Entbindung so zu gestalten, wie es ihnen guttut.

Früher war Kinderkriegen tatsächlich ein lebensgefährliches Unterfangen. Um 1600 starb in London noch eine von vierzig Frauen während oder nach der Niederkunft. Die Frauen verbluteten oder erlagen dem gefürchteten Kindbettfieber. Und auch die Kinder überlebten den beschwerlichen Weg in die damalige Welt häufig nicht.

Das hat sich zum Glück geändert. Sowohl die Mütter- als auch die Neugeborenensterblichkeit sind drastisch zurückgegangen. ÄrztInnen führen den Fortschritt vor allem auf die zweifellos verbesserten medizinischen Maßnahmen und Möglichkeiten zurück.

Die Lorbeeren, mit denen sich die MedizinerInnen in diesem Zusammenhang gern schmücken,

SO FINDEN SIE DIE RICHTIGE KLINIK

Mit diesen Fragen können Sie herausfinden, ob die Klinik modernen Standards entspricht

Wen darf ich zur Unterstützung in die Klinik mitnehmen?

Es gibt nur ganz wenige Kliniken, die mehr als eine Begleitperson dulden.

Dürfen diese Begleitpersonen bei allen Phasen der Geburt dabeisein?

Wenn die Antwort nein lautet, suchen Sie sich eine andere Klinik.

Darf ich so lange herumgehen, wie ich will?

Bestehen Sie auf größtmöglicher Bewegungsfreiheit.

Darf ich alle Positionen frei wählen?

Aufrechte Haltungen beschleunigen den Geburtsvorgang.

Gibt es eine Badewanne für die Geburt?

Ein warmes Bad wirkt entspannend und verringert die Schmerzen.

Gehört es zur üblichen Klinikroutine, die Schamhaare zu rasieren und einen Einlauf zu machen?

Diese Maßnahmen sind unnötig.

Wann wird die Fruchtblase geöffnet?

In vielen Kliniken wird die Fruchtblase routinemäßig zu Beginn der Eröffnungsperiode geöffnet. Wenn es keinen zwingenden Grund dafür gibt, sollte das nicht geschehen.

Kann ich eine freie Hebamme zur Geburt mitbringen?

In manchen Kliniken gibt es die Möglichkeit, mit der »eigenen« Hebamme zur Geburt zu kommen. Es kann dann zu keinen unangenehmen Überraschungen kommen, wenn Sie mit der diensthabenden Hebamme nicht harmonieren.

Muß ich bei der Kontrolle mit dem Herzton-Wehenschreiber auf dem Bett liegen, oder kann ich mich damit frei bewegen?

Ständiges Liegen ist ungünstig für den Geburtsverlauf. Wenn technische Überwachung notwendig ist, kann sie in bestimmten Abständen für 20 Minuten durchgeführt werden.

Wie viele von 100 Geburten werden mit Kaiserschnitt, Saugglocke und Zange beendet, und wie viele Scheidendammschnitte werden gemacht?

Wenn mehr als 15 Prozent der Kinder mit Kaiserschnitt, Saugglocke bzw. Zange geboren werden und/oder mehr als 20 Prozent der Frauen einen Scheidendammschnitt zugefügt bekommen, ist das kein gutes Zeichen.

Werden routinemäßig schmerzstillende Medikamente verabreicht?

Das ist nicht sinnvoll. Nur wenn Sie danach verlangen, sollten Ihnen die GeburtshelferInnen mit möglichst schonenden Medikamenten helfen.

Wann wird das Kind abgenabelt?

Die Nabelschnur sollte erst durchschnitten werden, wenn sie aufgehört hat zu pulsieren.

Kann das Baby gleich nach der Geburt zum Stillen angelegt werden?

Die Vormilch ist für den Säugling besonders wertvoll. Außerdem fördert das frühe Anlegen die Stillbereitschaft des Kindes und die Bindung zwischen Mutter und Kind.

Haben Eltern und Kind nach der Geburt genügend Zeit, miteinander ungestört zu sein?

Aufräumarbeiten der Hebamme stören die neue Familie. In guten Kliniken läßt das Personal die Familie allein.

Ab welchem Geburtsgewicht wird das Kind in ein Kinderkrankenhaus verlegt?

Nach wie vor gilt an vielen Kliniken die Grenze von 2.500 Gramm. Eine starre Regelung wird der Realität nicht gerecht. In guten Kliniken beurteilen KinderärztInnen das Kind nach seinem Allgemeinzustand. Es gibt kleine Kinder, die normal entwickelt sind, und bei der Mutter besser aufgehoben sind als in der Kinderklinik.

Darf der Vater die Nabelschnur durchschneiden und das Kind baden?

In modernen Krankenhäusern darf der Vater sein Kind unter Anleitung abnabeln und baden.

verdienen sie aber nur zum Teil. Die Weltgesundheitsorganisation stellt in einer Untersuchung fest, daß die Hauptursache für diese Verbesserung die ausgezeichneten Lebensbedingungen sind, die die Frauen widerstandsfähiger machen. Der Anteil von Medizin und Technik ist demgegenüber vergleichsweise gering – und zudem wenig erforscht. Nur von wenigen medizinischen Eingriffen in den Geburtsverlauf ist wissenschaftlich erwiesen, daß sie wirklich nützlich sind.

WAHL DES ORTS

Vor 70 Jahren war es noch üblich, daß das Kind in den eigenen vier Wänden zur Welt kam. Vor 15 Jahren wiederum galt es jedenfalls in Deutschland und Österreich als selbstverständlich, daß Babys in Kliniken geboren werden. Heute haben werdende Mütter und ihre Partner die Wahl: Sie können ihr Kind in einer herkömmlichen Klink auf die Welt bringen, in auf natürliche Geburt spezialisierten Geburtshäusern, in einer Arztpraxis oder daheim. Die Frau kann das Geburtserlebnis mit den Menschen teilen, die sie liebt: Partner, Freundin, Verwandte. In vielen Entbindungsstationen ist die Anwesenheit von Begleitpersonen zur Selbstverständlichkeit geworden.

Geburt in der Klinik

Die meisten Frauen entscheiden sich auch heute noch für eine Klinikentbindung. Sollten Komplikationen auftreten, so ihre Überlegung, stehen für Mutter und Kind alle Mittel und Möglichkeiten der modernen Geburtshilfe bereit. Und sie schätzen noch andere Vorteile einer Klinikgeburt: Sie werden in der Zeit nach der Geburt umsorgt und brauchen sich nur um sich selbst und ihr Baby zu kümmern (> Nach der Geburt, Seite 208). Bevor der Alltag mit dem Neugeborenen beginnt, kann die Frau noch einmal Kraft tanken.

LUKAS KAM MIT VIEL CHEMIE

Maria war 28, als ihr erstes Kind in der Klinik zur Welt kam. Sie erinnert sich:
»Schon über eine Woche war der Geburtstermin vorbeigegangen, aber was ich auch unternommen habe, die Wehen wollten nicht einsetzen. Schließlich habe ich zugestimmt, die Geburt künstlich einzuleiten.

Am nächsten Morgen bin ich mit meinem Mann Andreas ins Krankenhaus gekommen und an den Wehentropf angehängt worden. Die Wehen sind dann tatsächlich gekommen, aber sehr heftig und beinahe ohne Pause dazwischen. Das war nicht nur für mich sehr anstrengend, sondern auch für mein Baby. Mein Arzt machte sich Sorgen, weil die Herztöne schwächer wurden, und drehte den Wehentropf wieder ab.

Daraufhin waren die Wehen wie weggeblasen. Also haben wir mit der Infusion des Wehenmittels weitergemacht. Nur unendlich langsam ist der Muttermund aufgegangen. Die Hebamme hat dann die Fruchtblase gesprengt, worauf die Schmerzen unbändig wurden. Ich war total auf den Gedanken fixiert, daß ich diese Schmerzen jetzt noch stundenlang werde aushalten müssen, und konnte mich überhaupt nicht mehr entspannen.

Der Arzt hat mir deshalb ein Schmerzmittel gespritzt. Genutzt hat es eigentlich nichts. Es hat genauso weh getan, ich hab' mich nur unangenehm benebelt gefühlt. Viel früher als der Arzt angenommen hatte, habe ich plötzlich den Drang verspürt zu pressen. Daraufhin ist Lukas ganz leicht herausgerutscht.«

Die medizinalisierte Geburt hat aber auch Nachteile: die Klinikatmosphäre kann unpersönlich sein; die Frau sieht das Kreißzimmer oft zum ersten Mal; ÄrztInnen und Hebammen wechseln, wenn ihr Dienstplan es vorsieht. All das kann den Geburtsverlauf hemmen. Nicht selten lassen die Wehen, die daheim gut in Gang kamen, wieder nach, sobald die Klinikroutine beginnt.

Wer individuelle Wünsche hat, muß oft kämpfen, um sie durchzusetzen. Doch nicht jede Frau ist in der Ausnahmesituation, wie es eine Geburt nun einmal ist, darauf erpicht, noch ihr Recht und das Erfüllen von Bedürfnissen zu erstreiten. So wird dann aus dem intimen, sexuellen Erlebnis Geburt nicht selten eine Fließbandentbindung. Um das zu vermeiden, sollten sich Schwangere die Klinik, in der sie ihr Kind bekommen wollen, vorher genau anschauen. Je informierter die Frau an die Geburt herangeht, desto leichter wird sie es haben. Kritische Patientinnen werden nicht so leicht bevormundet und von den Ereignissen überrollt wie solche, die nicht wissen, was um sie herum geschieht.

Angehende Eltern können allerdings den Ort, an dem sie ihr Kind bekommen wollen, nicht immer völlig frei wählen. Befürchten die ÄrztInnen Komplikationen und raten darum dringend von einer Haus- oder ambulanten Geburt ab, bleibt dem Paar kaum eine andere Möglichkeit, als ins Krankenhaus zu gehen.

Dabei bleibt allerdings die Unwägbarkeit, daß niemand voraussagen kann, ob eine Geburt leicht oder schwierig verlaufen wird. Ein zunächst problemloses Geschehen kann plötzlich zum Notfall werden, und eine vermeintliche Risikogeburt kann andererseits wie am Schnürchen ablaufen.

Ambulante Geburt

Viele Kliniken, Geburtshäuser und zunehmend auch FrauenärztInnen in ihren Praxen bieten die Möglichkeit an, ambulant zu entbinden. Bereits einige Stunden nach der Geburt kehren die Eltern mit ihrem Neugeborenen nach Hause zurück. Eine Hebamme betreut Mutter und Kind dann im Wochenbett.

Vorteile

Wenn Mutter oder Kind nach der Geburt eine Infektion erleiden, beruht sie meist auf dem Kontakt mit Klinikkeimen. Diese Gefahr vermeidet eine ambulante Geburt, denn gegen die Mikroorganismen zu Hause hat die Frau Abwehrstoffe gebildet und auch an ihr Baby weitergegeben.

Die Familie gewinnt sehr bald nach der Geburt ihre gewohnte Intimität zurück, ältere Kinder können von Beginn an mit dem Geschwister zusammensein.

Der Partner kann, abgesehen davon, daß er seiner Frau beisteht, sich zusätzlich noch um die Betreuung von Haushalt und Kindern kümmern.

In der Geburtsklinik

Ist das Baby problemlos auf die Welt gekommen und geht es der Mutter gut, ist ein längerer Krankenhausaufenthalt unnötig. Frauen, die es sich zutrauen, können auf eigene Verantwortung auch dann ihre Klinikentlassung fordern (gegen Revers), wenn die Geburtsklinik keine ambulante Geburt vorsieht. Dieses Vorgehen sollte aber möglichst mit einer Ärztin oder einem Arzt und einer Hebamme abgesprochen sein, die dann die Frau zu Hause weiter betreuen.

In der Arztpraxis

Seit einiger Zeit bieten manche GynäkologInnen den Frauen in ihren Praxisräumen die Möglichkeit einer ambulanten Geburt. Dazu haben sie einen Raum speziell fürs Kinderkriegen eingerichtet.

Bei dieser Entbindungsart stört keine Klinikroutine den Ablauf der Geburt. Die werdende Mutter steht im Mittelpunkt. Nachdem die Wehen eingesetzt haben, kommt die Hebamme zu der Frau nach Hause und hilft ihr, die ersten Stunden der

GEBURTEN OHNE MEDIZIN

Marina, 27, hatte sich entschlossen, das Angebot ihres Gynäkologen anzunehmen. Johannes kam im speziell eingerichteten Geburtsraum, in dem ein Bett, eine Badewanne, ein Geburtsstuhl und eine Sprossenwand zur Auswahl vorhanden sind, zur Welt.

»Die Geburt hat ganz zart in der Nacht begonnen. Gegen vier Uhr hab' ich gespürt, wie sich der Bauch leicht, aber regelmäßig zusammenzieht. Am Morgen rief ich dann die Hebamme an, eine Stunde später war sie bei mir. Sie hat mir geraten, noch ein wenig spazierenzugehen, damit die Wehen stärker werden.

Um zwei Uhr nachmittags war dann der Muttermund vier Zentimeter weit offen, und wir fuhren zu dritt in die Arztpraxis. Weil die Wehen jetzt schon sehr stark waren, habe ich mich dort gleich in den Vierfüßlerstand niedergelassen. Ich hatte das

Gefühl, daß mein Baby da unten gegen etwas anrennt. Jochen und die Hebamme haben mit mir geatmet, und ich spürte sofort, wie mir das geholfen hat. In den Wehenpausen habe ich mich gut entspannen können.

Weil die Fruchtblase immer noch nicht von selbst geplatzt war, hat die Hebamme sie aufgestochen. Als sie meinte, ich solle pressen, war ich darauf noch gar nicht gefaßt. Sie hat mir geholfen, indem sie mir riet: ‚Denk an auf'. Ich hab' geatmet, gestöhnt, ‚auf'gedrückt und im Spiegel unter mir das Köpfchen des Babys zwischen meinen Beinen herauskommen sehen. Die Hebamme hat ihm dann noch etwas herausgeholfen, dann lag Johannes ganz matt und ruhig bei meinen Füßen. Sie legte ihn mir auf den Bauch, bald danach hat er laut an meiner Brust geschmatzt.

Nach etwa drei Stunden, in denen Jochen und ich unser Kind bestaunen und kennenlernen konnten, sind wir dann wieder nach Hause zurückgekehrt. Wir haben uns alle drei ins Bett gelegt und die Stimmung genossen.«

Renate, 31, entschloß sich, ihr erstes Kind zu Hause zu gebären. Ihr Bericht:

»Einige Tage zu früh, am späten Abend, hat es mit den Wehen begonnen. Die Hebamme ist nach unserem Anruf gleich gekommen, um mich zu untersuchen. Sie meinte, daß es noch eine Weile dauern wird und ich noch schlafen sollte, und verließ uns wieder. Der Muttermund hat sich nur ganz langsam geöffnet. Am nächsten Morgen kamen die Hebamme und meine Freundin, die ich gerne bei der Geburt dabeihaben wollte.

Erst gegen Abend sind die Wehen stärker geworden. Ich habe mit den Schmerzen recht gut umgehen können. Meine Freundin und mein Mann haben mit mir geatmet, abwechselnd kräftig gegen mein schmerzendes Kreuzbein gedrückt und mich gestreichelt.

Dann sind ziemlich plötzlich die Preßwehen gekommen. Ich hab' mich in der Hockstellung ganz in die Hände meines Mannes fallenlassen, die mich fest und sicher gehalten haben. Die Hebamme war unser ruhender Pol. Sie hatte alles souverän im Griff, war immer für mich da, gab meinen Begleitern Tips, wie sie mir beistehen konnten.

Als der Kopf sich durch die Scheide gezwängt hat, hab' ich schon geglaubt, jetzt wird da unten alles zerreißen. Aber die Hebamme hat mit ihrer Hand fest dagegengedrückt, so ist alles heil geblieben.

Endlich ist Klara ganz herausgerutscht. Die Hebamme hat sie sanft empfangen und auf meinen Bauch gelegt.«

Eröffnungsphase zu überstehen. Die Hebamme bestimmt dann, wann es Zeit ist, in die Arztpraxis zu fahren. Im Entbindungszimmer stehen der Frau alle Möglichkeiten offen, die Geburt nach ihren Vorstellungen zu gestalten. Ihre Geburtshelferin ist bis zum Schluß dabei und begleitet die Familie wieder nach Hause.

Die Hebamme hält ständigen Kontakt zu Ärztin oder Arzt, doch die MedizinerInnen halten sich so lange im Hintergrund, bis die Hebamme ihre Hilfe anfordert.

Unangenehm wird es nur, wenn Komplikationen den Einsatz von Medizintechnik erforderlich machen: Dann muß die Frau in ein nahegelegenes Krankenhaus gebracht werden.

LIEBER KEINE HAUSGEBURT

Von einer Hausgeburt ist abzuraten, wenn
- Sie an einer schweren Krankheit leiden.
- Sie jünger als 16 oder älter als 35 Jahre sind.
- Sie einmal an der Gebärmutter operiert wurden.
- Sie bereits einmal eine Totgeburt hatten.
- Ihre Ärztin oder Ihr Arzt befürchten, daß das Kind mißgebildet sein könnte oder daß Sie zuviel Fruchtwasser haben.
- die Wehen vor der 37. Schwangerschaftswoche einsetzen (> Frühgeburt, Seite 198).
- der Mutterkuchen vor dem Geburtsausgang liegt (> Plazenta praevia, Seite 173).
- Sie einen Schwangerschaftshochdruck haben (> Seite 173).
- Ihr Kind in Beckenend- oder -querlage ist (> Seite 193).
- Sie Mehrlinge erwarten.
- Sie zur nächsten Klinik mit dem Auto mehr als 20 Minuten brauchen.

Hausgeburt

Nur eines von hundert Kindern kommt zu Hause zur Welt. Die Tendenz zur Hausgeburt nimmt aber zu. Immer mehr Frauen entdecken, wie schön es ist, wenn der neue Erdenbürger im Kreise seiner Familie geboren wird. Sogar ältere Geschwister können, wenn sie es wollen und die Mutter es möchte, bei der Ankunft der neuen Schwester oder des Bruders dabeisein.

Acht von zehn Geburten verlaufen komplikationslos. Plötzliche Blutungen oder ein Dammriß sind aber nie vorhersagbar, deshalb muß sichergestellt sein, daß die Frau möglichst schnell in eine Klinik transportiert werden kann.

In den Niederlanden wird etwa ein Drittel aller Kinder zu Hause geboren. Die dortigen Erfahrungen zeigen, daß Hausgeburten nicht mehr Risiken bergen als andere Geburten. Die holländischen Erfahrungen zeigen, daß sich auch ein Notfalltransport ins Krankenhaus nicht negativ auswirkt. Allerdings gibt es in den Niederlanden sehr viel mehr freiberuflich praktizierende Hebammen als in Deutschland oder Österreich. Und Hebammen, die Hausgeburten betreuen, sind unabdingbar, wenn sich eine Frau entschließt, ihr Kind in den eigenen vier Wänden zur Welt zu bringen. Wo sie eine solche Hebamme findet, erfährt die Frau bei FrauenärztInnen oder beim Gesundheitsamt.

Sich zu einer Hausgeburt zu entschließen, erfordert Mut. Oft noch reagieren die Menschen der Umgebung mit Kopfschütteln und Unverständnis. Vor allem, wenn die Frauenärztin oder der Gynäkologe, die die Schwangerschaft betreut haben, eine Hausgeburt ablehnen, kann die Entscheidung, es trotzdem daheim zu wagen, schwerfallen.

Voraussetzung für eine Hausgeburt ist, daß es innerhalb von 20 Minuten möglich sein muß, ein Krankenhaus zu erreichen. Auch die Betreuung von Haushalt und Kindern muß vorweg organisiert sein. Es muß eine Kinderärztin oder einen Kinderarzt geben, der nach Hause kommt, um das Neugeborene zu untersuchen. Außerdem sollten die werdenden Eltern sich besonders intensiv auf die Geburt vorbereiten.

Meist betreut die Hebamme, die bei der Entbindung dabei war, Mutter und Kind auch nach der Geburt.

In Deutschland übernimmt die Krankenkasse bei einer Hausgeburt ebenso wie bei einer Klinikentbindung die Bezahlung der Hebamme und aller notwendigen Pflegemittel.

In Österreich honorieren die Krankenkassen die Arbeit der Hebammen derart gering, daß sie üblicherweise eine zusätzliche Bezahlung verlangen. Die Geburten in einem »alternativen« Geburtshaus bezahlt die Krankenkasse derzeit nicht.

GEBURTSBEGLEITUNG

Die meisten Frauen sehen ihrer Entbindung mit gemischten Gefühlen entgegen. Sie fühlen sich unsicher und sorgen sich, wie sie wohl mit diesem elementaren Ereignis fertig werden.

Solche Frauen kann die Gewißheit beruhigen, daß in der Klinik alle Hilfsmittel der modernen Medizin bereitstehen, um ihnen und ihrem Kind im Notfall zu helfen.

Glanz der Technik

Die Technik macht viel möglich: Mit dem Herzton-Wehenschreiber (> Seite 204) können GeburtshelferInnen jederzeit überprüfen, wie es dem Baby im Bauch der Mutter geht; geburtserleichternde Maßnahmen bis hin zur »schmerzlosen Geburt« (> Seite 196) sind möglich.

Diese Medizin hat unbestritten ihren Wert. Doch sie hat auch Schattenseiten. Die Grenzen des Erfaßbaren werden immer weiter hinausgeschoben. So bekommt heute manches den Stempel »Risiko« aufgedrückt, was noch vor Jahren nicht als Problemfall angesehen worden wäre.

So steht zum Beispiel im Mutterpaß von Frauen über 35 das stigmatisierende Wort »Risiko«. Auch

DIE ROLLE DER HEBAMME

Die Geburtshelferin ist die Schlüsselperson für die werdende Mutter in den langen Stunden ihrer Wehenarbeit. Der Kontakt zu ihr während der Geburt ist viel enger als zur betreuenden Ärztin oder dem Frauenarzt. Schon während der Schwangerschaft sollte die Hebamme erste Anlaufstelle für alle Fragen sein. Sie kann auf die Geburt vorbereiten, Atemtechniken erklären und ist von den Eröffnungswehen bis zur Versorgung des Neugeborenen bei der Frau. Meist betreut sie Frau und Kind noch im Wochenbett oder zu Hause. Die Hebamme ist der ruhende Pol in der Geburtsgemeinschaft. Sie nimmt die Frau in ihre Obhut, beobachtet den Geburtsfortgang, hört die Herztöne des Kindes ab, ertastet, wie weit der Muttermund schon offen ist. Sie kann ein Kind im Bauch der Frau wenden, und darf im günstigen Fall allein entscheiden, ob die Frau und sie allein die Geburt zu Ende bringen können oder sie ärztlicher Hilfe bedürfen. Nach der Geburt versorgt die Hebamme das Baby.

Ein derartig umfassendes Berufsbild hat sich allerdings bisher nur in Holland wirklich durchgesetzt. In Deutschland und Österreich mangelt es hingegen an freien Hebammen. Geburtshilfe ist hier eine Sache der MedizinerInnen geworden. Sie haben den Hebammen ihre alleinige Zuständigkeit in Sachen Kinderkriegen zunehmend mehr streitig gemacht. Wenn die Frau in der Geburtsvorbereitung das Gefühl hat, daß der Kontakt zu ihrer Betreuerin nicht klappt, sollte sie sich nicht scheuen, die Betreuerin zu wechseln.

wenn das Kind aus einer Steißlage zur Welt kommen möchte, wird die Situation als »Risiko« bewertet. Doch nicht alle GeburtshelferInnen halten alle diese Faktoren für ein Risiko. Sie wissen, daß manch eine Frau, die ihr erstes Kind erwartet, auch eine Steißgeburt ohne chirurgische Hilfe bewältigen kann. Dabei ist jedoch wichtig, daß der Frau nicht von vornherein der Mut genommen wird – zum Beispiel, indem sie in der Klinik als »Risikogeburt« geführt wird.

Weil aber so viele Schwangerschaften als Risiko gelten, werden entschieden mehr Geburten medizinalisiert, als notwendig ist. So dringen dann viele ÄrztInnen darauf, Geburten technisch zu überwachen, und schließlich zieht eine medizinische Maßnahme die nächste nach sich: Dem Wehenmittel folgen Schmerzmedikamente, weil die stimulierten Kontraktionen viel mehr weh tun als natürliche. Die Arzneimittel lähmen viele Frauen so, daß sie nicht mehr aktiv mitarbeiten können, so daß ihren Kindern mit Saugglocke oder Zange auf die Welt geholfen werden muß.

Das alles muß aber nicht so sein: Auch in der Klinik können Frauen darauf bestehen, keine überflüssigen Untersuchungen und Medikamente aufgedrängt zu bekommen. Begleitpersonen sind heute schon in fast jedem Krankenhaus erlaubt. Sie können auch dann, wenn die Frau schon ausschließlich mit sich selbst beschäftigt ist, Maßnahmen in Frage stellen und mit den GeburtshelferInnen absprechen.

Bei einer unnötig medizinalisierten Geburtshilfe gibt es eine Art Schneeballeffekt: Eine Maßnahme zieht eine Kette weiterer Interventionen nach sich:

Natürliche Geburt

Bei der natürlichen Geburt wird auf Medikamente und medizinische Eingriffe verzichtet. Mit natürlichen Mitteln wie Wärme, Massage und dem während der Schwangerschaft erlernten »Veratmen« der Wehen versuchen die Frau, Hebamme oder ÄrztInnen, den Geburtsschmerz zu lindern.

Die Frau kann sich nach ihren Bedürfnissen frei bewegen, auf ihren Körper hören und die ihr angenehmsten Positionen wählen. Die Auswahl der möglichen Stellungen ist sehr groß.

Geburtsstellungen

Je nach ihren Empfindungen wird die werdende Muter stehen, gehen, sitzen oder hocken wollen. Sie kann sich mit ihren Armen an den Partner hängen, an eine Sprossenwand oder an ein von der Decke baumelndes Seil. Manchen ist es angenehm, sich auf die Fersen niederzulassen und dabei auszuruhen.

Der Vierfüßlerstand ist besonders günstig, weil er den Druck des Babys auf die Kreuzregion verringert. Das hilft gegen starke Kreuzschmerzen.

In der letzten Phase der Geburt sollte sich die Frau nicht zu sehr zusammenkauern. Das verstärkt den Druck auf den Damm, so daß er leicht reißen könnte. Besser ist etwa die »unterstützte Hockstellung«: Eine oder zwei Personen halten die Frau so, daß sie ihre Beine entlasten, aber das Becken ganz weit öffnen kann. Die Frau kann sich auch mit den Achseln über die Knie des hinter ihr sitzenden Partners hängen und dabei zusehen, wie das Kind aus ihrem Körper gleitet. Mit den Händen kann sie den Kopf ihres Babys halten, bis es ganz geboren ist.

Frauen, die diese Stellungen schon während der Geburtsvorbereitung (> Seite 174) ausprobiert und trainiert haben, haben es bei der Geburt leichter. Sie wissen, wie man sich Erleichterung schaffen kann, und finden die für sie ideale Position schneller als Frauen, die jetzt zum ersten Mal ausprobieren, »was alles geht«. Oft kommt jedoch alles ganz anders, als sich die Frau das vorgestellt hat. Stellungen und Bewegungen, die ihr vorher gefielen, tun gar nicht gut; Frauen, die viel herumgehen wollten, fühlen sich plötzlich nur noch auf der Seite liegend wohl. Die Empfindungen während der Entbindung kann niemand im vorhinein abschätzen – sie unterscheiden sich bei jeder Frau und sind von Geburt zu Geburt unterschiedlich.

Notwendige Hilfsmittel

Nur wenn alle erdenklichen Utensilien für die Frau leicht erreichbar sind, kann sie frei und unbeeinflußt ausprobieren, wie sie mit den Wehen am besten umgeht: Seil, Matten auf dem Boden, Kissen, eine Sprossenwand, an der sie sich festhalten oder ihr Becken dagegen drücken kann, eine Badewanne, in dessen warmem Wasser sie sich entspannen kann. Gut bewährt haben sich auch große Bälle: Über sie kann sich die Frau legen oder setzen und in beiden Positionen ihr Becken bewegen und somit entspannen. In manchen Kliniken gibt es auch einen Gebärstuhl oder -hocker. Auf ihnen sitzt die Frau halbaufrecht, so daß die Schwerkraft mithilft, das Baby durch den Geburtskanal zu holen.

Ungünstig: die Rückenlage

Beim Liegen auf dem Rücken verkleinert sich die Beckenöffnung. Zudem muß die Frau das Kind noch entgegen der Schwerkraft schräg nach oben herausdrücken. Von allen möglichen Stellungen ist die Rückenlage für Mutter und Kind am ungünstigsten. Vorteile bietet sich durch sie nur den GeburtshelferInnen.

Sanfte Geburt

Den Begriff »naissance sans violence«, übersetzt als »sanfte Geburt« prägte der französische Geburtshelfer Frédéric Leboyer (geb. 1918). Er forderte, dem Kind den Übergang vom schützenden Bauch der Mutter in die kalte Welt draußen möglichst »sanft« zu gestalten.

Keine lauten Geräusche und Stimmen sollen das Neugeborene erschrecken, gedämpftes Licht ersetzt die grelle Kreißsaalbeleuchtung. Das Abnabeln hat Zeit, bis die Nabelschnur zu pulsieren aufgehört und das Baby selbständig zu atmen begonnen hat.

Eltern, die ihr Kind nach den Vorstellungen von Leboyer zur Welt bringen wollen, sollten schon vor der Geburt abklären, wieweit ihre GeburtshelferInnen bereit sind, in diesem Sinn mitzuwirken.

Geburt unter Wasser

Als für das Neugeborene besonders sanft ist die Unterwassergeburt einzustufen. Dabei bleibt der Säugling vorerst in dem ihm vertrauten Element: im warmen Wasser. Erst wenn sein Gesicht die Luft berührt, beginnt das Baby zu atmen.

Gewaltfreie Geburt

Der Ausdruck «gewaltfreie Geburt» drückt weniger eine bestimmte Methode als die Einstellung zu der gebärenden Frau aus.

Sie soll frei sein, begleitet und unterstützt von mitfühlenden, kompetenten Menschen, ihre eigene Art der Entbindung finden zu können.

Die werdende Mutter soll ihre Wünsche und Vorstellungen über die Gestaltung der Geburt in die Tat umsetzen können, weil die Erfahrung zeigt, daß das Kind dann schneller und leichter auf die Welt kommt, als wenn sich die Frau den Wünschen des Personals unterordnen muß. Das wichtigste ist, daß Mutter und Kind bei der Geburt keine körperlichen und seelischen Verletzungen davontragen.

Nähe des Partners

Die meisten Frauen schätzen es, wenn sie in ihrer »schweren Stunde« von Menschen umgeben sind, denen sie vertrauen und die sie sonst auch umsorgen. Meist wird das der Partner sein; vereinzelt auch die Freundin oder eine andere vertraute Person.

Manche Männer sind unsicher, ob sie den Anforderungen bei der Entbindung gewachsen sein werden. Sie fürchten, unbeholfen und untätig im Kreißzimmer herumstehen zu müssen, die Mühsal ihrer Frau nicht ertragen zu können oder gar zusammenzusinken, wenn Blutiges, Schleimiges,

DAS KANN DER PARTNER TUN

Oft fühlen sich Männer unsicher und unwohl, wenn es an die Geburt geht. Zum einen liegt das daran, daß sie sich nicht nur ausgeschlossen fühlen, sondern es auch sind. Zum Teil läßt sich das freilich verändern, wenn klar wird, daß der Partner aktiv teilnehmen und helfen und so seine Frau stützen kann.

Wenn sie es wünscht, kann er sanft Rücken, Gesäß und Innenseite der Schenkel massieren. Drückt das Kind allzusehr gegen die Wirbelsäule, kann der Partner fest gegen das Kreuzbein drücken und damit die heftigen Kreuzschmerzen verringern. Auch beim »Veratmen« der Wehen kann er sehr hilfreich sein. Es ist viel leichter, über die Wehenberge zu kommen, wenn er oder eine andere vertraute Person mitatmen, mithelfen, den richtigen Rhythmus des Aus- und Einatmens zu finden. Wenn die Gebärende beim »Veratmen« aus dem Takt kommt, hilft das gleichmäßige Atmen des anderen, wieder ins Gleichgewicht zurückzufinden.

Diese anderen Vertrauten können Mut zusprechen und trösten, wenn die Frau verzagt. Sie findet Schutz vor unliebsamen Störungen, damit sie sich in den Wehenpausen ausreichend erholen kann.

In der Austreibungsphase gibt der Partner sicheren Halt. Die Frau kann sich an ihm festhalten, sich an ihn lehnen oder stützen.

Wenn der Frau die Kraft fehlt, sich mit dem geburtshilflichen Personal auseinanderzusetzen, kann das der Partner für sie übernehmen, wenn er weiß, welche Wünsche und Vorstellungen sie in die Tat umgesetzt wissen möchte.

Schmutziges zu sehen ist. Wenn sie die Frau jedoch schon beim Geburtsvorbereitungskurs begleitet haben, konnten sie sich auf das Geschehen schon gut vorbereiten. Dann wissen sie, wie sie welche Körperregion massieren können, um Anspannungen zu lösen, und wie sie die Frau speziell beim richtigen Atmen unterstützen können (> Geburten ohne Medizin, Seite 181). Sie können ihrer Frau noch mehr Gutes tun, indem sie ihre Lieblingsmusik auf dem mitgebrachten Kassettenrekorder spielen, sie mit einer Kleinigkeit zu essen stärken oder ihr zu trinken geben.

PHASEN DER GEBURT

So verschieden Geburten von Frau zu Frau, von Kind zu Kind auch sein mögen – immer lassen sich verschiedene Zeitabschnitte unterscheiden: Eröffnungs-, Austreibungs- und Nachgeburtsphase.

Erste Anzeichen

Der Weg, den das Baby zu überwinden hat, ist nicht weit, dafür aber recht schmal. Es muß den engen Muttermund passieren, der das Kind neun Monate lang sicher gehalten hat, und die enge Scheide, die durch den Beckenboden führt.

Der Schleimpfropf geht ab

Die ganze Schwangerschaft hindurch hat ein Schleimpfropfen den Eingang zur Gebärmutter dicht abgeschlossen. So war das Kind vor Keimen gut geschützt.

Am Ende der 40 Wochen hat dieser Verschluß ausgedient. Daß es soweit ist, kann die Frau an schwachen, mit ein wenig Schleim vermischten Blutspuren im Slip sehen. Hebammen nennen das »Es zeichnet«. Bei manchen Frauen kann auch ein dicker, gallertartiger Pfropfen abgehen.

Die Wehen beginnen

Schon in den Wochen vor dem Entbindungstermin spürt die Frau immer häufiger Kontraktionen der Gebärmutter. Aber erst, wenn sich der Uterus rhythmisch in regelmäßigen Abständen zusammenzieht, bedcutet das, daß die Geburt in Gang kommt.

Nicht immer lassen sich die Vorwehen so einfach von »echten« Geburtswehen unterscheiden. Wer sichergehen will, sollte eine Stoppuhr verwenden. Geburtswehen dauern länger als 30 Sekunden und kommen regelmäßig wieder. Auch ein heißes Bad kann Klarheit bringen: Vorwehen hören im warmen Wasser bald wieder auf, Geburtswehen werden beim Baden stärker.

Das Wasser bricht

In der Zeit vor dem errechneten Geburtstermin tut die Frau gut daran, eine Binde bei sich zu haben, wenn sie aus dem Haus geht. Es kann immer sein, daß die Fruchtblase platzt und Fruchtwasser ausrinnt. Manchmal tröpfelt es nur; es kann aber auch sein, daß die Fruchtblase ganz plötzlich nachgibt und sich das Wasser im Schwall ergießt. Selten kommt es vor, daß die Frau vor dem Blasensprung nicht einmal Wehen verspürt hat, so daß das Wasser ohne jegliche Vorwarnung bricht.

Wehen

Schon während der Schwangerschaft hat sich die Gebärmutter ab und zu wehenartig zusammengezogen – eine Art Training für die Geburt.

In den letzten Wochen vor der Geburt setzen »Vor- und Senkwehen« ein, das sind unregelmäßige Kontraktionen der Gebärmutter, die das Kind tiefer ins kleine Becken schieben und es in die richtige Startposition bringen.

Erst mit den »Eröffnungswehen« beginnt der eigentliche Geburtsverlauf. Die Gebärmuttermuskeln ziehen sich koordinierter und rhythmischer zusammen.

Manche Frauen spüren die ersten Wehen überhaupt nicht, andere reagieren darauf sehr sensibel. Zuerst spüren sie oft nur ein leichtes Ziehen im Kreuz – ähnlich den Regelschmerzen. Schließlich werden die Eröffnungswehen immer häufiger und stärker – der Muttermund öffnet sich für die Geburt.

In der Übergangsphase sind die Wehen, die häufig mit dem Drang zu pressen, einhergehen, wieder schwieriger zu bewältigen.

Erst wenn der Muttermund vollständig eröffnet ist, beginnen die »Preßwehen«. Alle zwei bis drei Minuten zieht sich die Gebärmutter mit aller Kraft zusammen, das Kind ist erheblichem Druck ausgesetzt. Die Frau spürt jetzt den unwiderstehlichen Drang mitzupressen.

Das Kind wird geboren. Nachdem das Baby auf der Welt ist, befördern die Kontraktionen der »Nachgeburtswehen« den Mutterkuchen aus der Gebärmutter.

In den weiteren Wochen (> Nach der Geburt, Seite 208) sorgen die »Nachwehen«, die durch das Stillen zusätzlich angeregt werden, dafür, daß die Gebärmutter wieder ihre alte Form und Größe erhält.

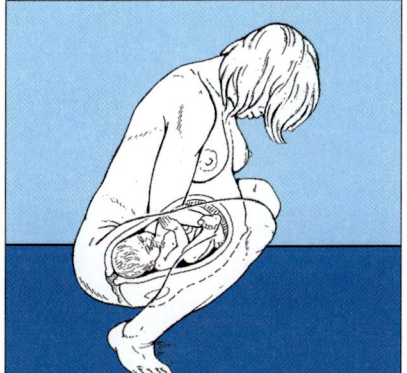

Eröffnungsphase

Die oberen und seitlichen Muskelwände der Gebärmutter drücken mit jeder Wehe das Kind in Richtung Muttermund. Dieser zieht sich langsam nach oben zurück. Die Zeit, die er braucht, um den Weg für das Kleine freizugeben, heißt Eröffnungsphase.

Das geht im Körper vor

Die erste Phase der Geburt dauert am längsten. Zentimeter für Zentimeter weitet sich durch die Kraft der Eröffnungswehen der Muttermund auf etwa zehn Zentimeter Durchmesser. Die starken Kontraktionen der Gebärmutter ziehen den Muttermund so weit zurück, daß er dem Kind bei seiner Geburt nicht mehr im Weg ist. Eine Faustregel besagt, daß jeder Zentimeter Öffnung etwa eineinhalb Stunden lang dauert. Manchmal genügen sechs Stunden; beim ersten Kind kann es aber auch bis zu 16 Stunden dauern, bis der Muttermund zur Geburt bereit ist. Am Ende der Eröffnungsphase kommen die Wehen alle zwei bis drei Minuten für 50 Sekunden, und der Muttermund ist nicht mehr zu tasten.

Besonders bei Frauen, die schon ein Kind geboren haben, ist der Muttermund manchmal schon ein wenig offen, bevor sie überhaupt Geburtswehen verspüren. Stärke, Dauer und Häufigkeit der Kontraktionen sind aber individuell verschieden. Jede Frau erlebt Dauer und Intensität der Eröffnungsphase unterschiedlich.

Die Hebamme beurteilt die Öffnung des Muttermundes, wobei diese Einschätzung recht unterschiedlich ausfallen kann. Bei einem Hebammen-Dienstwechsel kann es daher leicht geschehen, daß die neue Hebamme weniger Zentimeter angibt als die vorherige, obwohl die Öffnung des Muttermundes natürlich nicht geringer geworden ist.

Was tun?

Der Frau fällt es leichter, die Eröffnungswehen zu ertragen, wenn ihr Partner und Hebamme dabei helfen. Trotzdem soll sie selbst bestimmen, in welcher Position sie weiterarbeiten möchte: Sie kann sitzen, gehen, stehen, ein warmes Bad nehmen (> Seite 185). Ideal sind aufrechte Haltungen, denn dann hilft die Schwerkraft mit, das Kind nach draußen zu bewegen.

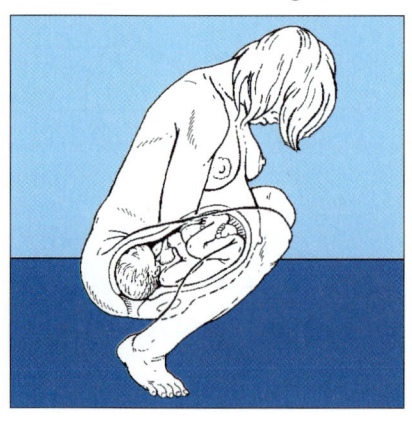

Die Zeit der Eröffnungswehen kann die Frau ruhig daheim verbringen. Meist ist sie in der gewohnten Umgebung besser aufgehoben. Dort dauert die Eröffnungsphase weniger lang, in der fremden Umgebung des Entbindungszimmers lassen die Wehen häufig wieder nach.

Es besteht kein Grund, mit übertriebener Geschwindigkeit zum gewählten Ort der Geburt aufzubrechen. Bis zur eigentlichen Geburt sind es meist noch drei bis sechs Stunden Zeit, wenn die Wehen in regelmäßigen Abständen kommen.

Die werdenden Eltern sollten die Hebamme rufen oder in die Klinik fahren, wenn:
- die Wehen im Abstand von zwei bis fünf Minuten kommen.
- die Fruchtblase gesprungen ist.
- Schmerzen auftreten, die nicht wie Wehen in regelmäßigen Abständen kommen und wieder abklingen.
- Blutungen auftreten, die sich nicht durch das Abgehen des gallertartigen, bräunlichen Schleimpfropfens erklären lassen.

Essen und trinken

Früher durften Frauen während der ganzen Geburt weder essen noch trinken, damit es keine Schwierigkeiten gab, für den Fall, daß eine Schnittentbindung mit Narkose notwendig würde. Heute ist das nicht mehr so. Trotzdem gilt an vielen Entbindungsstationen dieses Verbot immer noch.

Die Frau sollte, wenn sie Hunger oder Durst hat, darauf bestehen, eine leichte Mahlzeit und etwas zu trinken zu bekommen, damit sie bei Kräften bleibt.

Übergangsphase

Kurz bevor die Austreibungsphase beginnt, kommen die Wehen in kurzen Abständen, oft auch völlig unregelmäßig, und sie sind ausneh-

PHASEN DER GEBURT

Wehenphase	Was Sie fühlen	Maßnahmen
Frühe Eröffnungsphase Öffnung des Muttermunds: bis zu 2 Zentimeter Wehen: 30 bis 60 Sek. lang, im Abstand von 5 Minuten oder mehr	Rückenschmerzen Durchfall oder Verstopfung Bauchkrämpfe	Herumlaufen Häufigkeit stoppen, Becken bewegen gegen Rückenschmerzen
Blasensprung	Aufregung, Ungeduld Wunsch, zu reden	Langsam und tief atmen Stündlich Wasser lassen Bewußte Entspannung Ein Bad nehmen
Mitte der Eröffnungsphase Öffnung des Muttermunds: 4 bis 8 cm Wehen: 45 bis 60 Sek. lang, im Abstand von 3 bis 5 Minuten	Stärkere, häufigere, längere Kontraktionen Größere Anspannung Wunsch nach Gesellschaft Ruhelosigkeit Rückenschmerzen und/oder Schmerzen in den Beinen	Atmung: tiefe oder beschleunigte Brustatmung Leichte Massage des Rückens durch den Partner Häufiges Wechseln der Position: Sitzen, Stehen, Knien, Hocken, Knie-Ellbogen-Lage, Liegen. Konzentration auf die Wehen, Herumlaufen
Späte Eröffnungsphase Öffnung des Muttermunds: 10 cm	Krämpfe und Schütteln in den Beinen Übelkeit, Erbrechen Starke Anstrengung Hitzegefühl	Tief ein- und ausatmen Partner hilft beim Atemrhythmus Verständigung durch Blickkontakt
Wehen: 60 bis 90 Sek. lang, im Abstand von 2 bis 3 Minuten aufeinanderfolgend oder mit doppeltem Höhepunkt	Totale Beteiligung oder Erschlaffung Anspannung Zunehmender Druck Wunsch, zu pressen Verzweiflung	Ermutigung zum Wachbleiben durch den Partner Schenkelmassage zwischen den Wehen Partner weckt rechtzeitig zu den Wehen Andere Positionen einnehmen Nicht zu früh pressen
Übergangsphase Öffnung des Muttermunds: 10 cm Wehen: in kurzen Abständen, besonders heftig	Übelkeit, Erbrechen Wunsch, zu pressen Verwirrung, Verzweiflung, Wut, Verzagtheit	Hechelatmung Nicht pressen, Positionen wechseln
Austreibungsphase Wehen: 45 bis 90 Sek. lang, im Abstand von 2 bis 5 Minuten	Wehen können sich verlangsamen oder ändern Wunsch zu pressen Druck auf After und Damm Totaler Einsatz Gefühl des Streckens Kopf des Kindes bewegt sich nach unten Durchstoßen des Kopfes	Auf die Anweisungen der GeburtshelferInnen hören Dammuskulatur entspannen Nach unten und vorn drücken Keine Angst, heftig zu drücken Bereit sein, das Pressen auf Zuruf einzustellen Mit dem Pressen aufhören, sobald der Kopf geboren ist Hechelatmung
Nachgeburtsphase Austreibung der Plazenta	Leichte Wehen	Bei der Wehe pressen

mend heftig. Die Frauen spüren einen heftigen Preßdrang, sollen ihm aber noch nicht nachgeben. Darum ist diese Phase üblicherweise die unangenehmste. Spätestens jetzt platzt die Fruchtblase.

In dieser Phase toben in den Frauen viele Gefühle wild durcheinander: Hoffnung, es möge bald vorbei sein, Angst, es könne noch viel länger als erwartet dauern, Verzagtheit, weil nichts so recht vorangeht, Wut über das, was Frauen erleiden müssen. Übelkeit und Erbrechen können sich einstellen, und plötzlich wird es auch schwieriger, den Wehen richtig zu begegnen.

Was tun?

Gerade in dieser aufwühlenden Phase der Geburt kann es guttun, sich noch einmal aufzuraffen und aufzustehen, herumzugehen, auch wenn das vorerst undenkbar erscheinen mag. Es erleichtert die Geburt, den Gefühlen freien Lauf zu lassen: Stöhnen, Seufzen, Schreien, alles ist erlaubt. Der Partner kann trösten, seine Nähe spüren lassen und Mut machen. Die Frau braucht Lob für die harte Arbeit, die sie tut, und Ansporn. Er kann sie daran erinnern, daß sie ihr Baby bald in den Arm nehmen kann.

Viele Frauen wollen jetzt nicht mehr gestreichelt oder massiert werden. Ihnen sind die Berührungen in dieser Phase unangenehm. Gegen den Schmerz im Kreuz kann der Partner fest gegen das Kreuzbein seiner Partnerin drücken.

Austreibungsphase

In dem Augenblick, in dem das Kind am Beckenboden der Mutter angelangt ist, verändert sich mit einem Schlag der Charakter der Wehen. Statt wie bisher die Wehen für sich arbeiten zu lassen, sich den Wellenbergen der Kontraktionen hinzugeben, sie anzunehmen, kann die Frau nun aktiv mitarbeiten.

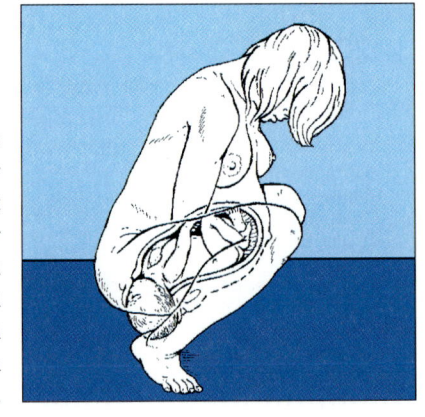

Nun darf sie das Kind mit allen Kräften nach unten drücken. Manche holen tief Luft, andere pressen unter ekstatischem Schreien, wieder andere schieben im Rhythmus der Atmung. Alle Muskeln pressen das Kleine hinaus. Der Abstand zwischen den Wehen kann nun wieder größer sein, aber die Kontraktionen dauern länger und kosten viel Kraft.

Das Gewebe um die Scheide dehnt sich mehr und mehr. Die Hebamme schützt den Damm mit einer Hand vor dem Einreißen, mit der anderen bremst sie den Kopf des Kindes und drückt ihn nach vorn. Manchmal ist es notwendig, dann, wenn das Gewebe am meisten gedehnt ist, die Scheide durch einen Schnitt in Richtung After zu vergrößern (> Dammschnitt, Seite 205).

Die Austreibungsphase kann bis zu zwei Stunden dauern, meist ist sie aber viel kürzer. Bei Frauen, die schon ein Kind geboren haben, genügen manchmal wenige Preßwehen, und das Kind ist da.

Was tun?

Während der Austreibungsphase braucht das Kind besonders viel Sauerstoff. Den bekommt es am ehesten, wenn seine Mutter ganz tief zu ihm hinatmet.

Setzen die Preßwehen ein, bevor der Muttermund völlig offen ist oder wenn der Kopf noch nicht tief genug im Becken sitzt, hilft die »Hechel- oder Schmetterlingsatmung«, den Preßdrang zu überwinden. Dabei atmet die Frau die Luft nur kurz und oberflächlich ein und aus – so leicht, wie ein Schmetterling mit seinen Flügeln schlägt. Wenn dann endlich die Aufforderung »Mitpressen!« kommt, ist es eine große Erleichterung, fest hinunterdrücken zu dürfen.

In aufrechter Stellung, in der Hocke, im Vierfüßlerstand oder festgehalten durch den Partner öffnet sich der Geburtsweg leichter, die Gebärmutter kann effektiver arbeiten, als wenn die Frau auf dem Rücken liegt.

Die Gefühle beim Herausgleiten des Kindes beschreiben alle Frauen unterschiedlich; die Empfindungen reichen von Schmerz, Verwirrung und Staunen bis zu Lust und Ekstase. Positive Gefühle können sich nur entwickeln, wenn die Atmosphäre im Entbindungszimmer dazu angetan ist. Häufig werden ÄrztInnen und Hebamme in der letzten Phase der Geburt hektisch und feuern die Frau an, immer noch stärker Luft zu holen und mitzupressen – bis Mutter und Kind völlig erschöpft sind. In diesem Streß hat eine Frau kaum die Chance, Lust zu empfinden.

In vertrauensvoller, ruhiger Stimmung aber, fest gestützt durch den Partner und ohne unnötige Hektik, kann sich die Frau auf ihr Baby, das sich gerade das letzte Stück des Weges erarbeitet, konzentrieren und das unbeschreibliche Gefühl genießen, wenn das Kind aus ihrem Körper gleitet.

Nachgeburtsphase

Das Baby ist da und liegt, wenn die Frau im Liegen oder Sitzen geboren hat, auf dem Bauch der Mutter. Hat die Frau ihr Kind aus der Hocke oder dem Vierfüßlerstand geboren, liegt das Baby zwischen ihren Beinen auf dem Boden. Gewärmte Windeln sollten es vor Unterkühlung schützen, damit sich die junge Mutter Zeit nehmen kann, bis sie bereit ist, ihr Kind zu sich zu nehmen.

Die durchtrennte Nabelschnur bedeutet noch nicht das Ende der Geburt. Nach 10 bis 20 Minuten beginnt die Gebärmutter, sich noch einmal wehenartig zusammenzuziehen. Mit diesen Kontraktionen löst sich der Mutterkuchen von ihren Innenwänden und wird nach draußen gestoßen.

Die Nachgeburt muß vollständig abgehen. Um das zu überprüfen, kontrollieren die GeburtshelferInnen die Plazenta genau. Ist sie unvollständig, muß der Uterus ausgeschabt werden. Andernfalls kann es später zu schweren Blutungen oder Infektionen kommen.

STURZGEBURT

Nur ganz selten hat es das Baby besonders eilig. Es kommt zur Welt, kaum daß die Mutter mitbekommen hat, daß die Geburt losgeht. Sturzgeburten gehen fast immer komplikationslos vor sich.

Die Schwangere sollte sich keinesfalls aufrecht halten, damit sie die Geburt nicht zusätzlich beschleunigt. Wenn das Baby am Beckenboden angelangt ist und die Frau das Bedürfnis hat, mit den Wehen zu pressen, soll sie sich seitlich zusammenrollen – das beugt einem Dammriß vor. Ist das Baby da, sollte auch das Neugeborene in Seitenlage genommen werden, damit Schleim und Fruchtwasser aus seinen Atemwegen abfließen können. Nach etwa zehn Minuten hat sich das Neugeborene auf die eigene Atemtätigkeit eingestellt. Sobald die Nabelschnur aufgehört hat zu pulsieren, kann sie durchtrennt werden. Dazu wird sie eine Handbreit vom Nabel entfernt zweimal abgebunden und dazwischen durchschnitten.

Mutter oder Vater können mit dem Abnabeln aber auch warten, bis HelferInnen da sind. Solange die Nabelschnur noch pulsiert, müssen Sie darauf achten, daß das Kind nicht höher liegt als die Nachgeburt. Sonst fließt Blut aus dem Körper des Babys in den Mutterkuchen zurück. Am besten legen Sie die Nachgeburt auf Bauch oder Rücken des Kindes. Decken Sie sich und das Baby warm zu.

Sollte sich die anfangs leicht bläuliche Hautfarbe des Kleinen nicht bald in ein kräftiges Rosa verwandeln und es etwas schlaff aussehen, massieren Sie es auf Rücken und Fußsohlen.

LAGE DES KINDES

Das Ungeborene hat in seinem Wasserbett relativ frei Bewegungsfreiheit. Darum kann es sein, daß es am Ende der Schwangerschaft nicht immer in der für die Geburt optimalen Position liegt.

Normale Lage

Liegt das Baby mit dem Kopf nach unten im Geburtskanal, das Kinn eng an die Brust angelegt, braucht es auf dem engen Weg so wenig Platz wie möglich (Hinterhauptslage). Seltene andere Lagemöglichkeiten sind:
● Vorderhauptslage: Das Kind hält den Kopf gerade.
● Stirnlage: Das Kinn ist etwas stärker angehoben als bei der Vorderhauptslage.
● Gesichtslage: Der Kopf des Kleinen ist in den Nacken zurückgelegt.

Steißlage

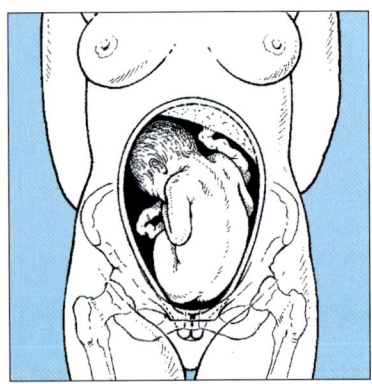

Ungefähr jedes zwanzigste Baby stellt sich bis zur letzten Minute nicht mit dem Kopf nach unten ein; es liegt mit dem Po in Richtung Ausgang.
Die Steißlage muß nicht risi-

koreicher sein als andere Geburtslagen. Dennoch machen viele GeburtshelferInnen vorsorglich einen Kaiserschnitt. Wann eine Schnittentbindung notwendig ist, ist umstritten. Derzeit gilt: Wenn das Kind bei der Ultraschalluntersuchung auf weniger als 1500 Gramm geschätzt wird, oder wenn es das

WENDE-MANÖVER

Mit einer Reihe von Methoden läßt sich ein Baby in die richtige Startposition bringen, wenn es das nicht schon vorher freiwillig getan hat:
● Die Indische Kerze:
Dabei legt sich die werdende Mutter täglich etwas mehr als eine Viertelstunde auf Kissen und Decken, und zwar so, daß das Becken höher liegt als der Oberkörper. Manchmal ist diese Stellung dem Ungeborenen zu unbequem, und es dreht sich um.
● Die äußere Wendung:
Manche GeburtsmedizinerInnen versuchen in der 37. Schwangerschaftswoche, das Kind mit den Händen zu drehen. Meistens werden dazu wehenhemmende Medikamente verabreicht.
● Drehung mit Laserlicht:
Manche Babies folgen dem rötlichen Lichtschein einer Laserlampe, der durch die Bauchdecke der Mutter dringt, neugierig und drehen sich mit ihm in Richtung Beckenboden.
● Moxibustion:
Ab der 32. Woche können Hebammen, die mit dieser chinesischen Technik Erfahrung haben, das Kind veranlassen, sich zu drehen. Dabei werden bestimmte Bereiche der kleinen Zehen für kurze Zeit mit einer brennenden Zigarre aus Beifußkraut erwärmt.

erste Kind einer Frau ist und mehr als 3.600 Gramm wiegt.

Querlage

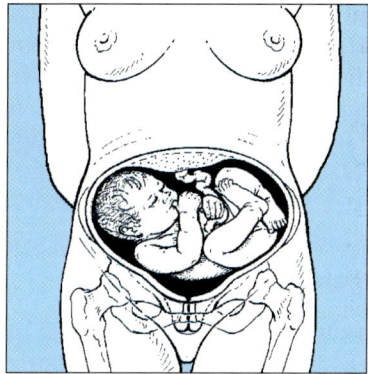

Eines von 200 Babys liegt quer zu den Geburtswegen in der Gebärmutter. In dieser Lage ist eine normale Geburt unmöglich. Sind die Wendeversuche erfolglos geblieben, so bleibt im allgemeinen nur der Kaiserschnitt.

Nabelschnurkomplikationen

Vierzig Wochen lang ist das Baby im Mutterleib über die Nabelschnur mit dem mütterlichen Organismus verbunden. In dem gallertartigen, gewundenen Schlauch befinden sich zwei Nabelarterien und die Nabelvene. Die Nabelschnur ist mindestens so lang wie das Baby, 50 Zentimeter, nur selten viel kürzer oder länger.

Es kommt recht häufig vor, daß sich die Nabelschnur verknotet oder um das Kind wickelt. Aber nur selten führt das zu ernsten Komplikationen. Die Hebamme hat bei sorgfältiger Kontrolle genügend Zeit und die Möglichkeit, die Nabelschnur abzuwickeln.

Beim »Nabelschnurvorfall« ist die Nabelschnur zwischen dem Körper des Kindes und dem Geburtskanal eingeklemmt, so daß die Versorgung des Kindes unterbrochen ist. Diese Komplikation ist selten, kommt aber bei Kindern in Steiß- oder Querlage sowie bei Frühgeburten häufiger vor als bei Kindern in Normallage.

Mehrlingsgeburten

Es gibt zunehmend mehr Mehrlingsschwangerschaften. Heute muß jede 50. Schwangere damit rechnen, bei einer Geburt mehr als einem Kind das Leben zu schenken. Ursache ist die Kinderwunschbehandlung: Frauen, die lange vergeblich auf ein eigenes Kind gehofft haben, werden mit Hormonen behandelt, die mehrere Eizellen zur selben Zeit reifen lassen, so daß mehrere gleichzeitig befruchtet werden können (> Unerfüllter Kinderwunsch, Seite 226).

Abgesehen davon haben manche Frauen eine Veranlagung, zweieiige Zwillinge zu bekommen. Diese entstehen aus zwei gleichzeitig gereiften und getrennt befruchteten Eizellen und sind einander nicht ähnlicher als andere Geschwister. Statistisch gesehen sind zwei von drei Zwillingspärchen zweieiig, eines ist eineiigen Ursprungs.

Zu eineiigen Zwillingen kommt es, wenn sich ein Embryo im Frühstadium seiner Entwicklung in zwei gleiche Teile teilt, die sich getrennt weiterentwickeln. Die beiden Kinder sind einander sehr ähnlich und haben immer das gleiche Geschlecht.

Mehrlingsschwangerschaften gelten als Risiko, weil die Kinder bei der Geburt meist weniger wiegen als Einzelkinder. 60 Prozent der Zwillinge kommen um vier Wochen zu früh auf die Welt. Mehrlinge haben es meist noch eiliger.

Zwillinge können auf normalem Weg geboren werden, wenn zumindest eines der beiden mit dem Kopf nach unten liegt. Wenn beide Kinder mit dem Po nach unten liegen, wird besser ein Kaiserschnitt gemacht.

GEBURTSSCHMERZEN LINDERN

Die Muskulatur der Gebärmutter ist anders aufgebaut als die von Armen und Beinen. Sie besteht aus sogenannten glatten Muskelfasern, die sich zwar langsamer zusammenziehen, dafür aber um so kräftiger und ausdauernder. Sind diese Kontraktionen sehr heftig, werden sie als schmerzhaft empfunden. Bei der Geburt verursacht auch die extreme Dehnung des Gewebes, wenn sich das Baby durch den Geburtskanal schiebt, Schmerzen.

Angst verstärkt Schmerzen

Wohl jede Frau hat vor der Entbindung Angst. Angst vor Schmerzen, vor dem Unbekannten. Angst schafft aber Verkrampfung, Verkrampfung bedingt Schmerzen, und Schmerzen machen Angst. Wird diese Angstspirale nicht unterbrochen, dreht sie sich immer weiter.

In den Geburtsvorbereitungskursen lassen sich Ängste schon vor der Geburt abbauen (> Seite 175). Je besser eine Frau informiert ist, wie eine Geburt abläuft und wie sie sie sich erleichtern kann, desto gelassener kann sie an die Geburtsarbeit herangehen.

Frauen, die meinen, darauf nicht verzichten zu können, sollten sich nicht scheuen, entkrampfende oder schmerzstillende Medikamente anzunehmen. Die Entscheidung, ob sie ein solches Mittel haben wollen, sollten sie jedoch unbedingt selbst treffen und nicht den ÄrztInnen überlassen.

Vorkehrung der Natur: Endorphine

Um Schmerzen nicht vollkommen hilflos ausgeliefert zu sein, produziert der Körper eigene »Schmerzmittel«, die Endorphine. Diese hormonähnlichen Substanzen entstehen auch bei extremen körperlichen Anforderungen wie zum Beispiel beim Marathonlauf und bedingen das Hochgefühl bei solchen Belastungen.

Während der Geburt mildern

Endorphine die Schmerzen und verstärken die Kraft, die anstrengende Arbeit durchzustehen.

Vorkehrung der Natur: Druckanästhesie

Wenn der harte Kopf oder Po des Babys gegen den Beckenboden drückt, preßt er alles Blut aus dem Gewebe, und auch die Nerven können ihre Impulse nicht mehr weiterleiten. Das macht diesen Bereich auf natürliche Weise schmerzunempfindlich. Darum schmerzen weder Dammriß noch Dammschnitt, wenn sich der Kopf des Kindes hinauszwängt.

Angenehme Umgebung

Schmerzen drücken oft unbewußte Ängste aus. In fremder Umgebung, unter unbekannten, häufig wechselnden Menschen ist es nur sehr schwer möglich, die Ruhe und Gelassenheit zu entwickeln, die eine Geburt erleichtern. Es kommt vielmehr zu Verspannungen und Verkrampfungen (> Wahl des Orts, Seite 179).

Andererseits tragen eine heimelige Atmosphäre und bekannte Menschen dazu bei, Vertrauen zu entwickeln, so daß sich die Schmerzen nicht unnötig eskalieren.

Massagen

Der Partner kann der Frau während der Wehen Zuwendung und Vertrauen vermitteln, indem er einzelne Körperregionen massiert. Besonders im Kreuzbeinbereich lindert fester Gegendruck der Hände des Partners den Dehnungsschmerz des Muttermundes. Eine zarte Massage von Schultern und Rücken wirkt entspannend. Viele Frauen empfinden es angenehm, wenn der Partner die Innenseite der Schenkel entlangstreicht.

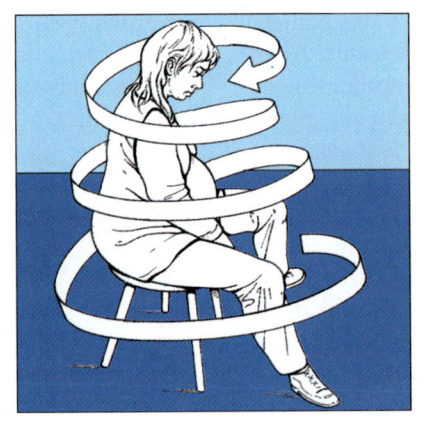

Yoga

Es gibt spezielle Yogakurse für Schwangere. Doch Yoga ist eigentlich keine spezielle geburtserleichternde Methode, sondern eine allgemeine Lebenseinstellung. Zu ihr gehören Hinweise zur Ernährung, Regeln für die Lebensführung, Konzentrations- und Atemübungen. Die Bewegungs- und Atemübungen des Yoga kommen den darin geübten Frauen allerdings in der Schwangerschaft und während der Geburt sehr zunutze.

Autogenes Training

Autogenes Training ist eine relativ leicht erlernbare Methode, um seinen Körper positiv zu beeinflussen. Es entspannt und fördert die Durchblutung. Mit autogenem Training läßt sich erreichen, daß die Geburtswege weich und elastisch bleiben. Die Vorsatzformeln, mit denen sich jede Frau individuell unterschiedlich zur Entspannung führt, muß sie bereits während der Schwangerschaft einüben, wenn sie ihr bei der Geburt zugute kommen sollen.

Autogenes Training sollte in einer Gruppe erlernt werden, die möglichst von ausgebildeten TherapeutInnen geleitet werden. Bis man diese Entspannungsmethode nutzbringend anwenden kann, dauert es einige Zeit.

Hypnose

Die Wirkung einer Hypnose zur Geburtserleichterung ähnelt der des autogenen Trainings: Sie entspannt, entkrampft und lindert damit Schmerzen.

Schon während der Schwangerschaft sollten Sitzungen mit dem Hypnotiseur die Geburt vorbereiten.

Akupunktur

Akupunktur ist eine ausgezeichnete, aber wenig angewandte Methode, um die Eröffnungsphase zu erleichtern. Für vier von fünf Frauen verkürzt sich durch die Nadeln die Geburt um ein Drittel der Zeit.

Einige wenige Nadeln genügen im allgemeinen, um das Zentralnervensystem zu beruhigen und Hormonsystem, Muskulatur und Gefäße positiv zu beeinflussen. Akupunktur lindert Angst und wirkt so Schmerzen entgegen. Da die Akupunktur eine vorbeugende Methode ist, sollte die Frau schon mindestens vier Wochen vor der Entbindung mit wöchentlichen Akupunktursitzungen beginnen. Nebenwirkungen sind nicht zu befürchten. Akupunktur wird – wenn überhaupt – hauptsächlich in großen Kliniken angeboten.

Homöopathie

Es gibt eine Reihe homöopathischer Präparate für die Geburtshilfe, die jedoch nur von ausgebildeten homöopathischen ÄrztInnen ausgewählt werden sollten. Sie sind für die werdende Mutter und ihr Kind ohne negativen Einfluß.

Einige Beispiele: »Pulsatilla« und »Caulophyllum« kräftigen die Wehen, machen sie regelmäßiger und festigen die Psyche. »Nux vomica« oder »Belladonna« machen starke, aber wenig effektive Wehen wirkungsvoller. »Arnica« hilft der erschöpften Frau.

Medikamente

Alle Medikamente, die die Mutter während der Geburt bekommt, gehen über den Mutterkuchen auf das Kind über.

Dennoch kann man auf Medikamente nicht vollkommen verzichten. Übersteigen die Schmerzen die Belastungsgrenze der Frau, kann das richtige Medikament zur richtigen Zeit entscheidend helfen.

Wichtig ist, daß alle bei der Geburt Beteiligten über Vor- und Nachteile der verschiedenen Möglichkeiten der Schmerzlinderung Bescheid wissen und aktiv an der Entscheidung mitwirken

RISIKOGEBURT

Der Begriff »Risiko« wird viel zu häufig auf schwangere Frauen angewendet. Viele Frauen belastet diese Einstufung sehr. Sie machen sich unnötige Sorgen, welche Komplikationen wohl auf sie zukommen werden. Eine Geburt sollte besonders gut vorbereitet und betreut werden, wenn

● die Gefahr einer Frühgeburt besteht (> Seite 168). Um das zarte Kind zu schonen, muß oft ein Scheidendammschnitt gemacht werden. Für das frühgeborene Kind müssen Kinderärztin oder Kinderarzt und eine Intensivstation bereitstehen.

● das Kind in Steißlage ist. Das Baby kann ohne Probleme auf normalem Weg geboren werden, wenn es nicht leichter als 1.500 Gramm und schwerer als 3.600 Gramm ist.

● Mehrlinge geboren werden. Eine solche Geburt müssen ÄrztInnen und Hebamme kontinuierlich kontrollieren. Meist sind die Kinder sehr zart. Zwillinge können normal geboren werden, wenn zumindest das erste Kind mit dem Kopf nach unten liegt. Häufig ist aber ein Kaiserschnitt nötig.

● der Mutterkuchen an einer falschen Stelle sitzt (> Plazenta praevia, Seite 173). Dann muß ein Kaiserschnitt gemacht werden.

● bei Rhesusunverträglichkeit. Wenn die Mutter rh-negatives Blut hat, ist das nur dann von Bedeutung, wenn sie Rhesusantikörper im Blut hat. Das Kind muß dann beobachtet, eventuell das Blut ausgetauscht werden.

● eine Ultraschalluntersuchung auf eine Mißbildung des Kindes hinweist.

● die Mutter schwer krank ist. Für sie muß die Geburt möglichst schonend gestaltet werden, um sie nicht zu sehr zu belasten.

können, ob und welches Medikament verwendet werden soll.

Die meisten Mittel gegen Geburtsschmerzen dämpfen das Erinnerungsvermögen der Frau erheblich. Sie nimmt die Geburt nur noch halb wahr; diese Frauen können oft später gar nicht sagen, wie sie die Geburt erlebt haben.

Krampflösende Mittel

Damit sich der Muttermund leichter öffnet, werden Zäpfchen verabreicht, die das Gewebe auflockern und weicher machen. Das gängigste Präparat heißt Buscopan. Seine Nebenwirkungen halten sich in Grenzen.

In Kliniken wird oft schon im frühen Stadium der Geburt zur Entspannung von Muskeln und Psyche der Tranquilizer Diazepam (Valium [D/Ö], Gewacalm [Ö]) gegeben. Doch nicht immer stellt sich die erwünschte Wirkung tatsächlich ein, dafür wird die Frau müde und gleichgültig. Von dieser Dämpfung bekommt das Kind in ihrem Bauch auch seinen Teil ab. Weil das Psychopharmakum längere Zeit nachwirken kann, sollte es nicht routinemäßig eingesetzt werden.

Schmerzstillende Mittel

Besondere Vorsicht ist angebracht bei Schmerzmitteln wie Pethidin (Dolantin [D], Alodan [Ö]), die auf das Zentralnervensystem wirken. Trotzdem wird es in Kliniken häufig verabreicht.

Die opiumähnliche Substanz wird in das Hinterteil gespritzt und wirkt binnen zehn Minuten gegen die Schmerzen im Bauch. Manche Frauen erleben den Effekt als angenehm berauschend, andere als so benebelnd, daß sie mit den Kontraktionen ihrer Gebärmutter nicht mehr aktiv arbeiten können. Weitere mögliche Nebenwirkungen sind Beeinträchtigung der Wehentätigkeit oder Übelkeit.

Für das Kind kann das Schmerzmittel gefährlich werden, weil es seinen Herzschlag erheblich beeinträchtigen kann.

Wird das Medikament weniger als zwei bis drei Stunden vor der Geburt des Säuglings injiziert, kann das Kleine auch nach der Geburt noch große Probleme mit der Atmung bekommen, so daß es eventuell künstlich beatmet werden muß. Das kann zum Problem werden, weil niemand sicher voraussagen kann, wie lange die Geburt dauern wird.

Besonders gefährdet durch die Nebenwirkungen des Präparats sind frühgeborene Kinder. Zudem können Pethidin-Babys noch tagelang schläfrig und trinkfaul sein.

Lachgas war früher das gängige Schmerzmittel schlechthin. Das Mittel ist längst veraltet und sollte nicht mehr angewendet werden. Es hat die Mitarbeit der Mutter bei der Geburt beeinträchtigt und manchmal starke Übelkeit hervorgerufen.

Damminfiltration

Die ÄrztInnen spritzen ein lokal wirkendes Betäubungsmittel fächerförmig in das Dammgewebe, um es vor dem Nähen eines Scheidendammschnitts schmerzunempfindlich zu machen.

Parazervikalblockade

Diese Art der lokalen Betäubung des Muttermundes ist abzulehnen. Dabei wird ein Mittel beiderseits des Muttermundes in das Gewebe gespritzt, sobald er sich etwa vier bis sechs Zentimeter eröffnet hat, um den Dehnungsschmerz zu beseitigen.

Die unerwünschten Wirkungen der Parazervicalblockade sind gravierend: Krämpfe, plötzlicher Blutdruckabfall bei der Frau und dadurch Gefährdung des Ungeborenen. Auch das Kind nimmt über die Plazenta das Mittel in hoher Konzentration auf, der Puls des Ungeborenen kann dramatisch absinken.

Pudendusblockade

Diese lokale Betäubungsart wird eingesetzt, um den letzten großen Schmerz in der Austreibungsphase, wenn sich das Köpfchen durch die Scheide zwängt, auszuschalten. Von der Scheide her injizieren ÄrztInnen das Anästhetikum in die Gegend der Sitzbeinhöcker. So blockieren sie den Nerv, der den Schmerz zwischen Scheidenausgang und After weiterleitet.

Häufig wird zusätzlich eine Damminfiltration gemacht, weil die Pudendusblockade die Dammgegend nicht ausreichend betäubt.

Nebenwirkungen treten bei der Blockade des Pudendusnerven nicht auf; allerdings kann die Betäubung das Geburtserlebnis beeinträchtigen.

Eine Pudendusblockade ist notwendig, wenn das Kind mit Saugglocke oder Zange geholt werden muß.

Peridural- oder Epiduralanästhesie

Zwischen den Lendenwirbeln und dem Rückenmark verlaufen die Nerven in Richtung Unterleib. In diesen sogenannten Periduralraum spritzen ÄrztInnen das Betäubungsmittel und machen so den gesamten Unterkörper der Frau gefühllos.

Diese Methode wird den werdenden Müttern als »schmerzlose Geburt« angepriesen. Verschwiegen wird ihnen dabei allerdings, daß sie sich dadurch völlig in die Hand der GeburtshelferInnen begeben.

Was in ihrem Unterkörper geschieht, spürt die Frau entweder überhaupt nicht oder nur als leichtes Spannungsgefühl, bis ihr Muttermund so weit ist, das Baby freizulassen. Nach dem Kommando der HelferInnen, die am Herzton-Wehenschreiber (> Seite 204) erkennen, daß die Preßphase beginnt, drückt die Frau ihr Kind aus dem Körper, ohne das körperlich empfinden zu können. ÄrztInnen sehen den Vorteil dieser Anästhesie darin, daß sie keine Narkose mehr einleiten müssen, wenn eine Zangen- oder Schnittentbindung notwendig wird. Sie lassen sich ohne Zeitverzögerung durchführen.

Als Kehrseite dieses bequemen Zugriffs erscheint dann jedoch, daß Zangen- und Saugglockenentbindungen tatsächlich häufiger durchgeführt werden müssen.

Die PDA verkürzt die Eröffnungsphase; dafür dauert die Austreibungsphase länger. Die Nebenwirkungen sind zudem erheblich:

● Unmittelbar nach der Injektion kann es zu Schwindelgefühlen kommen, weil die PDA den Blutdruck absenken kann. Meist wird die werdende Mutter daher vorsorglich an eine Infusion mit einem Medikament angeschlossen, das den Blutdruck wieder anheben soll. Ist der Blutdruck allzu niedrig, bekommt das Ungeborene zuwenig Sauerstoff.

● Den Wehen muß oft mit Medikamenten nachgeholfen werden.

● Die Frau verspürt keinen Drang zu pressen. Bei einer Geburt auf natürlichem Wege könnte eine Periduralanästhesie bestenfalls dann angebracht sein, wenn die Frau besonders ängstlich ist.

● Die Frau kann noch Tage nach der Geburt Kopfschmerzen haben, die Beine können vorübergehend gelähmt sein.

Ist jedoch schon vor der Geburt klar, daß ein Kaiserschnitt vorgenommen werden muß (> Gründe für Kaiserschnitt, Seite 207), dann ist die PDA der Vollnarkose vorzuziehen. In diesem Fall überwiegen die Vorteile der lokalen Betäubung die Nachteile der Vollnarkose bei weitem. Außerdem entsteht für die Mutter keine Erinnerungslücke.

DAS BABY KOMMT ZU FRÜH

GeburtshelferInnen unterscheiden echte »Frühchen«, die vor der 38. Schwangerschaftswoche das Licht der Welt erblicken, von Mangelgeburten, die für das Schwangerschaftsalter zu klein sind.

Je näher eine Schwangerschaftsdauer der wirklichen Dauer von 40 Wochen kommt, desto besser für das Kind. Viele Organe reifen erst in den letzten Wochen aus und erlangen erst in dieser Zeit ihre volle Funktionstüchtigkeit.

Besonders die Lunge reift erst relativ spät. Daher leiden Frühgeborene – besonders wenn sie vor der 32. Schwangerschaftswoche geboren werden – häufig am sogenannten Atemnotsyndrom. Eine maschinelle Beatmung ist dann notwendig. Da sie aber das zarte Lungengewebe sehr belastet, setzen fortschrittliche NeugeborenenmedizinerInnen diese Maßnahme nur ein, wenn es tatsächlich unumgänglich ist.

Wenn sich eine Frühgeburt ankündigt, versuchen ÄrztInnen, die Lungenreifung durch Kortisoninjektionen zu beschleunigen. Weil die Lungen des Babys jedoch 24 Stunden brauchen, um darauf zu reagieren, ist es so wichtig, bei den ersten Anzeichen einer drohenden Frühgeburt den Arzt zu verständigen (> Drohende Frühgeburt, Seite 168).

Alle anderen Komplikationen, die sich bei Frühgeborenen einstellen können, sind erst nach der Geburt zu behandeln.

Babys, die sich zu früh auf die Welt drängeln, bedürfen eines besonders schonenden Geburtsverlaufs. Schmerzstillende Medikamente beeinträchtigen Atmung, Temperaturregulation und Blutkreislauf.

Vorzeitige Wehen

Wenn vor der 37. Schwangerschaftswoche öfter als zwei- bis dreimal in der Stunde Wehen spürbar sind, die zwischen 30 und 60 Sekunden dauern und den Muttermund eröffnen, droht eine Frühgeburt. Erste Warnhinweise für vorzeitige Wehen sind anhaltende Kreuzschmerzen, ein Ziehen im unteren Teil der Gebärmutter und Druckgefühl im Unterbauch.

Wie die Wehen stoppen?

Häufig sind es Kummer, seelische oder körperliche Überforderung in Beruf und/oder Alltag, die die Wehen so früh auslösen. Ist es möglich, diese

Gründe aus der Welt zu schaffen, bleiben auch die Wehen aus. Doch oft ist das nur mit Hilfe durch Außenstehende möglich. Das können eine verständnisvolle Ärztin oder ein Arzt sein, aber auch eine andere Vertrauensperson, mit der die Frau über ihre Probleme und Ängste sprechen kann.

Manchmal können Schonung und Bettruhe die Gebärmutter wieder beruhigen. Entspannungs- und Atemübungen, Yoga oder Fußreflexzonenmassage können ebenfalls helfen.

Einige Entbindungskliniken bieten spezielle Kurse für Frauen mit Risiken in der Schwangerschaft an – vor allem mit vorzeitigen Wehen. Eine maßgeschneiderte Betreuung soll die Angst-Wehen-Spirale (> Seite 194) unterbrechen und die mit vorzeitigen Wehen meist einhergehenden Schuldgefühle der Frauen abbauen. Unter Anleitung von PsychologInnen können sich die Frauen aussprechen und meditieren. Sie lernen, sich zu entspannen, und haben Gelegenheit, Methoden wie die Fußreflexzonenmassage auszuprobieren.

Frauen, die meinen, durch vorzeitige Wehen gefährdet zu sein, können sich in Beratungsstellen und Zentren für Natürliche Geburt und Elternschaft und in Familienbildungsstätten erkundigen, wer solche Kurse und Betreuungsmöglichkeiten anbietet.

Wenn all diese Maßnahmen die frühzeitige Wehentätigkeit nicht stoppen, bekommt die Frau häufig wehenhemmende Medikamente – ein umstrittenes Vorgehen. Manchmal muß sie zusätzlich in Schräglage liegen. Dabei wird ihr Bett so angehoben, daß der Kopf tiefer liegt als der Körper, um die Gebärmutter vom Druck zu entlasten.

Wehen mit Medikamenten hemmen

Die Infusion von Wehenhemmern ist umstritten. Zum einen haben Studien ergeben, daß die Frühgeburtenrate nicht größer ist, wenn ÄrztInnen darauf verzichten, Wehenhemmer einzusetzen; zum anderen haben diese Medikamente eine Reihe beträchtlicher Nebenwirkungen:

VIELE FRÜHGEBURTEN

Fünf bis fünfzehn Prozent aller Kinder werden zu früh geboren. Die Ursachen müssen auch außerhalb des medizinischen Bereichs gesucht werden:

Bislang wurde den psychischen Faktoren, die Frühgeburten begünstigen können, zuwenig Aufmerksamkeit geschenkt. Überforderung in der Familie und/oder am Arbeitsplatz können eine Schwangerschaft ganz entscheidend beeinflussen. Man weiß, daß die Lebensumstände ebenso wie unbewußte Ängste vor dem Kinderhaben eine Schwangerschaft negativ beeinflussen können, ja sogar verhindern können, daß eine Frau schwanger wird (> Unerfüllter Kinderwunsch, Seite 226). Vieles spricht dafür, daß die äußeren Umstände auch die Schwangerschaftsdauer beeinflussen. Völlig ungeklärt ist, inwieweit die ständig steigende allgemeine Belastung durch Umweltfaktoren die Schwangerschaftsdauer verkürzen kann. Mit jedem Jahr steigt die Zahl der in die Umwelt ausgebrachten neuartigen Chemikalien. Hinzu kommt eine gewisse Strahlenbelastung, die sich mit der Zeit summiert.

Unbestritten ist, daß Rauchen, Alkohol und andere Drogen die Dauer der Schwangerschaft verkürzen. Auch die Kinder von magersüchtigen Frauen kommen häufig zu früh auf die Welt.

Hinzu kommen noch einige medizinische Ursachen wie Schwangerschaftshochdruck, eine Schwäche des Muttermunds, aufsteigende Scheideninfektionen, Mehrlingsschwangerschaften und Fehlbildungen des Kindes.

- Der Blutdruck kann rapide sinken.
- Das Herz rast und klopft stark; die Frau schwitzt und zittert.
- Manche Herz-, Nieren- und Leberkrankheiten, die zwar ausgeheilt sind, aber Schäden hinterlassen haben, können durch Wehenhemmer zu schweren, teilweise lebensgefährlichen Erkrankungen werden.
- Angstgefühle können entstehen.
- In seltenen Fällen kann es zu Lungenödemen und Schädigung des Herzmuskels kommen.
- Tierversuche haben ergeben, daß Wehenhemmer den Herzmuskel des Kindes schädigen können.
- Manche KinderärztInnen vermuten, daß Zittrigkeit und Schlaffheit des Babys auf Wehenhemmer zurückzuführen sind.
- Das Kind kann nach der Geburt einen erniedrigten Blutzuckerspiegel haben.

Wehenhemmende Medikamente sind nur in Notsituationen nützlich, wenn es dem Baby während der Geburt schlechtgeht, wenn die Gebärmutter zu reißen droht, oder bei einem Wehensturm die Zeit überbrückt werden muß, bis operative Maßnahmen möglich sind.

Vor der Mitte der Schwangerschaft sind Wehenhemmer sinnlos.

DAS BABY KOMMT ZU SPÄT

Nur wenige Babys halten sich an den errechneten Geburtstermin. 95 Prozent der Kinder kommen bis zu zwei Wochen vor oder nach dem Tag X auf die Welt. Manche Babys lassen sich auch noch länger Zeit, ohne daß sie die typischen Anzeichen der sogenannten Übertragung haben: Jede zweite Berechnung des Geburtstermins ist fehlerhaft oder beruht auf Irrtümern.

Wenn die monatliche Regel vom 28-Tage-Ideal abweicht, sollten Ärztin oder Arzt das wissen,

damit sie ihre Berechnung den individuellen Bedingungen der Frau anpassen können.

Wenn das Kind wirklich zu lange in der Gebärmutter bleibt, ist das gefährlich, weil die gealterte Plazenta es nur unzureichend zu ernähren und mit Sauerstoff zu versorgen vermag. Das »Organ auf Zeit« Plazenta stellt nach 40 Wochen allmählich seine Funktion ein. Deshalb sollten ÄrztInnen zehn Tage nach dem Termin überprüfen, ob es dem Kind noch gutgeht.

Ein übertragenes Kind verliert bereits vor der Geburt an Gewicht, seine Haut ist trocken und rissig ohne die typische Käseschmiere, es hat überlange Fingernägel und »Waschfrauenhände«, die aussehen, als hätten sie zu lange im Wasser geweicht.

Folgende Maßnahmen helfen den ÄrztInnen festzustellen, ob es Zeit wird, dem Kind auf die Welt zu verhelfen: Fruchtwasserspiegelung (Amnioskopie), bei der sie auf eine Übertragung schließen, wenn Käseschmiere vorhanden ist, die Farbe des Fruchtwassers läßt Rückschlüsse auf die Sauerstoffversorgung des Kindes zu; Aufnahme mit dem Herzton-Wehenschreiber; Blut- und Urinuntersuchungen.

Eingeleitete Geburt

Ist der ermittelte Termin verstrichen, ohne daß es Anzeichen gibt, daß die Geburt demnächst von selbst in Gang kommen wird, kann die Frau mit natürlichen Methoden versuchen, die Wehen einzuleiten. Manchmal helfen ein heißes Vollbad, ein langer Spaziergang oder ein Einlauf. Auch 48 Stunden Hungern und Dursten soll bei vier von fünf Frauen den natürlichen Lauf der Dinge ermöglichen.

Eine weitere Methode ist, die Brustwarzen zu stimulieren. Sie mehrmals täglich zu reiben, kann die Gebärmutter zu Kontraktionen anregen. Sex kann diese Methode wirkungsvoll unterstützen. Die Samenflüssigkeit des Mannes enthält das Gewebehormon Prostaglandin. Diese Substanz wird verwendet, um die Geburt medikamentös einzuleiten. Eine Infektionsgefahr besteht beim Sex nicht, solange die Fruchtblase noch dicht ist.

Wehen einleiten

Ist der Geburtstermin um mehr als drei Wochen überschritten und haben die Wehen trotz aller Bemühungen noch nicht eingesetzt, werden die Wehen medikamentös eingeleitet. All diese Medikamente haben neben den erwünschten auch unerwünschte Wirkungen.

Prostaglandin

Die Wehen durch Prostaglandine einzuleiten, setzt sich immer mehr durch. Das Hormon Prostaglandin wird in der Gebärmutter gebildet und spielt eine wichtige Rolle bei den Kontraktionen der Gebärmutter.

Das Medikament wird als Gel oder als Vaginaltablette über die Scheide an den Muttermund gebracht, wo es seine wehenauslösende Wirkung entfaltet. Es hat den Vorteil, daß es nicht nur Wehen auslösen kann, sondern gleichzeitig den Muttermund für die Geburt weich macht. Andererseits können Prostaglandine eher zu einem unnatürlich heftigen Wehenverlauf führen als der Wehentropf.

Wehentropf

Der Wehentropf enthält Oxytocin. Dieses Hormon wird von der Hirnanhangdrüse gebildet und löst am geburtsreifen Uterus die Wehen aus.

Nachteile des Wehentropfs:
● Manchmal kommt es zu unnatürlich heftigen Wehen, zum Wehensturm, der die Schwangere überanstrengt. Dann müssen Wehenhemmer als Gegenmittel gegeben werden.

● Der Wehentropf wirkt nicht vollkommen sicher. Es belastet die Psyche sehr, sich auf die Geburt einzustellen und dann unverrichteter Dinge wieder nach Hause zurückkehren zu müssen.

Die medikamentöse Geburtseinleitung ist nur sinnvoll:
● wenn die Gefahr einer echten Übertragung besteht.
● wenn ein ausgeprägter Schwangerschaftshochdruck besteht (> Seite 173).
● wenn die ÄrztInnen annehmen müssen, daß die Versorgung des Ungeborenen nicht mehr ausreicht (> Unzureichende Versorgung des Kindes, Seite 202).

DIE STRICHLISTE

Ihrem Baby mangelt es an nichts, wenn es sich genügend bewegt. Sie können das leicht selbst feststellen, wenn Sie sich die Zeit nehmen, die Tritte und Püffe zu zählen, die das Kind im Bauch austeilt. Suchen Sie sich von den nachstehenden Varianten die Ihnen angenehmste aus:

● Machen Sie über den Tag verteilt jedesmal einen Strich auf ein Blatt Papier, wenn Sie Ihr Kind spüren. Versuchen Sie aber, nicht mehr auf die Kindesbewegungen zu achten als sonst auch. Wenn auf Ihrer Liste zehn bis zwölf Striche sind, geht es Ihrem Kind gut.

● Achten Sie eine ruhige Stunde lang auf die Bewegungen des Kindes. Tragen Sie jede Regung des Kindes in Ihre Strichliste ein. Fühlen Sie Ihr Baby sich mindestens zwölfmal bewegen, ist es mit allem gut versorgt. Manchmal schlafen auch Babies im Mutterleib, und Sie spüren das Kleine vielleicht nicht so oft. Versuchen Sie, es zu wecken. Gelingt das nicht, sollten Sie Ärztin, Arzt oder eine Hebamme aufsuchen.

Fruchtblase sprengen

Nach dem Sprengen der Fruchtblase drückt der Kopf verstärkt auf den Beckenboden. Das setzt häufig die Wehen in Gang. Die Methode birgt aber, so wie die medikamentösen Methoden zur Geburtseinleitung, Risiken. Schlägt der Versuch fehl, können krankmachende Keime eine aufsteigende Infektion verursachen; gelegentlich kommt es zum Nabelschnurvorfall. Dann folgt der Blasensprengung ein Kaiserschnitt.

Das Sprengen der Fruchtblase sollte nicht mehr durchgeführt werden, um die Geburt einzuleiten.

Programmierte Geburt

Die Geburtsstatistiken zeigen: Am Wochenende werden entschieden weniger Kinder geboren als während der Woche. ÄrztInnen und Eltern ziehen es offenbar vor, zu einem vorher festgelegten Zeitpunkt Kinder in die Welt zu setzen. 6 bis 36 Prozent aller Geburten werden in Europa künstlich eingeleitet. Nur jede zehnte dieser Geburten wird aus medizinischen Gründen so programmiert.

Bei medikamentös eingeleiteten Geburten sind mehr Komplikationen zu erwarten als bei spontan beginnenden: vermehrte Frühgeburten, Kaiserschnitt, Fruchtschäden, Gelbsucht und mehr Infektionen. Zangen- und Saugglockengeburten (> Seite 204) sind häufiger. Außerdem sind Wehen, die durch Medikamente angeregt werden, fast immer schmerzhafter als ohne. In der Folge verlangen die Frauen mehr Schmerzmittel. All diese Gründe rechtfertigen die entschiedene Ablehnung, den Geburtstag dem Terminkalender anzupassen.

Um diesen Problemen aus den Weg zu gehen, wird heute vielfach der geplante Kaiserschnitt der programmierten Geburt vorgezogen. Dieses Verfahren ist jedoch noch vehementer abzulehnen als eine programmierte Geburt.

Unzureichende Versorgung des Kindes

Wenn die Frau zuviel oder zuwenig Gewicht zulegt und ihr Blutdruck nur wenig erhöht ist, kann es zur Mangelversorgung des Ungeborenen kommen. Die Gefäße in der Gebärmutterwand verengen sich, die Durchblutung der Plazenta vermindert sich zunehmend. In der Folge bleibt das Kind in seiner Entwicklung zurück, weil es zuwenig Nährstoffe erhält. Der Mutterkuchen »altert« vor der Zeit.

Die oft ungeklärten Ursachen dieser Plazentainsuffizienz genannten Störung können sein:
● Hoher Blutdruck in der Schwangerschaft (über 180 mm Hg).
● Eine unbehandelte Scheideninfektion.

Eine Plazentainsuffizienz kann durch eine Behandlung nicht behoben werden. Trotzdem kann die Frau dafür sorgen, daß das Kind etwas besser versorgt wird, indem sie sich möglichst schont und viel ruht. Meist bedeutet das, daß die Frau stationär aufgenommen und das Baby im Mutterleib überwacht wird.

Manchmal ist es für das Kind vorteilhafter, wenn die Geburt schon vor der Zeit künstlich herbeigeführt wird (> Eingeleitete Geburt, Seite 200).

Nicht selten wird aber eine Plazentainsuffizienz mittels Ultraschalluntersuchung irrtümlich festgestellt, obwohl das Kind normal entwickelt ist. Das ist möglich, weil es keine wirklich exakte medizinische Meßmethode gibt, um die Funktionsstörung des Mutterkuchens festzustellen.

Ein Belastungstest mit einem Wehenmittel kann zeigen, ob das Baby im Bauch noch genügend versorgt wird. Die Frau bekommt Oxytocin, während die Herzfrequenz des Kindes mittels CTG (> Herzton-Wehenschreiber, Seite 204) überwacht wird.

Am sichersten kann die Frau selbst feststellen, wie es ihrem Kind geht, indem sie auf seine Bewegungen in ihrem Bauch achtet.

MEDIZINISCHE EINGRIFFE

Viel zu schnell sind ÄrztInnen mit dem stigmatisierenden Begriff »Risikogeburt« bei der Hand. Während ihrer Ausbildung lernen angehende MedizinerInnen selten den Regelfall kennen, um so häufiger krankhafte Besonderheiten. Dieses kann ein Grund sein, warum es ÄrztInnen schwerfällt, in Schwangerschaft und Geburt eine normale Lebensäußerung zu erblicken.

Bei jeder Geburt können Komplikationen auftreten. Das bedeutet aber nicht, daß sich jede Schwangere Behandlungen unterziehen muß, als müßte sie um das Leben ihres Kindes zittern. Der Einsatz der hochentwickelten Geburtstechnologie sollte vielmehr tatsächlichen Notfällen vorbehalten bleiben. Vielfach gehören die technisierten Überwachungsmöglichkeiten aber zur täglichen Klinikroutine.

Damit haben die ÄrztInnen den Frauen viel Spielraum genommen, ihre Kinder nach eigenen Vorstellungen zu gebären. Die meisten Interventionen greifen massiv in das natürliche Geschehen ein. Für Frauen wird es zunehmend schwieriger, sich zwischen den vermeintlichen Alternativen »Sicherheit« und »Natürlichkeit« zu entscheiden.

Die Medizin preist eine Geburt mit größtmöglicher Unterstützung und »Sicherheit« an. Dies schraubt bei den Menschen die Erwartungen an die Medizin immer höher. Sie glauben mit einem Mal, einen Anspruch auf ein gesundes Kind zu haben. ÄrztInnen versuchen, sich vor Schadenersatzansprüchen zu bewahren, indem sie »alles Menschenmögliche tun«, und die Geburt mit technischer Hilfe rasch und reibungslos über die Runden bringen. Alles zu tun heißt aber, nur ja keine Überwachungsmöglichkeit auszulassen. Dieses um den Preis aller negativen Begleiterscheinungen für Mutter und Kind.

Frauen sollten sich dieser Problematik bewußt

sein, und schon vor der Geburt mit ihren GeburtshelferInnen darüber sprechen. Normalerweise genügen eine Hebamme, eine Ärztin oder ein Arzt und wenige herkömmliche Hilfsmittel für eine komplikationslose Geburt.

Fruchtblase öffnen

Je länger die Eihäute intakt bleiben und ein fruchtwassergefülltes Polster bilden, desto schonender ist für das Baby die Geburt. Trotzdem sprengen viele GeburtshelferInnen die Fruchtblase häufig, sobald der Muttermund einige Zentimeter weit eröffnet ist: Das verstärkt und beschleunigt die Wehen. Mit einer Klemme reißen sie die Eihaut vorsichtig ein, und das Fruchtwasser fließt heraus. Wird die Fruchtblase nicht künstlich eröffnet, platzt sie am Ende der Eröffnungsperiode von selbst.

Als Folge der künstlichen Blasensprengung verstärkt sich der Druck auf den Kopf des Babys, in das bislang keimfreie Fruchtwasser können Mikroorganismen eindringen.

Die Fruchtblase sollte nur künstlich eröffnet werden, um damit die Wehen zu verstärken.

Geburtsverlauf beobachten

Seit je haben sich Frauen und Hebammen über den Geburtsverlauf orientiert, indem sie die Vorgänge beobachtet haben. Sie achten auf die Stärke der Kontraktionen und zählen die Minuten zwischen den Wehen. Mit einem einfachen hölzernen Hörrohr können sie die Herztöne des Kindes verläßlich kontrollieren.

Zunächst wurden für langwierige und schwierige Geburten elektronische Überwachungssysteme entwickelt. In den letzten 15 Jahren haben sich die neuen Geräte rasant durchgesetzt. So sehr, daß nun auch jede unkomplizierte Geburt mittels High-Tech überwacht wurde.

Doch statt der vermeintlichen Vorteile zeigen

sich zunehmend Nachteile dieser Vorgangsweise. Die Frauen fühlen sich bei der Geburtsarbeit gestört und menschlich vernachlässigt. Hinzu kommt, daß die erfaßten Daten falsch interpretiert werden können, so daß in das Geburtsgeschehen unnötigerweise eingegriffen wird.

ÄrztInnen orteten Probleme für das Kind, wo keine sind. Die Folge: Die Kaiserschnittrate stieg seit der Verwendung der elektronischen Überwachung sprunghaft von ursprünglich 5 bis 10 Prozent auf 20 bis 30 Prozent an. Sie ist zwar seither wieder gesunken, dennoch werden die Vorteile bei unkomplizierten Geburten zunehmend angezweifelt.

Fortschrittlichen GeburtshelferInnen genügen im Normalfall einfache Hilfsmittel, um den Geburtsverlauf zu beobachten. Elektronische Geräte setzen sie nur dann ein, wenn sich eine Komplikation einstellt.

Hörrohr

Das althergebrachte Stethoskop aus Holz, das ÄrztInnen und Hebammen an den Bauch der werdenden Mutter anlegen, um die Herztöne des ungeborenen Kindes abzuhören, erfreut sich wieder größerer Beliebtheit. Es gibt keinerlei Schallwellen ab und ist garantiert unschädlich. Und trotzdem braucht die Frau keine Angst zu haben, daß die Ergebnisse deswegen weniger exakt ausfallen. Vergleichende Untersuchungen haben ergeben, daß die Aussagekraft des etwas anachronistisch anmutenden Instruments nicht geringer ist als die elektronische Überwachung.

Ultraschalldopton

Sogar bei »sanften Geburten« wird häufig ein tragbares Ultraschallgerät eingesetzt, das die Herztöne des Kindes im Mutterleib hörbar macht.

Wie bei allen Ultraschallgeräten ist auch bei dieser Methode nicht bewiesen, daß die Schallwellen ohne Wirkung auf das Baby sind.

Herzton-Wehenschreiber

Daß es möglich ist, die Herztätigkeit des Ungeborenen mit dem elektronischen Cardiotokografen (CTG), dem Herzton-Wehenschreiber, zu überwachen, bedeutet für Risikogeburten einen großen Vorteil.

Der Apparat im Kreißzimmer zeichnet während der Austreibungsphase laufend Häufigkeit und Stärke der Gebärmutterkontraktionen und den Herzschlag des Kindes auf einem Papierstreifen auf.

Dazu befestigen GeburtshelferInnen Sensoren mit einem Gürtel am Bauch der Schwangren. Das ist für sie unangehm, weil es sie ans Bett fesselt und sie sich nicht frei bewegen kann. Bemühungen, eine drahtlose Übermittlung dieser Daten zu erreichen, waren bisher wenig erfolgreich. Deshalb ist es heute üblich, die Frau nicht dauernd, sondern nur in regelmäßigen Abständen für rund zwanzig Minuten ans CTG anzuschließen. Das gewährleistet auch in schwierigen Situationen eine ausreichende Geburtsüberwachung und sichert der Frau trotzdem eine gewisse Bewegungsfreiheit.

Neben Häufigkeit und Stärke der Wehentätigkeit beurteilen GeburtshelferInnen mit dem CTG, wie das Ungeborene die Belastung durch die Wehen verkraftet. Die Zeit, die das Baby zur Erholung nach einer Kontraktion braucht, weist auf sein Wohlbefinden hin: Dauert es zu lange, bis sich der Puls wieder normalisiert hat oder sinkt die Frequenz schon vor der nächsten Wehe wieder ab, ist anzunehmen, daß es dem Kind nicht mehr gutgeht.

Zangen- und Saugglockengeburt

Gerät die Geburt während des letzten Stadiums ins Stocken und wird sie für das Kind zu belastend, muß sie möglichst rasch zu Ende gebracht werden.

Hilfe von außen ist auch nötig, wenn die Preßwehen zu schwach sind, die Mutter bereits erschöpft ist oder das Baby den Kopf ungünstig (Gesichtslage) hält. Für den Einsatz von Zange oder Saugglocke muß der Muttermund vollständig eröffnet und die Geburtswege müssen durch einen Dammschnitt (> Seite 205) erweitert sein.

Zange – Forceps

Ob die Zange heute noch verwendet werden sollte, ist umstritten. Die Saugglocke ist schonender und ungefährlicher für Mutter und Kind.

Die Geburtszange richtig zu handhaben, ist schwierig und erfordert viel Übung.

Die Zange soll vor allem bei besonders kleinen und zarten Kindern den Kopf vor dem Druck der Scheidenwand schützen. Aber selbst bei fachlich einwandfreier Verwendung entsteht ein erheblicher Druck auf den Schädel des Babys.

Auch für die Frau kann eine solche operative Geburt sehr belastend sein. Sie fühlt sich manchmal als Versagerin, weil sie die Geburt nicht aus eigener Kraft zu Ende bringen kann.

Saugglocke – Vakuum-Extraktion

Die Saugglocke verhilft dem Kind etwas schonender auf die Welt als die Geburtszange. Dabei wird eine Art Saugnapf, drei bis fünf Zentimeter groß und aus Metall oder Kautschuk, durch die Scheide an den Kopf des noch ungeborenen Kindes angesetzt. Ein Schlauch führt zu einer Vakuumpumpe. Sobald die Pumpe arbeitet, entsteht ein Unterdruck, der die Saugglocke am Kopf des Kindes festsaugt. Der Arzt kann nun mit jeder Wehe vorsichtig mitziehen und beschleunigt damit die Austreibung des Babys. Die Mutter kann und soll aktiv mitpressen, was die Belastung für das Kind vermindert. Dennoch entsteht häufig eine kreisförmige Geschwulst an der Stelle, wo die Glocke angesetzt wurde. Sie vergeht nach wenigen Stunden von selbst wieder.

Dammschnitt (Episiotomie)

Während der letzten Phase der Geburt wird der Damm extrem gedehnt; oft droht er einzureißen. Darum machen ÄrztInnen häufig einen Scheidendammschnitt.

Dabei schneiden sie das Gewebe zwischen Scheide und After mit der Schere ein. Der Schnitt selbst tut nicht weh, wenn er auf dem Höhepunkt einer Preßwehe gemacht wird (> Vorkehrung der Natur: Druckanästhesie, Seite 194).

Unangenehm wird ein Dammschnitt erst nach der Entbindung. Mehr als vier Wochen lang kann die Frau Probleme beim Sitzen und Schmerzen beim Wasserlassen haben. Außerdem können noch monatelang Schmerzen beim Geschlechtsverkehr auftreten.

Trotzdem ist die Episiotomie einer der häufigsten geburtshilflichen Eingriffe. In vielen Kliniken wird sie bei fast allen Geburten routinemäßig gemacht. Wirklich notwendig ist der Scheidendammschnitt aber höchstens bei jeder fünften Geburt.

Wissenschaftliche Untersuchungen ergaben, daß die negativen Folgen des Dammschnittes schwerer sein können als beim Dammriß. Wenn der Damm überhaupt reißt – und das geschieht bei weitem nicht so oft wie angenommen –, dann blutet er weniger und heilt leichter als der Scheidendammschnitt. Jede fünfte Frau hat Probleme bei der Heilung des Dammschnitts, aber nur jede fünfzigste bei der Heilung eines Risses.

Auch das Argument, daß der Schnitt einer späteren Gebärmuttersenkung vorbeugt, scheint nicht stichhaltig zu sein. Das gedehnte Gewebe des Dammes strafft sich ausreichend, wenn die Frau nach der Geburt ein Jahr lang regelmäßig Beckenbodengymnastik betreibt (> Wochenbettgymnastik, Seite 215).

Der Dammschnitt ist gerechtfertigt, wenn:
● das Kind mit dem Po voran auf die Welt kommt (> Steißlage, Seite 192).
● bei einer Frühgeburt (> Seite 198).

- sich der Damm schlecht dehnt und zu befürchten ist, daß er in den After aufreißt.
- die Frau – krankheitsbedingt – nicht pressen darf.
- die Geburt für das Kind schon zu lange dauert und es der Belastung nicht mehr gewachsen ist.

Ärztin bzw. Arzt schneiden entweder gerade zum After hin oder schräg zum Oberschenkel.

Beim mittleren Scheidendammschnitt kann es vorkommen, daß der After verletzt wird. Deshalb bevorzugen viele ÄrztInnen den schrägen Schnitt. Dabei werden allerdings mehr Nerven und Blutgefäße durchtrennt, und die Heilung dauert länger.

KAISERSCHNITT

Fast immer machen ÄrztInnen den Schnitt quer zur Gebärmutter, knapp unterhalb der Schamhaargrenze, wo er später so gut wie unsichtbar ist. Nur in Ausnahmefällen ist ein Längsschnitt gerechtfertigt.

Der Kaiserschnitt kann sowohl in Vollnarkose als auch in Epiduralanästhesie (> Seite 197) durchgeführt werden. In den letzten Jahren setzte sich die letztere Methode, bei der die Mutter bei Bewußtsein bleibt und nur der Unterkörper betäubt wird, durch.

Sobald Bauchdecke und Gebärmutter durchschnitten sind, saugt jemand das Fruchtwasser ab, und das Kind wird mit einer Drehbewegung aus der Bauchhöhle gehoben. Es wird abgenabelt und dem Vater in den Arm gelegt. Wenn es dem Neugeborenen schlechtgeht, nehmen es eine Kinderärztin oder ein Kinderarzt in Obhut.

Die operierende Ärztin oder der Chirurg lösen die Plazenta vorsichtig aus der Gebärmutter und geben der Frau ein Medikament, damit sich der Uterus kräftig zusammenzieht. Danach werden die Gewebeschichten wieder einzeln zusammengenäht.

Genäht wird meist mit einem Faden, der sich von selbst nach wenigen Tagen auflöst. Das unangenehme Fädenziehen entfällt.

Kaiserschnitt

Ungefähr 15 Prozent aller Geburten werden heute mit einem Kaiserschnitt beendet. Nur zwei Drittel dieser Schnittentbindungen sind wirklich notwendig, sagt die Weltgesundheitsorganisation. Einzelne Krankenhäuser kommen sogar mit drei bis fünf Kaiserschnitten bei 100 Geburten aus. Sie wägen jeden Eingriff vorher sorgfältig ab.

Moderne Untersuchungstechniken wie Ultraschall, Fruchtwasser- und Hormonuntersuchung, Herzton-Wehenaufzeichnung und Labortests zeigen heute viele Risiken für die Geburt schon während der Schwangerschaft auf. Doch selbst bei ernsthaften Problemen bleibt der natürliche Weg meist die sicherste und beste Methode.

Seelische Unterstützung

Gerade beim Kaiserschnitt ist es besonders wichtig, daß eine vertraute Person der Gebärenden beisteht. In manchen Kliniken darf der Partner sogar im Operationssaal mit dabeisein. Das ist vor allem für Frauen, die sich für eine Epiduralanästhesie entschieden haben, sehr beruhigend, denn sie erleben das Operationsgeschehen wach mit. Bei einer Vollnarkose hilft es, wenn der Partner bei der Frau bleiben kann, bis sie eingeschlafen ist.

Besonders belastend können die Minuten der Operationsvorbereitung für Frauen sein, bei denen die ÄrztInnen die Entbindung nach vielen Stunden anstrengender Wehenarbeit abbrechen mußten. Viele Frauen empfinden Schuld gegenüber ihrem Kind und meinen, versagt zu haben. Damit sie die Enttäuschung später leichter verwinden können, sollte die Frau wenigstens erfahren, warum sie in den Operationssaal geschoben wird.

Auf Nummer Sicher gehen?

Eines ist sicher: Ein Kaiserschnitt ist keineswegs die bequemere Geburt. Die körperlichen und seelischen Belastungen sind für die Frau größer als bei der Geburt auf natürlichem Weg.

Obwohl die moderne Medizin die Schnittentbindung sehr viel sicherer gemacht hat, als sie früher war, ist doch ein erhebliches Risiko geblieben. Etwa eine von 1.500 Schnittentbindungen geht für die Frau tödlich aus – das sind zehnmal mehr Frauen als bei einer normalen Geburt sterben.

Weitere schwerwiegende Folgen können Infektionen, Bauch- und Darmschmerzen, Depressionen und Erschöpfung sein.

Der Kaiserschnitt ist wegen der Medikamente, die unweigerlich auf das Kind übergehen, auch für das Neugeborene mit Risiken verbunden.

Die schwerste Komplikation für ein Kaiserschnittkind ist das Atemnotsyndrom, das vor allem dann vorkommt, wenn der Kaiserschnitt irrtümlich zu früh gemacht wurde. Schätzungen gehen davon aus, daß 5 bis 22 Prozent der Kaiserschnittkinder zu früh geholt werden. Dem entgehen ÄrztInnen, wenn sie abwarten, bis die natürlichen Wehen begonnen haben.

Einmal Kaiserschnitt – immer Kaiserschnitt?

Diese häufig geäußerte Meinung hat die Praxis widerlegt. Wenn die ÄrztInnen keinen Längsschnitt machen, kommt es bei nachfolgenden Geburten fast nie zum gefürchteten Gebärmutterriß.

Bei einer neuerlichen Schwangerschaft muß die Frau nur dann erneut mit einer Operation rechnen, wenn die Gründe für die Schnittentbindung weiterbestehen. Das ist bei einem Drittel bis der Hälfte der Frauen der Fall.

Von Ausnahmen abgesehen, die Ärztin oder Arzt benennen werden, gibt es keinen Grund, nach einem Kaiserschnitt länger als sonst mit einer neuerlichen Schwangerschaft zu warten.

GRÜNDE FÜR KAISERSCHNITT

● Wenn das Becken weniger als 20 Zentimeter Durchmesser hat. Weil häufig fehlerhaft gemessen wird, sollte eine zweite Ärztin oder Arzt nachmessen. Es ist besser, wenn die Operation nach einigen Stunden Wehentätigkeit durchgeführt wird, als vor den Wehen, weil das Kind dann schon besser auf das Leben draußen vorbereitet ist.

● Wenn der Mutterkuchen vor dem Geburtsausgang liegt und den Weg nach außen versperrt (> Plazenta praevia, Seite 173).

● Wenn sich die Plazenta vorzeitig ablöst und Blutungen verursacht.

● Wenn das Kind so liegt, daß es nicht auf normalem Weg geboren werden kann (> Lage des Kindes, Seite 192). Aus der Beckenendlage ist eine normale Geburt meist möglich.

● Wenn die Herztöne zeigen, daß das Kleine zu wenig Sauerstoff bekommt.

● Wenn die Mutter eine Krankheit hat, die das Kind gefährdet, wie zum Beispiel manche Nierenerkrankungen oder bei schwerer Rhesusunverträglichkeit (> Seite 172).

● Bei schwerem Schwangerschaftshochdruck (> Seite 173).

● Wenn die Wehen zu schwach sind und selbst durch Wehenmittel nicht stärker werden.

● Wenn durch besonders heftige Kontraktionen oder durch eine vorangegangene Operation die Gebärmutter zu reißen droht.

● Wenn sich der Muttermund trotz starker Wehen nicht öffnet. Das kann durch starke Verspannungen, aber auch wegen einer Vernarbung des Muttermundes der Fall sein.

Nach der Geburt

Die ersten Wochen nach der Geburt sind gekennzeichnet durch Veränderung. Nach neun Monaten Schwangerschaft stellt sich der Körper der Frau langsam wieder auf »Normalbetrieb« ein. Und obwohl die Frau noch erschöpft ist von der Geburtsarbeit, muß sie sich neuen Anforderungen stellen. Unter diesen Bedingungen brauchen traurige Verstimmtheit und das Gefühl »Ich kann nicht mehr« statt strahlenden Mutterglücks nicht zu verwundern.

Wenn Südamerikanerinnen auf traditionelle Weise entbinden, hält sich die Hebamme im Hintergrund. Das Kind gleitet aus der hockenden Mutter auf die Unterlage. Es öffnet die Augen, Mutter und Kind sehen einander an. Erst nach einiger Zeit nimmt die Mutter das Kind in ihre Arme. Beide haben Zeit, sich auf den neuen Zustand einzustellen, haben keine Eile, miteinander Kontakt aufzunehmen.

Niemand entreißt das Kind seiner Mutter, um es auf seine Lebhaftigkeit hin zu untersuchen und ihm die Atemwege abzusaugen. Niemand durchtrennt sogleich die Nabelschnur, so daß das Neugeborene vor Sauerstoffmangel nach Luft japst. Das Baby wird nicht sofort gründlich gereinigt und in Textilien verpackt und erst danach stolz der Mut-

ter und dem vor der Tür wartenden Vater präsentiert.

Das Erlebnis einer »sanften Geburt« wird nun zunehmend häufiger auch in Europa möglich. Immer mehr Kliniken offerieren die eine oder andere Variante dieser Geburtsform. Von der Frau wird nun allerdings erwartet, daß sie ihr Kind auf der Stelle liebhaben muß – eine Anforderung, die den Südamerikanerinnen erspart bleibt. Miteinander in Kontakt zu treten, einander zu mögen, sich zu lieben – für all diese Gefühlsregungen müssen beide Menschen bereit sein, müssen sich Zeit geben können, aufeinander zuzugehen.

Das Tempo, in dem Mutter, Vater und Kind einander kennenlernen, sollten sie selbst bestimmen

dürfen, nicht das geburtshilfliche Personal, nicht die Klinikroutine. Die Eltern wissen selbst am besten, wie sie ihr gerade auf die Welt gekommenes Kind willkommen heißen, wann sie es streicheln und liebkosen wollen. Sie sollten abwarten dürfen, bis sich das Kind beruhigt und entspannt hat, sich an die Stimmen und Geräusche gewöhnt hat.

Bei einer Kaiserschnittentbindung obliegt es dem Vater, dem Kind das erste Gefühl von Nähe und Vertrauen zu geben. Wenn er das Neugeborene auf die nackte Brust legt und es zärtlich warm hält, wird diesem die Mutter vielleicht weniger schmerzlich fehlen.

Manche Säuglinge sind noch so zart und schwach, daß sie ihre ersten Lebenstage auf einer Neugeborenen-Intensivstation verbringen müssen.

Doch auch bei der Behandlung dieser Frühgeborenen zeigt sich der erfreuliche Trend, ihren Bedürfnissen besser zu entsprechen. Nestwärme, liebevolle Pflege durch die Eltern sind auch in der Kinderklinik möglich (> Der Säugling auf der Intensivstation, Seite 214). Es hat sich zudem gezeigt, daß menschliche Nähe, Wärme und Ansprache die Entwicklung dieser Kinder mehr beschleunigen und verbessern als technische Raffinesse.

KENNENLERNEN

Wenn das Baby unmittelbar nach der Geburt bei der Mutter liegt und seine Augen die Gesichter der Eltern mustern, wird das Fundament für eine innige Beziehung gelegt. In diesen ersten Stunden des Kennenlernens prägt sich das Bild der Eltern tief in das Gedächtnis des Kindes ein. »Bonding« oder »Prägung« haben WissenschaftlerInnen dieses Phänomen genannt. Es wurde zuerst bei Graugänsen beobachtet: Das erste Lebewesen, das ein frisch geschlüpftes Graugans-Junges zu Gesicht bekommt, betrachtet es lebenslang als Mutter. Wer immer das sein mag und was immer geschieht – das Junge wird diesem Lebewesen folgen. Dieser Prägeprozeß ist jedoch nur während einer kurzen Phase möglich. Wurde sie gestört, unterbrochen oder versäumt, kann eine solche Bindung nie mehr entstehen.

Beim Menschenkind ist diese Phase zeitlich nicht so eng begrenzt. Dennoch können grelles Licht und die Routineuntersuchungen, die das Baby über sich ergehen lassen muß, diese erste Kontaktaufnahme empfindlich stören.

Obwohl die Geburt Mutter und Kind enorm angestrengt hat, sind beide danach hellwach. Dafür sorgen unter anderem die bei der Geburt ausgeschütteten Endorphine (> Seite 194). Die Frau braucht jetzt keine Ruhe vor dem Kind, sondern Zeit und Ruhe, damit beide einander kennenlernen können. Wird das Neugeborene rasch von der Mutter getrennt, wie das in Kliniken vielfach üblich

ist, beraubt das beide der Möglichkeit, ungestört und ausgiebig miteinander in Haut- und Blickkontakt zu treten.

Aus medizinischen Gründen ist eine solche Trennung unnötig. Alles, was dem ersten Apgar-Test (> Noten für das Baby, Seite 210) folgt, kann auch auf dem Bauch der Mutter gemacht werden. Aussehen, Atmung, Herzfrequenz, Reflexe und Muskelaktivität signalisieren das Wohlbefinden des Neugeborenen.

Zugedeckt auf dem Bauch der Mutter liegend, bleibt das Baby warm. Schon bald wird es dann von sich aus dem Duft, der von der mütterlichen Brust ausgeht, folgen und erstmals kräftig saugen.

Medizinisches

Die Nabelschnur muß nicht sofort durchtrennt werden. Das hat Zeit, bis sie zu pulsieren aufhört. So muß das Kind nicht schockartig zu atmen beginnen, weil es plötzlich Sauerstoffmangel verspürt.

Mußte ein Dammschnitt (> Seite 205) gemacht werden, wird er nun bei lokaler Betäubung genäht.

Saugt das Neugeborene kurz nach der Geburt an der Brust, setzt der Körper noch einmal Oxytocin frei; durch dieses Hormon zieht sich die Gebärmutter noch einmal stark zusammen, und die Nachgeburt löst sich leichter. Dafür hat sie etwa eine Stunde Zeit, sofern keine Blutungen auftreten. Dauert es erheblich länger, ist die Plazenta unvollständig oder beginnt es zu bluten, müssen Ärztin oder Arzt den Mutterkuchen manuell entfernen, damit es nicht zu stärkeren Blutungen kommt. Dieses geschieht unter einer kurzen Allgemeinnarkose.

Noten für das Baby (Apgar-Test)

Der Apgar-Test wird gleich dreifach vorgenommen: eine Minute nach der Geburt und fünf und zehn Minuten danach. Dieser Test wird heute weltweit angewandt, um den Zustand eines Neugeborenen zu beurteilen.

Muskeltätigkeit und -spannung, Reaktion auf Reize, Hautfarbe, Reflexe, Atmung und Herzschlag werden benotet. Für jedes Kriterium gibt es null bis zwei Punkte. Das Gesamtergebnis wird zusammengezählt. Acht und mehr Punkte deuten auf einen guten bis ausgezeichneten Zustand hin, eine Bewertung nach fünf oder zehn Minuten unter sieben läßt eine Störung vermuten. Allerdings zeigt die Erfahrung, daß sich auch Kinder mit sehr wenigen Punkten beim Apgar-Test noch vollständig erholen können und keine Beeinträchtigung befürchten müssen.

In den meisten deutschen Kliniken wird zusätzlich zum Apgar-Test eine Blutuntersuchung gemacht, um die Sauerstoffversorgung zu beurteilen. Dazu entnehmen ÄrztInnen Blut aus der Nabelschnurarterie. Ist der Säuregehalt des kindlichen Blutes zu hoch, weist das auf einen Sauerstoffmangel hin. Diese zusätzliche Untersuchung soll Fehlschlüsse aus dem eher subjektiven Apgar-Beurteilungsschema verhindern.

Augentropfen

Es ist gesetzlich vorgeschrieben, daß jedes Neugeborene Silbernitrat-Augentropfen eingeträufelt bekommmt. Damit sollen Trippererreger abgetötet werden, mit denen sich das Kind während der Geburt eventuell bei der Mutter infiziert haben könnte. Die Infektion kann zur Erblindung führen.

Die Maßnahme ist jedoch umstritten, weil sie Nebenwirkungen hat und zudem der Augeninfektion nichts entgegensetzt, die heute am häufigsten vorkommt – der durch Chlamydien (> Seite 168). KinderärztInnen fordern daher, daß die Augen der Neugeborenen mit einem Mittel behandelt werden sollten, das auch gegen Chlamydien wirkt.

Tuberkuloseimpfung

Wer nicht möchte, daß sein Kind gegen Tuberkulose geimpft wird (> Tuberkulose-Impfung, Sei-te 727), sollte das beim Klinikpersonal vorher auf alle Fälle schriftlich hinterlegen.

Vitamin K

Bis vor kurzem erhielten die meisten Kinder nach einer Klinikentbindung Vitamin K, meist gespritzt, manchmal auch als Tropfen. Die Maßnahme soll Gehirnblutungen vermeiden helfen, die bei manchen gestillten Kindern in den ersten Lebenswochen auftreten können (> Vitamin K, Seite 575).

Da das injizierte Vitamin jedoch im Verdacht steht, Krebs auslösen zu könnten, darf Vitamin K nur noch in Tropfenform verabreicht werden.

DIE ERSTEN WOCHEN

Medizinisch gesehen dauert das »Wochenbett« sechs bis acht Wochen. In dieser Zeit erlangt die Gebärmutter wieder ihre alte Größe, der Muttermund schließt sich, der Wochenfluß versiegt. Damm- oder Kaiserschnittwunde verheilen. Die Figur kommt allerdings nicht so schnell wieder in ihre alte Form.

Die Seele braucht Schutz

Wochenbettdepressionen sind viel seltener geworden seit es das »Rooming-in« gibt (> Seite 212). Auch Frauen, die zu Hause oder ambulant entbinden, leiden seltener darunter.

Trotzdem erleben junge Mütter sehr oft ein Stimmungstief. Ein Grund liegt in der radikalen Umstellung des Hormonhaushalts nach der Geburt. In der Schwangerschaft haben Östrogen und Progesteron, während der Entbindung Endorphine den Körper förmlich überschwemmt. Nun fehlen ihm diese Hormone von einem Tag auf den anderen. Bis das hormonelle Gleichgewicht wiederhergestellt ist, dauert es noch einige Zeit.

Am dritten Tag nach der Entbindung gesellt sich zu dem Hormonsturz noch hinzu, daß es recht schmerzhaft sein kann, wenn die Milch einschießt. Vielleicht ist die Frau auch zusätzlich erschöpft, weil sich ihre und des Babys Schlafenszeiten noch nicht decken. Auch die Erwartungen, die die Frau mit der neuen Rolle als Mutter verbindet, können sie bedrücken (> Mutterglück, Seite 55). Völlig unvermittelt fließen dann manchmal die Tränen.

Diese Stimmungsunebenheiten als »Heultage« zu bezeichnen, ist verletzend. Lächerlich gemacht zu werden oder zu erleben, wie dieses Tief lässig ironisch kommentiert wird, ist ein zusätzlicher Anlaß zu weinen. Umgeben die Frau jedoch Menschen, die sich ihr zuwenden und sich bemühen, sie zu verstehen und ihr zur Seite stehen, wird sich das seelische Gleichgewicht bald wieder einstellen (> Vaterfreuden, Seite 58).

Rooming-in

Bei der Haus- oder ambulanten Geburt ergibt es sich ganz selbstverständlich, daß die Mutter ihr Neugeborenes bei sich hat. Anders in der Klinik: Dort kümmert sich eine Kinderschwester in einem abgetrennten Zimmer um die Säuglinge.

Doch seit den siebziger Jahren gibt es in immer mehr Kliniken Rooming-in. Dieses allerdings in höchst unterschiedlichen Varianten: Nur in wenigen Abteilungen können die Mütter ihr Kind Tag und Nacht bei sich haben. Vielfach müssen die Säuglinge nachts ins Kinderzimmer umziehen und werden nicht einmal zum Stillen zu ihren Müttern gebracht.

Rooming-in ist dann eine optimale Unterbringungsform für Mutter und Kind in den ersten Tagen nach der Geburt, wenn das Kind Nahrung, Nähe und Zuwendung bekommt, wie es das

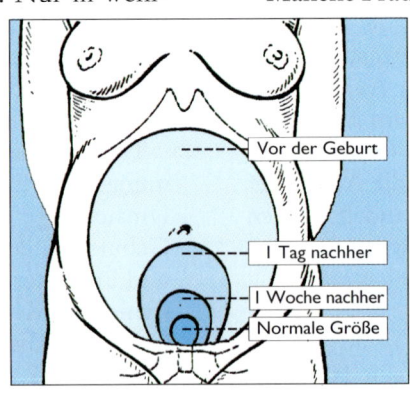

Fundus-Stände

braucht, die Frau aber andererseits die Möglichkeit behält, sich zu erholen, auszuschlafen und zurückzuziehen, wenn sie es braucht.

Klinikalltag

Ist das Kind nachts im Kinderzimmer untergebracht, kann die Frau die Säuglingsschwestern bitten, daß sie sie wecken, wenn das Kind unruhig oder hungrig ist. Um beruhigt schlafen zu können, müssen sich darauf besonders die Frauen verlassen können, die ihr Kind stillen wollen. Sie sollten auch darauf bestehen, daß das Kind keinesfalls »heimlich« die Flasche bekommt – weder weil es noch hungrig ist noch weil es weint. Ein Säugling, der nicht hungrig ist, saugt nur schwach. Die geringe Nachfrage vermindert jedoch die Milchbildung. Obendrein steigt bei dem Kind das Risiko, eine Allergie zu entwickeln, wenn es in den ersten Wochen Fertigmilch zugefüttert bekommt (> Allergien, Seite 851).

Der Klinikalltag kann die Wöchnerin ziemlich anstrengen: mehrmals täglich das Kind anlegen oder mit der Flasche füttern, Wochenbettgymnastik, Arztvisite, Fieber messen, Essen, Besuche, Spaziergänge vor dem Zimmer, Reinigung des Zimmers. Meist jagt ein Termin den anderen, so daß der Frau kaum zusammenhängende Zeit bleibt, um zu sich selbst zu kommen, sich zu erholen.

Manche Frauen freuen sich, daß sie möglichst viel BesucherInnen in der Klinik empfangen können. Sie wollen ihr Glück mitteilen und bleiben außerdem in der ersten Zeit zu Hause ungestört, um ihren Rhythmus zu finden. Andere wiederum warten mit dem Empfang von Besuch, bis sie wieder daheim sind. Ob in der Klinik und den ersten Wochen zu Hause Besuch erwünscht ist oder nicht, sollten die Frau oder ihr Partner den Gratulationswilligen mitteilen. Die

Entscheidung darüber obliegt jedoch ihnen selbst; wichtigste Kriterien sind das Befinden der jungen Mutter und das der jungen Familie.

Nach dem Kaiserschnitt

Die ersten Stunden nach der Schnittentbindung verbringt die Frau, wenn sie eine Narkose erhalten hat, im Überwachungszimmer. Dem Vater bleibt die Aufgabe, dem Kind in den ersten Stunden die nötige Wärme, Nähe und Geborgenheit zu schenken. Damit das Neugeborene die wichtige Vormilch bekommt, kann es auf Wunsch der Eltern bei der Mutter angelegt werden, selbst wenn sie das Kind noch nicht selbst halten kann. Das Klinikpersonal kann der jungen Familie helfen.

Wurde die Frau unter örtlicher Betäubung (> Peridural- oder Epiduralanästhesie, Seite 197) operiert, kann sie das Neugeborene gleich zu sich nehmen und an die Brust anlegen.

Wie bei jeder größeren Bauchoperation folgen dem Eingriff Schmerzen. Doch schon am nächsten Tag soll die Mutter aufstehen und einige Schritte tun. Dadurch verringert sich die Gefahr von Venenentzündungen in den Beinen; Blase und Darm werden angeregt.

Das ist deshalb besonders notwendig, weil der Darm nach einem Kaiserschnitt noch stärker als bei einer Entbindung auf natürlichem Wege zur Trägheit neigt. Erst am zweiten oder dritten Tag nimmt er seine Tätigkeit langsam wieder auf. Meist dauert es bis zu drei Wochen, bis sich die Verdauung wieder eingespielt hat.

Von der Schnittstelle ist nach einem halben Jahr nur noch eine helle, blasse Linie zu sehen. Die Narbe macht bei einer erneuten Schwangerschaft normalerweise keine Probleme.

Aus der Klinik entlassen

Ambivalente Gefühle prägen die ersten Wochen zu Hause: Mal fühlt sich die Frau von aller Welt isoliert und alleingelassen, überfordert und wenig anerkannt, dann wieder überglücklich. Sie freut sich über ihr Muttersein, zweifelt aber gleichzeitig daran, wirklich allzeit eine gute Mutter sein zu können. Ihr Körper ist zwar wieder beweglicher als in der Zeit der Schwangerschaft, doch immer noch nicht wieder in alter Form und auch noch nicht allzu belastbar. Die zugesicherte Unterstützung durch den Partner läßt bisweilen zu wünschen übrig (> Arbeit teilen, Seite 74). Wie sie Mutter und zugleich Frau sein kann, ist ihr häufig noch ein Rätsel.

In dieser Zeit ist besonders der Partner gefordert. Er sollte nicht nur dem Neuankömmling, sondern auch seiner Frau Sicherheit und Geborgenheit

WENN DER DAMM SCHMERZT

● Spülen Sie die schmerzende Naht häufig mit warmem Wasser (auch nach dem Toilettengang) ab, und wechseln Sie oft die Vorlage.

● Beim Duschen zu urinieren verhindert, daß der Harn an der Naht schmerzt.

● Die Dammwunde mit Kamillenlösung betupfen und eventuell mit der kalten Luft aus einem Haarfön trocknen.

● Wärme oder Kühle tun gut.

● Sie können die Wunde auch mehrmals täglich mit Rotlicht bestrahlen.

● Ein Läppchen, auf den etwas frischer Quark mit hohem Fettgehalt aufgetragen ist, auf die Wunde gelegt, wirkt wohltuend bei Entzündungen der Naht.

● Die Beine möglichst wenig spreizen und bewegen, damit die Naht gut verheilen kann.

● Das Sitzen auf der schmerzenden Wunde erleichtert ein aufgeblasener Schwimmreifen, auf dem Sie Platz nehmen können.

geben. Darüber hinaus hat er wesentlichen Anteil daran, ob sie für lange Zeit in Mütterlichkeit versinkt oder sich auch wieder als eigenständige, lebendige, attraktive Frau empfinden kann.

Der Säugling auf der Intensivstation

6 bis 7 von 100 Neugeborenen brauchen intensive Pflege. Sie ermöglicht es selbst kleinsten Frühgeborenen unter 1.500 Gramm Geburtsgewicht, gesund am Leben zu bleiben.

Die Eltern belastet es allerdings sehr, wenn ihr Kind auf einer Neugeborenen-Intensivstation versorgt werden muß. Die Frau liegt oft selbst noch auf der gynäkologischen Abteilung und kann möglicherweise nicht zum Kind. Der von der Berufsarbeit meist nicht beurlaubte Vater kann das Baby nur selten besuchen, schreckt in der Klinik dann vor so viel fremder Technik zurück und getraut sich kaum, das winzige, zerbrechlich wirkende Kindlein anzufassen. In perinatologischen Zentren – das sind Kliniken, in denen dem Kreißsaal eine Frühgeborenen-Intensivstation angeschlossen ist – kann die Mutter allerdings schon bald zum Baby.

Einige Kliniken in Deutschland und Österreich gehen jedoch bereits mit sehr großem Erfolg einen anderen, kindgerechteren Weg. Dort verzichtet man – wenn immer möglich – auf invasive Maßnahmen. Selbst kleinste Frühgeborene atmen – von ÄrztInnen liebevoll unterstützt – selbständig und bedürfen keiner maschinellen Beatmung, bei der die Luft 200mal stärker in die Lungen gepreßt wird als bei einem normalen Atemzug. Musik und aufopfernde Pflege ergänzen das äußerst erfolgreiche Konzept. Die Eltern werden an die Pflege der so zerbrechlich wirkenden Kinder gewöhnt. Sie waschen und wickeln ihre Kleinen und tragen sie sogar im Garten spazieren. Auch sie zu stillen, ist möglich. So sanft und liebevoll über die ersten schwierigen Wochen ihres Lebens gebracht, wachsen ganz viele dieser Kinder ohne körperliche und seelische Schäden heran.

Mit dem Neugeborenen zu Hause

Besonders intensiv kann sich die Bindung zu dem Neuankömmling in den eigenen vier Wänden entwickeln. Das wird möglich, wenn die Geburt zu Hause stattgefunden hat oder Eltern und Kind einige Stunden nach der ambulanten Entbindung (> Seite 180) wieder heimfahren.

Die Wöchnerin wird dann von Angehörigen gemeinsam mit der Hebamme betreut, die in den ersten zehn Tagen für ein bis zwei Stunden täglich ins Haus kommt. Sie kontrolliert die Rückbildung der Gebärmutter, sieht sich die Scheidendammnaht an und fragt nach Urin, Stuhlgang und Wochenfluß. Sie mißt Blutdruck und Körpertemperatur.

Ohne sich um festgelegte Klinikzeiten kümmern zu müssen, kann die Frau unter Anleitung der Hebamme ihr Baby versorgen. Sie sieht, wie die Hebamme das Kind hält, die Windeln wechselt, badet.

Wenn Partner, FreundInnen oder Verwandte die Frau unterstützen, kann sie zu Hause die Ruhe finden, die sie braucht – ungestört durch Visiten, Kinderschwester und festgelegte Essenszeiten. Zu Hause, unter der helfenden Anleitung der Hebamme gelingt meist auch das Stillen problemloser als in der Klinikatmosphäre.

Das eigene Bett und die gewohnte Umgebung tragen wesentlich zum Wohlbefinden aller bei. Der Partner kann von Beginn an seine Rolle als zweite wichtige Bezugsperson für das Kind einüben. Und die Geschwister können sich von Anfang an mit dem Familienzuwachs vertraut machen. Sie fühlen sich nicht ausgestoßen und leiden nicht unter der Abwesenheit der Mutter, solange diese in der Klinik ist.

Der Körper stellt sich wieder um

Das sichtbare Zeichen der Rückbildungszeit ist der Wochenfluß. Ungefähr vier bis sechs Wochen dauert es, bis er wieder versiegt. In dieser Zeit wird auch die Gebärmutter wieder kleiner, die schwangerschaftsbedingten Veränderungen im Körpergewebe und manche andere Unannehmlichkeiten wie zum Beispiel Hämorrhoiden bilden sich zurück.

Wochenfluß

Dort, wo sich der Mutterkuchen von der Gebärmutter gelöst hat, ist eine großflächige Wunde entstanden. In den ersten Wochen nach der Geburt sondert diese – sich rasch verkleinernde Wunde – Wundflüssigkeit und Gewebe ab. Zuerst geht rotes, helles Blut ab, später verfärbt sich der Wochenfluß bräunlich. Zum Ende der zweiten Woche nimmt er eine gelbliche Farbe an; er enthält jetzt kaum noch Wundflüssigkeit, sondern fast nur noch verflüssigte Zellen. Ab der vierten bis sechsten Woche versiegt der Wochenfluß – ein Zeichen, daß die Geburtswunde abgeheilt ist.

Wenn die Frau jedoch stark blutet, müssen Ärztin oder Arzt umgehend verständigt werden. Es könnte sein, daß sich die Gebärmutter zu wenig zusammenzieht oder daß ein Teil der Nachgeburt in der Gebärmutter zurückgeblieben ist. In diesem Fall muß eine Ausschabung (> Seite 146) vorgenommen werden.

Eine Unterleibentzündung kündigt sich durch starke Schmerzen im Unterbauch, Fieber und übelriechenden Wochenfluß an. Sie muß sofort behandelt werden.

Wenn sie mag, kann die junge Mutter trotz Wochenfluß ein Wannenbad genießen. Das Wundsekret ist nicht infektiöser als andere Körpersekrete auch.

Nachwehen

Zuerst kommen die rhythmischen Kontraktionen, die der Gebärmutter helfen, ihre ursprüngliche Größe und Form wieder anzunehmen, spontan und unregelmäßig. Nach einigen Tagen sind diese Nachwehen nur noch beim Stillen zu spüren. Wenn das Neugeborene an der Brustwarze saugt, entläßt eine Hormondrüse im Gehirn Oxytocin in das Blut. Dadurch zieht sich die Gebärmutter stärker zusammen, die noch offenen Blutgefäße werden abgeklemmt, die Blutung aus der Wunde, die der Mutterkuchen hinterlassen hat, hört auf. Außerdem bauen sich die nach der Geburt nicht mehr benötigten Muskelfasern rascher ab, weil sie nicht mehr mit Blut versorgt werden. Dadurch wird die Gebärmutter kleiner. Stillen fördert somit die Rückbildung der Gebärmutter.

WOCHENBETT-GYMNASTIK

Gymnastische Übungen helfen, den Körper wieder zu festigen. Solange sie keine Schmerzen bereiten, können Sie – abgesehen von den Bauchmuskelübungen – alle Übungen weiterturnen, die Sie schon während der Schwangerschaft gemacht haben. Erst ab der vierten bis sechsten Woche dürfen Sie auch die geraden Bauchmuskeln strapazieren.

Je länger die Geburt zurückliegt, desto intensiver sollten die Übungen sein.

1. Sie liegen auf dem Rücken und haben die Beine aufgestellt. Versuchen Sie, vorsichtig eine Schulter zur gegenüberliegenden Seite zu heben. Dann die andere.

2. Ab dem dritten Tag: Auf dem Rücken liegend, die Beine leicht angezogen, spannen Sie Gesäß und Schließmuskel, heben den Körper von der Unterlage ab, bleiben so einige Sekunden. Danach langsam absenken und entspannen.

3. Auf dem Rücken liegend, beide Arme weit ausgestreckt: Zuerst das rechte Bein kerzengerade in die Luft strecken und über das andere Bein legen, bis es den Boden berührt. Zurück in die vorherige Stellung und mit dem linken Bein üben. Einige Male wiederholen.

Nach dem ersten Kind sind die Nachwehen oft so schwach, daß die Frau sie gar nicht wahrnimmt. Erst bei weiteren Kindern können sie recht heftig werden. Sie gleichen dann den Krämpfen, die manche Frauen bei der monatlichen Regel haben.

Rückbildung der Gebärmutter

Unmittelbar nach der Geburt beginnt die Gebärmutter, sich zusammenzuziehen. Die Nachwehen sorgen für weitere rhythmische Kontraktionen.

Sechs bis acht Wochen nach der Geburt ist das Organ wieder auf seine ursprüngliche Größe und auf ein Zwanzigstel des vor der Geburt erreichten Gewichts geschrumpft.

Bereits nach einem Tag ist der obere Rand der Gebärmutter (Fundus) in Nabelhöhe zu tasten. Insgesamt dauert es sechs bis acht Wochen, bis die Gebärmutter ihre ursprüngliche Größe wieder erreicht hat.

RÜCKBILDUNGS-GYMNASTIK

Die frühere Figur erlangen Sie nicht von einem Tag auf den anderen zurück. Gezielte Gymnastik kann aber Bauch, Po und Hüften unterstützen, wieder straff zu werden.

Nach der Wochenbettgymnastik dürfen die Übungen den Körper immer stärker fordern. Zwischen Kochen, Putzen, Wäsche waschen und Kind versorgen bleibt oft wenig Zeit und Lust, auch noch gymnastische Übungen zu absolvieren. Mehr Spaß macht das Turnen unter Gleichgesinnten.

Entsprechende Kurse bieten Mütterschulen, Tanzstudios oder Yoga-Institute an. In viele Kurse wird das Baby entweder mit einbezogen, oder es steht eine Betreuung zur Verfügung.

Geburtswunden

Risse und Schürfwunden durch die Entbindung müssen von Ärztin oder Arzt versorgt werden. Diese Wunden können sehr schmerzhaft sein.

Vielen Frauen sind die ersten Tage nach der Geburt ihres Kindes vor allem durch die Beschwerden verleidet, die ihnen der Dammschnitt bereitet. Auch heute noch wird er viel häufiger vorgenommen, als es notwendig ist (> Dammschnitt, Seite 205). Besonders beim schräg geführten Schnitt kommt es zu Spannungen im Gewebe und daher zu größeren Schmerzen. Weniger schmerzhaft ist der Schnitt entlang der Mittellinie.

Meist nähen die ÄrztInnen mit einem Faden, der sich nach einer Woche von selbst auflöst. Dann lassen die Schmerzen meist schlagartig nach.

Selten entzündet sich die Naht. Wenn sie geschwollen, rot und sehr schmerzhaft ist, sollte die Frau Ärztin oder Arzt darauf hinweisen.

Die Dammnaht ist kein Grund, auf ein Vollbad zu verzichten; allerdings sollte es in der ersten Zeit kein Schaumbad sein. Es trocknet die empfindliche Haut zu sehr aus. Besser eignen sich Bäder mit Zusätzen von Kräutern wie Kamille, Ringelblume oder Schafgarbe.

Schwitzen

Ein bis vier Kilogramm Gewicht verliert die Mutter in den Wochen nach der Geburt. Der Körper scheidet das Wasser, das sich im Laufe der Schwangerschaft im Gewebe der Frau angesammelt und ihr Aussehen so verändert hat, jetzt wieder aus. Einen Gutteil gibt das größte Ausscheidungsorgan des Körpers, die Haut, durch Schwitzen ab. Ein anderer Grund, warum die Frau jetzt vermehrt schwitzen kann, sind die enormen hormonellen Veränderungen.

Hämorrhoiden

Wenn sich der Kopf des Kindes durch die Scheide zwängt, drückt er den Darmausgang sehr zusammen.

Dadurch kann sich das Blut im Venengeflecht rund um den Anus stauen und das Gewebe anschwellen. Diese Hämorrhoiden können sehr schmerzhaft sein, vergehen aber nach einigen Tagen wieder.

Sitzbäder im Eichenrindenaufguß können die Beschwerden lindern.

AN DER MUTTERBRUST

So einfach wie in den ersten Lebensmonaten ist Ernährung nie wieder. Brust freimachen, Kind anlegen, trinken lassen, bis es satt ist. Damit bekommt das Baby alles, was Essen und Trinken je sein kann: Lust und Befriedigung, denn es darf saugen, Wärme, Nähe und Zuwendung spüren, in wortloser Kommunikation geborgen sein. Der Körper erhält Nahrung und Flüssigkeit, Vitamine und Spurenelemente in ausgewogenem Verhältnis und so zubereitet, wie er es für eine optimale Aufnahme braucht. Das Immunsystem bekommt Antikörper, um gegen erste bedrohliche Infektionen gewappnet zu sein, und zusätzlich Faktoren, die Allergien hemmen oder ihr Auftreten zumindest verzögern. Und das alles trinkfertig, keimfrei, mit optimaler Temperatur. Außerdem hat die Quelle Eigenschaften, die es sonst nur im Märchen gibt: Die Milchzusammensetzung ändert sich während des Trinkens, sie paßt sich den sich ändernden Bedingungen des wachsendes Kindes an, sie fließt reichlicher, wenn der Säugling mehr fordert.

Auch für die Mutter ist Stillen meist Lust und Befriedigung. Das Saugen vermittelt sexuelle Gefühle. Eine so vertrauensvolle Nähe wie die zwischen Mutter und Kind beim Stillen gibt es im Erwachsenenalltag kaum.

Diese Vorteile für Mutter und Kind nutzen immer mehr Frauen. Der Trend zum Stillen hält an. Doch nach drei Monaten stillen nur noch 60 Prozent der Frauen, weil sie schlecht beraten und nur mangelhaft unterstützt werden.

Ganz am Anfang

20 bis 30 Minuten nach der Geburt ist der Saugreflex des Kindes am stärksten. Die Brust braucht den Saugreiz, um Milch zu bilden. Jedes gesunde Neugeborene gehört darum sofort nach der Geburt und

VORTEILE DES STILLENS

- Muttermilch enthält alle Nährstoffe, Vitamine und Mineralstoffe, die das Kind in den ersten Monaten braucht.
- Muttermilch hat eine optimale Zusammensetzung, die auf die Bedürfnisse und die Verdauung des Säuglings abgestimmt ist.
- Muttermilch ist leicht verdaulich und gut verträglich.
- Muttermilch ist immer frisch, hygienisch sauber und hat stets die richtige Temperatur.
- Muttermilch schützt vor Infektionen. Die Wirkung hält auch nach der Säuglingszeit bis ins Schulalter an. Muttermilch enthält eine Reihe von unspezifischen Abwehrstoffen.
- Muttermilch enthält nur arteigenes Eiweiß. Allergische Erkrankungen sind bei gestillen Kindern seltener als bei Flaschenkindern.
- Muttermilch kostet nichts.
- Stillen fördert die emotionale Bindung zwischen Mutter und Kind.
- Stillen gibt dem Baby Geborgenheit und Hautkontakt.
- Stillen fördert die Rückbildung der Gebärmutter.
- Stillen begünstigt die normale Kieferbildung beim Kind.
- Stillen fördert die Intelligenz des Kindes.

STILLGRUPPEN

Bei monatlichen Stilltreffen im privaten Rahmen werden Themen wie »Stillschwierigkeiten«, »Vorteile des Stillens«, »Die Geburt und die erste Zeit danach« und »Ernährung und abstillen« mit der Stillberaterin diskutiert. Es bleibt auch genügend Zeit, offene Fragen oder eigene Probleme zur Sprache zu bringen.

Den Mitgliedern der Stillgruppe stehen eine Auswahl an Büchern und Broschüren über das Stillen leihweise zur Verfügung.

Die bekannteste Organisation ist die La Leche Liga, die sich aus Amerika kommend in ganz Europa etabliert hat. Ihr erklärtes Ziel ist es, eine gute Mutter-Kind-Beziehung durch das Stillen zu fördern. Der Erfolg läßt sich sehen: Nur 32 Prozent der Mütter stillen ohne spezielle Hilfe und Unterstützung, während 93 Prozent der Frauen, die mit La Leche Liga Kontakt hatten, erfolgreich ihre Kinder nähren können.

Manche Geburtskliniken arbeiten bereits mit Stillberaterinnen eng zusammen, damit Stillprobleme erst gar nicht entstehen.

Kontakte

Arbeitsgemeinschaft Freier Stillgruppen Bundesverband e.V.
Postfach 311112
76141 Karlsruhe

La Leche Liga Deutschland e.V.
Postfach 96
81214 München

La Leche Liga Österreich
Postfach
6500 Landeck

– wenn es will – alle zwei bis drei Stunden wieder an die Mutterbrust.

Möglich, daß das Kind dabei zunächst nur wenig zu trinken bekommt. Kräftigen Kindern schadet das nicht, solange sie – wie andere Kinder auch – innerhalb von einer Woche nicht mehr als zehn Prozent ihres Geburtsgewichts abnehmen. Den anderen hilft etwas ungesüßter Tee, diese Zeit zu überbrücken.

Milchfertignahrung ist in den ersten Lebenstagen nur angebracht, wenn die Frau das Kind nicht stillt. Der noch unreife Verdauungstrakt der ganz Kleinen reagiert auf fremdes Eiweiß besonders leicht allergisch. Bei voll gestillten Babys können geringe Mengen Fertigmilch in den ersten Tagen die Ursache für eine Eiweißallergie sein, die sich erst dann bemerkbar macht, wenn später zugefüttert oder abgestillt werden muß.

Müssen ansonsten voll gestillte Kinder einmal zwischendurch Fertignahrung bekommen, empfiehlt sich wegen der Allergiegefahr antigenreduzierte Nahrung (> Fertigmilchprodukte, Seite 223), wenn nicht früher abgepumpte und tiefgefrorene Muttermilch verwendet werden kann.

Biologisches

In der weiblichen Brust liegen – eingebettet in Stütz- und Fettgewebe – die traubenförmigen Michdrüsen. Die Alveolen – das sind winzige Säckchen mit einer speziellen Zellschicht, die sich wie Muskeln zusammenziehen kann – speichern die Milch. Von ihnen gehen die Milchgänge aus, die alle in die Brustwarze münden.

Schon während der Schwangerschaft lassen sich aus der Brust einige Tropfen Vormilch (Kolostrum) herausdrücken. Nach der Geburt ist sie die erste, optimal an die Bedürfnisse des Neugeborenen angepaßte Nahrung.

Drei bis vier Tage nach der Entbindung zeigt der »Milcheinschuß« an, daß die Brust mit der Produktion der reifen Muttermilch – gesteuert durch das Hormon Prolaktin aus der Hirnanhangdrüse (Hypophyse) – beginnt.

Wie viel Milch die Brust produziert, regelt das Baby selbst, indem es saugt. Fehlt der Saugreiz, versiegt die Milch. Der Saugreiz setzt zudem ein Hormon frei, das dafür sorgt, daß sich die Milchläppchen zusammenziehen und die Milch herausdrücken. Später genügt schon das Weinen des Babys, um diesen »Let-down-Reflex«, der die Milch wie von selbst fließen läßt, in Gang zu setzen.

Nach etwa zehn Tagen erreicht die Brust ihre volle Leistungsfähigkeit und produziert 120 bis 180 Milliliter Milch pro Stillmahlzeit.

Sechs Monate aneinandergekettet?

Stillen bindet die Mutter ans Kind. Was die eine Frau freut, wird der anderen zur Fessel. Babys sind Weltmeister im Erspüren von Atmosphärischem. Wartet eine Frau innerlich ungeduldig, endlich wieder mehr Freiheit zu bekommen, kann der Entschluß zur Flasche beide vom Druck befreien.

Kompromisse können sein:
● »Überbrückungsflaschen« aus abgepumpter Milch. Im Kühlschrank bleibt sie bis zu drei Tagen frisch, tiefgefroren bis zu sechs Monate.
● Teilweises Stillen. Fachfrauen in den Stillgruppen erklären, wie's geht.

Selbstbestimmt oder gemaßregelt?

Beneidenswert sind Eltern, deren Baby schon in der zweiten Lebenswoche den Vier-Stunden-Fütter-Einheits-Rhythmus einhält. Doch das ist selten der Fall. Gestillte Kinder verlangen oft noch wochenlang alle zwei bis drei Stunden nach der Brust. Und sie sollen sie bekommen, genauso wie die Kinder ihre Flasche, die mit adaptierter Fertigmilch (> Fertigmilchprodukte, Seite 223) gefüllt ist.

Das Kind trinkt genug, wenn bei jedem Füttern die Windel naß ist, sie alle zwei bis – im Ausnahmefall – zehn Tage voll ist und das Kind nicht abnimmt.

Das Kind bekommt genug Nahrung, wenn es im ersten Lebenshalbjahr etwa 200 Gramm pro Woche zunimmt, im zweiten etwa 100 Gramm.

STILL-REGELN

● Die Brust täglich mit klarem Wasser ohne Seife waschen. Seife und Alkohol machen die Brustwarzen spröde.
● Nach dem Duschen oder Baden die Brust vorsichtig abtupfen und an der Luft trocknen lassen. Auch nach dem Stillen die Brust einfach an der Luft trocknen lassen.
● Das Kind immer an beiden Brüsten trinken lassen.
● Beim nächsten Mal mit der Seite beginnen, an der das Baby zuletzt getrunken hat.
● In den ersten fünf Minuten trinkt das Kleine mehr als die Hälfte der gesamten Mahlzeit. Nach zehn Minuten stehen beim Weiternuckeln andere Bedürfnisse als Hunger im Vordergrund.
● Nach dem Stillen etwas Milch an der Brustwarze antrocknen lassen.

Unnötig sind
● Brustwarzensalben und Desinfektionsmittel.
● Milchbildungstee, Malzbier oder Sekt. Sie regen die Milchbildung nicht mehr an als jedes andere Getränk. Viel Flüssigkeit ist allerdings nötig.

Kein Grund zum Abstillen sind
● Krankheiten des Kindes. Im Gegenteil: Je schwerer die Krankheit, desto notwendiger Muttermilch.
● Gelbsucht beim Kind.
● Krankheiten der Mutter, solange sie sie nicht lebensbedrohlich schwächen.
● Milchstau. Kalte Umschläge lindern die Schmerzen, warme fördern den Milchfluß vor dem Stillen.

Nach fünf Monaten hat es sein Geburtsgewicht etwa verdoppelt, nach einem Jahr verdreifacht.

Muttermilch

Muttermilch ist immer trinkbereit, frisch und hat stets die richtige Temperatur. Sie ist frei von krankmachenden Keimen, ja sie schützt zudem noch vor Keimen der Umgebung. Die Abwehrstoffe, die das

Kind mit der Muttermilch erhält, wirken noch in der Stillperiode nach. Erst im Schulalter erlischt der restliche Infektionsschutz des Stillens.

Schadstoffbelastung

Die unerwünschten Beigaben, die die Frau in all den Jahren vor der Schwangerschaft mit Speis und Trank zu sich nahm, gibt sie später, im Fett ihrer Milch gelöst, an ihr Baby weiter. Muttermilch kann enthalten:

● Chlororganische Verbindungen wie die Pflanzenschutz- und Schädlingsbekämpfungsmittel HCH (Hexachlocyclohexan), DDT (Dichlordiphenyltrichlorethan), Aldrin/Dieldrin, HE (Heptachlorepoxid) und HCB (Hexachlorbenzol).

● Die vielen Materialien zugesetzten PCB (polychlorierte Biphenyle).

● Verschiedene, vornehmlich bei der Müllverbrennung entstehende Dioxine.

Sie alle werden zumindest verdächtigt, Krebs auszulösen oder die kanzerogene Wirkung anderer Stoffe zu verstärken.

Schwermetalle kommen in Muttermilch nur in Konzentrationen vor, die die Deutsche Forschungsgemeinschaft für unbedenklich hält. Sie entsprechen in etwa denen von Fertigmilch.

Gemessen an den gesetzlich festgelegten Schadstoffhöchstmengen für Lebensmittel oder Trinkwasser dürfte kaum ein Säugling die Milch seiner Mutter trinken. Tröstlich ist, daß bei den Pestiziden der Trend nach unten weist. Der PCB-Anteil stagniert auf relativ hohem Niveau. Der Dioxingehalt von Muttermilch ist hingegen erschreckend hoch, zehnmal höher als der von Kuhmilch. Brustkinder nehmen so viel von dem Sevesogift auf, daß der als Sicherheitsfaktor angegebene Abstand zur Menge, bei der noch keine Effekte beobachtet wurden, nur noch 10 bis 20 beträgt. Was das für die Gesundheit nachfolgender Generationen bedeutet, ist unklar.

Die meisten WissenschaftlerInnen sagen dennoch: Zumindest vier bis sechs Monate lang zu stillen ist immer noch besser als Fertignahrung.

UNMUTS-ÄUSSERUNGEN

Ihre Stimme ist für Säuglinge das einzige Mittel, um entfernten Menschen mitzuteilen: Ich fühle mich unwohl. Den Grund für das Unbehagen »weiß« der Winzling noch nicht. Nasse Windeln, Sehnsucht nach Nähe, Hunger, wunder Po, Langeweile – erst durch die Reaktionen der Erwachsenen auf die Unmutsäußerung lernt das Baby die Zuordnungen.

Eltern, die jedes Schreien ihres Kindes als »Du hast Hunger« interpretieren, prägen in ihm die Erfahrung, Essen und Trinken sei die angemessene Reaktion auf Anspannung. Sie schränken damit die Fähigkeit des Kindes ein, den Wechsel zwischen Hunger und Sattsein differenziert wahrzunehmen und erschweren so seine Persönlichkeitsentwicklung (> Soziale und geistige Entwicklung, Seite 256).

Übrigens: Babies können auch Durst haben. Teiladaptierte Nahrungen sind recht konzentriert, Frauenmilch und adaptierte Fertignahrungen dagegen erheblich dünnflüssiger. Das geeignete Getränk ist ungesüßter Tee.

Sie gehen davon aus, daß in dieser Zeit der Nutzen des Stillens für die Entwicklung des Kindes größer ist als das Risiko, das die Schadstoffbelastung darstellt.

Frauen, die länger stillen wollen, sollten, alle anderen können ihre Milch auf Schadstoffe untersuchen lassen.

Stillen will gelernt sein

Das Baby wird am besten nach Bedarf angelegt – auch nachts. Nach einigen Tagen entwickelt sich dann ein vom Kind bestimmter Stillrhythmus.

Zum Stillen sollte es sich die Mutter bequem machen. Streß hemmt den Milchfluß. Beim Trinken sollte das Baby auch einen Teil des Warzenvorhofs in den Mund nehmen, da sonst die Brustwarzen wund werden können.

Hat der Säugling eine Brust ganz leer getrunken, darf er – nachdem er aufgestoßen hat – noch an der zweiten Brust nuckeln. Bei der nächsten Mahlzeit wird dann mit der zuletzt leer getrunkenen Brust begonnen. Wenn nach dem Stillen noch Milch in der Brust verblieben ist, kann man sie mit der Hand ausdrücken.

Stillen nach einer Frühgeburt

Selbst Frühgeborene, die weniger als 1.500 Gramm wiegen, können gestillt werden. Dazu bedarf es aber der Unterstützung des Personals der Kinderklinik.

In Kliniken, die sich um eine möglich wenig technisierte Behandlung von Frühgeborenen bemühen (> Der Säugling auf der Intensivstation, Seite 214), werden die Frauen ermuntert, ihr Baby zu stillen. Ihr Beispiel zeigt, daß auch diese winzigen, zerbrechlich wirkenden Kinder in der Lage sind, selbständig zu trinken. Jede dritte Mutter, deren Kind in einer solchen Klinik liegt, kann es selbst nähren und ihm damit eine Entwicklung mit möglichst geringen Beeinträchtigungen schaffen.

An den meisten Kinder-Intensivstationen werden die Frühgeborenen jedoch erst gestillt, wenn sie schon etwas kräftiger sind. In der Zwischenzeit bringt die Mutter ihre abgepumpte Milch in die Klinik.

Selbst wenn das Stillen in der Kinderklinik nicht klappt, ist noch nichts verloren. Auch Wochen später kann – Geduld und Selbstvertrauen vorausgesetzt – das Kind die Brust noch annehmen. Sehr hilfreich ist dabei die Unterstützung einer Stillgruppe.

Stillen nach einem Kaiserschnitt

Die Art der Entbindung beeinflußt die Milchmenge nicht. Je früher das Baby angelegt wird, desto eher akzeptiert es die Brust. Das frühe Saugen ist leichter möglich, wenn die Geburt unter Epiduralanästhesie (> Seite 197) durchgeführt wurde. Andernfalls läßt man das Neugeborene meist einige Stunden warten, bis die Wirkung der Narkose bei der Mutter nachgelassen hat. Frauen, die jedoch das Kind gleich an die Brust gelegt bekommen wollen, können mit Hilfe ihres Partners oder des Klinkpersonals auch das erreichen. Die positive Wirkung des frühen Anlegens überwiegt den eventuellen negativen Einfluß des Narkosemittels auf das Kind.

Auch wenn die Wunde durch den Eingriff recht schmerzt, kann die Mutter das Kind nach Bedarf stillen und bei sich im Zimmer haben (> Rooming-in, Seite 212).

Stillprobleme und -hindernisse

Babys sind individuelle Lebewesen: Das eine trinkt sofort und kräftig, das andere läßt sich Zeit, will lieber wenig, aber dafür öfter trinken. Nicht immer sind die ersten Stillversuche erfolgreich: Das kräftige Saugen des Kindes kann schmerzen, das Stillen will nicht so recht klappen. Bemerkungen des Klinikpersonals wie »Sie haben ohnehin kaum Milch« verstärken die anfängliche Unsicherheit. Wer allein mit dem Stillen nicht zurechtkommt, findet Hilfe bei den Frauen einer nahegelegenen Stillgruppe (> Stillgruppen helfen, Seite 218).

Wunde Brustwarzen

Die ungewohnte Belastung der Warzen durch das saugende Baby kann Schrunden auf der Haut entstehen lasen. Wenn die Haut rissig wird, können Keime eindringen und eine Brustentzündung hervorrufen. Wunde Brustwarzen lassen sich am besten vermeiden, indem die Still-Regeln (> Seite 219) konsequent befolgt werden.

Milchstau

Eine gerötete, schmerzhafte Stelle an der Brust oder Brustwarze deutet auf einen Milchstau hin. Die Ursache kann in einer ungenügenden Entleerung der Brust – etwa bei schmerzenden Warzen – liegen. Das Übermaß an vorhandender Milch führt dann zum Stau in den Milchgängen.

Bei Milchstau helfen folgende Maßnahmen:
- Ausdrücken der Milch mit der Hand
- Heiße Umschläge zehn Minuten lang auf die Brust legen. Dannach die harten Knoten oder die gesamte Brust mit beiden Händen zart massieren.
- Zwei Tassen Salbeitee schluckweise getrunken oder ein Glas saurer Wein bremsen die Milchproduktion

Brustentzündung

Eine rote, verhärtete Stelle an der Brust, zusammen mit starkem Fieber und Schüttelfrost sind Zeichen für eine Brustentzündung. Wird diese nicht behandelt, können die Lymphknoten und -bahnen schmerzhaft anschwellen. Im Extremfall kann eine Brustentzündung zur Bildung eines Abzesses führen.

Auch wenn eine Brustentzündung besteht, muß das Kind nicht abgestillt werden. Zur vorübergehenden Entlastung der Brust können Arzt oder Ärztin Medikamente geben, die die Bildung von Prolaktin hemmen. Nach ein bis zwei Tagen kann

wieder gestillt werden. Gegen eitrige Infektionen helfen nur noch Antibiotika.

Flache Brustwarzen

Manchen Frauen gelingt es, ihre flachen Brustwarzen bereits in der Schwangerschaft aufzurichten. Zeigt sich erst beim Stillen, daß die Brustwarzen zu flach sind, können sogenannte Brustschilder dafür sorgen, daß sich die Brustwarzen weiter vorwölben.

Hohlwarzen

Manchmal zeigen sich Hohlwarzen erst, wenn die Brust prall mit Milch gefüllt ist. Die Frau kann dann zwischen den Stillzeiten »Brustschilder« tragen, die die Brustwarzen so weit herausdrücken, daß das Kind sie besser fassen kann.

Stilldauer

Wenn möglich, sollte das Baby drei, besser aber sechs Monate voll gestillt werden. Ein halbes Jahr lang braucht das Neugeborene nichts weiter als Muttermilch. Danach kann die Frau schrittweise einzelne Mahlzeiten durch Breinahrung ersetzen (> Von nun an Brei, Seite 225). Das Kleine abrupt abzustillen, sollte sie vermeiden. Es bedeutet für das Kind unnötigen Streß und ist auch für die Frau nicht angenehm.

Manche Frauen lassen ihre Kinder jahrelang an der Brust nuckeln; manche sogar, nachdem sie bereits ein weiteres Kind bekommen haben. Wenn das Kleinkind genügend andere Nahrung zu sich nimmt, ist dagegen nichts einzuwenden.

Abstillen

Je seltener die Frau das Kind anlegt, desto geringer ist der Saugreiz, und der Milchfluß läßt nach. Frauen, die so allmählich abstillen, entwöhnen ihr Kind und sich problemlos vom Stillen. Die wenige

FERTIGMILCH-PRODUKTE

Adaptierte Milchnahrungen

Hippon A	Pre Aponti
Lactana A	Pre Aptamil
Manasan	Pre Beba
Multival 1 und 2	Pre Humana 1
Pre Aletemil	Pre Milumil

Teiladaptierte Milchnahrungen

Aletemil	Humana Babyfit
Aponti 1	Lactana B
Aptamil	Milumil
Beba 1	On fürs Kind – KiNa
Hippon 1	On fürs Kind – Milasan neu
Humana 2	

Folgemilch

Aletemil plus	Hippon 2
Aponti 2	Humana Folgemilch
Beba 2	Nektamil

Antigenreduzierte Milchnahrungen

Aletemil HA
Aptamil hypoantigen
Beba HA

Unter den zwei Prozent Kindern, die auf Kuhmilcheiweiß allergisch reagieren, sind besonders viele, bei denen einer oder gar beide Elternteile mit einer Allergie kämpfen.
Der beste Schutz für diese Kinder ist ein halbes Jahr lang ausschließlich Brustnahrung. Ist das nicht möglich, sind »hypoallergene« Nahrungen eine akzeptable Alternative. In ihnen ist das Kuhmilcheiweiß so verändert, daß es für den jungen Körper kein allzu fremder Stoff mehr ist. Diese Nahrungen können etwa ein Viertel der potentiellen Allergiekinder vor der Krankheit bewahren.

Eigenproduktion

Was schon der Industrie nicht optimal gelingt, ist im Haushalt noch viel weniger möglich. Wer also nicht stillen kann oder will, sollte seinem Schützling Fertignahrung angedeihen lassen.

● Getreidenahrungen, zu denen auch die Frischkornmilch nach Bruker gehört, überfordern im ersten Lebenshalbjahr die Verdauungsorgane. Sie müssen erst langsam lernen, die zur Stärkeverdauung notwendigen Enzyme zu bilden. Die Allergisierungsgefahr ist groß (> Seite 851).

● Sojaeiweiß ist anders zusammengesetzt als Kuhmilch. Weil von einem Bestandteil – der Aminosäure Methionin – nur wenig enthalten ist, sind für den Körper auch die anderen Stoffe weniger wertvoll. Nur industriell hergestellte Sojamilchprodukte gleichen das aus.

● Mandelmilch mangelt es an Eiweißstoffen, Kalzium und Eisen. Damit ernährte Kinder lagen bereits mit Gedeihstörungen im Krankenhaus.

● Kokoh ist die Babymilch der makrobiotischen Ernährungsweise (> Seite 584). Sie ist extrem unausgewogen und bringt durch ihren Mangel an energieliefernden und essentiellen Nährstoffen Säuglinge, die ausschließlich damit ernährt werden, in Lebensgefahr.

● Selbstgemachte Milch enthält nicht genügend Vitamine und Eisen. Obst(säfte) und Fleisch müssen das ergänzen.

● Rohmilch kann krankmachende Keime enthalten. Der Nährwert abgekochter Rohmilch liegt aber unter dem von pasteurisierter Milch.

● Am besten eignet sich Vorzugsmilch. Sie ist unerhitzt, aber dank strenger Kontrollen hygienisch unbedenklich.

VON DER BRUST ZUM TELLER

Bei dem nachfolgenden Nahrungsaufbau von der Brust zum Teller sind die Mahlzeiten als selbst zubereitete Breie beschrieben. Der wichtigste Grund: Die Eltern wissen, was drin ist und was sie aus gutem Grund nicht hineingetan haben. Wegen der unsichtbaren Beigaben in Form von Schadstoffen sollten jedoch alle Lebensmittel aus ökologisch-kontrolliertem Anbau stammen. Gerade das wichtigste Babygemüse, Karotten, ist ein Kadmium- und Nitratsammler.

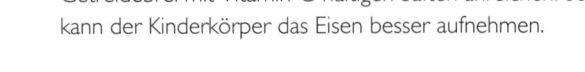

● Im 5. Monat vor der Mittagsmilch teelöffelweise mit gedünsteten, zermusten Karotten beginnen. Im Laufe des Monats die ganze zur Karotten-Kartoffel-Fleisch-Kombination erweiterten Mittagsmahlzeit (etwa 200 g) als Brei vom Löffel geben. Die anderen Mahlzeiten sind immer noch Mutter- oder Fertigmilch.

Rezept

1 Teil Kartoffeln, 2 Teile Gemüse: Anfangs Karotten, später auch Kohlrabi, Blumenkohl, Fenchel, Spinat versuchen. Fleisch: Anfangs 20, später 35 Gramm mageres, gekochtes, püriertes Rind-, Schweine-, Kalb- oder Geflügelfleisch. Jede Woche einmal ein Eigelb. Alle zwei Wochen einmal Schweineleber. Ihr Eisen kann das Kind am besten aufnehmen. Der Schadstoffgehalt, der sonst gegen Innereien spricht, ist bei Schweineleber noch gering, weil die Tiere sehr jung geschlachtet werden.
Keine Fettzusätze.
Wer kein Fleisch füttern will, muß den

Getreidebrei mit Vitamin-C-haltigen Säften anreichern. So kann der Kinderkörper das Eisen besser aufnehmen.

● Im 6. Monat langsam als zweiten Brei einen Vollmilch-Getreidebrei in den Speiseplan einführen. Die anderen Mahlzeiten sind immer noch Mutter- oder Fertigmilch.

Rezept

200 ml Vollmilch
20 g Vollkornflocken
20 g Orangensaft
Kein Zucker oder sonstige Süßzusätze

Im 7. Monat folgt als drittes ein Vollkorn-Obst-Brei ohne Milch. Die anderen Mahlzeiten für das Baby bestehen immer noch aus Mutter- oder Fertigmilch.

Rezept

20 g Vollkornflocken
90 g warmes Wasser
100 g Frischobst
5 g Butter

● Im 9. Monat wird der Vollkorn- zum Frischkornbrei: Das gemahlene Getreide wird nicht mehr aufgekocht, aber vor dem Füttern eine Stunde eingeweicht. Auch ein Rohkostbrei aus fein geriebenen frischen Gemüsen ist jetzt möglich.

● Im 2. Lebensjahr: Vollwerternährung wie für Erwachsene (> Seite 568), anfänglich noch feiner zerkleinert. Mit Tomaten, Hülsenfrüchten und Kohl vorsichtig beginnen. Sie können blähen. Der Frischkornbrei kann nun grob geschrotet sein, muß dann aber vor dem Essen 8 bis 12 Stunden im Kühlschrank quellen. Täglich etwa 400 ml Vollmilch.

Milch, die in der Brust bleibt, baut der Körper ab, das Drüsengewebe bildet sich zurück.

Nur selten wird es notwendig, plötzlich abzustillen – ein unglaublich schmerzhaftes Erlebnis. ÄrztInnen können der Frau dabei ein wenig helfen, indem sie ihr ein Medikament verordnen, das das Milchbildungshormon Prolaktin hemmt.

Fertigmilch

Laut Beschluß gibt es seit 1993 EG-einheitlich nur noch »Säuglingsanfangsnahrungen und Folgenahrungen«. Die bisher gebräuchliche Einteilung in adaptierte und teiladaptierte Produkte entfällt.

Beide Milcharten sind in ihren wichtigen Nährstoffen der Frauenmilch angeglichen. Im »Feinaufbau« erreichen sie diese jedoch nie. »Adaptiert« bedeutete bisher, daß diese Milch – wie Frauenmilch – als einziges Kohlenhydrat Milchzucker enthielt. »Teiladaptierte« Nahrungen können auch andere Kohlenhydrate wie Haushaltszucker oder Stärke enthalten. Manche sogar erhebliche Mengen. Damit werden sie sämiger. Manche Eltern meinen, solche Milch sättige besser und sei verträglicher. Untersuchungen bestätigen das nicht.

Trotzdem bleibt gültig, was bisher galt: Von der dünnflüssigen adaptierten Milch darf das Baby trinken, wann und wieviel es will. Mit teiladaptierter Milch müssen die vom Hersteller angegeben Trinkmengen eingehalten werden. Sonst wird diese Milch zum »Mastfutter« – so bezeichnen es KinderärztInnen, die viele Kinder gesehen haben, deren Eltern es mit dieser Milch allzu gut meinten (> Ursachen für überreichliches Essen, Seite 563).

Zum Wasser, mit dem Babys Flasche zubereitet wird, > Seite 581.

Von nun an Brei

»Ab 3. Monat« steht auf dem Glas mit Babykost. Wer zugreift, weil sie oder er meint, der drei Monate alte Sprößling brauche das jetzt, ist den Formulierungskünsten der Hersteller auf den Leim gegangen. Die sagen mit ihrer Altersangabe nur, daß das Verdauungssystem des Kindes diesen Brei jetzt verkraften könnte. Es heißt nicht, daß es das »braucht«.

Vier bis sechs Monate lang reichen dem Kleinen Mutter- oder Säuglingsmilch. Im Gegenteil: Bekommen gestillte Kinder in dieser Zeit schon anderes zugefüttert, kann der Körper viele Milchbeigaben wie zum Beispiel Eisen nicht mehr optimal aufnehmen. Erst ab etwa fünf Monaten muß Zusätzliches den steigenden Bedarf an Energie- und Nährstoffen decken.

Kinder brauchen keinen besonders abwechslungsreichen Speiseplan und keine raffinierte Würze. Eltern, die bei der Auswahl des Babybreis oder beim Abschmecken nach ihrem Gusto gehen, vergessen leicht, daß ihre Geschmacksnerven schon viele Jahre lang mit gar nicht so optimaler Erwachsenenkost traktiert wurden. Amerikanische Forscher behaupten, daß die Zunge eines Babys Geschmacksnuancen 120mal empfindlicher wahrnimmt als die von Erwachsenen.

Gummi im Mund

Säuglinge heißen so, weil sie saugen. Wer an der Flasche saugt, braucht einen Sauger. Der ist meist aus Kautschuk, seltener aus Silikon. Neu sind beide wunderschön. Alt ist der eine braun, brüchig oder klebrig, der andere eventuell zerschlissen.

Hinsichtlich Produktmaterial und Hygiene sind beide Sorten unbedenklich. Die durchsichtigen Silikonsauger erscheinen den Erwachsenen appetitlicher, weil sie auch nach wochenlangem Gebrauch inklusive Auskochen ansehnlich bleiben. Den Kautschuk- oder Latexschnullern sieht man ihr Alter an.

Die schönen Nuckel zeigen ihre Nachteile, wenn die ersten Zähne nach Betätigung verlangen. In die Gummilutscher bohren die weißen Dolche ein Loch. Bei den Silikonsaugern wird daraus ein Totalschaden. Der Riß zieht weiter.

Unerfüllter Kinderwunsch

Mutter und Vater zu sein, ist heute nicht unbedingt für jeden selbstverständliches Lebensziel. Trotzdem leiden viele Paare darunter, keine eigenen Kinder bekommen zu können. MedizinerInnen nehmen sich der Betroffenen gerne an. Aber der große Traum, jeden Kinderwunsch erfüllen zu können, ist trotz High-tech bisher ausgeblieben. Die meisten Paare benötigen eine ganz andere Hilfe: Ihre Seele muß genesen, damit sie vom zwanghaften Kinderwunsch lassen können.

Nur wenige Paare geben unumwunden zu, Probleme mit dem Kinderkriegen zu haben. Dabei ist das vergebliche Mühen, ein Kind zu zeugen oder zu empfangen, häufiger als vielfach angenommen. 10–20 Prozent der Paare haben Schwierigkeiten, sich fortpflanzen. Die meisten empfinden das als persönliches Versagen. Jahrelang plagen sie sich, um das leere Kinderzimmer zu füllen.

Allein in Deutschland schlagen sich mehr als drei Millionen Paare mit dem unerfüllten Kinderwunsch herum. Und sie kommen unterschiedlich gut oder schlecht mit der Kinderlosigkeit zurecht. Manche sind zwar sehr enttäuscht, keine eigenen Kinder bekommen zu können, aber ihnen gelingt es, sich damit abzufinden. Für andere aber wird die Kinder-

losigkeit zur Tragödie, an der nicht selten auch die Partnerschaft zerbricht. Sie schaffen es nicht, sich auf ein anderes Lebensziel zu orientieren. Alle Gedanken sind auf einen Wunsch fixiert: endlich schwanger zu werden, den leeren Bauch zu füllen. Um dieses Ziel zu erreichen, unterziehen sie sich einer Unzahl von Untersuchungen und Behandlungen.

Bereitwillig unterwerfen sich Frau und Mann dem Diktat der Reproduktionsmedizin. Sie hoffen auf die Kunst der ÄrztInnen, jede Meldung über eine noch ausgeklügeltere Methode der außerkörperlichen Befruchtung weckt neue Hoffnung auf das heißersehnte Baby. Der Anblick von Schwangeren oder kleinen Kindern wird für viele betroffene Frauen unerträglich. Deshalb vermeiden sie es zunehmend, die so glücklich scheinenden Freunde zu sehen. Paare mit unerfülltem Kinderwunsch vereinsamen zusehends.

Unter dem Druck, gemäß Hormonspiegel und Temperaturkurve miteinander schlafen zu müssen, verliert der Sex jeden Reiz.

Das Unglück der Betroffenen ist weitaus größer, als es Außenstehende je nachvollziehen können. Männer stehen nicht selten unter dem Druck, einen Nachfolger vorzeigen zu müssen oder zumindest ihre Zeugungsfähigkeit unter Beweis stellen zu müssen. Frauen bekommen von der eigenen Familie häufig unmißverständlich signalisiert, daß sie nur als Mutter eine »richtige« Frau seien. Ohne Kinder bleibt ihnen die Wertschätzung der anderen versagt.

VERZÖGERUNGEN

Nicht immer funktioniert der Körper so, wie Mann und Frau glauben, daß er es müßte.

Normalerweise sollten Zeugung bzw. Empfängnis innerhalb von sechs Monaten glücken können. Aber die Unterschiede sind groß. Bei manchen klappt's schon beim ersten ungeschützten Verkehr, andere »üben« fast zwei Jahre, bis es endlich soweit ist.

So sollte es ablaufen

Damit eine Schwangerschaft zustande kommt, müssen viele Einzelschritte harmonisch ineinandergreifen: Eine Eizelle muß im Eierstock so weit heranreifen, daß das Eibläschen platzen und der Eileiter das Ei aufnehmen kann. Nur wenige Stunden bleiben nun für die Zeugung. Trifft keine befruchtungsfähige Samenzelle auf das Ei, ist die Chance für einen Monat vorbei. Stimmt das Timing aber und hat der Samenfaden Eingang in die Eizelle gefunden, verschmilzt das Erbmaterial der beiden Zellen. Das befruchtete Ei muß nun beginnen, sich zu teilen. Gleichzeitig muß es durch den Eileiter in die Gebärmutter wandern und sich dort erfolgreich an einer günstigen Stelle einnisten. Diese komplizierten hormonell gesteuerten Abläufe können auf vielerlei Weisen gestört werden.

Gewußt wie

Häufig verhindern ganz simple Mißverständnisse oder Fehleinschätzungen eine erfolgreiche Befruchtung.

Manche Paare haben nur ein- oder zweimal im Monat Geschlechtsverkehr. Bei so spärlicher Gelegenheit kann der Nachwuchs leicht ausbleiben.

Täglicher Sex andererseits senkt die Spermienzahl pro Erguß drastisch, was eine Befruchtung ebenfalls behindern kann.

Am besten ist es, in der Zeit der fruchtbaren Tage alle drei bis vier Tage miteinander zu schlafen.

Lust statt Frust

Bei den ersten Bemühungen um ein Wunschkind ist es noch relativ leicht, einen Mißerfolg einzustecken. Mit jeder Monatsblutung aber wächst die Enttäuschung, und das Paar verkrampft sich immer mehr.

Viel leichter klappt es jedoch, wenn das Kindermachen eine Lust und der Kopf nicht mit quälenden Gedanken und Verhaltensregeln angefüllt ist. Auch ein Urlaub kann dem »Unternehmen Kind« guttun. Frau und Mann haben Zeit füreinander, der Klimawechsel kann stimulieren, und die entspannte Ferienlaune verjagt den alltäglichen Streß.

URSACHEN: SEELE UND KÖRPER

Über ungewollte Kinderlosigkeit spricht kaum jemand leicht. Ein Mantel des Schweigens versteckt Verzweiflung und Scham über das »Versagen«. Dadurch übersehen viele, daß Unfruchtbarkeit meist eine vorübergehende Erscheinung ist. Nur selten sind körperliche Bedingungen derart schwerwiegend, daß die Fruchtbarkeit für immer verloren ist.

Bei jedem zweiten ungewollt kinderlosen Paar liegen die Gründe bei der Frau, in 35 bis 40 Prozent der Fälle beim Mann, bei 10 bis 15 Prozent läßt sich kein Grund finden. Bei jedem fünften Paar kombinieren sich die Ursachen beider Partner zur gemeinsamen Unfruchtbarkeit.

WissenschaftlerInnen bemühen sich, die Ursachen klar in körperliche und psychische zu trennen. Ein solche Trennungslinie ist aber illusorisch. Jede Funktionsstörung des Körpers hat auch psychische Anteile. Gerade Kinderlosigkeit ist eine typische psychosomatische Störung: Die Seele beeinflußt ganz direkt die körperliche Steuerung. Nicht selten ist der Körper völlig gesund.

Trotzdem erhalten die meisten Paare, ob organisch gesund oder krank, die gleiche Therapie.

So macht die Seele unfruchtbar

Der Eisprung der Frau und die Samenreifung beim Mann sind nur auf den ersten Blick rein körperliche Vorgänge. Äußerer Druck wie berufliche Probleme oder innerer Streß durch unbewußte Ängste oder Partnerschaftskonflikte können die Fruchtbarkeit völlig blockieren.

Streß und innere Konflikte stören diese Übertragungsprozesse. In der Folge werden die für die Eireifung und die Samenbildung wichtigen Hormone entweder in zu geringer Menge oder aber im Übermaß ausgeschüttet.

Bei Streß verkrampft sich die Frau. Und im wahrsten Sinne des Wortes verengen sich durch Streß die Eileiter so, daß das Ei nicht mehr passieren kann. Weil Ei- und Samenzellen nicht mehr zueinandergelangen können, wird eine Befruchtung unmöglich.

Innere Abwehr

Der Wunsch nach Kindern bedeutet für Frau und Mann, sich auch mit den damit verbundenen Belastungen, Ängsten, Einengungen und Überforderungsgefühlen auseinanderzusetzen. Daraus entsteht fast immer eine ambivalente Einstellung zum Kinderwunsch – wenn auch nicht immer bewußt (> Kinderwunsch und Wunschkinder, Seite 66).

Manchen Menschen gelingt es kaum, mit diesen gegensätzlichen Gefühlen und Erwartungen zu leben. Dieses innere Patt löst der Körper auf seine Weise: Er wird steril. Auch unbewußte Ängste, beruflicher Streß, Schuldgefühle nach einer Fehlgeburt oder einem Schwangerschaftsabbruch können ebenfalls eine Schwangerschaft abblocken.

Und es gibt noch viele andere Gründe, warum sich die Psyche gegen ein Kind wehrt:
- Die Partnerbeziehung ist nicht auf ein Kind eingestellt.

Ein Partner ist möglicherweise für den anderen Mutter- oder Vaterersatz. Nachwuchs würde dieses Arrangement stören. Oder aber ein Partner wünscht sich ein Kind, um den anderen enger an sich zu binden.
- Die »Messias-Erwartung«

Einer der Partner erhofft sich, daß das Kind alle familiären oder beruflichen Probleme löst – eine Erwartung, die nicht in Erfüllung gehen kann.
- Die Beziehung zur eigenen Mutter

Töchter identifizieren sich nicht selten mit dem

SELBSTHILFE

Selbst wenn das Kind lange auf sich warten läßt, sollte ein Paar nicht ausschließlich nach Vorschrift leben und lieben. Manchmal genügt aber ein kleiner Anstoß.
- Eine gesunde, abwechslungsreiche Ernährung kann den Hormonhaushalt stimulieren. Extreme Schlankheitsdiäten stören ihn.
- Manche Heilpflanzen unterstützen die Hormonproduktion: Ein Tee aus Storchenschnabel, Frauenmantel, Mönchspfeffer, Granatapfelsamen oder Hahnenfuß kann mehrere Monate lang getrunken werden.
- Medikamente meiden, die die Fruchtbarkeit beeinträchtigen (> Seite 236).
- Möglichst wenig Streß und Hektik im Alltag.
- Sportliche Betätigung in Maßen tut gut.
- Massagen und Moorbäder helfen zu entspannen.
- Ein Urlaub lenkt vom Kinderwunsch ab. Gerade das führt häufig zum Erfolg.
- Um die Mitte des Zyklus alle drei bis vier Tage Sex erhöht die Befruchtungschance. Das Paar sollte aber vermeiden, nur wegen des Kindes miteinander zu schlafen. Eine verkrampfte Stimmung ist wenig erotisch und führt nicht zum erwünschten Erfolg.

Schicksal ihrer Mutter und befürchten, dieselben Erfahrungen machen zu müssen. Oft wurden diese Frauen als Kinder von ihrer Mutter überfordert, weil sie sie für ihr eigenes seelisches Gleichgewicht mißbraucht hat (> Seelische Mißhandlung, Seite 375). Die Ablösung von der Mutter ist noch nicht vollzogen.

● Der schwache oder abwesende Vater

Manche Frauen wurden in ihrer Kindheit vom Vater geschlagen oder mißbraucht. Wollen sie nun selbst Mutter werden, tauchen die überwunden geglaubten Erinnerungen, Ängste und seelischen Verletzungen wieder auf. Solche ungelösten inneren Abhängigkeiten verhindern die Trennung, die notwendig ist, um Platz für ein neues Leben zu schaffen.

● Nach dem Verlust eines Kindes

Wenn ein Kind verstorben ist und die entstandene Lücke rasch geschlossen werden soll, gelingt das nur selten, weil die notwendige Trauerarbeit nach dem Kindesverlust noch nicht abgeschlossen wurde.

● Der Mann wehrt sich innerlich gegen ein Kind

Mußte sich der Mann nach einer Scheidung von seinen Kindern trennen, kann sich seine Spermaqualität so verschlechtern, daß er in der darauffolgenden Verbindung keine Kinder zeugen kann.

● Übermäßiges Kontrollbedürfnis

Häufig setzt das Paar schon die ersten Zyklen, in denen es auf einen Empfängnisschutz verzichtet, gezielt zur Kinderplanung ein. Aus lustvollem Sex wird »harte Arbeit im Dienste der Fruchtbarkeit«. Die ärztliche Behandlung der Kinderlosigkeit, die vor allem darin besteht, »etwas zu machen«, unterstützt das übergroße Kontrollbedürfnis dieser Frauen zusätzlich. So wird oft jahrelang die Temperaturkurve geführt. Der Gedanke, den Dingen einfach ihren Lauf zu lassen, ist für diese Frauen schwer erträglich.

So macht die Umwelt unfruchtbar

Die für die Fruchtbarkeit gefährlichsten Chemikalien sind chlorierte Kohlenwasserstoffe. Diese praktisch allgegenwärtigen CKW können die männlichen Keimzellen abtöten.

Aber auch Quecksilber, Kadmium und Blei, Schädlings- und Unkrautbekämpfungsmittel – dabei vor allem Dibromchlorpropan – stören die Fortpflanzung empfindlich. Röntgenstrahlen schädigen die Keimdrüsen ebenfalls.

An ihrem Arbeitsplatz sind Paare, die sich schon lange ein Kind wünschen, durch diese Stoffe besonders gefährdet: Landwirte, Weinbauern, Forstarbeiter, FloristInnen, Labor- und ChemiearbeiterInnen, AnästhesistInnen und NarkosehelferInnen, KrankenpflegerInnen, die mit Krebsmitteln hantieren, ArbeiterInnen in der Textil- und Lederverarbeitung und AnstreicherInnen.

UNTERSTÜTZUNG FÜR DIE SEELE

Jede Sterilität hat auch psychische Ursachen. Bei manchen Paaren sind sie so groß, daß sie als Fehlfunktionen des Körpers sichtbar werden. Können die seelischen Komponenten der Kinderlosigkeit beseitigt werden, verschwinden nicht selten auch die körperlichen Symptome.

MedizinerInnen sind aber in der Regel auf die Behandlung des Körpers fixiert. Ihr Blickwinkel macht aus dem »Lebensproblem Unfruchtbarkeit« eine körperliche Krankheit.

Bevor alle medizinischen Möglichkeiten wahrgenommen werden, sollte eigentlich eine psychologische Diagnose vorliegen. Meist geschieht das nicht.

Paare, die sich ein Kind wünschen, sollten eine Ärztin oder einen Arzt auswählen, die sich zumindest eine halbe Stunde Zeit für ein Gespräch nehmen, oder eine Psychologin oder einen Psychologen hinzuziehen. Die medizinische und psychische Abklärung sollten Hand in Hand gehen.

Können organische Gründe für die Unfruchtbarkeit festgestellt werden, heißt das nicht auto-

PSYCHO-BLOCKADEN

Ursula hat seit der Pubertät Probleme mit ihrem Zyklus. Nur ab und zu bekommt sie ihre Regel. Sie ist 17, als sie erstmals ärztlichen Rat sucht. In der Klinik überprüfen die Fachleute ihre Hormone. Schon damals eröffnen die Ärzt-Innen der Jugendlichen, daß sie keine Kinder bekommen kann. Das Mädchen ist erschüttert.

Jahre später heiratet Ursula. Sie hat den Wunsch nach einem eigenen Kind. Trotz der seinerzeitigen Prognose sucht sie mehrere Frauenärzte auf. Alle sagen ihr das gleiche: Sie hat nur dann eine winzige Chance auf ein Kind, wenn sie sich einer Hormon-behandlung unterzieht. Zwei Monate schluckt Ursula Hor-montabletten, aber an den Hormonwerten ändert sich nichts. Ihr Körper produziert zuviel männliche Hormone, es können keine Eier reifen.

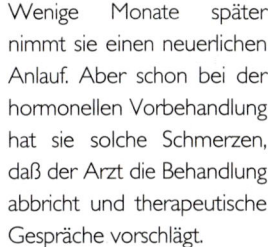

In dieser Zeit hört Ursula von einer psychosomatisch arbeitenden Ärztin. Obwohl sie die Hoffnung eigentlich schon aufgegeben hat, rafft sie sich noch einmal auf und läßt sich einen Termin geben.

Statt über Hormonwerte befragt sie die Ärztin nun über ihre persönliche Situation.

Einige Zeit später hat sie ihre erste Regelblutung seit langer Zeit. Ursula kommt zu einem zweiten Gespräch. Diesmal ist eine Psychotherapeutin dabei. Eine Stunde lang kann sich Ursula ihre Sorgen und Probleme von der Seele reden. Sie erzählt von der problematischen Jugend ihrer Mutter, die erst nach unglücklichen Jahren von Pflege-eltern adoptiert worden war.

Beim Reden wird der 25jährigen klar, daß ihre Probleme mit den Spannungen in der Familie zusammenhängen.

Erleichtert, aber sehr nachdenklich kehrt sie heim. Wenige Wochen später ist Ursula schwanger.

Bei Renate, der erfolgreichen Journalistin, halfen alle Bemühungen nichts.

Ihre Leidensgeschichte beginnt mit einer Eileiterschwan-gerschaft. Die Folge sind völlig verschlossene Eileiter. Eine Operation bessert das nicht.

Nach drei Jahren unternimmt sie den Versuch einer künst-lichen Befruchtung. Aus ihrem Eierstock werden vier Eizel-len entnommen. Renate leidet daraufhin unter heftigen Schmerzen im Unterleib. Drei Eier befruchtet der Arzt und setzt sie am nächsten Tag in die Gebärmutter ein. Zwei Wochen später muß Renate feststellen, daß der Versuch mißglückt ist.

Wenige Monate später nimmt sie einen neuerlichen Anlauf. Aber schon bei der hormonellen Vorbehandlung hat sie solche Schmerzen, daß der Arzt die Behandlung abbricht und therapeutische Gespräche vorschlägt.

In den Sitzungen erzählt sie, daß sie unbedingt »Leben weitergeben« möchte. Aber sie gibt auch zu, große Angst vor dem Tod, vor dem Nichts zu haben. Renate erinnert sich, daß sie als Halbwüchsige einen Aufklärungsfilm gese-hen hat. Das viele Blut beim Dammschnitt hat sie zutiefst erschreckt. Ihr erster Gedanke beim Thema Geburt ist »zerreißen«.

Ihr Partner hat zudem Probleme mit der Sexualität. Seine Orgasmusstörungen belasten auch sie sehr. Außerdem hat Renate Angst, durch ein Kind in finanzielle Abhängig-keit zu geraten.

Der dritte Versuch einer künstlichen Befruchtung wird wie-der wegen heftiger Schmerzen abgebrochen. Knapp da-nach wird sie auf natürliche Weise schwanger. Ihre Freude dauert nur kurz: Es ist wieder eine Eileiterschwangerschaft.

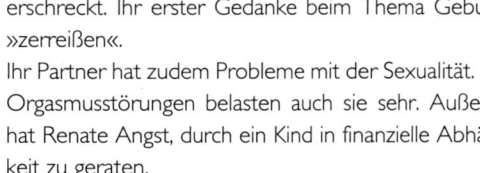

matisch, daß es keine seelischen Gründe für die Kinderlosigkeit geben kann. Bei fast einem Drittel der Paare genügen einige wenige Beratungsgespräche, um eine Schwangerschaft auf natürlichem Weg zu ermöglichen (> Psychoblockaden, Seite 231).

Eine Behandlung wegen Unfruchtbarkeit muß – psychologisch gesehen – nicht unbedingt ein Kind zum Ziel haben.

Erfolgreiche Behandlung kann auch heißen, seinen Frieden damit zu machen, kein Kind zu haben und andere Lebensperspektiven für sich zu suchen. Doch das gelingt vielen Paaren nur mit therapeutischer Unterstützung. Eine andere Möglichkeit besteht darin, ein Kind zu adoptieren (> Adoption und Pflege, Seite 124).

Psychosomatische Behandlung

Eine psychosomatische Behandlung berücksichtigt gleichermaßen körperliche und seelische Aspekte der Kinderlosigkeit.

Die therapeutischen Gespräche helfen, verdrängte Gefühle wie Neid, Ohnmacht, Ausweglosigkeit, Abhängigkeit, Hilflosigkeit, Zwiespältigkeit und Haß in Zusammenhang mit dem intensiven Kinderwunsch zu entdecken und zu hinterfragen.

Psychosomatisch tätige ÄrztInnen erörtern schon zu Beginn einer Behandlung die Fragen: »Wie wird das Leben mit einem Kind sein? Wie wird es ohne Kind sein?« Viele Paare denken über die zweite Frage nur ungern nach, so, als ob diese Möglichkeit – obwohl sie viel wahrscheinlicher ist –, gar nicht in Frage käme. Sie vermeiden ängstlich jeden Gedanken daran, weil sie es »nicht verschreien« wollen.

Dieses mystische Denken trägt jedoch nur dazu bei, das Problem weiter zu verdrängen, und verhindert die dringend notwendige Trauerarbeit. Ohne sie kann aber weder die Frau noch der Mann damit fertig werden, mit diesem einen Partner oder dieser Partnerin kein Kind bekommen zu können, bzw. sie können die Kränkung nicht verarbeiten, selbst unfruchtbar zu sein. Erst wenn sie sich von dem intensiven Kinderwunsch distanzieren können, haben sie die Chance, Alternativen für sich zu finden.

Nicht selten gelingt es Paaren nach einer solchen Loslösung vom fixen Wunsch nach eigenen Kindern, ganz von selbst schwanger zu werden.

Psychotherapie

Psychotherapie ist weder eine rasche noch eine sichere Methode, zu einem eigenen Kind zu kommen. Aber sie kann eine ausgezeichnete Hilfe für Menschen sein, die Konflikte durchlebt haben und diese nun endlich besprechen, durchdenken und erfühlen wollen.

PsychotherapeutInnen helfen, die innere Welt kennenzulernen und begleiten den Menschen, wenn er sich daranmacht, frühkindliche Verletzungen noch einmal zu durchleben. So arbeiten beide gemeinsam die Auswirkungen der seelischen Wunden Schritt für Schritt auf.

Die monatelangen therapeutischen Sitzungen können eine bislang versäumte seelische Reifung anstoßen und die Gründe für den intensiven Kinderwunsch und das körperliche Versagen erhellen. Manchmal löst das den gordischen Knoten, und das Kind meldet sich an, wenn die verdrängten seelischen Ursachen erkannt sind. Paare, die trotzdem nicht schwanger werden, können viel freier mit ihrem Problem umgehen und neue Lebensziele für sich finden

ABHÄNGIG VON DER MEDIZIN

Für viele Paare steht mit dem Kinderhaben ihr Selbstwertgefühl auf dem Spiel. Sie glauben, ihr Wert steht oder fällt, indem sie die Erwartungen erfüllen, die die Umgebung an sie stellt und die sie auch verinnerlicht haben: Jeder Mann muß Vater, jede Frau muß Mutter sein. Sie stellen ständig ihre Identität in Frage; ohne Kind scheint weder ihre gemeinsame noch ihre individuelle Zukunft eine Perspektive zu haben. Das Leid dieser Menschen können andere kaum nachvollziehen.

Um diese Last abwerfen zu können, nehmen Frau und Mann viele neue Belastungen widerspruchslos auf sich. Sie pilgern von Ärztin zu Arzt, immer hoffend, daß die nächste, noch versiertere Spezialistin oder der nächste noch kompetentere Arzt mit ihrer Kunst das zuwege bringen, was der eigene Körper nicht schafft. Damit aufzuhören, käme einem Versagen gleich.

Die seelische Hilflosigkeit verstärkt die Abhängigkeit vom »allmächtigen« medizinischen Apparat. »Kinderwunschpaare« sind für Ärztin oder Arzt ideale Kunden: Mit jeder neu aufkeimenden Hoffnung nehmen sie jede Therapie bereitwillig auf sich.

Doch jeder Monat bringt ein weiteres, vorprogrammiertes Tief. Schon Tage vor dem Menstruationstermin sucht die Frau verzweifelt nach den ersten Blutspuren im Slip. Sind sie da, verkriecht sie sich in die letzte Ecke – um einige Tage später wieder neue Hoffnung zu schöpfen.

So kann die jahrelange Behandlung der Kinderlosigkeit zum Martyrium werden, die zudem noch die Partnerschaft aufs äußerste gefährdet.

KÖRPERLICHES BEI IHM

Etwa jedes dritte Paar bleibt kinderlos, weil der Mann kein Kind zeugen kann. Nicht immer läßt sich der Grund für die Störung herausfinden. Bei einem Drittel der Männer, die sich untersuchen lassen, bleibt die Ursache ungeklärt. Daß es an ihm liegt, wissen viele Paare aber gar nicht, weil es den Männern unglaublich schwerfällt, zum Arzt zu gehen. In ihrer Vorstellung ist Unfruchtbarkeit häufig das gleiche wie Impotenz, und mit diesem Gedanken wollen sie nicht konfrontiert werden.

PSYCHISCH AM ENDE

Ein Brief von Elfriede an eine Psychotherapeutin zeigt, wie tief verzweifelt und hilflos unfruchtbare Frauen sein können:

»Ich schäme mich ein wenig, Sie mit meinem Problem zu belästigen, aber ich werde mit dieser Situation nicht mehr fertig. Jeden Monat nehme ich mir fest vor, ruhig und gelassen zu sein und mein Leben nicht nach der Temperaturkurve zu richten. Manchmal gelingt mir das auch, aber oft muß ich den ganzen Tag weinen. Die Woche vor der Regel ist am schlimmsten. Ich kann gar nicht glauben, daß ich das bin, diese schreiende, fast hysterische Person. Allmählich weiß ich auch nicht mehr, warum die Sehnsucht nach dem Kind so allesbeherrschend ist. Obwohl ich auch die ›Nachteile‹ sehe, wird das Gefühl, schwanger werden zu müssen, immer stärker. Wenn ich mir ein Leben ohne Kinder vorstelle, habe ich das Gefühl, man schnürt mir die Kehle zu. Wir sind beide gesund, und nur dadurch, daß ich so ungeduldig bin, bringe ich auch noch meine Ehe in Gefahr. Vor allem in großer Runde, wenn alle feiern und lustig sind, habe ich manchmal das Gefühl, ich drehe durch.«

Elfriede entschließt sich einige Monate später zu einer Psychotherapie. Zwei Jahre lang dauert die Behandlung, die ihr ermöglicht, sich von dem intensiven Kinderwunsch zu befreien. Sie beginnt, an einer beruflichen Karriere zu arbeiten.

Aus: Ute Auhagen-Stephanos: Wenn die Seele nein sagt. Vom Mythos der Unfruchtbarkeit, Rowohlt Verlag, 1992.

Eine frühzeitige ärztliche Untersuchung bei ihm erspart ihr jedoch viele belastende und möglicherweise überflüssige Untersuchungen. Es ist ungleich einfacher, die Zeugungsfähigkeit des Mannes abzuklären, als festzustellen, ob der Körper der Frau der Schwangerschaft etwas entgegenstellt. In aller Regel nehmen die Frauen jedoch viele Untersuchungen ihres Körperinneren in Kauf, bevor sich ihr Partner dazu bereit erklärt, seinen Samen überprüfen zu lassen.

ZEHN WICHTIGE FRAGEN

Diese Fragen sollten sich Paare von Zeit zu Zeit ehrlich beantworten, wenn sie schon lange vergeblich auf ein eigenes Kind hoffen:
1. Aus welchem Grund wollen wir ein eigenes Kind?
2. Möchte es ein Partner mehr als der andere?
3. Welche Erwartungen setzen wir in dieses Kind, in bezug auf uns selbst und auf die Partnerschaft?
4. Wie groß ist unser Leid wegen des leeren Kinderzimmers wirklich?
5. Ist für uns auch ein Leben ohne Kinder vorstellbar oder nicht?
6. Wo setzen wir die Grenzen für die Kinderwunschbehandlung?
7. Was wissen wir über die Gründe für ungewollte Kinderlosigkeit?
8. Ist unsere Beziehung zueinander harmonisch, oder dominiert einer den anderen? Klammert sich ein Partner an den anderen?
9. Macht uns Sex noch Spaß? Wie häufig tun wir's? Warum? Und wer ergreift die Initiative?
10. Fällt uns ein plausibler Grund ein, warum das Kind noch nicht Teil unserer Beziehung sein will, obwohl wir es so sehr herbeisehnen?

Häufig sind die Befruchtungsprobleme des Mannes vorübergehender Art.

Angst, Leistungsdruck, beruflicher Streß, Partnerschaftsprobleme, aber auch, ein Kind »machen zu müssen«, können die Fertilität beeinträchtigen. Das gleiche kann geschehen, wenn die Hoden längere Zeit Temperaturen ausgesetzt sind, die über der Körpertemperatur liegen. Das ist möglich bei sehr engen Hosen, häufigen Saunabesuchen oder sehr warmen Bettdecken. Oft beeinträchtigen auch entzündliche Erkrankungen vorübergehend die Spermaqualität.

Qualität des Samens

Die Samenfäden brauchen drei Monate, um in den Hoden heranzuwachsen. Krankheit oder Medikamente wirken sich also erst nach dieser Zeit auf die Samenproduktion aus (> Störende Medikamente, Seite 236). Umgekehrt kann, wenn die Störung behoben wird, sich die Samenqualität erst nach einigen Monaten bessern.

Manche Störungen der Samenqualität betreffen jedoch die bereits gebildeten Samenfäden, die sich in den Kanälchen und ableitenden Samenwegen befinden. Dann sind auch kurzzeitige Schwankungen der Samenqualität möglich.

Zu geringe Samenzahl

Ohne Samenfäden in der Samenflüssigkeit ist eine Befruchtung unmöglich. Ein gesunder Mann stößt bei jedem Erguß drei bis fünf Milliliter Samenflüssigkeit aus, in der pro Milliliter 20 bis 200 Millionen Spermien schwimmen. Eine dänische Studie zeigt, daß sich die durchschnittliche Samenzahl in den letzten Jahrzehnten stark verringert hat. 1940 wurden durchschnittlich 120 Millionen Samenfäden gezählt, 1990 gerade noch 66 Millionen.

Die Ursache wird in Umwelteinflüssen und im Medikamentenkonsum vermutet.

Eingeschränkte Beweglichkeit

Auch gesunde Männer haben in ihrem Sperma kaum oder gar nicht bewegliche Keimzellen. Diese Spermien können den langen Weg bis zur Eizelle nicht zurücklegen. Der Anteil der beweglichen Spermafäden sollte über 40 Prozent liegen.

Fehlgebildete Samenzellen

In jedem Sperma finden sich Keimzellen, die nicht die normale Gestalt mit Kopf, Hals, Körper und Schwanz (Geißel) aufweisen. Ihnen fehlen entweder der Kopf oder die Geißel, manche haben zwei Köpfe oder zwei Geißeln. Sind mehr als 60 Prozent der Spermien fehlgebildet, kann das die Befruchtungsfähigkeit einschränken. Allerdings sagt die Fehlbildungsrate der Spermien wenig über die Befruchtungsfähigkeit. Manche Männer, haben in ihrem Spermiogramm (> Seite 235) viele fehlgebildete Samenzellen und haben dennoch ein Kind gezeugt.

Impotenz

Wenn der Mann seine Erektion nicht aufrechterhalten kann oder es nicht zum Samenerguß kommt, kann die Frau auf normalem Weg nicht schwanger werden.

Manche Erektionsstörungen sind zwar medikamentös behandelbar, weil Impotenz jedoch häufig seelische Ursachen hat, ist eine psychotherapeutische Behandlung ratsam.

Notwendige Untersuchungen

Um die Samenqualität überprüfen zu können, braucht der Arzt Sperma. Vielen Männern ist es unangenehm, in der unpersönlichen Arztpraxis eine Samenprobe produzieren zu müssen. Darum geben die meisten Andrologen dem Mann ein steriles Gefäß mit nach Hause, in dem sie den beim Onanieren austretenden Samen auffangen und in die Praxis transportieren können.

Spermiogramm

Unter dem Mikroskop wird das Sperma untersucht: Anzahl der Samenfäden (> Zu geringe Samenzahl, Seite 234), ihre Beweglichkeit (> Eingeschränkte Beweglichkeit, Seite 235), ihr Aussehen (> Fehlgebildete Samenzellen, Seite 235). Mindestens drei Spermiogramme sind für eine aussagekräftige Beurteilung notwendig, weil sich Streß, eine eben überstandene fiebrige Erkrankung oder sonstige Belastungen vorübergehend negativ auswirken können. Zwischen den einzelnen Untersuchungen sollten mindestens drei Monate verstreichen.

Hormonuntersuchung

Eine Hormonuntersuchung ist nur notwendig, wenn die Anzahl der Spermien in allen drei Proben unter fünf Millionen liegt. Dann muß eine Blutuntersuchung über den FSH-Gehalt Aufschluß geben. FSH ist die Abkürzung für Follikel-stimulierendes Hormon – ein Hormon, das die Hirnanhangdrüse bildet und bei Frauen dafür sorgt, daß das Eibläschen reift. Wenn ein Mann einen relativ hohen FSH-Spiegel hat, zeigt das an, daß seinen Hoden die samenbildenden Zellen fehlen.

Dann hat das Paar in allernächster Zeit kaum eine Chance auf ein eigenes Kind. Langzeitbeobachtungen zeigen aber, daß sich bei jedem zehnten Mann das Samengewebe regenerieren kann.

Hodenbiopsie

Hodengewebe muß nur dann entnommen werden, wenn der Verdacht besteht, daß die samenableitenden Wege verschlossen sind.

Befruchtung im Glas zur Diagnose

Der verläßlichste Beweis für die Befruchtungsfähigkeit ist, im Reagenzglas eine Eizelle mit dem Samen zu befruchten. Dabei kann zweifelsfrei festgestellt werden, ob sich die Spermien in diesem Monat mit den Eizellen der Frau verschmelzen können oder nicht (> Außerkörperliche Befruchtung, Seite 242).

STÖRENDE MEDIKAMENTE

Folgende Medikamente können die Samenproduktion stören

● Mittel gegen Magengeschwüre mit dem Wirkstoff Cimetidin (Cimetag [Ö], Neutromed [Ö], Tagamet [D/Ö]) und Rantidin (Sostril [D], Ulsal [D], Zantac [Ö], Zantic [D]).
● Sulfasalazin gegen Colitis ulcerosa und bei chronischer Polyarthritis (Azulfidine [D], Colo Pleon [D], Salazopyrin [D/Ö]).
● Gichtmittel mit dem Wirkstoff Kolchizin (Colchicum Dispert [D]).
● Mittel gegen Harnweginfektionen mit dem Inhaltsstoff Nitrofuranoin (Cystit [D], Furadantin [D/Ö], Uro Tablinen [D]).
● Mittel gegen Krebs (Methotrexat, Cyclophosphymid), wenn sie länger als sechs Monate eingenommen werden.
● Mittel gegen Psychosen (Neuroleptika).
● Mittel gegen Epilepsie.
● Betablocker (vor allem Propanolol) gegen Bluthochdruck, Durchblutungs- und Herzrhythmusstörungen, Migräne und als Beruhigungsmittel.
● Wirkstoff Flecainide gegen Herzrhythmusstörungen (Tambocor [D]).
● Kortisone, wenn sie eingenommen werden.
● Anabolika und andere Hormone wie Östrogene, Gestagene, Androgene und Antiandrogene beeinträchtigen die Spermienproduktion.

Behandlungen

Die Hoden mit Hormonen oder Enzymen zur Samenproduktion anzuregen, ist wenig wirksam. Bessere Ergebnisse bringt die Akupunktur. Nach zehn halbstündigen Sitzungen verbessert sich die Spermaqualität.

Eine tatsächlich größere Chance, zu einem eigenen Kind zu kommen, haben Männer, wenn Ärztin oder Arzt ihr schwaches Sperma »aufbereiten«.

Sperma auftrennen

Die MedizinerInnen trennen das Sperma vor der Besamung auf; sie »trennen die Spreu vom Weizen«. In einer speziellen Flüssigkeit sinken die toten und unbeweglichen Spermien ab, die vitalen bleiben oben. Für den Besamungsversuch verwenden die ÄrztInnen nur den hochkonzentrierten und gereinigten vitalen Anteil.

Samen tiefgefrieren

Tiefgefroren können ÄrztInnen Ejakulate eines Mannes sammeln, bis sie Sperma zur Verfügung haben, das für eine künstliche Befruchtung ausreichend viele Samenfäden enthält. Allerdings geht durch die tiefen Temperaturen eine Anzahl Keimzellen auch wieder zugrunde.

Medikamente

Schilddrüsenhormone einzunehmen, kann die Anzahl der Spermien im Ejakulat erhöhen. Die Wirkung stellt sich nach zwei bis drei Monaten ein.

Umstritten ist die künstliche Aktivierung von Sperma mit Koffein oder Kallikrein vor der Insemination.

Operation

Die Hodentemperatur beeinflußt die Samenproduktion sehr. Durch eine zu hohe Temperatur können die Blutgefäße im Hoden dauernd erweitert sein und sich nicht genügend Keimzellen bilden. Dann kann ein kleiner operativer Eingriff die dauernde Ausweitung von Blutgefäßen (Varikozele) korrigieren.

Eine mikrochirurgische Operation kann verschlossene Samenleiter öffnen. Der Eingriff ist kompliziert, aber bei 70 bis 80 Prozent der Männer erfolgreich. Verschlüsse im Nebenhoden sind noch schwieriger zu öffnen.

KÖRPERLICHES BEI IHR

Frauen mit einem normalen Menstruationszyklus können davon ausgehen, daß bei ihnen hormonell alles in Ordnung ist. Aber auch unregelmäßige Monatsblutungen müssen nicht unbedingt durch eine Hormonstörung hervorgerufen sein. Starkes Übergewicht verursacht ebenso Zyklusstörungen wie Magersucht.

Die meisten Frauen unterschätzen, wie bedeutsam körperlicher oder psychischer Streß für ihre Fruchtbarkeit ist (> So macht die Seele unfruchtbar, Seite 229).

Hormonstörungen

Bei 60 Prozent der Frauen, die trotz aller Bemühungen nicht in andere Umstände kommen, stimmt etwas in der komplizierten hormonellen Steuerung nicht. Das kann rein körperliche Ursachen haben, aber auch die Psyche wirkt direkt auf den Hormonhaushalt. Eine genaue Diagnose ist oft schwierig zu stellen.

Fehlt das korrekte »Kommando« für die Produktion der richtigen Hormone zur rechten Zeit, so können die Eier nicht reifen.
● Der Hormonhaushalt kann zum Beispiel durch eine Über- oder Unterfunktion der Schilddrüse, durch Leber- oder Nierenerkrankungen, Erkran-

VON NULL AUF SECHS MILLIONEN

Seit zweieinhalb Jahren bemühen sich Jochen und Beate vergeblich um ein Kind.

Das Ergebnis einer Untersuchung von Jochens Sperma ist niederschmetternd: Es findet sich kein einziger Samenfaden darin.

Nach langer Debatte ringen sich die beiden zu einer Insemination mit fremdem Samen (> Heterologe Insemination, Seite 242) durch. Das wichtigste Thema der Diskussionen: Wie werden sie ein Kind akzeptieren, das nicht von Jochen stammt?

Jeden Tag testet Beate ihren Morgenharn, um den Eisprung festzustellen. Als es soweit ist, fährt sie mit Jochen zur Frauenärztin. Mit einer kleinen Kappe wird der Samen eines fremden Mannes vor ihren Gebärmutterhals plaziert. Die Besamung bringt das erwünschte Kind.

Für Jochen ist dieses nicht von ihm selbst gezeugte Kind eine große Erleichterung. Er kümmert sich intensiv um das Kleine und hat nicht mehr das Gefühl, versagt zu haben.

Dann geschieht das völlig Unerwartete: Beate wird schwanger und schenkt einem Mädchen das Leben. »Der Urologe war sprachlos«, amüsiert sich Beate nachträglich über den Arzt. Eine neuerliche Untersuchung des Spermas weist sechs Millionen Spermien pro Milliliter nach.

Jochen glaubt, daß abfällige Bemerkungen seines Vaters seine vorübergehende Sterilität mitverursacht haben könnten. Dieser hatte Jochen vor anderen Leuten lächerlich gemacht, weil er immer noch keinen Erben für den Betrieb aufweisen konnte.

kungen der Nebennierenrinde oder durch Tuberkulose gestört sein.

● Eine Überproduktion von männlichen Sexualhormonen kann die Eireifung im Eierstock verhindern.

● Die Ausschüttung des Stillhormons Prolaktin zur falschen Zeit kann den Zyklus zum Erliegen bringen.

● Alkohol- und Nikotinmißbrauch können die Hormonausschüttung stören.

● Streß und Aufregungen wirken sich direkt auf das Hormonsystem aus.

Verschlossene Eileiter

Fast ein Drittel der Frauen, die vergeblich auf ein eigenes Kind warten, hat verengte oder gänzlich verschlossene Eileiter. Die Verwachsungen können Folge von Operationen im Unterleib, unter anderem auch Blinddarmoperationen, oder von entzündlichen Erkrankungen sein. Sehr häufig sind sexuell übertragbare Infektionen die Ursache, die jahrelang unbemerkt bestehen können (> Chlamydien, Seite 168).

Veränderungen der Gebärmutter

Jede fünfte Frau, die nicht schwanger wird, bleibt wegen Problemen an der Gebärmutter kinderlos:

● Der Gebärmutterhals kann durch Vernarbungen so verändert sein, daß die Spermien nicht in die Gebärmutter gelangen können. Narben können nach einer früheren Operation am Gebärmutterhals, einer Ausschabung oder Infektionskrankheit entstehen.

● Der Gebärmutterhals produziert zuwenig Schleim, den die Samenfäden benötigen, um sich fortbewegen zu können.

● Der Gebärmutterhalsschleim kann infiziert

sein oder Antikörper gegen den Samen enthalten.

● Die Scheidenschleimhaut kann zuviel Säure produzieren, so daß die Spermien absterben.

● Schleimhautzellen aus der Gebärmutter haben sich in der Bauchhöhle, an Blase, Darm oder Eierstöcken eingenistet und wuchern dort (Endometriose). Die versprengten Schleimhautteile auf den Eierstöcken, die allmonatlich bluten und große Schmerzen verursachen, blockieren den Eisprung.

● Myome – gutartige Muskelverdickungen in der Gebärmutterwand – können verhindern, daß sich das befruchtete Ei einnistet.

Untersuchungen

Die Frau wird zunächst von Ärztin oder Arzt gynäkologisch untersucht. Dann wird ein Scheidenabstrich gemacht, um eventuelle Infektionen feststellen zu können. Hat die Frau einen unregelmäßigen Zyklus, werden die Hormone im Blutserum bestimmt.

Die Aufwachtemperatur zu messen, um den Eisprung festzustellen, hat sich nicht bewährt. Erfolgreicher ist es, wenn die Frau mit einem einfachen Test feststellt, ob ihr Harn LH enthält, das Hormon, das den Eisprung auslöst. Ist das der Fall, können Ärztin oder Arzt an diesem Tag mittels Ultraschall noch zusätzlich das sprungreife Eibläschen begutachten.

Sameneinwanderungstest

Der Gebärmutterhalsschleim wird in der Mitte des Zyklus, spätestens 24 Stunden nach dem Verkehr, mikroskopisch untersucht. Zu dieser Zeit sollten noch lebende Spermien in dem dünnflüssigen und fadenziehenden Schleim zu finden sein. Fehlen sie, kann das bedeuten, daß der Mann nicht genügend Keimzellen in seinem Samen hat oder daß der Gebärmutterhalsschleim die Samenzellen am Fortleben hindert.

Eileiteruntersuchungen

● Durchblasung (Pertubation)

Um festzustellen, ob die Eileiter durchgängig sind, wird Kohlendioxid in sie hineingeblasen. Sind sie verklebt, steigt der Druck in ihnen an, weil das Hindernis das Gas am Entweichen hindert. Die Pertubation ist nicht sehr aussagekräftig. Sie zeigt, ob zumindest ein Eileiter durchgängig ist, aber nicht, ob Verkrümmungen oder Verwachsungen bestehen.

Die Untersuchung kann heftige Krämpfe hervorrufen. Häufig haben die Frauen danach Schmerzen, die bis in den Oberkörper ausstrahlen.

● Röntgenuntersuchung

In die Gebärmutter wird ein Kontrastmittel gespritzt. Das Röntgenbild zeigt, ob das Kontrastmittel in den Bauch fließen kann, oder wo es im Eileiter stockt. Diese ambulant durchgeführte

TEMPERATURKURVE

Die Basaltemperatur zu messen, ist eine einfache Methode, um festzustellen, wann der Eisprung stattgefunden hat.

Die Frau muß dafür vor dem Aufstehen ihre Körpertemperatur messen. Steigt sie – meist von einem Tag auf den anderen – um mehr als drei Zehntel Grad, hat ein oder zwei Tage vorher der Eisprung stattgefunden. Nach dem Eisprung bildet der Körper das Hormon Progesteron, das die Schleimhaut der Gebärmutter für das befruchtete Ei aufnahmebereit macht. Dieses Hormon bewirkt den leichten Temperaturanstieg, der dann bis zur Menstruation (ungefähr 14

Tage lang) aufrechtbleibt. Tritt eine Schwangerschaft ein, bleibt die Temperatur auf dieser Höhe. Manche Frauen, die Tag für Tag ihre Temperatur notieren, tun sich anfänglich schwer, aus der Kurve schlau zu werden. Erst nach einigen Zyklen fällt es leichter, die Aufzeichnungen richtig zu deuten. Allein aus der Kurve ist der fruchtbarste Tag – und damit der voraussichtlich günstigste Termin für die Empfängnis – nicht verläßlich feststellbar. Sie gibt nur Gewißheit darüber, daß ein Eisprung stattgefunden hat. Viele Frauen registrieren unmittelbar vor dem Temperaturanstieg einen geringen Temperaturabfall. Manche ÄrztInnen meinen, daß diese minimale Temperatursenkung den Augenblick des Eisprungs signalisiert.

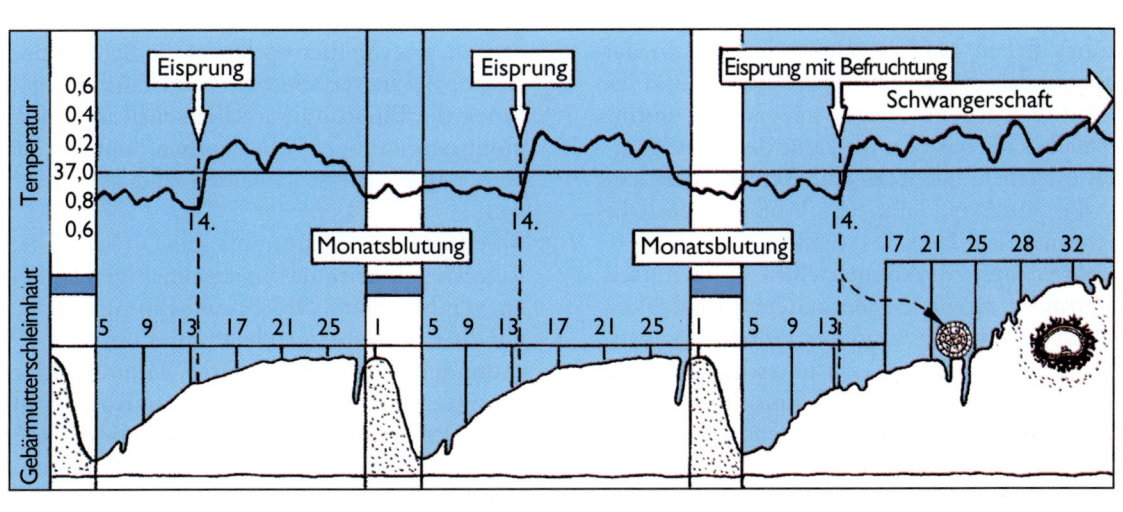

Untersuchung ist schmerzhaft, weil der Dehnungs-reiz durch das Kontrastmittel Krämpfe auslöst.

● Bauchspiegelung (Laparoskopie)

Unter Vollnarkose stoßen Ärztin oder Arzt ein dünnes optisches Gerät (Laparoskop) durch die Bauchdecke. Dann spritzen sie von der Scheide aus einen blauen Farbstoff in die Gebärmutter. Durch das Laparoskop können sie dann sehen, ob der Farbstoff die Eileiter ungehindert passiert oder irgendwo aufgehalten wird.

● Endometriumbiopsie

Ein winziges Schleimhautstück wird aus der Gebärmutter entnommen und unter dem Mikro-skop untersucht. Dabei kann festgestellt werden, welche Bedingungen das befruchtete Ei für die Ein-nistung vorfindet.

Behandlungen

Infektionen werden mit Antibiotika behandelt.

Ist der Schleim im Muttermund zu sauer, kann die Frau vor dem Sex ihre Scheide mit einer neutra-lisierenden Lösung spülen (ein Teelöffel Speise-soda, gelöst in einem halben Liter warmen Wasser).

Für eine Unverträglichkeit von Sperma und Schleim gibt es keine spezifische Behandlung. Allerdings haben MedizinerInnen immer wieder beobachtet, daß sie von selbst verschwand und die Frau auf normalem Wege schwanger wurde. Andernfalls kann das Paar die Zone der Unverträg-lichkeit umgehen, indem es eine Retortenbefruch-tung durchführen läßt (> Außerkörperliche Befruchtung, Seite 242).

Endometrioseherde können chirurgisch mittels Laser entfernt werden. Eine andere Möglichkeit ist, die Östrogenproduktion der Eierstöcke vorü-bergehend medikamentös zu unterdrücken und die unerwünschten Herde so »auszutrocknen«. Beides hilft jedoch nur vorübergehend. Die Endo-metriose kann wieder aufleben.

Sind die Eileiter verschlossen, kann eine mikro-chirurgische Operation sie wieder durchgängig machen. Der Eingriff dauert mehrere Stunden und ist nur bei 15 Prozent der Frauen erfolgreich.

Bleiben die Eileiter verschlossen, ist nur noch eine künstliche Befruchtung möglich.

Ist der Gebärmutterhals krankhaft verschlossen, können ÄrztInnen ihn mit einem dünnen Katheter wieder öffnen.

Hormonbehandlungen bei Zyklusstörungen

Die sanfteste Art, einen Eisprung zu provozieren, ist eine Östrogenbehandlung über zehn Tage. Die Gefahr, daß die Eierstöcke überstimuliert werden, ist sehr gering.

● Unabhängig vom Grund der Zyklusstörung können die Eierstöcke mit dem Medikament Clo-mifen (Dyneric [D], Comid [Ö]) stimuliert wer-den. Dabei können allerdings mehrere Eizellen her-anreifen, so daß Mehrlingsschwangerschaften bei dieser Therapieform häufig sind. Außerdem besteht bei Frauen, die zu einer vermehrten Pro-duktion männlicher Hormone neigen, die Gefahr der Zystenbildung.

● Bei stärkeren Hormonstörungen genügt Clomi-fen nicht, um den Eisprung zu stimulieren. Dann bekommt die Frau Gonadotropine (Hormone der Hirnanhangdrüse) gespritzt. Die Dosis richtet sich danach, wie die Eierstöcke auf die Behandlung rea-gieren. Bei dieser »Spritzenkur« müssen die Ärzt-Innen die Eireifung per Ultraschall und mit Hor-monbestimmungen überwachen, um zu verhin-dern, daß die Eierstöcke übermäßig stimuliert wer-den.

● Selten kann es sinnvoll sein, »Gonadotropin-Releasing-Hormone« in regelmäßigen Intervallen zu verabreichen. Die Frau bekommt dann eine zündholzschachtelgroße Pumpe um den Körper gebunden, die alle neunzig Minuten eine be-stimmte Hormonmenge in den Körper spritzt. Die Behandlung dauert mindestens zwei Wochen. Mit dieser aufwendigen Therapie kann eine Überstimulierung der Eierstöcke verhindert werden.

ÜBER UMWEGE ZUM KIND

Manchmal stellt sich der Nachwuchs nur über Umwege ein: Bei schlechter Spermaqualität durch Besamung (> Seite 241); bei verschlossenen Eileitern durch Befruchtung in der Retorte (> Außerkörperliche Befruchtung, Seite 242). Diese Methoden sind für leidgeprüfte Paare, die schon jahrelang von einer Behandlung zur anderen jagen, oft die letzte Hoffnung.

Paare mit unerfülltem Kinderwunsch sind gut beraten, wenn sie die Sterilitätsbehandlung von vornherein auf höchstens drei Jahre begrenzen. Hat sich bis dahin kein Nachwuchs eingestellt, können sie viel leichter einen Schlußstrich unter dieses Kapitel ihres Lebens ziehen und sich mit der Kinderlosigkeit abfinden als Paare, die sich jahrelang weiterquälen (> Adoption und Pflege, Seite 124).

Neben den seelische Belastungen sind auch körperliche Risiken zu befürchten: Intensive Hormonbehandlungen bergen nicht nur das Risiko von Mehrlingsgeburten und Eierstockzysten, sondern können die Frau auch vorzeitig in die Wechseljahre führen, weil sie die Eierstöcke rasch erschöpfen. Häufige Inseminationen mit Spendersamen können Viren in die Geschlechtswege einbringen, die Veränderungen des Muttermundes hervorrufen.

In Deutschland setzen die Krankenkassen eine Grenze, indem sie die Sterilitätsbehandlung nur für eine begrenzte Zeit bezahlen. In Österreich, wo eine künstliche Befruchtung privat bezahlt werden muß, sind der eigene Wille und die Finanzkraft die einzigen beschränkenden Faktoren.

Zwischen Hoffnung und Verzweiflung

Ein Paar, das sich entschließt, alle Möglichkeiten der Kinderwunschbehandlung auszuschöpfen,

sollte auf jeden Fall längere Pausen zwischen den einzelnen Maßnahmen einlegen.

Jedes Paar ist dem Kinderwunsch gegenüber ambivalent eingestellt, auch wenn es vordergründig in ihrem Leben gar nichts anderes gibt als diesen einen, übergroßen Wunsch. Der Sehnsucht nach einem Baby steht die Angst vor einer Schwangerschaft oder die verborgene Ablehnung eines Kindes gegenüber. Diese paradoxen Emotionen gestehen sich Frau und Mann meist nicht ein. Sie passen nicht zu dem Bild, das sie sich von sich selbst und ihrer Situation machen.

Aber die Gefühle äußern sich unmißverständlich: beim Mann häufig in einer nicht organisch bedingten Verminderung der Samenqualität. Frauen handeln hingegen häufig so, daß sie – entgegen ihrem erklärten Wunsch, unbedingt in andere Umstände zu kommen – das angestrebte Ziel boykottieren: Sie scheinen den Behandlungsplan nicht zu verstehen; vergessen, Medikamente einzunehmen oder organisieren sich mehr Streß als notwendig.

Nicht selten lassen diese »paradoxen Handlungen« die Kinderwunschbehandlung scheitern.

Besamung

Meist wird eine künstliche Besameung durchgeführt, weil die Spermaqualität unzureichend ist (> Körperliches bei ihm, Seite 233).

Mit einer Spritze bringen Ärztin oder Arzt das frisch gewonnene Ejakulat an den Muttermund. Bestehen Probleme im Bereich des Gebärmutterhalses oder ist das Ejakulat von sehr geringer Qualität, können sie den Samen auch direkt in die Gebärmutter einbringen.

Homologe Insemination

Bei der homologen Insemination bekommt die Frau das Sperma des eigenen Partners übertragen. Diese Methode wird meist dann angewandt, wenn der

Mann zuwenig Keimzellen in der Samenflüssigkeit hat oder wenn er Fehlbildungen am Penis hat.

Am häufigsten wird die Kappeninsemination durchgeführt:

Am Tag des Eisprungs wird durch Unterdruck eine Kappe an den Muttermund angesaugt, die die gesamte Samenmenge enthält. Wie nach dem Geschlechtsverkehr beginnen dann die Spermien, von selbst den Eingang zu durchwandern. Nach einigen Stunden entfernt die Frau die Kappe.

Die Schwangerschaftsrate ist mit dieser Methode nicht höher als mit Geschlechtsverkehr.

Heterologe Insemination

Bei der heterologen Insemination bekommt die Frau das Sperma eines fremden Mannes übertragen. Eine Wiener Untersuchung hat ergeben, daß 46 Prozent der fremdinseminierten Frauen nach durchschnittlich drei Behandlungszyklen ein gesundes Kind zur Welt bringen.

Diese Methode bietet sich bei Paaren an, bei denen der Mann überhaupt oder fast keinen Samen hat.

Die Samenspender werden auf Geschlechtskrankheiten, Aids und Chlamydien hin untersucht. Bis die Ergebnisse der Tests vorliegen, wird der Samen eingefroren.

Die Kosten für eine Behandlung belaufen sich auf rund tausend Mark. Allerdings sind nicht alle ÄrztInnen bereit, eine Frau mit fremdem Samen zu befruchten, weil die Deutsche Ärztekammer diese Methode für unethisch erklärt hat.

In Österreich ist die Fremdbesamung erlaubt, nur muß sich der Samenspender registrieren lassen, damit das Kind von seinem Recht, den biologischen Vater kennenzulernen, Gebrauch machen kann.

Außerkörperliche Befruchtung und Embryotransfer

Seit die Retortenbefruchtung alltägliche Therapie von Paaren ist, die vergeblich auf ein eigenes Kind hoffen, dürften mehr Bedürfnisse bei den Paaren geweckt worden sein, als die Medizin zu erfüllen imstande ist. Die Gynäkologie ist hierbei viel weniger erfolgreich, als ursprünglich erhofft, schafft dafür aber körperliche und psychische Probleme. Nur relativ wenige Paare haben durch IVF die Chance, ein eigenes Kind zu bekommen. Viele nehmen die Behandlung jedoch immer wieder auf sich. Medizinisch gesehen ist die In-vitro-Fertilisierung nur gerechtfertigt, wenn beide Eileiter komplett verschlossen sind.

Schwangerschaften, die durch diese Methode zustande kommen, sind meist risikoreicher als andere. Zudem sind es häufiger Mehrlingsschwangerschaften (> Zwillinge und Mehrlinge, Seite 166). Ärztin oder Arzt, ebenfalls besorgt um »ihr« Kind, unternehmen alles, um es zu schützen. Sie neigen dazu, unkritisch Hormone, Bettruhe, eine Cerclage und Wehenhemmer (>Das Baby kommt zu früh, Seite 198) zu verordnen.

Ein Viertel dieser Schwangerschaften endet als Fehlgeburt, 7,6 Prozent sind Eileiterschwangerschaften. 41 Prozent der Retortenbabys werden »sicherheitshalber« durch Kaiserschnitt geboren.

Ein Befruchtungsversuch kostet in Österreich an privaten Instituten 24.000 Schilling (DM 3.500), an Unikliniken ist es mit 10.000 bis 14.000 Schilling (DM 2000) pro Versuch erheblich billiger. In Deutschland trägt die Krankenkasse die Kosten für vier Behandlungen mit IVF.

So wird es gemacht

Mit Hormongaben stimulieren die ReproduktionsmedizinerInnen die Eierstöcke der Frau. Unmittelbar vor dem Eisprung werden ihre herangereiften Eizellen durch die Scheide abgesaugt – ein Vorgang, der für die Frau nicht ganz ungefährlich ist. Danach werden sie in einem Glasgefäß mit dem Sperma zusammengebracht und befruchtet. Der Frühembryo wird dann nach 24 bis 48 Stunden durch die Scheide in die Gebärmutter zurücktransferiert, die verschlossenen Eileiter damit umgangen.

Bei etwa einem Drittel der Frauen gelingt der

Transfer. Weil aber viele dieser Schwangerschaften mit einer Fehlgeburt enden, kommen nur etwa 15 Prozent der Paare auf diese Weise zum ersehnten Wunschkind. Die Wahrscheinlichkeit, durch IVF Eltern zu werden, ist bei Frauen, deren Eileiter nicht komplett verschlossen sind, damit gemäß einer Wiener Studie nicht größer, als wenn gar nichts unternommen wird.

Die »Befruchtung im Glas« kann auch bei schlechter Samenqualität (> Spermiogramm, Seite 235) erfolgreich sein, weil sich die Spermien nicht durch den Gebärmutterhals in die Gebärmutter hindurchkämpfen müssen. Deshalb gilt die außerkörperliche Befruchtung als letzter Versuch, einen eingeschränkt fruchtbaren Mann zum Vater zu machen.

Die neueste Hilfestellung, die MedizinerInnen den schwachen Spermien gewähren: Sie bohren ein Loch in die Eihülle, um die Verschmelzung zu erleichtern.

Leistungsdruck durch IVF

Kinderwillige Paare geraten durch die künstliche Befruchtung unter einen ungeheuren Leistungsdruck, der mit jedem Fehlversuch steigt. Das gilt nicht nur für die Frauen, die große Anstrengungen zur Erfüllung ihres Kinderwunsches auf sich nehmen. Männer können darunter leiden, wenn sie sich nur noch als Samenspender erleben.

Gametentransfer

Operativ entnommene Eizellen und durch Masturbation gewonnene Spermien des eigenen Partners werden im Eileiter der Frau zusammengebracht.

Das Verfahren, das nur selten durchgeführt wird, ist erfolgreicher als die Befruchtung im Glas. Es hat aber den Nachteil, daß daraus überdurchschnittlich viel Eileiterschwangerschaften resultieren.

Die Methode bietet sich an, wenn die Eileiter die Eier nicht aufnehmen können, zum Beispiel bei einer Endometriose, bei immunologisch bedingter Sterilität oder bei minderer Samenqualität.

STRESSABBAU

Ohne Streß wurde Andrea ganz von selbst schwanger:

Drei Jahre lang habe ich mit Martin vergeblich auf ein Kind hingearbeitet.

Das Spermiogramm (>Seite 235) von Martin war fast ganz in Ordnung. Meine Eileiter waren offen und die Hormone normal. Nur zu viel Streßhormon haben die Ärzte feststellen können.

In der Zeit habe ich gerade den Führerschein gemacht, obwohl ich das eigentlich gar nicht wollte.

Die Behandlung wegen der Unfruchtbarkeit hat mich sehr genervt. Jeden Tag in die Klinik, Morgenharn abgeben, warten auf den Eisprung. Dann Sex auf Kommando, auch wenn wir gar keine Lust dazu gehabt haben. Am nächsten Tag wieder in die Klinik, damit die Spermien aus der Scheide untersucht werden.

Die Ärztin hat uns dann eine künstliche Besamung vorgeschlagen. Kein Erfolg. Wenig später ein zweiter Versuch. »Diesmal haben wir den Zeitpunkt genau erwischt,« hat sie gesagt.

Als die Regel wiedergekommen ist, war ich ganz verzweifelt und bin in die Klinik gefahren. Ich habe der Gynäkologin gesagt, daß ich die Tortur nicht mehr aushalte und mit der Behandlung aufhöre.

Es war, als wäre eine bleierne Last von mir gefallen. Wir sind einkaufen gegangen und haben unser ganzes Urlaubsgeld ausgegeben. Das hautenge Ballkleid, das ich mir an dem Tag gekauft habe, habe ich bis heute nicht getragen, weil ich schon im nächsten Monat schwanger war.

AUFWACHSEN

Körperliche Entwicklung

Wenn der Körper wächst,

bedeutet das nicht nur, daß er

an Länge und Breite zulegt.

Manche seiner Funktionen, die für

Erwachsene selbstverständlich sind,

wie zum Beispiel die Verdauung

vieler verschiedener Nahrungsmittel,

entwickeln sich erst während der

Kindheit. Manches, was die Kleinen

brauchen – zum Beispiel die Thymus-

drüse –, bildet sich um oder zurück,

wenn das Kind heranwächst.

Ebenso unterschiedlich wie sich die soziale und geistige Entwicklung eines Kindes vollzieht, verläuft auch seine körperliche Entwicklung. Viele Fertigkeiten können sich aber erst ausbilden, wenn die körperlichen Voraussetzungen dafür gegeben sind.

So ist die Sprachentwicklung (> In Sprache baden, Seite 269) daran gebunden, daß das Kind hören kann.

Nur wenn die Ohren eine Vielfalt von verschiedenen Geräuschen, und die in unterschiedlichen Höhen und Tiefen, laut und leise, aufnehmen und an das Gehirn weitergeben, bekommt das Sprachzentrum genügend Anreiz, sich weiter auszuprägen.

Vieles, was Eltern ohne Absicht und ganz beiläufig mit ihrem Säugling tun, »testet«, ob diese

Sinneswahrnehmungen bei ihm funktionieren: Wenn sie ihn mit einer Rassel zu locken versuchen, zeigt sich, ob sein Gehör auf den scheppernden Reiz reagiert, wenn sie bunte Spielsachen vor seinem Gesicht hin und her bewegen, wird an den rollenden Augäpfeln deutlich, ob die Sehorgane ordentlich funktionieren.

Allerdings gibt es vor allem für Sehen und Hören einige »Übungen«, mit denen Eltern die Seh- und Hörfähigkeit ihres Kindes gezielt überprüfen können. Bei diesen »Selbst-Untersuchungen« aufmerksam zu sein, ist besonders wichtig, weil sich die Seh- und Hörbahnen in den ersten Lebensmonaten noch weiter ausbilden und eine festgestellte Schwäche in diesen Bereichen durch entsprechende Hilfsmittel noch recht gut ausgeglichen werden kann.

Die üblichen Vorsorgeuntersuchungen (> Seite 754) prüfen Seh- und Hörfähigkeit jedoch erst so spät gezielt, daß es für eine frühe Förderung dann schon zu spät sein kann.

Da die körperliche Entwicklung eines Kindes aber so deutlich sichtbar ist und auch von Außenstehenden laufend begutachtet werden kann, verunsichert manche Eltern der Vergleich mit anderen Kindern gleichen Alters hinsichtlich der »Qualität« ihres eigenen Lieblings. Fragen, ob das Kind zu groß oder klein ist, ob es laufen »darf«, ohne zu krabbeln, und wie man es anhält, sich möglichst »gerade zu halten«, beschäftigen viele Eltern.

HOCH HINAUS

Seit einigen Jahrzehnten wachsen die Kinder ihren Eltern über den Kopf. Einer holländischen Untersuchung zufolge werden die Zeiträume immer kürzer, in denen eine Generation fünf Zentimeter größer ist als die vorhergegangene. Zunächst waren es 52 Jahre, dann 30, dann 20. In Deutschland unterbrachen die beiden Weltkriege mit ihren großen Belastungen diesen Trend kurzzeitig. Möglicherweise ist die biologische Grenze aber nun erreicht: Die schwedischen Jugendlichen waren in den vergangenen zehn Jahren nicht einmal mehr einen Zentimeter größer als zuvor.

Im ersten bis vierten Lebensjahr wachsen die Kinder am raschesten, Mädchen und Jungen mit ungefähr gleicher Geschwindigkeit. Mit vier Jahren sind 94 Prozent von ihnen zwischen 96 und 112 cm groß.

Bis zum zehnten Jahr kommen pro Jahr vier bis sechs Zentimeter hinzu. 94 Prozent der Mädchen sind am Ende dieser Zeit zwischen 126 und 148 cm groß, die Jungen zwischen 130 und 152 cm.

In die Zeit von elf bis 16 fällt der Wachstumsschub der Pubertät. Mädchen legen zwischen 10,5 und 14 Jahren am meisten an Länge zu, Jungen – bedingt durch ihre später beginnende Geschlechtsreife – zwischen 12,5 und 16 Jahren. 94 Prozent der Mädchen sind mit 16 zwischen 151 und 173 cm groß, die Jungen zwischen 160 und 188 cm.

Mit 17 bis 18 hören Frauen auf zu wachsen, seit dem 16. Geburtstag haben sie bestenfalls noch einen Zentimeter zugelegt. Die Jung-Männer tun das erst mit 20, 21. 94 Prozent stoppen dann bei 166 bis 191 cm.

Gehirn

Das Gehirn eines Neugeborenen wiegt etwa 400 Gramm und enthält bereits all die Milliarden Nervenzellen, über die der Mensch während seines Lebens verfügen kann (> Gehirn, Seite 767). Sie werden nicht mehr, aber länger und größer. Sie verzweigen sich und »verdrahten« ihre feinen Ärmchen untereinander, wenn das Baby Eindrücke gewinnt, Bewegungen und Gewohnheiten ausbildet (> Die Quellen des Geistes, Seite 259). Dadurch verdoppelt sich im ersten Lebensjahr die Gehirnmasse und erreicht im dritten bis vierten Jahr das Erwachsenengewicht: durchschnittlich 1245 Gramm bei Frauen, bei Männern 1375 Gramm. Da die Intelligenz eines Lebewesens nicht nur, aber auch von der Masse des Gehirns abhängt, zog man daraus früher den Schluß, daß Männer klüger sein müßten als Frauen. Später stellte sich jedoch heraus, daß das Verhältnis von Gehirngewicht und Körpergewicht entscheidend ist.

Die einzelnen Platten, aus denen der Schädel besteht, sind bei der Geburt noch nicht ganz miteinander verwachsen. Wo die Nähte zusammentreffen, hat der Säuglingskopf zwei Löcher, die Fontanellen. Die große Stirnfontanelle ist als viereckige Lücke mit ein bis drei Zentimetern Durchmesser oben am Kopf zu spüren. Die kleine Fontanelle liegt am Hinterkopf. Wenn der Babykopf während der Geburt zusammengepreßt wird oder wenn sich später der Hirndruck stark ändert, helfen diese Löcher, das Gehirn vom Druck zu entlasten. Während der ersten beiden Jahre schließen sich die Fontanellen von selbst. Doch selbst wenn es länger dauern sollte, ist das medizinisch kein Problem.

Haut

Entwicklungsgeschichtlich betrachtet, kann man die Haut als äußerste Oberfläche des Gehirns ansehen oder das Gehirn als tiefste Schicht der Haut. Wen wundert es da, daß die Haut die Seele spiegeln oder ein Ekzem depressiv machen kann (> Der große Zusammenhang, Seite 714)?

Mit Experimenten an Affen bewies der amerikanische Psychologe Harlow schon 1958, daß das Wohlbefinden der Kleinen stärker vom intensiven Hautkontakt abhängt als von der Ernährung.

Erst der Druck, den die Nerven der Haut an das Gehirn weitermelden, wenn das Kleine geknuddelt wird, erst die Wärme, die es dabei spürt, mobilisieren das im Kind angelegte Gespür für seine Möglichkeiten, sich zu bewegen. Die damit verbundenen Informationen über sein Verhältnis zur Schwerkraft sind notwendig, um sich aufrichten zu lernen.

Längenwachstum

Wachsen bedeutet unter anderem, daß die Knochen länger werden. An jedem Ende der Röhrenknochen liegt zwischen dem Knochenkopf und dem Schaft eine Wachstumsfuge (Epiphysenfuge). Sie schiebt sich immer weiter nach außen, indem sie Knorpelzellen in Richtung Schaft absondert. Sie verkalken und verlängern so den mittleren Knochenteil.

Zu groß? Zu klein?

Eltern, die besonders groß oder besonders klein sind, mögen für ihr Kind die Größe erhoffen, die sie selbst nie hatten – daß der Nachwuchs sie erreichen wird, ist unwahrscheinlich. Zu stark ist der Einfluß der Gene. Nur relativ selten beeinflussen Krankheiten, Medikamente oder unzureichende Ernährung das Wachstum von Kindern.

An Hand der auf Seite 563 angegeben Größen oder mit Hilfe des »Somatogramm I« am Ende des Kinder-Untersuchungsheftes, das Eltern in Deutschland bei der Geburt ihres Kindes bekommen, können sie prüfen, wie ihr Kind im Vergleich zu AltersgenossInnen dasteht. Doch Achtung: Manche Kinder sind abends bis zu 2,5 Zentimeter kleiner als morgens. Der Wasserverlust der Bandscheiben, der sich nachts wieder ausgleicht, läßt sie tagsüber so weit eingehen.

Machen sich Eltern Sorgen, weil ihr Kind deutlich kürzer oder länger ist als der Altersdurchschnitt, können sie bei Ärztin oder Arzt Hilfe suchen. Die schauen sich zunächst einmal die Wachstumsgeschwindigkeit der vergangenen Jahre an: Manche Kinder sind eben langsam und wachsen noch, wenn andere schon damit aufgehört haben; andere sausen so schnell durch alle Entwicklungsstufen, daß sie deutlich früher ausgewachsen sind.

Relativ genau läßt sich die zu erwartende Erwachsenen-Körpergröße an Hand von Röntgenaufnahmen voraussagen. Die damit immer verbundene Strahlenbelastung (> Bildgebende Verfahren, Seite 753) kann gerechtfertigt sein, wenn die Frage nach der Größe Eltern und Kind sehr bedrückt. Der Grad der Knochenverkalkung und Größe und Beschaffenheit der Wachstumsfuge (> Knochen, Seite 783) werden mit Standardbildern von Kindern bekannten Alters verglichen. Das dabei festgestellte »Handskelettalter« gibt Auskunft, um wieviel Zeit die Knochen dem Lebensalter voraus sind oder nachhinken. Aus den drei Daten Größe, Lebensalter und Skelettalter können ÄrztInnen einer Tabelle entnehmen, wie groß das Kind als Erwachsener wahrscheinlich sein wird. Die Voraussage ist um so genauer, je näher die oder der Untersuchte dem Wachstumsende ist. Bei Zehnjährigen kann der Fehler noch bei fünf Zentimetern liegen.

Ergibt die ärztliche Untersuchung, daß das Kind zum Klein- oder Großwuchs tendiert, folgen Tests,

---

Kontakte

Zentrum für Wachstumsforschung
Kinderklinik der Universität Tübingen
72070 Tübingen

Elterngruppe kleinwüchsiger Kinder
Hardenbergstr. 56
28201 Bremen
Tel.: 0421/556200

DER WEG ZUM WELTEROBERER

Alle gesunden Kinder lernen sitzen, stehen, laufen. Wann, ist bei jedem Kind anders. Normalitätsgrenzen sind heikel, aber ohne Vergleich geht es nicht. Innerhalb bestimmter Zeiträume erwirbt der größte Teil der gesunden Kinder bestimmte Fähigkeiten. Fällt ein Sprößling völlig aus diesem Rahmen, sollten Eltern mit ÄrztInnen ihres Vertrauens nach den Gründen suchen. Das folgende Verhalten erreichen drei Viertel der gesunden Babies im angegebenen Zeitraum:

Bis zum Ende des 2. Monats: Hebt den Kopf, wenn es auf dem Bauch liegt.

Bis zum Ende des 4. Monats: Hält den Kopf sicher, wenn es auf dem Bauch liegt, und stützt sich auf die Unterarme.

Bis zum Ende des 5. Monats: Rollt sich vom Bauch auf den Rücken. Zieht sich, an den Händen gefaßt, aus der Rückenlage zum Sitzen hoch und hält dabei den Kopf sicher.

Bis zum Ende des 7. Monats: Sitzt frei. Stützt sich in Bauchlage auf die Hände.

Bis zum Ende des 9. Monats: Steht mit Festhalten. Setzt sich auf. Zieht sich zum Stehen hoch.

Bis zum 11. Monat: Steht im Vierfüßlerstand auf Händen und Knien. Krabbelt auf allen vieren. Läuft, wenn es sich festhalten kann.

Bis zum 12. Monat: Steht kurz freihändig.

Bis zum 13. Monat: Steht sicher freihändig.

Bis zum 14. Monat: Geht sicher.

Bis zum 18. Monat: Geht rückwärts.

Bis zum 21. Monat: Steigt Treppen.

Bis 2 1/2 Jahre: Hüpft auf der Stelle. Kann Dreirad fahren.

Bis 3 Jahre: Balanciert eine Sekunde lang auf einem Fuß.

um die Ursache festzustellen. Bildet der Körper zum Beispiel nicht genügend Wachstumshormon, kann es als Medikament gespritzt werden. Damit sind – um den Preis erheblicher und bisher noch nicht einmal absehbarer Nebenwirkungen – einige Zentimeter zu gewinnen. Weil aber nur eines von etwa 4.000 kleinwüchsigen Kindern wegen eines Hormonmangels so wenig wächst, kommt die chemische Hilfe nur für wenige in Frage.

Wächst das Kind unproportioniert, hat es also einen normal langen Rumpf und sehr kurze Beine, ist das medikamentös nicht zu verändern. Wenn zu erwarten ist, daß das Kind darunter sehr leiden und es seine Körperform auch mit psychologischer Hilfe kaum akzeptieren wird, können OrthopädInnen die Beine operativ verlängern. Sieben bis acht Zentimeter gelingen relativ problemarm, bis zu 30 Zentimeter sind möglich. Jeder Zentimeter muß mit vier bis sechs Wochen Krankenhausaufenthalt und Schmerzen erkauft werden.

Ein übermäßiges, unproportionales Längenwachstum können ChirurgInnen beenden, indem sie die Wachstumsfugen veröden. Hormonell ist das Wachstum mit Sexualhormonen zu stoppen, die die Pubertät einleiten.

Füße

Was OrthopädInnen bei Erwachsenenfüßen als »nicht in Ordnung« bezeichnen würden, gehört bei Kindern zur normalen Entwicklung: Die Füße der Kleinen erscheinen platt, obwohl das von den Knochen geformte Gewölbe vorhanden ist. Es ist von Fettgewebe ausgefüllt und polstert den Fuß beim Laufenlernen ab. Das »verläuft« sich im zweiten Lebensjahr.

Sobald das Kind auf eigenen Füßen steht, zeigt es häufig einen Knickfuß: Die Ferse knickt nach außen ab, der innere Fußrand nach innen. Im zweiten und dritten Lebensjahr kann sich das noch zu einem Knicksenkfuß verstärken, weil die Beine x-förmig stehen. Mit sieben bis acht Jahren verändert sich diese Stellung.

Liegen, stehen, gehen

Von anderen gehalten, erfährt der Säugling zum ersten Mal, was Schwerkraft ist. Wenn er die Arme reckt und mit den Beinen strampelt, bemüht er sich, die Naturkraft zu überwinden. Dabei reifen seine Nerven-, Muskel- und Skelettstrukturen heran.

Irgendwann im ersten halben Jahr entdeckt das Kleine seine Rückenmuskulatur. Mit Wälzen und Rollen probiert es sie aus. Es dreht sich und erprobt dabei den Gleichgewichtssinn. Die Fähigkeit zu sitzen, ist Menschen zwar angeboren, doch erst wenn die Muskeln ausreichend trainiert sind und das zentrale Nervensystem genügend darin geübt ist, den Einfluß der Schwerkraft, die Wahrnehmung des Raumes durch die Augen und die Muskelreaktionen zu koordinieren, kann das Kind sitzen lernen. Wann es soweit ist, weiß jeder Körper in seiner angeborenen Klugheit selbst. Kinder, die vorher zum Sitzen oder Stehen angehalten werden, werden in eine Lage gezwungen, für die sie biologisch noch nicht reif sind.

Ungefähr ein Jahr lang übt sich der Knirps im Spannen, Dehnen und Balancieren, ohne gezielt stehen zu wollen. Er hält sich fest, zieht sich hoch, stemmt sich weg. Dadurch wird der Körper schließlich straff genug, um Füßen und Beinen die Last des Rumpfes zumuten zu können. Hat sich der Wicht einmal auf seine eigenen Füße gestellt, bekommt die Welt ein neues Gesicht: Er erfährt Himmel und Erde, oben und unten. Sein Spielraum wird weiter, seine Handlungsfähigkeit größer, da er nun die Hände frei hat. Mehr Raum zum Leben bedeutet auch, mehr Erfahrungen sammeln zu können (> Trennen und Wiederkommen, Seite 272).

Zwischen Stehen und Gehen liegt noch einmal ein großes Stück Entwicklung. Es entsteht die Brücke zwischen körperlichem Können und intellektuellem Wollen. Die Empfindung »Schmerz unterm Fuß« muß das Gehirn in einen Befehl zur Bewegung umsetzen, den der Körper dann ausführt. Der Wunsch »Ich will zum Hund« soll in Schritte münden. Dazu muß eine Vielzahl von Reflexen und Reaktionen fein zusammenspielen.

Mit den ersten Schritten wird die Selbständigkeit der Sprößlinge sichtbar. Sie wenden sich ab, kehren den Rücken zu, gehen weg, um ihren eigenen Weg zu finden, sprechen aus der Entfernung. Je mehr sie sich bestätigt sehen, daß das, was sie tun, richtig ist, desto besser wird ihr Körpergefühl, desto sicherer bewegen sie sich. »Paß auf«, »Sitz still«, »Halt dich gerade« sind Signale, die diese harmonische Verbindung zur Umwelt behindern können.

All die Bewegungen, die den Großen so selbstverständlich scheinen, lernen die Kleinen zunächst einzeln und dann in Kombination miteinander. Nur wenn sie sich immer wieder ausprobieren können, lernen sie, ihren Körper in allen Situationen angemessen zu bewegen.

SEHFEHLER ERKENNEN

Sehfehler machen die Aufmerksamkeit der Eltern notwendig, denn bei den Vorsorgeuntersuchungen wird nur etwa jede zehnte Sehstörung rechtzeitig erkannt.

● Halten Sie dem Kleinkind wechselweise ein Auge zu. Sieht es gut, wird es kaum reagieren. Sieht ein Auge schlecht, wird sich das Kind wehren, wenn das besser sehende Auge zugehalten wird.

● Dem Säugling jeweils von hinten links und rechts ein Spielzeug hinhalten. Dreht es den Kopf danach, ist alles in Ordnung. Reagiert es nur auf einer Seite, scheint mit dem anderen Auge etwas nicht zu stimmen.

● Helle Flecken in der dunklen Pupille können auf einen grauen Star hindeuten.

● Wenn Kinder mit den Augen zittern, sie zusammenkneifen, blinzeln, das Licht scheuen oder deutlich sichtbar schielen, ist immer ein Besuch bei Augenärztin oder -arzt angebracht (> Schielen, Seite 802).

Mit allen Sinnen

Tasten und Fühlen, Schmecken und Riechen, Hören und Sehen – alle Sinne sind schon beim jungen Säugling intensiv ausgeprägt. Und er gebraucht sie, um seine Welt zu erleben. Erst diese Erfahrungen

HÖRSTÖRUNGEN ERKENNEN

Bei Vorsorgeuntersuchungen testen ÄrztInnen das Hörvermögen zwar, doch gibt es in der ärztlichen Praxis für die Kleinen sehr viel Fremdes zu hören, zu sehen, zu riechen; die Reaktion des Kindes in vertrauter Umgebung ist aussagekräftiger.

● Das Kind liegt in einem ruhigen Raum. Sie treten unbemerkt von hinten hinzu und machen Lärm. Spätestens mit etwa sechs Monaten sollte das Kind dabei deutlich erschrecken, sich jedoch beruhigen, wenn es Ihre Stimme hört. Auch Händeklatschen oder Glockenläuten sollten sein Interesse wecken.

● Mit etwa neun Monaten sollte ein Baby seinen Lauten merkbar zuhören.

● Halten Sie dem Einjährigen eine Uhr ans Ohr: Horcht es auf das Ticken? Was geschieht, wenn Sie mit Seidenpapier rascheln? Wie reagiert das Kind darauf, wenn Sie den Telefonhörer mal an das eine, dann an das andere Ohr halten?

● Ein etwa 18 Monate altes Kind reagiert, wenn Sie aus einem Meter Entfernung seinen Namen sprechen.

● Wenn das Kind zwei Jahre alt ist, sollte ein leiser Zuruf es auch aus vier bis sechs Metern Entfernung aufhorchen lassen.

machen das Gehirn zum rätselhaften und wunderbaren Organ (> Die Quellen des Geistes, Seite 259), das alle anderen Aktivitäten steuert.

Aus körperlichen Erfahrungen wie zum Beispiel dem Greifen und Fassen entwickeln sich im Laufe der Zeit ungemein wichtige Fähigkeiten des Geistes wie Be-greifen und Er-fassen.

Augen

Die meisten Säuglinge kommen weitsichtig auf die Welt: Ihr Augapfel ist zu kurz, als daß das Kind Naheliegendes scharf sehen könnte. Das Wachstum in den ersten sechs Jahren gleicht das normalerweise aus (> Fehlsichtigkeiten, Seite ###).

Auf dem Rücken liegend erfassen Säuglinge sich selbst, Menschen und Umgebung mit den Augen. Sie lassen die Finger vor dem Gesicht tanzen, später spielen sie mit Gegenständen. Nur wenn die Augen das Greifen beobachten, entsteht im Gehirn ein Gefühl dafür, daß wir in einem Raum leben, nicht auf einer Scheibe. Es dauert etwa fünf Jahre, bis die Muskeln beide Augen quasi von selbst so einstellen, daß sie beide auf dasselbe Objekt schauen. So lange dauert auch die Lehrzeit des Gehirns, die Bilder, die jedes Auge einzeln sieht (> Augen, Seite 799), wirklich sicher zu einem dreidimensionalen Ganzen verschmelzen zu können. Bis dahin können die Kinder weit Entferntes und Naheliegendes, sich im Zentrum Bewegendes und das, was am Rand des Geschehens liegt, nur beschränkt gleichzeitig wahrnehmen und deshalb auch nicht immer darauf reagieren (> Kinder im Verkehr, Seite 410).

Die geschauten Bilder reizen die Gehirnregionen, die Bewegungsabläufe und Gleichgewicht steuern. Um stehen zu können, muß das Kind seine Augen über längere Zeit horizontal halten können. Dann kontrollieren sie, wie sich der Körper in seiner Umgebung verhält. Bei vielen Menschen dominieren die Augen aber so sehr, daß sie Halt und Stand verlieren, wenn sie nichts mehr sehen.

Was das Auge schaut, wird im Gehirn analysiert, weitergeleitet, verarbeitet und gespeichert. Dabei filtert es aus den unendlich vielen optischen Eindrücken heraus, was ihm sinnvoll und nützlich erscheint. Was ein Mensch sieht, hängt also immer wesentlich auch davon ab, was der Geist zu sehen bereit ist oder was er zu sehen gezwungen wird (> Psychosomatik und Auge, Seite 803).

Ohren

Die ersten Brabbellaute entstehen noch unkontrolliert. Wirklich sprechen lernen sie nur, wenn sie hören können (> Denken und sprechen, Seite 268). Ob ein Kind schlecht hört, läßt sich schon im ersten Lebenshalbjahr sicher feststellen. Doch bei jeder zweiten Hörstörung, die ÄrztInnen auffällt, ist es für eine wirkungsvolle Therapie schon zu spät.

In den ersten Lebensmonaten reifen die Hörbahnen noch. Bekommt das hörbehinderte Kind schon in dieser Zeit Hörhilfen angepaßt, können seine Hörreste noch wirkungsvoll stimuliert werden.

Auch um sich im Raum zu orientieren, wenn sie zu laufen beginnen, brauchen Kinder intakte Ohren.

Magen-Darm-Trakt

Das Verdauungssystem (> Seite 832) von Neugeborenen gilt als »unreif«. Dabei hat es alles, was ein Säugling braucht. Es ist zwar anders als bei Großen, aber der Winzling ißt ja auch noch kein Butterbrot. Je komplexer ein Nahrungsmittel und seine Bestandteile zusammengesetzt sind, desto länger dauert es, bis ein Kind sie verträgt. Zucker wie Glukose oder Fruktose, Milch-

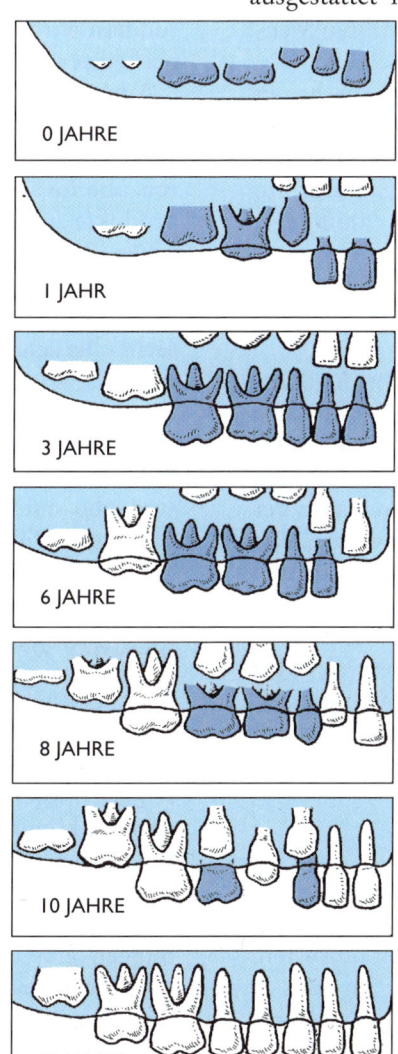

0 JAHRE
1 JAHR
3 JAHRE
6 JAHRE
8 JAHRE
10 JAHRE
12 JAHRE

oder Haushaltszucker verwertet der Baby-Organismus ab der Geburt problemlos (> Nach der Geburt, Seite 208). Doch erst im Laufe des folgenden Halbjahrs lernen seine Verdauungsdrüsen, die Enzyme zu produzieren, die zum Beispiel Stärke spalten. Von da ab kann man beginnen, dem Kind Griesbrei zu füttern (> Von nun an Brei, Seite 225). Bis der Magen-Darm-Trakt so mit Verdauungssekreten ausgestattet ist wie beim Erwachsenen, dauert es jedoch noch einige Jahre.

Die Darmwand von Säuglingen ist noch nicht so »dicht« wie bei größeren Kindern. Relativ große, komplex zusammengesetzte Stoffe können sie noch passieren. Das hat den Vorteil, daß die Abwehrstoffe, die die erste Milch der Mutter reichlich enthält, dem Neugeborenen zugute kommen. Später müssen so große Moleküle vor der Darmwand haltmachen. Nachteilig ist jedoch, daß auch die Stoffe ins Blut gelangen, die Allergien auslösen können. Dazu gehören das Eiweiß der Kuhmilch und die Stärke von Getreide, wie sie die übliche Säuglings-Fertignahrung enthält. Aus diesem Grunde schützt Muttermilch als Nahrung mit der geringsten Allergenität empfindliche Säuglinge vor Allergien (> Seite 851).

Zähne

Zahnlos kommen die Kleinen zur Welt. Wann sich das ändert, ist so variabel wie alles in der Kinderentwicklung.

Als erste strecken die Schneidezähne im Unterkiefer ihre weißen Spitzen heraus. Ihnen folgen die oberen, später ihre jeweils linken und rechten Nachbarn und die ersten Backenzähne. Etwa zum zweiten Geburtstag erscheinen die Eckzähne, dann die letzten Backenzähne. Etwa zum dritten Geburtstag ist das 20zähnige Milchgebiß komplett.

Bevor der erste Schneidezahn wackelt, erscheinen etwa zum Schulbeginn die ersten bleibenden Zähne hinter den Milch-Backenzähnen. Dann kommen bleibende Schneidezähne, die Milch-Backenzähne gehen, Eckzähne fallen aus und kommen neu. Zuletzt schieben sich hinter den ersten bleibenden die letzten großen Backenzähne heraus. Bei jedem dritten Menschen bleibt dieser »Weisheitszahn« jedoch aus.

Nur gesunde oder reparierte Milchzähne halten ihren Nachfolgern den Platz frei. Sind sie vor der Zeit ausgefallen, können sich die Erwachsenen-Zähne leicht breit machen, und es entsteht ein großes Durcheinander im Mund (> Zahnpflege, Seite 552; > Zahnregulierung, Seite 830).

Atemwege

In den Knochen neben, hinter und über der Nase haben Erwachsene mehrere luftgefüllte Hohlräume (Sinus): Kieferhöhle, Stirnhöhle, Siebbeinlabyrinth, Keilbeinhöhle – zusammen als Nasennebenhöhlen bezeichnet. Sie entwickeln sich erst im Laufe der Kindheit. Beim Säugling sind sie noch winzig. Die Stirnhöhle beginnt zum Beispiel erst im dritten Lebensjahr, sich mit Luft zu füllen.

Der weitverzweigte »Baum« der Luftwege (> Atmungsorgane, Seite 808) gliedert sich bis zum Schulalter weiter auf, bildet aus kleinen Bronchien Bronchiolen, die Lungenbläschen vergrößern sich.

Immunsystem

Hinter dem Brustbein liegt die Thymusdrüse. Sie ist nur bei Kindern voll ausgebildet. In ihr werden Abwehrzellen für ihre Aufgaben im Immunsystem geschult (> Seite 714). Später wird der Thymus in einen Fettkörper umgewandelt. Eine Art Gedächtnis sorgt aber dafür, daß auch später gebildete Abwehrzellen noch wissen, was sie tun haben.

Harnwege

Das Harnsystem (> Seite 857) eines Neugeborenen unterscheidet sich erheblich von dem Erwachsener. Im Laufe ihrer Entwicklung verzehnfachen Kinder ihr Nierengewicht. Die Harnleiter wachsen auf doppelte Länge, die Harnröhre der Jungen verdreifacht ihre Länge, die der Mädchen verdoppelt sich. Das Kanalsystem der Nieren wächst nicht nur, sondern wird wesentlich umgestaltet. Das Nierenbecken verfeinert seine Gliederung.

Auch die Funktion der Nieren entspricht noch nicht der Erwachsener. Würde man ein Baby zum Beispiel mit Kuhmilch ernähren, wären seine Nieren überfordert, die große Menge Eiweißabbauprodukte auszuscheiden.

Die Blase entleert sich in den ersten Lebenstagen nur ein- bis zweimal am Tag. Bis zum Ende der ersten Woche steigert sich das auf sechs- bis achtmal täglich. Dann folgt eine Zeit, in der die Windeln immerzu naß sind. Ein kleines Kind ist so lange »dicht«, bis Impulse der Blase dem zentralen Nervensystem melden, daß die Blase nun voll ist. Im zweiten Lebensjahr sind die Hirnstrukturen so weit herangereift, daß der Wille diese Funktionen kontrollieren kann (> Bettnässen, Seite 361).

»Sauber werden«

Jedes gesunde Kind lernt ohne Programm, wie die Großen zu essen und zu trinken. Anfänglich geht viel daneben, oft gibt's eine große Sauerei, doch irgendwann klappt's. Mit den Ausscheidungen könnte es genauso sein – wenn die Erwachsenen damit nicht etwas verknüpften, was den Kindern zunächst völlig fremd ist. Unangenehm, abstoßend werden Körperausscheidungen erst durch die Bewertung der anderen; auch daß »das da unten« schmutzig ist und das erstrebenswerte Ziel Sauberkeit heißt, ist eine Erwachsenennorm.

Was sich in manchen Familien zum Drama

auswächst, geht wie von selbst, wenn die Eltern darauf vertrauen, daß ihr Nachwuchs ganz allein den für ihn richtigen Weg vom Kindsein zum Erwachsenenleben finden wird. In puncto Trockenwerden kann das beginnen, wenn das Kleine einen Begriff von Zeit hat. Ist es in der Lage, jetzt, gleich und später zu unterscheiden, kann es ankündigen, daß es nun gleich mal muß. Doch erst mit etwa fünf Jahren beherrscht es das ganze Drumherum sicher: vom Merken »Ich muß mal«, über anhalten, Toilette suchen, Hose aufknöpfen, hinsetzen bis zum Jetzt-Pinkeln.

Diesen allmählichen Lernprozeß durch Druck und Drill, durch zwangsweises Auf-den-Topf-Setzen abkürzen zu wollen, beeinträchtigt das Kind in seinen Entwicklungschancen (> Kindersexualität, Seite 290). Die tatsächlichen Hilfen für den Weg der Kinder, die lediglich angeboten, niemals jedoch erzwungen werden sollen, können in jeder Familie anders aussehen:

● Der Nachahmungsdrang kann jene Kinder beflügeln, deren Eltern ihr Kind nicht durch geschlossene Toilettentüren von ihrem eigenen »Geschäft« fernhalten.

● Eine vorgelesene Geschichte verkürzt die Wartezeit auf das Klingeln im Topf.

● Manche Kinder brauchen Zeit für ihre Sitzungen und treten den Weg dorthin mit Lektüre unterm Arm an. Tut ein Kind das aber nicht freiwillig, kann es leicht zum »Strafsitzen« ausarten.

● Die einen ziehen sich gern zurück, die anderen thronen am liebsten mitten in der Gruppe.

Zunächst gelingt das Trockensein tagsüber. Bis die Kleinen auch nachts keine Windel mehr brauchen, dauert es meist bis zum dritten Lebensjahr. Wenn es dann noch nicht »sauber« ist, sollte das die Eltern nicht bedrücken. Noch mit fünf näßt jedes zehnte Kind ein. Ohne regulierende oder strafende Eingriffe legt sich das fast immer von selbst. Bleibt auch im Schulalter das Bettlaken nicht trocken, so ist das meist Anzeichen für emotionale Konflikte (> Bettnässen, Seite 361).

DIE ERSTE WURST

Wohlgeformt kringelt sie sich am Grund des Töpfchens, oder es türmt sich dort ein kleiner Berg – das erste große Geschäft außerhalb der Windel, gezielt plaziert, freut das Elternherz. Oder es sollte die Eltern freuen. Schließlich hat das Kind eine reife Leistung vollbracht.

In der Zeit, in der das Kleine zu üben beginnt, sein großes Geschäft nicht mehr in die Windel zu machen, erlebt es die Trennung zwischen sich und seiner Umwelt besonders stark. Dabei ist es ständig hin- und hergerissen zwischen seinem Tatendrang und dem Wunsch, wieder so passiv wie ein Baby zu sein. Das Aa wirklich in den Topf zu drücken, ist also auch immer eine Entscheidung zwischen »schon groß« und »noch klein«.

Den Schließmuskel zu betätigen, macht dem Kind Lust. Es gibt ihm aber auch Macht: Es kann jetzt etwas hergeben, es kann es aber auch für sich behalten. Was es bedeutet, wenn der Nachwuchs seine Wurst nicht hergibt, kann – je nach Verfassung – unterschiedlich sein. »Ich kann mich durchsetzen, abgrenzen, behaupten« sind positive Eigenschaften, solange sie nicht trotzig und um jeden Preis im Machtkampf eingesetzt werden. Ein Kind, das seinen Darminhalt hergibt, gibt nach, kann sich gehenlassen, aber auch schenken und eine Freude machen. Gelingt die »Sauberkeitserziehung«, bekommt das Kind das Gefühl, eine große Aufgabe gemeistert zu haben.

Zum Weiterlesen
Das sinnliche Kind.
Gisela Schmeer
Klett, 1991.

Soziale und geistige Entwicklung

Schicksal oder Fügung? Was aus
einem Menschen wird, ist weder
festgelegt noch vorherbestimmt.
Erst mit den Jahren entwickeln sich
seine besonderen Begabungen und
Fähigkeiten, formt und verändert sich
seine Persönlichkeit, zeigt sich seine
Art zu denken, zu fühlen und zu
handeln. Unzählige Theorien
versuchen, diesen Prozeß zu
erklären. Viele davon haben sich
als nicht haltbar, manche als sinnvoll
erwiesen. Eine bruchlose Theorie der
kindlichen Entwicklung gibt es bis
heute nicht.

Schon in der Schwangerschaft richten sich die Phantasien der meisten Eltern auf die Frage: Wie wird sich mein Kind entwickeln, welche seelischen Qualitäten wird es zeigen? Ist der Winzling schließlich da, wird er ängstlich begutachtet und auf seine ersten Fähigkeiten untersucht. Viele Eltern vergleichen dann jede seiner Regungen mit denen anderer Kinder oder mit Lehrbüchern und prüfen verunsichert, ob das Kind schon weit genug, in der »Norm« oder etwa zurückgeblieben ist (> Eltern sein, Seite 52).

Dabei hat jeder Sprößling seinen eigenen Weg, sein eigenes Tempo, seine Vorlieben und seinen eigenen Charakter. Ob ein Baby eher ruhig im Familienleben bleibt oder jauchzend an allem teilnimmt, sagt nichts über seine späteren sozialen

Fähigkeiten aus. Ob sich ein Kleinkind eher zurückhaltenden oder aktionsgeladenen FreundInnen anschließt, sagt nichts über seine charakterlichen Eigenschaften. Und ob ein Kind schon mit zwölf Monaten die ersten Worte sprudelt oder erst später die Welt kommentiert, sagt nichts über seine intellektuellen Begabungen.

Kinder sind ungeheuer wandlungsfähig. Aus einem stillen, fast phlegmatischen Säugling kann ein rabaukenhaft tobendes Mädchen werden, das sich zur angepaßten, braven Grundschülerin mausert und schließlich als Jugendliche gegen die Familie rebelliert. Die Entwicklung ihrer Kinder ist auch für die Eltern ein Abenteuer. Doch die überwiegende Mehrzahl kann darauf vertrauen, daß die Kleinen ihren eigenen Weg finden: manchmal abseits der Normen und manchmal mittendrin.

Das Idealbild, daß aus Kindern liebes- und bindungsfähige Erwachsene werden, begleitet viele Eltern. Sie wünschen sich Sprößlinge, die sich in andere hineindenken können, die ihre Bedürfnisse und Fähigkeiten kennen, die ihre Fertigkeiten und Begabungen nutzen, ohne dabei mit Ellenbogen gegen andere vorzugehen. Dieses Ideal ist in der Realität allerdings kaum zu finden. Denn Entwicklung ist ein lebenslanger Prozeß, der mit unterschiedlichen Schwerpunkten verläuft und an dem die jeweiligen biologischen Voraussetzungen, das Umfeld und jeder einzelne lebenslang mitwirken (> Vorleben statt erziehen, Seite 324).

DIE KLUGEN BABIES

Das Bild vom Neugeborenen hat sich in den letzten zwanzig Jahren gründlich geändert. Früher nahm man an, das kleine Menschenbündel sei unausgereift; es könne kaum sehen, riechen oder schmecken; seine Möglichkeiten, etwas wahrzunehmen, und sein Gedächtnis hielt man für äußerst beschränkt. All diese Fähigkeiten schienen erst mit der weiteren Reifung von Gehirn und Nerven nach vielen Wochen und Monaten zum Ausdruck zu kommen. Dem Neugeborenen wurden fast ausschließlich Reflexe wie das Saugen zugestanden und Triebe wie die Lust. Babies schienen unfähig, zwischen sich selbst und anderen Menschen unterscheiden zu können: Sie wirkten auf die WissenschaftlerInnen, die sie beobachteten, egoistisch, auf sich selbst bezogen und nur darauf bedacht, ihren Hunger zu stillen und ihre Spannungen zu entladen. Durch die Ergebnisse neuer Beobachtungsmethoden wie Video und Langzeitbeobachtung rücken nun viele ExpertInnen von der Idee des »unfertigen« Menschen ab. Die WissenschaftlerInnen bestätigen den Neugeborenen differenzierte Fähigkeiten.

Reich an Fähigkeiten

Menschen kommen mit einem hochentwickelten sensorischen und motorischen Reaktionssystem auf die Welt. So besitzen alle Babies einen hervorragenden Geschmacks- und Geruchssinn, mit dem sie schon am vierten Lebenstag den Geruch ihrer Mutter wiedererkennen, oder auch die Milch ihrer Mutter von der anderer Frauen unterscheiden können. Neugeborene hören sehr gut und können offenbar differenzieren. Sie identifizieren die Stimmen, die sie bereits im Bauch gehört haben, als vertraut, und es ist ihnen möglich, Sprachmelodien und -muster zu erkennen. So ist ihr Saugreflex intensiver, wenn sie ihre Muttersprache hören als bei einer fremden Sprache.

Vom Moment der Geburt an können Babies Wahrnehmungen nach einfachen Prinzipien wie zum Beispiel »das kenne ich« und »das kenne ich nicht« strukturieren. Deutlich wird das bei der Reaktion auf Töne oder einen Gegenstand. Hört ein Neugeborenes ein Geräusch immer wieder, so verliert es daran zunehmend das Interesse. Der Klang hat sich eingeprägt und langweilt nun. Bei einem neuen Geräusch reagiert es neugierig-aufmerksam und zeigt damit, daß es zwischen Bekanntem und Unbekanntem unterscheiden kann.

Auch die Fähigkeit, Ursache und Wirkung miteinander logisch zu verknüpfen, ist schon in den ersten Lebenstagen vorhanden. So kann man zwei Tage alten Kindern beibringen, daß Musik spielt, wenn sie langsam saugen, und daß bei schnellerem Saugen die Musik stoppt: Sie können die Musik »an- und abschalten«.

Diese einfachen Ordnungsprinzipien werden auch als Gewöhnung beschrieben, eine Grundform des Lernens, die darauf hinweist, daß Hirn- und Nervensystem funktionieren. Kinder mit Schädelverletzungen oder geistigen Behinderungen haben ungleich größere Schwierigkeiten, sich an etwas zu »gewöhnen«, also zu lernen (> Behinderungen, Seite 892).

Lange Zeit glaubte man auch, daß es den Kindern in den ersten beiden Lebensmonaten nicht möglich sei, Sehen, Hören oder Tasten miteinander zu verbinden und zwischen diesen Wahrnehmungsformen hin- und herzuschalten. Nach neuen Ergebnissen der Kleinkindforschung sind die Sinneswahrnehmungen aber offenbar schon von Geburt an »verdrahtet«.

Babies erkennen, ob etwas »stimmt«. So können sie ein sprechendes Gesicht, bei dem Lippenbewegung und Laut übereinstimmen, von einem Gesicht unterscheiden, das mit falschen akustischen Lauten angeboten wird. Die gesehene, die gefühlte und die geschmeckte Brust sind für den Säugling eins. Die Verbindung der Sinne muß nicht erst gelernt werden, wie die EntwicklungspsychologInnen früher annahmen.

Das Unterscheidungs- und Kombinationsvermögen von Babies ist hoch differenziert. Sie können die Intensität von Reizen, zum Beispiel von

Geräuschen, Licht oder Berührungen, zeitliche Rhythmen oder Takte unterscheiden.

Insgesamt wird vermutet, daß die Kinder, bevor sie sprechen lernen, direkter und globaler wahrnehmen als Erwachsene. Alle Eindrücke und psychische Reaktionen auf sie fließen zusammen. In diesem ganzheitlichen Erleben sind Fühlen, Denken, Handeln und Wahrnehmen noch nicht getrennt – ein Zustand, den Erwachsene später in der Kunst wiederfinden können.

Erst mit dem Spracherwerb (> Denken und sprechen, Seite 268) löst sich die globale Einheit auf. Ein Beispiel: Über dem Kinderbett hängt ein Glockenspiel, das sich im Luftzug bewegt. Das Kind fühlt den leichten Windstoß, sieht die tanzende Bewegung der Glocken, hört gleichzeitig ihren Klang und schwingt in seinem Innern freudig mit. Beim Sprechen reduziert sich dieser Vorgang meist auf eine Sensation, zum Beispiel auf die akustische: »Hörst du die Glocken?« Andere Wahrnehmungen werden dabei in den Hintergrund verwiesen.

Die Quellen des Geistes

Was im Kopf von Neugeborenen wirklich vorgeht, wissen wir nicht. Bekannt ist, daß der Fötus Milliarden von Nervenzellen mit Verästelungen und Ärmchen ausbildet, die sich unter der Schädeldecke zum Gehirn zusammenschließen (> Seite 248). Nach der Geburt »verdrahten« sich die feinen Ärmchen untereinander, während das Baby Erfahrungen sammelt, Eindrücke gewinnt, Stimulationen sucht, Zuneigung erfährt, Bewegungen und Gewohnheiten ausbildet.

Im Laufe eines Lebens wächst das Gehirn auf das Dreifache, bis seine vielen Nervenzellen zum organischen Substrat einer Persönlichkeit verbunden sind. Im Gehirn speichern sich halbe Enzyklopädien, die Erinnerungen eines ganzen Lebens, die erste Liebesnacht, die Verzweiflung und der Schmerz einer Scheidung, die Pein von Lateinstunden, die Baupläne von Hochhäusern und die

MIT ALLEN SINNEN

In den Wachphasen, die anfangs oft nur eine halbe Stunde dauern, beginnen die meisten Eltern, mit dem Baby zu spielen. Auffallende, farbige, leuchtende oder klingende Gegenstände kann der Säugling fixieren und mit den Augen verfolgen, wenn sie sich langsam bewegen. Ein klirrender Schlüsselbund fasziniert ebenso wie ein leuchtender Luftballon, eine bunte Rassel, eine Spieluhr oder eine blinkende Taschenlampe. Babies lieben das Spiel mit allen Sinnen, und sie lernen dabei.

Doch Neugeborene können sich auch ohne Animation beschäftigen. Im Freien beobachten sie den Himmel, oder sie betrachten im Zimmer ein Schattenspiel an der Wand; sie sehen, wie sich der Vorhang am geöffneten Fenster bauscht, oder beobachten das tanzende Mobile über ihrem Bett. Erst wenn die Umgebung sie langweilt, melden sie sich quengelnd.

Das Sinnesorgan, das die spannendsten Erlebnisse vermittelt, ist jedoch die Haut. Über sie erfährt das Baby Qualitäten wie warm oder kalt, weich oder hart, trocken oder naß, rauh oder glatt, zärtlich oder grob. Daher zählen zum Lernen auch Gestreichelt-Werden, Nackt-Strampeln, Schmusen und Geneckt-Werden, das Spiel mit Fingern und Zehen, Gebadet-, Abgetrocknet-, Gecremt- und Gewickelt-Werden. Unzählige Sensationen sind damit verbunden: Düfte, Geräusche, Bewegungen, Berührung, Wärme und Wohlbefinden. All diese Eindrücke empfangen die Nerven, leiten sie zum Zentralnervensystem weiter und speichern sie im Gedächtnis.

DAS ERSTE HALBJAHR

Ab dem vierten Monat beobachten viele Kleine nicht nur die Dinge in ihrem Blickfeld, sondern ergreifen auch alle Gegenstände, die in Reichweite sind. Sie stecken Spielsachen in den Mund, tasten und schmecken sie. Sie halten den Kopf hoch, um alles Neue in der Umgebung zu sehen. Bekannte Gesichter lächeln sie freudig an und begrüßen sie strampelnd. Mit Freudentönen, Gurren und Gurgeln beantworten sie den Dialog mit anderen Menschen. Sie betasten die Gesichter der anderen und knabbern sie an. Im Bett plappert das Kind vor sich hin und spricht mit sich selbst. Es lauscht seinen eigenen Geräuschen, aber auch allen Tönen der Umgebung: Glocken, Klingeln, Lieder und Musik faszinieren es sehr.

Bis zum Ende des sechsten Monats können sich die meisten Babies in der Bauchlage selbst abstützen und haben dann die ander Hand frei, um Gegenstände heranzuholen. Die Bewegungen ihrer Hände werden langsam immer sicherer, so daß sie Gegenstände bewußt anfassen und loslassen und aus mehreren angebotenen Dingen bewußt auswählen können. In ihrem Dialogverhalten werden die meisten Kinder immer deutlicher: Sie lallen und quietschen und zeigen meist deutlich, zu wem sie wollen: Auf den Arm der Geschwister, des Vaters oder der Mutter. Beim freien Sitzen halten die meisten schon gut das Gleichgewicht und stützen sich nur noch manchmal mit den Armen ab.

Gewohnheit, mit Messer und Gabel zu essen. Im Gehirn verbinden sich Gedächtnis und Gefühle, tauschen sich Fertigkeiten, Kreativität und Phantasie, Empfindungen und Gewohnheiten aus.

Wie die unglaublichen Lernprozesse vom Säugling zum Klein- und Schulkind, vom Jugendlichen zum Erwachsenen exakt funktionieren, ist noch weitgehend unbekannt. In einem sind sich die WissenschaftlerInnen aber einig: Das Gehirn organisiert sich selbst, nur wenige Regeln sind vorgegeben. Die Strukturen entstehen (»verdrahten« sich) erst in der Auseinandersetzung mit der Umwelt und beim Lösen von Aufgaben. Das Geheimnis des Verstandes, der Gedanken und Gefühle liegt in der raffinierten Verknüpfung der Wege im Gehirn. Dabei können sich sämtliche Teile des Wegenetzes gegenseitig beeinflussen. Das »Strickmuster« ist bei jedem Menschen einmalig, denn es entsteht aus seiner ureigenen Erfahrung.

Denken und Bewußtsein sind auch mit sozialen Prozessen verknüpft. Alleine kann kein Kind, kein Mensch Sprache und Kultur entwickeln. Was es für einen Menschen letztlich bedeutet, eine bestimmte Erfahrung zu machen, hängt von den sozialen Bedingungen und der Situation ab, in der er sich befindet, von seinem Bezug zur Umwelt und seinen Beziehungen zu anderen Menschen.

Fasziniert vom Menschen

Wache Säuglinge suchen nach Anregung. Dabei haben sie auffallende Vorlieben, die ihnen angeboren sind: Sie hören gern menschliche Stimmen und betrachten gern menschliche Gesichter. Fast automatisch beantworten Eltern diese Bedürfnisse. Sie plaudern mit dem Neugeborenen und begleiten das Spazierengehen, Baden und Wickeln mit liebevollen Kommentaren oder Scherzen – ganz so, als ob das Baby es verstehen könnte. Das Kleine versteht zwar nicht den Sinn der Worte, aber es identifiziert den Klang der Stimme, hohe und tiefe Töne, Groll oder gute Laune, Langeweile oder Erregung der Eltern.

Schon nach zwei Wochen können Säuglinge bekannte Gesichter von unbekannten unterscheiden. Die bekannten betrachten sie wesentlich länger als fremde. Die häufig unterschätzte immense Bedeutung des Vaters und anderer Betreuungspersonen wird dabei sichtbar (> Vaterfreuden, Seite 58). Auch wenn die Kinder gestillt werden und daher vor allem die Mutter »kennen«, sehen, hören, fühlen und erleben sie gerne andere vertraute Menschen.

Nach zwei bis drei Monaten sind Babies mit dem Gesicht ihrer Betreuungsperson so vertraut, daß sie wissen: Es ist immer die Gleiche, egal, ob die Miene fröhlich oder traurig ist, ob sie nah und damit sehr groß oder fern und damit sehr klein erscheint.

ImitationskünstlerInnen

Ihre Fähigkeit, auf ein menschliches Gesicht zu reagieren, offenbaren Säuglinge, indem sie es imitieren. Lange Zeit nahm man an, daß erst ein etwa einjähriges Kind den Gesichtsausdruck eines anderen Menschen nachmachen könnte. Inzwischen weiß man, daß schon Neugeborene einen Erwachsenen imitieren, wenn er die Zunge hinausstreckt, den Mund weit öffnet und schließt oder lächelt. Anfangs standen die WissenschaftlerInnen vor einem Rätsel. Wie schaffen es Babies, den Gesichtsausdruck eines anderen nachzuahmen, ohne sich selbst je gesehen zu haben? Man nimmt an, daß das Imitationstalent mit der Fähigkeit zu fühlen zusammenhängt. Der Säugling setzt den Gesichtsausdruck des anderen in eine eigene Ausdrucksbewegung um, die er »erspüren« kann. Dabei wird deutlich, daß schon der Winzling ein geistiges und soziales Wesen ist, das Sinnesfunktionen und -empfindungen bis zu einem gewissen Grad koordinieren kann.

Auf Gegenseitigkeit angelegt

Lange hielten WissenschaftlerInnen an meßbaren und anscheinend eindeutigen Daten der kindlichen Intelligenzentwicklung fest. Sie forschten nach den

DAS ZWEITE HALBJAHR

Am Ende des achten Monats ziehen sich Kinder meist an dargebotenen Händen hoch, wenn sie festgehalten werden, bleiben sie kurze Zeit stehen. Sie suchen täglich nach neuen Anregungen, wollen viel sehen und werden bei der Auswahl ihrer Spielsachen immer wählerischer. Sie suchen nach heruntergefallenen Gegenständen und können immer leichter wiederfinden, was vor ihren Augen versteckt wurde.

Lustvoll erzeugen sie Krach. Allen möglichen Gegenständen entlocken sie Geräusche durch Aneinanderschlagen, Auf-den-Tisch-Klopfen, Scheppern und Werfen. Sie sprechen manche einfachen Silben bereits deutlich aus und wiederholen sie mit verschiedenen Lautkombinationen.

Irgendwann im ersten Lebensjahr krabbeln die meisten Kinder und sind ständig in Bewegung. Sie werden immer geschickter: Von vielen Dingen ihrer Umgebung wissen sie bereits, wozu sie da sind und was man mit ihnen machen kann. So können sie einen Löffel zum Mund führen und eine Tasse mit beiden Händen festhalten. Sie verstehen den Sinn einfacher Sätze und reagieren deutlich auf Lob.

Hände und Beine benutzen sie geschickt, um weiter entfernte Dinge herbeizuholen. Die Kinder wiederholen teilweise sehr geübt Tätigkeiten, die sie bei Erwachsenen gesehen haben, und freuen sich, wenn etwas gelingt. Zeigt ein Baby im Laufe des zweiten Halbjahres keinerlei Interesse an seiner Umgebung und reagiert nicht auf Angebote, die ihm gemacht werden, so sollten die Eltern fachlichen Rat suchen.

Bedingungen, wie logisch-mathematisches, sprachliches und räumliches Denken entstehen. Sie sahen zwar, daß diese Fähigkeiten mit der seelischen Entwicklung eng verknüpft waren, doch von sozialer Intelligenz wagte niemand zu sprechen. Die Fähigkeit, sich selbst zu erkennen und sich anderen Menschen verstehend und kooperativ zu nähern, schien in festgelegten Tests und Versuchseinheiten kaum faßbar.

Inzwischen hat sich das Bild geändert. Viele meinen, daß psychische und soziale Leistungen wie das Wissen vom eigenen und fremden »Selbst« (> Das Selbst und die anderen, Seite 264) alle anderen Formen der Intelligenz kontrollieren. Sie sind davon nicht zu trennen. So sind bekanntlich die Höhenflüge des Geistes für das Wohlbefinden eines Menschen weitgehend wertlos, wenn es ihm nicht gelingt, sein analytisches Denken mit menschlichen Qualitäten wie Empfindsamkeit und Zuverlässigkeit zu verknüpfen.

Die Voraussetzungen für diese Entwicklung bringt das Neugeborene mit (> Fasziniert vom Menschen, Seite 260): Es ist auf Gegenseitigkeit angelegt und muß sich mit mindestens einem Menschen austauschen können, um geistig und seelisch zu wachsen.

Wertschätzung und Berechenbarkeit

An einem geglückten Lebensanfang steht meist eine Mutter, die versucht, ihr Kind mit Zuneigung, Liebe, Vertrauen und Anerkennung während der ersten Lebensjahre zu begleiten. Diese erste Zweierbeziehung wirkt – neben dem gesamten sozialen Netz wie Vater, Geschwister (> Seite 83) oder Großeltern (> Seite 86) – auf die spätere Fähigkeit, stabile Beziehungen eingehen zu können.
Dabei muß sich nicht die Frau, die das Kind geboren hat, als ausschließliche Betreuungsperson an das Neugeborene binden (> Vaterfreuden, Seite 58). Entscheidend ist allein, daß die Beziehung auf Dauer angelegt ist und daß sie durch Wertschätzung und Zuneigung geprägt ist. Dann kann

sich das Kind als gewollt, erwünscht und angenommen erfahren (> Kinderwunsch und Wunschkinder, Seite 66).

Schon Säuglinge beteiligen sich mit ihren Kommunikationsmöglichkeiten am familiären Netzwerk. Sie sind keine passiven Empfänger von Zuwendung, sondern suchen den Austausch. So nehmen Neugeborene eine Art »Zuhörerposition« ein, wenn die Pflegeperson mit ihnen spricht: Abgestimmt auf die Rede des Gegenübers, schwingen sie mit verschiedenen Körperteilen mit. Je älter sie werden, um so deutlicher signalisieren sie durch Rudern, Gurren und schließlich im zweiten Lebensmonat durch ein Lächeln, daß sie Wertschätzung beantworten.

Die mimischen Ausdrucksmuster sind auf der ganzen Welt gleich. Überall gilt Lächeln als Signal der Freude, und überall wird auf die gleiche Weise geflirtet, egal, ob von Kleinkindern oder Erwachsenen: Sie suchen den Blickkontakt zur begehrten Person, schließen die Lider und sehen weg.

Dieses Vermögen, mit anderen in Beziehung zu treten, fällt nur dann auf fruchtbaren Boden, wenn sich das Baby auf die elterlichen Reaktionen verlassen kann. Die Beziehung muß »berechenbar« sein und bleiben. Dazu gehört, daß sich für das Kind bestimmte Erfahrungen im Umgang miteinander immer wiederholen und Regeln entstehen. Erst durch Rhythmen, Gewohnheiten und die Verläßlichkeit von Reaktionen gewinnt es das Gefühl einer stabilen Bindung, kann Ordnungen entwickeln und »lernen«. Die Erfahrungen legen sich im Gedächtnis fest und werden immer weiter ausdifferenziert.

Meist haben sich Mutter oder Betreuungsperson und Kind schon vier Wochen nach der Geburt eine Alltagsstruktur geschaffen, die beide kennen: Beide wissen, was zwischen Aufwachen, Füttern und Wiedereinschlafen passiert. Der Rhythmus entspricht einem Muster, das beiden paßt. EntwicklungspsychologInnen sprechen von einem Ineinandergreifen der jeweiligen Vorstellungen.

Für Außenstehende ist es unerklärlich, woher die

Mutter weiß, daß Gequengel einmal Hunger, einmal Langeweile und einmal nasse Windeln bedeutet. Meist können die Mütter selbst nicht erklären, warum sie die Signale des Kindes verstehen. Und doch bestätigen sich in einer geglückten Beziehung fast immer die Erwartungen beider Seiten: Das Kind wird aus dem Bett genommen, gestillt und beruhigt sich wieder. Wie von ungefähr hat das Verhalten »gepaßt«. Auf dieser Grundlage, daß Erwartungen immer wieder bestätigt und bekräftigt werden, entwickeln sich Vertrauen und Bindungsfähigkeit.

Auf diesem Weg liegen aber auch die größten Hindernisse, eine stabile Psyche zu erlangen. Oft hadern Eltern so sehr mit ihren eigenen Problemen, daß sie den Dialog mit ihrem Baby nicht aufrechterhalten können: Ihre Zuneigung wird unberechenbar. So irritiert es Kinder depressiver Eltern sehr, wenn die Eltern es anlächeln, dabei aber in sich gekehrt und verschlossen bleiben. Dann entwickelt das Baby ein apathisches, starres und zurückgezogenes Verhalten.

Auch das Kommunikationssystem selbst ist störanfällig. Wenn die Mutter jedes Gequengel als Hunger mißversteht und mit Stillen beantwortet, fällt es für das Kind schwer, sein Empfinden ordnen zu lernen (> Unmutsäußerungen, Seite 220).

Der Winzling selbst kann die verschiedenen Formen von Unbehagen oder Unlust noch nicht voneinander unterscheiden: Erst durch die Betreuungsperson lernt er, die Botschaften des Körpers und der Gefühle zu verstehen. In einem sehr mühevollen Prozeß, der über Jahre dauert, lernt es zu differenzieren, daß innere Spannungen einmal Langeweile, einmal Hunger und einmal Angst bedeuten können.

Kontinuität

Was Babies an Gewohnheiten, Rhythmen und Erfahrungen mit Mutter und Vater aufbauen, läßt sich in den ersten Lebensjahren kaum in eine

MIT BABIES SPIELEN

Schon wenige Monate alte Kinder können sich über kurze Phasen konzentriert mit etwas beschäftigen. Entscheidend ist, daß sie dabei nicht unterbrochen werden: Spielen braucht Raum und Zeit und wird vom Rhythmus der Kinder bestimmt. Spezielle Lernprogramme sind unnötig, Menschen, die sprechen und anregen, aber unentbehrlich:

● Unterschiedliches in Schubladen und Kästen einzufüllen und herauszukramen, schult das Abschätzen von Größen und Gewichten, das Erkennen von Formen, Farben und Materialien.

● Beim Geben-und-Nehmen-Spiel wandern Dinge zwischen den Händen der SpielpartnerInnen hin und her; gleichzeitig wird erklärt, was man gibt und was man bekommt.

● Fragespiele trainieren das Sprachverständnis: Wo ist das Licht (An- und Abschalten)? Wo ist die Nase (Anfassen)? Wo ist die Küche (Hingehen)?

● Bei Versteckspielen verschwindet etwas hinter dem Rücken, unter einem Topf oder Tuch, und das Kind findet es wieder.

● Beim Guck-Guck-Spiel bedeckt sich ein Spieler mit einem Tuch oder versteckt den Kopf hinter einem Kissen und ist plötzlich wieder da.

● Der Reichtum an Nachahmungs-, Bewegungs- und Reimspielen ist unerschöpflich: Auf dem Schoß reiten, hüpfen, sich fallen lassen und aufgefangen werden, auf- und übereinanderkrabbeln, Grimassen schneiden, Geräusche nachmachen.

andere Familie übertragen. Beziehungsbrüche durch Tod, Krankheit oder Scheidung sind deshalb so dramatisch, weil plötzlich die Kontinuität abbricht und alles etwas anderes bedeutet. Nicht nur die Gesichter der Bezugspersonen sehen anders aus, auch ihre Reaktionen und Verhaltensweisen bedeuten plötzlich etwas anderes. Ohne vertraute Bezugsperson brechen die innere und äußere Ordnung zusammen. Das Muster, das Ineinander-Greifen der Vorstellungen und Erwartungen paßt plötzlich nicht mehr, fügt sich nicht mehr ineinander und muß unter großer innerer Anstrengung gänzlich neu aufgebaut werden.

Vom Wunsch, etwas zu bewirken

Von Geburt an gibt es den Wunsch, Ursache sein zu wollen, etwas bewirken, verändern und gestalten zu können. Diese Lust, selbst etwas in Gang zu setzen, äußern auch Babies.
So zeigten amerikanische Untersuchungen, daß vier Monate alte Säuglinge aufmerksam auf blinkende Lichter reagieren, sich aber schnell an diese gewöhnen. Ganz anders war es jedoch, wenn die Lichter nur angedreht wurden, wenn die Babies ihren Kopf nach einer bestimmten Seite und in einem bestimmten Winkel drehten. Sobald die Kinder merkten, daß das Licht mit ihrer Kopfbewegung zusammenhing, blieben sie freudig interessiert und wiederholten das An- und Abschalten immer wieder.
Im Alltag äußern Babies den Wunsch nach Wirkung durch Schreien. Nur wenn sie ihre Stimmbänder kräftig nutzen, können sie andere Menschen auffordern, etwas zu verändern. Gleichzeitig erleben sie sich durch die Reaktion der anderen als »wirksam« und als nicht-hilflos.
Die Erfahrung, »die Dinge« selbst in Bewegung gebracht zu haben, ist unentbehrlich für den gesamten Lebensweg. Bekommt ein Baby nur nach einem festgelegten Zeitplan etwas zu trinken und wird sein Schreien außerhalb dieses Zeitplans nicht

beachtet, gewöhnt es sich an Regeln, die von außen kommen und die der eigene Wille nicht verändern kann (> Ernährung, Seite 554). Es entsteht das vernichtende Gefühl von Hilflosigkeit, das auch die geistige Entwicklung beeinträchtigen kann: Dem Kind fehlt die Erfahrung, daß es mit mehr oder weniger Anstrengung und Ausdauer etwas verändern und erreichen kann. Damit schwindet die Basis für ein stabiles Selbstwertgefühl, die Grundlage unseres Selbstbewußtseins.

Das Selbst und die anderen

Erwachsenen scheint es selbstverständlich: Sie kennen und erkennen sich, wenn sie ihr Bild auf einem Foto oder im Spiegel betrachten. Sie wissen, das bin »ich« und niemand »anderer«. Dabei wird dieses Selbst-Bild nicht nur durch Äußerlichkeiten bestimmt, sondern in ihm verbinden sich Gefühle, Erfahrungen, Geist und innere Haltungen zu einem unverwechselbaren »Bewußt-Sein«.
Am Anfang dieser Selbst-Erfahrung steht für alle Menschen das Erforschen des eigenen Körpers. Babies arbeiten sich dabei Stück für Stück vor. Die meisten Eltern zeigen dem Kind schon sehr früh das eigene Spiegelbild. Doch darin können sich die Kleinen bis zum ersten Lebensjahr nicht erkennen. Begeistert interessieren sie sich für das »andere« Baby, das sie im Bild sehen. Erst zwischen dem fünfzehnten und achtzehnten Monat wissen sie: Das bin ich selbst.
Die Anfänge dieses Ich-Bewußtseins liegen jedoch weit früher, wahrscheinlich im ersten Moment des Sich-angenommen-Fühlens, in der Empfindung »Ich bin gewollt, man freut sich über mich« (> Wertschätzung und Berechenbarkeit, Seite 262). Entscheidend ist auch die sehr frühe Fähigkeit, Bekanntes und Vertrautes von Unbekanntem und Fremdem unterscheiden zu können. So sehen einige WissenschaftlerInnen beispielsweise im »Fremdeln« frühe Spuren des aufkommenden Ich-Bewußtseins.

KNUTSCHDECKEN, DAUMEN, NUCKEL UND ANDERE LEIDENSCHAFTEN

Die Lust zu nuckeln nehmen fast alle Kinder aus ihrer Baby-zeit mit. Das Saugen an Brust oder Flasche kann sie in den ersten Lebensmonaten entspannen, trösten und beruhigen. All das tun auch Schnuller oder Daumen, mit denen sich die Kinder geborgen fühlen und leichter einschlafen. Mit heftigen Saugbewegungen können sie überschüssige Energien und Erregung abbauen. Wichtig ist das auch für Kinder in der Vor-Krabbelzeit, die sich kaum anders motorisch abarbeiten können. Diese biologisch fest-gelegte Funktion des Beruhi-gungssaugens nehmen viel Kin-der ins Grundschulalter mit.

Die Angst vor Fehlbildungen der Zähne und des Kiefers ist bei ständigem Saugen be-rechtigt. Dann wölbt sich der Gaumen hoch, die oberen Schneidezähne schieben sich nach vorne, und irgendwann haben die beiden Zahnreihen keinen Kontakt mehr zuein-ander. Dann ist der »offene Biß« entstanden, der kieferor-thopädisch behandelt werden muß (> Seite 830). Die meisten ZahnärztInnen empfehlen den Eltern, darauf zu achten, daß das Kind nicht ständig saugt. Wenn es viel spielt und sich im Freien bewegt, nutzt es Daumen und Nuckel nur beim Einschlafen. Viele Kinder hängen auch noch an ihren Plastik-Teeflaschen und saugen daran die ganze Nacht. Mit den schweren Glasflaschen kann dies kaum geschehen, weil sie den Händen im Schlaf entgleiten. Die meisten Eltern erkennen, ob sich das Kind beim Sau-

gen nur beruhigt oder während des Tages stundenlang gegen ein Problem »annuckelt«. Viele Drei- und Vier-jährige kehren zu ihrem Schnuller zurück, wenn ein Bru-der oder eine Schwester geboren werden, und signalisie-ren damit: Ich bin auch noch klein! (> Geschwister, Sei-te 83) Gewaltsame Entwöhnungsmethoden mit übelrie-chenden Tinkturen oder festgebundenen Daumen gehören in den Bereich der seelischen Mißhandlung.

Ähnlich ist es mit dem Versuch der Eltern, den Kindern die Liebe zu einzelnen Stofftieren, alten Windeln, Kissen oder abgelegten Textilien auszutreiben. Auch diese sogenann-ten »Schmusetücher« trösten in beunruhigenden Situatio-nen. In der Entwicklungspsychologie wird von »Übergangs-objekten« gesprochen, die dazu dienen, die Trennung von Mutter oder Vater zu erleichtern. So müssen der völlig zer-fledderte Teddy, die haarlose Stoffpuppe oder das zer-löcherte Handtuch mit, wenn das Kind zum ersten Mal außer Haus schläft oder den ersten Ausflug mit der Schule macht. Bis weit in die Puber-tät hinein reisen Kuscheltiere und Knutschdecken manch-mal mit, die alle eines gemeinsam haben: Sie dürfen nicht verändert, nicht geflickt und unter keinen Umständen gewaschen werden. Sie müssen ihren Geruch behalten und sind »heilig« im Sinne von tabu. Niemand anderer darf damit spielen, und alle Versuche, das »Objekt« verschwin-den zu lassen, führen zu einem Drama.

Je mehr versucht wird, es dem Kind zu entwenden, um so intensiver konzentriert es sich darauf. Daher ist elterliche Gelassenheit die beste »Therapie«. Mit der Pubertät ver-liert sich das Interesse am geliebten Übergangsobjekt fast immer von selbst. Wenn Sie Bedenken wegen der Keime haben, nutzen Sie die Nachwärme des Backofens: Zwi-schen 80 und 100 Grad wird das Schmuseteil desinfiziert und behält doch seinen unverwechselbaren Geruch.

Fremdeln

Viele Kinder entwickeln im ersten Lebensjahr oder etwas später eine Phase unerklärlicher Angst vor fremden Menschen. Das freundliche Baby scheint wie ausgewechselt. Während es bisher jeden Menschen auf der Straße vertrauensvoll anlächelte, quittiert es plötzlich jeden Annäherungsversuch mit Zurückhaltung, ja sogar mit Tränen. Die Kinder wenden sich ab und versuchen so schnell wie möglich, ihre vertraute Sicherheitsbasis, die Mutter oder den Vater, zu erreichen. Für die Gründe dieses Verhaltens gibt es bisher nur Hypothesen.

Babies fremdeln vorzugsweise gegenüber Erwachsenen. Bei Kindern bleiben sie eher ruhig und freundlich. Daraus könnte man schließen, daß die Kleinen eine gewisse Vorstellung von Ähnlichkeit haben: Das fremde Kind ist ihnen ähnlich, der fremde Erwachsene aber nicht. Diese Vorstellung, daß der andere »wie ich« ist, setzt aber bereits ein gewisses Ich-Bewußtsein voraus.

Gleichzeitig reagieren die Kinder auf Erwachsene, die ihren Eltern ähnlich sehen, mit weniger Distanzgefühlen. So können sich bärtige Fremde dem Kind leichter nähern, wenn es selbst einen Vater mit Bart hat. Auch Gewohnheiten und Rituale spielen beim Fremdeln eine wichtige Rolle: In welcher Tonlage wird das Kind normalerweise angesprochen? Wie wird es hochgehoben und im Arm gehalten? Trifft es auf vertrautes Verhalten, öffnet sich die Fremdheitsschranke schneller als bei unbekannten Annäherungsritualen.

Rückversichern

Beim Fremdeln zeigen Babies ein Verhalten, das EntwicklungspsychologInnen mit »rückversichern« beschreiben. Das Kind erklettert den Schoß seiner lang erprobten Sicherheitsbasis und orientiert sich von dort über das Neue: Wie ist der Fremde? Wie reagieren Mutter oder Vater auf die unbekannte Person? Erst wenn die Kinder das Signal bekommen »Alles in Ordnung«, sind sie wieder bereit, sich anderen Dingen zuzuwenden.

Den Wunsch nach Rückversicherung kann man vom Babyalter bis zum fünften Lebensjahr am Blickkontakt beobachten. Er ist wie eine ständige Frage des Kindes: Verstehe ich das, was ich wahrnehme und erlebe, richtig? Deute ich die Dinge und Geschehnisse richtig? So schaut ein Kind zum Beispiel einem vorbeifliegenden Vogel nach, den der Vater ihm zeigt. Im selben Moment sucht es den Blickkontakt zu ihm, um sich zu vergewissern, daß es den Hinweis richtig verstanden hat. Fast all seine Entdeckungsreisen begleitet das krabbelnde Baby mit diesen intensiven Blickkontakten. Fängt es einen ablehnenden, verneinenden Blick ein, beginnt das Kind meist zu zögern und verlangsamt seine Bewegungen. Kommt ein aufmunternder Blick, so setzt es die Reise fort.

Man nimmt an, daß dieser Wunsch nach Rückversicherung mit der Entwicklung des Gehirns zusammenhängt. Zwischen dem sechsten und neunten Lebensmonat vernetzen sich die Funktionen der beiden Gehirnhälften. Während der linken mehr die kognitiven Leistungen wie Sprechen und rationales Denken zugeordnet sind, liegen in der rechten eher die Gefühle und die Fähigkeit, soziale Kontakte zu knüpfen. Erst wenn beide Gehirnhälften miteinander verdrahtet sind, kann das Kind Empfindungen und kognitive Wahrnehmungen verknüpfen. Dadurch stellt sich ihm die Welt aber plötzlich ganz anders dar: Alles bekommt eine neue Bedeutung und Ordnung und muß neu eingeschätzt werden. Nur über das stete Sich-Vergewissern bei vertrauten Personen gelingt es, Neues und Fremdes kennen- und ohne Angst verstehenzulernen.

Spielend lernen

Spielen ist mehr als kindlicher Zeitvertreib. Es ist Lernen und Forschen im ursprünglichen Sinn: durch Nachahmung und Improvisation, durch Versuch und Irrtum, mit Kreativität und Ausdauer. All das bringen Kinder zum Spielen mit, getrieben von der unendlichen Neugier, den Dingen auf den Grund zu gehen.

Alles, aber auch wirklich alles müssen sie befingern, befühlen und be-greifen. Nicht nur den eigenen Körper und die Spielsachen, sondern auch den Salzstreuer vom Tisch, das Haarshampoo oder die Sandalen. Nichts ist heilig, und es gibt keinen Unterschied zwischen Gefährlichem und Harmlosem, Zerbrechlichem und Robustem. Alles kann für alles verwendet werden. Der Salzstreuer eignet sich zum Rollen und hinterläßt eine Spur kleiner, weißer Kügelchen, das Shampoo macht Blasen und fühlt sich angenehm glitschig an, die Sandalen kann man an langen Bändern hinter sich herziehen (> Spielen, Seite 440).

Nur über Spielerfahrungen begreifen Kinder Gesetzmäßigkeiten wie Ursache und Wirkung. Sie steigern ihre Wahrnehmungs- und Konzentrationsfähigkeit, formen intellektuelle Fertigkeiten (> Die Quellen des Geistes, Seite 259) und legen damit den Grundstein zum planenden und logischen Denken. Dabei ist jede neue Erfahrung von dem Bedürfnis begleitet, sie oftmals zu wiederholen. Erst viele Wiederholungen festigen die Eindrücke, und es entsteht eine allmähliche Vorstellung über Gegenstände, Raum, Zeit und Kausalzusammenhänge.

DIE SELBSTBEWUSSTEN KLEIN- UND VORSCHULKINDER

In riesigen Schritten entwickeln sich die Sprößlinge zwischen dem ersten und fünften Lebensjahr. Sie nehmen ihre Umwelt immer differenzierter und genauer wahr und lösen sich dabei aus einer Weltsicht, in der sie sich bis jetzt als Mittelpunkt empfanden. Sie werden »objektiver« und können immer öfter die Sichtweisen anderer Menschen berücksichtigen. Sie können die Bedürfnisse anderer Menschen erkennen und sich in andere hineinversetzen. Gleichzeitig gelingt es ihnen immer besser, gemeinsam zu spielen (> Kindergarten, Seite 618). Sie erweitern ihren Erfahrungsraum und drängen nach Selbständigkeit (> Autonomie und Sicherheit, Seite 270).

Mit dem Spracherwerb erobern sie sich völlig neue Welten, schulen ihr Denken und erleben erstmals, daß sie nicht nur in körperlicher Kommunikation gefangen sind, sondern sich auch mit Worten mitteilen können (> Denken und sprechen, Seite 268). Gleichzeitig werden die Ausdrucksmöglichkeiten der Gefühlswelt immer feiner und differenzierter.

Reagierten die Kleinen früher auf Angstsituationen mit lautem Schreien, so wählen sie später andere Ausdrucksformen: Sie ziehen sich beispielsweise lautlos in ihr Zimmer zurück. Immer intensiver kontrollieren sie ihre Gefühlslandschaft, und immer seltener wählen sie Ausdrucksformen, die den Körper mit einbeziehen wie beispielsweise Zittern, Zurückschrecken oder Sich-auf-den-Boden-Werfen. Zu diesen veränderten Ausdrucksformen gehört auch die Ausdifferenzierung der Gefühlswelt, die immer zwiespältig ist.

Ambivalenzen

Unter Ambivalenzen verstehen PsychologInnen, daß zwei gleich starke Gefühle gleichzeitig auftreten, die sich eigentlich widersprechen. Das Schwanken zwischen Zuwendung und Abwehr oder Aggression und Hamoniebedürfnis ist den meisten Erwachsenen vertraut und begleitet alle Menschen ein Leben lang. Kinder zeigen diese zwiespältigen Gefühle noch direkt, oft verzweifelt, streitend und wütend: Sie wollen herumlaufen und gleichzeitig auf einem Schoß kuscheln. Sie wollen liebevollen Kontakt aufnehmen und gleichzeitig zuschlagen. Unter dem Eindruck ihrer widerstreitenden Impulse wirken Kinder manchmal fast wie »verrückt«. Verzweifelt schwanken sie zwischen dem Wunsch, sich unterzuordnen und zu dominieren, zwischen klein und groß sein wollen, zwischen Zärtlichkeit und Gewalt.

SPRECHEN ÜBEN

● Bilderbücher bieten einen fast unerschöpflichen Vorrat an Sprechmaterial. Kinder sind begeistert, wenn sie aus Büchern immer wieder etwas über Figuren, Tiere oder Alltagsgegenstände erfahren: Wer ist das? Was macht das? Wo lebt das? Hat es Krallen, Schnauze, Augen, Fell? Nach einer Weile zeigen die Kinder selbst auf die jeweilige Figur und wiederholen das Wort.

● Dasselbe Prinzip gilt beim genauen Betrachten von Alltagsgegenständen oder Spielzeug: Aus welchen Teilen und welchem Material besteht es? Warum braucht es diese Teile (Räder, Licht)? Welche Farben hat es? Wozu nutzen wir es?

● Frage-Spiele provozieren lautes Lachen, wenn sich zwischen »richtige« Fragen »falsche« mischen: Kann der Hund laufen? Das Kind nickt. Kann die Katze laufen? – Nicken. Kann das Fläschchen laufen? – Kopfschütteln und Lachen.

● Je öfter das Kind Wahlmöglichkeiten bekommt, um so leichter wächst der Wortschatz: »Willst du einen dicken oder dünnen Stift? Möchtest du den grünen oder den gestreiften Pulli anziehen?« Es lernt, zu unterscheiden und Eigenschaftswörter zu nutzen.

● Die meisten Kinder führen beim Spielen Selbstgespräche. Sie brabbeln vor sich hin und benennen alle Dinge, Vorgänge und Handlungen. Sie dabei zu unterbrechen, stört die Konzentration und ihr Denken: Sie machen nichts anderes als viele Erwachsene, die vor sich hin murmeln, um zu einer geistigen Klärung zu kommen. Sprechen ist lautes Denken.

Mühsam lernen sie beim Ausagieren der beiden gleichstarken Gefühle, daß sie an der Realität scheitern (> Trotz und Widerstände, Seite 274). Unzählige Enttäuschungen sind damit verbunden zu erkennen, daß eine Freundin, mit der man spielen will, keine Schläge akzeptiert (> Aggressionen, Seite 356). Daß sich die Lust auf Gemeinsamkeit nicht mit der nach Ungestörtheit verbinden läßt. Schmerzhaft ist die Erfahrung, daß sich vieles nicht vereinen läßt und daß man sich für einen der beiden Impulse oder Gefühle entscheiden muß. Das heißt aber gleichzeitig, auf etwas zu verzichten oder zu lernen: Jetzt entscheide ich mich so – und ein anderes Mal anders.

Die Eltern können diesen Prozeß unterstützen, indem sie die Kinder nicht in ihren Erfahrungen behindern. Sie müssen die Widersprüche »durchleben«, um Prioritäten zu erkennen, aber auch um zu lernen, daß sich manche Widersprüche nie auflösen lassen. Sie müssen sie »aushalten« und zeigen damit ihre wachsende Reife (> Wohin (er)ziehen? Seite 327).

Denken und sprechen

Nichts prägt die geistigen Fähigkeiten eines Kindes so sehr wie die Sprache. Sie ist eines der wichtigsten Ausdrucksmittel und gleichzeitig das Werkzeug, um Denken zu strukturieren. Alle höheren Denkleistungen sind an Sprache gebunden. Nur mit ihr können die Kinder Ordnungen und Verallgemeinerungen entwickeln, vorausschauend denken, Ereignisse deuten und Dinge benennen.

In der Sprache verweben sich alle Sinnes- und Gedächtnisleistungen miteinander. Dabei genügt es nicht, Sätze oder Wörter aneinanderzureihen. Sie ergeben erst dann einen Sinn, wenn sie in einem Zusammenhang stehen, an dem Erinnerungen, Erwartungen, Erfahrungen und Emotionen beteiligt sind. Um die Botschaften der Sprache richtig zu deuten (verstehen) und zu vermitteln (sprechen), müssen alle Bereiche zusammenwirken.

Die meisten Kinder erlernen ihre Muttersprache

mühelos. Manche lassen sich dafür etwas länger Zeit; andere sprudeln schon mit zwölf Monaten die ersten Worte hervor. Einen für alle Kinder gültigen Sprachbeginn gibt es nicht. Erst wenn das Kleine auch am Ende des zweiten Lebensjahres kaum eigene Worte formuliert, sollte fachlicher Rat eingeholt werden.

Die Sprache wächst

Die Kleinen vollbringen beim Sprechenlernen unglaubliche intellektuelle Leistungen. Aus dem Redefluß, den die Kinder hören, müssen sie bestimmte Lautkomplexe (Wörter) ausgliedern. Jedes Wort muß auf ähnliche Lautkombinationen hin untersucht und unterschieden werden: zum Beispiel Haus und Maus oder Hand und Hund. Sie müssen das einzelne Wort aber nicht nur hören, sondern auch verstehen, also auf ein Merkmal, eine Handlung oder einen Zusammenhang beziehen: So hat beispielsweise »spazierengehen« etwas mit anziehen, bewegen und frischer Luft zu tun. Gleichzeitig müssen gleichartige Dinge verallgemeinert werden: So ist ein Gegenstand, der sich zum Essen von Suppe eignet und aus einem Griff mit einer runden Ausbuchtung besteht, immer ein »Löffel«, egal, ob er aus Holz, Metall oder Plastik besteht, groß oder klein ist.

Während des zweiten und dritten Lebensjahres gelingt es den Kindern, immer rascher zu verallgemeinern und höher auszudifferenzieren. Gleichzeitig schulen sie ihre Abstraktionsfähigkeit. So kann am Anfang alles Pelzig-Haarig-Wuschelige »Wau-Wau« sein: Nachbars Pudel, das Plüschkissen und die Wollhandschuhe. Sehr rasch werden aber auch andere Merkmale, zum Beispiel die vier Beine und die Schnauze zugeordnet. Der Begriff »Hund« umfaßt am Ende auch den Dackel und die Dogge; das Plüschkissen und die Handschuhe gehören nicht mehr dazu.

Diese grundsätzliche Fähigkeit des Gehirns, Gesetzmäßigkeiten zu entdecken, zu verallgemeinern und zu ordnen, ist allen Menschen in die Wiege gelegt. Die meisten Kinder beginnen von sich aus, danach zu suchen und zu schauen, »welches Element gehört wohin«, »wann passiert was«. Gleichzeitig strukturieren sie über diese Verbindungen und Aufgabenlösungen das Gehirn (> Die Quellen des Geistes, Seite 259).

In Sprache baden lassen

Nur wer Sprache hört, kann sie sprechen lernen. Deshalb sollten Babies von Beginn an in Worte gekleidet und in Sprache gebadet werden. Die Kinder reagieren begeistert darauf (> Fasziniert vom Menschen, Seite 260). Sie lallen und gurren, murmeln und babbeln und wiederholen das immer wieder. Gegen Ende des ersten Lebensjahres zeigen sich deutliche Zeichen des Verstehens. So reagieren sie auf das Wort Ball und sehen hin, wenn sie gefragt werden »Wo ist der Ball?« Oft können sie Laute, die ihnen vorgemacht werden, wiederholen und reagieren deutlich auf den Sinn einfacher Sätze wie zum Beispiel »Ich hole dir ein Fläschchen«. Bald sprechen sie auch die ersten zwei bis fünf Wörter richtig aus. Am Ende des fünfzehnten Monats haben fast alle Kinder zum ersten Mal »Mama« oder »Papa« gesagt.

Jedes Kind entscheidet selbst, wann es sein erstes Wort klar und deutlich ausspricht. Die Eltern können diesen lang ersehnten Moment nicht erzwingen, aber be-fördern. Mit einer möglichst klaren und deutlichen Aussprache erleichtern sie die Nachahmung. Dabei ist es völlig egal, ob sie mit dem Kind Dialekt oder Hochsprache sprechen. Entscheidend ist, daß es möglichst viel und deutlich hört, am besten im Zusammenhang mit Alltagshandlungen. Auch für das Kind wahrscheinlich unverständliche Zusammenhänge sollten in ganzen Sätzen besprochen werden: »Ich hole jetzt deinen Buggy und deine Jacke, wir gehen raus. Ich muß noch auf die Bank und Geld überweisen. Danach gehen wir einkaufen.« Den eigentlichen Sinn dieser

Pläne wird ein Einjähriges nicht verstehen, aber es ist umhüllt von Sätzen, aus denen es wahrscheinlich die oft gehörten Wörter »Buggy« und »einkaufen« bereits ausgliedern kann.

Der Sprachschatz erweitert sich im zweiten und dritten Lebensjahr bis auf über 1.000 Wörter. Dabei beginnen die Kinder schon mit einem Repertoire von 100 Wörtern, Sätze zu bilden. Meist reihen sie anfangs Hauptwörter aneinander. Grammatikalisch richtig aufgebaute Zwei- und Dreiwortsätze kommen gegen Ende des zweiten Lebensjahres dazu.

Um sprechen zu lernen, muß das Kind immer wieder Mimik und Lippenbewegungen seiner Bezugspersonen sehen und von Angesicht zu Angesicht mit ihnen plaudern. Dann kann es nachahmen und die Laute korrekt nachbilden. Fast alle Kinder schaffen sich zusätzlich eine eigene Sprache, die zur Freude aller nur innerhalb der Familie verstanden wird. Die individuellen Wortproduktionen der Kinder verschwinden fast immer im Laufe des dritten Lebensjahrs.

Sprachstörungen und -fehler

Während des Sprechens müssen unzählige Gesichtsmuskeln, Zunge und Lippen koordiniert und kontrolliert werden. Aussprachefehler entstehen zwangsläufig. So haben fast alle Kinder bis zum vierten Lebensjahr Probleme bei bestimmten Lautkombinationen oder Silben. R-, S-, Sz- oder Ch-Laute können besonders kompliziert werden. Schwierige Konsonanten wie K oder G lassen sie manchmal einfach aus oder ersetzen sie durch ähnlich klingende. Folgen zwei Konsonanten aufeinander, wird häufig einer davon verschluckt. Fast all diese Aussprachefehler verschwinden von selbst, wenn sich das Kind verstanden und durch Korrekturen nicht entmutigt fühlt. Seinen Gedankengang sollten die Erwachsenen fortsetzen, am besten, indem sie das »mißlungene« Wort in seiner richtigen Form nochmals in einem Satz aufnehmen, ohne das »Mißgeschick« zu erwähnen.

Lispeln oder zischende S-Laute erproben die Kinder auch spielerisch und übernehmen sie eine Weile in ihre Sprache. Besondere Kiefer- oder Zahnstellungen können die Sprache ebenfalls verändern. Oft sind bei solchen »Fehlern« aber die Eltern Vorbild. Die wenigsten Erwachsenen kennen ihre eigenen Sprachfehler.

Zwischen dem dritten und fünften Lebensjahr beginnen viele Kinder zu stottern. ExpertInnen nennen es nichtflüssiges Sprechen, wenn ein aufgeregtes Kind Laute oder Silben wiederholt und dabei nicht mehr »zu Wort kommt«. Ruhe und Geduld können solche Erregungsphasen überbrücken. Am ehesten ist dem Kind geholfen, wenn man versucht, langsam mit ihm mitzusprechen. Auch kleine Zwischenfragen helfen bei der passenden Wortsuche weiter. »Echtes« Stottern fängt meist erst nach dem fünften Lebensjahr an. Dann braucht das Kind eine qualifizierte Unterstützung Stottern, Seite 353).

Autonomie und Sicherheit

Fast alle Kinder beginnen zwischen dem zweiten und dritten Lebensjahr, ihre ersten sozialen Beziehungen außerhalb des Elternhauses zu knüpfen. Diese unabhängigen Kontakte zu anderen Kindern (> Krippe, Seite 606), zur Tagesmutter (> Seite 614), zu ErzieherInnen, NachbarInnen oder anderen Betreuungspersonen bestimmen nun das emotionale Leben mit und erweitern das bisherige Beziehungssystem. Die Kinder hören, sehen und erleben Neues, ohne daß die Kernfamilie dieses »Neue« filtern und bewerten kann. Es beginnen die ersten autonomen Erfahrungen.

Mit »anderen« Menschen werden neue Bindungen möglich. Das Kind entdeckt, daß dauerhafte Zuneigung auch von anderen Erwachsenen und nicht nur von den Eltern kommen kann (> Auf Gegenseitigkeit angelegt, Seite 261). Was bisher an Gewohnheiten und Ritualen allgemeingültig erschien, können neue Beziehungen in Frage stellen. Die Kinder erleben, daß zum Beispiel Verhaltensregeln, Essens- und Schlafenszeiten, Spiele und Bewegungsabläufe bei der Tagesmutter, in der Krippe oder im Kindergarten »anders« als in der eigenen Familie aussehen, und daß dieses woanders auch etwas anderes bedeuten kann. Eine völlig neue Welt tut sich ihnen auf.

Je älter die Kinder werden, um so bedeutsamer wird diese »andere« Welt und um so länger und unabhängiger wollen sie sich in ihr bewegen. Im Zusammensein mit anderen Menschen relativieren sie Verbote und Normen, die Standards des Zusammenlebens differenzieren sich. Was die Eltern reizt und überkochen läßt, kann beispielsweise bei anderen Menschen Heiterkeit und Lachen provozieren. Dabei erleben die Kinder nicht nur, wie vielfältig menschliche Verhaltensweisen sind, sondern auch, daß sie an Situationen gebunden sind. Langsam wächst die Erkenntnis: So wie bei meinen Eltern und bei mir zu Hause muß es nicht überall ablaufen. Es gibt auch »anderes«. Was zu Hause erlaubt ist, kann beispielsweise im Kindergarten, bei Tante, Oma oder Opa verboten sein und umgekehrt.

Mit diesen unterschiedlichen Erfahrungen bauen die Kinder ihre sozialen Fähigkeiten immer weiter aus. Sie sind motorisch unabhängig, können sich sprachlich verständigen und haben ein reiches Repertoire, um andere von ihren Wünschen und Vorstellungen zu überzeugen. Sie lernen, was bei einem Menschen mit Ausdauer und Charme erreicht werden kann, bleibt bei einem anderen wirkungslos. So ist es möglich, mit der Erzieherin im Kindergarten herumzutoben, die eigene Mutter läßt sich dazu aber nur ungern verführen. Die Erfahrung, daß Menschen in der gleichen Situationen unterschiedlich reagieren, ist unentbehrlich für das ganze Leben. Nur so ist es möglich, die Unterschiede von Beziehungsstrukturen kennenzulernen, sie auch in Frage zu stellen und zu verändern.

Bis ins Grundschulalter hinein bleibt jedoch die Rückversicherung bei den Eltern überlebenswich-

DAS KIND LOSLASSEN

Viele Eltern sind verunsichert, wenn ihr Sprößling von der Tagesmutter schwärmt oder die Kindergärtnerin mit Sympathie überhäuft. Wenn ihr Monopol auf die Liebe des Kindes in Frage gestellt scheint, beginnen viele Eltern einen versteckten Kampf gegen die vermeintlichen KonkurrentInnen – ein Verhalten, das Kinder vollkommen verwirrt, denn sie selbst zweifeln niemals an ihrer Liebe zu den Eltern. Sätze wie »Du hast doch deine Mama noch lieb?« oder »Vermißt du mich denn manchmal?« stürzen die Kinder in tiefe Gewissensnöte. Im Extremfall verzichten sie anscheinend freiwillig auf Außenkontakte und erklären, ab nun nicht mehr weggehen, sondern nur noch bei der Mama sein zu wollen.

Die verschlüsselten Botschaften der Eltern können sich auch darauf erstrecken, daß sie ihre Kinder von anderen Kindern fernhalten wollen. So wünschen sich fast alle Vierjährigen irgendwann, bei FreundInnen zu übernachten. Nach elterlichen Hinweisen wie »Willst du mich denn die ganze Nacht allein lassen?« oder »Ich bin ganz einsam ohne dich« verabschieden sich die Kinder recht schnell wieder von ihren FreundInnen, um der Mutter oder dem Vater »beizustehen«. Vor allem überbehütete Kinder geraten leicht unter den Druck dieser Isolierungstendenzen, und sie verhalten sich schließlich so, wie es von ihnen erwartet wird: Sie hängen am »Rockzipfel«, gehen kaum auf andere Kinder oder Erwachsene zu und bleiben scheinbar freiwillig bei den Eltern.

UNSICHERE BINDUNG

Besonders »coole« Kinder täuschen häufig eine Autonomie vor, der sie nicht gewachsen sind. ExpertInnen gehen davon aus, daß sogenannte »unsichere« Bindungen das Kind zu einer vorschnellen Verselbständigung veranlaßten. Signale der Hilflosigkeit wie Weinen, Rufen oder Nachgehen veranlaßten schon in der Babyzeit des Kindes die Erwachsenen, sich abzuwenden. Da aber alle Kinder ihren Eltern gefallen wollen, versuchen die in ihrer Hilflosigkeit abgewehrten Kinder später, sich selbständig und ungerührt zu verhalten. Dabei konzentrieren sie ihre gesamte emotionale Kraft darauf zu verbergen, wie abhängig sie von ihrer Sicherheitsbasis sind. Die Gefühlslandschaft kreist einzig und allein um den Wunsch der Selbstbeherrschung. Darunter kann die seelisch-geistige Entwicklung leiden. So zeigten beispielsweise Studien bei »unsicher« gebundenen Kindern, daß sie sich im Kindergarten kaum länger mit einer Sache beschäftigen konnten, daß sie häufiger ziellos, unkonzentriert und zappeliger waren als »sicher« Gebundene. Möglicherweise kann ein Mensch Gefühle nur bei einer entsprechenden inneren Stabilität produktiv nutzen. Erst dann werden Konzentration und Ausdauer möglich. Daher sollten Kinder auch nicht in die Selbständigkeit hineingelobt werden. Hinweise wie »Du bist doch schon groß« oder »Du bist doch so mutig« fordern manchen Kindern etwas ab, wozu sie noch nicht bereit sind. Meist verraten ein unsicherer Blick oder ein Zittern in der Stimme die kindliche Angst.

tig. Das Kind kann sich nur so weit »hinaus«bewegen, wie es ihm gelingt, die Balance zwischen Neugier und Verunsicherung zu halten. Dazu braucht es seine alte Sicherheitsbasis, zu der es immer wieder zurückkehren kann. Denn die andere Welt ist ungeheuer anstrengend mit ihren noch fremden Ordnungen, Regeln und Normen; und das Muster jeder neuen Beziehung muß erst »gestrickt« werden. Manche Kinder brauchen Mutter oder Vater noch lange in Rufweite, bis sie bereit sind, auch die Tagesmutter, den Erzieher oder andere Bezugspersonen als neue Sicherheitsbasis anzuerkennen (> Eingewöhnungsphase, Seite 624).

Dabei signalisieren die Kinder immer wieder selbst, wieviel Autonomie sie brauchen und wie lange sie sie tragen können.

Trennen und wiederkommen

Noch heute sprechen PsychologInnen vom »Urvertrauen«, das nötig ist, um sich schmerzfrei trennen und wieder begegnen zu können. Dazu gehört die Gewißheit, daß Mutter oder Vater erreichbar bleiben und auf jeden Fall zurückkehren. Auch hier bestimmen Gewohnheiten und Rhythmen die innere Sicherheit (> Wertschätzung und Berechenbarkeit, Seite 262).

Fast alle Babies erfahren bereits im ersten Lebensjahr, daß einer der beiden Elternteile oder die Geschwister am Morgen das Haus verlassen und später am Tag zurückkehren. Die Trennung vom geliebten Bruder, der frühmorgens immer zur Schule muß, kann bereits qualvoll sein. Doch je öfter die Kinder erleben, daß alle, die das Haus verlassen, wieder zurückkehren, um so entspannter werden sie dann beim Abschied sein: Sie vertrauen und erwarten das Wiederkommen. Auf diese Rhythmen aufbauend, lernen sie langsam die Prinzipien der »Trennung auf Zeit« kennen. Und schließlich genießen sie ihren eigenen Autonomiegewinn, sobald sie selbst das Haus verlassen und in die Kindergruppe oder zur Tagesmutter gehen.

Ängste

Die meisten Kinder durchleben bis zu ihrem dritten Lebensjahr eine relativ angstfreie Zeit. Die Welt erscheint ihnen heil, und sie fühlen sich »eins« mit ihrer Umwelt, solange sie vertraute Personen in der Nähe wissen (> Rückversichern, Seite 266). Doch rund um den dritten Geburtstag verwandeln sich viele der bislang so mutigen Kleinen in zurückhaltende Zauderer. Manche beginnen sich völlig unerwartet vor der Dunkelheit zu fürchten, sehen Gespenster, weigern sich, zusammen mit den Eltern in den Keller zu gehen, oder verfallen in Panik vor »Ohrkrabblern«, Spinnen und Käfern. Was bisher mühelos gelang – beispielsweise allein zu schlafen – ist plötzlich nicht mehr möglich. Die Kinder träumen schlecht, schrecken hoch und verlangen völlig verängstigt wieder Zugang zum elterlichen Bett (> Schlafschwierigkeiten, Seite 358).

Wahrscheinlich sind das zunehmende »Ich-Bewußtsein« und die wachsenden intellektuellen Fähigkeiten der Kinder für diese intensiven Angstempfindungen verantwortlich. Je »selbst-bewußter« sich die Kleinen wahrnehmen, um so deutlicher fühlen sie sich von der umgebenden Welt »unterschieden«.

Das kleine »Ich« steht mehr und mehr dem großen »Anderen«, der Außenwelt, gegenüber. In dieser »anderen« Welt bewegen sich die Kinder aber nicht mehr so unbekümmert wie früher. Dabei gelingt es oft noch nicht so gut, Fiktion (Phantasie) und Wirklichkeit zu trennen. Vor allem dann, wenn das Kind nichts sieht, also in der Dunkelheit, mobilisiert es seine Vorstellungskraft. Unbekanntes nimmt Gestalt an. Plötzlich füllt sich der dunkle Raum mit Hexen und Zauberern, Tieren und Fabelwesen, Bilderbuch- und Fernsehfiguren (> Medien, Seite 480).

Dunkelheit kann aber auch aus einem anderen Grund bedrohlich sein. So hat die experimentelle Psychologie nachgewiesen, daß die räumliche Orientierung der Kleinkinder stark davon abhängt, ob sie etwas sehen. Fehlt die optische Wahrnehmung,

KINDERÄNGSTE BEGLEITEN

In keinem Alter durchlebt der Mensch so viele Ängste wie während der Kleinkindzeit. Auch wenn vielen Müttern und Vätern die Gefühlslandschaft ihrer Kinder absurd und irreal erscheinen mag: Sie müssen ernst genommen werden. Elterliche Appelle an die Einsicht, den Mut, die Tapferkeit und »Größe« zwingen das Kind, seine Angst zu verstecken. Am besten lassen sich Kinderängste entspannen, indem man die »Schrecken« gemeinsam mit dem Kind entlarvt: Bei hellem Licht können Eltern und Kind gemeinsam den Keller neu entdecken, die Garage durchstöbern. Ebenso entlastet das Nachspielen bedrohlicher Szenen; so können ein »Gewitter« (das Kind ist der Donner) oder ein »Krankenhausbesuch« (das Kind ist der Arzt) durchlebt werden. Auch Zeichnen und Modellieren können geeignete Hilfsmittel sein, um Kinder von ihren angstmachenden Phantasien zu entlasten.

Die Kinder ängstigen sich auch, wenn die Eltern streiten (> Streiten lernen, Seite 62, > Wir haben Krach, Seite 96). Sie haben Angst vor Gewalt, Unfällen, Kriegen und Umweltkatastrophen, wenn sie über die Massenmedien den Eindruck gewinnen, das Unheil könnte die eigene Familie treffen. Die Ur-Angst der Kinder bezieht sich dabei immer auf den möglichen Verlust ihrer Liebsten. Falsche oder verharmlosende Erklärungen führen das Kind in die Irre. Es hat das Recht, in kindgerechter Form auch über die unangenehmen Themen unserer Welt aufgeklärt zu werden.

können sie sich nur noch schlecht zurechtfinden. Beim plötzlichen Aufwachen in der Nacht fehlt ihnen dann der Bezug zur Umwelt. So tauchen auch Fünfjährige noch im Elternschlafzimmer auf und meinen verängstigt: »Ich weiß nicht mehr, wo ich bin!«

Angst ist ein zentrales Lebenssignal. Sie schützt vor sinnlosen Mutproben und Abenteuern, die die Fähigkeiten und Fertigkeiten übersteigen. Ähnlich ist es bei Kindern, die ihre Ängste fundamental und bedrohlich erleben. Je differenzierter ihre Wahrnehmungs- und Denkmöglichkeiten werden, um so plastischer lassen sich unheimliche Situationen und erschreckende Dinge »ausmalen«.

Die Eltern können diese Ängste nicht verhindern, aber begleiten. Je mehr Sicherheitsgefühle und innere Kraft sie an die Kinder weitergeben, um so weniger ängstigen sich die Kleinen. Und umgekehrt: Elterliche Angstanfälligkeit steckt an, überfürsorgende Eltern haben meist ängstliche Kinder.

Trotz und Widerstände

Trotz und Widerstände begleiten Kinder und Erwachsene durch die gesamte Entwicklung. Dazu zählt das erste »Nein«, mit dem Zweijährige ihre erstaunten Eltern konfrontieren und ihnen signalisieren: »Ich probiere aus, wie es ist, mich zu widersetzen.« Es sind die ersten Versuche der Kleinen, ihrer tiefen Abhängigkeit zu entkommen und gleichzeitig probeweise in die Rolle der Mächtigen zu schlüpfen. Denn bis zum ersten »Nein« hat der Sprößling schon unzählige Ablehnungen von den Eltern gehört, die ihm manches Mal weder verständlich, noch einsichtig waren. So sehen PsychologInnen in den ersten »Neins« den Versuch, das, was bereits unzählige Male passiv durchlebt wurde, nun endlich auch einmal aktiv zu probieren.

Im Trotz kündigen Kinder schließlich jede Verhandlungsbereitschaft radikal auf. Er ist die erste Übung in vollkommener Nichtanpassung und gehört zu jeder Entwicklung: »Wie ist es, wenn ich nicht esse, wenn ich nicht lieb bin, wenn ich mich weigere, ins Bett zu gehen, wenn ich nicht spreche und nicht lächle? Werde ich dann immer noch geliebt?«

Die Kinder begeben sich damit in eine »ungeliebte« Position, aus der sie Stärke ziehen können, je länger sie die Verweigerung ertragen. Es sind die ersten Gehversuche in Richtung Autonomie, bei denen sich die Sprößlinge oft sehr weit vorwagen. Sie riskieren, abgelehnt und bestraft zu werden; dennoch halten sie die Stellung so lange wie möglich und gewinnen Kraft aus dem Widerstand.

Die typischen Trotzphasen häufen sich zwischen dem dritten und siebten Lebensjahr; ältere Kinder ertragen sie manchmal mit »Lust an der Qual«. Viele AnalytikerInnen erkennen darin das erste Probieren masochistischer Gefühle: Wie lange halte ich es aus, allein zu bleiben? Wie lange halte ich es aus, daß sich meine Eltern kühl und distanziert verhalten? Wie lange halte ich es aus, daß niemand mit mir redet? In das tiefe Gefühl des Alleinseins mischt sich dann auch Stolz. Die Verweigerung stärkt das Ich-Empfinden und macht unabhängiger.

Grenzenlose Wut

Plötzliche Wutanfälle können wie ein Gewitter von einer Sekunde auf die andere über Kleinkinder hereinbrechen. Strampelnd, brüllend und tobend wälzen sich plötzlich die Sanftmütigsten auf dem Boden und sind nicht mehr ansprechbar. Sie lassen sich weder berühren noch beruhigen. Dabei sind sie ihrem eigenen Zorn hilflos ausgeliefert, der fast immer als spontane Reaktion auf ein elterliches Verbot direkt aus dem Bauch kommt. Diese wilde Wut, weil beispielsweise etwas beim Spielen nicht gelungen ist, geht meist nach wenigen Minuten vorüber. Manchmal kann sich der blinde Zorn auch länger hinziehen und zu Selbstverletzungen führen. Den meisten Eltern hilft es in dieser nervenaufreibenden Situation zu wissen, daß die Kleinen sie nicht mit Absicht tyrannisieren wollen. Sie müssen erst lernen, Rückschläge hinzunehmen, negative Gefühle und innere Spannungen auszuhalten (> Ambivalenzen, Seite 267). Was schon für Erwachsene schwierig ist, nämlich persönliche Niederlagen und Mißerfolge auszuhalten, ist für ein Kleinkind ungleich komplizierter (> Aggressionen, Seite 356).

Gewissen und Moral

Kinder, die gnadenlos an unsere kulturellen Normen und Regeln angepaßt werden und die mit Gehorsam und Unterordnung »Moral« eingetrichtert bekamen, haben es schwer, ein Gewissen auszubilden. AnalytikerInnen sprechen dann von einem strengen Über-Ich (Gewissen), das dem späteren Erwachsenen kaum Chancen läßt, ein selbstbestimmtes, ausgeglichenes und zufriedenes Leben zu führen. Menschen, die unter Zwang und Gewalt groß werden, quälen sich lebenslang mit verinnerlichten Autoritäten, die verhindern, daß sich ihre Persönlichkeit eigenständig entfaltet. Solche Menschen bleiben lebenslang anfällig für fremde »Machthaber« (> Vorleben statt erziehen, Seite 324).

Demgegenüber steht ein »mildes«, freundliches Über-Ich (Gewissen). Das können meist jene Kinder aufbauen, die Normen nicht durch Gewalt, sondern durch Erfahrung und Lernen verinnerlicht haben. Das beginnt in den ersten Lebensjahren und setzt sich bis weit in die Pubertät fort (> Ablösung vom Elternhaus, Seite 279). Am Anfang steht die Fähigkeit, sich einzufühlen und dauernd im Dialog zu lernen: Was passiert in meiner Umwelt, bei meinen Eltern oder meinen Geschwistern aufgrund meiner Art, meiner Reaktionen? Im Wechselspiel mit der Mutter, dem Vater, den FreundInnen und Bekannten erlebt das Kleine fein abgestufte Antworten auf sein Verhalten: zwischen Lob und Zuwendung, zwischen Ermunterung und Teilnahme, zwischen Gleichgültigkeit und Abwehr, zwischen Distanz und Ablehnung, zwischen Wut und Ärger.

Durch die Fähigkeit, sich einzufühlen, differen-

zieren sich Verhaltensweisen immer weiter aus. Die Sprößlinge spüren und »wissen«, wie sie ihre Mutter zum Überkochen bringen können und wann sie wohlgesonnen ist. Wichtig ist, daß das Kind dabei abwägen kann und nicht zu einer festgelegten Norm gezwungen wird. Erst die Chance, wählen und Erfahrenes mit eigenen Normen mischen zu können, legt den Grundstein zum »milden« Über-Ich. Es läßt den Sprößlingen die Freiheit, zu entscheiden und nachzuvollziehen: »Was würde der andere empfinden? Was würde ich in einer solchen Situation empfinden?« Ist anzunehmen, daß sich der andere gekränkt zurückzieht, kann ich mich noch immer entscheiden, ob ich dennoch den Schritt wage und mich in eine »ungeliebte« Position begebe (> Trotz und Widerstände, Seite 274; > Wohin (er)ziehen? Seite 327).

Diese Basis erster moralischer Grundsätze wird beispielsweise bei Kindern deutlich, die sich gegenseitig beim Spielen stören. Aus dem eigenen Erleben, wie weh es tut, einen wunderschönen Turm zertrümmert zu bekommen, und der Erfahrung, daß die anderen nichts mehr mit mir zu tun haben wollen, wenn ich ihre Türme zerstöre, wächst in einem komplizierten Wechselspiel die Erkenntnis, daß gegenseitige Rücksichtnahme notwendig ist. Diese Erfahrung können Kinder, die mit Gewalt erzogen werden, nicht machen: Sie lernen nur, wenn ich Türme zerstöre, werde ich von den Erwachsenen bestraft; um diese Strafe zu vermeiden, zerstöre ich keine Türme. Nicht Rücksichtnahme, sondern Angst treibt das Kind, sich »gut« zu verhalten. Damit setzen sich im Inneren fremde Instanzen fest, die auch austauschbar sind. Welche Gefährdungen damit verbunden sind, zeigen die Massenanpassungen in totalitären Regimes (> Muß Strafe sein? Seite 335).

Verinnerlichen

Konflikte, die anfangs noch offen mit Streit, Wut und Aggressionen ausgehandelt und erfahren werden, verlagern sich immer weiter nach innen. Psychoana-

GIBT ES INTELLIGENZ?

Seit Jahrzehnten versuchen WissenschaftlerInnen immer wieder, den Verstand zu vermessen und Tests zu entwickeln, die die menschliche Intelligenz in einer »objektiven« Norm fassen.

Vor allem Kinder müssen immer wieder Prüfungen, beispielsweise bei der Einschulung (> Seite 655) über sich ergehen lassen, in denen ihre geistigen Fähigkeiten – scheinbar objektiv – beurteilt werden. Lange Zeit waren solche Tests ein Kriterium, um die »geistige Behinderung« eines Menschen festzustellen und als mehr oder minder schwer zu klassifizieren. Das geschieht jedoch heute zum Glück nicht mehr (> Behinderungen, Seite 892).

Dabei ist bis heute unklar, welche Gabe in Intelligenztests tatsächlich untersucht wird. Niemand weiß wirklich, wie es dazu kommt, daß manche Menschen theoretische Physik mühelos verstehen, andere problemlos die verschiedensten Sprachen

erlernen, die nächsten mit sprühendem Humor riesige Theatersäle unterhalten und andere zu KonzertpianistInnen werden. Bislang ist nur sicher, daß der sogenannte IQ (Intelligenzquotient) keinen Rückschluß darauf erlaubt, ob ein Kind in seinem späteren Leben, in der Ausbildung oder im Beruf brillieren wird.

Klugheit, Vernunft und Verstand, Schlauheit, Weisheit und Geist passen offenbar in kein starres Schema. So ist beispielsweise das Bemühen mancher Eltern, ihr Kind durch spezielle Lernprogramme auf formales Denken zu trainieren, weitgehend sinnlos. Manche Kinder erbringen durch das konzentrierte und aufwendige Training tatsächlich für

eine Weile bessere Leistungen; doch diese Fähigkeiten verkümmern fast immer wieder, wenn neue Anforderungen und Aufgaben an den Sprößling gestellt werden.

So meinen WissenschaftlerInnen, daß man die geistigen Kompetenzen sowohl bei Kindern als auch bei Erwachsenen weit weniger daran ablesen kann, was sie können, als vielmehr daran, wie ausgeprägt ihre Fähigkeit ist, Neues zu lernen.

Wer es schafft, alte und neue Erkenntnisse in einem komplizierten Wechselspiel immer wieder zu verknüpfen, auf sich ändernde Anforderungen flexibel zu reagieren, sich immer wieder neu zu entscheiden, umzudenken, auszuprobieren und wieder von vorne zu beginnen, zeigt die meiste Lernfähigkeit (> Die Quellen des Geistes, Seite 259). Und die wird nicht in Intelligenzquotienten ausgedrückt.

Die Eltern können ihr Kind dabei unterstützen, indem sie im Alltag möglichst viel mit ihm sprechen. Durch die Sprache wächst das Denken, können Möglichkeiten vorüberlegt und zurückgenommen werden, können Kausalzusammenhänge überlegt und geprüft werden. Kinder, die kaum sprachliche Anregungen erhalten, haben ungleich größere Schwierigkeiten, zu theoretischen Überlegungen zu kommen als Kinder, die in Sprache »baden« dürfen (> In Sprache baden lassen, Seite 269). Ihnen fehlen in einem sprachlich armen Umfeld die Begriffe für das, was ihr Geist denken könnte. Ohne Sprache sind die Möglichkeiten aber fast immer empfindlich begrenzt, die Wirklichkeit zu erfassen (> Sprechen üben, Seite 268).

Um den Geist zu erproben, brauchen Kinder vor allem auch das freie und selbstbestimmte Spiel. Dabei sollten sie selbst wählen können, woran sie sich üben und trainieren wollen (> Spielend lernen, Seite 266, > Auf Gegenseitigkeit Angelegt, Seite 261).

lytikerInnen sprechen von inneren Probehandlungen, bei denen der Mensch seinen Triebverzicht nicht mehr konkret erlebt, sondern voraus-denkt und vorab entscheidet. In diesem jahrelangen Prozeß wird das Gewissen so weit »eingelagert«, daß der Mensch schließlich nicht mehr erkennt, woher das »ungute« Gefühl kommt, mit dem sich sein Über-Ich meldet. Deutlich wird dies zum Beispiel, wenn sich jemand plötzlich eigenartig und unruhig fühlt, nachdem er eine Freundin angelogen oder betrogen hat, einen Freund beklaut oder einen Kollegen verraten und Solidarität gebrochen hat.

Durch das Verinnerlichen haben sich die »moralischen« Grundsätze von der konkreten Lernsituation gelöst. Sie sind fester Bestandteil der Persönlichkeit geworden. Diese ist jedoch nicht durch Angst vor Strafe gelähmt, sondern hat relativ freie Wahl- und Handlungsmöglichkeiten: Bekenne ich mich zu der Lüge, oder lasse ich die Sache auf sich beruhen? Gebe ich das Geklaute zurück, oder verschenke ich es? (> Unser Kind stiehlt, Seite 537).

Vorstellungs- und Wahrnehmungskraft

Je älter Kinder werden, um so realistischer blicken sie in ihre Umgebung. Sie lösen sich langsam aus einer magisch-phantastischen Weltsicht, in der Dinge und Menschen fast ausschließlich in die Kategorien »gut« und »böse« eingeteilt wurden. Die Sprößlinge kommen zu immer feineren Beurteilungen und wollen gierig und neugierig Zusammenhänge verstehen. So »entseelen« sie langsam die Gegenstände der Umgebung und erkennen beispielsweise den bösen Ofen, die frechen Schuhe oder die bedrohlichen Autos als unbelebt.

In unzähligen Facetten vollzieht sich dieses Entlarven der Welt tagtäglich. Sie zerfällt immer konkreter in unbelebte Objekte und belebte Subjekte. Dieser Prozeß dauert die gesamte Vorschulzeit an und wird immer wieder von Fragen nach dem »Warum« begleitet. Die Kinder forschen nach Gründen und Ursachen, wollen Zusammenhänge verstehen und Kausalitäten entdecken. Für die Kleinen sind dabei kindgemäße, aber wirklichkeitsbezogene Erklärungen wichtig. Die Angst vieler Eltern, die kindliche Phantasie könnte damit verkümmern und verarmen, ist unbegründet (> Medien, Seite 480).

DIE REIFEN SCHULKINDER

Zwischen dem sechsten und zehnten Lebensjahr fallen die meisten Kinder durch ihre Selbständigkeit auf. Sie bewältigen große Teile ihres Alltags ohne elterliche Hilfe und gehen immer autonomer »hinaus« in die Welt. Sie bewegen sich – oft zum ersten Mal – allein auf den Straßen (> Kinder im Verkehr, Seite 410), bilden Spielgruppen mit Nachbarskindern und entdecken die Welt der Medien (> Seite 480). Viele üben sich in besonderen Begabungen und interessieren sich für Kulturelles (> Kunst und Kultur, Seite 456) oder für Sport (> Bewegung und Sport, Seite 506). Gleichzeitig orientieren sich die Sprößlinge immer selbstbewußter unter Gleichaltrigen (> Spielen, Seite 440).

Die Schule wird dominierend und strukturiert das Leben völlig neu:
- Vorbereitung zu Hause, > Seite 658
- Ist mein Kind reif für die Schule? > Seite 653
- Das erste Schuljahr, > Seite 660

Alles, was die Kinder in der bisherigen Entwicklung erfahren haben, wird nun gefestigt und immer wieder verändert erprobt. Sie stärken ihr Vertrauen zu FreundInnen und Bekannten außer Haus (> Autonomie und Sicherheit, Seite 270), und sie verinnerlichen deutlich moralische Werte (> Vorleben statt erziehen, Seite 324). Sie haben ihre Identität mit markanten Persönlichkeitszügen und Eigenschaften gefunden. Mit der Pubertät wandelt sich diese Welt aufs neue.

MÄDCHEN UND JUNGS

Wie werden aus Babies, die sich eigentlich nur in einem winzig kleinen Detail voneinander unterscheiden, Mädchen und Jungen? Wie entstehen die Unterschiede in den Geschlechterrollen? Diese Fragen stellen sich kritische Eltern meist schon in den ersten Lebenstagen ihres Kindes. Und viele versuchen, im Laufe der ersten Lebensjahre den traditionellen Bildern entgegenzusteuern. Die Mädchen werden mit Legosteinen überhäuft und bekommen Eisenbahnen geschenkt; die Buben werden mit Puppen eingedeckt, erhalten eine Puppenküche, und sie werden aufgefordert zu weinen.

Und tatsächlich werden viele Mädchen zu selbstbewußten Kleinkindern, die tobend ihre Umwelt erobern. Und Jungen setzen sich friedlich mit FreundInnen ins Puppenhaus, um dort zu spielen.

Doch irgendwann entdecken fast alle Eltern, daß sich die Mädchen lieber und vorzugsweise ins Rüschenkleidchen

als in die Lederhose werfen und Jungen die Monsterarmeen aus dem Weltraum interessanter finden als Puppenküchen. Spätestens in diesem Moment erkennen die meisten Eltern, daß es keine geschlechtsneutrale Erziehung gibt. Unsere gesamte Welt ist nach männlichen und weiblichen Normen geprägt, und die Kinder orientieren sich daran: über Werbung, Hörspielkassetten, Bücher, ErzieherInnen, NachbarInnen, FreundInnen und Bekannte. Die Kinder sehen, daß die gesellschaftlich wichtigen Positionen im politischen und wirtschaftlichen Leben von Männern besetzt sind und daß den Frauen fast ausschließlich die privaten und familiären Bereiche zugewiesen werden. So erleben sie auch das Vorbild der

Eltern (> Vorleben statt erziehen, Seite 324). Partnerschaften, in denen sich Mutter und Vater gleichermaßen für das Innenleben der Familie engagieren, sind noch die Ausnahme (> Arbeit teilen, Seite 74). Ohne es bewußt wahrzunehmen, begegnen Eltern ihren Kindern in deren Sexualitätsentwicklung unterschiedlich (> Der kleine Unterschied, Seite 293). Und ohne es zu merken, vermitteln sie Verhaltensnormen, die sich an der Geschlechterdifferenz orientieren. Väter, die sich für Puppen und Kleiderfragen ihrer Töchter interessieren, sind kaum zu finden; Mütter, die angesichts der Spielzeugautos ihrer Jungen glänzende Augen bekommen, ebensowenig. Immer öfter empfehlen daher WissenschaftlerInnen, den Versuch, beide Geschlechter »gleich« zu erziehen, von einer neuen Warte aus zu betrachten: Die Eltern sollten vor allem nach der Qualität der Normen fragen — unabhängig davon, ob sie als »weiblich« oder »männlich« bewertet werden. Tollkühnes Draufgängertum kann für Mädchen wie Jungs gefährlich werden. Die permanente Aufforderung, sich überall mit Kraft durchzusetzen, ist für beide Geschlechter fraglich. Die Fähigkeit, individuelle Stärken und Schwächen zu erkennen, ist dagegen für Mädchen und Jungen wichtig.

Erst wenn es gelingt, Qualitäten wie Einfühlung und Verständnis mit dem Stolz auf eigene Leistungen zu verbinden, können sich neue Normen entwickeln. Bis jetzt sind die Botschaften der Gesellschaft widersprüchlich, und das vor allem für Mädchen. Obwohl sie bis zu ihrem zehnten Lebensjahr fest zu ihren Gefühlen und Leistungen stehen, haben sie in der Pubertät große Probleme, eine positive weibliche Identität zu gewinnen. Meist wird dann deutlich, wie sehr sie sich als Mädchen doch minderbewertet fühlen, weil es für weibliche Stärke kaum gesellschaftliche Vorbilder gibt (> Suche nach Weiblichkeit, Seite 280).

ABLÖSUNG VOM ELTERNHAUS

Zwischen dem zehnten und vierzehnten Lebensjahr beginnt ein völlig neuer Lebensabschnitt, der zu den sensibelsten in der Entwicklung gehört: die Ablösung vom Elternhaus. Die meisten Jungen und Mädchen empfinden diese Phase als verwirrend und spannend zugleich, ohne daß sie wissen, wohin der Weg führt, an dessen Ende das »eigene«, unabhängige Leben beginnt.

Die ersten Gehversuche in die Erwachsenenwelt kündigen sich in winzigen Schritten an. Die Kinder lassen sich kaum noch für Familienaktivitäten motivieren, das Interesse, gemeinsam mit den Eltern etwas zu unternehmen, schwindet. Immer öfter taucht der Wunsch auf, allein im Zimmer zu bleiben oder mit FreundInnen die Zeit zu verbringen.

Dazwischen schwanken die Gefühle heftig: Empfindungen von tiefster Trauer wechseln mit kindlicher Ausgelassenheit, zwischen nagenden Selbstzweifeln und überschwenglichem Selbstbewußtsein liegen oft nur Minuten. Die Kinder erleben sich wie an einer »Schwelle«, mit einem Fuß noch im Reich der Kindheit, mit dem anderen schon bei den Erwachsenen. Dazwischen liegen die Jugendjahre, zu der die erste Liebe (> Das erste Mal, Seite 297) und Fragen nach der eigenen, selbstbestimmten Identität gehören.

Die zweite Geburt

Zusammen mit den hormonellen Umstellungen (> Geschlechtsorgane der Mädchen, Seite 301; > Geschlechtsorgane der Jungen, Seite 305) vollzieht sich eine seelische Wandlung, die mal langsam, mal schneller die emotionale Landschaft grundlegend verändert.
Die Kinder wachsen in einen neuen Körper mit

neuer Haut hinein. Das alte Leben können sie dabei jedoch nicht einfach abstreifen und durch ein neues ersetzen, sondern sie müssen sich ihre »neue« Haut erst aktiv erwerben. So sind sie phasenweise besonders verletzlich und schutzlos, seelisch fast nackt, mit offenliegenden Empfindungen und Gefühlen. Sie spüren deutlich, daß etwas Vertrautes unwiderbringlich zu Ende geht: ihr Kindsein. Diese »zweite« Geburt, die Pubertät im engeren Sinn, beginnt bei Mädchen etwa mit zwölf, bei Jungen etwa mit vierzehn Jahren.

Alle Fragen, die schon das Kleinkind beschäftigten, tauchen nun noch einmal auf. Die Heranwachsenden müssen sich völlig neu orientieren: Wer bin ich (> Das Selbst und die anderen, Seite 262)? Was will ich (> Ambivalenzen, Seite 267)? Wie setze ich meine Werte (> Gewissen und Moral, Seite 275)? In kaum einer anderen Lebensphase wird die Frage nach dem Sinn des Lebens und der eigenen Stellung in der Gesellschaft so radikal gestellt. Und kaum eine Familie kommt in dieser Zeit um Mißverständnisse, Enttäuschungen und gegenseitige Vorwürfe herum.

Viele PsychologInnen sehen diesen Prozeß als großes Abschiednehmen. Abschied von alten Werten, von geschützten Freiräumen und sicheren Zusammenhängen. Die Eltern, die in den ersten zehn Lebensjahren heiß geliebt und verehrt wurden, geraten nun in Bedrängnis. Spürbar kratzen die Kinder an der elterlichen Autorität. Der hohe Sockel, auf dem die Eltern stehen, gerät ins Wanken. Doch neue Größen und verläßliche Autoritäten sind meist nicht in Sicht.

Häutungen

Äußere Veränderungen begleiten die seelische Wandlung. Kaum merklich wandern Puppen und Baukästen in die hinterste Zimmerecke. Die ersten Poster mit Pop-, Fernseh- und Filmstars kommen an die Wand. Manche Kinderzimmer werden zu Höhlen, in denen sich die Symbole der Kindheit mit denen der Erwachsenenwelt anscheinend chaotisch vermischen (> Ordnung, Seite 330). Da liegen die Kuscheltiere zwischen der CD-Sammlung, die ersten »Bravo«-Hefte (> Jugendzeitschriften, Seite 487) teilen sich das Bücherbord mit Mickey-Mouse-Comics, die erste Wimperntusche taucht zwischen Buntstiften auf. Manche Kinder nehmen radikal Abschied und packen den ganzen »Kinderkram« auf den Dachboden. Andere trennen sich Stück für Stück über einen Zeitraum von mehreren Jahren. Am Ende wird das Jugendzimmer sichtbar, aus dem meist die bunten Farben verschwunden sind und die »Dinge« ihren Platz gefunden haben.

Ebenso wandelt sich das Äußere. Die Kinderlocken fallen – je nach Geschmack – radikalen Haarschnitten zum Opfer oder werden zu eigenwilligen Frisuren aufgetürmt, gefärbt und geformt. Entscheidend ist dabei, welcher Gruppe (> Gruppenleben, Seite 284) sich die Jugendlichen zugehörig fühlen. In der rastlosen Suche nach einer »neuen« Haut verändern sich auch die Kleidungsvorlieben. Je nach Orientierung versuchen sich die Heranwachsenden in einem Erwachsenenstil oder auch – als deutliche Abgrenzung – in einer Protestkluft.

Suche nach Weiblichkeit

Bis zum zehnten, zwölften Lebensjahr haben Mädchen und Jungen ähnliche Interessen und ruhen relativ sicher in ihrer Kinderidentität. Die beiden Geschlechter unterscheiden sich kaum in ihren Leistungen und Selbsteinschätzungen. Doch mit dem Einsetzen der Pubertät wird bei den meisten Mädchen ein Wandel deutlich. Das Zutrauen zu ihren geistigen Fähigkeiten – vor allem in den naturwissenschaftlichen Fächern – und im Sport sinkt. Aus ehemals begabten Rechnerinnen werden zaudernde Mathematikschülerinnen; begeisterte Turnerinnen meiden plötzlich jede körperliche Bewegung. Die Mädchen beginnen, sich »kleiner« zu machen, und nehmen vor allem ihre sachbezo-

genen Kompetenzen zurück. Auf den »männlichen« Feldern des öffentlichen Erfolges lassen sie den Jungen in der Schule und der Freizeit immer häufiger den Vortritt.

Emotionalität und soziale Fähigkeiten wie Zuhören-Können und Sich-in-andere-Einfühlen werden dagegen immer bedeutsamer. Gleichzeitig verringert sich das Selbstbewußtsein. Immer häufiger fühlen sich die Mädchen unwichtig und überflüssig und zweifeln an sich selbst. Mit ihrer dramatischen Veränderung des Selbstwertgefühls halten sich weibliche Jugendliche plötzlich nicht nur für weniger fähig als Jungs; sie erwarten oft auch generell weniger vom Leben. Während beispielsweise in den USA Grundschülerinnen noch zu 60 Prozent der Aussage zustimmen »Ich bin zufrieden mit mir, wie ich bin«, können sich von den älteren Mädchen nur noch 29 Prozent dieser Selbsteinschätzung anschließen.

PsychologInnen sehen in diesem tiefen Einbruch des weiblichen Selbstwertgefühls ein Grunddilemma der Geschlechterrolle. Im Übergang vom Kind- zum Frau-Sein erleben die Mädchen, daß kaum jemand ihre Weiblichkeit mit sachbezogenen Leistungen in Zusammenhang bringt, sondern daß im gängigen Frauenbild vor allem »Gefühl« und körperliche Attraktivität gefragt sind. Entsprechen die Mädchen dem gängigen Schönheitsideal, so werden sie als Frau anerkannt (> Gruppenleben, Seite 284).

Was zählt, ist nicht ihr Können, sondern ihr Aussehen. Als tüchtig empfindet sich meist das Mädchen, das bei älteren Jungen als begehrenswert ankommt und entsprechende Aufmerksamkeit erhält. Erfolge im Sport oder schulische Interessen erscheinen in diesem Zusammenhang bedeutungslos. Die Sozialwissenschaftlerin Karin Flaake schildert diese Gefahr der Zurücknahme eigener Kompetenzen wie einen »Sog, hin zum Verzicht auf eigenes«.

Die bange Frage nach der eigenen Schönheit bekommt so eine zentrale Bedeutung. Stundenlang prüfen die Mädchen vor dem Spiegel, ob der

Bauch zu dick, der Busen zu klein oder die Schenkel zu rund sind. Jedes Detail wird kritisch beäugt – und meist als fehlerhaft befunden. Wilde Selbstzweifel, die bis zum Selbsthaß gehen können, begleiten diese Körperprüfungen. Manche Mädchen rebellieren gegen das ihnen auferlegte Weiblichkeitsbild so heftig, daß sie einen stillen Kampf gegen ihren Körper aufnehmen. Mager- und Eß-Brechsucht sind die deutlichsten Zeichen dieser schmerzhaften Identitätskrise (> Eßstörungen, Seite 564).

Nur wenige Mütter kommen in diesem Kampf ungeschoren davon. Die Mädchen müssen sich abgrenzen und eine eigene Identität finden, die die der Mutter aufnimmt, sich jedoch genauso deutlich auch von ihr unterscheidet (> Die beste Freundin, Seite 285). Sie fühlen sich ihrem langjährigen Vorbild sehr ähnlich, das oft selbst mit zwiespältigen Gefühlen zu kämpfen hat und zwischen Selbstbewußtsein und Unterwerfung schwankt.

Unter Umständen entschlüsseln die Mädchen die widersprüchlichen Botschaften ihrer Mutter zum ersten Mal bewußt: Sei attraktiv – aber schenk dich nicht her. Sei stark – aber zeige es nicht. Werde Frau – aber bleibe kindlich. Vielen Mädchen gelingt es erst nach Jahren, diese Widersprüche zu erkennen und ein konfliktfreies Verhältnis zur eigenen Weiblichkeit – mit einer selbstbewußten Leistungsorientierung – aufzubauen. Leichter fällt ihnen dieser Weg, wenn sie dabei von einer Mutter begleitet werden, die ihre Stärken kennt, aber auch ihre eigenen Unsicherheiten und Ambivalenzen offenlegt und ausspricht.

Suche nach Männlichkeit

Den Jungen fehlen auf der Suche nach ihrer Männlichkeit zur Zeit immer häufiger lebbare und reale Vorbilder. Väter, die Gefühle zulassen und über innere Zweifel oder Versagensängste sprechen, sind noch selten. Weitgehend stumm und verunsichert ist ein Teil der Männergeneration, die weder »Macho« noch »Softie« sein will und innerlich zwischen altem Patriarchat und neuem Bewußtsein schwankt.

Kinder haben ein seismografisches Gespür für diese Widersprüche. Die wenigen Materialien, die dazu gesammelt wurden, zeigen, daß die »kleinen« Helden häufig in eine innere Zwickmühle kommen, weil ihr Vater auf der Suche nach Männlichkeit selbst ins Stocken geraten ist. Die alten Ideale haben sich alle als falsch und vernichtend erwiesen. So präsentieren sich die neuen Väter nicht mehr als alte Autoritäten, sondern bieten sich als »neue« Kumpel, große Brüder oder tolle Spielkameraden an – und überlassen dennoch die grundsätzliche Verantwortung den Müttern. Dadurch fehlen den Jungen oft Orientierungsmöglichkeiten an einem Vater, der sich durch Stärken wie Schwächen auszeichnet.

In der verwirrenden Vielfalt der Botschaften geraten die Jungen leicht in Bedrängnis. Noch immer ist das Ideal vom »richtigen« Mann lebendig, der sich überall mit strahlender Kraft und Willensstärke, wenn nötig auch mit Gewalt, durchschlägt. In Kindheit und Jugend können sich diese (Vor-)Bilder vom »starken« Mann zu intensiven Ängsten verdichten. Die Panik, ein Versager, eine Niete, eine Flasche, ein Feigling, ein Schwächling, ein

Zum Weiterlesen

Töchter werden junge Frauen.
Ann F. Caron
Kreuz-Verlag, 1992.

Von den Schwierigkeiten erwachsen zu werden.
Françoise Dolto, Catherine Dolto-Tolitch
Klett-Cotta Verlag, 1991.

MISSVER-STÄNDNISSE

Über manche Familien bricht die Pubertät der Kinder wie eine Naturkatastrophe herein, bei anderen verläuft sie wie eine sanfte Klimaveränderung. Am Ende gibt es eine völlig neue Form des Zusammenlebens. Regeln, wie dieser Prozeß ablaufen soll, gibt es kaum, denn jedes Kind hat schon seine individuelle Geschichte; jede Familie ihre eigenen Umgangsformen. Hilflos fühlen sich Eltern vor allem dann, wenn sich die Halbwüchsigen völlig zurückziehen, ihren Freundeskreis von zu Hause fernhalten und scheinbar kaum noch zugänglich sind. Manche glauben, in diesen Situationen als ErzieherInnen völlig versagt zu haben und auch ihr Kind zu verlieren. Doch der Versuch, sich eine eigene Welt aufzubauen, gehört zu jeder Entwicklung. Dabei wollen die Kinder durchaus begleitet werden. Dennoch kommt es zu unzähligen Mißverständnissen:

Heute nicht ansprechbar! Befinde mich in einer schwierigen Entwicklungsphase!

● Die Eltern verstehen den Rückzug des Mädchens oder Jungen als totale Abkehr. Dabei schätzen es die meisten Jugendlichen, ein Zuhause zu haben; an ungebetenen Ratschlägen sind sie allerdings nicht interessiert.

● Das scheinbare Verstummen signalisiert meist: Ihr hört mir nicht zu! Oft erleben die Jugendlichen ihre Eltern in endlose Monologe verstrickt und haben dabei selbst keine Chance, mit ihren eigenen Wünschen und Bedürfnissen zu landen.

● Die Eltern müssen die Kunst des aufmerksamen Zuhörens meist erst neu lernen, denn häufig verbergen sich hinter der ruppigen und anscheinend »hingekotzten« Jugendsprache jene Vorstellungen vom »eigenen« Leben,

über das die Eltern ja eigentlich so gerne mehr wissen wollen.

● Hinter dem schnoddrigen, frechen und unfreundlichen Auftreten verbirgt sich meist eine tiefe Verletzbarkeit. In kaum einer anderen Zeit liegen die Nerven der Kinder so bloß und ungeschützt unter der Haut wie in der Pubertät.

● Die Angriffe auf die »verlogene« Erwachsenenwelt haben meist ihren wahren Kern. Zielsicher spüren die Kinder Widersprüche im Leben ihrer Eltern auf und wollen Antworten haben. Wenn es den Erwachsenen gelingt, auch eigene Schwächen offenzulegen, stärken sie die Beziehung zu ihrem Kind.

● Die Attacken der Jugendlichen können zutiefst verletzend und kränkend werden. Vielen Eltern hilft es in dieser Situation zu wissen, daß die wilden Angriffe nur zum Teil auf ihre eigene Person, zum großen Teil jedoch auf die Institution »Mutter« oder »Vater« gerichtet sind. Die Kinder müssen sich – manchmal auch, indem sie Wunden schlagen – von diesen Autoritäten befreien, um erwachsen werden zu können.

● Viele Eltern fühlen sich durch die schwankenden Stimmungen der Kinder dazu verleitet, ihnen nicht (mehr) zu vertrauen. Das, was sich die Jugendlichen wünschen oder vorstellen, entwerten die Erwachsenen als vorübergehende, »verrückte« Idee. Doch hinter den Kinderideen liegen oft gut überlegte Entscheidungen wie zum Beispiel, eine andere Schule zu besuchen oder in eine Berufsausbildung einzusteigen. Solche Entscheidungen zu akzeptieren, fällt vielen Erwachsenen besonders schwer.

● Die Kunst von Eltern besteht in dieser schwierigen Phase vor allem darin, jeweils zu erkennen, wieviel Eigenverantwortung die Jugendlichen bereits tragen können, und dort Hilfe zu leisten, wo sie darum gebeten werden.

Schlappschwanz, ein Streber – kurzum: kein »richtiger« Junge zu sein, schlägt sich auf die Seele und kann zu Verzweiflungstaten führen (> Gefährdungen, Seite 283).

Konflikthaft und widersprüchlich ist vor allem die Ablösung von der Mutter. Viele PsychoanalytikerInnen sehen in der extremen Abwehr alles »Weiblichen« den verzweifelten Versuch, sich von der bisher wichtigsten »Frau des Lebens« endgültig zu trennen. Viele Jungen haben zwischen dem 13. und 15. Lebensjahr nichts als blanken Hohn und Spott für Mädchen und die eigene Mutter übrig (> Mädchen und Jungs, Seite 278). In wilden Attacken rebellieren sie gegen die »Ur-Frau«, die den Jungen-Körper, seinen Geist und seine Seele über Jahre vollkommen zu besitzen schien. Die Psychoanalytikerin Louise Kaplan beschreibt diesen Ablösungsprozeß als schmerzhafte Trennung: »Der Junge spürt, daß er alle männlichen Energien mobilisieren muß, um jene emotionale Hingabe abzuwehren, die er mit Weiblichkeit gleichsetzt.«

Lärmend und polternd, aggressiv und ruppig, laut und forsch will er als Mann unter Männern gelten. Er mobilisiert alles, um die erst langsam entstehende und noch verletzliche eigene Identität zu schützen. Viele Jugendliche verkriechen sich in dieser Phase in typisch »männliche« Leistungen: Naturwissenschaften, Computer (> Seite 496) oder Kraftsport (> Bewegung und Sport, Seite 506) werden zur Heimat, bis es dem Jugendlichen gelingt, »Weiblichkeit« neu zuzulassen. Der Vater wird oft erst jetzt attackiert und verwandelt sich vom verbündeten Kumpel zum Feind und Rivalen.

Gefährdungen

Die außerordentliche Verletzbarkeit während der Pubertät kann auch real gefährlich werden. Manche Kinder verfallen in tagelanges Grübeln, ziehen sich zurück, verbringen Stunden vor dem Spiegel und betrachten ausschließlich ihr eigenes Gesicht. Die innere Verunsicherung und die Gefühle der Trauer können sich bei manchen bis zur Melancholie und Todessehnsucht steigern (> Selbstmord, der letzte Ausweg, Seite 602). Verstrickt in innere Konflikte, werden ausgerechnet jetzt höchste Anforderungen an sie gestellt: In der Schule bekommen sie meist eine zweite Fremdsprache dazu, im Gruppenleben müssen sie sich auf völlig neue Weise behaupten. Die erste Menstruation (> Seite 303), die »feuchten Träume« (> Überraschende Männlichkeit, Seite 306), die erste Liebe und die ersten erotischen Erfahrungen wühlen sie zutiefst auf (> Das erste Mal, Seite 297).

Grenzerfahrungen werden attraktiv und üben einen magischen Reiz aus. Was gedanklich mit Tod, Sexualität, Exzessen, Ausbrüchen und überbordenden Machtphantasien durchgespielt wird, reizt, es auch physisch auszuleben. Hin- und hergerissen zwischen dem Gefühl, klein und hilflos und gleichzeitig stark und mächtig zu sein, stürzen sich die Noch-Kinder und Halb-Jugendlichen in tollkühne Mutproben, experimentieren mit Alkohol und Drogen (> Sucht, Seite 365) oder fühlen sich zu Sekten (> Seite 592) und Selbsterfahrungsgruppen hingezogen.

Die »Prüfungen«, in denen sich manche Jugendliche versuchen, erinnern an Aufnahmerituale in die Erwachsenenwelt. Manche PsychoanalytikerInnen sehen darin uralte Muster, ähnlich alten

---

Zum Weiterlesen

Abschied von der Kindheit.
LOUISE KAPLAN
Klett-Cotta-Verlag, 1991.

Kleine Helden in Not; Jungen auf der Suche nach Männlichkeit.
DIETER SCHNACK, RAINER NEUTZLING
Rowohlt-Verlag, 1990.

Initiationsriten, die die Kinder von alten Abhängigkeiten befreien und in die Welt der »Großen« entlassen. Wenn die Befreiungsversuche in einem halbwegs vertrauten und sicheren Familienzusammenhang (> Mißverständnisse, Seite 282) erfolgen können, werden die »Prüfungen« meist ohne negative Nachwirkungen »bestanden«: die Mutproben, Alkohol- und Drogenexperimente verlieren dann schließlich ihren Reiz.

In der Angst vor Gefährdungen tendieren viele Eltern dazu, in dieser Phase durch Ge- und Verbote auf die Heranwachsenen einzuwirken. Oft zeigen sich im Versuch, das Kind vor negativen Erfahrungen zu schützen, uralte Ängste der Eltern, die sich kaum noch an ihre eigene Jugend erinnern, aber unbewußt in ihrem Inneren »wissen«, wie verletzlich, aber auch bedroht sie selbst in der Pubertät manchmal waren.

Gruppenleben

Viele Kinder beginnen sich mit der Pubertät, in Cliquen oder Gruppen zusammenzuschließen, die ihnen Heimat und Zugehörigkeit sichern. Dabei wird die Auffälligkeit der sogenannten Jugendkultur meist überschätzt. Die Mehrheit der Heranwachsenden bleibt »unauffällig« und sucht sich Beziehungen zu gleichaltrigen SchulfreundInnen, Freizeit- und SportkollegInnen. Die Jugendlichen treffen sich, um gemeinsam ins Kino, in Konzerte, Kneipen, Discos oder Jugendzentren zu gehen, engagieren sich in kirchlichen, gewerkschaftlichen oder politischen Vereinen oder gruppieren sich um spezielle Interessen: Austauschen von Büchern, CDs, Kassetten, Platten, gemeinsames Musikhören oder auch einfach nur ums »Zusammensein« und »Klönen«.

Was Erwachsenen oft als passives Herumhängen, Sich-treiben-Lassen und Herumstehen erscheint, hat wichtige soziale Funktionen: Die Jugendlichen knüpfen ihre ersten Beziehungen, erproben ihre Attraktivität und finden dabei in der Gruppe Halt. Oft übernimmt die Clique die Rolle einer »Anstandsdame«, unter deren Schutz, etwas abseits, aber doch in Rufweite, die ersten Küsse getauscht, die ersten Knutscherfahrungen gesammelt werden. Die Sicherheit, die »anderen« in der Nähe zu wissen, verhindert jene allzugroße Intimität, die sich die Heranwachsenden oft noch nicht zutrauen. Die Gruppe ist halbprivat. In ihr wird ausgehandelt, wer mit wem »geht« und wie weit die erotischen Erfahrungen in einem fein gesponnenen Wechselspiel ausgebaut werden können.

Die Kumpel und der beste Freund

In gemischten Cliquen zeigen sich die Entwicklungsunterschiede zwischen Mädchen und Jungen besonders deutlich. Meist ist es den zwölf- bis vierzehnjährigen Jungs noch nicht möglich, eine feste Freundin zu finden. Viele überdauern daher die rund zweijährige Wartezeit, bis sie in die gemischte Gruppe aufgenommen werden, in einer reinen Jungenclique, unter Kumpels. In inniger Solidarität ziehen sie zusammen mit Skateboards über die Straßen, treffen sich in Fahrradgangs oder lassen sich durch Kaufhäuser treiben. Entscheidend ist, daß man gemeinsam kleine Abenteuer und Mutproben besteht (> Suche nach Männlichkeit, Seite 281).

In dieser Phase haben viele Jungen auch einen besten Freund, der die gleichen Interessen teilt und ein offenes Ohr für die Probleme zu Hause und in der Schule hat. In der psychischen Bedeutung bleibt das Kumpelnetz einer der wichtigsten Bezugspunkte; anders bei den Mädchen, die bei der Ablösung von der Mutter unweigerlich auf die »beste Freundin« stoßen.

Auffällige Gruppen

Die scharfe Abgrenzung der Jugendkultur in bestimmte Gruppen, wie beispielsweise in Mods oder Popper, ist meist irreführend. Die unterschiedliche Namensgebung soll vor allem die Gruppenidentität und das Zugehörigkeitsgefühl stärken. Ein übergreifendes Programm verbindet sich damit selten. Festgelegte Konzepte bleiben eher älteren Jugendlichen vorbehalten, die sich schließlich auch politisch radikal äußern können.

Unter den Jüngeren sind meist nur jene wenigen Gruppen »auffällig«, in denen maskuline und gewaltprovozierende Akzente betont werden, wie beispielsweise bei jugendlichen Fußballfans oder Street-Fightern. Auf der Suche nach neuen Werten und Autoritäten orientieren sich die Jungen an »starken« Vorbildern und idealisieren ihre Körperkraft, die ihnen scheinbar Sicherheit und Schutz bei der Identitätsfindung anbietet.

Die beste Freundin

Die »beste Freundin« zeichnet sich durch absolute Parteilichkeit, Zuverlässigkeit, Treue und Verschwiegenheit aus und hat bei der weiblichen Selbstfindung eine doppelte Bedeutung. Um sich aus der Mutter-Tochter-Beziehung zu lösen, suchen die Mädchen meist nach einer erfahreneren und reiferen Freundin, die sie in die Geheimnisse der Sexualität und Liebe einweiht. An ihr können sie sich orientieren und zu einer eigenen, von der Mutter unabhängigen Identität finden (> Suche nach Weiblichkeit, Seite 280).

Meist lernt das Mädchen von der Freundin, ihr Äußeres zurechtzumachen, und sie lernt auch, sich innerlich auf das erste Verliebtsein und die ersten sexuellen Erfahrungen einzustellen. Was an intimen Gesprächsmöglichkeiten in der halbprivaten Clique fehlt, tauscht sie mit der »Busenfreundin« aus. Dabei besprechen die beiden jedes Detail: Mode- und Kosmetikfragen, Schulkonflikte, Zoff mit den »Alten«, bis zu Diskussionen darüber, welcher Jungentyp zur jeweils anderen »passen« würde. Meist sind die

AUSGEHEN

Mit den ersten nächtlichen Streifzügen der Jugendlichen beginnt in vielen Familien ein zäher Kampf: Wann darf der Sohn ausgehen? Wie lange darf die Tochter fortbleiben? Auch wenn vielen Eltern dieses Experiment schwerfällt – es lohnt sich, die Jugendlichen ihre Ausgeh- und Rückkehrzeiten selbst bestimmen zu lassen. Sie übernehmen dann auch die Verantwortung dafür, daß die Schulleistungen unter den abendlichen Touren nicht leiden dürfen. Halten sie das ein, kann es auch wochentags mal später werden. Die Nacht vom Samstag zum Sonntag sollte ohnedies frei verfügbar sein und auch nicht durch die Forderung begrenzt werden, daß sich die Familie Sonntagmorgen um neun am Frühstückstisch versammelt. Nach den ersten wilden Wochen verlieren die meisten Kinder den Spaß daran, völlig erschöpft in der Schule zu sitzen und das nicht Wahrgenommene nacharbeiten zu müssen. Sie finden ihren Rhythmus selbst und verzichten schließlich freiwillig auf den Discobesuch, wenn Prüfungen oder Klassenarbeiten anstehen.

Die Angst vieler Eltern, daß die Kinder nachts besonderen Gefahren ausgesetzt seien, wird am besten gemildert, indem beide Seiten auf Vertrauen bauen. Die Jugendlichen brauchen die Gewißheit, daß ihre Eltern ihnen in allen unangenehmen, gefährlichen und unübersichtlichen Situationen immer zur Seite stehen. In solch einem Ausnahmefall sollten sie dann auch nachts um drei Uhr anrufen dürfen und wissen: Sie werden ohne Vorwürfe oder Strafen abgeholt oder können sich – auf Kosten der Eltern – von einem Taxi nach Hause bringen lassen.

DIE AUSREISSERINNEN

Ausreißen kann viele Formen haben. Manchmal packen schon Vorschulkinder ihren Rucksack und machen sich auf den Weg zu Oma und Opa oder gehen zu FreundInnen, ohne sich abzumelden. Die Stunden des Wartens und Suchens dehnen sich dann für die Eltern ins Unermeßliche. Meist finden sich »weggelaufene« Kleinkinder jedoch relativ rasch wieder. Fast immer sind die Kleinen abends wieder zurück und erklären: „Ich wollte nur einen Besuch machen.«

Anders ist es bei älteren Kindern, die nach der Schule oder von einer Party nicht mehr nach Hause kommen. In der Bundesrepublik laufen jedes Jahr zwischen 40.000 und 50.000 Kinder und Jugendliche weg – etwa gleich viele aus Familien und Heimen.

Früher war das Ausreißerphänomen weitgehend älteren Jugendlichen vorbehalten. Inzwischen sind die »vermißten« Kinder immer jünger.

Rund ein Drittel hat das 15. Lebensjahr noch nicht erreicht. Mittlerweile gehen mehr Mädchen als Jungs auf Trebe: Sie machen unter den AusreißerInnen über 55 Prozent aus.

Wenn Kinder abhauen, versuchen sie fast immer, einer unerträglichen Situation zu entkommen. Sehr oft flüchten sie vor drakonischen Strafen, weil sie »Mist gebaut« oder schlechte Noten bekommen haben (> Schulprobleme, Seite 671). Doch diesen »Auslösern« gehen meist jahrelange Konflikte und Auseinandersetzungen im Elternhaus oder Heim voraus.

PsychologInnen, die AusreißerInnen betreuen, verstehen das Ausbrechen der Kinder als letztes, stummes Signal, wenn zu Hause keine Verständigung mehr möglich ist.

Viele Kinder berichten von dauernden Nörgeleien, von Mißhandlungen oder dem Gefühl, völlig eingeschränkt und eingesperrt zu sein. Dabei belasten sie vor allem ständiger Streit und widersprüchliche Erziehungsstile – zwischen unverständlich hart und unerwartet nachsichtig. So wird beispielsweise einmal für eine halbe Stunde Zu-spät-Kommen eine Woche Hausarrest verhängt, ein anderes Mal reagiert niemand auf die Verspätung. Da gestattet die Mutter dem Mädchen einmal den Besuch des Freundes, das nächste Mal wird der Kontakt strikt verboten. Einmal darf der heiße Mini angezogen werden, das nächste Mal setzt es dafür wilde Beschimpfungen.

Diese Wechselbäder, aber vor allem das Gefühl, als Mensch mit eigenen Bedürfnissen und Wünschen den Eltern eigentlich gleichgültig zu sein, treibt die Kinder aus dem Haus. So kann ihr Weglaufen auch zu einem Hinlaufen werden: dorthin, wo sie sich verstanden und aufgenommen fühlen, beim Freund, bei der Freundin, bei der Cousine oder Tante. Dort, wo sie herkommen, hält sie wenig oder nichts. In den USA heißt dieses Phänomen freezing-out (Hinausfrieren), das zeigt, daß sich manche Jugendliche regelrecht aus der Familie hinausgedrängt fühlen.

Die meisten Eltern sind erleichtert, wenn sich die Kinder irgendwann zurückmelden oder die Polizei sie zurückbringt. Nun beginnt die eigentliche »Verlust-Arbeit«, wenn es gelingt, das stumme Signal der AusreißerIn zu entschlüsseln: »So wie es war, kann es nicht weitergehen.« Drei Viertel der flüchtigen Kinder wollen nach einer Weile wieder nach Hause und zeigen damit, daß sie an einem gemeinsamen Leben mit den Eltern interessiert sind. Dafür brauchen sie aber eine Familie, die grundsätzlich bereit ist, die neue Form des Zusammenseins auszuhandeln. Bei diesen Gesprächen können Familienberatungsstellen wertvolle Hilfen leisten.

Freundinnen bestrebt, einander möglichst ähnlich zu sein. Sie zeigen ihr intimes Verhältnis deutlich nach außen. Sie tauschen Klamotten und tragen gleichzeitig dieselben Schminkvariationen. Manchmal erinnern die beiden an Zwillinge – und bleiben doch in einem zwiespältigen Verhältnis zueinander.

Sie vergleichen einander nicht ohne Neid, wer den größeren Busen oder den kleineren Po hat. Und sie suchen sich komplementäre Rollen: die Klügere und die Hübschere, die Forschere und die Stillere, die Moralischere und die sexuell Erfahrenere. Aus diesen Gegensätzen entstehen die Faszination füreinander (> Homosexualität, Seite 320), aber auch Eifersucht und Rivalität. Je enger sich die Freundin einem Jungen anschließt, um so verlassener fühlt sich die Zurückgebliebene. Oft überdauern die ersten intensiven Frauenfreundschaften ein Leben; viele enden aber auch mit der ersten festen Beziehung zum anderen Geschlecht.

Die neue Identität

Die Ablösung vom Elternhaus ist ein jahrelanger Prozeß, den die Jugendlichen sehr vorsichtig beurteilen. Werden sie danach gefragt, wann sie meinen, erwachsen zu sein, antworten auch noch 17- und 18jährige, daß sie sich dafür lange Zeit lassen wollen. Denn immer wieder locken die alten Sehnsüchte und Phantasien aus der Kindheit, in der sie von der Verantwortung für das eigene Leben noch kaum belastet waren.

Fast alle Jugendlichen erfahren die Pubertät als unendlich reich an Möglichkeiten und Chancen: Sie können alte Werte und Fähigkeiten aus der Kindheit mitnehmen, aber auch zurücklassen. Sie können auf alten Leistungen aufbauen, aber auch neue entdecken. Instinktiv spüren sie, daß diese große Zeit der Veränderung später kaum noch möglich ist. Jede Festlegung könnte bedeuten, daß die Weichen in die Zukunft falsch gestellt und kaum noch zu korrigieren sind. Die Stimmungswechsel zwischen himmelhochjauchzend und zu Tode betrübt zeigen, wie schwierig es ist zu entscheiden, was fortgesetzt und was in der Vergangenheit bleiben soll.

Untrennbar damit verbunden ist die Lösung von den Eltern. Sie waren das Vorbild, das Ideal der Kindheit und müssen nun ihrer Bedeutung »entkleidet« werden. Die AnalytikerInnen nennen den manchmal stürmischen Kampf zwischen Zuwendung und Abkehr die »Ent-Idealisierung« des Elternbildes. Die Kinder zerstören jenes Denkmal, das ihnen jahrelang ermöglichte, sich sicher und geliebt zu fühlen. Sie müssen die Eltern von einem mächtigen Thron heben, um herauszufinden, welche Verhaltsweisen sie nur ihren Vorbildern zuliebe entwickelt haben und welche Werte sie abschütteln oder beibehalten wollen.

Diese Befreiung vollendet sich fast immer in der ersten festen Liebesbeziehung. Dann erkennen die meisten, daß der Partner oder die Partnerin Ähnlichkeiten mit den eigenen Eltern hat, aber auch ganz andere Eigenschaften besitzt. Das gleiche gilt für die neue Identität, in der man erkennt, wie sich »Altes« und »Neues«, Vertrautes und bislang Unbekanntes in der Persönlichkeit verwoben haben.

Zum Weiterlesen

Dein ist mein halbes Herz; Was Freundinnen einander bedeuten.
MICHAELA HUBER, INGE REHLING
Fischer-Verlag, 1989.

Herzdame; Frauenfreundschaft und Frauenliebe.
MARION KANNEN, NATASCHA WÜRZBACH
Kiepenheuer & Witsch, 1993.

Entwicklung der Geschlechter

Kinder sind von der ersten Stunde
an sexuelle Wesen. Die Entdeckung
der Lust ihrer Kinder kann Eltern
freuen, aber auch verwirren.
Zwei Jahrhunderte Unterdrückung
der geschlechtlichen Liebe
haben bei den meisten
Menschen Spuren hinterlassen.
Tabuthemen anzusprechen,
mag Eltern noch gelingen. Doch
wie steht's mit ihrer Sexualität,
wenn es plötzlich Zaungäste gibt?
Und was bedeutet es, eine lustvolle
Sexualität vorzuleben?

Das Gefühl beim Saugen an der Mutterbrust, die Gänsehaut beim Wickeln, die Wonne, geschaukelt zu werden – die Lust der Winzlinge ist von Beginn an auch eine sexuelle.

Dabei sind Haut und Mund nicht die einzigen Quellen der Freude. Viele Säuglinge spielen schon im Alter von einigen Monaten mit ihren Genitalien, während sie gestillt oder gewiegt werden. Babies, die sich auf den Bauch legen, die Beine anziehen und wippen, haben dafür gute Gründe. Mädchen, die mit zwei oder drei Jahren auf den Knien anderer wetzen und sich an Ecken und Kanten reiben, bis sie außer Atem sind, erleben Lust; ebenso wie Jungen, die mit ihrem Penis spielen und sich dabei ein wohliges Gefühl verschaffen. Kinder

sind zärtlich und warm, aber auch triebhaft und total.

Ihre Sexualität ist begleitet von sinnlicher Lust, sie ist Trieb und Antrieb. Als Lebensenergie drückt sie sich vielfältig aus: durch das Bedürfnis nach Hautkontakt, durch die Lust am eigenen und fremden Körper, durch Freude am Balgen, Toben, Laufen oder Kämpfen (> Aggressionen, Seite 356).

Beim Spiel mit den Genitalien wird der eigene Körper erforscht, aber auch eindeutig Lust gewonnen. Viele dieser »Forschungen« finden hinter verschlossenen Türen statt, abgeschirmt vor den mißtrauischen oder neugierigen Blicken der Erwachsenen. Denn je älter die Kinder werden, um

so toller finden sie es, etwas ganz für sich allein zu erleben, auch ihren eigenen Sex.

Sexuelle Impulse drücken die kindliche Lebensfreude aus und zeigen, daß der seelische und körperliche Haushalt harmonisch und ausgeglichen ist. Nicht der Umstand, daß das Kind masturbiert, sollte daher Sorgen machen, sondern umgekehrt: Wenn seine Freude an körperlicher Lust überhaupt nicht bemerkbar ist, ist Nachdenklichkeit angebracht.

Die Kinder wollen ihre gesamte Sinnlichkeit leben dürfen, ohne dabei direkt (durch Bestrafung) oder indirekt (durch das Vermitteln von negativen Gefühlen) eingeschränkt zu werden. Eltern sollten diese Entdeckung der Sinne begleiten – durch »Sein-lassen« und »Zur Seite stehen«, aber auch durch Distanz, die dem Kind Spielraum und Intimität läßt. Umgekehrt gilt, daß die Kleinen nie zur Sexualitätsentdeckung gedrängt oder aufgefordert werden sollen. Die Impulse kommen vom Kind, es muß selbstbestimmt handeln können.

KINDERSEXUALITÄT

Einigkeit besteht unter den Fachleuten über einen Punkt: Je freier das Kind den eigenen Körper und den anderer entdecken kann, je weniger es dafür mißachtet, ängstlich betrachtet, bestraft oder in die Enge getrieben wird, desto eher wird es im späteren Leben in der Lage sein, körperliche Liebe lustvoll zu erleben.

Genaue Angaben, was in welcher Phase der Entwicklung üblich – also »normal« – ist, kann es nicht geben. Es ist die Umgebung, die Tempo und Art der sexuellen Entdeckung bestimmt. Die einzelnen Phasen können einander überlappen, sich ein wenig verzögern, von den Eltern weitgehend unentdeckt bleiben oder länger dauern – ohne daß deshalb Grund zur Sorge bestünde. Dennoch gibt es einige typische Entwicklungsschritte, die individuell unterschiedlich bei fast allen Kindern zu finden sind.

Bis zum dritten Jahr

In den ersten Lebensmonaten erlebt der Säugling Lust, Befriedigung und Momente der inneren Sicherheit hauptsächlich über Hautkontakt, Lippen und Mund. Zum angenehmen Gefühl des Saugens an der Brust kommen die Wonnen des Geschaukelt- und Gewiegtwerdens.

Schon zwischen dem sechsten und achten Lebensmonat beginnen viele Babies, mit ihren Geschlechtsteilen zu spielen, und werden dabei immer eindeutiger: Die Entdeckungsreise über den Körper ergibt rasch, daß es Stellen gibt, die besonders empfindlich reagieren.

Abschied von der Brust

Ungefähr in diese Zeit fällt meist der Verzicht auf das Saugen an der Brust. Viele Kinder stillen sich selber ab, manche werden sanft entwöhnt. In beiden Fällen versiegt eine wichtige Quelle für Sicherheit und Lust. Manche Kleine versuchen, ihr verlorenes Glück an anderen Orten wiederzufinden. Sie nehmen nun alle verfügbaren Gegenstände in den Mund, lutschen und zerbeißen sie. Die »Beißphase« kann unterschiedlich intensiv ausfallen, je nachdem wie zufrieden die Stillzeit verlaufen ist und zu welchem Zeitpunkt sie beendet wurde: War der zärtliche Dialog fast ausschließlich auf das Stillen beschränkt, dann entsteht nun eine enorme Lücke.

Macht durch Kot

Allmählich lernt das Kind, die Funktionen seines Körpers zu kontrollieren. Es gewinnt durch die Fähigkeit, sich zu bewegen, mehr Möglichkeiten, sich selbst aktiv Lust zu verschaffen.

Schon zuvor hat der Sproß entdeckt, daß das Entleeren des Darmes die Sinne weckt. Nun kommt die Erfahrung hinzu, daß die Kontrolle über die Schließmuskeln einen noch lustvolleren Ausstoß verschaffen kann. Dies ist auch die Phase, in der das Matschen, das Spielen mit Brei aller Art, auch dem eigenen Kot, zur Quelle der Lust wird.

Der Gang aufs Klo oder auf den Topf bereitet gleich mehrfache Freuden: Erstmals produziert das Kind etwas eigenständig, kann damit aber auch Macht über die Erwachsenen ausüben. Der Winzling kann ihr Lob, ihr Warten, ihre Ungeduld nun steuern. Werten die Eltern die Ausscheidungen als Schmutz ab und zwingen das Kind zur Sauberkeit oder sofortigen Entleerung, entsteht ein negatives Verhältnis zum eigenen Körper: Der anerzogene Ekel vor den Ausscheidungen kann sich auf das gesamte Sexualempfinden auswirken (> »Sauber werden«, Seite 254).

Spiel mit Ziel

Nach und nach durchleben die Kinder alle Facetten der Sexualität: Die Kleinen kokettieren, flirten, küssen und schmusen miteinander und mit den Großen, sie balgen, prahlen und necken einander, sie interessieren sich für den eigenen Po und den der anderen, sie urinieren voreinander und wollen dabeisein, wenn die Eltern aufs Klo gehen.

Das neugierige Spiel mit den Geschlechtsorganen wird dabei immer gezielter. Jungen können mit einer gefüllten Blase ihren Penis versteifen oder durch das Reiben mit der Hand oder gegen eine Unterlage einen Orgasmus – ohne Samenerguß – herbeiführen. Mädchen reizen sich mit der Hand am Kitzler oder streicheln ihre Vulva bis zur entspannten Erschöpfung. Für die Kleinen ist das völlig tabulos und so normal wie Daumenlutschen.

Die Kleinen interessieren sich auch für die Genitalien von anderen Kindern und Erwachsenen und entdecken dabei, daß es Unterschiede gibt (> Mädchen und Jungs, Seite 278). Mit ersten Doktorspielen starten sie ihre Entdeckungsreise in die geschlechtliche Liebe. Die spannenden Gefühle, die sie sich dabei bereiten, sind wohl auch deswegen interessant, weil ihr gemeinsames Spiel bei den Erwachsenen unterschiedliche Reaktionen auslösen kann.

Drittes bis sechstes Jahr

Das Kleine erkennt nach und nach, was es bedeutet, männlich oder weiblich zu sein, und wählt sich eine gleichgeschlechtliche Bezugsperson, um modellhaft der eigenen Geschlechtsidentität in Spielen und Selbsterprobungen auf die Spur zu kommen (> Spielend lernen, Seite 266).

Doktorspiele

Neben der selbstgeschaffenen Lust und Befriedigung werden Doktorspiele immer häufiger. Die Kinder ziehen sich gegenseitig nackt aus, untersuchen und betasten einander, legen sich aufeinander, spielen »Liebe machen«, »Heiraten« und »Kinderkriegen«.

Durch freies Probieren be-greifen und spüren sie, was Spaß macht, wie das andere Geschlecht, Junge oder Mädchen, genau aussieht, was Freude bereiten kann und was nicht. Viele Eltern haben in diesen Momenten Angst, die Kleinen könnten sich von älteren Kindern nötigen oder bedrängen lassen. Doch die Ängste sind fast immer unbegründet. Die meisten Kinder haben bis zu diesem Alter ein klares und deutliches »Nein« gelernt. Und sie verstehen es meist gut, sich gegenüber SpielgefährtInnen abzugrenzen, wenn sie sich bedrängt oder »unbehaglich« fühlen.

Es ist die Zeit, in der sich die Kleinen allein oder mit FreundInnen vor den Blicken der Erwachsenen zurückziehen wollen. In der Wohnung sollte es nun »erwachsenenfreie Zonen« geben, entweder ein eigenes Kinderzimmer oder einen eigenen, abgetrennten Bereich (> Das Kinderzimmer, Seite 402). Die Eltern sollten den Wunsch nach Intimität respektieren und möglichst »alltäglich« reagieren, wenn sie zufällig in eine intime Situation geraten.

Ängste, die Kinder könnten sich beim »Doktorspiel« verletzen, sind fast immer unbegründet. Lediglich, wenn der Körper mit harten oder groben

Gegenständen erprobt wird, kann es zu Verletzung des After, der Vagina (> Im Zeichen der Jungfrau, Seite 301) oder des Penis kommen. Behutsames Eingreifen und Pflegen sind auch hier besser als Ermahnen und Verbieten.

Neue Interessen

Rund um das dritte Lebensjahr wollen die meisten Kinder wissen, woher die kleinen Babies kommen, wie sie in den Bauch der Mutter hineingeraten und wie sie von dort wieder herauskommen. Vor allem aber wollen sie wissen, wie das »alles« bei ihnen selbst gewesen ist (> Wie sag ich's ... Seite 308). Gleichzeitig schnappen die Kleinen mit Begeisterung »verbotene« Worte auf. Sie knüpfen erste »Beziehungen« und sind regelrecht ineinander verliebt. Dabei kann es passieren, daß die Vierjährige ihren Sandkastenfreund zum Partner fürs Leben erklärt und ihm ewige Treue schwört, während der Geliebte Spielzeug sammelt und es seiner Freundin zum Zeichen seiner Hingabe schenkt. Sogar wahre Tragödien gibt es in diesen ersten Beziehungen, wenn sich die Liebespartner anderen zuwenden und »fremdgehen«.

Allmählich wandelt sich das Verhältnis zu den Eltern. Mutter und Vater werden zu sexuell interessanten Liebesobjekten. Längst abgestillte Jungen wollen wieder an die Brust ihrer Mutter und träumen davon, daß der Vater einen Autounfall hat. Auf die Frage, wen sie heiraten wollen, antworten sie voll Überzeugung: »Die Mama.« Die Lust und Leidenschaft für das Objekt ihrer Begierde kann Mütter in Bedrängnis bringen.

Mädchen wenden sich verstärkt ihren Vätern zu, sie flirten und betören ihren »Geliebten«, sie machen sich schön für ihn, wollen ihn ebenfalls heiraten und würdigen die Mutter keines Blickes.

Doch es geht auch umgekehrt: Mädchen werben um die Mutter und versuchen, den Vater an den Rand zu drängen. Jungen wiederum ignorieren die Mutter.

Der Sinn des Durcheinanders

Diese häufigen Wechsel von einem Geschlecht zum anderen und wieder zurück gehören zur Entwicklung. Kleine Kinder sind ebenso bisexuell wie später die Jugendlichen (> Jugendlichensexualität, Seite 295). Durch das Wechselspiel lernen sie, sich in das jeweils andere Geschlecht einzufühlen, und sie können unterschiedliche Rollen erproben.

Mit vier, fünf Jahren kann das Durcheinander der Gefühle noch größer werden. Die Kinder lechzen nach Anerkennung und Zärtlichkeit, sind dann aber gleichzeitig aggressiv und ablehnend. Auch diese Haß-Liebe hängt nach Ansicht vieler von AnalytikerInnen damit zusammen, daß Mädchen ihre Mutter und Jungen ihren Vater als Rivalen erleben.

Sechstes bis zehntes Jahr

Die Entwicklungspsychologie beschreibt diese Zeit als »Latenzphase«, in der die Sexualität wenig Bedeutung hat, sozusagen ruht.

Die Freude an der körperlichen Lust bleibt jedoch weiter bestehen. Die Kinder schirmen sie lediglich noch besser vor den elterlichen Blicken ab als zuvor. Sie passen sich den Erwachsenen an und behalten ihre Interessen mehr für sich. Gleichaltrige FreundInnen gewinnen immer mehr Bedeutung, aber auch die »andere« Erwachsenenwelt, außerhalb der Familie, wird immer wichtiger.

Viele Kinder erproben in diesem Alter das gesamte Spektrum sexueller Handlungen: Sie befriedigen sich allein oder voreinander in gemischten oder gleichgeschlechtlichen Gruppen, sie kommentieren und probieren »was möglich ist«, einschließlich »echter« Beischlafversuche. Deutlich ist, daß den Kids ab dem siebten, achten Lebensjahr das erotische Element ihrer Handlungen voll bewußt wird. Körperliche Lust und Erregung sind längst nicht mehr nur Nebenprodukt spielerischer Aktivitäten. Sie werden planvoll angestrebt. Die

DER KLEINE UNTERSCHIED

Voll Stolz läßt »er« sich zeigen, voll Bewunderung wird er kommentiert: Der kleine Penis des Jungen löst meist mehr Beachtung aus als beim kleinen Mädchen die Zeichen der Weiblichkeit, die zudem oft namenlos bleiben. Der Penis erhält in den meisten Familien zahlreiche Kosenamen: Pimmel, Piepmatz oder Piephahn heißt der Freund, manchmal steuern die Erwachsenen auch noch Begriffe aus dem männlichen Sprachschatz bei. Mädchen haben es hier schwerer. Oft fehlen auch der Mutter liebevolle und zärtliche Worte, um die klinischen Begriffe Vulva, Klitoris und Venuslippen in kindliche Ausdrücke zu verwandeln. Viele Worte sind derb und männlich geprägt. Muschi und Kitzler bleiben meist die einzige Möglichkeit, um die weiblichen Genitalien zu »benennen«. Doch dieses sind nicht die einzigen Schwierigkeiten, mit denen Mädchen auf ihren sexuellen Entdeckungsreisen zu kämpfen haben.

Ohne es bewußt wahrzunehmen, pflegen und umsorgen Mütter ihre Söhne intensiver als die Töchter. In zahlreichen Untersuchungen wurde nachgewiesen, daß Jungen häufiger auf den Arm genommen werden, schneller Trost bekommen und länger an der Brust bleiben dürfen als Mädchen. Beim Wickeln wird der liebevollen Pflege des Penis mehr Zeit und Beachtung geschenkt als der Vulva des Mädchens.

Das gleiche geschieht beim Baden. Die Mütter umsorgen die Töchter sachbezogener und neutraler. Auch in der Sauberkeitserziehung gehen die Eltern individueller auf ihre Jungen ein: Sie dürfen sich mehr Zeit als Mädchen lassen, um den Weg auf den Topf zu erlernen. Die Mädchen werden rascher sauber und verhalten sich »anständiger«. Ihre Lust an der Bewegung, am Laufen und Toben wird eher gedrosselt.

Die Ursachen für dieses unterschiedliche Verhalten liegen darin, daß das weibliche Geschlecht traditionell geringgeschätzt wird. Dieser schmerzhaften Erfahrung können sich auch viele Mütter nicht entziehen. Selbst als »bewußte« Frauen fällt es ihnen oft schwer, der Tochter eine eigene Lust zuzugestehen.

Über Jahrhunderte prägte sich das Bild einer weiblichen Sexualität, die abwartend und empfangend auf männliche Annäherungen reagiert. Offensives, lustvolles Agieren war Männern vorbehalten. Frauen, die ohne Scham sexuelle Wünsche äußerten und zeigten, gerieten schnell in den Verdacht der Liederlichkeit. Auch wenn diese Normen inzwischen brüchig geworden sind: In den Köpfen leben sie weiter, sie werden weitergegeben und über kaum wahrnehmbare Botschaften weitervermittelt.

Besonders irritiert fühlen sich daher viele Eltern, wenn sie die sexuellen Vergnügungen der kleinen Tochter entdecken. Die Mädchen erforschen ihre Venuslippen und streicheln ihre Klitoris offensiv und aktiv, ohne passiv darauf zu warten, daß jemand anderer ihnen Lust bereitet. Viele Mütter fürchten in solchen Momenten, die frühen Lusterfahrungen der Tochter könnten im späteren Leben zu wahllosen Bettabenteuern führen. Dabei verhält es sich eher umgekehrt. Nur wenn das Mädchen an sich selbst und im Spiel mit Gleichaltrigen erfahren kann, daß »schöne« Gefühle selbstbestimmt sind, kann es wählen. Es lernt seine Bedürfnisse kennen und »nein« oder »ja« zu sagen. Dafür muß es auf seine Geschlechtlichkeit stolz sein dürfen, die ebenso aufmerksam beachtet und liebevoll kommentiert werden will wie bei einem Jungen.

Kinder beschäftigen sich auch in ihrer Phantasie mit sexuellen Erlebnissen. Gleichzeitig beginnen beide Geschlechter zwischen dem neunten und zehnten Lebensjahr, mehr Distanz aufzubauen (> Mädchen und Jungs, Seite 278), wobei sie das Spiel mit der Nähe immer wieder versuchen. Ihr jeweiliges »Verliebtsein« nimmt dabei konkretere Gestalt an, beispielsweise in ersten Liebesbriefen.

Das gleiche Geschlecht

Erotische Spiele zwischen Kindern gleichen Geschlechts sind auch in der Grundschulphase üblich. Ist der Altersunterschied zwischen den intimen PartnerInnen gering, entfällt für die Eltern die Angst, die Begegnung der Kinder könnte durch die Gewalt oder den Druck eines »Älteren« herbeigeführt werden (> Sexueller Mißbrauch, Seite 379). Für Kinder gleichen Alters sind homoerotische Spiele Teil ihres Entwicklungsprozesses und Ausdruck ihrer Neugier.

Geschwister

Das »Zeig mir, was du hast, und ich zeige dir, was ich habe«-Spiel unter Geschwistern ist alltäglich und in vielen Familien der erste sichtbare Beweis, daß Männer und Frauen unterschiedlich aussehen. Das spielerische Interesse zwischen Brüdern und Schwestern bleibt auch hier meist ohne Zwang, wenn der Altersunterschied zwischen beiden gering ist.

Liegen die Geburtsjahre der beiden drei oder mehr Jahre auseinander, sollten die Eltern das Befinden der Geschwister im Auge behalten. Die Kinder signalisieren durch ihr Verhalten, ob sie an unangenehmen und zwiespältigen Gefühlen oder Verunsicherungen in der Bruder-Schwester-Beziehung leiden (> Sexueller Mißbrauch, Seite 379). Nach Möglichkeit sollten die Geschwister bei großen Altersunterschieden ihre eigenen Intimbereiche, am besten ihr eigenes Zimmer, bekommen (> Wohnen mit Kindern, Seite 386).

Zehntes bis vierzehntes Jahr

In dieser Zeit beginnt sich ein radikaler Wandel – der Abschied von der Kindheit – immer deutlicher abzuzeichnen. Es ist die Zeit, in der die Jungen ihren ersten Samenerguß (> Überraschende Männlichkeit, Seite 306) bekommen, während die Mädchen ihren wachsenden Busen beobachten und die erste Menstruation (> Seite 303) erwarten. Heiß durchträumte Nächte und leidenschaftliche sexuelle Phantasien begleiten die Geschlechtsreife. Von nun an können die sexuelle Lust und die Möglichkeit der Fortpflanzung miteinander verknüpft sein (> Geschlechtsorgane der Mädchen, Seite 301; der Jungen, Seite 305).

Die Pubertät bringt alle Gefühle zur Explosion. Noch einmal wiederholt sich – mit aller Scheu, Verunsicherung und prickelnder Neugier – das Flirten mit dem andersgeschlechtlichen Elternteil. Die Jugendlichen testen ihre körperliche Attraktivität zuerst an Mutter und Vater und senden dabei klare sexuelle Signale aus (> Elternliebe, Kinderliebe, Seite 316).

Im Kopf entstehen neue Bilder. Leidenschaftliche sexuelle Phantasien und Träume komponieren die »Begleitmusik« zur Selbstbefriedigung. Gedanken an den Körper des anderen oder gleichen Geschlechts beflügeln die Phantasie. Sie steigern das Lustempfinden und sind eine seelische Probe für spätere sexuelle Erlebnisse.

Allmählich kommt die Zeit der ersten »echten« Begegnung mit dem anderen Geschlecht: die ersten Küsse, das erste Schmusen und Knutschen, das erste Halb- und schließlich Ganz-Ausziehen (> Das erste Mal, Seite 297).

Die Jugendlichen bauen sich ihre eigene Welt auf und weigern sich nun meist, über ihre sexuellen Entdeckungen oder ersten Liebeserlebnisse zu sprechen. Intimität ist Trumpf, die Ablösung hat begonnen (> Ablösung vom Elternhaus, Seite 279).

JUGENDLICHEN-SEXUALITÄT

Mit Erstaunen beobachten die meisten Eltern, wie sich ihre Kinder verändern. Aus den relativ ausgeglichenen und selbstbewußten Grundschulkindern werden eigenartige Wesen. Viele Mädchen verwandeln sich schon ab dem zehnten, elften Lebensjahr in kichernde Backfische, erröten in belanglosen Situationen, schwanken zwischen verführerischem Vamp und hilflosem Mädchen, zwischen himmelhochjauchzend und zu Tode betrübt. Nicht anders bei den Jungen, deren Geschlechtsreife im Schnitt ein bis zwei Jahre später einsetzt. Mit schwankender Stimme, halb Kind, halb Mann, wechseln sie zwischen mürrischer Ablehnung, fröhlicher Aufgekratztheit und ungewöhnlicher Rotzigkeit. Einmal sind sie noch hilflose Jungen, im nächsten Moment »coole« Macker. Beiden Geschlechtern ist gemeinsam, daß sie das jeweils andere für »doof«, »blöd«, »zickig« und »beschissen« halten oder einfach »zum Kotzen und Vergessen« finden.

Doch nichts liegt ihnen ferner, als die Tatsache aus dem Auge zu verlieren, daß es Frauen und Männer gibt. Sie umschleichen einander und paradieren voreinander in einem vorsichtigen Nähe- und Distanzspiel. Es wird geneckt, angedeutet, vorsichtig geflirtet und gleichzeitig wieder abgewehrt. Bis zu dem Moment, in dem das Mädchen der besten Freundin gesteht: »Ich bin verknallt« und der Junge seinem besten Freund mitteilt: »Es hat gefunkt.«

Verliebt und verschossen

Kaum etwas ist so heiß und leidenschaftlich wie die erste Liebe. Fast alle Erwachsenen erinnern sich noch im hohen Alter an ihre erste Begierde und Lust, an die Schmetterlinge im Bauch, ans vorsich-

tige Herantasten, Streicheln, Berühren und die unzähligen »Pannen«, die diese ersten Annäherungsversuche begleiteten.

Bei den Jugendlichen von heute ist es kaum anders. Alle Ängste der älteren Generation, die Kinder könnten einer Sexualität – unabhängig von emotionalen Qualitäten – verfallen, haben sich nicht bewahrheitet. Die Jugendlichen fühlen sich in ihren Beziehungen einer Treue auf Zeit verpflichtet und achten sorgsam auf ihre Partnerschaften; auch wenn diese oft nur drei bis sechs Monate, bisweilen aber auch Jahre dauern können. Die Liebe steht hoch im Kurs, wenn Mädchen und Jungen »miteinander gehen«. Sie wünschen sich gegenseitiges Vertrauen und Miteinander-reden-Können mit Schmusen, Zärtlichsein und Miteinander-Schlafen. Dabei ist es in den letzten Jahren zu einer deutlichen Annäherung der Geschlechter gekommen: Während es früher eher dem männlichen Selbstbild entsprach, Sex auch ohne Liebe praktizieren zu wollen, und sich die Mädchen mehr emotionale Qualitäten wünschten, unterscheiden sich die beiden in ihren Vorstellungen nur noch geringfügig voneinander: beide hoffen auf Zuwendung und körperliche Lust in einer Verbindung.

Mädchenerfahrungen

Bis zum zehnten Lebensjahr unterscheiden sich Mädchen und Jungen in ihrem Selbstbewußtsein kaum. Beide Geschlechter sind überwiegend mit sich und ihrem Leben zufrieden (> Mädchen und Jungs, Seite 278). Mit dem Einsetzen der Pubertät verändert sich ihre Selbsteinschätzung deutlich. Fast die Hälfte der weiblichen Jugendlichen fühlt sich zunehmend »unwichtig« und »überflüssig«; bei den Jungen leiden nach einer 1991 durchgeführten Bielefelder Untersuchung nur 27 Prozent unter negativen Selbstwertgefühlen.

Die jungen Mädchen irritiert das widersprüchliche Frauenbild extrem, das von ihnen gleichzeitig den verführerischen Vamp und die abwartende Geliebte, das aufreizende Weibchen und die sittliche Jungfrau verlangt. Viele junge Frauen erleben sich auf der Suche nach ihrer sexuellen Identität entsprechend verunsichert. Es wird erwartet, daß sie »zur Frau« werden, und sich durch Schönheit, Anmut und weibliche Reize einen Platz in der erotischen Kultur erobern; gleichzeitig dürfen sie diese Reize aber nicht zügellos ausspielen. Diese Gratwanderung zwischen »Sittlichkeit« und »Sinnlichkeit« ist für Mädchen, die ihre Geschlechtsreife sehr früh erleben, besonders schwierig. Schon mit 13 oder 14 Jahren spüren sie die erotische Attraktivität, die die älteren Jungen ihnen schenken. Gleichzeitig müssen sie ihren »Ruf« wahren und mit ihrer Attraktivität vorsichtig umgehen. Die moralisch doppelbödige Bewertung kommt dabei nicht nur von den Erwachsenen, sondern auch von den männlichen Jugendlichen. Das Etikett »Eine, die mit jedem geht« ist schnell angehängt. Was bei den Mädchen zum Imageverlust führt, fördert das Prestige auf der Männerseite. Wollen die Mädchen in ihrer Clique Anerkennung finden, müssen sie auf die Anforderungen der Jungen eingehen, sonst werden sie als prüde, dumm oder langweilig diskriminiert. Gehen sie auf die Verführungen der Erotik ein, werden sie für ihre Freizügigkeit verachtet. Dieser Balanceakt gelingt leichter, wenn die Mädchen älter werden; in der Spätpubertät glätten sich die Konflikte in der Clique etwas. Als Teil der weiblichen Biografie bleiben sie jedoch ein Leben lang erhalten.

Mütter können den schwierigen und widersprüchlichen Weg zur eigenen Lust und sexuellen Selbstbestimmung der Mädchen begleiten, wenn sie der Heranwachsenden so viel Freiraum wie möglich gewähren. Mädchen, die die Chance haben, ihre eigenen Bedürfnisse und erotischen Wünsche kennenzulernen, stärken dabei ihr Selbstbewußtsein und finden leichter zu einer aktiven Lebensplanung (> Suche nach Weiblichkeit, Seite 280).

Jungenerfahrungen

Jungen leiden mit dem Beginn der Pubertät weniger an widersprüchlichen moralischen Standards als vielmehr unter dem Erfolgsdruck, daß sie nun als »richtiger« Mann sexuell offensiv werden müssen. Das hohe Prestige, das mit der »Eroberung« eines Mädchens in der Clique verbunden ist, kann zum Trauma werden, wenn es dem Jungen einfach noch nicht gelingt, bei den Mädchen zu »landen«. Das ist vor allem für die Altersgruppe der 12- bis 14jährigen durch den ein- bis zweijährigen Entwicklungsvorsprung der Mädchen schwierig. Viele 14jährige Jungen wünschen sich zwar eine feste Freundschaft mit einem Mädchen, doch ihr Wunsch bleibt oft ohne Resonanz. Denn unter den Gleichaltrigen sitzen plötzlich neben den halben Kind-Männern halb erwachsene Frauen auf der Schulbank. Sie würdigen die gleichaltrigen »Spielbubis« keines Blickes mehr und orientieren sich deutlich an älteren Typen.

Das Selbstbild der noch zu Kleinen leidet in dieser Zeit empfindlich. Die Gefahr, als Schlappschwanz abgewertet zu werden, ist in der Clique außerordentlich groß. Nur wenige Jungen trauen sich, die Konkurrenz mit den Älteren aufzunehmen und um die gleichaltrigen Mädchen zu werben. Die Mehrheit versucht, den sonst Unerreichbaren durch aggressive Übergriffe und diskriminierende Kommentare näherzukommen. Wilde Rempeleien, Zankereien und Beschimpfungen sind zwischen gleichaltrigen Mädchen und Jungen in der Pubertät an der Tagesordnung. Viele Kids wehren ihre sexuellen Wünsche auch vollständig ab und suchen ihre Selbstbestätigung in anderen Bereichen wie beispielsweise im Sport oder in der reinen Jungenclique. Sie berufen sich auf eigene Leistungen und Kompetenzen und grenzen sich völlig von den »gefühlsbetonten« Mädchen ab (> Suche nach Männlichkeit, Seite 281).

DAS ERSTE MAL

Zum »ersten Mal« nehmen die Mädchen (rund um das 13. oder 14. Lebensjahr) und Jungen (rund um das 14. oder 15. Lebensjahr) fast immer einen langen Anlauf. Zwischen den ersten Küssen und dem ersten Mal Miteinander-Schlafen liegen meist Monate, oft Jahre. Dazwischen verbringen sie endlose Stunden auf ihren Zimmern, hören Musik, schmusen, knutschen und lernen sich gegenseitig kennen. Sie überwinden Schamschwellen und Verlegenheitsgefühle, ertasten, erfühlen und erforschen sich.

Petting nennen PsychologInnen diese Phase, in der alles geschieht, außer dem »einen«. Die Jugendlichen stimulieren sich gegenseitig zum Höhepunkt, liegen nackt in den Betten, kuscheln bis zur Erschöpfung – und zögern dennoch meist lange, ihr »letztes« Abenteuer zu wagen.

Vielen Eltern werden die endlosen Stunden, die die Dreizehn- und Vierzehnjährigen auf ihren Zimmern verbringen, zur Qual. Unten beim Abendessen zu sitzen, während sie es

oben »treiben«, verunsichert auch viele liberale Eltern. Dabei schafft vor allem die ungestörte Intimität glückliche Voraussetzungen für das »erste Mal«. Mädchen und Jungen, die bei ihren ersten sexuellen Abenteuern auf Kinos, Parkanlagen, Hausflure und ungeheizte Gartenhäuser angewiesen sind, haben es schwer, Gelassenheit zu entwickeln und sich Zeit zu geben.

Bei vielen wird das »erste Mal« zur großen Enttäuschung, bisweilen auch zum großen Glück. Von Ansprüchen und Versagensängsten ist es fast immer begleitet:

● Viele Jungen sind so nervös, daß ihr Penis sie im Stich läßt. Auch mit stundenlangen Bemühungen ist er nicht steif zu kriegen. Was beim Petting so gut geklappt hat, ist plötzlich nicht mehr möglich. Im Gegenteil, je intensiver es die beiden versuchen, um so deutlicher verkrümelt »er« sich.

● Doch auch das Umgekehrte ist möglich: In höchster Aufregung kommt der Junge zum Orgasmus, bevor sich die beiden überhaupt vereinigen können. Das Ganze ist vorbei, noch ehe es angefangen hat.

● Mädchen sind oft nervös und können sich innerlich nicht lösen. Die Scheide bleibt trocken, und die Scheidenmuskeln verspannen sich: Der Penis kann kaum eindringen, und es tut weh.

● Schmerzhaft kann es auch werden, wenn der Hymen des Mädchens sehr gespannt ist (> Im Zeichen der Jungfrau, Seite 301).

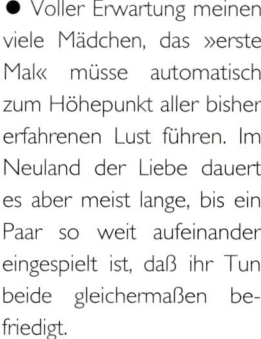

● Voller Erwartung meinen viele Mädchen, das »erste Mal« müsse automatisch zum Höhepunkt aller bisher erfahrenen Lust führen. Im Neuland der Liebe dauert es aber meist lange, bis ein Paar so weit aufeinander eingespielt ist, daß ihr Tun beide gleichermaßen befriedigt.

Eltern können ihre Kinder vor diesen – manchmal enttäuschenden Erfahrungen – nicht schützen. Aber sie können indirekt helfen. So ist für die innere Verspannung der Mädchen oft die Angst vor einer ungewollten Schwangerschaft verantwortlich. Die Tochter sollte daher schon vor dem »ersten Mal« Verhütungsmittel in die Hand bekommen, um von dieser Angst befreit zu sein. Das gleiche gilt für den Sohn, der meist etwas später sexuell aktiv wird (> Empfängnisverhütung, Seite 298). Auch Berichte der Eltern aus ihrem eigenen sexuellen Leben helfen den Jugendlichen. So können sie schon in der Kindheit erfahren, daß es auch beim Vater öfter mal »Pannen« gab und daß die Mutter lange Zeit brauchte, um zu ihrer eigenen Lust zu finden.

SCHUTZ VOR AIDS

Das Risiko, sich mit Aids zu infizieren, ist hierzulande zwar nicht so groß wie in den USA oder gar in Afrika. Doch auf diesen »Vorteil« sollten weder Erwachsene noch Jugendliche setzen. Die Zahl der HIV-Infizierten, die von ihrer Krankheit noch nichts wissen, ist außerordentlich hoch. Nach dem Motto »Was Hänschen nicht lernt, lernt Hans nimmermehr« können die Kinder üben, was sie später schützt.

Spätestens ab der Pubertät weiß der Großteil der Teenis, daß Aids durch Sex und infizierte Spritzen und Nadeln übertragen wird. Doch ihre Vorstellungen, wie sie sich vor der Krankheit schützen können, sind abenteuerlich. Meist halten sie es schlicht für unmöglich, selbst zu einer Risikogruppe zu gehören. Die Kraft der Liebe scheint vor allem Schutz genug: »Er würde mir nie etwas Böses tun!«

Wichtig ist, daß die Jugendlichen wissen, daß Aids **nicht** übertragen wird,
- wenn man aus demselben Glas trinkt,
- dieselben Handtücher oder dieselbe Toilette benutzt,
- im selben Schwimmbad schwimmt.

Aids wird auch nicht durch Händeschütteln oder Umarmen, Husten oder Niesen übertragen.

Der häufigste Übertragungsweg, neben unsauberen Spritzen und Nadeln, ist der Geschlechtsverkehr. Also bleibt außer Abstinenz und Handarbeit nur eins: Gummi drüber. Kondome schützen.

Empfängnisverhütung

Mit der Geschlechtsreife beginnen die Risiken ungewollter Schwangerschaften. Aus medizinischer Sicht ist die Schwangerschaft eines jungen Mädchens kein Problem. Ansonsten spricht aber alles dagegen, daß Kinder Kinder bekommen. Jugendliche sind heute im Durchschnitt früher geschlechtsreif als die Generation ihrer Großmütter und -väter. Gleichzeitig dauert der Prozeß des Erwachsenwerdens aber um vieles länger. Schul- und Ausbildungsabschlüsse sind kaum vor dem achtzehnten Lebensjahr zu erreichen, das geistige und seelische »Großwerden« dauert in unserer Gesellschaft noch viel länger. Die Reifung der Persönlichkeit hinkt der des Körpers um vieles hinterher. Eine sichere Empfängnisverhütung gibt den Jugendlichen die Zeit, die sie benötigen, um die unterschiedlichen Entwicklungsprozesse – unbelastet durch eine zu frühe Elternschaft – in Balance zu bringen.

Haben Eltern und Kinder ein gutes Vertrauensverhältnis zueinander, können sie die Vor- und Nachteile der unterschiedlichen Verhütungsmethoden besprechen, Risiken klären und damit die Gefahren einer ungewollten Schwangerschaft oder möglicher Infektionen auf ein Minimum reduzieren. Jungen wie Mädchen sollten auf jeden Fall mit dem Beginn der Pubertät wissen: Ohne Verhütung kann jeder sexuelle Kontakt, auch ein »Versuch«, unerwünschte Folgen haben.

Drei Viertel aller Jugendlichen verhüten beim »ersten Mal«, die meisten mit Kondom. Doch viele verlassen sich noch immer aufs »Aufpassen« – und wissen nicht, wann welcher Tropfen wo für eine Schwangerschaft genügt (> Samenerguß, Seite 308).

Vor den ersten intimen Kontakten fällt es Mädchen und Jungen meist schwer, über Verhütung miteinander zu reden. Sie scheuen sich zudem, »Kunstgriffe« am Körper durchzuführen, wie sie bei der Verwendung von Diaphragma, Scheidenzäpfchen oder Kondom nötig sind.

Mangelnde Erfahrung im Umgang mit diesen Barrieremethoden verhindert meist, daß sie Jugendliche genauso sicher schützen wie »geübte« Erwachsene. FrauenärztInnen halten darum die Pille für das geeignetste und sicherste Verhütungsmittel bei Jugendlichen (> Gynäkologisches, Seite 860)

Natürliche Methoden

Darunter versteht man das Messen der Aufwachtemperatur, um aus der aufgezeichneten Kurve den Zeitpunkt des Eisprungs vorauszusehen. Laufen die Zyklen einigermaßen regelmäßig ab, kann das Mädchen danach die fruchtbaren Tage der nächsten Zyklen abschätzen.

Diese Methode ist jedoch nur dann einigermaßen sicher, wenn sie mit der Schleimbeobachtung kombiniert wird. Aus der Beschaffenheit des Schleims, den der Muttermund absondert, können Frauen ihre unterschiedlichen Zyklusphasen erkennen – allerdings müssen sie dazu in der Beobachtung ihres Körpers recht geübt sein.

Diese Art der »natürlichen« Verhütung ist bei jungen Mädchen sehr unsicher. Ihre Zyklen sind meist unterschiedlich lang und unregelmäßig. Sie müssen sich erst rhythmisch einpendeln. Oft verlaufen sie auch noch ohne Eisprung (> Regelblutung, Seite 303). Dann gibt es keinen Temperaturanstieg, und die fruchtbaren und unfruchtbaren Tage lassen sich kaum bestimmen.

Dennoch kann es sinnvoll sein, regelmäßig die Temperatur zu messen und den Schleim zu beobachten. Die Mädchen werden dadurch mit den hormonellen Abläufen vertraut und lernen ihren Körper besser kennen.

Kondome (Präservative, »Gummis«)

Kondome haben den großen Vorteil, daß sie nicht in körperliche Vorgänge eingreifen, neben der Empfängnis auch Krankheiten verhüten und der Mann die Verantwortung trägt.

Bei Jugendlichen kommen diese Vorteile jedoch kaum zur Geltung. Es gibt eine sehr hohe »Versagerquote«, das heißt viele Schwangerschaften, weil den jungen Männern niemand gezeigt hat, wie man Gummis richtig überzieht und auch anbehält.

Durch die Aids-Gefahr ist es jedoch besonders wünschenswert, daß sich beide Geschlechter so früh wie möglich an den Gebrauch von Kondomen gewöhnen. Für Kids, Mädchen und Jungen, die Verhüterlis schon spielerisch kennenlernen, bevor sie sie anwenden, ist die Schwellenangst geringer (> Wie sag ich's ..., Seite 308).

Diaphragma

Das Diaphragma ist ein halbrundes, biegsames Gummigewölbe, das – mit samenabtötender Creme bestrichen – über den Muttermund gestülpt wird. Es bildet eine Barriere zwischen Scheide und Gebärmutter und muß der Frau von einer Ärztin oder einem Arzt individuell angepaßt werden.

Das Diaphragma schützt nur dann sicher, wenn die Frau ihren Körper sehr gut kennt. Bei jungen Mädchen ist das jedoch die Ausnahme. Außerdem sind sie mit ihren Partnern nur selten so vertraut, daß sie die nötigen Handgriffe des Einsetzens ohne Scham und korrekt ausführen.

Schaumzäpfchen oder Gelees

Sie müssen einige Zeit vor dem Verkehr in die Scheide eingeführt werden und produzieren dort einen zähen Schaum. Er hindert die Spermien, sich fortzubewegen, und tötet sie ab.

Schaumzäpfchen schützen weitaus schlechter als andere Barrieremethoden und gehören zu den »unsicheren« Mitteln. Wer sie jedoch mit Kondomen kombiniert, kann den Verhütungseffekt steigern. Manche Jugendliche empfinden allerdings die extreme Schaumentwicklung und den starken »Rückfluß« als unangenehm. Es kann zu ungewöhnlichen Wärmegefühlen kommen, und die Schleimhaut kann brennen.

Die Pille

Ovulationshemmer, die Pille, sind das sicherste Verhütungsmittel für junge Paare, die mit anderen Techniken nur selten zuverlässig zurechtkommen. Häufig vergessen die jungen Mädchen allerdings, »ihre« Pille regelmäßig zu schlucken. Darum eignen sich für die Jugendlichen die Mehr-Phasen-Präparate, die sehr exakt eingenommen werden müssen, weniger gut. Kann das Mädchen das Verhütungsmittel offen gebrauchen und beispielsweise die Pillenpackung neben dem Zahnputzbecher liegen lassen, ist die Gefahr geringer, sie zu vergessen.

Die dauernde, meist komplikationslose Einnahme der Pille verführt allerdings dazu, die möglichen Nebenwirkungen dieses hochwirksamen Medikaments zu verdrängen. Das Gespräch mit Arzt oder Ärztin sollte dem Mädchen die Gefährdungen bewußtmachen. Regelmäßige Kontrolluntersuchungen bei GynäkologInnen werden für die junge Frau nun auf jeden Fall zur Pflicht. Seit Mitte 1992 bekommen Jugendliche unter 20 in Deutschland die ärztlich verordnete Pille auch auf Krankenschein.

Vorteile der Pille:
- Sicherer Empfängnisschutz.
- Geringere Menstruationsbeschwerden.
- Die Pubertäts-Akne geht zurück, besonders bei Auswahl eines Produkts mit speziellem Gestagenanteil (> Mitesser, Akne, Seite 874).

Nachteile der Pille:
- Nur die wenigsten Pärchen treffen sich regelmäßig und oft in trauter Zweisamkeit. Um aber an einem Tag sicher geschützt zu sein, muß das Mädchen die Pille den ganzen Monat über zuverlässig einnehmen.

- Rauchen und Pille vertragen sich nicht. Zigarettenrauch schädigt die Blutgefäße. Der Effekt verstärkt sich durch Ovulationshemmer. Das durch Pilleneinnahme erhöhte Risiko für Blutgerinnungsstörungen und Brustkrebs wird allerdings erst bei deutlich älteren Frauen relevant.
- Die Pille schützt nicht vor Infektionen, vor allem nicht vor HI-Viren (> Schutz vor Aids, Seite 298).

Einige Meinungen über die Pille sind veraltet oder widerlegt. Es gibt inzwischen zahlreiche Präparate, die speziell dem jugendlichen Organismus angepaßt sind.

- Die Pille beeinflußt das körperliche Wachstum nicht.
- Die Pille macht nicht unfruchtbar. Nach dem Absetzen der Pille dauert es bei manchen Frauen allerdings einige Zeit, bis es wieder zu normalen Zyklen mit einem Eisprung kommt. Junge Mädchen trifft das aber nicht häufiger als Frauen, die zu Beginn der Pilleneinnahme älter waren.
- Die Pille macht nicht dick. Allerdings sind viele Mädchen zu Beginn ihrer Pillenzeit noch nicht ausgewachsen. Dann legen sie das an Gewicht zu, was sie auch ohne Pille zugenommen hätten.
- Eine Pillenpause in regelmäßigen Abständen ist unnötig.

Spirale

Eine in die Gebärmutter eingelegte Spirale verhindert, daß sich ein befruchtetes Ei in der Schleimhaut einnisten kann.

Die Spirale kann zu starken und schmerzhaften Regelblutungen führen. Das Risiko von Eileiterentzündungen mit nachfolgender Unfruchtbarkeit ist relativ hoch. Die Spirale bedarf regelmäßiger ärztlicher Kontrolle. Sie ist nur für Frauen geeignet, die sie gut vertragen; und das ist bei jungen Mädchen sehr selten.

GESCHLECHTSORGANE DER MÄDCHEN

Zum äußeren Geschlechtsteil der Mädchen, der Vulva, gehören große und kleine Schamlippen und der Kitzler. Dem Blick verborgen sind Scheide, Gebärmutter, Eileiter und Eierstöcke. In ihren Eierstöcken bringt das Mädchen etwa 400.000 Eier, tausendmal so viel wie in ihrem Frauenleben heranreifen werden, mit auf die Welt.

Bei der Geburt sind die Organe noch recht klein: die Eierstöcke etwa erbsengroß, die Eileiter dünn wie ein Faden, die Gebärmutter walnußgroß und die Scheide so lang wie ein Streichholz. Daß Schamlippen, Kitzler und manchmal auch die Brust beim Neugeborenen dennoch oft erstaunlich groß wirken, liegt an den noch nachwirkenden Hormonen der Mutter. Manchmal bedingt das zwischen dem vierten und achten Lebenstag sogar eine Mini-Blutung. Nach etwa drei Wochen sind diese Erscheinungen vorbei.

Etwa acht bis zehn Jahre lang ändert sich an diesem Zustand nur wenig. Erst wenn die Steuerungsdrüsen im Gehirn das Signal geben, die Wandlung vom Kind zur Frau zu vollziehen, und die Eierstöcke Geschlechtshormone bilden, beginnt eine fulminante Entwicklung. Zwei bis fünf Jahre lang bleibt sie jedoch unsichtbar. In dieser Zeit wachsen die inneren Geschlechtsorgane, und die Knochen des Beckens nehmen ihre endgültige Form an.

Östrogene und Gestagene sind die weiblichen Geschlechtshormone, die auch den Zyklus bestimmen (> Regelblutung, Seite 303). Doch im Blut von Frauen und Männern kreisen die Hormone beider

IM ZEICHEN DER JUNGFRAU

Ein unscheinbarer Teil der weiblichen Anatomie bestimmte jahrhundertelang das Schicksal von Frauen – und tut es oft noch heute. Das Jungfernhäutchen (der Hymen) umschließt den Scheidenausgang. Doch es wurde uminterpretiert zum Verschluß des Eingangs. Das blutbefleckte Laken als Zeichen für ein anständiges Mädchen – die Macht dieser Forderung wirkt immer noch fort.

Die Formen der Hautfalte und die Öffnung, die sie freiläßt, sind so verschieden wie ihre Besitzerinnen. Einige Mädchen werden ohne Jungfernhäutchen geboren, bei anderen verändert es sich im Laufe der Kindheit so, daß es keine Barriere mehr ist. Manchmal hat der Hymen zwei Öffnungen, selten hat er gar keine. Dann müssen ÄrztInnen dafür sorgen, daß das Menstruationsblut abfließen kann.

Je nachdem wie das Häutchen beschaffen ist, kann der Finger des Kleinkinds, der den Körper erkundet, den Hymen verändern. Gleiches gilt für Spielzeug, das Kinder in Körperöffnungen hineinstecken. Wenn mit etwa acht Jahren die Östrogenproduktion beginnt, wird diese Haut elastischer. Nun können Tampons die Hymenöffnung im Laufe der Zeit ebenso dehnen wie Manipulationen des Mädchens an sich selbst oder die tastenden Versuche eines Freundes. Dementsprechend kann die Blutung beim »ersten Mal« unmerkbar gering sein oder den berühmten Fleck im Bett hervorrufen. Die Weite des Hymens ist ein denkbar unsicheres Zeichen dafür, ob ein Mädchen schon mit einem Jungen geschlafen hat oder nicht.

Geschlechter – wenn auch die des anderen nur in geringer Menge. Die männlichen Androgene bewirken bei jungen Mädchen das erste sichtbare Zeichen der Pubertät: Auf den großen Schamlippen beginnen Haare zu sprießen (Pubarche). Später werden es mehr, sie werden fester und kräuseln sich. Bis sie das erwachsenentypische Dreieck bedecken, kann es mehrere Jahre dauern. Bei manchen Frauen reichen die Ausläufer der Schamhaare bis zu den Oberschenkeln, einige Haare können sich bis zum Nabel hinaufziehen, und auch die Beine können relativ stark behaart sein. Ein Grund dafür kann sein, daß bei diesen Frauen das Östro-gen-Androgen-Verhältnis etwas zugunsten des Androgens verschoben ist. Eine Vermännlichung muß man dadurch jedoch nicht befürchten.

Das Östrogen zeigt seine Wirkung, indem sich die Brust um die Warze herum hervorzuwölben beginnt (Thelarche). In etwa vier Jahren wächst sie zu ihrer definitiven Größe heran. Sehr oft ist dabei eine Brust größer als die andere. Das kann sich im Laufe des Wachstums ausgleichen, doch hat kaum eine Frau zwei gleich geformte Brüste. Oft setzen sie auch auf unterschiedlicher Höhe an.

Unter den Achseln erscheinen die ersten Härchen, und bald darauf erlebt das Mädchen ihre erste Regelblutung (Menarche).

Zu welcher Zeit die einzelnen Entwicklungsschritte sichtbar werden, ist bei jedem Mädchen verschieden. Für etwa 96 von 100 gilt:
● Beginn der Schambehaarung zwischen 8,5 und 12,5 Jahren.
● Beginn der Brustentwicklung zwischen 9 und 13,5 Jahren.
● Erste Regel zwischen 11 und 15,5 Jahren. Anzeichen dafür, daß sie bald eintritt, sind ein kräftiger Wachstumsschub und – etwa ein Jahr vorher – glasiger Ausfluß aus der Scheide.

Ebenso wie lange Zeit die Jugendlichen ihren Eltern über den Kopf wuchsen (> Hoch hinaus, Seite 248), bekamen die jungen Mädchen ihre erste Regel immer früher. Doch dieser Trend scheint nun sein Ende gefunden zu haben.

Viele typische Probleme dieser Zeit sind durch die noch unausgewogene Hormonproduktion bedingt: fettige Haut, Pickel (> Mitesser, Akne, Seite 874), Schwitzen. Sie legen sich, wenn der Körper so weit herangereift ist, daß er einen stabilen Zyklus ausbildet (> Regelblutung, Seite 303). Bei einigen Mädchen dauert das nur kurze Zeit, bei den meisten zieht es sich mehrere Jahre hin. Wie weit der Körper ist, zeigt die Kurve, die sich ergibt, wenn das Mädchen jeden Morgen vor dem Aufstehen ihre Temperatur mißt (> Natürliche Methoden, Seite 299).

Streifen, wie sie sonst in der Schwangerschaft

DER BUSEN

Ab wann eine Brust mehr hängt als es der an Jugendlichkeit orientierte Geschmack gut findet, hängt vom Bindegewebe ab, nicht von der Bekleidung. Ein BH verhindert keinen Hängebusen, und ohne ihn kommt er auch nicht unbedingt.

Hat ein Teenager eine ungewöhnlich große Brust, die sie stört oder sogar schmerzt, kann ein BH beim Tragen helfen. Gleiches gilt, wenn der sich bewegende Busen zum Beispiel beim Sport stört. Ansonsten ist unten drunter oben ohne eine Geschmacks- und Zeitfrage. So galt es im Rahmen der Frauenbewegung in den siebziger Jahren als eine Befreiung von alten Rollenklischees, wenn Frauen auf den BH verzichteten.

Geschmack und Mode bestimmen auch, welches Modell es sein soll. Wichtig ist, daß die Träger an den Schultern nicht einschneiden und die Korsage nicht so eng ist, daß sie ihrer Trägerin die Luft nimmt.

Die Größe bemißt sich nach dem Körperumfang unterhalb der Brust. Buchstaben geben die Größe des Brustkörbchens an.

vorkommen, entstehen bei vielen Mädchen an Brust, Bauch und Oberschenkeln, wenn der Hormonschub sehr plötzlich erfolgt. Dabei wirken dann Hormone der Nebennierenrinde mit, die die Stützfasern im Bindegewebe schädigen. Die zu Anfang rötlich gefärbten Einrisse verblassen im Laufe der Zeit und sind nach einigen Jahren kaum noch zu sehen.

Im Zuge der sexuellen Reifung verändert sich auch bei Mädchen die Stimme ein wenig. Doch anders als bei den Knaben verlängern sich ihre Stimmbänder nur um wenige Millimeter.

Die Brust

Kurz nach der Geburt ist bei allen Kindern eine etwas verdickte Brust normal, aus der manchmal sogar »Hexenmilch« austritt. Es sind Nachwirkungen der mütterlichen Hormone.

Schwillt die Brust bei kleinen Mädchen später ein wenig an, beruht das meist auf vermehrt produzierten Östrogenen. Das kommt bald wieder zum Stillstand, bildet sich oft sogar zurück und ist ohne Bedeutung.

Die Entwicklung der Brust von der ersten Knospe bis zur reifen Brust ist fast immer innerhalb von vier Jahren abgeschlossen. Drüsenkörper und Fettanteil bestimmen ihre Größe. In gewissen Grenzen ist beides anlagebedingt festgelegt; an Bauch, Hüften, Hinterteil, Oberschenkel und Brust liegen die von der Natur bei Frauen vorgesehenen Depots. Mit zunehmendem Körpergewicht vergrößert sich zwar der Fettanteil der Brust, doch wird ein Mädchen mit kleinem Drüsenkörper selbst durch eine Mastkur nicht vollbusig. Ebensowenig macht eine Hungerdiät ein Mädchen mit großem Drüsenkörper flachbrüstig.

Regelblutung (Menstruation)

Die erste Regel: Von den einen mit Spannung erwartet, von den anderen mit »auch das noch« begrüßt; von manchen Erwachsenen pathetisch

MYTHEN UND MÄRCHEN

Während der Menstruation darf man
- die Haare nicht waschen.
- nicht baden.
- keinen Sport treiben.
- nicht schwimmen gehen.
- keinen Geschlechtsverkehr haben.
- keinen Hefeteig zubereiten.
- nichts einkochen.

Das alles ist Unsinn – entstanden in Zeiten, in denen Vorurteile und Angst vor den unbegreiflichen Vorgängen im Körper der Frau in Verhaltensregeln und Tabus mündeten, die als gesellschaftliche Norm dann Jahrhunderte überdauerten.

Schonzeit?

Keine Frau muß einmal im Monat unpäßlich sein und Schmerzen ertragen. Auch eine Schonzeit ist nicht nötig. Jedes Mädchen kann in dieser Zeit alles tun, woran es Spaß hat.

Jede Frau hat allerdings auch das Recht, nicht an jedem Tag des Monats zu allem bereit zu sein. Wenn sie sich in dieser Zeit Ruhe und Zurückgezogenheit wünscht, sollte sie die Möglichkeit dazu bekommen. Doch Tampons und Schmerzmittel verleiten dazu, das zu ignorieren. Am Sportunterricht teilnehmen zu können, ist eine Sache; daran teilnehmen zu müssen, weil LehrerInnen oder Eltern meinen, die Heranwachsende solle sich nicht so anstellen, verletzt ihre Würde als Frau und ihr Recht, über sich selbst zu bestimmen.

überfrachtet als der »Tag, an dem das Leben als Frau beginnt«, von anderen als »rote Minna« ins Lächerliche gezogen.

Manche Eltern verbreiten die Neuigkeit bei FreundInnen oder Verwandten. Doch längst nicht alle Mädchen sind davon angetan, daß ihr Intimes derart offengelegt wird. Schließlich fällt die erste Regel in eine Phase der Unsicherheit, in der sich die Mädchen mit ihren neuen Körperformen und -erscheinungen erst langsam vertraut machen müssen (> Suche nach Weiblichkeit, Seite 280). Darüber zu reden, hilft ihnen nur dann, eine positive Einstellung zum Frausein zu gewinnen, wenn auch ihr individuelles Bedürfnis nach Scham, Schutz und Rückzug akzeptiert wird.

Für die Teenis, deren Mutter ihr Frausein gern und ohne Heimlichkeit lebt, wird die Regel etwas Neues, aber nichts Befremdliches sein. Der Einkauf von Tampons oder Binden und das Hantieren mit den Utensilien im Badezimmer schaffen Anlässe, das Mädchen, aber auch die Knaben nebenbei mit dem vertraut zu machen, was sich in einem Frauenkörper abspielt. Können Mädchen beim Einführen von Tampons oder dem Vorlegen von Binden zuschauen, brauchen sie keinen Aufklärungsunterricht mehr, wenn sie für ihre eigene Monatshygiene sorgen müssen. Dann genügt es, sie über die unterschiedlichen Produkte, ihre Vor- und Nachteile und die Handhabung zu informieren.

Mütter, die das Geschehen zu verbergen suchen, erzeugen hingegen Angst vor dem Unbekannten. Empfindet eine Frau die Menstruation als unangenehm oder peinlich, eine lästige Begleiterscheinung, mit der das weibliche Geschlecht geschlagen ist, ist es sehr wahrscheinlich, daß das heranwachsende Mädchen diese Einstellung übernimmt.

Für die meisten Eltern ist die erste Regel ein Anlaß, ihre Tochter auf die nun mögliche Schwangerschaft hinzuweisen. Bei manchen ist die Warnung: »Komm bloß nicht mit einem Kind nach Hause« der einzige Kommentar. In solchen Warnungen mischen sich die Sorge um die Zukunft der Tochter und der Wunsch, noch nicht Großmutter oder Opa zu werden und damit zum alten Eisen zu gehören. Beide – Mädchen wie Jungen – müssen mit der Verantwortung umgehen lernen, daß sie nun Eltern werden können. Drohungen und Panikmache belasten die ersten intimen Kontakte jedoch mit einer Furcht, die im ungünstigsten Fall lebenslang verhindert, daß Sexualität als unbelastet und angenehm empfunden wird.

Diese Zeit eignet sich vielmehr für ein Gespräch über die verschiedenen Möglichkeiten, eine ungewollte Empfängnis und sexuell übertragbare Krankheiten zu verhüten.

Zyklus

Die monatliche Blutung kündet von den rhythmischen Abläufen im Körper der geschlechtsreifen Frau. Ein Hormon der Hirnanhangdrüse veranlaßt die Eierstöcke, im Laufe der Jahre mehrere tausend Eibläschen (Follikel) heranwachsen zu lassen, von denen jedoch normalerweise nur eines pro Zyklus reif wird. In der 14tägigen Follikelreifungsphase produziert der Körper zunehmend mehr Östrogene. Ihr Einfluß bereitet die Schleimhaut der Gebärmutter darauf vor, zum Nest für ein befruchtetes Ei zu werden.

Das Hormonsignal zum Eisprung gibt die Steuerungsdrüse im Gehirn. Der Follikel platzt und entläßt das Ei (Ovulation). Es wird vom trichterförmigen Ende des Eileiters aufgefangen und vier bis fünf Tag lang in Richtung Gebärmutter geschoben. In dieser Zeit bildet sich die Höhle, die das Eibläschen zurückließ, in das Gelbkörperhormon-Bläschen um. Es produziert das Hormon Progesteron, das die Gebärmutterschleimhaut weiter aufbaut (Gelbkörperhormonphase).

Nur sechs bis zwölf Stunden nach dem Platzen des Follikels ist das Ei befruchtungsfähig. Da Spermien aber bis zu fünf Tage im Körper der Frau lebendig bleiben können, beginnt die fruchtbare Zeit schon Tage vor dem Eisprung.

Hat keine Befruchtung stattgefunden, bildet sich das Gelbkörperhormon-Bläschen nach etwa zehn

Tagen zurück. Dadurch fallen die Hormone ab, und die Schleimhaut in der Gebärmutter löst sich ab: Die Menstruation beginnt.

Aus kleinen Blutgefäßen tritt insgesamt etwa eine halbe Tasse Blut aus, das normalerweise nicht gerinnt. Manchmal gehen kleine Schleimhautfetzen mit ab. Die Blutung endet nach vier bis sieben Tagen.

Als Durchschnittslänge eines Zyklus gelten 28 Tage. Doch bei einem Drittel der jungen Mädchen ist der Rhythmus in den ersten Jahren sehr unregelmäßig; bei einem Teil ist er kürzer als 21 Tage, bei den meisten länger als 35 Tage. Innerhalb von fünf Jahren stabilisiert sich das und pendelt sich auf eine individuelle Zykluslänge ein. Doch auch diese entspricht fast nie dem 28-Tage-Ideal.

Ein vom 28-Tage-Mittel deutlich abweichender Rhythmus deutet sehr oft auf »anovulatorische« bzw. »monophasische Zyklen« hin. Dabei blutet das Mädchen zwar, weil die Hormonkonzentration eine bestimmte Grenze unterschreitet, es fand jedoch kein Eisprung statt. Eine Schwangerschaft ist in solchen Zyklen nicht möglich. Solche Zyklen kommen auch später immer wieder vor und beruhen auf belastenden Ereignissen wie Streß, Klimawechsel, Krankheit usw. Ob ein Eisprung stattgefunden hat, zeigen Temperaturmessungen (> Natürliche Methoden, Seite 299).

Um die Stabilität des Zyklus überblicken und ÄrztInnen Auskunft geben zu können, ist es ratsam, daß sich das Mädchen den ersten Tag der Regel, der der erste Tag des neuen Zyklus ist, notiert (> Gynäkologisches, Seite 860). So weiß sie auch, wann sie ungefähr mit der nächsten Periode rechnen muß, und kann sich Tampons oder Binden für unterwegs einstecken.

Meist dauert die Blutung vier bis sieben Tage. Ganz zu Anfang kann es allerdings sein, daß nur einige dunkle Flecken im Slip zu sehen sind. Später sind ein- oder zweitägige Blutungen selten. Häufiger kommt es vor, daß die Blutung recht stark und schmerzhaft ist. Ursache ist meist ein Mangel an Gelbkörperhormonen. Ein Mädchen, dessen Regel länger als acht bis zehn Tage dauert, sollte eine Gynäkologin oder einen Frauenarzt aufsuchen (> Gynäkologisches, Seite 860).

GESCHLECHTSORGANE DER JUNGEN

Der Ruf »Es ist ein Junge« erschallt, wenn beim Neugeborenen ein Penis zu sehen ist. Die anderen Teile des Geschlechtsapparats sind unsichtbar. Unterhalb des Penis liegt zwar der Hodensack (Skrotum), doch erst beim Befühlen offenbart sich, ob er die etwa haselnußgroßen Hoden enthält oder sie noch auf ihrem Weg aus dem Bauchraum dorthin sind (> Hodenhochstand, Seite 866). Zu den männlichen Geschlechtsorganen gehören noch Nebenhoden (Epididymis), Samenleiter, Bläschendrüsen und Vorsteherdrüse (Prostata).

Das Innere des Penis füllen zwei dicht mit Blutgefäßen durchzogene Schwellkörper. Der untere umschließt die Harn-Samen-Röhre (> Nieren und Harnwege, Seite 857), die an der Eichel (Glans) mündet. Sie ist von der Vorhaut (Praeputium), der dehnbaren Haut des Penis, umgeben.

Die Pubertät der Knaben beginnt etwa zwischen dem 10. und 16. Lebensjahr. Das Signal dazu gibt die Steuerungsdrüse im Gehirn: Die Hoden beginnen, das männliche Geschlechtshormon Testosteron zu produzieren.

Zunächst vergrößern sich die Hoden, weil sich die Kanälchen in ihrem Innern, in denen die Samen heranreifen werden, verlängern. Etwas später beginnt der Penis zu wachsen, dann folgen Schambehaarung, Achselhaare und der erste Flaum auf der Oberlippe. Die Entwicklung von Bart und Körperbehaarung kann sich bis weit in die 30er Jahre hinziehen.

Wann sich die einzelnen Entwicklungsschritte vollziehen, ist bei jedem Jungen anders. Durchschnittlich gilt:

● Mit 11,8 Jahren sind die Hoden auf gut Kir-

ÜBERRASCHENDE MÄNNLICHKEIT

Der Vater als Modell für das Mannwerden steht kleinen Jungs viel zu selten zur Verfügung. Und dabei brauchen sie in der Zeit des Heranreifens dringend einen Gesprächspartner, der all die Kümmernisse aus eigenem Erleben kennt. Viele Knaben überrascht der erste Samenerguß total. Die Eigenerklärungen reichen von »Ich hab' ins Bett gemacht« bis zu »Bei mir ist was kaputt«. Aus Angst und Scham waschen oder wechseln sie heimlich das Bettzeug, bis Freunde oder Zeitschriften sie aufklären. Ist der Junge sichtbar zum Mann gereift, geben ihm die Eltern mit »Paß bloß auf« oft die einzige Information zum Thema Verhütung. Was die Jünglinge denn auch tun: Aufpassen ist beim »ersten Mal« immer noch eine häufig gebrauchte Methode.

Zu kurz, zu lang, zu groß, zu klein

Beim Pinkeln verstohlen die Teilchen zu vergleichen, ist für Männer Sport. Spaß macht er aber nur dem, der als Sieger daraus hervorgeht. Alle anderen quälen sich: zu klein, zu groß, zu dünn, zu dick? Ihre Sorge ist fast immer unbegründet. Das Aussehen in hängendem Zustand sagt nichts über das Format bei Erregung, und beides läßt keinen Rückschluß zu über den Genuß, den sich ein Paar bei der Liebe bereiten kann.

Die Hoden wachsen nicht immer auf beiden Seiten gleich. Meist gleicht sich das im Laufe der Zeit aus. Doch auch beim Erwachsenen ist fast immer ein Hoden kleiner als der andere, und einer hängt tiefer als der andere.

schengröße angewachsen, mit knapp 15 ist ihr Wachstum beendet.

● Der Penis fängt kurz nach den Hoden an zu wachsen; mit etwa 15 hat er seine Erwachsenengröße erreicht.

● Das Schamhaar beginnt mit 12,2 Jahren zu wachsen. Mit knapp 15 Jahren hat sich auch dieses sekundäre Geschlechtsmerkmal ausgeprägt.

● Die Achselbehaarung beginnt mit 14 Jahren.

● Der Stimmbruch setzt mit etwa 14,5 Jahren ein.

Das Hormon Testosteron ist auch verantwortlich für einige unangenehme, aber harmlose Erscheinungen: Die Schweiß- und Talgdrüsen werden aktiver. Das eine ist der Grund für vermehrtes Schwitzen, das andere für die Akne, unter der etwa ein Drittel der Knaben leidet (> Mitesser, Akne, Seite 874).

Oft vergrößert sich in der Pubertät die Brust auf einer oder beiden Seiten. Nach ein bis zwei Jahren ist das wieder verschwunden. Auch bei den Jungmännern können die Hormone »Schwangerschafts«streifen hervorrufen.

Zur Pubertät gehört ein rasanter Wachstumsschub. Sein Gipfel liegt durchschnittlich um den 14. Geburtstag. Ob er schon erreicht ist, läßt sich am Stimmbruch erkennen: Er findet immer danach statt. Mit 17 sind die meisten Knaben ausgewachsen. Da die übrigen Reifungsvorgänge im Körper sehr viel mehr Zeit brauchen, wirken die meisten Jünglinge in dieser Zeit besonders unproportioniert (> Urologisches, Seite 866).

Erektionen

Auf sexuell Erregendes oder nur die Berührung seiner Haut reagiert der Penis mit einem Aufstand. Nervenimpulse steigern den Blutfluß in die Schwellkörper und hindern das Blut, schnell wieder abzufließen. Das bis dahin weiche, hängende Organ wird länger, dicker und richtet sich auf. Bereits im Säuglingsalter und während der Kindheit künden Erektionen davon, daß Kinder sexuelle Wesen sind (> Kindersexualität, Seite 290).

DER EINFLUSS DES ELTERNHAUSES

Immer noch spricht nur eine Minderheit der Erwachsenen in der Familie offen über das Tabuthema Sexualität, immer noch werden Fragen und Gefühle zensuriert. Dabei ist längst erwiesen: Offenheit ist beste Voraussetzung dafür, daß das Kind später seine Sexualität genießen und in befriedigenden Beziehungen leben kann. Kinder aus Elternhäusern, in denen offen über Sexualität und auch über die Ängste und Sorgen der Kleinen, was dieses Thema betrifft, gesprochen werden konnte, können als Erwachsene ihren Körper mehr genießen als Kinder aus Familien, in denen Lust und Liebe nicht angesprochen wurden.

Wer zu Hause erlebt hat, daß offen über Liebe und Sexualität geredet wurde, und wer über seine eigenen Ängste und Nöte im Zusammenhang mit der körperlichen Liebe sprechen konnte, ist viel eher in der Lage, Beziehungen mit all ihren Ansprüchen einzugehen. Eine 1991 in Österreich durchgeführte repräsentative Umfrage hat die Unterschiede deutlich gemacht:

● Ein offenes Elternhaus entscheidet über die Fähigkeit zu lieben: Menschen, die als Kinder und Jugendliche zu Hause über sexuelle Fragen schweigen mußten, sind

weniger zu guten Partnerschaften fähig. Nur 50 Prozent geben an, daß der Satz: »Wir lieben uns intensiv und befriedigend« auf sie zutrifft. Menschen dagegen, die ein auch dem Sex gegenüber offenes Elternhaus hatten, sagen zu 80 Prozent, daß ihre Partnerschaft befriedigend, ihre Liebe zum Partner intensiv sei.

● Wer aus einem der Sexualität gegenüber offenen Elternhaus kommt, ist selbst sexuell aktiver und mit der körperlichen Lust wesentlich zufriedener. Es fällt solchen Personen viel leichter, mit Partner oder Partnerin über die eigenen sexuellen Wünsche, aber auch über die Probleme mit dem Sex zu sprechen. Geschlechtliche Liebe ist diesen Menschen wichtiger, und sie bekommen vom Partner bzw. der Partnerin eher, was sie wollen.

● Menschen aus Elternhäusern, in denen offen über Sex gesprochen wurde, sind offener für eine gleichberechtigte Partnerschaft. Sie gehen weniger faule Kompromisse ein, sind fähig und bereit, sich mit den Fragen, die sich in jeder Partnerschaft stellen, zu befassen, statt sich einfach Forderungen zu fügen. Im Vergleich zu Personen aus traditionellen Elternhäusern stimmen nur halb so viele dem alten Rollenklischee zu, daß außereheliche Beziehungen des Mannes anders zu beurteilen sind als die der Frau.

● Menschen aus Familien, in denen Sex kein Tabu war, tabuisieren selbst weniger: So wollen nur halb so viele Homosexualität wieder unter Strafe stellen.

Der Einfluß eines liberalen Elternhauses

Gespräche im Elternhaus über sexuelle Ängste und Probleme waren leicht möglich/nicht möglich

Antwort: Ja (in %)   ▢ liberal ▢ konservativ

	liberal	konservativ
Homosexualität sollte unter Strafe gestellt werden	13	28
körperliche Nähe im Elternhaus	94	52
aufgeklärt durch Eltern	84	20
Sex mindestens 1x pro Woche	70	46
kein Sex	12	16
mit der Sexualität in der Partnerschaft sehr zufrieden	53	47
kann mit dem Partner über sexuelle Probleme sprechen	91	65
der Partner reagiert positiv auf meine sexuellen Wünsche	73	55
wir lieben uns intensiv und befriedigend	79	54

Besonders in der Pubertät überrascht und verunsichert ein Steifer die Jungen in den unpassendsten Situationen – beim Rennen zum Bus, auf dem Schulhof, beim Fahrradfahren. Möglich, daß sich Kleidungsstücke am Penis reiben; möglich, daß ein Anblick oder ein Geruch den Knaben tiefer trafen, als er bemerkt hat; möglich auch, daß es gar keinen Anlaß gab. Der Penis der Jungmänner stellt sich nun mal öfter und schneller auf als beim erwachsenen Mann.

Samenerguß

Etwa dann, wenn sich die ersten Haare unter der Achsel und oberhalb des Penis zeigen, beginnen die Hodenkanälchen, Samenzellen (Spermien) zu produzieren. Sie werden in die Nebenhoden befördert und dort gespeichert. Etwa 80 bis 90 Tage brauchen sie für ihre Entwicklung.

Bei einem Samenerguß werden bis zu 600 Millionen Spermien in die Samenleiter gedrückt und zur Vorsteherdrüse transportiert. Dort mischen sie sich mit den Sekreten von Samenblasen und Prostata. Alles zusammen macht etwa drei bis vier Milliliter aus und wird durch die Harnröhre nach außen gespritzt. Ein spezieller Mechanismus stellt sicher, daß Samenflüssigkeit und Urin die Harnröhre nie gleichzeitig verlassen.

Bis zu einem bestimmten Reifestadium seiner Geschlechtsorgane erlebt der Junge beim Onanieren einen »trockenen Orgasmus«, weil Prostata und Samenbläschen, die die Flüssigkeit zum Ejakulat beisteuern, ihre Funktion noch nicht aufgenommen haben.

Etwa ein Jahr nachdem die Pubertät erste Zeichen setzte, wachen alle Knaben in einem feuchten Bett auf: Sie hatten im Schlaf einen Samenerguß (Pollution), mit dem der Körper das entläßt, was sich in ihm angesammelt hat. Das geschieht unwillkürlich und ist nicht zu steuern. Wer häufiger onaniert, entleert sein Depot eigenhändig und die »feuchten Träume« werden seltener.

Sind die Geschlechtsorgane ausgereift, tritt kurz nach der Erektion aus dem Penis etwas Flüssigkeit aus, die bereits Spermien enthalten kann. Im intimen Kontakt mit der Freundin kann »dieses kleine bißchen«, auf das in der Erregung keiner achtet, zur ungewollten Schwangerschaft führen. Präservative müssen so früh übergezogen werden, daß auch dieser erste Tropfen schon in ihnen landet.

Stimmbruch

Testosteron läßt den Kehlkopf wachsen und die Stimmbänder länger werden – manchmal einen ganzen Zentimeter. In dieser Zeit der Veränderungen klappt das Zusammenspiel der Teile, die die Stimme bilden, nicht so recht. Sie schwankt unkontrollierbar zwischen kindlich hoch und männlich tief. Bei manchen Jünglingen verändert sie sich ohne hörbares Kicksen, andere können zwei Jahre lang im Stimmbruch sein. Meist ist die endgültige Stimmlage nach einem halben Jahr erreicht.

WIE SAG ICH'S ...

Über das Ziel sind sich noch alle einigermaßen einig: Sinnvolle Aufklärung sollte die Kinder nicht nur darüber informieren, wie das Baby in den Bauch der Mutter hinein und von dort wieder heraus kommt, sondern sollte eine positive Grundeinstellung vermitteln: zum Körper, zur Lust, zum Sex, zur Liebe und zur reifen Beziehung.

Doch wie dieses Ziel zu erreichen ist, darüber streiten sich nach wie vor die Geister. Die meisten Eltern neigen dazu, den Schwierigkeiten ähnlich zu begegnen, wie sie es selbst erlebt haben: durch Schweigen. Nur knapp die Hälfte der Jugendlichen gibt heute in Befragungen an, daß ihre Eltern sie in die wesentlichen Dinge der körperlichen Liebe durch Gespräche eingeführt hätten. Diejenigen, die es tun, neigen dazu, das Thema nach eifrigem Studium von Aufklärungsbüchern entgegen all ihrer inneren Qual plötzlich und unerwartet, forsch und munter anzuschneiden – und erschrecken so die Kinder.

Die andere Hälfte der Jugendlichen erfahren »es« von Schwester oder Bruder, von Freundinnen und Freunden beim heimlichen Tuscheln auf dem Schulhof.

Die richtigen Worte zur richtigen Zeit

»Die richtige« Aufklärung gibt es nicht. Aufklärung ist kein einmaliges Ereignis, bei dem man alles erklärt – sie ist ein Prozeß, sie begleitet die gesamte Entwicklung. Patentrezepte, die angeben, was wann gesagt, gezeigt werden soll, müssen mißlingen, weil sie weder zu den erklärenden Eltern, noch zu den aufzuklärenden Kindern »passen«.

Wer von sich aus Sexualthemen anschneidet, erreicht meist wenig. Kinder beginnen zu ganz unterschiedlichen Zeitpunkten, über Sex und Kinderkriegen nachzudenken. Wenn Geschwister unterwegs sind oder FreundInnen der Eltern ein Baby erwarten, können schon Zweijährige die ersten Fragen nach dem Wie und Warum stellen. Andere wollen auch mit vier Jahren noch nichts Einschlägiges wissen.

Lediglich bei Kindern, die bis zu ihrem fünften Geburtstag das Fortpflanzungsthema noch nie angeschnitten haben, könnten Eltern versuchen, den Ursachen des Desinteresses nachzuspüren. Es ist denkbar, daß das Kleine seine Informationen schon von anderen bekommen hat oder sich nicht zu fragen getraut. Stellt sich jedoch heraus, daß das Kind wirklich kein Interesse hat, sollten die Eltern es mit diesem Thema auch nicht behelligen.

Doch auch der von den Eltern individuell beschrittene Weg, mit dem Kind über Sexualität zu reden, muß ihrem sonstigen Verhalten entsprechen. Wer plötzlich deftige Worte verwendet, die er sonst nie wählen würde, wird Verwirrung stiften. Kinder kennen die Schamgrenzen ihrer Eltern und haben ein

AUFKLÄRUNG PRAKTISCH

- Bereiten Sie sich gemeinsam mit dem Partner bzw. der Partnerin vor: Spontane Antworten fallen manchmal schwer.
- Versuchen Sie, so zu sprechen, wie es Ihnen entspricht. Falls Sie Probleme haben, Heikles zu erklären, sagen Sie es Ihrem Kind – es merkt es ohnehin.
- Scheuen Sie sich nicht, klar und deutlich zu sagen, wenn Sie auf eine spezielle Frage eines Kindes keine konkrete Antwort wissen.
- Kinder brauchen korrekte Antworten, die ihre verwirrenden Phantasien klären: Sie denken, Babies würden aus dem Bauch geschnitten, weil »da unten« gar kein Platz ist; oder sie glauben, sie würden »herausgekackt«, weil ihnen der After der einzige Ort zu sein scheint, aus dem etwas herauskommen kann.
- Aufklärung ist kein Biologieunterricht. So schwer es fallen mag, darüber zu reden: Für prickelnde Spannung, Lust und wohliges Empfinden gibt es Worte, die Kinder verstehen.
- Gespräche über die Pubertät kommen zu spät, wenn das Kind bereits ein Teenager ist. Körperliche Veränderungen, wie die Entwicklung der Brüste oder die Behaarung, können schon vor dem zehnten Lebensjahr einsetzen.
- Jungen sollten ebenso über den weiblichen Zyklus und die Menstruation Bescheid wissen, wie Mädchen wissen sollten, wie es zu Erektion und Samenerguß kommt und was dabei passiert.

Zum Weiterlesen

Lisa & Jan.
FRANK HERRATH, UWE SIELERT
Beltz-Verlag, 1991.
Reich illustrierte Geschichten der sexuellen
Entwicklung zweier Sechsjähriger mit
Begleitbuch für Eltern.

Peter, Ida und Minimum.
GRETE FAGERSTRÖM, GUNILLA HANSSON
Ravensburger-Verlag, 1991.
Als Comic aufgebaute Darstellung der Sexualität.
Ausgangspunkt ist die Schwangerschaft der
Mutter von Peter und Ida.

Aufklärungsbücher für Schulkinder

Darüber spricht man nicht.
THEATER ROTE GRÜTZE
Kunstmann-Verlag, 1984.
Buchfassung des lustigen, interessanten Theaterstücks.

Das ist doch nichts für dich!
BARBARA KREMER-ROSENBECKER,
ELLEN HOFFMANN
Verlag Jugend und Politik.
Einige Kapitel des Buches sind für Jugendliche
geschrieben, einige sind bereits für Kinder ab
fünf Jahren geeignet.

Mädchen.
FRANZISKA KRAUCH, ANTJE KUNSTMANN
Kunstmann-Verlag, 1985.
Konzipiert für Kinder ab ca. neun Jahren. Sensible
Darstellung in Form von erzähltenGeschichten.

Sexfront.
GÜNTER AMENDT
Rowohlt Verlag, 1989.
Klassiker der modernen Aufklärungsliteratur.

seismographisches Gespür für Widersprüche. Eltern können ihren Kindern getrost sagen, daß sie bereit sind, ihre Fragen zu beantworten, daß ihnen das aber auch schwerfällt. Sie können sich ein wenig Zeit ausbedingen, um sich auf das Gespräch einzustellen, weil es ungewöhnlich ist, »darüber« zu sprechen.

Kleine Kinder unterscheiden nicht zwischen »intimen« und »öffentlichen« Situationen. Sie können die Eltern mit ihrer Neugier unvermittelt in der Öffentlichkeit oder in Anwesenheit von Verwandten und Bekannten überraschen. Wer mutig und unbefangen genug ist, das dort zu diskutieren, wird das tun. Wer sich jedoch peinlich berührt fühlt, kann die Erörterung, wie bei anderen Themen auch, auf später verschieben.

Vorbereitung

Für viele Erwachsene ist es schwierig, über Sexualität zu sprechen. Die meisten wurden selbst mehr oder weniger sexualfeindlich erzogen (> Geschichte einer Unterdrückung, Seite 314). Eine spontane Antwort auf die Frage nach der Herkunft von Bananen fällt meist leichter als eine auf die Frage nach der Bedeutung des »kleinen Unterschieds«. Viele Eltern retten sich aus der mißlichen Situation, indem sie vor den Kindern wohl das biologisch-medizinische Geschehen ausbreiten, über Lust und Freude, Sinnlichkeit und Genuß aber kein Wort verlieren.

Während der Wartezeit auf die kindliche Neugier können die Eltern in Gedanken die schwierige Situation proben, Worte suchen, die dem eigenen Sprachschatz und dem ihres Kindes nahekommen. Mit einer solchen Vorbereitung stehen sie dem Augenblick, der dann letztlich doch unerwartet eintritt, vielleicht nicht ganz so hilflos gegenüber. Intensive Gespräche der Eltern untereinander und mit FreundInnen üben, das Unaussprechliche über die Lippen zu bringen. Literatur, die das Thema kindgerecht angeht, kann den Eltern ebenfalls weiterhelfen (> Seite 310).

Manche Eltern plagen sich mit der Frage, wie konkret und detailliert sie das Geschehen darstellen sollen und dürfen, ohne die Kleinen zu überfordern. Die Antwort darauf geben am besten die Kinder selbst: Ihre Fragen markieren den Rahmen für die Antworten. In einer guten Atmosphäre wird das Kind so lange nachfragen, bis es das erfahren hat, was es wissen will.

Bis zum dritten Jahr

Schon auf die ersten sexuellen Regungen des Säuglings können unvorbereitete Erwachsene irritiert, erschrocken oder unbehaglich reagieren, aber auch mit Lust und anschließenden Schuldgefühlen (> Elternliebe, Kinderliebe, Seite 316). Eltern, die in dieser Abwehr verharren, übertragen ihr Unbehagen auf das Kleine und beeinflussen seine Wahrnehmung von Sexualität. Können die Eltern den ersten körperlichen Lusterfahrungen gelassen zusehen, vermitteln sie eher das Gefühl, daß Sexualität selbstverständlich ist.

Kinder, die ohne Windeln herumtoben dürfen, und Eltern, die auch mal nackt durch die Wohnung laufen, finden sich irgendwann unversehens in ihrem ersten Aufklärungsdialog miteinander. Am meisten interessiert die Kleinen zunächst das, was ihre eigenen Organe deutlich sichtbar von denen der Erwachsenen unterscheidet. Der Junge will wissen, ob sein Glied auch einmal so groß werden wird wie das des Vaters. Daß Vater und Sohn mit ihrem Penis Pipi machen, hat das Kind schon beobachtet. Die Mitteilung, daß sich beide damit auch körperliche Lust bereiten können, ist die »Aufklärungsarbeit« der Eltern. Zugleich bemerken die Jungen aber auch, daß all das, was sie und ihr Vater haben, bei Schwester oder Mutter anders aussieht.

Ebenso entdecken die Mädchen das, was sie von ihrer Mutter und von männlichen Wesen unterscheidet, und sie beginnen neugierige Gespräche: ob sie auch einmal einen Busen bekommen, und wo die Wege enden, die von der Vulva, versteckt hinter den äußeren und inneren Schamlippen, nach innen führen. Die Geschlechtsorgane, die geschützt im Körperinnern liegen, können ebenso zum Thema werden wie der Kitzler, von dem das Mädchen bereits weiß, wie angenehm es sich anfühlt, wenn es an ihm spielt. Spannend ist auch, wie unterschiedlich beide Geschlechter Wasser lassen. Wo Frauen eine Harnröhre haben, mit einer Öffnung, die von den anderen Geschlechtsteilen getrennt ist, haben die Männer alles verpackt in einem.

Drittes bis sechstes Jahr

Die kindliche »Sexualforschung« äußert sich oft in nicht enden wollenden Fragen über das Kinderkriegen, über Frau und Mann, wie unterschiedlich sie aussehen und reagieren. Ein für diese Altersgruppe konzipiertes Aufklärungsbuch mit Bildern und Texten kann es den Eltern erleichtern, anschaulich zu bleiben. Die Kinder brauchen Bildmaterial, um auch die im Bauch unsichtbaren Vorgänge kennenzulernen und ihre Frage-Antwort-Spiele weiterführen zu können.

In diesem Alter buhlt die Tochter mit der Mutter um den Vater, kämpft der Sohn mit seinem Vater um die Mutter (> Neue Interessen, Seite 292). Psychoanalytisch orientierte KinderpsychologInnen empfehlen den Eltern, die Gefühle aller in diesem Dreiecksverhältnis nicht zu übergehen. Der jeweils zum Konkurrenten gewordene Elternteil darf ruhig einmal aussprechen, wie eifersüchtig er ist – allerdings ohne das Kind anzuschuldigen. Die Erwachsenen müssen sich bewußt bleiben, wie mächtig sie im Vergleich zu ihrem Kind sind. Manches Kleine tritt deshalb so wuchtig auf und kämpft verbissen, weil es sich gegenüber den Großen so ohnmächtig fühlt.

Gegenüber dem anderen Geschlecht neigen Buben dieses Alters dazu, mit ihrem Schwanz zu prahlen: Der Mutter zeigen sie, daß sie auch männlich sind, die Mädchen wollen sie beeindrucken: »Ich habe was, was du nicht hast«. Leben Mutter und Vater mit dem Gedanken, daß Männer im Genitalbereich »etwas« haben und die Frauen »nichts«, können Mädchen das entwickeln, was

Sigmund Freud »Penisneid« nannte. Das Gefühl der Mädchen, im eigenen Körper »richtig« zu sein, stärken die Eltern, wenn sie ihren Kindern klar machen, daß der eine so und die andere so aussieht, daß bei den Jungs an einer Stelle ihres Körpers etwas sichtbar ist, und bei den Mädchen an ähnlicher Stelle etwas verborgen ist.

Sechstes bis zehntes Jahr

Die Kids fahren fort, ihren eigenen Körper und den des anderen Geschlechts zu erforschen. In das, was sich mit Sexualität im weitesten Sinn verbindet, wachsen sie wie selbstverständlich hinein, wenn die Eltern sie nicht von dem aussperren, was sie selbst in dieser Hinsicht tun: Sie sehen im Badezimmer, wie die Mutter Binde oder Tampon wechselt; sie probieren überm Waschbecken aus, wieviel Wasser ein Kondom faßt. Daß die Eltern zu bestimmten Zeiten die Schlafzimmertür als Grenze respektiert wissen wollen, können sie leicht begründen, indem sie über Lust und Liebe reden: Nicht jeder mag sich zu jeder Zeit bei allem zuschauen lassen (Die Schlafzimmertür, Seite 317).

Zehntes bis vierzehntes Jahr

Nun beginnt für die Eltern der Dialog mit einem angehenden Erwachsenen. Fast alles, was schon etliche Male besprochen wurde, kann nun erneut als Frage auftauchen. Mehr noch: Jugendliche neigen dazu, fast alles zu verdrängen, was sie während der Kindheit an Sexuellem gedacht, getan, besprochen haben. Auf diese Weise machen sie sich von dem Kind in sich los. In der Pubertät deuten die Heranwachsenden Körper und Sexualität neu, und sie lechzen nach Erklärungen für die jetzt so neu erscheinenden Gefühle. Sexualität ist nun mehr als Spaß, sie wird eindeutig mit der Beziehung zu einem Menschen verknüpft.

Mädchen sind vielleicht beunruhigt, weil sie Schleimspuren im Slip bemerken (> Geschlechtsor-

gane der Mädchen, Seite 301). Doch selbst wenn sie die körperlichen Vorgänge kennen, verunsichert sie die erste Menstruation und die Zeit danach zunächst. Ähnlich ergeht es den Knaben, die von ihren ersten »feuchten Träumen« überrascht werden (> Samenerguß, Seite 308).

Eltern als Zaungäste

Das »erste Mal« ist für Mädchen und Jungen ein einschneidendes Erlebnis (> Seite 297), das aber nur die wenigsten mit Mama und Papa teilen. Dieses Geheimnis wird zum Teil ihres Ablösungsprozesses. Unabhängig davon, ob das Ereignis schon stattgefunden hat oder ob es die Teenis noch vor sich haben – sie sind dankbar für GesprächspartnerInnen, die erzählen, wie es bei ihnen damals war, wie das ist, jemand Fremdem so nah zu sein, und wie sich all das Neue, Verwirrende, Schöne, Schmerzende anfühlt, das sich im Körper dabei abspielt. Die erwachsen Werdenden können so erfahren, daß miteinander zu schlafen nur selten von Anfang an »toll« ist. Romantische oder voyeuristische Geschichten gaukeln ihnen allzuoft das Bild eines »perfekten« Liebesaktes vor. Dadurch sehen sie sich einem ungeheuren Druck gegenüber, Leistungen erbringen zu müssen, die sie sich nicht zutrauen, und sie fürchten sich vor dem Versagen. Eltern, die von ihrem eigenen schwierigen Weg berichten, können den Jugendlichen Mut machen, sich unbelastet von solchen Ansprüchen und Angst auf das Abenteuer Sexualität einzulassen.

In der Schule

Immer jünger sind die Kinder, die von ihren LehrerInnen das Recht auf Aufklärung einfordern – waren es vor einigen Jahren noch die Dreizehnjährigen, so sind es nun schon die Elfjährigen. Vor ihnen sollen die PädagogInnen nun über das reden, was sie oft nicht einmal mit ihrem Partner oder ihrer Frau besprechen wollen oder können. Zu ihrer eigenen Unsicherheit gesellt sich die der

Jugendlichen, die sich ihr Ventil durch Kichern, Kritzeleien und Witze suchen.

Offenbar entziehen sich viele LehrerInnen dieser peinlichen Verpflichtung: Nur rund die Hälfte der Jugendlichen wird tatsächlich in der Schule aufgeklärt. Bei dieser Verweigerung spielt wohl auch die Furcht der LehrerInnen vor der Reaktion der Eltern eine Rolle: Sexualerziehung in der Schule ist für viele immer noch ein rotes Tuch. Diese Eltern übersehen jedoch, daß sich den Kindern neue Möglichkeiten eröffnen, wenn sie sich unter Gleichaltrigen mit dem Thema beschäftigen.

»Schmutzige« Worte

Glaubhaft wirken Eltern im Gespräch über Sexuelles nur, wenn sie die Worte gebrauchen, die sie gewohnt sind, und die ihnen leicht über die Lippen gehen. Von ihren Kleinen werden sie aber bald jede Menge anderer Begriffe zu hören bekommen. Auf dem Spielplatz, in Kindergarten und Schule werden unter Gleichaltrigen »verbotene« Worte wie kleine Schätze gehandelt.

Gebraucht das Kind diese Worte unbefangen in Gegenwart seiner Eltern, traut es ihnen offenbar zu, daß sie das nicht zu seinem Nachteil auslegen. Eltern, die »solche Worte« mit einem Verbot belegen, machen sie erst recht interessant. Wenn Mutter oder Vater Vulgärausdrücke jedoch nicht tolerieren mögen, darf das Kind diese Ablehnung durchaus erfahren: »Ich mag diese Worte nicht gebrauchen und möchte mich auch mit dir so nicht unterhalten.« Wenn möglich, kann man diesen Standpunkt noch durch Sachargumente begründen – zum Beispiel, weil manche Begriffe diskriminierend sind. Wie sich das Kind jedoch in anderer Umgebung äußert, bleibt weiterhin seine Sache.

Pornographie

Pornographisches überschwemmt den Markt des Gedruckten und füllt die Fernseh-Bildschirme: Es ist zur Alltagsrealität geworden, der jedes Kind eines Tages begegnet. Jüngere Kinder durchstöbern aus Neugier Nachttischschubladen und Bücherschränke der Eltern nach Verbotenem, ältere Geschwister oder Freunde imponieren mit »so was« den Jüngeren, Eltern lassen ihre Videos liegen, jugendliche Computerfreaks holen sich ohne Probleme Einschlägiges auf den Monitor (> Computer, Seite 496). Die deutsche Erziehungsberaterin Eva Zattler schreibt in ihrem Buch »Jugendsexualität«: »In nahezu jeder Gruppe, in der wir sexualpädagogisch arbeiten, sind Pornovideos und Pornodisketten Thema.«

Viele Kinder und Jugendliche werden mit Pornographie in einer Lebensphase konfrontiert, in der sie noch auf der Suche sind nach ihrer künftigen Identität, ihrer Rolle als Frau oder Mann (> Suche nach Weiblichkeit, Seite 280; Suche nach Männlichkeit, Seite 281). Ihre Phantasien umkreisen das »erste Mal«, sie schwanken zwischen Angst und Freude; unsicher tasten sie sich an einen fremden Körper heran. Pornographie bietet ihnen vorgefertigte, leicht konsumierbare Bilder, deren Realitätsgehalt sie noch nicht überprüfen können: Frauen wollen immer, auch wenn sie nein sagen; Männer können immer. Und Pornographie reduziert den Sexualakt auf einen Vorgang unterschiedlichster Technik.

Ein Porno in Kinderhand fordert jeden Erwachsenen heraus, seine eigene Position zu bestimmen. Ablehnung kann nur derjenige dem Kind glaubhaft machen, der sie auch lebt. »Ich möchte so etwas nicht in meiner Umgebung haben« markiert dem Nachwuchs deutlich die eigene Position, läßt ihm aber die Möglichkeit, sich anders zu entscheiden. Als Orientierungshilfe können die Erwachsenen mit ihrem Kind Inhalt und Aussage solcher Produkte besprechen: Was erlebt das Kind, wenn es sich derartiges anschaut? Was empfindet es dabei? In einem solchen Gespräch können die Eltern verdeutlichen, wie Diskriminierungen entstehen und welche Auswirkungen Gewalt haben kann.

Vorleben entscheidet

Kinder leben ihre Geschlechtlichkeit von Geburt an auf ihre eigene Art, wenn man sie gewähren läßt (> Kindersexualität, Seite 290). Wie sich ihre Sexualität weiter entwickelt, ist wesentlich vom Verhalten ihrer Eltern geprägt (> Nicht doch, die Kinder ..., Seite 63): Wenn die Kinder sehen, wie die Mutter dem Vater im Vorbeigehen durchs Haar fährt, wie die beiden schmusend vorm Fernsehen sitzen oder ihr inniger Kuß Vorrang vor dem Klingeln des Telefons hat, wird das ihre Art zu lieben beeinflussen.

Vieles von dem, was die Kinder aus der sexuellen Gemeinschaft ihrer Eltern in ihr eigenes Leben mitnehmen, erfahren sie wortlos: Sie spüren die Sprache der Körper. Dabei nehmen sie viel von den geheimen Wünschen auf, die die Erwachsenen sich nicht getrauen, an sich selbst zu spüren, geschweige denn, sie gegenüber ihrem Partner oder ihrer Frau zu äußern.

DER GESTÖRTE DIALOG

Eltern sind lange Zeit Mittelpunkt der sexuellen Entwicklung des Kindes: Sie werden begehrt, als Vorbild vergöttert, als Konkurrent gehaßt. Für die Kleinen kennen die Großen alle Geheimnisse der Liebe, und dementsprechend werden sie beobachtet: Wie sie lieben, entscheidet mit darüber, wie ihre Sprößlinge lieben werden.

Doch seit eh und je tun sich die Erwachsenen schwer mit der »wichtigsten Nebensache der Welt«. Einerseits können sie darüber nicht sprechen, weil sich dieses Erleben zwischen zwei Körpern der Sprache entzieht. Andererseits gehört Sexuelles in unserer Gesellschaft zu den Tabus, bei denen viele sprachlos werden. Unbehagen breitet sich aus, wenn Eltern erleben, daß ihre Kinder sich für das zu interessieren beginnen, was sie zu verbergen suchen.

Die Gefühle und Gedanken der Erwachsenen spiegeln dabei die eigene Kindheit und die Geschichte des gesamten Kulturkreises.

Geschichte einer Unterdrückung

Im Hinduismus gelten alle Formen der Lust als Weg zum Göttlichen. Auch die Götter und Göttinnen des antiken Griechenlands und Roms führten noch ein turbulentes Liebesleben. Doch diesem Spaß machte das Christentum bald ein Ende. Geschlechtliche Liebe wurde als Erbsünde, als Sache des Teufels denunziert und war nur noch erlaubt, um Nachkommen in die Welt zu setzen.

Bei den Männern war es der christlichen Moral vor allem darum zu tun, ihre »Lüsternheit« zu zügeln. Sexuelles Begehren galt als den Männern eigen, es war ihnen angeboren und damit selbstverständlich und unveränderlich. Allerdings konnte man hoffen, es in gesellschaftlich akzeptierte Bahnen zu lenken.

Frauen gab es fortan als »Jungfrau« oder »Hexe«: Auf der einen Seite stand das unberührte Mädchen – Maria gleich –, das des Mannes harrte, der es übergangslos in den Stand der Mutter überführte. Auf der anderen Seite standen Frauen, die ihre eigenen sexuellen Bedürfnisse spürten, ausdrückten, ihnen sogar in ihrem Leben Raum gaben. Sie entsprachen dem Bild des verführerischen Weibes, das – Eva gleich – Verderben über die Männer und damit die Menschheit gebracht hatte. Die Sexualität der Frau wurde zur Verderbnis schlechthin und »normalen« Frauen schließlich ganz aberkannt. Ihr sexuelles Begehren sollte sich im »Empfangen« der Mutterschaft erschöpfen.

So gelang es Kultur und Religion in den letzten Jahrhunderten, weiblichen und männlichen EuropäerInnen den Genuß an der körperlichen Liebe gründlich zu vergällen.

Bis zum Mittelalter hielt sich allerdings noch kaum jemand an die sexualfeindlichen Richtlinien der Kirche. Kinder waren damals wie selbstverständlich BeobachterInnen bei dem, was Erwachsene im Bett miteinander taten. Großeltern, Eltern und alle MitbewohnerInnen schliefen in einem Raum. Nacktheit war nicht verpönt, Nachtkleidung gab es nicht, Sexualität gehörte zum Leben selbstverständlich dazu.

Kampf der Fleischeslust

Erst im 17. und 18. Jahrhundert begann sich die lustfeindliche christliche Moral allgemein durchzusetzen. Die sich entwickelnde Industriegesellschaft brauchte disziplinierte Menschen. Spontane, lustbetonte Sexualität war dem im Weg, und so wurde die böse »Fleischeslust« in das eheliche Schlafzimmer der entstehenden Kleinfamilie verbannt.

Kindliche Sexualität existierte von nun an nicht mehr, Eltern verbargen ihre eigene Geschlechtlichkeit vor den Sprößlingen: Der Klapperstorch begann seine Karriere als Vehikel zur Erklärung des Unerklärbaren.

Es galt, schon Kindern zu vermitteln, daß Sexualität ein Übel und allenfalls zur Fortpflanzung erlaubt sei. Angst und Ekel vor der Geschlechtlichkeit erwiesen sich als effektive Erziehungsmittel. Der Pädagoge K. G. Bauer etwa schrieb um 1800 in seinem Ratgeber für Eltern, sie sollten den Kindern von wilden Tieren erzählen, die ihre Geschlechtsteile auffressen. Den Mädchen wurde damit gedroht, daß es beim vorehelichen Geschlechtsverkehr zum Scheidenkrampf komme und der Mann den Schwanz nicht mehr herausziehen könne. Knaben wiederum wurde erzählt, Onanie führe zu Schwachsinn, Rückenmarkschwund und Tod.

Das Bemühen, das tägliche Leben möglichst von Kindheit an zu entsexualisieren, nahm in der zweiten Hälfte des 19. Jahrhunderts immer absurdere Formen an: Es wurden spezielle Unterhosen für die Nacht entworfen, die mit einem Schloß versehen waren, »Peniskäfige« erfunden, die Erektionen verhindern sollten. Klingelapparate sollten den Eltern jede verdächtige Bewegung des Kindes melden.

Von der Wirkung kalten Wassers

Im 20. Jahrhundert beließ man es dabei, den Kindern auf die Finger zu schlagen. Doch noch in den fünfziger und sechziger Jahren, in denen ein Gutteil der heutigen Elterngeneration herangewachsen ist, verbreiteten »Aufklärungsschriften« millionenfach, wie schädlich zum Beispiel Selbstbefriedigung sei. Eltern erfuhren so, daß onanierende Jungen »eine höhere Beanspruchung der Geschlechtsorgane« und einen »größeren Samenverlust« befürchten mußten. Für Mädchen waren die Folgen geradezu verheerend: »Wenn Masturbation ausschließlich an der Klitoris stattfindet, werden die Frauen unfähig, bei der ehelichen Beziehung die Lust in der Scheide zu empfinden«, wurde 1963 in einem Büchlein mit dem Titel »Das geht Dich an« verbreitet.

Der Ratgeber gab auch praktische Tips: »Härte ab! Eine vorzüglich abhärtende Wirkung haben kalte, mit einem großen, viel Wasser fassenden Schwamm am Morgen vorgenommene Abwaschungen der Geschlechtsorgane.«

Bis heute noch geistert die Vorstellung, Sexualität von Kindern und Jugendlichen sei eigentlich krankhaft, durch medizinische Lehrbücher.

Der lange Weg zur Lust

Parallel dazu hat sich im zähen Ringen gegen das Alte eine andere Auffassung durchgesetzt. Schon seit der Jahrhundertwende behaupteten MedizinerInnen – allen voran Sigmund Freund –, der Mensch sei von Geburt an ein sexuelles Wesen. Freuds Thesen zur kindlichen Sexualentwicklung kursierten jedoch lange Zeit nur in den Fachzirkeln.

In den fünfziger Jahren ließ der US-amerikanische Sexualforscher Alfred Kinsey aufhorchen. Seine in den »Kinsey-Reports« veröffentlichten Untersuchungen über das Sexualverhalten der AmerikanerInnen enthielten auch kleinere Kapitel über Kinder. Nun erfuhr die staunende Öffentlichkeit, daß schon Kleinkinder einen Orgasmus erleben. »Er entspricht bis auf das Ausbleiben der Ejakulation in erstaunlicher Weise dem Orgasmus eines älteren Erwachsenen«, so Kinsey.

In den späten sechziger Jahren begann man auch in Europa umzudenken. Die »Sexuelle Revolution« überschwemmte die Menschen mit einer Flut von Aufklärungsliteratur und -filmen und machte geschlechtliche Liebe zum öffentlichen Thema. Freie Sexualität – diskutiert und von vielen mehr oder minder praktiziert – nahm dem Thema das Tabu. Das schuf in der Folge freilich neue Diktate: Die intime Kommunikation zwischen zwei Menschen wurde zunehmend zur Technik, die man beherrschen mußte, wenn man sexuell befriedigt sein wollte; aus dem Glück eines Orgasmus wurde die Pflicht, den Höhepunkt erreichen zu müssen.

Zwischen gestern und morgen

Kinder, die für lustvolles Empfinden bestraft werden, geraten in einen Zwiespalt: Was ihnen so gefällt, wollen sie immer wieder erleben; weil sie es aber nicht dürfen und dennoch tun, fühlen sie sich schuldig. Wer solche Schuldgefühle als Kind verinnerlicht hat, kann auch als Erwachsener seine Sexualität schwerlich lustvoll leben.

Zusätzlich zu den Hypotheken der eigenen Geschichte und der des Kulturkreises belastet Eltern, die ihre Kinder heute auf dem Weg ihrer Sexualität begleiten, noch die Angst vor der Krankheit Aids (> Schutz vor Aids, Seite 298). All das zusammengenommen läßt auch »aufgeklärte« Eltern von heute unsicher zurück bei der Frage, wie sie sich denn ihren Kindern gegenüber verhalten sollen. KinderpsychologInnen stellen fest:
● Viele Eltern kämen zwar nicht auf die Idee, ihrem onanierenden Kind auf die Finger zu schlagen. Weil sie es aber »irgendwie« peinlich finden, ignorieren sie es. Die Kinder schließen daraus: Was mir Spaß macht, irritiert die Eltern und macht sie verlegen. Also wird daran irgend etwas nicht in Ordnung sein.

● Andere Eltern meinen, man könne gar nicht genug über Sex reden. Sie warten nicht auf die Fragen des Kindes und unterstellen ihm so womöglich sexuelle Vorstellungen und Wünsche, die vielmehr ihre eigenen sind.

ELTERNLIEBE, KINDERLIEBE

Wohl alle Kinder erfahren heute, wie schön es ist, mit Mama und Papa im Bett kuscheln zu können. Sie aalen sich gemeinsam mit ihnen in der Badewanne und dürfen dabei auch mal Vaters Penis oder Mamis Muschi berühren. Sie sehen ihre unbekleideten Eltern zwischen Badezimmer und Kleiderschrank hin- und herspringen und kommentieren, was sie sehen.

So harmlos die Eltern das finden, so verunsichert sind sie hin und wieder doch: Sie fragen sich, ob oder wann dabei eine Grenze überschritten wird, die besser erhalten geblieben wäre.

Die eigene Lust

Mittlerweile verbannen viele Familien auch zwei- bis vierjährige Kinder nicht mehr prinzipiell aus dem Elternschlafzimmer. Die Kleinen kommen nachts oft ins Bett und kuscheln sich selbstverständlich zwischen Mama und Papa.

Für Eltern, die ihre Intimität zu anderen Zeiten ohne ihre Kinder leben können, mag das in Ordnung sein. Leiden jedoch ihre Zärtlichkeit und Sexualität unter dieser Dreisamkeit, stellt sich die Frage nach Veränderungen. Die Prozedur, das geliebte kleine Wesen an sein eigenes Bett zu gewöhnen, mag zwar mühsam sein, sie dient aber allen Beteiligten (> Schlafschwierigkeiten, Seite 398). Die Eltern können wieder ohne Zeitplan und inneren Aufpasser miteinander tun, wozu sie Lust

DIE SCHLAF-ZIMMERTÜR

Irritierend genug, daß da nun ein neues, kleines Wesen den Erwachsenen zeigt, daß es neben ihrer Sexualität noch andere Arten von Lust gibt.

Dazu ist auch noch die Intimität in den eigenen vier Wänden getrübt. Ein kleines Wesen drängt sich ins Ehebett, meist wie selbstverständlich zwischen Mutter und Vater. Doch damit nicht genug: Sein kindlicher Entdeckungsdrang erstreckt sich auch auf den Körper der Mutter und des Vaters.

Allgemeine Richtlinien über das Wie, Wo und Wann der elterlichen Grenzen sind heikel. Wer das eigene Geschlechtsleben mit ungebremster Freude und ohne Gewissenskonflikte erlebt, wird sich leicht tun, die Freude und Heiterkeit des kindlichen Geschlechtslebens zu erleben.

Aber auch dem eigenen Gespür kann nicht unbedingt jeder trauen: Denn wessen Freude ist vollkommen ungetrübt, wessen Gewissen nicht ein wenig belastet?

● »Das Wohl und Weh der Kinder«, meint der österreichische Sexualmediziner Kurt Loewit, »liegt im Bett seiner Eltern.« Wenn sich die Eltern klargeworden sind, was Lust und Liebe für sie bedeuten, wie sie sie leben und genießen können, finden ihre Kinder in der befriedigenden Beziehung der Eltern das Vorbild, an dem sie ihre eigene lustvolle Sexualität entwickeln lernen.

● Kinder spüren mehr als sie hören oder sehen können. Es ist unmöglich, vor ihnen zu verheimlichen, daß die Eltern zärtlich zueinander sind, daß sie miteinander Lust und Spaß haben. Im Gegenteil: Schmusende Eltern vermitteln auch dem Kind das Gefühl der Geborgenheit und Sicherheit.

● Die Tür zum Elternschlafzimmer ist für das Kind eine Grenze, wenn die Eltern Initimitäten tauschen wollen. Dagegen mögen sie anrennen, trotzen und protestieren – diese Grenze gilt.

PsychologInnen wissen, daß die geschlossene Schlafzimmertür auch den Kindern gut tut, denn in ihnen spielt sich Widersprüchliches ab: Sie merken, daß sie die Eltern stören und ihr Liebesleben beeinträchtigen; sie spüren auch, daß das deren Gemeinsamkeit gefährden kann. Und sie fürchten sich davor, das Paar auseinanderzubringen, wenn es ihnen gelingt, sich dazwischenzudrängen.

● Eine geschlossene Schlafzimmertür muß nicht verschlossen sein. Daß die Eltern dahinter etwas tun, wobei sie allein sein möchten, darf das Kind ruhig wissen. Und es ist kein Drama, wenn das aus einem Traum hochgeschreckte Kind die Eltern »dabei« überrascht. Schlimm wird es für das Kind erst, wenn eine versperrte Tür es auch von Trost und Zuspruch abschneidet.

● Die Entwicklungsphase, in der sich das Mädchen in seinen Vater und der Junge in seine Mutter verliebt, erfordert den nächsten Balanceakt: Den Eltern schmeicheln die Gefühle, mit denen ihr Kind sie begehrt. Und während das Kind seine ganze wunderbare Sinnlichkeit ausleben darf, müssen sie deutliche Grenzen ziehen und liebevoll klarmachen, daß sie, die Erwachsenen, zueinander gehören.

● Jeder hat das Recht, die Grenze seiner Intimsphäre selbst zu ziehen. Ebenso wie Kinder selbstverständlich das Schmusen verweigern, wenn ihnen nicht danach ist, dürfen Eltern darauf bestehen, zu zweit ungestört zu bleiben. Kinder werden das um so besser verstehen, je mehr die Eltern selbst den Intimbereich des Kindes und seine Geheimnisse respektieren.

haben; die Kinder werden von einem inneren Zwiespalt befreit, den PsychotherapeutInnen so beschreiben: Einerseits schiebt sich das Kind voller Freude zwischen die Eltern, andererseits fühlt es sich schuldig, weil es ihm gelingt, sie auseinanderzudrängen. Diese Zerrissenheit kann die Kinder bis in den Schlaf hinein verfolgen: Sie träumen schlecht. Und gerade diese Alpträume nehmen die Eltern vielleicht zum Anlaß, das Kind doch wieder in ihr Bett zu lassen.

KinderpsychologInnen sehen Kinder zwar nicht gefährdet, wenn sie ihre Eltern bei intimem Tun beobachten, ständige ZuschauerInnen sollten sie aber dennoch nicht sein.

Wird deutlich, daß sich Frau oder Mann das Kind inmitten ihres Bettes wünschen, hat das Kind wahrscheinlich eine Aufgabe in der Partnerschaft bekommen, die es aufzuklären gilt (> Schlafschwierigkeiten, Seite 358).

Die Grenzen der Erotik

Kinder haben eine Haut wie Samt und Seide. Ihr Lachen trifft Mutter und Vater ins Herz. Ihre Gefühle sind unverstellt. Alles überschwemmt sie ganz. Wenn sie sich freuen, jubiliert nicht nur ihre Stimme, es jubelt auch ihr Körper. Ihre Umarmungen sind innig, ihr Bedürfnis, sich an die Erwachsenen anzuschmiegen, ist umfassend und vertrauensvoll.

»Kinder erproben ihre Sexualität neugierig und abenteuerlustig – oft und vorerst gern«, beschreibt der österreichische Sexualtherapeut Holger Eich die kindliche Entdeckungsreise. Womit sich die Kleinen erfreuen, können Eltern noch leicht hinnehmen: Sie schmunzeln über die streichelnde Hand des Mädchens zwischen den Beinen oder das steife Glied des Säuglings. Unsicher werden Eltern jedoch, wenn sie die Balance zwischen Zuviel und Zuwenig finden müssen, wenn die Kinder größer, ihre sexuellen Wünsche denen der Erwachsenen ähnlicher sind. Wohl wissend, daß

ihre Kinder Nähe und Abgrenzung zugleich brauchen, beginnt für die Erwachsenen eine heikle Gratwanderung. Schließlich sind sie die gesamte Entwicklungszeit über auch Versuchspersonen für ihre Kinder. An ihnen testen sie ihr sexuelles Selbstbestimmungsrecht zuerst, ihr Recht, sich von dem betasten zu lassen, von dem sie selbst betastet werden wollen.

Zahlreiche Untersuchungen belegen, daß aus Kindern, für die körperliche Nähe und Berührung in ihrer Entwicklungszeit selbstverständlich waren, Erwachsene werden, die sich vertrauensvoll an einen Partner oder eine Partnerin binden können und die ihre Sexualität genießen können.

Weisen die Eltern ihr Kind jedoch ab, das sich nackt an sie schmiegt, reagieren sie ängstlich oder bestrafen sie das Kleine gar, verbinden sich für die Heranwachsenden später ihre aufkeimenden sexuellen Gefühle mit übertriebener Scham und Angst. Manche Frauen oder Männer richten andererseits – meist unbewußt und in versteckter Form – ihre sexuellen Gefühle auf das Kind statt auf den Partner oder die Partnerin. Sie binden das Kind in inniger Zärtlichkeit an sich und machen es zum Partnerersatz. Kinder, die das erleben, entwickeln keinen Impuls, selbständig zu werden und sich nach und nach von ihren Eltern zu lösen.

Das Spiel unter Ungleichen

Wenn Kinder miteinander spielen, wissen sie ungefähr gleich viel oder gleich wenig über ihren Körper, sie lernen voneinander und miteinander durch Versuch und Irrtum. Zärtlichkeit und Erotik zwischen Eltern und Kind sind jedoch immer ein Balanceakt, weil sich dabei keine gleichberechtigten PartnerInnen begegnen. Nie ist die Macht eines Vaters, einer Mutter größer als in der Beziehung zum eigenen Kind. Die Grenze zwischen zärtlicher Zuwendung und erotischer oder gar sexueller Ausbeutung liegt dort, wo im Erwachsenen »gemischte Gefühle« entstehen.

DIE SUCHE NACH DEM GRENZSTEIN

Die Pubertät bringt alle Gefühle, vor allem die sexuellen, zur Explosion. Noch einmal wiederholt sich – in aller Scheu, Verunsicherung und prickelnde Neugier – das ödipale Spiel. Die Jugendlichen testen ihre sexuelle Attraktivität zuerst an den Eltern. Für diese wohl noch schwieriger als der Umgang mit dem putzigen Kleinkind, denn die Halbwüchsigen senden klare sexuelle Signale aus. Wenn sich die Eltern gleich verlegen zurückziehen, »werden sie (die Jugendlichen) kein sexuelles Selbstvertrauen entwickeln. Wenn sich die Eltern auf ihr Spiel ein bißchen einlassen, werden sie sich ängstlich wieder zurückziehen, da diese Erfahrung ihnen deutlich macht, welchen Effekt ihr Verhalten haben könnte«, schreiben Robin Skinner und John Cleese in ihrem 1988 veröffentlichten Buch »Familie sein dagegen sehr«. Der englische Familientherapeut Skynner und sein ehemaliger Klient Cleese haben ihre Gespräche aufgezeichnet. Einige Auszüge beleuchten das Problem:.

Papi – könnte ich dir als Frau gefallen?

John: Das Kind ist in der Pubertät (in der Beziehung zu den Eltern) wirklich sexuell erregend und körperlich attraktiv.

Robin: Und die Eltern sitzen daher auf heißen Kohlen!

John: Und sie sollten genau darauf eingehen wie früher, ganz natürlich, mit Freude, aber auch mit klaren Grenzen, damit das Verhalten nicht wirklich sexuell wird.

Robin: Richtig. Aber es ist gar nicht so leicht, immer das Gleichgewicht zu halten. Ein Problem dabei ist, daß die Teenager sich recht unbequem in ihrer Haut fühlen und sich demzufolge ihre Haltung von Minute zu Minute ändern kann.

John: Es muß sehr schwer für die Eltern sein, wenn die Jugendlichen dauernd zwischen heiß und kalt wechseln.

Robin: Ja. Oft meinen Eltern, alles, was sie tun, sei falsch. Natürlich gelingt es ihnen teilweise, eine gute Balance zu finden, Spaß an Neckereien und am Flirten zu haben und trotzdem die Grenzen aufzuzeigen. Aber es ist wichtig, daß sie akzeptieren, manchmal in die Rolle des Schuldigen gedrängt zu werden.

John: Sie sollten ihre Gefühle nicht abschalten, nur weil der Jugendliche sie abschaltet.

Robin: Genau, das ist das Wichtigste. Es ist notwendig für Teenager, mit ihrem sexuellen Verhalten experimentieren zu können, aber sie werden belastet, wenn sie meinen, daß sie die Sexualität ihrer Eltern kontrollieren können. Wenn sie spüren, sie hätten wirklich diese sexuelle Macht über die Eltern, ängstigen sie sich vielleicht und schalten die eigene Sexualität total ab, damit wieder Sicherheit herrscht, und mit der Zeit gewöhnen sie sich diese Haltung an.

John: Das klingt mir sehr vertraut. Ich hatte eine Beziehung zu einem Mädchen, aber es haperte mit dem Sex. Es ließ sich immer gut an, aber dann schaltete sie plötzlich ab. Als ich sie kürzlich wieder traf, erzählte sie mir, sie sei in Therapie gewesen und hätte diese Probleme in ihrer Beziehung zum Vater festmachen können. Er war ein netter Typ, und sie flirteten miteinander, bis er plötzlich merkte, daß er sexuelle Gefühle für seine Tochter entwickelte, und das bedeutete Inzest! Er schaltete also plötzlich ab, als sie gerade begann, an diesem Kribbeln Spaß zu haben. Als Folge fühlte sie sich schuldig. Als Selbstschutz lernte sie daher, sich selbst auszuschalten, um ihm zuvorzukommen. Und dieses Verhaltensmuster wiederholte sich dann.

»Sex ist schön. Macht euren eigenen, laßt uns unseren machen.« Diese Botschaft der Eltern an ihr Kind markiert Grenzlinien: »Du kannst dir allein Freude bereiten, du kannst mit deinesgleichen spielen; wir können gemeinsam etwas tun, bei dem uns beiden wohlig warm wird. Schluß ist, wenn das Gefühl so intensiv wird, wie ich es nur mit meinem Partner bzw. meiner Partnerin erleben möchte.«

Zusammen zu baden sowohl Vater als auch Tochter gleichermaßen Spaß. Und beide finden es vielleicht lustig, wenn die Zweijährige dabei mit Vaters Pimmel spielt. Stellen sich bei dem jedoch gemischte Gefühle ein, weil sein Glied steif wird, kann er getrost der Badewanne entsteigen.

Merkt die Mutter während des gemeinsamen Badens plötzlich, daß ihr vierjährige Bub seinen erigierten Penis mit rhythmischen Bewegungen an ihr reibt, darf sie dem Spiel selbstverständlich ein Ende machen.

Die Aufforderung der Fünfjährigen an den Vater, er solle sich ausziehen, weil sie ihn spüren will, überschreitet die Grenze zur Erwachsenensexualität ebenso, wie wenn der Vierjährige die Mutter für seine Doktorspiele erwählt.

Kinder brauchen klare Zeichen, wo die Trennlinie zwischen der Sexualität von Eltern und Kindern liegt. An den Grenzsteinen müssen sich die Kinder reiben und messen können; sie nehmen an, was ihnen gefällt, und weisen zurück, was sie nicht mögen (> Die Suche nach dem Grenzstein, Seite 319).

Die Grenzziehung wird noch einmal besonders schwierig, wenn die Pubertät naht. Diese fast erwachsenen jungen Menschen strahlen oft eine so starke Sexualität aus, wie die Eltern sie vielleicht schon lange nicht mehr empfangen haben. Und die Jugendlichen erproben sie: Die Tochter mimt für Papi Marilyn Monroe, der Sohn wird für seine Mami zum edlen Ritter (> Suche nach Weiblichkeit, Seite 280; > Suche nach Männlichkeit, Seite 281).

Grundregeln

Die Frankfurter Sexualpädagogin Elke Schneider hat in der Zeitschrift »Eltern« einige Grundregeln aufgezählt, mit denen Eltern ihren Kindern »Grenzsteine« aufzeigen:

● Kinder sollten von klein auf spüren, daß ihre Eltern nicht auf die Gefühle des Kindes angewiesen sind. Sie sind ihren Eltern gegenüber auch zu keinerlei Emotionen verpflichtet (> Emotionale Mißhandlung, Seite 376). Mamas Glück oder Unglück darf nicht davon abhängen, wie sehr der Sohn sie mag. Sätze wie »Wenn Papa wegfährt, bist du der Mann im Haus« machen das Kind zum Partnerersatz.

● Kinder sollen merken, daß innige Körperlichkeit keine Pflicht ist. Sie müssen jeden körperlichen Kontakt zu jeder Zeit und ohne Begründung ablehnen können. Sie müssen erfahren haben, daß Papa nicht beleidigt ist, wenn er kein Küßchen bekommt, und niemand sollte sie zwingen, Oma oder Opa zu küssen, wenn ihnen nicht danach ist.

● Die Gefühle der Kleinen sind zu respektieren – auch wenn sie den Großen als »unsinnig« oder »unnötig« erscheinen. Wenn ein Kind, das bisher unbefangen nackt umherlief, sich plötzlich keine Blöße mehr geben will, sollte das kommentarlos respektiert werden.

HOMOSEXUALITÄT

Der Spaß an der eigenen Sexualität und die Neugier an der anderer ist nicht an das Geschlecht gebunden. Genauso wie die kleinen Mädchen und Jungs einander wechselseitig entdecken, spielen Jungen mit Jungen und Mädchen mit Mädchen, ohne daß das ein Anzeichen von »Homosexualität« wäre.

Auch während der Pubertät erproben sich die meisten Teenis zunächst mit Gleichgeschlechtlichen. Schon die Studien Kinseys in den USA der fünfziger Jahre zeigen, daß sich etwa jeder und jede Dritte daran erinnern kann.

Weder vereinzelte Erlebnisse noch länger während Episoden gleichgeschlechtlicher Sexualität während der Jugend bedeuten, daß dieses Verhalten für die restliche Lebenszeit so bleiben muß.

Oft ist genau das Gegenteil der Fall: Jugendliche, die fühlen oder ahnen, daß sie homosexuell sind, durchleben oft eine quälende Zeit, in der sie ihre Neigung selbst verurteilen und zu verdecken trachten, indem sie gezielt Kontakt mit dem anderen Geschlecht suchen. Sie wagen noch nicht, einer Gesellschaft die Stirn zu bieten, in der es immer noch weitgehend als »anormal« gilt, wenn jemand überwiegend Menschen gleichen Geschlechts liebt.

Sünde, Krankheit, Verfehlung?

Homosexualität ist weit verbreitet, und jeder Mensch ist fähig, sowohl gegenüber Frauen als auch gegenüber Männern sexuelle Empfindungen zu haben. Die Normen einer Gesellschaft bestimmen, wie weit die Liebe zum gleichen Geschlecht zugelassen werden darf oder verdrängt werden muß.

Lange Zeit wurde überhaupt nur die Homosexualität der Männer gesehen. Lesbische Liebe war kaum ein Thema, männliche Homo- und Bisexualität aber sehr wohl. So hatten die meisten Ehemänner im antiken Griechenland männliche Liebhaber, und auch in den Anfängen des Römischen Reiches waren gleichgeschlechtliche Beziehungen unter Männern neben der Ehe alltäglich und nicht verpönt.

Selbst im frühchristlichen Europa galt die Liebe zum gleichen Geschlecht noch nicht als Verfehlung. Erst die Lehren des heiligen Augustinus und Thomas von Aquins, setzten andere Normen. Seitdem gilt jeder Sexualakt, der nicht der Fortpflanzung dient, wider die Natur und daher als Sünde. Als die Wissenschaft im 18. und 19. Jahrhundert allmählich begann, sich auch mit dem Sexualverhalten zu befassen, wurde der Begriff »Sünde« durch »Krankheit« ersetzt. Homosexualität galt von nun an als Erbfehler oder Nervenschaden. Noch Anfang des 20. Jahrhunderts war es Allgemeingut, daß die Liebe zum gleichen Geschlecht eine Krankheit sei.

Erst in den sechziger und siebziger Jahren setzte sich allmählich die Auffassung durch, daß Homosexualität eine Spielart menschlichen Sexualverhaltens ist wie etliche andere auch. Die Gesetze, nach denen sich jeder strafbar machte, der gleichgeschlechtliche Liebe praktizierte, wurden in Europa und den USA

Zum Weiterlesen

Homosexualität.
G. BLEIBTREU-EHRENBERG
S. Fischer Verlag, 1981.
Detaillierte Darstellung der Ursachen von
Vorurteilen gegenüber Homosexuellen.

Eine Liebe wie jede andere.
THOMAS GROSSMANN
Rowohlt Verlag, 1988.
Erfahrungsberichte von Eltern und
homosexuellen Kindern und praktische
Informationen zum Thema.

Mein Sohn liebt Männer.
DORIT ZINN
S. Fischer Verlag, 1992.

**Wir leiden nicht mehr, sondern sind gelitten;
Lesbisch leben in Deutschland.**
ILSE KOKULA
Verlag Kiepenheuer & Witsch, 1987.

Verschwiegene Liebe.
SUSANNE VON PACZENSKY
Rowohlt Verlag, 1984.
Eine der wenigen Untersuchungen über
homosexuelle Frauen.

WERNER

»Als ich zur Schule kam, war ich das erste Mal mit einem Bündel Burschen konfrontiert«, erzählt Werner, der wohlbehütet aufgewachsen war. »Sie spielten Fußball, neckten die Mädchen und brachten die Lehrer zur Verzweiflung. Sie hatten mit mir nichts gemein und sahen in mir einen pickelgesichtigen Streber, der überdies bei Mädchen gut ankam.« Von den Mitschülern ins Abseits gedrängt, blieb Werner nur stille Bewunderung für das männliche Getue. »Mir gefielen ihre elastischen Körper, ihr Ehrgeiz, der Beste, Größte und Stärkste zu sein.« Nachts träumte er davon, sich an Markus Brust zu schmiegen. Tagsüber ärgerte er sich über den Klassenhelden.

Die Anziehungskraft, die die Körper der Gleichaltrigen auf den Vierzehnjährigen ausübten, war ihm unangenehm und beschämte ihn. Er bekam eine unerklärliche Angst, der er zu entrinnen trachtete, indem er tat, was seine Mitschüler taten. Er ging mit Frauen in die Eisdiele, ins Kino und ins Bett: »Immer wieder war ich enttäuscht. So sehr ich die Mädchen als Gesprächspartnerinnen schätzte, so langweilig fand ich die Sexualität mit ihnen.«

Kurz vor dem Abitur lernte Werner Klaus kennen. »Als ich ihn das erste Mal sah, war da plötzlich ein Kribbeln in meinem Körper, wie ich es nur aus meinen Phantasien kannte.« Bei der Abiturfeier küßten sie sich zum ersten Mal. »Wir waren betrunken vom Wein und vor Glück über unsere Schulnoten. Während wir uns auf die Schulter klopften und aneinander drückten, merkten wir, wie sehr es uns gefiel. Es war wie in einem grotesken Theaterstück, verwirrend und leidenschaftlich.«

Zunächst verschonte Werner seine Eltern »damit«. Schließlich erzählte er es seiner Mutter. Immer, wenn er zu Besuch kommt, hadert sie mit dem Schicksal des heute 29jährigen. Zu einem klärenden Gespräch mit ihrem Sohn ist sie nicht bereit. Werners Vater weiß immer noch von nichts.

IRIS

»Meine erste große Liebe hieß Inge«, erzählt Iris, heute 27 Jahre alt. Die beiden kannten sich von Kindheit auf. Ob beim Doktorspiel oder beim »Räuber und Gendarm«-Spiel, Iris und Inge waren ein Liebespaar. »Wir interessierten uns nicht für Jungen. Für uns waren sie phantasielose, lärmende Rowdies, die, wenn sie mitspielten, ihre Rolle niemals gut genug abzogen.«

Das Desinteresse am männlichen Geschlecht blieb bis zur Mit-

telschule. Die Eltern freuten sich über die dicke Mädchenfreundschaft und mußten keine Sexaffären fürchten. »Wir hatten viele Freiräume, und wir nutzten sie.«

»An meinem vierzehnten Geburtstag kam die Trennung. Ich wollte Inge küssen, doch sie stieß mich weg und zog mit hochrotem Kopf ab.« Zwei Tage später klärte ein Gespräch: Inge war in einen Jungen verliebt. »Ich war wie gelähmt. Keine gemeinsamen Abenteuer mehr, keine, die mir Liebesbriefe schreibt. Gleichzeitig war ich um eine Erkenntnis reicher. Ich wußte, daß ich lesbisch oder zumindest bisexuell bin, und es machte mir Spaß.«

Die folgenden Affären mit Männern »waren niemals mehr als Liebeleien, austauschbar, glatt und bar jeder Erotik.« Seit einem Jahr lebt Iris mit Claudia zusammen. »Wir teilen Kühlschrank und Bett und sind wahnsinnig verliebt.«

Iris Eltern wissen nahezu jedes Detail aus dem Leben ihrer Tochter. Sie halten ihren Lebensstil für eine vorübergehende Marotte, die schließlich doch mit einem Mann vor dem Traualtar enden wird.

abgeschafft – mit einer Ausnahme: Der sexuelle Kontakt eines erwachsenen Mannes mit einem Minderjährigen ist immer noch strafbar. Die sexuelle Liebe unter Frauen kommt in der Gedankenwelt der GesetzgeberInnen bis heute nicht vor.

Seit den achtziger Jahren sind homosexuelle Männer durch erneute Diskriminierung bedroht: Die Krankheit Aids hielt als »Schwulenseuche« Einzug in das Bewußtsein der Menschen, obwohl sie heterosexuell lebende Menschen gleichermaßen bedroht.

Der Schock

Zu erfahren oder zu erkennen, daß das eigene Kind homosexuell ist, schockiert viele Eltern auch heute noch. Bei der Tochter schieben sie das Lesbischsein noch oft als vorübergehende Phase weg (> Werner, Iris, Seite 322). Das fällt auch leicht, weil lesbische Frauen gesellschaftliche Tabus anscheinend weniger verletzen: Junge Mädchen, die eng umschlungen durch die Straßen ziehen und sich in der Öffentlichkeit küssen, fallen kaum auf. Doch nach dem Eingeständnis der Tochter »Ich liebe nur Frauen« können ähnliche Ängste hochsteigen wie wenn sich der Sohn zum Schwulsein bekennt: Was wird aus dem Kind werden? Wird es isoliert leben müssen? Wie kann es glücklich werden? Und vor allem: Was haben wir damit zu tun?

Die moderne Sexualwissenschaft antwortet darauf klar und deutlich: Es gibt keine »Schuld« der Eltern an den homosexuellen oder lesbischen Neigungen ihrer Kinder. Ihr Verhalten liegt innerhalb dessen, wie sich Sexualität äußern kann, auch wenn die Öffentlichkeit damit (noch) anders umgeht. Alle Versuche, das anders darzustellen, sind mittlerweile widerlegt:

● Die Studien, die anhand der Lebensgeschichte von Zwillingen den Erbanteil beweisen sollten, sind methodisch ungenau.

● Der Versuch, Homosexualität auf hormonelle Bedingungen zurückzuführen, hält einer genauen wissenschaftlichen Überprüfung nicht stand.

● Eine gestörte Mutter-Kind-Beziehung führt nicht zur Homosexualität. Der amerikanische Psychiater Richard A. Isay kommt in seinem Buch »Schwul sein« zu dem Schluß: »Die gestörten Mutter-Kind-Beziehungen, wie sie von den meisten Analytikern beschrieben werden, scheinen weniger für Homosexuelle im allgemeinen charakteristisch zu sein als für Männer, die mit ihrer Sexualität Probleme haben.«

Psychotherapeutische Interventionen haben darum nicht zum Ziel, Homos zu Heteros zu machen, sondern sie sollen Menschen unterstützen, die die Gesellschaft immer noch ausgrenzt. Sie sollen ihr Selbstwertgefühl und ein positives Selbstbild stärken.

Eltern im Konflikt

Anders zu sein als andere, ist für Jugendliche eine schwere Bürde. Und sie wiegt um so schwerer, wenn das Anderssein darin besteht, homosexuell zu sein. Eltern helfen ihrem Kind, wenn sie ihm das Gefühl geben: »Ich hab dich lieb, ich steh zu dir. Nur mit deiner Art zu lieben, habe ich Probleme.« Diese Klarheit, die die eigenen Ängste und Schwierigkeiten nicht verbirgt, kann den Mut der Jugendlichen stärken, über ihre »Besonderheit« mit den Eltern zu sprechen. Allzuleicht versinken sie sonst in Schweigen aus Angst, die Zuneigung von Mutter und Vater zu verlieren.

Hinter der Unfähigkeit vieler Eltern, über die Homosexualität ihres Kindes zu sprechen, steht vielfach Unsicherheit über die eigene geschlechtliche Identität. Gespräche mit Homosexuellen oder Lesben können helfen, ihre Gedanken und ihr Leben besser kennenzulernen, sich von Vorurteilen und Ängsten zu befreien. Wer nicht in der Lage ist, die Gefühle, er sei »schuld« an der vermeintlichen »Verirrung« des Nachwuchses, abzubauen, sollte sich nicht scheuen, die Hilfe geschulter Menschen in Anspruch zu nehmen (> Beratung und Psychotherapie, Seite 757).

Vorleben statt erziehen

Die Erkenntnis, daß Kinder
eigenverantwortliche Wesen sind,
ist noch recht neu – und wer sie
berücksichtigen will, hat's nicht leicht:
Galt es früher als normal, daß sich
die Kleinen total der Erwachsenenwelt
unterordnen sollten, kann es heute
geschehen, daß diese Sichtweise
auf den Kopf gestellt wird.
Der Balanceakt, den Willen des
Kindes zu respektieren und die
eigenen Bedürfnisse als Erwachsener
zu beachten, will gelernt sein.

Mit dem ersten Tag ihres Lebens beginnen Kinder, sich Vorstellungen darüber zu bilden, wer sie sind, wer und wie die Menschen um sie herum sind, was wichtig ist im Leben und wie sie sich verhalten müssen, um dazuzugehören. Sie zeichnen sich ihre »innere Landkarte«, mit der sie sich im Leben zurechtfinden. Kinder können dabei sehr gut spüren, was sie für sich brauchen oder was nicht zu ihnen paßt, wenn man ihnen ihre Gefühle nur läßt. Und sie lernen rasch, verantwortlich auf sich selbst zu blicken, Fragen für sich selbst zu entscheiden und sich mitzuteilen, wenn sie darin unterstützt werden.

Die Eltern der neunziger Jahre sind in einer Zwickmühle: Meist haben sie selbst nicht gelernt,

wie Kinder als selbständige Menschen aufwachsen
können, statt dessen bringen sie die eigenen Erzie-
hungserfahrungen als Gepäck mit. Gleichzeitig wissen viele, daß moderne Erziehung nach anderen
Prinzipien ablaufen sollte, als sie es erlebt haben. Die
Flut von Ratschlägen, Ratgebern und eigenen
Gedanken produziert ein Bündel von Anforderungen, denen Mutter und Vater nur schwer gerecht
werden können.

Eltern, die fixen Modellen folgen, haben es
vordergründig leichter. Sie müssen nicht in jeder
Situation um ihre jeweilige Haltung ringen, und sie
finden immer eine Gruppe, die genauso denkt wie
sie. Betrachtet man die möglichen Erziehungsstile,
so stehen auf der einen Seite die »traditionellen«

Eltern, die über Anweisungen und Gebote ihr Kind
erziehen wollen; zur anderen Seite orientieren sich
jene, die ihre eigenen Bedürfnisse bedingungslos
hinter die des Kindes stellen und damit zu »neuen«
Sklaven werden. Im Alltag vermischen sich diese
Typen selbstverständlich.

»Traditionelle« Eltern

Viele Eltern fühlen sich verpflichtet, klares Vorbild
zu sein und ihre Kinder mit erziehenden Anleitungen zu formen. Sie halten das für notwendig, weil
die neuen ErdenbürgerInnen noch kaum etwas
kennen von der Welt und weil Kinder schließlich
unvernünftig sind.

Solche Eltern müssen nicht um neue Normen ringen, können sich fast automatisch an einer Gedankenwelt festhalten, die durch Generationen weitergegeben wurde. Sie wollen ihren Nachwuchs zum geachteten und belastungsfähigen Mitglied der Gesellschaft machen, indem sie auf die Kleinen von Beginn an massiv einwirken. Sie wollen dafür sorgen, daß sich ihr Kind rasch in die jeweilige Umgebung eingliedert: Sie fordern Selbstkontrolle und Beherrschung, sie streben danach, daß der Sproß adrett, ordentlich, höflich und verläßlich wird.

Eltern mit dieser Grundhaltung sorgen dafür, daß die Einordnung des Kindes in die Erwachsenenwelt gelingt – notfalls auch mit Drohungen und Strafen. Dabei kann es schon passieren, daß sich ihr Zorn in Verächtlichkeit über das »uneinsichtige« Kind entlädt oder daß »die Hand ausrutscht«. Für sie ist das die »gerechte Strafe«. Denn wie alle wollen auch diese Eltern für ihr Kind nur das Beste. Und sie sind fest davon überzeugt, mit ihren Normen und Eingriffen aus den Kleinen das Beste »herauszukitzeln«.

Rollentausch: Eltern als neue Sklaven

Eine andere Gruppe von Eltern hat sich entschlossen, alles anders zu machen, als es früher war. Sie folgen den Lehren der Gurus der Jetztzeit. Weil sie selbst als Kind gelernt haben, Pflichten fraglos zu erfüllen, nehmen diese Eltern in den Texten der Ratgeber-Literatur all das nicht wahr, was sie entlasten könnte. Ihre inneren Grundsätze der Pflichterfüllung machen aus jedem Ratschlag eine weitere Verpflichtung.

Enttäuschung, Streß und Minderwertigkeitsgefühle sind so vorprogrammiert. Schreit das Kind, sind die »neuen« Eltern ohne Einschränkung für es da. Alles wird ausschließlich an den Bedürfnissen des Kindes ausgerichtet. Das Ziel aller Mühen ist es, die großen, aber noch schlummernden Anlagen und Fähigkeiten des Kindes zu fördern. »Wahre« Eltern streicheln schon während der Schwangerschaft den Bauch, nehmen mit dem Fötus Kontakt auf, indem sie mit ihm reden, lernen Fremdsprachen, damit das Kind später leichter lernt, weil es sich an die Zwiegespräche zwischen Mutter und Vater angeblich erinnert.

Schon kurz nach der Geburt beginnt die »unterstützende Förderung«: Babymassage und Babyschwimmkurs, später Mutter-Kinder-Treffen, Gymnastik, Kleinkindmusikschule und ähnliches mehr. Die Folgen für die Partnerschaft der Eltern liegen auf der Hand: Angeblich zugunsten des Kindes müssen sie ihre Erwartungen aneinander reduzieren. Den Eltern bleibt, was das Kind »übrigläßt«.

Für diese Eltern ist das Kind die Oase des Glücks, wo sie Zuneigung, Liebe und Gefühle ausleben können. Das Kind ist ein zentraler Bestandteil im Leben, ja mehr noch, es verleiht dem Leben der Eltern erst einen Sinn. »Moderne« Eltern versuchen, mit dem Kind zu verschmelzen, ob beim gemeinsamen Sandkastenspiel oder beim Zittern im Puppentheater. Tagsüber sind solche Kinder kaum eine Minute ohne Mama oder Papa. Auch nachts bleibt die Schlafzimmertür vorsorglich offen, um dem Kind bei einem bösen Traum gleich beistehen zu können.

Konflikten mit dem Kind gehen diese Eltern ängstlich aus dem Weg. Sie erlauben sich nicht, für das Kind etwas anderes zu sein als stets harmoniebetonte und »sanfte« FreundInnen.

Balanceakt

Zwei grundverschiedene Erziehungsmodelle, die heute nebeneinander bestehen, und dazwischen jede Menge Abstufungen. Im Fall der »traditionellen« Eltern ersetzt Zwang weitgehend die Möglichkeiten, im Alltag soziale Gesetze zu erfassen und sich einzufügen. Das Kind bleibt Erziehungsobjekt, wird seines Selbstvertrauens beraubt. Doch beim anderen Modell können Eltern zu Sklaven ihrer Kinder oder ihrer eigenen Ansprüche an sich werden. Ihre Verstrickung läßt dem Kind weder klar definierte Freiräume, in denen es sich unabhängig von den Eltern entwickeln kann, noch werden dadurch Strukturen erkennbar, mit denen sich die Sprößlinge auseinandersetzen können.

Moderne, demokratische Eltern müssen erst lernen, ihre Rechte gegenüber Kindern einzufordern – auch deshalb, weil Mutter und Vater, die zugunsten des Kindes auf alles verzichten, was ihnen selbst Freude macht, für Kinder ein Graus sind.

Eltern brauchen Festigkeit, eigene Überzeugungen und Haltungen, an die die Kinder sich anlehnen können, an denen sie sich reiben und an denen sie Grenzen erfahren können. Dabei bedeutet Festigkeit nicht Herrschaft, und Freiheit nicht mangelnde Geborgenheit. Ein schwieriger Balanceakt: Wann und wie müssen Kinder ihre Grenzen erfahren? Wann soll man ihnen beibringen, daß Erwachsene eigene Bedürfnisse und Ansprüche haben, nicht nur für die Kleinen da sind? Wann vermitteln, daß es im Zusammenleben von Menschen Regeln gibt?

Unbegrenzte Zuwendung kann die Eigenständigkeit des Kindes ersticken, ihm den Mut nehmen, sich auf das Abenteuer Leben einzulassen. Und ein Zuviel kann auch zur Lebenslüge werden, weil die eigenen Bedürfnisse als Erwachsene verdrängt und auf das Kind projiziert werden. Umgekehrt kann zuwenig Geborgenheit ebenfalls die Entwicklung des Selbstvertrauens behindern.

Erziehung verläuft nie geradlinig. Welches Modell die Eltern auch bevorzugen – konsequent durchhalten können sie keines. Es wird immer Situationen und Reaktionen geben, die so gar nicht zu den oft beschworenen Grundprinzipien passen wollen. Und nicht immer sind alle Ansprüche unter einen Hut zu bringen: Einem Kind seinen Willen zu lassen, weil man es als eigenständiges Wesen akzeptiert, und gleichzeitig auf die eigenen Rechte und Bedürfnisse zu pochen. Wenn das Kind die Verhandlung, ob jetzt alle gemeinsam essen oder das Kind weiterspielen darf, zugunsten des Spielens entscheidet, bedeutet das gleichzeitig, daß Mutter oder Vater später eben nochmals in die Küche müssen – egal, ob sie dann gerade Zeitung lesen wollen oder nicht.

WOHIN (ER)ZIEHEN?

Vieles davon ist gar nicht bewußt, etliches erscheint selbstverständlich – mit den Kindern wird das Normengebäude von Mutter und Vater noch einmal aufgeputzt, um die Kinder darin aufzunehmen. Sie sollen, das ist wohl ein Grundmuster des Verhaltens der Erwachsenenwelt, den Eltern entsprechen, und diese erscheinen immer ideal. Erreichen die Kleinen diese Ideale nicht, werden sie unter Druck gesetzt – in vielen Fällen unbewußt. Was die Sache nicht unbedingt leichter macht.

Unterwerfung scheidet für viele Eltern inzwischen mit gutem Grund als Erziehungsmethode aus. Statt Kinder zu zwingen, wollen die meisten sie motivieren, die Werte-Welt der Erwachsenen freiwillig zu akzeptieren und diese auch zu übernehmen. Doch auch dieser Vorgang bleibt »Erziehung«, Heranführung an die Normen der Gesellschaft.

Eltern reagieren meist automatisch positiv auf das Verhalten der Kinder, das dem Wunschbild entspricht, und negativ, wenn es das nicht tut – auch wenn die gesprochenen Worte oft das Gegenteil erreichen sollen. Damit werden Stille stiller, Muntere frecher, Kluge noch wortgewaltiger, und oft auch Mädchen zurückhaltender, Jungen zu Draufgängern gemacht. Im Alltagsdruck der dauernd notwendigen schnellen Reaktionen und Entscheidungen übersehen Eltern leicht, daß sie im Leben mit Kindern und Kraft ihres neuen Amtes als Eltern nun auch die Chance hätten, ihre eigenen Wertvorstellungen zu überdenken. Ihnen entgeht, wieviel sie von den Kleinen lernen können.

Selbstvertrauen

Dem Kleinkind erscheinen Erwachsene unendlich fähig und mächtig. Kinder müssen enorm viel Mut aufbringen, um sich in der Welt der Riesen zu behaupten und sich unendlich beharrlich Fähigkeiten anzueignen. Deshalb brauchen sie auch ein gutes Maß an Ermutigung.

Kinder entwickeln Selbstvertrauen, wenn Eltern Vertrauen in sie setzen, wenn sie bemerken und anerkennen, wie sich die Fähigkeiten des Nachwuchses entwickeln (> Die selbstbewußten Klein- und Vorschulkinder, Seite 267). Wenn Eltern Erfolge des Kindes »normal« finden, die Mißerfolge dagegen kommentieren: »Als ich so alt war wie du ...«, »Sieh dir deinen Bruder an«, »Deine Klassenkameraden können das doch auch«, kann sich Selbstvertrauen schwer entfalten.

Und Reaktionen wie: »Es ist immer dasselbe. Ich hab's ja gewußt: Auf dich ist kein Verlaß«, wenn wieder einmal die Hose zerrissen ist, ändern das Verhalten des Kindes kaum. Statt dessen schwächen sie das Ich-Gefühl.

Selbständigkeit

Wer will nicht ein möglichst selbständiges Kind erziehen, das später mit Augenmaß sicher durch die Welt spaziert? Und doch wird gerade Unselbständigkeit fast immer von den Eltern produziert. Wie leicht ist es gesagt: »Das kannst du nicht, laß mich das machen«, wenn ein Zweijähriger beim Tischdecken helfen will. Dem Kind die Zeit zu geben, sich zu erproben – auch um den Preis einer zerbrochenen Tasse – heißt, ihm die Gelegenheit zu sozialem Lernen zu geben (> Wohnen mit Kindern, Seite 386).

Wer sein Kind übertrieben vor allerlei Gefahren beschützt, entmutigt es ebenso wie die Eltern, die ihr Kind ununterbrochen dazu bringen wollen, bestimmte Leistungen zu erbringen. Statt dessen braucht das kleine Menschenwesen Erleichterungen bei seiner Entdeckungsreise in die Welt (> Vom Wunsch, etwas zu bewirken, Seite 264).

Eltern brauchen Mut, um ihr Kind Erfahrungen machen zu lassen. Es erscheint nur im Augenblick einfacher, wenn sie sie davon abschneiden und statt dessen zur Norm erheben, was die eigene Erfahrung gebracht hat.

Selbstverständlich gibt es Grenzen: Die rettende Hand ist gefordert, wenn wirklich Gefahr droht. Eltern können ihrem Kind aber auch dann Einhalt gebieten, wenn Mutter einmal in Ruhe Zeitung lesen will oder wenn Vater seine Bücher gerne ohne Fettflecken behalten möchte. Diese Grenzen sind höchst individuell: Wenn Eltern Angst um ihr Kind haben oder Termine sie drängen, können sie dies ruhig und klar sagen. Dem Kind hilft es zu wissen, daß seine Eltern es einschränken, weil sie damit ihren eigenen Bedürfnissen und nicht einer grundsätzlichen, von außen kommenden Norm folgen.

Ehrlichkeit

Lügen sind eine »Unart«, die die meisten Eltern auf das schärfste verurteilen. Doch die Kleinen bekommen mit spitzen Ohren von Anfang an mit, daß es mit der Ehrlichkeit unter den Erwachsenen selbst nicht weit her ist. Sie registrieren, wie Vater sich von Mutter am Telefon verleugnen läßt: »Sag bitte, ich bin nicht da, ich hab' jetzt keine Zeit«, und wie er, der angeblich keine Zeit hat, sich dann das Fußballspiel im Fernsehen ansieht. Sie bekommen mit, wie sich die Erwachsenenrunde freut, weil wieder jemand das Finanzamt ausgetrickst hat. Sie sehen, daß das Nachbarkind einer Strafe entgeht, wenn es erzählt, es habe sich bei der Gartenarbeit die Hose zerrissen, obwohl sie selbst beim Tollen auf dem Spielplatz dabei waren, als das Malheur geschah. Sie fühlen, daß Mamas Erklärung, warum sie heute nicht auf den Spielplatz gehen will, nicht ihren Gefühlen und damit ebensowenig der Wahrheit entspricht, wie das gelangweilte »Ach wie hübsch«, mit dem Vater die Kinderzeichnung kommentiert.

Kinder erfahren: Mit Worten kann man aus einem Geschehen ein anderes machen.

Doch dann heißt es plötzlich: »Du hast gelogen. Das ist böse. Menschen müssen einander die Wahrheit sagen.«

ERZIEHUNGSZIELE

Wohin wollen die Eltern ihre Kleinen (er)ziehen? Immer noch zum braven Untertan? Jüngere Untersuchungen weisen darauf hin, daß seit den fünfziger Jahren jene Erziehungswerte, die auf Anpassung ausgerichtet sind, wie Ordnung, Sauberkeit, Gehorsam und Unterwerfung, zugunsten jener, die auf Selbständigkeit und Mündigkeit abzielen, an Bedeutung verloren haben.

Die Eltern der neunziger Jahre haben eindeutige Prioritäten: Neun von zehn nennen heute »Selbstvertrauen« als wichtiges Erziehungsziel, 84 Prozent wollen dafür sorgen, daß ihre Sprößlinge zur Selbständigkeit erzogen werden, ebenso vielen ist es wichtig, daß der Nachwuchs Verantwortungsbewußtsein als selbstverständliche Tugend erfährt.

Angepaßte Kinder sind freilich auch heute gefragt. Mehr als die Hälfte der deutschen und österreichischen Eltern wollen ihre Nachkommen zu ausdauernden, disziplinierten, sparsamen und gewissenhaften BürgerInnen erziehen. Pflichtbewußtsein ist für drei Viertel eine wichtige Eigenschaft. Höflichkeit und gutes Benehmen werden im deutschen Sprachraum unterschiedlich wahrgenommen: Diese Eigenschaft stellt für 86 Prozent der österreichischen, aber nur für 78 Prozent der deutschen Eltern ein zentrales Erziehungsziel dar.

Eine bedeutsame Veränderung ist aber auch in der hohen Bedeutung festzustellen, die der Bildung zugeschrieben wird. Drei Viertel der österreichischen Eltern erblicken in einer guten Allgemeinbildung ihrer Kinder ein vorrangiges Erziehungsziel. Sie sollen selbständig denken können und Andersdenkende achten.

50 Prozent der deutschen, jedoch nur 40 Prozent der österreichischen Eltern wollen ihren Zöglingen vermitteln, daß Wissendurst gut ist und gestillt werden soll. Kindliches Interesse an speziellen Lebensbereichen wie Kunst (18 Prozent), Wirtschaft (ca. 25 Prozent) und Politik (30 Prozent) zu wecken, ist immer noch kein so zentrales Anliegen.

Die Demoskopen ermittelten unterschiedliche Werte bei den Geschlechtern. Müttern erscheint es erstrebenswert, daß ihre Lieben Tugenden wie Bescheidenheit, Sparsamkeit, Toleranz, Allgemeinbildung, aber auch religiöse Bindung entwickeln. Während die Väter, wie könnte es anders sein, Technik, Wirtschaft und die Gabe zur Flexibilität bevorzugen.

Deutlich auch der Einfluß der sozialen Stellung der Eltern: Je höher die Bildung, um so häufiger werden jene Werte genannt, die eine selbständige, vielseitig interessierte, flexible, tolerante und gebildete Persönlichkeit ausmachen.

Je niedriger die Bildung der befragten Eltern, um so häufiger nennen sie jene Werte, die man als Merkmale der angepaßten, arbeitsamen, bescheidenen, höflichen und sparsamen Persönlichkeit versteht.

Der Wertewandel zeigt sich auch bei einem Vergleich der Erziehungsziele von Eltern in unterschiedlichen Altersgruppen: Je jünger die befragten Eltern waren, um so häufiger werden Werte wie Bildung als bedeutend eingeschätzt, je älter Vater und Mutter waren, um so häufiger solche der Disziplin, des festen Glaubens und der praktischen Fertigkeiten.

Von 100 Eltern in Deutschland halten für ihre Kinder wichtig:	
Selbstvertrauen	92
Selbständigkeit	84
Verantwortungsbewußtsein	85
Verständnis für andere	84
Höflichkeit	78
Gute Bildung	78
Pflichtbewußtsein	74
Fleiß	66
Gehorsam	55

Quelle: Deutsches Jugendinstitut, Familien-Survey, 1991

Dabei kommt es oft vor, daß Kinder die Wahrheit sagen, ihnen aber niemand glaubt. Und nicht selten berührt es Eltern unangenehm, wenn Kinder außerhalb der Familie enthüllen, was innerhalb der eigenen vier Wände geschieht. Andererseits »lügen« Kinder, ohne es so zu empfinden. Bis ins Grundschulalter hinein erzählen sie gerne »phantastische« Geschichten. Wenn sie bewußt nicht die ganze Wahrheit sagen, erproben sie auch ihre Autonomie. Sie merken, daß sie Ereignisse steuern können, und fangen an, ihre Macht zu spüren: So lernen sie die erste Lektion über Treue und Betrug.

Eltern reagieren aus mehreren Gründen verletzt, wenn ihr Kind sie anlügt: Sie müssen entdecken, nun nicht mehr garantiert alles über den Sprößling zu erfahren, und sie wollen, daß Ehrlichkeit ein Gebot des Zusammenlebens ist (> Gewissen und Moral, Seite 275).

Meist gebrauchen Kinder eine »Notlüge«, unter Erwachsenen auch als »Schutzbehauptung« bekannt, wenn sie nicht die Wahrheit sagen. Das sollte Anlaß sein, sich zu fragen: Was macht dem Kind so viel Angst, daß es die Wahrheit nicht sagen kann?

Statt zu drohen oder zu strafen, kann es hilfreich sein, das Kind auf die Folgen aufmerksam zu machen: Wenn es etwa daran erinnert wird, wie es war, als es der Freund im Kindergarten belogen hat.

Wenn es eine »Pflicht« zur Ehrlichkeit gibt, dann für Eltern, was ihre Gefühle den Kindern gegenüber betrifft (> Klare Gefühle, Seite 331).

Ordnung

Ordnung regelt das Zusammenleben, ist nötig. Ordnung ist Konfliktstoff: Neben dem Essen ist der Streit um die Aufrechterhaltung der Ordnung in der Wohnung Spitzenreiter unter den familiären Streitthemen.

Den Eltern geht es dabei um zweierlei: Sie fühlen sich durch das Chaos gestört, das Kinder über die – »ihre« – Wohnung bringen, und sie fühlen sich verpflichtet, zur Ordnung zu erziehen. Also schreiten sie tagtäglich mit bester Absicht ein.

Doch Kinder brauchen Chaos. Erst bei einem bestimmten Ausmaß von ausgebreiteten Spielsachen entstehen Ideen für neue Spiele.

Und Kinder haben einen anderen Zeitbegriff als Erwachsene. Sie können sich ganz auf ein Geschehen – zum Beispiel die Eisenbahn – einlassen, dann ansatzlos ins nächste – die Puppe – versinken. Was nicht heißt, daß sie auch nur im Traum daran dächten, deshalb die Eisenbahn wegzuräumen. Denn im nächsten Moment kann sie wieder attraktiv werden.

Eltern können nun nicht mehr die Wohnung allein als die »ihre« betrachten. Für die gemeinsam genutzten Räume werden demokratische Eltern mit den Kindern um Kompromisse ringen: Bis wohin darf sich beispielsweise das Chaos ausdehnen, und wo beginnt der geordnete Elternplatz?

Kinder wollen ihren Eltern gefallen, ihnen helfen, und sie haben Spaß daran. Sie wollen sich sozial verhalten und das tun, was bei Mutter und Vater gut ankommt. Dieser Wunsch ist ihnen eigen, man muß ihn ihnen nicht einbleuen. Kinder, die zum Zusammenräumen ermuntert werden und Unterstützung erfahren, werden nach einiger Zeit von sich aus Verantwortung für die Gestaltung von Lebensbereichen übernehmen, ohne das als lästige »Pflicht« zu empfinden.

Das Gegenteil geschieht, wenn Eltern es mit Druck versuchen: Dann probieren die Kinder aus, ob das wirklich eintritt, was die Eltern androhen, und ob sie mit ihren Mitteln nicht etwas daran ändern können.

Ist ein Großteil der Kindersachen im eigenen Refugium untergebracht (> Das Kinderzimmer, Seite 402), verkleinert das die Reibungsfläche. In die Ordnung im Kinderzimmer sollten sich Eltern nur einmischen, wenn zum Beispiel die Gesundheit des Kindes gefährdet ist oder Ärger mit NachbarInnen oder VermieterInnen droht. Je älter das Kind wird, desto eher wird es seine Ordnung selbst in die Hand nehmen. Mit zehn, zwölf Jahren schließlich spiegelt der Zustand des eigenen Zimmers dann bei vielen Teenis das Durcheinander in der pubertären Seele wider.

Die unvermeidlichen Konflikte mit größeren Kindern um den Zustand der Räume, die alle gemeinsam benutzen, kann in »Familienrunden« (> Familiendemokratie, Seite 334) verhandelt werden.

Höflichkeit

Höflichkeit bedeutet eigentlich nur, dem anderen zu bekunden, daß man ihn respektiert. Dazu bekennen sich auch liberale Eltern voll Überzeugung. Höflichkeit in diesem Sinne erwarten auch sie von ihren Kindern. Doch die Weise, auf die Kinder ihren Respekt bekunden, muß nicht so aussehen, wie Mutter, Vater, Großeltern und NachbarInnen es gewohnt sind.

Ein Kind, das ein Geschenk von der Oma mit freudigen Augen an sich drückt und dann wegläuft, hat auf seine Art »Danke« gesagt. Jetzt noch eine weitere Dankbarkeitsbekundung mit Worten zu fordern hieße, dem Kind die spontane Freude zu nehmen. Was hindert die Eltern daran, den verbalen Teil des Zeremoniells zu übernehmen? Mit der Zeit wird es dem Kind zur Selbstverständlichkeit werden, sowohl seine Freude zu bekunden als auch konventionell höflich zu danken.

Ähnlich verhält es sich mit dem Grüßen. Kinder empfinden fremde Gäste zunächst oft als Eindringlinge. Möglich, daß das Kleinkind erst nach einer halben Stunde Beobachtung bereit ist, Kontakt aufzunehmen. Warum nicht warten?

Auch von Oma und Opa können die Eltern Verständnis erwarten, wenn der Vierjährige seine Hände beim Guten-Tag-Sagen in der Hosentasche behält. Dann können sie ihm als Sechsjährigem auch nahelegen, den anderen Vorstellungen von Oma und Opa über eine »richtige« Begrüßung zu folgen.

Was Kinder als höflich empfinden, hängt ent-scheidend vom Verhalten der Eltern untereinander und ihnen gegenüber ab. Wo ein rüder Befehlston ohne »bitte« und »danke« herrscht, werden Kinder keine anderen Umgangsformen lernen (> Kinder respektieren, Seite 336).

KLARE GEFÜHLE

Botschaften der Eltern an ihr Kind sollten der eigenen Stimmungslage tatsächlich entsprechen.

Eine amerikanische Studie über den Stellenwert verschiedener Kommunikationsformen ergab, daß die zwischenmenschliche Verständigung zu 55 Prozent durch Körpersprache und Mimik, zu 38 Prozent durch den Ton der Stimme und die Art des Sprechens und nur zu sieben Prozent durch den Inhalt der Worte erfolgt. Wenn Mama versucht, ihren Zorn durch ein möglichst liebevolles Gespräch zu überdecken, wenn Vater moralische Empörung spielt, obwohl er den Streich des Kleinen in Wahrheit toll fand, wird das Kind heftig verwirrt.

Es bekommt das Gefühl, seinen Wahrnehmungen nicht mehr trauen zu können, und hat dann Schwierigkeiten, sich selbst einzuschätzen. Viele vermeintliche Erziehungsprobleme sind nichts anderes als die Folge dieser Verunsicherung.

Wer wütend ist, soll das sagen, wer traurig ist, das Gefühl nicht überspielen. Eltern sollen keine schlechten Erziehungsschauspieler, sondern authentisch sein. Solange sie auf diesem Gebiet noch viel an sich selbst arbeiten müssen, können sie auch von den Kindern nicht zuviel erwarten.

Lediglich Haß und Mißachtung sind Gefühle, die Eltern ihrem Kind gegenüber besser nicht zeigen sollten.

VERHANDELN

Szene 1

Richard hat eingekauft und das Mittagessen gekocht: »Essen ist fertig«, ruft der Vater stolz und auffordernd zugleich. Die vierjährige Tochter spielt und reagiert nicht. »Komm jetzt zu Tisch«, setzt Richard energisch nach, »es gibt Hühnchen, und das wird gleich kalt.«

»Aber ich will noch spielen und bin nicht hungrig«, ist die nicht minder entschlossene Antwort.

Richard fordert die Kleine auf, sofort zu kommen.

Ein schimpfender Vater, eine weinende Tochter und ein kaltes Huhn sind die unausweichliche Konsequenz.

Szene 2

Richard geht zu Sarah und erzählt ihr, daß er jetzt gekocht hat und das Hühnchen gleich auf den Tisch stellen wird: »Kommst du auch bald, ich bin hungrig und möchte gerne mit dir essen?«

»Aber ich will noch spielen«, ist zunächst die Antwort.

»Gut, noch fünf Minuten, und dann bringst du die Giraffe und den Esel mit, die sind doch sicher auch hungrig«, versucht Richard darauf einzugehen.

»Zehn Minuten«, lautet die absehbare Reaktion.

Wenn Sarah auch dann nicht kommt, bleibt es Richard überlassen, ob er erneut zu verhandeln beginnt. Wenn er hungrig ist und nicht mehr reden, sondern essen mag, sollte er sich eben allein zu Tisch setzen und sich's schmecken lassen.

ERWACHSENE METHODEN

Eltern mit eigenen Kindern müssen ihr Regelwerk des Zusammenlebens noch einmal neu schreiben. Manche liebgewonnene Gewohnheit wird überdacht und muß erneuert werden, weil das Kind auf seinem Recht im Dreiecksverhältnis besteht. Zunächst bestimmt der Winzling, bis er an jene bitteren Grenzen und Schranken stößt, die ihm das Zusammenleben mit seinen Eltern auferlegt.

Für das Elternpaar sind Normen unabdingbar, für das Kind sind sie zunächst vor allem unverständlich. Es kann nicht verstehen, warum Mögliches unmöglich sein soll. Warum es am Abend ins Kinderbett soll, wenn das Tollen im elterlichen Schlafzimmer gerade so lustig war. Warum es mittags am Essenstisch erscheinen soll, während das Sandkastenspiel mit Freunden viel spannender ist.

Kinder brauchen Grenzen. Grenzenloses Tun ist nur auf Kosten der Mitmenschen möglich. Allerdings argumentieren Eltern allzuoft mit den »Zwängen des Alltags«, um eigenmächtig und strikt Grenzen zu setzen, die sie für »notwendig« erklären.

Eltern, die nicht gleich ein Normengebäude aus Beton errichten, sondern dem Kind vielmehr die Grundmauern präsentieren, geben ihm Raum, um eigene Vorstellungen und Überzeugungen zu entwickeln. Das Kind muß die Eltern auch dann an seiner Seite wissen, wenn es Anschauungen vertritt und Dinge tut, die den elterlichen Anschauungen vom »richtigen Leben« zuwiderlaufen.

Die meisten Eltern beachten kaum, daß ihr eigenes Verhalten viel mehr »erzieht« als die Normen und Regeln, die sie dem Kind mit Worten zu vermitteln suchen. Eltern sind die Hauptpersonen im Leben der Kinder, gut 90 Prozent aller Werte und Haltungen schauen sie ihnen einfach ab.

Das Verhältnis der Eltern zueinander prägt die Beziehungen innerhalb der Familie. Und es prägt die Art, wie das Kind Beziehungen eingeht, Werte erlebt und Umgangsformen entwickelt.

Wenn Eltern bei ihren Kindern jetzt und später Achtung, Wärme, Anteilnahme, einfühlendes Verstehen, Echtheit und Offenheit wünschen, dann lehren sie das, indem sie selbst so leben und die Kinder das wahrnehmen lassen. Um sich gegenüber Partner, Partnerin und Kind so zu verhalten, wie jeder das von sich erwartet, muß jeder Mensch zunächst einmal sein Innenleben genau kennengelernt haben und zudem bereit sein, Konflikte »positiv« zu bewältigen (> Streiten lernen, Seite 62).

Die eigene Haltung bestimmt

Kinder spüren genau, wenn zwischen den Eltern etwas nicht stimmt. Sie brauchen die Chance zu erfahren, worum es geht. Dann können sie auch miterleben, wie die Großen mit zwischenmenschlichen Problemen umgehen und selber daraus lernen. In einer Familienatmosphäre, in der sich alle zwanghaft um Harmonie bemühen, gedeihen Kinder schlecht. Allerdings kann es ein guter Grundsatz sein, allzu laute, verletzende Streitereien oder solche, die nahe der Gewalt geführt werden, nicht vor den Augen der Kinder auszutragen. Hier genügt die Information, daß es Ärger gibt und warum, ohne die Kinder mit Details zu belasten.

Schon Ein- bis Zweijährige sollten in einfachen Worten erfahren, worum es bei dem oft unvermeidlichen Streit geht, und – noch wichtiger – sie sollten gesagt oder gezeigt bekommen, wie sich die Erwachsenen letztlich geeinigt haben. Denn nicht selten fühlen sie sich als Zünglein an der Waage, das den elterlichen Streit entflammen ließ.

Uneinige Eltern

Mutter und Vater reagieren immer und immer wieder unterschiedlich. Vater hat sich gerade entschlossen, ein Spiel zu beginnen, während Mutter zum Aufbruch drängt; oder sie will dem Drängen des Kleinen, noch eine Viertelstunde aufbleiben zu dürfen, nachgeben, während Vater unter Hinweis auf die Schule insistiert; Mutter geht das Gekreische auf die Nerven, das Vater gerade mitinszeniert hat, weil er voll schlechten Gewissens über seine späte Heimkehr noch mit der Tochter herumtollen will. Der Familienalltag produziert unausweichlich Situationen, in denen die Eltern unterschiedliche Grenzen setzen.

Was manchen negativ erscheinen mag, ist für die Kinder ein Glück: So lernen sie ganz früh, daß Gebote und Normen relativ sind. Sie erfahren, daß die Welt kein geschlossenes, ehernes Ding ist, sondern ein Beziehungsgefüge. Obendrein zwingt die Debatte

---

Zum Weiterlesen

Familienkonferenz.
THOMAS GORDON
Heyne Verlag, 1989

Familienkonferenz in der Praxis.
THOMAS GORDON
Heyne Verlag, 1992

Wer träumt, hat mehr vom Leben.
LINDE VON KEYSERLINK
Patmos Verlag, 1992

Eltern, Kind und Neurose.
HORST EBERHARD RICHTER
Rowohlt Verlag, 1991

Erziehungspsychologie.
REINHARD UND ANNE MARIE TAUSCH
Verlag für Psychologie Dr. C. H. Hogrefe, 1991

GROSSE WUT

»Lange bevor ich selbst ein Kind bekam, hatte ich mir geschworen: Du schlägst dein Kind nie. Und doch kamen Situationen, in denen ich mich stark zusammenreißen mußte, um diese blinde Wut, die gleiche blinde Wut, die auch mein Vater in sich gespürt haben muß, nicht an meinem Sohn Alexander, der jetzt 21 Monate ist, auszulassen: Situationen, in denen ich uns beide nur vor dieser unkontrollierbaren Wut schützen konnte, indem ich Kissen auf den Boden schleuderte und die Wände anschrie.

Bis ich erkannt habe, daß ich auf Alexander die Wut projizierte, die ich eigentlich meinem Vater entgegenschleudern wollte. Ich war mittendrin in der Falle: Die Ohnmacht, die ich als Kind bei Ausbrüchen meines Vaters verspürt hatte, spürte ich nun, wenn Alexander seine Grenzen bei mir austestete; die Macht, die mein Vater mir gegenüber ausspielte, spielte ich nun meinem Kind gegenüber aus.

Es gibt viele Nuancen dieses Gesellschaftsspiels von Macht und Ohnmacht. Es liegt an uns, ob unsere Kinder das Spiel weiterspielen werden. Es ist ein Lernprozeß, wir müssen die Bereitschaft in uns wecken, die verzwickten und unbewußten Macht/Ohnmachtkonstellationen aufzudecken. Es verlangt Übung, erst einmal innezuhalten, wenn unsere Kinder uns auf der Nase herumtanzen, zu erfühlen, warum bin ich so gereizt, aggressiv, was will mein Kind mir jetzt sagen, was fehlt ihm gerade jetzt.

Das Kind ist nur der Auslöser, der Spiegel, der uns vorgehalten wird.«

Aus dem Brief einer Mutter an die Zeitschrift »Eltern«.

über ihre unterschiedlichen Auffassungen die Eltern dazu, die Gründe für ihre Entscheidung offenzulegen – Anordnungen, die nicht plausibel begründbar sind, werden Kinder sehr schnell entlarven.

Der Kompromiß

Erst wenn Menschen ihre verschiedenen Interessen einbringen und miteinander abgleichen können, ist ein gleichberechtigtes menschliches Zusammenleben möglich. Früher geschah das durch Anordnungen und Gebote. Heute verlieren autoritäre Verhaltensmuster selbst im Berufsleben zunehmend an Bedeutung; lebbare Kompromisse auszuhandeln, wird immer wichtiger. Und die gleichberechtigte Partnerschaft zwischen Frau und Mann läßt sich nicht verwirklichen, wenn einer seine persönliche Lust an der absoluten Durchsetzung befriedigt.

Nur im Alltagsleben mit Kindern gilt der Interessenausgleich immer noch als »fauler Kompromiß«. Eltern, die miteinander und mit den Kindern verhandeln, gelten leicht als inkonsequent.

Dabei ist der Kompromiß zwischen den Wünschen und Bedürfnissen von Eltern und Kindern das wichtigste Instrument demokratischer Erziehung.

Es ist sicher kein Zufall, daß es für den positiven Kompromiß, der beiden das Gefühl gibt, die eigenen Interessen zumindest zum Teil durchgesetzt zu haben, kein deutsches Wort gibt: Der »faire« Kompromiß bereinigt Konflikte sowohl unter Erwachsenen als auch zwischen Kind und Eltern am wirkungsvollsten. Schließlich geht es darum, die Bedürfnisse aller aneinander anzupassen und nicht darum, die Bedürfnisse der Erwachsenen möglichst komplett durchzusetzen. Das bedingt, daß beide Seiten gelegentlich zurückstecken müssen.

Familiendemokratie

Wo immer eine Gruppe zusammenlebt, die ihre Rechte und Pflichten gerecht verteilen will, muß jedes Gruppenmitglied seine Interessen und Ideen gleichberechtigt einbringen können.

Die Einrichtung einer »Familienkonferenz«, bei der alle ihre Wünsche, Pläne, Klagen und Vorschläge vorbringen, schafft den regelmäßigen Rahmen, etwas auszudiskutieren. Dort schmiedet man gemeinsame Pläne, der Küchendienst wird ebenso organisiert wie das Geburtstagsfest, Anschaffungen werden besprochen und woher das Geld dafür kommen soll. Nutzt jemand die Familienkonferenz als Klagestunde, ist er verpflichtet, immer auch einen Änderungsvorschlag einzubringen.

Entgegen allen Vorurteilen genießen es schon drei- bis vierjährige Kinder, an solchen »ernsten« Entscheidungsprozessen teilzunehmen.

Die Formalien dieser Familienrunde lassen sich untereinander aufteilen: Auch die Kinder können nach einiger Zeit die Rolle der Diskussionsleiterin oder die des »Protokollführers« übernehmen. Alle Beschlüsse fein säuberlich festzuhalten, kann sich nach einigen Wochen als sehr nützlich erweisen.

In der Runde kommt jeder mit seiner Meinung zu Wort. Doch gerade, wenn Familien diese Einrichtung erst zu etablieren beginnen, hilft den Kindern der Bonus, ihre Vorschläge als erste unterbreiten zu dürfen. Die Eltern achten darauf, daß nicht nur das besprochen wird, was sie selbst wichtig finden.

Für kleine Kinder sollte eine Konferenz nicht länger als 20 Minuten dauern, später kann schon eine Stunde oder länger »konferiert« werden.

Eine solche Einrichtung hilft nicht nur, die Probleme des Familienalltags fair zu lösen: Die Familienkonferenz ist ein Übungsfeld für alle sozialen Fähigkeiten, die die Kleinen später dringend brauchen werden.

Muß Strafe sein?

Jahrhundertelang wurde versucht, erwünschtes Verhalten mit dem Ritual »Belohnen und bestrafen« herbeizuführen. Wie effektiv das war, spüren die meisten Eltern noch in sich selbst: Angst,

ZUHÖREN LERNEN

Gegenseitiger Respekt bedeutet, erst einmal anzuhören und anzunehmen, was der andere zu sagen hat. Eltern mögen nicht der gleichen Meinung sein wie ihre Kinder, aber sie können versuchen, ihre Gefühle und Gedanken zu verstehen.

Voraussetzung ist, daß Eltern mit »ihresgleichen« sprechen und Kindern nicht eine untergeordnete Rolle zuweisen.

Gelingt das nicht, dann spielen Eltern in bester Absicht die merkwürdigsten Rollen, wenn ein Kind bei ihnen Trost sucht:

Die »Heiligen« sind voller Gebote, irritiert und darauf bedacht, daß der Nachwuchs »richtige« Gefühle hat – was bedeutet, daß er nur solche zeigen darf.

Die »Tröster« nehmen die Sache locker und wollen dem Kind seine Gefühle ausreden: »So schlimm ist es nicht«, sagen sie, machen noch einen Scherz und schicken das Kind mit einem Klaps wieder ins Kinderzimmer.

Die »Allwissenden« zeigen dem Kind, wieviel Erfahrungen man auf dem Weg zum Erwachsenwerden sammeln muß, geben Ratschläge und Mahnungen: »Wenn du einmal so alt bist ...«

Die »Richter« wissen, daß das Kind im Gegensatz zu ihnen immer unrecht hat. »Mach dich nicht lächerlich«, ist ihr Kommentar, und »ich hab's doch gesagt«.

Die »Helden« schließlich halten die negativen Gefühle des Kindes nicht aus. »Reiß dich zusammen«, fordern sie.

Unterordnung, fehlendes Selbstvertrauen sind die »Nebenwirkungen« dieser Erziehungsmethode.

Es mag beruhigend sein, daß traditionelle Erziehungsmethoden ohnehin kaum noch funktionieren. Kinder spüren heute, daß sie im Prinzip gleichberechtigt sein sollten und lassen sich durch Bestrafung selten von etwas abbringen.

Das Lohn-Strafe-Verfahren hat noch weitere Nachteile: Es macht die Eltern für das Verhalten der Kinder verantwortlich, behindert die Kleinen darin, eigene Erfahrungen zu machen und daraus zu lernen, und es trübt das Verhältnis Eltern-Kinder.

Eltern, die es verstehen, alltägliche Konflikte nicht automatisch im Machtkampf zu lösen, ersparen sich viel Kopfzerbrechen. Wer eigenverantwortliche, selbstbewußte Kinder erziehen will, muß ihre Motive und Interessen ernst nehmen – zumindest so ernst wie die eigenen.

Die »gesunde« Ohrfeige

Klapse, Backpfeifen und Schläge, bewußt als Erziehungsmittel eingesetzt, zerstören das Selbstbewußtsein des Kindes, vergiften und lähmen das Miteinander. Kinder, die für »Vergehen« wie Lügen (> Ehrlichkeit, Seite 328) oder Diebstahl (> Unser Kind stiehlt, Seite 537) geschlagen werden, gewinnen dadurch keine Einsicht in ihre »Tat«. Im Gegenteil: Schläge verhindern das Nachdenken und behindern die Gewissensbildung. Sie »drillen« auf ein erwünschtes Verhalten, ohne dieses zu begründen. Mit Schlägen formt man allenfalls angepaßte und stille, keinesfalls aber mündige und selbständige Kinder (> Gewalt gegen Kinder, Seite 372).

Darf die Hand ausrutschen?

Kinder erproben ihr Ich (> Trotz und Widerstände, Seite 274) meist weniger an Spielsachen oder FreundInnen als an den elterlichen Grenzen. Alle Eltern wissen, wie sehr »ausgeflippte« Kinder an der eigenen Geduld zerren können. Die Kleinen haben ein feines Gespür für den wunden Punkt ihrer Eltern. Zielsicher traktieren sie die musikhörende Mutter mit ohrenbetäubendem Geheul oder treiben sie mit besonderer Ausgelassenheit an die Grenze ihrer Belastbarkeit.

Im Gefühl totaler Überforderung geschieht es dann: Der Klaps, die Ohrfeige in einer extrem angespannten Situation ist ein »Unfall« – nicht gut fürs Kind, aber auch keine Katastrophe.

Anschließend tut allen Beteiligten ein Gespräch gut, in dem die Eltern dem Kind zu erklären versuchen, was sie außer dem konkreten Anlaß sonst noch zu dieser Kurzschlußhandlung gebracht hat: Meist spielen mehrere Faktoren mit, wenn die »Sicherungen durchbrennen«. Das Kind versteht Entschuldigungen und das Bemühen, das Geschehene zu erklären.

Sprechen Sie, sobald das Kind dazu bereit ist, über Ihre Gefühle, und vermeiden Sie Rechtfertigungen. Dem Kind ist eher geholfen, wenn es erfaßt, welcher Zorn im Spiel war.

Eltern brauchen sich nicht davor zu fürchten, ihren Zorn zu äußern. Je eher sie es schaffen, dem Kind auch ihre negativen Stimmungen mitzuteilen, desto seltener wird es derartige »Unfälle« geben.

Kinder respektieren

FreundInnen kommen zum Abendessen. Die GastgeberInnen empfangen ihre Gäste mit der Bemerkung: »Sie kommen aber wieder einmal reichlich spät!«

Als ein Gast, ins Gespräch vertieft, kaum Neigung zeigt, sich der Vorspeise zuzuwenden, sagt der Hausherr: »Die Suppe wird gegessen. Wozu koche ich denn eigentlich?«

Ein anderer Gast hat die Angewohnheit, immer wieder an den Haaren zu fummeln. »Nehmen Sie gefälligst die Finger weg, wir sitzen bei Tisch«, mahnt die Gastgeberin.

Schließlich springen die Gäste auf und rufen empört: »Wir sind doch nicht Ihre Kinder!«

Eltern beklagen sich häufig, daß ihnen die Kleinen nicht zuhören. Bei genauerem Nachfragen stellt sich meist heraus, was und wie sie geredet haben: Drohungen, Verhöre, Anweisungen, Spott. An solche Wort-Güsse gewöhnen sich die Sprößlinge recht bald, klappen ihre Ohren zu und warten, bis es vorüber ist.

Kinder demokratisch zu erziehen, bedeutet, sie als Wesen mit eigenen Bedürfnissen zu respektieren. Auf Menschen einzugehen, indem man ihnen zuhört, ist oft schwieriger als zu sprechen (> Zuhören lernen, Seite 335).

Zuhören und Aufmerksamkeit geben dem Kind das Gefühl, in seiner Regung ernstgenommen zu werden. Es bedeutet:
● Ich möchte, daß du mir sagst, was du empfindest.
● Ich akzeptiere deine Empfindungen.
● Ich überlasse dir die Entscheidung, was du mir mitteilen möchtest.

Die Reaktion des Kindes ist eine wichtige Botschaft. Wer sie zunächst »aufnimmt«, statt sie zu kommentieren, hilft, die Kommunikation weiterzuführen. Sätze wie »Du bist jetzt traurig, weil Peter dir den Ball weggenommen hat«, oder »Das klingt, als hätten Mark und du Schwierigkeiten« ermuntern das Kind, weiter über sich zu sprechen und über das, was vorgefallen ist, anstatt sich gegenüber den Eltern zu rechtfertigen, warum was wie gelaufen ist.

Wer hat ein Problem?

Wollen Eltern mit ihrem Kind ein Problem lösen, brauchen sie zunächst einmal Klarheit, um wessen Problem es sich handelt. Das erfordert meist einige Nachdenk- und Umdenkarbeit bei den Erwachsenen:
● Die einen tendieren dazu, jedes Problem als ihr eigenes zu empfinden. Wenn das Kleine traurig ist, bricht ihnen das Herz; wenn das Kind von einem Gleichaltrigen einen Klaps bekommt, tut ihnen das weh. Solche Eltern verheddern sich zwischen den eigenen Gefühlen und denen der Kinder und sind kaum in der Lage, dem Kleinen eine Stütze zu sein.
● Andere Eltern neigen dazu, alles, was schiefläuft, dem Kind anzulasten, ohne sich zu fragen, was sie dazu beigetragen haben.

Die Kunst besteht darin, das Problem des Kindes als seines zu erkennen, ohne sich die Schwierigkeit selbst anzueignen; zu verstehen und mitzufühlen, ohne jedoch das Schwierige für das Kind lösen zu wollen.

Der Satz: »Das ist nicht mein, sondern dein Problem« ist nur unfreundlich, wenn er dazu dient, die Angelegenheit wegzuschieben. Wenn er aber bedeutet: »Ich kann nicht statt deiner fühlen, will aber versuchen, dich zu verstehen und zu stützen«, kann er die Basis für sinnvolle Hilfe sein.

Wenn beispielsweise ein Kind im Kindergarten nicht mitspielt, merken die Eltern davon nichts. Die Gründe, warum sich das Kind zurückzieht, mögen zwar in der Familie liegen, aber das Verhalten ist nun zu seinem eigenen Problem geworden. Erfahren die Eltern davon, können sie dem Kind und auch den BetreuerInnen viel besser helfen, wenn sie nicht gleich mit einer Fülle von Verteidigungsargumenten im Kindergarten intervenieren. Statt dessen können sie das Kind erzählen lassen, warum es sich so absondert, wie es sich fühlt, wenn die anderen ohne es spielen und welche Ideen es hat, wie man das verändern könnte.

Wenn der Sohn »unangenehm auffällt« und ungewöhnliche Fragen stellt, sobald die Eltern Besuch haben, dann kann das für die Eltern ein Problem sein. Sie können ihm erklären, was ihnen daran unangenehm ist, und ihn bitten, ihnen zukünftig solche Situationen zu ersparen.

Wenn sich die Tochter zurückgesetzt fühlt, weil sie die Jüngste in der Familie ist, dann ist das ihr Problem, nicht das ihres älteren Bruders.

Ich-Botschaft statt Regel

Eltern haben legitime Bedürfnisse und Wünsche an Kinder. Dafür wollen sie bei den Kleinen Verständnis und Interesse wecken. Das geschieht am leichtesten mit sogenannten Ich-Botschaften; am effektivsten mit jenen, die das momentane Gefühl der Eltern treffend wiedergeben: »Ich fühle mich gestört, wenn deine Musik so laut ist, daß ich mich nicht mehr unterhalten kann.« »Ich möchte genau wie du im Wohnzimmer leben, und mich stört es, wenn dort alles voller Brösel ist.«

Das Gegenteil dieser Ich-Botschaften sind Vorwürfe und Forderungen. Eltern sprechen sie in guter Absicht aus, und dennoch machen sie die Kinder bald erziehungstaub: »Du sollst nicht immer so laut Musik spielen.« »Nie räumst du das Wohnzimmer auf, wenn du mit Peter dort ferngesehen hast.«

Ich-Botschaften geben dem Kind das Gefühl: Das Gesagte richtet sich nicht gegen mich, weil man mich nicht mag, sondern Mutter und Vater wollen das, weil sie ein eigenes Leben haben.

Solche Ich-Botschaften fordern das Kind heraus: Es wird in seiner Tätigkeit unterbrochen und muß sich mit der Botschaft befassen. Möglich, daß es darauf mit Widerstand reagiert. Diesem lauschen nun wieder die Eltern mit Feingefühl. So werden sie wieder ZuhörerInnen, die sensibel auf das eingehen, was das Kind ihnen als sein Bedürfnis entgegenhält. Ein Dialog hat begonnen.

Schimpfen, Zorn und Ärger

Mit Schimpfen erreichen Eltern oft genau das Gegenteil dessen, was sie beabsichtigen. Das Kind bekommt meist unbewußt den Eindruck: Solange ich still esse, kümmert sich niemand um mich. Erst wenn ich mit dem Kartoffelpüree herumschmiere, bekomme ich Aufmerksamkeit.

Als »Erziehungsmittel« taugen elterliche Maßregelungen meist wenig – um so weniger, je mehr sie zum Ritual geworden sind und je mehr es dem Kind an positiver Zuwendung und Lob mangelt. Der Mechanismus ist tausendfach beobachtet und beschrieben: Wenn die Eltern dem Kind keine alltägliche Aufmerksamkeit schenken und erst eingreifen, wenn sie ihre Normen verletzen, dokumentiert das »Machtwort« nur Ohnmacht: Das Kind tut »erst recht« das, was die Eltern soeben deutlich als unerwünscht erklärt haben.

Wenn Eltern und Kinder offen und unverstellt miteinander umgehen, wenn die Familienatmo-

sphäre es zuläßt, Gefühle spontan zu äußern, dann kann Schimpfen jedoch auch den Zorn des Erwachsenen ausdrücken. Das Kind erhält eine Botschaft, die es aufnehmen kann: Hier habe ich eine Grenze überschritten, jemanden verletzt.

Konsequenzen erlebbar machen

Viele PsychologInnen schlagen vor, das Kind nicht zu strafen, sondern die logischen Folgen seines Tuns spüren zu lassen. Das würde zum Beispiel bedeuten, daß kaputte Spielsachen eben nicht mehr zu verwenden sind, Wäsche, die nicht im Wäschekorb ist, nicht gewaschen wird, und Hausaufgaben, die nicht getan sind, Ärger mit der Lehrerin einbringen. Ein Kind die Folgen selbst erleben zu lassen, wenn es körperlich aggressiv zu Gleichaltrigen war, kann eine wichtige Erfahrung sein (> Aggressionen, Seite 356). Manche Konflikte des Alltags mögen sich so lösen lassen, manche Entlastung zu erzielen sein.

Doch dieses Prinzip taugt nicht immer. Wenn ein Kind etwa zu Mittag nichts ißt, ist der Satz »Schade, das nächste Essen gibt es erst abends« zwar logisch, aber nur eine Bestrafung im neuen Gewand.

Verstärken

PsychologInnen sprechen von »Verstärkung« und meinen damit einen ganz alltäglichen, eigentlich selbstverständlichen Vorgang: Ein Verhalten, für das man positive Zuwendung erhält, wird eher wiederholt als eines, für das man Ablehnung erfährt.

Eltern, die ihren Alltag mit Kindern überprüfen, werden allerdings bald erkennen, wie selten sie gerade die alltäglichen Verhaltensweisen der Kinder, ihre kleinen Lernschritte mit Anerkennung und Ermutigung quittieren. Das Gegenteil geht geradezu automatisch. Wem auffällt, daß sein Kind geradezu lustvoll Situationen herbeiführt, auf die Mutter oder Vater negativ reagieren, sollte ernsthaft nachdenken, ob er es nicht an Anerkennung und Zuwendung mangeln läßt.

Schlimme Kinder

Kinder durchbrechen durchaus gezielt die Regeln der Erwachsenenwelt – einfach aus Übermut, oder um Reaktionen oder Zuwendung zu provozieren.

Und es gibt Kinder, die sich den einfachsten, aber notwendigen Regeln des Zusammenlebens von Menschen nicht unterordnen. Sie tanzen im wahrsten Sinn des Wortes auf den Nerven der Angehörigen herum. Sie reagieren auf keinerlei Rat, Mahnung oder Drohung.

Die Zeitschrift »Eltern« mit ihrer Erfahrung durch Beratung und Recherche hat versucht herauszufiltern, was das für Kinder sind – und die RedakteurInnen fanden Eltern-Typen, die »schlimme« Kinder geradezu produzieren:

● Eltern, die nach dem Motto »Wehret den Anfängen« immer rasch mit rigorosen Strafen bei der Hand sind – mit Früh-ins-Bett, keine Gutenacht-geschichte, Klapsen, Haus-arrest. Die Kinder nehmen die Strafen hin, ohne daß zunächst Auswirkungen zu bemerken wären – allenfalls steigern sie noch ihr unerwünschtes Verhalten.

● Eltern, die zwar selten strafen, aber immer damit drohen. Bald hören die Kinder interessiert zu, nicken mit dem Kopf – und machen, was sie wollen.

● Und schließlich Eltern, die grundsätzlich alles erklären wollen, sich stets unter Kontrolle halten und jeder Auseinandersetzung ausweichen.

Eltern, die einerseits relativ ehrlich mit sich und ihren Gefühlen umgehen, andererseits berücksichtigen, daß sie unendlich viel mächtiger sind als ihre Nachkommen und diese Macht freiwillig begrenzen, werden weniger Probleme haben.

Das Recht auf Eigenwillen

Der Satz »Kinder haben noch keinen Willen« hat viele Erwachsene geprägt.

Doch Kinder haben ein Recht darauf, sich Regeln zu widersetzen, die ihnen nicht nachvollziehbar erscheinen oder die sie falsch finden. Selbst die UNO erkennt an, daß die Grundrechte von freier Meinungsäußerung bis zum Demonstrationsrecht auch Kinderrechte sind.

Gerade Kinder, denen besonders viele Normen die Lust an der Entdeckungsreise durch das Leben verstellen, neigen dazu, auf diese Einschränkungen mit ihrer Art von Demonstration zu reagieren: Sie rebellieren.

Ihnen hilft es am ehesten, wenn Eltern Gegendemonstrationen vermeiden und statt dessen Zuwendung zeigen. Mutwilliges Zerstören will meist provozieren, Strafe löst deshalb den nächsten Provokationsversuch aus. Die Handlung klar zu verurteilen, sich dem Kind aber dennoch liebevoll zuzuwenden, kann den Teufelskreis dagegen durchbrechen.

Machtkämpfe

Zu einem offenen Machtkampf gehören immer mindestens zwei: Kind und Eltern. Und keiner von beiden hat eine Chance, ihn zu gewinnen. Mutter und Vater können das Kind zwar »besiegen«, verlieren aber leicht die gute Beziehung zu ihm, denn Siegen bedeutet, den Willen des Kindes zu brechen. Wenn Eltern sich mit ihrer Macht durchsetzen, wird in der Vorstellung des Kindes der Wert von Macht mehr und mehr steigen. Und wenn es unterlegen war, wird es den Kampf an anderer Stelle fortsetzen und versuchen, sich für die Demütigung zu rächen.

Machtkämpfe können jederzeit auftreten. Mit ihrem Trotz drücken die Kinder nicht aus, daß sie ihre Eltern ablehnen, sondern – so paradox das klingen mag – der Widerstand zeigt vielmehr ihre Angst vor der eigenen Selbständigkeit.

Häufig trifft der Kinderzorn die liebste Person, auch wenn sie gar nicht der Anlaß zum Toben war, denn Kinderzorn ist auch blinder Zorn. In der »Trotzphase« zwischen eineinhalb und drei Jahren bildet sich in solchen Machtkämpfen die Fähigkeit, den eigenen Willen zu erkennen und durchzusetzen (> Trotz und Widerstände, Seite 274). In der Pubertät dienen Machtkämpfe dazu, sich im Leben eine von den Eltern unabhängige Position zu erobern.

Einem tobenden Kleinkind oder einem provozierend argumentierenden Jugendlichen gegenüber gelassen zu bleiben und abzuwarten, bis sich die Wogen geglättet haben, gelingt nur wenigen Eltern und niemandem immer. Manche schaffen es »zurückzutrotzen«. Wer in ähnliche Theatralik verfällt wie das Kind, seinen Ausbruch aber dosiert, kann verblüffende Erfolge erzielen.

Die Verstrickungen beginnen sich auch zu lösen, wenn Eltern darauf verzichten, ihren Standpunkt auf Biegen oder Brechen durchzupauken oder gar zu demonstrieren, wie recht sie doch haben. Kinder brauchen zwar Eltern, die ihnen eine stabile, nach durchschaubaren Regeln funktionierende Umwelt bauen, doch auch solche, die ihnen zeigen, daß niemand sein Gesicht verliert, wenn er nachgibt oder Fehler zugibt.

Tobende Kleinkinder brauchen in jedem Fall die unterstützende Nähe eines Erwachsenen.

Regeln außer Haus

Haben sich in der Familie endlich Methoden entwickelt, mit Konflikten umzugehen, ist geklärt, welche Normen das Kind zu Hause einzuhalten hat, dann beginnen die Kämpfe erneut, sobald die Haustür von außen geschlossen wird: Die Großeltern sind erstaunt, die Mitreisenden in der Straßenbahn empört, wenn das Kleine ein obszönes Wort gebraucht (> »Schmutzige Worte«, Seite 313), und die stolzen Eltern sind erschrocken, wenn das liebe Kind ansatzlos über Gleichaltrige herfällt, als wäre es auf Brutalität getrimmt (> Aggressionen, Seite 356).

Verwandte

Von Verwandten und guten Bekannten läßt sich durchaus einfordern, daß sie die eigenen Regeln des Umganges mit dem Kind respektieren oder ihre Regeln selbst mit ihm aushandeln.

Unter Kindern

Wenn Kinder im ersten und zweiten Lebensjahr in der Krabbelgruppe oder bei Besuchen die Gleichaltrigen zunächst einmal umwerfen, steckt dahinter vor allem ihre Experimentierfreude. Wenn sich dann aber drei zeigefingerschwingende Eltern über den »Übeltäter« oder die »Täterin« beugen, gewinnt dieses Geschehen erst so richtig an Bedeutung. Das leitet das forschende Interesse der SchubserInnen um: Was passiert, wenn ich's wieder tue?

Kinder müssen lernen, Konflikte selbst zu lösen. Doch sie sollen auch lernen zu teilen. Das tun sie am ehesten, indem sie die Erwachsenen dabei beobachten. Die Großen sollten – nachträglich und kommentierend – eingreifen, wenn wieder einmal das Spielzeug einem Piratenakt zum Opfer gefallen ist. Dabei kann es recht nützlich sein, wenn Eltern an den Verhandlungen jeweils auf seiten des anderen Kindes teilnehmen. Und wenn sie einen zeitlich befristeten Tausch aushandeln.

»Wenn das mein Kind wäre ...«

Im Supermarkt. Der kleine Junge will unbedingt die Schleckerei, der Vater bleibt ruhig und bestimmt, auch noch, als es recht laut zugeht.

Die U-Bahn. »Warum schaut der Mann so blöd?« fragt das Mädchen arglos neugierig.

Immer diese Blicke, manchmal auch die Worte: »Wenn das mein Kind wäre ...«

Es ist nicht immer leicht, aber immer richtig: Eltern sollen zu ihrem Kind stehen, sich nicht irritieren lassen und selbst unangenehmen Situationen dadurch nicht aus dem Weg gehen, daß sie das Kind für ihre eigene Unsicherheit bestrafen. Mit vier, fünf Jahren ist es möglich, den Kindern zu erklären, wo es Rücksicht nehmen sollte.

ERZIEHUNGS-GESCHICHTEN

»Erziehung« ist zu jeder Zeit ein Spiegel der Umstände gewesen, unter denen Menschen lebten, ein Produkt ihrer Kultur, ihres Glaubens, ihrer Bedürfnisse und ihrer gesellschaftlichen wie individuellen Möglichkeiten. So gesehen entzieht sich die Art der Kindererziehung einer Bewertung wie »gut« oder »schlecht«. Dennoch mutet manches, was früher als selbstverständlich galt, heute absonderlich an.

Innige Liebe zum Kind, liebevolle Pflege und anteilnehmende Begleitung sind als Leitbilder relativ neu in der Menschheitsgeschichte. Über Jahrtausende wurden Kinder eher nach ihrer Nützlichkeit bewertet, sogar ausgewählt. Oder sie waren einfach da.

In der Antike etwa galt das Kind als »unvollkommenes, weil unfertiges Wesen, das dem reifen Mann zu gehorchen hat«. So sah es Aristoteles und mit ihm das Griechenland der Antike. In Rom wiederum war es das Privileg des Vaters zu entscheiden, ob das Neugeborene überhaupt leben durfte. Nahm er es an, wurde es aufgezogen, anderenfalls kam sein Ende gleich nach dem Anfang.

Kinder, die leben durften, wurden dann nach strengsten Grundsätzen diszipliniert.

Die kleinen Erwachsenen

Im Europa des Mittelalters bis zum Beginn der Neuzeit vor etwa 500 Jahren interessierte sich kaum jemand dafür, wie Kinder aufzuziehen sind. Sie waren einfach da. Obwohl das Christentum seit dem heiligen Augustinus (er starb 430) bemüht war, dem Kind eine Seele zuzugestehen, eine Seele, die schuldlos ist, war es den Projektionen der Eltern nach wie vor schutzlos ausgeliefert. Zu tief saßen Tradition und Brauchtum, zu tief waren die seelischen und emotionalen Abgründe der eigenen Kindheit, zu arm an Nahrung und Gerechtigkeit war das eigene Leben.

Wie in der Antike prägte der Kindesmord als eine Form der »Geburtenregelung« den Alltag. So schrieb ein Priester im Jahre 1527, daß »die Latrinen von den Schreien der Kinder widerhallten, die man hineinwarf«.

Auch das Einschnüren des Kindes war im Mittelalter alltäglich. Kinder in ihrer Bewegungsfreiheit total zu beschränken, hielten die Erwachsenen wohl deshalb für notwendig, weil sie sich selbst lebhaft vorstellten, was man alles Gefährliches tun könne. Diese gedachten Gefahren projizierten sie auf das Kind. So glaubten viele, das Kind würde sich, sobald es sich frei bewegen dürfe, »die Augen auskratzen, die Ohren abreißen, die Beine brechen, die Knochen verrenken, vor dem Anblick seiner eigenen Gliedmaßen erschrecken oder gar wie ein wildes Tier auf allen vieren auf dem Boden herumkrabbeln«.

Nebenbei waren derart eingeschnürte Kinder einfach praktisch. Waren die Kleinen erst einmal bewegungsunfähig gemacht, brauchte ihnen niemand mehr allzuviel Aufmerksamkeit zu schenken. Denn alle mußten arbeiten, solange sie auf den Beinen waren. So wurden »die Kinder für ganze Stunden hinter den heißen Ofen gelegt, an Haken an die Wand gehängt, in Fässern plaziert und allgemein wie ein Paket in jedem geeigneten Winkel abgelegt«.

Betuchte Eltern hatten zusätzliche Möglichkeiten: Bis ins 19. Jahrhundert war es in besseren Kreisen üblich, Kleinkinder von Ammen großziehen zu lassen.

Kaum konnten die Kleinen gehen und sprechen, hörten sie im Bewußtsein der Erwachsenen auf, Kinder zu sein. Sie wuchsen wie selbstverständlich in die Welt der Erwachsenen mit ihren starr festge-

DIE REGELN DER ZÜCHTIGUNG

Kinder seien zunächst »eitel wilde Tiere und Säu in der Welt, die zu nichts nutze sind, denn zu fressen und zu saufen« verkündete Martin Luther 1520, wohl der konsequenteste Vordenker des rigiden Erziehungsstils der Neuzeit. Mit der Rute wurden Kinder geschlagen und gezielt gedemütigt – nicht selten sogar öffentlich. Manche Delinquenten mußten nackt vor der Schülerschaft antreten, »und dann ließ man sie bis aufs Blut schlagen«.

Auch die Eltern hatten, so Luther, zu »strafen und zu züchtigen, wie sich's gehört, zuweilen auch mit Unrecht«. Mit Schlägen ließe sich die Seele des Kindes von der Hölle lösen, lauteten die Erziehungsmaximen, die die nächsten Jahrhunderte prägten.

Es war Gottes Wille, der nun durch Elternhand praktiziert wurde. Ihre Aufgabe war es, die Sprößlinge zu Elternfurcht, Gottesfurcht, zu absolutem Gehorsam zu erziehen. Nachsicht galt als »Werkzeug des Teufels«, nicht Liebe, sondern Respekt sollte das Eltern-Kind-Verhältnis prägen.

Trotz des blutigen Glaubenskrieges waren sich die Katholiken mit Luthers Anhängern einig: Das Böse und die Sünde mußten den kleinen Erdenmenschen möglichst rasch und konsequent herausgeprügelt werden.

Nach und nach setzten sich die neuen Grundsätze in allen Gesellschaftsschichten durch. Die gezielte Unterwerfung wurde immer selbstverständlicher, schließlich wurde sie zur Tradition.

legten Regeln und Normen hinein. Sie galten als Erwachsene in Kleinformat. Sie waren gekleidet wie die Großen, spielten mit Gegenständen der Welt der Erwachsenen und teilten mit ihnen die Märchen, lebten mit ihnen zusammen und schliefen gemeinsam mit ihnen in einem Bett. Diese Art des schrankenlosen Miteinanderlebens war keineswegs nur in ärmlichen Kreisen verbreitet.

Gelernt haben die Kleinen damals also vorwiegend durch Abschauen und Nachahmen: Übertraten sie dabei die gültigen Gesetze, wurden sie bestraft wie Erwachsene.

Damals war des Leben so hart und ungesund, daß nur jedes zweite Kind überhaupt das zweite Lebensjahr überlebte. Vielleicht deshalb wäre es für Eltern unerträglich gewesen, zu ihren Nachkommen eine enge emotionale Bindung zu entwickeln.

Vor diesem Hintergrund muß man die für uns heute unvorstellbaren Freiheiten der damaligen Kinder sehen. Wollten sie fort, hielt sie niemand. Die Straßen des Mittelalters waren voll von umherziehenden Kindern. Man gab ihnen Almosen, aber niemand fühlte sich für sie verantwortlich.

Doch die festgefügte Normenwelt des Mittelalters mit ihren von der Kirche geprägten Regeln bekam Risse. In dem Ausmaß, wie die nicht hinterfragte Autorität von Gott und Religion in den Hintergrund trat, wurde sie von neuen, weltlichen Autoritäten ersetzt. Im Zeitalter des Absolutismus beanspruchten weltliche Herrscher das Recht zur unumschränkten Machtausübung. Um ihr Normensystem durchzusetzen, waren sie auf gehorsame Untertanen angewiesen. Es lag nahe, damit schon bei den kleinen Menschen zu beginnen.

Eltern wurden daher zu absoluten, gottähnlichen Autoritäten erklärt, der Respekt vor ihnen wurde den Kindern von Anfang an planvoll und rücksichtslos eingeprügelt.

Vom Kind zum Zögling

Die Bibel bot für solch absolute Gehorsamsentwicklung reichlich Handlungsanleitungen: »Beuge ihm den Hals, solange er noch klein ist, bleue ihm der Rücken, solange er noch jung ist«, heißt es dort. »Wer seine Rute schonet, der hasset seinen Sohn; wer ihn aber liebhat, der züchtigt ihn bald.« Kinder galten zudem als amoralisch, roh, bar jeder Vernunft. Im 17. Jahrhundert etwa billigte René Descartes den kleinen Menschen nicht einmal eine Seele zu. Er hielt sie für unzivilisiert, geschmacklos und unfähig, ihre Triebe zu zügeln – Kinder bedürften der Räson, konstatierte er.

Mit der einfachen Integration der Kinder in die Erwachsenenwelt durch Vorleben und Nachahmen war es somit vorbei. »Oh wehe der Welt immer und ewiglich«, zog Martin Luther gegen die alte Gleichgültigkeit des Mittelalters zu Felde, »da werden täglich Kinder geboren und wachsen bei uns daher, und ist leider niemand, der sich des armen Volkes annehme und regiere, da läßt man's gehen, wie es gehet.«

Luther bekennt sich klar zum Prinzip der notwendigen Unterdrückung des Kindes: »Da wird dem Kind ohn' Unterlaß sein eigener Wille gebrochen und muß tun, lassen, leiden« was die Eltern von ihm begehrten. Liebe zu den Kindern galt als schädlich, Liebe mache die Eltern zu weich und lenke von den eigentlichen Aufgaben der Aufzucht ab.

Ob KatholikInnen oder ProtestantInnen, ob Jesuiten oder Luther, die Züchtigung des Kindes, also Strafangst als oberstes Erziehungsprinzip, wurde zur überkonfessionellen Norm.

Erst die Zeit der Aufklärung ließ Eltern ihre Liebe zum Kind entdecken und ansatzweise auch leben. Mit dem revolutionären Satz von Jean-Jacques Rousseau »Der Mensch ist frei geboren« brach für Kinder ein neues Zeitalter an. Rousseau sah Kinder als »potentiell freie Geschöpfe«, von Natur aus »gut«. Um dem Kind diese ursprünglich gute Natur zu erhalten, galt nun freilich, es vor den Einflüssen des Bösen zu bewahren: Nicht durch Schläge, sondern durch geschickte Unterwerfung mit Hilfe von Abschreckung und Furcht.

Gehorsam erlernen

Beiden Grundströmungen war gemeinsam, daß der Nachkömmling geformt werden mußte. Denn »der Mensch kann nur werden durch Erziehung. Er ist nichts, als was die Erziehung aus ihm macht.« Dieser Gedanke von Immanuel Kant wurde zum Leitsatz der wohlhabenden Bevölkerungsschichten bis ins 20. Jahrhundert hinein. Erziehung ist nicht nur Sache der Hauslehrer und Internate, sie wird auch zur Pflicht der Familie. Die elterliche Erziehung »ist darum von früh an darauf bedacht, daß das Kind lerne, sich selbst zu verleugnen, zu überwinden und zu beherrschen, daß es nicht blindlings den Trieben des Fleisches und der Sinnlichkeit folge, sondern dem höheren Willen und Triebe des Geistes«, heißt es in einem Erziehungshandbuch von 1887. Die Eltern müssen schon früh danach trachten, ihr Kind zu Ordnung und Gehorsam zu erziehen, denn »ein Kind, das gewohnt ist, seinen Eltern zu gehorchen, wird auch, wenn es frei und sein eigener Herr wird, sich den Gesetzen und Regeln der Vernunft gern unterwerfen. Dieser Gehorsam ist so wichtig, daß eigentlich die ganze Erziehung nichts anderes ist, als die Erlernung des Gehorsams.« (J. Sulzer: Die zwei Hauptaufgaben der Kleinkinderziehung. 1748)

Mit der Entdeckung der Elternpflichten erschien dann auch eine Flut pädagogischer Ratgeber. Sie unterschieden sich in den empfohlenen Methoden, nicht aber im grundlegenden Ziel. Um den Sprößlingen begreiflich zu machen, daß es einen übergeordneten Willen gibt, wurde empfohlen, ihnen das Spielzeug wegzunehmen, ihnen den Nachtisch vorzuenthalten oder sie bloßzustellen, indem man sie in der Öffentlichkeit ein Schild mit entsprechender Aufschrift tragen ließ.

Das Kind wurde zum Prestigeobjekt: Von nun an maß man Eltern daran, wie gut oder schlecht sich ihr Kind zu verhalten wußte.

DAS KINDERBILD DER AUFKLÄRER

»Der Mensch ist frei geboren, und überall liegt er in Ketten«, beklagt der Aufklärer Jean-Jacques Rousseau die Erscheinungsformen der Feudalherrschaft. Mit dem Ende der absolutistischen Herrschschaft in Europa wurden die Ideen der Aufklärung zunehmend relevanter. Auch in der Kindererziehung.

Von Natur aus, so Rousseau, sei der Mensch gut. Die Erziehung ersticke aber diese Natur. Kinder würden »unter Tränen, Strafen, Drohungen und Sklaverei« gequält, »wie ein Schulpferd« dressiert. Der Philosoph konstatierte, daß solche Pädagogik einer »falschen Weisheit« entstamme.

Rousseau entdeckte die Kinder als eigenständige Wesen, erkannte ihre Bedürfnisse und Gefühle, und er forderte Zuneigung und Liebe. »Liebt die Kinder, fördert ihre Freuden«, forderte er, »sie müssen springen, schreien, wenn sie dazu Lust haben.« Erziehung solle zum Großteil darin bestehen,

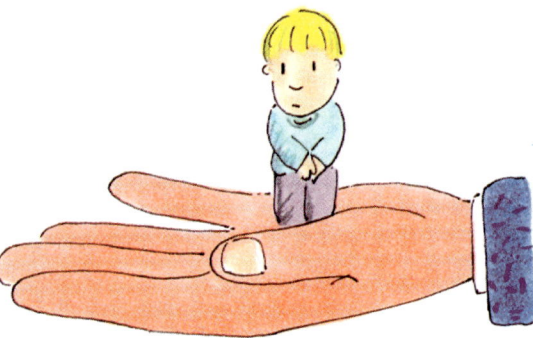

daß die Kinder ihre eigenen Erfahrungen mit den Dingen der Welt machen. Doch sein Bild vom Kind, das in der Folge so begeistert aufgenommen werden sollte, war nicht das eines kleinen Menschen: Es war niedlich, seelenvoll und in seiner Schwäche ganz und gar von den Erwachsenen abhängig. Dementsprechend blieben die neuen Freuden der Kleinen beim großen Philosophen der Aufklärung eng begrenzt. Denn die natürliche Reinheit sah Rousseau von Anfang an gefährdet. Man möge möglichst lange dem Heranwachsenden seine Reinheit erhalten, meinte er. »Keinen Schritt«, forderte Rousseau deshalb, solle man das Kind allein tun lassen. »Laßt den Zögling weder Tag noch Nacht alleine, schlaft wenigstens in seinem Zimmer.«

Es ginge darum, erläuterte Rousseau seinen pädagogischen Ansatz, den Zögling in »wohlgeordneter Freiheit« durch Abschreckung und Angst zu formen: »Er soll nur wissen, daß ihr stark seid und er schwach ist und daß er euch durch diese Tatsache notwendigerweise ausgeliefert ist.« Schläge und körperliche Züchtigung dagegen seien nicht nötig und falsch, denn »es gibt keine vollkommenere Unterwerfung als die, der man den Schein der Freiheit zugesteht.«

Eine »Strafe als solche« sei unzweckmäßig. Statt Prügel solle man so vorgehen, daß die Kinder »die Strafe als natürliche Folge ihrer bösen Handlungen empfinden müssen«. Die Aufgabe des Erziehers sei es, Kinder »alle bösen Folgen« an sich selbst spüren zu lassen. Wenn ein Kind einmal lügt, so solle man ihm tatsächlich nicht mehr glauben: schlägt eines eine Scheibe ein, solle es in einen fensterlosen Raum gesperrt werden.

Zu dieser Art der Formung mußten sich die Eltern dem Kind intensiv widmen. Die Väter wurden ermutigt, es als nicht unter ihrer Würde liegend zu empfinden, mit Kindern umherzutollen und ihre Entwicklung zu beobachten. Die Mütter wurden aufgefordert, ihre Kinder selbst zu stillen und sich statt an gesellschaftlichen Vergnügungen an Spielen im Kinderzimmer zu erfreuen.

Rousseaus Aussagen zur Erziehung blieben widersprüchlich. »Kinder müssen nicht gehorchen«, meinte er einerseits. Andererseits plädierte er dafür, sie mit allerlei Tricks zum Gehorchen zu bringen: »Alles, was man von den Kindern durch vernünftige Gründe zu erlangen glaubt, erlangt man in Wahrheit nur dadurch, daß man ihre Begierde, Furcht und Eitelkeit anregt.«

Die Verfechter einer Erziehung durch Manipulation und Abschreckung berufen sich bis heute auf ihn.

Nachwuchs als Visitenkarte

Mit der Industrialisierung verlor die Familie als Wirtschaftsgemeinschaft an Bedeutung. Der Glanz des Adels begann zu verblassen. An seine Stelle trat das finanzkräftige Bürgertum und mit ihm die Kleinfamilie: eine Mutter, die die Kinder umhegt, und ein Vater, der für den finanziellen Erhalt der Familie sorgt und das letzte Wort in der Erziehung hat. Und schließlich Kinder als Aushängeschilder gut gelungener Erziehung.

Gesellschaftliche Positionen wurden nicht mehr vererbt, die individuelle Leistung gewann an Bedeutung. Geistige Anlagen und Fähigkeiten des Kindes sollten durch Unterweisung und Disziplinierung zur Blüte gebracht werden. Man wünschte sich Kinder, wohl auch, weil man sie zu lieben begann, man wünschte sich Kinder aber vor allem, weil man sich durch ihre Leistung gesellschaftlichen Aufstieg versprach. Mit einer besseren Erziehung würde »jede folgende Generation einen Schritt näher tun zur Vervollkommnung der Menschheit«, beschreibt der Philosoph Kant die Grundeinstellung.

Die Entdeckung der Psyche

Sigmund Freud lenkte dann den Blick auf die verborgenen seelischen Kräfte. Er analysierte die inneren Antriebe und die Schicksale von Menschen im Laufe ihrer Erziehung und machte so verständlich, wie es zu den seelischen Verbiegungen kommt, unter denen so viele Menschen leiden. So gewann die Betrachtung des frühen Kindesalters zur Jahrhundertwende zusätzlich an Wert. Freud beschrieb als erster, daß und wie sich ein dem Kleinkind zugefügter Schaden als Trauma auswirkt, indem es seine Selbstbestimmungsfähigkeit einschränkt. Im neurotischen Verhalten des Erwachsenen kehrt dieses Trauma wieder – als Unfähigkeit, sich die Welt kreativ anzueignen. Statt dessen haben neurotische Menschen eine große Fähigkeit, sich in ihrer Angst so umzuformen, daß sie in die Welt passen, in der sie leben. Ihre im Inneren rebellierenden eigenen Interessen müssen sie dafür jedoch nachhaltig aufgeben.

Diese Erkenntnisse beeinflußten das allgemeine Verhalten allerdings lange Zeit kaum. Man hielt vielmehr fest an der eigenen Neurose, die so gut angepaßt war an die gesellschaftliche Welt. Unterordnung und Pflichterfüllung waren nach wie vor Erziehungsziele der bürgerlichen Familie – jetzt allerdings aus Einsicht. »Es wird nicht mehr unmittelbar der Gehorsam, sondern im Gegenteil der Gebrauch der Vernunft gefordert. Wer nur nüchtern die Welt betrachtet, wird einsehen, daß der einzelne sich fügen, sich unterordnen muß. Wer es zu etwas bringen, ja, überhaupt, wer nicht untergehen will, muß lernen, es anderen recht zu machen«, analysiert Max Horkheimer das Erziehungsklima noch in der ersten Hälfte des 20. Jahrhunderts. Nach und nach ersetzte die psychische Drangsalierung die rüden Prügelstrafen als Erziehungsmittel.

Sein Fanal erlebte die Erziehung zum absoluten Gehorsam schließlich in der Mitte des 20. Jahrhunderts. Faschismus und Nationalsozialismus demonstrierten bis zum Extrem, wie weit sich derart geformte Menschen bringen lassen.

Neubeginn

In den fünfziger Jahren dieses Jahrhunderts zeichnete sich eine allmähliche Wende im Erziehungsstil ab. Der elterliche Wille blieb nicht mehr darauf beschränkt, den Kindern Disziplin und Wissen beizubringen. Kindliche Wünsche und Bedürfnisse, so das liberalere Credo der pädagogischen Ratgeberliteratur, sollten befriedigt werden – allerdings nur »maßvoll«.

Statt mit Rohrstock und Gerte zu züchtigen, riet etwa das Handbuch »Richtige Erziehung« den deutschen Eltern, sollten sie Regelverletzungen mit »ein, zwei kurzen, aber bestimmten Schlägen« ahnden. Dann dürfe sich das Kind ausweinen, nicht jedoch »von anderen Familienmitgliedern getröstet werden«, da solcherlei Verhalten die Kinder anrege, »ihre Eltern gegeneinander auszuspielen«.

Zwar ist die rollenspezifische Erziehung erst im Begriff, sich zu verändern (»auch ein Spiel mit den Kindern tut der väterlichen Autorität noch keinen Abbruch«), doch gleichzeitig begannen die Eltern, das Kind mehr und mehr als eigenständige Persönlichkeit zu respektieren: Das begann beim Säugling, der durch das Stillen und die mütterliche Anrede behutsam und gut ins Leben starten soll. Kleinkind und Kind sollten genügend Raum und Möglichkeit zum freien Spiel bekommen. Sie sollten ihre Phantasien, aber auch ihre Aggressionen ausleben können. Die sexuelle Neugier bei Kindern ab dem vierten Lebensjahr galt nun als normal, ebenso wie eine »maßvolle« Onanie. Die Kinder, lauteten jetzt die Erziehungsmaximen, müßten einerseits die soziale Anpassung erlernen, gleichzeitig sollte jedoch die Ausbildung ihrer eigenen Persönlichkeit vorangetrieben werden.

Antiautoritäre Autoritäten

Einen radikalen Wandel der allgemeinen Haltung zur Kindererziehung brachten erst die sechziger Jahre. Die Protest- und Erneuerungsbewegung, mittlerweile als die »68er-Revolte« in die Geschichte eingegangen, richtete sich damals gegen alles Überbrachte, das gesellschaftlich vor allem von den Vätern, ihren Weltanschauungen und Prinzipien, vertreten wurde. Nie zuvor wurden die Eltern von ihren Kindern so schonungslos hinterfragt, so hart kritisiert, so erbarmungslos angeklagt und so streng verurteilt wie in dieser Zeit.

Das vom Psychoanalytiker und Pädagogen Alexander S. Neill veröffentlichte Buch »Theorie und Praxis der antiautoritären Erziehung – Das Beispiel Summerhill« wurde »das« theoretische Fundament einer neuen »antiautoritären« Einstellung. Neill verglich die damals noch bestehende repressive Erziehung mit der Dressur von Hunden: »Das geschlagene Kind wird wie das verprügelte Hündchen zu einem folgsamen, duckmäuserischen Wesen. Und wie wir einen Hund zu unseren eigenen Zwecken abrichten, so erziehen wir auch unsere Kinder: Die menschlichen Hunde müssen reinlich sein, sie dürfen nicht zuviel bellen, sie müssen der Pfeife gehorchen, sie müssen essen, wann es uns paßt.«

In seinem Buch ließ Neill keines der historisch tradierten Prinzipien mehr gelten – er wollte Erziehung von jedem Zwang befreien. Kinder sollten nach ihren eigenen Bedürfnissen leben dürfen, »das ist das Recht des Kleinkindes auf seine freie Entfaltung. Das Kind bekommt zu essen, wenn es hungrig ist, es wird selber sauber und nur, weil es dies wünscht, es wird weder angebrüllt noch geschlagen, sondern geliebt und beschützt.«

Er betont, daß eine solche Erziehungspraxis von Eltern und ErzieherInnen wesentlich mehr Zeit und Engagement fordert als vormals die »autoritäre Dressur«: »Die Erwachsenen müssen gewisse Opfer bringen, wenn die Kinder ihrer inneren Natur gemäß leben sollen. Gesunde Eltern schließen eine Art von Kompromiß.«

Begeistert begannen junge Eltern unter dem Eindruck der neuen Ideen, beispielsweise ihrem Kind jeden Wunsch zu erfüllen und die Welt mit den Augen eines Kindes zu sehen. Kinderwagen wurden verbannt, das Baby wurde im Tragetuch am Körper getragen. So war es immer dabei, beim Einkauf, bei den Besuchen, in der Universität. Gemeinsame Spiele wurden sorgfältig ausgesucht, sie sollten allen Spaß machen. Und sie sollten darüber hinaus die intellektuellen und sozialen Anlagen der Winzlinge zur Entfaltung bringen.

Neill selbst hat bereits Fehlinterpretationen seiner Grundsätze vorausgesehen, die sich dann auch in den siebziger Jahren häuften: »Wenn eine Mutter meint, ihr Kind müsse die Haustür mit roter Tinte anmalen, damit es sich frei ausdrücken kann, dann hat sie die Bedeutung von Selbstbestimmung nicht begriffen.«

Unterstützung statt Erziehung

Manche der Ideen der sogenannten antiautoritären Erziehung finden sich in der Antipädagogik wieder, die seit Mitte der siebziger Jahre bis in die Gegenwart zunehmend Einfluß auf das elterliche Verhalten nimmt. Der Ausdruck »Antipädagogik« geht auf Ekkehard von Braunmühl zurück. Ihm geht es um die Abschaffung der Erziehung, denn nur dann könne die Gleichberechtigung des Kindes gewährleistet sein. Jede Form der Erziehung, auch die antiautoritäre, ist für ihn autoritär, weil sie letztendlich mit dem Anspruch einhergeht, zu wissen und zu bestimmen, was für ein Kind richtig oder falsch sei.

Zu Beginn der achtziger Jahre ergänzte die Psychoanalytikerin Alice Miller die Thesen Braunmühls: Die Verletzungen, die die Eltern ihrem Kind zufügen, indem sie es ihrem Willen unterwerfen, führen zum Verlust der »Lebendigkeit«. Indem es sich schon früh seinen Eltern anpaßt, lernt es, seine intensiven, aber unerwünschten Gefühle nicht zu fühlen: »Wenn man ein Kind erzieht, lernt es erziehen. Wenn man einem Kind Moral predigt, lernt es predigen, wenn man es warnt, lernt es warnen, wenn man mit ihm schimpft, lernt es schimpfen, wenn man es auslacht, lernt es auslachen, wenn man es demütigt, lernt es demütigen, wenn man seine Seele tötet, lernt es töten. Es hat dann nur die Wahl, ob sich selbst oder die anderen oder beide.«

Der weit verbreitete Drang des Erwachsenen zur Unterwerfung eines Kindes unter seinen Willen, so Miller, stamme aus deren eigener Kindheit. Die eigenen psychischen Verletzungen verhindern, daß diese Menschen das Kind lebendig wachsen lassen können. Im Kind bekämpfen die Eltern ihre eigenen unterdrückten Impulse. Deshalb, so Miller, sind es die ErzieherInnen, die die Pädagogik brauchen, und nicht die Kinder.

DAS ANTIAUTORITÄRE MODELL

»Leben nach eigenen Gesetzen, das ist das Recht des Kleinkindes auf seine freie Entfaltung, ohne äußere Autorität in seelischen und körperlichen Dingen.« Nach vierzig Jahren, in denen Alexander Sutherland Neill die freie Privatschule in Summerhill, England, geleitet hatte, faßte der Psychoanalytiker und Pädagoge seine Erfahrungen im Buch »Theorie und Praxis der antiautoritären Erziehung – Das Beispiel Summerhill« zusammen. Schwierige Kinder, so eine seiner Thesen, gibt es nicht – »in schwierigen Kindern spiegeln sich lediglich deren schwierige Eltern«. Antiautoritäre Erziehung meint allerdings nicht, daß das Kind alle Rechte hat: »Freiheit heißt, tun und lassen zu können, was man mag, solange die Freiheit der anderen nicht beeinträchtigt ist.« Allerdings, so räumt Neill ein, sei es nicht einfach, einem Kind Freiheit zu geben: »Es bedeutet, daß wir uns weigern, es Religion, Politik oder ein Klassenbewußtsein zu lehren. Ein Kind kann nicht wirklich frei sein, wenn es seinen Vater gegen eine bestimmte politische Gruppe wettern oder die Mutter über die Dienstboten schimpfen hört. Es ist beinahe unmöglich, Kinder daran zu hindern, daß sie unsere Einstellung zum Leben übernehmen.« Die Vermittlung von Werten darf sich nicht in einem festgefügten Rahmen abspielen, der dem Kind die Entwicklung von eigenen Vorstellungen und Überzeugungen zuwenig Platz bietet. Vielmehr müssen die Eltern auch dann auf der Seite des Kindes sein, wenn es Anschauungen vertritt und Taten setzt, die der elterlichen Vorstellung vom richtigen Leben zuwiderlaufen.

Problemkinder

Sie werden »Zappelphilipp«
oder »kleiner Tyrann« genannt.
Neuerdings bekommen sie aber
auch medizinische Etiketten: Sie
leiden nun an »Hyperaktivität«,
»minimaler cerebraler Dysfunktion«,
»Lernstörungen« und werden mit
Pillen und Therapien überhäuft.
Der gewünschte Erfolg – ein
»ruhiges« Kind, das nicht mehr stört
und sich unauffällig verhält – stellt sich
allerdings kaum je ein. Denn fast
immer ist die Erwachsenenwelt das,
worauf das störende Kind reagiert.

Schwierige Kinder gibt es viele: Sie sind übermäßig aggressiv, kratzen und beißen und hinterlassen tiefe Wunden; sie sind so unruhig, daß sie Eltern und LehrerInnen den letzten Nerv rauben; sie kauen an den Nägeln, bis fast nichts mehr da ist. Manche Kinder bereiten den Eltern Sorge durch ihre Entwicklung, andere machen ins Bett oder koten ein. Und es gibt Kinder, die schon mit acht Jahren vom Schnüffeln an Klebstoffen abhängig sind.

All das als »Krankheit« anzusehen, bedeutet allerdings oft, von den eigentlichen Ursachen des störenden Verhaltens abzulenken: Meist antwortet das Kind mit seinen Aktionen direkt auf Situationen, die Eltern, Kindergarten oder Schule herbeigeführt haben.

Fast immer ist eine »Verhaltensstörung« ein massives Signal des Kindes, eine Art Hilferuf. Es erzielt dadurch »negative« Aufmerksamkeit und begnügt sich mit ihr, weil es die positive Zuwendung, die es eigentlich sucht, nicht bekommt.

Die »Verhaltensstörung« lenkt die Aufmerksamkeit vornehmlich auf den Störenfried. Tatsächlich aber hat nicht das Kind ein Problem, das weggebracht werden muß, sondern alle Familienmitglieder sind miteinander in Schwierigkeiten verstrickt. Worum es dem Kind wirklich geht, können Eltern versuchen herauszubekommen, indem sie sich zunächst einmal über sich selbst Gedanken machen: Was paßt ihnen an dem Kind nicht? Was läuft bei ihnen selbst nicht so, wie sie es möchten?

Wenn jedoch das Verhalten des Kindes die Eltern oder auch das Kind selbst ernsthaft beeinträchtigt, wenn sich das Kind durch sein Anderssein selbst von FreundInnen und KameradInnen isoliert, ist es mit familieninternem Grübeln meist nicht mehr getan.

Mit fachlichem Rat und Hilfe stehen Personen und Einrichtungen zur Verfügung, die sich von Berufs wegen mit der kindlichen Psyche befassen. Diese Interventionen führen nur selten dazu, daß die auffällige, störende Verhaltensweise rasch verschwindet. Doch auf Dauer gesehen können psychotherapeutische Verfahren, die sich mit den Ursachen der Störungen beim Kind, in der Familie und in der Umwelt befassen, und die die Eltern in die Therapie einbeziehen, gerade bei Kindern sehr erfolgreich sein (> Beratung und Psychotherapie, Seite 757).

Hilferufe

Beim Großwerden müssen Kinder lernen, sich in einer unendlich komplexen Welt zurechtzufinden. Die Regeln unserer Welt fordern ihnen eine Menge ab: Sie sind »Sinneswesen«, müssen ihre Sinne aber kontrolliert gebrauchen lernen. Sie müssen lernen zu teilen und ihre Aggressionen zu zügeln. Sie werden täglich enttäuscht und müssen verzichten (> Autonomie und Sicherheit, Seite 270).

Um diesen Anpassungsprozeß unbeschadet zu durchlaufen, müssen Kinder sehr mutig sein und der Sicherheit und Stabilität der Beziehung zu ihren Bezugspersonen vertrauen. Mangelt es ihnen jedoch an Grundvertrauen, dann gelingt es ihnen nur zum Teil, sich an die Normen der Welt der Großen anzupassen: Das Kind wird auffällig, ein Störenfried (> Eltern sein, Seite 52; > Vorleben statt erziehen, Seite 324).

Viele Erwachsene helfen sich mit Angewohnheiten über schwierige Situationen hinweg, die sie entweder aus der Kinderzeit übrigbehalten oder neu entwickelt haben. Nur: Sie merken meist selbst nicht mehr, daß sie mit den Augenlidern zucken, mit den Fingern trommeln, zur Zigarette greifen oder einen Schluck Alkohol brauchen. Entwickelt jedoch ein Kind einen »Tick«, irritiert das die Eltern sehr.

Die Auslöser solcher Auffälligkeiten sind vielfältig. Ein wichtiger Faktor ist, daß es den Kleinen an Zeit mangelt, in der sie ohne Vorgaben der Erwachsenen ihre sozialen Fähigkeiten allmählich selbst entwickeln können, in der Lernen und Spielen identisch sind. Überforderung durch Über-Förderung ist weiter verbreitet als es sich die meisten Eltern eingestehen wollen (> Kinder brauchen Zeit, Seite 436).

Wenn sich auffälliges Verhalten verfestigt und zum Problem wird, ist daran relativ häufig eine Entwicklungsschwierigkeit mitbeteiligt: Etwa jedes zehnte Kind entwickelt nicht alle Grundfähigkeiten im gleichen Tempo wie seine AltersgenossInnen. Solche »Teilleistungsschwächen« führen leicht zum Außenseitertum; oberflächliche Reparaturversuche verstärken das Problem noch (> Teilleistungsschwäche, Seite 352; > Schule, Seite 665).

Um mit einschneidenden Ereignisse und Veränderungen fertig zu werden, brauchen Kinder oft viel Zeit. Darum treten manche Absonderlichkeiten erst auf, nachdem das auslösende Ereignis schon aus dem Blickfeld verschwunden ist.

> Scheiden tut weh, Seite 88
> Das Leben mit dem Tod, Seite 594
> Pubertät, Seite 279
> Muß Strafe sein? Seite 335
> Gewalt gegen Kinder, Seite 372

Eltern-Einmaleins

Belastendem, störendem oder gar zerstörerischem Verhalten ihrer Kinder können Eltern nicht tatenlos zusehen. Sie können es aber auch nicht durch Verbote aus der Welt schaffen. Der Weg zur Veränderung führt darum zunächst über die Fragen: Wer fühlt sich gestört? Wer stört? Warum wird gestört? (> Kinder respektieren, Seite 336).

Ist ein Kind sehr nervös und aggressiv ist, muß es jemanden oder etwas geben, der oder das ihm so sehr auf die Nerven geht. Meist lassen sich Person oder Umstand ausmachen, denn die Symptome des Kindes sind »zielgerichtet«: In einem anderen Milieu, etwa bei der Oma oder bei der Mutter des Freundes, verhält sich das Kleine »anders«. Oft endet das elterliche Kopfzerbrechen mit der naheliegenden Lösung: Das Verhalten von Mutter und/oder Vater ist die Ursache.

Erwachsene irritiert oft die Wucht der Kinderreaktionen. Sie rührt daher, daß die Kleinen versuchen, den Machtunterschied zu den Großen auszugleichen.

Der Inhalt der Botschaft kann folgendermaßen entschlüsselt werden: Was ich spüre, wenn sich das Kind so »sonderbar« verhält, ist das gleiche Gefühl, aus dem heraus es so handelt. Ein Beispiel: Das Kleine tobt und schreit. Die Eltern fühlen sich gekränkt und machtlos. Genau dieselben Gefühle veranlassen das Kleine zum Aufstand: Ihr respektiert meine Gefühle nicht; das kränkt mich. Ihr entscheidet über mich; ich fühle mich machtlos.

Die Methode »Meine Empfindungen entsprechen seinen Gefühlen« hilft auch, dem Aufruhr die Spitze zu nehmen: Wenn das Kind so wütet, hätte ich gerne Trost, Zärtlichkeit und Stabilität – das Gefühl, daß jemand zu mir steht. Und genau das wünscht sich auch das Kind. Bekommt es das, kann bald Ruhe eintreten.

Eine solche Gefühlsanalyse gelingt jedoch nicht jedem allein. FreundInnen, mit denen man bereits Erfahrung im Diskutieren über persönliche Konflikte hat, können auf das aufmerksam machen, was Mutter und Vater an ihrem Verhalten selbst vielleicht nicht bemerken.

Die Hilfe einer Erziehungsberatungsstelle, von TherapeutInnen oder von PsychologInnen empfiehlt sich, wenn:
● das ungewöhnliche Verhalten massiv ist und länger als ein halbes Jahr ohne Unterbrechung andauert;
● das Verhalten in verschiedenen Situationen und Umgebungen gleichermaßen auftritt (etwa daheim, im Kindergarten, bei der Oma und auf dem Spielplatz).

TICKS UND ZWÄNGE

Jedes Kind probiert während seiner Entwicklungszeit Verhaltensweisen aus, die bei Erwachsenen mit medizinischen Etiketten versehen würden.

Mancher Säugling schreit ohne Unterlaß, ohne daß es einen Anhaltspunkt gäbe, warum er seine Meinung so heftig äußert. Zweijährige erproben ihre Gesichtsmuskeln, indem sie die wildesten Grimassen ziehen. Auch Fünfjährige begeistern sich noch an allerlei absurd wirkenden Clownrollen.

Andere Kinder zucken und stottern, weil sich auch bei einem Fünfjährigen die Gedanken bisweilen so überstürzen, daß die Sprache nicht nachkommt.

Die Macht über ihren Körper und die Eltern erproben manche Sprößlinge schon mal dadurch, daß sie tagelang nicht aufs Klo gehen oder das Essen verweigern.

Mit den Ausbrüchen in der »Trotzphase« rebellieren die Kinder gegen die Eltern. Diese Zeit dient der Selbstfindung des Kindes, indem es seine Grenzen erprobt (> Autonomie und Sicherheit, Seite 270). Und fast alle Kinder halten zunächst wenig davon, Konflikte durch Verhandlungen zu lösen, sondern sie schlagen zu.

Solche »Auffälligkeiten«, anscheinend aus dem Nichts aufgetaucht, zeigen eine neue Entwicklungsphase an, die dem Kind bisher unbekannte innere Konflikte schafft. »Schlimme Verhaltensweisen« oder akute Ängste zeigen sogenannte »Entwicklungskrisen« an, die die Entwicklung der kindlichen Seele begleiten. In aller Regel verschwinden sie nach einigen Wochen.

Bleiben diese Auffälligkeiten bestehen, ist meist die Reaktion der Erwachsenen dafür verantwortlich. Sie irritiert das ungewohnte Verhalten, und sie wollen es möglichst rasch »abstellen«. Da ihr Kind aber seine »Entwicklungsarbeit« noch nicht zu Ende führen konnte, erreichen sie genau das Gegenteil: Das Kind bleibt an seiner krisenbedingten »Fehllösung« geradezu angstvoll kleben.

Kinder nehmen neue Verhaltensweisen nur an, wenn sie erleben, daß sie damit ihre inneren Konflikte besser lösen können. Die »Erziehungsversuche« der Eltern stören sie hingegen dabei, ihr Ich zu erproben, und sie reagieren, indem sie ihr Verhalten, das die Eltern so sehr stört, beharrlich fortsetzen.

TEILLEISTUNGS-SCHWÄCHE

Eva ist überdurchschnittlich intelligent und an allem interessiert. Doch die Neunjährige bringt nichts zu Ende, ist hektisch und unkoordiniert, Eltern und LehrerInnen wissen nicht ein noch aus. Die Geschichten, die sie erzählt, beginnen in der Mitte und enden am Anfang.

Eva ist eine von vielen: intelligent, aus stabilem Elternhaus, Mutter und Vater widmen ihnen Zeit und Aufmerksamkeit, und dennoch werden sie »schwirige Kinder«. Sie sind eifrig bemüht, all das zu tun, was man von ihnen verlangt, und sie scheitern dennoch. Bei wahrscheinlich rund 15 Prozent der Kinder erschweren »Teilleistungsschwächen« die Entwicklung.

Die Entwicklung des Denkens und Lernens läßt sich mit einem Baum vergleichen: Die grundlegenden Fähigkeiten bilden Wurzel und Stamm. Erst wenn sie voll ausgebildet sind, können die Äste und Zweige der differenzierteren Fertigkeiten harmonisch wachsen. Diese sind:

● Aufmerksamkeit: Um Zeichnen oder Lesen zu lernen, muß das Kind sich auf das Papier vor sich konzentrieren können und die Schreibtischunterlage, die Zimmerpflanze, die Geräusche und Reize rundherum »wegblenden«.

● Optische und akustische Differenzierung: Um ähnliche, aber nicht gleiche Dinge oder Laute als ungleich zu erkennen, braucht das Kind die Fähigkeit, komplexe Wahrnehmungen in Einzelteile zu zerlegen.

● Verknüpfung der Sinneswahrnehmung: Das Kind muß erkennen, daß das Wort »Hund« dem Bild eines Hundes entspricht, und es muß die Buchstaben H U N D dem Klang des Wortes zuordnen können.

● Erkennen von Reihenfolgen: Erst wenn das Kind Worte in ihrer Abfolge erkennen kann, kann es Sprache verstehen und produzieren.

● Raumorientierung: Unendlich viele Erfahrungen mit dem eigenen Körper und mit bewegten Gegenständen sind nötig, um mit der Dreidimensionalität umgehen zu können.

● Merkfähigkeit: Schließlich müssen all diese Fähigkeiten noch am richtigen Platz gespeichert werden können.

Wessen »Stamm« nicht im gleichen Tempo harmonisch wächst wie der der AltersgenossInnen, wird bald zum Sonderling.

Der Bub, der versunken mit dem Auto weiterspielt, während die anderen Kinder schon für den Ausflug fertig sind, wird Kindergärtnerin wie Spielgefährten verärgern. Das Mädchen, das zornig den Sessel umwirft, den Farbtopf umkippt und nicht mehr zu beruhigen ist, weil ihr das Gemälde nicht gelungen ist, wird auf Unverständnis stoßen.

Eltern, deren Lieblinge beim Sprechen, Schreiben, Singen, Malen und Turnen hinter dem Kindergarten- oder Klassendurchschnitt zurückbleiben, reagieren oft verzweifelt und neigen dann – wie die meisten KindergärtnerInnen und LehrerInnen – dazu, mit dem Kind panisch zu üben, um das jeweilige Manko zu beheben. Doch damit programmieren sie vor allem die Lernstörung in der Schule vor (> Lese- und Rechtschreibschwierigkeiten, Seite 665).

Solche »Teilleistungsschwächen« lassen sich mit gezielten Übungsprogrammen ausgleichen, die den »Baum« in die Balance bringen. Nur wenn alle Wurzeln von Denken und Lernen tief greifen, kann der Baum der Fähigkeiten mit seinen Ästen, Blättern und Blüten gedeihen.

Falls der Kindergarten, in dem solche Probleme oft erstmals festgestellt werden, nicht über in diesen speziellen Techniken geschulte BetreuerInnen verfügt, können zum Beispiel SpezialistInnen an den Universitäts-Kinderkliniken entsprechende Kontakte vermitteln.

Daumennuckeln

Die meisten Kinder befriedigen ihr Saugbedürfnis nach dem Abstillen mit Ersatzobjekten – zunächst meist mit einem Schnuller (> Knutschdecken, Daumen, Nuckel ..., Seite 265).

Viele verlieren ganz von selbst bis zum dritten oder vierten Geburtstag den Spaß an dem »Stöpsel«, spucken den ehemals Unentbehrlichen aus, und damit ist Schluß.

Andere wollen ihn unbedingt behalten, zumindest zum Einschlafen oder wenn sie traurig sind. DauernucklerInnen schaffen sich allerdings Probleme bei der Ausformung der Kiefer und der Stellung der Zähne (> Seite 830).

Eltern, die ihren Kindern das ersehnte Saugobjekt mit Macht entwenden, verschieben das Problem unter Umständen nur: Viele Kinder lutschen statt dessen am Daumen, beißen Nägel, oder das Kind zieht die Lippen ein, entwickelt Ticks, oder näßt wieder ein (> Bettnässen, Seite 361).

Daumennuckeln erweist sich allerdings als viel zählebiger als die Liebe zum Schnuller: Eine großangelegte Studie der Universitätszahnklinik Herdecke ergab, daß nur fünf Prozent der Kindergartenkinder regelmäßig am Schnuller hingen, 40 Prozent lutschten dagegen am Daumen. Im Alter von sieben Jahren waren fast alle Schnullerkinder entwöhnt: Nur noch 0,3 Prozent brauchten das Plastikding. Dagegen hatten sich fast alle DaumenlutscherInnen ihre Gewohnheit erhalten: 38 Prozent der Kinder nuckelten immer noch an ihrem liebsten Finger. Daumennuckeln ist nicht nur zählebiger, es ist Kiefer und Zähnen noch weniger zuträglich als ein Schnuller.

Stottern

Bis zum Schulalter kommen Sprech- und Sprachstörungen immer wieder mal vor; meist vergehen sie von selbst (> Denken und Sprechen, Seite 268). Etwa die Hälfte der Kinder verstolpert sich eine Zeitlang beim Reden, weil die Gedanken schneller sind als die Zunge. Einige Kinder brauchen auch länger, um die Sprache zu beherrschen, und wiederholen immer wieder Silben oder Worte, ohne daß ihnen das bewußt ist und ohne daß sie darunter leiden.

Diese verzögerte Sprachentwicklung geht leicht in ständiges Stottern über, weil die Kleinen rundherum angehalten werden, doch »richtig« zu sprechen.

Stottert ein Kind im Schulalter noch, so ist das meist ein ernstes Anzeichen von gestauter Aggression oder Angst.

Ängstliche und ungeduldige Reaktionen der Eltern, daß ihr Kind noch immer nicht »ordentlich« spricht, können dazu beigetragen haben. Sie verstärken die Sprachprobleme. Häufig entstehen Sprachprobleme durch pedantische, vielleicht sogar autoritäre Erziehung (> Vorleben statt erziehen, Seite 324), oft durch massive Konflikte in der Familie, bisweilen auch durch Überforderung in der Schule und elterliche Über-Förderung (> Schule, Seite 644).

Damit die Kinder anders zu sprechen lernen, soll zunächst einmal ihre Sprechangst, die sie entwickelt haben, reduziert werden, damit ihnen »flüssiges Stottern« möglich wird. Bis diese Sprechschwierigkeit völlig verschwindet, dauert es oft sehr lange.

Am ehesten helfen Eltern ihrem Kind, indem sie das Stottern möglichst wenig beachten und statt dessen auf das reagieren, was ihr Kind sagen möchte.

LogopädInnen oder Sprach-HeilpädagogInnen können mit Sprechübungen, Atem- und Entspannungstechniken helfen. Hat das Kind ausgeprägte Hemmungen, sich anderen darzustellen, haben sich analytische Behandlungen, Spiel- und Gesprächstherapie als nützlich erwiesen (> Seite 757).

Angst

Fast alle Kinder durchleben in ihrer Entwicklung Phasen mit ungewöhnlich intensiven Angsterlebnissen (> Autonomie und Sicherheit, Seite 270). Sie fürchten sich vor Tieren und Dunkelheit; Trennungsängste scheinen den Eltern unerwartet aufzutreten. Viele Vorschulkinder schrecken eine Zeitlang plötzlich nachts hoch, schreien laut, sind verwirrt und nicht ansprechbar. Meist erinnern sie sich am nächsten Morgen nicht daran.

Neue Erfahrungen können irritieren, außergewöhnliche Ereignisse beunruhigen. Außerdem müssen die Kleinen lernen, zwischen den Ereignissen zu unterscheiden, die sie wirklich bedrohen, und denen, vor denen sich ihr Inneres fürchtet. Solche Angstphasen gehen meist bald vorüber.

Bleiben solche Angstzustände mehrere Wochen bestehen, sollten sich Eltern nicht scheuen, sich an Beratungsstellen oder TherapeutInnen zu wenden. Oft machen sie selbst – ohne es zu merken – durch ihre Reaktionsweise oder überstarke Zuwendung das Kind ängstlich.

Massiv und andauernd können solche Probleme vor allem in Zusammenhang mit Leistungsanforderungen in der Schule werden (> Schulangst, Seite 664).

Behandlung

Nur psychotherapeutische Behandlungen können tiefgreifende Ängste wirklich effektiv lösen. Eine Psychotherapie kann helfen, den Ursachen des Problems auf die Spur zu kommen. Verhaltenstherapie versucht, das Kind an das Objekt, das die Angst auslöst, schrittweise zu gewöhnen. Diese »Dressur« kann nachteilig sein, wenn das Kind sie als »Unterwerfung unter die Vernunft« einordnet.

Beruhigungsmittel und andere Psychopharmaka (z. B. Antidepressiva wie Tofranil) verdecken allenfalls das Problem. Beruhigungsmittel machen zudem rasch abhängig. Die Wirksamkeit von Antidepressiva etwa bei Schulangst ist nicht zweifelsfrei erwiesen. Die Nebenwirkungen all dieser Medikamente sind beträchtlich.

Isolation, Kontaktprobleme

Kontaktprobleme sind meist das Ergebnis von Angst und mangelndem Selbstbewußtsein. Auch der soziale Umgang will Schritt um Schritt ertastet, erlernt sein. Wenn Kinder am liebsten versunken mit sich selbst beschäftigt sind, keine Freundschaften schließen und kaum auf andere reagieren, ist oft fälschlicherweise von »autistischem Verhalten« die Rede. Doch frühkindlicher Autismus ist eine schwere Behinderung, bei der die Kinder erst spät oder nie zu sprechen lernen und kaum auf die Umwelt reagieren (> Seite 909).

Kontaktprobleme sind kein Drama, wenn sie plötzlich auftreten und bald wieder vergehen. Kinder, die fünf Stunden am Tag vor dem Fernseher (> Seite 491) oder vor Computerspielen (> Seite 451) sitzen, brauchen diese »Ruhephase« vielleicht für einige Tage. Dauern solche Zustände aber länger als eine Woche, sollten sich die Eltern überlegen:

● Bekommen ihre Kleinen zu wenig vom wichtigen Lebenselixier Zuwendung und Liebe? Schon Säuglinge wehren sich zunächst mit »Gebrüll ohne Unterlaß« gegen Liebesentzug und versinken schließlich in Apathie, nachdem sie die Erfolglosigkeit bemerkt haben.

● Wie isoliert leben die Eltern selbst? Haben sie selbst Kontaktprobleme? Und wie gehen sie damit um? Das »Modell« der Eltern hat für die Kinder entscheidende Bedeutung.

● Wieviel Spielraum hat das Kind, um seine Welt zu erobern, FreundInnen kennenzulernen? (> Vorleben statt erziehen, Seite 324)

● Wie sehr verhindern Kindergarten, Schule, Sport, Kreativitätsförderung und von Mutter und Vater organisierte Freizeit soziales Lernen? (> Kinder brauchen Zeit, Seite 436)

● Gab es in der letzten Zeit Trennungserlebnisse, die noch nicht ausreichend verarbeitet sind? (> Scheiden tut weh, Seite 88; > Das Leben mit dem Tod, Seite 594).

KINDERKRIEGE

Kaum eine Woche vergeht, in der nicht gewalttätige Kinder Schlagzeilen machen. Schon Grundschüler betätigen sich als Vandalen, Sextaner besorgen sich Waffen und bedrohen die Klassenkameraden. Messer, Wurfsterne, Reizgaspistolen werden schon bei Zwölfjährigen beschlagnahmt. Vereinzelt bringen bereits Kinder unter 14 Jahren einander um. Gewalt unter Kindern, so der Tenor, nimmt beängstigend zu.

Jugendbanden, körperliche Gewalt und Verhalten, das die Gesetze der Erwachsenenwelt bricht, sind kein Phänomen der neunziger Jahre. Und Brutalität unter Jugendlichen wurde nicht in Videofilmen erfunden. Was sich etwa in klerikalen Internaten zwischen den Schülern an Grausamkeiten abspielte, ist heute kaum noch vorstellbar. Und auch, was die »Halbstarken« der frühen sechziger Jahre an Tritten und Schlägen austeilten, wird heute im Ausmaß wahrscheinlich nicht überboten. Doch zu jedem Zeitpunkt nahm die Elterngeneration das Verhalten der Heranwachsenden zum Anlaß, um den Untergang der Werte der Gesellschaft zu beklagen.

Zweifellos hat sich das Umfeld radikal verändert, in dem die Jugendlichen die Grenzen der Gesellschaft erproben und ertasten können. Aus Nachbars Garten können sie keine Äpfel mehr klauen – im düsteren Hausflur wächst nicht einmal Moos. Bandenspiele und auch »-kriege« können sie nur noch in der Welt der Erwachsenen austragen, weil es keine ungenutzten Flächen mehr gibt – einst Rückzugsfelder für die Kids. Fußballspiel nebenan auf der Straße und Indianerspiel auf der Wiese sind unmöglich, Bewegung und Kontakt mit anderen Gleichaltrigen findet immer häufiger nur noch in den von Erwachsenen vorgeformten und überwachten Strukturen statt.

Die Folgen: Jugendstreiche werden, weil sie nicht mehr in geschützten Freiräumen stattfinden, plötzlich mit den Maßstäben des Strafgesetzes gemessen, aus Lausbuben werden kriminelle Kinder. Früher verborgene Abenteuer, bei denen sich Kinder in der Zeit des Heranreifens ausprobierten, geraten ins Blickfeld der Erwachsenen und werden zu pathologischen Ereignissen umdefiniert.

Hinzu kommt, daß Wohnverhältnisse, die berufsbedingte Abwesenheit der Eltern oder ein übervoller Stundenplan das soziale Lernen der Kinder immer mehr erschweren. Kinder sind fast 40 Stunden pro Woche in riesigen Schulburgen gefangen, ihr Tag ist in 45-Minuten-Rhythmen zerstückelt, ihre Tätigkeit säuberlich in kognitive, affektive und motorische Lernbereiche zerlegt – was Wunder, daß die Klassenzimmer nicht heilbleiben! (> Kinder brauchen Zeit, Seite 436, > Schule, Seite 644)

Die Medien mit ihrer permanenten Gewaltberieselung (> Seite 497) tun das ihre dazu. Vor allem, daß Gewalttaten ohne Schranken gezeigt werden, bereitet PädagogInnen und PsychologInnen Kopfzerbrechen.

Noch krasser sind die Zustände dort, wo das gesellschaftliche Gefüge insgesamt zerbricht. In den US-Großstädten hat kindliche Gewalt ähnliche Ausmaße angenommen wie in den riesigen Ballungsgebieten der Dritten Welt. Daran können auch Metalldetektoren an den Schuleingängen, mit denen Waffen entdeckt werden sollen, nichts ändern.

Doch auch hier reagieren die Kids vornehmlich auf eine erschreckende Entwicklung der Gesellschaft, so wie sie auf die Konflikte, Störungen und Irritationen ihrer Eltern und durch ihre Eltern reagieren.

● Ist es möglich, daß das Kind gewaltsamen Verhältnissen ausgeliefert ist? (> Gewalt gegen Kinder, Seite 372)

Zwänge

Zwänge sind ritualisierte Handlungen, mit denen Triebe auf magische Weise kontrolliert werden sollen, wie zum Beispiel:
● Eine bestimmte »notwendige« Anordnung von Kissen, Stofftieren usw. beim Einschlafen
● Das Gehen in bestimmten rituellen Schrittfolgen
● Das Singen bestimmter beruhigender Tonfolgen, wenn man »ungezogen« war oder »böse« Gedanken hatte.

Solche »Zwänge« treten entwicklungsbedingt auf und helfen, Probleme ins Leben zu integrieren.

Wenn sich größere Kinder allerdings über einen längeren Zeitraum systematisch verdrecken lassen oder sich viele Male täglich waschen, die Zähne putzen oder ähnliches, dann brauchen sie Rat und Hilfe. Solche Verhaltensweisen weisen oft auf ernste Probleme hin (> Sexueller Mißbrauch, Seite 379).

AGGRESSIONEN

Kinder greifen einander an, spielen mit Lust Verfolger und Verfolgte, kämpfen spielerisch in Gruppen gegeneinander, erproben ihre Kräfte beim Balgen: Aggressionen sind selbstverständlicher Wegbegleiter. Sie gehören dazu, wenn

---

Zum Weiterlesen

Anna und die Wut.
CHRISTINE NÖSTLINGER
Jugend und Volk Verlag.

Für Kinder ab drei Jahren

---

sich eigene Bedürfnisse ausdifferenzieren, wenn Kinder ihre eigene Stärke kennenlernen wollen. Aggressionen dienen der Kontaktaufnahme und -vertiefung und dazu, den eigenen Körper und den des anderen zu entdecken. Im ursprünglichen Wortsinn bedeutet Aggression auch nicht »überfallen, angreifen«, sondern »sich an jemanden wenden«.

Kleinkinder entdecken rasch, daß ihre Körperteile auch Waffen sind. Der erste Biß und der erste Schlag mag noch zufällig ein Opfer treffen. Doch die Reaktionen darauf zeigen schon dem Einjährigen, daß er mit Reißen, Beißen, Schlagen und Schmeißen Bedürfnisse anmelden und durchsetzen kann. Was »vernünftige« Mittel zur Selbstbehauptung sind, müssen die Kinder aber erst lernen.

Am besten tun sie das, ohne daß sich die Eltern einmischen. In aller Regel können Kinder ihre Konflikte sehr gut untereinander ausmachen, wenn sie dafür Raum und Zeit bekommen.

Ein Kind soll lernen dürfen, wann sein heftiger Protest angebracht ist und wann es besser seine Wünsche zurückstellt und einen Kompromiß sucht. Überfürsorgliche oder ängstliche Eltern nehmen dem Kind diese Entwicklungsmöglichkeit, wenn sie es immer wieder bremsen (> Vorleben statt erziehen, Seite 324).

Wenn sich ein Kind bedroht fühlt, wenn die Körperlichkeit Spuren und Verletzungen hinterläßt, ist es jedoch unerläßlich daß die Erwachsenen eingreifen. Bestrafen sie allerdings den »Übeltäter«, können sie damit dessen Verhalten verfestigen. Nicht »Hör auf damit, sonst ...« sollte die Devise sein, sondern die Aufforderung, den Konflikt auszuhandeln, wie etwa: »Ihr wollt also beide gleichzeitig schaukeln. Das geht nicht. Was können wir tun, damit ihr euch nicht streitet, prügeln müßt?« Ab etwa vier Jahren können Kinder so mit Elternhilfe eine Lösung finden. Jüngere Kinder brauchen hingegen konkrete Vorschläge.

Kinder, die keinerlei Aggressionen zeigen, sollten

Eltern ebenso nachdenklich machen, wie Kinder, die ihren Körper bei der Durchsetzung ihrer Wünsche übermäßig und unkontrolliert einsetzen.

Das böse Kind

Es ist immer noch ein Geschlechterspiel: Vor allem Buben treten miteinander in Kontakt, indem sie raufen und sich balgen. Das beunruhigt manche LehrerInnen oder irritiert die Eltern, ist aber für die Kinder kein Problem. Erwachsene, die diese Art der Kontaktaufnahme ablehnen, können sich ausbedingen, daß derlei nicht vor ihren Augen stattfindet.

Anders ist es bei Aggressionsäußerungen, die zum festen Verhaltensmuster eines Kindes geworden sind und mit denen es anderen Schaden zufügt. Verletzungen sind fast immer Alarmsignale. Eine so gesteigerte Aggressivität deutet fast immer auf besondere Unsicherheit und Angst hin. Die Kinder schlagen nicht, um weh zu tun, sondern um ihre Angst loszuwerden. Unsichere Kinder empfinden die auf die »Tat« folgenden Maßregelungen oder Strafen als Zuwendung. Je öfter sie ihre Angst »wegschlagen« können, desto mehr verfestigt sich das Verhalten.

Ursachen können sein:
● Dem Kind fehlt das Gespür für die Grenze: Die Eltern behüten es zu sehr oder behandeln es sehr streng. Damit lassen sie ihm zu wenig Spielraum, um selbständiges Handeln und Verhandeln zu üben. Fehlen andererseits Regeln im Alltag komplett, lernt das Kind keine Grenzen kennen. Und nur wenn die Eltern vorleben, wie man Konflikte anders als mit der Faust regelt, lernen das auch die Kinder (> Vorleben statt erziehen, Seite 324).
● Dem Kind mangelt es an Selbstbewußtsein: Die Ankunft eines Geschwisters kann ein Kind völlig aus dem Gleis werfen, wenn es zuvor durch das Verhalten der Eltern verunsichert wurde (> Seite 83). Stellen Eltern oder Schule hohe Leistungsanforderungen oder überfordern sie das Kind emo-

GEWALT ALS MÄNNERSACHE

Der vierjährige Lars beißt alle Kindergartenkinder, die er erreichen kann, ist mit Schlägen nicht zimperlich und durch Zureden, Drohen und Strafen nicht zu bändigen. Vanessa nimmt mehrmals wöchentlich einen tiefen Abdruck von Lars Gebiß mit nach Hause. Sie wehrt sich einfach nicht, meint die Betreuerin resigniert zur Mutter.

Lars Vater hat den Jungen immer ermuntert: Laß dir nichts gefallen, schlag zurück. Mehr noch: Er läßt ihn fühlen und spricht es auch aus, daß er sich einen Sieger zum Sohn wünscht.

Die Mutter von Vanessa dagegen ist stets auf Harmonie bedacht. Man schlägt nicht, erfährt die Tochter sehr früh, sondern man bespricht Konflikte.

Vanessa spricht perfekt in komplizierten Sätzen. Ihre GesprächspartnerInnen, stellt die Therapeutin fest, sind davon überfordert. Sie hauen zu, weil die Kleine sie niederredet. Das Mädchen wird zur Außenseiterin.

Lars Schicksal verläuft ähnlich. Zunächst erntet er für seine Siege zwar Anerkennung, doch bald gilt er unter Gleichaltrigen und BetreuerInnen als »böse«, wird gehänselt und isoliert. Jetzt muß er erst recht losschlagen.

Mädchen sind brav, Jungen stark – immer noch vermitteln Mütter und Väter die alten Geschlechterrollen. Schon Dreijährige wissen, welche Erwartungen man in sie setzt, und sie richten sich danach.

Solche Klischees tun Kindern nicht gut. Sie zu ermuntern, Gewalt anzuwenden, ist ebensowenig förderlich wie eine Friedenserziehung, die in Wahrheit Aggressionen verdrängt.

tional, entmutigt das das Kind und läßt in ihm das Gefühl wachsen, nichts richtig zu schaffen (> Kinder brauchen Zeit, Seite 436).

Ein Schlag für Mutter und Vater

Die meisten Eltern fühlen sich durch die Schläge ihrer Kleinen verletzt, auch wenn sie andere treffen. Sie fürchten, versagt zu haben: Ausgerechnet ihr Knirps ist kein liebes Kind.

Gerade in einer solchen Situation braucht das Kind die Botschaft: Du bist schon in Ordnung, selbst wenn du dich manchmal so verhältst, daß es mir Probleme macht.

Dennoch sollte das Kind keinesfalls den Eindruck bekommen, daß es mit Schlagen, Beißen oder Kratzen bei den Eltern, wenn auch nur indirekt, Erfolg erzielen kann. Wenn sie heftige Aggressionen fortwährend dulden, ohne Stellung zu beziehen, vermittelt das dem Kind ein Bild von Zustimmung.

Eltern, die die Gewalt ihres Kindes mit eigener Gewalt vergelten, unterweisen es in einem Widerspruch: Warum soll das Kind begreifen, daß es nicht schlagen soll, wenn es sogar die Eltern tun?

Das gleiche gilt, wenn Vater und Mutter selbst Ziel der kindlichen Attacken sind. Fast jedes Kind erprobt eine Zeitlang den körperlichen Umgang auch mit den Eltern. Schläge zwischen den ungleichen Partnern Kind und Erwachsener zuzulassen, widerspricht dem Grundsatz: Ich tu dir nicht weh, du tust mir nicht weh.

Oft werden Kinder von den eigenen Aggressionen überschwemmt; sie entkommen ihnen nicht mehr, fürchten sich aber auch davor. Das tobende Kind ruhig festzuhalten schafft Körperkontakt, Ruhe und Sicherheit. Und statt die »Tat« zu besprechen, braucht das Gefühl Ansprache: »Es ist ärgerlich, daß du das nicht bekommst. Das ist schon blöd, jetzt mußt du dich so ärgern.«

Die Emotion auf- und anzunehmen und gleichzeitig Grenzen zu ziehen, ist das Kunststück, das in solchen Situationen von den Eltern verlangt wird.

Wenn allerdings das Kind über mehr als sechs Monate zu Gewalttätigkeiten neigt und das Verhalten sich so verfestigt, daß es nicht nur in bestimmten Umgebungen und bei bestimmten Personen, sondern überall auftritt, sollten Beratungseinrichtungen aufgesucht werden (> Beratung und Psychotherapie, Seite 757).

Aggressionen gegen sich selbst

Viele Kinder richten ihre Aggressionen gegen sich selbst. Die häufigsten Formen, wie das geschieht, sind heftiges Nägelbeißen und das Ausreißen von Haaren. Manche Kinder schlagen mit dem Kopf auf den Boden oder gegen die Wand, wenn die Wut sie überfällt. Andere halten die Luft an, bis sie blau werden.

Solche Verhaltensformen zeigen immer, daß sich das Kind nicht wohl fühlt, daß sich in ihm Aggressionen aufgestaut haben.

Auch hier geht es nicht in erster Linie darum, das Verhalten sofort zu ändern: Wenn Eltern die unerwünschte Handlung einfach verbieten, fixiert das das Kind nur noch mehr auf sein Symptom. Vielleicht entwickeln Eltern statt dessen Ideen, was die Ursachen des »schlimmen« Verhaltens sein könnten und überprüfen sie im Gespräch mit dem Kind.

Kinder, die sich über einen längeren Zeitraum selbst verletzen, brauchen kompetente Hilfe. Solche Verhaltensweisen zeigen oft ernste Probleme an (> Gewalt gegen Kinder, Seite 372; > Sexueller Mißbrauch, Seite 379).

SCHLAF-SCHWIERIGKEITEN

Neugeborene sind im Verlauf von 24 Stunden etwa acht Stunden, mit vier Monaten etwa zehn Stunden lang wach. Allmählich verteilt sich die Zeit, in der das Baby munter ist, zunehmend auf den Tag und die, in der es schläft, mehr auf die Nacht.

Doch wie für andere Entwicklungen auch braucht jedes Kind Zeit, um seinen eigenen Rhythmus zu finden. Daß etwa drei Viertel der Kinder mit drei Monaten ihre Hauptschlafenszeit in der Nacht haben, bedeutet nicht, daß ein Einjähriges zurückgeblieben ist, weil es nachts noch keine sechs Stunden durchschläft. Es kommt auch häufig vor, daß Säuglinge, die schon längere Zeit nachts durchschliefen, sich plötzlich nachts wieder melden.

Mit etwa sechs Monaten beginnen Babies, Gewohnheiten zu entwickeln, mit denen sie sich beruhigen und beim Einschlafen helfen. Das kann das Nuckeln an Daumen oder Tuch sein (> Knutschdecken, Daumen, Nuckel und andere Leidenschaften, Seite 265). Es können Schmusedecke, Kuscheltier oder der Pullover eines lieben Menschen sein. Manche schaukeln oder wiegen sich selbst in den Schlaf, bei vielen tun dies die Eltern.

Um den ersten Geburtstag herum haben die meisten Kinder ihre Kernschlafenszeit in der Nacht, garniert von etwa zwei Stunden Schlaf am Vormittag und zwei Stunden am Nachmittag.

Gestört ist der Schlaf der Eltern

Kinder haben weder Ein- noch Durchschlafstörungen, denn für sie ist das, was geschieht, völlig normal. Gestört fühlen sich Eltern, die den Unruhegeist abends immer wieder hinlegen oder nachts beruhigen müssen. Ob ein Kind bei den Eltern schläft oder strikt ins eigene Bett verwiesen wird, ob es um sieben ins Bett muß oder bis Mitternacht aufbleiben darf, ob es immer pünktlich zur Ruhe gebettet wird oder irgendwo im Kreis der Erwachsenen entschlummert – nichts ist besser, nichts ist schlechter. Ob ihr Kind »Schlafprobleme« hat, definieren also immer die Eltern. Von den Ansprüchen, die sie an sich und ihr (Familien) Leben stellen, hängt es ab, ob das, was sich in punkto Schlafen bei ihren Kindern abspielt, eine Tortur wird oder eine gelassen hingenommene Begleiterscheinung des Elterndaseins bleibt.

UNRUHIGE NÄCHTE

Jeder Mensch hat jede Nacht mehrere Phasen, in denen er fast oder ganz wach wird. Ob ein Kind aus solch einer Phase allein zum Weiterschlafen kommt oder Hilfe braucht, hängt von vielen verschiedenen Faktoren ab.

Einer Untersuchung zufolge wecken Kinder, die immer in Gegenwart eines anderen einschlafen, ihre Eltern nachts doppelt so oft auf wie solche, die wach ins Bett gelegt wurden. Sie haben einfach nicht gelernt, ohne Hilfe in den Schlaf zu finden. Auch Angst und Unsicherheit behindern das Einschlafen. Das Kind kann sich vor der Dunkelheit fürchten, vor einer fremden Umgebung, aber auch davor, allein gelassen zu sein.

Stimmungen und Gefühle erspüren Kinder meisterhaft. Eltern mögen lange Zeit glauben, die Kleinen bekämen ihre Streitigkeiten nicht mit. Doch das Gegenteil ist der Fall. Manche Sprößlinge reagieren darauf, indem sie abends immer wieder aufstehen, nachts die Eltern rufen oder zu ihnen gehen. Das kann ihr unbewußter Versuch sein zu verhindern, daß sich die Eltern weiter streiten. Hat die Partnerschaft einen Riß, erfüllt das Schlafverhalten des Kindes manchmal unbewußte Elternwünsche: Es schenkt die entbehrte kuschelige Nähe, es verhindert Annäherungsversuche des Partners bzw. der Partnerin.

Für manche Eltern mag der nächtliche Kinderzirkus auch die unbewußte Sühne dafür sein, daß sie tagsüber so wenig Zeit für den Nachwuchs haben.

Leicht einsichtige Gründe für nächtliches Schreien sind Krankheiten, eine volle Windel, Kälte oder Hitze. Säuglinge weckt der Hunger. Ältere Kinder brauchen nachts jedoch nichts mehr zum Essen. Im Gegenteil: Der Körper ist auf die nächtliche Fastenzeit eingerichtet (> Frühstück, Seite 559).

Wenn sich das Kind im zweiten Lebenshalbjahr eigenständig fortbewegt, erlebt es in der immer größer werdenden Welt viel Unbekanntes und erfährt sich als sehr weit von seinen Eltern getrennt. Damit verbundene Ängste verarbeitet es im Traum, und das läßt es öfter nachts hochschrecken.

Später können Schulstreß (> Seite 647), die Scheidung der Eltern (> Seite 88) oder andere Kindersorgen zu ähnlichen Schwierigkeiten führen (> Das Leben mit dem Tod, Seite 594).

Auf Dauer gesehen holt sich jedes Kind den Schlaf, den es braucht. Seine Gesundheit ist also nicht gefährdet. Ein gespanntes Familienklima wirkt sich allerdings sehr wohl aus.

Eltern können mürrisch, aggressiv, empfindlich werden, wenn sie nachts keine Kräfte für den kommenden Tag sammeln können und wenn ihr Erwachsenenleben rund um die Uhr vom Kind bestimmt wird. Deshalb haben sie das Recht, ihre Erholungsphasen zu schützen (> Eltern sein, Seite 52).

Einschläferndes

Je sicherer und geborgener sich ein Kind in seiner Familie fühlt, desto leichter kann es sich in den Schlaf fallenlassen. Zu dieser Sicherheit trägt die Erfahrung bei, daß Eltern das meinen, was sie sagen, und daß sie tun, was sie ankündigen.

Gleichbleibende Rituale erleichtern es Kindern, sich an die Einteilung zwischen Tag und Nacht zu halten, die in ihrer Familie vorgesehen ist. Den Liebling allerdings nach einem starren Schema ins Bett bringen zu wollen, ist wenig sinnvoll.

Für Kinder, die als Strafe ins Bett gesteckt werden, wird das Lager kaum noch ein angenehmer Ort sein.

Im offenen Gespräch von Mutter und Vater, mit guten FreundInnen oder Fachleuten können Eltern versuchen zu ergründen, was in ihrer Familie denn unter der Überschrift »Schlafprobleme« abläuft. Bleiben die Ursachen im dunkeln oder lassen sie sich nicht beheben, können sie dennoch versuchen, das Verhalten des Kindes zu verändern.

Dazu ist es sinnvoll, zunächst einmal zwei Wochen lang in einem Schlaftagebuch festzuhalten, was nächtens geschieht, inklusive der eigenen Reaktionen und Gefühle. Danach sollte ein realistisches Ziel definiert werden, das es anzusteuern gilt. Erfolg ist jedoch nur zu erwarten, wenn eindeutiges Handeln und sicheres Auftreten dem Kind zeigen, daß beide Eltern auch wirklich wollen, was sie sagen und tun.

● Das Kind schläft immer am selben Platz ein.
● Nur ein relativ einfaches, zeitlich begrenztes Schlafritual hat Aussicht auf Erfolg.
● Vor dem Einschlafen hat das Kind den oder die BetreuerIn noch eine Zeitlang nur für sich allein. Es kann die Zeit der Gute-Nacht-Geschichte oder eine Schmuseviertelstunde sein. Die oder der andere muß aber mit Gedanken und Gefühlen bei dem Kind sein.

Oft genügt es schon, die äußeren Umstände ein wenig zu verändern:
● Den Tag ruhig ausklingen lassen; aufregende Spiele, Geschichten oder Fernsehsendungen können bei manchen Kindern noch bis in die Nacht hineinwirken.

● Ein leichtes Abendessen belastet die Verdauungsorgane nicht.
● Die Temperatur im Schlafzimmer sollte deutlich unter der des Spielzimmers liegen.

Wird das nächtliche Aufwachen des Kleinen für die Eltern zum allzu belastenden Schlafproblem, sollten sie sich nicht scheuen, sich selbst ein wenig Ruhe zu verschaffen:
● Das in seinem Bett schreiende Kind durch Streicheln oder anderen Hautkontakt beruhigen. Ist das Kind aufgestanden, wird es wieder ins Bett zurückgetragen. Wieder die gewohnten Schlafbedingungen herstellen: zudecken, Schmusetier in den Arm usw. Dann wieder aus dem Zimmer gehen. Keine Fragen nach dem Warum des Aufwachens, keine Drohungen, keine Diskussionen.
● Wacht das Kind wieder auf, wird der Ablauf genau gleich wiederholt. Das so oft, bis Ruhe eingekehrt ist.

Unsinnige Pillen

Schlafmittel sind an sich schon problematisch und für Kinder ganz abzulehnen. Sie verändern die Struktur des Schlafes. Die Kinder sind möglicherweise am nächsten Morgen tranig und unausgeglichen. Setzt man das Mittel ab, ist die Störung wieder da. Kinder mit Schlafmitteln zum Schlafen zu bringen, kann ihre Sucht«karriere» fördern.

BETTNÄSSEN

Mit drei Jahren näßt noch gut ein Drittel der Kinder nachts ein. Nähere Beachtung sollte das erst finden, wenn ein Kind, das älter ist als vier Jahre, noch ziemlich regelmäßig Hose oder Bett naß macht, oder wenn das wieder häufiger passiert, nachdem das Kind schon länger als ein halbes Jahr trocken war.

Die beste Vorbeugung gegen Bettnässen ist

es, das Kind nicht zur Sauberkeit zu »erziehen«, ihm Zeit zu lassen, bis es von selbst Harn und Stuhl kontrollieren will (> »Sauber werden«, Seite 254).

Meist liegt eine Vielzahl von Faktoren vor, die nur schwer auszumachen sind und sich nicht leicht verändern lassen. Die Reifungsvorgänge können allgemein langsam ablaufen. Die wichtigste Ursachen sind jedoch psychische Probleme. Würde die Nässe nicht so unangenehm riechen, könnten eigentlich alle Beteiligten froh sein, daß das Kind ein so harmloses Signal gefunden hat, um auf innere Spannungen aufmerksam zu machen.

Spezielle Tränen

Merkt das Kleine, daß es für die Eltern wichtig ist, bald ein »sauberes« Kind zu haben, kann das Pinkeln zur rechten Zeit zum Machtkampf ausarten. Der Sprößling ist dabei aber nicht einfach dickköpfig und muß gehorchen lernen. Ihm mangelt es vielmehr an der Sicherheit, daß es mit liebender Unterstützung durch die Großen seinen eigenen Weg gehen darf.

Das automatische Öffnen der Blase entlastet das Kind dagegen von unerträglichem Druck – wie sonst das Weinen. Manchmal bekommt es dann die

TROCKEN-TRAINING

Gegen Bettnässen hilft nicht:
● Ab nachmittags die Trinkmenge einschränken.
● Das Kind nachts aufwecken und zur Toilette schicken.
● Die Blase auf ein möglichst großes Fassungsvermögen trainieren.

Zuwendung, die es aus Babytagen in angenehmer Erinnerung hat und so sehr sucht.

Einige seltene Ursachen des Bettnässens sind mit ärztlicher Hilfe relativ leicht auszumachen: Blasenentzündung (> Harnweginfekt, Seite 857), Fehlbildungen der Harnwege (> Seite 843), Diabetes (> Zuckerkrankheit, Seite 843).

Jüngere Kinder reagieren damit vor allem auf Streß: Streit in der Familie (> Vorleben statt erziehen, Seite 324), neue Geschwister (> Seite 83), der Beginn der Kindergartenzeit oder Schulschwierigkeiten (> Seite 644).

Nach einiger Zeit sind dann seelische Auslöser und Folgen nicht mehr voneinander zu trennen. Die Pfütze in Hose oder Bett beleidigt den Ehrgeiz aller: Das Kind fühlt sich als Versager, weil es das nicht schafft, was die Großen von ihm erwarten. Die Eltern erleben täglich, wie das Kind ihre vermeintliche erzieherische Unfähigkeit beweist. Vielleicht staut sich in ihnen auch Wut darüber, daß ihnen das Kind die viele Arbeit mit der Wäsche und die Schmach anderen gegenüber antut.

Besonders bei älteren bettnässenden Kindern verharmlosen manche Eltern das Problem allerdings nur zu gern. Unbewußt ist es ihnen nur recht, dieses Kind noch »klein« zu behalten, weil es sie zum Beispiel darüber hinwegtröstet, daß der Partner sich einer anderen Frau zugewandt hat oder daß die Gemeinschaft ihren Reiz verloren hat. Muß das Kind vielleicht deshalb »klein« bleiben, weil es sonst in der Phantasie – als Partnerersatz – attraktiv werden könnte? Eltern, die miteinander über solche Ängste und Probleme reden können, ermuntern damit gleichzeitig das Kind, seine inneren Konflikte aufzudecken. Dann kann es andere Wege finden, seine Erregung abzubauen, und muß sie nicht mehr in der bisher gewohnten Weise »löschen«.

Das Familiendrama

Ein Kind, das in die Hose macht, ist selbst unglücklich darüber. Wird es dann noch beschimpft oder bestraft, schwindet sein Selbstbewußtsein noch mehr.

Manche Kinder stehen abseits, weil sie sich nicht trauen, bei FreundInnen zu übernachten oder an Klassenfahrten teilzunehmen.

Die Gefühle und das Organisatorische, die sich um das feuchte Problem entspinnen, können zum zentralen Familienthema werden.

Mit der Pubertät verschwindet das Bettnässen bei den meisten Jugendlichen. Oft sucht sich das zugrundeliegende Problem aber eine andere Ausdrucksmöglichkeit. Probleme wie Stehlen, Lügen, Weglaufen treten an die Stelle des Bettnässens. Später sind sexuelle Schwierigkeiten häufig, weil das »Kind« die Bindung an seine Eltern eigentlich immer noch nicht gelöst hat.

Alles, was das Selbstbewußtsein stärkt, wirkt dem Bettnässen entgegen: Bei kleinen Kindern ohne Unmut, Mitleid, Trösten oder besonderen Kommentar, aber sicher nicht wortlos, das Bettzeug wechseln und einen trockenen Schlafanzug reichen. Größere Kinder bewahren die Wäsche am besten in ihrem Zimmer auf, damit sie sich selbst versorgen können. Geduldiges, hilfreiches Abwarten zeigt dem Kind am ehesten: Wir haben dich lieb – egal, ob du trocken oder naß bist.

Klingelmatratzen oder ähnliches arbeiten nach dem Dressurprinzip. Rückfälle sind nach spätestens einem halben Jahr zu erwarten, weil das Kind keine wirkliche Kontrolle über seine Blase gewinnt.

Ein Beratungsgespräch mit einer psychotherapeutisch ausgebildeten Fachkraft empfiehlt sich bei länger dauernden Problemen (> Beratung und Psychotherapie, Seite 757).

Unsinnige Pillen

Das bei Bettnässen am häufigsten verordnete Medikament ist ein Mittel gegen Depressionen (Tofranil [D/Ö]). Einem Drittel der Kinder hilft es vorübergehend; doch bei vielen geht nach drei Monaten alles wieder von vorne los. Nebenwirkungen wie Mundtrockenheit, Kreislauf- und Sehstörungen sind häufig.

Neu sind Nasentropfen oder -spray, mit denen der hormonähnliche Wirkstoff Desmopressin ins

Blut gelangt (Minirin [D/Ö]). Er verhindert, daß die Nieren Wasser ausscheiden, und wurde zur Behandlung einer Krankheit entwickelt, bei der der Körper literweise Urin abgibt, weil ihm das bremsende Hormon fehlt. Das Mittel kann schwere Nebenwirkungen auf Nieren und Kreislauf haben. Seine Anwendung bei Kindern ist nicht ausreichend erprobt.

HYPERKINETISCHES SYNDROM

»Er schaukelt und gaukelt. Er trappelt und zappelt auf dem Stuhle hin und her.« So beschrieb der Psychiater Heinrich Hoffmann 1848 in seinem Buch »Der Struwwelpeter« an dem »Zappelphilipp« ein Kind mit auffälligem Verhalten. Damals war ein solches Kind schlicht ungezogen. Heute ist es »hyperaktiv« und gilt als behandlungsbedürftig, krank.

Falsche Diagnosen

Fast alle Klein- und Vorschulkinder sind in bestimmten Phasen unaufmerksam, »hyperaktiv«, auffallend impulsiv, extrem leicht erregbar.

Vom »hyperkinetischen Syndrom« kann erst gesprochen werden, wenn ein Kind ein ganzes Bündel von Verhaltensweisen gleichzeitig über einen längeren Zeitraum aufweist: Aufmerksamkeitsstörungen, motorische Unruhe, Impulsivität und ausgeprägte Stimmungsschwankungen müssen mindestens ein Jahr lang extrem vom üblichen Maß abweichen und in allen Situationen, unabhängig vom Anlaß, auftreten. Eine solche dauerhafte Ballung von Problemen ist sehr selten. Gelegentlich unkonzentrierte Kinder allerdings, die wenig zielgerichtet handeln, denen das »Sitzfleisch« fehlt, die gelegentlich ruhelos sind, gibt es viele.

Viel zu oft werden Kinder, die sich nicht so verhalten, wie es Erwachsene als »der Situation angemessen« bezeichnen, fälschlicherweise als »hyperkinetisch« eingestuft und mit Pillen traktiert. Die sichere Diagnose, ob es sich beim störenden Verhalten um eine Reaktion auf Lebensumstände oder um das »hyperkinetische Syndrom« handelt, kann nur eine spezialisierte Kinderklinik stellen. KinderärztInnen sind meist überfordert.

Erklärungsversuche

Die Ursache dieser Verhaltensauffälligkeit ist nicht bekannt. Doch 70 verschiedene Erklärungen gab es bereits. Eine Auswahl:
● Geringfügiger Hirnschaden, daher auch die Bezeichnung minimale cerebrale Dysfunktion (MCD) Es sind zwar Veränderungen im EEG feststellbar, im Gehirn jedoch sind nicht einmal geringfügige Veränderungen nachzuweisen.
● Reizüberflutung – möglicherweise ein beteiligter Faktor, aber er trifft nicht für alle hyperaktiven Kinder zu.
● Ungleichzeitige Entwicklung der Grundfähigkeiten (> Teilleistungsschwächen, Seite 352).
● Mangel an der Nervenüberträgersubstanz Noradrenalin. Selbst wenn diese biochemische Besonderheit für alle Unruhekinder zuträfe – ob sie tatsächlich die Ursache oder – im Gegenteil – die Auswirkung ist, ist unklar.
● Nahrungsmittelallergie, vorzugsweise auf Zusatzstoffe – wahrscheinlich ein beteiligter Faktor, trifft aber nicht für alle Kinder zu.
● Ein unbewußter Versuch des Kindes, die Konflikte zu bewältigen, die sich aus dem Zusammenleben mit Eltern und LehrerInnen ergeben; aus den Anforderungen, die Eltern, Gesellschaft und Institutionen wie die Schule mit ihren Normen und Werten stellen. Viele PsychotherapeutInnen sehen in dem »störenden« Kind den Spiegel, den es seiner erziehenden Umwelt vorhält. Das Verhalten des Kindes löst den Konflikt zwar nicht, es kann aber als relativ gesunde psychische Reaktion angesehen werden: Das Kind kämpft, es hat sich noch nicht resigniert zurückgezogen.

Die Folgen

Kinder, die derart massiv aus der Rolle fallen, werden abgelehnt. SpielkameradInnen und MitschülerInnen mögen sie nicht. »Hypis« können schwer verlieren, sich nicht konzentrieren und sind schlecht in der Schule, obwohl viele von ihnen überdurchschnittlich intelligent sind.

Das Leben mit einem derart unberechenbaren Kind belastet die Familie sehr. Ständig gibt es Scherben und Geschrei. Die Kinder verletzen sich oft, weil sie Gefahren nicht einschätzen können.

Besonders Eltern, die sich mit der Frage nach der »Schuld« quälen, führt das an die Grenze ihrer Belastbarkeit.

Untersuchungen über 25 Jahre hinweg zeigen, daß mehr als die Hälfte der Betroffenen auch im Erwachsenenalter gravierende Probleme mit sich, den Mitmenschen und dem Leben haben.

ErzieherInnen in Kindergarten und Schule kennen das »hyperkinetische Syndrom« nur selten und wissen dementsprechend nicht, wie sie solche Kinder einschätzen und mit ihnen umgehen sollen. Hier können Eltern wichtige Aufklärungsarbeit leisten, die ihren Kindern zugute kommt.

Rat und Hilfe

Familien mit einem solchen Kind brauchen psychotherapeutische Hilfe. Die richtet sich aber nicht allein auf den Zappelphilipp. Es müssen auch die Eltern erdecken, welche ihrer eigenen, unbewußten Bedürfnisse das Kind erfüllen soll (> Beratung und Psychotherapie, Seite 757).

Weitere Therapieformen mit Aussicht auf Erfolg, aber ohne Medikamente, sind psychomotorische und rhythmisch-musikalische Bewegungsübungen.

Medikamente

Paradoxerweise hilft etwa zwei Dritteln der tatsächlich »hyperkinetischen« Kinder ein Mittel, das eigentlich ein Aufputschmittel ist (Ritalin [D/Ö]). Wird die soziale Isolation der betroffenen Kinder deutlich und bleiben andere Behandlungsformen ohne Erfolg, können ÄrztInnen dieses Mittel versuchen. Nach anfänglichen Erfolgen läßt seine Wirkung allerdings oft schnell nach. Auf lange Zeit gesehen bringt es die Verhaltensauffälligkeiten nicht zum Verschwinden. Dafür hat es massive Nebenwirkungen wie Appetit- und Schlaflosigkeit, Kopf- und Bauchschmerzen, Wachstumsstörungen, Verstimmungs- und Angstzustände.

Ernährung als Therapie

Mit einer ganzen Reihe von Ernährungskonzepten wird ebenfalls versucht, die Unruhegeister zu besänftigen. Sie alle scheinen zumindest anfänglich etwas zu bessern. Die Besserung ist jedoch nicht von Dauer, und es reagiert auch nicht jedes Kind positiv auf Diäten.

SchulmedizinerInnen kritisieren, daß diese Diäten häufig ohne ärztliche Diagnose oder Kontrolle, also auf eigene Faust durchgeführt werden. PsychotherapeutInnen weisen darauf hin, daß die sehr diffizilen Ernährungsvorschriften Kind und Familie zu sehr beschäftigen. Diese Form des Sich-Sorgens kann allen Beteiligten dazu dienen, sich nicht mehr um die Ursache ihres gestörten Beziehungsgefüges kümmern zu müssen.

Kontakte zur Selbsthilfe

Arbeitskreis überaktives Kind
Dieterichsstraße 9; 30159 Hannover
Tel.: 0511/3632729

In jedem Fall verändern solche Diäten das Leben zwischen Eltern und Kind einschneidend: Die einen müssen ständig zuteilen, kontrollieren, ermahnen, das Kind muß gehorchen und verzichten.

Selbsthilfegruppen (> Seite 364) verfügen über Erfahrung, wann welche Diät eventuell dennoch zweckmäßig sein kann.

SUCHT

Nichts erschreckt Eltern so sehr wie der Gedanke, das eigene Kind an die Sucht zu verlieren: Es könnte drogenabhängig werden, sich damit in Kleinkriminalität verstricken, die Ausbildung abbrechen, in einen Strudel geraten, aus dem es selbst nicht mehr herausfindet, oder sich gar mit einem »goldenen« Schuß das Leben nehmen. Unwillkürlich fragen sich alle, ob ihr Kind gefährdet ist, diesen Weg zu gehen, wie sie ihm eine solche Entwicklung ersparen können, und ob es überhaupt ein erzieherisches Mittel gegen Drogenkonsum gibt.

Offensichtlich gibt es keine Patentrezepte, um Kinder und Jugendliche zu schützen. Drogenabhängige kommen aus sozial schwachen Elternhäusern und aus der »besten Gesellschaft«; es sind GrundschülerInnen und GymnasiastInnen; Kinder, für die von klein auf eine Nur-Hausfrau gesorgt hat und Kinder, deren beide Eltern sich ganztägig im Beruf außer Haus bewährt haben. Dennoch können Eltern sehr viel tun, um die Drogenrisiken kleinzuhalten. Vornehmlich zwei breite Wege können in die Sucht führen: das Vorbild der Menschen in allernächster Nähe und die Fähigkeit des Kindes, mit Konflikten umzugehen. Beide Wege bahnen sich bereits lange an, bevor der junge Mensch zum ersten Mal mit Nikotin, Alkohol, Marihuana oder Opiaten in Berührung kommt.

Die Suchtstoffe

Kontrovers diskutiert werden fast ausschließlich die hierzulande illegalen Drogen Haschisch, Crack, Heroin, LSD oder Kokain. Von Kritik an den gesellschaftlich akzeptierten »Genußmitteln« und Aufputschern wie Tabak, Alkohol oder Arzneimitteln ist weniger zu hören, obwohl sie weiter verbreitet, ebenso gefährlich und für Kinder leichter zu erreichen sind als illegale Drogen:

● Von den schätzungsweise 2,5 Millionen alkoholabhängigen Deutschen sind etwa 250.000 Jugendliche. Etwa 40.000 Menschen sterben jedes Jahr an den Folgen dieser Droge. Einzeluntersuchungen wie in Nordrhein-Westfalen zeigen, daß der Einstieg früh beginnt. Im größten Bundesland greift bereits jedes fünfte Kind zwischen zwölf und vierzehn Jahren mehrmals in der Woche oder sogar täglich zum »Alk«.

● Jeder dritte Jugendliche raucht regelmäßig und verringert, wenn er dabeibleibt, seine Lebenserwartung um ein Jahrzehnt. Nach Schätzungen der Weltgesundheitsorganisation lassen jedes Jahr rund 2,5 Millionen Menschen an den Folgen des blauen Dunstes ihr Leben.

● Ein großer Teil der schätzungsweise 800.000 Medikamentensüchtigen steigt im Jugendalter in die Abhängigkeit ein. Etwa 14 Prozent der SchülerInnen nehmen regelmäßig Arzneimittel gegen Schmerzen, zum Schlafen, zur Beruhigung oder zum Anregen. Eine Studie der hessischen Landesregierung wies nach, daß ein Viertel der GrundschülerInnen Präparate zur Leistungssteigerung oder zur Verbesserung der Konzentration schlucken (> Medikamente, Seite 755).

● Weitgehend unbekannt ist die Zahl der Kinder und Jugendlichen, die über Schnüffelstoffe versuchen, »high« zu werden, und dabei Gehirn und Herz-Kreislaufsystem, Leber und Nieren unheilbar schädigen können.

● Insgesamt rechnet das Bundeskriminalamt damit, daß pro Jahr mehr als 10.000 jugendliche ErstkonsumentInnen zu harten Stoffen greifen

VORBEUGEN

● Echte Erlebnisse schützen Kinder vor künstlichen. Drogen sind vor allem dann verlockend, wenn im eigenen Leben nicht viel passiert oder wenn die Welt vornehmlich aus zweiter Hand ins Haus geliefert wird (> Fernsehen, Seite 491).

● Mit weniger Konsum (> Seite 528) und »mehr selber machen« können die Kinder ihre Stärken erleben und Schwächen ertragen lernen.

● Klare Grenzen helfen den Kindern, sich zu orientieren. Auch wenn sie sich immer wieder über elterliche Grenzen hinwegsetzen, sollen sie wissen, daß sie für Drogen zu Hause keine Zustimmung finden.

● Nicht Verbote entscheiden, sondern die unmißverständliche Botschaft: Mit diesem Verhalten schadest du dir. Daher lehne ich es ab und unterstütze es nicht!

● Alkohol und Nikotin sollten zu Hause nicht gewohnheitsmäßig, sondern nur gelegentlich konsumiert werden: als bewußter Genuß oder in Rahmen einer Feier.

● Wenn der Nachwuchs bereits raucht oder trinkt, helfen klare Spielregeln: Es gibt kein Sonder-Taschengeld, die Eltern sorgen nicht für Nachschub, und es gibt drogenfreie Zonen wie das Eß- oder Wohnzimmer. Diese Regeln gelten auch für die Eltern.

● Aufklärung hilft, Abschreckung nützt wenig. Nicht die Panikmache vor Heroin fördert das Verständnis, sondern die präzise Erklärung, wie sich seelische und körperliche Abhängigkeiten auswirken können (> Die Wirkung der Drogen, Seite 369).

● Klare Grenzen auch bei der Spiel- oder Konsumsucht (> Computerspiele, Seite 451; > Werbung, Geld, Konsum, Seite 528).

werden. 17 Prozent der 12- bis 25jährigen haben bereits Erfahrungen mit illegalen Mitteln wie Haschisch, Heroin, Kokain oder Amphetamin. Fünf Prozent möchten sie probieren.

Vom Vorbild lernen

Jeder Erwachsene kennt suchtähnliches Verhalten an sich selbst: die Zigarette, um Spannung abzubauen; das Glas Cognac, um eine peinliche Situation zu überstehen; den starken Espresso, um sich aufzuputschen; oder die hektisch verschlungene Sahnetorte, um Liebeskummer zu betäuben.

Alkoholisches oder Tabakwaren zu genießen, ist selbstverständlicher Bestandteil unserer Kultur. Gönnt sich jemand diese gesellschaftlich akzeptierten Drogen gelegentlich oder genießen sie oder er sie in einer anregenden Situation, kann man dabei nicht von Suchtverhalten sprechen. Wer Zigaretten oder Alkohol dagegen regelmäßig konsumiert, ist auf dem Weg in die Sucht.

Einen zweiten Weg beschreiten Menschen, die nicht bearbeitete Konflikte durch den »Stoff« loswerden wollen. Kinder registrieren die feinen Unterschiede zwischen lustvollem Konsum und suchthaftem Gebrauch sehr genau: den Vater, der ohne Bier unausstehlich ist; die Mutter, die automatisch zu Schmerz- und Beruhigungsmitteln greift, wenn's Krach gibt; oder den Bruder, der kaum FreundInnen hat und sich wochenlang hinter Computerspielen verschanzt (> Computer, Seite 496, > Computerspiele, Seite 451).

Wie sehr sich die Kleinen an ihren Eltern orientieren, zeigt die Verführungskraft des Nikotins. Die Erwachsenen schädigen ihren Nachwuchs nicht nur durch qualmgeladene Atemluft (> Gefährlicher blauer Dunst, Seite 721). Rauchen beide Eltern, fangen die Kinder nicht nur früher an zu rauchen, sondern sie bleiben auch deutlich häufiger dabei als Kinder, deren Eltern nicht rauchern.

Sucht ist der Versuch, einer rauhen und belastenden Wirklichkeit zu entfliehen. Die Abhängigkeit

DIE ERSTEN VERSUCHE

Lässig hält der Manager den Glimmstengel in der Hand, die erfolgreiche Geschäftsfrau unterstreicht mit der Zigarette zwischen den Rotgelackten ihre Meinung – einmal will jeder Jugendliche ausprobieren, wie es ist, das Feeling der Weltgewandten mit dem brennenden Stäbchen in der Hand. In der Hausecke zünden sich die Elf-, Zwölfjährigen das erste Kraut an, husten und schnauben, aber halten tapfer durch; wie die andern auch. Später, wenn sich die Clique trifft, gibt es immer einen, der großspurig die Packung hinhält: »Willste auch eine?« Wer kann da standhaft »Nein, danke« sagen und sich dem Spott aussetzen, ein Baby zu sein?

Die meisten Teenager rauchen ihre erste Zigarette unbeobachtet von den Eltern. Und sie tun es eine Zeitlang immer wieder, ohne deshalb RaucherInnen zu sein. Sie wollen dazugehören. Selbst daß sie sich Zigaretten kaufen, zeugt nicht unbedingt davon, daß sie nikotinabhängig sind. Wer Angebote annimmt, muß auch selbst mal austeilen. Also löst sich immer wieder ein Teil des Taschengelds in blauen Dunst auf.

Erst wenn die Junioren auch allein zur Zigarette greifen, mit ihr den Druck der Schularbeiten lindern und sich eine anstecken, nachdem sie mit den Alten Krach gehabt haben, sind sie zu den RaucherInnen zu zählen. Doch selbst das ist in diesem frühen Stadium noch veränderbar. Mit zunehmender Reife gelingt es manchen Kindern, das Rauchen wieder aufzugeben. Sie erkennen die gesundheitsschädige Wirkung und merken, wie sehr die Angewohnheit ins Geld geht. Diese Einsicht müssen sie jedoch selbst gewinnen, unterstützt durch Informationen und Verhalten der Eltern. Gegenüber Predigten sind die Teenis taub.

Manche rauchenden Eltern haben gute Erfahrungen gemacht, indem sie die erste Zigarette frühzeitig selbst dem Kind anbieten, seine Empfindungen begleiten und mit ihm über ihre unguten Gefühle sprechen, die sie beschleichen, weil sie dem Laster immer noch frönen. Nichtrauchende Eltern können mit Recht erwarten, daß ihre schmökenden Kinder die Räume qualmfrei halten, die sie alle gemeinsam benutzen.

Wenn Eltern ihre Siebenjährigen zu feierlichen Anlässen am Sekt nippen lassen, finden sie nichts dabei. Torkelt ihr Vierzehnjähriger jedoch sturzbetrunken nach Hause, fallen sie aus allen Wolken. Oder – noch schlimmer – wenn sie das Krankenhaus bittet, den nach ein paar Stunden Beobachtung nicht mehr durch eine Alkoholvergiftung Gefährdeten abzuholen. Aus Zorn und Fassungslosigkeit entsteht in vielen der Gedanke »Na warte, dir werd' ich's zeigen«, und sie vergessen dabei den ersten eigenen Rausch. Erst wenn das Kind einmal einen Filmriß erlebt hat, wenn es weiß, wie elend der Morgen danach sein kann, kann es begreifen, daß es nichts Wunderbares, Sensationelles verpaßt, wenn es sich bei der nächsten Sauftour frühzeitig verabschiedet. Der Umgang mit Alkohol will gelernt sein, und er lernt sich nur, indem man sich und seine Grenzen mit dem Feuerwasser ausprobiert. Gleiches gilt für den ersten Drogenrausch. Die Angst der Eltern, ihr Kind könne dem Teufelszeug verfallen, ist nur berechtigt, wenn das Kind Gründe hat, sich mit seiner Hilfe aus der Realität zu verabschieden. Diese Gründe aufzuspüren, kann der Inhalt eines Gesprächs zwischen Eltern und Kind sein. Doch das hat Zeit, erst einmal muß Kamillentee den rebellierenden Magen besänftigen und ein Eisbeutel den brummenden Schädel der kleinen SäuferInnen kühlen.

wächst mit dem Bedürfnis, Unangenehmes zu verdrängen und sich ein anscheinend »besseres« Erlebnis, ein »linderndes« Gefühl oder schlicht Erleichterung zu verschaffen. Fast alle Kinder kennen schon früh den »süßen« Trost, den Bonbons, Schokolade oder Eis versprechen, wenn sie sich verlassen oder unverstanden fühlen (> Ernährung, Seite 554).

Glaubwürdig bleiben

Daß man als Großer trinken und rauchen darf, als Kind aber nicht, macht das Unerreichbare attraktiv. Verbote vergrößern diesen Reiz noch. Und das Kind wird sie schnell als lächerlich entlarven, wenn die Eltern sich selbst nicht daran halten.

WAS IST SUCHT?

Sucht ist eine Krankheit und verändert jeden Menschen grundlegend. Sie erfaßt die ganze Person. Der Körper leidet ohne »Stoff« und zeigt durch Entzugserscheinungen, daß er Nachschub – oft in immer höherer Dosierung – braucht. Eine seelische Abhängigkeit ist damit immer verbunden, die so bedrückend werden kann, daß die Drogenbeschaffung zur zentralen Lebensbeschäftigung wird. Möglich ist allerdings auch die ausschließliche psychische Abhängigkeit – also ohne körperliche Entzugssymptome – wie beispielsweise bei Haschisch oder bei »stoffungebundenden« Süchten wie der
> Magersucht, Seite 564
> Eß-Brechsucht, Seite 564
> Spielsucht, (Computerspiele, Seite 451)
> oder Konsumsucht (> Wir haben zuviel Geld, Seite 535), bei der ebenfalls versucht wird, eine innere Leere zu überbrücken.

Eltern, die ihr eigenes Laster nicht abstellen, sollten diese Schwäche nicht beschönigen. Wenn es ihnen gelingt, mit ihren Kindern darüber zu sprechen, geben sie ihnen die Chance, den Glanz von Alkohol und Nikotin als trügerisch zu entlarven und sich anders zu entscheiden als ihre Eltern.

Alle Versuche der Eltern, ihre Schwächen zu beschönigen, verwirren die Kinder. Sie spüren, wie hilflos ihre Eltern an ihren »Bewältigungsmitteln« hängen. Vor allem übermäßigen Alkoholkonsum empfinden Kinder als bedrohlich. Ist einer der Eltern tatsächlich alkohol-, opiat- oder tablettenabhängig, kann nur professionelle Beratung weiterhelfen (> Beratung und Psychotherapie, Seite 757). Für Kinder bedeutet es viel Leid, in einer Suchtfamilie aufzuwachsen (> Seelische Mißhandlung, Seite 375).

Die Kinder stärken

Das Fundament zur Drogenvorbeugung wird in den ersten Lebensmonaten gelegt. Die Zauberformel ist: Das kleine »Ich« stärken, und es ermuntern, Probleme anzusprechen, zu lösen und zu verarbeiten. Dies bedeutet auch, Enttäuschungen einzustecken und auszuhalten. Kinder entwickeln nur ein brüchiges Selbstwertgefühl, wenn überfürsorgliche Eltern ihnen alle Schwierigkeiten aus dem Weg räumen und große wie kleine Probleme abnehmen. Dann fehlt ihnen die Erfahrung: »Ich kann selbst etwas bewegen, und ich kann etwas verändern« (> Vom Wunsch, etwas zu bewirken, Seite 264). Wer nach diesem Muster früh gelernt hat, daß sich Schwierigkeiten mit Zeit und Ausdauer lösen oder zumindest verkraften lassen, ist gegen Suchtgefahren gut geschützt.

Auch Kinder, die sich etwas zutrauen, können einmal mit einem Rausch nach Hause kommen – sei es vom Alkohol, sei es von Haschisch (> Die ersten Versuche, Seite 367). Sie haben es gewagt, die Grenze auszutesten. Nur wer das breite Spektrum der Möglichkeiten einmal durchschritten hat, wer

DIE WIRKUNG DER DROGEN

Alkohol: Bei Dauerkonsum schädigt Alkohol den Vitamin- und Kaliumhaushalt, die Verdauungs- und Stoffwechselorgane, Herz und Gefäße, die peripheren Nerven und Gehirnzellen. Die Denkleistungen und die psychische Stabilität beeinträchtigt er empfindlich. Alkohol macht seelisch und körperlich abhängig. Bei Jugendlichen tritt diese Abhängigkeit besonders rasch ein, weil der Körper noch im Wachstum ist.

Nikotin: Rauchen schädigt die Atemorgane, erhöht das Risiko von Magenleiden, führt zu Durchblutungsstörungen, Herz- und Kreislauferkrankungen und ist für einen großen Teil der Krebserkrankungen verantwortlich. Rauchen ist eine klassische »Kinderkrankheit« mit körperlicher und seelischer Abhängigkeitswirkung. Je früher jemand zu rauchen beginnt, um so schwieriger kann er davon wieder wegkommen.

Amphetamine: Sie werden von Kindern und Jugendlichen als Aufputsch- und Anregungsmittel genommen und befinden sich vor allem in Appetitzüglern (> Eßstörungen, Seite 564), Herz-Kreislauf- und Dopingmitteln. Mißbrauch kann zu schweren Erschöpfungszuständen, Bluthochdruck, Nierenschädigungen und Nervenleiden führen. Entzugssymptome äußern sich in depressiven Verstimmungen und Schlafstörungen.

Schnüffelstoffe: Meist werden die Dämpfe von Lösungsmitteln (Verdünner, Benzin, Lack, Leim, Reinigungsmittel) eingeatmet, deren Substanzen rauschähnliche Zustände hervorrufen. Die Kinder werden »high«, leiden dabei aber meist an Übelkeit, Kopfschmerzen und Atemnot. Schwerste Schädigungen des Gehirns und der Organsysteme sind möglich. »Schnüffeln« kann psychisch abhängig machen.

Schmerzmittel: In freiverkäuflichen Kombinationspräparaten befindet sich häufig Koffein. Dieser zentral wirkende Belebungsstoff kann zum Dauerkonsum reizen und in die seelische und körperliche Abhängigkeit führen. Die stimmungsaufhellende Wirkung ist dabei entscheidend. Bei jahrelangem Mißbrauch kann es zu Nieren-, Leber- und Blutbildschäden kommen.

Beruhigungsmittel: Meist handelt es sich um Tranquilizer, die gegen innere Unruhe, Nervosität, Schulangst oder Schlafstörungen eingenommen werden, und zur psychischen wie körperlichen Abhängigkeit verführen können. Auffallend ist die Einschränkung des Reaktionsvermögens. Nach jahrelanger Einnahme kann es zum Realitätsverlust und zu Gedächtnisstörungen kommen. Entzugssymptome äußern sich meist in Angst, Unruhe oder Schlafstörungen.

Cannabis (Haschisch)**:** Die weibliche Pflanze des indischen Hanfes wird als Haschisch oder Marihuana konsumiert. Die Wirkung äußert sich in einer Entspannung und milden Euphorie, gleichzeitig intensivieren sich die Sinneswahrnehmungen. Haschisch läßt keine körperliche Abhängigkeit entstehen und verlangt nicht nach Dosissteigerungen. Es kann allerdings seelisch abhängig machen, verbunden mit dem Wunsch, einer bedrückenden Wirklichkeit zu entfliehen.

Heroin: Dieses Morphinderivat macht sehr schnell abhängig. Das Hauptrisiko liegt im hochgradig verunreinigten Stoff, der im Schwarzhandel angeboten wird und für einen großen Teil der körperlichen Schäden verantwortlich ist. Nichtsterile Spritzbestecke begünstigen Infektionen und Aids (> Seite 868). Durch die Kriminalisierung und astronomischen Schwarzmarktpreise rutschen die meisten Jugendlichen sozial ab.

erfahren müßte, daß danach das Elend eines riesigen Katers wartet, kann der lockenden Frage widerstehen, ob dahinter nicht doch das Paradies liegt.

Kinder, die sich aus Angst diese Grenzerfahrungen versagen, mögen zwar durch Drogen nicht gefährdet sein. Die Erfahrung zeigt jedoch, daß sie auch sonst weniger offen sind, Neues auszuprobieren, sich wenig zutrauen und sich eher unsicher mit dem bescheiden, was andere ihnen gewähren.

Gefährdungen erkennen

Zur Zeit der Pubertät (> Ablösung vom Elternhaus, Seite 279) schwanken die Schulleistungen, ziehen sich die Kinder aus der Familie zurück, und sie fühlen sich zwischen Ablehnung, Aggression und alter Vertrautheit hin- und hergerissen. Als »auffällig« kann man folgendes bezeichnen:
● Die Schulleistungen sinken plötzlich auf allen Gebieten ab.
● Der Freundeskreis wechselt ständig.
● Bisherige Interessen werden bis zur völligen Teilnahmslosigkeit aufgegeben.
● Die Jugendlichen brechen die Schule völlig resigniert ab.
● Sie sind wochenlang ohne Perspektive und »gammeln« nur noch.

Dies bedeutet noch nicht, daß die Kinder drogenabhängig sind, aber daß sie unter Umständen gefährdet sein können. Besorgnis sollte es jedoch auslösen, wenn Entzugserscheinungen bemerkbar sind. Dazu zählen: Händezittern, Schweißausbrüche, Schlaflosigkeit, Unruhe, Unsicherheit, Wechsel zwischen Passivität und nervöser Rastlosigkeit, ungewöhnlicher Körpergeruch, eingeschränkte Koordinations-, Sprech- und Konzentrationsfähigkeit.

Was können Eltern tun?

Die meisten Eltern reagieren panikartig, wenn sie meinen, ihre Sorge um eine Drogengefährdung sei berechtigt. Im ersten Schreck überhäufen sie das Kind mit Vorwürfen, bedrohen es mit Strafen, sperrten es ein oder verhätscheln es aufs neue liebevoll. Doch die einzige Hilfe, die Eltern anbieten können, ist Konsequenz.

Am Anfang steht der Versuch herauszufinden, wie weit der Konsum fortgeschritten ist. Fast alle Kinder probieren irgendwann Alkohol und Cannabis – in Form von Marihuana oder Haschisch – aus. Diese »Rauschexperimente« bleiben harmlos, wenn es sich um gelegentliche »Versuchserlebnisse« handelt. Gelegentlich bedeutet, daß die Kinder nicht öfter als einmal im Monat »probieren« und dazwischen auch zu keiner anderen Droge greifen. Die ExperimentatorInnen bleiben fast immer sozial integriert, schwanken kaum auffällig in ihren Leistungen und zeigen sich in seelisch stabiler Verfassung. Irgendwann in den späteren Jugendjahren verlieren die Experimente ihre Bedeutung. Dennoch sollten die Eltern im Gespräch mit den Jugendlichen deutliche Grenzen ziehen: »Ich schätze dich. Aber dieses Verhalten unterstütze ich nicht!«

Kinder und Jugendliche, die regelmäßig einen Joint durchziehen oder zur Flasche greifen, sind dagegen gefährdet. Zu den Gefährdeten zählen auch Kids, die sich regelmäßig in Garagen oder Kellerräumen verkriechen, um an Verdünnern, Lacken, Leimen oder Reinigungsmitteln zu schnüffeln. Verunsicherte Eltern sollten zwar »Ruhe bewahren«, sich aber dennoch an Vertrauenspersonen, LehrerInnen oder psychosoziale Beratungseinrichtungen wenden (> Kontakte, Seite 371).

Hilfen bei Kindern

Bis zum 14. oder 15. Lebensjahr haben die meisten Eltern noch einen gewissen Einfluß auf ihr Kind. So lange helfen Zeit und Geduld. Das Kind muß vor allem Wärme, Zuwendung, Sicherheit und Aufmerksamkeit bekommen, aber gleichzeitig die konsequente Haltung der Eltern spüren: Sie nehmen ihm keine Schwierigkeiten mehr ab, sondern das Kind muß, sanft unterstützt, die Verantwortung für sich und seine Angelegenheiten allein tragen. Die Eltern ermuntern und fördern jedes positive Verhalten – doch nicht in Form von Geldgeschenken. Die Bereitschaft der Eltern, immer offen und im Gespräch zu bleiben, hilft den Kindern. Bei den Elternkreisen der Suchtberatungsstellen sind Informationen und Verhaltenshilfen zu bekommen (> Kontakte, Seite 371).

Hilfen bei Jugendlichen

Wenn die Eltern keinen Einfluß mehr auf ihr Kind haben, wenn es Rat und Hilfe vollkommen ignoriert, muß sich die Restfamilie selbst schützen. So schmerzhaft es klingt: Einen abhängigen Jugendlichen können die Eltern allein nicht mehr von der Droge befreien. Sie können nur in Vertrauen und Zuwendung eine drogenfreie Lebensform vorleben:

● Fordern Sie das Kind immer wieder auf, sich in Therapie zu begeben. Es gibt auch ambulante Behandlungszentren. Bieten Sie ihm dafür volle Unterstützung an.

● Die verzweifelten Versuche, durch rigorose Kontrollen oder Überwachung den Jugendlichen zu »schützen«, ändern nichts an seiner Krankheit. Eltern, die sich zu HilfspolizistInnen machen, nehmen ihrem Kind die nötige Eigenverantwortung ab.

● Es bringt nichts, mit Geld weiterzuhelfen. Abhängige werden dieses Geld immer wieder und trotz aller Versprechungen in Stoff umsetzen.

● Bleiben Sie in intensivem Kontakt zu Beratungsstellen und Elternkreisen. In den Gesprächen mit anderen Eltern, die in der gleichen Situation leben, erhalten Sie wertvolle Tips und Hinweise für Ihr eigenes Verhalten und den Umgang mit dem Kind.

● Bleiben Sie immer im Gespräch, ohne Vorwürfe und Sicherheit gebend, aber versuchen Sie, sich klar abzugrenzen, um Ihre Probleme nicht mit denen des drogenabhängigen Kindes zu vermischen.

Kontakte

Deutsche Hauptstelle gegen die Suchtgefahren (DHS)
WESTRING 2; 59065 HAMM
TEL.: 02381/90150

Gesamtverband für Suchtkrankenhilfe im Diakonischen Werk der Evangelischen Kirche
BRÜDER-GRIMM-PLATZ 4; 34117 KASSEL
TEL: 0561/780413

Arbeiterwohlfahrt, Bundesverband, e.V.
OPPELNER STRASSE 130; 53119 BONN 1

Deutscher Paritätischer Wohlfahrtsverband, Referat Gefährdetenhilfe
HEINRICH-HOFFMANN-STRASSE 3; 60528 FRANKFURT 71
TEL.: 069/6706269

Verband ambulanter Beratungs- und Behandlungsstellen für Suchtkranke/Drogenabhängige
KARLSTRASSE 40; 79104 FREIBURG
TEL.: 0761/200363/369

Bundeszentrale für gesundheitliche Aufklärung
OSTMERHEIMER STRASSE 200; 51109 KÖLN
TEL.: 0221/89921

Bundesvereinigung für Gesundheitserziehung
VIKTORIASTRASSE 28; 53173 BONN 2
TEL.: 0228/361548

Zentralstelle für Suchtkrankenhilfe
BORSCHKEGASSE 1; 1090 WIEN
TEL.: 0222/426786, 422688

Kuratorium für Psychosoziale Dienste Wien
NOTRUF: 0222/318419
INFORMATION FÜR ANGEHÖRIGE: 0222/319756

Drogenambulanz der Psychiatrischen Universitätsklinik
LAZARETTGASSE 14; 1090 WIEN

Gewalt gegen Kinder

In ihrer eigenen Kindheit haben fast jede Mutter und jeder Vater erfahren, was Gewalt gegen Kinder bedeutet. Doch die meisten Erwachsenen haben die demütigenden Situationen, Ohrfeigen, Rüffel oder Angsterlebnisse, die sie durchlitten haben, verdrängt. Dadurch setzen sich die qualvollen Erfahrungen von Schlägen oder Prügeln, entwürdigenden Strafen oder sexuellen Übergriffen durch Generationen fort.

Rund die Hälfte aller Eltern wissen sich in Situationen, die ihnen unerträglich scheinen, nur noch mit Ohrfeigen und Prügel Gehör zu verschaffen. Tief verstrickt in innere Spannungen, Überlastung oder Ehekonflikte und überwältigt vom intensiven Gefühl der Hilflosigkeit, schlagen sie zu. Die Kinder empfangen dabei nicht nur Schläge, Tritte oder Stöße, oft werden sie auch psychisch bestraft: mit mißachtendem Schweigen, Ignorieren oder demütigendem Beschimpfen. Daneben gibt es alle Formen der Vernachlässigung: Kinder müssen tagelang allein bleiben, sie werden zu wenig gepflegt, bekommen zu wenig Nahrung, Kleidung und emotionale Zuwendung.

Für die Kinder ist es bedeutungslos, ob das, was ihnen angetan wird, körperliche, seelische oder

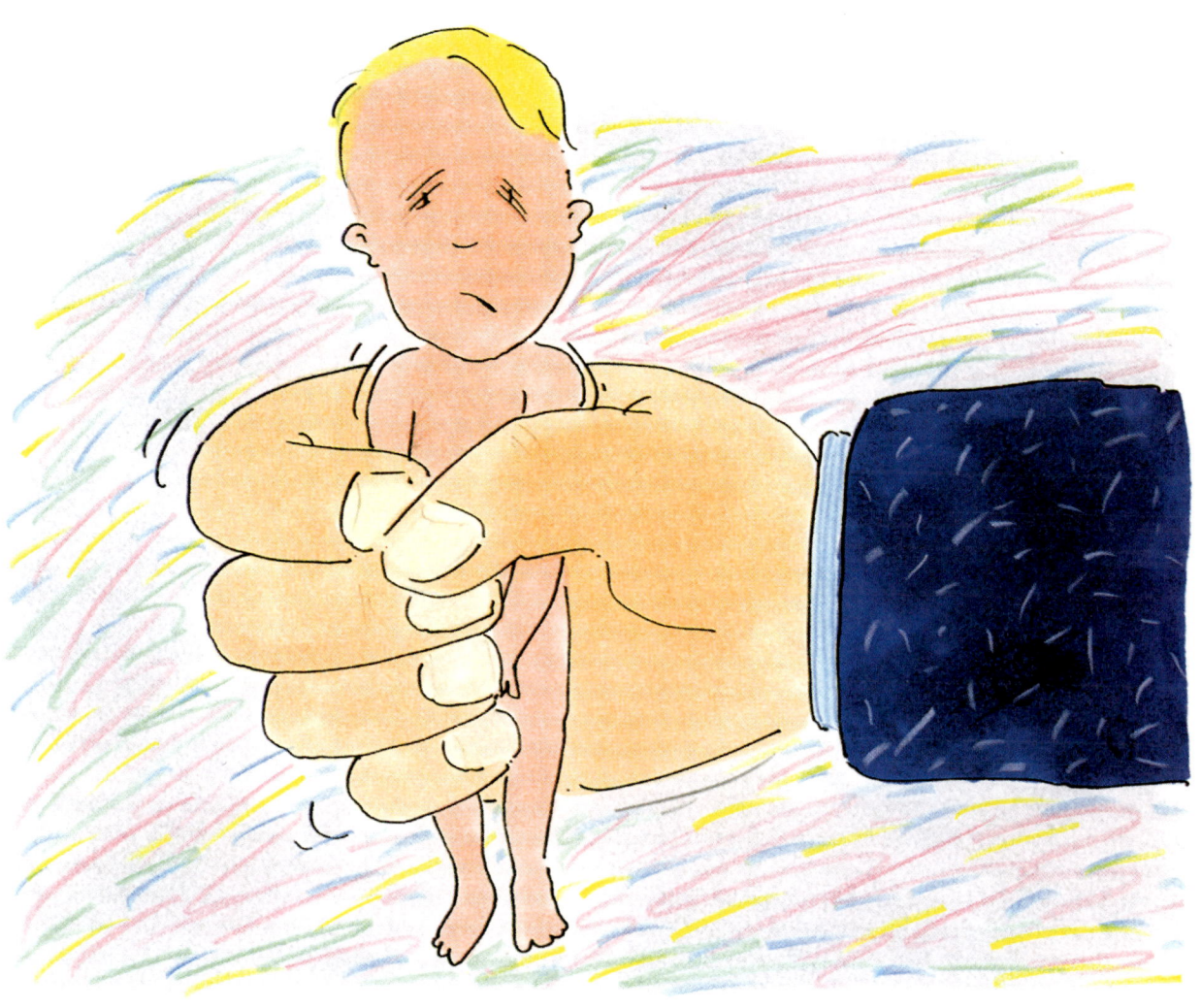

sexuelle Mißhandlung heißt. Alle massiven Übergriffe hinterlassen Spuren in ihrer Psyche und verletzen ihre Integrität. Am deutlichsten wird dies im sexuellen Mißbrauch, der oft mit heimlichen und vorsichtigen Berührungen beginnt und bis zum erzwungenen Verkehr führen kann. An den zugefügten psychischen und körperlichen Verletzungen leiden die Mädchen und Jungen meist ein Leben lang (> Sexueller Mißbrauch, Seite 379).

Vielen Eltern ist nicht bewußt, welche unermeßliche Macht sie gegenüber ihren Kindern haben; eine Macht, die eigentlich nur durch innere Stabilität, Geduld und einen geglückten Lebenszusammenhang kontrolliert werden kann (> Eltern sein, Seite 52). Die Kinder sind in diesem Verhältnis weitge-

hend ohnmächtig; auch der Gesetzgeber schützt sie kaum. Er hat die Verpflichtung zur »Sorge« vollständig in die Hände der Familie gegeben.

Im deutschen Grundgesetz sind Kinder Objekte der Erziehung, denen bis heute die entscheidenden Grundrechte fehlen. So können Minderjährige kaum öffentlich protestieren, sie können sich nicht an Anwälte wenden oder Klagen einreichen; und sie können auch nur selten ihrer Familie entkommen (> Die AusreißerInnen, Seite 286). Zufluchtstätten für Kinder sind dünn gesät (> Seite 380), und die Jugendämter bieten nur in Ausnahmesituationen Übernachtungsmöglichkeiten außer Haus an.

Das Gefühl, ausgeliefert zu sein, verstärkt sich durch die seelische Abhängigkeit. Fast alle Kinder sind in tiefer Zuneigung an ihre Eltern gebunden, sie brauchen deren Zuwendung zum Überleben. Die meisten lieben und schützen ihre Mutter und ihren Vater selbst dann noch, wenn diese sie immer wieder mißhandeln. Erst mit dem Beginn der Pubertät kann sich dieses Verhältnis in Abwehr verwandeln (> Ablösung vom Elternhaus, Seite 279). Bis dahin ist aber oft schon »zuviel« geschehen.

KÖRPERLICHE MISSHANDLUNG

Rund 200 Kinder verlieren in Deutschland jedes Jahr ihr Leben, weil ihre Eltern sie zu Tode schlagen, stoßen oder treten. In ihrer Empörung gegen die TäterInnen und der Trauer um die Opfer ist nur den wenigsten bewußt, daß dieses nur den äußersten Rand familiärer Gewalt zeigt. Viele Eltern betrachten erzieherische Schläge als »Gewohnheitsrecht«. Oft sind das Eltern, die selbst geprügelt wurden, sich aber nicht eingestehen können, wie sehr das ihr Inneres verletzt hat. Nur sechzehn Prozent derjenigen, die selbst unter körperlichen Strafen litten, bekennen sich zu den schmerzhaften Erinnerungen. 84 Prozent meinen, daß ihnen die Schläge nicht geschadet hätten, und setzen die Gewalt bei den eigenen Kindern fort. 49 Prozent

---

Kontakte

Für Eltern, die merken, daß sich Probleme nicht gewaltsam lösen lassen, gibt es eine Selbsthilfeinitiative, die sich jeweils in regionalen Gruppen zusammenfindet:

»anonyme Eltern e.V.«

Kontakt: S. Grollmann-Westphal
Deiringserweg 9; 59494 Soest
Tel.: 02921/12900

---

dieser Eltern sagen, wenn sie schlagen, sei das eine »gezielte Erziehungsmaßnahme« und nicht nur ein »Handausrutschen« (> Muß Strafe sein? Seite 335).

PsychologInnen erkennen in diesem Gewaltkreislauf ein uraltes Drama: Menschen, die unter Gewalt aufgewachsen sind, haben erlebt, wie ungeheuer mächtig die »anderen« sein können. Und sie haben gelernt, »wie« man schlägt. So werden aus ehemaligen Opfern zukünftige TäterInnen; ein Wechselverhältnis, das schlagende Eltern oft erst in Beratungsgesprächen bewußt erkennen können (> Hilfe und Zuflucht, Seite 380).

Dabei wiegt die seelische Verletzung des Schlags weit schwerer als der körperliche Schmerz. Weniger die blauen Striemen oder die brennenden Wangen hinterlassen tiefe Narben, sondern zu erleben, was es heißt, ohnmächtig, hilflos und ausgeliefert zu sein. Im Inneren der Kinder wachsen Angst und Panik, wenn ausgerechnet die Menschen sie schlagen, die ihnen eigentlich Schutz bieten sollten. Eine tiefe emotionale Verunsicherung ist die Folge. Viele Geschlagene können schließlich als Erwachsene kein Vertrauen mehr zu anderen Menschen aufbauen. Sie meiden feste Beziehungen und Bindungen aus Angst, wieder enttäuscht zu werden und in eine ähnliche »Liebesfalle« zu geraten, die sie als Kind bereits erlebt haben.

Folgen körperlicher Gewalt

Wenn sich in einer Familie nur noch blanke Aggressionen durchsetzen, zeigen fast alle Kinder früher oder später Symptome auffälligen Verhaltens (> Problemkinder, Seite 348). Sie verstummen, werden apathisch, ängstlich und ziehen sich zurück; doch auch schreckhafte Nervosität und Hyperaktivität sind möglich. Die Kinder wirken fahrig und unkonzentriert, weil sie sich innerlich fast ausschließlich mit ihrer Gewalterfahrung beschäftigen. Kleinkinder beginnen häufig wieder einzunässen (> Seite 361), größere Kinder leiden unter Schulproblemen (> Seite 668) oder werden aggressiv (> Seite 356). Verlieren die Kinder das

Vertrauen zu ihren Eltern völlig, versuchen sie, ihre Familie zu meiden. Um den gewalttätigen Auseinandersetzungen aus dem Weg zu gehen, greifen sie zu »Notlügen« (> Ehrlichkeit, Seite 328), schwänzen die Schule oder kommen kaum noch nach Hause (> Die AusreißerInnen, Seite 286). Fast immer treiben solche Fluchtversuche der Kinder bei den Eltern die Gewaltspirale weiter voran.

Ursachen der Gewalt

Gewalt ist Teil unseres Lebens. Sie ist in uns und um uns, und wir müssen tagtäglich mit ihr umgehen: In der Konkurrenz mit KollegInnen, in der Auseinandersetzung mit dem Chef, bei der Ellenbogenschlacht im Schlußverkauf, im Beziehungsstreit mit PartnerInnen. Die Versuchung, dabei nicht nur die Fäuste zu ballen, sondern auch zuzuschlagen, ist groß; vor allem dann, wenn man sich ohnmächtig und ausgeliefert fühlt. Gewaltgeladen sind aber auch die Lebensverhältnisse. Enge Wohnungen, dichter Verkehr, bedrückende Arbeitsbedingungen und konfliktreiche Partnerschaften provozieren Gewalt und sind gleichzeitig ein Teil von ihr.

Am krassesten wird die Gewalt der »Verhältnisse« beim Verlust des Arbeitsplatzes und in sozialer Not. In vielen Familien wächst unter dem Druck der Langzeitarbeitslosigkeit des Vaters die latente Gewaltbereitschaft. Dann genügt schon ein geringfügiger Anlaß, um das »ohnmächtige« Familienoberhaupt gänzlich aus der Fassung zu bringen. Doch auch die idealisierte Norm, zu Hause müsse es harmonisch und liebevoll zugehen, birgt Explosionsstoff. Viele starre Regeln, die die Pflichten einer aufopferungsbereiten Mutter, eines dankbaren Kindes oder eines verantwortungsbewußten Vaters festlegen, lassen »versteckte« Aggressionen wachsen (> Streiten lernen, Seite 62). Plötzliche, unerwartete Gewaltausbrüche sind fast immer auch die Folge uneingestandener Wut, dauernder Kränkung und Enttäuschung.

SEELISCHE MISSHANDLUNG

Seelische Gewalt hinterläßt keine blauen Flecken oder gebrochenen Glieder und schlägt dennoch tiefe Wunden. Lange Zeit galten psychische Sanktionen wie zum Beispiel tagelanges eisiges Schweigen, verwehrter Trost, Einsperren oder Angstmachen als billige »Erziehungsmaßnahmen«. Liebesentzug wurde sogar als besonders wirksames Mittel angepriesen, um Kinder zu disziplinieren. Inzwischen weiß man, daß nichts die Kinderseele so sehr verletzt wie kalte Ablehnung, Zurückweisung, Abwehr und Abwertung. Oft verstehen Eltern die seelische Mißhandlung gar nicht als Strafmaßnahme, sondern sie ist selbstverständlicher Teil eines kühlen und distanzierten Familienklimas: Den Kindern fehlen dann dauerhafte Zuwendung, Zärtlichkeit und Sicherheit, ohne daß den Eltern dieser Mangel bewußt ist und ohne daß sie merken, daß die Kleinen daran zerbrechen (Die ungeliebten Kinder, Seite 73).

Ignorieren

Das Gefühl, ignoriert zu werden, gehört zu den qualvollsten Erfahrungen für Kinder. In solchen Familien spricht niemand laut, keiner schimpft oder brüllt. Die Kinder erleben diesen Zustand, als seien sie in Watte gepackt, isoliert von allem, was Zuhören, Erfahrenwollen oder Interessiertsein heißt. Niemand bestätigt ihre Erfolge oder Mißerfolge, niemand reagiert auf ihre Freude oder ihr Leiden. Nach außen hin können solche Familien durchaus harmonisch wirken: Die Sprößlinge sind gut gekleidet, bekommen ausreichend zu essen und scheinen »behütet«. Die Eltern sind zwar körperlich anwesend, entziehen sich aber psychisch. Die Folgen können außerordentlich schmerzhaft sein. Wenn niemand zuhört, niemand Lob spendet und niemand mit dem Kind Gefühle und innere Erlebniswelten teilt, verkümmert seine Seele (> Auf Gegenseitigkeit angelegt, Seite 261). Schwere Verhaltensauffällig-

EMOTIONALE MISSHANDLUNG

● Isolieren

Das Kind wird von Außenbeziehungen abgeschnitten. Es hält sich fast ausschließlich in der Wohnung auf, die Eltern verhindern alle Kontakte zu anderen Kindern. Häufig treten solche Isolierungsversuche auch bei überbehüteten Kindern auf. Überfürsorgende Eltern sind oft so sehr bemüht, ihr Kind vor »fremden« Einflüssen zu schützen, daß sie nicht merken, wie sie es verletzen (> Überbehütung, Seite 72).

● Demütigen

Das Kind wird kontinuierlich kritisiert, beschimpft, gedemütigt, benörgelt, vor anderen bloßgestellt und lächerlich gemacht. Es wird als Versager, Tollpatsch und Niete ohne eigene Qualitäten dargestellt; Lob und Anerkennung werden ihm konsequent verweigert.

● Terrorisieren

Das Kind wird in Panik, Angst und Schrecken versetzt, um seinen Willen zu brechen. Dazu zählen alle elterlichen Drohungen, das Kind »auf immer« zu verlassen. Dazu zählen auch die Drohungen vor der Polizei, dem »schwarzen« Mann oder vor Phantasiefiguren wie der Hexe, dem Zauberer oder Außerirdischen, die das Kind wegbringen, bestrafen, in dunkle Keller einsperren, versteinern oder verschlingen werden.

● Korrumpieren

Dem Kind werden sehr früh erwachsene Verhaltensweisen aufgezwungen. Es wird dazu gebracht, den Eltern in gewalttätigen Auseinandersetzungen »beizustehen«, oder es wird zwangsweise mit Themen und Inhalten konfrontiert, die es noch nicht verstehen kann.

keiten können die Folge sein (> Problemkinder, Seite 348). Meist entwickelt sich eine solche seelische Isolation in Familien, in denen die Erwachsenen vollkommen in ihre eigenen Probleme verstrickt sind. Für das Kind bleibt keine Aufmerksamkeit mehr übrig. Weitgehend unbeachtet ist auch die passive Gewalt, der Kinder ausgesetzt sind, wenn sie ständig die Auseinandersetzungen ihrer Eltern miterleben müssen. Die Kinder sehen zu und hören mit, wenn sich die Eltern prügeln, sie erleben Alkoholexzesse und Eifersuchtsausbrüche. Auch wenn sie selbst niemals in die Szenen hineingezogen werden, fühlen sie sich psychisch empfindlich getroffen und leiden meist unter extremer Angst, ja Panik. Dies vor allem dann, wenn ihnen niemand erklärt, warum die Eltern streiten (> Wir haben Krach, Seite 96).

Vernachlässigen

Körperliche Vernachlässigung trifft Babies und Kleinstkinder besonders hart. Sie drohen zu verhungern, wenn ihre Eltern sie nur mangelhaft ernähren und kaum pflegen. Häufig liegen diese Kinder wund, kränkeln und bleiben in Sprachentwicklung und Motorik zurück. Neben den extremen Fällen von Unterernährung und fehlender Hilfe gibt es immer mehr Kinder aus gesicherten materiellen Verhältnissen, die unter psychischer Vereinsamung leiden.

HILFEN FÜR KINDER UND ELTERN

Den wenigsten Eltern ist bewußt, daß sie ihre Kinder durch Gewalt nicht nur verletzen, sondern in ihrer Entwicklung lebenslang beeinträchtigen. Daher ist es wichtig, daß wohl-gesinnte Außenstehende, FreundInnen, Bekannte, Kindergarten-ErzieherInnen oder auch LehrerInnen für die Kinder Partei ergreifen und in Gesprächen vorsichtig Kontakt zur Familie suchen.

Die Kinder selbst verschweigen ihre Qualen fast immer und signalisieren nur durch ihr Verhalten (> Stumme Schreie, Seite 381), daß zu Hause »irgend etwas« nicht stimmt. Von Außenstehenden erfordert es viel Fingerspitzengefühl, ein Gespräch ohne Anschuldigungen zu eröffnen und den Eltern die Angst zu nehmen, daß sie ihr Kind an »irgendwelche« Ämter verlieren könnten.

Die Anlaufstellen des Kinderschutzbundes (> Seite 380) unterstützen auch jene, die Gewalt oder Mißbrauch beobachten, miterleben oder durch dünne Wohnungswände hören. Sie geben wertvolle Hinweise, wie sie mit dieser beobachteten Gewalt umgehen können und welche Hilfen für Kinder und Eltern möglich sind.

Unterstützung von außen

Inzwischen gibt es eine Vielzahl von anonymen Einrichtungen, die bei derartigen Problemen helfend eingreifen. Dazu zählen vor allem die Kinderschutzzentren, in denen PsychologInnen und SozialpädagogInnen Hilfe anbieten; aber auch Beratungsstellen für Kinder, Jugendliche und Eltern, Frauenberatungs-, Ehe- und Lebensberatungsstellen. Dieselben Einrichtungen bieten auch jenen Eltern Unterstützung an, die merken, daß ihnen die Familienprobleme über den Kopf wachsen und daß sie diese nicht mehr allein lösen können. Hilfen, auch in sozialen Fragen, bekommen sie bei den Beratungsstellen der Kirchen, der Arbeiterwohlfahrt, des Deutschen Paritätischen Wohlfahrtsverbandes, dem Deutschen Roten Kreuz oder auch beim Sozial- und Jugendamt. Daneben gibt es in den Ballungsgebieten ambulante Notdienste, Kinderschutzambulanzen in den Krankenhäusern oder auch Kriseninterventionszentren. Über die Telefonseelsorge (Tel.: 11101) ist es meist möglich, die Adresse einer Einrichtung in der Nähe zu erhalten. Fast alle Beratungsstellen

HILFE VON AUSSEN

Meist bemerken FreundInnen oder Bekannte das seelische Vakuum beim Kind und machen die »geistig abwesenden« Eltern darauf aufmerksam. Versuchen Sie, diese Hinweise ernst zu nehmen.

● Mit professioneller Hilfe in Familienberatungs- oder Sozialeinrichtungen lassen sich Probleme leichter lösen als allein. Diese Dienste arbeiten anonym und kostenlos (> Hilfe und Unterschlupf, Seite 380).

● Wenn Sie Ihrem Kind über längere Zeit keine emotionale Aufmerksamkeit schenken können, wenden Sie sich an Verwandte, Kindergärten, Horte oder andere Freizeiteinrichtungen. Fragen Sie, ob Ihr Sprößling mehrere Nachmittage pro Woche dort verbringen kann. Eine freundliche Umgebung kann die fehlende familiäre Zuwendung ein wenig wettmachen.

● Tagesmütter oder Tagespflegestellen bieten eine ebensolche Möglichkeit: Eine vertraute Person kümmert sich um das Kind, das abends wieder nach Hause zurückkehrt, und wenigstens einige Stunden Aufmerksamkeit und Zuwendung bekommen hat.

● Dasselbe gilt, wenn Ihr Kind immer wieder Zeuge gewalttätiger Ehezwistigkeiten wird. Versuchen Sie, ihm Zufluchtsorte und Ruhepole zu schaffen. Das können FreundInnen oder NachbarInnen sein, bei denen es regelmäßig spielen darf und von wo es abends wieder nach Hause zurückkehrt.

ANNA WILL NICHT MEHR NACH HAUSE

Die neunjährige Anna sitzt abends völlig aufgelöst bei der Nachbarin und weint. Die Nachbarin ruft den Hamburger Kinder- und Jugendnotdienst an und berichtet: »Sie will nicht mehr nach Hause. Die Mutter hat sie nach ,Strich und Faden' verprügelt.« Die Mutter sei in letzter Zeit sehr oft gereizt und ungeduldig, erzählt Anna. Sie habe oft das Gefühl, ihr nichts recht machen zu können. Die BeraterInnen des Notdienstes erklären sich bereit, sofort zu kommen. Sie treffen Anna bei der Nachbarin und lassen sich nochmals schildern, was am Abend vorgefallen ist: Anna habe beim Zubettgehen im Badezimmer getrödelt, darum sei ihre Mutter ausgerastet.

Beim anschließenden Gespräch mit der Mutter erfahren die MitarbeiterInnen des Kindernotdienstes, daß »in der letzten Zeit alles schiefgelaufen« sei. Seit zwei Jahren ist die Frau von ihrem Mann geschieden und lebt mit dem Kind allein. Annas Vater zahlt seit einigen Monaten keinen Unterhalt mehr, und sie selbst verdient nicht viel. Die Wohnung ist teuer, und immer wieder kommen aus der Schule Klagen über Anna. Die Mutter müsse die Schulaufgaben mehr beaufsichtigen, heißt es von der Lehrerin. »Außerdem hilft Anna nicht genug im Haushalt«, meint die Mutter. »Alles muß ich allein machen. Das Mädchen ist immer so verträumt und vertrödelt den ganzen Tag. Manchmal ist sie richtig abwesend, wenn ich sie anspreche.«
Die Mutter hat das Gefühl, daß ihr alles über den Kopf wächst: Sie hat niemanden, mit dem sie einmal in Ruhe reden kann; die Geldsorgen und die schwierige Anna belasten sie.
Und dann sagt die Mutter etwas von Schuldgefühlen. Daß sie immer denke, sie habe nicht genug Zeit für das Kind. Und daß sie gleichzeitig auch richtig wütend sei. In letzter Zeit sei sie häufig so gereizt gewesen, daß sie das Mädchen auch geohrfeigt habe. Und an diesem Abend kam alles zusammen: Sie habe einfach die Nerven verloren.
Anna findet an diesem Abend ein Bett im Kinder- und Jugendnotdienst. Die Mutter scheint erleichtert. Ein auswegloser Kreislauf ist durchbrochen.
Was geschieht weiter?

- Nach zwei Tagen telefonieren Mutter und Tochter zum erstenmal miteinander. Doch Anna hat noch immer Angst zurückzukehren.
- Inzwischen kontaktiert eine Sozialarbeiterin die Mutter und auch die Tochter. In getrennten Gesprächen wird über die gegenseitigen Erwartungen und Enttäuschungen gesprochen.
- Die Mutter bekommt Unterstützung vom Jugendamt, um ihre Unterhaltsforderungen durchzusetzen.
- Die Sozialarbeiterin vereinbart mit der Mutter regelmäßige Gespräche, damit sie emotionale Entlastung und Unterstützung erhält.
- Es kommt zu einem Gespräch mit der Lehrerin, die danach mehr Verständnis für die Familie aufbringen kann und die Mutter nicht mehr unter Druck setzt. Zukünftig kann Anna bei einer Schulfreundin Hausaufgaben machen.
- Nach zwei Wochen geht Anna zu ihrer Mutter zurück.

Aus: »Hamburger Kinder- und Jugendnotdienst«; Jugendhilfe ohne Zwang; Informationen 1990.

gehen inzwischen von dem Grundsatz »Hilfe statt Strafe« aus. Das heißt, es wird versucht, die Eltern ganz konkret sozial und psychisch zu unterstützen (> Anna will nicht mehr nach Hause, Seite 378). So basiert beispielsweise der Kinderschutzbund auf folgenden Prinzipien:
● Freiwilligkeit. Das heißt, die Familie entscheidet selbst, ob sie die Hilfe annehmen will.
● Anonymität. Das heißt, die Beratung ist vertraulich und erfolgt auf Wunsch ohne Namensnennung.
● Kostenfreiheit. Das heißt, Beratung und Therapie sind kostenlos.

SEXUELLER MISSBRAUCH

»Du sollst dir niemals von Fremden etwas schenken lassen und mit niemandem mitgehen.« Die modernen Variationen dieser Warnung vor dem »schwarzen Mann« sind vielfältig. Doch Fremde sind fast nie im Spiel, wenn es um sexuellen Mißbrauch von Kindern geht. In Wahrheit ist nicht der nächtliche Park der Tatort, sondern das Kinderzimmer, das Bad – die Familie. Die Täter sind auch keine Geisteskranken, die ein Kind entführen, sondern Väter, Stiefväter, Onkel, ältere Brüder, Lehrer, Pfarrer, Erzieher, Nachbarn, seltener auch Mütter. So zeigt die Statistik eines Deutschen Kinderschutzzentrums: 53 Prozent der Täter waren Väter, in 16 Prozent der Fälle waren es Stiefväter oder Freunde der Mutter, sechs Prozent der Kinder wurden vom älteren Bruder mißbraucht, fünf Prozent von Onkel oder Schwager, drei Prozent vom Großvater. Nachbarn oder Freunde der Familie stellen immerhin noch zehn Prozent der Täter, Lehrer, Erzieher und Ärzte sechs Prozent. Nur in einem Prozent der Fälle hat das Opfer den Täter nicht gut gekannt.

Es geschieht viel zu oft

Wie häufig Kinder sexuell mißbraucht werden, ist noch immer unklar. In Deutschland schätzt man, daß jährlich 300.000 Kinder zu Opfern werden, österreichische Schätzungen nennen 20.000 im Jahr. Intensivbefragungen von 1.000 AmerikanerInnen ergaben, daß fast jedes fünfte Mädchen innerhalb der Familie sexuell genötigt wurde; eine deutsche Untersuchung kam zu ähnlichen Ergebnissen. Nach dieser Untersuchung waren 90 Prozent der Täter Männer – bei Buben wie bei Mädchen. Während die Mädchen fast ausschließlich innerhalb der Familie zum Opfer werden, wurden die Buben eher außerhalb der Kernfamilie von Männern aus dem näheren Bekanntenkreis zur eigenen Befriedigung verwendet.

Schleichender Anfang

Meist entwickelt sich das Mißbrauchsverhältnis schleichend. Es beginnt mit bewußt herbeigeführten Berührungen, die Aktivitäten werden Schritt um Schritt ausgeweitet. Da sind zunächst hastige Berührungen, da untersucht der Onkel, ob »das Loch« schon groß genug ist, da kleidet der Vater sein Abtasten in das Ritual beim Zu-Bett-Gehen ein. Geschlechtsverkehr kommt nur relativ selten vor. Kinder werden an ihren Geschlechtsteilen gestreichelt, dazu veranlaßt, den Penis des Erwachsenen mit der Hand oder mit dem Mund zu erregen, werden selbst für oralen Sex verwendet.

Grenzen

Die Notwendigkeit, körperliche Kontakte zum richtigen Zeitpunkt abzubrechen, stellt offenbar an viele Erwachsene – vor allem Männer – zu hohe Ansprüche (> Die Grenzen der Erotik, Seite 318). Jedes Kind braucht körperliche Nähe. Es will beschmust, gestreichelt und liebkost werden. Doch die kindliche Neugier darf nicht als sexuelles Interesse dem Erwachsenen gegenüber umgedeutet werden.

Jedes Kind hat ein Recht auf seine eigene Sexua-

HILFE UND ZUFLUCHT

Kinder und Jugendliche oder deren Eltern können sich an die Beratungsstellen der Wohlfahrtsverbände oder an den Kinderschutzbund wenden. Für die Ratsuchenden gibt es keine »untere« Altersgrenze. Das bundesweite Kinder-Sorgentelefon (Tel.: 01308/11103) ist kostenfrei.

Baden-Württemberg
Notruf
Eichendorffstr. 15a
68167 Mannheim
Tel.: 0621/379700

Psychologische Beratungsstelle für Kinder, Jugendliche und Eltern
Relaisstr. 164
68219 Mannheim
Tel.: 0621/896045

Kinderschutz-Zentrum
Gaisbergstr. 53
69115 Heidelberg
Tel.: 06221/10819

Wildwasser
Schwarzwaldstr. 107
79117 Freiburg
Tel.: 0761/33339

Kinderschutzbund
Haußmannstraße 6
70188 Stuttgart
Tel.: 0711/242818

Wildwasser
Kernerstr. 31
70182 Stuttgart
Tel.: 0711/296432

Bayern
Kinderschutzbund
Barerstraße 86a
80799 München
Tel.: 089/2717990

Kinderschutz-Zentrum
Pettenkoferstr. 10a
80336 München
Tel.: 089/555356

Notruf für Frauen und Mädchen
Prüfeninger Str. 32

93049 Regensburg
Tel.: 0941/24171

Wildwasser
Roritzerstr. 22
90419 Nürnberg
Tel.: 0911/331330

Notruf für Frauen und Mädchen
91054 Erlangen
Tel.: 09131/209720

Brandenburg Berlin
Kinderschutzbund
Malplaquetstr. 38
13347 Berlin

Kinderschutzzentrum
Karl-Marx-Str. 26
12043 Berlin
Tel.: 030/68430

Wildwasser e.V.
Mehringdamm 50
10961 Berlin
Tel.: 030/7865017

Bremen
Kinderschutzbund
Vor dem Steintor 87
28203 Bremen
Tel: 0421/700037-8

Kinderschutzzentrum
Vor dem Steintor 87
28203 Bremen
Tel.: 0421/700037

Hamburg
Kinderschutzbund
Eppendorfer Weg 7
20259 Hamburg
Tel: 040/4392959

Kinderschutzzentrum
Emilienstr. 78

20259 Hamburg
Tel.: 040/4910007

Hessen
Kinderschutzbund
Mittel Straße 11a
61169 Friedberg
Tel.: 06031/3175

Wildwasser
60486 Frankfurt/Main
Tel.: 069/701218

Wildwasser
Ernst-Ludwig-Str. 9
64283 Darmstadt
Tel.: 06151/28871

Wildwasser
Wallufer Str. 1
65197 Wiesbaden
Tel.: 06121/808619

Kinderschutz-Zentrum
Lessingstr. 25
55118 Mainz
Tel.: 06131/613737

Wildwasser e.V.
Barfüßerstr. 30
35037 Marburg
Tel.: 06421/63183

Mecklenburg-Vorpommern
Kinder-, Jugend- und Familienhilfe
Rügen e.V.
Erich-Weinert-Str. 39
18609 Binz/Rügen

Niedersachsen
Kinderschutzbund
Kirchröder Str. 2
30625 Hannover
Tel.: 0511/550561-2

Notruf Beratungsstelle
Magnikirchstr. 4
38100 Braunschweig
Tel.: 0531/43302

Beratungsstelle gegen sexuellen Mißbrauch
Am Schölkegraben 34
38226 Salzgitter
Tel.: 05341/15600

Kinder-Sorgentelefon
Lotzestr. 29
37083 Göttingen
Tel.: 0551/73311

Wildwasser
Kaiserstr. 19
26122 Oldenburg
Tel.: 0441/16656

Nordrhein-Westfalen
Kinderschutzbund
Domagkweg 8
42109 Wuppertal
Tel.: 0202/754465

Kinderschutzzentrum
Spichernstr. 55
50672 Köln
Tel.: 0221/11103

Zartbitter e.V.
Stadtwaldgürtel 89
50935 Köln
Tel.: 0221/405780

Kinderschutzambulanz
Dr. med. Eugen E. Jungjohann
Fürstenwall 91
40217 Düsseldorf
Tel.: 0211/9193700

Till Eulenspiegel
AWO-Sorgentelefon für Kinder
Wallstr. 7
40213 Düsseldorf
Tel.: 0211/80407

Notruf für Mädchen
Waldthausenstr. 13
45127 Essen
Tel.: 0201/235469

Beratungsstelle für Eltern, Kinder und Jugendliche
45466 Mülheim/Ruhr
Tel.: 0208/4555111

Zartbitter e.V.
Rothenburg 35
48143 Münster
Tel.: 0251/58419

Wildwasser e.V.
Adlerstr. 81
44137 Dortmund
Tel.: 0231/148877

Kinderschutzzentrum
Schulstr. 26
33330 Gütersloh
Tel.: 0541/14999

Rheinland-Pfalz
Kinderschutzbund
Reiterstraße 4
76829 Landau
Tel.: 06341/88800

Wildwasser
Schützenstr. 26
67061 Ludwigshafen
Tel.: 0621/565721

Thüringen
Kinder-Sorgentelefon
07549 Gera
Tel.: 0365/31105

Selbsthilfegruppe »Sexueller Mißbrauch«
Rosemarie Bechtum
Michaelisstr. 4
99084 Erfurt

Beratungsstelle für sexuell mißbrauchte Mädchen
Barfüßerstr. 16
99084 Erfurt

Kinder-Sorgentelefon
37327 Leinefelde
Tel.: 03605/2279

Saarland
Kinderschutzbund
Bruchwiesenstraße 37
66111 Saarbrücken
Tel.: 0681/397188

Notruf für Frauen und Mädchen
Nauwieser Str. 19
66111 Saarbrücken
Tel.: 0681/36767

Sachsen-Anhalt
Kinderzentrum und Familienberatung
Walther-Rathenau-Str. 8
39106 Magdeburg
Tel.: 0391/564463

Kindervereinigung e.V.
Breiter Weg 232
39104 Magdeburg
Tel.: 0391/31407

Sachsen
Kinderschutzbund
Kipsdorfer Straße 182
01279 Dresden
Tel.: 0351/337080

Familienzentrum Kiebitz
Karl-Tauchnitz-Str. 3
04107 Leipzig

Verein »Haus der Familie«
Wilhelm-Pieck-Str. 37
03172 Guben
Tel.: 03561/253

Kinder-Sorgentelefon
09113 Chemnitz
Tel.: 0371/235598

Schleswig-Holstein
Kinderschutzbund
Zastrowstraße 2
24114 Kiel
Tel.: 0431/676141

Kinderschutzzentrum
Zastrowstr. 12
24114 Kiel
Tel.: 0431/16831

Kinderschutzzentrum
Karl-Bosch-Weg 6
23562 Lübeck
Tel.: 0451/892339

Wien
Kinderschutzzentrum
Kandlgasse 37/6
1070 Wien
Tel.: 0222/526 18 20

Kinder- und Jugendanwälte
Sobieskigasse 31
1090 Wien
Tel.: 0222/34 15 56

Kindertelefon
Tel.: 0222/319 66 66

Oberösterreich
Kinderschutzzentrum
Goethestraße 25
4020 Linz
Tel.: 0732/66 78 76

Salzburg
Rudolf Biebl-Str 50
5020 Salzburg
Tel.: 0662/81 71

Steiermark
Kinderschutzzentrum
Mandellstr 18/2
8010 Graz

lität – allein und mit anderen Kindern (> Eltern-liebe, Kinderliebe, Seite 316). Heranwachsende dür-fen ihre geschlechtliche Identität spielerisch erpro-ben. Junge Mädchen springen halbnackt durch die Wohnung und testen ihre Attraktivität im Flirt mit dem Vater aus. Das berechtigt diesen jedoch nie-mals, das als sexuelle Aufforderung mißzuverste-hen. Fühlt er sich in seiner Männlichkeit heraus-gefordert, ist es an ihm, sich zurückzuziehen. Die Grenze wird überschritten, wenn der Erwachsene das Kind benutzt, um seine Bedürfnisse zu befriedi-gen, und er die Intimgrenzen des Kindes verletzt.

Mißbrauch beginnt,

● wenn die Schamgrenzen des Kindes wiederholt gegen dessen Widerstand gebrochen werden. Ein Bei-spiel: Ein zehnjähriges Mädchen verschließt die Bade-zimmertür, weil es beim Duschen nicht beobachtet werden will. Die Eltern verschafen sich jedoch gewaltsam Zutritt, um »nach dem Rechten zu sehen«.

● wenn Erwachsene Integrität und Autonomie des Kindes verletzen. Zum Beispiel: Die Eltern erwarten von ihrem Kind nachdringlich, daß es Großeltern, Verwandte oder Bekannte bei der Begrüßung oder als Dank für Geschenke küßt. Desgleichen verletzt es die Selbstachtung des Kindes, wenn Erwachsene über dessen Geschlechtsorgane witzeln. Vor allem bei Mädchen kommentieren viele Erwachsene zu Beginn der Pubertät die sich abzeichnenden neuen Formen.

Die Beziehung zwischen einem Erwachsenen und einem Kind ist nie gleichberechtigt. Im Bereich der Sexualität nutzt der Erwachsene seine Position als Stärkerer aus, um das Kind zur eigenen Erregung und Befriedigung zu mißbrauchen. Kinder sind nicht in der Lage, die Bedeutung sexueller Beziehun-gen zu Erwachsenen emotional, physisch und psy-chisch zu erfassen. Aber sie spüren das unange-nehme Gefühl und empfinden innerlich deutliche Abwehr, die sie auch – wenn es ihnen gelingt – in einem »Nein« ausdrücken.

Jeder Erwachsene, der sich von Kindern sexuell angezogen fühlt, hat gravierende Probleme mit sei-ner Persönlichkeit und braucht dringend Rat und Hilfe (> Beratung und Psychotherapie, Seite 757).

STUMME SCHREIE

Sexueller Mißbrauch erschüttert das Ver-trauen des Kindes in seine Umgebung und die eigene Person zutiefst. Es muß erfahren, daß Nähe und Vertrauen gefährlich sind und daß Menschen, bei denen es Geborgenheit sucht, seine Integrität zutiefst verletzen.

Meist sind Opfer und Täter einander schon vor dem Mißbrauch vertraut. Nun haben die Klei-nen Angst, die Zuneigung zu verlieren, wenn sie »Spuckeküsse« oder die »Zaubertricks mit dem Pimmel« zurückweisen. Anfangs können sie nicht »Nein« sagen, später heißt es dann: »Du hast es ja gewollt.« Je länger das Kind mißbraucht wird, desto schuldiger fühlt es sich. Gewissensbisse und Schamgefühle, Ekel vor anderen oder vor sich selbst begleiten diese Kinder oft ein Leben lang. Manche ent-wickeln einen Waschzwang oder putzen sich -zigmal am Tag die Zähne, um sich zu »reini-gen«. Sie bekommen Hautallergien, Schluck-beschwerden, Übelkeit oder Brechreiz, oder sie zeigen ihre Abwehr, indem sie sich dau-ernd räuspern oder hüsteln.

Mißbrauchten Kindern wurde ihr Wille ge-brochen. Sie können die Übergriffe auf ihren Körper nicht verhindern und versuchen als Überlebensstrategie, den eigenen Körper zu etwas Fremdem, Falschem zu machen. Das kann zu Depressionen, Taubheitsgefühlen an Händen, Bauch und Becken führen.

Angst bestimmt das Leben dieser Kinder – Angst vor den Übergriffen, wie die vor Ent-deckung. Mißbrauchte Kinder leiden oft an Schlafstörungen, übermäßigem Schwitzen und Alpträumen.

VÄTER ALS TÄTER

Wenn der Täter ein Familienmitglied ist, wird der Schritt zum Kinderschutzzentrum oder Jugendamt wichtig und schwierig zugleich. Einerseits können die Eltern die Situation innerhalb der Familie nicht bewältigen, weil die Beziehungen zueinander zutiefst erschüttert sind. Andererseits fürchten sie den Zerfall der Familie, wenn der Mißbrauch öffentlich wird.

Mit dem Gang zum Kinderschutzzentrum oder Jugendamt beweisen Eltern Mut und die Bereitschaft, die Probleme der Familie zu lösen und einen Neuanfang zu starten. Gemeinsam mit SozialarbeiterInnen und PsychologInnen können sie die Beziehungen klären und nach Hilfen für das Kind suchen. Die Beratungsstellen für mißbrauchte Mädchen und Jungen bieten in dieser Situation auch anonyme Krisenunterstützung an.

Eine Strafanzeige müssen Eltern dann fürchten, wenn der sexuelle Mißbrauch am Kind zu schweren körperlichen Verletzungen führte. In den meisten anderen Fällen ist es Ziel des Jugendamts, die Familie zu erhalten. Das heißt, weder Opfer noch Täter sollten die Familie endgültig verlassen müssen.

Zunächst ist freilich meist eine räumliche Trennung von Opfer und Täter notwendig. Ist der Vater bereit, sich seinen Problemen zu stellen, fühlt sich das Kind wieder sicher und stimmt dem neuerlichen Zusammensein zu, kann ein gemeinsames Weiterleben durchaus gelingen. Eine endgültige Trennung ist allerdings unvermeidlich, wenn die seelischen Wunden zu tief sind oder das Kind erneut mißbraucht wird.

Geschwister

Sexuelle Kontakte zwischen Geschwistern sind nicht immer unschuldige Spielereien. Ist ein Geschwisterteil deutlich älter (vier oder mehr Jahre), kann eine Ausbeutungssituation entstehen.

Faßt ein elfjähriges Mädchen die Genitalien ihres siebenjährigen Bruders an, gehört das zu den unter Geschwistern üblichen sexuellen Entdeckungsreisen. Gibt es jedoch zwischen einem 15jährigen Jungen und einem achtjährigen Mädchen fortlaufend Intimitäten, haben diese sehr wahrscheinlich alle Merkmale des Mißbrauchs und verlangen nach dem Eingreifen der Eltern (> Geschwister, Seite 83).

Hilfe

Wer sexuellen Mißbrauch entdeckt, kann das Problem kaum allein lösen. Auch wenn der Täter nicht (mehr) in der gleichen Wohnung lebt wie das Opfer, benötigt vor allem das betroffene Kind Hilfe. Kompetent sind dafür spezielle Beratungsstellen, Kinderschutzzentren (> Seite 380) oder das Jugendamt. Speziell geschulte HelferInnen wissen am ehesten, wie es weitergehen soll, und mit welchen Schritten und in welcher Abfolge das Kind unterstützt werden kann.

Sexueller Mißbrauch von Kindern ist strafbar. Vor einer Anzeige sollte jedoch immer überdacht werden, inwieweit ein Gerichtsverfahren dem Kind nutzt, und ob es nicht durch die Art des Verfahrens erneut zum Opfer wird. (> Anzeige – ja oder nein? Seite 383). In jedem Fall muß das Kind sofort vor weiterem Mißbrauch geschützt werden. Das bedeutet meist, daß die Wohn- und Lebensbereiche von Opfer und Täter strikt getrennt werden müssen.

Mütter: Opfer oder Mittäterinnen?

Wer Kinder sexuell mißbraucht, kennt meist deren Umfeld und Tagesablauf genau und kann sein Tun geschickt vor den anderen Familienmitgliedern verbergen. Die Täter setzen die Kinder vor allem seelisch unter Druck, drohen und schaffen ein »gemeinsames

Geheimnis«: «Wenn du das der Mami erzählst, hat sie dich nicht mehr lieb.« »Keiner wird dir glauben. Wenn du das erzählst, mußt du ins Heim, und ich komme ins Gefängnis.« Solche Drohungen machen Kinder sprachlos; sie können über das, was mit ihnen geschieht, nicht reden. Sie mögen, brauchen und fürchten den Täter. Um ihre Not dennoch mitzuteilen, äußern sie sich meist verschlüsselt: Sie sprechen in Bildern oder senden über ihren Körper versteckte Signale aus (> Stumme Schreie, Seite 381).

Wenn Väter ihr Kind mißbrauchen, sind die Mütter indirekt das zweite Opfer. Selbst wenn sie bemerken, daß irgend etwas nicht stimmt, selbst wenn sie ahnen, was es ist, neigen sie dazu, ihre Wahrnehmung zu verdrängen – die gesamte Lebenssituation steht auf dem Spiel. Mütter erfahren oft erst von Bekannten oder LehrerInnen, denen sich das Kind anvertraut hat, definitiv vom Mißbrauch. Nur ganz selten wenden sich die Kinder direkt an sie. Das vom Täter auferlegte Schweigegebot, zusammen mit der Drohung, die Mutter zu verlieren, wirkt nachhaltig.

Die Botschaft löst bei der Mutter fast immer einen tiefen Schock aus. Ihre Partnerschaft, die Beziehung zum Kind, alles steht nun auf dem Spiel. So brauchen auch die Mütter Betreuung und Hilfe, um sich endlich klar und deutlich auf die Seite ihres Kindes stellen zu können.

Vorbeugung

Es gibt Voraussetzungen, unter denen es unwahrscheinlich ist, daß Kinder sexuell ausgebeutet werden:
● Kinder, die gelernt haben, Autoritäten in Frage zu stellen, zu widersprechen und Macht auf ihre Legitimität zu prüfen, werden sexueller Ausbeutung kaum zum Opfer fallen. Sexueller Mißbrauch tritt in autoritären Familienstrukturen gehäuft auf.
● Kinder, die lernen durften, ihre Bedürfnisse zu erkennen und auszuleben, können auch klarer »Nein« sagen und Hilfe suchen.
● Erwachsene, die mit ihren sexuellen Bedürfnissen offen umgehen und die konfliktfähig sind, werden kaum jemand sexuell ausbeuten.

ANZEIGE – JA ODER NEIN?

Sexueller Mißbrauch von Kindern muß nicht unbedingt angezeigt werden. Wenn Polizei oder Staatsanwaltschaft davon jedoch Kenntnis erhalten, ist ein Strafverfahren unausweichlich. Das Wohl des Kindes kann dabei doppelt verletzt werden: zum einen durch die Verfahrensmaschinerie, zum anderen, indem es erneut zum Objekt eines Erwachsenen wird, der sich mit seiner Hilfe am Täter rächen will.

Ist der Vater der Täter, hat die Mutter auch ohne Strafanzeige einige rechtliche Möglichkeiten, um das Kind vor weiterem Mißbrauch zu schützen:
● Das Familiengericht kann auf Antrag der Mutter binnen Stunden anordnen, daß der Mann die Wohnung zu räumen hat.
● Per Gerichtsbeschluß kann die Mutter das alleinige Sorgerecht bekommen. Dem Vater können, wenn die Gefahr besteht, daß er das Kind fortgesetzt mißbraucht, Umgang und Kontakt verboten werden.
Bei einer gerichtlichen Auseinandersetzung – etwa um das Sorgerecht – sollte das Kind möglichst von Beginn an anwaltlich vertreten sein. Mädchen oder Jungen haben so das realistische Gefühl, unterstützt zu werden, und sie sehen ihre Interessen wirksam vertreten.
Bis zum Alter von 14 Jahren müssen Mutter oder gesetzliche VertreterInnen den Anwalt oder die Anwältin beauftragen. Ältere Kinder können dies selbständig tun.

ALLTAG

Wohnen mit Kindern

Die Wohnung ist für die Kleinen noch wichtiger als für die Erwachsenen: Sie verbringen in ihr den Großteil der Zeit und beginnen dort die Entdeckungsreise ins Leben. Dazu brauchen sie Platz zum Spielen, Toben und Entdecken und das Zutrauen ihrer Eltern: Gefährlich ist die kindliche Entdeckerlust kaum. Eltern fordert die Wohnraumgestaltung Phantasie ab: Ein Kinderzimmer zu planen heißt, die kommenden 15 Jahre zu überdenken.

Dem Nachwuchs steht heute in der Wohnung wesentlich mehr Platz zur Verfügung als noch vor zwei Jahrzehnten. Und dennoch ist es oft viel zuwenig.

Zu klein sind Wohnungen vor allem deshalb, weil sie für die Kleinen eine andere Bedeutung bekommen haben, als sie früher haben mußten: Die Straße gehört den Autos, die Wiese den Hunden, freie Flächen gibt es kaum, Parks nebenan sind selten, und in den Gängen und Treppenhäusern ist Lärmen verboten. Die Entdeckung des Lebens muß darum zum guten Teil in den eigenen vier Wänden stattfinden, die Wohnung muß auch Spiel- und Sportplatz sein. Sprossenwand und Ringe ersetzen den Apfelbaum zum Klettern,

das Kinderzelt oder der Platz unter dem Hochbett die »Höhle« im Gebüsch.

In nur einer Generation haben sich die Wohnverhältnisse in Mittel- und Westeuropa radikal verändert. Heute stehen jedem Deutschen oder Österreicher mehr als doppelt soviel Platz zum Wohnen zur Verfügung wie vor 20 Jahren. Rund 35 Quadratmeter pro Einwohner sind es in den neunziger Jahren, Ende der sechziger Jahre waren es noch 13 Quadratmeter – so wenig Wohnfläche muten wir heute nur noch ausländischen ArbeitnehmerInnen zu.

Mehr Platz zum Wohnen bedeutet auch mehr Platz für Kinder, aber bei weitem nicht genug. Denn die Wohnungen wachsen nicht mit den Klei-

nen mit. Gerade Familien mit Kindern steht pro Kopf deutlich weniger Wohnfläche zur Verfügung als Einzelpersonen: Auf Mutter, Vater, Kind verteilen sich zu Hause jeweils 29 Quadratmeter, mit zwei Sprößlingen sind es noch 25; in einer sechsköpfigen Familie muß sich jeder einzelne mit 17 Quadratmetern begnügen.

Erwachsene mit Kindern geben zwar für die Wohnung weit mehr Geld aus als kinderlose Personen, und dennoch reicht es oft nicht, um jedem Familienmitglied ein eigenes Zimmer zu ermöglichen: In etwa der Hälfte der Familien mit zwei Kindern ist der allgemein anerkannte Qualitätsstandard »Ein Wohnraum pro Person« immer noch nicht verwirklicht.

Beengt

Kinder wollen ihre Umwelt in konzentrischen Kreisen erobern. Zuerst die Fläche, die krabbelnd erreichbar ist, dann die ganze Wohnung, als nächstes das Haus, danach die nähere Umgebung.

Doch das geht heute nur noch selten: Mehr als die Hälfte der Kinder kann nicht direkt von der Wohnung ins Freie, in den Hof oder Garten, gehen.

Auch innerhalb der Wohnung ist der Bewegungsspielraum oft gering. Eine bundesweite Umfrage ergab, daß nur die Hälfte der Kinder im Alter zwischen acht und zehn Jahren die gesamte Wohnung zum Spielen verwenden dürfen, die übrigen müssen sich meist mit dem Kinderzimmer bescheiden.

Das ist zudem meist winzig: Ganze acht Quadratmeter billigt die DIN-Norm des öffentlich geförderten Wohnungsbaus einem Kind zu, zwei Kinder sollen mit 13 Quadratmetern auskommen. Nach Abzug der Stellflächen für Bett, Schrank und Tisch bleibt einem Kind gerade ein Fleck von 1,2 x 1,8 Meter als Spielfläche übrig.

Allzu enge Wohnverhältnisse behindern das Kind ebenso in seiner Entwicklung wie zusätzliche Einschränkungen durch die Eltern. Studien zeigen deutliche Zusammenhänge auf: Kinder, deren Bewegungsfreiheit in der Wohnung eingeschränkt ist und die häufig von Sozialkontakten ausgeschlossen werden – etwa wenn Gäste kommen –, leiden später deutlich häufiger unter psychischen Problemen.

Wohnung als Insel

Kinder, für die es in Wohnungsnähe keine ungefährlichen Bewegungsräume gibt oder die zum nächsten Spielplatz Straßen überqueren müssen, überschreiten oft bis zum Schulalter die Wohnungs- oder Grundstückgrenzen nicht allein. Also organisieren die Eltern Spielzeiten und Sozialkontakte unter Gleichaltrigen.

Das hat Folgen für das Kind: Es kennt nur die Orte aus eigener Eroberungserfahrung, zu denen es zuvor hingebracht wurde; die Welt dazwischen bleibt ihm fremd, Kontakt zu FreundInnen ist nur möglich, wenn die Eltern ihn vermitteln. Diese »Verinselung« wird auch von der Lage der Wohnung beeinflußt. Eine Umfrage in deutschen Großstädten etwa hat ergeben, daß noch zirka 20 Prozent der Kinder, die im Erdgeschoß wohnen, »praktisch täglich« von Gleichaltrigen besucht werden. Leben die Kinder allerdings im dritten oder vierten Stock, halbiert sich diese »spontane Besuchsfrequenz«: Nur noch zehn Prozent können häufig FreundInnen in den eigenen vier Wänden treffen.

Oft schaffen die Eltern dann auch noch innerhalb der Wohnung Inseln für das Kind: Sie statten das Kinderzimmer perfekt aus, doch die übrige Wohnung bleibt Repräsentationsgebiet der Erwachsenen und ist damit für die Kleinen tabu. Doch kein noch so ausgeklügeltes pädagogisches Spielzeug, für jede Altersstufe und jede Lebensäußerung passend, kann den Erfahrungsraum Wohnung, die Entdeckungsreise über das Sofa zum Regal, die Ausflüge zwischen Dachboden und Keller ersetzen.

Elternzimmer, Kinderzimmer

Nur etwa die Hälfte der Eltern findet, daß jedes Kind ein eigenes Zimmer braucht. Die anderen sehen ein Kinderzimmer für zwei als ebenso entwicklungsfördernd an.

Doch PsychologInnen stellen übereinstimmend fest, daß in unserer Industriewelt jeder Mensch, und damit auch jedes Kind, einen eigenen Raum braucht, eine eigene Intimsphäre. Und das ist nach Möglichkeit ein Zimmer, zumindest jedoch eine abgetrennte Nische in einem Raum.

Kinder wie Erwachsene brauchen beides: Die ganze Wohnung als Lebensfeld – für den Nachwuchs bedeutet das Spiel- und Experimentierfläche –, und weil es draußen keinen Rückzugsraum mehr gibt, ein Zimmer, um sich ungestört allein oder mit FreundInnen zurückziehen zu können.

Wohnzufriedenheit hängt weniger von der zur Verfügung stehenden Fläche ab als von der Anzahl der Räume. Spannungen, Aggressionen und Regeln, die den Bewegungsspielraum von Kindern beschränken, häufen sich, je weniger Rückzugsmöglichkeit jeder einzelne hat.

Meist ist also Umbau angesagt, wenn ein Kind unterwegs ist. Wer das Glück und die Mittel hat, gerade in dieser Zeit ein neues Domizil zu beziehen, kann von vornherein kindgerecht planen (> Raumplanung, Seite 389).

Und diejenigen, deren Planungsdrang durch die Außenmauern ihrer Wohnung begrenzt wird, können die Aufteilung der Räume überdenken. Selbst wenn die Wohnfläche insgesamt recht begrenzt ist, läßt sich mit Phantasie manchmal eine Raumaufteilung finden, an die vorher niemand gedacht hat (> Die kindgerechte Wohnung, Seite 390).

Verbotene Räume?

Viele Eltern brauchen für ihr Wohlbefinden einen Raum, der den kindlichen Entdeckungsreisen nicht zur Verfügung steht und von dem Chaos verschont bleibt, das Kinder anrichten können. Dieses »Elternzimmer« kann das Schlaf- oder Arbeitszimmer sein, ein Rückzugsraum für Erwachsene. Flur, Küche, Eß- und Wohnzimmer, Balkon und so weiter sind jedoch Gemeinschaftsräume, die den Kleinen ebenso zur Benutzung freistehen sollten wie den Großen. Damit dabei die Lebensinteressen aller berücksichtigt werden, sind meist Kompromisse notwendig. Das Leben – besonders mit Kleinkindern – erleichtern sich Eltern erheblich, wenn sie sich entschließen können, zum Beispiel auf teure Sitzmöbel noch für eine Weile zu verzichten.

Heiligtümer

Die Erfahrung zeigt: Erst Tabus reizen zur Zerstörung, erst übertriebener Schutz macht tollpatschig. Wenn sich Kinder frei bewegen dürfen, ist ihre Lust, Regale auszuräumen und ein Buch zu zerreißen, nicht sehr groß, und die Gefahr gering, sich an der Tischkante den Kopf aufzuschlagen.

RAUMPLANUNG

Nur wenige angehende Eltern sind in der glücklichen Lage, über eine großzügig dimensionierte vielgliedrige Wohnung zu verfügen. Wo Platz knapp und eine neue Wohnung nicht in Sicht ist, braucht es Phantasie:

● Schreiben Sie eine Woche lang auf, wer welchen Raum für welche Tätigkeit wie lange nutzt. Oft haben überkommene Konventionen oder Ge-wohn-heiten zu einer bestimmten Raumeinteilung geführt. Wohn- und Elternschlafzimmer sind manchmal reichlich groß und wenig genutzt.

● Mit einer Mischnutzungen kann man aus wenig mehr machen: Der Eßtisch kann auch Spiel- und Hobbytisch sein, durch Schlafzimmertausch kann ein größeres Kinderzimmer zur Verfügung stehen, eine Spielecke kann auch in der Küche Platz finden.

● Auch kleinere Zimmer lassen sich noch teilen. Ein Beispiel:

Dennoch gehört Zerkratztes, Beflecktes und Zerbrochenes zum Kinderalltag dazu wie ab und zu mal Bauchschmerzen.

Essen die Kleinen von Beginn an von den gleichen Tellern wie die Großen, begreifen sie meist sehr schnell, daß sie zerbrechlich sind. Eigenes bruchsicheres Geschirr schont anfangs zwar vielleicht die Nerven. Doch der Effekt verpufft, wenn dann der »andere« Teller von Mama oder Papa zum Kampfobjekt wird.

Heikle Schätze können die Eltern eine Zeitlang vor den Kinderhänden sicher verwahren. Wenn das Kind mit der Zeit spürt, daß die Eltern ihm grundsätzlich vertrauen und ihm auch Dinge anvertrauen, versteht es in den meisten Fällen sehr gut, daß bestimmte Gegenstände den Eltern nun wirklich »heilig« sind und nicht deshalb vor ihnen verwahrt bleiben, weil die Kinder sie zerstören könnten, sondern weil sie grundsätzlich geschützt bleiben sollen.

Fortwährende Verbote »Nein, das darfst du nicht« und Kontrollen machen dagegen aus all den »gefährlichen«, verbotenen Sachen hochinteressante Objekte, an denen das Kind erproben kann, ob es oder Mama und Papa stärker sind.

DIE KINDGERECHTE WOHNUNG

Eine kindgerechte Wohnung ist bespielbar, offen für das Kind. Was die Erwachsenen tun, ist auch für das Kleine interessant, ihre Gebrauchsgegenstände und Möbel möchte es voller Freude entdecken und erobern. Werden Kinder hingegen in die Spielwelt des Kinderzimmers verbannt, bekommen sie wesentlich weniger Anregungen. Zudem lassen sie sich gar nicht gerne aussperren. Eltern, die das dennoch versuchen, müssen sich schon sehr bemühen, damit ihnen das gelingt, und das Ergebnis ist meist viel Ärger mit dem Kind.

Bedürfniswandel

Die Ansprüche, die Eltern und Kind an die Wohnung insgesamt und an das Kinderzimmer stellen, verändern sich von Jahr zu Jahr. Vor der Entscheidung, welcher Raum fürs Kind reserviert oder umgestaltet wird, lohnt es sich, sich die kommenden 15 Jahre auszumalen. Es ist denkbar, daß ein späterer Zimmertausch dann schon von Anfang an eingeplant wird.

Zunächst braucht das Kleine die Nähe der Eltern und – wenn es in der ganzen Wohnung spielen darf – nicht allzuviel Platz im eigenen Zimmer. Jugendliche und ihre Eltern werden später hingegen froh sein, wenn ihre Intimbereiche möglichst weit voneinander entfernt liegen.

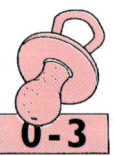 Im ersten Lebensjahr will der Säugling immer zumindest einen Elternteil in seiner Nähe haben. Nachts fühlt er sich nur geborgen, wenn Mama oder Papa sein Rufen oder Schreien gewiß hören. Viele Eltern ziehen es vor, das Babybett gleich neben sich zu stellen, oder sie legen das Kind mit in ihr Bett (> Das Bett, Seite 405).

Im Krabbelalter beginnt das Kind seine Entdeckungsreisen durch die ganze Wohnung. Gerade das, womit die Erwachsenen beschäftigt sind, interessiert auch den Nachwuchs.

Sobald das Kleinkind laufen kann, braucht es zwar seine eigenen Spielflächen und Sturäume, nicht jedoch unbedingt ein eigenes Zimmer. Wenn die Eltern es zulassen, wird das Kleine dort spielen und seine Türme bauen, wo ein Erwachsener zumindest in Rufweite ist.

Hat das Kind bereits ein eigenes Zimmer, sind dort Spiel- und Freifläche wichtiger als Möbel. Auf ausrangierten Matratzen und Kissen läßt sich hervorragend toben.

Ein Kind will alles anfassen, besteigen, schieben, darunter- und darüberkriechen. Nur wer als Kind seine Umwelt aktiv erleben und sie auch manipulieren darf, kann später auf ungewohnte Situationen reagieren und kreative Lösungen finden.

Aufwendige Sicherheitsvorkehrungen sind nur selten notwendig. Vielmehr lernt es erst im Umgang mit Alltäglichem, mit Gefährlichem angemessen umzugehen. Einige Schutzmaßnahmen sind in der Zeit des Lernens allerdings doch angebracht (> Seite 392).

3-6 Etwa ab dem dritten Lebensjahr wollen viele Kinder ihren eigenen Intimbereich haben und einen Ort, an den sie sich allein oder mit FreundInnen zurückziehen können (> Spielen, Seite 440, > Entwicklung der Geschlechter, Seite 288).

Ab nun wird das eigene Kinderzimmer zur Notwendigkeit. Dort können auch die Spielsachen länger in der vom Kind gewünschten Anordnung bleiben, ohne daß sich die Eltern über die »Unordnung« aufregen – vor allem, wenn sie dauernd darüberstolpern (> Ordnung, Seite 330).

Die Möglichkeit, selbst etwas anzumalen (> Welt der Bilder und Objekte, Seite 458) oder »schmutzig« zu machen, belebt die Sinne und fördert die Kreativität.

Ist das Kinderzimmer zu klein für die Kinderbedürfnisse, sollten andere Räume dauernd zur Verfügung stehen. Auch das Elternschlafzimmer könnte sich tagsüber als Spielplatz eignen.

Der sozialen Entwicklung des Kindes tut es gut, wenn es nun Schritt für Schritt die Möglichkeit erhält, die Welt außerhalb der Wohnung ohne elterliche Begleitung zu erobern. Spielmöglichkeiten mit Gleichaltrigen brauchen viel Platz – die Wohnung wird dafür zu klein.

Meist fehlen jedoch Spiel- oder Freiflächen, die vom Haus aus direkt und gefahrlos erreichbar wären. Eine Elterninitiative kann da vielleicht Abhilfe schaffen.

6-10 Schulkinder brauchen einen Raum, in den sie sich zurückziehen können, wo sie ihr eigenes »Revier« abgrenzen können, indem sie Möbel umstellen oder Wände nach eigenem Geschmack gestalten.

Spätestens jetzt muß das Kinderzimmer einen gut

ZEIT UND RAUM

Nähe und Distanz, Bewegung, Ordnung, eigentlich verändern sich alle kindlichen Bedürfnisse im Laufe der Zeit beträchtlich. Ein Schema hat sicher den Nachteil, daß es für das einzelne Individuum nie ganz paßt. Doch es kann bei der Planung einer Wohnung hilfreich sein, sich zu überlegen, was sich in den kommenden 15 Jahren so alles tun wird:

Die Wohn-Bedürfnisse und das Alter

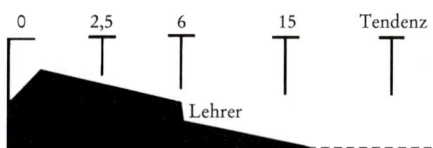

Nähe und Anwesenheit der Eltern

Gesellschaft von Gleichaltrigen

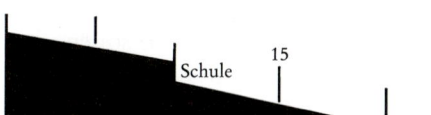

Anwesenheit in der Wohnung

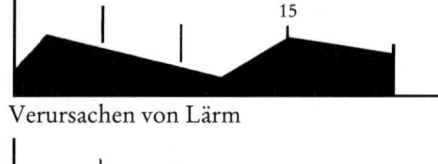

Verursachen von Lärm

Unordnung, Schmutz

beleuchteten Platz zum ungestörten Arbeiten haben (> Schreibtisch und Stuhl, Seite 407). Doch nur, wenn auf dem Boden noch einige Quadratmeter Spielfläche freibleiben, taugt das Zimmer auch als Treffpunkt für FreundInnen zum gemeinsamen Spiel. Ein Hochbett schafft zusätzlichen Platz: Die Fläche darunter bleibt zum Spielen frei.

Ist nur ein Zimmer für zwei Kinder vorhanden, oder ist das Kinderzimmer recht klein, kann der Arbeitsplatz auch in einem anderen Raum eingerichtet werden. Manche EntwicklungspsychologInnen halten die Trennung von Arbeitsplatz und Kinderzimmer überhaupt für sinnvoller: So bleibt das Kinderzimmer wirklich Rückzugsraum, unbelastet von den Gefühlen bei der Arbeit.

Das Bewegungsbedürfnis der Kinder erreicht in diesem Alter seinen Höhepunkt (> Zeit und Raum, Seite 391, > Bewegung und Sport, Seite 506). Platz für Bewegungsspiele und Turngeräte ist vor allem dann nötig, wenn die Spielmöglichkeiten außer Haus beschränkt sind.

Basteln, Experimentieren und Kindergesellschaften können auch außerhalb der eigentlichen Wohnung stattfinden: Garage, Keller oder Dachboden lassen sich dazu umfunktionieren.

Aus dem Kinderzimmer wird nun ein Jugendzimmer. Dort sollen die Kids Musik hören können – möglichst in jeder Lautstärke –, FreundInnen sollen kommen und gehen können, ohne sie an dem kontrollierenden Blick der Eltern vorbeischleusen zu müssen. Das ist am leichtesten möglich, wenn die Zimmer von jung und alt möglichst weit auseinanderliegen.

Für die fast Erwachsenen wäre es ideal, wenn ihr Domizil einen separaten Eingang hätte. Doch solche »Einliegerwohnungen« sind in den Grundrissen der meisten Behausungen nicht vorgesehen. Wer allerdings den Bau eines Hauses plant, könnte die zukünftigen Bedürfnisse der Kinder schon von vornherein in die Planung mit einbeziehen.

Keine Angst vor Unfällen

Die meisten Ratgeber verbreiten es mit Dramatik, die Ängste der Eltern tun das ihre dazu: Ein Kleinkind, so scheint es, lebt im Haushalt enorm gefährlich; jede Decke kann hinunterrutschen, jedes Kissen nachgeben, jeder Tisch und Stuhl bedeutet eine tödliche Gefahr.

So gut es gemeint sein mag, das Gefahrenbewußtsein der Eltern zu schärfen – nötig ist es kaum je: Die meisten brauchen eher Ermunterung, ihrem Kind etwas zuzutrauen, selbst so mutig zu sein, die kindlichen Entdeckungsreisen nicht andauernd zu unterbinden.

Starke Argumente haben die WarnerInnen und AngstmacherInnen nicht: Ginge es nach den tatsächlichen Risiken in Wohnungen, müßten längst Aufklärungskampagnen über »alterssicheres Wohnen« gestartet sein, Hochglanzfibeln und TV-Spots müßten Großeltern und ArchitektInnen Hinweise geben, wie die Älteren die tückischen Gefahren ihrer Wohnung überleben können.

Kinder sind etwa so oft in Haushaltsunfälle verwickelt, wie es ihrem Anteil an der Bevölkerung entspricht. Angesichts der Tatsache, daß sie weit mehr Zeit zu Hause verbringen als Erwachsene, ist das vergleichsweise wenig. Menschen über 60 dagegen – sie stellen 20 Prozent der Bevölkerung – erleiden ein Drittel aller Haushaltsunfälle.

Obendrein sind die Verletzungen, die Kinder in der Wohnung davontragen, leichter: Die 15 Prozent der Menschen, die unter 15 Jahre alt sind, verzeichnen nur 3,6 Prozent der tödlichen Unfälle im Haushalt. Von den 15 Prozent der Bürger über 65 dagegen sterben 81 Prozent an Haushaltsunfällen (> Gefahren in Zahlen, Seite 393). Kinder stürzen zwar oft, doch ihre Beweglichkeit schützt sie vor Verletzungen. Für alte Menschen dagegen ist nahezu jeder Sturz gefährlich. Das Risiko, sich bei einem Sturz zu Hause ernsthaft zu verletzen, ist statistisch gesehen für eine Hausfrau weit größer als für ein Kind.

Und selbst an Vergiftungen und Stromunfällen – beides Bereiche, die Eltern angstvoll erschaudern lassen – sterben mehr als doppelt soviel alte Menschen wie Kinder.

Kinder, deren Eltern den kindlichen Fähigkeiten vertrauen, leben meist ziemlich ungefährdet. Erst fortwährendes Schützen-Wollen verhindert, daß die Kleinen ihre Fähigkeiten richtig einschätzen lernen: Sie haben ein höheres Unfallrisiko, weil sie sich übernehmen. Viel sinnvoller ist es, Kinder anzuleiten, wie sie mit Gefährlichem umgehen können, sie sinnlich erleben zu lassen, was ihnen gefährlich werden könnte. Ein Kleinkind, das auf dem Arm des Vaters seine Hand langsam dem Wasserdampf nähern darf, der aus einem Kochtopf aufsteigt, spürt, was »heiß« bedeutet. Zukünftig wird es danach nicht mehr zu haschen versuchen, sondern sich Dampfendem vorsichtig prüfend nähern.

Eltern von kleinen Kindern können ihre Wohnung abgehen und auf realistische Gefahren überprüfen:
● Was birgt Lebensgefahr? Eine Lampe etwa, deren Spitze stilettartig endet, muß sich nicht in der Spielumgebung eines Kleinkindes befinden.
● Was möchten Mutter und Vater unbedingt vor Schaden bewahren? Diese geschätzten Gegenstände beiseitezuschaffen, erspart ständige Ermahnungen und entspannt die Situation.

Babyleicht

Babies sind hilflos, brauchen Pflege und Unterstützung. Und abgesehen vom Sturz vom Wickeltisch sind sie durch Unfälle noch kaum gefährdet.

Doch bald schon wird das Kleine alles, was es in die Finger bekommt, in den Mund stecken. Auf diese Weise erstastet und erfaßt es seine Welt (> Spielend lernen, Seite 266). Spitze, scharfe und sehr kleine Gegenstände sollten nun besser nicht in Reichweite des Kleinkindes sein.

Doch selbst wenn das Kind Dinge wie Steine, Knöpfe, Perlen, Münzen und Spielzeugteile verschluckt hat, ist das meist harmlos: Sogar kleine Schrauben werden meist wieder ausgeschieden und landen in den Windeln. Manche Kinder ver-

GEFAHREN IN ZAHLEN

Komplexität, Neuigkeit, Überraschung und Ungewißheit – all das sind lustvoll erlebbare Spannungen beim Erobern der Welt. Besonders gefährlich ist die Entdeckungsreise durch die Wohnung für die Kleinen nicht:

Haushaltsunfälle insgesamt[1]

	Anteil (%) an Bevölkerung	Anteil (%) an Unfallopfern
Kinder bis 14	17	17
Menschen über 60	20	33

Tödliche Haushaltsunfälle[2]

	Anteil (%) an Bevölkerung	Anteil (%) an Unfallopfern
Kinder unter 1	1,2	1,1
Kinder von 1–5	4,2	1,7
Kinder von 5–15	9,8	0,7
Kinder insgesamt	15	3,6
Menschen über 65	15	81,0

Für jeden Erwachsenen ist das Risiko, sich in der Wohnung zu verletzen, größer als für die Kinder. Und von tödlichen Unfällen sind die älteren Bürger überhaupt fast ausschließlich betroffen – alterssichere Wohnungen wären wichtiger als kindersichere.

[1] Zahlen für Österreich 1990, Quelle: Statistisches Zentralamt.
[2] Zahlen für Deutschland 1990, Quelle: Statistisches Bundesamt.

schlucken diese Kleinteile allerdings nicht, sondern sie bekommen sie »in den falschen Hals«. In den Atemwegen sind sie dann oft Ursache für einen Dauerhusten (> Husten, Seite 816).

Sobald der Sprößling allein aufstehen kann, führen erste Geh- und Kletterversuche zu vielen Stürzen. Sie gehören zum Gehen- und Stehenlernen dazu; mit ihnen erprobt das Kind sein Verhältnis zur Schwerkraft (> Liegen, stehen, gehen, Seite 251). Möbelstücke, die beim Beklettern umfallen können, sollten entweder an die Wand gestellt oder im Auge behalten werden. Regale werden klettersicher, indem man sie andübelt.

Geländer von Balkonen und Veranden sollten rechtzeitig überprüft werden. Als Faustregel gilt: Mehr als 7,5 Zentimeter Abstand zwischen den Stäben können problematisch werden. Ein dazwischengeflochtenes Seil verhindert, daß sich das Kind zwischen den Stangen hindurchzwängt.

Möbel als Risiko?

Einem Kleinkinder-Haushalt wird vielfach empfohlen, Glastischplatten zu entfernen und Möbelkanten durch das Aufkleben von Plastikkappen zu »entschärfen«. Gut zehn gleichwertige Produkte sind dafür im Handel erhältlich. Einen Mangel haben sie alle: Sie fallen relativ bald wieder ab und müssen erneuert werden. VerfechterInnen dieses Möbelschutzes raten auch, Tischtücher und Teppiche zu fixieren und zerbrechliche Gegenstände außer Reichweite des Kindes zu verstauen.

Die gegenteilige Auffassung hat allerdings viel für sich: Ein Kind lernt recht schnell, mit Kanten umzugehen. Sind zu Hause alle verklebt, wird es sich die Beulen außer Haus holen. Der Umgang mit Zerbrechlichem klappt um so problemloser, je früher das Kind ihn erprobt. In der Zeit, in der das Krabbelkind das Aufstehen übt und beim Hinfallen nach allem greift, von dem es sich Halt verspricht, kann es allerdings sinnvoll sein, auf lang überhängende Tischdecken zu verzichten.

Treppen

Mit Schutzgittern kann man jede Treppe vor Kindern schützen.

Ob sie auch die Kinder schützen, ist fraglich. Eltern, die ihren Kindern von Beginn an gestatten, auch an Treppen zu erproben, wie weit ihre Lauf- und Kletterfähigkeit reicht, berichten, daß die Kleinen die interessanten Niveauunterschiede problemlos in ihren Alltag integrieren. Nur fremde Kinder, die den Umgang mit Treppen nicht gewohnt sind, neigen dazu, sie so zu benutzen, wie es die Eltern befürchten. Allenfalls Treppen, die ohne Seitenschutz in große Höhen führen, sollten mit speziellen Einrichtungen gesichert werden.

Fenster

Etwas anders verhält es sich bei Fenstern. Zwar können auch Kleinkinder die Gefahr besser abschätzen, als die meisten Eltern es ihnen zutrauen. Aber eine Unachtsamkeit, eine abrupte Bewegung kann hier schon zuviel sein. Und ein Sturz aus dem Fenster bedeutet fast immer, daß das Kind mindestens einen Meter tief senkrecht nach unten fällt.

Es gibt abschließbare Fenstergriffe und Kindersicherungen im Fachhandel. BastlerInnen können sich behelfen, indem sie außer Reichweite des Kindes eine Sicherheitskette an Rahmen und Fenster montieren, die eine Kippstellung, nicht aber das Öffnen ermöglicht.

Wer Wert darauf legt, die Fenster nicht nur in Kippstellung zu öffnen, kann ein Schutzgitter montieren und sich so Beruhigung verschaffen.

Küche

Der Herd ist für Kinder besonders attraktiv: An ihm arbeiten die Eltern konzentriert, es brutzelt und dampft, von dort kommt das fertige Essen auf den Tisch.

Mit Unterstützung der Großen kann auch der Einjährige schon seine Neugier befriedigen: In sicherem Abstand darf er danebensitzen und in die Töpfe gucken. Bei Kleinkindern sollten die Eltern darauf achten, daß die Stiele von Pfannen nicht über den Rand des Herdes hinausragen – hält sich das Kleine daran fest, kann das gefährlich werden. Wer sich fürchtet, der Wicht könnte dennoch einmal Pfanne oder Topf hinunterziehen, kann im Fachhandel Schutzvorrichtungen erwerben: Eine Platte vor dem Kochfeld verhindert, daß das Kind dort hinlangen kann.

Schon Zwei- bis Dreijährigen sind die Gefahren eines Herdes be-greiflich zu machen, indem man es ihnen erklärt und sie behutsam fühlen läßt. Die Kinderhand, langsam in reichlichem Abstand über eine heiße Herdplatte geführt, erspart den Eltern viele abstrakte Erklärungen. Das gleiche läßt sich bei Kerzen und Lampen demonstrieren.

Eltern, die sich angewöhnen können, alle unbenutzten Küchengeräte zu »entschärfen«, indem sie den Stecker herausziehen, reduzieren die Gefahrenquellen für ihr Kind.

Bei Verbrennungen > Erste Hilfe, Seite 736.

Strom

Lernen durch Erfahrung empfiehlt sich bei 220 Volt nicht. Für Stromquellen, die ständig angezapft sind, empfehlen sich Unterputz- oder Tischsteckdosen mit Verschlußmechanismus (Shutter). Die Sperrschieber an den Tischsteckdosen versagen allerdings nach längerem Gebrauch recht häufig.

Bereits eingebaute Steckdosen lassen sich nachträglich mit Verriegelungsplättchen sichern, die in die Steckdosen gesteckt werden. Die Stiftung Warentest fand diejenigen sicherer und wirkungsvoller, die man mit einer Drehbewegung freilegt, als jene mit einem Schiebemechanismus. Kinder, so die Befürchtung, können letztere etwa mit einem Kugelschreiber problemlos überwinden.

Wer ganz sichergehen will und keine Mühe scheut, verwendet Einsätze und Abdeckkappen. Abschließbare Kappen auf den Dosen bieten gründlichen Eltern, die die Schlüssel weder steckenlassen noch verlegen, schließlich einen wirklich zuverlässigen Schutz.

Daß beschädigte Kabel, Stecker und Lampen möglichst rasch ersetzt werden sollen, ist kein kinderspezifischer Rat: Stromunfälle sind bei Erwachsenen häufiger als bei Kindern.

Haushaltschemikalien

Handwaschmittel sind relativ ungefährlich. Anders die Waschpulver für Geschirrspül- und Waschmaschine. Putzmittel aller Art gehören – wenn man auf sie nicht verzichten will (> Putzmittel, Seite 400) – für Kinder unerreichbar aufbewahrt.

Am sinnvollsten ist es, die entsprechenden Schränke und Schubladen von Anfang an zu sichern. Alle der rund zwei Dutzend Schranktür- und Schubladenverriegelungen haben Konsumententests ohne Beanstandung überstanden.

Wer glaubt, auf Pflanzendünger und Insektenvertilgungsmittel nicht verzichten zu können, sollte diese umweltschädlichen Chemikalien zumindest vor seinen Kindern sicher verwahren: Sie sind ausgesprochen gesundheitsschädlich. Das gleiche gilt für Sprühdosen mit Treibmitteln.

Daß sämtliche Mittel grundsätzlich in der Originalverpackung aufbewahrt werden sollten, ist

---

Kontakte

DEUTSCHLAND:
Arbeitsgemeinschaft der Verbraucherverbände
Heilsbachstraße 20
53123 Bonn
Tel.: 0228/641011

ÖSTERREICH:
Verein für Konsumenteninformation
Linke Wienzeile 18
1061 Wien
Tel.: 0222/58877-0

kein Gebot der Kindersicherheit: Erwachsene verwechseln die Flaschen öfter als Kinder, aber diese tun es eben gelegentlich auch. Medikamente, Alkohol und Tabak müssen ebenfalls außer Reichweite von Kleinkindern aufbewahrt werden.

Kunststofftüten können Kleinkindern gefährlich werden, wenn sie sie sich im Spiel über den Kopf ziehen und sich aus der luftdichten Verpackung womöglich allein nicht wieder befreien können.

Bei Verdacht, ein Kind könnte etwas verschluckt haben, > Erste Hilfe, Seite 747.

Messer, Gabel, Scher' ...

Kleine Kinder sollten recht bald lernen, mit diesen Alltagsgeräten umzugehen. Wer die Kleinen zunächst aus Sicherheitsgründen davon fernhalten will, sollte zumindest die für Kinder vorgesehenen Imitate kaufen und verwenden. Es gibt Kinderscheren, Kindermesser, Kindergabeln usw. Recht bald wird das Kind ohnehin die Verwendung der »echten« Utensilien verlangen, die die Eltern täglich gebrauchen.

Was »scharf« bei einem Messer bedeutet, lernt ein Kleinkind, indem die Eltern ihm ein Messer in die Hand geben, und Kinderhand und eigene Hand gemeinsam vorsichtig ein Stück Fleisch einritzen. Den herausquellenden Fleischsaft kann man mit dem Blut vergleichen, das erscheint, wenn sich das Kind mit dem Messer selbst verletzen würde.

GESUNDES WOHNEN

Wohnen nach ökologischen Kriterien ist für Kinder noch wichtiger als für Erwachsene. Die Kleinen reagieren auf Schadstoffbelastungen viel empfindlicher als die Großen, Allergien (> Seite 851) und Atemwegerkrankungen (> Husten, Seite 816) werden immer häufiger, und selbst die chronisch laufende Nase des Kindes hat allzuoft seine Ursache in der schadstoffbelasteten Wohnung. Daß gerade Kinder, die in Neubauten leben, häufig Allergien

und Atemwegerkrankungen haben, bringen MedizinerInnen zunehmend mit der vielfältigen Schadstoffbelastung in Innenräumen in Zusammenhang.

Doch selbst Eltern, die in Umweltfragen sehr sensibel sind, widmen ihrer engeren Wohnumwelt oft wenig Aufmerksamkeit. Dabei sind die Schadstoffbelastungen im Wohnzimmer oft höher als auf der Straße. Stickoxide entstehen beim Heizen und Kochen mit Gas; Formaldehyd strömt aus Möbeln und Bodenbelägen und ist im Zigarettenrauch enthalten. Eine Vielzahl von gesundheitsschädlichen Lösungsmitteln dampft aus Lacken, Anstrichen und geklebten ·Flächen. Dazu kommen noch die Bau- und Schaumstoffe, die eine unübersehbare Vielzahl von Chemikalien enthalten und emittieren können (> Die Umwelt, Seite 719).

Wer sich umfassend über ökologisches Bauen und Wohnen informieren will, sollte einschlägige Beratungseinrichtungen aufsuchen. Die Produktvielfalt und die Vielfalt der Fragestellungen läßt generalisierende Empfehlungen kaum zu. Doch wenn man sich auf den Aspekt »Gesundheitsbelastungen für Kinder« beschränkt, lassen sich einige Empfehlungen geben.

Innenluft

Kinder sollten Anlaß genug sein, zumindest einige Grundregeln der Schadstoffreduktion zu beachten. Man muß kein Öko-Freak sein, um beim Einkauf auf potentielle Belastungen zu achten und in der Wohnung ein wenig Umsicht walten zu lassen.

Nikotin für die Kleinen

Sich eine TV-Dokumentation über die Umweltverschmutzung in der ehemaligen Sowjetunion anzusehen und dabei genüßlich einige Zigaretten zu paffen, sollte spätestens dann der Vergangenheit angehören, wenn Kinder im Haushalt leben.

Passivrauchen gefährdet Säuglinge: Rauchen die Eltern in ihrer Gegenwart, lassen sich in dem Urin des Babies Niktionabbauprodukte messen, die bis zum 100fachen über dem liegen, was Babies von Nichtrauchereltern aufweisen.

Nikotin erhöht das Risiko, nach einigen Jahrzehnten an Herz-Kreislauf-Erkrankungen zu leiden, um ein Drittel. Kleinkinder, die in Rauchschwaden aufwachsen, haben gegenüber Nichtraucherkindern ein doppelt so hohes Risiko, an Bronchitis oder Lungenentzündung zu erkranken. Die Gesundheitsgefahr durch Passivrauchen geht auf lange Zeit gesehen sogar bis zum erhöhten Krebsrisiko (> Gefährlicher blauer Dunst, Seite 721).

Smogalarm in der Küche

Beim Kochen müßte eigentlich oft Smogalarm ausgelöst werden. Viele der gebräuchlichen Brenner in Gasherden erzeugen viel zu hohe Brenntemperaturen. Dadurch gelangen große Schadstoffmengen in die Luft. Die Stickoxid-Konzentration in einer schlecht belüfteten Küche kann Werte jenseits der Smogalarmstufen erreichen.

Obendrein geben Gasherde Formaldehyd ab. Die Menge in der Küchenluft kann weit über der liegen, die die berüchtigten Spanplatten ausdünsten.

Wer einen Gasherd benutzt, sollte deshalb unbedingt einen Abzug installieren, falls sich nicht direkt neben dem Herd ein Fenster befindet. Und dieses Fenster sollte beim Kochen möglichst geöffnet sein.

Heizen

Kinder brauchen keine besonders warmen Wohnungen – im Gegenteil: Sie bewegen sich viel und kommen dann bei den immer noch verbreiteten Temperaturen von 22°C ganz schön ins Schwitzen.

Gasheizungen und Fernwärme sind die Heizformen, die die Außenluft am wenigsten belasten. Die Innenluft können vor allem Außenluft-Gaskonvektoren belasten, weil sie die Stickoxid-Konzentration bedrohlich ansteigen lassen können. Macht man das Fenster auf, werden die ausgestoßenen Gase in die Wohnung geweht. Solche Heizungen

UMGANG MIT LACKEN

● Der gekaufte Lack sollte zumindest mit dem Umweltzeichen als »schadstoffarm« gekennzeichnet sein.
● Für Wandanstriche genügen meist Leimfarben. Dispersionsfarben sollten den Bereichen vorbehalten bleiben, die wirklich einen wasserfesten Anstrich benötigen.
● Wer nur die Menge kauft, die er benötigt, spart nicht nur Geld. Der Umwelt erspart er die Belastung durch die als Sondermüll zu vernichtende Farbe bzw. die Belastung durch das Verdampfen von Lösungsmitteln aus halbleeren Gefäßen.
● Aus Dosen, die auf dem Kopf stehend aufbewahrt werden, können Lösungsmittel nicht so schnell entweichen.
● Geringe Mengen Farbreste sollten im Freien an einem kindersicheren Ort aufgestellt werden, damit sich das Lösungsmittel verflüchtigen kann – anderenfalls sorgt man für eine Dauerbelastung in der Wohnung.
● Nach Möglichkeit sollte im Freien gestrichen werden; dann dürfen auch Kinder zuschauen. Beim Streichen in Innenräumen müssen die Räume gut durchlüftet sein. Schadstofffreie Anstriche gibt es kaum.
● Pinselreiniger bestehen aus giftigen Lösungsmitteln. Wer den Pinsel nach der einmaligen Verwendung nicht in den Sondermüll werfen, sondern mehrmals benutzen will, sollte zumindest das Glas mit dem Reiniger nicht in der Wohnung offen stehenlassen. Der Reiniger sollte auf die gleiche Weise verdampfen können wie die Lackreste.

sollten stets ausgeschaltet werden, wenn die Fenster geöffnet sind.

Holzöfen sind zwar heimelig, doch die meisten sind ausgesprochene Umweltverschmutzer.

Luftfeuchtigkeit

Wenn geheizt wird, ist die Wohnungsluft fast immer zu trocken. Das ist unangenehm und belastet die Schleimhäute. Kinder beginnen häufig zu schnupfen und zu husten.

Ein Hygrometer ist in einem Haus mit Kindern kein Luxus. 50 Prozent Luftfeuchtigkeit sollten möglichst erreicht werden, 60 Prozent gelten als ideal. Erheblich mehr ist jedoch wieder von Übel: Dann finden Schimmelpilze ein ideales Klima zum Wachsen. So viel Feuchtigkeit sammelt sich vor allem dann an, wenn die Fenster zu stark abdichten (> Richtig lüften, Seite 398).

Oft reichen feuchte Tücher und Wasserbehälter auf der Heizung nicht aus, um die Luft ausreichend anzufeuchten. Als Ausweg bieten sich Luftbefeuchter an. Doch manche der gebräuchlichen Geräte sind der Gesundheit nicht gerade zuträglich:
● Kaltvernebler (Ultraschallvernebler) bieten einen idealen Nährboden für Bakterien aller Art, wenn sie nicht zumindest alle drei Tage aufwendigst gereinigt und desinfiziert werden. Die Ultraschallwellen töten zwar einen Teil der Bakterien, aber Bruchstücke von ihnen und Verunreinigungen des Leitungswassers werden mit der Feuchtigkeit in der Wohnung verteilt. Die Folge sind häufige Infektionen vor allem bei Kindern.
● Luftbefeuchter, die das Wasser verdampfen, verkalken zwar rasch und müssen darum etwa einmal wöchentlich gereinigt werden, doch die Hitze beim Verdampfen tötet die meisten Bakterien. Diese Geräte sind empfehlenswert.
● Gegen Verdunster, in denen die Raumluft durch bewässerte Matten geblasen wird, gibt es ebenfalls keine gesundheitlichen Bedenken. Sie müssen allerdings auch einmal pro Woche gereinigt werden.

Richtig lüften

Die Konzentration von Schadstoffen aller Art steigt an, wenn die Wohnung nicht richtig durchlüftet ist. Vor allem in Neubauten und nach Wohnungssanierungen mit neuer Dämmung und neuen Fenstern sind die Räume meist zu perfekt abgedichtet. Eine zweite, in Neubauwohnungen häufige Folge ist Schimmelbelag an den Wänden durch zu hohe Luftfeuchtigkeit (> Allergien, Seite 851).

Rund die Hälfte der Luft sollte pro Stunde ausgetauscht werden, damit Schadstoffe auf der einen und Heizungsrechnung auf der anderen Seite in erträglichen Grenzen bleiben.

Bei normalen Holzfenstern gibt es durch feine Ritzen und Fugen meist ausreichenden Luftwechsel – 80 Prozent des nötigen Austausches findet bei geschlossenem Fenster statt, nur die restlichen 20 Prozent der Frischluft kommen beim Lüften in die Wohnung.

Moderne Alu- oder Kunststoffenster, besonders Schallschutzfenster, haben gravierende Nachteile: Der Luftwechsel sinkt auf 15 Prozent pro Stunde. Sicheres Anzeichen für zu dichte Fenster ist, daß im Winter die Scheiben rasch anlaufen. Die vorgesehenen Kippstellungen sind andererseits meist zu groß; wenn sie dauernd geöffnet sind, wird es zu kalt. Mit einer zugekauften Fensterraste läßt sich die Kippneigung auf sinnvolle ein bis vier Grad fixieren.

Wohngifte vermeiden

Wann immer Zimmer neu eingerichtet, Wände oder Türen gestrichen werden oder ein neuer Bodenbelag angeschafft wird, stehen die BewohnerInnen vor einer Güterabwägung: Ästhetik und Gesundheit sind nicht immer unter einen Hut zu bringen, und der Preis behindert eine ökologisch sinnvolle Wohnungsgestaltung bisweilen recht massiv.

Doch einige Grundregeln lassen sich fast immer einhalten, um die Schadstoffbelastung in den eigenen vier Wänden in Grenzen zu halten.

Möbel

Das Furnier der meisten Selbstkaufmöbel ist immer noch auf Spanplatten geklebt, die das Reizgas Formaldehyd oder das giftige Isozyanat ausdünsten. Augen- und Schleimhautreizungen, Allergien (> Seite 851) und Atemwegerkrankungen (> Seite 816) können die Folgen sein (> Tips beim Möbeleinkauf, Seite 399).

Möbel aus einfachem Fichtenholz belasten die Gesundheit nicht und sind meist ebenfalls erschwinglich.

Doch auch Echtholz garantiert keine Gesundheit. Viele, vor allem importierte Hölzer, sind mit Holzschutzmitteln behandelt. Diese dünsten oft jahrelang aus den guten Stücken aus.

Für KäuferInnen ist es unmöglich, diese Gefahrenquelle zu erkennen. Es ist daher sinnvoll, sich beim Kauf größerer Möbelstücke schriftliche versichern zu lassen, daß das verwendete Holz nicht mit Holzschutzmitteln behandelt wurde, um bei eventuellen späteren Gesundheitsschäden Ansprüche geltend machen zu können.

Wandfarben

Die meisten Lacke und Wandfarben enthalten gesundheitschädliche Lösungsmittel. Sie reizen die Schleimhäute, beeinflussen das Nervensystem und führen zu Kopfschmerzen, einige sind krebserregend.

Bei Decken- und Wandanstrichen lassen sich solche Gefahren für Kinder reduzieren: Leimfarben genügen völlig, die von Naturfarbenherstellern bevorzugten Kaseinleim-gebundenen Farben sind sogar wischfest.

Nur wo wirklich ein wischfester Anstrich benötigt wird, sollten Dispersionsfarben verwendet werden. Diese wegen ihrer glatten Kunststoffschicht so beliebten Anstriche enthalten einerseits um fünf Prozent Lösungsmittel, die in der Trocknungsphase ausdampfen. Zusätzlich sind ihnen meist noch Konservierungsstoffe beigemengt, die ihrerseits Formaldehyd freisetzen. Und der Vorzug der wischfesten Glattheit hat seine Schattenseiten: Die vollkommene Dichtigkeit beeinträchtigt das Raumklima, weil Feuchtigkeit nicht mehr abdunsten kann (> Luftfeuchtigkeit, Seite 398).

Als Alternative zu Dispersionsfarben empfehlen UmweltschützerInnen sogenannte Silikatfarben. Wenn sie trocknen, bildet auskristallisierende Kieselsäure einen festen Belag.

Farben und Lacke

Ausdampfende Lösungsmittel sind das Hauptproblem aller Anstriche: Sie belasten die Gesundheit.

Alkydlacke werden immer noch am meisten gekauft. Sie enthalten bis zu 70 Prozent schädliche Lösungsmittel.

TIPS BEIM MÖBELKAUF

Wer auf Spanplatten oder beschichtete Platten nicht verzichten will oder kann, sollte beachten:

- Der Hinweis, es handele sich um »formaldehydfreie Spanplatten«, kann irreführend sein. Meist sind solche Platten mit Isozyanaten gebunden, einem Stoff, der mindestens so bedenklich ist wie Formaldehyd. Lediglich zementgebundene Spanplatten emittieren keine Schadstoffe. Falls der Händler diese Platten nicht beschaffen kann, verlangen Sie zumindest solche, bei denen schriftlich garantiert wird, daß sie Emissionsklasse 1 haben (E1).
- Bei furnierten Platten oder Möbeln ist auch der Klebstoff potentiell gefährlich. Er kann ebenfalls Formaldehyd enthalten.
- Eine Beschichtung verhindert nicht, daß Formaldehyd austritt. Ritzen und Löcher genügen, um die Zimmerluft zu belasten.

Kunststofflacke (Reaktionslacke) sind ebenfalls bedenklich. Bei chemischen Reaktionen können Isozyanate freigesetzt werden. Dispersionlacke (Acryllacke) enthalten nur um zehn Prozent Lösungsmittel. Diese meist als »schadstoffarm« angepriesenen Lacke haben die gewünschten Eigenschaften (Beständigkeit, Glanz) und sind wenig bedenklich.

Wasserlacke sind lösungsmittelfrei und – je nach Art und Herkunft des verwendeten Harzes – weitgehend problemlos. Mittlerweile sind sie auch in Qualitäten erhältlich, die denen der anderen Produkte weitgehend gleichen.

Holzböden

Die meisten Bodenversiegelungslacke enthalten gesundheitsschädliche Lösungsmittel. Sie sorgen Wochen, bisweilen sogar Monate für bedenkliche Konzentrationen in der Wohnluft.

Doch es gibt auch lösungsmittelfreie Lacke. Sie wirken optisch ähnlich wie ihre problematischeren Pendants, haben jedoch den Nachteil, daß der Anstrich öfter erneuert werden muß.

Wem das zu mühsam ist, der sollte zumindest dafür sorgen, daß die Kinder nach dem Lackieren einige Tage, noch besser einige Wochen, nicht in der Wohnung sind.

Bodenbeläge

Vor allem Teppichböden können es in sich haben: Die Produkte aus Kunststoffasern dünsten selbst schon allerlei Ungesundes aus und sind obendrein meist noch mit einem Kleber am Boden befestigt, der besonders viel Lösungsmittel enthält.

Wer auf den Spannteppich nicht verzichten will, sollte zumindest HandwerkerInnen suchen, die den Teppichboden verspannen, anstatt ihn einfach anzukleben. Und dann zumindest einige Zeit die kleinen Kinder vom Spielen auf dem neuen Boden abhalten. Unangenehmer Geruch ist ein sicheres Zeichen dafür, daß Lösungsmittel und Isozyanate ausdünsten.

Ein mit Naturharzkleber verlegter Wollteppichboden ist deshalb die bessere Unterlage für ein spielendes Kleinkind.

Holz-, Stein- und Fliesenböden sind insgesamt pflegeleichter und, wenn sie nicht besonders behandelt wurden, problemlos. Ihr Nachteil ist die Kälte, der die spielend auf ihnen sitzenden Kinder ausgesetzt sind.

Putzmittel

Manches an der riesigen Produktpalette hat sich in den letzten Jahren schon zum Besseren gewandelt, problematisch bleiben die meisten Mittel dennoch.

Als Grundprinzip bleibt: Sparsamer Einsatz mindert die Gefahr.

• Wer Geschirr zunächst unter fließendem Wasser abspült, braucht weniger Spülmittel.

• Ein Allzweck- und ein Glasreiniger reichen aus, teure und meist problematische Spezialreiniger sind entbehrlich.

• Teppichsprays bedrohen Kinder besonders: Sie werden für fieberhafte Erkrankungen wie das sogenannte »Kawasaki-Fieber« verantwortlich gemacht. Staubsaugen sollte genügen, bei einer Shampoonier-Aktion sollten die Kinder nicht anwesend sein.

• WC-, Abflußreiniger und Fleckputzmittel sind hochgiftig und sollten besonders sicher aufbewahrt werden.

• Luftverbesserer verpesten die Luft mit Chemikalien und belasten gerade Kinder unnötig.

SPEZIELLES INVENTAR

An den speziellen Einrichtungsgegenständen für Kinder scheiden sich meist die Geister:

Die einen meinen, die gezielte Förderung der geistigen und körperlichen Fähigkeiten sei am besten von Anfang an mit speziellen Geräten, Spielsachen und Gegenständen zu erreichen. Schon der Babyblick wird mit besonderem Spielzeug angeregt, für jeden Lebensmonat gibt es ein den motorischen Fähigkeiten angepaßtes Spielzeug, für jede Lebensäußerung das kindgerechte Gerät. Selbstverständlich müssen Kindermöbel her, auch das Bett muß den Lebensabschnitten angepaßt werden.

Die anderen vertreten die Auffassung, daß vor allem menschlicher Kontakt die Fähigkeiten entwickelt, daß der optische Reiz des Elterngesichts unersetzbar ist und daß Kleinkinder lieber und auch besser mit den Gebrauchsgegenständen der Erwachsenen spielen.

Beide Auffassungen haben etwas für sich, beide sind problematisch, wenn man ihnen ausschließlich folgt (> Soziale und geistige Entwicklung, Seite 256).

Insgesamt gilt jedoch, daß weniger mehr ist. Die Umwelt liefert eine Fülle von Anregungen, die Eltern gemeinsam mit den Kleinen nutzen können. Und mit der Zeit wird das Kind selbst Wohnbedürfnisse äußern, auf die die Eltern leichter eingehen können, wenn nicht schon alles verplant ist.

Der Wohnalltag mit Kleinkindern sollte von Anfang an durchdacht werden: Lichtschalter und Türklingeln sollten möglichst in für Kleinkinder erreichbaren Höhen montiert sein. 85 Zentimeter über dem Boden gelten als das richtige Maß, doch leider sind 120 Zentimeter die Regel. Gleiches gilt für die Kindergarderobe.

Der Wickelplatz

Im Prinzip eignet sich jede etwa 70 x 80 Zentimeter große Fläche als Wickelplatz, wenn sie so hoch ist, daß niemand mit Rückenschmerzen daran arbeiten muß.

Eine Wickelauflage läßt sich überall auflegen. Falls eine Waschmaschine im Bad steht, die von vorn beschickt wird, ist sie ein geeigneter Wickeltisch, eine größere Kommode ebenfalls. Ist der Raum knapp, lassen sich über der Badewanne Auflagen montieren – was allerdings Umbau- und Räumarbeit erforderlich macht, wenn die Wanne benutzt wird.

Wickelkommoden sind Kurzzeitmöbel. Ihre Anschaffung ist nur sinnvoll, wenn sie multifunktional gebaut sind. Manche kann das Kind später als Stauraum für Wäsche oder Spielsachen verwenden, andere lassen sich mit einigen Handgriffen zu einem langfristig verwendbaren, verstellbaren Spiel- und Arbeitstisch für Kinder umbauen.

Hochsitz am Eßtisch

Wenn das Baby mit sieben, acht Monaten schon gut allein sitzen kann, will es am Familienessen teilnehmen. Um auch nur annähernd auf der gleichen Höhe agieren zu können wie die Großen, braucht es einen speziellen Stuhl.

Die Auswahl zwischen den Dutzenden Fabrikaten ist nicht leicht: Der Hochstuhl wird das Kind so lange begleiten, bis es groß genug ist, auf einem »richtigen« Stuhl zu sitzen und dabei auch noch über den Tischrand zu blicken.

Wie gut sich der Stuhl in der Praxis bewährt und wie wohl sich das Kind in ihm fühlt, hängt von verschiedenen Faktoren ab:

● Er muß bequem sein: Baumelnde Beine sind unangenehm, schlecht abgerundete Kanten und Seitenteile drücken. Aufgespannte Textilsitze lassen den Rücken durchhängen. Kunststoffpolster sind, weil leicht abzuwischen, bei Eltern gern gesehen, Kinderpopos dagegen schwitzen auf ihnen.

● Er muß mitwachsen können: Nur verstellbare Sitzflächen und Lehnen machen ihn zu einem sinnvollen Möbel für das sechs Monate alte wie für das dreijährige Kind.

● Er sollte vielseitig sein: Schön, wenn er sich auch als Spielmöbel verwenden läßt.

● Er soll sicher sein: Nicht alle erfüllen dieses Kriterium (> Hochstühle im Vergleich, Seite 402). PVC-Überzüge haben auf Kindermöbeln nichts verloren.

Laufstall

Kein Kind braucht einen Laufstall, um laufen zu lernen. Er ist eher hinderlich: Die Gitter trennen das Kleine von den Erwachsenen und von all den

HOCHSTÜHLE IM VERGLEICH

Die Stiftung Warentest hat Kinderhochstühle geprüft und Vor- und Nachteile der einzelnen Bauarten herausgefunden. Bei allen lohnt es sich vor dem Kauf, die Kippsicherheit in alle Richtungen zu testen; rund ein Drittel der Stühle fiel dabei durch.

● Tisch-Stuhl-Kombinationen schnitten gut ab. Sie bestehen aus einem getrennten Tisch- und Stuhlteil. Getrennt dienen die Teile als Sitz- und Spielmöbel am Boden, zusammengesteckt als stabiler Hochsitz.

Fast alle Ausführungen dieses Typs haben eine gepolsterte Sitzfläche und Rückenlehne, Fußstützen und Sitzverkleinerer und können so »mitwachsen«.

Dazu kommen Ablagetische, an denen gegessen und gespielt werden kann. Abnehmbare Ablagen kann man einfach reinigen.

Tisch-Stuhl-Einheiten funktionieren ähnlich.

● Nur-Hochstühle sind meist platzsparender, sind aber nur bei Tisch zu verwenden.

Vorteilhaft sind bis ins Schulalter »mitwachsende« Konstruktionen, bei denen man das obere Brett herausnehmen kann. Solche Möbel sind allerdings etwa doppelt so teuer.

Einige dieser Konstruktionen lassen sich zusammenlegen und damit leicht verstauen.

● Reisestühle erwiesen sich als unsicher. Sie werden an der Tischplatte angeschraubt, können jedoch leicht verrutschen und herunterfallen. Obendrein fehlt bei ihnen die Beinstütze.

interessanten Dingen, die es zwar sehen, aber nicht erreichen kann (> Liegen, stehen, gehen, Seite 251). Initiative und Entdeckungslust werden durch den Laufstall gebremst.

Möglich, daß Eltern einen Laufstall wünschen, um das liebe Kleine sicher aufbewahrt zu wissen. Bleibt das Kind darin nur kurze Zeit, wird es sich nicht eingesperrt fühlen – es sei denn, es wäre tatsächlich weggesperrt.

DAS KINDERZIMMER

Groß soll es sein: 20 Quadratmeter gelten als ideal, 12 sind das Minimum. Und hell: am besten südseitig gelegen und luftig. Mit guter Schallisolierung zu den Nachbarzimmern.

Anfangs soll es nahe beim Elternschlafzimmer sein, und auch nah bei Wohnzimmer und Küche, damit die Eltern das Kleinkind hören können.

Später soll es möglichst weit von den Elternzimmern entfernt sein, damit die Kinder ungestört lärmen und spielen können. Und damit die Eltern Gäste empfangen oder fernsehen können, ohne daß die Nachtruhe der Kleinen leidet.

Bad und WC sollten vom Kinderzimmer aus erreichbar sein, ohne den Wohnraum durchqueren zu müssen.

Ein Zimmer, das all diesen Anforderungen gerecht wird, ist in einer durchschnittlichen Wohnung nicht zu finden. Kompromisse sind also notwendig; und eventuell müssen die Räume der Wohnung wiederholt neu verteilt werden.

Generell bleiben den Kindern mehr Möglichkeiten, ihr Reich zu gestalten, wenn die Erwachsenen das Kinderzimmer nicht komplett einrichten.

Boden

Ein Holzboden eignet sich gut zum Spielen und ist leicht zu pflegen.

Wer allerdings in einem Mehrfamilienhaus lebt,

PLANEN MIT KINDERN

Wer die Gelegenheit hat, selbst ein Haus errichten zu lassen oder Mitsprachemöglichkeit beim Bau eines Mehrfamilienhauses hat, sollte bei der Planung die Kinderbedürfnisse mit einbringen:

● Im Grundriß sollte für jedes Familienmitglied ein Rückzugsraum vorgesehen sein. Wenn diese Räume ähnlich groß bemessen sind, kann man sie leicht gegeneinander tauschen. Leicht versetzbare Wände bieten ebenfalls größtmögliche Flexibilität.

● In der Küche oder in Sichtweite des oder der Kochenden sollte es ausreichend Platz zum Spielen geben.

● Eine schallgedämmtes Kinderzimmer hilft, Konflikte mit dem Jugendlichen zu vermeiden.

● Das Jugendzimmer sollte möglichst direkt neben der Eingangstür liegen, damit seine Bewohnerin oder sein Bewohner tags und nachts unkontrolliert ein- und ausgehen kann. Optimal wäre ein Zimmer mit separatem Eingang pro Wohneinheit, das als Jugendlichen-Wohnung, aber auch als Gästezimmer verwendet werden kann.

● Wohnungen für Familien mit Kindern sollten möglichst ebenerdig und im ersten Stock liegen. So kann das Kind das Freigelände vor dem Haus leicht allein erreichen, und die lärmend hinunterlaufenden Kleinen stören die übrigen HausbewohnerInnen nicht so sehr.

● Ein Hausflur, der nicht hallt und genügend Platz bietet, kann den Kindern als (halb)öffentlicher Bereich dienen.

● Treppenhäuser sollten so gestaltet werden, daß sie für Kinder nutzbar sind: Handläufe etwa sollen das gefahrlose Runterrutschen erlauben.

● Im Keller sollten Spiel-, Bastel- und Hobbyräume vorgesehen werden.

● Der Hauseingangsbereich sollte kleinteilig gestaltet werden, Möglichkeiten zum Aufenthalt bieten (etwa durch eine Sitzgelegenheit neben der Tür). Abstellmöglichkeiten für Kinderwagen und Fahrräder sollten berücksichtigt werden, der Abstand zur Fahrbahn ausreichend sein.

● Klingeln, Gegensprechanlage und Liftknöpfe sollen so niedrig montiert sein, daß auch ein Kleinkind sie bedienen kann.

● Hof oder Grünanlage sollten möglichst vielgliedrig gestaltet werden. Hecken zum Verstecken, Bäume und Grünflächen sollten vorhanden sein, damit die Kinder mit Erde, Sand, Stein und Holz in Berührung kommen können. Aber auch ausreichend große asphaltierte Flächen zum Rad-, Rollschuh- und Skateboardfahren sollten vorhanden sein. Ein hügeliges Gelände ist wesentlich kinderfreundlicher als eine öde Ebene.

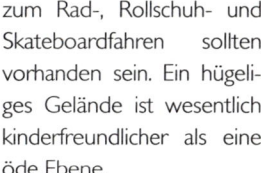

● Über Rutschen, Spiel- und Turngeräte freuen sich fast alle Kinder. Doch eigene »Kinderspielplätze« sind unnötig. Es kommt vor allem darauf an, daß die Freiflächen für Erwachsene, Kinder und für Erwachsene und Kinder gemeinsam benutzbar sind.

● Eine überdachte Spielmöglichkeit – etwa ein Spielhaus oder eine Spielwohnung pro Wohnblock – sollte vorgesehen sein. Dieser Raum läßt sich zum Beispiel bei Bedarf auch als Partyraum für die Erwachsenen nutzen.

● Eine besondere Bedeutung hat das Element Wasser: zum Baden, Naßspritzen, Stauen, Überschwemmen, Matschen, Beobachten, Papierschiffchen fahren lassen. Dazu muß es muß nicht gleich ein Teich sein – schon eine Regentonne oder eine wegbegrenzende Wasserrinne genügen den Kindern zum Spielen mit diesem Element.

muß die Nervenstärke der anderen Hausparteien mit einbeziehen. Weichfedernde Bodenbeläge wie Korklinoleum, Korkplatten, Kokosfaserteppiche oder Woll-Teppichböden dämmen den Trittschall, dämpfen Geräusche durch Sprechen, Schreien und Musik und können so aufreibende Streitereien mit NachbarInnen in erträglichen Grenzen halten.

Zu grobe Oberflächen und langfaserige Teppiche beeinträchtigen die »Bespielbarkeit« des Zimmers.

Schalldämmung

In hellhörigen Häusern kann eine generelle Schallisolierung zur Nachbarwohnung hin das Konfliktpotential verringern. Schalldämmende Vorsatzschalen an Wänden und Decken können den Lärm abhalten. Dann können die Kinder zumindest so geräuschvoll leben, wie die Eltern es ertragen.

Farbgebung

Kleine Kinder mögen's bunt. Deshalb sind auch die meisten Spielsachen in kräftigen Farben gehalten.

Doch eine grelle Farben- und Mustervielfalt an Wänden und Einrichtungsgegenständen wäre zuviel des Guten: Sie überreizt das Kind und läßt zudem das Zimmer kleiner wirken.

Auf optisch ruhigen Flächen und sanft getönten Wänden können die Kinder ihrer Kreativität freien Lauf lassen, indem sie sie selbst gestalten (> Welt der Bilder und Objekte, Seite 458). Psychologische Tests bei Kleinkindern zeigten, daß sie auf helle Blau-, Grün- oder Gelbtöne positiv reagieren, rot sie jedoch kaum anregt.

Auch auf einer Pinnwand aus Kork oder einer Weichfaserplatte können die Kleinen Papier zum Malen oder Zeichnungen befestigen. Damit wird die Wand Arbeits- und Ausstellungsfläche und bleibt dennoch geschützt.

Ein Teil der Wand kann auch mit Wandtafelfarbe gestrichen und so zur permanenten Malfläche werden (> Kunst und Kultur, Seite 456).

Holzverkleidungen im Kinderzimmer dürfen keine Holzschutzmittel enthalten – sie sind hochgiftig.

Beleuchtung

Im Spielbereich ist eine helle und gleichmäßige Beleuchtung nötig. Lange, harte Schlagschatten stören ebenso wie blendendes Licht. Strahler und Spots, die sonst für dekorative Effekte sorgen, sind daher im Kinderzimmer fehl am Platz. Eine oder mehrere Deckenleuchten mit lichtstreuender Abdeckung verteilen das Licht gleichmäßig.

Der Arbeitstisch sollte von links (bei Linkshändern von rechts) oben beleuchtet werden, damit keine Schatten die Arbeit stören. Hängeleuchten sollten zumindest 60 Zentimeter über dem Tisch hängen, damit das Licht die Augen nicht blendet. Eine matte Tischfläche vermeidet störende Reflexionen.

Eine Leselampe am Bett schont die Augen, die sonst im Schummerlicht lesen würden. Am Bett eines Kleinkindes sollte sie jedoch so angebracht sein, daß das Kind sie nicht mit der Hand erreichen kann.

Bei Leuchten mit Halogenlampen sollte eine Abdeckung aus Glas oder Kunststoff verhindern, daß das Kind der kurzwelligen Strahlung des Halogenlichtes direkt ausgesetzt ist. Sie steht im Verdacht, krebserregend zu sein.

Kindern, die sich im Dunkeln fürchten, kann eine Nachtbeleuchtung die Angst nehmen. Dafür eignen sich ein Dimmer (Lichtregler) als Lichtschalter der Deckenbeleuchtung oder eine farbige Nachtleuchte, die in jede Steckdose paßt.

Zum Weiterlesen

Kindermöbel aus Naturholz selbst gebaut.
WALDEMAR HERMANN
Mosaik-Verlag.

Das Bett

Der wichtigste Teil des Betts ist die Matratze. Sie sollte fest und zugleich elastisch sein, damit sich keine Mulden bilden und der Körper seinem Gewicht entsprechend überall gleichmäßig aufliegt.

Latex-, Kokos- oder Roßhaarmatratzen erfüllen diese Kriterien. Schaumstoffmatratzen gibt es ebenfalls in fest-elastischer Ausführung, sie haben aber den Nachteil, Feuchtigkeit weniger gut abzuleiten. Für Kinder mit Allergien > Seite 851.

Wiege, Gitterbett

Viele Eltern wünschen sich für ihr Baby in den ersten Lebensmonaten einen mobilen Schlafplatz. Das kann eine Wiege sein, ein Stubenwagen oder ein einfacher Wäschekorb. In Federwiegen, die an der Decke befestigt werden, schaukelt das Baby rhythmisch.

Später ist als Kinderbett noch immer das Gitterbett weit verbreitet. Es schützt das Kleinkind vor dem Herausfallen. Damit dieses »Sicherheitsbett« nicht zur Gefahr wird, dürfen die Abstände zwischen den Gitterstäben nicht mehr als sieben, maximal 7,5 Zentimeter betragen. Zwischen weiter entfernten Stäben könnte das Kind eventuell den Kopf hindurchstecken, ihn aber nicht wieder zurückziehen können.

Eltern, die ohne Gitter auskommen wollen, sich aber fürchten, daß das Kind aus einem normal hohen Bett herausfallen könnte, können ihr Kind auf eine Matratze am Boden legen.

Kinder, die von Anfang an in einem normal hohen Kinder- oder Jugendbett schlafen, gewöhnen sich sehr schnell an die Grenzen dieses Betts. Wer einen nächtlichen Sturz abfangen möchte, kann vor dem Bett ein Kissen- oder Deckenpolster ausbreiten.

Lediglich Hochbetten (> Seite 405) eignen sich wegen der Sturzgefahr nicht von Beginn an als Kinderbett.

Kinderbett

Für Kinder sind Betten nicht bloß Schlafplatz, sondern auch Spielfläche, Trampolin, Platz zum Klettern und Herumtollen. Und dieses Vielzweckgerät soll auch in der Jugendzeit noch verwendbar sein.

Daher ist eines seiner Hauptkriterien Robustheit. Billige Lattenroste gleiten leicht aus den Halterungen. Dünne, gelochte Bettenböden aus Hartfaserplatten gehen oft in die Brüche.

Die »Arbeitsgemeinschaft Wohnberatung« empfiehlt einen Federholzrahmen, bei dem die einzelnen Latten aus mehreren Sperrholzschichten bestehen und mit dem Rahmen fest verbunden sind.

Mit solchen Rosten wird auch die Matratze von unten ausreichend belüftet.

Hochbett

Ein Hochbett hat mehrere Vorzüge: Knapper Raum wird doppelt genutzt, wenn das Kind oben schlafen und unten spielen kann oder darunter Stauraum entsteht. Der Raum darunter kann Puppenhaus, Kaufmannsladen, Höhle, Spielplatz oder – mit einer Matratze – Gästebett werden. Eine

---

SICHERES HOCHBETT

Die Stiftung Warentest hat Sicherheitskriterien für Hochbetten festgelegt, die man bei Kauf und Montage beachten sollte:

● Um auch als Spiel- und Turngerät tauglich zu sein, sollte jedes Hochbett zusätzlich an der Wand befestigt werden.

● Das Geländer muß mindestens 16 Zentimeter über die Matratze reichen, damit es das Kind vor einem Sturz sicher schützt.

● Das Bett darf keine Klemmstellen oder scharfe Kanten haben.

● Alle Schrauben sollten gelegentlich nachgezogen, die Lattenroste zusätzlich verschraubt werden, damit sie nicht herabfallen können.

SO SITZEN KINDER GESUND

Die richtige Sitz- und Arbeitsposition ist wichtig, um Verspannungen und Haltungsschäden zu vermeiden.

Deshalb müssen Stuhl und Arbeitsfläche in ihrer Höhe der jeweiligen Größe des Kindes angepaßt werden (siehe Abbildungen).

Als Faustregel gilt: Der Ellenbogen soll sich etwa in Höhe der Arbeitsplatte befinden, die Oberschenkel waagerecht und die Unterschenkel senkrecht sein, wenn die Füße plan auf dem Boden stehen. Bei dieser Fußstellung darf an den Oberschenkeln kein Druck durch die Sitz-

kante spürbar sein – das wäre ein Zeichen, daß die Sitzfläche zu hoch ist. Ein etwas zu niedriger Stuhl schadet weniger als ein zu hoher.

Zwischen der vorderen Kante der Sitzfläche des Stuhls und der Kniekehle sollte ein Abstand von fünf bis zehn Zentimetern sein.

Der Stuhl soll den Rücken in der Mitte stützen. Dazu muß die Rückenlehne höhenverstellbar sein oder angepaßt werden können.

Damit das untere Ende der Lehne das Gesäß nicht nach vorne drückt, muß zwischen ihr und der Unterkante zur Sitzfläche ein genügend großer Abstand sein. Oben sollte die Lehne unterhalb der Schulterblätter enden.

Die Oberkante der Tischplatte sollte etwa zwei Zentimeter höher sein als der Ellenbogen bei senkrecht gehaltenem Oberarm.

Unter dem Tisch soll ausreichend Platz für die Beine sein.

Am besten eignen sich Schreibtische und Stühle, die mit den Kindern »mitwachsen« können.

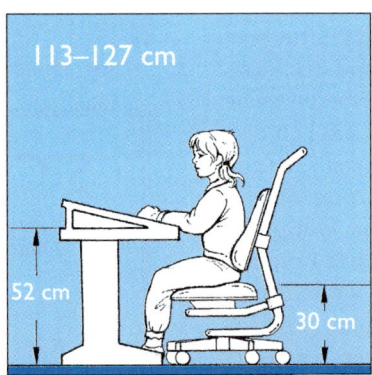

113–127 cm
52 cm
30 cm

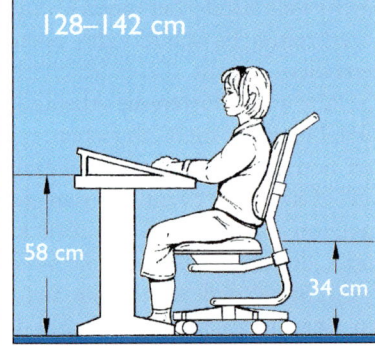

128–142 cm
58 cm
34 cm

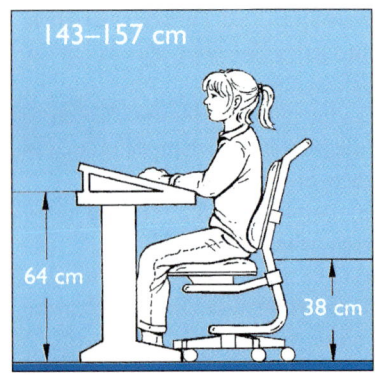

143–157 cm
64 cm
38 cm

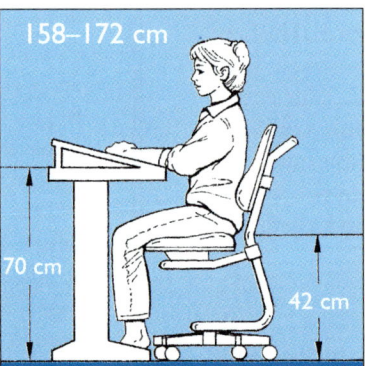

158–172 cm
70 cm
42 cm

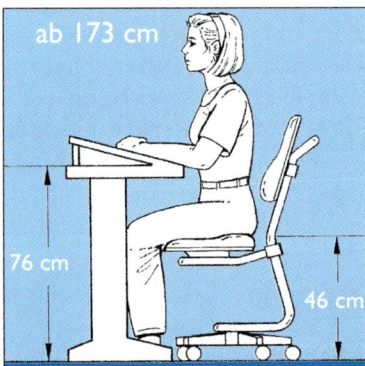

ab 173 cm
76 cm
46 cm

Sprossenwand als Leiter ist gleichzeitig Turngerät.

An allen freistehenden Seiten muß das Hochbett eine geeignete Sturzsicherung haben und noch einigen weiteren Sicherheitskriterien gerecht werden (> Sicheres Hochbett, Seite 405). Doch selbst dann empfehlen die meisten SicherheitsexpertInnen, Kinder erst etwa ab dem vierten Lebensjahr über die Leiter schlafen zu schicken.

Schreibtisch und Stuhl

Spätestens mit dem Beginn der Schulzeit sollte jedes Kind einen Tisch mit einer ausreichend großen Platte zum Schreiben, Zeichnen, Malen und Basteln und einen dazu passenden Stuhl sein eigen nennen.

Wer hier spart, tut dem Kind nichts Gutes: Der krumme Rücken bei zu hohen Sitzen oder zu niedrigen Tischen belastet die Bandscheiben, baumelnde Beine bei zu hohen Stühlen führen zu Muskelverspannungen und Haltungsschäden.

Arbeitstisch

Ein Kinderschreibtisch muß kippsicher und stabil sein. Ob er diese Eigenschaften hat, dürfen die Eltern im Geschäft getrost überprüfen.

Seine Arbeitsfläche sollte möglichst groß sein – so groß, wie es die Platzverhältnisse erlauben.

Ein Tisch, dessen Höhe verstellbar ist, kann mitwachsen. 52 Zentimeter Tischhöhe braucht ein Kind, das etwas über einen Meter groß ist, 76 Zentimeter ein Jugendlicher (> So sitzen Kinder gesund, Seite 406). Möglichst viele, eng beieinanderliegende Stufen machen es möglich, den Tisch an die jeweilige Größe des Kindes exakt anzupassen. Am einfachsten sind Tisch und Platte mit einer Kurbel stufenlos zu verstellen.

Eine Schreibfläche, die schräg geneigt werden kann, verbessert die Sitzhaltung beim Lesen und Schreiben. Die Neigung sollte leicht und ohne Körperverrenkungen einzustellen sein. Doch viele Produkte haben höchst komplizierte Mechanismen. Ergeben sich daraus immer wieder Pannen, unterbleibt das Schrägstellen meist, und der Effekt des Schreibtischs ist verpufft.

MedizinerInnen empfehlen eine möglichst starke Neigung – genannt werden Winkel von 16 bis 33 Grad. Doch um dauernden Ärger durch wegrollende Gegenstände zu vermeiden, sollte die Schrägstellung so gewählt werden, daß Hefte und Bücher noch auf dem Tisch liegenbleiben. Eine feste, durchgehende Querleiste an der Tischkante verhindert zwar, daß sie auf den Boden kullern, doch sie behindert das Auflegen der Arme, wenn die Platte waagerecht gestellt ist. Das Problem löst eine Tischplatte mit versenkbaren Leisten. Eine Rille in der Platte fängt rollende Bleistifte auf.

Die Beinfreiheit unter der Tischplatte dürfen weder Ablagefächer noch Schubladen oder Einbauten einengen.

Arbeitsstuhl

Sitztiefe, Sitzbreite und Lehne sollen individuell der jeweiligen Größe angepaßt werden können. Die richtige Höhe variiert von 28 Zentimetern beim Vorschulkind bis zu 46 Zentimetern beim Jugendlichen (> So sitzen Kinder gesund, Seite 406).

Höhenverstellbare Arbeitsstühle speziell für Kinder werden diesen Anforderungen gerecht. Bei ihnen lassen sich Rückenlehne und Sitzhöhe im richtigen Verhältnis zueinander einstellen, so daß immer die richtige Sitztiefe vorhanden ist. Solche Stühle sollten keine Gasdruckfedern haben und kippsicher auf fünf Beinen stehen.

Wem diese relativ teuren Kinder-Arbeitsstühle zu teuer sind, kann auf einen Stuhl für den Schulunterricht ausweichen. Sie sind relativ preisgünstig und können, wenn das Kind den nächstgrößeren benötigt, an andere Eltern weitergegeben werden.

Was sonst noch ins Zimmer »muß«

Möbel im Kinderzimmer sind immer auch Turm, Versteck, Boot, Puppenbett, Flugzeuglandeplatz usw. Das können sie am ehesten, wenn das Kind sie selbst bewegen und benutzen kann, ohne Bruch und Ärger befürchten zu müssen.

Ein von Anfang an komplett eingerichtetes Zimmer erschwert es, die sich immer wieder ändernden Kinderbedürfnisse zu befriedigen: Zunächst ist vor allem viel Spielfläche gefragt, die Nachfrage nach Depot- und Regalfläche wächst erst später.

Ausgemusterte Schränke oder Kommoden lassen sich meist leicht für den Gebrauch im Kinderzimmer umfunktionieren. Doch sollte das Kinderzimmer nicht zum Abstellplatz für ausrangierte Möbel werden: Sitzgarnituren verstellen nur den Platz, den das Kind zum Spielen braucht.

Serienmöbel sind sehr oft aus Spanplatten hergestellt – dann dampft meist Formaldehyd aus ihnen (> Wohngifte vermeiden, Seite 398).

Regale

Offene Borde und Regale, teilweise mit Schubladen und beweglichen Kisten ergänzt, sind eine höchst mobile Kinderzimmereinrichtung. Mit ihnen läßt sich das Zimmer je nach Bedarf und Bedürfnis des Kindes variabel einrichten. Einbaumöbel erfüllen diese Funktion kaum.

Spielmöbel

Tische und Stühle, die wie Miniaturausgaben der Erwachsenenmöbel gestaltet sind, mögen zwar niedlich wirken, sind aber unpraktisch.

Spielmöbel sollen einfach, glatt, ohne scharfe Kanten und in mehreren Funktionen verwendbar sein. Praktisch ist zum Beispiel ein Element, das sich als Stuhl mit unterschiedlicher Sitzhöhe, aber auch als Tisch und als Hocker für Erwachsene eignet. Oder eines, das als Bank und Tisch fungieren kann.

Die ökologisch einwandfreien Fertigprodukte dieser Sparte sind allerdings recht teuer.

Ein alter Tisch mit abgeschnittenen Beinen oder eine Platte auf kleinen Böcken tut es auch. Und es ist gar nicht so kompliziert, sich, mit entsprechen-den Anleitungen versehen, einige Kindermöbel selbst zu bauen. Wenn die Kleinen dabei mittun, kann das ein lustiges Wochenende ergeben.

Würfel oder Quader aus weichem Material und Schaumstoffkissen eignen sich als Sitze und große Bauklötze.

WOHNEN VOR DER WOHNUNGSTÜR

Zunächst erobert sich das Kind die Wohnung. Dann käme eigentlich die nähere Umgebung dran. Doch hier werden die meisten Kinder behindert. Schon die Hausflure und Treppenhäuser sind ungastliche, hallende, düstere Räume, die praktisch nur an der Hand von Mutter und Vater durchquert werden. Und vor der Haustür regiert das Auto. Die Folge: Drei- bis Fünfjährige werden heute auf 90 Prozent ihrer Wege außer Haus begleitet, Sechs- bis Neunjährige immer noch zu 65 Prozent.

Doch Kinder brauchen Frei- und Spielräume außerhalb der Wohnung. Dort können sie ihre Fähigkeiten testen, ihre Geschicklichkeit ausbilden, sich austoben. Sie können Abenteuer erleben, Geheimnisse erkunden, ihre sozialen Fähigkeiten entwickeln, ihre Phantasie ausleben und weiterentwickeln. Der tägliche Gang zum Spielplatz an der Hand der Eltern mag eine Hilfe sein, er ersetzt aber die entwicklungspsychologisch so wichtige Erfahrung nicht, sich die eigene Wohnumgebung selbst zu erobern.

Gang, Flur, Treppenhaus

Meist ist der Raum vor der Eingangstür fremd, anonym, feindlich.

Was spricht dagegen, die MitbewohnerInnen zu motivieren, das gemeinsam zu ändern? Mit Einwilligung des Hauseigentümers können Gänge zu

Schlechtwetter- und Winterspielplätzen werden, am Ende des Treppenhauses kann eine Spielnische entstehen, in eine ungenutze Ecke eine Matratze als Turnunterlage gelegt werden.

Oft haben Waschküchen im Keller und Trockenräume auf dem Dachboden längst ihre Funktion verloren; oder Kellerabteile bleiben ungenutzt. All diese Räume können zu Spielflächen und gleichzeitig zu Hobby- und Bastelräumen umfunktioniert werden.

Unbewohnte Dachböden lassen sich mit relativ geringem Aufwand kindertauglich machen: Meist genügen Trittschalldämmung und ausreichende Beleuchtung. Das gleiche gilt für Flachdächer: Sie lassen sich mit modernen Methoden problemlos, wenn auch nicht ganz billig, in kindersichere Terrassen umbauen.

Der Garten

Wer das Glück hat, einen Garten (mit)benutzen zu können, verfügt damit über einen Abenteuerspielplatz für das Kind.

Natur zu erleben, wird so alltäglich. Voraussetzung ist freilich, daß den Erwachsenen der perfekte Rasen und die ungeknickten Blumen nicht wichtiger sind als das Erleben der Kinder.

Die Gartengestaltung sollte möglichst vielgliedrig sein. Hecken eignen sich hervorragend als Verstecke, ein größerer (Rasen)Platz für Gemeinschaftsspiele sollte uneingeschränkt nutzbar sein. Es schadet nicht, wenn die Kleinen merken, daß Rosen Dornen haben.

Ein Miniaturspielplatz ist nicht nötig: Eine Reckstange und eine Schaukel reichen durchaus, wenn der ganze Garten wirklich benutzt werden darf.

Vor dem Haus

Viele Innenhöfe sind nach wie vor unbenutzte Betonwüsten oder Autoabstellplätze. Den Kindern wäre sehr geholfen, wenn sie für sie »geöffnet«

würden. Unüberschaubare Ecken und Hecken eignen sich hervorragend als Spielfläche. Unbeeinträchtigt vom Straßenverkehr können selbst Kleinkinder dort laufen, sich verstecken, in der Pfütze platschen, Käfer und Ameisen beobachten, ohne daß die Eltern sie kontrollieren oder sich sorgen müßten.

Wohnstraßen

Es ist heute möglich, wenig frequentierte Straßen vom absoluten Diktat der Autos zu befreien. Die meisten Gemeinden haben mit dem Rückbau begonnen, Wohnstraßen und verkehrsberuhigte Zonen machen aus Straßen wieder potentielle Kinderspielplätze.

Eltern sollten sich nicht scheuen, energisch dafür einzutreten, daß die Straße vor ihrer Wohnung von den LokalpolitikerInnen nicht übersehen wird. Eine Bürgerinitiative oder Petition kann da schon etwas bewegen. Erkundigen Sie sich in Ihrer Gemeinde, wer Sie in diesen Belangen vertritt. Durch Unterschriftenaktionen wurde schon so manche Straße der alleinigen Verfügung der Autos entzogen.

Spielplätze

Auch bei der Ausgestaltung von Spielplätzen gilt: Je perfekter ausgestattet, je detaillierter geplant und festgelegt dort alle Bewegungsabläufe sind, desto uninteressanter wird ein Spielplatz sein.

Wenn es keine Möglichkeit gibt, die Welt selbst zu entdecken, zu erkunden, zu gestalten, Neues zu probieren, Dinge zu verändern, sich zu verstecken, entsteht Langeweile.

Es liegt an den Eltern, die Initiative zu ergreifen, daß der Spielplatz im Nachbarblock umgestaltet wird. Und daß aus der Stellfläche für Autos ein Spielplatz wird.

Manche Brachfläche kann für Kinder erschlossen werden. Und auch Schulhöfe können nachmittags allgemein zugänglich gemacht werden.

Kinder im Verkehr

Vierrädrige glänzende Kisten sausen
brummend vorbei, zweirädrige
Wesen gleiten fast lautlos dahin,
das Ganze ergibt ein riesiges Gewühl.
Mal kommen sie aus einer, dann
aus zwei, bisweilen aus vielen
verschiedenen Richtungen.
Warum die Eltern bloß dauernd
sagen, nur schmale Streifen entlang
der düsteren Hausmauern seien
gut zum Gehen und Spielen?
Straßenverkehr ist für Kinder
ein gefährliches Abenteuer.

Kinder sind spontan und haben unbändige Freude an Bewegung. Sie laufen, hüpfen, tollen umher, brausen gerne durch die Gegend. Sie füllen mit ihrem Entdeckerdrang die ödesten Flecken mit Leben – also auch die Straßen.

Dabei erwerben sie erst nach und nach die Fähigkeit, Bewegung und Sinne zu koordinieren. Sie reagieren noch langsam auf äußere Einflüsse, können zunächst beim Laufen nicht zur Seite schauen, haben ein kleineres Gesichtsfeld als Erwachsene, sehen also kaum etwas »aus den Augenwinkeln«. Kleinkindern fällt es zunächst auch schwer, die Richtung zu bestimmen, aus der ein Geräusch kommt. Und über parkende Autos können sie nicht hinwegsehen.

Die Kids lernen erst allmählich, aus der Fülle von Reizen, die auf der Straße auf sie einstürmen, die richtige, weil überlebenswichtige Auswahl zu treffen. Den Eismann, den Vogel oder den Freund zu ignorieren, nur weil ein Auto herannaht, ist nicht selbstverständlich. Realisieren zu können, daß AutofahrerInnen sie nicht automatisch sehen, wenn sie sie doch sehen, braucht eine Menge Erfahrung.

Und daß Autos nicht faszinierende, brummende, knatternde, bunte Lebewesen sind, mit denen man spricht und lacht, sondern auch »böse« sein können, müssen Kinder erst erfassen. Was schon deshalb nicht immer leicht ist, da Erwachsene die Vehikel schließlich vergöttern und liebhaben.

Es ist ein differenziertes Verständnis notwendig,

um Geschwindigkeiten und Bremswege einzuschätzen, die weit jenseits dessen liegen, was man selbst erfahren kann. Warum ein Auto nicht einfach sofort stehenbleiben kann, wenn es sonst fast alles Unglaubliche kann, ist wirklich nicht einzusehen.

Vier Wände auf Rädern

Erwachsene, die als FußgängerInnen beide Füße auf dem Boden haben, können auch im größten Verkehrsgetümmel noch einigermaßen den Überblick behalten. So schaffen sie es ganz gut, auch in großer Zahl auf engstem Raum aneinander vorbeizukommen. Ein Blick, und meist gelingt das Manöver im Gedränge, schlimmstenfalls streift

RISIKEN IM VERKEHR

● Verkehrsunfälle sind die häufigste Todesursache von Kindern. Doch die Gefahren für die Junioren sind trotz zunehmender Verkehrsdichte nicht größer, sondern etwas geringer geworden. In den vergangenen zehn Jahren ist die Zahl der verletzten oder getöteten Kids leicht rückläufig: 1983 gab es noch zehn Prozent mehr Verletzte und Tote.

● Kinder sind nicht gefährdeter als Erwachsene. Im Gegenteil: Acht von tausend Erwachsenen, aber »nur« fünf von tausend Kindern verletzen sich jährlich im Verkehr. 43 von einer Million Kinder sterben. Im Durchschnitt gibt es in Deutschland 130, in Österreich sogar 200 Unfalltote pro eine Million EinwohnerInnen.

● Kleinkinder sind nicht gefährdeter. Das Unfallrisiko steigt mit dem Alter: 10- bis 14jährige haben ein doppelt so hohes Unfallrisiko wie die Drei- bis Sechsjährigen, weil sie häufiger selbständige TeilnehmerInnen am Straßenverkehr sind.

● Der Schulweg ist vergleichsweise sicher: Nur jeder zehnte Verkehrsunfall mit Kindern ereignet sich auf dem Weg zur oder von der Schule. 90 Prozent der Verletzungen passieren nachmittags beim Spielen.

● Die Kids sind auch im Auto gefährdet. Als MitfahrerInnen sterben ebenso viele Kinder wie als FußgängerInnen oder RadfahrerInnen. Im Gegensatz zu den Unfällen als aktive VerkehrsteilnehmerInnen steigt die Zahl der Kinder, die im Auto sterben, immer noch – VerkehrsexpertInnen machen dafür mangelhaftes Anschnallen verantwortlich (> Im Auto, Seite 418).

man aneinander. Die Großen registrieren sogar kleine Kinder halbbewußt, so daß die meist unbeschadet zwischen deren Füßen durchschlüpfen können.

Anders die AutofahrerInnen: Sie sitzen abgeschottet in ihren vier Wänden, verfügen über enorme Kräfte und bewegen sich mit Geschwindigkeiten, die ihre Vorstellungskraft über den Bremsweg fast immer überfordern. Sie wollen die Geschwindigkeit beibehalten, dazu haben sie sich schließlich in die Kiste gesetzt. Jeder, der die gleiche Strecke benutzt, wird zum potentiellen Hindernis, jeder, der sich in den Weg stellt, zum Ärgernis. Auf vier Rädern verlieren erwachsene Menschen offenbar die Fähigkeit, auf Mitmenschen so zu reagieren, wie es deren Alter entspricht. Dermaßen in ihren Wahrnehmungsfähigkeiten reduziert, wird für LenkerInnen ein Kind auf der Straße zur Störung.

AutofahrerInnen als KinderfeindInnen

Es liegt weniger an der Zahl der Autos als an der Einstellung der FahrerInnen: In den USA etwa oder auch in Italien steht der Fuß automatisch auf der Bremse, wenn ein Kind ins Blickfeld gerät. In Mitteleuropa dagegen bleibt er auf dem Gas, statt dessen bewegt sich der Finger in Richtung Stirn.

Deutsche Kinder haben weltweit das größte Risiko, bei einem Verkehrsunfall verletzt zu werden. Jährlich sind fast fünf von tausend Kindern in einen Unfall verwickelt. Zum Vergleich: In Österreich erleiden vier von tausend Kindern bei einem Verkehrsunfall eine Verletzung, in der Schweiz, den Niederlanden und in Frankreich nur zwei. In Schweden, Dänemark und sogar in Italien mit den für unsere Augen so chaotischen Verkehrsverhältnissen bewegen sich Kinder gar fünfmal sicherer auf der Straße: Dort wird jährlich nur eines von tausend Kindern bei einem Verkehrsunfall verletzt.

Die Unterschiede sind so drastisch, daß sie weder mit der Bevölkerungsdichte noch mit dem unterschiedlichen Verkehrsaufkommen allein erklärbar sind. Es gibt auch keine Indizien dafür, daß Kinder in Deutschland weniger fähig wären als ihre KollegInnen in den Nachbarländern, sich zwischen Autos, MofafahrerInnen und FußgängerInnen sicher zu bewegen. Deutsche und österreichische Erwachsene sind offenbar im Straßenverkehr rücksichtsloser gegenüber den schwächsten Verkehrsteilnehmern als Menschen anderer Nationalität.

Junge, Junge

Der typische Verkehrsunfall mit einem Kind geschieht nachmittags oder am frühen Abend, wenn die Kleinen toben und tollen, in Spiel oder Gedanken vertieft die Straße überqueren oder mit dem Fahrrad ihre Runden drehen (> Risken im Verkehr, Seite 412).

Jungen leben gefährlicher als Mädchen: Ihr Risiko, bei einem Verkehrsunfall verletzt zu werden, liegt um 40 Prozent über dem von Mädchen. Wahrscheinlich nehmen sie häufiger und aktiver am Straßenverkehr teil als Mädchen, möglicherweise verhalten sie sich aber auch unkontrollierter (> Mädchen und Jungs, Seite 278). Bei den Unfällen als FußgängerInnen gibt es keinen Unterschied der Geschlechter – je 30 Prozent der Unfälle ereignen sich bei Mädchen wie bei Jungen. Der Unfall mit dem Fahrrad – er war vor 20 Jahren noch unbedeutend und wurde seit dem Siegeszug der Kinderbikes dreimal häufiger – ist jedoch eine männliche Domäne: Jungen kommen zu 41 Prozent mit dem Fahrrad zu Schaden. Mädchen wiederum erleiden eher »passive« Unfälle: Für den weiblichen Nachwuchs ist der Unfall im Auto von Papa und Mama mit 40 Prozent der häufigste Verletzungsgrund.

Verkehrserziehung

Verkehrserziehung zum Schutz der Kinder bedeutet zunächst einmal Erziehung der Erwachsenen. Und das gleich mehrfach:
● Erwachsene sollten weniger aufs Gas steigen. Eine geringere Geschwindigkeit der Autos senkt

---

FALSCHE ERZIEHUNG

1. Lernen in der Theorie: Nur praktisches Lernen und das Vorbild der Eltern kann die Kleinen allmählich in die wüsten Regeln des Straßenverkehrs wirkungsvoll einweihen.

2. Schlechtes Vorbild sein: Wer in Eile oder bewußt, weil »nichts kommt«, das Rotlicht der Ampel ignoriert, wenn das Kind dabei ist, hat Grund, sich zu sorgen, wenn das Kleine allein unterwegs ist.

3. Angst machen: Drohungen und Schwarzmalerei machen unsicher, nicht vorsichtig. Tadel und Strafen haben den gleichen Effekt.

4. Ungesichert im Auto fahren: Sich selbst oder das Kind nicht anzuschnallen, ist unverantwortlich; auch wenn es sich »nur« um eine kurze Strecke handelt: Einerseits signalisieren die Großen damit, daß diese Sicherung nicht wirklich nötig ist, andererseits erhöht das die Verletzungsgefahr des Sprößlings stark.

5. Das Kind fernhalten: Es ist gefährlich, Kinder erst dann Erfahrungen sammeln zu lassen, wenn sie zur Schule gehen. Schon Kleinkinder sollten sich erproben dürfen.

6. »Schnell, jetzt lauf über die Straße«: Wer sein Kind über die Straße schickt, sollte es selbst schauen lassen, ob ein Auto kommt.

7. Hektik und Eile: Wenn einmal das Aufstehen nicht geklappt hat, ist eine Verspätung in der Schule leichter zu verkraften als ein Unfall wegen blinder Hast.

8. Dunkle kontrastarme Kleidung: Sie erhöht das Risiko. Das gleiche gilt für Schirme, weil sie die Sicht nehmen. Kapuzen sind besser.

Auszugsweise aus: Eltern, 1992.

das Risiko der Kinder deutlich. Tempo 30 in den Städten etwa führt zu 60 Prozent weniger Verkehrsunfällen mit Kindern.

● Erwachsene müssen darauf achten, daß der Nachwuchs zumindest so sicher im Auto mitfährt wie sie selbst. Zwei von drei Kindern sind im Pkw immer noch ungesichert, rund die Hälfte der schweren Verletzungen und Todesfälle wären vermeidbar (> Im Auto, Seite 418).

● Am Verhalten erwachsener Begleitpersonen lernen die Kinder ihr Verhalten im Verkehr.

Üben heißt teilnehmen

Jedes pädagogische Programm, jede Mahnung und vorgesagte Regel ist bedeutungslos im Vergleich zu dem, was Mutter und Vater vom ersten Tag an selbst tun. Sie sind die Vorbilder, schon Babies und Kleinkinder lernen dadurch Verkehrsverhalten, lange bevor sie selbst eigenständig durch die Straßen ziehen. Wer mit einem Kind unterwegs ist, sollte daher stets am Verkehr so teilnehmen, wie er sich wünscht, daß die Kleinen es tun – und er sollte sein Tun auch mit Worten darstellen:

● Die Straße nach kurzem Innehalten zum Schauen nach links und rechts und wieder links immer gerade, nie schräg überqueren.

● Nie knapp vor einem Fahrzeug über die Straße flitzen, stets in normalem Tempo gehen statt rennen.

● Die Bordsteinkante sollte für die Großen eine klare Grenze sein, die sie auch bei wenig Verkehr genau beachten.

● Sicherheit geht vor Geschwindigkeit: Wer den längeren Weg nimmt, weil er weniger riskant ist, und das den Sprößlingen erklärt, wird NachahmerInnen finden.

● Nicht zwischen zwei Autos rasch auf die Straße treten, sondern auch dann, wenn man eigentlich schon gesehen hat, daß die Straße frei ist, kurz stehenbleiben und demonstrativ links-rechts-links schauen.

● Verkehrsregeln und Verkehrszeichen genau beachten und das Verhalten der Mitmenschen entsprechend kommentieren, die bei Rot schnell noch hinüberlaufen.

● Bei Fußgängerübergwegen die direkte Kommunikation mit dem Autofahrer auch dem Kind klarmachen und durch Handzeichen verdeutlichen. Die Kleinen neigen dazu, Autos als lebendige Wesen anzusehen und die Fahrerin oder den Fahrer nicht wahrzunehmen. Mancher Unfall passiert durch dieses Mißverständnis: LenkerInnen machen Handzeichen, das Kind reagiert zunächst nicht – die AutofahrerInnen treten aufs Gas, aber das Kind läuft los, weil das Auto kurz abgebremst hat. Erwachsene sollten daher Blickkontakt mit den AutofahrerInnen suchen und das Kind motivieren, das auch zu tun.

Spiele zur Sicherheit

Kinder sind verschieden. Die »besonnenen« Charaktere bewegen sich meist verantwortungsvoll, wenn es auch die Vorbilder konsequent tun. Der Typus »Brausewind« dagegen wird bisweilen spontan losrennen, wenn er etwas entdeckt. Und wenn Kinder in Spiele vertieft sind, reagieren sie selbst auf vertraute Reize oft überhaupt nicht.

Grundsätzlich überfordern die wüsten Gesetze des Straßenverkehrs jedes Kind. Es lohnt sich daher, sicheres Verhalten mit lustigen Spielen einzuüben. Theoretische Erklärungen sind ebenso überflüssig wie Strafen.

● Bordsteinkante: Alle versuchen, in Richtung eines selbst gezogenen Kreidestriches auf dem Bordstein zu laufen und knapp davor stehenzubleiben. Das gleiche Spiel kann man an den heiklen Stellen zwischen parkenden Autos spielen: Die Linie wird an der Stelle gezogen, von der man, wenn man sich vorbeugt, die Straße überblickt.

● Rollentausch: Das Kind nimmt die Begleitperson an der Hand und führt sie durch allerlei Verkehrssituationen. Zweite Aufgabe: Junior erklärt dem Erwachsenen die Gründe für sein Tun. Wenn Erwachsene »blind sein« spielen, müssen die Klei-

DIE ERSTEN EIGENEN WEGE

Die Kleinen sollten sich schon vor dem ersten Schulweg eigenständig auf der Straße bewegen können: Sie können schrittweise lernen, sich im Verkehr zu behaupten, und managen unvorhergesehene Situationen dann sicherer. Zum Lernen kann das Kind einen Erwachsenen durch die Straßen führen und alle wichtigen Aspekte erklären. Macht das Kind einen Fehler, kann der Große fragen: »Bist du sicher, daß das so in Ordnung war?« »Hast du vielleicht etwas Wichtiges vergessen?«

Ab einem Alter von vier bis fünf Jahren sind die meisten Kinder in der Lage, wenig gefahrvolle Wege allein zurückzulegen.

Der erste eigene Weg – zur Freundin, zum Bäcker, in den Kindergarten – sollte so ausgewählt werden, daß der Teil, den das Kind unbeaufsichtigt zurücklegt, möglichst wenig Risiken birgt. Dann sollten die Eltern die Strecke gemeinsam mit dem Sproß abgehen, alle Situationen genau bespre-

chen. Daß Mutter oder Vater das Kind noch bis zur Haustür begleiten und ihm nachblicken, werden kleine Kinder weniger als Kontrolle erleben sondern als Hilfe und Beruhigung. Wer dem Kind nachgehen und es aus einiger Entfernung beobachten will, sollte das nicht im geheimen tun: Entdeckt das Kind die Verfolger zufällig, werden Mutter oder Vater es schwer haben, zu erklären, daß sie dem Kind dennoch voll vertrauen.

Klappen die einfachen Wege schon selbstverständlich, dann wird auch der Weg in den Kindergarten oder zur Schule kein übergroßes Risiko darstellen. Doch auch hier empfiehlt sich, daß zunächst die Eltern versuchen, die Strecke aus Kinderperspektive zu betrachten.

Der schnellste Weg ist nicht immer der sicherste. Bevor Sie mit Ihrem Kind den Schulweg einüben, sollten Sie deshalb allein erkunden, wie sich verkehrsreiche Straßen, ungesicherte Übergänge, Übergänge mit sehr langer Rotphase für Fußgänger oder Straßenüberquerungen an unübersichtlichen Stellen vermeiden lassen.

Suchen Sie Routen mit Über- oder Unterführungen oder Übergänge mit Schülerlotsen oder SchulweghelferInnen. Besonders attraktive Geschäfte oder ein gefährlicher Hund hinterm Gartenzaun können das Kind animieren, die Straßenseite zu wechseln.

Zugeparkte Gehwege und Baustellen sollte das Kind eher umgehen.

Danach sollten Sie den Weg gemeinsam mit dem Kind abgehen.

● Jede Verkehrszufahrt, die über den Gehweg führt, sollten Sie speziell besprechen. Für das Kind ist es nicht leicht einzusehen, warum Autos plötzlich auch auf dem Bürgersteig verkehren.

● Bürgersteige mit Radwegen erfordern von dem Kind zusätzliche Konzentration. Da sie sich oft auf gleicher Ebene mit dem Gehweg befinden, ist es dem Kleinen schwer plausibel zu machen, warum hier eine Grenze einzuhalten sein soll. RadfahrerInnen sind obendrein fast lautlos und nicht immer sehr rücksichtsvoll.

Viele Schulen verteilen Schulwegpläne, die Gefahrenquellen, aber auch gesicherte Wege in der Umgebung der Schule anzeigen. Regen Sie bei der Schulleitung oder dem Elternbeirat nötigenfalls an, daß solche Pläne ausgegeben werden, oder erarbeiten Sie diese gemeinsam mit anderen Eltern.

Oft wird es auch nötig sein, die Initiative zu ergreifen: Viele Fußgängerübergänge, Ampeln und Schutzwege sind erst errichtet worden, nachdem Eltern beim Gemeindeamt energisch für den Schutz ihrer Kinder eintraten.

nen sie nicht nur führen, sondern ihnen auch noch jeden Schritt erklären. Eine andere beliebte Spielform ermöglicht es, das Kind zu beobachten, wenn es sich allein im Straßenverkehr bewegt: »Ich kenne dich nicht.« Mutter oder Vater spielen Fremde, die zufällig den gleichen Weg haben wie die Kleinen. Wer das Bedürfnis hat, die Kinder in Aktion zu beobachten, sollte diesen Weg wählen und dem Kind keinesfalls heimlich folgen (> Die ersten eigenen Wege, Seite 415).

Da Stadtkinder sich permanent im Verkehr befinden, sind derartige Spiele viel wirkungsvoller als »Trockenkurse« in Verkehrskindergärten, durch Brettspiele oder Bilderbücher. Abstraktes Lernen von Verkehrsregeln ist wirkungslos (> Falsche Erziehung, Seite 413).

Allein im öffentlichen Verkehr

Auch der erste Weg allein in Bus, Straßenbahn oder U-Bahn will geübt sein. Am leichtesten fällt die erste Reise durch die Stadt jenen Kindern, die die Jahre davor nicht ausnahmslos im Auto durch die Gegend kutschiert wurden: Sie haben längst wie selbstverständlich gelernt, wie man ein- und aussteigt, sich orientiert, die richtigen Linien und Haltestellen findet und erkennt.

Schon Kleinkinder erleben und erlernen mit Begeisterung die im Grunde einfachen Gesetze im öffentlichen Verkehr. Kurze Gespräche während der Fahrt, ein »irrtümliches« Versäumen der richtigen Station mit nachträglicher Korrektur samt Gespräch übt ein, was später Alltag wird. Ratespiele mit den Nummern der verschiedenen Linien und deren Zielorte geben eine plastische Vorstellung von den vertrauten Straßenbahnen und Bussen der Umgebung.

Ein bißchen schwieriger wird es, wenn die Kleinen über wenig alltägliche Erfahrung verfügen. Sinngemäß gilt dann das gleiche wie für die Vorbereitung der ersten Wege zu Fuß (> Die ersten eigenen Wege, Seite 415): Nicht durch Trockenkurse,

sondern nur durch begleitete Praxis ist Verkehrserziehung erfolgreich:

● Zunächst das Kind aktiv zu begleiten, bringt erste Erfahrungen.
● Rollentausch: Im zweiten Schritt das Kind selbst eine Strecke »führen«, sich alles erklären lassen.
● Eventuell »Fremder« spielen und das Kind begleiten.
● Einmal ausprobieren, wie man sich verhält, wenn man irrtümlich zu früh oder zu spät ausgestiegen ist.
● Die Eltern können selbst vorführen, wie sie in »Krisen« reagieren: Sie können gemeinsam mit dem Kind PolizistInnen oder StraßenbahnfahrerInner nach dem Weg fragen und von einem Geschäft aus einmal Oma und Opa anrufen, zu denen sie unterwegs sind.

Bleibt noch abzusichern, daß der Sproß nicht verlorengeht, wenn trotzdem etwas schiefläuft. In aller Regel wissen die Kleinen ihre Adresse und Telefonnummer. Ist das jedoch nicht der Fall oder ist das Kind zum Beispiel irgendwo zu Besuch, sollte ein Papier mit den nötigen Daten sichernder Wegbegleiter sein. Auch der Oberarm eignet sich in solchem Fall als »Adreßbuch«.

UNTERWEGS MIT DEN GROSSEN

Zunächst sind die Winzlinge passive TeilnehmerInnen am Straßenverkehr. Sie werden von den Großen kutschiert, getragen, bugsiert, im Auto verstaut. Nicht immer ist das bequem, manchmal auch problematisch, bisweilen sogar gefährlich.

Kinderwagen

Meist entscheiden sich Eltern heute für kombinierte Modelle: Der klassische Kinderwagenaufbau dient auch als Tragetasche, den später ein Sportwagenaufsatz ersetzen kann. Spätestens mit sieben Monaten will der Winzling sitzend die Welt er-fahren und nicht mehr im Blindflug umherkutschiert werden.

Viele Kinderwagen sind zu eng oder zu kurz. Das Baby sollte sich auch noch bewegen können, wenn es dick eingemummt durch die Winterlandschaft gefahren wird.

Die Norm ist das absolute Minimum: Liegelänge 760 Millimeter, Breite 350 Millimeter. Großgewachsene Säuglinge brauchen mehr Platz.

Sportwagen, Buggy

Die Hersteller der Sportwagen, in denen die Kleinen noch im Kindergartenalter gern umherkutschiert werden, kümmern sich meist wenig um die Insassen der Wagen: Die Fußstützen sind oft nicht so konstruiert, daß die Kleinkinder die Füße wirklich aufstützen können und nicht durchrutschen. Kleinkinder brauchen die Stütze: Sie entlasten die Kniegelenke, nur mit ihnen können sich die Junioren abstützen, um sich anders hinzusetzen. Abgesehen davon sollte sich die Länge der Stützen verstellen lassen, damit sie mit den Beinen der Kinder »mitwachsen« können.

Eine Federung braucht das Fahrzeug nicht: Nicht schlechte oder fehlende Federung schadet dem Rücken des Kindes, sondern eher das »Durchhängen«. Die Rückenlehne sollte darum gut stützen und verstellbar sein.

In puncto Kipp- und Bremssicherheit sind so gut wie alle auf dem Markt befindlichen Wagen passabel. Auch für die Sicherheit des Kindes ist meist gesorgt – zunächst mit einem Gurt, dann mit einem Bügel, der später abgenommen werden kann.

Anders verhält es sich mit der Bedienungsfreundlichkeit. Es lohnt sich, wenn Mutter und Vater Sportwagen oder Buggy im Geschäft probeweise zusammenlegen und wieder aufbauen, um zu sehen, ob das einfach und ohne eingeklemmte Finger möglich ist. Einige im Geschäft gedrehte Run-

den zeigen, ob das Gefährt richtig in der Hand liegt.

Wer häufig auf nicht befestigten Wegen unterwegs ist, sollte einen Wagen mit großen Rädern kaufen. Bei solchen Vehikeln lohnt sich der Test, ob der zusammengeklappte Wagen im Kofferraum Platz hat. Anderenfalls müßte man immer wieder die Räder abmontieren.

Tragegestelle

Statt auf Rädern werden immer mehr Babies auf Bauch und Rücken der Erwachsenen mitgenommen. Das hat Vorteile: Das Baby spürt Mama oder Papa, wird im Schrittrhythmus gewiegt und verdaut selbst längere Ausflüge meist besser als im Wagen.

Für Babies

Tragetücher für die allererste Zeit müssen das Neugeborene rundum halten. Sobald das Baby seinen Kopf selbst halten kann, kommen auch andere Tragehilfen in Betracht. Die sollten TrägerInnen und Getragene vor dem Kauf jedoch unbedingt ausprobieren, damit sich beide damit wohl fühlen.

Tragesäcke, die sich die Eltern wahlweise vor Bauch oder Rücken schnallen können, sollten immer eine Nackenstütze haben: Das kleine Baby braucht sie, weil es seinen Kopf nicht längere Zeit selbst halten kann, das sieben, acht Monate alte Baby braucht sie, wenn es einschläft.

Tragetücher und Tragesäcke sind für Babies gleichermaßen bequem. Tragetücher belasten die Erwachsenen allerdings leicht einseitig.

Bedenken, das Tragen am Körper würde die Neigung des Säuglings verstärken, einen Rundrücken zu entwickeln, sind unbegründet: Wenn der Winzling darin einen guten Halt hat und der Nacken gestützt wird, können Babies ruhig zwei Stunden am Tag getragen werden. Für längere Ausflüge bleibt der Wagen das Beförderungsmittel der Wahl.

Länger werden die Erwachsenen das größer werdende Kind ohnehin nicht schleppen können. Ab einem Gewicht von acht Kilo überfordert die Last die Wirbelsäule der TrägerInnen.

Fast alle für Tragetücher und -hilfen verwendete Stoffe dünsten das Reizgas Formaldehyd aus. Sie sollten daher vor der ersten Verwendung gewaschen werden.

Für Kleinkinder

Ein- bis Dreijährige fühlen sich in Rückentragen meist recht wohl. Sie haben einen guten Überblick, spüren körperliche Nähe und atmen weniger Schadstoffe ein als im Buggy, der die Welt in Auspuffhöhe durchfährt.

OrthopädInnen haben nichts dagegen einzuwenden, daß Kinder auf diese Weise fortbewegt werden. Die TrägerInnen müssen allerdings eine gute Kondition und ein trainiertes Muskelgerüst haben, um längere Wege mit zehn, fünfzehn Kilo auf dem Buckel durchzustehen.

Die Tragriemen und Gurte sollten mindestens vier Zentimeter breit, leicht verstellbar und gut gepolstert sein.

Gestelle mit Rädern erweisen sich meist nicht als sinnvoll. Sie haben ein höheres Eigengewicht, sind als »Wagen« kaum zu verwenden und rutschen weg, wenn man sie an die Wand lehnt, weil sie keine Bremsen haben.

Im Auto

Stadtverkehr, Kolonne. Ein kurzer Moment der Unachtsamkeit, und schon ist's geschehen. Beim Auffahrunfall mit 50 Stundenkilometern passiert den angeschnallten Erwachsenen nicht viel. Doch das Kind, das ungesichert auf dem Rücksitz sitzt, wird mit der Wucht von einer Tonne nach vorn geschleudert. Das entspricht einem Sturz aus dem vierten Stock. Dabei schnellt der Körper schräg nach oben, über die Vornesitzenden hin-

weg durch die Windschutzscheibe. Dabei muß es nicht einmal ein Unfall sein. Schon eine Vollbremsung ohne Aufprall kann ähnliche Folgen haben.

Von 100 Kindern, die in einer solchen Situation ungesichert im Auto sitzen, erleiden 85 Verletzungen.

Im Kindersitz ist das Risiko, verletzt zu werden, auf ein Siebentel reduziert.

Jedes zweite Kind unter sechs Jahren, das im Straßenverkehr ums Leben kommt, saß im Auto – meist im Vehikel der Eltern.

Es mag unbequem sein, Konsequenz erfordern, manchmal auch zu unerwünschten Pausen führen, weil das Kleine partout auf dem Schoß sitzen oder sich bewegen will, aber es ist unerläßlich: Kinder als MitfahrerInnen im Auto müssen speziell gesichert sein. Mehr als ein Drittel der Eltern hält sich leider noch immer nicht an diese Regel.

Mittlerweile gibt es für jede Altersgruppe passende Kindersitze, die allesamt den grundsätzlichen Sicherheitserfordernissen entsprechen (> Kindersitze für jedes Alter, Seite 419).

Weil die Sitze recht teuer sind und dem jeweiligen Alter entsprechend immer wieder angepaßt werden müssen, hat der ADAC in den meisten Städten Secondhandmärkte eingerichtet, bei denen man die Sitze preisgünstig bekommt.

Sicherheit und Komfort

Vor allem beim Kauf von Gebrauchtgeräten ist darauf zu achten, daß der Sitz nach ECE-Norm geprüft ist. Das ECE-Zeichen (ein E im Kreis, darunter die Prüfnummer) ist im Original fest am Sitz angebracht.

Zusätzlich empfielt es sich, bei gebrauchten Sitzen das Gurtschloß und den Zustand der Gurte zu überprüfen.

Der Bezug sollte atmungsaktiv, hautfreundlich und waschbar sein. Dunkle Bezüge heizen sich in der Sonne viel stärker auf als helle.

Plastikteile sollten ebensowenig in die Nähe der

KINDERSITZE FÜR JEDES ALTER

Liege-Babyschale

Für Babies bis 10 Kilo/ca. neun Monate.
Vorteile: Sie haben die größte Sicherheit, besonders wenn es sich um »Swinger-Schalen« handelt, die beim Aufprall hochklappen. Das Baby kann ausgestreckt liegen, die Wirbelsäule wird nicht belastet.
Nachteile: Babyschalen lassen sich nur auf dem Rücksitz montieren, die Kommunikation zwischen Kind und FahrerIn ist erschwert. Obendrein werden zwei Sitze der Hinterbank besetzt.

Reboard-Schale

Für Babies bis 10 Kilo/ca. neun Monate. Als Reboard-Sitz bis 18 Kilo/ca. drei bis vier Jahre.
Vorteile: In der Ausführung als Schale: guter Schutz vor Kopf- und Halsverletzungen, geringe Belastung von Brust und Bauch. Die Schale ist auf dem BeifahrerInnensitz montierbar.
Nachteile: bei Auffahrunfällen von hinten große Belastung für Kopf und Hals. Größere Kinder können allerdings beim Unfall herausgeschleudert werden.

Sitz mit Hosenträgergurt

Für Kinder von 9 bis 25 Kilo/neun Monate bis ca. fünf Jahre.
Vorteil: bei straffem Gurt guter Halt auch in Kurven.
Nachteile: beim Frontalaufprall oft höhere Belastung von Hals, Brust und Bauch als bei anderen Systemen. In Liegestellung kann das Kind beim Aufprall durchrutschen – das kann allerdings durch einen weiteren Gurt zwischen den Beinen verhindert werden.

Sitz mit Fangkörper

Für Kinder von 9 bis 25 Kilo/ca. neun Monate bis fünf Jahre.
Vorteile: niedrigere Belastung von Hals, Brust und Bauch als beim Hosenträgergurt. Großer Bewegungsspielraum für Arme und Oberkörper.
Nachteile: Da der Kopf beim Aufprall auf dem Fangkörper aufschlägt, sind Verletzungen möglich.

Sitz mit Dreipunktgurt

Für Kinder von 10 bis 36 Kilo/ca. ein bis zehn Jahre.
Vorteile: niedrigere Hals-, Brust- und Bauchbelastung als beim Hosenträgergurt. Die Befestigung ist einfach und schnell, die Sitze sind lange verwendbar.
Nachteile: Er bietet Kleinkindern wenig Halt und Stütze, ist daher besser erst ab etwa vier Jahren einzusetzen.

Sitzerhöhung mit Dreipunktgurt

Für Kinder 20 bis 36 Kilo/ca. vier bis zehn Jahre.
Vorteile: niedrigere Hals-, Brust- und Bauchbelastung als beim Hosenträgergurt. Die Befestigung ist einfach und schnell, die Sitze sind lange verwendbar.
Nachteile: Er bietet weniger Halt und ist daher eventuell fürs Kind zunächst weniger bequem.

Kinderhaut gelangen können wie Metall: Beides kann in der Sonne so heiß werden, daß sich das Kind daran verbrennt.

Mitbestimmung

Wer die Sprößlinge ihre zukünftigen Untergestelle selbst aussuchen läßt, wird es leichter haben, sie zum Stillsitzen zu motivieren.

Das Kind sollte probesitzen: Ist der Stuhl bequem? Kann es darin schlafen, ohne daß der Kopf zur Seite fällt? Reicht die Bewegungsfreiheit für Arme und Beine auch dann noch, wenn das Kind Winterkleidung trägt?

Mama und Papa sollten darauf achten, daß die Unterschenkel beim Sitzen nicht auf der Sitzkante aufliegen, weil das den Kleinen das Blut abschnürt. Die Kante sollte entweder in der Kniebeuge liegen, oder der Fuß läßt sich noch ein wenig gegen die Fußstütze stemmen.

Kindersitze einbauen

Am sichersten und bequemsten sitzen die Sprößlinge in einem Kindersitz, der in der Mitte der Rückbank montiert ist: So muß man nicht darauf achten, daß der Vordersitz ausreichenden Abstand hat, damit er bei einem Aufprall nicht zur Gefahr für den Kinderkopf wird. Und so kann das Kind leicht nach vorne schauen und langweilt sich weniger schnell.

Leider haben viele Autos in der Mitte der Rückbank nur einen Zwei-Punkt-Gurt. Für die Kindersicherheit mit den derzeit vorhandenen Systemen ist allerdings fast immer ein Drei-Punkt-Gurt nötig. Einige Sitze lassen sich allerdings – wenn auch etwas aufwendig – mit eigenen Gurten befestigen.

Daß der Kindersitz immer mitreist, sollte selbstverständlich sein – auch wenn einmal das Auto von Großvater oder das einer Bekannten benutzt wird. Deshalb ist es sinnvoll, daß sich die Eltern vor dem Kauf überzeugen, daß der Sitz relativ rasch ein- und ausbaubar ist.

Auf dem Fahrrad

Ob aus Notwendigkeit oder Freizeitfreude – die Zahl derer, die ihren Schatz auf dem Fahrrad mitnehmen, nimmt ständig zu. Doch immer noch werden viele Kinder von Mama und Papa höchst risikoreich durch den Verkehr kutschiert.

Wochenende für Wochenende erleben die ÄrztInnen in den Unfallkliniken die Folgen: Kopfverletzungen durch Stürze sind die häufigste, Quetschungen und Brüche der in die Speichen geratenen Füße die zweithäufigste Verletzungsart.

Bei einer Radtour oder einer Einkaufsfahrt mit dem Kind sollte ein Mindestmaß an Sicherheitsvorkehrungen selbstverständlich sein. Schließlich wird Radfahren um einiges wackeliger, wenn 15 oder 20 Kilo den Schwerpunkt verändern.

Das richtige Rad

Wenn Sitzhalterung, Rahmen oder Gepäckträger nicht stabil genug sind, kann der Kindertransport zum schlingernden Abenteuer werden. Leichte Sporträder eignen sich nicht, um Kinder mitzunehmen. Damenräder flattern ebenfalls beträchtlich, Herrenrahmen wiederum sind zwar stabil, erschweren aber das Auf- und Absteigen. Mixrahmen mit Diagonalstreben sind ein brauchbarer Kompromiß.

Breite Reifen erhöhen Komfort und Sicherheit, mit breiten Lenkern hat man das Rad auch bei größerer Zuladung noch im Griff.

Sicher sitzen

Ohne eigenen Kindersitz haben Kinder auf dem Erwachsenenrad nichts verloren – auch nicht für kurze Strecken. Ein kleiner Schlenker mit den Beinen des auf dem Gepäckträger sitzenden Kindes, und der Fuß wird von den Speichen furchtbar zugerichtet.

Fahrräder sind von der Konstruktion her Solo-Fahrzeuge. Auch der beste Sitz sollte daher nicht

RADELN LERNEN

Gleichgewicht halten, Arme und Beine völlig anders verwenden als gewohnt, das Ganze auch noch koordinieren und dem neuen Tempo anpassen – es braucht einige Übung, damit Radfahren zum Kinderspiel wird.

Zunächst kommt für die Eltern die Zeit des krummen Rückens und des Hinterherlaufens: Wer das Kind seitlich unterm Arm faßt, gibt ihm die Möglichkeit, das eigene Balancegefühl schnell zu entwickeln. Wer das Rad beim Üben am Sattel festhält, wird meist länger zu tun haben. Am einfachsten ist es meist, zunächst das Rollen zu üben und mit dem Treten in die Pedale erst zu beginnen, wenn das Kind es schafft, einige Meter allein zu rollen.

Als erstes Übungsgelände eignet sich nur eine Umgebung, in der kein rasches Reagieren erforderlich ist. Die neuen Bewegungsabläufe erfordern die ganze Konzentration des Kindes. Jede zusätzliche Reaktion überfordert es.

Selbständig radeln

Kinder sollten erst dann auf dem Gehweg radeln oder mit den Großen mitfahren, wenn sich beim Spielen und Üben mehrfach gezeigt hat, daß sie:

● auch auf rasch wechselnde Situationen sofort mit schnellen Bremsmanövern reagieren können.
● zur Seite sehen können, ohne ins Schlingern zu kommen.
● die Geschwindigkeit auch beim Bergabfahren dosieren können.
● in engen Kurven ein Hindernis umfahren können.

Manche Kinder haben auch mit sechs, sieben Jahren Probleme, diese Aufgaben zu lösen. Sie sollten keinesfalls gedrängt werden, sich auf das Abenteuer Verkehr einzulassen.

Auf der Straße

Bis zum Alter von acht Jahren müssen Kinder auf dem Gehweg fahren und die Fahrbahn zu Fuß überqueren. Nur wenn Radwege vorhanden sind, dürfen sie auch dort radeln und auf ihnen die Straße kreuzen. In Österreich dürfen die Kids allerdings erst mit zwölf Jahren die Straße ohne Bedingung allein benutzen. Mit zehn Jahren dürfen sie nur dann selbständig auf der Straße radeln, wenn sie eine Prüfung abgelegt haben.

Als Grundregel gilt: Erst wenn sich herausgestellt hat, daß die Kleinen problemlos »Mehrfachhandlungen« am Rad bewältigen, kann man sie den Autos aussetzen: Sich umzuwenden, mit einer Hand Zeichen zu geben und gleichzeitig geradeaus zu fahren, macht auch vielen Achtjährigen noch Probleme.

Gemeinsam unterwegs

Beim gemeinsamen Radausflug können sich die Kids richtiges Verhalten abgucken – vorausgesetzt, die Erwachsenen radeln entsprechend. Radwanderwege sind für derartige Ausflüge am besten geeignet. Muß auf einer solchen Tour ein Stück Straße benutzt werden, ist es nur selten problemlos möglich, das Kind auf dem Gehsteig fahren zu lassen, während die Eltern auf der Straße radeln. Meist ist es sinnvoller, die Sprößlinge in die Mitte zu nehmen: Ein Erwachsener vorne, dann die Kleinen, ein Erwachsener als Schlußlicht. In komplizierten Situationen, etwa wenn Autos von vorn und hinten gleichzeitig kommen, sollten die Eltern anhalten. Sie zeigen damit den Kleinen, wie Radfahrer angesichts der übermächtigen vierrädrigen Verkehrsteilnehmen reagieren sollen.

Am Beispiel der Eltern sollten die Kinder auch lernen, daß RadfahrerInnen zwar Rechte haben, daß es aber böse Folgen haben kann, wenn man dickköpfig auf ihnen beharrt.

vergessen machen, daß nur geübte RadlerInnen »BeisitzerInnen« ohne größeres Risiko mitnehmen können.

Für Kinder werden »Korbsitze«, die nicht immer aus Korb sein müssen), und Schalensitze angeboten. Bis zum Alter von sieben Jahren dürfen sie die Eltern in diesen Sitzen auf dem Rad begleiten. Schalensitze, die auch seitlichen Halt in Kopfhöhe des Kindes geben, sind eindeutig vorzuziehen: In ihnen findet auch der kraftlos zur Seite fallende Kopf des schlafenden Kindes Halt. Einen Sturz zur Seite bremsen diese Sitze ab.

Beim Kauf des Kindersitzes sollten Fahrrad und Kind dabeisein. Probesitzen und eine Probefahrt zeigen, ob der Sitz paßt und ob er den Erwachsenen beim Radeln behindert. Falls am Drahtesel Kabel verlegt oder Lampen versetzt werden müssen, kann das an Ort und Stelle geschehen. Generell gilt:
● Ein Sitz ohne mitgelieferten Speichenschutz ist abzulehnen.
● Eine hohe Rückenlehne, ein Hosenträgergurt, verstellbare Fußrasten mit Fußriemen und eine stabile Befestigung sind Mindesterfordernisse. Eine sattelartige Sitzfläche, die im Schrittbereich erhöht ist, stabilisiert die Sitzposition der Kleinen.
● Ein Zweibeinständer erleichtert das Hineinsetzen und Herausnehmen des Kindes.
● Ein Helm sollte den Kinderkopf von Beginn an schützen (> Sturzhelm, Seite 425).

Die Kindersitze lassen sich in drei verschiedenen Positionen anbringen.

Vor dem Lenker

Bei dieser Position sitzt das Kind gegen die Fahrtrichtung, so daß Kind und RadlerIn in Blickkontakt sind.

Nachteile: Es fällt sehr schwer, das Gleichgewicht zu halten. Auch kleine BeifahrerInnen können kräftig mitlenken, was etwa beim Abbiegen zu Problemen führen kann.

Das Kind sitzt direkt in der »Knautschzone«, bei Unfällen ist es gefährdeter als in anderen Sitzpositionen. Obendrein eignet sich dieser Sitztyp allenfalls für kurze Fahrten: Rücken und Nacken können nicht abgestützt werden, weil den FahrerInnen sonst die Sicht fehlt.

Zwischen Lenker und FahrerIn

Vorteile: Das Kind kann mit den Augen mitfahren und sitzt meist ruhiger.

Nachteile: Fahrerin oder Fahrer können nur schwer aufsteigen und müssen beim Pedaletreten die Beine spreizen. Bei Unfällen ist das Kleine relativ ungeschützt. Nacken- und Seitenstützen würden den Blick des Erwachsenen verstellen und fehlen daher.

Wenn die Kinderfüße nicht fixiert sind, kann der Fuß des Kindes zwischen Vorderrad und Rahmen eingeklemmt werden, was unweigerlich zum Sturz führt.

Insgesamt taugt diese Sitzposition allenfalls für kleinere Kinder und kürzere Strecken.

Hinter Fahrerin oder Fahrer

Auf dem Gepäckträger sitzt das Kind am sichersten. Hier können Schalensitze Rücken-, Kopf- und Seitenabstützungen haben, so daß der Sprößling auf längeren Strecken ruhig schlafen kann.

Modelle, die nicht nur auf dem Gepäckträger, sondern auch auf dem Rahmen befestigt werden, sind besonders sicher. Der Gepäckträger sollte für eine Last von mehr als 20 Kilogramm konzipiert sein. Zwei bis drei Strebenpaare gewährleisten das.

Wer verhindern will, daß die Sattelfedern die Finger des Kindes quetschen, kann sie mit Schaumstoffstreifen oder Stoff abdecken.

Fahrradanhänger

Leichte Anhänger, die an Kettenstange oder Nabe gehängt werden, können sogar zwei Kinder transportieren. Ein Regendach kann Schutz bieten, auf längeren Strecken entlasten sie die RadlerInnen:

Da der Schwerpunkt sehr tief liegt, ist die Sturzgefahr gering, die Vehikel sind erstaunlich leicht zu ziehen.

Bei Touren sind Radanhänger empfehlenswert, sofern die Bremsen des Rades ausreichend stark sind. Im Stadtverkehr können sie allerdings wegen ihrer Breite Probleme machen.

AUF EIGENEN RÄDERN

Das Rollen auf Rädern macht Spaß. Man kann sich so schneller fortbewegen als auf eigenen Beinen, man kann kurven, bremsen, lenken, spielen.

Das Rollen auf Rädern ist gefährlich: Es verletzen sich mehr Kinder mit dem Rad als zu Fuß. Seit es Mode geworden ist, schon Dreijährige mit Fahrrädern durch die Gegend kurven zu lassen, sind die Unfallzahlen rapide angestiegen: Bei den Sechsjährigen haben sich die Verletzungen durch Radunfälle in den vergangenen zehn Jahren verdoppelt, bei den Fünfjährigen verdreifacht und bei den Vierjährigen sogar verfünffacht. Auch die Schwere der Verletzungen nimmt zu: Der Kopf wird oft in Mitleidenschaft gezogen, wenn er ungeschützt auf den Asphalt prallt (> Sturzhelm, Seite 425). Die meisten Unfälle ereignen sich, wenn die Kinder über die Bordsteinkante auf die Fahrbahn fahren.

Den Kleinen ergeht es wie den AutofahrerInnen: Sie erreichen viel höhere Geschwindigkeiten als zu Fuß (bis zu 20 km/h), die urspüngliche Unsicherheit weicht bald einem trügerischen Sicherheitsgefühl: Unvorhergesehene und komplexe Situationen stellen in Sekundenbruchteilen Anforderungen, denen sie nicht entsprechen. Vorschulkinder sind sehr oft nicht in der Lage, auf zwei Rädern alle heiklen Situationen im städtischen Verkehr zu bewältigen.

Wenn nicht ausreichende verkehrsfreie Flächen zur Verfügung stehen, ist es daher sinnvoll, das Fahrrad erst im Schulalter anzuschaffen und davor Dreirad und Roller einzusetzen.

Dreirad

Auf drei Rädern läßt sich prächtig erproben, was Füße und Hände noch anderes tun können als laufen und greifen.

Es bleibt dem Geschmack des Kindes überlassen, auf welche Bauart aus der vielfältigen Produktpalette die Wahl fällt. Wichtig ist vor allem, daß der hintere Radabstand breit genug ist, um auch bei extremen Lenkmanövern ein Umkippen zu verhindern.

Roller

Für Vorschulkinder ist der gute alte Roller ein ideales Fahrzeug. Eigentlich ist es schade, daß das Fahrrad ihn sogar bei den Drei- bis Sechsjährigen fast gänzlich verdrängt hat: Der Roller ist technisch einfach, robust, und das Kind kann ihn leicht beherrschen. Gleichzeitig schult es beim Rollerfahren sein Gleichgewichtsgefühl. Ein Kind, das vom Roller auf das Fahrrad umsteigt, fühlt sich von Beginn an wesentlich sicherer als eines, das zunächst mit Stützrädern geradelt ist und nun plötzlich auf zwei Rädern balancieren muß.

Kinderfahrrad

Das eigene Fahrrad sollte erst dann an die Reihe kommen, wenn das Kind es sich dringend wünscht.

Erlernen die Kids das Radeln zunächst mit Stützrädern, fällt ihnen der Übergang zur selbständigen Benutzung des Fahrrades schwer: Das Vehikel hat mit Stützen völlig andere Eigenschaften, das Kind erlernt Verhaltensweisen, die später zu Stürzen führen können.

Das In-die-Pedale-Treten, Lenken und Gleichgewicht-Halten erfordert zunächst die ganze Aufmerksamkeit. Deshalb sollten die Kleinen erst auf eigene Reisen gehen, wenn sie die komplizierten Bewegungsabläufe wie im Schlaf beherrschen:

FAHRRADKAUF

Ein passendes Fahrrad kann das Kind nur finden, wenn es die Neuanschaffung ausprobiert:

● Sitzhöhe: Wenn das Kind aufrecht im Sattel sitzt, sollen zunächst beide Füße bis auf den Boden reichen. Kann der Sproß schon fahren, genügt es, wenn die Fußspitzen auf beiden Seite Bodenkontakt bekommen können.

● Lenkerhöhe: Der Lenker sollte deutlich höher sein als der Sattel. Ob es lieber aufrecht oder gebeugt fährt, sollte das Kind selbst entscheiden dürfen.

● Lenkerbreite: Sie sollte ungefähr der Schulterbreite des Kindes entsprechen. Im Zweifelsfall lieber breiter als zu schmal.

● Lenkerform: Bei einem geraden Lenker sind keine Verrenkungen nötig. Bei eingeschlagenem Lenker dürfen die Knie die Griffe nicht berühren.

● Die Lenkstange sollte an den Enden und gegebenenfalls in der Mitte gepolstert sein.

● Der Abstand zwischen Lenker und Sattel ist dann richtig, wenn das Kind auf dem Sattel sitzend nach vorn gebeugt mit der Nase den Lenker berühren kann.

● Bremshebel: Das Kind sollte den Bremshebel mit allen Fingern greifen können, ohne den Daumen vom Lenker zu lösen. Die Bremse muß leicht zu betätigen sein.

● Die Antriebskette muß rundum innen und außen durch einen Kettenschutz abgedeckt sein.

● Am Hinterrad ist eine Rücktrittbremse empfehlenswert: Sie ist robust, zuverlässig und leicht zu bedienen, der Freilauf irritiert die Kleinen oft.

● Zunächst sollten die Kids das Fahrrad nur in verkehrsarmen Zonen verwenden.

● Im nächsten Schritt fährt das Kind allein, der Erwachsene radelt hinterher.

● Erst wenn sich in Dutzenden unvorhergesehenen Situationen herausgestellt hat, daß Gleichgewicht und Übersicht nicht verlorengehen, kann das Kind seinen ersten Weg allein mit dem Gefährt zurücklegen.

Das richtige Rad

Für Qualität und Ausstattung der Kinderräder gelten im Prinzip die gleichen Grundsätze wie für Erwachsenenräder:

● Sie brauchen zwei unabhängig voneinander funktionierende Bremsen und eine Klingel. Eine einfache Gangschaltung macht das Fahrzeug tourentauglich.

● Luftbereifung sollte selbstverständlich sein. Kunststoffreifen sind unsicher und unbequem.

● Je dicker die Reifen, desto eher ist das Rad für das Gelände geeignet. Schmale Reifen laufen dafür schneller.

● Verkehrstaugliche Fahrräder müssen vorne, hinten und an den Speichen Reflektoren haben. Sie sind auch dann sinnvoll, wenn das Gefährt noch gar nicht für den Straßenverkehr gedacht ist.

● Tret-, Rad- und auch Gabellager aus Metall sind eine Voraussetzung, damit Radfahren Spaß macht. Kunststoffelemente machen aus den Rädern behäbige, schwer zu tretende Plastikbomber.

● Sitz und Lenker müssen verstellbar sein.

Obwohl damit zu rechnen ist, daß alle zwei bis drei Jahre ein neuer fahrbarer Untersatz nötig ist, sollten die Eltern die Geldbörse nicht allzusehr schonen: Nur ein solides Gefährt macht Spaß, läßt sich vielleicht später weiterverkaufen und ist einigermaßen sicher. Das Wichtigste ist allerdings, daß der Drahtesel genau zu den Körpermaßen des Kindes paßt. Ein Fahrrad ist daher als Überraschungsgeschenk ungeeignet. Das Kind sollte das neue Gefährt unbedingt ausprobieren (> Fahrradkauf, Seite 424).

Statussymbol Rad

Ab dem Alter von acht Jahren dürfen die Kleinen das Rad als Verkehrsmittel benutzen wie die Großen. Von nun an gelten allerdings auch die gleichen Regeln: Die Kinder müssen sich an die Straßenverkehrsordnung halten. Tun sie das nicht, haften zunächst die Eltern. Sie können sogar strafrechtlich zur Verantwortung gezogen werden. Mit 14 Jahren schließlich müssen die Teenager selbst für das einstehen, was sie bei Regelverletzungen anrichten.

Oft bedeuten die Zweiräder über ihren eigentlichen Zweck hinaus für die Kleinen schon bald ähnliches wie für Erwachsene: Das Rad wurde zum modischen Statussymbol. Zehnjährige werden nur schwer davon zu überzeugen sein, daß 21 Gänge nur sinnvoll sind, wenn man sie fortwährend in schwierigem Gelände braucht, oder daß Super-Leichtbauweisen, Markenräder und besondere Rahmenkonstruktionen vielleicht den Geldbeutel der Eltern sprengen.

Aber selbst, wenn der Preis nicht abschreckt: Kinder, die oft noch ein wenig unkoordiniert radeln, verwirrt eine komplizierte Schaltung oft und kann in heiklen Situationen ablenken.

Spezialgeräte wie BMX-Räder sind nur angebracht, wenn sich in für die Kleinen gefahrlos erreichbarer Nähe ein entsprechendes Übungsgelände befindet. Auf ebenem Gelände genügen City- oder Trekkingbikes.

Radeln ist gesund, doch Radrennsport ist nichts für Kinder (> Radfahren, Seite 518).

Ausrüstung

Knie- und Ellenbogenschützer sind empfehlenswert. Handschuhe schützen sowohl bei Stürzen als auch auf abschüssigem Gelände vor Blasen beim Bremsen. Radschuhe sind nur im Wettkampf günstig, sonst genügen Turnschuhe mit fester Sohle.

STURZHELM

Ob auf dem Kindersitz auf dem elterlichen Rad oder auf den eigenen zwei Rädern – der Helm sollte ein selbstverständliches Bekleidungsstück sein. Wer das Kind selbst einen aussuchen läßt, der ihm gefällt, wird wenig Mühe haben, den kleinen Verkehrsteilnehmer davon zu überzeugen, daß er den Kopfschutz auch tragen muß.

Welche der gängigen Bautypen das Kind wählt, entscheidet sein Geschmack – sie erfüllen alle ihre Funktion. Federleichte »Softshell«-Modelle sind billig, aber trotzdem nicht schlecht. Sie bestehen aus styroporähnlichem Hartschaum und bekommen rasch Dellen, die zeigen, wie oft den Kleinen schon eine Platzwunde erspart geblieben ist. »Hartschalen«-Typen oder die mit einer Hartfolie verstärkten »Microshell«-Produkte halten nicht nur länger, sondern haben auch den Vorteil, beim Sturz auf der Straße besser zu gleiten.

Die Polsterung innen sollte abnehmbar sein, um sie waschen zu können. Dadurch ergibt sich noch ein weiterer Vorteil: Werden dicke durch dünnere Polster ersetzt, kann der Helm zumindest eine Zeitlang »mitwachsen«.

Wichtige Kriterien bei der Wahl eines Sturzhelmes sind Rutschfestigkeit und Paßform: Auch bei starkem Kopfschütteln darf der Helm nicht wackeln oder verrutschen, der Kinnriemen muß gut sitzen.

Nach einem Unfall muß der Helm ersetzt werden: Meist trägt der Kopfschutz kaum sichtbare Haarrisse davon, die die Schutzwirkung beim nächsten Mal ganz erheblich herabsetzen können.

Ferien, Urlaub, Reisen

Urlaub kann ein tolles Familienerlebnis sein – oder das Gegenteil davon. Kinder erwarten von ihren Ferien oft anderes als Erwachsene. Idyllische Einsamkeit interessiert sie ebensowenig wie anspruchsvolle Bildungsprogramme. Urlaubsplanung heißt deshalb immer, Kompromisse zu finden: Nur wenn Eltern und Kind dem Ferienprogramm etwas abgewinnen können, wird der Urlaub wirklich zur schönsten Zeit des Jahres.

Ferien sind die schönste Zeit des Jahres. Auch Kinder schätzen die Pause vom Alltag: kein Kindergarten oder Schule, die zum pünktlichen Aufstehen zwingen, den ganzen Tag Zeit zum Spielen, Faulenzen, Basteln, Schwimmen, Lesen. Und das schönste daran: Auch die Eltern haben Zeit, interessieren sich für Dinge, die sie sonst nicht zu kümmern scheinen. Vater, der sonst immer ins Büro hetzt, bastelt den ganzen Vormittag an der Eisenbahn, erfindet immer neue Weichen- und Kreuzungskombinationen. Mutter, die mit Technik bisher nicht viel am Hut hatte, hilft, den Flughafen aufzubauen und weiß eine Lösung für den Ausbau der Landebahn.

Wie die Großen, finden es auch die Kleinen aufregend, in den Ferien wegzufahren. Aber sie haben meist

andere Vorstellungen, wohin die Reise gehen soll. Die Kleineren brauchen zum Ferienglück keine exotischen Strände; Kulturdenkmäler und Naturpanoramen sind ihnen egal. Sie schätzen Urlaubsziele, die ihren Erfahrungen und Bedürfnissen entsprechen. Sie wollen ihren Bewegungsdrang ausleben, spielen, Natur erleben. Sie wollen das tun, was im Alltag zumindest für Stadtkinder kaum möglich ist: durch hohes Gras laufen, im warmen Wasser plantschen, im Sand graben, mit Tieren spielen. Wenn es dann auch noch reichlich SpielkameradInnen gibt, können die Ferien nicht schöner sein.

Eltern erwarten vom Urlaub oft anderes als Kinder. Sie sind müde, wollen sich erholen und entspannen, während Kinder mit ihrer grenzenlosen Energie die nächste Entdeckungsreise durch die fremde Umgebung fordern. Eltern wollen ihren Horizont erweitern, suchen unbekannte und exotische Ferienziele, doch ihre Kinder finden den Nordseestrand spannender als einsame Südseeinseln. Kinder wollen die Zeit mit den Eltern genießen und sind ungehalten, wenn diese allein sein oder ungestört den Vormittag im Bett verbringen wollen.

Kinder, denen die Feriengestaltung nicht paßt, können den Eltern einen Urlaubs-Dauerstreß bescheren. Doch umgekehrt haben auch die Kinder nichts davon, wenn alles nur nach ihrer Nase geht und die Eltern merklich unzufrieden sind. Wenn die Ferien allen Spaß und Entspannung bringen sollen, gilt es, einen Kompromiß zwischen den verschiedenen Bedürfnissen zu finden.

Urlaub zu Hause

Aus Unlust am Stau, Ärger über hohe Preise und die geringe Qualität vieler Urlaubsangebote, manchmal auch aus ökologischen Erwägungen, entscheiden sich immer mehr Menschen für »Urlaub auf Balkonien«. Für Kinder kann das mindestens so spannend sein wie Ferien am Meer oder auf dem Bauernhof. Auch in der unmittelbaren Umgebung lassen sich Freizeitvergnügen entdecken, für die im Alltag oft die Zeit nicht reicht.

Ferien zu Hause sind für Eltern und Kinder eine Chance, endlich einmal ohne Terminkalender füreinander dazusein. Da darf ein Schattenspiel hinter einem aufgespannten Leintuch oder die gemeinsame Reparatur des kaputten Rollers auch mal den ganzen Vormittag dauern. Per Rad läßt sich die nähere Umgebung erkunden, austesten, welches Schwimmbad am schönsten ist. Stadtteile, in die man sonst nicht kommt, werden als TouristIn besichtigt; endlich ist Zeit, sich anzuschauen, wie Tiere im Tierheim leben. Eltern und Kinder können im eigenen Garten zelten und auf dem Hof ein Lagerfeuer machen.

Wenn Eltern Zeit für sich allein haben wollen, bieten Institutionen wie die Wohlfahrtsverbände, aber auch Sportvereine oder Jugendzentren Programme, die die Kinder über den Tag spannend beschäftigen (> Kunst und Kultur, Seite 456).

Nahe Ziele

Stadtkinder genießen es, wenn sie Natur, Tiere und Pflanzen, die sie vornehmlich aus Büchern oder Fernsehen kennen, aus nächster Nähe beobachten können. Auf dem Bauernhof können sie Obst und Gemüse, das sie plastikverpackt aus dem Supermarkt kennen, selbst ernten. Mit etwas Glück können die Kinder beim Brotbacken oder Käsemachen zusehen oder miterleben, wie ein Kalb geboren wird.

Ein Bauernhof ist für Kinder ein Abenteuerspielplatz: Im Heustadel oder zwischen Brombeerhecken lassen sich Verstecke finden; sie dürfen mit dem Traktor auf die Felder mitfahren, beim Melken helfen oder die Tiere im Stall füttern.

Ferne Ziele

Prinzipiell kann man mit Kindern – von den ersten Lebensmonaten abgesehen – überall hinreisen. Die Jüngsten wird zwar allein die Tatsache, daß sie viele Kilometer von zu Hause Ferien machen, noch nicht begeistern. Gelangen sie dort aber in ein kinderfreundliches Ferienparadies, werden sie ihren Spaß haben.

Im Vorschulalter beginnen sich Kinder dann, für fremde Kulturen zu interessieren. In Büchern und im Fernsehen verfolgen sie Berichte über ferne Kontinente, unbekannte Landschaften und fremde Völker.

Doch die Begeisterung der Kinder unterscheidet sich meist von der der Erwachsenen. Sie wollen vor allem Menschen erleben, die anders aussehen und gekleidet sind als sie, die anderes essen und tun. Ihnen wollen sie zuschauen, mit ihnen reden, mithelfen.

Für Kulturdenkmäler, Museen und historische Güter müssen Eltern ihren Nachwuchs begeistern. Ergriffenes Staunen vor den Pyramiden stellt sich in glühender Hitze nicht von selbst ein. Spannender wird die Sache schon, wenn Mutter davon erzählt, wie ägyptische KönigInnen gelebt haben und wenn Vater sinniert, ob auch er Kleopatras Reizen erlegen wäre. Wenn es den Eltern gelingt, historische Vorgänge als packende Geschehnisse darzustellen, von der Darstellung eines Bildes vielleicht Bezüge zum heutigen Leben herzustellen und »Kultur« mit eigenen Empfindungen und Erfahrungen zu verknüpfen, dann müssen »Bildungsreisen« keine staubtrockenen Pflichtveranstaltungen sein, denen die Kinder so schnell wie möglich zu entkommen suchen.

Klima

Säuglinge und Kleinkinder sind das Klima gewöhnt, in dem sie geboren sind. Erhebliche klimatische Unterschiede belasten sie mehr als Erwachsene. Unter schwüler Hitze und feuchter Kälte leiden Kinder wie Erwachsene erheblich mehr als unter einem Wetter mit zwar gleichen Temperaturen, aber trockener Luft. Obwohl die Anpassungsfähigkeit des kindlichen Organismus beträchtlich ist, fragt es sich, ob es notwendig ist, dem Kind derlei Strapazen zuzumuten.

Bei der Entscheidung für ein Urlaubsziel gilt es auch, die zur gewählten Jahreszeit herrschenden Klimabedingungen zu berücksichtigen: Blühen dort gerade Bäume, Sträucher oder Gräser, gegen die das Kind allergisch ist? Sind Magen und Darm des Kindes empfindlich gegenüber ungewohnten Nahrungsmitteln und Getränken (> Ernährung, Seite 554)? Ist die Sonneneinstrahlung so intensiv, daß das Kind mühsam dauernd vor Sonnenbrand bewahrt werden muß?

Sonne

Kinder, die intensiver Sonnenbestrahlung ausgesetzt sind, brauchen einen Sonnenschutz. Dies um so mehr, je weniger sie sonst in der Sonne spielen. Die Schmerzen der verbrannten Haut können die ersten Uraubstage gründlich verpatzen. Besonders kleine Kinder sind Sonnenstich-gefährdet, weil ihr dünn behaarter, relativ großer Kopf viel Sonne abbekommt, wenn er ungeschützt ist.

Zudem »vergißt« die Haut nicht einen einzigen Sonnenbrand, und das kann auf die lange Zeit des Lebens gesehen, die Kinder noch vor sich haben, gefährlich sein: das Risiko, Hautkrebs zu bekommen, steigt mit jedem Sonnenbrand.

Am Vorbild der Menschen, die in sonnenreichen Gegenden leben, können große wie kleine MitteleuropäerInnen lernen: Sie meiden die Mittagshitze, und wenn sie im Sonnenschein spazieren, dann mit Hemd und Kopfbedeckung. Die Haut von Kindern, die diese Vorsichtsmaßnahmen nicht einhalten, sollte zumindest durch Sonnenschutzmittel mit hohem Lichtschutzfaktor geschützt werden.

(> Liebe Sonne scheine, Seite 805)
(> Von der Sonne verwöhnt, Seite 871)

Impfungen vor Fernreisen

Für Kleinkinder, die ihre Eltern bei einem längeren Aufenthalt in tropische Gebiete begleiten, gilt in bezug auf Impfungen folgendes:
● BCG-Impfung gegen Tuberkulose: Sie ist sinnvoll, wenn das Kind engen Kontakt mit Einheimischen haben wird, zum Beispiel mit Kindermädchen oder Hauspersonal.
● Polio (Schluckimpfung): Schon Neugeborene sollten geimpft werden. Nach sechs, zehn und 14 Wochen ist eine Wiederholung, im zweiten Lebensjahr eine Auffrischung notwendig. Während in Europa Auffrischungsimpfungen in zehnjährigem Abstand genügen, sollten sie in den Tropen alle fünf Jahre erfolgen.
● Diphtherie und Tetanus: Schon das sechs Wochen alte Kind sollte geimpft werden. Zweima-

lige Wiederholungen sind im Abstand von vier Wochen notwendig.

● Masern: Im Alter zwischen vier und sechs Monaten impfen, ein halbes Jahr später erneut. Eine Auffrischungsimpfung sollte nach fünf bis sechs Jahren erfolgen. Das gilt auch für Kinder, die wie hierzulande üblich mit 15 Monaten geimpft wurden. Bei Kindern, die schon Masern gehabt haben, sind Impfungen unnötig.

HOTELS FÜR KINDER

● Das Quartier sollte im Grünen liegen und Spielwiese oder Spielplatz abseits des Straßenverkehrs haben.

● Swimmingpool, Strand, Terrasse und Hotelanlage müssen kindersicher sein.

● Gitterbetten, kindersichere Geräte und Steckdosen und ein Baby-Phon sparen Nerven und zeigen, daß der Betrieb auf Kinder eingestellt ist.

● Extra-Schlafzimmer für die Kinder ermöglichen den Eltern ein wenig ungestörte Zweisamkeit.

● Kinderfreundliche Restaurants haben rauchfreie Zonen und eine Spielecke, um die Wartezeit auf das Essen zu überbrücken.

● Hochstuhl, Kinderspeisekarte und spezielle Mini-Menüs zeigen, daß auch kleine Gäste willkommen sind.

● Ein Spielzimmer im Hotel macht Regentage erträglich.

● Wo es ausgebildete KinderbetreuerInnen gibt, können Eltern einen Nachmittag oder Abend für sich allein reservieren.

● Ein Kinderarzt-Service ermöglicht rasche Hilfe bei kleinen Verletzungen und Krankheiten.

● Für Impfungen gegen Haemophilus influenzae (Hib) (> Seite 735), Mumps (> Seite 732) und Röteln (> Seite 733).

● Eine Malariavorbeugung brauchen Kinder ebenso dringend wie Erwachsene. Die Dosierung der Medikamente richtet sich nach dem Körpergewicht (siehe Beipackzettel). Das Mittel Resochin gibt es auch als Saft und als Juniortabletten.

Welche Länder für die Einreise welche Impfungen verlangen, und welche Impfungen die Weltgesundheits-Organisation (WHO) empfiehlt, ändert sich immer wieder. Jedes Tropeninstitut informiert über den aktuellen Stand.

Kinderfreundliche Ferien

Ein kinderfreundliches Urlaubsquartier ist eine gute Voraussetzung, damit der Urlaub mit Kindern erholsam und streßarm wird. Immerhin ist es für einige Wochen das Zuhause für die ganze Familie. Wenn sich die Kinder dort nicht wohl fühlen, werden sich die Erwachsenen schwertun, sich zu erholen.

Wer kein Kinderhotel buchen will, sollte zumindest das Umfeld der ausgewählten Unterkunft sondieren. Eine Nachfrage im Reisebüro oder – noch besser – beim Quartiergeber, wie kindgerecht die ins Auge gefaßte Anlage denn ist und was der Hotelier unter »kinderfreundlich« versteht, ist sehr empfehlenswert (Hotels für Kinder, Seite 430). So kann zum Beispiel ein Swimmingpool mit Absperrung, die Sicherung nahegelegener Uferzugänge oder ein Spielplatz abseits von Straßen den Eltern kleiner Kinder mehr Ruhe verschaffen.

Kinderhotels

Kindergerechte Feriendomizile boomen zur Zeit, ohne daß das jedoch eltern- und kinderfreundliche Ferien garantierte. Was »kindergerecht« heißt, beurteilen viele unterschiedlich und immer wieder anders. Der Hinweis »kinderfreundlich« in den Katalogen großer Reisekonzerne meint meist lediglich Hotels, die für Junioren mehr als die üblichen

20 Prozent Rabatt gewähren, auch wenn sie nicht einmal eine Schaukel vor der Tür haben.

Hotelführer heben kindergeeignete Hotels mit speziellen Symbolen wie Teddybär und Spielball (Deutschland) oder drei tanzenden Kindern mit einem Erwachsenen (Österreich) hervor. Diese Symbole werden allerdings nur auf Wunsch des Hoteliers abgedruckt – präzise Kriterien gibt es dafür nicht.

»Echte« Kinderhotels sind meist deutlich teurer als andere Beherbergungsbetriebe, halten sich jedoch an einen anspruchsvollen Kriterienkatalog.

Ein gut ausgewähltes Hotel gibt Eltern die Chance, mit den Kindern Urlaub zu machen und trotzdem Zeit für sich und füreinander zu haben.

Camping

Für Kinder kann Urlaub auf dem Campingplatz ein riesiger Spaß sein: In Zelt oder Wohnwagen zu schlafen, nebenan SpielkameradInnen, mit den Eltern gemeinsam im Schlafsack zu kuscheln, vielleicht am offenen Feuer zu grillen – so können Abenteuer entstehen.

Mütter und Väter riskieren allerdings, in den Ferien unter erschwerten Bedingungen einen Mini-Haushalt aufrechterhalten zu müssen. Auch der Zwang, wochenlang auf kleinstem Raum zusammenleben zu müssen, kann Camping-Unerprobte erheblich belasten.

Inzwischen sorgen Campingplätze vereinzelt für Abhilfe und bieten eine kindergerechte Infrastruktur mit Aufsicht und Unterhaltungsprogramm an.

Der Weg ist das Ziel

Kinder finden lange Reisen ausgespochen öde. Stundenlang müssen sie im Auto stillsitzen, eingeengt durch die notwendigen Kindersitze, die Zugfahrt erscheint endlos, das Warten auf dem Flughafen zermürbt.

Wer in die Ferne reist, sollte die Anfahrt so gestalten, daß sie bereits ein Teil des Urlaubs wird. Eine Übernachtung auf dem Bauernhof mit einem Spazier-

gang nach dem Frühstück, ein Nachmittag schwimmend an einem See, ein Tagesbesuch bei der Oma – das bekommt allen Reisenden besser, als wenn die Eltern den Kontinent in einem Stück durchqueren.

»Freiheit« auf vier Rädern

Obwohl die Blechlawine, die sich an Grenzen oder vor Baustellen staut, in jedem Jahr länger wird, ist der eigene Wagen nach wie vor das beliebteste Transportmittel in den Urlaub.

Für Kinder sind längere Autofahrten eine Qual. Stillsitzen, ruhig sein, und die Landschaft rauscht

REISEAPOTHEKE

Nicht immer sind im Urlaubsland alle gewohnten Medikamente prompt verfügbar. Deshalb ist es sinnvoll, das Notwendigste mitzunehmen. Bei Reisen in warme Länder ist zu bedenken, daß manche Arzneimittel hitzeempfindlich sind. Zäpfchen etwa schmelzen bei sommerlichen Temperaturen. Wer nicht auf sie verzichten will, sollte sie in einer Kühltasche transportieren.

Eine sinnvoll sortierte Reiseapotheke enthält:
- Medikamente, die regelmäßig eingenommen werden müssen, und solche, die sich bei leichten Krankheiten bewährt haben.
- Heftpflaster, Schnellverband, Sicherheitsnadeln, Pinzette, Schere.
- Desinfektionsmittel für Wunden.
- Fieberthermometer.
- Sonnenschutzmittel mit hohem Lichtschutzfaktor für Haut und Lippen.
- Mittel gegen Insektenstiche.
- Mittel gegen Reisekrankheit und Verstopfung, wenn Sie aus Erfahrung wissen, daß das zum Problem werden kann.

so schnell vorbei, daß man sie gar nicht richtig anschauen kann.

Wer mit Kindern im Auto reist, muß noch öfter als gewohnt Pausen einlegen. Die Kleinen sollten mindestens alle ein bis zwei Stunden ihrem Bewegungsdrang freien Lauf lassen können. Nach dem Toben, Ballspielen, Seilhüpfen oder Frisbee werfen fällt das Stillsitzen wieder ein wenig leichter.

Wer die »Lust am Stau« nicht teilt, sollte nach Ferienbeginn ein paar Tage mit der Abreise warten. Die besten Reisetage, rät der ADAC, sind Dienstag und Mittwoch. Die schlechtesten sind Freitag und Samstag, bei der Rückreise auch noch Sonntag und Montag.

Wohnmobil und Wohnwagen

Urlaub auf vier Rädern bedeutet, jeden Tag woanders zu sein, dazwischen das Abenteuer, in einem »fahrenden Haus« zu sitzen. Wohnmobile bieten – entsprechende Finanzen vorausgesetzt – jeden Komfort: WC und Dusche, Gasherd, Kühlschrank, Abwasch, Mikrowellenherd, Klimaanlage, Stereogerät.

REISEPROVIANT

Kinder sollten während einer Reise öfter, dafür wenig und leicht essen. Das ist besonders für Kinder wichtig, die in einem Sitz mit wenig Bewegungsfreiheit reisen müssen. Die Deutsche Gesellschaft für Ernährung empfiehlt, während einer Autoreise auf fette, blähende, schwer verdauliche, stark gesalzene oder gezuckerte Speisen zu verzichten. Statt dessen werden Obst, Vollkornkekse und kohlensäurearme Getränke empfohlen. Als Proviant eignen sich auch belegte Brote mit kaltem Braten, magerer Wurst oder Geflügelfleisch, frisches Obst, Karotten, Tomaten, Sellerie. Zum Knabbern Nüsse, Dörrobst und Studentenfutter.

Allerdings sollte die Route berücksichtigen, daß Kinder nicht ständig unterwegs sein wollen. Längere Pausen und Aufenthalte auf Campingplätzen sollten deshalb von vornherein eingeplant werden.

Billig ist das Vergnügen allerdings nicht. Wohnmobile zu mieten, ist selten günstiger als der Urlaub in einem halbwegs komfortablen Hotel. Wohnwagen sind preiswerter und haben außerdem den Vorteil, daß man sie auf dem Campingplatz lassen kann, während man mit dem Auto die Gegend erkundet.

Nerven sparen, Bahn fahren

Im Zug können sich Kinder zumindest auf den Gängen frei bewegen. Damit wird die Monotonie des Reisens erträglicher. Am schnellsten, allerdings kostspielig, vergeht die Fahrt im Liege- oder Schlafwagen.

Gut geplant, können Bahnreisen durchaus komfortabel sein. Gepäckaufbewahrung und -zustellung, Mutter-Kind-Abteile, Speisewagen oder der Transport und Verleih von Fahrrädern machen Urlaubsreisen mit der Bahn auch für Familien attraktiv.

In Deutschland und den meisten europäischen Ländern fahren Kinder, die jünger als vier Jahre sind, gratis – allerdings ohne Anrecht auf einen eigenen Sitzplatz. Zwischen vier und zwölf Jahren (in Österreich zwischen sechs und 15 Jahren) zahlen sie die Hälfte des normalen Fahrpreises.

Auto im Reisezug

Sinnvoll, aber kostspielig lassen sich die Vorteile von Auto und Bahn mit dem Autoreisezug kombinieren. Der Pkw wird am Abfahrtsbahnhof auf den Autotransporter verladen, die Reisenden fahren im Liege- oder Schlafwagen. Allerdings deckt das bescheidene Angebot der europäischen Bahnlinien vor allem in der Urlaubszeit den Bedarf immer noch nicht. Deshalb müssen Hin- und Rückreise möglichst früh gebucht werden (Rücktrittsklauseln beachten!).

Über den Wolken

Flugreisen sind für gesunde Säuglinge unbedenklich. Unangenehm kann es für die Kleinen allenfalls bei Start und Landung werden, wenn die Druckveränderung Ohrenschmerzen macht. Gegen diesen Druck in den Ohren helfen Stillen, Nasentropfen oder ein Schnuller, bei größeren Kindern ein Lutschbonbon oder Kaugummi.

Jede mitfliegende Person muß bei der Buchung angegeben werden. Babies bis zum Alter von zwei Jahren bezahlen meist zehn Prozent des Erwachsenentarifs. Dafür steht ihnen allerdings kein eigener Platz zu. Kinder bis zum zwölften Lebensjahr zahlen den halben Normaltarif und haben Anspruch auf einen eigenen Sitzplatz.

Fluglinien wie Lufthansa oder AUA stellen in bestimmten Toiletten aller Langstreckenmaschinen Wickeltische zur Verfügung. Meist erlaubt es die Crew mitreisenden Kindern, sich einmal das Cockpit anzuschauen.

... und was machen wir nun? Denis möchte nach Tasmanien!

Ablenkung, Spiele, Unterhaltung

Babies oder Kleinkinder brauchen auch auf Reisen einen Teil ihrer vertrauten Umgebung. Deshalb müssen Lieblingsteddy, Kuscheldecke oder andere Spielsachen immer greifbar sein. Hartes, Kantiges, Verschluckbares, Spitzes oder Krachmacher, mit denen der Knirps den Autofahrer nervös machen kann, sollten allerdings im Gepäckraum bleiben.

Größere Kinder können während der Fahrt leicht zu Nervensägen werden. Bevor bei den Kindern Langeweile aufkommt, sollten die Eltern immer wieder was Neues aus dem Hut zaubern können. Ratsam ist es, für die Ferienreise einige Spiele aufzuheben, die das Kind noch nicht kennt.

(> Rezepte gegen Langeweile, Seite 434)

(> Spielen, Seite 440)

Reisekrankheit

Am häufigsten werden Kinder um das achte Lebensjahr reisekrank. In dieser Altersgruppe brauchen acht von zehn Kindern eine griffbereite Tüte. Säuglinge bleiben von der Unannehmlichkeit verschont.

Zur Reisekrankheit kommt es, wenn die Sinnesorgane gleichzeitig völlig unterschiedliche Informationen an das Zentralnervensystem weitergeben. Liest etwa ein Kind während einer Autofahrt ein Buch, so vermelden die Augen »Ruhe« während das Gleichgewichtssystem »Bewegung« registriert. Wenn das Nervensystem mit diesen unterschiedlichen Informationen nicht fertig wird, können Übelkeit und Erbrechen die Folge sein.

Kinder, denen bei der Fahrt leicht schlecht wird, sollten auf dem Vordersitz und hoch genug sitzen, um nach draußen sehen zu können. Damit können sie das, was sie sehen, und die Bewegung, die sie fühlen, besser in Einklang bringen. Frische Luft verhindert, daß Gerüche den Brechreiz verstärken.

Im Flugzeug sollten reisekranke Kinder Fensterplätze meiden. Am besten sind Plätze zwischen den Tragflächen. Sind diese nicht mehr verfügbar, sollten sie im vorderen Teil des Flugzeugs sitzen.

Gegen Reisekrankheit gibt es eine Reihe von Medikamenten. Als einziger Wirkstoff für die Altersgruppe unter sechs Jahren ist Dimenhydrinat (Emedyl [Ö], Vertirosan [Ö], Vomacur [Ö], Vomex A [D]) zugelassen. Die Dosierung erfolgt dem Alter oder Gewicht des Kindes angepaßt. Kinder, die schon Kaugummi kauen können, können das Medikament in dieser Form zu sich nehmen (Superpep [D], Travel-Gum [Ö]).

Ab dem Schulalter können Kinder dann auch das Ingwerpräparat Zintona (D) versuchen. Für über

REZEPTE GEGEN LANGEWEILE

Detektivspiel

Wer findet zuerst den Golffahrer mit Hut, den Mercedes mit mitreisendem Hund, das Auto mit Bootsanhänger, das Motorrad mit Beiwagen?

Nummernspiel

Was könnte hinter den Autonummern der Autos vor uns stecken? Zum Beispiel: M-LK: Martins lahme Karre; K-FM: Klaus fährt mies.

Quatschgeschichten

Reihum steuert jeder einen Vers zum gemeinsamen Werk bei.

Auto-Bingo

Auf vorbereiteten Karten werden vor der Abreise Gegenstände aufgemalt, die unterwegs zu sehen sind, zum Beispiel ein Reisebus, Autobahnkreuz, Tankstelle, Tankwagen. Häufig vorkommende Sachen können mehrmals aufgemalt werden. Unterwegs streicht jeder an, was er sieht. Wer hat als erster alles gestrichen?

Schätzspiele

Wer sieht zuerst ein Nummernschild mit »S«? Wer sieht zuerst einen Fahrradfahrer, eine Kirchturmspitze usw.? Wer erkennt zuerst das gleiche Auto, in dem wir fahren?

Lügengeschichten

Es wird eine Geschichte erzählt, in die eine »Lüge« eingebaut ist, die für das Kind leicht erkennbar sein muß.

Zwölfjährige gibt es das Arzneimittel Cyclizin (Echnatol [Ö]) und das noch potentere Skopolamin, das in Form eines Pflasters hinters Ohr geklebt wird (Scopoderm TTS [D/Ö]).

Damit die Mittel rechtzeitig wirken, sollte das Kind sie etwa eine halbe Stunde vor Reiseantritt nehmen.

Ernährung in der Fremde

Nicht alle Kinder stehen neuem Essen sehr aufgeschlossen gegenüber. Für sie gibt es in fast allen Touristenzentren Restaurants, die die Heimatküche ihrer Gäste anbieten.

Doch manche lassen sich von fremden Speisen verlocken: Von Obst, das im Supermarkt daheim nicht im Regal liegt, von Süßigkeiten, die der Konditor nicht verkauft. Allerdings ist in heißen oder tropischen Regionen Vorsicht bei Essen und Trinken angebracht: Oft genügen schon ein Eiswürfel in der Cola, ein Eis oder ungeschältes Obst, um sich die schönste Zeit des Jahres mit einer Darminfektion zu verpatzen.

In den meisten südeuropäischen Regionen kann man das Trinkwasser unbedenklich trinken. Mayonnaise und offenes Speiseeis können hingegen überall die gefürchteten Salmonellen bergen. In tropischen Ländern sollte grundsätzlich kein Leitungswasser getrunken werden. Selbst zum Zähneputzen empfiehlt sich Mineralwasser. Chemische Mittel zur Desinfektion des Wassers sind meist nicht zuverlässig.

Wasserflaschen oder Einwegbecher sind nur unbedenklich, wenn sie versiegelt sind: Findige Geschäftsleute geben immer wieder reguläres Leitungswasser als Mineralwasser aus. Ungekochte Milch, ungeschälte Früchte, Salate und rohe Gemüse sollten tabu sein. Eier oder Fleisch – vollständig durchgebraten – sind unbedenklich. Nahrungsmittel müssen gekühlt und so aufbewahrt werden, daß Fliegen und andere Insekten sie nicht erreichen können (> Durchfall, Seite 835).

Urlaub von den Eltern

Bevor ein Kind allein auf Urlaub fährt, sollte es Trennungen von den Eltern gewohnt sein und nicht darunter leiden. Daß die Eltern es abends mit einem Babysitter allein lassen, sollte kein Problem mehr sein. Vorschulkinder, auf die das zutrifft, können durchaus eine Woche, später auch länger, ins Feriencamp fahren. Allerdings sollten die BetreuerInnen dem Kind vertraut sein.

Kinder, die die Trennung nicht verkraften, bekommen Heimweh. Manche verhalten sich wieder wie Kleinkinder und machen vielleicht wieder in die Hose oder ins Bett (> Seite 361). Deshalb sollten die Eltern immer zumindest telefonisch erreichbar sein. Bei den ersten Solo-Urlauben sollten sie sich nicht zu weit vom Kind entfernt aufhalten, damit sie es besuchen und wenn nötig vorzeitig abholen können.

Allein im Flugzeug

Als sogenannte »unaccompanied minors« gelten bei den Fluggesellschaften Kinder im Alter zwischen fünf und zwölf Jahren, wenn sie nicht von einem Passagier begleitet werden, der älter ist als zwölf Jahre.

Kinder unter fünf Jahren werden von einer Stewardeß begleitet und bezahlen für den Service mit ihrem 50-Prozent-Ticket. Auf Elternwunsch bieten die meisten Fluglinien auch einen Begleitservice für ältere Kinder an.

Am Zielflughafen übernimmt das Bodenpersonal die Verantwortung, bis das Kind durch die in den Begleitdokumenten angegebene Person abgeholt wird.

Sprachreisen

In der Ferne können die Heranwachsenden ihre Sprachkenntnisse auf verschiedene Weisen erweitern. Sie können zum einen an einem SchülerInnenaustausch teilnehmen, bei dem sie die Ferien in einer Gastfamilie verbringen; zum Ausgleich kommt der oder die andere in den nächsten Ferien in das deutschsprachige Land. Da Aufenthalt und Aktivitä-ten mal die eine, dann die andere Seite finanziert, bleiben diese Ferien paktisch kostenneutral. Eine andere Möglichkeit ist, ein Schuljahr bei Gasteltern in dem gewünschten Land zu verbringen, dort zu leben und zur Schule zu gehen. Dieses Jahr in der Fremde wird von darauf spezialisierten Schülerorganisationen vermittelt und ist nicht gerade preiswert. Die dritte Variante sind Sprachreisen, auf deren Vermittlung sich mehrere Reisebüros spezialisiert haben.

Die meisten dieser Reisebüros bieten den Sprachunterricht in zeitlich mehr oder weniger intensiven Gruppen an, die im allgemeinen mindestens zwei Wochen dauern.

Wie streng es am Urlaubsort zugeht, wann die Kinder abends zu Hause sein müssen und ähnliches erfährt man vom Reisebüro. Bei der Auswahl sollten Eltern auf jeden Fall daran denken, daß auch Kinder ein Recht auf Urlaub haben. Ferien, die allzusehr an die ohnehin anstrengende Schulzeit erinnern, machen keinen Spaß.

URLAUB VOM KIND

Viele Eltern denken an einen Urlaub vom Kind nur mit schlechtem Gewissen. Doch wenn Sie und Er in diesen »Ferien vom Elternsein« wieder einmal ein Liebespaar werden, kommt das auch dem Kind zugute. Zwistigkeiten des Alltags können abgebaut werden, Nerven und Energie, die zu Hause so dringend benötigt werden, erstarken wieder.

Berechtigt sind Bedenken nur bei ganz kleinen Kindern. Bis zu Beginn des dritten Lebensjahrs erleben Kinder jede längere Trennung als schmerzvoll. Länger als zwei bis drei Tage sollten sie deshalb nicht bei anderen Betreuungspersonen bleiben.

Sind die Kinder älter, können sich die Eltern ohne größere Bedenken Urlaub vom Kind genehmigen. Dennoch brauchen Kleinkinder für die Zeit der Abwesenheit ihrer Eltern möglichst viel von ihrem gewohntem Umfeld. Am besten ist es also, wenn die BetreuerIn oder der Betreuer, die das Kind sehr gut kennen muß, zu ihm nach Hause ziehen.

Kinder brauchen Zeit

PsychologInnen und PädagogInnen schlagen Alarm: Das Kinderleben ist so durchrationalisiert, die Zeit in der Kinderstube derart ökonomisch verplant, daß soziales Lernen kaum noch möglich ist. Trödeln, Nichtstun und eigenständiges Spielen sind unerläßlich für die Entwicklung. Doch Schulalltag und die elterliche Überförderung lassen den Kleinen kaum noch Luft. 60-Stunden-Wochen sind alltäglich, zum Spielen bleibt oft nicht einmal eine Stunde pro Tag.

Jeden Morgen um sieben das gleiche Theater: »Nils, aufstehen!« Bis 7 Uhr 20 hat sich das gleiche in wechselnder Tonart fünfmal wiederholt. Dann ist Nils zwar aufgestanden, sitzt aber halb aus- und kaum angezogen auf dem Boden und spielt ruhig und konzentriert mit den Autos.

Jeden Nachmittag das gleiche Ritual. Miriam hat schon wieder vergessen, welche Hausaufgaben sie machen muß. Also bei Eltern von MitschülerInnen anrufen. Und dann die zähen Aufforderungen und Ermahnungen. Der Nachmittag ist fast vorbei, die Nerven kaputt, aber letztendlich siegt elterliches Pflichtbewußtsein über kindliche Spiellust.

Kinder leben zunächst nicht nach der Uhr, »Trödeln« ist für sie positiv, Zeit zu haben bedeutet

Wohlgefühl. Sie beschäftigen sich mit einer Sache so lange sie Lust dazu haben.

Selbst wenn Appelle zur Eile kurzfristig Erfolg haben, genügen ein Schnürsenkel, der Reißverschluß der Hose, der Grashalm zwischen den Pflastersteinen oder das Rücklicht eines Autos, um sofort wieder langatmiges Interesse auszulösen.

Erwachsene fühlen sich rasch schlecht, wenn sie nichts »Nützliches« tun. Doch für Kinder ist Trödeln Freude am Entdecken. Sie brauchen Zeit, die sie selbst gestalten können: Zum Trödeln, Träumen, Spielen, Kontakt aufnehmen, In-die-Luft-Starren.

Doch bei dem Stundenplan, den manche Kinder haben, wäre es erforderlich festzulegen, was Erwachsenen längst selbstverständlich geworden ist: maximale Arbeitszeiten, die nicht überschritten werden dürfen. Weil es die für Kinder aber nicht gibt, müssen Eltern darauf achten, daß den Sprößlingen genug echte Freizeit bleibt. Denn nur so lernen sie, den Tag selbst zu strukturieren, und nur so haben sie die Chance, soziale Kontakte zu Gleichaltrigen zu gestalten (> Das brauchen Kinder, Seite 439).

Schul-Arbeit

Zeitfaktor Nummer eins ist die Schule. Und dort wird Jahr für Jahr mehr gefordert. Etwa in dem Tempo, in dem die Arbeitszeit der Erwachsenen reduziert wurde, haben die Lehrplan-Architekten in den vergangenen Jahrzehnten den Schulstundenplan aufgestockt. Inklusive Hausaufgaben sind 60-Stunden-Wochen bei Zwölfjährigen eher die Regel denn die Ausnahme (> Das müssen Kinder, Seite 439).

Weil die Belastung durch organisiertes Lernen derart gestiegen ist, fordern ExpertInnen bereits eine neue Definition des Begriffes Kinderarbeit. Die Intensität, die Arbeitsbedingungen und die Inhalte der Schul-Arbeit unterscheiden sich nur unwesentlich von der Büroarbeit der Erwachsenen.

Überfordert durch Über-Förderung

Unabhängig von der Schule quetscht die liebevolle Sorge der Eltern die Kinder oft noch zusätzlich durch die Räder der Zeitmaschine.

Sie fördern ihr Kind, damit es sich von den anderen abhebt. Vor lauter Organisieren und Suchen nach Kursen und Spielen merken Mutter und Vater gar nicht, wie es ihrem Schatz geht. Sie sind zwar gestreßt, aber zufrieden; denn sie werden gebraucht: als TaxifahrerIn. Und getreu dem Motto »Müßiggang ist aller Laster Anfang« sind sie überzeugt, das Beste für die Kinder zu tun, wenn sie deren Alltag mit Terminen zupflastern.

Ein Kind ist kein leerer Sack, in den man etwas hineinstopfen muß. Es darf nicht als Herzeigeobjekt mißbraucht werden; und die unerfüllten Träume von Mama oder Papa kann kein Kind wahrmachen. Lebenspraktische Intelligenz und Selbständigkeit können sich nur entwickeln, wenn die Kinder Zeit haben, sich darin zu üben. Sonst können die Kids bald mit der Zeit nichts mehr anfangen, wenn sie ihnen denn einmal zur Verfügung steht; sie haben das Spielen verlernt. Der massive Realitätsverlust vor Gameboy, Computer oder Fernseher ist eine Folge dieser Entwicklung (> Medien, Seite 480).

Der Weg zu den FreundInnen

Die Eltern übernehmen oft, ohne es zu registrieren, die Rolle des Organisators von Spielzeiten und Sozialkontakten ihrer Kinder zu Gleichaltrigen.

Die KinderforscherInnen nennen das »Verinselung«: Zunehmend häufiger spielen Kinder nur noch mit den FreundInnen, zu denen sie hingebracht werden. Die Welt und die Menschen zwischen ihrer Wohnung und der anderen bleiben fremd. Weil solche sozialen Erfahrungen fehlen, gelingt es den Kinder auch später immer schlechter, in der Nachbarschaft Freundschaften zu knüpfen.

Selbst der letzte großflächige Freiraum, die Ferien, sind längst Opfer erwachsener Gestaltungswut geworden.

Die komplette Strukturierung des Kinderalltags hat dazu geführt, berichten PsychologInnen, daß Kinder zunehmend schlechter frei spielen können. In manchen Schulen wird schon versucht, den Kindern allmählich das Spielen wieder beizubringen.

Das Recht auf den Achtstundentag

Eltern tun ihren Kleinen Gutes, wenn sie sie gegenüber der Schule vor Überbeanspruchung schützen (> Schule, Seite 644) und wenn sie für sie Freiräume organisieren, statt ihnen durch einen Manager-Terminkalender die Luft zu nehmen.

Und sich selbst tun Mutter und Vater Gutes, wenn sie sich die Kleinen zum Vorbild nehmen und auch sich träumerische Muße gönnen.

Nur selten können Erwachsene ihren Tagesablauf komplett auf den Kinderrhythmus umstellen. Doch daß ein Kleinkind komplett in den Zeitplan der Großen gezwängt wird, läßt sich eher vermeiden, als es oft den Anschein hat.

Mancher Arbeitsbeginn läßt sich flexibel gestalten, manche dringende Erledigung ist eigentlich gar nicht so dringend und manch zusätzlicher Termin, extra für das Kind organisiert, entbehrlich.

Wenn es Eltern gelingt, gelegentlich mitzutrödeln, werden sie bald merken, wie entspannend das nicht nur fürs Kind, sondern auch für sie selbst ist.

DAS MÜSSEN KINDER

Statistiken über die Art, wie Kinder ihre Zeit verbringen, sind rar. Erste Ergebnisse der noch neuen Wissenschaftsbranche Kinderforschung zeigen aber, daß für viele Kleine der Kampf um den Achtstundentag erst noch geführt werden muß. Der durchschnittliche Tag von zehnjährigen SchülerInnen sieht so aus::

Schulunterricht: 5 Stunden 40 Minuten
Der Lehrplan sieht bis zu 34 Wochenstunden vor.

Schulweg: 55 Minuten
Wenn die Kinder älter werden, wird er deutlich länger.

Hausaufgaben: 2 Stunden 10 Minuten
Der in Österreich erhobene Durchschnittsaufwand von 13 Wochenstunden für Hausaufgaben und Lernen wird von rund der Hälfte der Kinder noch übertroffen.

Klassische »Kinderarbeit«: 20 Minuten
Dänische Untersuchungen haben gezeigt, daß das Ausmaß von bezahlter Kinderarbeit meist unterschätzt wird. Knapp die Hälfte der Kinder zwischen 10 und 14 Jahren leistet einfache Arbeiten (Babysitten, Autowaschen, Tiere beaufsichtigen usw.) gegen Taschengeld.

Hausarbeit: 25 Minuten
Eine norwegische Untersuchung ergab, daß Schulkinder ungefähr gleichviel Hausarbeit leisten wie Männer. Mädchen helfen um ein Drittel länger beim Putzen, Kochen und Zusammenräumen oder der Beaufsichtigung jüngerer Geschwister als Jungen.

Organisierte Beschäftigung: 30 Minuten
Kurse, Musikunterricht, Sporttraining mit fixen Zeiten werden von den KinderforscherInnen ebenfalls zu den fremdbestimmten Tätigkeiten gezählt. Der Durchschnitt von drei Stunden pro Woche wird in sozial höheren Schichten weit übertroffen.

Schlafen, Essen, Hygiene: 13 Stunden
Zumindest 13 der 24 Stunden eines Tages sollten nach übereinstimmender Ansicht der Fachleute für Schlafen, Essen, Körperpflege und das An- und Auskleiden zur Verfügung stehen.

Nichtorganisierte Freizeit: 1 Stunde
An echter Freizeit, über deren Verwendung die Kinder eigenständig entscheiden können, bleibt demnach im Durchschnitt gerade eine Stunde pro Tag.

DAS BRAUCHEN KINDER

Kinder brauchen ein Mindestmaß an Zeit zur freien Gestaltung, zum Schlafen und für alltägliche Verrichtungen. Das Schulkomitee der schwedischen Ärztegesellschaft hat dazu eine Orientierungstafel herausgegeben. Bevor neue Aktivitäten organisiert werden, kann ein Blick auf die Zeittafel das Kind vor Überlastung schützen. Dabei zeigt sich, daß schon Siebenjährigen kaum eine Stunde für organisierte Freizeitveranstaltungen bleibt. Auch wenn das Bedürfnis nach frei verfügbarer Zeit mit dem Alter abnimmt, sollten 16jährige midestens zwei Stunden täglich ohne jede Verpflichtung ihren Alltag gestalten können.

Stunden pro Tag

Lebens-jahr	Schlafen, An- und Aus- kleiden, Essen	Spiele, frei gestaltete Zeit	Arbeitszeit in Schule und Haus	Organi- sierte Freizeit (Sport, Musik usw.)
5–6	15	7	0–1	0–2
7	15	6	2–3	0–1
8	15	5–6	3–4	0–1
9–10	14–15	3–4	6	0–1
11–12	14	3	7	0–1
13	13–14	2–3	8	0–1
14–15	13	2–3	8–9	0–1
16–17	12–13	2–3	9	0–1

Spielen

Die meisten Erwachsenen haben längst vergessen, was ihnen das Spielen einmal bedeutet hat. Ihnen erscheinen die Aktivitäten im Kinderzimmer, in der Bauecke oder im Sandkasten nebensächlich und unwichtig. Für sie spielen Kinder, weil sie nichts anderes zu tun haben oder noch nichts anderes können. Schulkinder werden gar kritisiert, weil sie »noch so verspielt sind«, daß sie nicht zum Lernen kommen oder wenig am Musikunterricht interessiert sind. Dabei ist Spielen die Urform allen Lernens.

Egal, ob sich Kinder mit ihrem Körper, einem Ball oder Bauklötzen beschäftigen, mit Schachfiguren oder dem Computer, ob sie verkleidet in verschiedene Rollen schlüpfen, Ringelreihen tanzen, sich verstecken, mit Töpfen scheppern oder mit dem Chemiebaukasten experimentieren – immer lernen sie dabei.

Beim Spielen entdecken und festigen Kinder ihre Fähigkeiten, gewinnen Erkenntnisse, erproben Rollen und Wertvorstellungen und verinnerlichen sie. Spielerisch eignen sich Kinder Alltagskompetenzen wie den Umgang mit Geld oder dem Straßenverkehr an. Sie trainieren ihre intellektuellen Fähigkeiten, spielen mit Sprache und erfahren beim Aufeinanderstapeln von Würfeln, daß das

zwar nicht immer sofort gelingt, aber Ausdauer doch zum Erfolg führt. Beim Spielen mit anderen Kindern lernen sie KonkurrentInnen kennen und Kompromisse zu schließen.

So spielerisch leicht, wie Erwachsene meinen, ist das Spielen aber gar nicht. Es macht zwar Spaß, bedeutet aber immer auch »Arbeit«. Es strengt an, den Turm aus Würfeln immer höher und höher aufzurichten, und es zermürbt, wenn er zum viertenmal zusammenstürzt. Spielen ist Lust und gleichzeitig immer wieder Frust, weil jedem Erfolg ein Rückschlag folgt und jedem Sieg eine Niederlage gegenübersteht.

Kinder spielen, ohne zu registrieren, daß sie dabei lernen. Sie machen Fortschritte, ohne zu bemerken,

wieviel Kraft und Anstrengung sie das kostet. Sie verfolgen beim Spielen kein Ziel, und was zählt, ist nicht das Endprodukt, sondern das Geschehen an sich.

Spiele spiegeln die Seele

Im Spiel drücken Kinder ihre Gedanken und Gefühle aus. Die Welt, die sie sich spielend schaffen und die sie kontrollieren können, gibt ihnen die Möglichkeit, ungelöste Probleme der Vergangenheit aufzuarbeiten, sich mit der Gegenwart zu beschäftigen und sich auf die Zukunft vorzubereiten.

Inspiriert von ihren Wünschen und Erlebnissen, Ängsten und Problemen, stellen Kinder in ihren Spielen jedes Detail des Alltags nach und lernen so die Welt allmählich begreifen. Vor und nach einem Arztbesuch wird »Untersuchung« gespielt, wenn sexuelle Interessen erwachen, wird mit »Doktorspielen« der eigene und fremde Köper erforscht (> Spiel mit Ziel, Seite 291). Das Mädchen, das seine Mutter nachahmt und seine Puppe so versorgt, wie es die Mutter mit ihm macht, versucht, die Rolle der Mutter zu verstehen. Der Junge, der Schule spielt, während die älteren Geschwister über ihren Hausaufgaben hocken, versucht herauszufinden, was Älterwerden bedeutet.

Im Rollenspiel bearbeiten Kinder auch ihre Konflikte. Am deutlichsten wird das im klassischen Vater-Mutter-Kind-Spiel. Die Kinder inszenieren mit ihren Puppen Familiendramen, in denen sie den Streit, die Drohungen und Beschimpfungen der Eltern noch einmal in Szene setzen und bearbeiten. Oft sind diese »Mittel« für sie der einzige Weg, um mit Belastendem fertig zu werden.

Kinder verbringen oft viele Stunden mit dem gleichen Spiel und variieren den Spielablauf mit jeder neuen Erkenntnis. Erwachsenen fallen diese feinen Veränderungen nicht immer sofort auf. Bleibt der Verlauf eines Spiels über mehrere Tage oder Wochen aber immer gleich, kann das ein Zeichen dafür sein, daß sich das Kind mit Problemen herumquält, für die es noch keine Lösung gefunden hat.

Die Eltern können durch das Spiel ihrer Kinder erfahren, wie die Kleinen die Welt sehen, was sie bewegt, was ihnen wichtig ist und wonach sie sich sehnen. Wenn die Knirpse etwa ihre Stofftiere besonders aufmerksam und liebevoll behandeln, kann das zeigen, wie sehr sie die Zuwendung ihrer Eltern genießen. Es kann aber auch der unausgesprochene Wunsch sein: »So möchte ich gerne behandelt werden.«

Kinder an die Macht

Kinder leiden unter ihrer Ohnmacht. Sie sind klein, von Erwachsenen abhängig und müssen sich viel vorschreiben lassen. Also schaffen sie sich eine eigene, kindliche Gegenwelt, in der es anders zugeht als in der Wirklichkeit. Dort haben die Kinder die Macht, dort bestimmen sie das Geschehen.

Im Spiel brauchen sich die Kleinen nicht vor Dinosauriern zu fürchten, sondern sie können selbst zum Ungeheuer werden und andere in Angst und Schrecken versetzen. Die MitspielerInnen können versuchen, ihm zu entkommen, oder – falls das nicht möglich ist – das Spiel abbrechen.

Am deutlichsten wird die Lust am Macht-Umkehr-Spiel, wenn Kinder ihre Eltern persiflieren und plötzlich selbst Mama oder Papa sind, die als HausherrInnen das Sagen haben. Die meisten Kinder imitieren ihre Betreuungspersonen und verwandeln Puppen und Stofftiere in »schwache« Kleine: Dann bekommt der Elefant Gummibärchen-Verbot, »weil es gleich Mittagessen gibt«, der Teddy wird in den Schrank gesperrt, »weil er nie gehorchen kann«, und die Puppe darf heute nicht mit spazierengehen, »weil sie nicht aufgeräumt hat«.

Aus diesen milden Sanktionsformen können auch gewalttätige werden: Die Puppe wird verprügelt, das Krokodil frißt die Gretel auf, dem Teddy wird zur Strafe der Pelz über die Ohren gezogen. Die kindlichen Gewaltakte scheinen oft unverständlich und erschreckend. Die Sorge, daß sich in ihnen grausame Charaktereigenschaften zeigen, ist jedoch unbegründet. Mit solchen Aktionen setzen sich fast alle Kinder gegen die übermächtige Welt der Erwachsenen zur Wehr und verwandeln ihre Ohnmacht in Macht. Die Erwachsenen können das durchaus auch als Appell verstehen: So geht Ihr mit uns Kindern um!

Mädchenspiele, Jungenspiele

Kleine Mädchen spielen gern mit Autos, Eisenbahnen und Traktoren. Kleine Jungen »kochen« Sandkuchen, »waschen« Wäsche und »wickeln« Teddybären. Doch je älter die Kinder werden, desto häufiger neigen sie zu »typisch weiblichem« und »typisch männlichem« Spielverhalten. Sie, die im Spiel ihre Umwelt reflektieren, halten dieser so den Spiegel vor.

Selbst in Familien, in denen Mutter und Vater die

traditionellen Rollen abgestreift haben, bleiben diese Rollen für die Kinder präsent. Sie sehen, wie es in anderen Familien läuft, spielen Szenen aus dem Fernsehen nach und identifizieren sich mit HeldInnen, die eindeutige Klischees repräsentieren (> Suche nach Weiblichkeit Seite 280; > Suche nach Männlichkeit, Seite 281).

Eltern können dieser Entwicklung nur begrenzt entgegensteuern. Mädchen mit technischem Spielzeug zu überhäufen, Jungen dagegen nur Puppen zu schenken hieße, beiden jeweils einen Teil der Spielewelt vorzuenthalten. Mädchen wie Jungen brauchen Spielzeug, mit dem sie ihre geistigen, körperlichen und sozialen Fähigkeiten trainieren können. Und Kinder müssen frei wählen können, womit sie spielen möchten.

Ab dem sechsten, siebenten Lebensjahr beginnen Kinder, die Rollenklischees der Geschlechter schauspielerisch zu bearbeiten. Selbstbewußte Mütter verzweifeln dann oft, wenn die Tochter im Röckchen und auf den Hochhackigen daherstöckelt und die unterwürfige Gemahlin mimt. Väter zweifeln an sich, wenn sie sehen, wie der Kleine wieder den »Macker« raushängen läßt.

Dabei erproben die Kinder verschiedene Rollen und tasten sich langsam in die Gefühlswelt zwischen »stark« und »schwach«, zwischen selbstgestaltet und fremdbestimmt vor.

Von der Rassel bis zum Motorrad

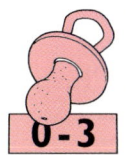

0-3 Säuglinge spielen zunächst mit ihrem Körper, dann mit allen Gegenständen, die in ihrer Reichweite sind. Sie lernen allmählich, ihren Körper zu koordinieren, und schulen zum Beispiel das Zusammenwirken von Auge und Hand, indem sie Gegenstände packen und hinunterwerfen. Sie spielen mit allem möglichen und werden so mit verschiedenen Materialien, Farben, Formen und Geräuschen, aber auch mit dem Prinzip von Ursache und Wirkung vertraut.

SPASS GEGEN DIE ANGST

Kinder fürchten sich vor der Dunkelheit. Sie haben Angst, verlorengehen zu können. »Blindekuh« und vergleichbare Spiele machen ihnen trotzdem großen Spaß, weil sie dabei spielerisch die Orientierung verlieren und in eine Welt der Dunkelheit gelangen. Im allgemeinen Geschrei, das anhebt, wenn die blinde Kuh einen Mitspieler oder eine Mitspielerin berührt, drückt sich auch die Erleichterung aus, die das Kind erlebt, wenn es im Dunkeln endlich wieder jemanden spüren kann. Beim Spiel erhält es die Gewißheit, daß dies immer wieder passiert.

Bei einem Spiel mit verschlossenen Augen erfährt das Kind auch, wie verläßlich die MitspielerInnen sind. Muß es immer auf der Hut sein, und auf wen kann es sich »blind« verlassen?

Deshalb sollen Gegenstände beim Spielen an ihrem Platz bleiben. So lernt das Kind, daß es sich an beständigen Objekten wie Türen und Treppen, Bäumen und Bergen orientieren kann. Es macht aber auch die Erfahrung, daß Menschen nicht an Standorte gebunden sind und sich weniger gut eignen, um sich im Raum zu orientieren.

Um Ängste wie die vor der Dunkelheit und dem Verlassenwerden zu überwinden, muß jedes Kind die Lektionen dieses Spiels begriffen haben. Verliert es beim Spiel die Orientierung, ist das keine schockierende Erfahrung, sondern spaßig. Letztlich sind ja doch alle Sachen an ihrem alten Platz, wenn das Kind die Augenbinde ablegt.

Kinder brauchen für ihre Entdeckungsreisen nicht unbedingt Spielsachen. Alltagsgegenstände sind für sie am spannendsten: Töpfe, Pfannen, Becher, Kochlöffel, Schachteln, Papier, Pappkartons, Holzschachteln. Der Satz »Das ist nichts zum Spielen« ist Kindern völlig unbegreiflich. Sie können alles für alles verwenden, und nichts ist in seiner Funktion festgelegt.

Beim Spielen mit vielen verschiedenen Gegenständen schulen die ganz Kleinen ihr Empfinden für Raum und Formen: Sie versuchen, große Gegenstände in kleinere hineinzustecken; Formen erfahren sie an Hand von großen und kleinen, quadratischen und runden, ebenen und gewölbten, dicken und dünnen Teilen. An teilbaren Materialien wie Ton oder Plastilin lernen sie, Formen zu verändern. Durchlässige Materialien wie Papier oder Stoff eröffnen ungewohnte Ein- und Durch-

blicke. Gummibälle lassen sich zusammendrücken, Bälle oder Gummibänder sind elastisch.

Gegen Ende des zweiten Lebensjahrs beginnen Kinder mit den »Als-ob-Spielen«. Sie pendeln zwischen Wirklichkeit und Phantasie hin und her, geben vor, aus einem Bauklotz zu trinken oder auf dem Fußboden zu schlafen. Im dritten Lebensjahr lassen sie schon Puppen oder Teddybären trinken. Bei diesen Spielen orientieren sie sich an den Tätigkeiten des Alltags. Sie legen Puppen ins Bett, füttern sie oder setzen den Teddy auf den Topf. Sie können jederzeit in fast jede Rolle schlüpfen, sind einmal Cowboys, dann die Prinzessin, spielen Mutter oder Vater oder imitieren Comic-Helden.

3-6 Im Vorschulalter spielen Kinder am liebsten in der Welt der Phantasie. Sie experimentieren immer intensiver mit dem »Als-ob«. Rund um das dritte Lebensjahr beziehen sie auch andere Kinder in ihr Rollenspiel mit ein. Im Gegensatz zum »Kinder-Schauspiel« (> Kindertheater, Seite 466), bei dem Kinder Rampenlicht, Verkleidung und Applaus suchen (> Verkleiden und verwandeln, Seite 466), brauchen sie beim Rollenspiel keine Bühne und kümmern sich auch nicht ums Publikum. Sie konzentrieren sich ganz auf ihr Spiel, schlüpfen in andere Personen, Situationen, Fabel- und Märchenwesen oder ahmen Alltagsszenen nach: »Ich bin jetzt die Ärztin.« »Ich arbeite an der Tankstelle.« Die nötigen Requisiten organisieren sie aus ihrer Umgebung: Spielsachen, Stühle, Kissen, Küchenutensilien – alles wird genutzt.

Mit etwa drei Jahren fangen Kinder an, sich für Regelspiele zu interessieren: Sie spielen Fangen (> Fang mich, Seite 444), Verstecken und die ersten, einfachen Brettspiele.

Sie sind geschickte ZeichnerInnen geworden, können Papier, Farben, Buntstifte und Kreide benutzen und entwickeln allmählich große Freude daran, konstruktiv zu spielen oder Einzelteile zusammenzubauen (> Zeichnen und malen, Seite 461). Aus Legosteinen, Metall- oder Holzbaukä-

---

FANG MICH

Ab dem zweiten Lebensjahr spielen Kinder liebend gerne fangen. Sobald ein Kind laufen kann, beginnt es damit, andere Menschen zu fangen. Kinder vergnügen sich königlich, wenn sie hinter Erwachsenen herwackeln können, die ihnen auf allen vieren davonkriechen. Am Anfang sind die Kleinen dabei ausschließlich die Fänger, denn sie haben erst die eine Seite der Beziehung zwischen Fangen und Gefangen-Werden begriffen und noch nicht gelernt, davonzulaufen.

In der Mitte des zweiten Lebensjahres wollen die Kleinen auch gefangen werden. Sie gehen um Tische und Sofas herum und finden es toll, wenn die Eltern ihnen nachkriechen.

Im dritten Lebensjahr lernen Kinder dann, beide Seiten dieser Interaktion zu kombinieren. Erst jetzt können beide SpielpartnerInnen fangen und gefangen werden.

sten entstehen die ersten Landschaften, Ritterburgen oder Tankstellen. Auch Mädchenhände können solche architektonischen Kunstwerke schaffen.

Im Vorschulalter wird die Sprache des Kindes, seine Fähigkeit, sich auszudrücken oder zuzuhören, entscheidend geprägt. Dabei helfen ihm Musikinstrumente und Kassetten mit Kindergeschichten, Töne und musikalische Muster zu erlernen und zu unterscheiden. Aber auch dramatische Rollenspiele, bei denen das Kind mit Puppen Szenen nachspielt und inszeniert, trainieren Sprache und Vorstellungskraft (> Musik, Seite 473).

 In dieser Altersgruppe entdecken Kinder ihre Sammelleidenschaft. Sie horten Nägel, Knöpfe, Metallteile und Bilder, tauschen und vergleichen ihre Kollektionen von Turtle-Spielzeug, Barbie-Puppen und Dinosauriern mit anderen Kindern.

Die meisten legen beim Spielen nun mehr Wert auf Gesellschaft. Durch die Schule haben sie meist noch mehr FreundInnen als zuvor, und sie fangen an, ihre Beziehungen gezielter zu organisieren. Beim gemeinsamen Spielen können sie ihre sozialen Fähigkeiten erproben und Freundschaften fördern, Strategien entwickeln und lernen, mit anderen zu kooperieren (> Gruppenspiele, Seite 445). Die Eltern geraten nun immer öfter in die Rolle von ZuschauerInnen, bleiben aber als Quelle für weiterführende Vorschläge interessant.

Bei Regelspielen wie »Mensch-ärgere-Dichnicht«, Würfel- oder Kartenspielen müssen Kinder dieser Altersstufe das Gewinnen und Verlieren üben. Trotzdem meiden sie meist den unmittelbaren Wettkampf gegeneinander; bis zum Alter von neun, zehn Jahren ist er für sie noch eine zu direkte Form der Konkurrenz (> Gewinnen und verlieren, Seite 452; > Einer für alle, alle für einen, Seite 454).

Ihre Rollenspiele entwickeln sich immer mehr zum Schauspiel. Es fällt ihnen leicht, Weihnachtsmann, Lehrerin oder Polizist zu »sein«. Besonders

GRUPPENSPIELE

Gemeinsam zu singen und zu tanzen macht allen Kindern Spaß, auch wenn viele dieser Spiele heute als »altmodisch« gelten. In diesen Spielen geht es um Ordnung und Unordnung, die einander abwechseln. So entwickeln Kinder ihre Organisationsfähigkeit und lernen, sich darin zurechtzufinden, daß sie einmal akzeptiert sind, einmal zurückgewiesen werden.

Das bekannteste Beispiel ist »Ringel, Ringel, Reihe«, bei dem die Kinder einander an der Hand fassen und im Kreis tanzen, bis sie bei der letzten Zeile des Reims in die Hocke gehen. Bei einem ähnlichen Spiel bilden die SpielerInnen eine lange Reihe, indem sie sich an der Hand fassen. Dann bilden sie ein großes Knäuel, das sie zu entwirren versuchen müssen.

Andere Spiele betonen das Prinzip der Ordnung stärker. Bei »Es geht eine Zipfelmütz« bilden die SpielerInnen einen Kreis und singen:

»Es geht eine Zipfelmütz in unserm Kreis herum.
Dreimal drei ist neune,
Ihr wißt ja, was ich meine
Dreimal drei und eins ist zehn
Zipfelmütz bleib stehn, bleib stehn, bleib stehn.«

Bei dieser Zeile sucht sich ein vorher ausgewähltes Kind, das im Zentrum des Kreises steht, ein Kind aus dem Kreis. Beide bewegen sich dann so, wie es der folgende Text vorgibt: »Sie rüttelt sich, sie schüttelt sich/Sie wirft ihr Säckchen hinter sich/Sie klatschet in die Hand/Wir beide sind verwandt.« Wenn das Lied wiederholt wird, suchen sich beide Kinder je ein weiteres Kind, bis der Kreis aufgelöst ist.

GEFÄHRLICHES SPIELZEUG

Damit Eltern auf den ersten Blick erkennen können, ob ein Spielzeug für die Kleinen zur Gefahr werden kann, gibt es in der EG ein Zeichen für sicheres Spielzeug. Produkte, die mit dem »CE«-Zeichen versehen sind, gelten als ungefährlich.

Grundsätzlich gilt: je kleiner das Kind, desto größer sollte das Spielzeug sein. Babies und Kleinkinder nehmen alles in den Mund und können Dinge verschlucken oder versehentlich in die Luftwege bekommen. Aus festgefügtem Spielzeug kann das Kleinkind kein Teil herausbrechen; bei Kuscheltieren müssen Augen und Nasen fest verankert sein. Das Innenleben der Kuscheltiere sollte weich sein, ihre Füllung auch dann unproblematisch, wenn die Nähte reißen und Teile des Inhalts im Kindermund landen.

Um die Verletzungsgefahr beim Spielen auf ein Minimum zu reduzieren, soll Kinderspielzeug keine scharfen Ecken und Kanten haben oder mit Haken, Ösen oder Nadeln versehen sein.

Malstifte und -farben, aber auch Fingerfarben sollten möglichst bitter schmecken. Süße Fruchtaromen könnten das Kind zum Probieren animieren (> Zeichnen und malen, Seite 461).

Wenn Kinder mit Chemiebaukästen, Elektro-Bauteilen und ähnlichem experimentieren dürfen, sollten sich die Eltern noch vor dem Kauf genau anschauen, welche Gefahren das Geschenk womöglich bergen könnte. Prinzipiell sollten die kleinen ForscherInnen solches Spielzeug erst mit einem Alter bekommen, in dem sie die Anleitungstexte verstehen und gewissenhaft befolgen können.

die klischeehafte Darstellung bestimmter Merkmale hat es ihnen in diesem Alter angetan. Sie tragen gern dick auf und lieben übertriebene Darstellungen und Clownerien.

Etwa ab dem zehnten Lebensjahr beginnen Kinder, sich mit Problemlösungsstrategien zu beschäftigen. Sie interessieren sich zunehmend stärker für Regelspiele, bei denen sie verhandeln müssen, oder für Spiele, die ihnen abverlangen, Strategien zu entwickeln. Dame, Mühle oder Schach werden interessant.

Mit dem Beginn der Pubertät werden Zusammenhänge wichtiger als reale Objekte. Die Jugendlichen wollen den Sinn und die Funktion der Dinge verstehen. Das Interesse an Chemie- und Elektrobaukästen und komplizierteren elektronischen Programmen wächst ebenso wie das an Mikroskopen oder Teleskopen.

Die eigentliche Spielzeit geht zu Ende. Sie packen die alten, geliebten Spielsachen aus, wollen mit ihnen spielen, haben aber keine rechte Freude mehr damit. Altes ist überholt, Neues noch nicht an seine Stelle getreten. Sie werden wißbegieriger und beginnen, ihr Recht auf Unabhängigkeit einzufordern. Das führt zu neuen Freizeitaktivitäten. Mountainbikes und Skateboards, mit denen sie immer wieder neue Mutproben bestehen können, aber auch Theater- und Konzertbesuche werden ihnen wichtiger als der »Spielkram«, den sie nun geringzuschätzen beginnen.

SPIELZEUG

Eigentlich können Kinder alles zum Spielen gebrauchen. Doch selbstgemachtes oder gekauftes Spielzeug, das nur zum Zweck des Spielens angeschafft wurde, hat auch seinen Reiz. Der Geschmack der Kinder und der ihrer Eltern gehen dabei im Laufe der Zeit oft weit auseinander.

Holz oder Plastik

Daß Kinder knatterndes Blechspielzeug, kitschige Plastikpuppen oder muskelbepackte Helden aus Billigplastik den Sachen aus unbehandeltem Holz vorziehen, hat einen banalen Grund: Sie sind, wie die Erwachsenen auch, TeilnehmerInnen an einem Markt und wollen die Dinge besitzen, mit denen ihre FreundInnen aus Kindergarten oder Schule spielen. Sie alle wollen haben, was ihnen Werbung und bunte Schaufenster zeigen (> Schöne, bunte Werbewelt, Seite 531).

Über diese Vorlieben brauchen sich die Eltern nicht den Kopf zu zerbrechen. Ihr Spielzeug sollte die Kinder mit möglichst vielen unterschiedlichen Materialen vertraut machen. Die Ente aus unbehandeltem Holz ist dabei genauso wertvoll wie buntes Plastikzeug. Wie Kinder ein Spielzeug verwenden, ist weitgehend unabhängig davon, was dieses Spielzeug darstellt. Auch mit der lieblichsten Puppe lassen sich grausam anmutende Spiele wie »Mami und Papi sind tot« oder »Menschenfresser« spielen.

Andererseits ändert auch monströses Horrorspielzeug nichts an den alltäglichen Inhalten des kindlichen Spiels: Aufstehen und Schlafengehen, Lieben und Hassen, Leben oder Sterben, Geborgenheit oder Verlassensängste. Auch bizarre Horrorfiguren aus häßlichem Kunststoff, die bei den Eltern Abscheu hervorrufen, werden am Abend müde und müssen schlafen gehen.

Je weniger differenziert jedoch Spielzeug – besonders für Kleinkinder – ausgestaltet ist, desto vielseitiger kann die Phantasie der Kleinen es einsetzen. Außerdem werden sie nicht von Enttäuschungen gequält, wenn ihre noch ungeschickten Hände die filigranen Formen noch nicht bewältigen.

Selbstgemachtes Spielzeug

Kinder spielen gern mit etwas, das sie allein oder mit ihren Eltern gebastelt haben. Drachen, Kastanienmännchen oder Kartoffel»stempel« bereichern

TIPS FÜR DEN SPIELZEUGKAUF

● Sprechen Sie sich vor dem Geburtstag und vor Festen mit FreundInnen und Verwandten ab, um doppeltes oder unerwünschtes Spielzeug zu vermeiden. Sie können auch gemeinsam etwas »Großes« schenken.

● Nehmen Sie die Wünsche Ihres Kindes ernst, und berücksichtigen Sie seine Entwicklungsstufe.

● Sinnvoll sind Geschenke, die sich gemäß dem Baukastenprinzip erweitern lassen. Dabei gilt: Besser eines, das sehr gut ausgestattet ist, als mehrere, die nur beschränkt zu erweitern sind.

● Am liebsten spielen Kinder mit »richtigen« Sachen. Außerdem hält ein echter Hammer länger als eine Imitation.

● Stark spezialisiertes, strukturiertes und auf einige wenige Spielmöglichkeiten festgelegtes Spielzeug bietet dem Kind nur eingeschränkte Spielmöglichkeiten. Die Miniatur-Wasserrutsche, auf der das Kind immer nur dieselbe Plastikfigur hinabgleiten lassen kann, wird rasch langweilig.

● Für längere Zeit fesseln Dinge, deren Zweck nicht so eindeutig definiert ist.

● Die Altersangaben der Spielzeughersteller sind durchwegs zu hoch. Kinder interessieren sich früher für Spiele als angegeben, auch wenn sie noch nicht »richtig« damit umgehen können.

● Bei der Auswahl von Spielsachen haben die Eltern nur beratende Funktion. Kinder wissen selbst am besten, was sie begeistert und womit sie sich beschäftigen wollen. Wenn Erwachsene von einem Spiel so überzeugt sind, sollten sie es dem Kind nicht aufzwingen, sondern für sich selbst kaufen..

SPIELE ALS SPIEGEL DER GESCHICHTE

Spielzeug ist immer auch ein Spiegel des Lebens einer Epoche. Im frühen Mittelalter, als der Adel auf Kosten der übrigen Bevölkerung ein Luxusleben genoß, gab es in den meisten Ländern kein Kinderspielzeug. Das Leben der meisten adeligen Erwachsenen bedeutete Spiel und war weitgehend frei von Pflichten. Aristokratische Frauen und Kinder bekamen Puppen, Schmuck und Tiere geschenkt. Alle anderen Kinder spielten mit Gebrauchsgegenständen oder Abfällen.

In Gesellschaften, in denen es Monarchen gab, spielten Kinder und Erwachsene – sehr oft gemeinsam – Spiele, in denen jeder versuchte, König über die MitspielerInnen zu werden.

Spiele gewähren einen Einblick in die Werte, die die Gesellschaft hochschätzt. Bei den Spielen der Eskimokinder stehen Geschicklichkeit und Kooperation im Vordergrund. Sie sind als Erwachsene gezwungen, zusammenzuarbeiten und die Fähigkeiten der anderen möglichst präzise einzuschätzen, damit sie alle gemeinsam erfolgreich sind in ihrem Kampf ums Überleben.

Die Gesellschaft der USA unseres Jahrhunderts betont die individuelle Leistung. Infolgedessen setzen sich dort Spiele durch, bei denen die Einzelleistung der MitspielerInnen in Form von Punkten, Toren, Schlägen, Würfen oder Fehlern penibel registriert und in Tabellen eingetragen werden.

Zur Zeit der Industrialisierung wurden in Europa Mannschaftsspiele wie Fußball populär. Die Belegschaft eines Betriebes sollte sich im Spiel gegen andere Teams als geschlossene Einheit mit den Eigentümern und der Unternehmensleitung empfinden. Das Prinzip war »Einer für alle« und »Alle für ein Ziel«. Weil die postindustrielle Gesellschaft jedoch wieder EinzelkämpferInnen verlangt, sind die neuen Heroen weniger die Fußballer als vielmehr die Tenniscracks.

Im Nachkriegsdeutschland, zur Zeit des »Wirtschaftswunders« war »Monopoly« beliebt. Es lehrte die SpielerInnen das Prinzip der Besitzakkumulation. Bis Ende der sechziger Jahre waren so gut wie alle Spiele konkurrenzorientiert: über Mensch-ärgere-Dich-nicht bis zum Quiz. Doch im Gefolge der antiautoritären Bewegung der späten sechziger Jahre sprossen erste Versuche, das zu durchbrechen. Es entstanden Spiele, die ihren Schwerpunkt im Zusammenwirken und nicht im Gegeneinander hatten (> Einer für alle, alle für einen, Seite 454).

Als sich die ehemaligen »68er« von der Weltrevolution verabschiedeten und sich statt dessen auf das »Abenteuer Seele« einließen, kam die große Zeit der »Psychospiele«: Rollenspiele, Pantomimik, gruppendynamische Spiele.

Spiele und Spielsachen symbolisierten aber auch immer die technischen Errungenschaften einer Zeit. Heute spielen Autos, Lastwagen, Flugzeuge, Raumschiffe und jede Art von Computerspielen die gleiche Rolle wie einst Streitwagen im antiken Griechenland.

Immer aber waren Kinder von Gegenständen fasziniert, die im Leben Erwachsener eine Rolle spielen. Sie lassen ihrer Phantasie freien Lauf und benutzen sie, um mit ihnen in Erwachsenenrollen zu experimentieren. Sie erproben, wie es ist, Ärztin, Erfinder oder AstronautIn zu sein, und lernen so Fähigkeiten, die ihnen bei ihren späteren beruflichen Entscheidungen helfen.

die Spielzeugregale nicht nur kostensparend, sondern fördern Phantasie und Kreativität der Kinder.

Um zum Beispiel ein »Memory«-Spiel herzustellen, werden gepreßte Blüten, Fotos oder Zeichnungen jeweils doppelt auf gleich große Pappkärtchen geklebt und mit selbstklebender Klarsichtfolie überzogen.

Fast jedes gängige Spiel kann imitiert oder vereinfacht selbst gebastelt werden. Dabei kommt es nicht so sehr auf die Lebensdauer an, sondern auf den Spaß beim Herstellen (> Kleben, formen und bauen, Seite 462). Figuren lassen sich aus Kastanien oder Korken herstellen, der Spielplan wird auf Kartonbögen gezeichnet. Bei »Ereignisspielen« werden auf besonderen Spielfeldern Sanktionen vermerkt. Zum Beispiel: Wer beim Würfeln auf ein solches Feld gerät, rückt »drei Felder vor«, geht »zurück zum Start«, »setzt eine Wollmütze auf« oder »schmiert allen SpielerInnen ein Honigbrot«.

Krieg im Kinderzimmer

Vor allem Jungen lieben Kriegsspielzeug. Schwerter und Pistolen verlängern den Aktionsradius der Kleinen, geben ihnen das Gefühl von Macht und Stärke und vertreiben das der Unterlegenheit. Und wenn einmal der eine, einmal der andere Spielgefährte »getroffen« auf den Boden purzelt, kommt Bewegung ins Spiel.

PädagogInnen warnen immer wieder vor Kriegsspielzeug, die meisten Eltern lehnen es ab. Trotzdem gleichen viele Kinderzimmer kleinen Waffenarsenalen. Selbst Eltern, die den Kauf von Plastikkanonen, Schwertern und Dolchen kategorisch verweigern, ertappen ihre Kleinen gelegentlich beim bewaffneten Widerstand: Legosteine, Äste, Kochlöffel oder Kleiderbügel lassen sich mühelos zu Waffen umfunktionieren.

Kinder ahmen alles nach, was sie sehen. Versuche, alle Waffen aus dem Leben eines Kindes zu verbannen, sind zum Scheitern verurteilt: Die Nachrichten in Fernsehen und Zeitungen kommen nicht ohne Waffen aus; auf Kinderparties, Geburtstagsfeiern und Kostümfesten wimmelt es nur so von Cowboys, Rittern, Polizisten und Räubern, die bis an die Zähne bewaffnet sind.

Ob Spielzeugwaffen Kindern auf lange Zeit gesehen tatsächlich schaden, ist noch nicht restlos geklärt. Sicher können sie mit Kriegsspielzeug stärker als mit anderem Spielzeug gewaltorientierte Handlungskonzepte einüben. Mit einer Spielzeugpistole können Konflikte nur »ausgeschossen«, niemals verhandelt werden. Spielzeugwaffen sind derart konkrete Imitationen, daß es dem Kind schwerfällt, sie anders zu verwenden als eben als Waffe.

ABRÜSTUNGS-BEMÜHUNGEN

● Eltern bringen ihre Ablehnung von Kriegsspielzeug zum Ausdruck, indem sie keines kaufen.

● FreundInnen und Verwandte können sie bitten, kein solches Spielzeug zu schenken.

● Eltern können ihren Standpunkt darlegen und sich weigern, mit einem »bewaffneten« Kind einkaufen zu gehen, an einem Tisch zu essen, auf dem eine Pistole liegt usw. Was die Kleinen jedoch in ihrem Kinderzimmer horten, und womit sie mit anderen spielen, sollten sie weiterhin selbst entscheiden dürfen.

● Spiele mit gewalttätigem Inhalt sind kein Zeichen für einen besonders brutalen Charakter, sondern sie geben Kindern eine Möglichkeit, ihre Ängste zu verarbeiten. Eingreifen sollten Eltern nur, wenn Verletzungsgefahr droht.

● Wenn Kinder auffallend auf ihre Waffensammlung fixiert sind, sollten Eltern herauszufinden versuchen, worum es dem Kind dabei geht.

Ebenso sicher werden Kinder aber weniger durch Spielzeugwaffen als durch die reale Gewalt in ihrem Umfeld zur Aggression erzogen. In Familien, die Gewalt als Problemlösung akzeptieren, wird auch das Verbot von Kriegsspielzeug nicht dazu beitragen, daß die Kinder lernen, ihre Konflikte redend, verhandelnd und mit der Bereitschaft zum Kompromiß lösen.

Eltern, die Waffen – gleich welcher Art – nicht in ihrer Umgebung dulden wollen, können diesen Standpunkt ihren Kindern gegenüber begründen und durchsetzen. »Jede Waffe verbindet sich für mich mit Gewalt, Tod und Elend. Ich will niemanden töten und auch nicht getötet werden. Ich fürchte mich vor Waffen jeder Art und lehne sie ab. Und ich will auch nicht mit jemandem sprechen, der ein Gewehr im Anschlag hat« oder »Mit jemandem, der eine Pistole in der Hosentasche hat, gehe ich nicht durch die Stadt« sind klare Botschaften über die Position der Eltern an das Kind. Was die Kinder dann allerdings in ihrem Zimmer horten oder womit sie miteinander spielen, sollten sie selbst bestimmen können.

KOOPERATIVES PANTOMIMESPIEL

Zuerst losen die Kinder zwei gleich große Spielergruppen aus. Dann überlegt sich jede Gruppe einige besonders lustige oder komplizierte Begriffe: etwa Topfenstrudel, Sommerferien, Turtles, Schularbeit. Ein Kind der Gruppe spielt jeden Begriff dann so lange ohne Worte vor, bis ihn die Mitglieder der anderen erraten haben. Die Gruppe, die sich das Wort ausgedacht hat, ergötzt sich inzwischen an der Pantomime. Bei diesem Spiel gibt es weder GewinnerInnen noch VerliererInnen.

Die Reichtümer im Kinderzimmer

Für ein Kind ist sein Spielzeug der einzige, zumindest aber der wertvollste Besitz. Die Zwistigkeiten unter Kindern, bei denen es um »mein« und »dein« geht, machen deutlich, wie wichtig Kinder ihre kleinen Reichtümer nehmen. Wenn die Lieblingsspielsachen verschwinden oder vergessen wurden, ist das für Kleinkinder eine schmerzvolle und meist tränenreiche Erfahrung. Diese Bedeutung der Spielsachen für ein Kind müssen Eltern akzeptieren. Niemals dürfen sie »kaputtes« oder »altes« Spielzeug wegwerfen, ohne daß die Kinder zugestimmt haben. Einem »bösen« Kind als Strafe ein Spielzeug wegzunehmen ist keine Erziehung, sondern Diebstahl.

Wieviel Spielzeug braucht ein Kind?

Vielen Eltern sind die Spielzeughalden in den Kinderzimmern ein Dorn im Auge. Sie finden, daß weniger mehr wäre, und befürchten, ihre Kinder seien auf dem besten Weg, blindwütige KonsumidiotInnen zu werden (> Werbung, Geld, Konsum, Seite 528).

Eltern, die konsequent darauf bestehen, daß der Güter- und Geschenkestrom vor der Zimmertür ihrer Kinder haltmacht, machen sich nicht nur unglaubwürdig (> Die eigene Haltung bestimmt, Seite 314), sondern enthalten Kindern auch wichtiges Lernwerkzeug vor. Schließlich entwickeln sich die Kleinen ständig weiter und brauchen dazu Spielzeug, das ihrem jeweiligen Alter und Fähigkeiten entspricht.

Allerdings gibt es zwischen ungedämmter Konsumflut und Konsumverweigerung gangbare Wege, die den Kindern einerseits helfen, sich in der Warenwelt zu orientieren, und ihnen andererseits etwas davon vermitteln, wie man teilt und an der Situation anderer Anteil nimmt (> Das Geld des Kindes, Seite 533; > Selbstgemachtes Spielzeug, Seite 447).

Wenn die Spielregale überzulaufen drohen, können Eltern und Kinder gemeinsam das Kinderzimmer durchforsten und überlegen, wer die längst in Vergessenheit geratenen Sachen besser gebrauchen könnte. Vielleicht gibt es in der Nachbarschaft oder im Freundeskreis jüngere Kinder oder Familien, die nicht so betucht sind. Waisen- oder Frauenhäuser freuen sich über geschenktes Spielzeug ebenfalls. Und im Secondhand-Shop oder auf dem Flohmarkt erfahren Kinder, daß auch »Altes« für andere noch einen Wert hat.

Computerspiele

Computer (> Seite 496) sind Spielpartner, die immer verfügbar sind und keine Launen haben. Insgesamt sind rund 8.000 verschiedene Computerspiele in Deutschland in Umlauf. Je nach Programm laden sich die Kinder ihr Spiel auf den Computer der Eltern, auf ihren eigenen – ersten – Heimcomputer, oder sie erproben kleine tragbare Videospielgeräte.

Computerspiele trainieren Fertigkeiten wie Geschicklichkeit, Reaktionsschnelligkeit, Kombinationsvermögen, strategisches Denken und räumliche Orientierung. Sie werden angeschaltet, um abzuschalten. Das Spiel vertreibt Langeweile, bringt Entlastung und ist ein Aggressionsventil.

Gleichzeitig haben Computerspiele alle Nachteile eines Spielpartners ohne Charakter und eigene Persönlichkeit: Sie folgen einer eigenen einfachen Logik, es gibt nur richtig oder falsch. Die Bandbreite menschlichen Verhaltens fehlt ihnen. Dadurch sind sie eindeutig, berechenbar und werden im allgemeinen schnell langweilig – vor allem dann, wenn das Kind die einzelnen Spielzüge beherrscht, das Tempo kennt und die Wege viele Male ausprobiert hat. Nur ein neues Spiel kann diesen Reiz wiederbeleben.

Nichts für Kleinkinder

Computerspielzeug ist für Kleinkinder ungeeignet. Es gibt zwar bereits Lern- und Spielcomputer für Zweijährige, die das Kind auffordern, die Welt per Knopfdruck kennenzulernen, Tiere fremder Länder, Gegenstände, Buchstaben oder Zahlen zu identifizieren. Die Wirkung solcher Lernprogramme ist allerdings höchst zweifelhaft. Die Kinder können die Figuren aus dem Computer nicht »an- und begreifen«, nicht knuddeln und drücken, sie lassen sich nicht aus dem Kasten nehmen und nicht in das kindliche Spiel einbauen. Kleinkinder müssen ihre reale Umgebung aus »erster« Hand kennenlernen. Elektronik kann diese Erfahrung nicht ersetzen.

Flucht ins Spiel

Der Computer vermittelt Kindern eine künstliche Welt der Sicherheit und Eindeutigkeit, die es im realen Leben nicht gibt. Kritisch wird es, wenn Kinder oder Jugendliche ihrer Realität zu entfliehen versuchen und im Computerspiel Schutz vor Ängsten und Verunsicherungen suchen. Computerkids können auf

TIPS FÜR COMPUTERSPIELE

Die Aktion Jugendschutz hat eine Liste mit Computerspielen zusammengestellt, die vor allem das Mit- und Vorausdenken fördern, keine jugendgefährdenden Elemente enthalten und doch das Bedürfnis nach Action, schneller Reaktion und Geschicklichkeit befriedigen. Genannt werden zum Beispiel: Rainbow Warrior, Marble Madness, Kick Off 2, Yuppies Revenge, Lin Wu's Challenge, Jagd auf Roter Oktober, Indiana Jones, Der letzte Kreuzzug.

Kontakte

Aktion Jugendschutz
Stafflenbergstraße 44
70184 Stuttgart

KNÖPFCHEN-SPIELE

Mit den meisten Computerspielen kann ein Kind sein Reaktionsvermögen und seine Geschicklichkeit fördern. Weit verbreitet sind Weltraumschlachten, in denen angreifende fremde Wesen, Raumschiffe oder Raketen immer schneller abgewehrt werden müssen.

Etwas vielseitiger sind Abenteuer- und Labyrinthspiele. Sie setzen auf die Geschicklichkeit der Kinder und fordern ihr Mit- und Vorausdenken in Bewährungssituationen – allerdings auch hier meist vor gewalttätigem Hintergrund. Gegner und Ungeheuer müssen ausgetrickst und umgebracht werden. Die Geschichten und Figuren stammen meist aus Mythen, Comics, Science-fiction- und Fantasy-Erzählungen.

Besonders gewaltgeladen können Simulationsspiele sein, die meist Mit- und Vorausdenken erfordern: beim Aufbau von Städten und Unternehmen, bei Sportveranstaltungen und Wettkämpfen, aber auch bei mörderischen Autorennen, in Schlachten und Kriegen.

In ihren Vorlieben unterscheiden sich die Geschlechter: Jungen suchen eher kampfgeladene Leistungsspiele, Mädchen Abenteuerspiele ohne Schießereien und mit geringem Erfolgsdruck.

Computerspiele strengen an. Sie ziehen das Kind vollkommen in ihren Bann und erfordern höchste Konzentration. Gefühle wie Wut, Ärger oder Freude über einen Spielzug stören und müssen unterdrückt werden. Nur coole SpielerInnen kommen weiter und siegen. Viele ExpertInnen halten diese Spiele daher für »ent-emotionalisierend«.

ihrem »Leistungstrip« abhängig werden, ähnlich wie erwachsene »Workaholics«. Die einzige Quelle der Selbstbestätigung ist dann der Punktestand im Spiel. Bei den meisten Programmen ist die prinzipiell mögliche Punktzahl jedoch unbegrenzt, das heißt, man kann nie gewinnen, muß sich selbst immer wieder übertreffen und muß deshalb immer weiter spielen.

Wenn Eltern bemerken, daß sich ihr Sprößling über lange Zeit hinweg mehrere Stunden täglich in sein Spiel vergräbt, so hat das Signalwirkung. Verbindet sich dieses Verhalten mit einem totalen Rückzug aus Freundschaften und anderen sozialen Kontakten, sollten sie nach den Ursachen für die Flucht ins Spiel suchen.

Computerspiele im Dickicht der Gesetze

Viele Computerfreaks machen sich strafbar, weil sie Raubkopien herstellen und verbreiten. Sie verstoßen gegen das Urheberrecht, indem sie Software auf dem Schulhof tauschen, kopieren oder über Kleinanzeigen in Computerzeitschriften anbieten. Das Delikt ist weit verbreitet. Wenn ältere Jugendliche gewaltverherrlichende, rassistische oder pornographische Spiele kopieren, können sie mit dem Jugenschutzgesetz in Konflikt kommen (> Der Jugendschutz, Seite 499).

GEWINNEN UND VERLIEREN

Jedes Spiel eröffnet dem Kind die Chance, endlich einmal über die Großen zu siegen. Voller Spannung zittert es jedem Wurf der Würfel entgegen. Wie groß ist die Enttäuschung, wenn das Glück dann doch nicht auf seiner Seite war! Immer wieder fließen Tränen, und selbst geübte SpielerInnen müssen sie sich hin und wieder verkneifen. Als strahlender Sieger hervorzugehen, ist leicht; doch »richtig« zu verlieren, müssen alle Menschen erst lernen: Über eine Niederlage darf man wohl traurig sein, doch den anderen MitspielerInnen darf man sie nicht anlasten.

Jeder gegen jeden

Bei Regelspielen übt ein Kind, mit dem Gegeneinander von verschiedenen Kräften umzugehen. Die Regeln halten dabei den Spielverlauf unter Kontrolle, der Ausgang aber ist ungewiß.

Beim Fangen und Weglaufen geht es zum Beispiel um Annäherung und Vermeidung, »Ringel, Ringel, Reihe« vermittelt eine Vorstellung von Ordnung und Unordnung, Schach oder Fußball schulen Angriff und Verteidigung, Wissensspiele bewerten richtig oder falsch. Bei all diesen Spielen trainieren Kinder die Interaktion zwischen Menschen und den Umgang mit Konflikten: Sie müssen fangen oder werden gefangen, werden angenommen oder zurückgewiesen, sie haben Erfolg oder nicht, sie sind besser oder schlechter als die anderen Mitspielenden. Sie halten die vorgegebene Ordnung ein oder nicht, sammeln Besitztümer oder verlieren sie.

Das Drama des Verlierens

Spiele erzeugen bei Kindern oft extreme Gefühlsregungen. Wer gewinnt, fühlt sich wie ein Star, VerliererInnen bleiben mit ihrer Traurigkeit, ihrer Wut und ihren Ohnmachtsgefühlen zurück.

Vorschulkinder können Enttäuschungen noch kaum ertragen. Niederlagen, die Erwachsenen bedeutungslos scheinen, können für sie ein Drama sein. Kinder sind gewohnt, daß ihre Eltern ihnen möglichst viele Erfolgserlebnisse verschaffen. Doch in der Spielsituation gelten die Regeln der gewohnten Welt plötzlich nicht mehr – Mutter oder Vater werden zu GegnerInnen. Kinder erleben es schmerzhaft als Angriff, wenn ihre Mami plötzlich das »Mensch-ärgere-Dich-nicht«-Männchen aus dem Spielfeld kickt. Kleinen Kindern fällt es noch besonders schwer, solche negativen

VERLIEREN LERNEN

● Die Freude am Wettstreit, wer der Schnellste oder Beste ist, steckt in jedem Kind. Jeder gewinnt gern. Nur ein Kind, das immer wieder auch gewinnt, kann mit Niederlagen fertig werden. Im Spiel mit Gleichaltrigen herrscht eher Chancengleichheit, als wenn Erwachsene und Kinder zusammen spielen.

● Beim Spiel mit Erwachsenen muß das Kind eine faire Gewinnchance haben. Das ist zum Beispiel bei Spielen der Fall, bei denen das Würfelglück entscheidet.

● Bei Spielen wie »Memory« überflügeln bereits Vorschulkinder die meisten Erwachsenen.

● Bei Strategiespielen wie Mühle, Schach oder Dame, bei denen auch die Erfahrung eine Rolle spielt, können Erwachsene für sich ein Handikap schaffen und bei Spielbeginn auf einige Steine oder Figuren verzichten.

● Bei Konkurrenzspielen kann das Kind lernen, daß die Welt nicht untergeht, wenn es verliert. Wird die Partie wiederholt, kann es bereits in der nächsten Runde gewinnen. Je kürzer eine Spielrunde, desto schneller bekommt das Kind eine neue Chance.

● Kinder brauchen Lob und Anerkennung. Es ermutigt sie, wenn die Eltern die Freude am Spiel in den Vordergrund stellen und nicht den Sieg. »Das hast du toll gemacht« wird das Kind mehr motivieren als »Beim nächsten Mal strengst du dich eben mehr an«.

PARTYSPIELE

Kommen besonders viele Kinder bei einem Fest zusammen, können sie »Lokomotive« spielen. Die Kinder bilden eine Linie, indem jedes das Kind vor sich am Ellenbogen faßt. Das Kind an der Spitze führt die Lok. Es pfeift einmal, um den Zug in Bewegung zu setzen, und zweimal, um ihn zu stoppen. Indem es läuft, springt oder hüpft, bestimmt es auch, wie sich der Zug bewegt.

Seit Generationen begeistert Kinder die »Reise nach Jerusalem«. Die Kinder stellen einen Stuhl weniger als es MitspielerInnen gibt so in einer Reihe auf, daß jeder zweite Stuhl in dieselbe Richtung zeigt. Dann wird Musik gemacht, während die Kinder im Kreis um die Stühle herumgehen. Wenn die Musik verstummt, müssen die Kinder versuchen, einen Stuhl zu ergattern. Derjenige, der es nicht geschafft hat, scheidet aus. Die nächste Runde startet mit wieder einem Stuhl weniger. Das setzt sich fort, bis ein Gewinner oder eine Gewinnerin feststeht.

Ruhigere Spiele zwischen den aktionsreichen können verhindern, daß die Begeisterung überschäumt. Der Vorschlag, sich in Bäume zu verwandeln, bringt rasch ein wenig Ruhe in den Trubel. Die Kinder können sich dabei überlegen, welche Körperteile welchen Baumteilen entsprechen sollen. Die Füße können die Wurzel sein, der Körper der Baumstamm. Sie selbst können das Wetter spielen: Wenn sie laut pusten, bewegen sich Äste und Zweige. Kommt der Förster mit der Axt, dann fallen alle Kinder um.

Insgesamt sollen die Erwachsenen die Party ihrer Kinder aber nicht zu sehr verplanen. Ein starres Programm erinnert an die Schule.

Gefühle zu ertragen. Schadenfrohe MitspielerInnen machen das alles nur noch schlimmer (> Methoden gegen den Verliererfrust, Seite 452).

Einer für alle, alle für einen

Bei Kooperationsspielen gibt es keine einzelnen SiegerInnen oder VerliererInnen. Ihr Ziel ist es, daß alle MitspielerInnen zusammenarbeiten und gemeinsam einen Lösungsweg finden. Am Ende haben entweder alle gemeinsam gewonnen oder alle verloren.

Bei »Bauer schnell, es wird schon hell« können bereits Vorschulkinder versuchen, die Ernte einzubringen, bevor der Sturm sie vernichtet. Bei »Scotland Yard«, einer für Kinder ab dem Schulalter geeigneten Verbindung von Taktik- und Kooperationsspiel, mimt eine oder einer »Mr. oder Mrs. X«. Die anderen müssen »Mr. oder Mrs. X« in London aufstöbern und dabei sehr klug mit ihren begrenzten Taxi-, Bus- und S-Bahn-Tickets umgehen. Bei »Captain Planet« versuchen die SpielerInnen, die Menschheit vor Müllbergen und anderen Umweltkatastrophen zu retten.

Demütigende Situationen sind bei diesen Spielen ausgeschlossen. Kein Kind wird dadurch blamiert, daß die »Mannschaftskapitäne« es als Letzten und damit offensichtlich Schlechtesten oder Unbeliebtesten wählen. Das Team kann sich zum Beispiel aus allen Kindern rekrutieren, die in bestimmten Monaten geboren sind oder deren Namen mit bestimmten Buchstaben beginnen.

Auch herkömmliche Konkurrenzspiele lassen sich zu kooperativen umfunktionieren. Zum Beispiel, indem festgelegt wird, daß jedes Kind den Ball einmal berührt haben muß, bevor auf das Tor der Gegenmannschaft geschossen werden darf. Die Kinder können auch die Zielsetzung eines Spiels ändern. Im traditionellen Spiel »König des Berges« etwa ist ein Kind »König« und muß alle anderen den Berg hinunterschubsen. In der kooperativen Version »Bergvolk« ist das Ziel umgekehrt. Dort tun sich die Kinder zusammen, um möglichst viele SpielerInnen auf die Bergspitze zu bringen.

KINDERFESTE

Die meisten Kinder feiern gerne. Geburtstage und ähnliche Ereignisse werden noch aufregender, wenn die Kleinen FreundInnen und Verwandte zu einem Fest einladen dürfen.

Eltern sollten sich dabei klarmachen, um wessen Festtag es sich handelt. Wer die ganze Verwandtschaft einlädt, »weil das sein muß«, wer sich für Einladungen des vergangenen Jahres mit einer »Gegeneinladung« revanchiert, darf sich nicht wundern, wenn die Kleinen nach kurzer Zeit teilnahmslos zwischen den Gästen umherirren und später im Kinderzimmer verschwinden.

GastgeberInnen sind die Kinder – und sie sollten bestimmen dürfen, mit wem sie feiern wollen. Je nach Wohnungsgröße und Alter des Kindes können Eltern vorher allenfalls ein Limit bei der Zahl der Gäste festlegen. Bewährt hat sich dabei der Grundsatz, wonach für jedes Lebensjahr ein Gast eingeladen werden darf.

Das Festmahl

Bei den Festen der Erwachsenen steht meist das Essen im Mittelpunkt. Und auch Kinder sind einem originellen Geburtstagsmenü zugetan. Ein Kuchenbuffet oder fein geschnittene Rohkost mit möglichst vielen Soßen zum Dippen, Pizzateig, den die Kinder je nach Geschmack belegen können, Pfannkuchen- oder Eis-Parties schätzen Kinder jeden Alters.

Festtagsmotto

Kinderfeste werden zu tollen Parties, wenn sie unter einem Motto stehen: Die Aufforderung »Ein Fest für SportlerInnen«, »Wir machen Zirkus«, oder »Einlaß nur für Tiere« beschäftigt Gastgeber-Innen und Gäste schon Tage vor dem Fest. Eifrig basteln sie an ihren Verkleidungen und rätseln, wer wohl in welche Rolle schlüpfen wird.

Wer rechtzeitig genug Requisiten wie alte Kleider und Hüte, Tücher, Stoffe oder Federn sammelt, kann die Verkleidungsaktion auch als Partyüberraschung präsentieren.

Auch den Videofilm zur Erinnerung an das Geburtstagsfest müssen nicht immer nur die Eltern drehen. Ältere Kinder können sich in verschiedene Filmcrews aufteilen, die ein Drehbuch schreiben, die Rollen verteilen und dann das ganze Unternehmen mit einer Videokamera filmen. Dazu brauchen die Kinder möglichst viele Requisiten. Zum Abschluß schauen sich dann alle gemeinsam die neue Produktion an.

TIPS FÜR KINDERFESTE

● Achten Sie bei der Planung darauf, daß Sie weder sich noch die Kinder durch die Zahl der Gäste und die geplanten Aktivitäten überfordern.

● Wenn Sie eine größere Kindergruppe einladen möchten, kann es sinnvoll sein, die Zeit zu begrenzen. Viele Kleinkinder sind schon nach zwei Stunden »geschafft«.

● Vielleicht gibt es im Bekanntenkreis jemanden, der Gruppenspiele für Kinder kennt und Sie entlastet, indem er sich um die Kleinen kümmert.

● Kleinkinder brauchen Bewegung. Sie werden rastlos, wenn sie zu lange sitzen müssen.

● Versuchen Sie, Bewegungsspiele mit ruhigeren Spielen abzuwechseln.

Zum Weiterlesen

**Das Spiel- und Aktionsbuch –
Spaß für Kinder, Eltern und Pädagogen.**
Sharla Feldscher
Rowohlt Verlag, 1991.

Kunst und Kultur

Kinderkunst heißt immer auch spielen. Vor allem die Kleineren singen, reimen, tanzen, zeichnen und modellieren aus spielerischer Lust, ohne damit einen besonderen Zweck zu verfolgen. Die Eltern können diese spielerische Sinnesfreude um so länger erhalten, je mehr sie die Kinder zur Perfektion drängen. Sie finden ihre Vorlieben allein: wenn sie Anregung und Unterstützung erfahren.

Viele Eltern träumen von einem begabten Kind, das irgendwann Konzert-, Theater- oder Opernsäle füllt, und hoffen, daß frühzeitiges Training den Künstler oder die Primaballerina aus ihren Kleinen hervorlockt. Doch meist scheitert der Versuch, Kinder zu Spitzenleistungen zu treiben. Viele anfänglich vielversprechende »Wunderkinder« sind nach wenigen Jahren ausgepowert und wenden sich enttäuscht von Klavier, Geige oder Ballettschuhen ab.

Ob ein Kind die Lust am künstlerischen Ausdruck entdeckt, hängt nicht vom Ehrgeiz seiner Eltern ab, sondern von seinen Freiräumen, den Anregungen der Familie und vom sozialen Umfeld. Wächst das Kleine in einem Zuhause auf, in dem

die Erwachsenen gerne singen und musizieren, begleiten es Musik und Klänge wie selbstverständlich.

Ähnlich ist es in Familien, in denen sich die Eltern in Laienspiel- oder Tanzgruppen engagieren, gerne ins Kabarett oder Museum gehen, in der Dunkelkammer ihre Fotos selbst entwickeln oder eigene Wohnungsdekorationen entwerfen. Die Kinder erleben dabei, daß sich jeder fernab der sogenannten »Hochkultur« künstlerisch ausdrücken kann. Sie erfahren auch, daß Kulturelles nicht nur passiv erlebt, sondern auch aktiv gestaltet werden kann.

Für Kinder ist Kultur eine Ganzheit und noch nicht nach klassischen Sparten wie Musik, Malerei, Tanz oder Theater getrennt. Spontan und spielerisch verbinden vor allem die Kleinen von sich aus Bewegung, Sprache, Klänge und Rhythmen, ohne von Erwachsenen dazu angeleitet werden zu müssen.

Die moderne Kinderkulturpädagogik nimmt Alltagserfahrungen zum Ausgangspunkt, um die Phantasie der Kinder mit künstlerischen Mitteln weiterzuentwickeln. Sie sollen spielerisch erfahren, wie sie ihre immer komplexer werdende Umwelt gestalten können. Nicht Perfektion ist nötig, sondern Freude, Empfindungen und Erfahrungen schöpferisch-gestaltend ausdrücken zu können, sei es im Theaterspiel oder bei einer Malaktion, in der kahle Hausmauern Farbe bekommen. Wichtig ist,

WIE KINDER KREATIV BLEIBEN

Jedes Kind ist kreativ, das heißt begierig, etwas zu »schaffen«. Wie sich diese Kreativität kultiviert, hängt von den Freiräumen ab, die dem Kind in seinem Alltag gewährt werden:

● Kinder sind meist hoch konzentriert, wenn sie malen oder etwas gestalten. Sie wollen nicht gestört oder unterbrochen werden. Oft ist ihnen schon geholfen, wenn man sie auf das Ende ihrer Aktivitäten früh genug vorbereitet. Die plötzliche Aufforderung, die Arbeit nun sofort wegzuräumen, um sich anderen, meist weniger spannenden Aufgaben zu widmen, frustriert.

● Die Kleinen brauchen immer ehrliche Anerkennung für ihre Produkte und Produktionen. Am deutlichsten zeigen die Eltern das, wenn sie sich die kleinen Kunstwerke zeigen lassen, über das Geschaffene mit dem Kind sprechen und sich für die Erklärungen der Kleinen interessieren.

● Kinder wollen ihre Dinge selber machen und ihre eigenen Vorstellungen umsetzen. Sie brauchen dafür Anregungen, fühlen sich aber eher behindert, wenn sie darauf hingewiesen werden, wie der Elefant »richtig« aussieht, wie das Lied ohne schrägen Ton klingen müßte oder wie ein Boogie »richtig« getanzt wird. Der individuelle kindliche Ausdruck sollte immer Vorrang haben.

● Hilfe fordern die Kinder bei schwierigen Aufgaben von selbst an. Dann können die Eltern ihre Unterstützung anbieten, Lösungswege aufzeigen und in die Gestaltung eingreifen (> Vom Wunsch, etwas zu bewirken, Seite 264).

daß die Kinder dabei selbstbestimmt und gemeinsam ihre Vorstellungen realisieren. Die Anregungen der Erwachsenen begleiten sie nur. Zusammen mit anderen Kindern etwas Neues zu schaffen und das eigene Produkt in das »Gesamtwerk« einfließen zu lassen, ist das Wesen der Kultur von und für Kinder.

Eltern brauchen Einfühlungsvermögen und viel Geschick, um ihren Sprößlingen den freien künstlerischen Ausdruck bis in die Jugendjahre zu erhalten. Nur auf diese Art können sie ihnen den Reichtum erhalten, den jedes Kind mitbekommen hat, den es aber später als Erwachsener vielfach vermißt: die Möglichkeit, Empfindungen in Bildern, in Texten, in Gedichten oder in Musik auszudrücken und zu erleben.

WELT DER BILDER UND OBJEKTE

Die große Zeit der »Kinderkunst« liegt zwischen dem dritten und achten Lebensjahr. Wer den selbstvergessenen Gesichtsausdruck der Kinder dabei beobachtet, kann erahnen, wie wichtig ihnen ihr Tun ist. Es entstehen Produktionen, die Erwachsene sehr faszinieren, weil sie frech sind in der Farbwahl und Formen unbekümmert kombinieren: Sie zeigen eine Kreativität, um die »große« KünstlerInnen sie oft beneiden.

Bei fast allen Kindern fängt es gleich an: Kringel, Linien und Zeichen landen nicht nur auf dem dafür bereitgestellten Blatt Papier. Die Spuren der ersten Kinderbilder sind beinahe in der gesamten Wohnung zu finden: auf dem Eßtisch, an der Wand, in Büchern. Die pure Freude des Kindes am Malen, Kneten, Formen, Schneiden, Kleben und Gestalten macht auch vor wertvollen Gegenständen nicht Halt und läßt manche Eltern verzweifeln: Die Wohnung verwandelt sich in ein Atelier.

Zeichnen zwischen Kunst und Psychologie

Zeichnen ist eines der wichtigsten Ausdrucksmittel für Kinder, vor allem solange ihre Sprechfähigkeit noch nicht voll ausgebildet ist. So willkürlich und realitätsfern die ersten Kinderzeichnungen auch wirken mögen, es steckt meist mehr dahinter, als auf den ersten Blick zu vermuten ist: Nicht umsonst sind sie ein Lieblingsobjekt der EntwicklungspsychologInnen, denn Kinderzeichnungen spiegeln die Phasen der gesamten seelischen und sozialen Entwicklung (> Seite 256). Ängste und Konflikte, Träume und Wünsche können sich in den Produktionen artikulieren. Für therapeutische Situationen ist das hilfreich: So kann beispielsweise in einer psychologischen Beratung die distanzierte Anordnung der Familienmitglieder auf dem Zeichenblatt zum Anlaß genommen werden, um über die Beziehungen in der Familie zu sprechen (> Beratung und Psychotherapie, Seite 757).

Der typische Ablauf der Zeichenphasen der Kleinen sind auf der ganzen Welt gleich: Alle Kinder kritzeln »Kopffüßler« und »Strahlenfiguren«. Bei aller Ähnlichkeit in der Entwicklung hat jedoch jedes Kind sein ganz eigenes Tempo und seinen individuellen Stil. Eine »Norm« gibt es nicht, und eine Bewertung aus Erwachsenensicht nach »falsch«, »richtig«, »schön« oder »häßlich« wird Kinderzeichnungen nie gerecht.

Kritzelphase

Die ersten, mit kräftigen Strichen ausgeführten Kreise und Zickzacklinien entstehen noch unter Einsatz des ganzen Körpers. Die Ein- bis Zweijährigen genießen die weitausholenden Bewegungen beider Arme ebenso wie die sichtbare Spur, die ihre Bewegung hinterläßt. Das Durcheinander der Linien scheint zufällig und ohne Ähnlichkeit mit Gegenständen aus der Umgebung. Und doch meinen viele PsychologInnen inzwischen, daß diese Kritzeleien bereits Versuche sind, etwas aus der realen Welt darzustellen.

PHASEN DER ENTWICKLUNG

3–4 1/2 Jahre: kritzeln, geometrische Formen

4–5 1/2 Jahre: Strahlenfiguren, Füßler

5–6 1/2 Jahre: vom Kopffüßler zur stehenden Menschenfigur, schweben, landen, stehen

6–7 1/2 Jahre: im Kreis, unter dem Bogen Verbindungen, Kopplungen

7–8 1/2 Jahre: die handelnde Menschenfigur, in Gemeinschaft handelnd

Die Kleinen beginnen schon in diesem Alter zu begreifen, daß Worte und Gesten symbolisch für Dinge stehen können. Genausogut können auch Linien auf einem Blatt Gegenstände repräsentieren. An den oft überraschenden Kommentaren, die Kinder zu ihren Werken liefern, ist das gut zu erkennen: Wenn ein eineinhalbjähriges Kind seinen Stift über das Blatt hüpfen läßt und sagt: »Hase macht hüpf-hüpf-hüpf« würde niemand aus den Punkten einen Hasen in seiner Form oder Farbe erkennen. Dennoch hat das Kind beim Zeichnen die Bewegung des Hasen dargestellt, und die Punkte stehen für seine Fußspuren.

Strahlenfiguren und Kopffüßler

Sobald das Kind seine Bewegungen gut steuern kann und vor allem die kleineren Muskeln der Hand beherrscht, kann es Linien gezielt ausführen, hinter denen eine deutlich erkennbare »Absicht« steckt: Meist stellen sie Menschen dar.

Aus dem Zick-Zack-Gekritzel entwickeln sich bei den Drei- bis Vierjährigen Spiralen, Kreise, Ovale, später Drei- und Vierecke, die dann mit zusätzlichen Elementen versehen werden: Kreise bekommen nach außen strebende Strahlen und Gesichter. Der Kopffüßler, ein Kreis mit zwei senkrechten Strichen für die Beine und zwei Waa-

gerechten für die Arme, ist die früheste Form der Menschendarstellung. Ähnliche Schemata finden die Kinder für Bäume, Häuser und Tiere. Sie wandeln diese immer wieder geduldig ab, bis sie mit der Zeit immer detaillierter werden.

Erzählphase

Bei kaum einem Bild geht es um naturgetreue Wiedergabe. Das Kind versucht vor allem darzustellen, was es weiß und was es fühlt.

Aus diesem Grunde können Kinderbilder nicht »falsch« oder »richtig« sein. Die kindliche Darstellung von Perspektive besteht zum Beispiel darin, wichtige Dinge groß, weniger wichtige klein zu zeichnen. Kühn setzen sich die kleinen KünstlerInnen über die Gesetzmäßigkeiten von Zeit und Raum hinweg: Sie ignorieren oben und unten, innen und außen, vorher oder nachher zugunsten der Bedeutung für die Erzählung im Bild. Kinder sind, da sie erst über wenige optisch festgelegte Formeln verfügen, im ursprünglichen Sinn erfinderisch und voll ungewöhnlicher und origineller Lösungen.

Realitätsphase

Etwa als Schulkinder verstärken die meisten ihr Bestreben, Dinge möglichst wirklichkeitsgetreu abzubilden. Die Kinder haben nun ein deutliches Bewußtsein von Raumverhältnissen. Sie vergleichen ihre Darstellungen immer wieder kritisch mit der Realität. Um das neunte Lebensjahr versuchen sie dann meist, räumliche Perspektive realitätsgetreu einzufangen.

Das fertige Produkt ist den Kindern nun außerordentlich wichtig. Während sie früher vor allem am Tun »an sich« Freude hatten, wollen sie nun, daß ihre Zeichnungen »objektiven« Kriterien standhalten. Oft zeichnen sie Vorlagen möglichst detailgetreu ab, oder sie fotografieren, um ganz realitätsnahe Bilder zu schaffen (> Fotografieren, Seite 464).

Viele Jungen verlieren mit dem Ende der Grundschulzeit das Interesse am Zeichnen oder wenden

---

Zum Weiterlesen

Kinderzeichnungen – Spiegel der Seele; Kinder zeichnen Konflikte ihrer Familie.
URSULA BAUMGARDT
Kreuz Verlag, 1985.

Malen als Lebensspur. Die Entwicklung bildlicher Darstellung im Vergleich mit frühkindlichen Loslösungsprozessen.
HELEN I. BACHMANN
Klett-Kotta Verlag, 1991.

sich technischen Darstellungen zu. Mädchen bleiben eher bei der freien Gestaltung. Der Besuch von Ausstellungen, Museen oder Galerien kann Mädchen wie Jungen anregen, selbst weiterzumachen (> Seite 465).

Im Jugendalter greifen die Kinder oft zu Pinsel oder Spraydose: Sie signieren mit Graffitis Häuserwände, Brückenbögen und U-Bahn-Stationen; sie hinterlassen ihre erste Liebeserklärung oder setzen ein schrilles Protestzeichen. In diesen »Duftmarken« kommt die ursprüngliche Lust zum Vorschein, Spuren zu hinterlassen, um sich seiner selbst zu vergewissern (> Ablösung vom Elternhaus, Seite 279).

Zeichnen und malen

Kinder lieben nicht nur Linien, sondern auch bunte Flächen; schon Zwei- bis Dreijährige hinterlassen leidenschaftlich gerne »Kleckse«: Sie beginnen dreidimensionales Gestalten, indem sie Teig, Knete oder Ton drücken.

Auch in engen Wohnungen brauchen Kinder einen Platz, an dem sie ihre begonnenen Produktionen eine Zeitlang liegenlassen können. Die Kleinen haben ihr eigenes Ordnungssystem, während sie zeichnen, und gestalten ein Chaos, das für Erwachsene schwer durchschaubar ist, in dem sich die Kinder aber ohne Probleme zurechtfinden.

Viele Kinder mögen Malbücher, in denen sie vorgegebene Figuren farbig ausmalen können. Ihre Phantasie wird dabei allerdings kaum gefordert. Kinder, die diese Malbücher schätzen, können aufgefordert werden, die Figuren zu verändern, selbst noch etwas dazuzuzeichnen oder sich eigene Formen auszudenken und diese schließlich auszumalen.

Optimale Bedingungen

Sehr dicke Buntstifte oder Wachsmalstifte sind in den ersten Lebensjahren ideal, weil sie das Kind mit der ganzen Hand halten kann. Wächst die Geschicklichkeit von Fingern und Händen, schenken Kreiden und Filzstifte neue Erfahrungen: Kreiden fühlen sich staubig an, färben sehr leicht und halten besonders gut auf Packpapier. Filzstifte leuchten transparent, sind leicht und gezielt aufzutragen und halten auf den meisten Untergründen sehr gut.

Mit Buntstiften lassen sich Feinheiten gestalten. Sind sie aus Naturholz und tragen sie das Zeichen »CE«, darf das Kind an ihnen auch knabbern (> Malwerkzeug, Seite 461). Kinder lieben es, mit möglichst vielen verschiedenen Farben und Stiften zu experimentieren. Auch Fingerfarben, bei denen

MALWERKZEUG

Lösungsmittel und Lacke (> Wohngifte vermeiden, Seite 398) können sich in Einzelfällen auf die Gesundheit der Kinder auswirken. Inzwischen gibt es kindgerechte Stifte und Malfarben, die am Zeichen »CE« (Certificate European) zu erkennen sind. Sie werden nach der sogenannten Europa-Norm 71 produziert, die den Schwermetallgehalt in den Farben begrenzt. Alle großen Firmen bieten außerdem spezielle Kindersortimente an, beispielsweise unter dem Namen »Kiddy« oder »Jumbo-Color«. Diese Buntstifte und Kreiden sind mit Lebensmittelfarben gefärbt und dürfen daher bedenkenlos ihre Spuren rund um den Mund hinterlassen.

Damit der Lack beim Abkauen der Buntstifte keine Vergiftungen verursacht, ist er in den Kindersortimenten wasserunlöslich oder wird ganz weggelassen. Diese Stifte kosten allerdings um einiges mehr als andere. Filzstifte gibt es inzwischen auch in Versionen ohne Lösungsmittel. Der Fachhandel und Bioläden beraten bei der Suche nach lösungsmittelfreien Finger-, Öl- und Wandfarben.

die Hände zum Werkzeug werden, begeistern sie. Die cremigen Farben halten auf Papier, aber auch auf Kacheln und Fensterglas. So lassen sich Dusche oder Badewanne vorübergehend dekorieren.

Für großflächige Malereien eignen sich am besten alle Arten von Wasserfarben und dicke Pinsel. Temperafarben lassen sich gut mischen, trocknen schnell und sind wasserlöslich, also auch auswaschbar. Sogar Hände und Füße der Kleinen können in Schüsseln mit Farbe getaucht werden, so daß die Fuß- und Handspuren zum Beispiel auf ausgerollten Tapeten prächtige Muster hinterlassen. Ein

---

GROSSE FLÄCHEN UND RÄUME

● Am schönsten ist es, sich beim Malen an einer freien Wand zu entfalten. Die kann im Kinderzimmer sein, für ältere Kinder auch in oder an der Garage, im Flur oder Treppenhaus.

● Eltern, die häufiges Streichen der Zimmerwände vermeiden wollen, können eine große Sperrholzplatte mit mehreren Schichten Packpapier bekleben und damit eine »Leinwand« schaffen, die die Kinder von Produktion zu Produktion weiter beschichten.

● Leintücher oder Bettwäsche, mit einem Tacker auf Holzlatten gespannt und weiß grundiert, bieten einen professionellen Malgrund.

● Dünne Spanplatten mit glatter Oberfläche eignen sich für Arbeiten mit Filzstift oder Wasserfarben. Sie können wieder abgewaschen werden.

● Die klassischen Schultafeln gibt es als Platten zum An-die-Wand-Kleben in Baumärkten zu kaufen.

---

ausgedientes T-Shirt eignet sich hervorragend als Malerkittel.

Kleben, formen und bauen

Jeder Haushalt ist eine Materialienfundgrube: Zeitschriften, Fotos, Klopapierrollen, Geschenkpapier, Korken, Stoffreste, Knöpfe, Käseschachteln, Wollfäden, Watte, Pfeifenreiniger. Vom Umzugskarton bis zur Zahnpastaschachtel kann alles bemalt und zusammengebaut werden: Aus Klopapierrollen entsteht ein Zug, aus Käseschachteln eine Roboterfamilie. Um ein Gesicht zu gestalten, genügen ein Stück Pappe als Unterlage, eine Schere, Klebstoff, Wollfäden, Knöpfe und Watte. So können Kinder beim Spielen Spielzeug schaffen.

Sie schulen dabei ihre Feinmotorik und die Raumvorstellung, erproben Lösungen und bilden ihre gestalterischen Fähigkeiten weiter aus. Dafür brauchen sie allerdings oft die Unterstützung von Erwachsenen. Schließlich möchten die Kleinen die zusammengeklebten, -gebundenen oder -gesteckten Objekte nicht immer wieder auseinanderfallen sehen. Die Großen müssen bei ihrer Hilfestellung jedoch sehr achtsam sein auf die Signale, die die Kinder aussenden, damit sie sich nicht zu früh einmischen und so verhindern, daß Tochter oder Sohn sich um eigene Problemlösungen bemühen. Fast immer fordern sie Hilfe erst dann an, wenn sie selbst nicht mehr weiterwissen.

Kinder erproben ihre Bastelleidenschaft gerne an Spielzeug, Haushaltsgeräten oder Fahrzeugen. Dabei zerlegen sie alles in Einzelteile, fügen es mehr oder minder vollständig wieder zusammen oder schaffen aus den Teilen etwas völlig Neues.

Die Lust am Matsch

Im Sandkasten entstehen die ersten Bauten der Kinder, die sich beim »Matschen« nicht nur eine Vielzahl sinnlicher Erfahrungen holen, sondern auch ihr Raumempfinden schulen.

Im Haus genießen es die Kinder, Knetmasse, Ton, Salz- oder Kuchenteig zu rollen, löchern, biegen, formen. Die Freude am Matschen und Kneten ist ein Hauptgrund für den Wunsch vieler Kinder, beim Backen mithelfen zu dürfen.

Knet- und formbare Materialien

Die am häufigsten gekaufte Knetmasse für Kinder ist Plastilin. Damit lassen sich allerdings meist nur Miniaturgebilde gestalten. Für größere Formen eignet sich besser Ton. Ihn gibt es in großen Bastelgeschäften oder Keramikwerkstätten. Dorthin kann das Werk auch zum Brennen und Glasieren gebracht werden.

An Ton können sich bereits Drei- und Vierjährige versuchen. Die Lust liegt vor allem darin, beim Modellieren viel Masse in der Hand zu haben.

Vorschulkindern fällt es leichter, kompliziertere Tonfiguren aus einzelnen Teilen zu modellieren: bei einem Elefanten zum Beispiel erst den Körper, dann den Kopf, Beine, Rüssel, Ohren und Schwanz. Die einzelnen Teile müssen an den Kanten gut verstrichen und verbunden werden. Trotzdem fallen so zusammengebaute Figuren meist nach einiger Zeit auseinander. Ältere Kinder können ihre Tongebilde schon eher aus einem Stück formen und haben dann weniger Probleme mit den Tücken ihrer Formen.

Papiermaché

Papiermaché können bereits Vier- bis Fünfjährige unterstützt von Erwachsenen aus alten Zeitungen und Kleister selbst herstellen. Daraus lassen sich Figuren, Monster und Masken modellieren (> Handpuppen, Seite 468).

Alte Zeitungen werden in kleine Schnipsel gerissen und in einer Schüssel mit heißem Wasser und genausoviel Tapetenkleister zu einer geschmeidigen Masse verrührt. Das Ganze muß eine Weile quellen.

Für größere Formen wird Zeitungspapier geknüllt und in die gewünschte Form gedrückt oder modelliert; möglich ist auch ein Grundgerüst aus Draht, das mit Zeitungspapier belegt wird. Das Papiermaché wird schließlich darübergestrichen. Nach dem Trocknen kann man das Produkt bemalen und/oder lackieren.

KUNST ZUM ANFASSEN

Meist finden Kinder ihre Spielthemen selbst. Sie schöpfen Ideen aus der Medienwelt, aus Bilderbüchern oder aus intensiven Erlebnissen wie Zoobesuchen, Ausflügen und Familienfesten. Die Eltern können die Themensuche unterstützen, indem sie beispielsweise nach dem Vorlesen einer Geschichte anregen, die Bilder dazu selbst zu malen. So entstehen eigene »Bilderbücher«, die gebunden und mit Fotos versehen werden können.

Einladungen zu Familienfesten oder Weihnachts- und Geburtstagskarten, die die Kinder selbst gestalten und versenden, stärken ihr Selbstbewußtsein und machen stolz auf das eigene Produkt. Das gleiche gilt für Geschenke. So können T-Shirts mit Wäschefarbe bemalt, Dosen dekoriert oder Geschirr bemalt und verschenkt werden. Damit bestätigt sich für die Kleinen der Eindruck, daß die Erwachsenen ihre Produktionen ernst nehmen. Das gleiche geschieht, wenn die Kinderzeichnungen einen eigenen Platz in der Wohnung bekommen. Die Originalwerke der Jüngsten können im Wechselrahmen das Wohn- oder Eßzimmer schmücken. Auch Treppenaufgänge können zum öffentlichen Ausstellungsraum werden. In jedem Fall sollten aber die UrheberInnen ihr Einverständnis geben, bevor ihre Werke solcherart »veröffentlicht« werden.

Fotografieren

Je realitätsgetreuer Kinder die Wirklichkeit abzubilden versuchen, desto mehr fasziniert sie die Fotografie. Viele schießen ihre ersten Fotos bereits in der Vorschulzeit mit der Kamera ihrer Eltern. Rund um das sechste Lebensjahr interessieren sie sich schon für Tricks und Belichtungskniffe und sind vom Innenleben des komplizierten Geräts fasziniert. Für den Anfang genügt dem Nachwuchs eine einfache, robuste Kamera, bei der das Objektiv nicht verstellbar ist und keine Entfernung eingestellt werden muß. Hält das Interesse an, können die Eltern in die Hände der Kleinen lichtstärkere Autofocus-Kameras legen, deren Objektiv sich automatisch auf das einstellt, was fotografiert werden soll.

Künstlerische Ausdrucksmöglichkeiten entdecken die Kinder am besten, wenn die Eltern die Fotos selbst entwickeln. Auch Fotokurse, die Jugendzentren oft schon für Kinder ab acht Jahren anbieten, helfen dabei.

Jugendkunstschulen

Jugendkunstschulen bieten den Kindern »alle Künste unter einem Dach« an: Musik, Tanz, Malerei, Theater, Literatur, Film, Foto, Video. Der Unterricht ist weitgehend offen und findet nicht nur in Kursen oder Klassen statt.

Der Begriff »Schule« ist also irreführend, denn in kaum einer anderen Institution können Kinder so frei spielen, experimentieren und gestalten wie in Jugendkunstschulen. Sie sind meist gut ausgestattet, verfügen über ein Fotostudio mit Labor, betreiben Druck- und Keramikwerkstätten und initiieren immer wieder größere Projekte. Dann bringen Kinder ins Theaterspiel ihre mimischen Fähigkeiten ein, bauen Masken, gestalten Kostüme und entwerfen das Bühnenbild nach eigenen Vorstellungen. Sie produzieren unterstützt von ausgebildeten KünstlerInnen Zeichentrickfilme, bearbeiten Holz und Stein oder lernen Linol- und Siebdrucktechniken kennen.

Gruppenunterricht ist die Regel, Einzelunterricht die Ausnahme (> Musik, Seite 473). Eltern, die sich dafür interessieren, können an Eltern-Kind-Kursen teilnehmen und dabei selbst die Lust am Gestalten wiederentdecken.

Museen, Galerien und Ausstellungen

Schon kleine Kinder können Museums- und Ausstellungsbesuche spannend finden, wenn die Familie den Besuch vorbereitet und eine »kindgerechte« Ausstellung besucht.

Damit Kinder einen solchen Ausflug in die Welt der Kunst und Kultur genießen können, müssen Stimmung und Atmosphäre »stimmen«: Leider nehmen immer noch nicht alle Museums- und Ausstellungsbetreiber auf die Ansprüche von Kindern Rücksicht. Bevor die Erwachsenen ihren Nachwuchs auf den Kultur-Trip mitnehmen, sollten sie deshalb immer erkunden, ob das ausgewählte Terrain auch wirklich kinderfreundlich ist. Ein paar Fragen, die als Entscheidungshilfe dienen können:

● Gibt es in den Ausstellungsräumen nur aneinandergereihte Bilder, oder reizen auch Videos, Dias, Fotos und Objekte, die berührt oder bewegt werden können, die Sinne?

● Geht es in den Ausstellungsräumen lebendig zu, oder darf man die Dinge nur ehrfürchtig bestaunen?

● Dürfen sich die Kinder frei bewegen, oder rufen AufpasserInnen sie rasch zur Ordnung?

● Erfahren die Kinder etwas über das Leben oder den Alltag der KünstlerInnen, oder werden die Arbeiten kommentarlos präsentiert?

● Können die Kinder das Ausgestellte überhaupt sehen, oder hängen und stehen die Stücke für die Kleinen zu hoch?

Viele Museen und Ausstellungen berücksichtigen heute die speziellen Bedürfnisse der Kinder; sie haben das Image des Langweiligen und Verstaubten abgestreift. So gibt es oft Kinderführungen und -gespräche, oder die Kleinen können in Spielaktionen unterschiedliche künstlerisch-handwerkliche Techniken erproben. Die moderne Museumspädagogik bemüht sich, den Kindern die Scheu vor den Räumen zu nehmen und sie die Atmosphäre eines Bildes oder die Ausstrahlung eines Objektes sinnlich erfahren zu lassen.

KINDER IM MUSEUM

Kinder wollen nicht von Raum zu Raum, von Abteilung zu Abteilung geschleppt werden und monotonen – meist auf die Interessen von Erwachsenen ausgerichteten – Vorträgen folgen, sondern unterschiedlich lange dort verweilen, wo sie es spannend finden.

Dementsprechend sollten sich auch die Eltern auf wenige Schwerpunkte beschränken. Oft gelingt das, wenn man sich auf das Bevorstehende vorbereitet. Haben die Kleinen schon aus Bilderbüchern, Videos oder Erzählungen erfahren, wie PolynesierInnen früher lebten, kann das Bestaunen der Boote, Werkzeuge und kunstvollen Masken in einem Völkerkundemuseum zum Vergnügen werden. Die Kinder wollen vor allem konkrete Geschichten aus dem Leben von damals oder jetzt hören und keine kulturtheoretischen Erklärungen.

Von moderner Kunst sind schon kleine Kinder oft mehr fasziniert als ihre Eltern. Am Surrealismus eines René Magritte oder Max Ernst kann sich die kindliche Phantasie ebenso entzünden wie an Pop-art oder der Kunst unserer Zeit.

Wichtig ist, daß die Kleinen Rhythmus und Dauer des Beschauens und Begreifens bestimmen und daß sie die Ausstellungsräume verlassen dürfen, wenn sie sich zu langweilen beginnen. Sonst setzt sich bereits bei den Kleinen jenes Image fest, das viele Erwachsene mit Ausstellungen und anderen Kultur-Aktivitäten verbinden und sie deshalb lieber fernbleiben läßt: müde Füße und innerliche Erschöpfung.

KINDERTHEATER

Kinder lieben Verwandlungen und das Spiel mit der Nachahmung (> ImitationskünstlerInnen, Seite 261). Auch wenn ihre schauspielerischen Leistungen anfangs nicht als »Theater«, sondern als »darstellendes Spiel« zu verstehen sind, zeigen sie sehr früh, daß in allen Menschen ein Mime steckt (> Rollenspiele, Seite 444).

In den ersten vier bis fünf Lebensjahren verstehen und erwerben die Kinder das ganze Repertoire des Schauspiels: Sie kennen traurige, komische, wütende, zornige, gleichgültige, fröhliche, entspannte und aufmerksame Mienen. Sie wissen, was diese Gesichter bedeuten und deuten die begleitenden Gesten und Körperhaltungen. Mimik, Gestik und Sprechweise von Eltern und Geschwistern ahmen sie nach und erproben immer neue Formen. Erfinden und Nachahmen ergänzen sich. Das »richtige« Theater, in dem sie selbst SchauspielerInnen vor Publikum sind, beginnt meist rund um das dritte Lebensjahr.

Zum Weiterlesen

Märchenspiele.
BEATRICE TANAKA
Verlag Maier, 1987.

**Prinzessin, Monster, Astronaut;
101 Ideen für Rollenspiele mit Figuren,
Puppen und Kostümen.**
RITA HABERKORN
Rowohlt Verlag, 1988.

**Pantomime mit Kindern;
Ein Spielbuch für Kinder von fünf bis zwölf.**
Verlag Maier, 1975.

Spiel- und Theateraktionen mit Kindern.
WILFRIED NOLD
Hugendubel Verlag, 1987.

Dann setzen sich die Sprößlinge im Familienkreis in Szene und fordern die Eltern auf, Publikum zu spielen: Es beklatscht die ersten Purzelbäume, eine Gesangsvorführung oder Szenen aus dem Tierreich. Die Kinder ahmen das Gebrüll der Löwen nach, umschleichen mit lautem Miauen die Beine der Eltern oder fletschen als angreifendes Raubtier bedrohlich die Zähne. Aus unbändiger Lust, sich selbst in Positur zu setzen, werden manche Kinder zu »Familienclowns«. Wenn dieses Verhalten allerdings über viele Wochen anhält, signalisiert es weniger Freude an der eigenen Darstellung, sondern ist vielmehr ein verzweifelter Hilferuf. Die »Familienclowns« erhoffen sich eine Zuwendung, die sie mit »anderen« Mitteln nicht bekommen (> Problemkinder, Seite 348).

Verkleiden und verwandeln

Im darstellenden Spiel schlüpfen die Kinder in fremde Kleider und erproben Rollen entlang eines vorgegebenen Handlungsablaufs. Ihr Spiel hat dabei Ähnlichkeit mit dem Theater der Erwachsenen. Die Kleinen wollen von vertrauten Personen unterstützt und vom Publikum beobachtet werden. Diese Merkmale unterscheidet das darstellende Spiel vom Rollenspiel. Bei letzterem wollen die Kinder eher konzentriert und ohne Eltern spielen (> Spielen, Seite 440).

Bei den ersten Verkleidungs- und Verwandlungsaktionen können die Kinder beispielsweise Bilderbuchgeschichten oder einfache Hörspielszenen nachspielen. Auch Werbespots übernehmen die Kinder leidenschaftlich gern. Ihre eingängigen Texte behalten sie gut, die einschmeichelnden Melodien lassen sich leicht nachsingen.

Mit der dramaturgisch stimmigen Handlung nehmen es die Kleinen dabei nicht allzu genau. Ihnen ist die fertige Produktion mit Anfang, Mitte und Schluß weniger wichtig als das Spielen selbst. Elterliche Korrekturen an der Handlung führen die Kinder dann auch in die Irre. Sie können hervorragend improvisieren, mischen in die Handlungen Alltagserfahrungen und wechseln von der »Bühne« immer wieder ins reale Leben.

Schminkutensilien, ausgediente Kleidungsstücke, Hüte, Gürtel und Accessoires jeder Art aus der Erwachsenengarderobe sind heiß begehrte Requisiten. Bevor Eltern alte Kleidung aussortieren, sollten sie daher immer an die Verwandlungswünsche ihrer Kinder denken. Auch Bettücher, Kissenbezüge und Handtücher eignen sich hervorragend zum Verkleiden. Ein großer Karton genügt, um die Requisiten unterzubringen. Schminkutensilien sind preiswert in Drogerien oder Dekorationshäusern zu kaufen. Allerdings lassen sich Kleinkinder oft nicht gerne schminken. Erst Ältere reagieren weniger ängstlich, wenn sie plötzlich vor dem Spiegel ganz anders aussehen.

Masken und Kostüme können allerdings relativ teuer auch gekauft oder aus vorgegebenen Stoffen angefertigt werden. Weniger aufwendig ist es, vorhandene Teile zu verändern. So lassen sich Rüschen aus Krepppapier an einen Rock heften, alte Hüte oder T-Shirts können bemalt, und aus Kartons und Buntpapier können Accessoires geschnitten werden. Masken lassen sich aus Papiermaché herstellen (> Seite 463). Nicht Perfektion ist gefragt, sondern die Lust an der Verwandlung.

Themen finden

Um Spielstoff sind Kinder kaum verlegen. Im Vorschulalter sind Märchen (> Seite 484) unschlagbare Favoriten. Die Kinder lieben Verzauberungen, Verwicklungen und alles Phantastische. All das braucht Raum im nüchternen Alltag der Schulkinder. Einfache Märchen, die sich gut für Verkleidungsspiele eignen, sind zum Beispiel » Die Bremer Stadtmusikanten« oder »Der Hase und der Igel«.

Aus einem großen Karton wird bei Jüngeren die Bühne für Puppen- und Fingerspiele (> Seite 468). Bei älteren Kindern kann daraus ein Fernsehbildschirm werden, hinter dem die Kinder ihre Meldungen »verlautbaren«: Nachrichten aus der Schule, Erlebnisse vom Spielplatz, Berichte aus der Familie. Diese Kindernachrichten erleichtern es, sich aktiv mit elektronischen Medien (> Seite 490) auseinanderzusetzen und Alltagsprobleme in die Spielhandlung hineinzunehmen.

Zwischen dem sechsten und achten Lebensjahr beginnen sich die meisten Kinder dafür zu interessieren, wie man mit vorgegebenen Texten »richtig« Theater spielt. Nun brauchen sie geschickte SpielleiterInnen, die es verstehen, die Kinderideen aufzugreifen, und zu überschaubaren, spannenden Geschichten weiterzuentwickeln. Die spielfreudigste Gruppe sind die Neun- bis Zwölfjährigen. Sie sprühen vor Einfallsreichtum und Inszenierungsi-

ROLLEN-KLISCHEES

Kinder orientieren sich im darstellenden Spiel an Prototypen. Prinzessinnen- und Königscharaktere ordnen sie den Geschlechtern zu und übernehmen sie meist. Doch sie können die Rollen auch abwandeln. So muß beispielsweise das Dornröschen nicht unbedingt durch einen Prinzenkuß zu neuem Leben erwachen, sondern kann sich in einem frei improvisierten Ende »selbst befreien«. Ähnliches ist beim Aschenputtel möglich, das nicht auf den Prinzen wartet, sondern sich nach der durchtanzten Nacht selbst auf die Suche nach ihrem Geliebten macht. Den Kindern fallen meist zahllose Variationsmöglichkeiten ein, in denen sie nicht nur den Charakter der Rolle, sondern auch den Handlungsablauf verändern. Die Eltern können die freie Inszenierung der Stücke zusätzlich unterstützen, indem sie zum Rollenwechsel animieren und Jungen wie Mädchen »starke« und »schwache« Rollen ermöglichen.

DIE BÜHNE ZU HAUSE

Bühnenideen sind oft mit der Puppenwelt verbunden. Dabei reichen meist schon bemalte Finger oder Stabpuppen, um eine Figur in Szene zu setzen.

Fingerspiele

Finger und Hände sind ein erstes Ausdrucksmittel. Mit ihnen lassen sich Schattenspiele an die Wand werfen, und je nachdem wie gelenkig die kleinen Finger sind, geben sie schon Figuren für erste kurze Vorstellungen ab. Dabei lohnt es sich, alte Fingerspiele, die mit Reimen verbunden sind, zu neuem Leben zu erwecken. Die Kinder schulen dabei ihr Sprach- und Rhythmusverständnis und bekommen eine Vorstellung von Kleinst-Inszenierungen. Ein Beispiel dafür ist der traditionsreiche Reim: »Das ist der Daumen, der schüttelt die Pflaumen, der sammelt sie auf, der trägt sie nach Haus, und dieser kleine,

der ißt sie alle ganz alleine«. Bei diesem Spiel werden die Finger gemäß der Rhythmusabfolge angefaßt.

Beim Spielen mit bemalten Fingern genügen ein Malkasten mit Deckfarben, ein Pinsel und etwas Wasser. Die Deckfarbe wird auf Finger und Hände aufgetragen, und mit Hilfe von einigen Knöpfen, Glaskugeln oder Puppenaugen werden aus den Händen Clowns oder Klavierspieler, ein Papagei oder ein Zebra. Mit Wasser und Seife ist der ganze Spuk schnell wieder abgewaschen.

Zum Weiterlesen

● Mario Mariotti: Umani und Animani; Spiele mit bemalten Händen. Bertelsmann Verlag, 1992.

● Eve Marie Helm: Fingerspiele. Heyne Verlag, 1982.

Stabpuppen

Bei Stabpuppen sitzt der Puppenkopf (> Papiermaché, Seite 447) auf einem Holzstab, der in verschiedenen Längen im Bastelgeschäft zu bekommen ist. Je nach Geschicklichkeit können Kostüme genäht und die Köpfe feiner ausgearbeitet werden. Als Bühne genügt ein über ein Seil gebreitetes Tuch, hinter dem die SpielerInnen stehen und die Puppen über die Kante bewegen. Sind die Stäbe lang genug, zum Beispiel ein Besenstiel, können die Kinder ganz unter das Kostüm schlüpfen und je nach ihrer Rolle langsam schreitend, tanzend oder hüpfend die Figur bewegen.

Zum Weiterlesen

● Ingeborg Rathmann: Handpuppen; Arbeitstechniken, Gestaltungsmöglichkeiten, Spielvorschläge. Englisch-Verlag, 1986.

● Oskar Batek: Einfache Marionetten zum Nachbauen. Verlag Maier, 1985.

Handpuppen

Karikaturhaft übertriebene Gesichtszüge des Kaspers oder Räubers machen kleineren Kindern manchmal angst. Sie bevorzugen einfache, nicht zu ungewöhnliche Kopfformen.

Die Hauptfiguren sind Kasper, Gretl, Räuber, Polizist, Hexe, Krokodil und Zauberer. Wenn die Texte, nach denen sie agieren, nur ein Leitfaden für die Handlung sind, können die SpielerInnen Zurufe und Anregungen der ZuschauerInnen aufgreifen und improvisierend weiterentwickeln. Das ist das Wesen des Kasperletheaters: Die Zuschauerkinder fiebern mit. Ihre Aufmerksamkeit ist schon gewonnen, wenn zum Beispiel bekannte Namen oder Orte und alltägliche Ereignisse ins Spiel einfließen.

Zum Weiterlesen

● Ursula Lietz: Kasperletheater; Spieltexte und Spielanleitungen. Falken Verlag, 1992.

● Friedrich Arndt: Puppenspiel für kleine Gäste; Texte, Spielskizzen. Don Bosco Verlag, 1983.

deen. Die Hauptaufgabe der Eltern oder professioneller BetreuerInnen ist es nun, das einmalige Feuerwerk zu einem wiederholbares Stück zu machen.

Mit dem Beginn der Pubertät verabschieden sich die meisten Jungen vom Theater. Bei den Dreizehn- bis Sechzehnjährigen spielen fast ausschließlich Mädchen. Sie orientieren ihre Stücke bereits an der Jugend- oder Erwachsenenliteratur und setzen sich im Kinder- und Jugendtheater mit ersten Liebesgeschichten und Rollenerwartungen auseinander (> Suche nach Weiblichkeit, Seite 280).

Kinderspiel auf der Bühne

Viele Kinder spielen so leidenschaftlich gern Theater, daß sie sich als SchauspielerInnen und DramaturgInnen auf Bühnen erproben wollen. Die Qualität eines Theaters mit Kindern mißt sich immer daran, wie sehr die Großen es den Kleinen ermöglichen, ihre darstellerischen Fähigkeiten zu entfalten.
● An vielen Schulen haben engagierte LehrerInnen Theater-Arbeitsgemeinschaften initiiert.
● Auch bei freien Theatergruppen, die ihre Stücke erst in der Aktion zusammen mit Zauberern, Jongleuren und Clowns entwickeln, sind Kinder willkommen.
● Einige öffentliche Theater haben »Jugendclubs« eingerichtet, in denen ältere Kinder eigenständige Inszenierungen entwickeln, die in den offiziellen Spielplan aufgenommen werden können.
● Theater kann auch in Pfarrgemeinden und von Laiengruppen initiiert werden, bei denen sich engagierte Kinder und Eltern die Bühne des Gemeindezentrums erobern.
● Die meisten Jugendkunstschulen bieten Theatergruppen, Figurenbau und Puppenspiele an.
● Das Theaterpädagogische Zentrum (TPZ) in Lingen gibt Auskunft über die Arbeit freier Theatergruppen mit Kindern: Universiätsplatz 5–6, 4450 Lingen.
● Auskunft über die Arbeit von Laiengruppen, die für und mit Kindern Theater spielen, ist zu erhalten beim: Bund Deutscher Amateurtheater e.V.; Steinheimer Str. 7/1; 7920 Heidenheim.

TANZ UND RHYTHMIK

Für jedes Kind verbinden sich die ersten Lebenserfahrungen mit Bewegung und Rhythmus. Der Körper des Babies »spricht«, er drückt abwehrende oder zustimmende Empfindungen aus, mit Armen und Beinen strampelnd oder hopsend. Die Fähigkeit, sich zu Klängen zu bewegen, scheint angeboren zu sein. Oft klatschen schon Ein- bis Zwei-

FAMILIENVOR-STELLUNGEN

Ein »Zirkus« eignet sich hervorragend, um unterschiedliche Kinder in einer Inszenierung zusammenzubringen. Jedes Kind denkt sich eine Rolle oder ein »Kunststück« aus: So gibt es Löwen und Tiger, Clowns und TänzerInnen, DirektorInnen und ZauberInnen. Die Vorstellungsvorbereitungen sind dabei der eigentliche Hit. Der Zauberer braucht einen spitzen Hut und bekommt einen Schnauzbart gemalt. Die Clowns stopfen sich mit Kissen Bäuche und schminken sich rote Nasen. Die Tänzerin darf im Spitzenhemd der Mutter erscheinen, und die Kleinsten spielen wilde Tiere. Auf bunt bemalten Kartons sitzen sie vor ihrer Domteuse und brüllen. Die oder der Zirkusdirektor organisiert den Auftritt der KünstlerInnen und kündigt die nächste Nummer an. Ein Leintuch, über einer quer gespannten Schnur hängend, wird als »Vorhang« von Auftritt zu Auftritt geöffnet und geschlossen. Das Publikum aus Omas, Tanten, FreundInnen und Bekannten sieht zu und applaudiert. Dabei gilt: Nicht die vollendete Inszenierung ist das Ziel, sondern der Spaß am ganzen Geschehen.

jährige in die Hände, wippen und drehen sich, wenn sie Musik hören. Kinder haben fast immer eine unverfälschte Freude an Rhythmen und Klängen, und alle sind in diesem Sinne musikalisch (> Musik, Seite 473). Mit Freude lassen sie sich bei Festen auf den Arm nehmen und wollen mittanzen, sich mitwiegen und drehen.

Die Kleinen trennen noch nicht zwischen sich bewegen, hören und fühlen. Deutlich zeigt sich das bei den klassischen Klatsch- und Kreisspielen und beim Singen von Kinderliedern, zu denen sie stampfen, schwingen und wippen. Viele Ringel-Reihe-Tänze der Kinder sind uralt und kehren abgewandelt und verändert immer wieder. Kindertänze werden von Generation zu Generation weitergegeben, oft mit neuen Elementen und Texten versehen, und sind dennoch europaweit, ja sogar weltweit, in Rhythmus und Schritt vergleichbar. Sie sind rund um den Globus die Grundform kindlichen Spiels.

Zu Kindertänzen finden sich die Kleinen auch ohne Anleitung von Erwachsenen zusammen. Meist bildet ein leicht einprägsames Lied den musikalischen Hintergrund, der unweigerlich Rhythmus und Bewegung provoziert. Die Älteren zeigen dabei den Jüngeren wie die Bewegung im gesungenen Text abläuft, wann sich jemand in den Kreis hinein- und wieder hinausbewegt und wann die ganze Gruppe klatscht, sich dreht und schließlich zum Stillstand kommt. »Tanzen« bedeutet im Kinderlied immer auch hüpfen, springen, Arme und Beine werfen, »sich rütteln« und »sich schütteln« wie dies beispielsweise in dem Lied vom Bi-Ba-Butzemann geschieht.

Die außerordentliche Fähigkeit der Kinder, durch Körperbewegungen ihre Empfindungen darzustellen, äußert sich am deutlichsten in den Jugendtänzen, die ohne jeden pädagogischen Einfluß entstehen. So wurden beispielsweise Breakdance und Rap im Protest gegen die Welt der Erwachsenen entwickelt. In den Breakdance-Fertigkeiten der Jugendlichen aus den New Yorker Slums drückt sich ein völlig eigenständiges künstlerisches Schaffen aus, das inzwischen weltweit zum Symbol für eigene Kraft und Identität geworden ist.

Improvisieren zu Hause

Kinder verbinden Bewegung, Sprache und Musik meist spontan und spielerisch miteinander. Eltern, die auch im Alltag immer wieder eine Platte auflegen und mit ihren Kindern tanzen, unterstützen diese Spontaneität und schulen den körperlichen Ausdruck der Kleinen; und sie verschaffen ihnen ein intensives Sinneserlebnis. Dabei geht es nicht um bestimmte Schrittfolgen, sondern um die pure Freude an der Bewegung zur Musik. So kann man zu Beatles-Songs, zu Klassik oder Volksliedern tanzen und klatschen. Die Kinder ahmen die Bewegungen der Erwachsenen nach, entwickeln eigene und schulen dabei ihr rhythmisches und räumliches Empfinden.

Ähnliches geschieht bei Bewegungsspielen oder beim Versuch, Rhythmik bewußt zu fördern. Dies ist beispielsweise beim Malen zur Musik möglich, wenn die Kinder sich von Klängen leiten lassen und unter Einsatz des ganzen Körpers malen. Der für das Tanzen wichtige Gleichgewichtssinn läßt sich beim Balancieren auf einem großen Ball mit ausgestreckten Händen trainieren. Taktempfinden kann man beim Treppenhüpfen oder -springen fördern, wenn man dazu rhythmisch eins-zwei, eins-zwei zählt. Die Leidenschaft des Kindes am Tanzen fördert immer wieder die alte Verbindung von Kinderlied und Reigen, die bei Kinderfesten Stimmungsmacher ist (> Kinderfeste, Seite 455). Zwischen dem dritten und vierten Lebensjahr fällt es den Kleinen kaum noch schwer, nach Anleitung in der Gruppe spielerisch zu üben und sich auf die gemeinsame Sache einzulassen.

Rhythmik

In der »klassischen« Rhythmik werden die Kinder aufgefordert, Klängen wie beispielsweise dem lan-

MIT KINDERN INS THEATER

Für Eltern, die ihren Kleinen Lust auf »Theater« machen wollen, sind die klassischen Puppen- und Figurenspiele der Theateranfang schlechthin. Kasperles »Seid ihr alle da?« ist der Einstieg, den auch moderne Inszenierungen begleiten können. Bis heute ist Kindertheater ohne Grimms Märchen, die vor den Ferien und vor Weihnachten an allen größeren Bühnen gespielt werden, kaum denkbar.

Für Vorschulkinder genügen anfangs 15 bis 30 Minuten dauernde Stücke: Stehgreif- und Fingerspiele, Marionetten und Handpuppen, die mit den Kindern in Dialog treten.

Für Schulkinder können Stücke schon 30 bis 45 Minuten dauern, die Geschichten können komplexer sein und die Figuren ausgeprägtere Charaktere und Gesichtszüge haben. Erst mit ungefähr neun Jahren können Kinder karikierende Darstellungen erfassen und verstehen auch Ironie, groteske Übertreibungen und den Humor von Erwachsenen.

Fast immer lieben Kinder jene Stücke am meisten, die sich zu einem spannenden Abenteuer entwickeln, an deren Ende aber alles wieder ins Lot kommt.

Für die Kleinen eröffnet sich im Theater die spannende Welt der inszenierten, dramaturgisch aufbereiteten, gesungenen oder getanzten Geschichte. Was vielen Kleinen bereits durch das Vorlesen aus Märchen- und Bilderbüchern vertraut ist, verdichtet sich nun zu einem packenden Erlebnis: Die Figuren werden lebendig, sprechen und agieren vor den Augen der Kinder. Alles erscheint wirklich und doch unwirklich. Hinzu kommen die eigenartige Atmosphäre, die Dunkelheit des Raums und das angenehme Gefühl, zusammen mit anderen Kindern die Abenteuer der Figuren und Personen durchzustehen. Wichtig ist, daß sich die Kinder dabei bewegen und emotional mitgehen können. Zumindest in der Pause sollte es eine Möglichkeit zum Herumtollen geben.

Eine Form, in der eine Geschichte mit Sprache, Musik, Tanz- und Theaterelementen erzählt wird, spricht Kinder am intensivsten an. Dazu zählen auch Kindermusicals oder Kinderopern wie beispielsweise die klassischen Inszenierungen von »Schneewittchen« oder »Hänsel und Gretel«; oder Musikklassiker wie »Peter und der Wolf« und »Karneval der Tiere«. Kinder, die bei langen klassischen Inszenierungen ungeduldig werden, sollten immer die Möglichkeit haben, die Vorstellung vorzeitig abzubrechen. Kein Kind sollte gezwungen werden, unbedingt bis zum Ende zu bleiben.

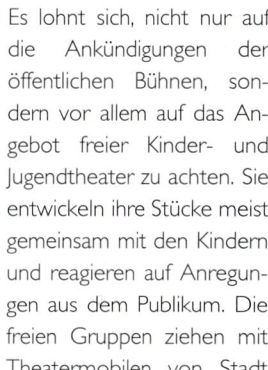

Es lohnt sich, nicht nur auf die Ankündigungen der öffentlichen Bühnen, sondern vor allem auf das Angebot freier Kinder- und Jugendtheater zu achten. Sie entwickeln ihre Stücke meist gemeinsam mit den Kindern und reagieren auf Anregungen aus dem Publikum. Die freien Gruppen ziehen mit Theatermobilen von Stadt zu Stadt und repräsentieren das Kinder- und Jugendtheater schlechthin: Mit Puppen, Clowns und Stelzenmännern, die die Ideen der Kinder aufgreifen und in die gemeinsame Aktion mit einbeziehen. Damit wird Theater für Kinder zum Theater von Kindern.

Kontakt
Kinder- und Jugendtheaterzentrum;
Schützenstraße 12; 6000 Frankfurt 1;
oder Am Stadtpark 2/3, O-1156 Berlin.
Sie geben Auskunft über öffentliche und freie Kinder- und Jugendtheater, die Arbeit der Verbände und Institutionen, sowie zu Kinder- und Jugendtheaterstücken.

RHYTHMIK-UNTERRICHT

Rhythmikunterricht kann schon Vorschulkinder begeistern, weil sie keine bestimmte Schrittfolge beachten müssen, sondern im Zusammenwirken von Bewegung, Musik und Stimme ihren eigenen Ausdruck entwickeln. Dabei kommen auch Alltagsgeräte wie Töpfe oder Deckel zum Einsatz. Diesen Klangkörpern entlocken die Kinder Töne und setzen sie in Bewegung um, oder sie drücken bestimmte Bewegungen als Klänge und Geräusche aus. So begleitet zum Beispiel das krachende Aneinanderschlagen der Topfdeckel das Herumtoben der Kleinen, oder nahezu lautloses Schleichen drückt sich in schabenden, knisternden Geräuschen aus. Mit Klanghölzern können die Kinder kurze Klangtupfer schlagen und schnelle oder langsame Rhythmen entstehen lassen. Die so erfahrenen Betonungen und Regelmäßigkeiten zeichnen die Kinder im körperlichen Ausdruck nach. Fast immer stellen sie dabei kleine Geschichten dar. Es ergeben sich »Partituren«, nach denen sie wieder improvisieren, tanzen und singen können.

Um sich einen Eindruck vom Unterricht zu verschaffen, können Eltern meist eine Übungsstunde beobachten. Wichtig ist, daß die Kleinen deutliche Freude am Ablauf zeigen und angeregt werden, die gelernten Spiele zu Hause weiter zu entwickeln.

Kontakt:
Bundesverband Rhythmische Erziehung e.V.;
Küppelstein 34, 5630 Remscheid.

gen Ton einer Klangscheibe (Becken) mit ihrem Körper Ausdruck zu verleihen. Die Kinder hören den Ton und fühlen ihn: Er vibriert in ihnen. Sie können ihn körperlich nachzeichnen und Akzente zwischen langen und kurzen, zarten oder harten Tönen (Bewegungen) setzen. So lassen sich auch Hörspiele in Bewegung umsetzen. Zeigen die Kleinen deutliche Freude an rhythmischen Bewegungsspielen, ist es möglich, die Bewegungsschulung in professionelle Hände zu legen (> Rhythmikunterricht, Seite 472). Anders als im Tanzunterricht, der den Kleinen bestimmte Techniken abfordert, bleiben die Bewegungsformen in der Rhythmik offen. Unter Begriffen wie »Sing- und Spielschule« oder »Musik und Bewegung« bieten Jugendkunstschulen Rhythmik an. An den Musikschulen läuft das Angebot meist im Rahmen der musikalischen Früherziehung.

Tanzen lernen

Tanzen ist geformte Bewegung, geordnet durch einen bestimmten Rhythmus und bestimmte Schrittfolgen. Das heißt, Tanzen ist immer auch Technik und sollte so die Empfehlung der PädagogInnen nicht vor dem achten Lebensjahr unterrichtet werden. Bis in die Mitte der Grundschulzeit interessieren sich die Kleinen meist wenig für festgelegte Bewegungen und Schritte und wollen sich lieber frei und spontan ausdrücken. Meist haben sie auch noch nicht die nötige Ausdauer und Konzentrationsfähigkeit, um immer wieder eine bestimmte Übung zu wiederholen. Technische Leistungen sollten also von Vorschulkindern auf keinen Fall erwartet werden. Meist fehlen ihnen auch noch die körperlichen Voraussetzungen zum »geformten« Tanzen.

Von »klassischem« Drill ist im modernen Tanzunterricht für Kinder kaum noch etwas zu spüren. Sehr viele Elemente aus der Rhythmik (> Seite 470) gelten heute auch für den Tanzunterricht, in dessen Mittelpunkt meist die Improvisation steht. Das heißt, die Kinder entwickeln ihre Bewegungen von sich aus, frei und spielerisch; sie bekommen dafür aber eine feste Aufgabe und ein Lernziel. So können beispielsweise entlang eines Märchens oder einer Alltagsgeschichte eigene Bewegungsformen entstehen, die allerdings in eine bestimmte Dramaturgie münden. Der Prozeß des Improvisierens ist dabei genauso wichtig wie das Ergebnis, das fertige Stück: Für dieses muß allerdings auch geübt werden. Der Unterricht, der den kindlichen Bewegungs- und Ausdruckstalenten weiten Raum läßt, läuft meist unter Bezeichnungen wie Bewegungstheater, Tanztheater oder kreativer Tanz. Zahlreiche Musikschulen, Jugendkunstschulen und freie Kulturwerkstätten bieten diese Tanzformen für Kinder an. Durch die Improvisation können sich die LehrerInnen auf das Alter der Kinder und ihre individuellen Vorlieben einstellen.

Klassisches Ballett und Modern Dance

Im Unterschied zum kreativen Tanz und zur Rhythmik gehen das klassische Ballett und der Modern Dance meist von vorgegebenen, festgelegten Formen und Techniken aus. In beiden Kunstformen ist der Prozeß, die eigentliche Freude »am Tun« weniger bedeutsam als das Ziel, das fertige Stück, der fertige Tanz. Beim Tanzenlernen müssen sich die Kleinen daher meist darauf konzentrieren, ihre LehrerInnen nachzuahmen. Ihre eigene Kreativität ist weniger gefragt als Disziplin und Leistung.

Gute Ballettschulen versuchen, einen Ausgleich zwischen den festen Formen des klassischen Balletts und Modern Dance und den freien Improvisationsformen zu finden. Sie stellen vor allem in der zweijährigen Grundausbildung Improvisation, Rhythmik und Muskeltraining in den Vordergrund und nicht den Drill zu bestimmten Bewegungsabläufen. Dies ist besonders für die Kleinen wichtig, die bereits mit sechs Jahren ihre Leidenschaft fürs Ballett entdecken. Generell sollten Kinder erst ab dem zehnten Lebensjahr »richtigen« Ballettunterricht bekommen (> Sport, Seite 506).

BALLETT-UNTERRICHT

Der Begriff »Ballettschule« ist in Deutschland nicht geschützt, verbindliche Richtlinien für Tanzschulen gibt es nicht. Eltern und tanzbegeisterte Kinder sollten sich daher, bevor sie sich für eine Ballettschule entscheiden, mindestens eine Übungsstunde ansehen:

● Stehen immer die Besten in der ersten Reihe, oder wechseln sich die vorderen und hinteren Elevinnen ab?

● Kümmern sich die PädagogInnen um alle Kinder, oder tanzen sie nur vor und fordern zur Nachahmung auf?

● Herrscht ein hoher Leistungsdruck, oder wird auch gelacht und gealbert?

● Gibt es für kleinere Kinder Improvisations- und Rhythmikangebote, oder werden die Kleinen in bestimmte Bewegungsformen gedrängt?

● Auch ältere Kinder sollten die im Modern Dance üblichen Techniken wie Graham, Limon oder Humphrey nicht streng, sondern in einer Mischform angeboten bekommen.

● Kinderballett und regelrechte Tanzausbildung unterscheiden sich sehr. Meist erkennt man schon beim ersten Besuch am Ton der PädagogInnen, ob sie diesen Unterschied berücksichtigen.

● Die Gruppen sollten nicht allzu zu groß sein; zwanzig gleichaltrige Kinder sind genug.

● Kinder unter zehn Jahren dürfen keinesfalls mit Spitzentanz belastet werden, weil das Hüftgelenke und Wirbelsäule schädigen kann (> Sport, Seite 506).

Folklore

Aus der Liebe zum Kindertanz entwickeln viele Sprößlinge Spaß an der Folklore. In ländlichen Regionen können sich ältere Kinder dann meist in Volkstanzgruppen engagieren, oder sie lernen an Volkshochschulen oder in freien Kulturwerkstätten türkische, spanische, griechische und indische Folklore kennen. Das Tanzen in der Gemeinschaft überwindet Generations- und Sprachbarrieren, fremde Kulturen rücken einander näher. Mit dem wachsenden Interesse an Discos und Tanzpalästen beginnen die Jugendlichen dann später, ihre Leidenschaft für den klassischen Gesellschaftstanz zu entdecken zwischen Rock ‚n' Roll und Boogie.

MUSIK

Kleine Kinder unterscheiden noch nicht zwischen Musik und Geräuschen. Was für Erwachsene oft Krach oder ein Nebengeräusch darstellt, kann für Kinder einen mehr oder weniger angenehmen, interessanten, anregenden oder einschläfernden Klang ergeben. Hier liegt auch die Grundlage für das eigentliche Erlebnis »Hören«: Ein tropfender Wasserhahn, ein brummender Kühlschrank, eine quietschende Tür oder eine Autohupe haben Klangfarben, unterschiedliche

---

Zum Weiterlesen

Freude an Musik gewinnen.
Erprobte Wege in der Musikerziehung.
HERMANN GROSSE-JÄGER
Herder Verlag, 1989.
Zu diesem Buch gibt es auch eine Tonkassette, auf der alle im Buch enthaltenen Musikbeispiele eingespielt sind.

Tonstärken oder Tonhöhen (> Hörspiele zum Selbermachen, Seite 489). Aus nichts anderem besteht auch Musik. Kinder nehmen diese Töne in den ersten Lebensjahren noch unvoreingenommen und bewußt wahr, ohne sie etwa zuzuordnen oder zu bewerten.

Je größer das Angebot an konservierter Musik aus dem Radio, von der Platte oder von der CD wird, und je öfter Kinder auch im Alltag von Musik berieselt werden, um so wichtiger ist es, ihre frühe Fähigkeit zum bewußten »Hören« zu erhalten. Es lohnt sich, mit Kindern Orte zu suchen, wo man noch »das Gras wachsen hört«, zu lauschen und auch feinere Töne wahrzunehmen: Zirpen, Rauschen, Knistern, Surren oder Summen. Diese Fähigkeit des bewußten Hörens ist die wichtigste Voraussetzung dafür, daß sich die Kleinen für Musik zu interessieren beginnen und vor allem selbst Musik machen.

Viele Eltern glauben, das Beste für die musikalische Förderung ihrer Kinder sei, sie so früh wie möglich zum Instrumentalunterricht anzumelden. Das ist jedoch nur ein nachgeordneter Schritt. Am Anfang steht die Liebe der Eltern zur Welt der Klänge, die sie gemeinsam mit den Kindern erforschen und erobern. Wenn sich die Eltern nicht für Musik interessieren, wird das Musizieren für die Kinder meist zur Pflichtübung.

In ihrer Scheu selbst zu singen, überlassen viele Eltern das Singen den Kindergartenbetreuer-Innen. Von ihnen kommen die meisten Kinderliedanregungen, und diese können auch »ungeschulte« Eltern aufgreifen (> Kinderlieder, Seite 475). Denn die Kleinen lieben es, die Stimme ihrer Eltern zu hören zu Pop-Songs, Volks- und Kinderliedern, schmetternd unter der Dusche oder im Auto. Auch wenn der Gesang nicht perfekt ist, regt er die Kinder an, selbst zu singen und fördert ihre Musikalität. Beim Singen erfahren sie ihren Körper direkt als Musikinstrument: wie sie die unterschiedlichsten Töne selbst erzeugen können, laute und zarte, helle und dunkle, hohe und tiefe.

Klangspielzeug

Kinder lieben Krach. Mit allem, was zu greifen ist, Töpfen und Deckeln, Löffeln und Tassen, klopfen sie die Umwelt klanglich ab. Für gepeinigte Elternohren hat das nur wenig mit Musik zu tun. Dennoch sollten sie Verständnis haben. Verbieten sie diese »Übungen«, verliert das Kind schnell jedes Interesse an der Welt der Klänge bevor es jemals ein »richtiges« Musikinstrument kennengelernt hat.

Zuerst horchen die Kinder nur auf die unterschiedlichen Klänge, Töne und Geräusche. Mit Klangspielzeug lassen sich dann ganz einfache Rhythmen finden. Die Klänge können mit Hilfe eines Kassettenrekorders aufgenommen und als »Musikstücke« wieder gehört und variiert werden. Die Kinder können auch versuchen, die Töne zu beschreiben, tief oder hoch, dunkel oder hell, traurig oder fröhlich. Beispiele, wie man mit Alltäglichem unterschiedliche Töne erzeugen kann:

● Größere Steine aufeinanderschlagen oder aneinanderreiben; kleinere in ein Säckchen füllen und rasseln lassen.

● Trockene Erbsen oder Reis, Kronkorken oder Sand in einer Dose schütteln.

● Küchenbretter mit Holz- oder Metallöffeln bearbeiten.

● Pappschachteln, Holzkisten, Blechdosen oder Plastikbüchsen als Trommel benutzen.

● Klappern aus Holzstücken, die mit einer Schnur verbunden sind.

● Mit dem nassen Finger auf einem Gläserrand entlang reiben und kreisen, bis das Glas »singt«.

● Murmeln in einer Metall-, Holz- oder Glasschale rollen lassen.

● Über den Rand des Halses von verschieden geformten Flaschen pusten. Volle, halbleere oder leere Flaschen klingen unterschiedlich.

● Schlagwerkzeuge mit harten und weich umwickelten Enden benutzen.

● Papier langsam oder schnell zerreißen.

Eine Vielzahl von Klangspielzeugen können Eltern und Kinder selbst herstellen. Wenn ein Kind miterlebt, wie ein solches »Instrument« entsteht, achtet es meist aufmerksamer auf die Töne, die daraus entstehen. Die Erfahrung des Bauens fördert die Musikalität und ist eine Grundlage, um auf das Spiel mit Geige, Flöte, Gitarre oder Klavier vorzubereiten.

Instrumente

Früher hielt man nur jene Kinder für würdig, ein Instrument spielen zu lernen, denen es gelang, tonrein zu singen. Davon sind die MusikpädagogInnen inzwischen abgerückt. Das Prinzip heißt: Es gibt keine unmusikalischen Kinder, wohl aber Kinder mit unterschiedlichen Begabungen. So können auch »schlechte« SängerInnen ein starkes Rhythmusempfinden oder Freude am Tanzen haben (> Tanzen lernen, Seite 472) und damit ihre Musi-

---

KINDERLIEDER

Vorschulkinder lieben Lieder, in denen sie immer wieder etwas verändern und zu denen sie sich bewegen können. Beispiele:

● »Drei Chinesen mit dem Kontrabaß« schmettern oft schon Dreijährige mit. Nach jedem Durchgang werden alle Selbstlaute jeweils durch ein »a«, »e«, »i«, »o« oder »u« ersetzt, so daß der neue Text ziemlich schräg klingt »Dri Chinisin mit dim Kintribiß ...«

● »Grün, grün, grün sind alle meine Kleider ... weil mein Schatz ein Jäger, Jäger ist.« Jede neue Farbe wird mit einem neuen Beruf vorgestellt, z.B. bei »weiß« die Bäcker oder bei »blau« die BriefträgerInnen u.s.w.

Zum Weiterlesen
Wir wollen Musik erfinden, Musik mit selbstgebauten Instrumenten.
Hartmut Höfele, Susanne Steffe
Rowohlt Verlag, 1991.

kalität zeigen. Entscheidend ist, ob ein Kind, das ein Instrument spielen lernen will, auch das »richtige« findet. Die Kleinen sollten eine echte Zuneigung zu ihrem Instrument entwickeln können und es nicht den Eltern zuliebe spielen. Manchmal dauert es Jahre, bis die Sprößlinge »ihren« Klangkörper gefunden haben. Dann kann sich eine Liebe entwickeln, die bis ins Erwachsenenalter anhält. Zu einem gewissen Teil ist es allerdings auch wichtig, daß den Eltern das gewählte Musikinstrument gefällt. Schließlich sind sie die wesentlichen Stützen des Kindes beim Lernen und Üben.

Das Kind entscheidet

Ohne Begeisterung des Kindes ist jeder Musikunterricht zum Scheitern verurteilt und jeder Instrument-

LÄRMEN IST ERLAUBT

Musizieren ist Teil der Entfaltung der Persönlichkeit und als solche im Grundgesetz geschützt. Es kann demnach nicht grundsätzlich verboten werden. Meist regelt die Hausordnung über Ruhezeiten, wann Musik gemacht werden darf: zwischen 22.00 Uhr und 8.00 Uhr oder 13.00 Uhr und 15.00 Uhr ist es meist verboten zu spielen.
Ein generelles Musizierverbot an Sonn- und Feiertagen ist unzulässig; aber es kann Einschränkungen geben, beispielsweise bei monotonem Üben und Musikunterricht. Schalldämpfende Maßnahmen müssen, soweit zumutbar, ebenfalls ergriffen werden. Die Forderung, ein Musikinstrument nur in Zimmerlautstärke zu spielen, kommt praktisch einem Verbot gleich und ist deshalb nicht gestattet.

kauf wird zur Qual. Manche MusikpädagogInnen sehen Verbindungen zwischen dem Charakter eines Kindes und der Art des Instruments, das es wählt: So bevorzugen in sich gekehrte Kinder eher »leise« Instrumente wie Flöte oder Gitarre. Eher vitale, forsche Typen fühlen sich mehr zu Trompete, Horn oder Schlagzeug hingezogen. Auch wenn diese Typologie oft stimmen mag: Wenn die Tochter lieber Saxophon bläst und wenig von der Harfe hält, sollten die Eltern ihre Wahl respektieren.

Viele Kinder lernen schon im Kindergarten Flöten oder Trommeln kennen. In der Musikschule können sie nun weiter probieren und in der »musikalischen Früherziehung« verschiedene Klangkörper kennenlernen. Dort kann man alle gängigen Instrumente kostenlos oder zu einem geringen Unkostenbeitrag mieten, so daß die Kleinen so lange ausprobieren und wechseln können, bis sie »ihr« Instrument gefunden haben. Das bedeutet allerdings noch nicht, daß die Eltern nun tatsächlich ein neues Instrument kaufen müssen. Musikschulen vermieten Instrumente und vermitteln auch gebrauchte Stücke. Entscheiden sich die Eltern, ein Instrument zu kaufen, sollten sie möglichst mit Hilfe eines Fachmenschen -eines mit guter klanglicher Qualität wählen. Die MusiklehrerInnen beraten gerne und wissen die Möglichkeiten des Kindes einzuschätzen. Gute Instrumente verlieren selten an Wert und können später wieder verkauft werden.

Welches Instrument für welches Alter?

Die festen Regeln, ab welchem Alter ein Kind ein bestimmtes Instrument erlernen kann, lösen sich immer mehr auf. Es hängt von der Freude der Kinder und vom Geschick der LehrerInnen ab, ob schon Vorschulkinder mit Streichinstrumenten etwas anfangen können und Spaß an Geige oder Cello entwickeln. Die meisten Streichinstrumente gibt es für Kinder in kleinen Versionen: Achtel- oder Viertel-Geigen für die Gruppe bis fünf Jahre, halbe Geigen für Sechs- bis Achtjährige und Dreiviertel-Geigen für Neun- bis Zwölfjährige. Und es gibt bereits kleine Kontrabässe, Violoncelli und Akkordeons.

Viele Hinweise, Ratschläge und Informationen zu Instrumenten und Unterricht finden Eltern in der Publikation »MusE«: Zeitschrift für Musik und Eltern. Die Hefte erscheinen im Zweimonatsrhythmus.

Selbst die eherne Regel, mit Blasinstrumenten erst zu beginnen, wenn die zweiten Zähne da sind, ist ins Wanken geraten. Ob die Lungenleistung und der Kiefer ausreichend ausgebildet sind, kann im Zweifelsfall mit KinderärztInnen und LehrerInnen besprochen werden. Kleinere Waldhörner, Trompeten oder Klarinetten ermöglichen manchmal auch schon Milchzahn-Kindern einen frühen Einstieg.

Ebensowenig entscheidend ist, ob das Kleine bereits eine Oktave auf dem Klavier greifen kann, wenn es seine Lust an diesem Instrument entdeckt. Es ist allein eine Frage des altersgemäßen Unterrichts, ob ein Kind Freude am Erlernen des Instruments behält oder irgendwann überfordert davon abläßt.

Viele Eltern meinen, daß der frühe Einstieg auf jeden Fall einen späteren Perfektionsvorsprung bringe. Doch die Formel je früher, desto besser, stimmt nicht. Die Fähigkeit, Stücke mit einem bestimmten Schwierigkeitsgrad zu spielen, läßt sich selbst bei begabten Kindern nicht beliebig nach vorn verlagern. Entdeckt beispielsweise eine Vierjährige ihre Liebe zum Cello, so kann sie mit zehn Jahren Stücke mit einem bestimmten Schwierigkeitsgrad spielen. Einen ähnlichen Erfolg erzielt aber auch ein begabtes Kind, das mit acht Jahren angefangen hat. Zu frühe Leistungsforderungen verderben allzu leicht den Spaß am Musizieren und führen dazu, daß das Kind den Unterricht irgendwann abbricht.

Elektronisches

Heimorgeln, tragbare Keyboards und Synthesizer mit Sampler-Modus verführen manchmal zu schnellem Kauf, der letztlich aber teuer werden kann. Fast allen Kindern macht es Freude, erste Takte auf elektronischen Instrumenten zu erproben. Die Geräte sind leichte zu handhaben und verhelfen zu schnellen musikalischen Erfolgserlebnissen. Doch die Elektronik des Instruments kann auf Dauer weder Musikalität noch instrumentales Können ersetzen. Wer elektronische Instrumente nicht nur als Spielzeug, sondern tatsächlich als Instrument kennenlernen will, braucht dafür eine gute Ausbildung und regelmäßigen Unterricht. Sonst verführt beispielsweise die Begleitautomatik dazu, die linke Hand zu sehr zu entlasten, so daß

WELCHES INSTRUMENT?

● Das Klavier wird von manchen MusikpädagogInnen kritisch gesehen, weil es fast nur solo gespielt wird; die Einzelleistung und nicht das Tun in der Gruppe steht im Vordergrund. Von den Kindern wird vor allem rhythmische Begabung und manuelle Geschicklichkeit erwartet.

● Die Blockflöte läßt sich sehr gut zusammen mit anderen Kindern spielen und ermöglicht auch den Kleinen schnelle Erfolgserlebnisse.

● Streichinstrumente brauchen viel Ausdauer. Die Kinder müssen den richtigen Ton erst mit dem Ohr finden und benötigen daher ein gutes Gehör und Gefühl für reine Töne.

● Die Gitarre kann als Begleit- oder Soloinstrument eingesetzt werden und eignet sich für das Gruppen- und Einzelspiel. Auch Gitarren gibt es inzwischen in kleineren Ausführungen.

● Schlagzeug, Holz- und Blechblasinstrumente erfordern einen schallgedämpften Übungsraum, um die Mitmenschen zu schonen (> Lärm ist erlaubt, Seite 476).

TESTS FÜR MUSIKSCHULEN

In guten Musikschulen gibt es Schnupperstunden, in denen Eltern und Kinder die Lehrkräfte und ihre Arbeitsweise kennenlernen können. Dabei sollten sie auf folgende Merkmale achten:

● Spontanes Spielen, Singen und Improvisieren darf in keinem guten Unterricht mit Kindern fehlen.

● Der Ton macht die Musik: Überwiegt eine freundliche, unterstützende Atmosphäre, in der sich die Lehrer und Lehrerinnen für den individuellen Ausdruck der Kinder interessieren, bleibt die Freude der Sprößlinge lange erhalten.

● Der Gruppenunterricht krankt oft daran, daß das individuelle Tempo der SchülerInnen zu wenig berücksichtigt wird. Achten Sie darauf, ob sich die PädagogInnen immer nur an den Besten orientieren und wieviel Lob und Zuwendung der große Rest bekommt.

● In der Früherziehung sollten nicht mehr als sechs bis acht Kinder in einer Gruppe sein; bei den Älteren sind zehn MusikerInnen pro Klasse das Äußerste. Allzu große Gruppen verleiden die Freude an der Musik.

● »Kindgerecht« und altersgemäß zu unterrichten, heißt auch, daß es Feiern und Feste, Aktionen und Attraktionen gibt, die vom wöchentlichen Stundenunterricht abweichen.

● In den Jahresbeiträgen unterscheiden sich die Musikschulen erheblich voneinander. Meist gelten Sondertarife für wenig verdienende Eltern.

sie hinter der technischen Fertigkeit der rechten Hand zurückbleibt. Irgendwann erkennen meist die Kinder selbst, daß sie ohne Unterricht nicht weiterkommen, und wünschen von sich aus den Besuch einer Musikschule.

Der Verband Deutscher Musikschulen; Plittersdorfer Straße; 5300 Bonn 2, gibt Auskunft, Informationsmaterial und Adressen zur gesamten Bandbreite der Arbeit, vom Instrumentalspiel bis zum Ensemblespiel, von der Früherziehung bis zur Erwachsenenbildung.

Musikunterricht

Wann Instrumentalunterricht beginnen soll, hängt entscheidend von der Lust des Kindes ab. Es braucht dafür ein gewisses Durchhaltevermögen und entsprechende Konzentrationsfähigkeit, die es meist während der Grundschulzeit erreicht. Doch Musikunterricht kann auch früher beginnen, in der »musikalischen Früherziehung« (> Musikschulen, Seite 478). Dort nähern sich die Vier- bis Sechsjährigen über Bewegung und Rhythmik, beim Malen, Singen und Spielen den verschiedenen Instrumenten an und lernen sie spielerisch kennen.

Musikschulen

Über tausend deutsche Musikschulen bieten von der musikalischen Früherziehung bis zur vorberuflichen Fachausbildung alles an, was Kinderherzen an Musikalischem begehren können. Die Musikschulen haben sich in einem eigenen Verband verbindliche Richtlinien gegeben, so daß die Eltern der Qualität der Ausstattung und des Angebots weitgehend vertrauen können. Wer sich »Musikschule« nennen will, muß Mitglied im »Verband der Musikschulen« sein.

Nach den vorbereitenden, eher spielerischen Kursen für die Vier- bis Sechsjährigen können die Kinder an der musikalischen Grundausbildung teilnehmen, bevor sie mit dem instrumentalen Einzelunterricht beginnen. Musikschulen bieten die Möglichkeit, in der Gruppe zu musizieren; oft gibt es Ensembles für Kammermusik, Chöre, Folkloregruppen, Jazz-Combos oder Rock-Bands. Dabei gehört Vorspielen immer zum Musizieren dazu und muß solo und in der Gruppe gelernt werden.

Privatunterricht

Wenn keine öffentliche Ausbildungsstätte in der Nähe ist, sind PrivatlehrerInnen oft die einzige Möglichkeit, Unterricht für das Kind zu organisieren. Gute MusikerzieherInnen zeichnen sich durch ein hohes künstlerisches, aber auch pädagogisches Niveau aus. Entscheidend ist, wie sie die Kinder unterstützen und fördern, so daß diese Zutrauen zu ihren Vorschlägen entwickeln.

Die Eltern sollten, wenn möglich, einer Unterrichts- oder Vorspielstunde gemeinsam mit dem Kind beiwohnen. Dabei ist zu erkennen, ob das Kleine verkrampft oder locker spielt, ob Lehrerin oder Lehrer es eher unter- oder überfordern, und wie die neue Bezugsperson auf die Mißerfolge des Kleinen reagiert: streng oder locker, fördernd oder entwertend. Nach der Vorspielstunde kann auch das Kind entscheiden, ob es mit dem neuen Lehrer oder der Lehrerin voraussichtlich zurechtkommen und Vertrauen entwickeln wird.

Üben

Kein Instrument, auch das anscheinend einfachste, ist »nebenbei« zu lernen. Es kostet Ausdauer und Geduld. Die Kinder sollten daher nicht erst nachträglich merken, was sie sich mit ihrem Instrumentenwunsch »eingehandelt« haben, sondern darauf vorbereitet werden: Sie müssen Verantwortung übernehmen und haben weniger Zeit zum Spielen und Toben am Nachmittag. Dagegen steht die Freude, sich durch Training und Technik ein einmaliges Erlebnis zu verschaffen: die Fähigkeit, Musik zu spielen und sich durch Klänge auszudrücken.

Doch auch die Eltern sind mit der Anmeldung des Kindes zum Musikunterricht nicht aus ihrer Verantwortung entlassen. Die Kleinen brauchen fast täglich Ermunterung und wollen Anteilnahme und Interesse der Eltern spüren, ohne gedrängt zu werden. Für das Kind ist es nicht schlimm, wenn die Töne nicht gleich perfekt gelingen. Es genießt das Hantieren mit dem Instrument, überhört in seinem subjektiven Erleben die Kratzer auf der Geige und freut sich über jeden gelungenen Ton. Daher sollten auch die Eltern keine technische Perfektion erwarten. Der Weg zur Beherrschung eines Instruments ist lang. Hat ein Kind das Instrument gefunden, auf dem es mit Spaß und einem Minimum an Begabung spielt, dann stellt sich der Erfolg von allein ein: auch wenn es Phasen gibt, in denen sich Eltern und Kind durchbeißen müssen. Wichtig ist, nicht bei den ersten Schwierigkeiten aufzugeben.

Tips zum Üben:

● Helfen Sie dem Kind, gewohnheitsmäßig zu einer bestimmten Zeit zu üben und das Spiel in seinen Alltag eigenverantwortlich zu integrieren. Ohne regelmäßiges Üben bleibt der Erfolg aus, und das Kind wird das Instrument irgendwann enttäuscht zur Seite legen.

● Das Kind sollte möglichst ungestört spielen können. Wenn währenddessen der Fernseher läuft oder telefoniert wird, kann es sich nur schwer konzentrieren.

● Instrument und Notenpult sollten immer spielbereit sein. Es darf nicht viele Umstände bereiten, mit dem Üben zu beginnen.

● Kinder im Vor- und Grundschulalter haben häufig noch keine genaue Zeitvorstellung. Sie können sich, auf Vorschlag der Eltern, selbst eine Küchenuhr auf zwanzig Minuten oder eine halbe Stunde Übezeit einstellen.

● Wenn das Kind mehrere Aktivitäten an einem Nachmittag hat, sollte es die Reihenfolge selbst klar festlegen.

● Entscheidend ist, daß das Kind die Möglichkeit erhält, die Regeln selbst zu formulieren und festzusetzen, und nicht von außen gesetzte befolgen muß.

Medien

Mit Schlagworten wie Verdummung, Sucht und Einsamkeit warnen MedienkritikerInnen vor den Folgen kindlichen Medienkonsums. Kontrovers werden vor allem Fernsehen und Video diskutiert. Doch Kinder lieben auch Bücher, Zeitschriften, CDs, Radio und Kassetten. In der Vielfalt der Angebote können sie sich zielgerichtet und aktiv bewegen, wenn das Medienverhalten geübt, unterstützt und begleitet wird.

Im Kinderzimmer liegen die Mickey-Mouse- und Bugs-Bunny-Comics, aus dem Kassettenrekorder dröhnen die Abenteuer der TKKG-Bande, im Hintergrund spielt ein Radio, und das Kind sitzt versunken vor seinem neuen Computerspiel: Ein Medienalltag, der die Welt der Kindheit und das soziale Leben seit rund dreißig Jahren radikal verändert hat. So selbstverständlich wie Eltern eine neue CD in den Player legen, den Fernseher anschalten, in der Tageszeitung blättern und aus dem Reisekatalog ein neues Urlaubsziel wählen, nutzen auch Kinder »ihre« Medien. Sie suchen nach Anschauungsmaterial für ihr eigenes Leben, nach Orientierungen, um sich mit der Wirklichkeit auseinanderzusetzen, und sie suchen – wie ihre

Eltern – nach Unterhaltung, Entspannung und Information.

Entscheidend ist, wie die Kinder bei dieser Suche unterstützt werden, an welchen »großen« Vorbildern sie sich orientieren können und wie das soziale Umfeld aussieht. Danach entwickeln sie ihre Bedürfnisse und Medienwünsche. Dabei stehen die Kinder dem Angebot keineswegs so hilflos und passiv gegenüber, wie manche Eltern befürchten. Je bewußter der Umgang mit Büchern, Zeitschriften, Kassetten, Video und Fernsehen eingeübt und begleitet wird, um so klarer fallen die Entscheidungen. Dennoch gehört Medienerziehung kaum zum aktiven Repertoire von Eltern. So ergab beispielsweise eine 1991 veröffentlichte Untersuchung der

Universität Bielefeld, daß je nach Medium nur 10 bis 40 Prozent der Eltern versuchen, ihre Kinder zu einem gezielten Umgang damit zu erziehen.

Die Gründe dafür sind unterschiedlich. In einer kleinen Wohnung mögen Eltern leichter Ruhe finden, wenn die Kinder mit Video- und Kassettenrekorder versorgt sind. Oft fehlen in der näheren Umgebung Park- und Grünanlagen, die Spielmöglichkeiten im Freien sind begrenzt. Wohnen die Familien an verkehrsreichen Straßen, können sich die Kinder kaum ohne Hilfe der Erwachsenen gegenseitig besuchen. Aktivitäten außerhalb des Hauses sind für Kinder teilweise derart beschränkt und mit so großen Gefährdungen verbunden, daß der Rückzug ins Kinderzimmer als einziger Aus-

weg erscheint (> Kinder im Verkehr, Seite 410;
> Wohnen mit Kindern, Seite 386).

Nicht zuletzt entscheiden auch die finanziellen und
zeitlichen Möglichkeiten der Eltern und ihre Art der
Lebensgestaltung. Fachleute sehen hier inzwischen
eine Tendenz zur Zweiklassengesellschaft entstehen.
Es gibt Familien, die die Vielfalt der Medien sinnvoll
und gewinnbringend nutzen. Auf der anderen Seite
steht der einseitige, passive, fast süchtige Konsum von
Fernsehen und Video, der das Alltagsleben dominiert.

Eltern als Vorbilder

Das Verhalten der Eltern beeinflußt entscheidend
die Bedeutung der Medien. Pflegt die ganze Familie
in der Freizeit soziale Kontakte und Freundschaften? Besuchen sie Bekannte und leben kulturelle
oder sportliche Interessen aus? Die Gewohnheiten
in der Familie legen auch im Umgang mit den
Medien den Grundstein. In der Familie lernen und
erfahren die Kinder, was Medien bedeuten können:

● Bewußte Entscheidung für ein Live-Konzert aus
dem Radio oder ganztägige Berieselung mit Hin-
tergrundmusik.
● Konkreter Wunsch nach Unterhaltung und Programmwahl oder Channel-switching durch achtzehn Kanäle.
● Reisebücher und Bildbände zur Urlaubsvorbe-
reitung oder kommerzielle Kataloge und Reisever-
anstalter-Videos.
● Politische Informationen aus der Tageszeitung
oder ausschließlich Fernsehnachrichten.
● Die Gute-Nacht-Geschichte aus dem Buch oder
von der Kassette.

Der Medienverbund

Zum Verkauf ihrer Zeitschriften, Bücher, Kassetten und Platten, Fernsehprogramme und Video-
filme bedient sich die Medienwirtschaft oft des
sogenannten Medienverbunds: Sie vermarktet ihre
Medienfiguren und bindet gleichzeitig die Kinder
an das Medium. So gibt es Ernie und Bert aus der
Sesamstraße, die Biene Maja und Batman als Fern-
sehlieblinge, aber auch als Spielzeugpuppen, auf
Kassetten, T-Shirts, Bettwäsche, als Tapete, Aufkleber und Bodenpuzzle. Die TV- und Spielzeug-
industrie sind inzwischen eine direkte Verbindung
eingegangen. So finanzieren beispielsweise amerikanische Spielzeugunternehmen die Produktion
von Zeichentrickfilmen und erwerben gleichzeitig
die Rechte zur Vermarktung der Filmfiguren.

Kinder lieben diese – »ihre« – HeldInnen und
brauchen Spiel- und Identifikationsfiguren. In dem
überreichen Angebot müssen die Eltern Orientierungshilfen leisten: Weder das strikte Verbot noch
die kritiklose Befriedigung aller Wünsche und
Sehnsüchte helfen dem Kind (> Werbung, Geld,
Konsum, Seite 528).

BÜCHER

Mit Menschen, die regelmäßig Bücher lesen, verbin-
det sich ein außergewöhnliches Image: Sie gelten als
engagierte, weltzugewandte und aufgeschlossene
ZeitgenossInnen. Dieses wohlwollende (Vor-)Urteil
wird gerne auf Kinder übertragen, und die meisten
Eltern sind glücklich, wenn sich ihre Sprößlinge zu
Leseratten entwickeln. Zusätzlich gilt die Liebe zum
Buch als Impfstoff gegen die Abhängigkeit vom
Fernsehen. So ergab eine Studie der Bertelsmann-
Stiftung 1991, daß Kinder, die viel lesen, den Fernseher bewußter und zielgerichteter nutzen als Wenig-
LeserInnen. Außerdem zeigten die Lesekinder auch
eine aktivere Lebenseinstellung. Im Gegensatz dazu
standen die »Viel-SeherInnen«, die kaum lesen und
eine eher passive Lebenseinstellung hatten.

Bilderbücher

Lange bevor ein Kind Buchstaben selbst entziffern
kann, ist es vom Innenleben der Bücher fasziniert.
Und diese Faszination können Eltern nutzen. Bil-

derbücher ohne Text sind bereits für sechs bis zwölf Monate alte Kinder interessant. Meist sind die Bücher für die Kleinsten robust, abwaschbar und zeigen einfache Dinge oder Figuren aus dem Alltag. Nach und nach können Bilderbücher mit kleinen Textpassagen dazukommen, die vorgelesen werden.

Eltern, die sich Zeit nehmen, gemeinsam mit dem Kind die Figuren aus der Geschichte lebendig werden zu lassen, und ihre Abenteuer ausschmücken, fördern die Freude am Buch. Diese Gemeinsamkeit mit Mutter, Vater oder anderen Personen schafft eine eigene Vertrautheit. Die Kleinen lieben Bilderbücher, weil sie sich beim Betrachten auf dem Schoß der Großen sicher fühlen und doch in neue Welten vorstoßen. Anregungen dazu gibt es zum Beispiel in Sing- und Reimbüchern. Lieder und Kinderverse können mit Klatschen, Bücken, Drehen oder Reiten auf den Knien spielerisch aufgenommen werden – ein Vergnügen, das gleichzeitig Kreativität, Gedächtnis und Sprechfähigkeit übt.

Bilderbücher bieten Menschliches und Tierisches, Phantastisches und Märchenhaftes. Sie machen sensibel für Farben und Formen und helfen, Sachverhalte zu erklären. Mit zunehmendem Alter und wachsender Neugierde werden themen- und problemorientierte Bilderbücher spannend. In besonderen Situationen können sie helfen, belastende Themen wie Krankenhausaufenthalt, Arztbesuch, Geschwisterstreit, Scheidung oder Angst vorm Schlafengehen aufzugreifen. Zusammen mit dem Helden oder der Heldin lassen sich die Schwierigkeiten lösen und gemeinsam mit den Eltern besprechen.

Eine Orientierung in der Flut von Billigprodukten, wie Kaufhäuser sie oft bieten, ist für Eltern allerdings schwierig. KritikerInnen stufen viele der Billigproduktionen als Beleidigung für Auge und Kopf ein. In Kinderbuchhandlungen oder wo eine Fachberatung zur Verfügung steht, ist es einfacher, sich zurechtzufinden, als in einem unübersichtlichen Büchershop.

Für seine Bücher braucht der Nachwuchs einen eigenen Platz. Mit ihrer kleinen Bibliothek gewöhnen sich die Kleinen sehr schnell daran, daß man mit Büchern sorgfältig umgeht – auch wenn sie Eselsohren bekommen, etwas rauher angefaßt und mit Zeichnungen verschönt werden.

Märchen

Die geheimnisvolle Welt der Märchen zieht jedes Kind an, die schaurigen Begebenheiten sind wun-

WELCHES BILDERBUCH?

- Blättern Sie das Buch durch, und prüfen Sie es, bevor Sie es kaufen.
- Suchen Sie nach detailgetreuen Zeichnungen mit klaren Farben. Die Gesichter müssen zum Beispiel auch dann noch stimmig sein, wenn sich die Figuren freuen, traurig oder gierig sind.
- Prüfen Sie, ob sich Text und Bild ergänzen oder lediglich das gleiche vermitteln.
- Bilderbücher für die Kleinen sollten klare, einfache Geschichten erzählen und nicht verwirren. Erst mit zunehmendem Alter verstehen die Kleinen komplexere Stories.
- Inhaltlich gelten solche Bilderbücher als gut, die Fragen provozieren und das Gespräch zwischen Kind und Erwachsenem vorantreiben.
- In den Haupt- und Heldenrollen sollten sich Männer und Frauen, Mädchen und Jungs abwechseln.
- Die Geschichten sollten keine heile Welt vorgaukeln, sondern Mut machen für ein Leben in spannenden Zusammenhängen, in dem es auch Schwierigkeiten zu meistern gilt.

derbarer Gesprächsstoff für Eltern und Kind. Die Erwachsenen sollten sich diese Zeit zum Märchenerzählen und -ausschmücken nehmen. Das Abhören von Hörspielkassetten kann die Vertrautheit der Vorlesesituation nicht ersetzen.

Im Märchen begegnet dem Kind die ganze Bandbreite menschlichen Daseins: Der Wunsch nach Glück, Liebe, Erfolg, Gerechtigkeit und Solidarität sind ebenso Thema wie Intrige, Neid, Bosheit und Habgier. Allerdings kritisieren manche GegenwartsautorInnen die veraltete Sprache der Volksmärchen, die Grausamkeit der Geschichten und die grelle Schwarzweiß-Zeichnung der guten und schlechten Charaktere. Gleichzeitig heißt es, das Märchen sei nicht mehr zeitgemäß, da die wirtschaftlichen und gesellschaftlichen Verhältnisse von damals längst überholt seien. Auch wenn sich die Eltern dieser Kritik aus weltanschaulichen Gründen anschließen und aktuelle, kritische Märchen bevorzugen, sollten sie ihren Kindern die klassischen Volksmärchen nicht gänzlich vorenthalten. Das Leben der Könige, Holzfäller, Stiefmütter, Prinzessinnen, Teufel, Drachen, Feen, Zauberer und Schutzengel ist eine symbolische Welt, die Kinder

KLASSISCHE MÄRCHEN

Die Hausmärchen der Brüder Grimm
Die Märchensammlung von Hans Christian Andersen.
Die Märchen aus Tausendundeiner Nacht
Gullivers Reisen von Jonathan Swift
Wilhelm Hauffs Märchentriologie: Die Karawane, Der Scheich von Alexandrien und Das Wirtshaus im Spessart
Theodor Storms Märchen »Der kleine Häwelmann«

für sich nutzen. Sie verleiht ihnen Kraft, Macht und Stärke und bereichert ihre Phantasie im Rollenspiel (> Kinder an die Macht, Seite 442).

Lesen – ein Weg zur Eigenständigkeit

Im Alter zwischen fünf und sieben Jahren entwickeln die meisten Kinder von sich aus den Wunsch, Lesen zu lernen. Aufschriften, Plakate, Hinweise und Tafeln an der Straße, in Läden und Kaufhäusern, die eigenen Bilderbücher und Comics wollen entziffert und verstanden werden. Anfangs ist es noch außerordentlich mühsam, ohne Hilfe die Zeichen auf dem Papier zu entschlüsseln. Doch in dieser ersten Buchstabierphase erarbeiten sich die Kleinen einen eigenen, unabhängigen Zugang zur Erwachsenenwelt. Lesen befreit und macht selbstständiger. Mit einem Buch können Abenteuer bestanden, Märchenwelten entdeckt, Gangster entlarvt und FreundInnen gefunden werden: alles ohne Unterstützung der Eltern, in den eigenen vier Wänden, ausschließlich im eigenen Kopf. Kein Wunder, daß Lesen – trotz elektronischer Medienkonkurrenz – nach wie vor eine der wichtigsten Freizeitbeschäftigungen für Kinder und Jugendliche ist. Mädchen unterscheiden sich dabei allerdings deutlich von Jungen: Sie sind weitaus häufiger Leseratten als ihre männlichen Kollegen. Auch im Übergang zur Pubertät bleiben sie öfter bei Büchern.

Lesen ist auch ein wichtiger Teil des Verstehens. Es fördert das Denken, schult die Fähigkeit, längeren Gedankengängen zu folgen und Kausalzusammenhänge zu erkennen. Wenn Bücher und Leseabende zum normalen Familienalltag gehören, entfaltet sich die Lesefreude am einfachsten. Die Eltern können sie hingegen nachhaltig verderben, wenn sie das Kind zum Lesen drängen und das Buchstabierkind dauernd korrigieren und damit hemmen und entmutigen. Die Aussprache- und Betonungsfehler, die das Kind anfangs macht, wenn es laut vorliest, sollten nicht zur Belustigung der Familie dienen. Der Spaß am Lesen verliert sich auch sehr schnell durch Leistungsdruck und Überforderung: Bücher müssen dem Entwicklungsstand des Kindes entsprechen und in Inhalt, Schriftgröße, Textmenge, Illustration und Aufmachung altersgemäß sein.

Kinderbücher

Viele Eltern entwickeln sich zusammen mit ihren Kindern zu Bilderbuch- und Märchenfans. Bei manchen Erwachsenen erlischt das Interesse am gemeinsamen Lesen jedoch, wenn das Kind zur Schule kommt. Sie geben die Verantwortung für die weitere Leseentwicklung an die Lehrerin oder den Lehrer ab. Besser wäre es jedoch, Schule und Elternhaus würden sich ergänzen. Die Eltern sollten auch weiterhin wissen, wofür sich ihr Kind interessiert und was der Büchermarkt Kindern und Jugendlichen bietet. Anregungen und Diskussionen über das Gelesene bleiben während der gesamten Kindheit und Jugend wichtig.

In den Geschichten für die Altersgruppe zwischen sechs und zehn Jahren wird meist Phantastisches und Realistisches vermischt. Vielfach handelt es sich um Erzählungen aus dem Alltag, in denen Kinderspäße und -streiche im Mittelpunkt stehen. Aber auch Konflikte und Schwierigkeiten in der Familie, unter Geschwistern, mit FreundInnen oder in der Schule werden thematisiert. Die Grundstimmung der meisten Bücher ist positiv. Probleme werden bewältigt, und es gibt Menschen, denen man vertrauen kann.

Manche SchriftstellerInnen beschreiben die Eltern-Kind-Beziehung auch nüchterner. Ihnen ist das angepaßte, unkritische Kind zuwider. Ihre Bücher zeigen die Wirklichkeit zum Teil in schonungsloser Härte. Die Eltern brauchen daher ein gutes Gespür, um herauszufinden, in welcher Entwicklungsphase welcher Lesestoff richtig sein könnte:
● Filme und Bücher können sich ergänzen; zum Beispiel Tiergeschichten oder Erzählungen über Kinder aus anderen Ländern und Kulturen.
● Umwelt- und sozialkritische Geschichten können Themen aufgreifen, denen die Kinder in den Nachrichten oder im Alltag begegnen; zum Beispiel Erzählungen über kranke oder behinderte Kinder.

LITERATUR-BESCHAFFUNG

● Nicht jedes Buch muß man kaufen. Bibliotheken oder einen Bücherbus gibt es in fast jeder Gemeinde. Vom Bilderbuch über Jugendbuch bis zu Kassette und Comic ist alles ausleihbar.
● Zusammen mit dem Kind können Sie sich dort von Fachpersonal beraten lassen. Das Kind berichtet, wofür es sich interessiert und bekommt entsprechende Hilfe.
● Der gewohnte Weg in die Bibliothek stärkt die Selbständigkeit der Kinder.
● Manche Bibliotheken bieten für die Kleinsten Krabbelecken an, in denen sie gemeinsam mit ihren Eltern die Welt der Bücher erkunden können. Ebenso werden Bibliotheksführungen angeboten.
● Tips, Empfehlungen und Kritiken sind den großen Tageszeitungen zu entnehmen. Anfang Oktober, zur Frankfurter Buchmesse, erscheinen in den Beilagen der großen Blätter auch Kinderbuch-Besprechungen.
● Broschüren mit Kurzbesprechungen der wichtigsten Erzählungen, Bilder-, Kinder- und Sachbücher sind zu erhalten bei der »Stiftung Lesen«; Raimundistraße 2; 55118 Mainz.
● Jährliche Listen mit Empfehlungen für Bilderbücher und Spiele für Kinder von drei bis acht Jahren werden zusammengestellt durch »Deutsches Jugendschriftenwerk e.V.«; Fischtorplatz 23; 55116 Mainz.

Jugendbücher

Mit etwa zehn Jahren werden Abenteuergeschichten interessant. Dazu gehören Indianererzählungen, Robinson- und Detektivgeschichten ebenso wie Science-fiction- und Fantasy-Erzählungen. Diese Bücher stillen den Erlebnishunger, die Sehnsucht nach Bewährung und Auseinandersetzung, nach Unabhängigkeit und Eigenständigkeit. Die »alten« klassischen Abenteuer, die meist schon die Eltern gelesen haben, sind dabei noch immer aktuell. Viele Kinder stürzen sich in diesem Alter auch auf Sachbücher, die Themen wie Technik, Umwelt, fremde Länder und Völker behandeln.

Zunehmend interessanter wird nun die elterliche Bibliothek. Die Teenis suchen dort nach Liebesgeschichten, Bildbänden, Karl-May-Ausgaben, Lexika, Reisebüchern und Biographien. Je geübter die Jugendlichen lesen, um so schneller nähern sie sich der Erwachsenenliteratur. Ab dem 14. Lebensjahr beginnen sich die Grenzen bereits zu verwischen. Das Buch kann in diesem Alter zum unentbehrlichen Element für die Identitätsfindung werden und den Abschied von der Kindheit begleiten.

WAS MÄDCHEN LESEN

Stärker als ihr denkt. Die neuen Bücher für Mädchen., 1991. Erarbeitet von der Bundesvereinigung Kulturelle Jugendbildung e.V. In diesem Überblick werden rund 200 Mädchenbücher, die zwischen 1970 und 1991 erschienen sind, erläutert und bewertet.

Wie es uns gefällt! – Bücher für Mädchen. Wird vom Arbeitskreis für Jugendliteratur e.V. als Empfehlungsliste in München herausgegeben.

Mädchenbücher

Die sogenannten Backfischbücher für Mädchen, die an Hand von Themen wie Freundschaft, Liebe, Ehe und Familie ein überkommenes Frauenbild vermitteln, gerieten Anfang der siebziger Jahre unter heftigen Beschuß. In ihnen ist die weibliche Leitfigur meist hingebungsvoll, opferbereit und dem Schicksal ausgeliefert. Bücher dieses Genres – geschrieben in den dreißiger, vierziger Jahren – sind »Nesthäkchen«, »Pucki« und »Trotzkopf«, in denen die Zukunft von Mädchen einseitig als Ehefrau, Hausfrau und Mutter festgelegt wird. Positive Vorbilder sind darin Frauen, die uneigennützig, fürsorglich, harmonisierend und naiv-fröhlich ihren Alltag bestreiten. Moderne Varianten dieser klassischen Backfischbücher kommen auch heute noch auf den Markt.

Daneben sind seit etwa zwanzig Jahren neue Mädchenbücher erschienen, die sich als Gegensatz zur Backfischliteratur begreifen. Erwachsenwerden wird in diesen Geschichten nicht als Anpassung an vorgegebene Rollen dargestellt, sondern als Selbstfindungsprozeß. Auch Sexualität wird in ihnen zum Thema. Die Mädchenfiguren sind klug und witzig, aktiv und aufmüpfig. Beruf und Ausbildung sind wichtig. Die Geschichten erzählen von jungen Frauen, die ihr Leben selbst in die Hand nehmen, und nicht auf schicksalhafte Fügungen warten. Auch diese Mädchen sehnen sich nach Liebe, sie warten aber nicht auf den Prinzen, der sie ihnen um den Preis der Selbstaufgabe schenkt.

ZEITSCHRIFTEN

Der Zeitschriftenmarkt für Kinder umfaßt in der Bundesrepublik zwanzig bis dreißig Publikationen, die wöchentlich, vierzehntägig oder monatlich erscheinen. Die Qualität dieser Produkte, die an Kiosken, in Schreibwarengeschäften, Kaufhäusern und im Abonnement angeboten werden, ist höchst unterschiedlich.

Ein großer Teil der Kinderzeitschriften trägt pädagogisch und wissenschaftlich klingende Untertitel. Viele Eltern glauben, damit ein gutes Produkt für ihr Kind gekauft zu haben. Doch das ist leider in vielen Fällen ein Irrtum (> Kinderzeitschriften, Seite 488). MedienwissenschaftlerInnen kritisieren vor allem:

● Die Sprache in Kinderzeitschriften ist oft verniedlichend und der Wortschatz sehr gering.
● Die Geschichten sind zum Teil sehr flach, der Informationsgehalt läßt zu wünschen übrig, und die Stories sind mit Vorurteilen gespickt.
● Es werden vor allem die Kinder positiv dargestellt, die sich still und leise mit sich selbst beschäftigen.
● Das Schriftbild ist nicht immer auf die Lesefähigkeit und damit auf das Alter des Kindes abgestimmt.

Ebenfalls problematisch können die kostenlos verteilten Heftchen von Banken, Firmen und Wirtschaftsverbänden sein. Sie sind ähnlich aufgemacht wie andere Kinderzeitschriften und für das Kind kaum als Werbeblatt zu erkennen. Das Ziel, künftige KonsumentInnen bereits frühzeitig an das Haus oder die Marke zu binden, ist kaum zu durchschauen (> Der Medienverbund, Seite 482).

Jugendzeitschriften

Auf dem kommerziellen Markt der Jugendzeitschriften spielt »Bravo« seit 1956 die unangefochtene Hauptrolle. »Popcorn«, »Mädchen« und »Rock und Pop« kommen kaum an die Verkaufszahlen von »Bravo« heran. Insgesamt ist das eine sehr begrenzte Auswahl von begrenzter Qualität. Nennenswerte Unterschiede gibt es weder in der Aufmachung noch bei den Inhalten.

Ab dem zwölften Lebensjahr vertiefen sich die meisten Jugendlichen in diese Zeitschriften, um zu erfahren, wo Modetrends liegen, wie ihre Stars leben und wie Gleichaltrige mit Sexualität, Liebe und Elternkonflikten fertig werden. Kritik gegen diese Hefte richtet sich auf mehrere Aspekte:
● Sie vermitteln einseitige Leitbilder; es stehen fast ausschließlich Fernseh-, Film-, Rock- und Popstars im Mittelpunkt.
● Die LeserInnen bekommen nur glitzernde Bruchstücke aus der Welt des Glamours präsentiert.
● Die als Aufklärung deklarierten Foto- und Liebesgeschichten sind oft von Soft-Pornos kaum zu unterscheiden.
● Die Aufmachung ist reißerisch und oft voyeuristisch.
● Inhalt und Sprache sind meist flach.
● Sie sind durchsetzt mit Werbung. Oft fällt es schwer, den Anzeigenteil vom redaktionellen zu unterscheiden.

Viele Eltern sind bei der ersten Konfrontation mit »Bravo« oder ähnlichen Produkten geschockt. Bedenken Sie jedoch:
● Die Publikationen der Regenbogenpresse und Wochenillustrierten für Erwachsene sind den Jugendzeitschriften sehr ähnlich.
● Für viele Jugendliche gibt es offensichtlich keine Alternativen, in denen Berichte über Sexualität und Liebe entsprechend aufbereitet werden (> Sexualität, Seite 288).
● Solange sich Ihr Kind auch für andere Publikationen interessiert, bleiben kommerzielle Jugendzeitschriften harmlos. Sie werden fast ausschließlich in der Phase zwischen 12 und 15 Jahren gelesen; danach erlischt das Interesse (> Ablösung vom Elternhaus, Seite 279).

Musik- und Computerzeitschriften

In der Pubertät spezialisieren sich auch die Musikinteressen. Der Kauf von Zeitschriften wie »Spex« oder »Metallhammer« wird interessant. Nicht allen Jugendlichen sind jedoch die eigenwilligen Plattenbesprechungen und Star-Portraits zugänglich. Weit verbreitet sind auch Magazine für Computer- und Videospiele (> Seite 451), in denen die Trends auf dem Spielemarkt, Spielanleitungen, Programmtips und -tricks präsentiert werden. Die Werbeanzeigen sind – wie in fast allen Jugendzeitschriften – kaum vom redaktionellen Teil zu unterscheiden.

Schülerzeitungen

Schülerzeitungen werden ausschließlich von Kindern und Jugendlichen gemacht. Sie beziehen sich meist direkt auf das bekannte Umfeld, MitschülerInnen, LehrerInnen, die Schulleitung, Schulfeste, Konzerte und Sportveranstaltungen. Sie können für das Kind Anreiz zu folgendem sein:

● Eigene Texte und Leserbriefe zu schreiben, Illustrationen zu entwickeln oder Fotos (> Fotografieren, Seite 464) zu machen.

● Sich kritisch, witzig oder ironisch mit Unterrichtsfächern, LehrerInnen oder Schulproblemen auseinanderzusetzen.

● Themen und Ereignisse aufzugreifen, die es direkt betreffen: Sexualität, Drogen, Taschengeld, Schulstreß, Konflikte mit den Eltern.

Comics

Fast alle Kinder sind heiß auf Comics. Sie tauschen sie mit Begeisterung auf dem Schulhof, gründen Fanclubs. Nach Medienerhebungen lesen 90 Prozent der Sechs- bis Vierzehnjährigen mehr oder weniger regelmäßig Comics. Der Hauptgrund: Sie sind amüsant anzusehen und leicht zu verstehen, sie entspannen und machen Spaß. Bei den Eltern hält sich die Leidenschaft meist in Grenzen. Sie fürchten um die sprachliche Entwicklung ihrer Kinder zwischen »Uff«, »Sponk« und »Wau«. Doch diese Angst ist unbegründet, solange die Kids neben den Comics noch anderes lesen und für andere Themen aufgeschlossen bleiben.

Zwischen den Comics gibt es große Qualitätsunterschiede. So ist der Dauerbrenner Mickey Mouse zeichnerisch sehr differenziert und vielfältig. Biene Maya und Heidi haben hingegen ein sehr geringes Bildzeichenrepertoire.

● Für die Sechs- bis Neunjährigen eignen sich vor allem Bildergeschichten, mit Tieren oder kleinen Kindern als Hauptperson; zum Beispiel Mickey Mouse, Bugs Bunny, Fix und Foxi oder Bibi Blocksberg.

● Für Kinder ab zehn Jahren sind Geschichten mit komplexem Hintergrund spannender; zum Beispiel Asterix, Superman oder Lucky Luke.

● Bei Älteren sind Comicserien wie Die Spinne, Phantom oder Perry Rhodan beliebt. Diese Kriegs-, Horror- und Weltraumgeschichten haben teilweise einen extrem gewalttätigen Hintergrund. Der Wunsch, solche Comics zu lesen, erlischt meist von selbst.

● Comics sind Kommerzprodukte. Sie stecken voller Werbung und Preisausschreiben und trans-

---

KINDERZEIT-SCHRIFTEN

In einer ausführlichen Bewertung der Zeitschrift »Informationen, Jugendliteratur und Medien« (GEW/2/1991) kam es zu folgenden Urteilen:

● Sehr negativ bewertet wurden »Goldbärchen«, »Dumbo«, »Bussi Bär«, vor allem aber »Kermit – das witzige Kindermagazin«.

● Als gelungen galten »Sesamstraße«, »Spiel mit«, »Spatz«, »Teddy« »Yakari« und vor allem »Floh«.

● Positiv bewertet wurden »Flohkiste«, das Schülermagazin »Treff« und »Der Tierfreund«. Sie sprechen vor allem ältere Kinder an.

● Sehr positiv eingeschätzt wurde die Zeitschrift »Menschenskinder«, in der ausschließlich Kinder und Jugendliche ihre Beiträge veröffentlichen.

● Ähnliche lokale Projekte, in denen ebenfalls nur Kinder und Jugendliche publizieren, gibt es in Nürnberg (»Babbelgam«), Stuttgart (»Kinder-Zeitung«) und Bremen (»Klick«).

portieren wie kaum ein anderes Medium die Idee des Medienverbunds (> Seite 482).

PLATTEN, HÖRSPIEL- UND MUSIKKASSETTEN

Die Hörspielkassette hat die Hörspielplatte vergangener Zeiten fast vollständig verdrängt. Kassetten und Rekorder sind preisgünstig und einfach zu bedienen. Schon Vorschulkinder können damit problemlos spielen. Derzeit werden rund 4.000 Titel für Kinder und Jugendliche angeboten. Charakteristisch ist, daß Kinder eine Hörspielkassette bis zu 100mal hören – ähnlich wie sie bestimmte Geschichten immer wieder vorgelesen bekommen wollen. Sie suchen Vertrautes in fremden Situationen, und sie suchen sich bestimmte ulkige oder gruselige Sequenzen mit deutlicher Lust immer wieder heraus. Die Motive kommen aus Kinderbüchern und Kindergeschichten, aus Film und Fernsehen. Für jedes Alter ist etwas auf dem Markt: Märchen und Krimis, Western und Abenteuer, Science-fiction und Fantasy-Erzählungen (> Kassetten im Überblick, Seite 490).

Hörspiele zum Selbermachen

Rekorder und Kassette können die Kids aktiv für eigene Hörspielproduktionen nutzen. Mit dem Mikrofon werden Märchen, Kindergeschichten, Krimis und Abenteuer lebendig: Die Geräusche von Topfdeckeln, Blechdosen, Luftballons, Reiskörnern, Pfeifen und Rasseln unterstützen die Inszenierung. Auch die Geräusche der Wohnung können in die Erzählung eingebaut werden: knarrende Türen, das Drehen eines Schlüssels im Schloß, tapsende Schritte, das Telefon, ein tropfender Wasserhahn, die Geräusche der Straße. Die Kinder trainieren damit genaues Hinhören und amüsieren sich meist köstlich.

Musik per Kassette, Platte oder CD

Die meisten Kinder entwickeln schon im Grundschulalter ihren eigenen Musikgeschmack, den sie aus mehreren Gründen lautstark pflegen:
● Musik baut Spannungszustände auf und entlädt sie wieder.
● Musik ermöglicht intensive, körperlich mitreißende und emotionale Erfahrungen. Der Rhythmus von Rock und Pop weckt die widersprüchlichsten Gefühle und animiert, sie auszuleben: Sehnsucht, Hoffnung, Trauer, Verzweiflung, Unbeschwertheit, Optimismus, Stärke.
● Mit Musik kann man sich gezielt in bestimmte Stimmungen versetzen oder eine eigene Atmosphäre schaffen – unabhängig von den Eltern.
● Musik stiftet Identität: Die eigene Platten-, CD- oder Kassettensammlung sichert die Zugehörigkeit zu einem bestimmten Kreis und bedeutet zeitweise eine relative Autonomie gegenüber den Eltern.
● Gespräche und Diskussionen über den Musikmarkt ermöglichen neue soziale Kontakte.

Eltern müssen den Musikgeschmack ihrer Sprößlinge nicht teilen, sie sollten ihn aber auf jeden Fall tolerieren. Musik und Musikerleben bilden ein emotionales Zuhause, das für die Entwicklung der Kinder und Jugendlichen wichtig ist. Wenn sich die Familie oder NachbarInnen gestört fühlen, sollten alle miteinander Vereinbarungen treffen und sie einhalten. Zum Beispiel: Lautes Musikhören findet nur zu bestimmten Tageszeiten statt. Kopfhörer

---

Zum Weiterlesen

**Mikromaus mit Mikrofon.
Spiele mit dem Kassettenrekorder.
Anregungen und Hinweise für eigene
Hörspielproduktionen.**
KNISTER (D.I. LUDGER JOCHMANN)
Arena Verlag, 1988.

(> Der Walkman, Seite 490, > Viel zu laut, Seite 807) schonen das Umfeld.

Inwieweit sich die Eltern an der Musikliebe ihrer Kinder finanziell beteiligen, muß ausgehandelt

---

KASSETTEN IM ÜBERBLICK

● Die Altersangaben sind ein erster Hinweis.
● Hörspielkassetten zu TV-Serien kann man inhaltlich vorprüfen: Wenn die TV-Serie inhaltlich eher flach ist, nur Stereotypen anbietet und kaum differenzierte Charaktere entwickelt, so wird das Hörspiel nicht viel anders sein.
● Häufig werden Geräusche und Dialoge der TV-Serien nur durch einen Erzählkommentar ergänzt: Ihnen fehlt die Qualität des klassisch inszenierten Hörspiels mit eigener Dramaturgie.
● Eine lebendige Sprache und ein dem Alter angemessener Wortschatz sind wichtige Kriterien.
● Fachliche Hinweise sind in fast allen Bibliotheken und Bücherbussen zu bekommen. Das Personal ist auf die Nachfragen der Kinder eingestellt, und die Kassetten können entliehen werden.

Zum Weiterlesen:

● Konrad Kallbach: Hören – Lesen – Hören. Kassetten für Kinder. Mensch und Leben Verlagsgesellschaft, 1990. Das Buch bietet eine Marktübersicht der Hörspielkassetten mit über 4.000 Titeln und stellt Lesungen aus Kinder- und Jugendbüchern vor.
● Die »Stiftung Lesen«; Raimundistraße 2, 55118 Mainz aktualisiert und veröffentlicht regelmäßig Kassetten-Tips für Kinder und Jugendliche.

---

werden. Platten oder CDs in der Bibliothek und bei FreundInnen auszuleihen, entlastet den Geldbeutel (> Das Geld der Kinder, Seite 533).

Der Walkman

Der Walkman macht ein besonderes Musik- und Hörspielerlebnis möglich: Per Kopfhörer können sich die Kids von den Erwachsenen abgrenzen, im Extremfall sogar abschotten. Das birgt aber auch Gefahren:
● Der Kopfhörer verhindert das genaue Wahrnehmen des Straßenverkehrs. Die Kombination Walkman-Hören und Radfahren ist dabei am gefährlichsten.
● Hörschäden sind sehr wahrscheinlich, wenn das Gerät tagtäglich mit übermäßiger Lautstärke läuft. Gefährdet sind vor allem Jugendliche, die Rock- und Popmusik ausschließlich über den Kopfhörer in Konzertlautstärke hören (> Viel zu laut, Seite 807).

RADIO

Im Radio hören die meisten Kinder und Jugendlichen eher ungezielt »ihre« neuesten Hits und informieren sich über Trends in der Musikszene. Auf Wortbeiträge achten sie meist weniger. Ausnahmen sind der Kinder- und Jugendfunk mit zum Teil anspruchsvollen und spannenden Programmen. Sie können eine Alternative zu den Hörspielkassetten (> Seite 489) sein, bei denen der Trend zu Billigprodukten vorherrscht.

Im Kinderfunk sitzen die Kinder zum Teil selbst hinter dem Mikro, wie beispielsweise bei »Mikado« vom Norddeutschen Rundfunk oder dem »Ohrenbär«. Er wird vom Sender Freies Berlins, dem Westdeutschen Rundfunk und dem Österreichischen Rundfunk ausgestrahlt. Eine gewisse Anerkennung hat sich auch der Jugendfunk mit engagierten Sendungen wie »Riff, der Wellenbrecher« (WDR) oder »Zick-Zack« verschafft (ORF).

Um das Radio gezielt zu nutzen, gelten ähnliche Regeln wie beim Fernsehen (> Seite 491):
● Informieren Sie sich über das genaue Programm.

● So können Sie das Gerät bewußt und zielgerichtet einschalten, wenn Sie Information, Unterhaltung oder Entspannung wünschen.

● In den Programmheften sind die Kinder- und Jugendsendungen oft kaum zu finden. Wer genau wissen möchte, auf welchem Sendeplatz sie sich verstecken, sollte die Pressestellen der Sendeanstalten anschreiben und um Information bitten.

FERNSEHEN

Die Faszination des Fernsehens ist wie bei kaum einem anderen Medium an die jeweilige Lebenssituation gebunden. Je intensiver jemand sein soziales Leben nach außen lebt, je aktiver sie oder er Sport-, Politik- oder Kulturinteressen leben, desto »reizloser« ist der Fernseher – für Kinder wie für Erwachsene. Fernsehen fasziniert Kinder zwar, aber allen Unkenrufen zum Trotz bevorzugen sie meist den Kontakt zu lebendigen Menschen. Wie sehr sie die Lebenssituation prägt, ergab 1990 eine ZDF-Untersuchung. Auf die Frage »Was tun Kinder am liebsten?« antworteten die Kids in den Alt-Bundesländern nach folgender Rangordnung: 1. Mit FreundInnen zusammensein. 2. Draußen spielen. 3. Sport treiben. 4. Fernsehen.

In den fünf neuen Ländern kehrte sich die Reihenfolge um: 1. Fernsehen und Video. 2. Draußen spielen. 3. Mit FreundInnen zusammensein.

Fernsehen und Familie

Fernsehen können alle Familienmitglieder ohne Vorbedingung gemeinsam. Oft strukturiert das Programmschema den Abend: Vor dem Gerät kommen Eltern und Kinder zusammen, man diskutiert ums Programm. Der sonst abwesende Vater nimmt die Kleinen neben sich zum Kuscheln aufs Sofa. Man schaut und ißt und trinkt gemeinsam. Obwohl bei diesem Typus modernen Lebens die

---

DIE FÜNF TV-HAUPTFEHLER

● Fernsehverbot: Viele Eltern setzen den Fernseher als Erziehungsinstrument ein. Dadurch fixiert das Kind seine Bedürfnisse jedoch noch intensiver auf den Bildschirm. Der eigenverantwortliche Umgang mit dem Medium wird erschwert.

● Fernseher als Babysitter: Wie kaum ein anderes Medium entlastet der Fernseher die Eltern – endlich herrscht Ruhe, die Kinder sind beschäftigt. Doch der wahl- und planlose Einsatz des Mediums stört die Entwicklung. Kinder brauchen Erlebnisse aus »erster Hand«, mit FreundInnen und Erwachsenen (> Spielen, Seite 440; > Bewegung und Sport, Seite 506), mit Materialien und Elementen aus dem Alltagsleben (> Kunst und Kultur, Seite 456).

● Fernseher als Ersatz: Oft versuchen Kinder, mangelnde emotionale Geborgenheit mittels Fernsehen auszugleichen. Die »laufenden Bilder« vertreiben Langeweile und Unlustgefühle. Sie brauchen sich nicht mehr mit ihren Problemen oder anderen Menschen auseinanderzusetzen. Dieser Rückzug kann gefährlich werden.

● Fernseher als Droge: Der Übergang vom »normalen« zum »süchtigen« Fernsehen ist fließend und kaum zu definieren. Als VielseherInnen gelten Vorschulkinder, die mehr als eine Stunde täglich, und Schulkinder, die mehr als zweieinhalb Stunden täglich schauen. Für die Eltern können solche Angaben nur eine grobe Orientierung sein. Wichtig ist das eigene Verhalten: Wie viele Stunden täglich sehen Sie selbst fern?

Menschen kaum miteinander sprechen, vermittelt er vielen eine emotionale Geborgenheit und Nähe.

Grenzen der Wahrnehmung

Fernsehbilder sind nie wirkungslos, und je nach Alter der Kinder wirken sie unterschiedlich. Je jünger die Kleinen sind, desto weniger durchschauen sie filmische Tricks, desto eher erschrecken sie über dramatische Szenen, Gewalt und Bedrohungen. Vorschulkinder erliegen besonders leicht dem Sog von Geräuschen und Musik. Sie erleben die akustische Dramaturgie auf einer schmalen Grenze zwischen Freiwilligkeit und Überwältigtwerden.

Filmelemente wie Großeinstellungen und Totalen verstehen Vorschulkinder noch nicht. Diese Techniken können Ängste wecken – unter Umständen sogar bei einfachen Tierfilmen, in denen eine Großaufnahme Ameisen zu Horrorwesen und Käfer zu Außerirdischen macht.

Vor- und Rückblenden können die Kleinen ebenfalls kaum nachvollziehen. Bis zum sechsten Lebensjahr sind sie nicht in der Lage, zwischen Wirklichkeit und Fiktion zu unterscheiden. Für sie sind die Gestalten auf dem Bildschirm genauso echt wie ihre SpielkameradInnen. Vorschulkinder werden vor allem dann emotional verunsichert, wenn sie sehen, wie geliebte Personen bedroht oder Kinder verletzt und verlassen werden, oder wenn Nachrichtensendungen, Spielfilme und Krimis ihnen nahelegen »Das könnte auch mir oder meinen Eltern passieren« (> Ein »gewaltiges« Programm, Seite 493). Die schnell aufeinanderfolgenden Bilder strengen an und erschöpfen.

Erst im Alter von etwa fünf Jahren können sich Kinder in andere Personen und deren Gefühls- und Gedankenwelt hineinversetzen. Erst mit etwa sieben Jahren stellen sie den Zusammenhang zwischen einzelnen Szenen und der Gesamthandlung her und begreifen den Handlungsstrang. Und erst rund um das zwölfte Lebensjahr verfolgen Kinder filmische Handlungen ähnlich wie Erwachsene.

Das »Montagssyndrom«

Vor allem KindergärtnerInnen und LehrerInnen klagen, daß die Kleinen montags kaum zu beruhigen und ohne Konzentration sind, und sie führen das auf ein allzu opulentes Fernsehwochenende zurück. Hingegen ergaben Untersuchungen von MedienwissenschaftlerInnen, daß die Kinder am Sonntagnachmittag und -abend weniger fernsehen als während der Woche.

Vermutlich ist das »Montagssyndrom« eher ein Anpassungs- als ein Fernsehproblem: Menschen, die fünf Tage lang getrennte Wege gehen, sind nun für zwei Tage ununterbrochen zusammen. Oft überfrachten sie das Wochenende auch noch damit, daß es die Wünsche an Familienleben und Zusammengehörigkeit erfüllen soll, die wochentags zu kurz kommen. Möglicherweise entlädt sich dieser Streß dann als nervöse Unaufmerksamkeit und Erschöpfung am ersten Tag der Woche.

DAS KINO – EINE ALTERNATIVE

In kommunalen Kinos, Volkshochschulen und Jugendzentren laufen immer wieder anspruchsvolle Kinderfilme. Ein Besuch lohnt sich, denn ein gemeinsamer Kinobesuch vermittelt eine andere soziale und emotionale Atmosphäre als ein Fernsehnachmittag zu Hause. Die Dunkelheit und Größe des Raums haben eine eigene Qualität, das gemeinsame Schauerlebnis mit Fremden erhöht die Spannung. Zur Ferienzeit veranstalten viele kommerzielle Lichtspielhäuser Kindernachmittage mit Tier- oder Zeichentrickfilmen. Diese Produktionen sind fast immer handwerklich hervorragend gearbeitet und vermitteln auf der Riesenleinwand ein besonderes ästhetisches Erlebnis.

Ein »gewaltiges« Programm

Auf deutschen Bildschirmen sind pro Woche rund 4.000 Morde zu sehen. Würden alle Gewaltszenen der sechs größten deutschen Fernsehprogramme aneinandergeschnitten, entstünde ein wöchentliches Prügelepos von 25 Stunden, stellte eine Medienuntersuchung 1992 fest.

Insgesamt sind mehr als die Hälfte der Brutaloszenen in der Kategorie »Spielfilm und Serie« zu sehen, zehn Prozent in den »Nachrichten«. Rücksicht auf Kinder sucht man vergeblich. So liefern die privaten Sender zwischen 18 und 20 Uhr einen Großteil ihrer Gewaltstories – zu einer Zeit also, in der die meisten Sprößlinge vor dem Bildschirm sitzen. Und auch die Trickfilme locken nicht nur mit »Kindereien«: Allein auf Comicfilme entfällt ein rundes Viertel der Schlägereien.

VIDEO

In rund der Hälfte der bundesdeutschen Haushalte kann inzwischen ein Videorekorder alternativ zum Fernsehprogramm (> Seite 491) eingesetzt werden. Um den Serien-Action-Einheitsstories zwischen 18 und 20 Uhr zu entgehen, kann es sich lohnen, Natur- und Tierfilme, Kinderfilme wie »Pippi Langstrumpf«, »Pumuckel«, »Die Kinder von Bullerbü« oder »Der verrückte Käfer« aufzuzeichnen oder auszuleihen. Das macht unabhängig vom Terminplan des Fernsehens. Aus der bewußten Programmwahl kann sich nach und nach eine Heim-Videothek entwickeln, in der Walt-Disney-Produktionen, Tier-, Märchen- und Kinderfilme einen eigenen Platz haben. Mit dem Alter des Kindes und seinen sich ändernden Interessen wächst dann die Videosammlung.

Videofilme selber drehen

Viele Volkshochschulen, Jugend- und Medienzentren bieten Video-Einführungskurse für Jugendliche an. Das gemeinsame Arbeiten an einem Drehbuch, die Verteilung der Rollen und die organisatorischen Vorbereitungen sind dabei ein Abenteuer für sich. Daneben lohnen sich Straßen- und Familienfeste, der Alltag des Hundes, Nachbars Gartenparty oder die Badezimmerschlacht des Bruders als Kurzfilmthemen. Kinder und Jugendliche sind begeistert, wenn sie »ihren« Film nach eigenen Vorstellungen gestalten können, sobald die nötigen Grundbegriffe wie Kamerabedienung, Kameraführung und die Anzahl der zu drehenden Videokassetten geklärt sind.

Video und Gewalt

In fast allen kommerziellen Videotheken lagern Gewaltvideos. Die dürre Handlung dieser Streifen dient ausschließlich dazu, Folterungen, Massakern,

---

Kontakte

Die Altersfreigaben sagen nichts über die inhaltliche Qualität eines Videos aus. Orientierungshilfen bieten die Stadtbibliotheken und folgende Institutionen:

Kinder- und Jugendfilmzentrum der Bundesrepublik Deutschland
Küppelstein 34; 42857 Remscheid
(Regelmäßige Veröffentlichung von »Top Videos«.)
**Katholisches Institut für Medieninformation e.V.
c/o Redaktion »film-dienst«**
Am Hof 28, 50667 Köln
(Veröffentlicht monatlich den »Video-Filmtip«.)
Interessengemeinschaft Deutscher Videothekare, IVD-Bundesvorstand
*Emanuel-Leutze-Str. 17;
40547 Düsseldorf*
(Verbreitet eine Liste mit Videotheken, die ein anspruchvolles Videoprogramm anbieten.)

FERNSEHEN MIT REGELN

In der heftigen Kontroverse für und wider das Fernsehen von Kindern wird immer wieder für ein totales Fernsehverbot plädiert. Glaubwürdig ist ein solches Verbot aber nur dann, wenn sich die Eltern selbst abstinent verhalten und den Fernseher aus der Wohnung verbannen. Wer dies nicht schafft und selbst gerne fernsieht, kann das auch zusammen mit dem Kind tun: nach bestimmten Regeln, an die sich beide Seiten halten.

Der Fernsehwochenplan

● Stellen Sie zusammen mit Ihren Kindern das wöchentliche Programm auf. Es sollte klar festgelegt werden, wann der Fernseher für die Kinder ein- und abgeschaltet wird und wann das Fernsehprogramm für die Eltern beginnt.

● Wichtig ist, daß nicht mehrere Sendungen hintereinander konsumiert werden und daß es je nach Alter einen oder zwei fernsehfreie Tage in der Woche gibt.

● Kinder und Eltern sollten jeweils begründen, weshalb sie welche Sendung sehen wollen. Lehnen die Eltern einen Beitrag aus inhaltlichen Gründen für ihren Sprößling ab, sollten sie das erklären.

● Der Wochenplan darf nicht zum Zwang werden. Wenn das Kind statt dessen spielen will, so soll es das tun.

● Bei beliebten Kindersendungen, Natur- und Tierfilmen kann der Videorekorder mitlaufen. Mit einer eigenen Videothek bleiben die Kinder vom aktuellen Fernsehprogramm unabhängig und können Lieblingssendungen mehrmals anschauen (> Video, Seite 493).

Die Fernsehdauer

MedienwissenschaftlerInnen haben ungefähre Richtwerte aufgestellt, gemäß denen Kinder ihren Fernsehkonsum noch »verdauen« können.

● Kinder unter drei Jahren sollten gar nicht fernsehen.

● Zwischen dem vierten und fünften Lebensjahr sollten es höchstens 35 Minuten täglich sein.

● Ab dem sechsten Lebensjahr sollte es nicht mehr als höchstens eine Stunde täglich sein.

● Vorschulkinder sollten mindestens zwei fernsehfreie Tage pro Woche einhalten.

● Zwischen dem siebten und neunten Lebensjahr sollten es täglich höchstens 1,5 bis 1,75 Stunden sein.

● Ab elf Jahren täglich höchstens zwei Stunden.

● Zwischen dem 13. und 14. Lebensjahr täglich höchstens 2,5 Stunden.

● Mindestens ein fernsehfreier Tag pro Woche sollte bei Schulkindern eingehalten werden.

Was sollte vor und während der Sendung überlegt werden?

● Dominiert der Spaß, oder bleibt das Kind verängstigt zurück?

● Ist das Thema altersgemäß begrenzt und überschaubar?

● Liefert die Geschichte Anknüpfungspunkte im täglichen Leben des Kindes?

● Werden ausschließlich Schwarzweiß-Stereotypen gezeigt, Frauen-Männer-Klischees vermittelt oder Menschen, die sich durch Schwierigkeiten verändern und an Erfahrungen wachsen?

● Werden Vorurteile gegen Ausländer oder andere Gruppen vermittelt?

● Dominieren menschenverachtende Gewalthandlungen (> Ein »gewaltiges« Programm, Seite 493)?

Die Programmauswahl

Die Fülle der Programme der privaten und öffentlichen Sender stellt alle Eltern vor eine harte Bewährungsprobe.

● Vorschulkinder schätzen ihr spezielles Kinderprogramm mit der »Sesamstraße«, den »Kindern von Bullerbü« oder »Die Sendung mit der Maus«. Die Inhalte sind altersgemäß aufbereitet und kommen den Interessen der Kinder entgegen.

● Ab dem sechsten Lebensjahr suchen die Kleinen vor allem Zeichentrickfilme und aktionsgeladene Vorabendserien (> Ein »gewaltiges« Programm, Seite 493). Dieses Angebot finden sie vor allem bei privaten Sendern.

● Die Kritik der Erwachsenen an Sendungen wie »Knight Rider« oder »Airwolf« akzeptieren die Kinder nur selten. In den Vorabendserien begegnen sie ihren Stars, sie sind fasziniert von den Geschichten, und sie wollen in der Schule »mitreden« können.

● Entscheiden Sie zusammen mit dem Kind, wie viele dieser Stories in den Fernsehwochenplan aufgenommen werden.

Das Umfeld beim Fernsehen

● Vorschulkinder sollten nie alleine vor der »Kiste« sitzen. Erwachsene AnsprechpartnerInnen, ältere Geschwister oder FreundInnen sind wichtig, um bei ängstigenden Szenen auf einen rettenden Schoß klettern zu können.

● Die Kinder wollen während einer Sendung Kommentare abgeben, Fragen stellen, herumlaufen oder auch kurz spielen. Ermahnungen zum Stillsitzen und Ruhigbleiben zwingen zu einem unangemessenen Erwachsenenverhalten. Dabei schützen sich die Kinder mit ihren Distanzierungstechniken vor unangenehmen Empfindungen und allzugroßer Betroffenheit.

● Bewegung ist für die kindliche Psyche und den Körper wichtig. Um ihn vor Schäden zu schützen, sollte das Knabbern von Süßigkeiten oder Salzgebäck vor dem Fernseher vermieden werden (> Ernährung, Seite 554).

Das Gespräch rund ums Fernsehen

● Über das Gesehene sollte gesprochen werden. Für viele Eltern ist das eine Gradwanderung. Sie drängen das Kind und wollen wissen, ob es auch alles »richtig verstanden« hat: eine sinnlose Prüfung. Für Kinder ist nicht der rote Faden einer Fernsehgeschichte wichtig, sondern Einzelheiten, an denen sie ihre Phantasie und Gefühlswelt entzünden.

● Einzelne witzige, komische, aufregende oder spannende Szenen können – wenn das Kind von sich aus dazu bereit ist – in einem Gespräch verarbeitet werden. Dem Kind ist nur geholfen, wenn die Eltern es dabei ernst nehmen und wirklich zuhören.

Die Pause vom Fernsehen

● Wichtige familiäre Ereignisse sollten nicht vor dem laufenden Apparat stattfinden. Frühstück, Mittag- und Abendessen können zum Beispiel zur fernsehfreien Zeit erklärt werden.

● Zwischen fernsehen und schlafen gehen brauchen alle Kinder eine »Verdauungspause«. Mit unverarbeiteten Handlungsfetzen und Bildern im Gedächtnis schlafen sie schlecht (> Schlafschwierigkeiten, Seite 358).

● Bis ins Grundschulalter hilft die Gute-Nacht-Geschichte, um einen sanften Tagesabschluß zu finden.

● Auch mit den älteren Kindern sollten die Eltern noch über das Gesehene und den vergangenen Tag sprechen.

● Zweit- und Drittfernseher, die auch im Kinder- und Jugendzimmer stehen, machen es schwer, Fernsehpausen einzuhalten.

Der Abstand zum Fernseher

● Je größer der Bildschirm ist, desto größer sollte der Abstand zum Gerät sein, um die Augen zu schonen.

● Der Apparat steht am besten in Augenhöhe. Eine zusätzliche Beleuchtung hinter dem Gerät hilft, Augen- und Kopfschmerzen zu vermeiden.

Zum Weiterlesen

Hinweise auf Kindersendungen, Kommentierungen und Empfehlungen veröffentlicht die Zeitschrift »leben und erziehen«.

Mißhandlungen, Hinrichtungen, Vergewaltigungen, Zerstückelungen, Horror- und Schock-Effekten einen Hintergrund zu bieten. Egal, welches Genre aus dem Brutalobereich angeboten wird – fast alle Western, Eastern, Kriegs- oder Sexfilme arbeiten mit der Zur-Schau-Stellung von Mord und menschlichem Leid. Die sogenannten Horror- und Zombiefilme haben den qualvollen Tod zum eigentlichen Programm erhoben.

Obwohl das Gros dieser Filme für Kinder und Jugendliche verboten ist (> Der Jugendschutz, Seite 499), gelingt es dennoch vielen, die indizierte Ware anzuschauen. Der besondere Reiz liegt im Verbotenen und im Wunsch, gemeinsam mit der Clique die außergewöhnliche »Mutprobe« zu bestehen, psychische und physische Gewalt auszuhalten. Die Toleranzschwelle steigt dabei mit der Dauer des Konsums. Um genügend Nervenkitzel zu haben, müssen die Kids immer grausamere Filme sehen (> Die Wirkung von Gewalt, Seite 497).

Eltern, die dieses Tun zwar kopfschüttelnd, aber kommentarlos hinnehmen, vermitteln ihren Kindern ein Bild der Zustimmung. Wer Gewalt ablehnt, sie sich selbst nicht anschaut und sein gewaltfreies Verhalten glaubwürdig vorlebt, sollte seinen Kindern zunächst im Gespräch seine Haltung begründen, den Worten aber auch Taten folgen lassen. Niemand muß solche Machwerke in seiner Umgebung dulden.

COMPUTER

Computer gehören zum Alltag älterer Kinder. Sie entdecken elektronische Steuerungssysteme in der Wasch- und Spülmaschine, in Videorekorder, Auto, Fotokamera und im Taschenrechner. In vielen Haushalten hat der Laptop die Schreibmaschine ersetzt, und am PC entstehen die Einladungen zu Familienfesten. Das überwältigende Angebot an elektronischem Spielzeug, Kindercomputern und Videospielen (> Computerspiele, Seite 451) ist fast selbstverständlich geworden.

Dabei scheidet die Diskussion um den Einfluß der Computer die Geister. Auf der einen Seite befürchten PädagogInnen, daß der allzu frühe Umgang mit dieser Technologie die Kinder einseitig festlegt: Sie können in eine Scheinwelt der Sicherheit und Eindeutigkeit geführt werden, die es im realen Leben nicht gibt. Vor allem Computerspiele (> Seite 451) beeinträchtigen dann ihre psychische und soziale Entwicklung. Auf der anderen Seite stellen ExpertInnen fest, daß ein möglichst frühzeitiger Kontakt mit Computern die Kleinen auf ihren späteren (Berufs-)Alltag vorbereiten kann.

Der Zugang zur Computertechnologie schafft auch eine neue Form von Klassengesellschaft. Schließlich kann sich nicht jede Familie Gerät, Software-Programme und Drucker leisten, und auch um die Chancengleichheit unter Mädchen und Jungen ist es nicht zum Besten bestellt (> Vom Unterschied der Geschlechter, Seite 498).

Moderne Technik – Pro und Contra

Einig sind sich die WissenschaftlerInnen, daß der Computer das Erlernen der kulturellen Grundtechniken »per Hand« nicht ersetzen kann. Zeichnen, Malen, Gestalten oder Schreiben brauchen die Vielfalt sinnlicher Erfahrungen wie dickes oder dünnes Papier, Härte von Bleistift oder Feder, Farbe und Geruch der Wachsstifte. Moderne Technologien können diese Lernprozesse ergänzen und in einem Nebeneinander bereichern.

Eltern, die sich für Kinder-Computerprogramme interessieren, sollten am ehesten zu solchen greifen, bei denen das Kind selbst etwas gestaltet. Entscheidend ist, ob die Software tatsächlich viele Variationen in der Gestaltung und Form bereitstellt. Ungünstig sind Lernprogramme, bei denen nur stur gepaukt wird. Einfach nur »ja« oder

DIE WIRKUNG VON GEWALT

Bis heute streiten sich WissenschaftlerInnen um die Wirkung von Blut- und Gewaltszenen auf die Seelen der Kinder. Geklärt ist nur wenig. Wenn sich Zeichentrickfiguren wie Tom & Jerry über den Bildschirm prügeln, entschlüsseln Kinder diese Szenen mühelos als »fiktiv« und fühlen sich psychisch kaum belastet. Meist genießen sie es, wenn die körperlich unterlegene Maus die überlegene Katze an der Nase herumführt und die kleinen, schwachen Trickfiguren über die »Großen« siegen.

Anders ist es bei Action-Serien wie beispielsweise »Knight-Rider« oder »Airwolf«. In diesen klassischen Vorabendserien erscheinen die Folgen der Gewalt meist »sauber«. Die Toten wandern an den Kindern vorbei, ohne daß sie die Wirkung eines Schusses oder Messerstichs bewußt wahrnehmen müssen. Außerdem scheinen sich die bewaffneten »Helden« für einen guten Zweck zu engagieren: Sie kämpfen gegen das Böse. Das Stereotyp vom rechtschaffenen männlichen Sieger, der für die »Guten« und das »schwache« Geschlecht seinen Revolver anlegt, kann sich in den Köpfen der Kinder festsetzen. Die Serienhelden lösen ihre Konflikte kaum nach differenzierten Überlegungen. Sie suchen nicht nach Kompromissen und bieten wenig praktisch anwendbare Verhaltensweisen, an denen sich die Kinder orientieren könnten. Frauen werden fast ausschließlich als Opfer präsentiert, die ohne männliche Begleitung verloren wären. Zusätzlich wird der Schein erweckt, als gäbe es für jedes Problem eine einfache Lösung. Wie sich Kinder von ihren gewalttätigen Trivialhelden beeinflussen lassen, ent-

scheidet letztlich ihr soziales Umfeld: Wenn der eigene Vater dem überkommenen Männlichkeitsmythos entgegentritt und das Kind im eigenen Alltag erfährt, daß Spannungen argumentativ gelöst und Interessen ausgeglichen werden können, bleiben die Kinder von der »sauberen« Gewalt ihrer »Helden« weitgehend unbeeindruckt. Wenn sich die Kleinen sicher und geborgen fühlen (> Das Umfeld beim Fernsehen, Seite 495), durchleben sie die gefährlichen Situationen mit ihrem »Hero« zwischen Angst und Lust und freuen sich zusammen mit ihm über den Sieg.

Mitten ins Kinderherz treffen allerdings Szenen, in denen die Schrecken der Gewalt sichtbar werden, wo Blut fließt, Menschen schreien, abgetrennte Körperteile neben gequälten Opfern liegen und unerklärliche Leiden über den Bildschirm flimmern (> Video und Gewalt, Seite 493). Je realistischer Spielfilme oder Nachrichtensendungen Zerstörung und Aggression zeigen, desto betroffener reagieren die Kinder und um so länger können sich Horrorbilder festsetzen. Das Gesehene kann traumatisieren und das Verhalten verändern (> Problemkinder, Seite 348).

Der Dauerkonsum von Gewalt- und Horrorfilmen, die meist nach 23 Uhr ausgestrahlt werden, kann bei Jüngeren überängstliches Verhalten provozieren und im Extremfall zu einer gestörten Wahrnehmung der Wirklichkeit führen: Sie akzeptieren dann Gewalt als gültiges Mittel zur Lösung von Konflikten. Strittig ist unter ExpertInnen, ob Gewaltfilme an sich aggressiv machen und zur Nachahmung anregen, oder ob es die perspektivlosen Lebensumstände vieler Jugendlicher sind, in denen Fernseher (> Seite 491) und Video (> Seite 493) helfen, dem Alltag zu entfliehen und Enttäuschungen auszugleichen.

»nein« abzufragen, verbaut dem Kind die Möglichkeit, kreative und unkonventionelle Lösungen selbst zu entwickeln. Das gleiche gilt für das »Multiple-choice«-Verfahren, bei denen die Kleinen aus mehreren verschiedenen Antworten auswählen sollen. Viele Lernprogramme bewegen sich nahe an Computerspielen und teilen mit ihnen die Faszination, aber auch die Nachteile. Der schwerwiegendste Einwand ist, daß das Kind, das allein vor seinem Bildschirm sitzt, nicht dazulernt, wie andere Menschen an Probleme herangehen und wie man miteinander umgeht (> Computerspiele, Seite 451).

Computer im Vorschulalter

Schon Vier- und Fünfjährige versuchen sich begeistert am PC ihrer Eltern, sie sind vom Klappern der Tasten, den Zeichen auf dem Monitor und dem Ticken des Druckers fasziniert.

Für diese Altersgruppe gibt es zum Beispiel bereits spezielle Kinderzeichenprogramme. Dabei können die Kleinen aus angebotenen Symbolen und Darstellungen Bilder zusammenkomponieren. Teilweise können sie mit der »Maus« eigene Entwürfe auf den Monitor zaubern und – je nach technischer Ausstattung – aus breiten Farbpaletten wählen. Dennoch setzt die Maschine der lustvollen Kreativität der Kinder Grenzen. Die extrem hohen Preise für Farbdrucker verhindern zudem meist, daß das Kleine sein Produkt auf Papier am Wochende zur Oma mitnehmen kann.

Computer im Grundschulalter

Wenn die Erfahrung mit Bits und Bytes nicht auf sture Übungsprogramme beschränkt bleiben soll, kann man das Schreiben nach der ersten Zeit des Lernens mit Textverarbeitungsprogrammen begleiten. So startete das Hessische Institut für Lehrerfortbildung 1992 den Pilotversuch »Kreative Textproduktionen«. Dabei betonen die ExpertInnen, daß die Kinder Handschrift und Feinmotorik weiterhin konventionell festigen müssen, daß aber auch der PC Chancen bietet. So steigt die Freude der Kinder am kreativen Schreiben, wenn sie korrigieren und Abschnitte verschieben können, ohne den Text neu schreiben zu müssen, oder wenn Kinder mit Rechtschreibproblemen ihre fehlerhaften Texte »sauber« korrigiert zu Gesicht bekommen und dadurch motiviert bleiben.

Aber auch das Gegenteile bleibt als Problem erhalten: Um eine orthographisch richtige Schreibweise muß sich das Kind kaum mehr bemühen, denn jeder Fehler ist unbemerkt auszubessern.

Computer im Jugendalter

Mit der Pubertät kommen die Kids in ein neues Computeralter. Viele wünschen sich einen eigenen Computer oder haben bereits einen. Deutlich wird in dieser Zeit auch der Unterschied der Geschlechter (> Seite 498).

Viele Eltern fühlen sich vom wachsenden Technologieinteresse ihrer Jungen überrollt, oft auch überfordert. Bei manchen Erwachsenen kommt die Angst hinzu, der Sprößling könnte zum Stubenhocker werden, der seine Jugend ausschließlich vor dem Bildschirm verbringt. Diese Ängste sind jedoch unbegründet, wenn das Kind auch weiterhin FreundInnen trifft und sich neben dem Computer auch für anderes wie Sport oder Musik interessiert. »Süchtig« wird die Computerleidenschaft erst dann, wenn der PC dazu dient, der Realität zu entfliehen (> Sucht, Seite 365).

Vom Unterschied der Geschlechter

Vor allem die Jungen schließen sich in der Pubertät in Gruppen zusammen, gründen Computerclubs, tauschen Programme aus oder erstellen neue (> Computer im Dickicht der Gesetze, Seite 452).

Mädchen wünschen sich seltener Computerspiele (> Seite 451) als Jungen und beschäftigen sich seltener aktiv mit dem Computer. Dieses distanzierte Verhalten wurde jahrelang als »typisch weiblich« abgewertet. Inzwischen ist bekannt, daß die klischeehaften Urteile durch falsche Normen zustande kommen: Mädchen interessieren sich für moderne Technologien, aber meist auf gänzlich andere Weise als Jungen.

Für Mädchen steht fast immer der reale Gebrauchswert eines Computers im Vordergrund. Sie sehen ihn vorerst kaum als Spielgerät, an dem sie experimentieren wollen. Sie wollen zuerst verstehen, was sie mit dem Gerät machen können und welche Folgen das hat. Der Spaß am Ausprobieren durch Versuch und Irrtum kommt erst nach dem grundsätzlichen Lernen. In »gemischten« Kursen können die Mädchen diese Lernform gegenüber den forscheren Jungen kaum durchsetzen. In speziellen Mädchenkursen, beispielsweise an Volkshochschulen, in Jugend- und Medienzentren, entwickeln sie ihre eigenen Zugangs- und Umgangsweisen mit dem Computer leichter (> Ablösung vom Elternhaus, Seite 279, > Mädchen und Jungs, Seite 278).

DER JUGENDSCHUTZ

Die Bundesprüfstelle für jugendgefährdende Schriften gibt regelmäßig eine Liste mit Zeitschriften, Büchern, Filmen und Computerspielen heraus, die auf dem Index jugendgefährdender Medien stehen und deren Verbreitung verboten ist.

Dazu gehören vor allem die, die Frauen diskriminierende und pornographische Inhalte transportieren, die verrohende Gewalt zeigen, Verbrechen und Rassenhaß anheizen, den Nationalsozialismus verharmlosen und Krieg verherrlichen.

Das Gros der indizierten Medien sind pornographische Brutalvideos und exzessive Gewalt- und Psychostreifen. Bis zum Mai 1992 gab es 2.188 derartige Titel. Dennoch ist es für Kinder und Jugendliche meist ein leichtes, an diese Medien heranzukommen, die eine ungewollte Begleiterscheinung haben: Das Verbotene reizt besonders (> Video und Gewalt, Seite 493; > Computerspiele, Seite 451).

Teledienste

Teledienste wurden bislang im Zusammenhang mit jugendgefährdendem Medienkonsum kaum beachtet. Zu Unrecht. So gibt es beispielsweise via Bildschirmtext (Btx) Sexspiele, die ähnlich funktionieren wie entsprechende Computerspiele. Allerdings müssen für die Spieldauer Btx-Gebühren bezahlt werden. Die Eltern merken oft erst an der überhöhten Telefonrechnung, daß ihre Kinder diese Dienste heimlich nutzen.

MEDIEN-BERATUNG

Eltern, die in Fragen des Medienkonsums ihrer Kinder und Jugendlichen verunsichert sind, sollten qualifizierte AnsprechpartnerInnen suchen. Die Aktion Jugendschutz hat in jedem Bundesland Deutschlands eine Vertretung und bietet Informationsmaterial an. Die MitarbeiterInnen kommen auch zu Elternabenden in Kindergärten, Schulen oder Jugendzentren. Daneben haben die katholische und evangelische Kirche eigene Arbeitskreise mit Vertretungen in den einzelnen Bundesländern.

Kontakte:
Bundesprüfstelle für jugendgefährdende Schriften
Postfach 200355; Am Michaelshof 8; 53177 Bonn

Aktion Jugenschutz (AJS), Landesarbeitsstelle NW
Hohenzollernring 85–87, 50672 Köln

In Österreich sind die Bundesländer für den Jugendschutz zuständig. Sie orientieren sich meist an der deutschen Prüfstelle.

Tiere für Kinder

Tiere sind oft die besten Freunde der Kinder: zum Anschauen, Spielen, Toben, Schmusen, Streicheln und Verwöhnen. Fast alle Haustiere bieten sich den Kleinen als Kumpel an, bei denen sie Kummer abladen und Sorgen besprechen können. Damit das Zusammenleben funktioniert, brauchen die Kinder die Unterstützung ihrer Eltern; denn die volle Verantwortung für eine Tierpflege können die Kleinen meist nicht tragen.

Alles Lebendige fasziniert: Käfer, Bienen, Eidechsen, Ameisen, Fliegen, Frösche, Katzen, Hunde, Eichhörnchen. Endlos lange können Zweijährige vor Schmetterlingen verharren oder auf einen Regenwurm starren: Bis sie das Tier berühren wollen! Fast immer zieht in diesem Moment eine Hand die Kleinen weg und hindert sie am weiteren Entdecken.

Viele Erwachsene haben Angst oder ekeln sich vor Insekten, Würmern und dergleichen. Eine Abscheu, die sie an die Kinder weitergeben. Doch in unseren Breiten sind wir nur selten von frei lebenden Tieren bedroht, und abgesehen von Bienen-, Wespen- oder Hornissenstichen braucht man Kinder kaum zu schützen.

Dennoch muß der Wunsch nach dem Berühren von »wilden« Tieren kontrolliert werden. Dabei geht es weniger um den Schutz vor Gefahren, als vielmehr um den Respekt vor dem Lebendigen und um Artenschutz. Das »Begreifen« sollte dort enden, wo aus kindlichem Entdeckungsdrang quälerisches Verhalten wird. Meist verstehen die Kleinen sehr schnell, daß es den Käfern Leid verursacht, wenn sie ihnen Beine oder Flügel ausreißen.

Fast alle Kinder bringen irgendwann Schnecken oder Frösche mit ins Haus. Bei den Kleineren erlahmt das Beobachtungsinteresse jedoch relativ schnell, und ebenso rasch sollten die Tiere wieder in die Freiheit entlassen werden. Diese und andere Tiere von draußen sind nur »Gäste auf Zeit«. Sie verhungern in der Wohnung meist kläglich, weil sie nicht genügend Insekten finden.

Häufig bringen Kinder verletzte Hasen, Mäuse oder Vögel nach Hause. Der Pflege dieser kranken Tiere können sich Eltern kaum verwehren, doch die Betreuung ist außerordentlich schwierig. Selbst wenn es gelingt, das Tier gesund zu pflegen, sollte es nur kurze Zeit im Haus bleiben. Fast alle freilebenden Nagetiere und Vögel leiden unter der Enge und dem gleichmäßigen Klima in einer Wohnung.

Manchmal gelingt es, Spitzmäuse, Eichhörnchen oder Haselmäuse handzahm zu machen und im Haus zu halten: Doch auch ihr natürlicher Bewegungs- und Kletterdrang kann auf Dauer in der Wohnung nicht befriedigt werden. Das erkennen auch Kinder, wenn sie die natürlichen Lebensräume freilebender Tiere erklärt bekommen. Schon Vorschulkinder sind für alle Fragen des Natur- und Umweltschutzes offen und verstehen das Grundprinzip des Tierschutzes: »Wer ein Tier hält oder zu betreuen hat, muß ihm angemessene Nahrung, Pflege sowie eine verhaltensgerechte Unterbringung gewähren.«

ZOOBESUCHE

- Mit kleineren Kindern ist es besser, sich auf einige wenige Tiere zu beschränken und diese dafür um so genauer zu beobachten: Wie bewegen sie sich? Wie sehen ihr Fell, ihr Panzer oder ihre Federn aus? Welche Laute geben sie von sich?
- Besondere Aufmerksamkeit kann den Tieren gewidmet werden, die vom Aussterben bedroht sind: Was ist mit dem Wisent geschehen? Wo sind die Büffel in Amerika geblieben? Wie hat sich der Lebensraum der Tiere verändert?
- Faszinierend sind auch Raubvögel oder Fische, die normalerweise nicht aus der Nähe beobachtet werden können: Wie leben Adler und Geier? Wie ernähren sich Fische? Warum können sie schwimmen, und wie können sie atmen?
- Ebenso spannend sind alte Haustierrassen, die heute keinen Platz mehr in der Landwirtschaft haben: Was ist mit dem alten Hausschwein geschehen? Warum gibt es kaum noch Ziegen bei uns? Was bedeutet Artenvielfalt?
- Die Kinder bleiben nur dann neugierig, wenn sie hemmungslos fragen und kommentieren dürfen. Eltern, die diesen Wissensdurst wie in einer Biologiestunde abfragen wollen, zerstören die Lust auf weitere Entdeckungen.

ZOOS UND TIERPARKS

Die beste Möglichkeit, den Lebensraum von Tieren kennenzulernen, ist die Natur selbst. Kinder, die auf dem Land aufwachsen, sind dabei eindeutig im Vorteil. Für Stadtkinder bleiben meist nur speziell ausgestattete Grünanlagen, Bauernhöfe (> Ferien, Urlaub, Reisen, Seite 426), Streichelzoos oder Tierparks. Doch auch dort läßt sich Kontakt mit Tieren knüpfen. Inzwischen gibt es eine eigene Zoopädagogik, die sich auf das Zusammenführen von Kindern und Tieren spezialisiert hat. Vor allem ängstliche, zurückhaltende und verschlossene Kinder gewinnen im Zusammensein mit Tieren Selbstvertrauen.

Streichelzoos sind inzwischen fast überall zu finden: in Freizeit- und Parkanlagen, in der Nähe von Wildgehegen und beliebten Ausflugszielen, aber auch in Tierparks. In ihnen werden Haustiere wie Kaninchen, Meerschweinchen, Zwergziegen, Schafe, Ponies oder Esel gehalten. Oft kann man in eigens dazu eingerichteten Räumen dem Schlüpfen von Küken zuschauen oder aus nächster Nähe erleben, wie Tiermütter ihre Jungen aufziehen. In den Ferien können interessierte Kinder beim Pflegen, Füttern und Reinigen von Gehegen und Weiden mithelfen. Die Qualität der Ausstattung von Streichelzoos und die Art, in der sie Wissen vermitteln wollen, unterscheidet sich erheblich.

Ähnlich ist es in den zoologischen Gärten, in denen oft die einfachsten Grundsätze artgerechter Tierhaltung mißachtet werden: zu viele Gitter und Kacheln, zu wenig Auslauf, keine Rückzugsmöglichkeiten. Vor allem die Innenräume in Zooanlagen sind häufig zu klein, zu steril und phantasielos gestaltet.

Die quälende Situation der Tiere im Zoo erkennen auch Kinder, und meist beginnen sie selbst, über Tierhaltung, Umwelt- und Artenschutz zu diskutieren. Ein Gesprächsangebot der Kinder, das Eltern nutzen sollten, denn Zoos und Tierparks sind für die Kleinen der absolute Hit unter den Ausflugszielen.

FREUNDINNEN ZU HAUSE

Irgendwann äußert fast jedes Kind den Wunsch nach einem Tier. Mit ihm gewinnt das Kind einen Freund zum Spielen und einen Partner zum Abladen von Kummer. Bei einer Untersuchung unter US-Kindern gaben 97 Prozent der Befragten an, daß »ihr« Tier der erste Ansprechpartner bei Problemen sei. Ein Tier kann vor allem für Kinder wichtig werden, die keine Geschwister haben oder auffällig verschlossen wirken (> Problemkinder, Seite 348). Sie stärken ihr Selbstvertrauen und öffnen sich, wenn ein Lebewesen ihre Aufmerksamkeit und Zuwendung braucht.

Für Stadtkinder sind Maus, Goldhamster oder Katze oft die einzige Möglichkeit, Natur zu »begreifen«. So ist es verständlich, daß – einer Untersuchung zufolge – 80 Prozent aller deutschen Mütter und Väter überzeugt sind, daß ihr Kind etwas versäume, wenn es ohne Tier aufwachse. Kinder empfinden das ebenso. Dennoch sollte die Anschaffung eines neuen Mitbewohners gut überlegt werden, und – wenn die Bedingungen dagegen sprechen – auch abgelehnt werden.

Planen und vorbereiten

Tiere sind immer Angelegenheit der ganzen Familie – egal, ob es sich um einen Wellensittich oder Dackel handelt. Bis zum zwölften Lebensjahr sind die Kleinen noch nicht in der Lage, die Verantwortung für ein Tier ganz allein zu tragen. Wird ihnen diese Aufgabe dennoch abverlangt, können sie sich nach einiger Zeit erschöpft abwenden.

Ein Tier braucht täglich Futter, Auslauf, spielerische Beschäftigung und einen sauberen Käfig. Daneben werden Fellpflege, Tierarztbesuche, die Suche eines Pflegeplatzes im Urlaub und Impfungen nötig. All das überfordert kleine Kinder. Aber auch größere Kinder brauchen die Unterstützung von Erwachsenen. Das heißt, die ganze Familie muß das Tier wollen und Zeit haben. Es sollte nie aus einem spontanen Impuls heraus oder als »Überraschung« angeschafft werden.

● Gibt es Familienmitglieder oder NachbarInnen, die allergiegefährdet sind? Es lohnt sich, zuerst bei den Tieren von befreundeten Gleichaltrigen zu prüfen, ob der Kontakt mit Meerschweinchen oder Katze allergische Reaktionen auslöst (> Allergien, Seite 851).

● Ist genügend Platz für eine artgerechte Tierhaltung? Danach sollten Sie die Größe des anzuschaffenden Tieres entscheiden.

● Verbieten Mietvertrag oder Hausordnung die Tierhaltung? Wer vorher die Einwilligung aller HausbewohnerInnen einholt, wird sich kaum Klagen gegenübersehen. Sie zu informieren, empfiehlt sich in jeden Fall.

● Wer kann das Tier während der Ferien pflegen? Gibt es weder FreundInnen noch Verwandte oder Bekannte, vermitteln bei Bedarf Tierschutzvereine die Adressen von Tierpensionen. Häufig nehmen auch Zoohandlungen Kleintiere in Pflege.

● Wieviel Zeit hat die Familie für ein Tier? Um gesund und munter zu bleiben, brauchen Meerschweinchen, Goldhamster und Zwergkaninchen mindestens eine Stunde Spielzuwendung täglich. Mäuse wollen das Doppelte, und um einen Wellensittich zum Sprechen zu bringen, benötigt man zwei Stunden pro Tag. Einen ähnlichen Zeitrahmen sollten Hunde bekommen.

● Wie reagiert die Familie auf Schmutz oder Lärm? Tiere lassen Haare und Federn, sie verrich-

---

Zum Weiterlesen

**Ich wünsch' mir ein Tier.
Ein Handbuch über Haustiere für Eltern und Kinder.**
URSULA MEIER-HIRSCHI
Orell Füssli Verlag, 1989.

KRANK DURCH TIERE

Würmer: Bandwürmer gelangen durch Flöhe oder rohes Fleisch in das Tier, das die Wurmeier mit dem Kot ausscheidet. Was sich dabei im Fell festsetzt, können Menschen aufnehmen, wenn sie das Tier anfassen. Wer kein rohes Fleisch verfüttert, verhindert die Übertragung.

Salmonellen: Die Erreger werden mit dem Kot weitergegeben. Das läßt sich verhindern, indem man nur durchgebratenes Fleisch verfüttert. Hohe Temperaturen töten Salmonellen ab.

Toxoplasmose: Die Krankheit wird nur über den Kot von Katzen verbreitet und kann in der Schwangerschaft das ungeborene Kind gefährden (> Seite 167). Schutzmaßnahmen: Trockenfutter und durchgebratenes Fleisch füttern; Katzentoilette täglich reinigen.

Ungeziefer: Vor Läusen und Flöhen schützt man das Tier durch Fellpflege, Ungezieferhalsbänder und Sprays.

Tollwut: Freilaufende Hunde und Katzen können sich beim Kontakt mit kranken Füchsen, Eichhörnchen oder Mardern infizieren und die Krankheit ins Haus bringen. Auf den Menschen kann die Tollwut durch einen Biß oder das Belecken einer Wunde übergehen. Sofort nach dem Biß durch ein Tier zu Ärztin oder Arzt!

Psittakose: Kanarienvögel, Wellensittiche und Papageien übertragen diese Krankheit, die zu hohem Fieber und Atemwegbeschwerden führt. Vögel darum nur aus kontrollierter Zucht und in Zoofachhandlungen kaufen!

Allergien: > Seite 851.

ten ihr »Geschäft« manchmal auf dem Teppich und schärfen ihre Krallen an Tapeten. Nur wer diese Veränderungen in der Wohnung mit Fassung trägt, kann das Zusammenleben mit einem Tier genießen.

● Wie lange will die Familie mit dem Tier zusammenleben? Hunde, Katzen oder Zwergkaninchen können zehn Jahre und älter werden. Die durchschnittliche Lebenserwartung des neuen Mitbewohners sollte beim Kauf berücksichtigt werden.

Welches Tier für welches Kind?

Die Hinweise geben nur eine grobe Richtung vor, denn die Entscheidung, welches »sein« Tier werden soll, sollte das Kind selbst treffen.

Meerschweinchen

Sie sind ideale Heimtiere für Kinder ab dem Grundschulalter: Die fiepsenden Nager sind robust, friedfertig, handzahm und den Kleinen, die sie regelmäßig versorgen, anhänglich verbunden. Meerschweinchen brauchen täglich Bewegung außerhalb des Käfigs, viel Spiel und Zuwendung, sonst werden sie stumpf und krank.

Goldhamster

Sie sind eher für ältere Kinder geeignet, die den Tagschlaf der Tiere respektieren und Interesse an Käfighaltung haben. Goldhamster sind empfindliche, manchmal mürrische Einzelgänger und lieben es auch nicht übermäßig, gestreichelt zu werden. Beim Auslauf in der Wohnung müssen sie dauernd beobachtet werden: Wie die meisten Nager können sie erhebliche Schäden anrichten.

Zwergkaninchen

Mit großer Sprungkraft und scharfen Krallen sind sie für kleinere Kinder eher ungeeignet. Zwergkaninchen bleiben meist ihr Leben lang nervös, unruhig und schreckhaft. Sie können zehn Jahre und älter werden, sterben aber meist früher, weil sie selten artgemäß, mit viel Auslauf gehalten werden.

Mäuse und Hörnchen

Die »weiße Maus« ist ein Hit für Kinder: Sie ist relativ anspruchslos, läßt sich streicheln, ist sanft, friedlich und zutraulich, wenn man sich mit ihr beschäftigt. Allerdings verbreitet sie einen muffigen Geruch.

»Rennmäuse« haben ähnliche Eigenschaften, sind aber wilder und brauchen eine behutsame Gewöhnung, um handzahm zu werden. Daher eignen sie sich eher für Kinder ab dem zwölften Lebensjahr.

»Hörnchen« (Streifenhörnchen) sind mit den Eichhörnchen verwandt und keine Streichel- und Spieltiere. Für Kinder sind sie ungeeignet.

Wellensittiche

Vögel sind keine Streicheltiere, auch wenn sich Wellensittiche gerne an Kopf und Schnabel kraulen lassen. Sie eignen sich hervorragend als Kindertiere, weil sie mit den Kleinen ab dem sechsten Lebensjahr intensiven Kontakt aufnehmen können und mit den betreuenden Kindern eine echte Freundschaft schließen können.

Kanarienvögel

Sie sind distanzierter als Wellensittiche, brauchen eine lange Gewöhnungsphase und sind meist ruhiger als Wellensittiche. Durch ihr gelassenes Wesen sind sie eher für Jugendliche geeignet.

Schildkröten

Weit über achtzig Prozent dieser Tiere verenden bereits nach zwei Jahren, obwohl sie in ihren warmen Heimatländern über 100 Jahre alt werden kön-

nen. Nur Liebhaber dieser Tierart sind in der Lage, den wechselwarmen Panzertieren eine artgerechte Umgebung zu bieten: in einem sehr großen, speziell ausgestatteten, gewärmten und UV-Licht bestrahlten Terrarium oder Gehege. Diese Tiere, die seit siebzig Millionen Jahren die Erde bevölkern, sind mit ihrem verletzlichen Panzer und ihren langsamen Bewegungen absolut keine Spieltiere – auch wenn es in vielen Zoohandlungen behauptet wird.

Fische

Häufig erwacht im Jugendalter die wissenschaftliche Neugierde an Tropenfischen, Schnecken oder Wasserpflanzen. Die Betreuung der Tiere ist relativ einfach, wenn die Grundsätze der Aquarienpflege mit Beleuchtung, Heizung, Filter und Reinigung eingehalten werden. Die Erstausstattung von Aquarien kann allerdings relativ kostspielig sein.

Katzen

Sie sind eigentlich nur vor der Geschlechtsreife ideale Kindertiere, weil sie meist nur in ihren Jugendjahren ein stark ausgeprägtes Zärtlichkeits- und Spielbedürfnis haben. Als erwachsene Katzen sind sie eher selbständig und unabhängig. Kindliche Spielwünsche lassen sie sich bestenfalls passiv gefallen, zaudern aber auch nicht, verletzend zuzulangen, wenn es ihnen zuviel wird.

Hunde

Hunde können wunderbare Kinderbegleiter, ideale Spielkameraden und aufmerksame Zuhörer sein. Sie müssen jedoch von der ganzen Familie akzeptiert und betreut werden; unter Umständen brauchen sie genausoviel Pflege wie ein dreijähriges Kind. Bei falscher Haltung werden sie oft zu einer Zumutung für die ganze Umgebung. In einem artgerechten Umfeld entwickelt sich jedoch eine jahrelange Bindung, die in ihrer Anhänglichkeit mit kaum einem anderen Tier zu vergleichen ist.

Bewegung und Sport

Sich zu bewegen, macht allen Kindern zunächst Spaß. Sie tun es gerne, und brauchen keine Anleitung dazu. Doch oft schon im Kindergarten, spätestens aber in der Schule ist Stillsitzen angesagt. Gezielte Übungen und Sport können gleich mehrerlei bewirken: Sie gleichen Bewegungsdefizite aus und fördern soziale Fähigkeiten. Voraussetzung ist freilich, daß die Kinder nicht zu LeistungssportlerInnen getrimmt werden.

Kinder sind von Geburt an Bewegungskünstler-Innen. Sie lernen spielend ihren Körper, seine Möglichkeiten und Grenzen, kennen. Ihr Bewegungsdrang ist kaum zu zähmen; um ihn ausleben zu können, brauchen sie viel Platz und Zeit: zuerst beim Krabbeln und Gehenlernen, später beim Laufen und Klettern. Kinder machen dabei unbewußt alles »richtig«. Das ändert sich jedoch, wenn fortwährend Warnungen und Forderungen der Großen sie verunsichern und behindern.

Doch in den Großstädten werden kindgerechte Freiräume, die zum Toben, Herumlaufen, Klettern und Turnen einladen, immer knapper. Eltern und auch Kindern fehlt es oft an Zeit für großräumige Ausweichmanöver: Der Ausflug in den Park oder

in den Wald bleibt dem Wochenende vorbehalten – wenn er nicht überhaupt ganz ausfällt. Die Folgen sind in den Statistiken der OrthopädInnen und SportmedizinerInnen nachzulesen: Schon unter den SchulanfängerInnen leidet jeder zwanzigste unter Haltungsschäden. Bei den Zehnjährigen ist es bereits jeder fünfte, und über der Abiturarbeit brütet jeder vierte mit krummem Rücken.

Für kleine Kinder ist noch das ganze Leben Bewegung. Kein Weg, den sie nicht laufend zurücklegen könnten. Dort lockt ein Spielzeug, das eilig geholt, hergezeigt und dann ebenso rasch wieder zurückgebracht werden muß. Auf dem Spielplatz ziehen sie unzählige Runden von einem Klettergerät zum nächsten, jeder Einkaufsbummel wird doppelt und dreifach lang, weil die Kleinen jede Gelegenheit zum Vor- und Wiederzurücklaufen nutzen.

Mit Beginn der Schulzeit wird das anders. Schon die ErstklässlerInnen müssen stundenlang stillsitzen und aufpassen. Danach warten auf sie noch die Hausaufgaben. Gleichzeitig steigen aber der Drang und der Anspruch der Kinder, sich viel, großräumig und kraftvoll zu bewegen. Besonders kraß wird der Gegensatz zwischen ihrem Bedürfnis nach körperlicher Aktivität und der dafür zur Verfügung stehenden Zeit ab dem zehnten Lebensjahr: Untersuchungen zeigen, daß von der ersten bis zur zehnten Klasse die Frequenz sportlicher Betätigungen deutlich sinkt. Wobei sich die Mädchen noch weniger bewegen als die Jungen (> Kinder brauchen Zeit, Seite 436).

FREUDE AN DER BEWEGUNG

● Sich selbst und sich mit den Kindern ganz selbstverständlich im Alltag zu bewegen, ist der beste Weg, um Kindern ein natürliches Verhältnis zu körperlicher Aktivität zu vermitteln: Treppensteigen, anstatt den Fahrstuhl oder die Rolltreppe zu benutzen, ins Restaurant spazieren, statt mit dem Auto hinzufahren, FreundInnen per Fahrrad besuchen.

● Menschen lernen auch, wenn sie scheitern. Eltern, die nur den Sieg und Bestleistungen loben, setzen das Kind unter Druck. Der Mut, einen Bach über Steine balancierend zu überqueren, ist auch dann lobenswert, wenn das Kind das Ufer patschnaß erreicht.

● Wenn Kinder gemeinsam mit ihren Eltern laufen und springen können, macht alles noch mehr Freude. In den ersten Jahren ist ihr liebstes Turngerät der Körper der Eltern. Mit ihm erleben die Kleinen Nähe, Wärme und Geborgenheit und lernen, Möglichkeiten und Grenzen des menschlichen Körpers ein- und abzuschätzen.

● Mit gutem Beispiel vorangehen: Der Vater, der seinen Sohn zum Fußballspiel animieren will, selbst aber immer wieder sein Tennismatch absagt, darf sich nicht wundern, wenn seinem Kind der Weg zu weit, die Mitspieler zu blöd und der ganze Aufwand zu groß ist.

● Spontaneität erhalten: Besser als der beste Trainingsplan ist es, den Kindern dann ihren Auslauf zu gewähren, wenn ihnen danach ist. Ein kurzfristig angesetzter Ausflug ins Grüne bietet den Kleinen die Möglichkeit zur ungehinderten Bewegung.

Eltern als Vorbild

Zumindest in den ersten Lebensjahren prägt vornehmlich das Verhältnis, das die Eltern zu Bewegung und Sport haben, das Verhalten der Kinder. Später hängt ihre Entscheidung, ob, welchen und wie intensiv sie Sport betreiben, meistens vom Vorbild der FreundInnen ab.

Schon wenn Mutter und Vater im Garten sitzen, während ihre Kleinen herumtollen, werden Unterschiede deutlich: Manche Erwachsene springen ständig auf oder mahnen, weil sie Angst haben, ihr Kind könnte einen Baum erklettern. Andere wieder sind stolz, wenn sich ihr Sprößling bewegt, und freuen sich: »Seht mal, er klettert höher als die anderen«. Wieder andere sind froh, daß ihr Nachwuchs beschäftigt ist und sie endlich in Ruhe mit FreundInnen reden können. Und manche Mutter registriert verstimmt: Ihre Tochter läuft langsamer als die anderen. Mit tadelnden Worten versucht sie, sie »anzuspornen«.

PädagogInnen, die sporttreibende Kinder und ihre Eltern beobachtet haben, fanden immer wiederkehrende Muster: Ängstliche Kinder, die vor schwierigen Aufgaben zurückschrecken, haben meist eine übervorsichtige Mutter oder einen ebensolchen Vater. Bei besonders ehrgeizigen jungen SportlerInnen gab es einen Elternteil, dem Leistung besonders wichtig war. Schüchterne Kinder, die nie gewinnen und sich für unsportlich halten, wachsen meist in Familien auf, in denen Sport lediglich als Babysitter willkommen war (> Sport als Schule fürs Leben, Seite 511).

Der Natur ihren Lauf lassen

PsychologInnen und MedizinerInnen malen immer wieder eine Horrorvision aus: ein halbwüchsiges Monster, gefesselt an Fernsehapparat und Computer, das verlernt hat, sich zu bewegen, dessen Muskeln verkümmert sind, die Wirbelsäule verkrümmt, Beine und Füße verdreht. Ein kleines Ungetüm, dick und tolpatschig, das nur eines gelernt hat: stillsitzen.

Von krankheitsbedingten Ausnahmen abgesehen, sind solche Bilder zum Glück Utopie. Doch die Anfänge einer solchen Entwicklung sind durchaus gegeben: Viele Wohnungen sind zu klein oder nicht kindgerecht eingerichtet, die meisten Kinder haben – zumindest bis die Schule beginnt – keine Möglichkeit, den Lebensraum außerhalb der eigenen vier Wände zu erobern. Eltern bewachen ihre Sprößlinge mit Argusaugen, um sie vor Verletzungen oder die Einrichtung vor Zerstörung zu bewahren (> Wohnen mit Kindern, Seite 386).

Die TurnlehrerInnen stellen dann oft als erste fest, welche Defizite die beengenden Kinderjahre angerichtet haben. Da können Siebenjährige nicht rückwärts laufen, Achtjährige tun sich schwer, einen Purzelbaum zu schlagen oder über einen Balken zu balancieren (> Körperliche Entwicklung, Seite 246). Ein Großteil der Unfälle, die beim Turnen in Kindergärten und Schule geschehen, beruht auf dem Mangel an Bewegungsroutine.

Die Entwicklung des Körpers und seiner Fähigkeiten folgt selbstverständlich keinem Schema. Jedes Kind entwickelt sich individuell und vor allem in Phasen. Dennoch sollten Eltern – gerade wenn sie wissen, daß ihr Kind wenig Möglichkeiten zum Toben und Tollen hat – die Entwicklung seiner Bewegungsvielfalt, -routine und Geschicklichkeit genau beobachten. Nur so haben sie die Chance, erkennbare Defizite möglichst früh auszugleichen.

Wer rechtzeitig darauf achtet, daß sein Kind möglichst viel Zeit und Platz für körperliche Aktivitäten hat, braucht sich nicht zu sorgen. Mit schlafwandlerischer Sicherheit sorgen die Kleinen auch ohne Trainingsplan und Leistungsdruck dafür, daß sie sich genausoviel bewegen, wie sie für ihre körperliche Entwicklung brauchen.

Zu Hause

Selbst in einer kleinen Wohnung ist Platz, um sich zu bewegen. Auf ein Hochbett, das oben gesichert ist, muß man zum Beispiel hinaufklettern. Eine Sprossenwand eignet sich als Klettergerüst und als Garderobe. Beliebte Turngeräte wie Schaukel, Ringe oder Trapez baumeln von der Decke. Und last not least: Das Kinderzimmer muß nicht immer der kleinste Raum in der Wohnung sein (> Die kindgerechte Wohnung, Seite 386).

Jedes Spiel, das körperlich anstrengt, hilft den Kindern in ihrer Entwicklung. Eine Kissenschlacht macht Spaß und kräftigt nebenbei Arm- und Rückenmuskulatur. Wenn die Eltern mitmachen, haben auch sie damit etwas für einen schwungvollen, kreislaufanregenden Tagesbeginn getan.

Im Freien

Manche EntwicklungspsychologInnen raten inzwischen davon ab, Kindern allzuviel Bewegungsmöglichkeiten in den eigenen vier Wänden zu schaffen. Nicht, weil ihnen das schadet, sondern weil es oft als Ersatz für die Bewegung im Freien betrachtet wird. Und die kann keine noch so kindgerecht konzipierte Wohnung ersetzen. Nirgendwo macht das Herumtollen mehr Spaß als an der frischen Luft. Selbst wenn die meisten Kinder von Wald und Wiese in ihrer unmittelbaren Umgebung nur träumen können – ein Argument, um zu Hause zu bleiben ist das nicht.

Kinder sind erfinderisch. Sie nutzen selbst Tiefgaragen, Einkaufszentren, U-Bahn-Stationen und Baustellen, um ihren Bewegungsdrang auszuleben. Die amerikanischen Sporttrends der vergangenen Jahre gingen fast ausschließlich vom Asphalt aus: Rollschuhlaufen, Skateboardfahren, BMX-Radfahren, Break Dance, Basketball und vieles mehr. Mit entsprechender Ausrüstung – Helm, Knie- und Ellenbogenschutz – können sich die Kinder auch in verbauten Großstädten ohne allzuviel Risiko bewegen. Vorausgesetzt allerdings, die Autos wur-

HALTUNG BEWAHREN

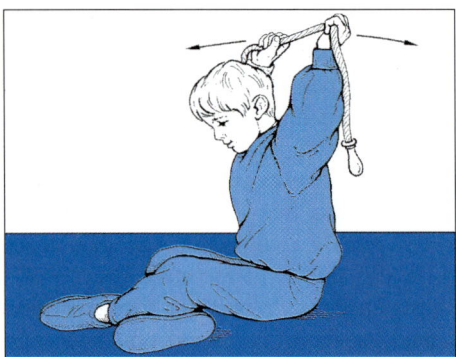

Seilfedern
Im Schneidersitz ein zusammengelegtes Springseil mit den Armen über den Kopf hochhalten und damit kräftig nach hinten federn – beugt dem Rundrücken vor.

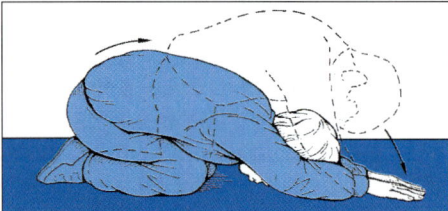

Katzenbuckel
Im Vierfüßlerstand Gewicht nach hinten verlagern (Gesäß auf die Fersen), dann einen Katzenbuckel machen, den Kopf bis zu den Händen vorstrecken – hält die Wirbelsäule beweglich.

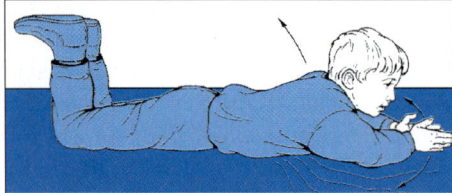

Trockenschwimmen
Auf dem Boden liegend den Oberkörper anheben und Brustschwimmbewegun-gen nachahmen – kräftigt die Rückenmuskeln.

den verbannt, und eine Elterninitiative hat erreicht, daß die Schilder an den Hausmauern »Ballspielen und Radfahren verboten« abmontiert wurden (> Kinder im Verkehr, Seite 410) .

Wer das Glück hat, in Wohnnähe noch Wald oder Wiesen zu finden, sollte es nutzen. Mit dem sogenannten »Gefühl-Laufen« lassen sich dabei die unterschiedlichen Lebenswelten sinnlich erfahren: Die TeilnehmerInnen laufen in kurzen Abschnitten abwechselnd auf verschiedenem Untergrund wie Asphalt, Wiese und Waldboden. Das schult Körperempfinden und Laufkoordination.

Bei BabysitterInnen und Großeltern

Die Auskunft von Betreuungspersonen »Das Kind war ganz brav« ist nicht immer ein Grund zur Zufriedenheit. Allzu viele setzen »Brav sein« mit Stillsitzen und Ruhigsein gleich.

Besser wäre es, im vorhinein klarzumachen, daß man Wert darauf legt, daß sich die Kleinen möglichst viel bewegen. Großeltern müssen oft erst lernen, daß Kinderkleidung schmutzig werden darf und daß Beulen und Kratzer kein Beinbruch sind. BabysitterInnen werden einen Spaziergang in der Kälte nur dann wagen, wenn sie sicher sein können, daß ihnen die Eltern des Kindes keinen Vorwurf machen, wenn das Baby anschließend erkältet ist.

(> Großeltern, Seite 86)
(> Tagesmütter, Seite 614)

Im Kindergarten

Selbst Eltern, die sehr bewußt nach der »besten« Kindergruppe oder dem »besten« Kindergarten (> Seite 618) suchen, fehlt oft ein wichtiger Punkt auf ihrer Checkliste: Wie steht es mit dem Bewegungsraum? Eine Untersuchung zeigt, daß Basteln, Malen, Singen und Puppenspielen im Kindergarten häufig die einzigen Beschäftigungen sind. Einige gleichgesinnte Eltern, etwas Zeit und Geld können

Abhilfe schaffen: In hohe Zimmer lassen sich zweite Ebenen einbauen, an die Leitern und schiefe Flächen angelehnt sind, oder von denen Stricke baumeln. So können die Kinder nur mit Anstrengung zur Spielecke gelangen. In Hof oder Garten sollte es Hüpfbälle, Roller, Recke, Taue oder Kletterbäume geben; Steine zum Balancieren oder Hütten zum Hineinkriechen lassen die Grenze zwischen Spiel und Bewegung verschwimmen. Und bei schlechtem Wetter kann die Bewegungsbaustelle im Keller liegen.

Wer Anregungen zur Gestaltung sucht, braucht keine Profi-Ratgeber: Ein besseres Architektenteam als die Kinder selbst gibt es nicht.

In der Schule

Eigentlich sollte auf jede Stillsitzphase eine mindestens ebenso lange Bewegungsphase folgen. Darauf nehmen die Stundenpläne im Schulunterricht aber leider keine Rücksicht.

Um so wichtiger sind die Gestaltung von Pausenräumen und -höfen und der Turnunterricht: Die Lehrpläne der meisten Schultypen weisen fast nur Sportarten auf, die in Räumen stattfinden können: Basketball, Handball, Volleyball, Fußball, Geräteturnen, Gymnastik, Leichtathletik, Schwimmen. In der Freizeit brauchen die Kinder darum Ausgleich: Radfahren, Laufen, Klettern, Wandern, Schifahren.

SchulärztInnen befreien chronisch kranke Kinder oft vorschnell vom Turnunterricht, obwohl Bewegung für sie besonders wichtig wäre, um ihren Körper zu kräftigen und weiter zur Gruppe zu gehören. Es muß immer im Einzelfall geklärt werden, welche Belastungen zulässig sind und welches Risiko eine Sportart birgt. Allerdings sollte das Kind selbst entscheiden dürfen, wann es den Turnunterricht abbricht. Manchmal muß es auch wählen, welche Belastung es härter trifft: Die schlechte Sportnote im Zeugnis oder die Enttäuschung, in diesem Bereich zu den anderen nicht dazuzugehören.

SPORT ALS SCHULE FÜRS LEBEN

Spätestens im Schulalter holt der Alltag die Kinder ein. Vormittags müssen sie stillsitzen, und am Nachmittag warten die anderen »Verpflichtungen«, die nicht selten den Wünschen ihrer Eltern entspringen – Gitarre- und Fremdsprachenunterricht, Förderstunde und Nachmittagsunterricht verhindern spontane Ausflüge ins Schwimmbad oder auf den Eislaufplatz. Die Folge: Auch die körperliche Betätigung muß zunehmend organisiert und gestaltet werden. Bewegung wird nun Sport genannt.

Die Kinder gehen in Turnvereine und müssen sich von nun an an fixe Beginnzeiten und Regeln halten. Aus der Freude an der Bewegung wird die Verpflichtung, zum Turnen gehen zu müsen (> Kinder brauchen Zeit, Seite 436).

Beim Sport wird nicht nur der Körper trainiert, sondern auch eine ganze Reihe von Verhaltensweisen, die für das weitere Leben und den späteren Berufsalltag von Bedeutung sind. Dennoch sollte Sport für Kinder in erster Linie Freude an der Bewegung sein. Nur dann werden sie sich auch noch als Erwachsene gern bewegen wollen.

Sport ist gesund

Vorträge über die gesundheitsfördernde Wirkung des Sports interessieren Kinder nicht. Daß regelmäßiger Sport die Muskeln kräftigt, Fettgewebe ab- und Muskelfasern aufbaut, kann man Kindern aber an ihrem eigenen Körper zeigen. Sie können dann stolz ihre Kraft und Kondition wachsen sehen. Hat ein Kind anfangs einen Dauerlauf nur bis zur übernächsten Hausecke durchgehalten, so werden es bald drei, vier und fünf Hausecken sein. Und nicht über seine Leistung wird das Kind glücklich sein: Sport hebt auch die Stimmung.

TURNSPIELE

Beim Turnen zu Hause können Geräte oder Gegenstände aus dem Alltag verwendet werden. Das können Zeitungen, Dosen, Schuhschachteln oder Handtücher sein. Wenn Städte gebaut, Hindernisse aufgetürmt und dazu Geschichten erfunden werden, haben auch kleine Kinder genügend Ausdauer für das Eltern-Kind-Turnen.

Mit der Karawane durch die Wüste

Es kommt der Wüstenwind

Eltern und Kinder halten ein Handtuch an allen vier Ecken waagrecht und bewegen es auf und ab.

Scheichs und Schleiermädchen

Um sich vor dem Wüstensand zu schützen, verschleiert man sich, aus den Tüchern werden Tschador und Djellabah geschlungen. Die verschleierten Menschen müssen sich gegen den Wind stemmen, andere tragen imaginäre Lasten und reiten auf Kamelen. (Als Kamel eignen sich Eltern wunderbar.)

Kamelreiten

Zwei Erwachsene spielen das Kamel. Sie knien sich hintereinander hin, der hintere faßt den anderen um den Bauch. Beide machen sich ganz klein, damit die Kleinen auf den Nacken von Vordermann oder -frau aufsteigen können. Dann steht das Kamel auf, wobei Hintermann oder -frau auf den kleinen Reiter aufpassen, damit er beim schwankenden Gehen nicht herunterfällt.

Gegen den Sandsturm laufen

Zwei kleine und/oder große TurnerInnen halten ein Handtuch zwischen sich gespannt und laufen damit gegen den Luftwiderstand.

Lasten tragen

Eine große oder kleine Person setzt sich auf zwei aufeinandergelegte Handtücher; die Kinder versuchen, diese schwere Last zu ziehen.

Die Oase ist erreicht: Die Karawane kommt zum Stehen, der Sandsturm ist vorbei. Jetzt muß Wasser getragen werden. Dabei wird ein Handtuch zwischen zwei MitspielerInnen waagerecht aufgespannt und ein Luftballon darauf gelegt. Der muß dann zu einem Kamel getragen werden.

Das Zelt zum Schlafen

Jetzt sind alle müde. Eltern und Kinder begeben sich gemeinsam unter ein Zelt, das aus einer Decke von Handtüchern besteht. Bevor alle ruhig und entspannt sind, können die Tücher noch mit den Füßen zurechtgezogen oder ausgeschüttelt werden.

Zum Weiterlesen

Praktische Übungen für Bewegungsspiele und körperliche Aktivitäten von Eltern und Kind zu Hause, den Spielplatz und im Freien findet man in folgenden Büchern:

Eltern-Kind-Turnen.
Karl-Heinz Lorenz, Gisela Stein
Pohl-Verlag, 1988

Bewegungsspiele für Kinder.
Ingeborg Rathmann
Englisch-Verlag, 1989

Kinder brauchen Bewegung.
Renate Zauner
Ravensburger Buchverlag, 1991

Größere Beweglichkeit, bessere Koordination und Geschicklichkeit bewahren trainierte Kinder und Jugendliche vor Unfällen. Zusätzlich üben sie bei Sportarten wie Judo, Karate oder Volleyball das richtige Stürzen.

Je älter Kinder werden, desto besser eignet sich Sport, um Abwechslung in den Tag zu bringen und Probleme »abzuarbeiten«. Vor allem gestreßte Schulkinder können sich mit körperlicher Aktivität abreagieren. Außerdem fördert Bewegung die Durchblutung des Gehirns: Die Kinder können sich besser konzentrieren und sind weniger nervös. Sie schlafen besser, weil die körperliche Anstrengung sie müde gemacht hat.

Verlieren und gewinnen

Für viele Erwachsene zählt im Sport nur der Sieg. Ob über den Gegner, den Berg, die Zeit oder schlicht über den inneren Schweinehund – Hauptsache gewonnen. Natürlich freuen sich auch Kinder, wenn sie ihre MitbewerberInnen besiegen, aber Eltern und ErzieherInnen sollten doch versuchen, ihren Kindern Sport nicht nur als Sache des Siegens und Verlierens zu präsentieren. Ob das Kind nun gewonnen oder verloren hat, die Leistung und Anstrengung, die es erbracht hat, sind in jedem Fall lobenswert. Irgendwann beginnen die Kinder ohnedies, sich für Rangfolgen und Ergebnisse zu interessieren. Dann müssen sie lernen, mit dem Gewinnen und Verlieren umzugehen.

Schon ein guter Gewinner oder eine gute Gewinnerin zu sein, ist nicht einfach. Doch bei der schmerzlichen Erfahrung, daß auch das Verlieren zum Sportalltag gehört, brauchen Kinder die Unterstützung ihrer Eltern.

Training für den Beruf?

Die soziale Welt des Sports kann der der Arbeitswelt sehr ähnlich sein. Im Verein und bei gezieltem Training werden Disziplin, Ausdauer, Pünktlichkeit und Genauigkeit verlangt. Genau das erwarten auch LehrerInnen von ihren SchülerInnen und ArbeitgeberInnen von ihren MitarbeiterInnen. Wer als Kind und Jugendlicher viel Sport betreibt, lernt, sich durchzusetzen: Im Privat- und Berufsleben werden solche Kinder mehr Wert auf ihre Leistungen und Bedürfnisse legen, mit Konkurrenz, Erfolg und Niederlagen besser umgehen können.

TeamsportlerInnen können sich meist auch im sonstigen Leben leicht in soziale Gruppen einordnen. Sie sind es gewohnt, Regeln zu akzeptieren

VERLIEREN LERNEN

● Kinder sollen ihre Gefühle zeigen dürfen – dazu gehört auch, daß sie weinen. Den Siegesjubel des Kindes würde ja auch niemand bremsen.

● Das Kind soll wissen, daß auch Stars verlieren und daß Sport von seiner Idee her mehr ist als ein Bereich, in dem Menschen zu GewinnerInnen und VerliererInnen werden.

● Kinder, die gelobt werden, wenn sie sich um etwas bemühen, werden es wieder versuchen. Erwachsene, die ständig mäkeln und alles besser wissen, bewirken das Gegenteil: Das Kind wird mit dem Spaß am Sport auch noch Selbstvertrauen verlieren.

● Ältere Kinder können ermuntert werden, die Ursachen für Erfolg oder Niederlage selbst zu analysieren. Sie können selbst am besten einschätzen, ob es an ihrem Einsatz, den äußeren Bedingungen oder der Form des Gegners oder der Gegnerin gelegen hat. Haben sie das herausgefunden, können sie sich selbständig neue Ziele setzen und weiterüben.

und Team-FührerInnen nur dann kritisch in Frage zu stellen, wenn auch andere das als berechtigt ansehen. Eigene Entscheidungen schnell zu treffen, fällt ihnen dagegen oft schwer.

AusdauersportlerInnen wie zum Beispiel RadfahrerInnen oder LäuferInnen neigen eher zum Einzelkämpfertum. Sie motivieren sich am besten selbst, haben dafür aber eher Schwierigkeiten, Schwächen und Fehler anderer Menschen zu akzeptieren.

Die Mannschaft

Teamgeist können Kinder am besten bei Mannschaftssportarten erlernen. Es ist erstaunlich, wie schnell sie ihre eigenen und die Stärken und Schwächen ihrer MitspielerInnen einschätzen können. Das zeigt sich besonders deutlich, wenn Kinder ihre Mannschaften zusammenstellen: Sie wissen genau, welche MitspielerInnen sie in ihr Team wählen müssen, damit ein gutes Ganzes herauskommt.

Ausgewählt zu werden, finden allerdings nur die Begehrten toll. Die »kleine Dicke«, die niemand in der Mannschaft haben mag, oder der »lange Lahme«, der seine Sportstunde auf der Ersatzbank absitzt, sind davon kaum angetan. Selbst Eltern, die mit ihren Kindern leiden und intervenieren, um ihnen diese Schmach zu ersparen, richten dagegen nichts aus. Im Gegenteil: Ein »Mamabübchen« oder eine »Heulsuse« will erst recht niemand im Team haben. Am ehesten können noch geschickte TrainerInnen eingreifen, indem sie einen anderen Auswahlmodus vorschlagen. So kann man zum Beispiel zwei Mannschaften zusammenstellen, indem zu der einen die Kinder gehören, deren Vorname mit einem der ersten 13 Buchstaben des Alfabets beginnt, der Rest stellt das zweite Team.

Aggressionen im Sport

In manchen Sportarten, besonders aber in der Sportsprache geht es oft kriegerisch zu. Da »kämpft« Mann gegen Mann, auf dem Fußballplatz wird »geschossen«, der Libero steht wie ein »Panzer« in der »Abwehrschlacht«, manchmal »explodiert« ein Spieler, der »Bomber der Nation« knallt seine »Granaten« ins Tor. Und all das unter dem tosenden Beifall der »Schlachtenbummler«.

Ob Sport das Aggressionspotential eher auf- als abbaut, streiten PsychologInnen noch. Diejenigen, die die These vertreten, Sport fördere die Aggression, erklären das so: Vor allem jugendliche SportlerInnen gewöhnen sich an das »Kämpfen«. Sie brauchen dann auch im »echten« Leben immer wieder eine bestimmte Dosis Gewalt. Sie wollen andere stets bekriegen, besiegen, schlagen – sei es im Spiel oder später in der Schule oder im Beruf.

Daß Kinder, die Enttäuschungen wie etwa die Scheidung der Eltern oder eine enttäuschte Liebe verkraften müssen, eher »kriegerische« Sportarten wählen, spricht jedoch dafür, daß sich mit Sport auch Aggressionen abbauen lassen. Statt Wut und Enttäuschung gegen sich selbst zu richten, sie an anderen Menschen oder an Gegenständen auszulassen, leben diese Kinder die in ihnen schlummernde Gewalt im Sport aus. Zweikämpfe bei kraftvollen Sprtarten wie Tennis oder Squash sind dafür bestens geeignet, aber auch der Kampf gegen die Uhr, gegen Naturgewalten wie Wasser oder Wind vernichtet einiges an Wut und Zorn. Im Mannschaftssport verteilen sich Aggression und Kooperation auf zwei Seiten: Innerhalb der Mannschaft gibt es Zusammenarbeit unter den Spielern, doch die zu dem Zweck, den gemeinsamen Gegner zu besiegen, gegen den sich die geballte Aggression richtet.

Wenn sich selbst friedfertige Kinder nur für wilde Sportarten begeistern, kann das ein Ergebnis der medialen Verwertung des Sports sein. Sie fördern aggressive Sportarten, bei denen es rund geht und etwas los ist, ganz besonders. Um die Konkurrenz auszubooten, brauchen sie Spannung, triumphierende SiegerInnen, ausgepumpte VerliererInnen, aber auch das Aggressionspotential der ZuschauerInnen. Friedliche

Sportarten bieten all das nicht – und finden in den Medien daher auch weit weniger Niederschlag.

UNSPORTLICH?

Ganz plötzlich tritt es manchmal auf: Das Kind will nicht mehr Ski fahren, es hat Angst, die – für Erwachsenenbegriffe – gar nicht steile Rutsche hinunterzusausen, traut sich beim Eislaufen keinen Schritt weit. Kein Zureden hilft, es scheint, als wäre das Kind von heute auf morgen völlig unsportlich geworden.

Ungeschicklichkeit, Unwillen und wenig Zutrauen treten oft dann auf, wenn Kinder körperliche oder psychische Entwicklungssprünge machen. Für Eltern, die den eigenen sportlichen Ehrgeiz in ihren Kindern verwirklicht sehen wollen, sollte plötzlich auftretende Ungeschicklichkeit, Angst und Langsamkeit ein Signal sein, ein wenig nachzulassen. Mäkeln sie an ihren Kindern fortwährend herum und sind sie ungeduldig, kann die vorübergehende Unlust ihrer Kinder am Sport dauerhaft werden. Wem es nicht gelingt, auch bei kleinen Fortschritten ehrliches Lob und Anerkennung auszusprechen und so das Selbstvertrauen seines Kindes zu stärken, sollte die sportliche Erziehung seiner Kinder lieber anderen überlassen. In Gruppen oder Kursen können Kinder mit Gleichaltrigen üben, sich Vorbilder suchen und sich an vergleichbaren Leistungen messen.

Mein Kind ist ungeschickt

Wenn ein Kind deutlich ungeschickter ist als seine gleichaltrigen SpielkameradInnen, sagt das meist mehr darüber, wie die Eltern mit dem Kind umgehen als über die motorischen Anlagen des Kindes. Kinder, die vom Krabbelalter an ständig von übervorsichtigen Eltern mit Ermahnungen und »hilfreichen« Taten verfolgt werden, die in Hof oder Garten nicht unbeaufsichtigt spielen dürfen, und denen die Straße mit ihren vielen Gefahren allemal verboten ist, können ihre körperlichen Fähigkeiten nicht unbehindert entwickeln. Sie lernen nur schwer, ihre Bewegungsabläufe zu koordinieren.

Wenn sich Eltern unsicher sind, ob sich ihr Kind altersgemäß entwickelt, können Kinderärztin oder -arzt es – möglichst noch vor dem Schuleintritt – daraufhin untersuchen. Sind auch sie der Meinung, daß eine bestimmte Fertigkeit gefördert werden müßte, dann ist das im Vorschulalter am ehesten erfolgversprechend.

Mein Kind ist faul

Menschen, die als Kind überfordert wurden, reagieren darauf später nicht selten, indem sie besonders träge werden. Gleiches gilt beim Sport: Kindern, die sich schon in zartem Alter im Sportverein ertüchtigen müssen, die mit fünf einen festen Trainingsplan haben, der die meisten anderen Interessen und Bedürfnisse überlagert, bleibt oft nur die Flucht in die Verweigerung. Was Erwachsene dann Faulheit nennen, ist der Versuch, endlich einmal in Ruhe spielen, lesen und entspannen zu können (> Kinder brauchen Zeit, Seite 436).

Mein Kind ist feige

Kinder spüren sofort die Doppelmoral von Eltern und TrainerInnen, die Mut und Ausdauer predigen, aber weder das eine noch das andere selbst vorweisen können. Sie können darauf reagieren, indem sie selbst gar nicht mehr sporteln wollen, oder sie werden ungeschickt oder furchtsam (> Vorleben statt erziehen, Seite 324).

Auch überbehütete Kinder können ihre Fähigkeiten nicht genügend austesten. Sie wissen nicht, was sie sich und ihrem Körper an Geschicklichkeit zutrauen können, sie haben kein Vertrauen zu sich. Weil sie nicht wissen, wie sie mit potentiellen Gefahren umgehen sollen, entscheiden sie sich schließlich dafür, das Risiko zu verringern, indem sie Belastungen möglichst oft ausweichen.

Aber auch Kinder, denen Erwachsene zuviel zumuten, können überängstlich reagieren. Viele sportbegeisterte Eltern merken nicht einmal, was sie ihren Kinder antun. Da gibt es den Vater, der

GEFÄHRLICHER SPORT

Die Folgen von zu intensivem sportlichen Training:

● Probleme in der Schule, weil die körperliche und zeitliche Belastung einfach zu groß wird.

● Wenn sich Kinder für eine Sache zu intensiv interessieren (müssen), bleiben ihre anderen Interessen auf der Strecke. Während sie eine Leistung besonders ausbauen, entwickeln die KameradInnen auch neue Fähigkeiten und erschließen andere Lebensbereiche.

● Ständiger Wettkampf und Leistungsdruck verleiten dazu, nur noch in den Kategorien Gewinnen und Verlieren zu denken. Da Sport immer mehr Verlierer als Sieger hervorbringt, müssen die kleinen AthletInnen eine Menge Frustrationen verkraften.

Wer profitiert von sportlichen Höchstleistungen:

● Die Eltern, deren Selbstwert durch die Leistungen ihres »Produkts« – der Kinder – erhöht und deren Ehrgeiz befriedigt wird,

● Die TrainerInnen, deren Job es ist, Talente zu fördern und zu fordern

● Die Vereine und Verbände, die Aushängeschilder vorzuweisen haben und sich davon mehr Sponsorgelder erwarten

● Die Medien, die die KonsumentInnen mit immer aufregenderen Meldungen versorgen können.

tollkühn mit seiner zweijährigen Tochter einen Berg hinabrodelt, schneller und immer schneller wird, und dabei gar nicht merkt, daß der Kleinen das Lachen schon längst vergangen ist. Diesem Mädchen kann der Spaß am Wintersport auf diese Weise für lange Zeit gründlich vergällt sein.

Kinder müssen ihre Grenzen selbst finden können. Dazu brauchen sie Zeit und Sportgeräte, die für ihre Entwicklungsstufe geeignet sind. Den Schutz der Erwachsenen, den sie dabei selbstverständlich auch brauchen, fordern sie selbst in der Dosis ein, die ihnen notwendig erscheint.

LEISTUNGSSPORT

Körper, die noch wachsen, sind höchst sensibel. Leistungssport bedeutet für sie eine extreme Belastung und birgt enorme psychische und physische Gefahren. Die allerdings vergißt man nur zu gern beim Anblick von strahlenden OlympiasiegerInnen oder zartgliedrigen, jungen Primaballerinas.

Kinder orientieren sich an Vorbildern. Sie sehen, wie im Fernsehen und in Magazinen Boris Becker, Steffi Graf und Pirmin Zurbriggen gefeiert werden – und wollen auch so sein wie sie.

Eltern lassen sich dazu ebenfalls gern verführen. Kaum bescheinigt ein Trainer überdurchschnittliche Leistungen, arbeiten sie schon gemeinsam Trainingspläne samt passender Diät aus. Kaum hat der Junior das erste Vereinsturnier gewonnen, sehen die Eltern ihn schon im Geiste bei großen Veranstaltungen auf dem Siegertreppchen stehen.

Dabei übersehen sie, daß die meisten Sportarten bei intensivem Training nicht mehr gesund, sondern gefährlich sind: Trainingsverletzungen gehören zum Alltag von LeistungssportlerInnen; nicht mehr zu behebende Schäden, wie sie sonst erst bei Betagten auftreten, machen ihnen das Leben schon frühzeitig schwer. Bei den meisten Sportarten sollte ein regelmäßiges, gezieltes Training erst nach dem Ende der Pubertät beginnen. Bis dahin gilt der Grundsatz: Das Wichtigste am Sport ist die Begeisterung, dann folgt die Gesundheit, und ganz zuletzt kommt erst der Erfolg.

Wunderkinder

Besonders die kunstturnenden »Kinderfrauen« erregen Aufsehen: Sie erbringen außergewöhnliche Leistungen und sind spätestens ab dem 20. Lebensjahr aus orthopädischer Sicht Krüppel. Durch überdurchschnittliche Erfolge in einer Sportart verführt, sind Eltern und TrainerInnen gerne bereit, die Persönlichkeits- und Leistungsentwicklung des Kindes »vorerst« zurückzustellen, um dem Talent zum Durchbruch zu verhelfen.

Für Kinder, die es im Sport »zu etwas bringen« sollen, beginnt der Ernst des Lebens spätestens mit sechs Jahren. Wer irgendwann einmal zur internationalen Sportelite zählen will, muß seine Ferien bereits im Grundschulalter im Trainingslager verbringen. SportmedizinerInnen schätzen, daß unter einer Million Menschen ein einziger ist, der die Begabung zum Spitzensport besitzt. Und selbst diese wenigen müssen ihr Knochengerüst, die Muskulatur und das Nervensystem jahrelang trainieren und überanstrengen, um wirklich in die Weltklasse vorzustoßen. Für Wunderkinder bedeutet das üblicherweise sechs bis acht Stunden Training täglich – und den Verlust von Kindheit und Jugend.

WELCHE SPORTART PASST ZUM KIND?

Kaum eine Sportart wird nicht auch als Kinderkurs angeboten. Den AnbieterInnen ist es dabei egal, ob die Erfordernisse der Disziplin kindgerecht sind oder nicht, ob die Sportart wirklich der Gesundheit dient oder ganz im Gegenteil erhebliche Risiken für die kleinen Körper birgt (> Sportarten, Seite 518).

Selbst wenn der Gedanke, eine übers Eis schwebende Prinzessin zur Tochter oder ein Tennis-As zum Sohn zu haben, manche Mutter und manchen Vater noch so sehr verlockt – Vorlieben und Ehrgeiz der Eltern sollten die Wahl der Sportart für das Kind nicht bestimmen. Es erleichtert zwar den Familienalltag, wenn alle das gleiche Hobby haben und etwa denselben Squashclub besuchen – wenn das Kind aber zu einer den Eltern genehmen Sportart getrieben wird, ist die Freude daran bald vorbei.

Kinder müssen ausprobieren können, was zu ihnen paßt. Ihre eigenen Wünsche werden oft von unrealistischen Vorstellungen aus Fernsehen und Gazetten genährt. Nicht selten sind bestimmte Sportarten eine kurzlebige Modeerscheinung. Plötzlich will die ganze Klasse zum Judo gehen, und nach ein paar Monaten ist das wieder out. Bevor sich das Kind endgültig entscheidet oder einem Club beitritt, sollte es ein paar Stunden schnuppern dürfen und auch die unbequemen Seiten der gewählten Sportart – etwa das Stall-Ausmisten beim Reiten – kennenlernen.

Wenn Eltern gemeinsam mit ihren Kindern nach der geeigneten Sportart suchen, sollten sie die Charaktereigenschaften des Kindes berücksichtigen und schauen, wie der anvisierte Sport dazu paßt. Mit ihm läßt sich fördern oder ausgleichen. Für eigenbrötlerische Kinder kann ein Team eine wertvolle Erfahrung sein – allerdings nur, wenn es nicht gegen seinen Willen in die Mannschaft gedrängt wird. Die Kinder sollen sich beim Sport vor allem wohl fühlen – ob sie das eher allein oder in einer Gruppe tun wollen, wissen sie selbst am besten.

Die von Seite 518 bis Seite 527 besprochenen Sportarten sind nach fünf Kriterien beurteilt worden. Die Bewertung orientiert sich dabei an folgenden Vorgaben:

AUSDAUER: Sportarten, die die Ausdauerleistung fördern, werden positiv bewertet, weil sie Herz, Kreislauf und Atmung stärken.

KRAFT: Hier wird bewertet wie stark und wie gleichmäßig Muskeln und Körperregionen beansprucht werden.

GESCHICKLICHKEIT: Bewertet wird, wie sich die Sportart auf die Entwicklung von Koordinationsfähigkeit, Balance und Körpergefühl auswirkt.

RISIKO: Als gefährlich gelten Sportarten mit hohem Verletzungsrisiko; dabei war für die Bewertung mit ausschlaggebend, wie schwer die typischen Verletzungen sind. Es wurde auch das Risiko von Folgeschäden berücksichtigt, wie etwa die überdurchschnittliche Beanspruchung von Gelenken. Folgeschäden, wie sie bei intensivem, leistungsorientiertem Training in fast jeder Sportart unvermeidlich sind, gingen nicht in die Bewertung mit ein.

TRAINING: Hier ist das Alter angegeben, von dem ab ein gezieltes, wettkampforientiertes Training möglich und sinnvoll ist. Als Alltagssport können fast alle Sportarten früher betrieben werden.

Ausrüstung: Über die Ausrüstung wurden nur dann besondere Angaben gemacht, wenn es tatsächlich spezielle Erfordernisse zu berücksichtigen gilt und die Familie die Ausrüstungsgegenstände selbst anschafft. Von Vereinen üblicherweise zur Verfügung gestellte oder geliehene Geräte wie zum Beispiel das Kanu oder ein Ruderboot finden hier keine Erwähnung.

Radfahren

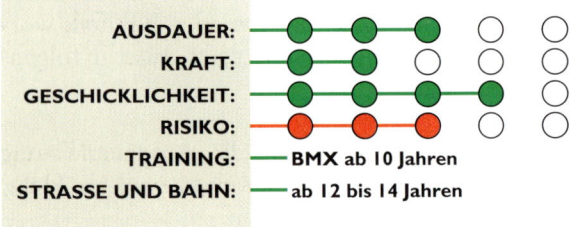

Radfahren gehört nicht nur zu den verbreitetsten Sportarten, sondern ist auch gesund. Es trainiert Ausdauer und Kondition, stützt Herz und Kreislauf, und das alles zumeist in frischer Luft. Etwa ab fünf, sechs Jahren haben Kinder genügend Balance, um dieses Verkehrsmittel in autofreien Zonen in Betrieb zu nehmen. Bevor sie sich damit im Straßenverkehr tummeln, müssen sie die dort lauernden Gefahren allerdings richtig einschätzen lernen (> Kinder im Verkehr, Seite 410).

Ausrüstung

> Fahrrad, Seite 424. Wichtig ist, daß die kleinen RadlerInnen immer gut sichtbar sind. Leuchtfarben, Lampen und Rückstrahler und vielleicht sogar eine Stange mit Wimpel sind Signale für AutofahrerInnen.

Rollschuhe, Skateboard, Rollerskater

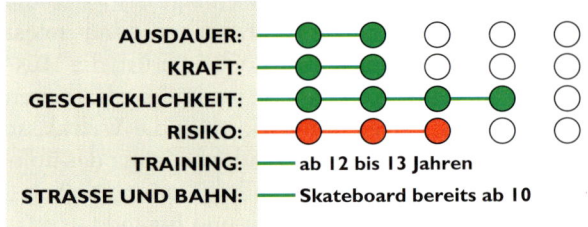

Mit Rollschuhen und Skateboard können vor allem Großstadtkinder ihre Geschicklichkeit erproben und der Lust an der Geschwindigkeit frönen. Sie brauchen dazu keine Wiese, keinen Verein oder Sportplatz und auch nicht unbedingt PartnerInnen. Die nötige Balance haben Kinder etwa ab vier bis sechs Jahren. Trainiert werden Reaktionsschnelligkeit, Balancegefühl und bei Schnellauf auch Ausdauer.

Ungefährlich sind diese Beton-Sportarten freilich nicht. Der Autoverkehr ist eben noch schneller, der Beton für riskante Sprünge ein harter Untergrund, und die Konkurrenz zwischen RadlerInnen, Skaterinnen, RollerInnen und FußgängerInnen führt immer wieder zu Zusammenstößen und Verletzungen.

Ausrüstung

Helm, Knie- und Ellenbogenschützer sind beim Laufen auf Beton unerläßlich, Handschuhe schützen Stürzende vor tiefen Wunden. Die Qualität von Rollschuhen, Skatern und Skateboards unterscheidet sich hauptsächlich bei den Kugellagern.

Fußball

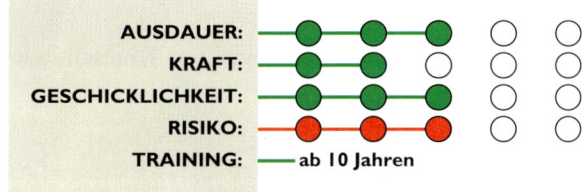

AUSDAUER:
KRAFT:
GESCHICKLICHKEIT:
RISIKO:
TRAINING: — ab 10 Jahren

Fußball ist für Jungen der Sport Nummer eins. Doch auch immer mehr Mädchen interessieren sich dafür. Es gibt viele Vereine, in denen auch sie dem runden Leder nachjagen können.

Die Regeln sind nicht allzu schwierig und binnen kurzem jedem geläufig. Alles, was für ein richtiges Match nötig ist, sind ein ausreichend großer Ball und Gegenstände, die die Torbegrenzungen anzeigen.

Die Mannschaft muß auch nicht immer aus elf Spielern bestehen. Wenn weniger oder jüngere Mitspieler gegeneinander antreten wollen, dribbeln sie eben auf einer entsprechend kleineren Spielfläche.

Fußball trainiert Ausdauer, Geschicklichkeit und die Beinmuskulatur, Arme und Schulterregion werden dagegen kaum bewegt.

Leider führt Fußball nicht nur in der Popularitäts-, sondern auch in der Verletzungsstatistik. Beim Gerangel um den Ball sind vor allem die Beine stark verletzungsgefährdet. Kleinere Kinder sollten den Rasen lieber ohne Stollenschuhe betreten. Schienbeinschützer, die unter die Strümpfe geschoben werden, bewahren die Älteren vor groben Verletzungen. Von allen Spielern am stärksten gefährdet ist der Tormann – durch die gegnerischen Feldspieler, Ball und Torstangen.

Handball

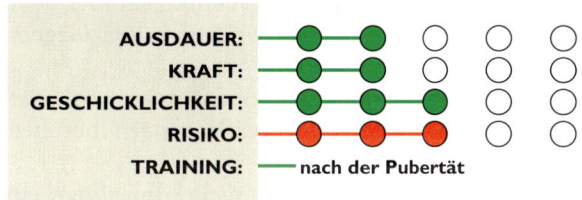

AUSDAUER:
KRAFT:
GESCHICKLICHKEIT:
RISIKO:
TRAINING: — nach der Pubertät

Handball ist schnell, kraftraubend, intensiv und körperbetont – beinahe brutal. Auch die Regeln sind nicht gerade kinderleicht. Daher ist dieser Mannschaftssport für Kinder unter zehn Jahren eher ungeeignet. Da er fast ausschließlich in der Halle gespielt wird, kann er die Gelenke extrem belasten und gefährden. Verletzungen sind bei Wettkämpfen an der Tagesordnung. Zumeist handelt es sich um Prellungen, Verstauchungen und Zerrungen der Extremitäten. Fehlerhaftes Fangen gefährdet besonders Finger und Arme. Typisch sind gezerrte Oberarmmuskuln und verrenkte Schultern, wenn ein Spieler den Wurfarm des anderen von hinten festhält. Typische Spätfolgen: Der »Werferellenbogen« und eine gestauchte Wirbelsäule.

Basketball

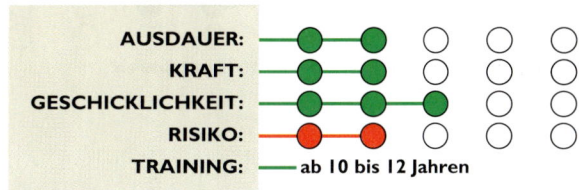

AUSDAUER:
KRAFT:
GESCHICKLICHKEIT:
RISIKO:
TRAINING: — ab 10 bis 12 Jahren

Um mit dem Spiel um den Korb zu beginnen, muß man nicht unbedingt ein Zwei-Meter-Riese sein. Beim Kinder-Basketball können die Körbe weniger hoch aufgehängt und das Spielfeld verkleinert werden.

Da der Ball mit den Händen gespielt, gleichzeitig gelaufen und gesprungen wird, trainiert diese Sportart mehrere Muskelregionen und fördert die Gesamtkondition. Außerdem zählt Basketball zu den fairsten Ballsportarten, Technik geht hier über Kraft und Brutalität. Jede Berührung von Gegner oder Gegnerin gilt als Foul.

Die vielen und möglichst hohen Sprünge belasten Knie und Knöchel. Fingerverletzungen beruhen zumeist auf Fangfehlern.

Zum Üben braucht man nicht unbedingt ein reguläres Spielfeld: Ein Korb, der an einer fensterlosen Hausmauer hängt, davor ein wenig Platz – fertig ist die Trainingsstelle. Wenn sich nur drei bis vier MitspielerInnen finden oder kein Sportplatz zur Verfügung steht, wird Minibasketball gespielt. Diese Variante kommt aus den Straßen amerikanischer Großstädte und heißt dort Streetball . Hierfür gibt es sogar eigene Regeln.

Ausrüstung

Die Schuhe sollten unbedingt knöchelhoch sein, um die Gelenke zu schützen.

Volleyball

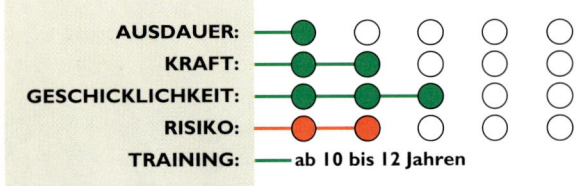

Das Spiel über das Netz wird immer beliebter. An beinahe allen Urlaubsstränden ist mittlerweile ein Netz gespannt, zu Hause genügen bereits eine Schnur, die in ungefähr zwei Meter Höhe gespannt ist, und ein relativ leichter Ball. Die Regeln sind leicht erlernbar.

Volleyball ist der einzige Mannschaftsballsport, bei dem die GegnerInnen einander nicht berühren. Trotzdem ist er nicht ganz ungefährlich: Typisch sind Verletzungen am oberen Sprunggelenk, Daumengelenk, Kniegelenk und an der Wirbelsäule.

Andererseits ist die gestreckte Körperhaltung aber gut gegen Haltungsschäden. Angenehmer Nebeneffekt: Beim Volleyball-Training lernt man das richtige Abrollen und Abfedern bei Stürzen. Das Konditions- und Ausdauertraining ist weniger intensiv als bei anderen Ballsportarten, die immer auch Laufsportarten sind.

Ausrüstung

Knöchelhohe Schuhe sind wichtig, Knieschützer empfehlenswert.

Laufen, Joggen

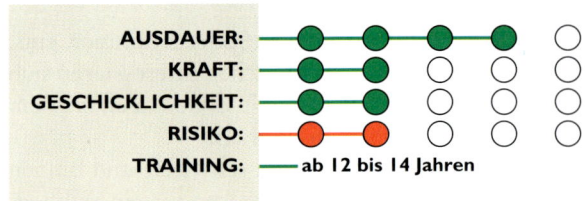

Für kleine Kinder gehört Laufen zu ihrer natürlichen Lebenswelt: Sie laufen, um schnell zu Spielzeug, Eltern oder Faszinierendem zu gelangen. Und sie laufen, um Kraft und Schnelligkeit zu spüren.

Das Jogging der Erwachsenen finden sie langweilig: immer stur geradeaus, ohne erkennbares Ziel, immer weiter, auch wenn die Lungen schon stechen.

Kinder sind SprinterInnen, keine LangstreckenläuferInnen. Auf kurze Distanz können sie sehr hohe Leistungen bringen. Für die Langstrecke reicht ihre noch beschränkte Lungenkapazität nicht aus. Ermüdungsbrüche, Muskelkrämpfe und Überbelastung des Sprunggelenks können leicht auftreten.

Ausrüstung

Zum Dauerlauf brauchen auch Kinder gute Laufschuhe, das heißt, diese Schuhe sollten so hoch sein, daß sie den Knöchel schützen, und eine weiche, federnde Sohle haben. Einfache Turnschuhe sind zum Joggen nicht geeignet.

Hoch- und Weitsprung

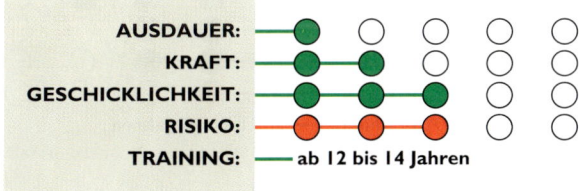

Leichtathletik ist ein Sport für EinzelkämpferInnen. Sie bewähren sich, auf sich allein gestellt, gegen Zeit und Raum. Für Sprungdisziplinen brauchen Kinder viel Konzentration und Raumgefühl.

Das Risiko liegt in der starken Beanspruchung der Gelenke; die Verletzungsgefahr steigt mit dem Grad der Ermüdung rasant.

Turnen

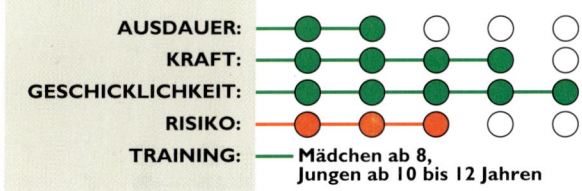

Geräteturnen steht in den meisten Schulen auf dem Stundenplan. Und dort sollte es auch betrieben werden. TurnlehrerInnen haben in ihrer Ausbildung gelernt, welche Übungen an welchem Gerät Freude machen können und welche ungefährlich sind.

Ohne professionelle Anleitung kann Geräteturnen gefährlich werden: Sehnen-, Muskel- und Bän-

derzerrungen, Stauchungen der Wirbelsäule, Meniskusverletzungen, Platzwunden und Gehirnerschütterung nach Stürzen sind häufige Folgen. Der beste Schutz davor ist, die individuelle Angstschwelle der Kinder zu respektieren.

Insgesamt gilt: Gymnastik, Dehnungsübungen und aufbauendes Konditions- und Belastungstraining ist sanfter, ungefährlicher und ebenfalls gesund.

Badminton (Federball)

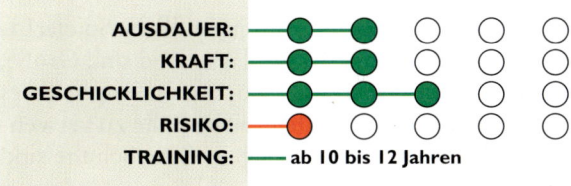

Badminton ist die professionelle, wettkampfmäßig betriebene Form des Federballspiels – eine relativ sichere Sportart, bei der man sich schlimmstenfalls einmal das obere Sprunggelenk verstaucht. Der oft praktizierte weite Ausfallschritt beansprucht Unterschenkelmuskulatur, Kniegelenk und Achillessehne.

Ausrüstung

Eine spezielle Badmintonausrüstung gibt es für Kinder nicht und wäre auch unnötig. Der Schläger ist so leicht, daß Kinder wie Erwachsene ihn gleichermaßen benutzen können.

Tennis

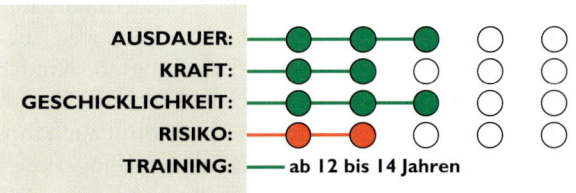

Konzentrationsfähigkeit, Reaktionsschnelligkeit und Raumgefühl erfordert der frühere Sport der Upper Class. Heute ist Tennis längst Breitensport geworden und auch für schmale Brieftaschen erschwinglich. Überdurchschnittliche Körpergröße und eine große Reichweite der Arme sind von Vorteil. Das Risiko ist relativ gering: Muskelverletzungen und der »Tennisarm« als Spätfolge können vorkommen.

Ausrüstung

Der Tennisschläger muß auf jugendliche SpielerInnen abgestimmt sein. Ausschlaggebend sind Größe, Gewicht und Griffstärke. Zu Beginn empfiehlt es sich, eher weiche oder abgespielte Bälle zu verwenden, die nicht so hoch springen. Gute Schuhe sind wichtig.

Tischtennis

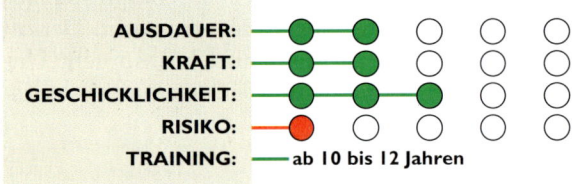

Tischtennis gehört zu den Lifetime-Sportarten, die man von Kindesbeinen an bis ins Seniorenalter ausüben kann. Der Ball erreicht beim Spiel Geschwindigkeiten bis zu 140 Stundenkilometern; das Spiel stellt also hohe Anforderungen an Reaktions- und Bewegungsschnelligkeit.

Da der Bewegungsraum aber nur 10 bis 15 Quadratmeter umfaßt, legen die SpielerInnen nur geringe Laufstrecken zurück. Im Spiel wechseln Phasen hoher und niedriger Belastung ab. Kinder haben meist noch keine ausgefeilte Technik, so daß ihre Ballwechsel sehr kurz sind und somit auch ihre Laufarbeit gering ist. Als Freizeitsport (Ping-Pong) kann Tischtennis fast überall gespielt werden.

Das Verletzungsrisiko ist gering. Bei LeistungsspielerInnen kann die einseitige Körperhaltung zu Überlastungen im Wirbelsäulenbereich und an der Arm- und Schultermuskulatur der Spielhand führen. Deshalb sollte die andere Körperseite mit einem Ausgleichstraining bedacht werden.

Schwimmen

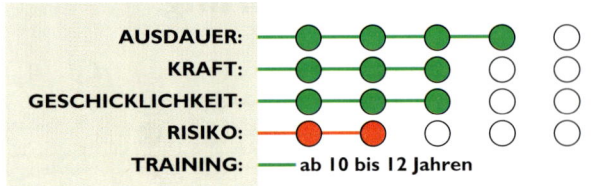

Schwimmen zu können, ist Grundvoraussetzung, um Wassersport zu betreiben.

Für die Rückenmuskulatur, die beim Sitzen in der Schule besonders leidet, ist Schwimmen ein hervorragender Ausgleichssport. Brustschwimmen beansprucht vor allem die Bänder der Gelenke der Beine, Kraulen das Schultergelenk.

Verletzungen kommen beim Schwimmen so gut wie nicht vor. Nur Wettkampf-Brustschwimmer erleiden gelegentlich Meniskusverletzungen. Andauerndes Training in Schwimmbädern kann Augenentzündungen und Harnweginfektionen begünstigen.

Kanufahren

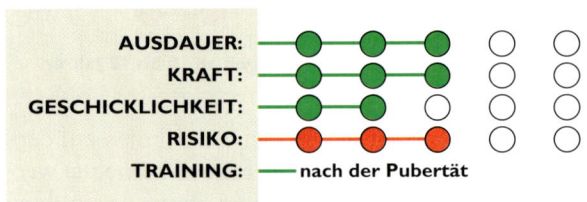

Die derzeit aktuelle Variante des Kanufahrens – Wildwasserfahren (Rafting) – sollte für Kinder tabu sein. Mit Kajaks zu paddeln, kann jedoch auch ein

Vergnügen sein. Trotzdem: Um ein Kanu steuern zu können, braucht man bereits eine bestimmte Körpergröße; daher eignet sich diese Sportart eher für ältere Kinder. Muskelzerrungen können auftreten.

Rudern

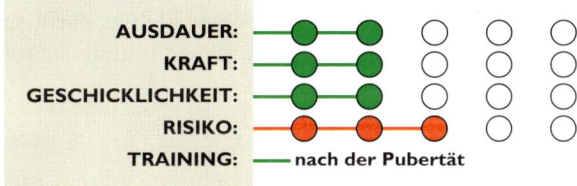

Um ein Ruderboot zu steuern, brauchen Kinder Größe und Kraft, Ausdauer und Tempogefühl. Bei diesem Sport kann ihnen nur wenig geschehen: Daumenquetschungen und Abschürfungen der Finger können vorkommen. Für Herz und Kreislauf ist Rudern eine Wohltat.

Reiten

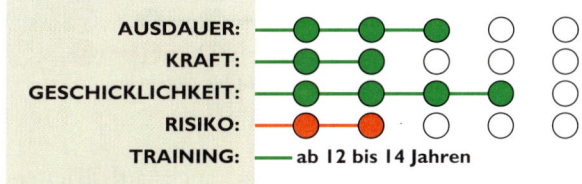

Fernsehserien wie Black Beauty, Fury oder Winnetou lassen viele Kinder vom Glück auf dem Rücken eines Pferdes träumen. Tierliebe und das Verständnis für andere Kreaturen sind ein wesentlicher Aspekt dieses Sports. ReitschülerInnen müssen Verantwortung übernehmen, ausmisten, das Pferd striegeln und richtig behandeln.

Der Reitsport kann tolle Naturerlebnisse bieten. Leider gehört er zu den Freizeitvergnügungen, die das Portemonnaie gehörig strapazieren.

Trainiert wird die Muskulatur von Rücken,

BABY-SCHWIMMEN

Die meisten Neugeborenen lieben Wasser. In speziellen Kursen können Babies - gemeinsam mit ihren Eltern - schon ab drei Monaten dieser Lust frönen.

● Allerdings zeigen nicht alle Babies so früh Begeisterung für den Wassersport. Wenn es Säuglingen kein sichtbares Vergnügen bereitet, sollten Eltern den Schwimmkurs ohne weitere Versuche auf spätere Lebensabschnitte verschieben.

● Für Väter ist Babyschwimmen eine Chance, schon in einer Zeit, in der sie oft in die Zuschauer- und Außenseiterrolle gezwungen werden, einen eigenen Bereich mit ihren Kindern zu erobern.

● Der weitverbreitete Glaube, daß Babies nicht ertrinken können, stimmt nicht. Zwar zeigen Säuglinge, wenn sie rasch und schnell untergetaucht werden, eine reflektorische Atemhemmung. Dieser Reflex verschwindet aber bereits zwischen dem sechsten und neunten Lebensmonat. Zu bewußter Atemkontrolle und zu koordinierten Schwimmbewegungen sind Säuglinge nicht fähig.

● Auch Babies brauchen im öffentlichen Bad eine Badehose – als Windelersatz.

● Vorsicht vor Infektionen oder Pilzkrankheiten – daher Chlor- oder Ozonwasser bevorzugen. Für empfindliche Augen gibt es Augentropfen.

● Nur auf den Handtellern der Erwachsenen zu liegen, wird nach einiger Zeit langweilig. Wasserfestes Spielzeug bringt Abwechslung.

● Säuglinge schätzen eine Wassertemperatur von 32 bis 33 Grad Celsius.

Bauch und Oberschenkeln. Bei Stürzen vom Pferd soll der Helm den Kopf der kleinen ReiterInnen schützen.

Ausrüstung

Reithelm, Reitstiefel, Reitgerte. Für Kinder, die rasch aus allen Sachen herauswachsen, gibt es gebrauchte Sachen, oder sie können sich die Ausrüstung leihen.

Wandern, Bergsteigen

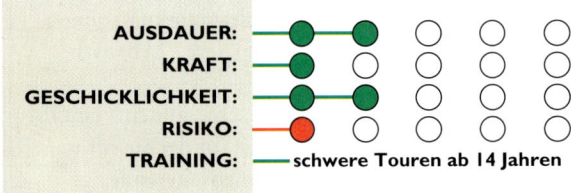

Um frische Luft zu schnappen, die Natur und den Wechsel der Jahreszeiten zu beobachten, ist Wandern ideal. Es gilt zwar nicht als klassischer Sport, aber eine Tagestour in den Bergen oder Wäldern strengt auch an.

Für Kinder ist eine Wanderung in schöner Umgebung eine Möglichkeit, Abenteuer, Spiel und Spaß mit Bewegung zu verbinden. In den Bergen finden sie alles, was sie auf dem betonierten Spielplatz so vermissen: Bäche, Bäume, Wiesen, Steine, Wurzeln, Moos, Felsen.

Die erste Tour können schon Babies in einer Rückentrage mitmachen (> Traggestelle, Seite 417). Vierjährige bringen ihre Eltern beim Marschieren bereits aus der Puste: Eine zwei- bis dreistündige Wanderung hält ein geübtes Kind leicht aus. Bei der Wahl der Route sollten die Eltern allerdings auf die Bedürfnisse der Kinder achten. Stures Dahintraben oder allzu große Hetze, um die nächste Hütte noch zu erreichen, verleiden ihnen den Spaß. Sie brauchen Zeit für Pausen, in denen sie Steine sammeln, Höhlen erforschen oder Holz schnitzen können.

Ausrüstung

Gute Wanderschuhe haben einen hohen und stabilen Schaft, um die Fußknöchel im Geröll zu schützen. Sie dürfen weder zu klein sein, noch zu groß, da sonst der Fuß hin- und herrutscht und sich Blasen bilden. Um Blasen zu vermeiden, empfehlen AlpinistInnen: Zuerst die Schuhe »eingehen«. Vor der Tour ein Pflaster auf die Fersen kleben, darüber zuerst weiche, dünne Socken ziehen und als letzte Schicht warme Kniestrümpfe.

Sicherheit
Zu Wanderungen im Hochgebirge sollten nur Leute aufbrechen, die sich mit den Gegebenheiten von Berg und Wetter gut auskennen. Ihnen empfiehlt sich dann auch eine Notfallausrüstung mit Sicherungsschnur, Notapotheke, Kompaß, Taschenlampe und Trillerpfeife.

Klettern

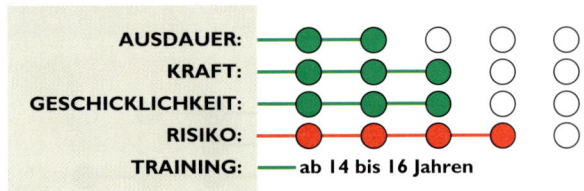

Klettern können die Kinder auch auf Kletterwänden und Mauern mitten in der Stadt und im Turnsaal üben. Selbst in weniger steilem Gelände gibt es kleine Übungswände. Kindern macht dies zwar einen Riesenspaß, aber in freier Natur steigt die Gefahr mit der Höhe. Daher sind erfahrene Aufsichtspersonen, die richtige Ausrüstung und äußerste Vorsicht bei drohenden Wetterumschwüngen lebensnotwendig. Kinder, die keine Höhenangst haben, muten sich allzu leicht zuviel zu. Sie können Gefahren schlecht einschätzen und brauchen die Hilfe der Erwachsenen. Mit Haken, Halteseilen und Griffen versehene Wände und

Steige sind oft auf die Armreichweiten von Erwachsenen zurechtgeschmiedet. Daher sollte man sich vorher erkundigen, ob ein Steig kindergerecht ist.

Ski-Abfahrtslauf

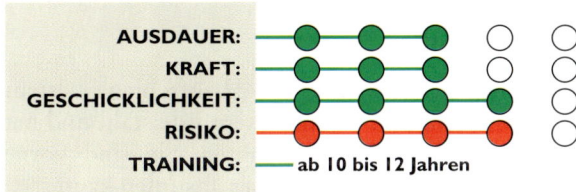

AUSDAUER:	●	●	●	○	○	
KRAFT:	●	●	●	○	○	
GESCHICKLICHKEIT:	●	●	●	●	○	
RISIKO:	●	●	●	●	○	
TRAINING:	ab 10 bis 12 Jahren					

Die unvermeidlichen Warteschlangen am Lift, die überfüllten Pisten und die wachsende Einsicht, daß Skifahren zu den ökologisch bedenklichsten Sportarten zählt, haben nichts geändert: Skifahren ist nach wie vor eine der beliebtesten Sportarten.

Ab welchem Alter Kinder Ski fahren können, hängt vor allem davon ab, in welcher Umgebung sie aufgewachsen sind. In den Bergen heißt es: Sobald Kinder laufen können, können sie auch skifahren. Kinder aus dem Flachland brauchen meist etwas mehr Zeit. Sie sollten sicher auf den Beinen sein, halbwegs Balance halten können und keine Höhenangst haben. Skischulen bieten Kurse meist für Kinder ab vier Jahren an.

Für die Kleinen ist ein Kurs die beste Art, den Umgang mit den Brettern zu lernen: In der Gruppe ist es lustig, erfahrene SkilehrerInnen wissen, was man den Kids zumuten kann, und die anderen Kinder sind gleichzeitig Orientierung und Ansporn.

Doch was für Eltern gilt, gilt auch für Kinder: Ohne Kondition kann der Skiurlaub gefährlich werden. Kinder, die sich das ganze Jahr über viel bewegen, brauchen zwar kein spezielles Training, etwas Gymnastik sollten aber auch sie vor der ersten Abfahrt unbedingt machen.

Im Vergleich zu Jugendlichen und Erwachsenen sind Kinder am wenigsten in Skiunfälle verwickelt. Wenn es sie aber erwischt, tragen sie meist Knochenbrüche davon. Die meisten Unfälle von Kindern passieren nach 15 Uhr. Schuld ist daran häufig Übermüdung. Selbst trainierte Kinder haben nicht so viel Ausdauer und Kondition wie ihre Eltern. Vor allem, wenn es gerade besonders viel Spaß macht, merken Kinder nicht, daß sie sich überfordern. Zwei Stunden Pflugfahren sind Anstrengung genug, dann sollte es nach Hause oder zur Skihütte gehen. Wer den ganzen Nachmittag auf der Piste verbringen will, muß rechtzeitig und oft kleinere Pausen einlegen.

Ausrüstung

Die Unterkleidung sollte aus natürlichen Fasern wie Wolle, Seide oder Baumwolle bestehen, über der etwas Wasserabweisendes getragen wird. Nach mehrmaligem Waschen muß die Imprägnierung bei Skianzügen wieder aufgefrischt werden.

Skilänge: Körpergröße, bei AnfängerInnen eher darunter. Bei kleinen Kindern sind die Ski deutlich kürzer.

Skischuhe: Sie sollten perfekt passen. Billiger als in jeder Saison neue zu kaufen, ist es, sie im Sportgeschäft oder von Bekannten auszuleihen.

Skistöcke: Sie sollten so hoch sein, daß sie mit den ausgestreckten Armen einen rechten Winkel bilden.

Skibindung: Wird nach Körpergewicht im Sportgeschäft immer neu eingestellt.

Ski-Langlauf

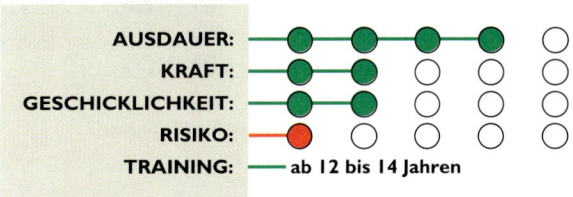

AUSDAUER:	●	●	●	●	○
KRAFT:	●	●	○	○	○
GESCHICKLICHKEIT:	●	●	○	○	○
RISIKO:	●	○	○	○	○
TRAINING:	ab 12 bis 14 Jahren				

Eine gesunde Alternative zum Abfahrtslauf ist das Langlaufen. Eine Loipe läßt sich auch im flachen Gelände spuren. Langlaufen ist weniger gefährlich als Abfahrtslaufen. Selbst nach schweren Stürzen sind Verletzungen im Knie- und Spunggelenkbereich selten. Langlaufen trainiert die Ausdauer besser als Wedeln und ist zudem entschieden billiger.

Ausrüstung

Langlaufski sollen so lang sein, wie das Kind groß ist, plus 25 bis 30 Zentimeter. Die dazu passenden Stöcke reichen bis zur Schulter beziehungsweise haben Körpergröße minus 30 Zentimeter. Langlaufschuhe sind ab Größe 37 erhältlich. Die Bindung der Ski muß wie bei Erwachsenen auch im Geschäft entsprechend dem Körpergewicht eingestellt werden.

Eislaufen

Kunstlauf

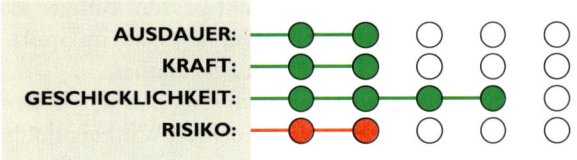

Schnellauf

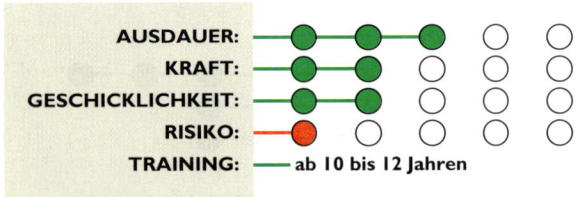

Nur selten frieren Teiche und Seen glatt und schneefrei zu, so daß man auf ihnen Schlittschuhfahren könnte. Damit reduziert sich dieses Wintervergnügen auf die Eislaufplätze. Die gibt es aber nicht überall, und sie sind zudem oft überfüllt. Das Sicherheitsrisiko ist gering. Außer bei Kunstsprün-

gen gibt es beim normalen Laufen nur blaue Flecke, selten mal einen Armbruch oder eine Gehirnerschütterung. Da man durchs Laufen ins Schwitzen gerät, die Luft und der Boden aber kalt sind, sollten Kinder Baumwollkleidung in mehreren Schichten und feuchtigkeitsaufsaugende Unterwäsche tragen.

Ausrüstung

Kunstlauf-Schlittschuhe: Die Laufschiene besteht aus poliertem und verchromtem Edelstahl und hat durch Hohlschliff zwei Kanten. Sie sind vorne gezahnt, damit man sich besser abstoßen kann.

Schnellauf-Schlittschuhe: Die Stahlschiene ist röhrenförmig mit eingelöteter Schneide.

Eishockey

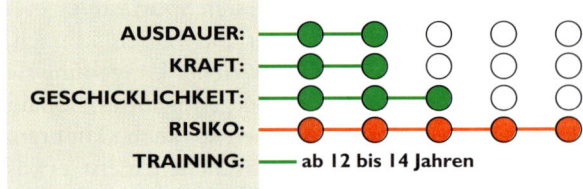

Eishockey ist ein rasanter und extrem körperbetonter Sport. Bodychecks und Ellenbogentechnik gehören zur Grundausbildung. Die typischen Verletzungen sind entsprechend: ausgeschlagene Zähne, Kochenbrüche und durch die Kufen hervorgerufenen Schnitte. Für kleinere Kinder ist dieser Sport völlig ungeeignet. Die größeren sollten sehr gut eislaufen können und nicht zart besaitet sein. Eishockey kann man praktisch nur im Verein spielen.

Ausrüstung

Die Ausgaben für Eishockeystiefel, gepolsterte Spezialkleidung, Helm, Eishockeyschläger, Puck und Gesichtsmaske für den Torwart summieren sich – zusammen mit dem eventuellen Vereinsbeitrag – zu einer stolzen Summe.

Rodeln

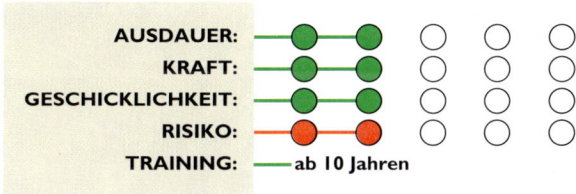

In manchen Städten gibt es Rodelhügel, Rodelbahnen und für den Autoverkehr gesperrte Rodelstraßen. Neben dem klassischen Schlitten kann als Unterlage auch ein Plastikskibob dienen oder einfach ein Sack, ein Brett, der Anorak und anderes. Die Kleinen sollten warm gekleidet sein und rechtzeitig Bremsen lernen. Wenn sie doch einmal mit jemandem kollidieren, ist Erste Hilfe immer griffbereit: Schnee auf der Beule lindert den Schmerz und läßt den blauen Fleck nicht allzu groß werden.

Als Wettkampfsport ist Rodeln eher gefährlich – auf Rodelbahnen werden extreme Geschwindigkeiten erreicht. Sturzhelme sind daher Pflicht.

Judo

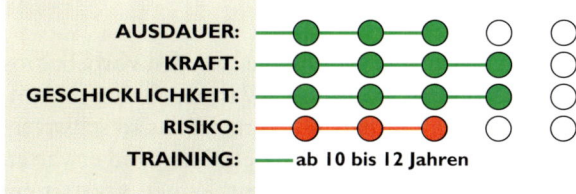

Kinder raufen, balgen, ringen, messen Kräfte. Judo kommt diesen Bedürfnissen sehr entgegen. Kampfsportarten fördern die Reaktionsschnelligkeit und die Konzentration. Sie geben den Kleinen das Gefühl, ihren Körper gut zu beherrschen und anderen gegenüber sicher zu sein. Auch Eltern kann es beruhigen, zu wissen, daß sich ihr Kind notfalls verteidigen kann. Professionelle Betreuung vorausgesetzt, können die Kleinen schon mit fünf Jahren mit dem Sport beginnen. Judo gehört zu den Sportarten mit relativ geringem Verletzungsrisiko. Die Kinder lernen Fallen, Abrollen und Ducken – am häufigsten sind noch Blessuren im Schulterbereich, den Füßen und den Fingern.

Klassisches Ballett

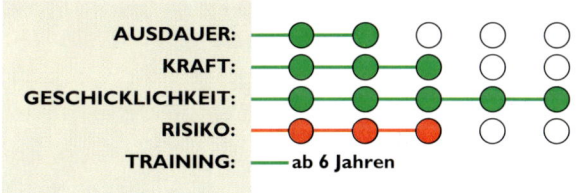

Wenn Kinder in ihren Ballettschuhen über den Tanzboden trippeln, schlagen Erwachsenenherzen höher. Ballett ist ästhetisch, verbindet Rhythmusgefühl, Musikalität und darstellerische Fähigkeiten mit höchstem Körpereinsatz (> Tanz und Rhythmik, Seite 469).

Für Kinder eignet sich Ballett nur begrenzt als Sport. Eine Ballettstunde pro Woche, in der das Tänzerische, die Musik und Freude an der Bewegung im Vordergrund stehen, kann für die Kleinen ein Vergnügen sein. Gezieltes Balletttraining dagegen gleicht eher einer Dressur, bei der die ElevInnen strengen Reglements unterliegen. Es erfordert sehr viel Konzentrationsfähigkeit, und die Kinder müssen oft Enttäuschungen wegstecken können, ohne sich dadurch entmutigen zu lassen.

Die unnatürlichen Bewegungsabläufe des klassischen Balletts hinterlassen in den kleinen Körpern deutliche Spuren. Typische Begleiterscheinungen sind schwache Bänder und verformte Hüftgelenke. Muskelrisse und Sehnenzerrungen gehören zum Trainingsalltag, als Spätschäden können sich bei Männern bleibende Veränderungen des Sprunggelenks und bei Frauen des Großzehengrundgelenks einstellen.

Werbung, Geld, Konsum

Aus der Werbung lernen Kinder, daß

Konsum und Geldausgeben die

natürlichste Sache der Welt ist.

Den Bankomaten halten sie für die

moderne Ausgabe des Goldesels.

Und an den Eltern beobachten

sie, daß Kaufentscheidungen

nicht immer nach vernünftigen

Maßstäben getroffen werden.

Ohne glaubwürdige Vorbilder

und gezielte Aufklärung

finden sich Kinder in der

widersprüchlichen Welt

des Konsums nicht zurecht.

Die Bedürfnisse von Babies werden vorbehaltlos befriedigt: Nahrung, Wärme, Geborgenheit, Zuwendung. Für den Winzling ist das so selbstverständlich wie für seine Umwelt. Niemand erwartet, daß das Kleine etwas dafür tut, keiner erwartet ein »Bitte« oder »Danke«.

Zur selben Zeit bekommt der Säugling die ersten »Güter« ans Gitterbett geliefert: Spielsachen, Kuscheltiere, Strampelhose. Alles Dinge, die das Baby braucht, die da sind und sich wie von Geisterhand vermehren.

Doch beim ersten Ausflug in die Welt des Konsums wird für das Kind alles anders. Im Supermarkt oder – noch viel aufregender – im Spielwarengeschäft werden die tollsten Dinge in

einer unbekannten und zunächst verwirrenden Vielfalt präsentiert. Aus dem Einkaufswagen recken sich die kleinen Hände ins Regal – und da passiert es: Unwillig, in tadelndem Ton verweigern die Eltern plötzlich, was bisher selbstverständlich war. Bisher wurde jeder Wunsch spontan und uneingeschränkt erfüllt – auf einmal sagen sie »Nein«.

Die wirklichen Dramen folgen nicht viel später. Etwa mit drei Jahren wollen Kinder die Welt in Besitz nehmen. Sie wollen das, was ihnen gefällt, auch haben. Die Argumente, mit denen die Erwachsenen ihnen das zumeist verwehren, sind für sie keine: »Weil es uns nicht gehört.« »Weil es Geld kostet.« »Weil es zu teuer ist.«

Für Kinder stellt sich das Finanzwesen so dar: Ob etwas teuer oder billig ist, hat mit der Anzahl der papierenen Scheine und metallenen Plättchen zu tun, die man hergeben muß, um all die tollen Dinge zu bekommen. Für Kinder ist Papier zum Bekritzeln da, Metall ist kalt und unangenehm. Beides ist außerdem leicht zu bekommen: Wenn Mutter in den Supermarkt einkaufen geht, reicht die Frau an der Kasse jedesmal ohne viel Umstände eine Handvoll Münzen herüber, und Vater braucht in den »Zauber-Automaten« an der nächsten Ecke nur eine Karte hineinzustecken, ein paar Knöpfe zu drücken, und schon spuckt die Maschine die begehrten Papierscheine aus.

ÜBER GELD SPRICHT MAN

In vielen Familien herrscht immer noch das Motto: »Über Geld spricht man nicht« – jene, die es doch tun, bleiben in ihren Erklärungen so abstrakt, daß Kinder damit nichts anfangen können.

● Theoretische Vorträge sollten der Universität vorbehalten bleiben. Für Kinder ist Geld dort interessant, wo sie es sehen.

● Beim Geldautomaten oder nach einem Einkausbummel lassen sich Hinweise auf den Zusammenhang zwischen Geld und Arbeit unterbringen. »Für die hundert Mark habe ich so und so lange arbeiten müssen.«

● Kinder, die die Grundrechenarten bereits beherrschen, können nachrechnen, wie viele Stunden Mutter und Vater für die neue Kücheneinrichtung arbeiten mußten.

● Achtjährige können schon bei der familiären Buchhaltung oder Teilen davon – wie der Abrechnung der Wohnungskosten – zuschauen und mithelfen. Sie können überprüfen, welche Rechnung bereits bezahlt wurde. So lernen sie, daß Schecks, Zahlscheine und Daueraufträge keine Goldesel wie im Märchen sind, sondern Teile eines komplizierten Zahlungsverkehrs.

● Anhand eines Kuchendiagramms können die Eltern vorrechnen, wieviel Geld sie monatlich für die Wohnung bezahlen, wieviel sie für Auto, Essen und Kleidung ausgeben. Und wieviel für Extraausgaben bleibt.

Während Kinder noch rätseln, was es mit diesem seltsamen Tauschhandel auf sich haben mag, geht es im nächsten Geschäft plötzlich ohne: Alles, was Mutter tun muß, um die ausgesuchte Jacke zu bekommen und nach Hause mitzunehmen, ist, der Verkäuferin kurz die glänzende Plastikkarte zu überlassen.

Wert und Bedeutung unserer Zahlungsmittel zu erkennen, aktiv mit ihnen umgehen zu können, setzt Fähigkeiten voraus, die Kinder erst etwa im Alter von fünf, sechs Jahren langsam zu entwickeln beginnen. Zum mündigen Konsum gehört aber mehr, als den Preis eines Produktes lesen und die entsprechenden Münzen abzählen zu können. Kinder müssen lernen, daß Geld nur begrenzt zur Verfügung steht und nicht beliebig zu vermehren ist, daß es, einmal ausgegeben, unwiederbringlich weg ist.

Und Kinder müssen manchmal schmerzhaft erkennen, daß Konsum und Lebensstil mit der Höhe des Einkommen der Familie zusammenhängen. Für sie ist – besonders im Zeitalter von Geldautomaten und bargeldlosem Zahlungsverkehr – der Zusammenhang von Geld und Arbeit nicht ohne weiteres erkennbar (> Über Geld spricht man doch, Seite 530).

Eltern als Vorbild

Um sich in der Welt des Konsums allmählich zurechtzufinden, brauchen Kinder glaubwürdige Vorbilder. Ihr Verhältnis zu Geld und Konsum orientiert sich – zumindest weitgehend – an der Art und Weise, wie ihre Eltern damit umgehen.

Kinder registrieren mit feinen Sensoren genau, was Eltern wichtig ist und welche Bedeutung Dinge für sie haben und welche Anstrengungen sie unternehmen, um sie zu bekommen. Obwohl – oder gerade weil – die Mehrheit aus der heutigen Elterngeneration kaum noch existentielle Sorgen hat und heute zum Alltag gehört, was in ihrer eigenen Kindheit Luxus war, beschwören sie in der Konsumerziehung Werte wie Bescheidenheit und Verzicht (> Wir haben zuviel Geld, Seite 535).

Sätze wie »Geld allein macht nicht glücklich« oder »Es ist nicht wichtig, ob man arm ist oder reich« überzeugen aber kein Kind, wenn es im nächsten Augenblick miterlebt, wie heftig die Eltern Strategien diskutieren, mit denen sie die fällige Gehaltserhöhung durchsetzen können. »Man kann nicht alles haben, deshalb muß man sich seine Wünsche sehr genau überlegen« ist nicht glaubwürdig, wenn das Kind immer wieder ZeugIn von Spontankäufen wird. »Nicht, was man hat, zählt, sondern was man ist« paßt nicht zu dem Stolz, mit dem die Eltern das neue Auto präsentieren.

Was immer Eltern ihren Kindern über den Umgang mit der Konsumgesellschaft beibringen wollen – sie müssen es vorleben (> Vorleben statt erziehen, Seite 324).

Wo Widersprüche unvermeidlich scheinen, müssen sie aufgeklärt werden. Ein Kind wird trotzig reagieren, wenn es die »tollsten Turnschuhe der Welt« nicht haben kann und zu billigeren greifen muß, während der Vater für seine Maßschuhe ungeniert die Brieftasche leert. Die Erklärung, daß er sie aber viele Jahre tragen wird, während die Kinder-Boots schon in der nächsten Saison zu klein sein werden, vermittelt dem Kind zumindest eine Vorstellung über die Relation von Preis und Wert.

Schöne, bunte Werbewelt

Werbung erzeugt Illusionen und zielt auf die Gefühlswelt. Ihre Versprechungen wirken außerordentlich verführerisch: Mit Kaugummis kann man Freundschaften schließen, einen Schokoriegel zu essen, bedeutet, fliegen zu können, ein Lutschbonbon – und schon ist die Schule kein Problem mehr. Kinder sind dem Werbezauber noch schutzloser ausgeliefert als Erwachsene. Im Vorschulalter sind diese Illusionen kaum

zu durchschauen. Und auch danach können die Kinder den Sinn und Zweck von Reklame nicht erkennen, wenn sie als solche nicht gekennzeichnet ist. Werbesendungen, die wie Unterhaltungsshows aufbereitet sind, können sie frühestens ab dem achten Lebensjahr (> Fernsehen, Seite 491) entlarven.

Hinzu kommt, daß Kinder nach Orientierungen und Wertmaßstäben suchen. Werbung bietet sie: Wer bestimmte Sport-Markenschuhe an den Füßen hat, gehört »dazu«, wer ein akzeptables Etikett an der Hose trägt, darf sich der »gehobenen« Schicht auf dem Schulhof zugehörig fühlen (> Kleider machen kleine Leute, Seite 538).

Befriedigt beobachten MarktstrategInnen, wie das Interesse an Markenartikeln immer früher einsetzt und schon Vorschulkinder prägt. Bereits 6- bis 14jährige legen Markenbewußtsein an

DIE TRICKS DER WERBUNG

Es lohnt den Versuch, die schönen Illusionen immer wieder als solche zu entlarven. Nach den TV-Werbespots sollte klargestellt werden, daß es diese Filme nur gibt, damit sich die Kinder ein Produkt wünschen. An den Kassen der Supermärkte läßt sich anschaulich darstellen, daß all die schönen Süßigkeiten und Spielwaren nur deshalb in Griffhöhe plaziert wurden, damit Kinder sie sehen und unbedingt haben wollen. Und daß die einschmeichelnde Musik nur deshalb da ist, um das preisvergessene Zugreifen zu erleichtern. Auch wenn das den akuten Wünschen in der Kassenschlange keinen Abbruch tut – mit der Zeit werden Kinder lernen, die Mechanismen von Werbung und Marketing zu durchschauen.

den Tag. Schlagworte wie »wandelnde Markenspeicher«, »Kaufmotoren der Familie«, »JungkonsumentInnen« und »KonsumentInnen von morgen« sind nur einige branchenintern benutzte Umschreibungen für Kinder und Jugendliche.

Die Werbung vermittelt viel mehr als die Namen der angepriesenen Erzeugnisse. Eine genaue Auswertung von über hundert Werbespots mit Kinderauftritten zeigt, daß neben der Produktbotschaft bei den Kleinen vor allem eine allgemeine Erkenntnis haftenbleibt: Konsum ist natürlich, macht reicher, bringt Anerkennung und läßt sich zwanglos und im allgemeinen ohne Vorbedingungen verwirklichen.

In und out

Auch die cleversten und subtilsten Werbekonzepte werden erst durch den sozialen Druck wirksam. Dem können sich bereits Kindergartenkinder nicht mehr entziehen. Dort oder bei FreundInnen beäugen sie die Besitztümer der anderen Kinder. So gebiert die Gruppe ständig neue Wünsche: Was andere haben, will ich auch.

Damit schafft die Welt der Werbebotschaften Normen, deren Wirklichkeitsgehalt das Kind am eigenen Leib zu spüren bekommt: Wer die »falschen« Sportschuhe trägt, ist hoffnungslos »out«, wer kein T-Shirt mit dem gerade aktuellen Signet hat, gehört nicht dazu.

Der Druck in Richtung konformes Konsumverhalten kann sich auf Kinder und Jugendliche ziemlich dramatisch auswirken. Es ist schmerzhaft, wenn eine Freundschaft zerbricht, weil die Hose das falsche Label trägt. Es tut weh, wenn die Markenclique kein Mitglied mit markenlosen Turnschuhen zuläßt.

Solche Dramen erscheinen den Eltern in der Regel ausweglos. Niemand will aber sein Kind leiden sehen. Doch dem Druck nachzugeben und das Kind mit den geforderten Sachen aus-

zustatten, hieße, es in der Vorstellung bestärken, daß Selbstwert- und Markengefühl untrennbar miteinander verbunden sind.

Mit Werbung leben

Kinder können nicht von Werbung isoliert aufwachsen. Fernsehen, Zeitschriften, Kino, beklebte Hauswände – überall begegnen sie ihr. Kinder nur wegen der Werbung von all diesen Medien auszuschließen, hieße ihnen einen wichtigen Teil unserer Gesellschaft vorzuenthalten. Eltern können ihr Kind deshalb nur vor Enttäuschungen bewahren, indem sie ihren eigenen Umgang mit Geld und Konsum bewußt gestalten, so daß die Kinder an ihrem Vorbild lernen können, und sie langsam in das Geschäft mit den bunten Bildern einführen (> Die Tricks der Werbung, 531).

Doch selbst dann bleibt wohl keiner Familie das Problem erspart, daß Tochter oder Sohn irgendwann einmal nur »dazugehören«, wenn sie auch so aussehen. Doch diese Probleme werden um so seltener auftreten, je selbständiger die Kleinen ihre eigene Welt gestalten dürfen.

Kinder, die es gewohnt sind, beim Einkauf und der morgendlichen Kleiderwahl selbst zu entscheiden, werden leichter zu ihrem Outfit stehen und ihre Wahl auch vor den KameradInnen vertreten können. Ein Siebenjähriger, der bewußt auf den Gameboy verzichtet und sich statt dessen für den Ausbau seiner Eisenbahn entscheidet, wird weniger neidisch auf seine raumschiffabschießenden Kollegen blicken. Und ein Kind, das täglich erlebt, daß die Eltern auch in einem Auto älteren Baujahrs souverän durchs Leben steuern, wird den Spott der anderen leichter ertragen.

Ich will aber diese!

Wenn es »diese« Jeans sein muß und keine andere, stehen Eltern vor einem Dilemma. Einerseits wissen sie von sich selbst, wie wichtig ihnen Kleidung und äußeres Erscheinungsbild sind, andererseits wachsen Kinder schnell aus ihren Sachen heraus und bringen den teuren Markenjeans nicht mehr Respekt und Sorgfalt entgegen als einer billigen. Während viele Eltern bei der Bekleidung ihrer Kinder das Bedürfnis nach Modebewußtsein noch einigermaßen nachvollziehen können, können sie überhaupt nicht begreifen, warum ein Federetui, auf der irgendein Comic-Held abgebildet ist, fünfmal soviel kosten soll wie eines ohne Aufkleber.

Sinnvoll kann es sein, dem Kind Alternativen anzubieten: Wenn es sich für das billigere Etui entscheidet, kann die Differenz – oder ein Teil davon – einem anderen Wunsch zugute kommen. Bestehen Kinder oder Jugendliche auf dem Produkt einer bestimmten teuren Marke, so sollen sie den Differenzbetrag zu dem, was die Eltern auszugeben bereit sind, selbst berappen: mit erspartem oder erarbeitetem Geld (> Sparen, Seite 536; > Kinderarbeit, Seite 536).

Dabei können die Eltern ihrem Nachwuchs auch zeigen, wie man bei jedem Einkauf das Preis-Leistungs-Verhältnis prüft und bewertet. Bessere Qualität rechtfertigt einen höheren Preis; doch das Geld dafür auszugeben, ist nur angebracht, wenn das Kind sie auch sinnvoll nutzen kann: Ein 19-Gang-Fahrrad ist in einer brettebenen Stadt teurer Luxus (> Das richtige Rad 420). Reicht der Inhalt des Sparschweins nur für den billigsten Walkman, kann ein Kompromiß das Kleine vielleicht vor Enttäuschungen bewahren: Das Kind spart noch ein wenig länger, und die Eltern legen die Differenz zu dem entsprechenden Qualitätsprodukt dazu.

Das Geld des Kindes

Schon Vorschulkinder finden es faszinierend, eigenes Geld zu besitzen. Endlich haben sie das auch, was den Erwachsenen offenbar so wichtig ist. Die meisten denken vorerst auch gar nicht daran, die

eroberten Schätze gleich wieder auszugeben. Die blitzenden Münzen wandern ins Schatzkästchen, werden immer wieder herausgekramt, stolz betrachtet und gezählt – nur um schließlich erneut verbunkert zu werden.

Erst später lernen sie das Stückchen Autonomie schätzen, das ihnen das eigene Geld gewährt. Der selbstgekaufte Schokoriegel ist mit dem von der Oma geschenkten einfach nicht zu vergleichen. Gleichzeitig zeigen sich auch schon sehr bald die Schattenseiten des dauernden Konsumierens: Schon die Fünfjährige muß beobachten, wie die Münzen in ihrer Börse mit jedem Einkauf weniger werden.

Doch nichts klärt das Kind über Lust und

FEHLER BEIM TASCHENGELD

● Übertriebene Kontrolle, wie etwa der Zwang, die Ausgaben schriftlich abrechnen zu müssen, erzieht das Kind zum Lügen. Das vor allem dann, wenn die Eltern dem Kind Vorwürfe bezüglich seiner Einkäufe machen.
● Grenzenlose Großzügigkeit gefährdet Kinder. Sie verlieren den Überblick und können so kaum mündige KonsumentInnen werden.
● Kindern das Taschengeld zur Gänze vorzuenthalten oder auf ein Minimum zu reduzieren, weil das Kind »ja immer kommen kann, wenn es etwas braucht«, degradiert Kinder zu BittstellerInnen.
● Taschengeld ist kein Erziehungsmittel, sondern ein Mittel zur Konsumerziehung. Kinder müssen auf ihre regelmäßigen Einkünfte vertrauen können, und zwar unabhängig davon, ob sie brav waren oder nicht.

Frust der Konsumgesellschaft besser auf als eigenes Geld – in diesem Punkt sind sich die ExpertInnen sicher.

Da Geld nun einmal eine zentrale Rolle spielt, müssen die Kinder den Umgang damit lernen. Je weniger sich Eltern dabei in die Geschäfte ihrer Kinder einmischen, desto besser: Sie dürfen ihrem Kind auch dann keine Vorwürfe machen, wenn es mit seinem Geld etwas kauft, das sie für sinnlos halten (> Geld als Erziehungsmittel, Seite 536).

Andererseits sollten sie auch keinen Nachschlag gewähren, wenn sich die Spuren des Geldes regelmäßig schon am ersten Tag beim Konditor verlieren. Allerdings können sie das Taschengeld statt in monatlichen in wöchentlichen Raten auszahlen, damit die geldlose Zeit für die Kinder nicht allzu lange dauert.

Taschengeld sollte für das Kind von allem Anfang an ein Einkommen sein, das ihm regelmäßig und unaufgefordert gezahlt wird, und mit dem es sicher rechnen kann. So braucht es sich weder als BittstellerIn noch als EmpfängerIn von Almosen zu fühlen.

Wieviel Geld braucht ein Kind?

Über die richtige Höhe des Taschengelds läßt sich endlos streiten. Bekommt ein Kind zuwenig, kann es den Umgang mit Geld nur schwer lernen. Bekommt es weit mehr, als es vernünftigerweise ausgeben kann, wird es sich schwertun, das Verhalten von mündigen KonsumentInnen zu erlernen.

In der Praxis halten sich die finanziellen Möglichkeiten der Kleinen ohnehin in überschaubaren Grenzen. Eine diesbezügliche Umfrage brachte 1990 folgende Resultate: Ein Drittel der Neunjährigen kassierte bis zu zehn DM im Monat, ein weiteres Drittel bis zu 20 DM. Unter den 15jährigen bekam jeder zweite bis zu 100 DM, jeder vierte genau 100 DM.

Sinnvoll ist es natürlich auch, die Höhe des Betrags laufend an das Alter und die Routine, die das Kind im Umgang mit dem eigenen Geld entwickelt, anzupassen.

Für die ersten Geldausgabe-Versuche reichen ein paar Groschen täglich, die das Kind im Laden an der Ecke oder am Kiosk ausgeben kann. Mit der Zeit wird es den Preis von Gummibärchen kennenlernen, feststellen, daß sie auch teurer werden können, und die ersten Preis-Wert-Vergleiche mit anderen Leckereien anstellen. Kinder erkennen rasch, daß die Barschaft nicht immer ausreicht, jeden Wunsch zu erfüllen.

Macht der tägliche Einkauf keine Probleme mehr, sollten die Beträge schrittweise größer und die Auszahlungsintervalle länger werden. Ein paar Mark am Anfang der Woche ermöglichen den Kauf des ersehnten Flugzeugs und zeigen gleichzeitig, daß Geld ein Gut ist, das eingeteilt werden will: Wird alles gleich ausgegeben, bleibt nichts für den Rest der Woche. Wird das Taschengeld immer bis auf den letzten Groschen verpulvert, fällt das Sparen für größere Wünsche flach.

Kinder brauchen Zeit, um diese Gesetzmäßigkeiten zu erkennen und ihre Bedürfnisse darauf abzustimmen. Es erfordert ein gewisses Maß an Reife, die Lust am Haben und Kaufen so lange zurückzustellen, bis die Sparbüchse etwas voller geworden ist, so daß auch ein größerer Wunsch erfüllt werden kann.

Eltern sollten deshalb nicht zu früh Bedingungen an das Taschengeld knüpfen: Ein kleiner Betrag reicht zur Erfüllung von Sonderwünschen – alles andere wird weiterhin »gratis« bereitgestellt.

Bei älteren Kindern ist es allerdings sinnvoll, den autonomen Bereich zu vergrößern. Auch das läßt sich schrittweise üben: Vor dem Einkaufsbummel wird festgelegt, was das Kind braucht und wieviel Geld dafür zur Verfügung steht. Wenn sich das Kind bewußt für Preiswerteres entscheidet, kann es über den Rest frei verfügen.

WIR HABEN ZUVIEL GELD

In den sechziger Jahren war es eine Sensation, wenn Zwölfjährige ihren ersten Plattenspieler oder Kassettenrekorder geschenkt bekamen. Heute hat schon fast jedes Kleinkind beides. Der alte Traum der Menschheit vom Wohlstand für möglichst viele ist – zumindest in der modernen Industriegesellschaft – für eine breite Schicht verwirklicht.

Noch nie konnten Kinder über so viel Geld verfügen wie heute: Ende der achtziger Jahre gaben die 7- bis 15jährigen der alten Bundesländer Jahr für Jahr 3,5 Milliarden Mark aus. Den 16- bis 19jährigen standen 24,5 Milliarden zur Verfügung, die sie als Taschengeld kassierten oder geschenkt bekamen. 1990 wurde die erste deutsche Untersuchung veröffentlicht, die sich mit der Entstehung und den Symptomen von »Kaufsucht« auseinandersetzt. Und eine Studie aus Stuttgart ergab,

daß Jugendliche im Durchschnitt drei mal drei Stunden pro Woche beim Shopping verbringen. Laut Statistik liefert das Konsumieren bereits die Hälfte der Unterhaltungsthemen zu Hause.

Die Eltern stehen dieser Entwicklung mit zunehmend ambivalenten Gefühlen gegenüber. Sie wollen, daß es ihre Kinder »besser haben«, als sie selbst es hatten. Für sie ist klar, daß der Nachwuchs am Wohlstand der Familie teilhaben soll. Das Geld ist da – und schließlich läßt man sich auch die Erfüllung der eigenen Wünsche einiges kosten.

Gleichzeitig beschleicht viele ein unbehagliches Gefühl, wenn sie beobachten, wie selbstverständlich viele Güter für die Kleinen sind, wie unersättlich sie mehr und noch mehr fordern. Die Erwachsenen sehen sich selbst als Kinder unter dem Weihnachtsbaum sitzen, erinnern sich an das unbeschreibliche Glücksgefühl, das sie beim Auspacken ihrer wenigen und oft bescheidenen Geschenke empfanden – und vermissen ähnliche Reaktionen bei ihren Kindern.

Es macht sie insgeheim wütend, wenn die Dinge, die in ihrer eigenen Kindheit unerreichbar waren, als Selbstverständlichkeit hingenommen werden, und sie vergessen dabei, daß sie inzwischen tatsächlich selbstverständlich geworden sind. Kinder orientieren sich nicht an der Vergangenheit ihrer Eltern. Für sie zählt, was sie bei FreundInnen, in anderen Familien und in den bunten Prospekten sehen. Mit dem Argument »Wir hatten als Kinder auch keinen Computer, ich komme auch heute noch ohne Blechtrottel aus«, ist den kindlichen Bedürfnissen nicht beizukommen.

Weil sich die eigenen Prägungen aber nicht wegschieben lassen, finden und erfinden Eltern immer neue Gründe »warum es so nicht weitergehen kann«: »Was ist, wenn sie einmal auf eigenen Beinen stehen und ihr Geld selbst verdienen müssen? Den Lebensstandard, den wir ihnen heute bieten, werden sie so schnell nicht erwirtschaften können.«

Dieses Problem mußte allerdings noch jede Generation bewältigen. Die wenigsten sind, wenn sie von zu Hause weggingen, in eine Luxuswohnung mit Farbfernseher und Sportwagen vor der Tür eingezogen.

Die Kinder von heute ängstigt allerdings der Gedanke, womöglich keine oder keine lukrative Arbeit zu bekommen. Um so wichtiger ist es, daß sie gelernt haben, mit Geld umzugehen, und was mit welchem Einkommen möglich ist und was nicht.

Mit der Zeit wird sich die begleitende Kontrolle der Eltern erübrigen. Dann kann das Budget für bestimmte Ausgaben zum Taschengeld dazugeschlagen werden. Es spricht nichts dagegen, daß Kinder über ein regelmäßiges monatliches Einkommen verfügen, mit dem sie alle Bedürfnisse abdecken können, ohne ständig von den Eltern bevormundet zu werden.

Geld als Erziehungsmittel

Taschengeld ist keine Prämie für Wohlverhalten, die die Eltern beliebig kürzen können, wenn das Kind ihren Vorstellungen zuwider handelt. Die regelmäßige Geldzuwendung drückt vielmehr die Überzeugung aus, daß das Kind ein Recht hat, am Familieneinkommen teilzuhaben. Bekommt es sein Taschengeld nur, wenn Benehmen und Leistung den Eltern gefallen, kann das für das Kind bedeuten, daß es nur bei Wohlverhalten geliebt wird und zur Familie gehört.

MIT EIGENEM KONTO

Ab dem vollendeten 14. Lebensjahr ist es sinnvoll, Kindern ihr Taschengeld auf ein Konto zu überweisen. So erleben sie es als das, was es sein sollte: einen regelmäßigen Zuschuß, der von ihrer Leistung und ihrem Wohlverhalten unabhängig ist. Außerdem gewöhnen sie sich an den Kontakt mit Banken.

In Absprache mit dem gesetzlichen Vertreter des Kindes gewähren verschiedene Banken auch einen bescheidenen Überziehungsrahmen. Dabei können Jugendliche den Umgang mit Krediten üben.

Ebensowenig dürfen Eltern ihre Macht über das Haushaltsbudget dazu mißbrauchen, um gewisse Erziehungsziele durchzusetzen. Wenn Vater kein Geld für Kosmetika herausrückt, weil er nicht will, daß sich die Tochter »anmalt«, wenn Mutter das Taschengeld kürzt, weil der Sohn damit statt des Theaterbesuchs eine Runde Bier finanziert hat, sind das keine Argumente, sondern es ist schlicht Erpressung.

Sparen

Sparen sollte für Kinder sinnlich wahrnehmbar sein. Wenn sie ihr Sparschwein füttern, können sie beobachten, wie ihre Reichtümer wachsen. Mit dem Sparbuch geht das nicht.

Beim Versuch, Spargesinnung zu vermitteln und zu fördern, sollten Eltern aber nicht vergessen, daß kleine Kinder noch nicht besonders langfristig denken. Sie sind total und spontan, wollen alles, und zwar jetzt. Ihre Sparziele sollten deshalb immer kurzfristig erreichbar sein. Drei Wochen lang eine Mark zurücklegen zu müssen, um endlich an das ersehnte Rennauto zu kommen, kann für einen Fünfjährigen schon die Ewigkeit bedeuten.

Ihren eigenen Umgang mit Geld lernen Kinder nur, wenn sie es auch ausgeben dürfen. Rücklagen auf dem »Sparbuch für die Zukunft« helfen ihnen dabei nicht. Füttern Verwandte jedoch ein solches Sparbuch mit gelegentlichen Geldgeschenken, zeigt ein von Zeit zu Zeit getätigter Blick auf den Kontostand den Kindern, wie sich langfristige Anlagen dort vermehren.

Kinderarbeit

Einfache, alltägliche Handgriffe, die Kinder im Rahmen des Haushalts verrichten, sind keine Arbeit, die bezahlt werden müßte. Alle machen Dreck, alle müssen ihren Beitrag dazu leisten, daß er wieder wegkommt. Autowaschen, Rasenmähen, Schneeschaufeln, Babysitten – Arbeiten, die die Eltern sonst gegen Bezahlung an jemand anderen vergeben würden, können größeren Kinder jedoch durchaus willkommen sein, um ihr Taschengeld aufzubessern.

Auch wenn das Kind solche Tätigkeiten außerhalb der Familie ausübt, macht es das finanziell unabhängiger. Allerdings sollten die Eltern darauf achten, daß sich die Kinder nicht allzuviel zumuten. Um an das heißersehnte Geld zu kommen, übersehen sie gerne, daß sie ihre Kapazitäten mit Schule, Hausaufgaben und Freizeitaktivitäten ohnehin schon arg beanspruchen (> Kinder brauchen Zeit, Seite 436).

Unser Kind stiehlt

Irgendwann steckt beinah jedes Kind einmal etwas ein, ohne zu bezahlen – im Supermarkt, bei den Großeltern oder bei Fremden. Mit «Diebstahl» hat das nichts zu tun. Im Vorschulalter lernen Kinder erst allmählich, »Mein« und »Dein« in einem moralischen Sinn zu unterscheiden (> Ehrlichkeit, Seite 328).

Auch bei Kindern, die ihr Unrecht bereits erahnen, ist der Drang, Bedürfnisse spontan zu befriedigen, oft stärker als die Furcht, erwischt zu werden. Besonders die Spielwarenabteilungen großer Kaufhäuser mit ihrem Überangebot an wunderbaren Dingen, stellen Kinder auf eine harte Probe. Wenn die Eltern oder – noch schlimmer – der Kaufhausdetektiv sie dabei ertappt, hilft Schimpfen am allerwenigsten. Wer ruhig und gelassen erklärt, daß diese Dinge jemandem gehören und bezahlt werden müssen, kann fast sicher sein, daß ihn dieses Problem kein zweites Mal beschäftigt (> Ertappt! Seite 537).

Für größere Kinder ist »Mal was mitgehen lassen« oft eine Art Sport – der Beweis, zu einer Clique von Gleichen dazuzugehören. Sie sind sich zumeist auch sehr wohl bewußt, daß sie etwas Verbotenes tun, können dem Zwang der Gruppe aber nicht ausreichend widerstehen.

Wenn sich solche Vorfälle jedoch häufen, steht meist ein psychisches Problem im Hintergrund. Regelmäßig stehlenden Kindern geht es nicht darum, sich zu bereichern. Sie stehlen, um ertappt zu werden. Sie leiden unter Konflikten, fühlen sich schuldig und haben unbewußt das Bedürfnis, bestraft zu werden. Wenn Eltern die Hintergründe dieses Verhaltens nicht alleine aufspüren können, empfiehlt es sich, in Beratungsstellen professionelle Hilfe zu suchen (> Beratung und Psychotherapie, Seite 757).

ERTAPPT

- Wer sein Kind beim Diebstahl ertappt, sollte vor allem Ruhe bewahren. Beinahe jedes Kind und jeder Erwachsene hat schon einmal irgend etwas unbezahlt eingesteckt. Die Angst, dies könnten erste Anzeichen einer kriminellen Energie sein, ist unbegründet.

- Konkrete Erklärungen, warum man Spielsachen im Kaufhaus nicht unbezahlt mitnehmen darf, führen eher zum Ziel als aufgebrachte Vorträge über moralische Werte: »Wie ginge es dir, wenn jemand dein Fahrrad mitnimmt?«

- Strafe muß nicht sein (> Seite 335): Wer Kinder mit der Beute zum Bestohlenen zurückschickt, erniedrigt sie sehr. Sie fühlen sich – zu Recht – von den Eltern im Stich gelassen. Es kommt hinzu, daß das Verkaufspersonal mit solchen Situationen nur selten psychologisch geschickt umgehen kann.

- Ein Grundsatz bleibt jedoch aufrecht: Gestohlenes darf das Kind nicht auch noch behalten. Vielleicht kann es selbst Vorschläge machen, was mit der Beute geschehen soll.

Kleider machen kleine Leute

Was Erwachsenen recht ist,
ist Kindern billig: Schon Fünfjährige
wissen, mit welchen Marken Staat
zu machen ist und welche bestenfalls
mitleidige Blicke auf sich ziehen. Eltern
bewegt dagegen in erster Linie die
Sorge, was und welche Materialien
sie den Kleinen überziehen sollen.
Hierbei zeigt sich: Nicht alles, was
als »Natur« oder »Öko« verkauft
wird, ist auch gesund.

Kinder wollen sich attraktiv finden. Und sie übernehmen dabei sehr rasch die Normen der
Erwachsenen. Sie merken, welche Bedeutung der neue
Anzug für den Vater hat, und sie registrieren, wie sorgfältig die Mutter vorm Ausgehen ihr Outfit wählt.

Wenn das Kind vor dem Besuch bei den Großeltern noch rasch saubere Garderobe anlegen muß,
wenn es beim Besuch eines besseren Restaurants
die abgewetzten Jeans nicht mehr tun, weiß es bald:
Kleider machen Leute.

Fernsehen und Werbung konfrontieren Kinder
immer früher mit Modetrends (> Mit Werbung
leben, Seite 532). Ob Jeans, Sportschuhe oder
T-Shirts – Kinder kennen die Namen der gerade
aktuellen Marken nicht nur, sie wollen die meist

teuren Dinge auch selbst haben und tragen. Da liegt es dann an den Erwachsenen zu entscheiden, wie weit sie dem Druck vergänglicher Modetrends und dem Geschmack ihrer Kinder nachgeben wollen.

Sich dem zu verweigern, können aber nur jene Eltern durchsetzen, die das selbst leben. Die anderen können kaum glaubwürdig begründen, warum das Kind keine teuren Stücke gekauft bekommt, während ein Stadtbummel bei Mutter und Vater meist bedeutet, Boutiquen abzuklappern, und sich die Eltern zudem stets in Markenklamotten gewanden.

Warum dem Konsumrausch Grenzen gesetzt sind, verstehen Kinder besser, wenn man ihnen gelegentlich den Preis zu etwas in Relation setzt, was es selbst gern mag: »Diese Jeans kostet so viel wie drei Zir-kuskarten« oder »Wenn wir das billigere Sweatshirt kaufen, können wir dafür einmal mehr Pizza essen gehen« (> Werbung, Geld, Konsum, Seite 528).

Das Drama Anziehen

In vielen Familien gehört die Diskussion vor dem Kleiderschrank zum morgendlichen Ritual: Mutter oder Vater wählen die Garderobe aus, das Kind protestiert und will etwas anderes anziehen. Auf Geschmacksnormen nimmt es dabei wenig Rücksicht. Die Kombination aus Ringelsocken und Rüschenkleid, dazu ein ausgewaschener rosa Anorak und einen blauen Schal hält es für todschick.

Kinder – besonders zwischen vier und zehn Jahren – haben mitunter einen exzentrischen Geschmack. Doch anstatt dagegen zu Felde zu ziehen, sollten sich Eltern vergegenwärtigen, daß manches, was ihnen – vom Kind kreiert – skurril erscheinen mag, in Modemagazinen vorgeführt als extravagant gilt und zu horrenden Preisen verkauft wird. Zugleich können sie zu ergründen versuchen, warum sie so sehr unter der absonderlichen Garderobe ihrer Kinder leiden. Kinder sind immer auch Prestigeobjekte, die man am liebsten so präsentiert, wie man selbst gern gesehen werden möchte: ordentlich, adrett, sauber, geschmackvoll (> Vom Nachwuchs zur Visitenkarte, Seite 345).

Auch Kinder wollen sich durch Kleidung »präsentieren«. Daß nicht alle ihre selbstgewählten Ensembles schön finden, merken sie schnell an den Reaktionen ihrer Umgebung. Die einen werden sich dem anpassen und irgendwann konform gekleidet gehen, die anderen markieren auch mit ihrer Kleidung, daß sie sich anderen gegenüber als anders empfinden und daß sie sich trauen, dazu zu stehen.

Wenn Kinder in der Wahl ihrer Kleidung Freiraum haben, gewinnen sie an Selbstbewußtsein. Sie können ihre Lust an Originellem entdecken und langsam ihren eigenen Stil entwickeln. Solche Kinder können später, wenn ihnen das eigene Aussehen noch wichtiger wird (> Ablösung vom Elternhaus, Seite 279), leichter ihren eigenen Weg finden und müssen nicht jede Mode um jeden Preis mitmachen.

Kleider vererben?

Kinder wachsen rasch aus ihrer Kleidung heraus. Gibt es jüngere Geschwister, sollen die oft die Garderobe der älteren auftragen. Babies stört das noch nicht – gegen einen blaß gewaschenen Strampler protestieren sie nicht.

Werden die Kids aber älter und modebewußter, können sie es als kränkend empfinden, wenn sie nur getragene Kleidung haben dürfen. Und sie fühlen sich nicht ganz ohne Grund benachteiligt: Die Älteren dürfen aussuchen, was ihnen gefällt, sie dürfen sich in neuem Schick präsentieren; die jün-

geren erscheinen immer in dem, was gerade aus der Mode gekommen ist. Neid und Aggressionen können dann leicht die Folge sein.

Gut erhaltenen Jeans oder Jacken kann man mit geringem Aufwand neuen Schick verleihen: bunte Flicken nach Wunsch des Kindes aufgenäht oder gebügelt, kann die Secondhand-Garderobe schon attraktiver machen. Auch eine andere Farbe – in der Waschmaschine dauerhaft eingefärbt – verwandelt das alte Stück. Eine weitere Möglichkeit bieten Secondhand-Shops: Altes abliefern, neues Altes auswählen.

Trotzdem sollte auch ein Kind, das sein Gewand üblicherweise erbt, ab und an das Erlebnis haben dürfen, daß die Eltern mit ihm einkaufen gehen und es sich etwas aussuchen darf, was ihm als erstes gefallen hat.

Design für die Sandkiste?

Kleinen Kindern sind Marke und Design ihrer Kleidung noch relativ egal. Sie wollen vor allem nach Lust und Laune umhersausen können. Gras- und Erdflecken, Risse und selbst faustgroße Löcher empfinden sie weder als störend noch als Makel.

Diese Zeichen der Benutzung werden aber die Eltern als potentielle Bedrohung ihrer Geldbörse erleben, die bereits Zweijährige in teure Designer-Klamotten stecken und Modediktaten mehr Aufmerksamkeit schenken als Kinderbedürfnissen. Sie werden auf dem Spielplatz keine ruhige Minute haben und mit ihren Ermahnungen dem Kind wahrscheinlich auch keine mehr lassen.

Preisgünstige und pflegeleichte Kleidung erleichtert Kindern und Eltern das Leben gleichermaßen.

Die Zwiebelmethode

Kinder bewegen sich viel, erhitzen sich rasch und beginnen schnell zu schwitzen. Um Hitzestau und anschließend zu heftige Abkühlung zu vermeiden, tragen Kinder am besten mehrere Kleidungsschichten übereinander. Unterhemd, T-Shirt und darüber ein Sweatshirt eignen sich besser als Hemd und dicker Pullover. Wenn dem Kind zu heiß wird, kann es eine Schicht nach der anderen ablegen. Diese »Zwiebel-Methode« eignet sich auch, um »überdrehte« Kinder zu beruhigen: Besonders wenn Kinder mit anderen gemeinsam in geschlossenen, warmen Räumen spielen, geraten sie oft außer Rand und Band. Eine Pulloverschicht ausgezogen, läßt den Körper wieder abkühlen; damit beruhigt sich oft auch die heiße Stimmung.

Irgenwann möchten sich alle Kinder selbst an- und ausziehen. Hat ein Kind das einmal gelernt, will es seine Fähigkeiten auch weiter erproben. Komplizierte Knöpfen, Gürtel und Schnallen können ihm diese Lust jedoch verleiden. Dasselbe gilt für frischgebackene Kindergarten- und Schulkinder. KindergärtnerInnen und LehrerInnen legen schon aus Zeitgründen großen Wert darauf, daß ihre Schützlinge sich selbständig an- und auskleiden können. Vor allem an Tagen, an denen Sport oder Ausflüge auf dem Stundenplan stehen, sollte das Kleine möglichst unkomplizierte Hosen und Pullover tragen.

Trocken trotz Regenwetter

Kinder sind auch bei Regen und Schnee unterwegs und brauchen wasserabweisende Regenkleidung. Von Gummistiefeln über Regenjacken und -hosen bis hin zu Skioveralls bietet die Bekleidungsindustrie alles gegen die triefende Nässe.

All diese Produkte sind aus Kunststoff oder wasserabweisend imprägniert. Obwohl manche Eltern Bedenken haben, ihre Lieben luftdicht zu verpacken, hapert es mit natürlichen Alternativen: Wasserabweisende Lodenbekleidung etwa ist teuer und kaum attraktiv. Der Kompromiß besteht darin, möglichst atmungsaktive Materialien auszuwählen und das Kind nur so lange wie unbedingt nötig darin herumlaufen zu lassen. Bei Ausflügen oder an Regentagen sollte es immer Ersatzschuhe und -jacken bei sich haben, so daß es – sobald das Wetter es zuläßt – auf die andere Bekleidung umsteigen kann.

Schuhe

Rund die Hälfte aller Kinder läuft in Schuhen, die zu klein oder aus der Form geraten sind und keinen Halt mehr geben. Fußschäden, schwer heilbare Erkrankungen der Stütz- und Bewegungsorgane sowie schwer korrigierbare Haltungsschäden können Langzeitfolgen sein (> Füße, Seite 786).

Kinderfüße wachsen rasant – etwa 1,5 Millimeter monatlich bei Kindern, die gerade zu laufen beginnen. Länger als vier bis fünf Monate passen Kinderschuhe demnach fast nie. Schuhe zu vererben, ist aber besonders problematisch. Alle Menschen haben verschiedene Fußformen. Daher muß man beim Weitergeben von Kinderschuhen besonders genau darauf achten, daß der Schuh auch den zweiten TrägerInnen wirklich gut paßt. Ausgetragene, aus der Form gegangene Schuhe sollten auf keinen Fall weitergegeben werden.

TIPS FÜR DEN SCHUHEINKAUF

Schuhe, die den Füßen ihre Freiheit lassen, sollten so beschaffen sein:
- Eher eckig als spitz, der Fußform entsprechend mit genügend Freiraum für die Zehen.
- Biegsam, damit sich der Fuß frei bewegen kann.
- Flach, ohne Hacken.
- Aus luftdurchlässigem Oberleder gefertigt, damit die Haut atmen und der Schweiß verdunsten kann und Pilzinfektionen vermieden werden.
- Mit biegsamer, rutschfester Sohle.
- Mit wenig Gewicht.

Schuhe für Kleinkinder

Um laufen zu können, muß kein Kind Schuhe haben. Sie sind nur notwendig, um die nackten Sohlen vor Scherben, Steinen, Hitze und Kälte des Straßenbelags zu schützen.

So oft wie möglich und so lange wie möglich sollten Kinder barfuß laufen. So stärken sie die Fußmuskeln, weil die Füße richtig abrollen können und die Zehen ständig nach Halt suchen müssen. Wird der Fußboden zu Hause zu kalt, sind Socken mit rutschfester Sohle Hausschuhen vorzuziehen.

Lauflernschuhe sollten weich und weit sein. Am besten aus weichem Leder genäht, das sich wie ein Strumpf an den Fuß anpaßt, mit elastischer Sohle, und nicht zu eng sitzend, damit der Fuß nicht eingeschnürt und in seiner Bewegungsfreiheit eingeschränkt wird.

MOTTENSCHUTZ

Motten fliegen auf Schmutz und Schweiß. Kleidungsstücke, die für die nächste Saison aufgehoben werden sollen, müssen zunächst einmal gewaschen werden und können dann in Leinen- oder Plastiksäcke verpackt aufbewahrt werden.

Als Alternative für chemischen Mottenschutz empfehlen sich natürliche, starke Geruchsstoffe. Zwischen die Wäsche gelegte Beutel mit Lavendelblüten oder Steinkleekraut schlagen die lästigen Tiere in die Flucht. Holzschränke können an ihrer Innenseite mit Zirbelkieferöl eingerieben werden.

Haben sich trotzdem Motten eingenistet, müssen alle befallenen Textilien gründlich ausgeklopft, gewaschen und wenn möglich im Freien getrocknet werden. Bei Minus-Temperaturen sterben Motteneier und -larven besonders schnell: Im Winter genügt es, wenn man die befallenen Stücke für längere Zeit ins Freie hängt.

Füße messen – aber richtig

Kinderfüße sind selten gleich lang. Üblicherweise ist ein Fuß zwischen einem und drei Millimeter länger als der andere. Beim Schuhkauf zählt der längere Fuß. Dann schlägt man noch 1,5 Zentimeter für die Zehenfreiheit dazu.

Am besten steigt das Kind vor dem Schuheinkauf mit einem nassen Fuß auf einen festen, trockenen Bogen Papier – der so entstandene Fußabdruck wird ausgeschnitten und ins Schuhgeschäft mitgenommen. Die Schablone muß wie eine Einlegesohle in den neuen Schuh passen.

Das Kind muß beide Schuhe probieren und sollte damit ein paar Minuten im Geschäft umherlaufen. Sitzt der Schuh dann noch immer genau, ist die richtige Größe gefunden.

Das herkömmliche Drücken an der aufgestellten großen Zehe genügt nicht, um festzustellen, ob der Schuh paßt. Denn nicht nur die Länge entscheidet, ob ein Schuh paßt, sondern auch die Weite. Ist ein Schuh nämlich zu weit, rutscht der Fuß in die Schuhspitze hinein. An der Ferse erscheint er als zu groß. Kinder mit schmalen Füßen brauchen demnach schmale Schuhe – sonst bekommen sie zu kurze Schuhe.

In Deutschland gibt es darum das sogenannte »WMS-Maßsystem« (weit, mittel, schmal), das den Schuhkauf wesentlich vereinfacht. 17 Hersteller erzeugen Kinderschuhe jeder Länge in drei standardisierten Weiten. In Österreich hat sich das WMS-System leider noch nicht durchgesetzt.

Sportschuhe – Liebling vieler Kinder

Sport- und Tennisschuhe sind topmodern. Kaum ein Kind, das nicht mindestens ein Paar davon im Schrank stehen hat und die diversen Markennamen aufsagen kann. Gegen diese Schuhmode ist nichts einzuwenden – solange die Sportschuhe die Kinderschuh-Kriterien erfüllen.

Markenschuhe, auf die Kinder besonders stolz sind, sind entsprechend teuer – dennoch will der Kauf von auffällig billigen No-Name-Produkten

DER STOFF, AUS DEM DIE KLEIDER SIND

Baumwolle

Baumwolle ist der billigste und quantitativ wichtigste Rohstoff für Textilien.

Vorteile: Sie nimmt ungefähr ein Drittel ihres Eigengewichts an Feuchtigkeit auf, ohne sich naß anzufühlen. Baumwolle ist reißfest und strapazierfähig. Unbehandelt ist sie sehr hautfreundlich und kann daher selbst bei besonders empfindlicher Haut ohne Probleme direkt am Körper getragen werden.

Nachteile: Der Baumwollanbau ist heute mit einer Unmenge an Chemie verbunden. In den Monokulturen werden Tonnen von Pflanzenschutzmitteln verspritzt. Zur Ernte werden die Baumwollpflanzen mit hochgiftigen Stoffen entlaubt.

Die Textilien werden »veredelt« – also mit Hilfe umwelt- und gesundheitsbelastender chemischer Hilfsmittel bunt, formbeständig, knitter- oder bügelfrei gemacht.

Flachs/Leinen

Leinenfasern werden aus den Stengeln der Flachspflanze herausgeschält, die Gewinnung ist arbeitsintensiv und teuer.

Vorteile: Leinen nimmt bis zu 23 Prozent seines Eigengewichtes an Feuchtigkeit auf und gibt sie sehr rasch wieder ab. Es fühlt sich kühl an, ist sehr reißfest und strapazierfähig. Leinen ist für Schmutz und Geruch wenig anfällig und beständig gegen Motten.

Nachteile: Da auch Leinen stark knittert, wird es üblicherweise chemisch ausgerüstet. Nicht vorgewaschene Leinenkleidung kann beim ersten Waschen um bis zu 20 Prozent eingehen – nur deshalb empfehlen die Hersteller immer eine chemische Reinigung.

Seide

Seide besteht aus Fasern, die aus den Kokons seidenspinnender Schmetterlinge gewonnen werden. Dementsprechend teuer ist Naturseide.

Vorteile: Seide kann bis zu 30 Prozent ihres Eigengewichts an Feuchtigkeit aufnehmen, ist glatt, elastisch und reißfest. Seide ist geruchabweisend und ein guter Isolator: Im Winter wärmt sie, im Sommer kühlt sie. Motten und anderen Schädlingen schmeckt Seide nicht.

Nachteile: Der Stoff ist empfindlich gegenüber Schmutz, Wasser und Licht. Immer öfter wird Seide chemisch aufgerüstet.

Wolle

Wolle besteht aus Tierhaarfasern.

Vorteile: Wolle kann bis zu 40 Prozent Feuchtigkeit aufnehmen, Wassertropfen perlen ab. Wolle ist die wärmste Textilfaser und wirkt gleichzeitig temperaturausgleichend.

Nachteile: Wolle ist wenig reißfest und filzt, wenn sie nicht behandelt oder »veredelt« ist. Motten lieben Wolle.

Viskose

Sie wird aus Zellulose (aufgelöstem Holz) gewonnen, ist aber dennoch ein Kunstprodukt, das oft anderen Naturfasern beigegeben wird. Sie ist relativ saugfähig, knittert aber sehr stark.

Kunstfasern

Vorteile: Die Fasern werden künstlich und »maßgeschneidert« erzeugt. Daher ist keine chemische Behandlung mehr erforderlich.

Nachteile: Bei der Produktion werden Katalysatoren und Lösungsmittel verwendet, die in der fertigen Kleidung stecken können. Verdampfen sie schon während der Herstellung, gefährden sie ArbeiterInnen und Umwelt.

CHEMIE VERMEIDEN

● Vor jedem Kauf das Etikett studieren. Chemisch ausgerüstete Bekleidung erkennt man an Aufschriften wie »hoch veredelt, bügelfrei, knitterfrei«.

● Um zu testen, ob ein Gewebe mit Kunstharzen »veredelt« wurde, knüllt man das Kleidungsstück stark zusammen. Knittert es auch nach längerem Zusammendrücken kaum, ist der Stoff wahrscheinlich stark chemisch behandelt.

● Wer der Chemie entkommen will, sollte überlegen, ob Kinderkleidung – besonders Unterwäsche – oder Bettwäsche wirklich knitterfrei und bügelfrei sein muß.

● Soll die Kleidung schrumpfsicher sein, kauft man am besten »sanforisierte« Textilien. Deren Stoff wurde mechanisch gestaucht, damit er nicht mehr einläuft.

● Vor dem ersten Tragen sollte neue Kleidung unbedingt gewaschen werden; das reduziert einen etwaigen Formaldehydanteil und spült Pestizid- und Farbrückstände aus. Kinderkleidung soll mindestens zwei- bis dreimal vorgewaschen werden. Erst nach zehnmaligem Waschen ist auch der letzte Rest von Schadstoffen aus der Wäsche verschwunden.

● Auch sogenannte Bio-Wäsche muß vorgewaschen werden. In Bio-Textilien können sogar noch mehr Pestizide stecken als in herkömmlicher Bekleidung, weil sie nicht chemisch veredelt und vom Hersteller nicht so oft vorgewaschen werden.

gut überlegt sein. Oft ist bei ihnen der Schaft zu weit, die sogenannten Hinterkappen, die für eine gute Fußführung sorgen, fehlen oft ganz.

DAS UNGESUNDE AN DER KLEIDUNG

Textilien aus Naturfasern sind fest und luftdurchlässig. Unter Baumwolle, Wolle, Leinen oder Seide kann die Haut »atmen«.

Synthetische Fasern wie Dralon, Perlon oder Nylon sind kaum atmungsaktiv: Die von der Haut abgegebene Feuchtigkeit bleibt unter solchen Geweben »stehen«; das ist unangenehm und kann Erkältungen begünstigen. Mehr als ein Drittel sollte der Anteil an solchen Kunstfasern in Kinderkleidung nicht ausmachen.

Doch leider kann man auch bei Naturprodukten nicht immer davon ausgehen, daß alles, was drin und dran ist, der Gesundheit nicht abträglich ist. Die meisten Textilien werden chemisch behandelt, die Rückstände landen oft auf der Haut.

Strahleweiß und bunte Farben

Natürliche Faserstoffe sind niemals schneeweiß. Um Farbstoffe und Fette aus dem Gewebe herauszubekommen, werden sie unter Druck gekocht und unter Zugabe von Chemikalien gebleicht. Das strahlende Wäschewerbungsweiß entsteht durch optische Aufheller. Die chemischen Weißmacher haften aber nur begrenzte Zeit in der Faser – deswegen werden sie auch Waschmitteln beigegeben. Aufheller können Allergien und Hautkrankheiten auslösen (> Allergien, Seite 851).

Schwerer ist es, Allergien zu vermeiden, die durch Färbemittel ausgelöst sind. Die Etiketten in den Kleidungsstücken weisen diese Farbstoffe nicht aus. Neuanschaffungen sollten darum vor dem ersten Tragen – am besten mehrmals – gewaschen werden.

Pflegeleicht, aber giftig

Damit Naturfasern nicht knittern oder beim Waschen einlaufen, werden sie chemisch behandelt. Vor allem gesundheitsschädliche formaldehydhaltige Kunstharze, die die Spannung im Gewebe aufrechterhalten sollen, sorgen dafür, daß Naturfasern so pflegeleicht werden wie synthetische Stoffe. Erhöhte Formaldehyd-Konzentrationen in der Luft reizen die Atemwege, machen Kopfschmerzen und lassen die Augen tränen. Auf der Haut können sie Juckreiz, Rötungen oder Allergien hervorrufen (> Seite 851). Der Chemie zu entgehen, ist nicht leicht. Immerhin nehmen ExpertInnen an, daß 90 Prozent aller Baumwolltextilien mit formaldehydhaltigen Kunstharzen behandelt werden.

»Bio-Textilien«

Immer mehr HerstellerInnen entdecken die Bedeutung und steigende Beliebtheit von umwelt- und hautfreundlichen »Bio«-Produkten. Was genau als »Bio-Kleidung« bezeichnet werden darf und was nicht, ist allerdings noch nicht festgeschrieben.

Mit den Obergrenzen, die in Deutschland und Österreich vorschreiben, ab wann Formaldehyd in Textilien deklariert werden muß, ist es jedenfalls nicht getan: Demnach müssen Textilien, die mit der Haut in Berührung kommen, erst ab 1500 ppm (Teile pro Million) Formaldehyd deklariert werden. Ein Wert, der kaum je erreicht wird.

Für »Bio-Kleidung« soll es in Deutschland ab 1993 ein Öko-Etikett für Textilien geben. Die »Österreichische Textilnorm 100« (ÖTN 100) schreibt Höchstwerte für Pestizide, Formaldehyd, Azo-Farbstoffe oder Schwermetalle vor, die im fertigen Bio-Kleidungsstück nicht überschritten sein dürfen. Nur dann darf das Kleidungsstück die »Öko-Tex-Kennzeichnung« mit dem Etikett »Schadstoffgeprüft nach dem Öko-Tex-Standard 100« tragen.

MIT CHEMIE LEBEN

● Kinder sollen ihre Kleidung locker am Körper tragen. Wenn nichts am Körper reibt oder spannt und das Gewebe Schweiß gut aufsaugt, entstehen auf der Haut auch bei chemisch behandelten Stoffen keine Rötungen oder Reizungen.

● Bekleidung für Babies und sehr kleine Kinder sollte möglichst keine Schnallen, Reißverschlüsse oder harte Knöpfe haben. All diese Accessoires mögen nett aussehen, aber sie drücken die Kinder und stören nicht selten auch beim Schlafen. Jeansknöpfe, Reißverschlüsse und Nieten enthalten außerdem meist Chrom und Nickel – und das sind starke Allergene. Wenn solches Zubehör unbedingt sein muß, soll es zumindest von Stoff umhüllt sein und nicht direkt auf der Haut aufliegen.

● Kinderkleidung sollte nur in Ausnahmefällen chemisch gereinigt werden. Die unvermeidlichen Rückstände reizen die Kinderhaut und können unangenehme Hautreizungen hervorrufen. Der Versuch, einen Fleck mit Wasser und Seife zu entfernen, lohnt sich meistens. Lauwarme Hand- oder Maschinenwäsche ohne Schleudern schadet meist auch bei als »nicht waschbar« gekennzeichneter Kleidung nicht.

● Ist eine chemische Reinigung nicht zu umgehen – etwa bei Wintermänteln oder Overalls – empfehlen sich Fachbetriebe statt billiger Münzreinigungen. Bevor die frisch gereinigte Kleidung zum ersten Mal wieder getragen wird, sollte sie am besten einen Tag lang im Freien auslüften.

Körperpflege

Die Kleinen matschen, schmieren, panschen und begrüßen die Oma strahlend mit erdbraunen Händen und Popel an der Nase. Sie spritzen mit Wasser und pusten schillernde Blasen aus Seifenschaum. Die Großen baden und waschen dagegen an, sie schrubben und scheuern, cremen und schmieren: Haut, Haare, Zähne. Erst wenn die Junioren sich für das andere Geschlecht herauszuputzen beginnen, wird's eng im Badezimmer.

Anfangs sind die Gegensätze noch gering: Die Eltern wünschen sich ein properes Baby, das Kleine braucht eine gewisse Hygiene (> Babypflege, Seite 548), weil Magen und Darm noch sehr empfindlich sind, und es braucht eine aufmerksame Pflege im Windelbereich, damit es nicht wund wird (> Seite 871).

Spätestens wenn das Krabbelkind robbend die Staubmäuse einsammelt, gedankenverloren am Teppichzipfel nuckelt und die Klobürste zum Haarekämmen verwendet, ist diese Art von Reinlichkeit überholt. Dann begreift der Knirps seine Welt, indem er sie angreift. Die Wichte buddeln im Sand und rühren mit Wasser Brei. Nasenpopel entsorgen sie im Mund, und sie schnuppern am Finger, der im Poloch nach der Wurst gebohrt hat.

Dreck gibt es für die Kleinen nicht. Etwas ist

krümelig, glitschig, rauh, kuschelig; es schmeckt bitter, schleimig, süß, riecht blumig oder grauslig. Selbst wenn den Eltern einiges davon unangenehm sein mag, tun sie gut daran, ihre Kinder auf diese sinnliche Weise die Welt erfahren zu lassen. Dem Gesundheitsaspekt ist Genüge getan, wenn sie verhindern, daß das Kind Verdorbenes probiert oder sich mit Wurmeiern infiziert, weil es im Katzenklo spielt (> Krank durch Tiere, Seite 504). An die Keime seiner Umgebung muß sich jedes Kind gewöhnen, sobald es sich bewegen kann.

Im Vorschulalter gibt es nur zwei gute Gründe, mindestens einmal täglich Wasser und Seife zu gebrauchen: Der Tag hinterläßt seine Spuren am Körper, und wenn Staub und Schmutz abends nicht entfernt werden, können sie während der Nachtstunden ungehindert einwirken. Auch im Genitalbereich bleiben immer Reste der Ausscheidungen zurück. Zum anderen lernt das Kind, wie und warum es seinen Körper pflegen soll. Was unsere Gesellschaft mit Sauberkeit verbindet, vermitteln ihm die Eltern in dieser Zeit.

In der Pubertät wird das Badezimmer auch für diejenigen zum attraktiven Aufenthaltsort, die bisher einen großen Bogen darum gemacht haben. Nun waschen sie sich, um niemanden mit »falschem« Geruch zu brüskieren, denn – hormonell bedingt – kann man plötzlich riechen, daß sie geschwitzt haben. Sie putzen, schminken, stylen sich; probieren sich aus und formen ihre äußerliche Attraktivität.

PUTZTEUFEL

Die vielen Ratschläge zur Hautreinigung und -pflege vermitteln den Eindruck, ohne Waschen, Seifen, Cremen und Ölen würden Menschenkinder in kürzester Zeit an Dreck und Krankheitserregern sterben. Wie hat die Natur sie bloß so lange ohne Hygieneartikel und Kosmetika durchgebracht?

Sie hat ihnen einen Mantel umgehängt, einen Film aus Fett, Schweiß und anderen Substanzen (Säureschutzmantel). In diesem Milieu leben Keime, mit denen wir vom ersten Tag an vertraut sind. Fremde haben da keinen Platz, sie gehen ein. Das wird anders, wenn die Haut porentief rein gewaschen wird.

Schon warmes Wasser greift den Hautfilm an. Schäumendes löst zusätzlich das Fett und spült den Schutzmantel hinweg. Gesunde Haut baut ihn innerhalb von Stunden wieder auf, kranke Haut und Babyhaut brauchen erheblich länger.

Seife oder Syndet?

Seife wird schon seit Jahrhunderten aus den gleichen Grundstoffen gekocht: Fett und Lauge. Weitere Zutaten sind Fett, damit die Haut nicht zu sehr austrocknet, Konservierungsstoffe, damit die Seife nicht so schnell ranzig wird, Phosphate, damit sie auch mit hartem Wasser schäumt.

Syndets gibt es flüssig oder fest. Sie schäumen durch synthetische Tenside und sind auf einen ähnlichen pH-Wert eingestellt, wie ihn die Haut hat. Damit schonen sie den Säuremantel. Dafür entfetten Syndets die Haut stärker als Seife. Für Babyhaut sind Babyseifen mit ihrem hohen Anteil an rückfettenden Substanzen den Syndets vorzuziehen. Die fettige Haut der Jugendlichen (> Seite 248) braucht eher ein Syndet.

BABYPFLEGE

Säuglinge sind pflegeleicht. Normalerweise genügt es, sie ein-, zweimal pro Woche fünf bis zehn Minuten in klarem Wasser zu baden. Wer den Fettfilm der Kinderhaut nicht ständig abwäscht, braucht ihn auch nicht aus der Flasche zu erneuern.

Der Nachwuchs muß bei weitem nicht mit allem eingeschmiert werden, was angeboten wird. Doch wenn, dann sind spezielle Babyprodukte sinnvoll: Cremes sind sehr fetthaltig; Seifen enthalten rückfettende Zusätze, aber kaum Parfüm. Babyhaut ist zarter als die Haut der Großen. Etwa zehn Jahre dauert es, bis Kinder ein ähnlich »dickes Fell« haben wie Erwachsene. Vor längeren Spazierfahrten bei Wind und Wetter kann eine Fettcreme die Kinder-Bäckchen schützen.

Leider sind Babies erste Make-up-Produkte oft mit Emulgatoren gemischt, die Umweltschadstoffe durch die Haut transportieren, und mit Konservierungs- und Duftstoffen, die die Allergiebereitschaft fördern können. Ausweichmöglichkeit sind reine Pflanzenöle oder die Produkte »alternativer« Hersteller. Bei ihnen ist darauf zu achten, daß die Inhaltsstoffe auf dem Etikett vollständig deklariert sind und möglichst auch noch Herstellungs- und Verbrauchsdatum aufgedruckt sind.

Ohrenschmalz

Jedes Ohr produziert dieses Gemisch aus Fett, Zellen und Haaren in seinem äußeren Gehörgang und schiebt es von selbst nach außen. Die gelbbraune Masse, die draußen sichtbar ist, kann man getrost entfernen. Tiefer sollte jedoch niemand im Ohr herumbohren. Sonst wird das Ohrenschmalz in Richtung Trommelfell gedrängt, und von dort kann es nur noch ärztliche Kunst entfernen.

Haarpflege

Babyshampoos enthalten meist besonders sanfte Waschsubstanzen, so daß der Schaum kaum in den

Augen brennt. Allerdings genügt es bei Säuglingen, klares Wasser über die Haare laufen zu lassen.

Der Windelbereich

Pflanzenöle wie Mandelöl oder – billiger – Sonnenblumenöl eignen sich, um bei jedem Windelwechsel den eingewickelten Bereich zu säubern. Sie ziehen in die Haut ein und pflegen sie – anders als das Paraffinöl der meisten Babyöle, das obenauf »stehenbleibt«. »Alternative« Firmen, die ihre Produkte vornehmlich in Bioläden und Reformhäusern verkaufen, verwenden nur Pflanzenöle für ihre Babycremes und -öle. Aus dem Vorratsgefäß in Apotheke oder Drogerie abgefüllt, sind sie frei von Zusätzen und zudem preiswerter als manches Kinderöl.

Eine schützende Cremeschicht zwischen Allerwertestem und Windel ist nur notwendig, wenn das Kind wund ist oder es durch ungewohnte Ernährung oder Medikamente zu werden droht. Vollends entbehrlich ist Puder. Mit Creme oder Feuchtigkeit backt er zu Krümeln zusammen. Sie drücken am Po und machen ihn wund. Die Wolken beim Einpudern reizen die Atemwege und sind für die Lunge gefährlich.

Verpackung für den Babypo

Die Entscheidung, ob sie den Po des Nachwuchses in praktische Höschenwindeln oder arbeitsintensive Stoffwindeln packen sollen, fällt vielen Eltern schwer. Die jährlich 2,2 Milliarden Höschenwindeln in Deutschland und die 200 Millionen in Österreich lasten doch sehr auf dem ökologischen Gewissen. Die Schafwollvariante belastet hingegen das Zeitbudget – vornehmlich der Mütter. Öko-Bilanzen, die alle Faktoren mit einbeziehen, zeigen, daß keine der beiden Windelarten besser oder schlechter ist. Auch die Kosten sind mit durchschnittlich 20 DM pro Woche gleich.

Allerdings gibt es bei beiden Wickeltechniken je eine umweltfreundlichere Version: Die Öko-Windel aus ungebleichtem Zellstoff und den Windeldienst.

SAUBER, NETT, ADRETT

Von der christlichen Religion vermittelt, haftet in vielen Menschen der Gedanke, äußerlich sichtbarer Schmutz spiegele einen inneren Makel wider. Wer »Dreck am Stecken hat«, ist sündig und verdorben. Wie gut paßt dazu, daß der »schlimmste« Schmutz, den der Mensch produziert, gerade dort seinen Körper verläßt, wo anderes »Schlimmes« zu geschehen pflegt (> Entwicklung der Geschlechter, Seite 288).

Zu diesem kulturellen Erbe gesellte sich nach der Entdeckung der Bakterien als Krankheitserreger noch die Furcht vor Keimen.

Und so findet jeder Erwachsene die ihm passende Begründung, warum er seine Sprößlinge möglichst blank wienern muß. Da werden Babies, die unvergleichlich nach sich selbst duften, gebadet und gecremt, bis sie alle nach derselben Pflegeserie riechen. Vorschulkinder werden so porentief rein gewaschen, daß ihre Haut sich mit Ekzemen dagegen wehrt. Junge Mädchen, die verinnerlicht haben, daß von ihren Genitalien niemals ein Geruchsmolekül aufsteigen darf, waschen, desodorieren und besprühen sich, bis sie die natürliche Bakterienflora so zerstört haben, daß krankmachende Keime Fuß fassen können.

Der ganz persönliche Geruch, der sich bei jedem Menschen durch die Einwirkung der Hormone auf die Duftdrüsen entwickelt, wird mit viel Wasser und Seife weggespült und mit Parfümiertem übertüncht. Nur wenige Menschen trauen sich, noch den Geruch an sich zu belassen, aufgrund dessen man den einen »riechen kann«, den anderen aber nicht.

RICHTIG PFLEGEN

● Morgens: Eine Reinigung brauchen nur die Hände – es sei denn, das Kind hätte nachts sehr geschwitzt. Es kann aber angenehm erfrischend und aufmunternd sein, sich morgens von Kopf bis Fuß zu waschen oder zu duschen.

● Abends: Am ganzen Körper des Tages Reste entfernen.

● Die Hände genügen, um Wasser und Seife auf dem Körper zu verteilen.

● Waschlappen sollten entweder täglich gewaschen werden oder zumindest nach Gebrauch ganz schnell über der Heizung trocknen. Sonst sitzen in ihnen in kürzester Zeit so viel Keime, daß die Tücher mehr verteilen als reinigen.

Anfassen erlaubt

Nur wer keine Scheu hat, sich »da unten« anzufassen, kann sich dort sauberhalten. Mädchen müssen die Schamlippen spreizen, um sich mit Wasser und Seife säubern zu können. Öfter als zweimal täglich reizt die Haut jedoch zu sehr. Wer meint, nicht darauf verzichten zu können, sollte Babyöl benutzen. Knaben, deren Vorhaut beweglich ist (> Vorhautverengung, Seite 867), sollten sie über die Eichel zurückschieben, um die darunterliegende Furche zu säubern.

»Richtig« abwischen

Für kleine und große Mädchen ist die richtige Richtung: von vorne nach hinten. Dabei bei jedem Wischen neues Papier nehmen, und nach dem Pinkeln trockentupfen.

Für letzteren gilt das Prädikat aber nur dann, wenn lange An- und Abfahrtwege den ökologischen Vorteil nicht wieder zunichte machen.

Die Kompostierversuche gefüllter Höschenwindeln waren bislang nicht erfolgreich.

Auch der Streit, ob Babies Hinterteil im Kunststoff- oder Mullpaket eher wund wird, ist pari ausgegangen. Die »Ultra«-Produkte saugen den Urin tatsächlich so gut auf, daß der Po noch trocken ist, wenn das Paket vor Nässe schon schwer ist. Andererseits mag die Haut mancher Kinder die fertigen Dinger einfach nicht.

Auswahlkriterien für die Fertigprodukte hat die Stiftung Warentest ermittelt: Die billigen sind wirklich oftmals die schlechteren. Sie halten weniger dicht und reizen die Haut öfter. Ob Eltern allerdings mit dem Griff zu »Blau für die Jungs, Rosa für die Mädels« längst vergessen geglaubten Klischees wieder auf die Beine helfen wollen, bleibt ihnen überlassen. Einen überzeugenden Grund gibt es dafür nicht. Boys und Girls pinkeln nicht vorschriftsmäßig in die dafür geschlechtsspezifisch vorgesehenen dickeren Aufsaugteile.

EIN BIS ZEHN JAHRE

Um die Spuren der Erkundungszüge durch die Welt zu entfernen, müssen auch KrabblerInnen nicht jeden Tag in der Wanne weichen. Fettlöslichen Dreck beseitigt Öl, Gesicht, Hände, Po und Füße können kurz mit Babyseife unter der Dusche gesäubert werden. Anders ist es natürlich, wenn sich die Kleinen im Matsch gewälzt haben. Haben sie schlicht Spaß am Planschen, genügt knietiefes Wasser in der Wanne, und es reicht für Geschwister oder FreundInnen gleich mit. In eine normalgroße Wanne passen leicht zwei Dreijährige. Landet bei solchen Aktionen mehr Wasser auf dem Fußboden als in der Wanne bleibt, können sie gleich noch den Unterschied zwischen Badezimmer und Badeanstalt kennenlernen.

Sich putzen lernen

Anfänglich wischen die elterlichen Hände das Kind sauber. Doch schon bald kann es selbst mithelfen: Es glitscht mit der Seife über den Bauch, scheuert mit dem Lappen den Hals, und mit dem, was der Finger aus der Cremedose holt, wird aus dem Gesicht ein Fliegenpilz.

Eingebaut in das morgendliche und abendliche Ritual, lernt das Kind, daß diese Tätigkeiten zum Beginn und Ende eines Tages dazugehören. Auf den Nachahmungsdrang können die Eltern vertrauen, die den Nachwuchs bei der eigenen Reinigungsprozedur zuschauen lassen. Wenn Mutter oder Vater dann noch dabei erzählen, warum sie was mit sich anstellen, läuft die Erziehung zur Reinlichkeit nebenbei ab. Doch irgendwie scheint das noch nicht ganz zu klappen: Eine Umfrage der Zeitschrift Eltern unter 9.000 Grundschulkindern in Deutschland ergab 1989: 86 Prozent hielten abends die Hände für den schmutzigsten Körperteil, nur 8 Prozent den Po. Jedes fünfte Kind wußte, welchem Zweck die morgendliche Wäsche diente: »Damit die Kleider nicht schmutzig werden.«

Heikel ist immer die Reinigung des Genitalbereichs. Einerseits muß es sein, weil Darmkeime sonst Harnwege und Scheide oder Eichel infizieren können. Andererseits gilt es, den Intimbereich des Kindes in jedem Alter zu respektieren. Ob die Eltern jedoch einen notwendigen Reinigungsvorgang durchführen oder das Kind ertasten und sexuell locken wollen, spürt das Kind genau. Beginnt es gegen Ende der Vorschulzeit, schamhaft zu werden, markiert es damit eine Grenze, die die Eltern einzuhalten haben. Wenn das Kind die Badezimmertür hinter sich schließt, steht damit die Ampel für die Eltern auf Rot.

Händewaschen

Die gewaschenen Kinderhände am Eßtisch mögen dem ästhetischen Empfinden der Erwachsenen Rechnung tragen – aus gesundheitlichen Gründen ist die Prozedur jedoch nicht nötig.

Nach dem Gang zur Toilette kann das Händewaschen verhindern, daß Keime von unten nach oben im Kreis wandern. Doch das ist nur eine Vorsichtsmaßnahme für den Fall, daß jemand tatsächlich Krankheitskeime oder Wurmeier ausscheidet. Die normalen Darmkeime machen nicht krank, wenn man sie verschluckt.

Ein Argument gibt es allerdings, dem alten Spruch »Vor dem Essen Händewaschen nicht vergessen« wieder zur Geltung zu verhelfen: Verbleiter Straßenstaub, dioxinhaltiger Spielplatzdreck, pestizidgespritzter Bewuchs am Wegesrand bergen unsichtbare Gefahren für glückliche Schmuddelkinder.

Haarpflege

Da die Haare bei Kindern vor der Pubertät noch kaum fettig werden, genügt es, sie zu waschen, wenn sich Staub und Schmutz in ihnen gefangen haben. Allerdings schadet auch tägliches Haarewaschen nicht. Besonders geeignet ist ein Babyshampoo, dessen Schaum kaum in den Augen brennt.

Bei Heuschnupfen-Kindern kann eine allabendliche Haarwäsche sinnvoll sein (> Pollenallergie, Seite 854).

Am schonendsten trocknen die Haare an der Luft.

Zähne

Die Utopie ist das Ideal: Nach jeder Mahlzeit, vor dem Zu-Bett-Gehen und nach jeder Näscherei marschiert die gesamte Familie ins Badezimmer und putzt drei Minuten lang die Zähne. Denn was alle gemeinsam tun, können die Kleinen nicht vergessen.

Da die Realität aber anders aussieht, sind viele Eltern schon froh, wenn ihre Kinder wenigstens abends des Tages Reste im Mund beseitigen. Eine Sanduhr in Spiegelnähe hilft, das individuelle Zeitgefühl wirklichen drei Minuten anzugleichen.

Gewissenhafte Eltern greifen ungefähr die ersten vier Jahre lang selbst täglich einmal zur Bürste, um das Kauwerkzeug ihrer Sprößlinge zu reinigen.

RICHTIG ZÄHNEPUTZEN

● Die allerersten Zähne werden mit einem feuchten Wattestäbchen sauber gemacht.

● Für kleine Kinder eine Bürste mit abgewinkeltem, dickem Griff und sehr kleinem Bürstenkopf wählen.

● Kunststoffborsten sind hygienischer als Naturborsten.

● Handgriffe in immer der gleichen Reihenfolge werden zur Gewohnheit. Als Eselsbrücke kann KAI dienen: Kaufläche, Außen, Innen. RechtshänderInnen beginnen rechts hinten – an der Stelle, die sie am ehesten vernachlässigen.

● Richtig putzen heißt, die Bürste auf und ab wandern zu lassen.

● Eine elektrische Zahnbürste kann manche Putzmuffel motivieren.

● Zahnpasta ist eigentlich entbehrlich. Allemal die, die mit Aroma-, Farb- und Süßstoffen besonders attraktiv gemacht wurde. Die Programmierung auf Gummibärchen- oder Kaugummigeschmack wirkt nämlich jahrelang. Fluoride, die den Zahnschmelz härten (> Seite 829), enthalten mittlerweile fast alle Zahnpasten. Die für Kinder weniger als die für Erwachsene, weil die Kleinen mutwillig oder unbemerkt bis zu einem Drittel der Masse hinunterschlucken. Als »empfehlenswert« hat die Zeitschrift Öko-Test folgende Zahnpasten, die im allgemeinen Handel zu bekommen sind, ertestet:

● Blendi Gel
● Kinder Vademecum
● Nenedent Kinderzahncreme
● Silidenti.

Wer den motorischen Fähigkeiten oder der Gewissenhaftigkeit seiner Kinder nicht traut, kann sie mittels Plaque-Färbetabletten kontrollieren. Diese Tabletten werden zerkaut, so daß der in ihnen enthaltene Farbstoff die Zahnbeläge anfärbt. Farbplacken auf den Zähnen bedeuten: Hier muß die Bürste noch mal ran.

Wenn es unterwegs für die Zahnbürste nicht reicht, tut's notfalls auch ein zuckerfreies Kaugummi.

AB ZEHN JAHRE

Mit Beginn der Pubertät bietet das Thema Sauberkeit kaum noch Konfliktstoff zwischen Eltern und Kindern. Eher schon die Frage, ob es einen Terminplan für die Badezimmerbenutzung geben muß. Plötzlich verbringen die Teenies Stunden vor dem Spiegel.

Sie duschen dreimal täglich und verströmen alle Düfte des Morgenlandes. Dem Modediktat folgend, schäumen sich die jungen Mädchen vom Hals bis zu den Zehen ein und rasieren sich, bis sie haarlos wie ein Baby sind. Die jungen Männer üben den Umgang mit elektrischem Rasierapparat oder Klingen.

Den Eltern bleibt in dieser Zeit nicht viel mehr, als auf den ökologischen Aspekt des immensen Wasserverbrauchs zu verweisen und zu warten, bis sich der pubertäre Schönheitsdrang gelegt hat.

Hairstyling

Mal eine grüne Tolle, mal blaue Strähnen, dann eine Seite blond, eine schwarz – die Experimentierfreude der Kids macht vor den Haaren schon lange nicht mehr halt.

Wem's gefällt, der mag es tun, nur – die Haare mögen es ganz sicher nicht. Jedes Färbemittel muß, damit es in die Haare eindringen kann, diese zunächst einmal aufquellen. Um die neue Farbe zu verankern, muß es die alte zerstören. Geschieht das alles sehr oft, wird das Haar trocken, spröde und bricht ab.

Einige Färbemittel stehen im Verdacht, Allergien zu begünstigen, andere, Krebs auszulösen.

Wer seine helle Haarfarbe in Schattierungen zwischen Rot und Rötlichschwarz verändern möchte, hat mit Henna eine haarschonende Alternative.

Auch das immer wieder künstlich gekrauste Haar ist nur um den Preis gespaltener Spitzen zu haben. Dauerwellflüssigkeiten weichen das Haar auf, sie formen und festigen es mit Chemie.

Monatshygiene

Mit Vorlagen fangen Frauen schon seit Jahrtausenden durch die Scheide nach außen fließende Sekrete auf. Fertigprodukte haben das entschieden vereinfacht, Watte und Zellstoff eignen sich im Normalfall nicht. Die eine fusselt, saugt sich schnell voll und gibt auf Druck die Flüssigkeit wieder ab. Der andere drückt, ist hart und krümelt.

Junge Mädchen macht ihr Menstruationsgeruch meist unsicher. Sie können ihm begegnen, indem sie mehrmals am Tag die Vulva reinigen (> Körperpflege praktisch, Seite 546) und Binden mit Blut nicht mehrere Stunden lang tragen.

Vorlagen, Binden

Klebestreifen fixieren die Vorlage dort in der Unterwäsche, wo die Frauen sie haben möchten. Saugfähiges Material fängt das Sekret auf, nach Gebrauch wandert die Binde in den Müll, nicht in die Toilette!

Wie häufig ein Mädchen die Binde wechselt, richtet sich nach der Stärke der Blutung. Sie muß sicher ausgetauscht werden, wenn sie sich vollgesogen hat. Besonders wenn es warm ist oder sich das Mädchen viel bewegt, kann die Schutzhülle zerbröseln, oder das Sekret beginnt, unangenehm zu riechen.

Undurchlässige Folie auf der Unterseite der Binde verhindert weitgehend, daß Blut durch Wäsche und Kleidung sickert. Sie hindert allerdings auch die immer vorhandene Feuchtigkeit am Verdunsten. In solch einer feuchten Kammer gedeihen Bakterien und Pilze – und das besonders gut, wenn sie in der Vorlage mit dem Sekret noch ein hervorragendes Nährmedium vorfinden. Solche Binden sind nur notwendig, wenn die Blutung sehr stark ist und die Vorlage nicht oft gewechselt werden kann.

Slipeinlagen mit Wäscheschutz sind unsinnig. Unterwäsche braucht nicht geschützt zu werden. Sie ist dazu da, Sekrete aufzufangen, und kann beliebig oft gewechselt und gewaschen werden.

Tampons

Tampons bestehen aus zusammengepreßtem, saugfähigem Material mit einem Faden in der Mitte. Beides ist so sicher miteinander verbunden, daß niemand Angst haben muß, daß sich Faden und Polster voneinander trennen und das Mädchen den Tampon nicht mehr herausziehen kann.

Der Tampon liegt richtig, wenn er kaum noch zu spüren ist. Richtig eingeführte Tampons schmerzen nicht, weil die Vagina in ihrem gebärmutternahen Stück schmerzunempfindlich ist.

Besonders junge Frauen bevorzugen Tampons. Sie lassen das unsichtbar erscheinen, was ohnehin weitgehend tabu ist. Tampons behindern nicht bei Aktivitäten und riechen nicht. Doch GynäkologInnen betrachten sie noch skeptischer als folienunterlegte Binden. Der aus der Scheide baumelnde Faden ist ein Kletterseil für Keime. Geht eine Frau mit Tampon schwimmen, wird der Faden zum Docht. Im blutgetränkten Tampon und bei Körpertemperatur vermehren sich Keime explosionsartig.

Ist die Blutung nur schwach, saugt der Tampon die Vaginalflüssigkeit mit all den Bakterien weg, die die Scheide zu ihrem Schutz braucht. Die bei jungen Mädchen noch nicht so robuste Schleimhaut strapaziert ein Tampon arg. All dieses kann Scheideninfektionen begünstigen.

Bei normaler Blutungsstärke muß die Frau den Tampon nach etwa vier Stunden wechseln. Länger als sechs Stunden sollte er wegen der Infektionsgefahr nicht drinbleiben. Damit verbietet sich die Anwendung über Nacht.

Ernährung

Die Gewissensfrage der Eltern eines Babies »Gläser oder Möhrchen schaben?« scheint läppisch gegenüber dem, was sich später am Kampfplatz Eßtisch abspielen kann. Nudeln und Pommes contra Gemüse. Die einen päppeln einen Suppenkasper, die andern teilen ihrem »zu dicken« Kind Kalorien zu. Und während Eltern auf Tischmanieren hoffen, machen die lieben Kleinen aus Mittagessen Brei. Über alledem schwebt dann noch die Frage nach den Auswirkungen von Schad- und Zusatzstoffen im Essen auf die Gesundheit.

Für das Baby ist Essen die süße Flüssigkeit, die ihm durch die Kehle rinnt und das unangenehm bohrende Gefühl im Magen vertreibt. Es ist der Geruch der Mutter und das Gefühl ihrer Haut. Das Glück, genährt und am Leben gehalten zu werden, paart sich mit der Lust und Befriedigung am Saugen und allem, was dazugehört. Das Kleinkind offenbart seine üppige Sinnlichkeit auch bei Tisch: Nase und Lippen testen das Servierte, Kartoffeln und Gemüse werden genußvoll vermengt, Spaghettis um die Zunge gewickelt. Das Kuchenbacken in der Küche oder am Strand unterscheidet sich nur durch die verwendeten Zutaten.

Später üben die Youngster dann das verbin-

dene Element des Essens. Sie tauschen die Schulbrote, fallen in Scharen vor der Schule beim Kiosk ein oder treffen sich hinterher an der Pommes-Bude. Sie verwöhnen einander mit selbstgebackenem Kuchen, und schließlich lädt die Siebzehnjährige ihren Angebeteten zum selbst zubereiteten Menü ein.

Damit tun die Kinder all das, was auch Erwachsene mit Essen und Trinken verbinden: Sie sind Lust und Genuß und haben eine soziale Funktion. Beim Diner wurden schon Krieg und Frieden beschlossen, das große Menü steht im Mittelpunkt jeder Familienfeier und bei Pellkartoffeln und Quark kommen am Tisch des Hauses die zusammen, die tagsüber eigene Wege gehen.

Sogar ein völkerverbindendes Element sind Essen und Trinken. Über Pizza und Gyros, Hamburgern oder Shusi näherten sich die MitteleuropäerInnen auf kulinarischem Weg den Menschen, die diese Gerichte zu ihnen ins Land brachten. Für viele TouristInnen macht das Probieren aus fremden Töpfen einen besonderen Reiz im Urlaub aus.

Wie viele Erinnerungen verbinden sich mit dem Duft von Vanillekipferln, dem Anblick einer Kohlroulade oder dem Biß in eine Stange Rhabarber. »Essen wie bei Muttern« – jeder weiß noch genau, wie es gerochen, ausgesehen, geschmeckt hat. Und alle Eltern vermitteln ihren Kindern entsprechende Erfahrungen.

Vorlieben und Abneigungen

Kleinkinder mögen, was ihren Sinnen schmeichelt. Was gut duftet, ihre Augen lockt und den Gaumen streichelt, kann es jeden Tag wieder geben. Doch was die Kleinen attraktiv finden, kann sich sehr von dem unterscheiden, was den Großen gefällt.

Untersuchungen zeigen, daß sehr kleine Kinder noch instinktiv wissen, was ihnen guttut: Sie wählen eine Nahrung mit ausgewogenem Gehalt an Aminosäuren, den lebenswichtigen Eiweißbau-

steinen. Später greifen sie aus vielen unterschiedlichen Lebensmitteln die, die ihren Joule- und Nährstoffbedarf gut decken. Dieser Instinkt geht allerdings in den ersten Lebensjahren verloren – zuviel anderes überdeckt ihn.

Von Anfang an beeinflußt das Vorbild der Eltern den Kindergeschmack. Was den Erwachsenen mundet, hat zunächst einmal einen »Vorbild-Bonus«. Dabei tragen die Männer der Familie eine besondere Verantwortung. An ihnen orientieren sich die Kids weitaus stärker als an der Mutter. So dokumentieren sie, daß sie »atmosphärisch« mitbekommen haben, daß in unserer Gesellschaft immer noch vornehmlich Männer Werte vermitteln.

Und last not least spielt auch die Stimmung eine Rolle. Der Blumenkohlauflauf, bei dem alle fröhlich miteinander geplaudert haben, wird dem Kind besser schmecken als der Braten, dessen Geruch an den Sonntagsstreit erinnert.

Bis zum Alter von etwa zehn Jahren hat das Kind herausgefunden, was ihm als »eßbar« gilt und was nicht. Es erweitert seine Palette erst nach gründlicher Prüfung.

Im Durchschnitt ausgeglichen

Kinder haben immer wieder Phasen, die Erwachsenen unendlich lang erscheinen, in denen sie einer Vorliebe oder Abneigung mit nervenaufreibender Intensität frönen: Sie verweigern wochenlang Obst oder Gemüse, dann essen sie Karotten nur roh. Eltern, die ihr Kind in dieser »Ausprobierphase« gewähren lassen, haben gute Chancen, daß es sich auf Dauer nicht einseitig ernährt. Je aufmerksamer sie auf eine Vorliebe des Sprößlings reagieren, desto mehr prägt sie sich aus.

Eltern, die bei solchen Einseitigkeiten vor allem die ausgeglichene Versorgung mit Vitaminen im Blick haben, können beruhigt sein: Der Körper ist darauf eingerichtet, daß er nicht jeden Tag alles in ausgewogenem Verhältnis erhält. Nur über einen längeren Zeitraum sollte die Bilanz stimmen.

Oft verengt sich der Blick der sich sorgenden

FRAUENSACHE

Das Ideal ist leicht beschrieben: Viele kleine Mahlzeiten über den Tag verteilt, ernährungsphysiologisch ausgewogen zusammengestellt und frisch zubereitet. Doch wer unterhält dieses Restaurant?

Die Menschen einer Familie zu nähren, ist immer noch weitgehend Frauensache. In einer großen Untersuchung von 1985 gab mehr als die Hälfte der Männer, deren Frau nicht erwerbstätig ist, an, sich nie am Kochen zu beteiligen. Bei den Vätern mit berufstätiger Partnerin war es immerhin noch ein Drittel. Nur 0,2 bzw. ein Prozent der Väter bezeichneten das Kochen als »ihre Sache«. Auch 1990 standen den acht Stunden, die Frauen am Herd verbrachten, nur eineinhalb Stunden auf Männerseite gegenüber.

Wenn sich an dieser Verteilung etwas ändert, bewegt das viel: Die Männer finden Entspannung von ihrer kopfbetonten Arbeit durch kreative Handarbeit, der Speisezettel der Familie wird erweitert, die Frau entlastet, und die Kinder erleben praktisch, daß alte Rollenklischees nicht auch in Zukunft bestehenbleiben müssen (> Arbeit teilen, Seite 74).

Erwachsenen auch auf bestimmte Nahrungsmittel, die ihnen wichtig erscheinen. Sie übersehen, daß ihr Liebling, der das Gemüse auf dem Teller konstant verweigert, morgens ein Glas Orangensaft trinkt und nach dem Sport einen Apfel verdrückt. Und bei manchen Kindern gleichen sich vermeintliche Einseitigkeiten dadurch aus, daß sie bei FreundInnen oder im Kindergarten »alles« essen, weil sie keine Ausnahme sein wollen, und daß sie zum Beispiel bei Oma und Opa auch anderes essen.

Es lohnt sich auch, »absonderliche« Eßgewohnheiten mancher Kinder einmal mit dem zu vergleichen, was Ernährungsfachleute raten. Kinder machen vieles instinktiv so, wie die es empfehlen: Sie essen zum Beispiel Gemüse vorzugsweise roh oder verweigern Innereien und fettes Fleisch (> Gesunde Ernährung, Seite 568).

Veränderungen bewirken

Daß der Ausgleich aber nicht immer klappt, stellen ErnährungswissenschaftlerInnen fest. Sie konstatieren bei Schulkindern einen Mangel an den lebenswichtigen Stoffen Jod, Eisen, Kalzium, den Vitaminen B1, B6 und Folsäure.

Wer sein Kind von diesem Weg abbringen will, braucht Phantasie. Zwang und Strafe helfen ihm nicht, verantwortungsvoll und selbstbestimmt handeln zu lernen. Aber auch Belohnung führt nicht weiter. Kurzfristig tun die Kinder zwar, was sie sollen, doch à la longue verweigern sie sich eher (> Vorleben statt erziehen, Seite 324).
● Bietet man Kindern Neues in kleinen Portionen immer wieder an, steigt die Chance, daß sie es akzeptieren. Sehr beliebt ist es, Bekanntes und Neues kombiniert als Happen angeboten zu bekommen: Banane und Käse am Spieß, Paprika auf Brot, Würstchen mit Tomate und Käse usw.
● Variationen finden: Milch als Kakao, Quark, Käse, Joghurt, Pudding, Milchreis; Getreide als Müsli, Brot, Keimlingssalat, Graupensuppe, Reispudding, Polenta usw. Nährwerttabellen zeigen Austauschmöglichkeiten zwischen verschiedenen Lebensmittelgruppen.

SINNLICHER GENUSS

Wenn Paul mit schaufelbereitem Löffel darauf wartet, daß der Brei abkühlt, und er aus Vorfreude aufs Lätzchen sabbert, wenn Lisas Zunge die Weintraube im Mund hin- und herrollt, wenn die ganze Kindermeute jubiliert, weil sie den Pudding zum Schwabbeln bringt, dann phantasieren die meisten Großen anderes, als die Kleinen erleben. Erwachsenwerden bedeutete für die Großen meist, die üppige Sinnlichkeit der Kindertage zu domestizieren. Der Gebrauch von Besteck schafft die erste Distanz; »ordentlich« zu essen, ist ein weiterer Schritt weg von der selbstverständlichen Lust, hin zur gesellschaftlich genehmigten. Bei den Großen ist die dann geplant, heißt »kulinarischer Genuß«, und man darf sie sich von Zeit zu Zeit genehmigen. Doch die Sehnsucht nach dem Schlaraffenland schlummert in jedem. Lust und Befriedigung durch Nahrung oder durch das Spiel an den Geschlechtsorganen – für Kinder ist keines von beiden besser oder schlechter. »Iß anständig« ist der Versuch, die Sinnlichkeit vom Tisch zu verbannen. Doch die Angst der Eltern, ihre Kinder würden niemals zivilisiert essen lernen, wenn sie sie nicht zähmen, ist unbegründet. Viel zu attraktiv sind Messer und Gabel, viel zu groß der Wunsch, es den Großen gleichzutun, als daß ein Kind nicht irgendwann versuchen würde, sich bei Tisch so zu benehmen, wie es die anderen tun. Läßt man es in seiner Entwicklung gewähren, kann es irgendwann beides: »Anständig« essen und genießen.

● Das verschmähte Nahrungsmittel attraktiv machen, zum Beispiel indem sich die Familie gemeinsam anschaut, wo welches Gemüse wächst, Erdbeeren pflückt, Erbsen selbst auspult usw.

● Kindern, die sich am Einkaufen und Zubereiten beteiligen dürfen, schmeckt »ihr« Essen gleich viel besser.

● Ältere Kinder lenken vielleicht ein, wenn man an ihr oft ausgeprägtes Umweltbewußtsein appelliert: Möglich, daß der Nudelauflauf dann dem Hamburger den Rang abläuft.

Die Zusammenhänge zwischen Ernährung, Gesundheit und Krankheit begreifen auch schon Schulkinder. Doch sie lassen sich davon nur sehr selten leiten, wenn es um die Auswahl ihrer Speisen geht. Für sie ist »später« so unvorstellbar weit entfernt, daß sie darauf heute noch nicht reagieren.

DIE MAHLZEITEN

Manche Eltern üben mit ihren Sprößlingen früh die Gewohnheit ein, daß sich alle zu einer bestimmten Mahlzeit am Tisch versammeln. Je nach Bedingungen können das Frühstück, Mittag- oder Abendessen sein. Paßt der Stundenplan der Außer-Haus-Arbeitenden gar nicht zu den Essenzeiten der übrigen Familie, findet diese Zusammenkunft vielleicht nur am Wochenende statt.

Meist ist es notwendig, diese gemeinsamen Mahlzeiten den sich ändernden Bedingungen immer wieder anzupassen. So werden die Teenies, die endlich Samstag abends länger ausgehen dürfen, kaum begeistert sein, wenn sie – wie früher – morgens um neun gewaschen und gekämmt am Frühstückstisch erscheinen sollen.

Der Tagesablauf der Erwachsenen ist in aller Regel durch drei Mahlzeiten strukturiert. Die Küchenverantwortlichen, meist also die Mütter, entlastet es sehr, wenn sich alle MitesserInnen an diese Mahlzeiten halten. Finden sie sich dann am

Eßtisch ein, belohnt die heimelige Atmosphäre die Köchinnen für ihre Mühe.

Doch gerade die kleinen Wichte machen ihnen diese Freude nur selten. Wenn ihr Magen knurrt, wollen sie zu futtern haben. Jetzt und sofort. »Wir essen in einer halben Stunde« heißt für sie irgendwann. Sie peinigt der Hunger, und sie können das Ende der Qual nicht absehen. Bedürfnisse – gleich welcher Art – aufzuschieben, lernen sie erst langsam (> Ambivalenzen, Seite 267). Zudem bekommen die Knirpse viel schneller Hunger als die Großen, weil sie ständig in Aktion sind. Die Nahrung für fünf Stunden Betriebsenergie paßt in ihren kleinen Magen nicht hinein. Da helfen Zwischenmahlzeiten und Geduld. Ein halber Apfel oder ein Schälchen Joghurt besänftigen den Hunger bis zur nächsten gemeinsamen Mahlzeit.

Die Kleinen werden dabei zunächst nicht lange ausharren. Doch je älter das Kind wird, je mehr es den Großen gleichtun möchte, desto länger bleibt es sitzen – vorausgesetzt, am Tisch findet etwas Interessantes statt.

Mit ihrer Forderung nach mehreren kleinen Mahlzeiten anstelle von drei großen folgen die Kids den Signalen aus ihrem Körperinnern. »Sehr gescheit« finden das Ernährungsfachleute. Tagsüber gleichmäßig zu tun zu haben, ist den Verdauungsorganen viel zuträglicher, als dreimal große Berge abtragen zu müssen. Außerdem sind Menschen, die ihre Innenreize noch spüren, weniger anfällig für Übergewicht.

Sätze wie »Man muß mittags etwas essen« oder »Was auf dem Teller ist, wird auch gegessen« lehrt die Kinder statt dessen, Außenreize wichtiger zu nehmen als die Meldungen aus dem Inneren ihres Körpers.

Kein Hunger

»Hab' keinen Hunger« läßt bei vielen Eltern die Alarmglocken schrillen. Schließlich geht die Liebe durch den Magen. »Mag nicht« kränkt den Koch, der meist eine Köchin ist: Wer mein Essen nicht mag, mag mich nicht.

Dabei gibt es so viele Gründe, warum sich das Kind verweigert: Vielleicht hat es sich vor einer halben Stunde den Bauch mit Saft gefüllt? Oder das Spiel mit FreundInnen war allzu spannend? Möglich, daß der befürchtete Bericht über das gestrige Lehrer-Eltern-Treffen den Appetit verdirbt oder daß die schwelende Aggression zwischen den Eltern ihm den Hals zuschnürt.

Eltern kleiden ihren Wunsch, das Kind möge ihre guten Gaben doch endlich annehmen, häufig in medizinisch argumentierende Sorge. Doch nur im Bilderbuch war der Suppenkasper am siebten Tage tot. In der Realität zeigt ein Blick auf das Kind, wie es ihm geht. Erst wenn es über mehrere Monate nicht zunimmt oder gar abnimmt, ist ein Besuch bei Ärztin oder Arzt angebracht.

Frühstück

Jede Nacht ist Fastenzeit. Bei kleinen Kindern oft zwölf Stunden lang. Darauf ist der Körper eingestellt. Daß er seine leeren Speicher nach dem Aufwachen bald wieder gefüllt bekommen möchte, merken viele am Magenknurren. Doch ein ausgiebiges Frühstück ist nicht jedes Kindes Sache. Manchen genügt als Auftakt eine Tasse Kakao, und die zweite Etappe folgt später.

Ernährungsfachleute messen der Zusammenstellung des Frühstücks große Bedeutung bei. Die meisten Menschen essen morgens etwa ein Drittel ihres täglichen Nahrungsbedarfs. Was morgens fehlt, ist tagsüber kaum wieder wettzumachen.

Einige Anregungen für Eltern mit Frühstücksmuffel-Kindern:

● Gemeinsam mit anderen schmeckt es besser als allein.

● Ein ansprechend gedeckter Tisch mit buntem Geschirr hebt die Stimmung.

● Es muß nicht immer Brot sein. Mit Milchreis oder Grießbrei mit Früchten, Hirsepfannkuchen oder Polenta können küchenfreudige Morgenmenschen Abwechslung auf den Frühstückstisch bringen. Bei

SPRUNGBRETT IN DEN TAG

Die Englischarbeit ging wieder schief. Zu müde, zu schlaff, um die Gedanken festzuhalten. Wie oft mag an dem leeren Kopf die Leere im Magen beteiligt sein!

Untersuchungen zeigen, daß rund die Hälfte der SchülerInnen ihren Arbeitstag ohne ausreichendes Frühstück beginnen. Und sie füllen auch untertags nichts Rechtes nach.

Viele SchülerInnen weisen das Ansinnen, eine Brotdose zur Schule mitzunehmen, von sich. Jedes zehnte Kind erscheint ohne Pausenbrot. Nur knapp die Hälfte hat etwas zum Trinken dabei. Dennoch scheinen sie dem Stullenpaket nachzutrauern: Von 18.000 in Düren und Berlin befragten SchülerInnen wünschten sich 95 Prozent ein Brot, belegt mit Wurst oder Käse. Insgeheim mag manchem die Transportnahrung ein heimeliger Gruß im stressigen Schultag sein. In jedem Fall ist sie ein beliebtes Tauschobjekt in der Pause. Doch es müssen nicht immer die gleichen Wurst- oder Käsebrote sein.

● Hamburger aus eigener Küche: Brötchen mit Salatblättern belegen, Boulette drauf, dann Radieschen, Gurken, Tomaten.

● Getreidebratlinge oder eine Portion Rührei gesondert vom Butterbrot einpacken.

● Müslimischung im Becher mitgeben. Die Milch kann das Kind in der Schule dazugeben.

● Selbstgerührter Früchtequark im Plastiktopf.

● Gebuttertes Früchtebrot, ein dickes Stück Rührkuchen.

● Rohes Gemüse: Paprika, Karotten, Gurken. In einem Kunststoffgefäß bleibt auch Geschältes frisch.

Cornflakes, -pops und ähnlichem rümpfen Fachleute die Nase: Sie enthalten bis zu 40 Prozent Zucker.

Gekauftes Frühstück

Sein Taschengeld in das zu verwandeln, was Herz oder Magen begehren, oder mit anderen gemeinsam das Frühstück einzukaufen, finden viele Kinder toll (> Das Geld des Kindes, Seite 533). Und sich in der Pause – trotz Verbot – vom Schulgelände in den naheliegenden Supermarkt zu stehlen, hat auch seinen Reiz. Etwa 60 Prozent der SchülerInnen kaufen sich unterwegs zur Schule Gebäck, Süßigkeiten oder Milchprodukte.

Für viele ist diese Selbstversorgung – von den Eltern akzeptiert und finanziert – das einzige, was sie ernährt, bis sie später am Tag Mutter oder Vater wiedersehen. Wenn das Selbständigsein jedoch Verpflichtung wird, verliert es bald seinen Reiz. In der Folge kaufen sich die SchülerInnen »irgendwas« zu essen und zu trinken, oft genug auch gar nichts. Wie weit das gehen kann, berichten Schulen, Gesundheitsämter und Kinderorganisationen. Sie erleben täglich den Hunger der – wie sie es nennen – wohlstandsverwahrlosten Kinder.

Damit Kinder, die sich ihr Frühstück kaufen, zumindest im Schulbereich nicht nur auf Süßes angewiesen sind, gibt es in einigen Bundesländern Deutschlands die sogenannten »Müsli-Erlasse«. Dort dürfen auf dem Schulgelände nur Vollkornbackwaren, Obst und Gemüse nach Saison, fettarme Wurst- und Michprodukte und ungesüßte Säfte verkauft werden.

Mittagessen, Abendessen

»Einmal am Tag braucht der Mensch etwas Warmes.« Viele Eltern geben diesen Satz ihrer Mutter an die eignen Kinder weiter. Dahinter steckt das Wissen, daß der Körper manche Nährstoffe nur zubereitet verwerten kann. Kartoffelstärke ist zum Beispiel roh unverdaulich; erhitztes Eiweiß kann der Körper besser verarbeiten als rohes. Doch ob das Gedünstete, Gekochte oder Gebratene kalt oder warm, mittags oder abends verzehrt wird, ist egal.

Mittagessen in Kindergarten oder Schule

Ernährungsfachleute fordern, daß alle Ganztagseinrichtungen über eine eigene Küche verfügen – weil nichts über frisch Zubereitetes geht bzw. Vorgekochtes mit Frischem ergänzt werden müßte. Mitte der achtziger Jahre wurde jedoch nur in 17 Prozent der deutschen Schulküchen selbst gekocht. Auch heute sind die meisten dieser Küchen Auftau- und Aufwärmeinrichtungen. Etwa 60 Prozent bekommen das fertige Essen von Großküchen geliefert, die meisten sogar als Warmhaltemenü.

Das Ergebnis dokumentierte eine Dortmunder Studie: In Gemeinschaftseinrichtungen verpflegte Kinder sind schlechter versorgt als solche, die zu Hause essen. Die Situation verbessert sich, wenn Tiefkühlkost angeboten wird. Doch die Verbraucherzentrale Hessen klagte 1990 über das Angebot in Kindertagesstätten: zu wenig Frischkost, zu wenig Milchprodukte, zu wenig Quark; statt dessen verkochtes, geschmackloses Essen, zu salzig, zu stark gewürzt, zu fett.

Die Qualität des Angebotenen läßt sich zum einen daran ablesen, wie es haltbar gemacht wurde (> Fertiggerichte, Seite 561), zum anderen gibt der Speiseplan Auskunft. Bedenklich ist, wenn im Laufe mehrerer Wochen folgendes häufiger auftaucht:
- Fleisch mit deutlich sichtbarem Fett.
- Hackfleischgerichte (Faschiertes).
- Eiergerichte.
- In Fett gebackenes Fleisch (Paniertes) oder Kartoffeln (Pommes frites, Kroketten).
  Wünschenswert ist statt dessen:
- Nur ein- bis zweimal wöchentlich Fleisch oder Fisch, diesen aber nicht als Fischstäbchen. Sie

bestehen aus minderwertiger, grätenhaltiger Fisch-masse, die durch Zusatzstoffe in präsentierbare Form gebracht wurde.

● Vollkorngetreide z.B. als Bratling, in der Suppe, als Auflauf, als Nudeln.
● Häufig Hülsenfrüchte als Gemüse, Salat, in Suppen oder Bratlingen.
● Rohkostsalate.
● Als Nachtisch frisches Obst mit Nüssen, Milchspeisen, Getreidezubereitungen.
● Oft milchhaltige Zubereitungen, z.B. als Dessert, Joghurt in der Salatsoße, Käse zum Überbacken.

Mittags allein zu Haus

Selbstverständlich können sich ältere Schulkinder das Essen wärmen oder einen Pfannkuchen backen, aber allein am Tisch vor dem gestern Gekochten und heute Aufgewärmten zu sitzen – das geht kaum lange gut. Darum drückt erwerbstätige Mütter auch oft ein schlechtes Gewissen: Sie ahnen, daß ihr Kind das Hergerichtete mittags nicht ißt. Dennoch läßt sich das Vorurteil, daß Kinder berufstätiger Mütter ernährungsmäßig schlechter versorgt sind als die von Hausfrauen, nicht bestätigen.

Wenn die Kinder das Essen vor allem deswegen ablehnen, weil das Aufgewärmte traurig aussieht und lasch schmeckt, können Tiefkühlgerichte und Mikrowelle für Abhilfe sorgen. Sonst ist Initiative gefragt: Kann das Kind in einer Kantine oder Mensa essen? Findet sich in der Nachbarschaft jemand, die oder der das Kind mit bekocht? Können sich Gleichaltrige mit demselben Problem zusammentun?

Essen auf die schnelle

Unterwegs mal eben schnell was essen, das tut wohl jeder von Zeit zu Zeit. Fast food ist nicht nur die Bulette im Sesambrötchen. Auch die Pizzaschnitte, das Gyros-Sandwich, das Stück Kuchen oder der Schokoriegel gehören dazu.

FERTIGGERICHTE

Warmgehaltene Kost
Das Essen wird täglich frisch zubereitet und in Warmhaltegefäßen transportiert.
Der Vitamin C-Verlust ist mäßig. Was länger als drei Stunden warmgehalten oder erneut aufgewärmt wird, verliert erheblich an Nährwert und schmeckt lasch.

Kühlkost
Die Speisen werden sofort nach dem Garen gekühlt und bleiben bei +2° aufbewahrt drei Tage lang eßbar.
Nach drei Tagen fehlt etwa ein Fünftel des Vitamin C. Dieses Essen kann sehr gut schmecken.

Pasteurisierte Kühlkost
Die Gerichte werden bei 80° pasteurisiert und dann gekühlt. Bei +2° gelagert sind sie bis zu drei Wochen haltbar.
Ein Viertel des Vitamin C geht durch die Lagerung verloren. Die Speisen schmecken mäßig.

Sterilisierte Kühlkost
Hitzesterilisierte Speisen sind bei Zimmertemperatur unbegrenzt lange haltbar.
Je länger sie lagern, desto größer ist der Nährwertverlust. Vom Vitamin C ist nach einem halben Jahr über ein Drittel verlorengegangen. Der Geschmack des Aufgewärmten wird schlechter, je länger die Speisen lagern.

Tiefgefrierkost
Das Menü wird sofort nach dem Zubereiten auf –18° abgekühlt und ist unbegrenzt haltbar. Der Nährwert verringert sich mit jedem Lagerungstag. Nach einem halben Jahr fehlen fast 40 Prozent des Vitamin C. Gekochte Kartoffeln sind nach dem Einfrieren nicht mehr eßbar. Damit fehlt dieser preiswerte Vitamin-C-Lieferant. Der Geschmack dieser Kost wird als zufriedenstellend bis gut beurteilt.

Eine Reihe von Kids macht bei McDonald's und ähnlichen Food-Anbietern seine ersten eigenständigen Gehversuche in Sachen Gastronomie. Manche Eltern teilen diese Art, essen zu gehen, andere haben Einwände. Bei Kritik, die mit Blick auf »gesunde Ernährung« vorgebracht wird (> Fakten vom Fastfood, Seite 562), ist zu bedenken, wie groß der Anteil des schnellen Futters in der gesamten Ernährung des Kindes ist und was statt dessen zur Auswahl steht. Eine Currywurst ist zum Beispiel so fettreich, daß sie für einen Erwachsenen schon eine halbe Hauptmahlzeit darstellt. Ein Hamburger macht nur knapp ein Drittel einer Hauptmahlzeit aus, ein Müsliriegel etwa ein Zehntel.

FAKTEN VOM FAST FOOD

● Für einen elfjährigen Jungen ist das besonders beliebte »Drei-Komponenten-Menü« aus einem Hamburger, sechs Chicken McNuggets und einem Erdbeershake kalorienreicher, als eine Hauptmahlzeit sein sollte. Es liefert fast die gesamte Tagesmenge an Eiweiß. Der Gehalt an Ballaststoffen, Folsäure und Vitamin C ist demgegenüber viel zu gering.
● Pellkartoffeln wären zwar vorzuziehen, doch als Zwischenmahlzeit sind Pommes frites nicht so übel – vorausgesetzt, das Fett ist nicht uralt.
● Allein McDonald's verarbeitet weltweit täglich eine Million Kilogramm Rindfleisch zu Burgern.
● Der Verbrauch an Einwegtellern, -bechern und Verpackungsmaterial ist immens. Die Entscheidung, Geschirr zu verwenden, läßt noch auf sich warten. Bisher gab es erst probeweise Versuche.

GEWICHT

Wenn Kleine groß werden, legen sie an Länge und Breite zu. Das jedoch nicht immer gleichmäßig und bei allen gleich. Bei den ganz Kleinen vollzieht sich die Entwicklung noch rasant, dann geht es langsamer weiter. Lange Zeit sind Jungs im Durchschnitt etwas größer und schwerer als Mädchen. Um den elften, zwölften Geburtstag herum ändert sich das vorübergehend. Dann wachsen die Mädchen schneller und legen an Gewicht zu, weil sie früher in die Pubertät kommen. Etwa zwei Jahre später holen die Jungs das nach und sind letztlich meist etwas größer und schwerer als Mädchen.

Dem Gewicht ihrer Sprößlinge widmen viele Eltern große Aufmerksamkeit. Das beginnt schon in der Säuglingszeit, wenn sie – überkommenen Ratschlägen folgend – die Babies vor und nach dem Stillen wiegen (> An der Mutterbrust, Seite 217), und geht weiter mit vergleichenden Blicken zu anderen Kindern. Besonders besorgt sind die Mütter: Sie leiden noch immer unter dem Gedanken, daß die gute Mutter eine nährende Mutter sein muß; folglich kann man am Aussehen der Familienangehörigen ihre diesbezüglichen Qualitäten ablesen. Vielleicht erklärt das die Studienergebnisse, nach denen Mütter sehr wohl den Gewichtszustand anderer, den der eigenen Kinder aber nur schlecht einschätzen können. Besser ist also ein Blick in eine Tabelle oder das Kurvenblatt am Ende des Kinder-Untersuchungsheftes (> Vorsorgliche Untersuchungen, Seite 754).

Die dort angegebenen Zahlen sind aber nur Durchschnittswerte: Ein größeres Kind kann mehr wiegen, als für sein Alter angegeben ist, das Zartgliedrige weniger als das Robuste, zusätzlich gibt es noch individuelle Unterschiede. Wichtiger als die Zahl auf der Waage ist jedoch das Verhalten des Kindes: Fühlt es sich wohl? Spielt es im Kreis seiner FreundInnen, oder sitzt es allein herum?

Folgende Fragen sollen Eltern beurteilen helfen, ob ihr Kind zu dick oder zu dünn ist:
● Wie verlief das Gewicht in den vergangenen Jahren? In Deutschland finden Eltern Angaben dazu

auf den letzten Seiten im Kinder-Untersuchungsheft. Manche Eltern markieren die Länge ihrer Kinder auch zweimal im Jahr als Strich am Türpfosten
und schreiben das Gewicht mit dazu.

Sehr oft zeigt sich, daß sich »etwas pummelig«
oder »ziemlich mager« im Jahresverlauf wieder
ausgleichen. Oder ein Kind war von Anfang an
schmal und bleibt es auch in der Folgezeit.
● Hat sich das Gewicht in den vergangenen vier
Wochen deutlich verändert?

Wenn kleinere Kinder über längere Zeit nicht
mehr zunehmen oder allzuviel zulegen, ist das ein
Grund, Kinderärztin oder -arzt dazu zu befragen.

Ursachen für überreichliches Essen

Allein aus sich heraus ist kein Kind – ohne krank zu
sein – so auffallend dünn oder dick, daß es ärztlicher
Hilfe bedarf. Das Beziehungsgeflecht der Familie
spielt eine gewichtige Rolle, wenn Kinder allzuviel
essen. Und in seinen Maschen hängt viel: Jahrhun-
dertealte Vorstellungen von Gesundsein und Krankwerden; was beide Eltern selbst in puncto Ernährung
und Befriedigung von Bedürfnissen erlebt haben; wie
sie damit umgehen; die momentan gerade aktuellen
Normen und Werte der Gesellschaft.

»Rund und gesund« haben die einen im Kopf und
sorgen sich um ihren »Hering«. Andere achten
schon bei ihrer Dreijährigen auf »Figur«. In die
Sorge um Gesundheit und Wohlergehen kleiden
sich bei manchen Eltern ungute, aber »verbotene«
Gefühle gegenüber dem Kind: Das eigentlich ungewollte Kind (> Seite 73) bekommt noch ein Schäu-
felchen Milchpulver extra ins Fläschchen. Oder die
reichliche Kalorienversorgung soll die Zeit ausgleichen, die Eltern für ihren Sproß nicht haben und
ihr schlechtes Gewissen besänftigen. Kinder lernen
schnell, sich mit Nahrung zu belohnen, zu trösten
oder sich mit ihr fehlende Zuwendung zu ersetzen.

Je aufmerksamer die Eltern dann jedoch auf Kalorien und Waage starren, desto unselbständiger wird ihr
Kind in puncto essen. Es kann seinem inneren Gefühl
nicht mehr trauen und wird zunehmend abhängiger

von Außenreizen. Sie sind ein wichtiger Faktor bei der
Entstehung von Über- oder Untergewicht.

Ein weiterer Grund, warum Kinder dick werden,
ist mangelnde Bewegung. Die Kinder essen nicht
übermäßig viel, aber sie bewegen sich viel zuwenig
(> Bewegung und Sport, Seite 506).

Abnehmen

Spätestens, wenn beim Stafettenlauf keine Mannschaft das Pummelchen haben will, ist dieses Kind tief
verletzt. Der Kummer, als »Klößchen« oder »Mehl-
sack« ausgegrenzt zu werden, frißt tief und lange.

KÖRPERGRÖSSE UND GEWICHT

2 Monate	57 cm/ 5 kg
8 Monate	70 cm/ 8 kg
2,5 Jahre	91 cm/13 kg
5,5 Jahre	112 cm/19 kg
8,5 Jahre	129 cm/27 kg
11,5 Jahre	147 cm/38 kg
14 Jahre	163 cm/51 kg

Grobe Richtzahlen können einen Überblick
über die durchschnittliche Entwicklung geben.
Manche Kinder sind langsam und wachsen
noch, wenn andere schon damit aufgehört
haben; andere sausen so schnell durch alle Entwicklungen, daß sie früher ausgewachsen sind.
Ähnlich beim Gewicht. Machen sich Eltern
Sorgen, weil ihr Kind deutlich kürzer oder
länger ist als der Altersdurchschnitt, oder
haben sie den Eindruck, ihr Kind wäre über-
oder untergewichtig, können sie bei Ärztin
oder Arzt Hilfe suchen. Die schauen sich
zunächst einmal die Wachstumsgeschwindigkeit der vergangenen Jahre an.

Jedes vierte bis zehnte Schulkind wiegt 20 Prozent mehr, als es dem jeweiligen Alters- bzw. Größendurchschnitt entspricht; eine Wiener Erhebung von 1992 spricht von jedem dritten 15jährigen Buben und jedem fünften Mädchen. Zwei Drittel dieser Kinder sind auch als Erwachsene korpulent. Dieses frühe Übergewicht zeitigt rasche Folgen. Das Risiko, schon als junge Erwachsene herz-, kreislauf-, zucker- oder blutdruckkrank zu sein, ist für dicke Kinder erheblich größer als für schlanke. Psychische Störungen sind bei ihnen häufig.

Kinderdiät ist zwar fast immer ein Familienprogramm, doch sollte eine Familie besser nicht allein versuchen, ihr Kind »in Form zu bringen«. Sowohl für die Beurteilung, ob das reichliche Gewicht des Kindes einer Behandlung bedarf, als auch für die Entscheidung, wie das geschieht, braucht es einen ausgebildeten Fachmenschen (> Beratung und Psychotherapie, Seite 757). Im Gespräch wird Eltern und Kind – vielleicht zum ersten Mal – bewußt, warum das Kind mehr ißt, als es verbraucht. Schon wenige Gespräche können allen Familienmitgliedern deutlich machen, wofür das Essen in ihrer Familie steht. Um diesen Ursachen auf die Spur zu kommen, kann auch ein Ernährungstagebuch hilfreich sein, in das für einige Tage die Antworten auf folgende Fragen eingetragen werden: Wann, wo, mit wem, warum, was, wieviel, wie lange esse ich?

Die unbefriedigten Bedürfnisse zu stillen, die sich das Kind mit Nahrung ausgleicht – Geborgenheit, Aufmerksamkeit, Zuwendung, Wertschätzung – hilft nicht nur, das Übergewicht abzubauen. Es beugt auch vor, daß sich diese Ersatzhandlung für den Rest des Lebens in dem Kind festsetzt.

Zusätzlich brauchen Kinder mit Gewichtsproblemen Anreize und Hilfen, anders oder weniger zu essen und sich mehr zu bewegen. Das bekommen sie am ehesten in einer Gruppe mit Gleichen. Gewicht verringern ist immer ein Langzeitprogramm. Dabei kann es auch schon ein Erfolg sein, wenn das Kind nicht mehr zunimmt. Da die meisten Kinder noch größer werden, »verwächst« sich das Zuviel dann.

ESS-STÖRUNGEN

Eßstörungen sind anderes als ungesunde oder überreiche Ernährung. MedizinerInnen verstehen darunter eine gestörte Beziehung zum Essen, hinter der immer innere Konflikte und seelische Probleme stecken. Die Betroffenen fühlen sich entweder zwanghaft getrieben, riesige Nahrungsmengen zu verschlingen, die sie anschließend wieder erbrechen, oder sie verweigern sich dem Essen fast vollkommen. Der innere Druck, sich auf diese Weise verhalten zu müssen, ist so groß, daß Eßstörungen zu den Süchten (> Sucht, Seite 365) gezählt werden.

Magersucht (Anorexia nervosa) und Eß-Brechsucht (Bulimie)

Die ersten Signale dieser Krankheiten sind leicht zu übersehen, denn fast alle Kinder experimentieren in der Zeit der Pubertät (> Seite 279) mit dem Essen. So prüfen vor allem die Elf- bis Dreizehnjährigen ihren Körper immer wieder kritisch vor dem Spiegel, starten erste Diäten und Fastenkuren oder erproben zum ersten Mal die Abführmittel ihrer Eltern.

Die von der Werbung präsentierten Frauenvorbilder (> Suche nach Weiblichkeit, Seite 280) sind sehr schlank und feingliedrig, mit langen Beinen und schmalen Hüften, nahezu ohne Rundungen. 1951 wog Miß Schweden noch 68 Kilogramm, 1981 nur noch 53 Kilogramm. Viele Mannequins haben Eßprobleme oder sind magersüchtig. Doch dem krankmachenden Schlankheitsideal unserer Zeit können sich nur wenige Mädchen entziehen. Es fällt ihnen außerordentlich schwer herauszufinden, mit welchem eigenen Maß und Gewicht sie sich wohl fühlen könnten.

Die ersten Versuche, den Körper »in Form« zu bringen, werden selten konsequent zu Ende geführt. Die Diäten langweilen die Kinder sehr schnell, sie brechen ihre »Kur« nach ein bis zwei Tagen wieder ab. Gleichzeitig können sie damit aber auch zum ersten Mal signalisieren, daß sie mit ihrem Körperbewußtsein (> Suche nach Weiblichkeit, Seite 280) Probleme haben.

Deutliches Zeichen einer beginnenden Eßstörung ist die große Aufmerksamkeit, die die Nahrung bekommt. Gleichzeitig nimmt das Interesse an Lieblingsspeisen ab. Den Mädchen geht die entspannte Lust am Essen verloren. Je intensiver sie in dieser Phase in ihrem Autonomiestreben und Ich-Bewußtsein gestärkt werden, um so leichter fällt es ihnen, von schwerwiegenden Experimenten mit dem Essen Abstand zu nehmen.

Ursachen

Eßstörungen zeigen sich meist in der Pubertät. Auffallend ist, daß vor allem Mittelschicht-Mädchen aus sehr leistungs- und erfolgsorientierten Familien betroffen sind. Die Mädchen sind oft gute Schülerinnen und wirken nach außen hin stabil und selbstbewußt. Dabei gibt es keine Regel, nach der zu beurteilen wäre, wann jemand Eßstörungen entwickelt. Wahrscheinlich spielen sehr enge Normen während der ersten Kindheitsjahre und wenig Chancen, ein eigenes, selbständiges »Ich« wachsen zu lassen, eine wichtige Rolle (> Der kleine Unterschied, Seite 293).

Um sich von der Familie, der Mutter und dem Frausein abgrenzen zu können, wählen magersüchtige Mädchen den radikalsten Weg. Im Hunger fallen alle weiblichen Formen – Busen, Po, Hüften – der Magersucht zum Opfer. Gleichzeitig verändern sich der Stoffwechsel und die hormonellen Kreisläufe. Die Menstruation bleibt aus. Diese Veränderungen empfinden die Mädchen manchmal als »Sieg« über das Frausein, oder sie gewähren ihnen eine eigene, unverwechselbare Autonomie: Sie sind anders als andere (> Suche nach Weiblichkeit, Seite 280). Ähnlich ist es bei männlichen Jugendlichen, bei denen die Zahl der Magersüchtigen ansteigt. Bei ihnen steht allerdings weniger die Geschlechtsidentität im Vordergrund, sondern mehr das Streben nach einer radikalen Abgrenzung von der Familie und anderen (> Suche nach Männlichkeit, Seite 281).

Eß-Brechsüchtige haben es schwerer als Magersüchtige. Sie können aus ihrer Krankheit keinen Gewinn ziehen und leiden unendlich an ihrem Scheitern: den Eßanfällen, von denen sie sich nicht befreien können. Sie erleben sich in einer permanenten Niederlage und versuchen, möglichst angepaßt und unauffällig zu bleiben.

Signale der Magersucht

Die Mädchen schenken dem Essen immer mehr Beachtung. Viel Zeit und Energie fließen in das Zählen und Berechnen von Kalorien, in das Zubereiten eines Joghurtbechers oder in das Auswählen eines Mineralwassers. Die Mädchen bitten ihre Eltern, beim Einkaufen unbedingt auf die Fett- und Kalorienmenge zu achten und nur ganz bestimmte Produkte zu kaufen. Ein Apfel oder Magerkäse kann für den ganzen Tag reichen.

Bei Tisch sind die Jugendlichen ausgesprochen

Zum Weiterlesen

Eßstörungen; Zur Psychologie und Therapie von Übergewicht und Magersucht.
HILDE BRUCH
S. Fischer Verlag, 1992.

Die heimliche Sucht, unheimlich zu essen.
MAJA LANGSDORFF
S. Fischer Verlag, 1991.

Hungerstreik. Ursachen der Magersucht; Neue Wege zur Heilung.
SUSIE ORBACH
Econ Verlag, 1990.

Die hungrigen Töchter; Eßstörungen bei jungen Mädchen.
KARIN SCHNEIDER-HENN
Kösel Verlag, 1988.

wählerisch. Es dürfen nur winzige Beilagenmengen auf den Teller kommen, selbst um Obst- oder Gemüsemengen wird gefeilscht. Manche Jugendliche stürzen sich zusätzlich in anstrengende Sportarten wie Dauerlauf, Aerobic oder Seilspringen.

Je intensiver und länger sich die Heranwachsenden ums »Dünn-Werden« sorgen, um so deutlicher wird, daß ihre Psyche vom Essen gefangengenommen ist. Nach Schätzungen sind rund 2 von 100 Mädchen im Alter zwischen 15 und 18 Jahren magersüchtig, wobei die Krankheit fast immer eher beginnt. Im Triumph über den bohrenden Hunger geraten die Jugendlichen in einen Zustand der Hungereuphorie, in dem es ihnen gelingt, immer weiter zu hungern.

Die Gedanken kreisen ohne Unterlaß darum, wie sie Nahrung einsparen können. Die Eigenwahrneh-

---

Kontakte

Folgende Stellen informieren über Selbsthilfemöglichkeiten und Therapiegruppen:

Deutsche Hauptstelle gegen die Suchtgefahren (DHS)
WESTRING 2
59065 HAMM

Deutsche Arbeitsgemeinschaft Selbsthilfegruppen e.V
ALBRECHT-ACHILLES-STRASSE 65
10709 BERLIN

Frankfurter Zentrum für Eßstörungen
HANSAALLEE 18
60322 FRANKFURT/MAIN

Psychosoziale Beratungsstelle »Frauen beraten Frauen«
LEHARGASSE 9/2/17
1060 WIEN

---

mung ist empfindlich gestört. Obwohl die Mädchen und manchmal auch Jungen bereits zum Skelett abgemagert sind, fühlen und empfinden sie sich weiterhin als dick. Auf die Hinweise von außen können sie nicht mehr reagieren. Im Gegenteil. Sie schließen sich mehr und mehr von der Außenwelt ab, verbringen auffallend viel Zeit zu Hause, bekommen wenig Besuch von FreundInnen und leben oft tagelang von nicht mehr als 200 Kalorien.

Signale der Eß-Brechsucht

Die Abgrenzung zwischen Magersucht und Bulimie ist schwierig, denn viele Magersüchtige erleben sogenannte Triebdurchbrüche, in denen sie plötzlich Unmengen von Nahrung in sich hineinstopfen. Diese »Niederlage« über den Hunger empfinden sie als demütigend; die Diät wird verstärkt. Andere versuchen, das Essen über Erbrechen so schnell wie möglich wieder loszuwerden. Hier liegt der Übergang zur sogenannten Eß-Brechsucht, an der nach Schätzungen etwa vier bis sechs Prozent aller Mädchen erkranken.

Eß-brechsüchtige Jugendliche behalten meist ihr Normalgewicht. Sie wirken unauffällig, haben zahlreiche soziale Kontakte und scheinen normal zu essen – bis sie anfallartig riesige Nahrungsmengen verschlingen. Fast immer versuchen die Mädchen, diese plötzlich auftretende Gier zu verheimlichen, obwohl sie manchmal bis zu 30.000 Kalorien pro Tag in sich hineinstopfen: Dann können zehn Schnitten Toastbrot mit Käse einer ganzen Schachtel Mohrenköpfe folgen, die von einer Schüssel Pudding und fünf Eisbechern gekrönt werden. Das Essen wird sofort wieder erbrochen. Nur dadurch ist es überhaupt möglich, das Normalgewicht zu halten.

Dabei leiden die Jugendlichen unter starken Schamgefühlen und kommen eigentlich nur in den Momenten des Essens zur Ruhe. Sonst kreisen – wie auch bei der Magersucht – die Gedanken um nichts anderes als Nahrung: Was esse ich, was kaufe ich ein? Anders als magersüchtige Jugendliche erkennen Eß-Brechsüchtige ihre Krankheit und fühlen sich meist in einem ausweglosen, zerstörerischen Kreislauf gefangen. Ihr Leiden ist heute noch stärker tabuisiert als die Magersucht.

Die Familienangehörigen erkennen das ungewöhnliche Eßverhalten an plötzlich geleerten Kühlschränken oder Speisekammern und auffallend langen und häufigen Toilettenbesuchen. Deutliche Warnzeichen geben die Mädchen selbst, wenn sie meinen, daß es ihnen leichtfällt, sich zu erbrechen und sie dies ohne Mühe jederzeit tun können. Manchmal entzünden sich Speiseröhre und Magen durch das dauernde Erbrechen. Diese Krankheiten können chronisch werden und gelten ebenfalls als Alarmzeichen. Für die Jugendlichen, aber auch die Erwachsenen kann die Eß-Brechsucht außerordentlich kostspielig werden. Um die Krankheit vor den Familienangehörigen zu verstecken, verbrauchen die Mädchen nicht nur ihr ganzes Taschengeld für Nahrungsmittel, sondern verschulden sich manchmal bei KollegInnen oder beginnen vereinzelt auch zu stehlen.

Hilfen und Alternativen

Für die meisten Eltern ist es qualvoll zu sehen, daß ihre Tochter immer dünner wird oder sich besinnungslos vollstopft, um wenige Minuten später alles wieder zu erbrechen. In den meisten Familien beginnt dann ein aussichtsloser Kampf ums Essen. Mit allen Mitteln versuchen die Eltern, die Mädchen zu überreden, endlich wieder »normal« zu werden. Die Jugendlichen werden gelockt, bedroht, bestraft oder belohnt: Doch alle diese »Verführungsversuche« zum »normalen« Essen bleiben erfolglos. Je intensiver sich die Familie auf die Eßstörung konzentriert, um so deutlicher formt sie sich aus.

Eß- und Hungerkrankheiten sind immer Versuche, tiefe innere Konflikte zu bewältigen, nicht einfach nur Fehlverhalten. Die Unsicherheit der Jugendlichen in bezug auf ihr »Selbst« hat die ganze Person erfaßt. Dehalb kann nur von unabhängigen Fachleuten Hilfe kommen, kaum von der Familie. So sind

beispielsweise die meisten Mädchen in einer »doppelten« Bindung zur Mutter verstrickt, die sie einerseits idealisieren und innig lieben, andererseits aber auch als unterdrückend und verschlingend erleben.

Vor allem für Eß-Brechsüchtige ist es entlastend, wenn sie andere junge Frauen in Selbsthilfegruppen kennenlernen, die ähnliche Probleme haben. In den gemeinsamen Gesprächen können Schamgefühle, Verzweiflung und die Geschlechtsidentität zum Thema werden. Die Jugendlichen erkennen, daß sie mit ihrem Problem nicht allein sind und daß es anderen Frauen gelungen ist, von der unheimlichen Essensgier loszukommen.

In fast allen größeren Städten gibt es inzwischen Anlaufstellen für Frauen und Mädchen mit Eßstörungen, deren Treffen von einer Psychologin oder Therapeutin begleitet werden sollten. Informationen sind beispielsweise in den Volkshoch-

APPETITZÜGLER & ABFÜHRMITTEL

Um ihr Gewicht zu kontrollieren, gebrauchen viele Mädchen Abführmittel, Appetitzügler, Entschlackungstees oder Trockenobst. Sie greifen zu Medikamenten aus dem elterlichen Arzneischrank, oder sie besorgen sich die teuren Produkte aus Apotheken und Drogerien. Solche »Hilfsmittel« sind immer ein Alarmzeichen. Appetitzügler und Abführmittel verführen zur Abhängigkeit und machen bei dauerndem Gebrauch krank. So können Appetitzügler vor allem zu Herzrhythmusstörungen und Persönlichkeitsveränderungen führen; Abführmittel durch die vermehrte Wasserausscheidung zu einem lebensgefährlichen Elektrolyt- und Mineralienverlust. Zusätzlich erschweren die Arzneimittel die Loslösung von der Eßstörung.

schulen, den Gesundheitsämtern, in Frauenzentren oder in Krankenhäusern zu erhalten.

Magersüchtige Mädchen erkennen ihren Zustand lange Zeit nicht als Krankheit an und kapseln sich von der Außenwelt ab. Doch sie benötigen dringend psychotherapeutische Unterstützung und ärztliche Hilfe. Die extreme Abmagerung und Austrocknung schwächt den gesamten Körper, schädigt Herz und Nieren und kann im Extremfall Stoffwechsel und Elektrolythaushalt zum Entgleisen bringen. Jede zehnte Magersüchtige verhungert.

Im kritischen Stadium müssen die Mädchen in einer Klinik künstlich ernährt werden, um das Gewicht zu stabilisieren. Meist ist danach eine stationäre Behandlung in einer psychosomatischen Klinik notwendig. In der Bundesrepublik gibt es Spezialkliniken für alle Formen von Eßstörungen, wobei die Behandlung in der Regel drei Monate, oft aber länger dauert. In der intensiven Therapie gelingt es meist, den Zustand der Frauen zu stabilisieren. Die sich dann anschließende zwei- bis dreijährige Therapie ist dennoch unerläßlich. Viele haben jedoch ihr Leben lang Eßprobleme oder pendeln jahrelang zwischen Kliniken, künstlicher Ernährung und Phasen eines relativ normalen Lebens. Bei dreißig Prozent aller Betroffenen »wächst« sich die Magersucht aber gegen Ende der Pubertät aus und verschwindet für immer.

GESUNDE ERNÄHRUNG

Kein Nahrungsmittel ist von sich aus »gesund« oder »ungesund« – von Verdorbenem abgesehen. Nicht einmal der mit Recht so angegriffene Zucker. Solche Wertungen bekommen einen Sinn, wenn man Menge und Häufigkeit dessen, was verzehrt wird, betrachtet, Alter und Gesundheitszustand der oder des Betreffenden und ähnliche Faktoren.

Allerdings gibt es Erfahrungswerte dafür, welche Menge an bestimmten Stoffen der Körper in den jeweiligen Altersstufen braucht, um das notwen-

dige Material zum Wachsen, genügend Energie für alle Lebensaktivitäten und optimale Bedingungen zum Gesundbleiben zu haben.

Im ersten Lebensjahr weicht die Ernährung von der der darauffolgenden Jahre noch deutlich ab (> Von nun an Brei, Seite 225). Doch bald nach dem ersten Geburtstag kann das Kind so wie alle anderen essen. Mithin gelten die zehn Regeln für eine vollwertige Ernährung, die die Deutsche Gesellschaft für Ernährung aufgestellt hat, auch schon für die Kleinen. Das »Mehr« oder »Weniger« bezieht sich darauf, wie sich die DurchschnittsbürgerInnen gemeinhin ernähren.

Gewohnheiten verändern

Wer Gewohnheiten verändern muß, braucht zunächst eine Bestandsaufnahme: Wo stehe ich, wo stehen meine Kinder? An Hand der Tabelle auf Seite 570 läßt sich dieser Platz bestimmen.

Allerdings schätzen viele Eltern falsch ein, was ihre Kinder essen. Bei einer Studie mit zwei bis sechzehn Jahre alten Kindern stellte sich heraus, daß die ErnährerInnen deren Konsum von Obst und Gemüse, Vollkornbrot und gekochtem Fisch weit überschätzten. Bei gebackenen Kartoffeln, süßem Gebäck, Fleisch, Würstchen und Eiern lag ihre Vermutung hingegen unter dem Ist-Wert.

Kinder an Neues zu gewöhnen, ist nicht leicht (> Anders essen, Seite 572). Bei Heranwachsenden kann man sich vielleicht ihr oft ausgeprägtes Umweltbewußtsein zunutze machen. Schließlich geht mit dem, was wir essen und trinken, Ökologie jedem »unter die Haut«. In jedem Fall sollte diese Umstellung aber ein Programm für die ganze Familie sein.

Vollwert-Ernährung

Die auf Seite 569 aufgeführten Regeln für eine vollwertige Ernährung berücksichtigen nicht die ökologischen und sozialen Bedingungen, die zur Ernährung immer dazugehören. Das tut die »Vollwert-Ernährung«, die Lebensmittel nach Wertstufen einteilt (> Seite 574). Diese Ernährungsform bewertet neben dem, was die Produkte im Körper tun, zum Beispiel auch, ob Nahrungsmittel Tausende von Kilometern transportiert werden oder im Lande wachsen und ob es die Existenz kleiner Landwirtschaftsbetriebe fördert, wenn man sie empfiehlt, oder auf Dauer behindert. Da fließt zum Beispiel das Wissen ein, daß es 4.500 Liter Süßwasser braucht, bis ein 220-Gramm-Steak herangewachsen ist, und daß 70 Prozent der Weltgetreideproduktion in dem Magen von Mastvieh landet.

Weitere Unterschiede zu den Regeln der vollwertigen Ernährung der Deutschen Gesellschaft für Ernährung sind:
● Stärkere Beschränkungen bei Fleisch, Fisch und Eiern.
● Etwa die Hälfte der Nahrung unerhitzt, also als Rohkost verzehren.
● Lebensmittelzusatzstoffe vermeiden.
● Erzeugnisse aus kontrolliert-ökologischer Landwirtschaft verwenden.

Kontrolliert-ökologisch

Seit 1991 darf sich nicht mehr alles mit der Bezeichnung »ökologisch« schmücken, was für teures Geld an gesundheitsbewußte VerbraucherInnen gebracht werden soll. Eine EG-Verordnung regelt, welche Bedingungen erfüllt sein müssen, damit sich ein Produkt als »ökologisch« präsentieren darf, und wie das zu kontrollieren ist.

Diese Bestimmungen entsprechen weitgehend den Regeln, denen sich die bekannten Hersteller bisher freiwillig unterwarfen: Düngung mit Pflanzen, Kompost und Mist aus ökologisch arbeitenden Betrieben, weitgehender Verzicht auf mineralische Düngemittel, Schädlings-, Krankheits- und Unkrautbekämpfung durch Anbau weniger anfälliger Sorten, Wechsel der Anbauprodukte usw.

Ein Bauer, der seinen Anbau umstellt, muß eine

VOLLWERTIGE ERNÄHRUNG

1. Vielseitig, aber nicht zuviel. Eine bunte Mischung versorgt mit allem Nötigen und vermeidet einseitige Belastungen.
2. Wer Fett spart, spart die jouleträchtigsten Dickmacher. In Fleisch, Wurst, Käse, Eiern, Sahne, Nüssen, Kuchen und Schokolade versteckt sich viel Fett.
3. Würzen statt salzen. Kochsalz übertönt den Eigengeschmack der Speisen.
4. Süßes kann Löcher in die Zähne fressen und sich als Speckröllchen um die Taille legen. Außerdem vergeht der Appetit, wenn Süßigkeiten den Magen füllen.
5. Mehr Vollkornprodukte. Im vollen Korn ist beinahe alles enthalten, was der Körper braucht.
6. Reichlich Gemüse, Kartoffeln, Obst und Hülsenfrüchte. Sie sind der Mittelpunkt vollwertiger Ernährung. Ein Gutteil davon sollte roh oder als Salat gegessen werden.
7. Weniger tierisches Eiweiß. Fleisch, Wurst und Eier enthalten viele ungünstige Nahrungsbestandteile. Eiweiß kann der Körper aus Kartoffeln, Hülsenfrüchten, Getreide und Fisch bekommen.
8. Trinken mit Verstand. Jeder Körper braucht Flüssigkeit – Wasser, Früchte- oder Kräutertee, Saft.
9. Öfter kleine Mahlzeiten. Große Mahlzeiten belasten die Verdauungsorgane und machen müde. Kinder kommen ohne Zwischenmahlzeiten nicht über den Tag.
10. Schmackhaft zubereiten, aber Nährstoffe schonen. Obst, Gemüse und gemahlenes Getreide möglichst frisch verwenden. In wenig Wasser oder Fett nur knapp garen.

zwei- bis dreijährige Übergangsphase durchschreiten. Die Produkte eines Umstellungsbetriebes müssen gekennzeichnet sein.

Produkte aus kontrolliert-ökologischem Anbau müssen in Österreich niedrigere Schadstoffgrenzwerte einhalten als solche aus konventionellem Anbau. Die Nitratwerte sind zum Beispiel nur halb so hoch.

Die EG-Verordnung für ökologische Tierhaltung steht noch aus. Doch die Bauern, die bereits jetzt so arbeiten, beschränken die Anzahl ihrer Tiere, so daß eine artgerechte Tierhaltung möglich wird. So produzieren sie nicht mehr Gülle, als die umliegenden Felder unbeschadet aufnehmen können. Beschränkungen beim Futterzukauf sorgen dafür, daß die Tiere weitgehend das Futter fressen, das der Hof selbst produziert.

Neutrale Untersuchungen zeigen, daß kontrolliert-ökologisch erzeugte Nahrungsmittel wesentlich weniger belastet sind als andere.

NAHRUNGS-BESTANDTEILE

Mit dem, was wir essen und trinken, versorgen wir den Körper mit energieliefernden Stoffen – Kohlenhydrate, Eiweiß, Fett – und Mineralstoffen (> Seite 570), Vitaminen und Spurenelementen (> Seite 571).

Energielieferanten:
1 Gramm Fett liefert 37 kJ (9 kcal)
1 Gramm Kohlenhydrate liefert 16 kJ (4 kcal)
1 Gramm Eiweiß liefert 16 kJ (4 kcal)
1 Gramm Alkohol liefert 29 kJ (7 kcal)

Fette

Bedarf: Etwa ein Viertel der Energiemenge.
Versorgung: Meist zuviel.
Fette sind in Fleisch, Fisch, Eiern und Milch enthalten, aber auch in Früchten und Samen. Die Menge des verzehrten Streich- oder Bratfetts läßt sich leicht abschätzen. Schwieriger ist das bei den »versteckten Fetten« in Fertiggerichten, Schokolade, Mayonnaise, Backwaren, Käse, Wurst, Fritiertem oder paniert Gebackenem.

Fette sind für den Körper sowohl Brennstoff als auch Grundstoff für den Aufbau von zum Beispiel Hormonen.

Fette werden danach eingeteilt, ob sie aus gesättigten oder ungesättigten Fettsäuren entstanden sind. Die gesättigten Fettsäuren kann der Körper selbst aufbauen. Die mehrfach ungesättigten hingegen nicht. Sie müssen mit der Nahrung zugeführt werden und heißen darum auch essentielle Fettsäuren.

Viel an mehrfach ungesättigten Fettsäuren enthalten: Distelöl (75 %), Leinöl (72 %), Sonnenblumenöl (60 %), Maiskeimöl (55 %).

Das oft so gepriesene Olivenöl kann da nicht mithalten – weder was die Zusammensetzung seiner Fettsäuren, noch was seinen Vitamingehalt angeht. Auch »Pflanzenöl« ist nicht von vornherein ein Qualitätsbegriff. Wie der Anteil an ungesättigten Fettsäuren und Vitaminen ist, bleibt offen.

Eiweiß

Bedarf: Etwa 15 Prozent der täglichen Energiemenge.
Versorgung: Ausreichend.
Empfohlener Eierkonsum:
0 bis 1 Jahr: Ein Ei pro Woche.
1 bis 6 Jahre: Zwei Eier pro Woche.
6 bis 14 Jahre: Zwei bis drei Eier pro Woche.

Eiweiße sind aus vielen kleinen Bausteinen, den Aminosäuren, zusammengesetzt. Verdauung heißt unter anderem, Eiweiße in diese Aminosäuren zu zerlegen. Daraus baut der Körper seine eigenen Eiweiße zusammen. Fermente und Hormone bestehen zum Beispiel aus Aminosäuren.

Ein Grund für die Forderung, sich vielseitig zu

ernähren, liegt in den Aminosäuren: Einige von ihnen kann der Körper nicht selbst herstellen. Er muß sie mit der Nahrung bekommen. Fehlt eine dieser »essentiellen« Aminosäuren, kann der Körper keine Eiweiße mehr aufbauen, obwohl alle anderen Bausteine ausreichend vorhanden sind.

Im allgemeinen essen wir zuviel Eiweiß, das von Tieren stammt (Fleisch, Eier, Milch), und nehmen damit automatisch zuviel Fett und Cholesterin auf. Es würde genügen, wenn tierisches Eiweiß ein Drittel der täglichen Eiweißmenge ausmachte. Der Rest sollte pflanzlicher Herkunft sein. Dieses Eiweiß ist von wünschenswerteren Stoffen wie Ballaststoffen und Vitaminen begleitet.

Eiweißreich sind: Sojabohnen (37 %), Bohnen, Erbsen, Linsen (23 %), mageres Fleisch (16 bis 20 %), Ei (13 %), Käse (10 bis 35 %), Getreide (7 bis 12 %).

Kohlenhydrate

Bedarf: 50 bis 60 Prozent der Tagesenergiemenge.
Versorgung: Ausreichend, doch ungünstig zusammengesetzt. Die 4- bis 14jährigen essen und trinken täglich ungefähr die Hälfte mehr Zucker als vernünftig wäre.
Abhilfe: Mehr Vollkornprodukte, Obst und Gemüse, um den Ballaststoffanteil zu erhöhen.

Kohlenhydrate finden sich nur in pflanzlichen Nahrungsmitteln, einzige Ausnahme: Milch. In die Gruppe der Kohlenhydrate gehören alle Zucker. Es sind kleine Moleküle, die schnell ins Blut gehen. Das ist jedoch nur selten wünschenswert: Es verlangt der Bauchspeicheldrüse in kurzer Zeit eine erhebliche Insulinproduktion ab.

Ein weiteres Kohlenhydrat ist Stärke. Wir essen sie in Getreide (Weizen, Hafer, Gerste, Roggen, Mais, Reis), Hülsenfrüchten (Erbsen, Linsen, Bohnen) und Kartoffeln und deren Produkten (Brot, Nudeln, Püree).

Stärke ist aus kleinen Zuckeranteilen zusammengesetzt. In diese kleinen Stücke müssen die Verdau-

ungssäfte das große Kohlenhydrat zerlegen. Erst sie kann das Blut zu den Zellen tragen. Für den Körper ist das günstig, weil er nicht mit viel Zucker auf einmal überschwemmt wird, sondern alles hübsch langsam gehen kann.

Zellulose ist ebenfalls ein Kohlenhydrat, das aus kleinen Zuckereinheiten besteht. Es gehört zu den Ballaststoffen und ist unverdaulich.

Ballaststoffe finden sich nur in pflanzlichen Nahrungsmitteln wie Getreide, Gemüse und Obst. Die Nahrung sollte ballaststoffreich sein, weil dann die Zucker langsamer ins Blut übertreten. Außerdem füllen Ballaststoffe den Darm und sorgen für eine regelmäßige Verdauung.

Vitamine, Mineralien, Spurenelemente

Alle Bestandteile dieser drei Stoffgruppen sind lebensnotwendig. Doch nur wenige von ihnen kann der Körper selbst herstellen. Er ist auf das angewiesen, was Essen und Trinken ihm liefern. Eine ausgewogene Ernährung sichert eine breites und ausreichendes Angebot.

Doch niemand muß die als Richtwerte angegebene Menge täglich erreichen, da der Körper für alles Vorräte hat, die unterschiedlich lange reichen. Erst über einen längeren Zeitraum betrachtet, sollte durchschnittlich etwa die genannte Substanzmenge zusammenkommen.

Die empfohlenen Mengenangaben wurden in den vergangenen Jahren immer wieder diskutiert. Es mehren sich die Hinweise, daß unser Leben in Lärm, Hektik und schmutziger Luft, als RaucherIn und PillenschluckerIn den Bedarf an manchen Vitaminen und Spurenelementen erhöht. Doch ist es noch zu früh, um daraus Empfehlungen abzuleiten. Wahrscheinlich läßt sich aber auch ein erhöhter Bedarf mit einer überlegten Ernährung decken. Beim Bilanzieren ist auch zu berücksichtigen, daß viele Lebensmittel Vitaminzusätze enthalten: Margarine, Getränke, Süßigkeiten, Marmeladen, Milchfertigprodukte. Medikamente sind erst notwendig, wenn Ärztin oder Arzt mit einer Blutuntersuchung einen Mangel festgestellt haben und den fehlenden Stoff verordnen.

Vitamin A (Retinol)

Tagesbedarf: Zwischen 0,7 mg (4 Monate) und 1,4 mg (18 Jahre); das entspricht etwa 65 bis 125 g Möhren.

ANDERS ESSEN

● Um Zucker und Zusatzstoffe zu reduzieren: Fruchtjoghurt mit Naturjoghurt mischen; Anteile immer weiter in Richtung Naturjoghurt mit Früchten verändern.
● Für Spiegel- oder Rührei nur ein Ei pro Person nehmen.
● Nur ein Frühstücksei pro Woche.
● Bei den üblichen Kuchen- und Gebäckrezepten die Eierzahl verringern.
● Beim Kuchenbacken Zuckermenge nach und nach verringern.
● Bei Blähungen nach Ballaststoffreichem: Konzentriert Süßes meiden. Auch süßes Obst und süße Säfte können in Kombination mit Vollkornprodukten blähen.
● Mit Weizen-Vollkornbrot beginnen. Es ist ähnlich hell wie übliches Mischbrot.
● Vollkornbrot als Doppeldecker einführen: Eine Scheibe Graubrot, zugedeckt mit einer Scheibe Vollkornbrot.
● Bei Nudeln anfänglich wenig Vollkornnudeln untermischen, nach und nach immer mehr. Bei Reis ebenso.
● Obst, Trockenfrüchte, Quarkspeise als Alternative zu Süßigkeiten anbieten.
● Statt Marmelade Obst aufs Brot legen.
● Gemüse und Dips statt Flips und Chips.

Versorgung: Im allgemeinen ausreichend.

Vitamin A ist notwendig für Wachstum und Aufbau von Haut und Schleimhaut und das Sehen im Dunkeln. In größerer Menge ist es in Leber, Möhren, Spinat und Grünkohl enthalten.

Zuviel Vitamin A kann schaden. Dieses Zuviel kommt aber nur zustande, wenn das Kind durch vitaminierte Lebensmittel, sehr viel Leber oder Medikamente (Lebertran), übergroße Mengen bekommt.

Vitamin B1 (Thiamin, Aneurin)

Tagesbedarf: Zwischen 0,6 mg (4 Monate) und 2,0 mg (18 Jahre); das entspricht etwa 55 bis 180 g Schweinefleisch.
Versorgung: Sie ist nicht immer gewährleistet, da zuviel Zucker, Weißbrot usw. gegessen wird.
Abhilfe: Mehr Vollkornprodukte.

Vitamin B1 ist notwendig für die Energiegewinnung der Muskeln. Der Bedarf ist erhöht, wenn viel Kohlenhydrate zugeführt werden. Reiche Vitamin-B1-Quellen sind Schweinefleisch, Huhn, Vollkorngetreide, Hülsenfrüchte, Kartoffeln.

Vitamin B2 (Riboflavin)

Tagesbedarf: Zwischen 0,6 mg (4 Monate) und 2,2 mg (18 Jahre); das entspricht etwa 65 bis 245 g Huhn.
Versorgung: Der Bedarf ist gedeckt.

Vitamin B2 ist notwendig für den Abbau von Fett und Eiweiß. Bei Fieber ist der Bedarf erhöht. Wesentliche Quellen sind Milch, Milchprodukte, Fleisch, Huhn, Fisch, Eier, Vollkornprodukte.

Vitamin B6 (Pyridoxin)

Tagesbedarf: Zwischen 0,7 mg (4 Monate) und 2,5 mg (18 Jahre); das entspräche 195 bis 695 g Vollkornbrot.

Versorgung: Sie entspricht nicht immer dem Bedarf.
Abhilfe: Gemischte vollwertige Kost.

Vitamin B6 ist notwendig für den Eiweißstoffwechsel. Der Bedarf steigt bei sehr eiweißreicher Kost. Reich an Vitamin B6 sind Hühner- und Schweinefleisch, Lachs, Sardinen, Kohl, grüne Bohnen, Linsen, Kartoffeln, Bananen, Vollkornprodukte.

Vitamin B12 (Cyanocobalamin)

Tagesbedarf: Zwischen 0,9 Mikrogramm (4 Monate) und 3,4 Mikrogramm (18 Jahre); das entspricht etwa 10 bis 40 g Hering.
Versorgung: Der Bedarf ist gedeckt.

Vitamin B12 ist für den Aufbau der roten Blutkörperchen notwendig. Wesentliche Quellen sind Fleisch, Fisch und andere tierische Produkte. Pflanzen enthalten kein Vitamin B12. In milchsauer vergorenem Gemüse (Sauerkraut) haben Mikroorganismen das Vitamin gebildet.

Folsäure

Tagesbedarf: Zwischen 125 Mikrogramm (4 Monate) und 460 Mikrogramm (18 Jahre); das entspricht etwa 95 bis 354 g Spinat.
Versorgung: Im allgemeinen ist der Bedarf gedeckt.

Gemeinsam mit Vitamin B12 ist Folsäure für die Bildung roter Blutkörperchen notwendig. In Weizenkeimen, Spinat, Tomaten, Kohl, Vollkornprodukten und Kartoffeln kommt es reichlich vor.

Niacin (Nikotinsäureamid, Nikotinsäure)

Tagesbedarf: Zwischen 6 mg (4 Monate) und 20 mg (18 Jahre); das entspricht etwa 60 bis 190 g Putenfleisch.
Versorgung: Der Bedarf scheint gedeckt.

Niacin ist notwendig für die Energiegewinnung der Zellen. Bei Fieber ist der Bedarf erhöht. Wesentliche Niacin-Quellen sind Fleisch, Fisch und Milch.

Pantothensäure (Dexpanthenol)

Tagesbedarf: Zwischen 3 mg (4 Monate) und 6 mg (18 Jahre); das entspricht etwa 35 bis 65 g Hering.
Versorgung: Der Bedarf ist gedeckt.

Pantothensäure ist notwendig für den Stoffwechsel aller Nährstoffe. In Hülsenfrüchten, Hering und Fleisch ist es reichlich enthalten.

Vitamin C (Askorbinsäure)

Tagesbedarf: Zwischen 50 mg (4 Monate) und 75 mg (18 Jahre); das entspricht etwa 35 bis 55 g rohem Paprika.
Versorgung: Der Bedarf ist gedeckt.

Vitamin C ist notwendig für die Bildung von Bindegewebe. Die blutbildenden Stoffe Folsäure und Eisen kann der Körper nur aufnehmen, wenn Vitamin C vorhanden ist. Die wichtigsten Vitamin-C-Quellen sind Obst, grünes Gemüse, Tomaten und Kartoffeln.

Vitamin D (Calciferol, Cholecalciferol)

Tagesbedarf: Im ersten Jahr 500 IE. zusätzlich zu dem, was Muttermilch oder Fertigmilch ohnehin enthalten. Nach dem ersten Jahr 200 IE., die der Körper aus Vorstufen in der normalen Nahrung selbst bildet, wenn Licht auf die Haut trifft.

Vitamin D ist notwendig für den Stoffwechsel von Kalzium und Phosphat und damit den Knochenauf- und -abbau. Wesentliche Quellen sind Fisch, Eier, Butter.
Vorstufen von Vitamin D werden mit der Nahrung aufgenommen, in der Haut gespeichert und durch den UV-Anteil des Sonnenlichts in das eigentliche Vitamin umgewandelt. Bei Kindern, die

ans Tageslicht kommen, deckt die Eigenproduktion normalerweise den Bedarf.

Vitamin E (Tokopherol)

Tagesbedarf: Zwischen 4 mg (4 Monate) und 13 mg (18 Jahre); das entspricht etwa 2,5 bis 8 g Weizenkeimöl.
Versorgung: Der Bedarf ist gedeckt.

Vitamin E hilft dem Körper, Substanzen, die Zellen schädigen könnten, in weniger gefährliche Stoffe umzuwandeln. Reichlich Vitamin E enthalten Weizenkeimöl, Distelöl und Sonnenblumenöl.

Vitamin H (Biotin)

Tagesbedarf (geschätzt): Zwischen 15 Mikrogramm (4 Monate) und 30 Mikrogramm (18 Jahre); das entspricht etwa 50 g Sojabohnen.
Versorgung: Der Bedarf ist gedeckt.

EINTEILUNG VON LEBENSMITTELN NACH WERTSTUFEN

Sehr empfehlenswert	Empfehlenswert	Weniger empfehlenswert	Nicht empfehlenswert
Etwa die Hälfte der Nahrung sollte aus diesen Lebensmitteln bestehen	Etwa die Hälfte der Nahrung sollte aus diesen Lebensmitteln bestehen	Nicht täglich verzehren	Möglichst vermeiden
Gekeimtes Getreide, rohes Vollkornschrot (z.B. Frischkornmüsli)	Vollkornprodukte (z. B. Vollkornbrot, -gebäck, -nudeln)	Produkte aus Auszugsmehl (z.B. Weißbrot, Graubrot, Weißer Reis)	Stärke, Eiweißkonzentrate, isolierte Ballaststoffe
Rohes oder milchsaures Gemüse, rohes Obst, gekeimte Hülsenfrüchte	Erhitztes Gemüse, Gemüse- und Obstsäfte, Kartoffeln, erhitzte Hülsenfrüchte	Gemüse-, Obstkonserven, Nektare, Kartoffelprodukte	Zucker, Vitamine
Nüsse, Samen, kaltgepreßte, unraffinierte Öle, ungehärtetes Kokosfett	Ungehärtete Pflanzenmargarine mit hohem Anteil kaltgepreßter Öle	Extrahierte, raffinierte Fette und Öle	Süßigkeiten, Nährstoffpräparate, Schlankheitspräparate
Vorzugsmilch, Rohmilchprodukte	Pasteurisierte Milch (-produkte), Butter (mäßige Menge)	H-Milch, Milchpulver	Sterilmilch
Natürliches Mineralwasser	Leitungswasser, Kräuter-, Früchtetee, Malz-, Getreidekaffee, ungezuckerter Kakao	Schwarzer Tee, Kaffee, Bier, Wein	Fruchtsaftgetränke, Limonaden, Cola-Getränke, Instant-Getränke, Spirituosen
Frische Kräuter und Samen, wenig jodiertes Meersalz	Erhitzte Kräuter und Samen, Meersalz, wenig jodiertes Kochsalz	Gewürzextrakte	Aromastoffe, Kochsalz
Rohes, süßes Obst, eingeweichtes Trockenobst	Verdünnt und mit wenig Honig, Apfel-, Birnendicksaft	Zuckerrübensirup, Melasse, Ahornsirup	Zucker, Süßstoffe

Vitamin H ist notwendig für den Stoffwechsel aller Nährstoffe. Wesentliche Quellen sind Eigelb, Sojabohnen und Erdnüsse.

Vitamin K (Phyllochinon)

Tagesbedarf: Zwischen 10 Mikrogramm (4 Monate) und 70 Mikrogramm (18 Jahre); das entspricht etwa 2 bis 14 Gramm Rosenkohl.
Versorgung: Jenseits der ersten Lebenswochen ist der Bedarf überreichlich gedeckt.

Vitamin K ist für die Blutgerinnung notwendig. In grünen Gemüsen, Milch und Milchprodukten, Fleisch, Eier und Getreide ist es reichlich enthalten.
Die Versorgung mit Vitamin K ist bei allen Neugeborenen knapp. Die Mutter liefert nichts mehr, und ihre Milch ist relativ arm an Vitamin K. Warum die Natur das so eingerichtet hat, verstehen die WissenschaftlerInnen noch nicht. Trotzdem bekommen alle Kinder in der Klinik kurz nach der Geburt Vitamin K, die meisten in Form von Tropfen, manche gespritzt. Damit will man Gehirnblutungen vorbeugen, die bei sieben von 200.000 Säuglingen in den ersten Lebenswochen infolge Vitamin-K-Mangels auftreten. Eine Untersuchung machte 1992 darauf aufmerksam, daß die Kinder, die das Vitamin gespritzt bekamen, stärker krebsgefährdet sind als andere. Seitdem empfiehlt das Bundesgesundheitsamt, den Säuglingen das Vitamin nur noch in Tropfenform einzugeben.

Kalium

Tagesbedarf (Achtung: Beim Garen geht sehr viel Kalium ins Kochwasser über): Zwischen 650 mg (4 Monate) und 2 g (18 Jahre); das entspricht etwa 35 bis 115 g Sojabohnen.
Versorgung: Im allgemeinen ist sie ausreichend. Bei Durchfall und Erbrechen müssen Kaliumverluste ausgeglichen werden.

Kalium ist für den Wasserhaushalt der Zellen notwendig, damit Muskel- und Nervenzellen auf Reize reagieren können. Hülsenfrüchte, Bananen und Pilze enthalten viel Kalium.

Kalzium

Tagesbedarf: Zwischen 500 mg (4 Monate) und 1200 mg (18 Jahren); das entspricht etwa 400 bis 960 g Milch.
Versorgung: Sie ist praktisch immer unzureichend. Den über Zehnjährigen fehlt bis zu einem Viertel der nötigen Menge.
Wünschenswert wäre, daß Kleinkinder täglich 1/4 Liter Milch, Sauermilch, Dickmilch oder Joghurt zu sich nehmen; Schulkinder 1/2 Liter pro Tag. Das restliche Kalzium sollte aus Gemüse und (Mineral)Wasser kommen.

Knochen und Zähne brauchen als Baumaterial Kalzium. Ob sich im Alter eine Knochenentkalkung (Osteoporose) entwickelt, hängt wesentlich von der Versorgung mit Kalzium in der Kinder- und Jugendzeit ab. Muskel- und Nervenzellen benötigen Kalzium, um auf Reize reagieren zu können. Es ist wichtig zur Abwehr von Entzündungen und Allergien und bei der Blutgerinnung. Damit Kalzium aus dem Darm aufgenommen werden kann, ist Vitamin D notwendig.
Die wichtigsten Kalziumquellen sind Milch, Käse, grüne Gemüse.

Phosphat

Tagesbedarf: Zwischen 500 mg (4 Monate) und 1,6 g (18 Jahre); das entspricht etwa 50 bis 170 g Schmelzkäse.
Versorgung: Sie ist ausreichend, oft sogar überreichlich.

Die Knochen und sich vermehrende Zellen brauchen Phosphat. Seine Aufnahme und Ausscheidung werden genauso geregelt wie die von Kalzium. Für die Aufnahme aus dem Darm ist ebenfalls Vitamin D notwendig.

Alles, was Eiweiß und Kalzium enthält, bringt reichlich Phosphat mit sich. Unerwünscht reichliche Phosphatquellen sind zum Beispiel Cola-Getränke und Brühwürste. Ein übermäßiger Konsum von »Soft-Drinks« kann die Knochenfestigkeit beeinträchtigen.

Magnesium

Tagesbedarf: Zwischen 60 mg (4 Monate) und 380 mg (18 Jahre); das entspricht etwa 50 bis 310 g Vollkornbrot.
Versorgung: Sie ist im allgemeinen ausreichend.

Knochen und Zellen, besonders Muskelzellen, brauchen Magnesium. Es ist in Sojabohnen, Vollkornprodukten, Bananen und grünem Gemüse enthalten.

Eisen

Tagesbedarf: Zwischen 8 mg (4 Monate) und 15 mg (18 Jahre); das entspricht etwa 110 bis 205 g Huhn.
Versorgung: In den ersten beiden Lebensjahren und während der Pubertät ist sie meist unzureichend.

Für den Aufbau des Hämoglobins der roten Blutkörperchen und eine intakte Immunabwehr braucht der Körper Eisen. Es ist in Fleisch, Sojabohnen und anderen Hülsenfrüchten, Vollkorngetreide, Wirsingkohl, Spinat, Bohnen und Erbsen reichlich enthalten.

Aus Fleisch kann der Körper Eisen besser verwerten als aus pflanzlichen Produkten.

Fluorid

Tagesbedarf: Zwischen 0,1 bis höchstens 0,5 mg (4 Monate) und 1,5 bis höchstens 2,5 mg (15 Jahre).
Versorgung: Die normale Ernährung bringt bei Kindern täglich etwa 0,1 bis 0,2 mg Fluorid. Die Hauptmenge stammt aus dem Trinkwasser (> Leitungswasser, Seite 582).
Zur Fluoridbehandlung, um Karies vorzubeugen (> Zum Thema Fluorid, Seite 829).

Fluorid ist in Trinkwasser enthalten, in Fisch, dessen Gräten mitgegessen werden (Sprotten, Fisch in Dosen), Meersalz und schwarzem Tee. Drei Tassen Tee decken den täglichen Fluoridbedarf eines Erwachsenen.

Jodid

Tagesbedarf: Zwischen 80 Mikrogramm (4 Monate) und 200 Mikrogramm (18 Jahre); das entspricht etwa 35 bis 85 g Schellfisch.
Versorgung:
Sie ist in Deutschland und Österreich unzureichend. 22 Prozent der Mädchen und 13 Prozent der Jungen zwischen 3 und 15 haben durch Jodmangel vergrößerte Schilddrüsen.
Wünschenswert wäre es, mehr Seefisch zu essen und jodreiches Mineralwasser zu trinken. Andernfalls kann man auch jodiertes Speisesalz verwenden.

Jod wirkt als Bestandteil der Schilddrüsenhormone. In Wachstumszeiten ist der Jodbedarf erhöht. Wesentliche Jodquellen sind Seefisch, Milch und Pilze.

ROH, ZUBEREITET, KONSERVIERT

Alle Nahrungsmittel verlieren Vitamine und Mineralien, wenn sie bearbeitet und gelagert werden. Die folgende Stufenleiter drückt den Wertverlust aus: Rohkost – frisch Gegartes – Tiefgefrorenes – Konserven. Bestrahlte Lebensmittel haben in dieser Hierarchie noch keinen Platz gefunden.

NASCHKATZEN

Nachfrage und Angebot passen gut zusammen: Babies mögen Süßes, und Muttermilch ist süß.

Süßes zu mögen ist angeboren. Erst langsam lernen Kinder, daß auch Salziges, Bitteres und Scharfes gut schmecken kann. Möglicherweise schützte das in der Entwicklungsgeschichte den Menschen davor, sich mit anders Schmeckendem zu vergiften. Möglich auch, daß das Fettpolster nach reichlichem Süßgenuß half, Hungerzeiten zu überleben.

Doch bedeutet das nicht, daß alles gut ist, was süß ist. Kinder lernen schnell, ob erst der Zusatz von Süßem Essen »schmackhaft« macht oder ob Obst und Gemüse so schmecken dürfen, wie die Natur sie gemacht hat. Außerdem »nutzt« sich das Geschmacksempfinden ab. Wer einen bestimmten Süßigkeitsgrad gewohnt ist, braucht zunehmend mehr, um eine Speise noch als süß zu empfinden. Für anders Schmeckendes gilt das entsprechend.

Die Großen zeigen den Kleinen, ob Schokolade und bunte Zuckerl Liebhaben, Freude oder Belohnung ausdrücken oder der Satz »Ich hab dich so lieb«, ein Luftsprung oder eine Extra-Runde Mensch-ärgere-Dich-nicht.

Allerdings tun auch diejenigen ihren Schützlingen nichts Gutes, die Bonbons und Schokolade zum Kinderfeind Nummer eins erklären und den Kampf gegen ihn zur Ideologie erheben. Wer selbst gern nascht, wird zudem unglaubwürdig, wenn er seinen Kindern einen Verzicht abverlangt, den er selbst nicht leistet. Das ständige Ringen zwischen Nicht-Dürfen und Doch-Wollen belastet die Atmosphäre und zermürbt alle Beteiligten. Nur allzuleicht wird das Verbotene zur Verlockung, der das Kind mit einem Gefühl zwischen Wonne und Schuld immer wieder erliegt.

Süßigkeiten können eine Möglichkeit sein, den Umgang mit Versuchungen zu lernen. In Form von Fernsehen, Computerspielen, Geld, Alkohol und Drogen fordern sie ohnehin irgendwann jedes Kind und seine Eltern heraus.

Strategien gegen allzuviel Süßes

- Keine Süßigkeiten einkaufen.
- Keine aufbewahren.
- Alternativen anbieten: Obst, Trockenfrüchte, Quarkspeisen.
- BesucherInnen unmißverständlich klarmachen, daß süße Gaben unerwünscht sind.
- Sammeln, was dennoch unvermeidlich eintrudelt. Davon darf sich das Kind täglich ein Teil nehmen.
- Süßes nach den Mahlzeiten.
- Süßigkeiten an Stelle einer anderen Zwischenmahlzeit – nicht zu verwechseln mit »mal zwischendurch«.
- Achtung, wenn auf der Zutatenliste eines Produkts etwas steht, das auf »-ose« endet. Meist bezeichnet das eine Zuckerart.

Zucker

Egal, ob weiß oder braun, Fabrik-, Frucht-, Trauben-, Milchzucker – dem Speiseplan fehlt nichts, wenn Zucker nicht vorkommt. Den Zucker, den die Nerven als Nahrung brauchen, bekommen sie ausreichend aus den Kohlenhydraten von Obst, Gemüse und Getreide.

Daß Zucker der Gesundheit schaden kann, ist so eindeutig belegt, daß die Bezeichnung »Schadstoff« inzwischen gerichtlich bestätigt ist. Zucker ist wesentlich daran beteiligt, wenn Zähne löchrig und Körperformen allzu rund werden. Der Begriff »Vollwertzucker« ist ein Produkt findiger Marketingleute. Selbst wenn dem süßen Stoff Vitamine und Mineralstoffe beigefügt sind oder das, was in der Zuckerrübe drin ist, nicht mühsam herausmanipuliert wurde – »gesünder« wird Zucker damit keineswegs.

Rohkost

Frisches Obst und Gemüse enthalten die meisten Vitamine und Mineralstoffe. Beim Lagern beginnt der Vitaminverlust, beim Stehen der geschälten, kleingeschnittenen Rohkost an Licht und Luft setzt er sich fort. Darum sollen Salatzutaten erst kurz vor dem Verzehr hergerichtet, Säfte nach dem Auspressen gleich getrunken werden.

Rohkost enthält reichlich Ballaststoffe, die den Darm füllen. Außerdem stimulieren die mit rohem Obst und Gemüse unvermeidlich mitgeschluckten Bakterien die Zellen des Immunsystems, von denen besonders viele im Darm sitzen.

Garen

Gemüse, das frisch in Topf oder Pfanne kommt und dort nur kurze Zeit bleibt, bringt so viel von den wertvollen Inhaltsstoffen auf den Teller wie möglich. Auch zubereitetes Gemüse darf beim Hineinbeißen noch knacken.

Je weniger Wasser zum Garen gebraucht wird, desto weniger Mineralien können sich in ihm lösen. Darum sollte das Kochwasser auch zur Zubereitung der Soße verwendet werden.

Tiefgefrorenes

Von allen vorgefertigten Nahrungsmitteln steht die Tiefkühlkost dem frisch Gekochten am nächsten. Oft kommen Tiefkühlprodukte sogar schneller in die Packung als das Gemüse vom Erzeuger ins Regal des Supermarktes. Mit jedem Lagerungstag verliert das Gefrorene aber wertgebende Inhaltsstoffe: Bei Spinat und grünen Bohnen nimmt der Vitamin-C-Gehalt in drei Tagen um ein Drittel ab. Nach einem halben Jahr fehlt Tiefgekühltem durchschnittlich ein Fünftel des Vitamin B1, mehr als ein Fünftel vom Vitamin B2 und nahezu die Hälfte an Vitamin C.

Der Nitrat- und Schadstoffgehalt darf bei Tief-kühlgemüse die gesetzlich festgelegten Mengen nicht überschreiten.

Tiefkühlkost kann also durchaus ein Ernährungsbaustein sein, wenn Frischkost nicht möglich ist. Allerdings ist es die energieaufwendigste Art, Lebensmittel zu lagern.

Konserven

Die lange Lagerfähigkeit von Glas- oder Dosenkonserven bezahlen KonsumentInnen mit einem Vitaminverlust zwischen 5 und 50 Prozent. Bei ein- bis zweijähriger Lagerung sind es noch einmal etwa 20 Prozent.

Obstkonserven sind meist gezuckert, Gemüsekonserven gesalzen. Letzteres muß nicht einmal angegeben sein. Was dem Eingemachten sonst noch beigegeben ist, muß auf dem Etikett stehen.

Bestrahlung

Radioaktive Strahlung kann Lebensmittel haltbar machen: Die Strahlen töten viele Bakterienarten ab, andere reduzieren sie. Die Bestrahlung verzögert die Reifung von Obst und Gemüse; Knollengemüse keimt nicht mehr.

Eine Sorge bei dieser Art, Lebensmittel zu konservieren, ist unbegründet: Bestrahlte Produkte sind genausowenig radioaktiv wie Menschen, von denen eine Röntgenaufnahme gemacht wurde. Dennoch zählen KritikerInnen eine Reihe von Nachteilen auf:
● Die Bestrahlung verringert den Nährwert von Lebensmitteln. Der Vitaminverlust kann bis zu 80 Prozent betragen.
● Viren kann die Bestrahlung nichts anhaben.
● Bestrahlung kaschiert mangelnde Hygiene bei Produktion, Bearbeitung und Verpackung. GeflügelproduzentInnen können damit eine Salmonellenverseuchung vertuschen.
● Bestrahlung macht es möglich, etwas als frische Ware zu verkaufen, was eigentlich schon verdorben ist. KäuferInnen können den Schwindel nicht aufdecken, weil die Strahlen die Fäulnisbakterien

abtöten, die den Verderb durch Geruch und Aussehen ankündigen. Trotzdem gammelt das Produkt.

● Die Bestrahlung führt zu chemischen Veränderungen in den Nahrungsmitteln. Was diese auf lange Zeit gesehen im Körper bewirken, ist unbekannt.

● Tierversuche weisen auf negative Auswirkungen für die Gesundheit hin.

In Deutschland und Österreich sind die Bestrahlung von Lebensmitteln und der Import solcher Waren verboten. Andere EG-Staaten haben sie jedoch bereits zugelassen. Wie mit bestrahlten Nahrungsmitteln zukünftig verfahren werden soll, ist noch offen. Wird die Bestrahlung im Rahmen des europäischen Binnenmarkts erlaubt, ist vorgesehen, sowohl die so konservierten Lebensmittel als auch die damit hergestellten Produkte zu kennzeichnen.

Problematisch ist jedoch die Überprüfung. Es gibt erst wenige neuentwickelte Verfahren dafür.

SCHADSTOFFE

Die Vorstellung, beim Biß in einen Apfel die Produktpalette einer Chemiefabrik zu kosten, schreckt viele Menschen. ForscherInnen betonen zwar immer wieder, daß die Schäden, die zuviel unvernünftig zusammengesetzte Nahrung im Körper anrichtet, weitaus gravierender sind als die, die Schwermetalle, Pestizide und andere organische Verbindungen vielleicht haben. Doch zumindest Kinder haben ein Recht auf möglichst unbelastete Nahrungsmittel.

Schadstoffrückstände gelten offiziell als harmlos, solange sie ein gesetzlich festgelegtes Quantum nicht überschreiten (> Die Umwelt, Seite 719). Sie orientieren sich jedoch am körperlichen Wohl eines 70 Kilogramm schweren Menschen. Kinder, von denen ÄrztInnen schätzen, daß sie 40- bis 150mal empfindlicher sind, bleiben unberücksichtigt. Mit einer Klage will eine Gruppe von Eltern nun vom Gesetzgeber seine Verpflichtung gegenüber der nachfolgenden Generation einfordern.

Adresse: Initiative gegen die Verletzung ökologischer Kinderrechte
Wundtstr. 40; 14057 Berlin

Doch selbst vorgeschriebene Grenzwerte werden bei weitem nicht immer eingehalten. Eine bundesweite Kontrolle durch das Bundesgesundheitsamt ergab, daß ein Drittel der Kopfsalat-Proben zuviel Nitrat, mehr als 80 Prozent der Erdbeeren Pestizide enthielt. Rindernieren waren ganz erheblich mit Kadmium verseucht.

Zu den Schadstoffen Blei, Quecksilber und Kadmium > ab Seite 719.

Nitrat/Nitrit

Pflanzen und Trinkwasser enthalten Nitrat. Besonders viel wird es bei intensiver Düngung der Felder. Nitrit ist Bestandteil des Pökelsalzes in Fleisch- und Wurstwaren.

Aus geschlucktem Nitrat machen die Bakterien im Verdauungstrakt giftiges Nitrit. Auch beim Aufwärmen nitrathaltiger Speisen (Spinat, Möhren, Rote Bete, Kohl) entsteht Nitrit. Dieses wird mit Eiweißbestandteilen zu Nitrosaminen. Sie sind ein Grund, warum Nitrate zu den Schadstoffen zählen: Nitrosamine sind krebserregend.

Bei Säuglingen steht eine andere Eigenschaft des Nitrit im Vordergrund: Es verbindet sich mit dem Sauerstoffüberträger des Blutes und macht ihn funktionsuntüchtig. Dadurch entsteht die »Blausucht«, eine Art »inneres Ersticken«. Säuglinge sind durch Nitrat im Vergleich zu größeren Kindern stärker gefährdet. In ihrem unreifen Verdauungssystem wird sehr viel mehr Nitrat in Nitrit umgewandelt. Ihr Hämoglobin nimmt es besonders schnell auf, und ihr Körper kann den Vorgang nicht wieder rückgängig machen.

Vermeidung

● Gemüse in der Jahreszeit einkaufen, in der es in unseren Breiten wächst. Das Licht der Sonne baut Nitrat ab. Infolgedessen ist das Gemüse am wenigsten belastet, das unter freiem Himmel wuchs und abends geerntet wurde.

● Große Mittelrippen und Stiele von beispielsweise Salat oder Kohl nicht verwenden.
● Warme Gerichte aus Käse und Schinken meiden. Der eine liefert für die Nitrosamine die Amine, der andere das Nitrit.

Pflanzenschutzmittel/ Schädlingsbekämpfungsmittel

Spritzrückstände bleiben auf Obst und Gemüse, wenn die vorgeschriebenen Wartezeiten nicht eingehalten werden oder der einkalkulierte Regen nicht kam, um sie abzuwaschen. Ein Teil der 60.000 Tonnen pro Jahr versprizten Gifte sickert ins Grundwasser. Aus Tierfutter mit Pestizidrückständen werden Fleisch und Wurst mit diesen Beigaben.

Pestizide verursachen Blutschäden bis hin zu Blutkrebs und werden verdächtigt, Krebs zu begünstigen. Sie beeinträchtigen möglicherweise die Fruchtbarkeit und schädigen das werdende Leben.

Vermeidung

● Obst und Gemüse gründlich waschen, putzen und schälen.
● Äußere Blätter wegwerfen.

Antibiotika

Jährlich werden etwa 100 Millionen erlaubte Anabolikabehandlungen durchgeführt, mit denen die Tiere rund eine Millionen Tonnen Fleisch zusätzlich ansetzen. Gesetzliche Bestimmungen über den Injektionsort und die Zeit, die zwischen Spritze und Schlachten verstreichen muß, sollen VerbraucherInnen vor Schaden bewahren.

Auch Fische dümpeln inzwischen in Zuchtanstalten dahin. 1986 bis 1987 bekamen Norwegens Lachse dreimal soviel Antibiotika wie die NorwegerInnen selbst.

Möglicherweise gewöhnt sich der Körper durch kleine Mengen Antibiotika im Fleisch an die Stoffe. Dann wirken sie nicht mehr ausreichend, wenn sie Krankheiten bekämpfen sollen. Vielleicht begünstigen die kleinen Mengen auch Allergien gegen diese Stoffe.

Vermeidung

● Eier von freilaufenden Hennen enthalten keine Pharmazeutika.
● Von den Fleischsorten sind Lamm- und Rindfleisch noch am wenigsten mit Pharmaka belastet.
● Bei Fleisch aus ökologisch kontrollierten Tierbeständen sind solche Zusätze am wenigsten wahrscheinlich.

Hormone

Eine Hormonbehandlung von Tieren ist nur bei medizinischer Indikation erlaubt; doch die illegale

---

Kontakte

Über die derzeitige Belastungssituation bei Nahrungsmittel erteilen folgende Stellen Auskunft:

Deutschland:

Arbeitsgemeinschaft der Verbraucherverbände
Heilsbachstr. 20
53123 Bonn
Tel.: 0228/6489-0

Österreich:

Ökologie-Institut für angewandte Umweltforschung
Seidengasse 13
1070 Wien
Tel.: 0222/936105

Anwendung ist natürlich nicht auszuschließen. Aber selbst dann können diese Hormone bei den VerbraucherInnen nur etwas bewirken, wenn sie in die Stelle hineinbeißen, in die das Tier die Spritze vor kurzem hineingedrückt bekam.

Vermeidung

Bei Fleisch aus ökologisch kontrollierten Tierbeständen sind solche Zusätze am wenigsten wahrscheinlich.

ZUSATZSTOFFE

Welche Zusatzstoffe in ein Lebensmittel hineindürfen und wieviel, bestimmt der Gesetzgeber. Etwa 480 Zusatzstoffe sind im Bereich der EG genehmigt. Wie notwendig sie sind, bestimmen die VerbraucherInnen. Konservierungsstoffe zum Beispiel wären unnötig, wenn Lebensmittel direkt bei ErzeugerInnen eingekauft würden. Wer akzeptiert, daß Erdbeermarmelade nach einiger Zeit bräunlich ist, kann auf Farbstoffe verzichten. Wer nicht auf süß programmiert ist, kann auch ohne Süßstoffe schlank bleiben.

Folgende Zusatzstoffe können Allergien auslösen

E 102: Tartrazin (in Ö nicht zugelassen) – zitronengelb
E 104: Chinolingelb – gelb
E 110: Gelborange
E 120: echtes Karmin (Cochenille) – rot
E 122: Azorubin – rot
E 123: Amaranth (in Ö nicht zugelassen) – kirschrot
E 124: Cochenillerot
E 127: Erythrosin – rosa
E 151: Brillantschwarz
E 160 b: Bixin – orange
E 210 bis E 213: Benzoesäure und Benzoate
E 214 bis E 219: PHB-Ester und Verbindungen
E 220 bis E 227: Schwefeldioxid und Sulfite
E 310 bis E 312: Gallate

E 321: BHT (Butylhydroxitoluol)
E 413 (Traganth)
E 414 (Gummi arabicum)

TRINKEN

Durchschnittlich empfohlene Tagestrinkmenge:

4 bis 12 Monate:	400 ml
1 bis 4 Jahre:	950 ml
4 bis 10 Jahre:	1100 ml
10 bis 13 Jahre:	1200 ml
13 bis 15 Jahre:	1300 ml
15 bis 18 Jahre:	1450 ml

Versorgung: Die Sechs- bis Elfjährigen trinken eher zuwenig.

70 Prozent des Säuglingskörpers sind Wasser, beim Erwachsenen sind es immerhin noch 50 bis 60 Prozent. Ein Fünftel seines Körperwassers setzt das kleine Kind täglich um. Das bedeutet, es läuft viel raus, also muß viel nachgefüllt werden. Bei Wassermangel können die Nieren nicht mehr genügend Salze ausscheiden. Das Blut dickt ein, der Kreislauf versagt.

Kinder haben eine im Vergleich zu Erwachsenen größere Körperoberfläche, von der mehr Wasser verdunstet, und sie sind ständig in Bewegung. Noch mehr Flüssigkeit brauchen sie, wenn es warm ist, in trockener, kalter Luft, bei Fieber oder wenn sie bei Erbrechen oder Durchfall Flüssigkeit verlieren.

Auch wenn Erwachsene der große Durst der Kleinen manchmal schreckt: Es kann praktisch nicht zuviel werden.

Vermeldet der Körper Durst, braucht er Wasser. Leitungs-, Tafel- oder Mineralwasser erfüllen den Bedarf und sind energiefrei. Als Durstlöscher eignen sich auch mit Wasser verdünnte Obstsäfte. Mit anderen Getränken erfüllen wir vornehmlich unsere Bedürfnisse nach Geschmack und Genuß.

Bei der großen Menge Flüssigkeit, die jeder täglich umsetzt, kommt der Auswahl des Getränks große Bedeutung zu. Der Gehalt des Trink- oder Mineralwassers an Salzen und Spurenelementen kann manchen ernährungsbedingten Mangel ausgleichen. Wer oft Milch, Soft-Drinks oder süße Obstsäfte wählt, trinkt damit einen Großteil seiner täglichen Joulemenge.

Leitungswasser

Leitungswasser ist nicht mehr unbedingt für jeden zum Trinken geeignet. Problematisch können der Gehalt an Nitrat, Pestiziden, Kupfer und Blei sein.

Die EG begrenzt den Nitratgehalt von Trinkwasser auf 50 mg/l. In Österreich sind bis 1994 noch 100 mg/l erlaubt.

Regelmäßige Überprüfungen sollen diese gesetzlich geforderte Mindestqualität garantieren. In großen Teilen Ostdeutschlands mußten die PrüferInnen allerdings das Leitungswasser – gemessen an den EG-Grenzwerten – als zum Trinken ungeeignet einstufen.

In Österreich haben Untersuchungen gezeigt, daß vor allem bei Wasser-Eigenversorgern in ländlichen Gebieten die Nitratmengen über dem Grenzwert liegen. Überschreitungen bei Blei und Eisen waren selten.

1989 lief in Deutschland gemäß einem Test des ÖKO-Test-Magazins nur in einem Drittel der Orte Wasser mit weniger als 10 mg Nitrat pro Liter aus dem Hahn. Wenn ein Mineralwasser so viel Nitrat enthält, darf es von sich nicht behaupten, daß man damit Babynahrung zubereiten könnte. Pestizide waren in jeder sechsten Probe enthalten.

Saures Wasser, das heißt Wasser mit einem pH-Wert unter 6,7, kann aus Kupferleitungen das Metall herauslösen. Das Kupfer kann bei Säuglingen lebensbedrohliche Leberveränderungen bewirken. Bei solchem Wasser ist es besser, die Säuglingsnahrung mit Tafelwasser zuzubereiten.

Wasserhärte

Mit dem Trinkwasser bekommt der Körper ohne viel Aufhebens Kalzium und Magnesium. Weil hartes Wasser jedoch viele Haushaltsmaschinen verkalken läßt, bemühen sich die Wasserwerke, kalkarmes Wasser zu liefern.

Private Wasserenthärtungsanlagen sind nur für Brauchwasser sinnvoll. Sie ersetzen Kalzium und Magnesium durch Natrium. Trinken von sehr natriumreichem Wasser kann aber den Blutdruck ansteigen lassen. Besonders gefährdet sind Säuglinge.

Kunstharzfilter vermeiden diese Natriumbelastung. Sie entfernen Kalzium und einen Teil des Bleis, belassen aber das Magnesium. Meist ist das gefilterte Wasser jedoch keimhaltiger als Leitungswasser, weil es in solchen Filtern sehr lange steht.

Mineral- und Tafelwasser

Das Flaschenwasser entstammt natürlichen Quellen. Wie es zusammengesetzt ist, steht auf dem Etikett. Danach läßt sich Mineralwasser gezielt aussuchen, um so bestimmte Mineralsalze zuzuführen.

Mineralwasser kann – besonders in Kunststoffflaschen – stark verkeimt sein, wenn nach der Abfüllung viel Zeit vergangen ist. Angebrochene Flaschen sollten im Kühlschrank aufbewahrt und möglichst schnell ausgetrunken werden.

Fruchtgetränke

Wer garantiert reinen Fruchtsaft trinken will, muß ihn selber machen. Industriell hergestellte Säfte dürfen – in unterschiedlicher Menge – Zucker enthalten. Die Durstlöscher aus Flaschen, Tüten oder Dosen können außerdem noch Zusatzstoffe enthalten.

In dieser Reihenfolge nimmt der Saftanteil ab, der Zuckeranteil zu: Fruchtsaft naturrein, Fruchtnektar, Fruchtsaftgetränk, (Fruchtsaft-)Limonade, Kunstlimonade (Brause).

Soft-Drinks

Ein Liter Cola-Getränk enthält ungefähr so viel Koffein wie eineinviertel Tassen Kaffee. Beigabe sind 600 mg Phosphorsäure und allerlei Chemisches. Ansonsten sind die braunen Brausen Zuckerwasser, 110 Gramm pro Liter, sprich 370 J oder 88 kcal pro Glas.

Bitter-Getränke (Tonics) schmecken durch bis zu 85 Milligramm Chinin pro Liter bitter. Dennoch enthalten auch diese Limonaden 110 Gramm Zucker pro Liter.

In den »Light«-Versionen der Limonaden ist kein oder nur sehr wenig Zucker enthalten. Steht jedoch »zuckerfrei« auf dem Etikett, können sie Zuckeraustauschstoffe enthalten. Dann sind sie zwar für DiabetikerInnen geeignet, haben aber kaum weniger Kalorien als gezuckerte Getränke.

Konkrete gesundheitliche Bedenken gibt es gegen keinen Süßstoff mehr. Trotzdem hat die Weltgesundheitsorganisation Tageshöchstmengen festgesetzt, die nicht überschritten werden sollten. Bei der vielfältigen Verwendung in allgemein üblichen und gern gekauften Lebensmitteln sind diese Grenzwerte jedoch schnell erreicht.

UNGEWÖHNLICHE KOSTFORMEN

Sich fleisch- und fischfrei – also vegetarisch – zu ernähren, findet zunehmend mehr AnhängerInnen. Doch es gibt noch eine ganze Reihe weiterer Kostformen, die auf tierische Produkte verzichten. Teilweise sind es mehr als »Außenseiter«-Kostformen, denn mit ihnen verbinden sich ganze Lebenskonzepte mit philosophischem und weltanschaulichem Hintergrund.

WASSERUNTER-SUCHUNGEN

● Fordern Sie beim zuständigen Wasserwerk die aktuellen Meßwerte an.

● Enthält das Trinkwasser mehr als 20 mg/l Nitrat, empfiehlt sich für die Babyflasche Tafelwasser mit dem Zusatz »Geeignet für die Zubereitung von Säuglingsnahrung«. Dessen Nitratgehalt liegt unter 10 mg/l, bzw. es hat einen Nitritgehalt unter 0,02 mg/l. Enthält Trinkwasser mehr als 50 mg/l Nitrat, sind in Deutschland die Behörden verpflichtet, zur Säuglingsernährung weniger belastetes Wasser zur Verfügung zu stellen.

● In Gemeinden, deren Wasser mehr als 0,3 Milligramm Fluorid pro Liter enthält, können die Kinder auf zusätzliche Fluoridgaben (> Seite 829) verzichten.

● Manche Schadstoffe gelangen erst auf dem Weg vom Wasserwerk zum Wasserhahn ins Wasser. Es ist sinnvoll, Leitungswasser überprüfen zu lassen, wenn das Wasser aus einem eigenen Brunnen kommt oder durch alte oder bleierne Wasserleitungen läuft. Um Säuglingsnahrung zuzubereiten, sollte der Bleigehalt unter 10 Mikrogramm pro Liter liegen. Die Kosten für Wasseruntersuchungen richten sich nach Art und Anzahl der Substanzen, auf die geprüft werden soll.

Deutschland: Nachfragen, ob das Gesundheitsamt oder eine staatliche Lebensmitteluntersuchungsanstalt die Untersuchung kostenlos durchführt. In privaten Labors kostet sie zwischen 20 und 70 DM.

Österreich: Die Lebensmitteluntersuchungsanstalten von Bund und Land führen Untersuchungen durch.

Vegetarische Ernährung

VegetarierInnen essen kein Fleisch oder Fisch, normalerweise aber Eier und Milch und damit oder daraus hergestellte Produkte. Menschen, die auch Eier meiden, bezeichnet man als Lacto-Vegetarier-Innen.

Menschen mit dieser Ernährungsweise müssen den Nährstoffgehalt der einzelnen Lebensmittel gut kennen, um keinen Mangel zu riskieren. Das gilt besonders, wenn Kinder vegetarisch ernährt werden sollen.

Folgen

● Die Kinder sind meist etwas kleiner und leichter.
● Die Versorgung mit Eisen ist knapp. Die Milch vegetarisch lebender Frauen enthält oft nicht so viel Eisen, wie es das Kind braucht.
● Gleiches gilt für Vitamin D.
● Die Milch von Frauen, die jahrelang vegetarisch gelebt haben, ist allerdings auch erheblich weniger mit Schadstoffen belastet als die anderer Frauen.
● Vegetarische Ernährung verringert die Risikofaktoren für viele Krankheiten.

Maßnahmen gegen mögliche Defizite

● Öfter Hülsenfrüchte essen: Es sind die eiweißreichsten pflanzlichen Nahrungsmittel. Besonders Sojaprodukte sind eine gute, aber leider importierte Eiweißquelle.
● Milchsauer eingelegte Gemüse essen (z.B. Sauerkraut): Sie bringen das sonst nur in tierischen Nahrungsmitteln enthaltene Vitamin B12.

Veganische Ernährung

Hierbei handelt es sich um eine vegetarische Ernährung, die aber auf sämtliche tierische Produkte verzichtet, also auch auf Eier, Honig, Milch usw.

Folgen

Es sind ähnliche Folgen zu erwarten wie bei der makrobiotischen Ernährung (> Seite 585). Auch die Gegenmaßnahmen entsprechen denen bei der makrobiotischen Ernährung.

Anthroposophische Ernährung

Zur anthroposophischen Lebensweise Rudolf Steiners gehört auch die entsprechende Ernährung. Es ist – mit einigen Einschränkungen – eine vegetarische Kost einschließlich Milch und Eiern.

Die Empfehlung der AnthroposophInnen, wann Säuglinge ihren ersten Brei bekommen sollen und welcher das dann ist, entsprechen meist nicht dem neuesten Stand der Ernährungswissenschaft. Anstelle des empfohlenen Zwiebacks sollten heute Vollkornprodukte verwendet werden. Magerquark an Stelle von Milch bringt unerwünscht viel Eiweiß und weniger Kalzium.

Manche anthroposophischen ErnährungsberaterInnen empfehlen, Kindern nicht so viel zu trinken zu geben. Ihrer Ansicht nach sind für Kinder bis zum Alter von drei Jahren 200 bis 300 Gramm täglich genug, für 6- bis 14jährige 500 Gramm pro Tag. Moderne ErnährungswissenschaftlerInnen widersprechen dem entschieden.

Folgen

● Die Kinder sind meist etwas kleiner und leichter.
● Die Versorgung mit Eisen ist knapp. Die Milch vegetarisch lebender Frauen enthält oft nicht so viel Eisen, wie es das Kind braucht.
● Gleiches gilt für Vitamin D.
● Die zu geringe Trinkmenge kann die Nieren und den Kreislauf belasten.

Makrobiotische Ernährung

Makrobiotik ist Weltanschauung, basierend auf der Philosophie des Zen-Buddhismus, in der das dynamische Gleichgewicht zwischen Yin und Yang Harmonie, Glück, Frieden und Gesundheit verspricht. Die makrobiotische Ernährung wurde im Westen durch die Japaner George Ohsawa und Michio Kushi bekannt.

Auch Nahrungsmitteln soll ein Yin-Yang-Charakter eigen sein. Der Gehalt an Kalium, Natrium und Wasser, Farbe und Form, Zeit und Geschwindigkeit des Wachstums entscheiden über die Zuordnung. Für MakrobiotikerInnen ist Ernährung dann optimal, wenn das Verhältnis von Yin zu Yang fünf zu eins beträgt. Vollkorngetreide, insbesondere Reis, wird dieses Verhältnis zugesprochen. Es gilt darum als ideale Nahrung.

Die ursprüngliche Form der Makrobiotik Ohsawas gipfelte in der Forderung, sich ausschließlich von Getreide zu ernähren. Makrobiotische Kost nach Kushi besteht aus Getreide, Hülsenfrüchten, Gemüse, Seealgen als Beilage, Nüssen, Samen und fermentierten Sojaprodukten. Frisches Obst kommt kaum vor. Tierische Lebensmittel werden zwar nicht grundsätzlich abgelehnt, doch gelten Produkte von Lebewesen, die dem Menschen in der Entwicklung relativ nahestehen, zumindest als ungünstig. Fisch ist darum eher akzeptabel, Fleisch und Milch sind auf dem Speiseplan praktisch gestrichen.

Säuglinge werden so lange wie möglich gestillt. Ab etwa einem halben Jahr bekommen die Kinder Getreidebrei gefüttert. Als Fertigprodukt gibt es dafür »Kokoh«, ein Gemisch aus gemahlenem Getreide, Sesamsamen und Azukibohnen. Von Fett, Öl und tierischen Produkten rät Kushi für Kinder unter zwei Jahren ab.

Folgen

Die Kinder aus Makrobiotik-Familien sind – im Vergleich zu Kindern aus sich durchschnittlich ernährenden Familien – schlechter dran. Die Deutsche Gesellschaft für Ernährung spricht von »gefährlicher Unterversorgung mit Nährstoffen«.

● Die Kinder von Müttern, die sich ausschließlich makrobiotisch ernähren, sind bei der Geburt leichter.

● Der Milch makrobiotisch lebender Frauen mangelt es an Vitaminen und Mineralstoffen, so daß schon die ursprünglichste Nahrung die Kleinen unzureichend versorgt.

● Im zweiten Lebensjahr sind ein Drittel der Kinder so mager, daß KinderärztInnen von einem krankhaften Schwund an Unterhautfett- und Muskelgewebe sprechen.

● Die Kinder bleiben – verglichen mit traditionel ernährten – im Wachstum zurück.

● Die Entwicklung von Beweglichkeit und Sprache hinken hinterher.

● 15 Prozent der Kinder haben Eisenmangel,

● 28 Prozent einen Mangel an Vitamin B2.

● Bei etwa der Hälfte liegt die Vitamin-B12-Konzentration im bedenklichen Bereich.

● Im Sommer weisen etwa ein Drittel, im Winter mehr als die Hälfte der Kinder Zeichen einer Rachitis auf.

Maßnahmen gegen wahrscheinliche Defizite

● Mehr Fett in Form von Öl, um den Energiebedarf zu decken – mindestens zwei Eßlöffel pro Tag. Wer das ablehnt, kann auf täglich mindestens 40 bis 50 Gramm Nüsse ausweichen.

● Mindestens einmal pro Woche 100 bis 150 Gramm fetten Fisch, um die Versorgung mit Vitamin B12 und D zu verbessern.

● Eine tägliche Portion Kalzium durch wenigstens 150 bis 250 Gramm eines Milchprodukts.

● Weniger Ballaststoffe, damit der Körper die Mineralstoffe besser aufnehmen kann. Dazu Getreide und Gemüse feiner passieren, Körner durch Teigwaren ersetzen, Brot aus stärker ausgemahlenem Mehl.

● Frisches Obst und Gemüse, auch als Salat.

Religion

Wie auch immer die spirituelle
Lebensauffassung der Erwachsenen
sein mag, sie beeinflußt die Haltung
der Kinder zum Glauben, zur
Religion, zur Vernunft, zum
Menschen. Ob Eltern nun
gläubig sind oder nicht:
Der Respekt vor den
Empfindungen und Gefühlen
des kleinen Menschen ist wichtiger
als die eigenen Vorstellungen
von Kirche und Moral.

Durch Jahrhunderte hindurch wurden Kinder in unseren Breiten wie selbstverständlich im Sinne der christlichen Gebote zum »Gutsein« erzogen. Es war keine Frage, daß sie sämtliche rituellen Handlungen mitmachten; sie lebten von Geburt an im Geist der Religion.

Die Kirchenmenschen glaubten, daß alle Kinder sündhaft zur Welt kämen und daher der Taufe bedürften, die sie dann von der Erbsünde befreien würde. In der Zeit des Heranwachsens sollte die Angst vor der Strafe Gottes und der ewigen Verdammnis dafür sorgen, daß sich die Kleinen zu braven und frommen Christen-Kindern entwickeln würden. Die Eltern, die an Gottes Stelle für Zucht und Ordnung sorgten, bestraften rigoros jede

Übertretung der Zehn Gebote (> Erziehungs-Geschichten, Seite 341, > Geschichte einer Unterdrückung, Seite 314).

Eineinhalb Jahrtausende christlicher Religion und ihrer jeweiligen Institution, der verschiedenen »Kirchen« haben den gesamten kulturellen Hintergrund unserer Gesellschaften entscheidend bestimmt. Niemand – egal ob religiös oder nicht – entkommt dem: Der Sonntag ist arbeitsfrei, weil auch Gott da ruhte; der Ablauf des ganzen Jahres ist von den christlichen Festen geprägt; die Vorstellung, wie »die Männer« und »die Frauen« zu sein haben, ist ein Produkt der Bibelauslegung; unsere innere Landschaft trägt die Zeichen der Dualität zwischen Gut und Böse, die andere Kulturen in dieser Form nicht kennen; in der äußeren Landschaft haben die Kirchen ihre Spuren in Form ihrer Bauten hinterlassen: Dome und Kirchen sind die Wahrzeichen vieler Städte.

Für eine Reihe von Menschen sind die Grundsätze der Kirche auch heute Mittelpunkt ihrer moralischen Einstellungen und Werte. Doch die meisten scheuen sich, das zu übernehmen, was vergangenen Generationen noch selbstverständlich war. Zu massiv ist die Erinnerung an den großen Druck, das erlittene Leid und die Doppelbödigkeit ihrer eigenen zwanghaften Erziehung nach religiösen Regeln, deren Sinnhaftigkeit nicht hinterfragt wurde.

Religiöse Eltern

Vielen Eltern bietet der christliche Glaube einen geistigen Orientierungsrahmen. Er gibt Antwort auf die Frage nach dem Sinn des Lebens, ist Hilfe und Stütze und verleiht ein Gefühl der Zugehörigkeit in der Glaubensgemeinschaft. Eltern, die fähig und bereit sind zu glauben, die sich gestärkt durch ihren Glauben dem Leben stellen, wünschen diese Lebenskraft auch ihrem Kind.

Glaube als Stütze

Religiöse Interpretationen können wichtige Lebensereignisse beleuchten (> Leben mit dem Tod, Seite 594), ihnen Poesie oder Dramatik verleihen. Sie können aber auch von der Realität entfernen; zum Beispiel dann, wenn sie nur eine Erklärung für Handlungen oder Geschehnisse zulassen, und leugnen, daß bei einem Ereignis immer viele Ursachen und Bedingungen zusammengewirkt haben. Auch religiöse Erziehung verlangt von den Eltern viel Augenmaß, sie darf nicht erzwungen und den kindlichen Bedürfnissen übergestülpt werden. Erziehung zum Glauben muß dort ihre Grenze finden, wo die Bereitschaft des Kindes, den elterlichen Geboten zu gehorchen, endet (> Vorleben statt erziehen, Seite 324). Es ist das gute Recht von Kindern, im Verlauf ihrer Entwicklung auf Distanz zur religiösen Einstellung der Eltern zu gehen, wenn sie zwischen dem, was die Eltern gepredigt haben, und dem, was sie vorleben, eine Diskrepanz entdecken oder weil ihnen der Glaube nichts bedeutet (> Ablösung vom Elternhaus, Seite 279).

Glaube, Kirche und Moral

Eltern sollten versuchen, Fragen des Glaubens und der Moral voneinander zu trennen. Würden sie ihren Kindern zum Beispiel mit dem »Zorn Gottes« drohen, weil diese sich nicht so verhalten, wie sie es von ihnen wünschen und erwarten, würde das den Kindern unendliche Schuldgefühle aufbürden. Das Bewußtsein von Sünde und ewiger Bestrafung hinterläßt bei ihnen große Angst und tiefe seelische Wunden. An einen Gott zu glauben, bedeutet nicht notwendigerweise, unbedingt den kirchlichen Gesetzen zu folgen. Selbst innerhalb der Kirchen sind die Stimmen derer, die für Offenheit, Toleranz und für eine Kindererziehung ohne Repression eintreten, nicht zu überhören.

Wenn die Eltern einen strengen, strafenden Gott in den Mittelpunkt ihrer Erziehung stellen, fördern sie damit die Entstehung eines »leidenden« Gewissens bei den Kindern. Werden »fremde« Moralvorstellungen aus Angst vor Strafe »verinnerlicht« – seien es die eines Gottes oder eines politischen Führers – so ist dies problematisch: Sie sind austauschbar. Angst, auch die vor Gott, begünstigt die Entwicklung eines autoritären Charakters.

Gott als liebende und verzeihende Gestalt dagegen, der nicht durch Angst herrscht, sondern Verständnis hat für die Schwächen der Menschen, Gott als Instanz, der Menschen hilft, ihre Sorgen und Nöte zu tragen, fördert ein mildes Über-Ich und damit einen selbständigen Menschen (> Gewissen und Moral, Seite 275). Werte, die sich der junge Mensch in eigenem Erleben aneignen kann, sind stabil. Sie begleiten und gestalten sein Leben, statt es zu kontrollieren.

Den eigenen Weg zulassen

Kinder wollen oft die Religion, in der sie unterwiesen werden, testen. Sie tun das, indem sie etwa ausprobieren, ob sich Gebete erfüllen. Sie versprechen zum Beispiel Wohlverhalten als Gegenleistung dafür, daß Gott ihnen einen Wunsch erfüllt. Ihre Schlußfolgerungen aus dem Ergebnis solcher Prüfungen können ganz verschieden sein. Im Leben eines Kindes gibt es Raum für Wunder, Mystisches ist Bestandteil der kindlichen Phantasie. Trat das Gewünschte jedoch nicht ein, sind die Eltern gefordert, den Kindern klarzumachen, daß Gebete und Verhandlungen verschiedenerlei sind. Sie können die Gebete als eine Form der inneren Versenkung beschreiben, in der Menschen zur Ruhe kommen und sich etwas klarer werden können über das, was sie sind und was sie wollen.

Ab dem Alter von etwa zehn Jahren gewinnen Glaube und Religion für Kinder meist eine eigene Qualität, die mit der der Eltern nicht identisch sein muß.

Nichtreligiöse Eltern

Eltern, die bei ihrer Lebensbewältigung bewußt auf Glauben und Religion verzichten und auf andere Wertvorstellungen vertrauen, stecken ebenso in einer Zwickmühle wie jene, die der Kirche indifferent gegenüberstehen. Einerseits können sie der Religiosität nichts abgewinnen und wollen ihre Kinder nicht religiös erziehen. Andererseits leben sie in einer Gesellschaft, in der die Mehrheit mehr oder weniger aktiv Religion praktiziert. Sie wollen nicht, daß ihre Kinder die religiösen Gebote zur Grundlage ihres Moralempfindens machen, aber sie rechnen gleichzeitig damit, daß ihr Kind im Verlauf seiner Entwicklung das Interesse an Religion bekunden wird. Solche Eltern unterliegen einer Illusion, wenn sie glauben, daß eineinhalb Jahrtausende christlicher Traditionen spurlos an ihnen vorübergegangen sind.

Kinderglauben

Kleinkinder, die entdecken müssen, daß sie nicht das Zentrum allen Geschehens sind, wünschen sich in Tagträumen, allmächtig zu sein, eine Welt nach eigenem Wunsch zu haben (> Soziale und geistige Entwicklung, Seite 256). In den »magischen Jahren« verleihen Hexen, Zauberer und der liebe Gott den Kleinen die ersehnte Macht (> Rollenspiele, Seite 444).

Die ersten Erlebnisse mit der Kirche als Ort für das Unglaubliche wecken bei den meisten Kindern Interesse an Gott und all den interessanten Geschichten, die es rund um ihn zu erzählen gibt.

Nichtreligiöse Eltern sollten sich nicht scheuen, ihre Position klar und offen darzustellen – als eigene Haltung, nicht als Tatsache. Wenn sie dabei gleichzeitig Achtung vor jenen vermitteln, die anders empfinden und denken, fördert das die Toleranz ihrer Kinder.

Kinder wollen erzählt bekommen, was mit dem am Kreuz hängenden Menschen geschah, dessen Abbildung oder Statue sie so oft begegnen, sie wollen den Sinn von Kirchenglocken, Gottesdiensten, Prozessionen oder gefalteten Händen erfahren.

Unabhängig vom Glauben der Eltern wollen Kinder mit ihren FreundInnen mitgehen, die – aus einem religiösen Elternhaus kommend – in ihrer Kirche ein Fest zelebrieren. Sie sind fasziniert von den hohen Räumen, dem Halbdunkel, den Fenstern, die das Licht in funkelnde, farbenprächtige Bilder verwandelt. Sie riechen den Weihrauch und empfinden die feuchte Kühle auf der Haut. Die fremden Aktivitäten, die sich dort entfalten, das laute Singen – all das genießen die Kinder als Spektakel, als neues Element ihres Erfahrungsschatzes.

Mit größeren Kindern kann es interessant und spannend sein, die Geschichte der Religion ein wenig zu erforschen. Ein Gespräch über die politische Situation Israels und seiner Nachbarländer kann Anlaß sein, gemeinsam den Hintergrund für geschichtliche, religiöse und politische Entwicklungen zu beleuchten. Für kleine Kinder bieten sich Kinderbibeln als Lesestoff an. Wer Erzählungen über andere Weltreligionen in das Vorleseprogramm seiner Kinder aufnimmt, verknüpft religiöse und kulturelle Bildung miteinander.

Wer es nicht schafft, sich offen und interessiert mit Bibel, Kirche und den damit zusammenhängenden Fragen zu beschäftigen, sollte im Freundes- oder Verwandtenkreis Menschen suchen, die den Kindern diesen Teil ihrer Allgemeinbildung vermitteln können.

Den eigenen Weg zulassen

Auch viele der Kinder, die nicht getauft wurden, werden sich irgendwann für das soziale Gefüge interessieren, das die Kirchen bieten. Schließlich initiieren die Kirchen Deutschlands und Österreichs mittlerweile sehr viele Kinder- und Jugendgruppen, organisieren alle Arten von Nachmittagsbeschäftigungen und Abendveranstaltungen ohne christlichen Inhalt. Die Bibelstunden und Kindergottesdienste früherer Zeiten haben sich zu Gesprächsrunden und Freizeitveranstaltungen gemausert, bei denen die Jugendlichen einander treffen, sich austauschen, Musik hören, tanzen und ihre erste große Liebe finden können.

Spätestens, wenn Kommunion, Konfirmation oder Firmung anstehen, wird die Frage aktuell: Gehöre ich dazu? Viele wollen nicht zurückbleiben, wenn die anderen sich zwei Jahre lang regelmäßig beim Konfirmationsunterricht treffen und mit der Gruppe tolle Unternehmungen starten. Wenn sie wollen, sollten sie daran teilnehmen dürfen, und so – nebenbei – bisher vielleicht unbekannte Inhalte und Denkweisen kennenlernen.

Eine ganze Reihe von Jugendlichen entscheidet sich nach dieser Zeit, der Konfession beizutreten. Das ist möglich, ohne daß die Eltern Mitglied einer Amtskirche sind. Die Kinder müssen für ihre Aufnahme in die Glaubensgemeinschaft lediglich zwei PatInnen beibringen, die der Kirche angehören. Bei einem solchen »späten« Kirchenbeitritt finden Taufe und Kommunion bzw. Konfirmation meist zugleich statt.

Diese Neuorientierung der Kinder kann auch die Eltern herausfordern, sich mit Sinnfragen zu beschäftigen und ihre Gedanken mit den Kindern zu teilen. Wenn die Antworten von den beiden unterschiedlich ausfallen, kann auch das der Inhalt von Gesprächen sein. Kinder empfinden indifferente Eltern ohne klare Positionen viel unangenehmer und quälender als solche, die deutlich machen, wo sie stehen.

Religion und Schule

Die religiöse Unterweisung bildet einen Teil des Schulunterrichts. Bis zum 14. Lebensjahr entscheiden formal die Eltern darüber, ob ihr Kind am Religionsunterreicht teilnimmt (> Was Kinder dürfen, Seite 80).

Doch Eltern sollten von Anfang an diese Entscheidung auch zur Sache des Kindes machen. Häufig entwickeln Schulkinder ein reges Interesse am Religionsunterricht, manche auch deshalb, weil sie nicht außerhalb der Gruppe stehen wollen.

Gespräche mit den ReligionslehrerInnen können helfen, Ängste und Sorgen abzubauen, das Kleine würde im Sinne einer Amtskirche indoktriniert. Viele LehrerInnen machen vielmehr von Anfang an aus dem Religionsunterricht eine Art Sozial-Lernstunde, oder sie bieten die Stunde als Gelegenheit zu Gesprächsrunden an für alle aktuellen individuellen oder politischen Themen. Die Entscheidung, daß das Kind am Religionsunterricht teilnimmt, kann auch jederzeit revidiert werden.

Ab dem 14. Lebensjahr entscheiden die Kids allein, ob sie zum Religionsunterricht gehen oder nicht. In Deutschland gibt es für SchülerInnen der Sekundarstufe II die Möglichkeit, alternativ zum Religionsunterricht am »Ethikunterricht« teilzunehmen. In ihm wird versucht, Werte und Normen aus dem Blickwinkel von Ethik, Philosophie und Religionskunde zu betrachten, und den SchülerInnen so einen rationalen Zugang zu den Fragen der Moral zu verschaffen.

Sowohl die Schulen Berlins als auch die von Bremen bieten Religionskunde als Wahlfach an. In Hamburg wird kein katholischer Religionsunterricht erteilt.

Religiöse Feste

Die christliche Religion prägt die europäische Lebensweise und ihre Feiertage:
- Die Wahrzeichen der Städte sind ihre Dome und Kirchen.
- Feiertage wie Karfreitag, Himmelfahrt und Pfingsten gehören zum Jahresablauf.
- Private Feiern wie Hochzeit und Begräbnis sind meist von kirchlichen Ritualen geprägt.

Das Kind lebt von Beginn an mit diesen Traditionen. Eine spezielle Entscheidung, ob das nun Kind christlich erzogen werden soll oder nicht, braucht es dafür aber nicht.

Für Eltern, die ihre Religionszugehörigkeit zwar beibehalten haben, sie aber nicht (mehr) aktiv ausüben, stellt sich bald nach der Geburt ihres Kindes die Frage: Taufen lassen oder nicht? Gleichgültig, wie die Entscheidung ausfällt – spätestens das Kleinkind konfrontiert die Eltern erneut mit Kirchlichem: Sie alle wollen, daß Nikolaus, Weihnachtsmann und Osterhase auch zu ihnen kommen.

Für die meisten Kleinen sind – neben dem Geburtstag – Nikolaustag, Weihnachten und Ostern die zentralen Festtage des Jahres. Kinder mögen es sehr, wenn man sie gebührend begeht. Sie lassen sich gerne einfangen von der Stimmung, die von dieser Zeit und ihren Figuren ausgeht – unabhängig vom Religionsbekenntnis der Eltern oder ihrer Haltung zu Christbaum und Osterhase, die meist von eigenen Kindheitserfahrungen geprägt ist.

Kinder erhalten sich gern die Illusion vom magischen Wesen Nikolaus, der so viel über sie weiß, auch wenn sie längst realisiert haben, wer im Kostüm steckt. Und auch wenn sie beginnen, selbst den Christbaumschmuck zu besorgen, bleibt das Weihnachtsfest mit etwas Geheimnisvollem und einem Rest wohliger Mystik verbunden.

Ihrem Ursprung nach sind Weihnachten, Ostern und Nikolaus heidnische Feste. Wem es zuwi-

HEIDNISCHE BRÄUCHE

Der Osterhase

Ostern war vor der Christianisierung ein keltisches Fruchtbarkeitsfest und fand am 21. März, zur Frühjahrssonnenwende, statt. Der Osterhase galt als Fruchtbarkeitssymbol.

Die Legende vom Nikolaus

Am Beginn der »stillen Tage« im Dezember ging bei den Kelten der weise, alte Druidenpriester von Haus zu Haus. Ihm folgte ein Brautpaar, das von dem rutenschwingenden Knecht Ruprecht umtanzt wurde.

Die heutige Gestalt des legendären Heiligen knüpft an zwei historische Figuren an, einen Bischof Nikolaus von Myra aus dem 4. Jahrhundert sowie an den Bischof Nikolaus von Sion aus dem 6. Jahrhundert. Die beiden verschmolzen zum »Heiligen Nikolaus«, dem viele Wundertaten zugeschrieben wurden: Er soll Kinder aus Todesgefahr gerettet und sein Vermögen unter ihnen verteilt haben.

Weihnachten

Weihnachten war ursprünglich das Geburtsfest der Sonne. Zur Wintersonnenwende, am 22. Dezember, sollte der lichtergeschmückte Baum die längste Nacht des Jahres erhellen. Weil auch die Christen an dieser Tradition festhielten, wurde das Geburtsfest Christi vom 6. Januar auf den 25. Dezember vorverlegt. Im 15. Jahrhundert besann man sich wieder des erleuchteten Baumes.

derläuft, in den Festtagen den Sinn zu sehen, den ihm die christlichen Kirchen geben, kann dem Kind als Alternative auch diese andere Geschichte über den Ursprung dieser Festtage erzählen (> Heidnische Bräuche, Seite 591).

SEKTEN

Alle Menschen kennen Momente, in denen sie sich überfordert, den Problemen in Alltag und Beruf nicht gewachsen fühlen. Sie fühlen sich schwach und ausgebrannt. Diese unerträgliche Leere, dieses Gefühl, dem Leben ausgeliefert zu sein, stärkt den Wunsch nach einem sinnvollen, glücklichen Dasein. Sekten versprechen genau das. Sie operieren mit jenen heilbringenden Inhalten, nach denen die Menschen in anscheinend unüberwindlichen Situationen dürsten.

Erwachsene wie Kinder erleben diese Grenzsituationen. Allerdings können die Großen auf langjährige Erfahrung im Umgang mit Problemen zurückgreifen. Ihnen bereitet die Frage nach dem Sinn des Lebens nur manchmal ernstes Kopfzerbrechen. Für Jugendliche hingegen sieht die Welt anders aus. Innerlich aufgewühlt müssen sie wichtige Weichen für das Leben stellen. Der Wunsch nach geistiger und räumlicher Lösung von den Eltern, die Suche nach der Identität als Erwachsener, nach einem Beruf, nach PartnerInnen, kann tief verunsichern (> Ablösung vom Elternhaus, Seite 279; > Jugendlichensexualität, Seite 295).

Manche Jugendliche fühlen sich in dieser Zeit von spirituell-religiösen Gruppen sehr angezogen. Sie suchen Geborgenheit, Harmonie und Glück, manchmal auch Erlösung von der ihnen so fremden Gesellschaft. Sie möchten der kühlen Rationalität und kalten Warengesellschaft, die sie umgibt, entkommen. Manche suchen beim Wünschelrutengehen, mit Tarot oder schwarzer Magie einen Zugang zu einer anderen, »besseren« Welt. Andere treiben in die Arme von Sekten, die das Ich des jungen Menschen umzumontieren und auszulöschen versuchen.

Mit Postwurfsendungen, Veranstaltungen, Straßenwerbungen, Massage- und Therapieangeboten, Yoga-Kursen, aber auch Sprachlernhilfen à la ZIEL und Magazinen wie »Klar und wahr« (herausgegeben vom Ambassador College, hinter dem die Sekte »Weltweite Kirche Gottes« steckt), die in den Schulen verteilt werden, machen sich findige HeilsbringerInnen alle Medientricks zunutze, um neue »Jünger« anzuwerben. Diesem Werbesturm gehen besonders jene jungen Menschen auf den Leim,

● die sich einsam fühlen, von Freundschaft oder Liebe enttäuscht sind;

● die massive Schwierigkeiten mit ihren Eltern haben und statt Zuwendung und Geborgenheit zermürbende Kritik erfahren;

● die unter dem Leistungsdruck in Schule und Beruf leiden, große Zukunftsängste entwickeln und aus der Realität flüchten, wann immer sie können;

● die Angst haben, Verantwortung zu übernehmen, und sich daher gern einer Gruppe überlassen.

Verlust des Ichs

Nach außen strahlt die Gruppe Zusammengehörigkeit, Sicherheit, inhaltliche Fülle und Wohligkeit aus. Attribute, die unsichere, aber auch idealistische und sozial engagierte Menschen anziehen. Im Inneren der Gruppe aber herrscht der Führer, der Guru, exklusiv und ausschließlich. Seine Schriften, seine Ideologie zählen, nichts sonst. Um sich vom Ballast des Alltäglichen und Sündigen zu befreien, müssen sich die neuen Mitglieder durch Arbeit und absoluten Gehorsam beweisen. Mit psychologischer

Raffinesse wird der Unterschied zwischen Drinnen und Draußen vertieft: auf der einen Seite Zukunft und Glück, auf der anderen Seite Haß, Unheil, Chaos, Kriminalität, schlechte Eltern und nur auf den eigenen Vorteil bedachte Menschen.

Solche Organisationen nehmen ihre Mitglieder voll und ganz in Besitz. Sie »beschlagnahmen« ihren Körper und seine Produktivität, ihr Denken und Fühlen, alle geistigen Fähigkeiten müssen der Gruppe übereignet werden. Dieser Totalitätsanspruch äußert sich auch darin, daß die Organisation einen in sich geschlossenen Zirkel bildet, aus dessen Inneren nichts an intimem Wissen nach außen dringen darf. Die Gruppenmitglieder sind zu vollkommener Verschwiegenheit verpflichtet. Dementsprechend konsequent werden Abtrünnige, die ihre Entscheidung revidieren und in ihr altes Leben zurückkehren wollen, verfolgt.

Junge Sektenmitglieder leben bald ausschließlich für den Guru und seine Ideologie. Die Gruppe übernimmt die volle Verantwortung für den jungen Menschen, als Gegenleistung ist er mit seinem ganzen Idealismus zu jedem Einsatz und Opfer bereit. Der Preis ist hoch, denn er zieht nicht selten den Abbruch der Schul- oder Berufsausbildung nach sich. Beziehungen zur Welt draußen, zu den Eltern und FreundInnen werden aufgelöst, weil das Ziel der Welterlösung einen viel höheren Wert besitzt.

Dem Sektenmitglied wird schließlich die Lebensgrundlage in der offenen Gesellschaft entzogen. Durch die Ideologie- und Führerbezogenheit fehlt der Blick für Lebensalternativen, Menschen können weitgehend berufs- und kommunikationsunfähig gemacht werden. Die Abhängigkeit von der Gruppe wird so total, ein Entkommen oft zu einem Gewaltakt gegen sich selbst und die anderen. Den meisten ehemaligen Sektenmitgliedern ist es nur mit massiver Unterstützung von Außenstehenden gelungen, diesen Teufelskreis zu verlassen.

ELTERNHILFE

Vorbeugung

Kinder lernen, »nein« zu sagen, wenn die elterliche Erziehung ihnen genügend Raum bietet, über sich selbst zu bestimmen (> Vorleben statt erziehen, Seite 324). Sinnfragen habe immer große Bedeutung und Berechtigung. Ähnlich wie bei Fragen der Sexualität sollten auch Fragen nach dem Lebenssinn, nach Gott und Religion gemeinsam diskutiert werden können.

Wenn das Kind in einer Sekte ist

● Das Kind zu beschimpfen, zu bedrohen oder es einzusperren hilft nicht.

● Auch in Krisensituationen sollte es nicht an Wärme und Zuwendung fehlen. Gleichzeitig sollen sich Eltern nicht scheuen, eine klare inhaltliche Position zur neuen »Heimat« des Kindes zu beziehen: »Ich kann das nicht richtig finden, was du jetzt tust, aber du bist bei uns trotzdem jederzeit willkommen.«

● Falls das Kind darauf eingeht, kann eine Familientherapie allen Beteiligten helfen.

Kontakte
DEUTSCHLAND
Arbeitsgemeinschaft für geistige und psychische Freiheit
Graurheindorfer Straße 15
53111 Bonn
Tel.: 0228/631547

ÖSTERREICH
Gesellschaft gegen Sekten- und Kultgefahren
Obere Augartenstraße 26–28
1020 Wien
Tel.: 0222/3327537

Leben mit dem Tod

Kinder sind wie jeder Mensch
täglich mit dem Tod konfrontiert.
Aber die wenigsten Erwachsenen
helfen ihnen, das Unvorstellbare zu
verstehen. Seit Tod und Sterben
hinter Krankenhausmauern verbannt
wurden, verdrängen sie das
Tabuthema verdrängt, solange
es geht. Wenn Eltern die eigenen
Ängste nicht überwinden, bleiben
Kinder mit ihren oft angstmachenden
Phantasien alleine.

Der Tod macht hilflos. Die Fähigkeit zu trauern ist zwar angeboren, aber wie so viele andere Gefühle wird auch dieses oft unterdrückt. Die meisten tun sich schwer, den Schmerz, den sie über den Tod eines geliebten Menschen empfinden, zu zeigen. Dabei sind sich PsychotherapeutInnen einig, daß die Seele alles andere als Selbstbeherrschung und Disziplin braucht, wenn sie sich von ihren Wunden erholen will.

Sterben und Trauer sind in der westlichen Industriegesellschaft Tabuthemen. Der Tod will nicht so recht zum zukunftsorientierten Denken der modernen Leistungsgesellschaft passen.

Kindern gegenüber werden die unangehmen Themen besonders konsequent verdrängt. Schon

im Vorschulalter beginnen Kinder, sich für den Tod zu interessieren, und stellen entsprechende Fragen. Erwachsene stehen dem aufkeimenden Interesse oft hilflos gegenüber. Am liebsten würden sie gar nicht darüber reden, und wenn, dann wissen sie nicht, wieviel Wahrheit sie einem Kind zumuten sollen und können (> Über den Tod kann man reden, Seite 596).

In ihrer Ratlosigkeit entziehen sich die meisten Eltern ängstlich und unangenehm berührt der kindlichen Neugier: Sie sagen »Dafür bist du noch zu klein« – obwohl in Wahrheit sie es sind, denen die Reife fehlt, die für einen angemessenen Umgang mit dem Thema notwendig ist.

Kinder werden damit um die Chance gebracht, sich auf zukünftige Auseinandersetzungen mit Tod und Sterben vorzubereiten. Doch erspart bleiben sie ihnen nicht: Kinder erleben den Tod im Fernsehen (> Ein »gewaltiges Programm«, Seite 493, oder sie sehen tote Tiere am Straßenrand. Immer wieder werden sie mit endgültigen Tatsachen konfrontiert, die sie ertragen lernen müssen. Sie erleben, daß sich das geliebte Meerschweinchen eines Tages nicht mehr rührt. Es gibt Todesfälle im Bekanntenkreis, sie erleben das Sterben der Großeltern oder, noch traumatischer, den Tod von Eltern oder Geschwistern. Deshalb ist es besonders wichtig, daß die Kleinen rechtzeitig auf ein realistisches Verständnis von Sterben und Tod vorbereitet werden.

Wie sich Kinder Totsein vorstellen

Wie man einem Kind erklären kann, was Tod ist und Sterben bedeutet, hängt immer von seinem Alter ab. Kinder erleben sich und die Welt in unterschiedlichen Entwicklungsphasen anders.

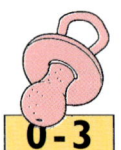

Für ein dreijähriges Kind ist ein Mensch da, oder er ist weg. Auch den Tod erleben sie als An- oder Abwesenheit eines Menschen. Sie haben noch kein »Todesverständnis« und kennen noch keine »Trauer« im Sinne Erwachsener.

Das bedeutet aber nicht, daß sie die Abwesenheit einer Bezugsperson leicht nehmen. Besonders während der Phase des Trennungsschmerzes (> Die klugen Babies, Seite 258) können Kinder auch unter Trennungen, denen Erwachsene keine große Bedeutung beimessen, stark leiden.

Im Vorschulalter nehmen die Kleinen den Tod in ihrer Umgebung erstmals wahr. Sie haben jedoch noch keine klare Vorstellung davon, was es damit auf sich hat. Für sie ist der Tod zunächst so etwas wie Fortgehen. Viele Kinder glauben, daß er etwas mit Dunkelheit, Schlaf, Strafe oder dem «Bösen» zu tun hat. Weil sie seine Endgültigkeit noch nicht begreifen können, reagieren Kinder diesen Alters auf den Tod spontan und ungezwungen.

Um das vierte Lebensjahr entsteht bei ihnen allmählich das Bedürfnis, über den Tod zu sprechen und Fragen zu stellen. «Muß ich sterben?« »Mußt du sterben? Was passiert, wenn man gestorben ist? Sterben nur Erwachsene oder auch Kinder?«

Fünfjährige glauben, daß nur einige Menschen sterben. Sie verstehen noch nicht, daß der Tod jeden einmal trifft.

Im Schulalter verstehen Kinder die Realität des Todes, und sie beginnen, sich für seine biologischen Aspekte zu interessieren. Immer wieder buddeln Kinder etwa beerdigte Haustiere aus, um zu überprüfen, was aus ihnen geworden ist.

Natürlich machen diese Entdeckungen auch Angst. In diesem Alter ahnen Kinder bereits, daß Tod kein individuelles Einzelschicksal ist. Das aufkeimende Bewußtsein der eigenen Vergänglichkeit spiegelt sich oft in Phantasieszenarien voller Ungeheuer.

Langsam begreifen sie, daß Verstorbene nicht wieder lebendig werden, und beginnen, sich mit unsterblichen Heldenfiguren zu identifizieren. Im Alter von zehn haben die meisten Kinder ein ähnliches Verständnis vom Tod wie Erwachsene.

Wenn Kinder einmal begriffen haben, daß der Tod ein unausweichliches und unwiderrufliches Ereignis ist und auch sie einmal sterben werden, reagieren sie zunächst mit Angst. In diesem Alter beginnen viele Kinder, sich vor dem eigenen Tod oder dem Sterben der Eltern zu fürchten. Sie leiden unter Todesphantasien und haben Angst vor Schmerz, Leid oder Ersticken.

Über den Tod kann man reden

Kinder wundern sich, warum der Hund des Nachbarn plötzlich nicht mehr da ist, oder bemerken, daß der Zierfisch reglos auf der Wasseroberfläche treibt. Für sie sind diese Ereignisse zunächst nicht unerklärbarer als viele andere Dinge auch. Sie reagieren wie immer, wenn sie etwas nicht verstehen: Sie stellen Fragen und fordern Erklärungen. Der Tod ist für sie nicht tabu.

Aber er wird es bald werden, wenn sie merken, wie schwer sich Erwachsene tun, ihre Ängste und Widerstände zu überwinden und sich dem Thema zu stellen. Kinder spüren die Unsicherheit ihrer

Eltern ganz genau, auch wenn sie sie nicht einordnen können. Es wird sie entlasten, wenn die Eltern auch einmal ihre eigene Angst vor dem Sterben ansprechen.

Ausweichende Antworten im Stil von »An solche Sachen brauchst du noch nicht zu denken« lassen die Kleinen mit ihren Unsicherheiten und Ängsten allein. Eltern brauchen sich keine Sorgen zu machen, daß offene und ehrliche Antworten die Kleinen überfordern könnten. Vorausgesetzt, sie sind kindgerecht und nehmen Rücksicht auf die Vorstellungen, die sich Kinder im jeweiligen Alter von der Welt machen (> Wie Kinder sich Todsein vorstellen, Seite 596).

Wichtig ist, den Kindern die Wahrheit zu sagen, ohne ihnen dabei angst zu machen. Wenn ein Kind fragt, ob es selbst auch einmal sterben muß, dann soll es ruhig erfahren, daß jeder irgendwann stirbt. Die Beunruhigung wird sich in Grenzen halten, wenn es gleichzeitig erfährt, daß aber die meisten Sterbenden nicht Kinder, sondern alte Menschen sind. Will ein Kind wissen, ob auch seine Eltern sterben werden, dann kann die Antwort nur »ja – aber« sein. Ja, aber die Eltern werden wahrscheinlich noch lange leben und für das Kind sorgen können.

Kinder können mit der Wahrheit weit besser umgehen als mit Phrasen und Klischees, selbst wenn diese noch so gut gemeint sind. Sie begreifen intuitiv, wenn Antworten sie »schonen« sollen, aber nichts erklären. Kinder können nicht einsehen, warum »Der liebe Gott das Kind bei sich im Himmel haben will« oder wohin Tote »eine letzte Reise« angetreten haben sollen.

Auch wenn sie realistische Erklärungen, warum Menschen und Tiere sterben müssen, nicht von Anfang an in jedem Detail verstehen, können sie mit der Beschreibung von biologischen Vorgängen schon etwas anfangen. Sie haben bereits am eigenen Leib erlebt, daß der Körper verwundbar ist. Nach und nach wird ihre Phantasie so weit reichen, daß sie verstehen können, daß auch der ärztlichen Kunst Grenzen gesetzt sind

und daß nicht alles wieder »repariert« werden kann.

Am einfachsten steigen die Eltern in ein Gespräch mit dem Kind über den Tod ein, indem sie zunächst ihre eigenen Probleme damit oder ihren Kummer über den Verlust eines lieben Menschen ansprechen. Je nach Alter des Kindes können Bilderbücher, Erzählungen oder Filme den Zugang zu diesem schwierigen Thema erleichtern.

Wie Kinder trauern

Kinder und Jugendliche trauern anders als Erwachsene. Daß sie ihre Trauer nicht spontan zeigen oder nicht regelmäßig trauern, heißt nicht, daß sie keinen Schmerz erleben.

Viele Kinder trauern nicht erkennbar personenbezogen. Sie fragen nicht nach dem Toten und lassen ihn in ihren Gesprächen nicht mehr vorkommen. Dafür reagieren sie um so heftiger auf Schick-

FRAGEN NACH DEM TOD

Wenn Kinder nach dem Tod fragen, wollen sie oft nicht so sehr etwas wissen, als vielmehr über Tod und Sterben reden. Hinter den Fragen können Trennungsängste oder Schuldgefühle stehen. Regelmäßige Rückfragen »Wie stellst du dir das denn vor?« können helfen, die Phantasien des Kindes allmählich auszuloten und es schrittweise an die Realität heranzuführen. Nach Erklärungen sollte ein Kind gefragt werden, ob es damit zufrieden ist, mehr oder anderes erfahren möchte. Es soll wissen, daß es jederzeit wiederkommen kann, wenn neue Fragen auftreten.

sale von Personen in Filmen oder Büchern oder auf Kleinigkeiten wie einen abgebrochenen Bleistift oder kaputtes Spielzeug.

Kinder trauern oft etappenweise: Mal tief und intensiv, dann wieder so, daß Erwachsene die kindliche Trauer kaum erkennen. Scheinbar zusammenhanglos feinden sie in dieser Zeit dann vielleicht ihre SpielkameradInnen an oder sind betont gleichgültig.

Manchmal zeigen trauernde Kinder deutliche Angst oder Panik. Ein Grund dafür kann sein, daß es den oder die Verstorbene gelegentlich »zum Teufel gewünscht« hat und jetzt glaubt, seine Gedanken hätten den oder die andere möglicherweise ins Grab gebracht.

Wenn Kinder gar keine Anzeichen von Trauer oder Traurig-Sein zeigen, liegt das meist an ihrer Umgebung. Oft spüren sie, daß ihr Leid bei den Eltern negative Gefühle hervor- und wachruft, und sie verbergen darum ihren Schmerz.

»ERSATZ«-OBJEKTE

Ein Kind, das abgestillt wird, erlebt den Verlust der Einheit mit der Mutter als besonders schmerzvoll. In dieser Phase werden Stofftiere, Puppen oder Schmusedecken zu eifersüchtig gehüteten Übergangsobjekten. Die Ablösung von der Mutter wird für das Kind leichter, wenn es seine Gefühle auf so ein Objekt projizieren kann.

Auch für ein trauerndes Kind kann ein Übergangsobjekt tröstlich sein und die Trauerarbeit erleichtern. Mit einigen Spielsachen des verstorbenen Geschwisters kann es sich »stellvertretend« mit dem Toten auseinandersetzen.

Dem trauernden Kind helfen

Wenn irgend möglich, sollten Kinder schon Unterstützung erhalten, bevor ein ihnen nahestehender Mensch stirbt. Die elterliche Hoffnung, daß die Kleinen »schon nichts merken werden«, ist unrealistisch. Kinder erspüren jede Veränderung in ihrer Umgebung: Sie spüren den Kummer der Mutter, wenn die Großmutter ins Krankenhaus eingeliefert wird, registrieren die Anrufe der besorgten Verwandten, die Betroffenheit und Unruhe. Wenn sie das alles nicht verstehen und in ihre Erfahrungen einordnen können, fühlen sie sich ausgeschlossen und verunsichert.

Nach dem Tod eines nahen Verwandten gehen viele Erwachsene in ihrer Trauer auf und vergessen dabei, daß die Kinder vor einem Problem stehen, mit dem sie allein nicht fertig werden können. Untersuchungen haben ergeben, daß zwei Drittel aller trauernden Kinder sich niemandem anvertrauen können.

Viele Erwachsene wollen trauernde Kinder »schonen«, indem sie den Tod bagatellisieren und ihren eigenen Schmerz verbergen. Doch die angemessene Reaktion eines Kindes auf den Verlust eines Menschen sind Verzweiflung und Trauer. Nur in seiner Trauerarbeit lernt ein Kind, mit seinem Schmerz fertig zu werden.

Ein trauerndes Kind braucht aber nicht nur Zuwendung, sondern auch Ablenkung. Es bedrückt ein Kind, sich ausschließlich unter Trauernden aufhalten zu müssen. Ihm hilft es, wenn sich öfter einmal FreundInnen und Bekannte der Eltern, die vom Todesfall nicht so betroffen sind, um es kümmern (> Trauergruppen, Seite 600).

Abschied nehmen

Waschen und Ankleiden eines Toten, Totenwache oder Begräbnis sind Abschiedsrituale, die einen tieferen Sinn haben. Sie helfen Verwandten und FreundInnen, Abschied zu nehmen, und sollen das Loslassen-Können erleichtern. In den meisten Religionen sind sie selbstverständlicher Teil der traditionellen Trauer- und Begräbniszeremonien.

Kinder, egal welchen Alters, sollten von diesen Ritualen nicht ausgeschlossen werden. Sie geben ihnen die Chance, Fragen zu stellen, den Toten noch einmal anzufassen oder noch ein Abschiedsgeschenk oder einen Brief in den Sarg zu legen.

Wenn Kinder nicht mit auf den Friedhof gehen wollen, sollten die Erwachsenen das respektieren, aber nach den Gründen fragen. Oft plagen Kinder Schuldgefühle, weil sie früher Wut und Zorn auf den Toten empfunden haben.

Tote »weiterleben« lassen

Vertraute Mensche leben auch nach ihrem Tod in ihrer Familie oder ihrem Freundeskreis weiter. Deshalb sind Gespräche über Verstorbene unverzichtbare Methoden, um den Weg zur »Normalität« einzuschlagen. Den Toten zu tabuisieren und jedes Gespräch über ihn oder seinen Tod zu vermeiden, verlängert die Trauerzeit.

Oft wird es in den Kindern schmerzvolle Erinnerungen wachrufen, wenn die verstorbene Person erwähnt wird. Diese Erinnerungen wohnen in dem Kind. Sein Schmerz wird sich um so leichter legen, je natürlicher damit umgegangen wird. Sätze wie »Das hätte deiner Mami sicher gefallen« oder »Das hätte dem Niki sicher Spaß gemacht« belasten Kinder nicht zusätzlich, sondern entkrampfen die schwierige Situation ein wenig. Dies allerdings nur dann, wenn solche Sätze die Kinder nicht unter Druck setzen. »Uwe hätte das viel besser gemacht« nährt in Kindern die Angst, daß sie gegen überidealisierte tote Geschwister nie bestehen können.

Pflege Todkranker zu Hause

Kleine Kinder können den Umgang mit Todkranken durchaus verkraften. Sie kennen keinen Ekel, keine Scheu und keine Falschheit. Kinder im Haus zu haben, ist jedenfalls kein Grund, todkranke Verwandte nicht aus dem Krankenhaus zu nehmen und zu Hause zu pflegen.

Die Erwachsenen sollten sich jedoch bewußtmachen, daß Sterbegleitung zu Hause eine außergewöhnliche körperliche und seelische Belastung ist, deren Intensität und Dauer sich vorher kaum präzise abschätzen läßt. Eine wichtige Voraussetzung für diesen Entschluß ist, daß wirklich alle Familienmitglieder dazu stehen.

Eltern sollten ihre eigene Belastbarkeit dabei jedoch nicht überschätzen und daran denken, daß Kinder gerade in einer so angespannten Situation besonders viel Zuwendung und Energie brauchen. Und sie sollten sich darauf einstellen, daß Kinder, die scheinbar unbelastet das Sterben der Großmutter miterleben, vielleicht erst Monate später mit intensiven Trennungsängsten darauf reagieren.

Wenn Eltern sterben

Für ein Kind bedeutet es einen unvergleichlichen Einschnitt in sein Leben, wenn Mutter, Vater oder gar beide Eltern sterben. Ratschläge können hier nur von beschränktem Nutzen sein. Kleine Kinder suchen um so mehr Liebe und Geborgenheit, je weniger sie den ursprünglichen Verlust bewältigt haben. Ältere Kinder können in solchen Situationen dazu neigen, sich vom Rest ihrer Familie rigoros abzulösen.

Für das Kind zieht der Tod eines Elternteiles fast immer künftige Krisen nach sich. Oft leiden Halbwaisen, wenn der eine Elternteil wieder heiratet, besonders intensiv an Loyalitätskonflikten (> Leben in einer Stieffamilie, Seite 118).

Werden Kinder durch den Tod beider Eltern zu Vollwaisen, dann droht ihnen meist zusätzlich die besonders traumatische Trennung von ihren Geschwistern. Kinder, auf die das – meist aus ökonomischen Gründen – zutrifft, sollten möglichst so lange beisammenbleiben können, bis sie den Tod der Eltern überwunden und ihre Trauer abgeschlossen haben.

TRAUERGRUPPEN

Selbsthilfegruppen und Trauerseminare bieten die Möglichkeit, offen zu trauern, und erleichtern es so, das seelische Leid zu bewältigen. Die gemeinsame Erfahrung des Verlustes schenkt die nötige Geborgenheit. Schlechtes Gewissen und Schuldgefühle verlieren an Brisanz, wenn viele TeilnehmerInnen sie teilen: Viele Trauernde fragen sich, ob sie sich genug um ihr Kind gekümmert haben; ob sie – besonders nach Unfällen oder Selbstmorden – gar an seinem Tod schuld sind oder ob sie sich ausreichend um ihre sterbende Mutter gekümmert haben.

Für Kinder gibt es spezielle Trauerseminare. Dort können sie mit Hilfe von Zeichnungen ihre Ängste, Konflikte, Erlebnisse und Wünsche ausdrücken. Größere Kinder können ihre Gefühle und Erinnerungen an den Verstorbenen aufschreiben.

In vielen Trauerseminaren gibt es außer Spiel- und Musik- auch »Bibliotherapie«. Bei dieser Lesetherapie liest ein Kind Texte, die von seinen aktuellen Problemen handeln. Mit Hilfe von TherapeutInnen kann es sich dann an seine Probleme herantasten und allmählich Ängste, Aggressivität und Spannungen abbauen.

Kontakte

Informationen über das bundesweite Netz von mehr als 150 Selbsthilfegruppen für verwaiste Eltern und Geschwister gibt die Kontakt- und Informationsstelle

»Verwaiste Eltern in Deutschland« in der Evangelischen Akademie Nordelbien
Esplanade 15
20354 Hamburg

Wenn Geschwister sterben

Ein Kind, dessen Bruder oder Schwester sterbenskrank oder gestorben ist, ist ganz besonders einsam: Die Eltern gehen vollständig in ihrem Schmerz und ihrer Trauer auf. Die gesunden Geschwister stehen verwirrt, hilflos und allein daneben.

Sie fühlen sich überflüssig und ungeliebt und wissen nicht, wo eigentlich ihr Platz in der Familie ist. Aus dieser Hilflosigkeit entwickeln die Kinder oft psychosomatische Krankheiten, um so wenigstens einen Teil der elterlichen Aufmerksamkeit zu bekommen (> Körper und Seele, Seite 715).

Gerade in Krisenzeiten brauchen Kinder das Gefühl, etwas Nützliches zur Familiensituation beitragen zu können. Nur so kann ihr Selbstwertgefühl intakt bleiben. Deshalb sollten sich Geschwister, je nach ihren altersbedingten Möglichkeiten, an der Betreuung des Kranken beteiligen dürfen: Sie können zum Beispiel Spielzeug basteln oder dem Kranken bei Spielen helfen, für die er allein zu schwach ist. Kleinere Geschwister können Musik- oder Videokassetten einlegen oder immer wieder einmal den geliebten Hund ins Krankenzimmer führen.

Kinder, die sich ausgeschlossen und nutzlos vorkommen, werden sich unbewußt immer wieder den baldigen Tod des Kranken wünschen, damit endlich wieder etwas Normalität in den Familienalltag einkehrt. Kinder, die zornig solche Wünsche aussprechen, richten Hilferufe an ihre Umwelt. Sie äußern ihr Gefühl, unwichtig zu sein und vernachlässigt zu werden. Gesunde Kinder brauchen die gleiche Fürsorge wie ihr krankes Geschwister. Und zusätzlich die ständige Versicherung, daß sie gesund sind.

DER TOD EINES KINDES

Wenn deine Eltern sterben, sagt ein amerikanisches Sprichwort, dann verlierst du deine Vergangenheit. Aber wenn dein Kind stirbt, dann verlierst du deine Zukunft. Jedes Jahr sterben in Deutschland etwa 17.000 Kinder und Jugendliche durch Unfälle, Krankheiten, Selbstmord (> Seite 602) oder Mord. An jedem Tag werden irgendwelche Eltern mit dem Verlust ihres Kindes konfrontiert, mit einem Tod, der in jedem Fall zu früh gekommen ist und gegen jede Norm verstößt. Zurück bleiben Leere, Schmerz und Schuldgefühle.

Der Tod eines Kindes bedeutet eine Familienkrise von kaum zu überbietender Komplexität und Dramatik: Er greift tief in das Beziehungsgeflecht der Familie ein. Viele Eltern definieren ihre Beziehung zu den überlebenden Kindern plötzlich neu: Sie müssen dann das Verstorbene »ersetzen«.

Das todkranke Kind

Nach der Diagnose »Todkrank« führen Eltern oft groteske Verschleierungsversuche auf, um den Kindern das Entsetzliche nicht sagen zu müssen. Meist sind sich Kinder ihres Zustandes aber viel stärker bewußt, als die Erwachsenen es wahrhaben wollen. Sie müssen Untersuchungen über sich ergehen lassen und merken, wie traurig und deprimiert die Eltern auf die Ergebnisse reagieren.

Von selbst durchbrechen Kinder das verbissene Schweigen ihrer Eltern kaum. Sie spüren, daß die Erwachsenen die Wahrheit nicht wahrhaben wollen, und folgen dem unausgesprochenen Wunsch, die Realität zu ignorieren.

Was in ihnen wirklich vorgeht, offenbaren sie oft in ihren Bildern, Zeichnungen und Erzählungen. Jedes Kind hat eigene Vorstellungen davon, was zu seiner Krankheit geführt hat. Nicht selten halten die Kleinen sie für Strafe, weil sie schlimm waren oder den Vorstellungen der Eltern nicht entsprochen haben. Nur Eltern, die sich dem Kind als BegleiterInnen in diesen Phantasien anbieten, haben die Chance, sie dort herauszuführen.

Abschied nehmen

Den Todeskampf eines Kindes miterleben zu müssen, ist sicher die schrecklichste Erfahrung, die Eltern machen können. Aber das Kind auf seinem letzten Weg zu begleiten, ermöglicht ihnen, schrittweise Abschied zu nehmen. Jedes neue Stadium einer Krankheit, die Einweisung in die Klinik, die Einstellung von Therapien, sind Ereignisse, die die Eltern schrittweise an das Unvermeidbare heranführen. Untersuchungen zeigen denn auch, daß Eltern und Geschwister länger trauern, wenn das Kind plötzlich starb, als wenn sie sich auf den bevorstehenden Tod vorbereiten konnten.

Eltern, die erfahren, daß ihr Kind nicht mehr lange zu leben hat, trauern nicht nur um die Person, sondern auch um Situationen und Ereignisse, die nie mehr sein werden: Ihr Kind wird nicht mehr mit seinen Freundinnen nach Hause kommen, sie werden nie mehr mit ihm gemeinsamen Ferien verbringen

Zum Weiterlesen

**Warum gerade mein Bruder? –
Trauer um Geschwister.**
MARGIT BASSLER, M.-T. SCHINS
Rowohlt Verlag.

**Wenn Kinder trauern –
Wie Eltern helfen können.**
TOBIAS BROCHER
Rowohlt Verlag, 1985.

**Mein Kind ist tot –
Trauerarbeit in einer Selbsthilfegruppe.**
HELGA IDE
Rowohlt Verlag, 1989.

Kinder und Tod.
ELISABETH KÜBLER-ROSS
Kreuz Verlag, 1984.

SELBSTMORD – DER LETZTE AUSWEG

Nichts ist so endgültig und Zeichen tiefer Hoffnungslosigkeit wie der selbst gewählte Freitod von Kindern und Jugendlichen. Jedes Jahr beenden in Deutschland etwa 1.400 Minderjährige ihr kurzes Leben von eigener Hand. Doch die offiziellen Statistiken sind ungenau, denn häufig werden Selbstmorde aus Scham und Bestürzung vertuscht.

Vor allem die Zahl der versuchten Suizide, bei denen FreundInnen oder Angehörige die Kinder retten, sind weitgehend unbekannt. ExpertInnen schätzen, daß in der Bundesrepublik täglich zehn bis zwanzig Kinder und Jugendliche versuchen, sich das Leben zu nehmen. Mädchen tun das sehr deutlich öfter als Jungen; bei den »gelungenen« Selbstmorden kehrt sich das Verhältnis um: Die Jungen sind konsequenter als Mädchen, wenn sie sich auf den Weg in den Tod machen.

Die Gründe für diese Verzweiflungstaten ähneln sich meist. Fast immer fühlen sich die Kinder ungeliebt (> Das ungeliebte Kind, Seite 73), nicht beachtet, nicht benötigt oder ausgestoßen. Oft nennen sie anscheinend einfach zu lösende Probleme wie Schulkonflikte oder Liebeskummer, die sie veranlaßt haben, ihrem Leben ein radikales Ende zu setzen. Doch dahinter steht das tiefe Gefühl der Ausweglosigkeit, sich an niemanden wenden zu können, der aufmerksam zuhört, Sicherheit bietet oder Vertrauen schenkt. Viele von ihnen müssen als Außenseiter zurechtkommen und ertragen Spott, Hohn, Gewalt oder Lieblosigkeit jahrelang (> Seelische Mißhandlung, Seite 375). Doch auch besonders dramatische Ereignisse wie der Tod der Eltern oder Trennungen und Scheidungen (> Seite 88) können Kinder in Extremfällen, wenn sie nirgendwo in ihrer Umgebung Hilfe, Trost und Unterstützung bekommen, in den Freitod führen.

Hilferufe

Viele Kinder und Jugendliche kündigen ihre Selbsttötungsabsicht an. Sie sprechen davon, »keinen Bock mehr zu haben«, sie möchten »ihre Ruhe haben und ewig schlafen« oder »schon alles hinter sich haben und tot sein«. Die Signale, mit denen sie auf ihre aussichtslose Situation hinweisen, haben viele Facetten. Sie können sich äußern:

● In traurigen Verstimmungen und einem deutlichen Rückzug nach »innen«.

● Die Kinder zeigen kaum noch Lust, sich zu bewegen oder zu spielen; sie verstummen fast und wirken über lange Phasen leer, apathisch, interesse- und motivationslos.

● Jugendliche in der Pubertät (> Ablösung vom Elternhaus, Seite 279) empfinden ihr Leben oft als völlig sinnlos. Momente des Grübelns, der Selbstzweifel und Selbstunsicherheit sind normal. Doch sie können gefährlich werden, wenn sie zu einer extremen Abkapselung und auffallenden Interesselosigkeit an der Außenwelt führen.

● Alle Hilferufe, Andeutungen und Signale der Kinder und Jugendlichen müssen immer ernst genommen werden: Sie wollen etwas »sagen«. Jeder Versuch, ihre Gefühle zu bagatellisieren, zu verkleinern oder zu verharmlosen, fördert die Hoffnungslosigkeit.

● Nur das ernsthafte Bemühen, sich in Gesprächen und Kontakten dem Kind oder Jugendlichen zu nähern, kann Vertrauen schaffen; zusammen mit unaufdringlicher Zuwendung und Aufmerksamkeit.

Eltern, deren Kinder es bereits »versucht« haben, sollten dies nicht vertuschen. In die verständliche Freude, das Leben gerettet zu haben, mischen sich tiefe Verunsicherung und Ratlosigkeit, oft verbunden mit dem Wunsch, das »Ereignis« möglichst schnell zu vergessen. Doch damit ist weder dem Kind noch den Eltern geholfen.

In einer familientherapeutischen Beratung (> Seite 757) kann das Geschehene am besten aufgearbeitet werden.

und keine Enkelkinder haben. Darüber zu weinen und zu reden, anstatt sich »zusammenzureißen«, hilft, trotz des Entsetzlichen weiterzuleben.

Sterben lassen

Wenn der Zeitpunkt gekommen ist, an dem ÄrztInnen einsehen müssen, daß ihre Kunst zu Ende ist, bleibt den Eltern nur mehr zu entscheiden, wo ihr Kind sterben und wer es in der letzten Zeit betreuen soll. Oft ist es möglich, das Kind aus dem Krankenhaus heraus und nach Hause in die vertraute und Sicherheit gebende Atmosphäre zu nehmen.

Kinder spüren intuitiv, daß ihre Kräfe zu Ende gehen und daß sie bald sterben werden. Für die meisten ist es wichtig, bis zuletzt spüren zu können, daß jemand da ist, der ihre Hand hält und sie nicht allein läßt. Daß manche Kinder aber auch anders empfinden, beschreibt eine Mutter in dem Buch »Unser Kind hat Krebs«: »Am Abend bat mich meine vierjährige Tochter, nach Hause zu gehen. Ich versprach ihr, am nächsten Morgen so früh wie möglich zurückzukommen. Sie antwortete: ›Ich glaube, du brauchst nicht mehr wiederzukommen.‹ Wenige Stunden später starb sie.«

Wie Erwachsene trauern

Hinterbliebene, die den Tod eines sehr nahestehenden Menschen betrauern, sind oft monatelang, manchmal jahrelang nicht fähig, in die Normalität des Alltags zurückzufinden.

Obwohl Trauer etwas Individuelles ist, folgt auch tiefer Schmerz einer inneren Logik. PsychologInnen beschreiben drei Phasen, die alle Trauernden durchschreiten müssen. Freilich kann dieses Schema nur einen groben Orientierungsrahmen darstellen, weil jede Stufe der Trauer individuell verschieden stark ausfallen und unterschiedlich lange dauern kann.

Die erste Phase, gekennzeichnet von Schock und Apathie, kann Stunden oder Tage dauern. Die Reaktion darauf kann totale Selbstbeherrschung sein, aber auch das Unvermögen, an irgend etwas anderes zu denken als den Tod. Manche sprechen mit dem Verstorbenen und glauben ihn um sich.

Am längsten dauert die »Phase der Desorganisation«. Die Trauernden wissen nicht, ob sie leben oder auch sterben möchten und wie sie mit dem erlittenen Verlust weiterleben sollen. Weinkrämpfe gehören in diese Zeit, erschütternde Träume, in denen man mit dem Toten spricht, manche haben das Bedürfnis, ständig über den Verstorbenen zu reden. Mancher Trauernde kann sich nicht vorstellen, daß es je wieder einmal einen Augenblick geben wird, in dem er nicht an den Toten denken muß.

Erst nach dieser, bei jedem Menschen unterschiedlich langen Periode beginnt die »Phase der Reorganisation«. Trauernde beginnen wieder, Beziehungen zu anderen Menschen aufzunehmen und sich um sich selbst zu kümmern (> Trauergruppen, Seite 600).

Flucht ist nicht möglich

Nach dem Tod eines Kindes wird bei vielen Familien der Wunsch nach einem Umzug übermächtig. Sie wollen nicht mehr an ihre Leidenszeit erinnert werden.

Ein Umzug mag hilfreich sein – die notwendige Trauerarbeit erspart er dennoch nicht. Jeder Versuch, das Geschehene ungeschehen machen zu wollen, verlängert die Zeit der tiefen Verunsicherung und Schmerzen.

Die Geschwister der Verstorbenen kann ein Ortswechsel außerdem zusätzlich belasten. Oft haben sie während der Krankheit Schutz und Unterstützung bei LehrerInnen, SchulkameradInnen oder Nachbarn gefunden und müßten nach einem Umzug auch noch mit diesen Verlusten fertig werden (> Planen mit Kindern, Seite 403).

INSTITUTIONEN

Kinderkrippe

Noch immer meinen viele, Kinder würden schweren seelischen Schaden nehmen, wenn sie vor ihrem dritten Lebensjahr in »fremde« Hände kommen. Doch dieses Pauschalurteil stimmt schon lange nicht mehr, seit Krippen keine »Kinderbewahranstalten« mehr sind. Krippenkinder entwickeln sich ebenso wie andere Kinder, wenn der äußere Rahmen anregend gestaltet ist und die Kleinen eine sichere und kontinuierliche Beziehung zu ihren BetreuerInnen aufbauen können.

In kaum einem anderen Bereich der Sozial- und Familienpolitik stoßen die ideologischen Gegensätze so heftig aufeinander wie bei der Frage, ob es der Entwicklung von Ein- oder Zweijährigen schadet, wenn sie außer Haus betreut werden. Während der Kindergarten (> Seite 618) inzwischen zur pädagogisch akzeptierten Einrichtung geworden ist, stehen sich in der Diskussion um die Erziehung der Kleinsten erbitterte GegnerInnen gegenüber. Besonders die KinderärztInnen laufen immer wieder Sturm gegen die sogenannten »Kinderbewahranstalten«, in denen die Kleinen häufiger krank und ihren Eltern entfremdet würden. Tatsächlich bestätigen Untersuchungen immer wieder,

daß sich Säuglinge und Kleinkinder kaum entwickeln können, wenn sie in sterilen Anstalten und ohne Anregung aufwachsen müssen. Ein Fließbandbetrieb, in dem dreißig bis vierzig Kleinstkinder betreut werden müssen, kann die Entwicklungschancen empfindlich beeinträchtigen.

In den alten Bundesländern weigerten sich die PolitikerInnen daher sehr lange, das Krippenangebot auszubauen, man erklärte sie zu »Notfalleinrichtungen«. Die siebziger Jahre rüttelten schließlich an diesem negativen Image. Nachdem es immer mehr engagierten Elterninitiativen gelungen war, eigene Krippen mit einer kindgerechten Atmosphäre zu schaffen, wurde deutlich: Entwick-

lungsprobleme entstehen nur dort, wo die Bedürfnisse der Kleinstkinder mißachtet werden. Sie brauchen geeignete Räume und Materialien, individuelle Zuwendung und entwicklungsgerechte Spielangebote, um das Gruppenleben als Chance nutzen zu können.

Inzwischen interessieren sich nicht nur AlleinerzieherInnen (> Seite 108) für gut ausgestattete und moderne Krippen. Bis zu 40 Prozent aller Eltern wünschen sich mehr Betreuungsangebote für die Ein- und Zweijährigen. Chancen auf einen Krippenplatz gibt es aber nur in den fünf neuen Ländern und in den großen Städten wie Berlin, Hamburg, Frankfurt, München oder Wien.

ATMOSPHÄRE UND AUSSTATTUNG

Die wichtigsten Fragen für Eltern sind: Gibt es genügend professionelle BetreuerInnen, die mit Zuneigung und Engagement für »ihre« Gruppe sorgen? Gestattet die Organisation individuelle Zuwendung für jedes Kind? Bieten die Räume neben spielerischen Anregungen auch Rückzugs- und Ruhemöglichkeiten für die Kleinsten? Eltern, die unsicher sind, ob der Qualitätsstand der Einrichtung tatsächlich den Bedürfnissen der Kinder entspricht, sollten überlegen, ob nicht doch eine Tagespflegestelle (> Tagesmütter, Seite 614) besser wäre oder ob sie sich zur Gründung einer Initiative entschließen (> Seite 612).

Darauf sollten Sie achten

Je mehr Freiräume für Entdeckung und Erprobung die Krippe bietet, um so weniger müssen die Kleinen von Erwachsenen »beschäftigt« werden und um so besser können die Sprößlinge voneinander lernen. Kinder lieben nicht nur den Charakter von Wohnungen, sie suchen nach Schlupfwinkeln, gemütlichen Ecken, Verstecken und erobern auch die Reiche der ErzieherInnen: Schubladen und Schränke, Schreibtisch und Küche. Meist erkennen die Eltern schon beim ersten Krippenbesuch, ob sich das Kleine hier zu Hause fühlen kann: Warme Farben, Matratzen zum Toben und Balgen, Gestaltungs- und Klettermöglichkeiten, ein Garten oder Hof, sichere Schlaf- und Rückzugsorte und ein

---

Zum Weiterlesen

Krippen-Bilder. Gruppen-Erfahrungs-Spielräume für Säuglinge und Kleinkinder.
Kornelia Schneider
Juventa Verlag, 1989.

gesonderter Schlafraum für Babies sollten die Krippe heimelig machen.

Der Tagesablauf sollte so eingeteilt sein, daß jedes Kind nach seinem individuellen Zeitplan essen, schlafen, gewaschen und gewickelt werden kann. Jedes Kind in der Gruppe sollte in seinen Grundbedürfnissen nach seinem Rhythmus leben können. Merken Sie, daß die Kinder beispielsweise zum kollektiven Topfsitzen oder kollektiven Schlafen angehalten werden, bedeutet das immer auch, daß die anderen Teile des Tagesablaufs stark reglementiert sind.

Krippenkinder machen fast jeden Tag einen neuen Entwicklungsschritt: Sie gehen zum ersten Mal selbständig aufs Klo, sie sprechen die ersten Sätze, sie zeigen neue Vorlieben und Abneigungen. Daher ist der regelmäßige Kontakt zwischen Eltern und ErzieherInnen wichtig. Je genauer sie wissen, was auf der jeweils »anderen« Seite läuft, mit welchen Problemen sich das Kleine aktuell beschäftigt und welche Fertigkeiten es erprobt, um so besser können sie den Nachwuchs unterstützen.

Die Eingewöhnungszeit entscheidet darüber, wie gut es sogar den Kleinsten gelingt, sich in den Krippenalltag einzuleben. Sie ist das Herzstück, das ihnen einen Übergang vom Elternhaus in die Krippe ohne seelisches Leid ermöglichen kann.

EINGEWÖHNUNGSZEIT

Für die ersten Wochen in der Krippe sollten sich die Eltern sehr viel Zeit nehmen. In einer fremden Umgebung balancieren die Kleinen noch stark zwischen Sicherheit und Unsicherheit. Alles sieht neu aus, es gibt eine Unzahl fremder Gesichter und gleichzeitig spannendes Spielzeug. Befinden sich Mutter oder Vater anfangs in der Nähe, so bleibt das Kleine innerlich stabil. Es hat seinen vertrauten Hafen, den es in beunruhigenden Situationen anlaufen kann.

Das »Berliner Modell«

Das sogenannte »Berliner Eingewöhnungsmodell« wurde lange Zeit wissenschaftlich begleitet und gilt inzwischen auch in anderen Ländern als vorbildlich. Jede Krippe sollte diese Art der Eingewöhnungszeit – mit geringfügigen Abweichungen – Eltern und Kindern ermöglichen.

Planen Sie für die gesamte Eingewöhnung einen vier- bis sechswöchigen Zeitraum. Auch wenn Ihr Kind die Krippenmutter bereits als Bezugsperson akzeptiert hat, kann es in der Schlußphase nötig werden, rasch erreichbar zu sein.

Vorbereitungszeit

Noch vor dem ersten Krippentag sind intensive Gespräche mit den ErzieherInnen wichtig: Sie sollen die bisherigen Gewohnheiten des Kindes kennenlernen, über etwaige Krankheiten oder Entwicklungsauffälligkeiten informiert sein. Gleichzeitig müssen die Eltern erfahren, worauf sie sich einlassen: Wieviel Beteiligung von ihnen erwartet wird, welche Beziehungen nun auch das Kind beeinflussen werden und welcher Alltag zu erwarten ist.

Grundphase

Die Grundphase dauert drei Tage und dient dem gegenseitigen Kennenlernen. Mutter oder Vater bleiben in der Krippe und sind »sicherer Hafen«. Das heißt, sie verhalten sich im Gruppenraum passiv, drängen das Kind nicht, sich zu entfernen, und sie akzeptieren es immer, wenn es ihre Nähe sucht. Das Kind wird von seiner Mutter oder seinem Vater weiter gewickelt und gefüttert. Diese Momente gehören zu den intimsten und vertrautesten. Die zukünftige Betreuerin ist dabei, spricht mit dem Kleinen und unterhält sich mit den Eltern.

In diesen ersten Tagen lernt die Erzieherin die wichtigsten Gewohnheiten des Kindes kennen: seine Schlafgewohnheiten in Bauch- oder Rückenlage, seine Kuscheltiere und Schmusetücher, seine Ernährungsgewohnheiten und Geschmacksvorlieben, die Pflege-, Eß- und Trinkrituale, seine Windeln und Pflegemittel. Das Ziel ist, möglichst viel Vertrautes für das Kind in der Krippe zu erhalten – und sei es der Geruch seines Körperöls.

In der Grundphase versucht sich die Betreuerin dem Kind vorsichtig, und ohne es zu drängen, anzunähern. Die beiden haben ihre Krabbelecke und spielen miteinander. Der anwesende Elternteil verhält sich zurückhaltend, bleibt aber immer in der Nähe, um dem Kind das notwendige Gefühl der Sicherheit zu geben.

Kontakte

Eltern werden aktiv
Bundesministerium für Familie und Senioren
POSTFACH 20 15 51
53145 BONN

Kinder in Tageseinrichtungen und Tagespflege
Bundesministerium für Frauen und Jugend
KENNEDYALLEE 105–107
53175 BONN

Bundesverband Neue Erziehung e.V. (BNE)
OPPELNER STRASSE 130
53119 BONN
TEL.: 0228/6685111

Die Bundesarbeitsgemeinschaft Elterninitiativen e.V. (BAGE) ist zu erreichen über:
Die Mitarbeit
EINSTEINSTRASSE 111
81675 MÜNCHEN
TEL.: 089/4706503

Bundesdachverband Österreichischer Elterninitiativen
HERMANNGASSE 5
1070 WIEN
TEL.: 0222/5233925

Stabilisierungsphase

Am vierten Tag fällt die Entscheidung über die Dauer der Eingewöhnungszeit: Zwischen sechs und vierzehn Tagen kann die Spanne liegen, manchmal auch länger. Entscheidend ist, wie das Kleine auf den ersten Trennungsversuch am vierten Tag rea-

---

»KLASSISCHE« KRIPPEN

● In streng voneinander getrennten Altersgruppen für Säuglinge, Krabbelkinder, Ein- und Zweijährige können die ErzieherInnen sehr leicht völlig überfordert werden. Eine individuelle, längere Zuwendung wird schwierig, und die Kinder leiden. Die PädagogInnen raten deshalb von solchen Altersgruppen ab.

● Eine »kleine« Altersmischung ist auf jeden Fall von Vorteil, am besten in Gruppen bis zum dritten Lebensjahr. Dann kann der Nachwuchs voneinander lernen, wenn beispielsweise der zehn Monate alte Winzling dem Zweijährigen beim Essen, Spielen oder Laufen zusieht.

● Die Kinder sollten während der ganzen Krippenzeit »ihre« BetreuerInnen behalten und sie nicht durch den Aufstieg in die nächste Altersgruppe verlieren. Die Kleinen brauchen kontinuierliche Bezugspersonen, um seelisch und geistig wachsen zu können.

● Der Betreuungsschlüssel entscheidet über das Wohl der Kinder: Wenn sich in einer Gruppe mehr als sechs Kinder um eine Erzieherin versammeln, kann diese kaum noch auf die Kleinen eingehen.

● Die Krippe sollte in jedem Fall eine Eingewöhnungszeit ermöglichen (> Seite 608).

---

giert. Dabei verabschiedet sich der begleitende Elternteil kurz nach der Ankunft vom Kind und verläßt den Gruppenraum. Er bleibt aber in der Nähe der Tür. Verhält sich das Kleine nach anfänglichem Protest eher gelassen und wendet sich wieder interessiert seiner Umgebung zu, so kann diese erste Trennungsepisode auf maximal 30 Minuten ausgedehnt werden. Dies gilt auch, wenn das Kind zwar zu weinen beginnt, sich aber rasch und dauerhaft von seiner Betreuerin beruhigen läßt.

Je gleichmütiger das Kleine auf Abschied und Wiederkehr der Eltern reagiert, um so kürzer kann die Eingewöhnungszeit ausfallen. Sechs Tage sollten das Minimum sein.

In den kommenden Tagen versorgt nun die Betreuerin im Beisein der Eltern das Kleine. »Seine« Erzieherin wickelt und füttert es. Die Eltern sehen zu und überlassen es immer mehr der Krippenmutter, auf die ersten Signale des Kindes zu reagieren. Die Trennungsepisoden können nun verlängert werden: Von 30 auf 45 Minuten und länger. Es wird ein kurzes Abschiedsritual eingeführt, die Eltern bleiben aber immer in Türnähe, um bei Zeichen der Verstörung sofort zurückzukommen. Protestiert das Kleine deutlich und dauerhaft, so sollte mit weiteren Trennungsversuchen bis zur zweiten Woche gewartet werden. Zeichen einer »gelungenen« Trennung ist es immer, wenn sich das Kind von seiner Betreuerin trösten und beruhigen läßt.

Schlußphase

In der Schlußphase sind alle Versorgungsaufgaben in die Hände der Betreuerin übergegangen. Die Eltern halten sich nicht mehr in der Krippe auf, sind aber noch rund zwei Wochen jederzeit telefonisch erreichbar. Dies ist wichtig, wenn sich zeigen sollte, daß die neue Beziehung noch nicht tragfähig genug ist, um das Kleine in besonderen Situationen aufzufangen.

Die Eingewöhnung ist grundsätzlich erst dann abgeschlossen, wenn das Kind seine Betreuerin als sichere Basis akzeptiert hat. Das zeigt sich ganz deutlich, indem sich das Kind zur Erzieherin hinwendet, sich an sie schmiegt, von ihr auf den Arm genommen werden möchte und sich freut, auch intime Momente wie Wickeln oder Füttern mit ihr zu teilen. Das Kleine ist interessiert an seiner Umwelt, spielt gern und läßt sich schnell beruhigen, wenn etwas Unerwartetes passiert.

KRIPPENFORMEN

Krippen unterscheiden sich nicht nur durch ihre Atmosphäre und Ausstattung voneinander, sondern auch durch die Organisationsform.

»Klassische« Krippe

Die »klassische« Krippe ist vielerorts noch in den östlichen Teilen der Republik, in einigen westlichen Ballungszentren und in Österreich zu finden. Dabei werden die Null- bis Dreijährigen in altersgleichen Gruppen zusammengefaßt, zum Beispiel: Säuglingsgruppen – Krabbelkinder bis Zweijährigengruppe – Zwei- bis Dreijährigengruppe.

Dabei sollte eine Person drei bis höchstens vier Säuglinge betreuen, bzw. vier bis maximal fünf Krabbelkinder; andernfalls fehlt es den Kleinen an der nötigen Zuwendung. Diesen Betreuungsschlüssel erreichen allerdings nur wenige »klassische« Krippen. Das Hauptargument für diese »klassische« Organisationsform war lange Zeit, daß die ErzieherInnen die Kleinen nur auf diese Weise entsprechend aufmerksam betreuen können. Wenn Kinder mit etwa gleichen Bedürfnissen zusammen sind, scheint es einfacher zu sein, sich auf die jeweiligen Entwicklungsschritte zu konzentrieren. So haben altersgleiche Kinder etwa ähnliche Ruhebedürfnisse und ähnliche Spielinteressen. Damit lassen sich auch Förderangebote leichter in die gesamte Arbeit integrieren.

Doch diese Vorteile können sich sehr schnell ins Gegenteil verkehren. Gerade weil sich in den jeweiligen Gruppen Kinder mit ähnlichen Bedürfnissen

konzentrieren, entsteht fast zwangsläufig ein Fließbandbetrieb. Meist betreuen zwei ErzieherInnen acht bis zehn Kleine in einer Gruppe. So krähen dann auf einmal acht Flaschenkinder nach ihrer Milch, danach müssen gleichzeitig acht Windeln gewechselt und acht Säuglinge in den Schlaf gewiegt werden. Die ErzieherInnen sind dann praktisch gezwungen, die Kinder zu reglementieren und in einen gleichförmigen Tagesablauf zu pressen.

Aus dieser Erkenntnis gehen immer mehr Krippen zu einer »kleinen« Altersmischung über. So werden beispielsweise die Kinder bis eineinhalb Jahren in eine Gruppe zusammengenommen und in einer zweiten Gruppe die Eineinhalb- bis Dreijährigen. Dann können einige schon selbständig essen, während die anderen noch gefüttert werden müssen; einige können schon spielen, während die anderen noch ausgiebigen Schlaf brauchen.

Familiengruppen

In der Familien- oder »größeren« altersgemischten Gruppe kommen Krippenkinder mit Kindergartenkindern zusammen. Es mischen sich also die Null- bis Sechsjährigen. Manchmal stoßen zu diesen Gruppen auch noch ältere Hortkinder dazu (> Horte, Seite 640). Meist spielen in einer altersgemischten Gruppe zwölf bis fünfzehn Kinder, wobei aber nicht mehr als zwei Säuglinge in einer »Familie« sein sollten, damit die Winzlinge eine sichere und stabile Beziehung zu »ihrer« Betreuerin aufbauen können.

Zum Weiterlesen

Kindergruppen-Kinder. Selbstorganisierte Alternativen zum Kindergarten.
MARINA FISCHER-KOWALSKI, ROSWITHA FITZKA-PUCHBERGER, JULIUS MENDE.
Verlag für Gesellschaftskritik, Band 16, Wien, 1991.

Vorteile für die Kleinen und Großen

Wie gut eine Familiengruppe funktioniert, hängt sehr vom Können und Engagement der ErzieherInnen ab. Sie müssen die unterschiedlichsten Bedürfnisse von Zwei- bis Vierjährigen im Auge behalten, sich um das Krabbelkind kümmern und auch den Fünfjährigen Aufmerksamkeit schenken. Drei ErzieherInnen pro Familie können diese Ansprüche fast immer einlösen. Stimmt der Personalschlüssel, dann nehmen die Älte-

DIE FAMILIEN-GRUPPE

● Achten Sie auf den Personalschlüssel und die Gruppengröße. 15 Kinder sollten – wenn Babies und Einjährige zu betreuen sind – auf jeden Fall drei BetreuerInnen haben.

● Grundsätzlich sollten die Gruppen »offen« geführt werden. Wenn sich dann ein älteres Kind entscheidet, statt in der eigenen Gruppe zu basteln, in einer anderen – mit Älteren – zu spielen, können sich die ErzieherInnen wieder stärker den Kleinsten zuwenden.

● Die Mischung ist entscheidend. Je mehr ältere Kinder es gibt, um so leichter ist es für die Kleinen und umgekehrt: Die älteren Kinder kommen besser zurecht, wenn sie mehr Gleichaltrige um sich haben und nicht ausschließlich von Krabbelkindern umringt sind.

● Viele Kuschelecken, Winkel und Raumteiler helfen, daß sich Groß und Klein nicht ins Gehege kommen. Generell sollte die Raumaufteilung den unterschiedlichen Ruhe- und Aktivitätsbedürfnissen der Kinder in den unterschiedlichen Altersgruppen angepaßt sein.

ren die Kleinen in ihre Spiele hinein, ohne sich überfordert zu fühlen, weil sie übermäßig Rücksicht nehmen müssen. Gibt es zu wenig Personal, besteht die Gefahr, daß sich die Älteren zurückgesetzt fühlen, weil die ErzieherInnen alle Aufmerksamkeit den Kleinen zu widmen scheinen.

Viele Eltern haben Angst, daß die älteren Kinder die Kleineren dominieren könnten oder daß ihre Zwei- und Dreijährigen im Kontakt mit den Fünfjährigen auf wildes Durchsetzungsverhalten trainiert werden. Doch diese Befürchtung sind bei einem Raumangebot, das die Rückzugsbedürfnisse der Kleinen berücksichtigt, unbegründet. Die älteren Kinder lieben »ihre« Kleinen, beobachten neugierig ihre Entwicklung und beteiligen sich fast immer am Wickeln und Füttern »ihres« Babys.

Die Befürchtungen der Eltern, daß dabei die Vier- oder Fünfjährigen unterfordert werden könnten, lösen sich ebenfalls sehr schnell auf. Die größeren Kinder lernen durch »lehren«, ein Phänomen, das auch Erwachsene kennen: Wer gezwungen ist, etwas klar und deutlich zu formulieren, vorzuzeigen oder vorzuführen, muß sich seiner Sache sicher sein und gut über Logik und innere Form nachdenken. Nicht anders ist es bei älteren Kindern, die mit Jüngeren spielen, ihnen Zahlen und Formen erklären oder einfach etwas erzählen. Sie trainieren dabei ihren Intellekt, ihre Sprache und ihre sozialen Fertigkeiten. Wichtig ist aber auch, daß die Älteren die Möglichkeit haben, mit Gleichaltrigen zu spielen, und von den ErzieherInnen entwicklungsgerechte Angebote bekommen.

Elterninitiativen

Zu Initiativen schließen sich meist engagierte Eltern zusammen, die überkommene Krippenkonzepte ablehnen oder bereits sehr lange auf einen Krippen- oder Kindergartenplatz warten. In Initiativen tragen die Eltern eine höhere finanzielle Belastung, weil sie nicht nur den »Elternanteil«, sondern auch den »Trägeranteil« aus der eigenen

Tasche finanzieren müssen. »Offizielle« Krippen, die unter der Trägerschaft einer Stadt oder eines Wohlfahrtsverbandes laufen, bekommen immer Geld von diesen Institutionen. Bei den Elterninitiativen entfällt dieser Zuschuß meist; sie können fast immer nur auf Landesmittel hoffen. Daher sind Elterninitiativen immer teurer als andere Krippen.

Eine eigene Initiative bietet viele Vorteile: Die Eltern können die BetreuerInnen selbst aussuchen. Je nach Interesse können sie sich zusammen mit den ErzieherInnen auf ein gemeinsames pädagogisches Konzept einigen, und sie können entscheiden, welche Schwerpunkte gesetzt werden sollen. Zusätzlich können die Eltern in einer Initiative den äußeren Rahmen mit Öffnungszeiten und Ausstattungsfragen individuell auf »ihre« Kinder zuschneiden.

Diese Vorzüge der Selbstbestimmung kosten allerdings noch mehr als Geld. Neben den Elternbeiträgen muß jede Familie die Verwaltungsarbeiten eines »Trägers« berücksichtigen. Es muß für eine korrekte Buchhaltung gesorgt werden, für Reparaturen, Küchendienst, Großputz und Großeinkauf. Manche Initiativen entscheiden sich dafür, diese Arbeiten untereinander aufzuteilen. Erfahrungsgemäß entstehen damit aber schon nach wenigen Wochen Probleme: Viele Eltern können die nötige Zeit nicht aufbringen, um neben Beruf und Haushalt auch noch die Tageseinrichtung zu managen. Damit das Konfliktpotential möglichst klein bleibt, helfen folgende Überlegungen: Können die Arbeiten an einzelne Mitglieder delegiert und bezahlt werden? Können Reinigungsfirmen oder außenstehende Privatunternehmen mit den Arbeiten beauftragt werden?

Den ErzieherInnen ist geholfen, wenn sie ihre eigene Arbeit entwickeln können, ohne sich durch überhöhte Elternkonzepte überfordert zu fühlen. Initiativen werden auch dann konfliktanfällig, wenn die Eltern versuchen »mitzuerziehen« und die BetreuerInnen den Eindruck bekommen, als Hilfskräfte zu arbeiten. Nachdem das pädagogische Konzept festgelegt wurde, hilft eine klare Abgrenzung der Kompetenzen, Probleme zu vermeiden.

ELTERNINITIATIVE GRÜNDEN

● Gründen Sie einen Verein (e.V.), und lassen Sie sich beim örtlichen Jugendamt als »Träger der Jugendhilfe« anerkennen. Das ist nach dem neuen Kinder- und Jugendhilfegesetz jeder Elterninitiative möglich.

● Gleichzeitig empfiehlt es sich, Mitglied in einem anerkannten Wohlfahrtsverband, zum Beispiel in der Arbeiterwohlfahrt (AWO) oder im Deutschen Paritätischen Wohlfahrtsverband (DPWV) zu werden. Die Wohlfahrtsverbände lassen den Elterninitiativen zwar nur in Ausnahmefällen Fördermittel zukommen, aber sie unterstützen und beraten bei den zuständigen Behörden, sie bieten Fortbildungen an oder stellen Räume zur Verfügung.

● Um die Anerkennung als Tageseinrichtung für Kinder zu bekommen, benötigen Sie Langmut und gute Nerven: Sie müssen herausfinden, welche Auflagen zu erfüllen sind – das kann von Kommune zu Kommune anders sein – und Sie müssen hartnäckig bleiben. Je genauer Sie die Richtlinien erfüllen, um so mehr finanzielle Mittel gibt es. Als »Träger der Jugendhilfe« gelingt es manchmal, an Sondermittel der Kommune heranzukommen.

● Die Zuschüsse aus Landesmitteln sind unterschiedlich geregelt: Je nachdem schießen die Länder etwas zu den Personal-, Sach- oder Baukosten hinzu. Über die gesetzlichen Grundlagen sind am besten die Wohlfahrtsverbände oder die Bundesarbeitsgemeinschaft Elterninitiativen (BAGE) informiert.

Tagesmütter

Die Kinderbetreuung durch Tagesmütter hat sich zu einer echten Alternative zu den raren Kinderkrippen- und Kindergartenplätzen entwickelt. Die Kinder finden dort häusliche Atmosphäre und SpielkameradInnen. Die begrenzte Zahl von Kindern garantiert, daß sich die Tagesmutter intensiv mit jedem einzelnen beschäftigen kann. Und die Eltern profitieren davon, daß sich mit einer Tagesmutter auch flexible Arrangements aushandeln lassen.

Tagesmütter kümmern sich zu individuell vereinbarten Zeiten um die Kinder anderer und werden, wie Babysitter oder Kindermädchen auch, dafür bezahlt. Meist haben die Frauen (Tagesväter sind noch selten) eigene Kinder, die für die Kinder auf Zeit ideale SpielkameradInnen sind. Besonders Einzelkinder können vom Zusammenleben mit den neuen »Geschwistern« profitieren. In der Gruppe lernen sie den sozialen Umgang mit anderen, das gemeinsame Spielen, Teilen, Nachgeben. Und weil es natürlich auch in Tagesmüttergruppen Streitigkeiten gibt, lernt das Kind auch, wie man Konflikte bewältigt.

Viele Eltern von Kleinkindern geraten bei der Entscheidung, ihren Liebling einer Tagesmutter anzuvertrauen, in Gewissensnöte. Vornehmlich die

Frauen haben darunter zu leiden, daß immer noch die Meinung vorherrscht, Unter-Dreijährige müßten ausschließlich von der eigenen Mutter betreut werden. Untersuchungen haben aber gezeigt, daß Kinder, die mindestens zwei Jahre lang bei einer Tagesmutter verbracht hatten, sich ebenso gut entwickeln wie Kinder, die in der eigenen Familie betreut wurden. Die Tageskinder zeigten sogar mehr soziale Initiative und waren weniger ängstlich.

Bei der Tagesmutter wachsen die Kleinen in einer Atmosphäre auf, die in vielem an zu Hause erinnert. Und während sich in den Kinderkrippen üblicherweise eine ganze Schar von Kleinen tummelt, um die sich nur verhältnismäßig wenig BetreuerInnen kümmern können, ist die Zahl der Kinder bei der Tagesmutter über-schaubar. Sie kann sich daher intensiver mit jedem einzelnen beschäftigen als KrippenkindergärtnerInnen.

Dazu kommt noch, daß das Tagesgeschehen in einem Haushalt anders abläuft als die arbeitsteilige Organisation eines Kindergartens, in dem es BetreuerInnen, KöchInnen und Reinigungspersonal gibt. Die meisten Tagesmütter verrichten diese Arbeiten selbst: Die Kinder sehen zu, gehen mit einkaufen, helfen beim Kartoffelschälen oder Backen.

Der größte Vorteil: Flexibilität

Kindergärten mit flexiblen Öffnungs- und Schließzeiten haben Seltenheitswert. Für Eltern und AlleinerzieherInnen, deren Arbeitszeit nicht zur

DIE RICHTIGE TAGESMUTTER

● Möglichst intensive und ausführliche Gespräche mit der Kandidatin sind für die Auswahl der »Richtigen« unerläßlich. Einige wichtige Fragen und Themen: Ausbildung (in Deutschland und Österreich freiwillig) und Motiv für ihre Tätigkeit; ihre Vorstellung von Disziplin, Religion, Sexualerziehung, Ernährung, Bewegung; genauer Tagesablauf, Schlafenszeiten der Kinder.

● Gespräche mit Eltern von Kindern, die von der Tagesmutter schon betreut wurden, können bei der Entscheidung weiterhelfen.

● Vereinbaren Sie einige »Schnupperstunden« oder »Schnuppertage«. Kinder zeigen ihre Zu- oder Abneigung meist nach kurzer Zeit – die Eltern gewinnen ein wenig Einblick in den Tagesablauf und das Verhalten der Tagesmutter. Wie spricht die Tagesmutter mit den Kindern? Wie intensiv ist ihr körperlicher und verbaler Kontakt zu ihnen? Wie und wann erledigt sie die anfallende Hausarbeit, wie und wann spielt sie mit den Kindern? Wie behandelt sie eigene, wie betreute Kinder?

● Ist die Entscheidung gefallen, empfiehlt es sich, einen Vertrag abzuschließen. Musterformulare halten die deutschen und österreichischen Dachverbände bereit. Inhalt: Entgelt für die Tagesmutter, genaue Betreuungszeiten, Kündigungsfrist, Urlaubsanspruch und eventuelle Zusatzvereinbarungen wie Regelungen bei Krankheit.

● Kinder brauchen Zeit, um sich an die neue Umgebung und Bezugsperson zu gewöhnen. Eine Eingewöhnungsphase, in der Mutter oder Vater dabeisein können, macht es ihnen leichter.

Kindergarten-Öffnungszeit paßt, ergeben sich oft unüberwindliche Probleme. Tagesmütter sind üblicherweise viel anpassungsfähiger und können sich – in gewissen Grenzen – nach den Bedürfnissen der Eltern richten. Wichtig ist, daß die Eltern mit der Tagesmutter genau vereinbaren, in welchem zeitlichen Rahmen sie ihre Kinder bringen und abholen werden und was in Ausnahmefällen zu tun ist – schließlich hat die Tagesmutter noch andere Verpflichtungen und ein Privatleben. Viele Tagesmütter sind ohnehin sehr tolerant: Wenn es im Büro einmal später werden sollte, genügt meist ein Anruf. In Ausnahmesituationen, wenn etwa die Babysitterin ausgefallen ist, können die Kinder sogar bei der Tagesmutter übernachten.

Wenn ein Kind krank ist und daheimbleiben muß, kann vielleicht sogar die ganze Gruppe zum kranken Kind umziehen und den Tag dort verbringen. Manche Tagesmütter kommen auch sonst – zumindest einen Teil der Zeit – ins Haus. Sie und ihre Kinder profitieren dann eventuell davon, daß die Bleibe der Betreuten kindergerechter oder größer ist als die eigene, über einen Garten verfügt oder in der Nähe von Freizeiteinrichtungen oder Grünanlagen liegt.

Wenn die Tagesmutter ausfällt

Wenn KindergärtnerInnen krank werden, springt meist eine Kollegin oder ein Kollege ein. Wenn Tagesmütter erkranken, unaufschiebbare Besorgungen oder einen dringenden Arztbesuch haben, gibt es keinen automatischen Ersatz. Die Eltern sind dann auf ihr eigenes Organisationstalent angewiesen und müssen spontan für Alternativen sorgen. Guter Konktakt zu den Eltern der übrigen Kinder der Tagesmuttergruppe empfiehlt sich ohnedies – vielleicht kann ab und an auch eine Mutter oder ein Vater die Kleinen bei sich daheim aufnehmen.

Die zweite Mutter

Tagesmütter sind für Kinder wichtige Bezugspersonen. Oft verbringen sie bei ihnen mehr Zeit als bei den wirklichen Eltern, und mit ihnen erobern sie Tag für Tag ein Stück mehr von der Welt. Die Ängste vieler Mütter, die Tagesmutter könne zur besseren »Zweitmutter« werden und das Kind werde sich von der leiblichen Mutter entfremden, sind trotzdem unbegründet. Wie Untersuchungen zeigen, haben Kinder, die lange Zeit von einer Tagesmutter betreut wurden, eine ebenso enge Beziehung zur Mutter wie Kinder, die den ganzen Tag bei ihrer nichtberufstätigen Mutter verbrachten.

Allerdings kann das enge Verhältnis zwischen Eltern, Kindern und Tagesmutter auf anderer Ebene für Konfliktstoff sorgen. So können unterschiedliche Auffassungen in Erziehungsfragen zu Streitigkeiten führen. Dieses Problem sollte allerdings schon das vorbereitende Gespräch aufdecken, so daß sich die Auswahl der Tagesmutter danach richten kann. Gibt es dann trotzdem Zwistigkeiten, sollten die Meinungsverschiedenheiten so rasch wie möglich angesprochen und ausgeräumt werden. Die meisten Differenzen lassen sich in ruhigen und sachlichen Gesprächen klären. Wenn sich die Probleme erst einmal angesammelt und aufgestaut haben, kann das die Beziehung dagegen sehr strapazieren. Für die Kinder mit ihrem feinen Gespür für Unstimmigkeiten zwischen Erwachsenen sind solche Zwistigkeiten beunruhigend und bedrohlich, sie stören ihr Verhältnis zu Eltern wie Tagesmutter gleichermaßen.

Mutter und Tagesmutter

Für Frauen, die neben den fremden auch eigene Kinder haben, kann die Betreuungsarbeit zu einer schwierigen Gratwanderung werden. Nicht selten reagieren die eigenen Sprößlinge eifersüchtig auf die fremden Kinder; sie fordern besondere Zuwendung und Liebesbeweise, die klarstellen sollen, daß die Mutter Unterschiede macht. Für die anderen Kinder ist es dagegen schmerzhaft zu fühlen, daß sie im Familienalltag benachteiligt werden.

Kosten

Was Eltern für Tagesmütter bezahlen, hängt vornehmlich von ihrem Wohnort ab. Für die finanziellen Aspekte der Tagespflege sind die Kommunen zuständig, und die haben jeweils unterschiedliche und nicht eben übersichtliche Finanzierungsmodelle ausgearbeitet. Einige Gemeinden subventionieren staatlich anerkannte Tagesmütter, die den Eltern die Tarife verrechnen, die sich die Bundesarbeitsgemeinschaft Tagesmütter als Richtlinie gegeben hat. In anderen Gemeinden bekommen Eltern mit geringem Einkommen eine direkte finanzielle Unterstützung durch das Jugendamt.

Tagesmütter, die keinem Verband angehören, verlangen meist deutlich höhere Tarife als organisierte.

Für Österreich gilt sinngemäß das gleiche, nur fallen hier die kommunalen Unterstützungen weg.

Kontakte

In Deutschland haben sich allein in der Bundesarbeitsgemeinschaft Tagesmütter (»Arge Tagesmütter«) mehr als 25.000 staatlich anerkannte Tagesmütter zusammengefunden. Jene Frauen mit eingerechnet, die ihre Betreuungsdienste außerhalb dieser Organisation anbieten, dürften es drei- bis fünfmal so viele sein.

Arge »Tagesmütter«
Bundesverband für Eltern, Pflegeltern und Tagesmütter e.V.
WITZFELDSTRASSE 17
40667 MEERBUSCH
TEL.: 02132/76524

Bundesverband österreichischer Pflege- und Adoptivelternvereinigungen
RODLERGASSE 15
1190 WIEN
TEL.: 0222/367191

Kindergarten

Die Erfahrungen eines Kindergartens lassen sich kaum durch anderes ersetzen. Nirgendwo sonst können Kinder in ähnlicher Weise erfahren, was es bedeutet, sich in einer Gemeinschaft zurechtzufinden, sich zu behaupten, einzugliedern und auch durchzusetzen. Obwohl die Bedeutung des Kindergartens inzwischen unumstritten ist, haben nur zwei Drittel aller Kinder die Chance, seine Möglichkeiten zu nutzen.

Der Kindergarten muß heute einer Vielzahl von Ansprüchen gerecht werden. Immer mehr Kinder wachsen als Einzelkinder auf und suchen geschwisterähnliche Beziehungen außerhalb der Familie. Und immer mehr Kinder brauchen Anregungen, um gegen eine vorgefertigte und beengende Umwelt anspielen zu können. Spielmöglichkeiten mit Wasser, Matsch und Erde sind in den Städten rar geworden. Es gibt kaum noch freie Bolzplätze oder brachliegende Grundstücke, auf denen die Kleinen nach Herzenslust tollen und toben könnten. Die standardisierten Betonspielplätze bieten kaum Abwechslung und Anregung.

Doch nicht nur die äußeren Lebensbedingungen haben sich verändert. Innerhalb der Familie

haben die Kinder relativ wenig Bezugspersonen. Die Großeltern wohnen oft weit entfernt, die Kontakte zu anderen Verwandten sind meist beschränkt. Viele Familien sind auf eine Kerngruppe von zwei oder drei Personen zusammengeschmolzen und können den Kleinen nicht mehr die Vielzahl an Charakteren und Persönlichkeiten bieten, die Kinder brauchen, um ihre Fähigkeiten zu entfalten.

Spätestens ab ihrem dritten Lebensjahr wollen die Kleinen von sich aus neue Beziehungen knüpfen und andere Kinder kennenlernen. Die Sprößlinge streben nach draußen und suchen die Auseinandersetzung mit Gleichaltrigen. Sie wollen ihre Stärken und Schwächen – unabhängig von den Erwachsenen – erproben und beim Malen, Werken, Bauen, Formen und Gestalten ihre Fertigkeiten erweitern. Außerdem suchen die Kinder immer intensiver nach Bewegungsmöglichkeiten außerhalb des Hauses. Sie wollen mit anderen klettern, toben, balgen, laufen, rutschen und schaukeln.

All das ist in den heutigen Ballungszentren und in hellhörigen Wohnungen kaum noch möglich oder mit größeren Konflikten verbunden. Ein Kindergarten kann diese Freiräume eröffnen, die für die Entwicklung der Kleinen unentbehrlich sind. Doch bei der Suche nach geeigneten Tageseinrichtungen stoßen die Eltern auf erhebliche Probleme.

Der Notstand

Im Westen Deutschlands fehlen über 600.000 Kindergartenplätze. Viele Kinder finden nur im letzten Jahr vor Schulbeginn einen Platz; lange Wartelisten sind an der Tagesordnung. Im östlichen Teil der Republik ist das flächendeckende Versorgungsnetz aus DDR-Zeiten noch weitgehend erhalten, doch von Sparmaßnahmen bedroht. In Österreich fehlen rund 100.000 Plätze.

Dabei mangelt es nicht nur an Kindergärten generell, sondern auch an flexiblen Öffnungszeiten und Möglichkeiten der Ganztagsbetreuung.

Die Mehrheit der Einrichtungen schließt um die Mittagszeit, ab 14 Uhr dürfen die Kleinen dann wieder eintreten. Diese Art der Mittagspause belastet nicht nur die Kinder, sondern verlangt von den Eltern großes Organisationstalent. Wenn sie erwerbstätig sind, müssen sie ein ausgeklügeltes Betreuungssystem auf die Beine stellen und Tanten, FreundInnen oder NachbarInnen einspannen, um die Kinder abzuholen und wieder zurückzubringen. Selbst eine Teilzeitbeschäftigung ist unter den bestehenden Bedingungen kaum möglich, wenn nicht zahlreiche andere Personen unterstützend einspringen. So wird auch heute noch ein großer Teil der Drei- bis Sechsjährigen, deren Mutter erwerbstätig ist, von Großeltern betreut, siebzehn Prozent von bezahlten Tagesmüttern und Babysittern und nur ein knappes Drittel durch Kindergärten.

SIGNALE SETZEN

Um die SozialpolitikerInnen immer wieder an den Bedarf zu erinnern, müssen vor allem die Eltern aktiv werden:

● Melden Sie Ihr Kind auch dann in einem Kindergarten an, wenn Sie sich keine Chance auf einen Platz ausrechnen. Nur so bekommen die Kommunen einen Überblick über das wahre Ausmaß der Elternwünsche.

● Wenden Sie sich an den Elternbeirat des Kindergartens, den Ihr Kind später besuchen soll. Oft organisieren Elternbeiräte Protestaktionen, an denen Sie sich beteiligen können.

● Besuchen Sie Bürgerversammlungen und Wahlveranstaltungen, und machen Sie beim Jugendamt auf Ihr Problem aufmerksam. Es hat die Planungsverantwortung.

● Sprechen Sie Ihre zuständigen LandespolitikerInnen an.

● Gründen Sie eine eigene Initiative (> Seite 633), wenn Sie keine Chance auf einen Kindergartenplatz sehen.

DIE SUCHE NACH DEM RICHTIGEN KINDERGARTEN

Auf der Suche nach dem »richtigen« Kindergarten ist der nächstliegende meist der beste. Denn die Kinder bleiben dabei in der näheren Umgebung der Wohnung, sie können hier ihre Freundschaften knüpfen, und sie müssen keine langen Wege mit dem Auto oder öffentlichen Verkehrsmitteln zurücklegen. So wird den Kleinen der Stadtteil vertraut, und sie haben die Chance, auch außerhalb der Einrichtung ihre FreundInnen zu besuchen. Außerdem bedeutet der Wechsel vom Kindergarten zur Schule nicht automatisch, all diese Freundschaften zu verlieren. Über den Nachbarschaftskindergarten knüpfen meist auch die Eltern leichter Kontakte zu den BewohnerInnen des Stadtteils. Sie können sich gegenseitig bei der Betreuung der Kinder unterstützen, Erfahrungen austauschen und ohne lange Verkehrswege Treffen organisieren.

INSTITUTIONEN

Ausstattung und Betreuung

Die meisten Kindergärten sind heute gut ausgestattet. Sie bieten den Kindern eine freundliche, farbenfrohe Atmosphäre und anregende Spiel- und Beschäftigungsmöglichkeiten. Das pädagogische Fachpersonal ist meist gut geschult und professionell ausgebildet. Inzwischen spielt es auch keine Rolle mehr, ob das Kind in einen Kindergarten geht, der von der katholischen oder evangelischen Kirche oder von anderen Organisationen getragen wird. Praktisch alle Einrichtungen sind für die Kinder aller Religionen und auch für Kinder konfessionsloser Eltern offen.

In der »idealen« Kindergruppe sollten rund 18 bis 20 Kinder zusammenkommen, die von zwei bis drei Fachkräften betreut werden. Sammeln sich mehr als 20 Kinder um zwei ErzieherInnen, sind schließlich viele BetreuerInnen gezwungen, die Kinder zu reglementieren. Auf die individuellen Bedürfnisse der Kleinen können sie kaum noch eingehen.

Im pädagogischen Konzept unterscheiden sich die Kindergärten kaum voneinander. Fast alle arbeiten nach dem situationsbezogenen Ansatz (> Aus der Situation heraus, Seite 627). Die früheren Systeme, in denen die Kinder durch Belohnung mit Sternchen und Blümchen verstärkt zu individueller Leistung angeregt werden sollten, gibt es kaum noch.

Öffnungszeit

Für berufstätige Mütter und Väter kann die Öffnungszeit zum entscheidenden Auswahlkriterium werden. Schließt die Einrichtung um die Mittagszeit, müssen sie zusätzliche Betreuungsmöglichkeiten finden. In Deutschland orientieren sich kirchliche Träger meist an »Halbtagsmodellen«; die Arbeiterwohlfahrt und der Paritätische Wohlfahrtsverband halten ihre Kindergärten fast immer länger offen. Bisher wer-

CHECKLISTE FÜR ELTERN

● Gibt es einen Garten oder Hof, in dem die Kinder ungehindert toben und laufen können? Genormte Rasenflächen und reservierte Spielareale weisen meist darauf hin, daß die Bewegungsfreiheit eingeschränkt wird.
● Bieten die Räume genügend Rückzugsmöglichkeiten, um allein spielen zu können? Die Kinder brauchen Kuschelecken und Matratzen, um sich immer wieder auszuruhen.
● Gibt es Ecken und Winkel, in denen die Sprößlinge unbeobachtet bleiben können? Wenn die Raumaufteilung so angelegt ist, daß von einem zentralen ErzieherInnentisch alles unter Blickkontrolle ist, haben die Kinder kaum private Momente.
● Gibt es altersgemischte oder gleichaltrige Gruppen? Beides kann mit Vor- und Nachteilen verbunden sein (> Seite 629).
● Stammen die Gebote eher von den Erwachsenen? In einem Klima, das vor allem von den Bedürfnissen der ErzieherInnen geprägt ist, haben die Kinder wenig Chancen, eigene Vorstellungen zu verwirklichen.
● Wie sehr wird der Alltag reglementiert? Müssen immer alle gleichzeitig essen oder sich mit ähnlichen Dingen beschäftigen? Die Qualität eines Kindergartens mißt sich vor allem daran, wie weit es den Kindern ermöglicht wird, im Rhythmus ihrer Bedürfnisse zu leben.
● Wirkt das Gesamtklima entspannt und gelassen, wenn Besuche kommen? Kinder, die sich immer wieder im selbständigen Spiel erproben, sind eher ausgeglichen und wenig überspannt.

den insgesamt nur acht bis zehn Prozent aller Kindergärten als Ganztagseinrichtung geführt. Dabei gilt: Je länger die Kinder täglich in der Einrichtung bleiben, desto kleiner muß die Gruppe sein und desto vielfältiger muß das Raumangebot sein: In Großgruppen geht die Ganztagsbetreuung zu Lasten der Kinder.

Mehr als die Hälfte der österreichischen Kindergärten hat ganztags geöffnet. Doch die Verteilung ist regional völlig verschieden: In Wien sind es 92 Prozent, in Vorarlberg nur 2,7 Prozent. Ein Viertel der Kindergärten hat zwar vor- und nachmittags geöffnet, doch die Mittagspause müssen die Eltern selbstorganisiert überbrücken.

Elternbeitrag

Bei einem schmalen Familienbudget müssen auch die zusätzlich zum Kindergartenbeitrag anfallenden Kosten wie Fahrtspesen, Essen, Materialien, Betreuung vor oder nach dem Kindergarten in die Kalkulation einfließen. Welchen Beitrag die Eltern konkret zahlen müssen, ist von Land zu Land und von Träger zu Träger ganz unterschiedlich. Ob es möglich ist, daß das Jugendamt den Elternbeitrag teilweise oder vollständig übernimmt, wissen die ErzieherInnen. Sie sind zur Verschwiegenheit verpflichtet.

Schulvorbereitung?

Viele Eltern fragen sich bei der Wahl des Kindergartens, ob ihr Kind dort die »besten« Chancen für den angepeilten Schulabschluß erhält. Dabei beeinflußt gezieltes intellektuelles Training die Schullaufbahn kaum je positiv. Am meisten lernen die Kinder beim Spielen und gemeinsamen Experimentieren und im Umgang miteinander. Wie sehr sie sich entfalten können, hängt daher eher von den Erzieherinnen und Erziehern ab als vom Kindergarten selbst: Je mehr die Kleinen zur Eigeninitiative, zu freiem Tun und Denken herausgefordert werden, um so besser können sich ihre intellektuellen Fähigkeiten entfalten.

VORBEREITUNG AUF DEN KINDERGARTEN

Im Kindergarten eröffnet sich den meisten Sprößlingen eine völlig neue Welt. Bis jetzt haben sie fast ausschließlich in der Familie gelebt, FreundInnen auf dem Spielplatz kennengelernt und Kontakte zu den Kindern der Verwandten und NachbarInnen geknüpft. Doch die Eltern haben die meisten dieser Beziehungen begleitet. Meist befanden sich Mutter oder Vater in Rufnähe, oder eine Tagesmutter gab Rückendeckung bei der Eroberung neuer Welten. Ein eigenes, von der Familie unabhängiges Bezugssystem lernen die meisten Kinder erst im Kindergarten kennen.

Zum ersten Mal stehen die Kleinen vielen ande-

WICHTIGES FÜR DIE PLANUNG

● Wie viele Wochen im Jahr ist der Kindergarten geschlossen? Für die Sommer-, Weihnachts- und Osterferien müssen meist alternative Betreuungsmöglichkeiten gefunden werden.
● Wie wird die Eingewöhnungsphase gestaltet? Für die Kleinen ist es wichtig, daß sie anfangs vertraute Bezugspersonen in der Nähe haben (> Schnupperstunden, Seite 624).
● Was erwartet der Kindergarten von den Eltern? In manchen Kindergärten erhoffen sich die ErzieherInnen eine rege Teilnahme der Eltern am Kindergartenleben, an Festen, Ausflügen oder Projekten.

ren Kindern gegenüber, mit denen sie nicht nur einige Stunden, sondern über mehrere Jahre lang den Alltag verbringen werden. Sie werden zusammen essen, spielen, sich balgen, streiten, kämpfen. Sie werden sich aneinander messen, gegeneinander konkurrieren, Bündnisse schließen und FreundInnen gewinnen. Und all das wird ohne Mutter oder Vater stattfinden.

Damit beginnt aber auch für die Eltern ein neuer Lebensabschnitt. Zum ersten Mal hören, sehen und erleben die Kinder »Neues«, ohne daß die Familie dies filtern und bewerten kann. Im Kindergarten gelten andere Normen und andere Regeln als in der Kernfamilie. Manche Eltern sind daher verunsichert und versuchen, die »fremden« Einflüsse zu kontrollieren. Doch die Kleinen brauchen schlußendlich ihre unabhängigen Erfahrungen, um selbständig zu werden.

Den richtigen Zeitpunkt wählen

Aus der Geborgenheit der Kleinfamilie in die Großgruppe des Kindergartens zu gehen bedeutet für jedes Kind einen Riesenschritt. Bei etwa der Hälfte aller Neulinge klappt der Kindergarteneinstieg nicht reibungslos. Sie weinen, wollen sich von der Bezugsperson nicht trennen oder weigern sich nach einigen Tagen, weiter dorthin zu gehen. Bei manchen Kindern vergehen Wochen, ehe sie heimisch werden. Andere lassen sich kaum beeindrucken und gehen in den Kindergarten, als hätten sie es nie anders gekannt. Die Eingewöhnungszeit entscheidet über das Wohlbefinden der Kinder; mit der richtigen Vorbereitung bleibt Kind und Eltern viel Kummer erspart.

Wenn die Kinder in den Kindergarten eintreten, verlangt das von ihnen eine hohe Anpassungsleistung. Sie sind mit all ihren Sinnen und Gefühlen gefordert, sich auf die neuen Gegebenheiten einzustellen. Haben sie gleichzeitig eine schwierige familiäre Situation zu bewältigen, wie die Geburt eines

Bruders oder einer Schwester, einen Umzug oder die Trennung der Eltern, dann kann das Dreijährige überfordern. In Zeiten großer Veränderung sollte daher besser gewartet werden, bis das Kleine sein inneres Gleichgewicht im Familienalltag wiedergefunden hat. Dann fällt die Eingewöhnung in den Kindergarten leichter.

Mütter und Väter, die wieder in ihren Beruf zurückkehren, sollten mindestens zwei bis drei Wochen vor dem ersten Arbeitstag mit der Vorbereitung auf den neuen Lebensabschnitt beginnen. Dabei helfen den Kindern grundsätzlich nicht nur gemeinsame Schnupperstunden (> Seite 624), sondern die Kleinen wollen generell wissen, was nun alles anders wird: wo Mutter oder Vater demnächst arbeiten, was sie dort tun werden, wie die Umgebung aussieht, ob es weit weg oder in der Nähe ist.

UNGLEICHE CHANCEN

Weil es zu wenig Kindergartenplätze, vor allem im Ganztagsbereich, gibt, haben nicht alle Kinder die gleiche Chance, einen Kindergarten zu besuchen. Studien belegen, daß gerade Kinder aus Familien mit geringem Einkommen, also Kinder aus Arbeiter- und Ausländerfamilien, weniger häufig in den Kindergärten anzutreffen sind. Gerade für diese Kinder bedeutet die mangelnde Versorgung mit Kindergartenplätzen jedoch eine deutliche Einschränkung ihrer Entwicklungsmöglichkeiten. In der höchsten Einkommensgruppe haben 83 Prozent der Vierjährigen und 91 Prozent der Fünfjährigen einen Kindergartenplatz, in der untersten Einkommensgruppe sind es nur noch 65 beziehungsweise 72 Prozent.

Kindergartenreif?

Wann ein Kind »kindergartenreif« ist, hat weniger mit dem Alter zu tun als mit seiner Fähigkeit, sich über längere Zeit von den Bezugspersonen zu trennen. Manche Kinder beginnen ihre ersten autonomen Schritte gegen Ende des zweiten Lebensjahrs, andere lösen sich schwerer und wollen auch mit dreieinhalb noch nicht von den Eltern weichen. »Reif« sind die Kinder, wenn sie:

● sich ohne Angst für eine gewisse Zeit von den Eltern trennen können.

● oft und gern mit anderen Kindern spielen.

● Fragen stellen und beantworten sowie Wünsche äußern können.

● allein essen und sich weitgehend allein anziehen.

Viele Kindergärten verlangen, daß die Kinder tagsüber sauber sind. Falls das Kleine noch Windeln trägt, sollte es aber nicht auf den Topf gezwungen werden. Es ist besser, im Kindergarten zu fragen, ob es auch mit Windeln kommen kann. Denn durch Nachahmung lernen viele Kinder innerhalb weniger Tage von selbst, die Toilette zu benutzen.

AUFFALLEND ÄNGSTLICH

Ob sich ein Kind im Kindergarten wohl fühlt, zeigt es an seinem Verhalten. Ist es neugierig und entspannt, geht es auf andere Kinder zu, kann es konzentriert spielen und reagiert auf die Anregungen und Impulse der ErzieherInnen? Ein auffallend starres, zielloses und unkonzentriertes Verhalten signalisiert meist, daß etwas nicht stimmt. Ein möglicher Grund dafür kann sein, daß das Kind zu früh in seine Selbständigkeit »hineingelobt« wurde: »Du bist schon so groß, jetzt kannst du auch in den Kindergarten gehen.« Um ihren Eltern zu gefallen, verbergen viele Kinder ihre innere Angst, können sich aber nach außen kaum auf etwas konzentrieren. Offene Angst kann jedoch auch unter dem dominanten Verhalten älterer Kinder oder durch offene oder latente Konflikte in der Gruppe entstehen. Ein »ungesundes« Gruppenklima muß immer von den ErzieherInnen zum Thema gemacht und gemeinsam mit den Kindern gelöst werden.

Schnupperstunden

Neulinge sollten vor der offiziellen Aufnahme an mehreren Tagen die Chance bekommen, jeweils eine Stunde mitzuspielen, während die Mutter oder der Vater in Rufnähe bleibt und wartet. So können die Kinder ihre ersten Kontakte knüpfen und haben eine vertraute Bezugsperson im Rücken. Sie lernen die ungewohnten Räumlichkeiten kennen, das neue Spielzeug und »ihre« ErzieherInnen. Wenn die Neuen dann am ersten »richtigen« Tag kommen, finden sie eine weitgehend bekannte Umgebung vor.

Eingewöhnungsphase

Generell gewöhnen sich Kinder leichter ein, wenn sie schon vorher in Spielgruppen, bei Bekannten oder Verwandten immer wieder mehrere Stunden ohne Elternbegleitung mit anderen Kindern spielen konnten. Je selbständiger die Kinder bei »Fremden« herumtoben und sich auf Kinderfesten bewegen, um so einfacher wird die Eingewöhnung.

Die erste Woche entscheidet über vieles. Es lohnt sich auf jeden Fall, in den ersten Tagen das Kind nach zwei Stunden wieder abzuholen. Dieser Zeitrahmen ist überschaubar und bereitet

Dreijährigen in den meisten Fällen keine Schwierigkeiten. Oft sind die Kinder schon nach drei, vier Tagen so begeistert, daß sie von sich aus länger bleiben wollen. Je nachdem, wie wohl sich die Kinder fühlen, kann die Zeit bereits nach einer Woche auf vier Stunden oder weiter schrittweise ausgedehnt werden. Wichtig ist, daß die Eltern die vereinbarte Zeit unbedingt einhalten. Nichts verleidet einem Kind den Kindergarten mehr, als wenn es eine Stunde lang zur Tür starrt, ohne daß Mutter oder Vater oder eine andere Bezugsperson auftaucht.

Der Abschied

Lange Abschiedszenen können verunsichern. Viele Eltern verbergen dahinter ihre eigene Trennungsangst und signalisieren: »Du mußt hierbleiben, aber eigentlich will ich dich gar nicht allein in der Fremde lassen.« Die Kleinen spüren diese Doppelbotschaft und wollen den Eltern »beistehen«: Wenn Mutter oder Vater traurig sind, ist es besser, ich bleibe bei ihnen. Auf diese Weise steigen die Tränen automatisch hoch. Am sichersten fühlen sich die Kinder, wenn sie beim Abschied in ihrem Gefühl bestärkt werden: »Hier, im Kindergarten ist meine Welt, und meine Eltern freuen sich, wenn es mir hier gefällt. Ich kann mich darauf verlassen, daß wir uns in ein paar Stunden wiedersehen« (> Trennen und wiederkommen, Seite 272).

Sobald die Kinder Vertrauen zu ihrer Umgebung und den Erzieherinnen und Erziehern gewonnen haben, verabschieden sie sich kurz und schmerzlos. Jenen, denen es schwererfällt, kann ein kleines, kurzes Ritual über die Trennung hinweghelfen: Ein Nachwinken über die Treppe oder das Fenster; oder man läßt sich eine Grimasse einfallen, die man einander durch das Fenster zuschickt. Die Zeichen signalisieren: Wir sagen einander ade, aber es ist nur eine Trennung auf Zeit. Entscheidend ist, ob sich die Kinder da-

nach auch gerne von den ErzieherInnen trösten lassen und sich nach kurzer Zeit, wenn die Tränen versiegt sind, wieder anderen Dingen zuwenden und interessiert zu spielen beginnen.

Ich will bei dir bleiben

Viele Kinder gehen wochenlang voll Freude in den Kindergarten und beginnen dann plötzlich und unerwartet, wieder unter der Trennung von den Eltern zu leiden. Ihre Tränen lassen sich kaum trocknen, und sie betteln herzzerreißend, doch wieder bei Mutter oder Vater bleiben zu dürfen. Diese Situationen stellen die Eltern auf eine harte

ERZIEHERINNEN INFORMIEREN

Bei der Anmeldung und in den ersten Kindergartentagen sollten die BetreuerInnen möglichst viel über das Kind erfahren, um sich individuell auf den Sprößling einstellen zu können. Versuchen Sie schon vorab, sich zu überlegen, welche Informationen Sie unbedingt weitergeben möchten:

● Welche krisenhaften Situationen können im Alltag auftreten? Hat das Kind besondere Trotzanfälle, leidet es unter bestimmten Ängsten oder Krankheiten?

● Was kann das Kind besonders gut, und wobei braucht es besondere Unterstützung?

● Gibt es noch weitere Betreuungspersonen, die im Leben des Kindes eine wichtige Rolle spielen – andere Angehörige, Kinderfrau, Freund oder Freundin?

● Gibt es Erfahrungen, mit denen das Kind besonders zu kämpfen hat; zum Beispiel dem Tod eines Angehörigen, Trennung oder Scheidung der Eltern?

Bewährungsprobe, gehören aber fast zu jeder Entwicklung.

Je tiefer sich die Kinder in ihre »neue« Welt hineinbegeben, je mehr sie die Unterschiede zwischen der eigenen Familie und den Regeln und Normen im Kindergarten erkennen, um so autonomer werden sie. Gleichzeitig brauchen sie aber bis weit ins Grundschulalter hinein die Rückversicherung (> Autonomie und Sicherheit, Seite 270) bei ihren vertrauten Bezugspersonen: die Sicherheitsbasis, die sie immer wieder anlaufen können. Die Kinder wagen sich von dort immer nur so weit hinaus, wie es ihnen gelingt, die innere Balance zwischen Neugier und Verunsicherung zu halten. Dabei kann es auch zu Rückschlägen kommen, wenn Konflikte oder Krisen in der Familie auftreten oder sie unerwartete Ereignisse verarbeiten müssen. Dann brauchen die Kinder wieder ihren »Hafen« und beginnen unerwartet zu klammern (> Unsichere Bindungen, Seite 272).

Am besten ist es, das Kind in dieser Situation nicht aus dem Kindergarten herauszunehmen, aber ihm besonders viel Zeit am Morgen oder späteren Nachmittag und Abend zu schenken. Beim gemeinsamen Spielen, Malen und Miteinander-Reden, läßt sich die innere Sicherheit meist wieder herstellen, auch wenn das unter Umständen eine Weile dauern kann. In dieser Zeit können die Eltern auch ergründen, woher der plötzliche Balanceverlust des Kindes kommt (> Autonomie und Sicherheit, Seite 270).

Veränderungen für die Eltern

Mit der Kindergartenzeit beginnt für die meisten Eltern eine neue Phase. Oft ist es das erste Mal, daß sie das Kind »aus der Hand« geben. In die bisherige Beziehung zwischen Eltern und Kind schieben sich die Erzieherin oder der Erzieher als wichtige dritte Person. Mit dieser neuen Bezugsperson können sich für die Eltern Ängste und quälende Fragen verbinden: Wird sie mein Kind lieben? Wird sie seine Besonderheiten verstehen? Welche Werte wird sie ihm vermitteln? Auf welche Weise wird es sie fördern, unterstützen und schätzen? Gleichzeitig müssen die Eltern »loslassen« und dem Kind vertrauen, daß es seine Schritte selbständig macht.

Unterschiedliche Beziehungssysteme sind für das Kind selbst kaum problematisch. Im Gegenteil: Es ist wichtig, daß es erlebt, daß im Kindergarten andere Regeln gelten als zu Hause, daß bestimmte Gewohnheiten und Alltagsabläufe anders als in der Familie aussehen und daß auch die Erzieherin oder der Erzieher andere Maßstäbe im Zusammenleben hat als Mutter oder Vater. Über diese verschiedenen Welten erweitert es seine Erfahrungen und kann neue Beziehungen knüpfen.

Schwieriger ist es meist für die Eltern. Sie müssen akzeptieren, daß das Kind und die BetreuerInnen eine eigene Beziehung eingehen werden. Eine Beziehung, die nach einem eigenen Muster, nach eigenen Regeln geformt sein wird. Die meisten Kinder beginnen sehr schnell, ihre BetreuerInnen zu lieben. Sie favorisieren ihre Meinung, und plötzlich hören die Eltern zu Hause neue Klänge und Einschätzungen: Eine dritte Person »erzieht« mit. Auch wenn manches aus dem Kindergarten nicht in die eigene familiäre Vorstellungswelt paßt – es gilt dennoch, die Position des Kindes zu respektieren. Die Angst der Eltern, das Kind in dieser Situation an jemand anderen zu verlieren, ist fast immer unbegründet. In der Gunst der Kinder bleiben die Eltern stets an »erster« Stelle (> Das Kind loslassen, Seite 271).

ALLTAG IM KINDERGARTEN

Im Kindergarten ist alles anders als zu Hause. Manches widerspricht der Situation in der Kleinfamilie sogar völlig. Da ist zunächst die Gruppe. 12, 18, 24 und noch mehr Kinder – meist im gleichen Alter – stehen einander gegenüber, müssen voreinander bestehen, sich Aufmerksamkeit verschaffen, Freundschaften schließen. Das einzelne Kind steht weit weniger im Mittelpunkt als zu Hause. Kleinere Kinder müssen lernen, sich durchzusetzen, und sie müssen lernen, wie man sich in einem wechselnden hierarchischen Gefüge bewegt. Statt Privatbesitz und »mein« und »dein« gibt es im Kindergarten nur Gemeinschaftseigentum, alles gehört der Gruppe. Die meisten Kinder kommen nach einiger Zeit und entsprechenden Konflikten mit dieser neuen Welt sehr gut zurecht und sind bereit, Spielsachen und Materialien immer wieder zu teilen oder anderen zu überlassen.

Tagesablauf

Die meisten Kindergärten werden heute nach einem offenen Prinzip geführt. Die Kinder gehen weitgehend ihren eigenen Spielinteressen und Beschäftigungen nach. Sie werden dabei von den ErzieherInnen unterstützt, die beobachten, wann ihre Hilfe und ihre Anregungen notwendig sind. Die Kinder frühstücken in kleinen Gruppen, wann sie wollen, bis zu einer festgesetzten Zeit am Vormittag. Sie bilden selbstgewählte Gruppen – meist auf Anregung der BetreuerInnen –, in denen gespielt, etwas Neues entdeckt, gemalt oder gesungen wird. In Ganztagseinrichtungen ist das gemeinsame Mittagessen der Treffpunkt, an dem alle zusammenkommen, die in der Bauecke, im Garten oder beim Rollenspiel beschäftigt waren.

Während des Tages versuchen die ErzieherInnen immer wieder, die Fragen der Kinder aufzugreifen und herauszufinden, welche Erlebnisse und Erfahrungen ihnen Sorgen oder Freude bereiten, was sie bewegt oder traurig macht, wo es Konflikte im Zusammenleben der Gruppe gibt. Daraus entwickeln sich oft Projekte, die sich über mehrere Wochen hinziehen können.

Aus der Situation heraus

Ausgehend von der Lebenssituation der Kinder und ihren Bedürfnissen formulieren die BetreuerInnen Angebote. Die Themen entwickeln sich aus der konkreten Situation heraus. Dabei stehen die Interessen der Kinder immer im Vordergrund. Was dann bearbeitet wird, kann ein kleiner, überschaubarer Bereich sein, der in ein, zwei Tagen erledigt ist; komplexere Themen können sich manchmal auch über viele Tage hinziehen.

Ein Beispiel: In den Ritzen und Nischen einer Holzverkleidung entdecken die Kinder immer wieder Spinnen und Spinnennetze. Viele reagieren mit Ekel und Angst, manche zerstören die Netze oder töten die Spinne. Nachdem die BetreuerInnen diesem Treiben mehrmals zugesehen haben, beschließen sie, das Thema »Spinnen« aufzugreifen:
● Wo leben diese Tiere, und wovon ernähren sie sich? Im Garten lassen sich zahlreiche andere Netze finden und der Lebensraum beobachten.
● Woraus entstehn die Angst und der Ekel? Haben die Kinder Science-fiction-Filme im Kopf, oder bringen sie ihre Angst aus der Familie mit? In Kleingruppen erzählen die Kinder, warum sie sich fürchten oder nicht fürchten.
● In Bilderbüchern können unterschiedliche Spinnen betrachtet werden. Stößt man auf aussterbende Arten, läßt sich der Artenschutz besprechen.
● Beim Malen und Zeichen von Spinnen können die Kinder ihren Ängsten noch einmal Ausdruck verleihen, ihre Kreativität entwickeln und manuelle Geschicklichkeit schulen.
● Indem die Kleinen versuchen, sich wie eine Spinne zu bewegen, erleben sie, wie kompliziert die Motorik dieser Lebewesen ist.

Wichtig ist, daß die ErzieherInnen hoch differenziert arbeiten. Sie sollten die laufenden Spiele oder Tätigkeiten der Kinder nicht unterbrechen, sondern ihre Angebote zu einem geeigneten Zeitpunkt in das Geschehen integrieren. Wie weit sich die Kinder von den Impulsen aktivieren lassen, hängt von ihren Bedürfnissen ab. Die Gruppenaktivitäten können ganz verschieden ablaufen: zu zweit, in der Kleingruppe oder in der Gesamtgruppe. Die Zusammensetzungen sollten stets neu und variabel, den Interessen der Kinder angepaßt sein.

Im Situationsansatz folgen die ErzieherInnen keinem feststehenden Lehrplan, sondern der Alltag, das Leben im Wohnumfeld und im Kindergarten geben die Impulse. So kann die lange Abwesenheit eines Kindes zum Anlaß genommen werden, das Thema »Kranksein und Krankenhaus« aufzugreifen. Oder die aggressive Auseinandersetzung um ein bestimmtes Spielzeug ist der Anstoß, sich mit »Neid« zu beschäftigen.

Der Situationsansatz versteht sich ausdrücklich als eine Pädagogik, die sich für die Interessen der Kinder in all ihrer Verschiedenheit einsetzt. Er nimmt Partei für die Kinder, wenn sie in ihren Entwicklungsmöglichkeiten eingeschränkt werden.

Freispiel

Es ist nicht das Ziel des Kindergartens, alle Kinder jederzeit gemeinsam zu beschäftigen. Im Gegenteil. Die Kleinen sollen ihrem eigenen Rhythmus folgen. Sie entscheiden selbst, wann sie in einer großen Gruppe, in einer Kleingruppe, paarweise oder allein spielen, bauen, basteln oder zeichnen wollen. Dabei müssen sich die Kinder immer wieder zurückziehen können, um auch Entspannung zu finden. Viele wollen ab und zu einfach gar nichts tun, nur ein bißchen herumhängen und die Seele baumeln lassen. Ohne diese Erholungspausen und ohne Alleinspiel kann das Gruppenleben belastend werden. Deutlich zeigen die Kinder dann ihre Erschöpfung, wenn sie mittags oder nachmittags nach Hause kommen.

Mittagsschlaf

Der Mittagsschlaf gehörte in den Ganztagseinrichtungen früher zur lästigen Pflicht. Ohne Mittagsruhe, so lautete die Begründung, seien die Kinder nachmittags übermüdet und quengelig. Inzwischen wissen die SchlafforscherInnen, daß das Schlafbedürfnis von Kindern so unterschiedlich ist wie das von Erwachsenen. Zweijährige, die einen Zwölfstundentag mühelos überstehen, sind genauso »normal« wie Sechsjährige, die ihren Mittagsschlaf lieben und brauchen.

So können die Kinder in den meisten Ganztags-

TOLERANZ STATT AUSGRENZUNG

Kinder sind meist fasziniert von fremden Sprachen, Aussehen, Kleidern und Eßgewohnheiten. Sprachbarrieren registrieren Kindergartenkinder nur am Rande. Im Puppenhaus und vor der Legokiste verständigen sie sich auch ohne Worte. Diese gelebte Völkerverständigung der Kleinen stören die Eltern manchmal empfindlich. Oft mit der Begründung, ausländische Kinder würden sich unter ausschließlich deutschen Kindern nicht wohl fühlen. Wenn sich ErzieherInnen und Elterninitiativen dagegen erfolgreich zur Wehr setzen, können sie viel zur internationalen Verständigung vor der eigenen Haustür beitragen. Die Kinder erfahren im Alltag, daß unterschiedliche Nationalitäten und Lebensgewohnheiten Menschen keineswegs daran hindern, respektvoll und freundschaftlich miteinander umzugehen.

einrichtungen heute selbst bestimmen, ob sie mittags schlafen oder nicht. Auf diese Weise gönnen sich einige bewußt ihre Ruhephase nach dem Mittagessen, während sich andere mit entspannenden Spielen beschäftigen.

Zuneigung und Abneigung

Kinder unterscheiden sehr genau, wen sie mögen und wer ihnen weniger liegt. Nach ihrer jeweiligen Vorliebe finden sie sich in losen Spielgruppen mit WortführerInnen und MitläuferInnen zusammen. Dabei kann das hübsche Aussehen, ein mitgebrachtes Spielzeug oder auch ein leuchtendes T-Shirt für die Zuneigung ausschlaggebend sein. Doch dieses hierarchische Gefüge kann ebenso schnell wechseln wie die gegenseitige Gunstbezeigung. Zur Kindergartenerfahrung gehört beides: von den anderen geliebt zu werden, aber auch das Erlebnis, in eine Außenseiterposition zu geraten. Die Kinder lösen diesen Konflikt meist allein und versuchen mit Charme und Kooperationsangeboten, verlorene Positionen wiederzugewinnen. Dabei schulen sie ihre sozialen Fertigkeiten.

Kindergartenkinder sind meist sehr tolerant. Was in der Schule oder im Hort eine große Rolle spielen kann – ob jemand dick oder dünn, chic oder altmodisch gekleidet ist –, interessiert die Drei- bis Sechsjährigen meist nur einen kurzen Moment. Erst wenn ein Kind offensichtlich unter seiner Außenseiterrolle leidet, wird es seinen Kummer den Eltern berichten. Dann ist es wichtig, daß es Rückenstärkung bekommt. Gemeinsam mit dem Kind kann man überlegen, welche FreundInnen ihm wichtig sind und warum es meint, bei ihnen nicht zu landen. Oft stecken Konflikte und Streit dahinter. Die Lösungen dafür entwickeln Kinder – unterstützt von den Eltern – meist von sich aus. Kommt es zu keiner Lösung, dann sollten die Eltern zusammen mit dem Kind und den BetreuerInnen versuchen, mehr über die Hintergründe der Außenseiterrolle zu erfahren.

Professionell ausgebildete Erzieherinnen und Erzieher helfen meist, die Position aufzulösen.

Anders als daheim

Viele Kinder verhalten sich im Kindergarten ganz anders als zu Hause. Da verwandelt sich plötzlich der vernünftige Sohn in einen Clown, und die stille Tochter mausert sich zur wortgewaltigen Anführerin. Diese wundersamen Wandlungen gehören zum Kindergartenalltag und sind völlig normal. Für die Kinder sind es unterschiedliche Möglichkeiten mit großer Chance. Die Kleinen reagieren auf verschiedene Menschen unterschiedlich, zu Hause ebenso wie im Kindergarten. Sie passen sich den jeweiligen Situationen an und nutzen Freiräume und Entfaltungsmöglichkeiten, wo sie sich bieten.

Wenn sie zum Beispiel erleben, wie ihre Eltern wegen des Kinderlärms Ärger mit den NachbarInnen bekommen, spielen sie zu Hause lieber still. Den unterdrückten Bewegungsdrang entladen sie explosionsartig im Kindergarten. Wenn Eltern und ErzieherInnen im Gespräch bleiben, dann sind diese Unterschiede kaum Anlaß für Konflikte.

Sexualität im Kindergarten

Die Kinder kommen mit unterschiedlichen Kenntnissen und Erfahrungen in den Kindergarten. Auffallend stark unterscheiden sie sich in ihrem sexuellen Verhalten. Wichtig ist, daß sich die Eltern zusammen mit den ErzieherInnen darauf einigen, daß die Kinder über alles, was mit Sexualität zusammenhängt, im Kindergartenalltag sprechen können (> Wie sag' ich's … , Seite 308). Das gleiche gilt für die Schutzfunktion, die die ErzieherInnen in bezug auf sexuellen Mißbrauch übernehmen können, wenn sie die Kinder dabei unterstützen, zwischen guten und schlechten Geheimnissen zu unterscheiden und über schlechte Geheimnisse zu reden (> Sexueller Mißbrauch, Seite 379).

INTEGRATIVE KINDERGÄRTEN

In einer integrativen Einrichtung ist ein behindertes Kind zunächst einmal ein »Kind« und erst in zweiter Linie ein Kind mit besonderen Bedürfnissen. Drei- bis Sechsjährige haben keine Schwierigkeiten, dies zu verstehen und damit unvoreingenommen umzugehen.

Am Anfang überwiegen bei den Eltern nichtbehinderter und bei den Eltern behinderter Kinder Ängste und Unsicherheiten:

● Wird unser Kind, das doch viel Unterstützung benötigt, nicht zu kurz kommen?
● Wird eine Gruppe mit 15 Kindern nicht zu groß, zu unüberschaubar sein?
● Werden die Anforderungen nicht zu hoch sein, so daß es laufend Mißerfolge hat und dabei die kleinen Fortschritte übersehen werden?
● Wird das Leistungsniveau, also das Lernangebot, der Gruppe sinken?

In der Regel lösen sich alle diese Befürchtungen nach kurzer Zeit auf. In die altersgemischte Gruppe mit fünfzehn Kindern werden zwei bis maximal fünf behinderte Kinder aufgenommen. Dafür stehen der Gruppe eine zusätzliche Erzieherin oder ein Erzieher und stundenweise TherapeutInnen zur Verfügung. Wenn Kinder eine intensive therapeutische Betreuung benötigen, findet diese in einer Kleingruppe statt, die auch nichtbehinderten Kindern wieder zugute kommt. So belegen alle Erfahrungen, daß es keine nichtintegrierbaren Kinder gibt, sondern lediglich räumliche und personelle Hürden, die eine Integration verhindern.

ELTERN IM KINDERGARTEN

Im Kindergarten betreten Kinder ihr eigenes Reich. Sie müssen dort ihre eigenen Erfahrungen sammeln und sollten sich von den Eltern interessiert begleitet und unterstützt fühlen. Regelmäßige und kontinuierliche Gespräche zwischen den Eltern und BetreuerInnen stärken dabei das Kleine. Beide Seiten müssen wissen, was das Kind beschäftigt, in welcher Situation es steckt, wo Schwierigkeiten auftreten oder wo sich besondere Fertigkeiten und Begabungen zeigen.

In fast allen Kindergärten ist Elternengagement gefragt und willkommen: bei der Beteiligung an Projekten, bei der Lösung unerwarteter Probleme, beim Festlegen neuer Ziele, aber auch bei der Gestaltung von Festen, Veranstaltungen oder Ausflügen. Kaum ein Kindergarten kann auf die inhaltliche und materielle Mitarbeit der Eltern verzichten. Und dem Kind wird dabei der Schritt in die Selbständigkeit erleichtert. Es fühlt sich schneller in die neue Gruppe ein, wenn es weiß: Mama und Papa interessieren sich für das, was hier passiert.

Konflikte mit den ErzieherInnen

Das Betreuungspersonal in Kindergärten arbeitet in einer außerordentlich schwierigen Situation. Kaum ein anderer Ausbildungsberuf wird so schlecht entlohnt wie derjenige der Erzieherin. Fast 98 Prozent der Beschäftigten sind Frauen. Ihr Verdienst mag als Zweiteinkommen gerade genügen, eine persönliche oder gar familiäre Selbständigkeit ermöglicht er nicht. So sind häufiger Wechsel und früher Berufsausstieg fast vorprogrammiert. Eine Situation, die auch das Verhältnis zu den Eltern und Kindern mit beeinflußt und Konflikte mit provozieren kann.

Im Kindergarten treffen unterschiedliche Interessen aufeinander. Die ErzieherInnen müssen Kompromisse zwischen den Bedürfnissen von bis zu 24 Kindern, den Erwartungen von bis zu 24 Elternpaaren und ihren eigenen Vorstellungen finden. Als Mutter oder Vater tendieren viele Eltern dazu, in erster Linie auf die Interessen des eigenen Kindes zu achten. Wenn sich beide Seiten möglichst vorurteilsfrei begegnen, ist bereits viel gewonnen. Die Sichtweise der BetreuerInnen können ganz andere Aspekte bei einem Problem eröffnen, als man es selbst erkennen kann; umgekehrt ist es ebenso. In diesem Verhältnis sind die BetreuerInnen nicht die »ErzieherInnen der Eltern« und die Eltern nicht die »Vorgesetzten der ErzieherInnen.«

Kaum jemand ist so sehr öffentlicher Kritik ausgesetzt wie eine Frau, die Kinder betreut – gleichgültig ob als Mutter oder als Erzieherin. Das macht dünnhäutig. Die ErzieherInnen leiden vielfach darunter, daß ihre Schützlinge, anders als bei den LehrerInnen, kaum meßbare Leistungen erbringen. »Mit ein paar Kindern spielen«, meinen viele abwertend, »das kann doch jeder.« Wer sich persönlich stark mit seinem Beruf identifiziert, versteht diese Kritik zu Recht als persönlichen Angriff.

Elternbeirat

In den meisten Bundesländern Deutschlands räumen die Kindergartengesetze den Elternvertretungen ein »Mitwirkungsrecht« ein, wenn es um die Gestaltung der Kindergartenarbeit geht. Die Argumente der Eltern werden gehört – aber sie müssen nicht unbedingt berücksichtigt werden. Zu den wichtigsten Aspekten der Elternbeiratsarbeit gegenüber den Trägern der Kindergärten zählt meist die Durchsetzung von längeren Öffnungszeiten. Daneben gibt es den Kampf gegen zu große Kindergruppen oder das Problem des Personalmangels, wenn Gruppen geschlossen werden, sobald eine Erzieherin krank ist. Manche Elternbeiräte engagieren sich auch, damit die Einrichtung, die veraltet oder schadstoffbelastet ist, umgestaltet wird.

Eine deutsche Bundeselternvertretung gibt es derzeit noch nicht. Bis dahin lohnt es sich, sich

KONFLIKTE LÖSEN

● Versuchen Sie für sich zu klären, wo eigentlich das Problem steckt: Haben Sie tatsächlich eine persönliche Auseinandersetzung mit einer der BetreuerInnen, oder meinen Sie, ein Problem stellvertretend für Ihr Kind lösen zu müssen? Es ist wichtig, beides auseinanderzuhalten und nicht zu vermischen. Die meisten Konflikte können das Kind und die ErzieherInnen von sich aus lösen.

● Vertrauen Sie auf die Kompetenz und Qualifikation der BetreuerInnen. Sie lernen das Kind in anderen Situationen kennen als die Eltern, und sie gewinnen dadurch andere Einschätzungen. Ähnlich geht es dem Kind: Wenn es in seiner Position gestärkt wird, kann es viele Dinge aus eigener Kraft schaffen.

● Nehmen Sie sich die Zeit, mindestens einmal wöchentlich ein ausführliches Gespräch mit den ErzieherInnen zu führen. Sie signalisieren damit Ihr Interesse und können viele Probleme schon im Vorfeld klären.

● Bieten Sie Ihre Mitarbeit an. Eltern, die sich engagieren, lernen die Bedürfnisse der anderen Kinder besser kennen.

● Nutzen Sie den Elternbeirat. Organisatorische Fragen sollten zuerst mit der Elternvertretung besprochen werden. Erfahrungsgemäß akzeptieren ErzieherInnen ein Mehrheitsvotum eher als einen Einzelvorschlag.

zumindest auf Stadt- und Landesebene zusammen-zuschließen. Das verbessert nicht nur die Durch-setzungsmöglichkeiten gegenüber den Trägern: Überregionale Elternvereinigungen können sich als Verein die Gemeinnützigkeit bestätigen lassen und SpenderInnen mit dem Hinweis auf eine Spenden-quittung motivieren.

In den meisten Ländern Österreichs gibt es keine gesetzlich festgelegte Form der Elternmitbestim-mung. Dort, wo es sie gibt – zum Beispiel in Wien und Salzburg – handelt es sich um Kann-Regelun-gen, die die Träger nicht verpflichten, den Eltern-einwänden Rechnung zu tragen.

KINDERGARTEN-FORMEN

Die meisten Kindergärten in den fünf östlichen Bundesländern werden noch nach einem »Grup-penprinzip« der Gleichaltrigkeit geführt. Das heißt, in einer Gruppe sind jeweils Dreijährige, in einer anderen Vierjährige und in der nächsten Fünfjährige. Diese altersgleiche Organisationsform erleichtert es den ErzieherInnen, das Gruppenge-schehen zu überblicken, und sie können sich auf die Bedürfnisse einer kindlichen Entwicklungsphase konzentrieren.

In ihrer Grundeinstellung geht eine solche Kin-dergartengruppe davon aus, daß es am sinnvollsten ist, wenn möglichst viele Kinder möglichst das glei-che machen. Da sich alle in etwa der gleichen Ent-wicklungsphase befinden, sollen alle etwa der glei-chen Beschäftigung nachgehen. Untersuchungen zeigen, daß sich in diesen Gruppen das Geschehen sehr stark um die ErzieherInnen zentriert. Weil kleinere Kinder oft noch Probleme haben, ihre Spielwünsche miteinander abzustimmen, orientie-ren sie sich meist dorthin, wo sie das besser gere-gelte Zusammenspiel erwarten: zu den ErzieherInnen.

Daher ist man in den westlichen Bundesländern dazu übergegangen, der »kleinen« Altersmischung immer öfter den Vorzug zu geben. Wenn Drei- bis Sechsjährige miteinander spielen, können sich die Jüngeren an Älteren orientieren. Darüber hinaus gibt es die sogenannte »größere« Altersmischung.

Gruppe mit größerer Altersmischung

In einer Gruppe mit einer stärkeren Altersmischung löst sich das Zentrum um die ErzieherInnen auf. Solche Gruppen können in Ganztagseinrichtungen entstehen, wenn sich zu den Kindergartenkindern von drei bis sechs Jahren nachmittags die Schulkin-der hinzugesellen. Besonders die Jüngeren schließen sich dabei Kindern aller Altersstufen an, wohinge-gen die Größeren schon lieber öfter mal unter sich bleiben. So kommen Krippenkinder gut in Famili-engruppen (> Seite 611) zurecht, und Kindergarten-kinder haben wenig Probleme mit Schulkindern. Erst mit dem Schulalter suchen sich die meisten Kinder bewußt eine Gruppe von Gleichaltrigen. Dabei lassen sie aber auch immer wieder Jüngere zu den gemeinsamen Aktivitäten zu (> Hortformen, Seite 643).

Mischen sich mehrere Jahrgänge, bekommen jene großen Kinder eine zusätzliche Chance, die noch gerne an den verspielten Tätigkeiten der Kleinen teilnehmen. So kann es für Sechs- und Sieben-jährige außerordentlich entlastend sein, auch noch mit Drei- oder Vierjährigen unbekümmert spielen zu dürfen. Und den Kleinen bringt das eine Viel-zahl von Vorteilen.

Während sonst die Anregungen vor allem von den ErzieherInnen kommen, bringen die älteren Kinder viele Ideen aus der Schule mit. Die Klein-ren nehmen sich die Großen zum Vorbild, beob-achten, was und wie sie etwas tun, und ahmen nach. Schulkinder haben meist schon ausgeprägte Sachinteressen und regen damit die Kindergarten-kinder an: Raumfahrt, Umwelt, technische Fragen und Lösungen beginnen auch die Kleineren zu interessieren. Wo die Großen hingehen und was sie tun, weckt ihre Neugier. Auf diese Weise kommen Kindergartenkinder zu einem beachtlichen Wissenszuwachs. Oft beobachten sie die Großen so lange bei komplizierten Regel- und Gesellschaftsspielen, bis sie die Regeln selbst beherrschen. Kindergartenkinder werden im Umgang mit Schulkindern meist viel schneller reif. Eine Erfahrung, die sich auch unter Geschwistern immer wieder bestätigt. Sie haben nicht nur gelernt, mit Gleichaltrigen auszukommen, sondern auch, sich gegenüber Älteren und Stärkeren zu behaupten. Der Übergang in die Schule fällt Kindern aus altersgemischten Gruppen damit bedeutend leichter als anderen Kindern.

Entscheidend ist jedoch, daß die ErzieherInnen zwischen den Bedürfnissen der unterschiedlichen Altersgruppen differenzieren. So müssen auch die Drei- bis Sechsjährigen immer wieder unter ihresgleichen spielen; andernfalls weichen sie den altersangemessenen Anforderungen aus und vermeiden es, Konflikte auszuhandeln. Wenn Jüngere ausschließlich am Rand bei den Älteren mitlaufen und sich Ältere vornehmlich in der Dominanz gegenüber Jüngeren erproben, fehlt beiden die Chance der altersgemäßen Auseinandersetzung. Kinder, die nur mit Älteren oder Jüngeren zusammen sind, haben oft Probleme, sich in eine Gemeinschaft einzufügen. Darum bleibt das Spiel unter den Gleichaltrigen auch in der altersgemischten Gruppe wichtig.

Elterninitiativen

Elterninitiativen bieten eine Vielfalt von Möglichkeiten. Die Eltern können selbst entscheiden, welche ErzieherInnen sie anstellen wollen, und sie können gemeinsam ein pädagogisches Konzept entwickeln; sie können die Öffnungszeiten und den organisatorischen Rahmen festlegen. Oft sind Elterninitiativen die einzige Möglichkeit,

den verheerenden Mangel an Ganztagseinrichtungen auszugleichen. Die meisten Kindergarteninitiativen entwickeln sich aus Krippen (> Kinderkrippen-Elterninitiativen, Seite 612). Daneben initiieren aber auch immer mehr Eltern

CHANCE KINDERHAUS

Die Kinder
● werden nicht von ihren Geschwistern getrennt und haben Kontakt zu den Kindern der Nachbarschaft.
● haben sehr viel Spielraum, um im Rhythmus ihrer eigenen Bedürfnisse zu leben.
● finden in schwierigen familiären Situationen einen verläßlichen Lebensmittelpunkt mit vielfältigen, aber dennoch lang andauernden Beziehungen.

Die Eltern
● haben über einen langen Zeitraum mit derselben Institution intensiven Kontakt und kennen alle örtlichen und organisatorischen Gegebenheiten, wenn ein Krippenkind zum Hortkind heranwächst
● müssen in Notfällen ihre Kinder nicht allein zu Hause lassen, weil sie den offenen Charakter des Hauses in Anspruch nehmen können, auch wenn sie die Kinder nicht regelmäßig in die Einrichtung schicken.
● haben eine Anlaufstelle für Treffen mit Eltern aus dem gleichen Stadtteil.

Kontakte
Kinderhaus e.V. in der Heinrichstraße
Heinrichstraße 14 a
22769 Hamburg

FINANZIELLE HILFEN

Baden-Württemberg: 30 Prozent der Personalkosten. Voraussetzung: gemeinnütziger Träger, für betriebsfremde Kinder offen.

Bayern: 40 Prozent der Personalkosten, bis zu 80 Prozent der Baukosten. Voraussetzung: an einem Wohnort, gemeinnütziger Träger, für betriebsfremde Kinder offen.

Hamburg: 20 Prozent der Personal-, Sach- und Baukosten.

Hessen: 50 Prozent der Baukosten, pro Platz zu den Betriebs- und Personalkosten 250 Mark im Jahr, zusätzlich 10.000 Mark jährlich pro Kindergartengruppe mit erweiterter Öffnungszeit bis 6 Stunden, bis 8 Stunden 15.000 Mark. Voraussetzung: Träger der Jugendhilfe, auch für betriebsfremde Kinder offen.

Niedersachsen: 20 Prozent der Personalkosten. Voraussetzung: gemeinnütziger Träger, für betriebsfremde Kinder offen.

Nordrhein-Westfalen: 27 Prozent der Personal- und Sachkosten, 50 Prozent der Baukosten. Voraussetzung: Träger der Jugendhilfe, bei Kündigung der Eltern behält das Kind den Platz.

Schleswig-Holstein: 22 Prozent der Personalkosten, bis zu 30 Prozent der Baukosten. Voraussetzung: für betriebsfremde Kinder offen, bei Kündigung der Eltern behält das Kind den Platz.

Rheinland-Pfalz: 30 Prozent der Personalkosten, bei den Baukosten 125.000 Mark pro neuer Kindergarten-Gruppe. Voraussetzung: Entlastung des örtlichen Jugendamts. Gilt auch für reine Firmeneinrichtungen.

Betriebskindergärten (> Seite 634) oder engagieren sich in unterschiedlichen Kooperationsmodellen (> Seite 635).

Betriebskindergarten

Rund sechs Prozent der 500 größten westdeutschen Unternehmen bieten ihren MitarbeiterInnen eine hauseigene Kinderbetreuung. Darunter sind so renommierte Unternehmen wie Bayer in Leverkusen, Schering in Berlin, die Deutsche Bank in Eschborn oder der Deutsche Bundestag in Bonn. Lange Zeit lehnten vor allem die Gewerkschaften die betriebliche Kinderbetreuung ab, weil sie doppelte Abhängigkeiten vermeiden wollten: Bei einer Kündigung oder einem Arbeitsplatzwechsel sollte der Kindergartenplatz nicht verlorengehen.

Doch der offensichtliche Mangel hat inzwischen die Fronten aufgeweicht. Die Arbeitgeber sind selbst häufig an einem Kindergarten interessiert, weil sie viel in die Qualifikation ihrer weiblichen Arbeitskräfte investieren und diese nicht verlieren wollen. Die Kommunen haben erkannt, daß sie ebenfalls profitieren können – und die Länder ziehen langsam nach. So gibt inzwischen fast jedes Land den Betriebskindergärten Zuschüsse und übernimmt Teile der landesüblichen Investitions- oder Betriebskosten. Damit bekommen die Eltern die Chance, eine eigene Initiative in Gang zu setzen. Denn Betriebskindergärten bieten zwei große Vorzüge: Die Öffnungszeiten richten sich nach den Arbeitszeiten der Frauen und Männer, und die ErzieherInnen werden meist nach den übertariflichen Gehältern der Betriebe entlohnt.

Die Gründung eines Betriebskindergartens anregen

Wenden Sie sich zuerst an den Betriebs- oder Personalrat. Der kann den Bedarf in einer Fragebogenaktion ermitteln und überlegen, welche Trägerschaft günstig ist, um öffentlich gefördert werden zu können (> Hilfe der Länder, Seite 634). Die Geschäftsleitung läßt sich meist sehr schnell vom »Nutzen« eines Betriebskindergartens überzeugen, denn alle Studien belegen: MitarbeiterInnen, die ihre Kinder am Arbeitsplatz gut untergebracht wissen, fehlen seltener, bleiben dem Betrieb länger treu und arbeiten konzentrierter. Die Kosten für den Kindergarten oder die Zuschüsse an öffentliche Einrichtungen kann der Betrieb bei der Steuer geltend machen (> Hilfe der Länder, Seite 634). Meist treibt der Betriebs- oder Personalrat die Einrichtung des Kindergartens nach dem grundsätzlichen »Ja« der Geschäftsleitung von sich aus voran. Dabei benötigen die Arbeitnehmervertretungen aber immer wieder die Hilfe der Elterninitiativen.

Kooperationsmodell

Kooperationsmodelle entstehen meist aus der gemeinsamen Initiative von Eltern, Kommunen und Betriebsräten, wenn der Betrieb zu klein ist, um sich einen eigenen Kindergarten zu leisten. Die gemeinsamen Lösungen können höchst unterschiedlich ausfallen: So ist es beispielsweise möglich, daß sich zwei mittelständische Betriebe oder drei Kleinbetriebe zusammenschließen; oder ein Betrieb und eine Kommune arbeiten zusammen. Der Phantasie der Elterninitiativen und dem Engagement der Betriebsräte sind keine Grenzen gesetzt.

Die Allianz AG in Frankfurt beteiligt sich zum Beispiel mit 450.000 DM am Umbau und der Einrichtung eines Kindergartens. Zusätzlich finanziert sie die jährliche Miete von 130.000 DM. Die Stadt Frankfurt beteiligt sich mit 500 DM pro Kind und Monat an den laufenden Unterhaltskosten, der Elternbeitrag beträgt 300 DM. Öffentliche Zuschüsse gibt es allerdings nur dann, wenn zehn der insgesamt dreißig Plätze für Kin-

der reserviert bleiben, deren Eltern nicht im Sponsorunternehmen arbeiten.

Privater Kindergarten (GmbH)

Eltern, die sich für einen rein privat geführten Kindergarten entscheiden, sollten auf jeden Fall prüfen:
● Ob und wie haben sich die BetreuerInnen qualifiziert, bzw. wurde die Gesellschaft von der Heimaufsicht der Landesjugendämter genehmigt?
● Entsprechen die räumlichen Gegebenheiten tatsächlich den Bedürfnissen der Kinder? Oft fehlt privaten Kindergärten ein Garten oder Hof.
● Läßt es die Gruppengröße zu, daß die individuellen Bedürfnisse der Kinder berücksichtigt werden (> Ausstattung und Betreuuung, Seite 621)?

Gut ausgestattete und professionell geführte private Kindergärten kosten viel Geld, denn die Eltern tragen die Kosten für Miete, Gehälter, Materialien und Ausstattung. Oft zieht das Unternehmen entsprechenden Profit aus der Firma Kindergarten und spart dort, wo es die Kinder am empfindlichsten zu spüren bekommen: am Personal und an der Ausstattung. Kindergärten, die deutlich gewinnorientiert arbeiten und die ErzieherInnen unter ökonomischen Druck setzen, ermöglichen kaum eine sinnvolle pädagogische Arbeit.

Stundenkindergarten

Stundenkindergärten sind für Eltern gedacht, die einige Stunden »Ferien vom Kind« machen wollen. Es sind im eigentlichen Sinn keine Kindergärten, sondern ein Angebot für Familien, die sich keinen Babysitter leisten oder organisieren können. Dafür verlangen sie einen nach Stunden berechneten Unkostenbeitrag und erleichtern das Leben jener Menschen, die den ganzen Tag mit ihren Kindern zusammen sind, ohne einmal Abstand gewinnen zu können.

TAGESEINRICHTUNGEN FÜR KINDER

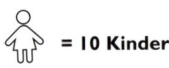 = 10 Kinder

Baden-Württemberg

Das Kindergartengesetz billigt der Elternvertretung zu, »die Erziehungsarbeit zu unterstützen«. Etwa jeder 30. Kindergartenplatz ist ganztags geöffnet, »bei Bedarf« sind flexible Öffnungszeiten möglich. Landesmittel gibt es derzeit nur für Kindergärten.

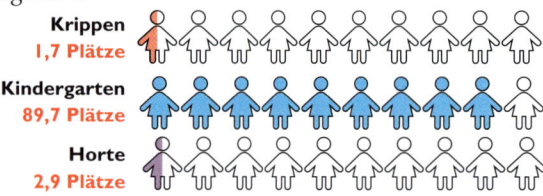

Krippen
1,7 Plätze

Kindergarten
89,7 Plätze

Horte
2,9 Plätze

Bayern

Das Kindergartengesetz schreibt vor, daß die Elternvertretungen vor wichtigen Entscheidungen »informiert und gehört« werden müssen. Im Kindergartenbereich sind kaum verlängerte Öffnungszeiten zu finden. Die Versorgungsquote mit Krippenplätzen ist im Vergleich zu 1986 gesunken.

Krippen
1,3 Plätze

Kindergarten
62 Plätze

Horte
4,5 Plätze

Berlin (West)

Berlin (West) hat unter den alten Bundesländern den höchsten Anteil an Plätzen für Dreijährige und ein Kindertagesstättengesetz, in dem alle Bereiche, von der Krippe bis zum Hort, erfaßt sind. Allein 15 Prozent der Kindergartenplätze sind auf Elterninitiativen zurückzuführen.

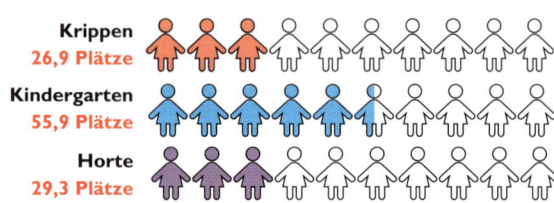

Krippen
26,9 Plätze

Kindergarten
55,9 Plätze

Horte
29,3 Plätze

Berlin (Ost)

Der östliche Teil Berlins hat im Ländervergleich den höchsten Anteil an Krippenplätzen. Die Einrichtungen wurden seit 1989 weiter ausgebaut.

Krippen
60,5 Plätze

Kindergarten[1]
115 Plätze

Horte[2]
86,5 Plätze

Brandenburg

Der Kindertagesstättenausschuß, in dem die Eltern vertreten sind, beschließt über die pädagogischen und organisatorischen Angelegenheiten der Einrichtung. Es besteht ein Rechtsanspruch auf einen Betreuungsplatz für »alle Kinder bis zur Einschulung«. Es gibt gesetzliche Regelungen zur Integration behinderter Kinder und für Kinder aus anderen Kulturen.

Krippen
58 Plätze

Kindergarten
109 Plätze

Horte
86,8 Plätze

Bremen

Die Elternbeiräte müssen vor wichtigen Entscheidungen »informiert und gehört« werden. Bei Bedarf sind Öffnungszeiten zwischen 6.30

[1] Kindergarten-Versorgungsquoten für die fünf neuen Länder auf Grund einer Schätzung aus 1989 und 1990.
[2] Hort-Versorgungsquote für die fünf neuen Länder aus 1989.

und 17.30 Uhr möglich. Es gibt eigene gesetzliche Regelungen für behinderte und benachteiligte Kinder.

Krippen 3 Plätze
Kindergarten 58 Plätze
Horte 15,1 Plätze

Hamburg

Die Eltern können Anregungen und Beschwerden in »für die Erziehung und Bildung wichtigen Angelegenheiten« einbringen. Ein großer Teil der Kindergärten ist auch über Mittag geöffnet, Ganztagsplätze haben bei Bedarf bis zu zwölf Stunden geöffnet.

Krippen 15 Plätze
Kindergarten 44,2 Plätze
Horte 19,6 Plätze

Hessen

Der Elternbeirat kann »Auskünfte über den Kindergarten betreffende Fragen« verlangen. Für längere Öffnungszeiten bekommen die Träger mehr Landeszuschüsse. Knapp ein Viertel der Kindergartenplätze sind mindestens sechs Stunden geöffnet. Es gibt eigene gesetzliche Regelungen zur Integration behinderter sowie Aussiedler- und Ausländerkinder.

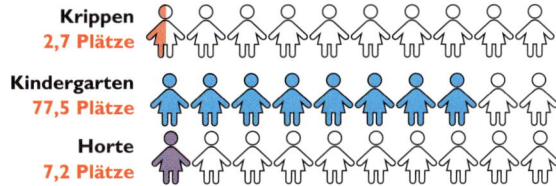

Krippen 2,7 Plätze
Kindergarten 77,5 Plätze
Horte 7,2 Plätze

Mecklenburg-Vorpommern

Der Elternrat hat an Entscheidungen »in wesentlichen Angelegenheiten, insbesondere bei der Festlegung regelmäßiger Öffnungszeiten mitzuwirken«. Zur Integration behinderter Kinder und

Kinder aus anderen Kulturen gibt es gesetzliche Regelungen.

Krippen 58 Plätze
Kindergarten 103 Plätze
Horte 117,9 Plätze

Niedersachsen

Niedersachsens Kindertagesstättengesetz sichert ab Mitte 1986 einen Rechtsanspruch auf einen Kindergartenplatz in der Vormittagsgruppe zu. Seit 1993 gibt es eigene gesetzliche Regelungen zur Integration von behinderten Kindern und Kindern aus sozialen Brennpunkten sowie Aussiedler- und Ausländerkindern.

Krippen 2,5 Plätze
Kindergarten 50,7 Plätze
Horte 3,1 Plätze

Nordrhein-Westfalen

Der Elternrat soll die Zusammenarbeit zwischen dem Träger und den ErzieherInnen fördern und muß über alle wesentlichen Fragen, »die die Einrichtung betreffen«, informiert werden. Viele Kindergärten ermöglichen flexible Öffnungszeiten. Für die Integration behinderter Kinder und von Kindern aus anderen Kulturen gibt es gesetzliche Regelungen.

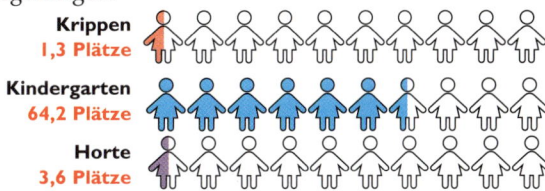

Krippen 1,3 Plätze
Kindergarten 64,2 Plätze
Horte 3,6 Plätze

Rheinland Pfalz

Die Elternbeiräte müssen vor wichtigen Entscheidungen »informiert und gehört« werden. Flexible

Öffnungszeiten sind »nach Bedarf« möglich. Der Rechtsanspruch auf einen Kindergartenplatz vor- und nachmittags wurde mit Mitte 1993 festgeschrieben. Die Integration behinderter Kinder ist gesetzlich geregelt.

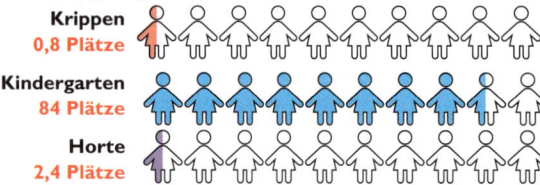

Krippen	0,8 Plätze
Kindergarten	84 Plätze
Horte	2,4 Plätze

Saarland

Ein »Ausschuß« aus Eltern, ErzieherInnen und VertreterInnen des Trägers beschließt Aufnahmekriterien und Öffnungszeiten. Ganztagsbetreuung gibt es in einem Fünftel der Kindergärten, die Hälfte der Einrichtungen arbeitet mit flexiblen Öffnungszeiten. Für die Integration behinderter Kinder gibt es gesetzliche Regelungen.

Krippen	1,2 Plätze
Kindergarten	81,7 Plätze
Horte	1,9 Plätze

Sachsen

Der Träger muß dem Elternbeirat anhören, wenn es um rechtliche, finanzielle und pädagogische Fragen geht. Der Rechtsanspruch auf einen Kindergartenplatz vom dritten Lebensjahr bis zum Schuleintritt wurde 1991 festgeschrieben. Zur Integration behinderter Kinder gibt es gesetzliche Regelungen.

Krippen	52,2 Plätze
Kindergarten	108 Plätze
Horte	85,9 Plätze

Sachsen-Anhalt

Der Rechtsanspruch auf einen »Platz in einer Tageseinrichtung«, sofern es die Eltern wünschen, wurde im Gesetz festgeschrieben und umfaßt den Krippen-, Kindergarten- und Hortbereich. Zur Integration behinderter und benachteiligter Kinder gibt es gesetzliche Regelungen.

Krippen	57,1 Plätze
Kindergarten	114 Plätze
Horte	69,7 Plätze

Schleswig-Holstein

Beiräte, die paritätisch mit Eltern, ErzieherInnen und Beauftragten des Trägers besetzt sind, beraten die »wesentlichen inhaltlichen und organisatorischen Belange« der Einrichtung. Für die Integration behinderter und benachteiligter Kinder gibt es gesetzliche Regelungen.

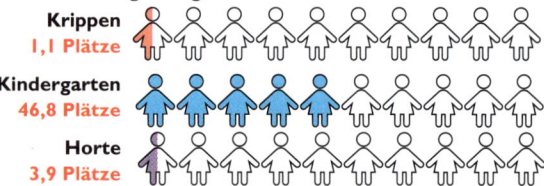

Krippen	1,1 Plätze
Kindergarten	46,8 Plätze
Horte	3,9 Plätze

Thüringen

Der Rechtsanspruch auf einen Platz gilt für Kinder ab dem vollendeten dritten Lebensjahr bis zum Schuleintritt. Im Gesetz über die Tageseinrichtungen für Kinder gibt es Regelungen zur Integration behinderter Kinder sowie Ausländer- und Aussiedlerkinder.

Krippen	57,5 Plätze
Kindergarten	108 Plätze
Horte	87,1 Plätze

TAGESEINRICHTUNGEN FÜR KINDER IN ÖSTERREICH

Von den etwa 530.000 österreichischen Vorschulkindern kann nicht einmal ein Drittel institutionell betreut werden. Nach Schätzungen fehlen für die unter Sechsjährigen etwa 230.000 Plätze. Am besten sind die Kinder in den östlichen Bundesländern, in Wien, Niederösterreich und im Burgenland versorgt. Allein in Wien sind über achtzig Prozent aller österreichischen Krippen und fast zwei Drittel aller Horte angesiedelt.

Die besten Chancen auf einen Kindergartenplatz haben die burgenländischen Kinder. Über 80 Prozent von ihnen werden ab dem dritten Lebensjahr institutionell betreut. Im Süden und Westen herrscht hingegen größter Mangel. Wo Plätze rar sind, werden schließlich die älteren Kinder bevorzugt. So finden in der Steiermark, in Kärnten, Tirol und Vorarlberg meist erst die über Vierjährigen einen Platz.

Dabei gibt es in Österreich eine begrüßenswerte Besonderheit: Krippen und Horte als »eigene« Institution sind relativ selten. Meist sind sie an einen Kindergarten angeschlossen oder innerhalb eines Kindergartens eingerichtet. So »mischen« sich in vielen Einrichtungen die unterschiedlichen Altersgruppen. Vor allem die Schulkinder besuchen am Nachmittag in der Mehrzahl keinen Hort, sondern einen Kindergarten mit »Hortgruppe«. Etwas mehr als die Hälfte der österreichischen Kindergärten hat ganztags geöffnet.

In einer Kindergartengruppe werden durchschnittlich 24 Kinder betreut. Die festgelegten Obergrenzen erlauben allerdings auch Gruppen mit bis zu 35 Kindern, zum Beispiel in Vorarlberg, oder 40, wie in Salzburg, Oberösterreich und dem Burgenland. In den Krippen werden durchschnittlich 15, in den Horten 22 Kinder pro Gruppe betreut.

BETREUUNGSPLÄTZE IN ÖSTERREICH

Von hundert Kindern besuchen eine Krippe/einen Kindergarten oder Hort:

Burgenland

1	im Alter von null bis 3 Jahren
82,4	im Alter von 3 bis 6 Jahren
7,4	im Alter von 6 bis 10 Jahren

Kärnten

0,5	im Alter von null bis 3 Jahren
42,1	im Alter von 3 bis 6 Jahren
7,1	im Alter von 6 bis 10 Jahren

Niederösterreich

0,4	im Alter von null bis 3 Jahren
75,3	im Alter von 3 bis 6 Jahren
8,6	im Alter von 6 bis 10 Jahren

Oberösterreich

0,8	im Alter von null bis 3 Jahren
60,8	im Alter von 3 bis 6 Jahren
9,7	im Alter von 6 bis 10 Jahren

Salzburg

0,2	im Alter von null bis 3 Jahren
55,1	im Alter von 3 bis 6 Jahren
11,3	im Alter von 6 bis 10 Jahren

Steiermark

0,5	im Alter von null bis 3 Jahren
49,5	im Alter von 3 bis 6 Jahren
8,1	im Alter von 6 bis 10 Jahren

Tirol

0,4	im Alter von null bis 3 Jahren
54,2	im Alter von 3 bis 6 Jahren
8,8	im Alter von 6 bis 10 Jahren

Vorarlberg

0	im Alter von null bis 3 Jahren
51,7	im Alter von 3 bis 6 Jahren
7,8	im Alter von 6 bis 10 Jahren

Wien

11	im Alter von null bis 3 Jahren
70,4	im Alter von 3 bis 6 Jahren
26,0	im Alter von 6 bis 10 Jahren

Hort

Im Hort bekommen Kinder die Chance, sich zu frei organisierten Gruppen mit eigenen Normen und Regeln zusammenzuschließen. Gemeinsam grenzen sie sich von der Erwachsenenwelt ab. Dafür brauchen sie Freiräume, in denen sie sich unbeobachtet bewegen und entfalten können. Horte bieten heute beides: einen sicheren Ort, an dem die Kinder bei Bedarf von Erwachsenen unterstützt werden, und eine Basis, von der aus sie ihre Selbständigkeit erproben können.

Lange Zeit war es ein ungeschriebenes Gesetz der Sozialpolitik, daß Schulkinder nachmittags im Elternhaus betreut werden sollten. Horte galten als reine »Notfalleinrichtung« für Familien in der Krise. Sie wurden in den alten Bundesländern kaum ausgebaut und waren für sogenannte »Härtefälle« reserviert. Mit dem Stigma, nur für »schwierige« Kinder zuständig zu sein, kämpfen die Einrichtungen teilweise noch heute. Inzwischen suchen allerdings rund 60 Prozent der Eltern nach gut ausgestatteten Horten, die auch Kindern nach der Grundschulzeit offenstehen.

In den alten Bundesländern Deutschlands und in Österreich haben nur fünf Prozent der Kinder Chancen auf einen Hortplatz. In den fünf östlichen

Bundesländern sind große Teile des breiten Versorgungsnetzes aus DDR-Zeiten erhalten geblieben. Die Horte werden allerdings wie früher noch überwiegend als »Schulhorte« geführt und sind kaum speziell ausgestattet. Das Leben spielt sich nachmittags in umgeräumten Klassenzimmern ab.

Dabei könnten Horte eine Vielzahl von Chancen bieten. Schulkinder orientieren sich am liebsten in Gruppen. Sie bauen bereits sehr stabile Beziehungen untereinander auf, knüpfen längerfristige Freundschaften und lieben es, unter ihresgleichen zu sein. Sie brauchen aber auch einen sicheren Hafen, wo sie ihre Hausaufgaben machen, in dem sie Entspannung finden und Zuwendung von Erwachsenen bekommen. Von dieser sicheren Basis aus können sie Freiräume außer Haus erobern, FreundInnen treffen und ihre Selbständigkeit erproben.

Diesen vielfältigen Bedürfnissen der Sechs- bis Zehnjährigen versuchen immer mehr Horte im alten Bundesgebiet gerecht zu werden. Die ehemals »geschlossenen« Einrichtungen haben sich teilweise in »offene« Orte verwandelt, die die Kinder immer mal wieder für unterschiedliche Aktivitäten und Unternehmungen verlassen können. Als eigener Lebensraum soll der Hort in gewisser Weise an die Familie erinnern, aber gleichzeitig alle Chancen der Gruppenbildung ermöglichen und dem wachsenden Bedürfnis nach Selbständigkeit entgegenkommen.

Darauf sollten Sie achten

Schulkinder, die einen Hort besuchen, haben in ihrem Alltag drei verschiedene Bezugspunkte: die Eltern, die LehrerInnen und die ErzieherInnen. Sechsjährige kann das manchmal erheblich belasten. Vor allem dann, wenn sie Einschulung (> Seite 659) und Beginn des Hortbesuchs gleichzeitig bewältigen müssen. Ihnen würde es sehr helfen, wenn sie sich an den Hort schon gewöhnen könnten, noch bevor die Schule hinzukommt.

Die meisten Horte kooperieren mit Kindergärten. Für Kinder, die die Einrichtung bereits aus ihrer Drei- bis Fünfjährigenzeit kennen, ist die Eingewöhnung dementsprechend leicht. Sie begegnen bekannten Gesichtern, kennen jeden Winkel im Haus und haben vielleicht sogar die gleichen ErzieherInnen (> Altersgemischte Gruppen, Seite 643).

Meist betreuen zwei pädagogische Fachkräfte eine Gruppe von 18 bis 20 Kindern. Um bei dieser großen Zahl den Bedürfnissen der einzelnen gerecht zu werden, ist vor allem eine geschickte Raumaufteilung notwendig. Schulkinder haben den ausgeprägten Wunsch, sich in Gruppen unbeobachtet zurückzuziehen. Gleichzeitig brauchen sie gemütliche Sitzecken, in denen sie in Ruhe lesen, Musik hören oder diskutieren können, und sie brauchen eigene Regale, um persönliche Dinge aufzubewahren.

In einem eigenen Schularbeitsraum sollte es möglich sein, ruhig und aufmerksam Hausaufgaben zu machen, ohne von spielenden Kindern abgelenkt oder gestört zu werden. Viele Horte haben einen zusätzlichen Werkraum, in dem eigenständige Gestaltungsarbeiten mit Ton, Holz oder Metall möglich sind. Sechs- bis Zehnjährige brauchen vor allem viel Bewegungsraum und Auslauf nach draußen. Sie müssen bereits in der Schule stundenlang sitzen. Sind Hof oder Garten sehr klein, sollten sie zumindest die Turnhalle einer nahe gelegenen Schule mitbenutzen können.

ALLTAG IM HORT

Nach dem Mittagessen und der Mittagspause beginnen die meisten Kinder von sich aus mit den Hausaufgaben. Oft setzen auch die ErzieherInnen dafür eine Zeit fest. Das hat Vor- und Nachteile:
● Der festgelegte Arbeitsbeginn zwingt Kinder, ihren individuellen Zeitrhythmus zu mißachten.
● Wird der Arbeitsbeginn nicht festgelegt, sind viele Kinder oft schon wieder bei anderen Aktivitäten, während einzelne eben erst mit den Heften anfangen. Bei der Pflicht verharren zu müssen, während andere schon »frei« sind, fällt vielen schwer.

Ein gleitender Arbeitsbeginn vermeidet das Problem. Die Kinder fangen innerhalb einer bestimmten Zeitspanne mit ihren Aufgaben an und können in dieser Phase auf die Unterstützung der ErzieherInnen rechnen. Die Kinder folgen ihrem inneren Zeitrhythmus und können sich später wieder anderen Aktivitäten zuwenden.

Streitfall Hausaufgaben

HorterzieherInnen fühlen sich durch die unterschiedlichen Ansprüche in dem Dreieck »Schule-Elternhaus-Hort« oft großem Druck ausgesetzt: Die LehrerInnen wünschen sich, daß sie die Hausaufgaben stärker kontrollieren, die Eltern möchten alle Schulbelange an den Hort delegieren und hoffen, daß die Aufgaben erledigt sind, wenn die Kleinen nach Hause kommen. Doch die Schule ist Sache der Kinder. Sie entscheiden, welche Hausarbeiten sie im Hort und wie viele »Reste« sie zu Hause erledigen. Die ErzieherInnen unterstützen sie, wenn sie Hilfe brauchen. Doch sie sind weder NachhilfelehrerInnen noch HilfslehrerInnen. Das eigentliche Ziel des Hortes ist es, die Selbständigkeit der Kinder zu fördern, egal, ob es sich um Hausaufgaben, künstlerisches Gestalten oder Spiele handelt. Dazu gehört auch, daß sie den Kindern die freie Entscheidung gewähren, Freund-

Innen außerhalb des Horts zu besuchen, nachdem sie einem Teil ihrer Hausaufgaben gemacht haben, und erst zu Hause die letzten Rechenaufgaben zu lösen.

Kooperation und Interesse

Regelmäßige Kontakte zwischen Eltern und ErzieherInnen sind für die Kinder wichtig. Bei intensiven Gesprächen sollten die Kinder immer dabeisein. Sie wissen selbst am besten, warum Probleme mit Schulaufgaben oder Konflikte im Hort entstehen. Und sie haben ihre eigene Einschätzung und Sichtweise, warum sie mit bestimmten Dingen nicht zurechtkommen. Nur wenn sie die Chance haben, ihre eigene Position darzustellen, können sie für sich selbst – und zusammen mit den Erzieher-Innen – Lösungen erarbeiten. Die Eltern müssen dabei respektieren, daß nicht nur die Schule, sondern auch die Gestaltung des Hortlebens Angelegenheit des Kindes ist.

HORTFORMEN

Die übliche Organisationsform nach etwa altersgleichen Gruppen kommt Schulkindern sehr entgegen. Meist bilden Erst- und ZweitkläßlerInnen eine Hortgruppe und Dritt- und ViertkläßlerInnen eine zweite. Untereinander entstehen schließlich Teilgruppen, die sich jeweils in enger Solidarität aneinanderbinden. Während sich Kindergartenkinder noch eher an erwachsenen Autoritäten orientieren, distanzieren sich Schulkinder in der Gruppe deutlich von den Erwachsenen und gewinnen daraus Identität.

Altersgemischte Gruppen

Bei einer Gruppenmischung von Kindergartenkindern mit Schulkindern genießen die Älteren ihren Status. Sie haben durch die Einschulung deutlich an Prestige gewonnen und zeigen begeistert, wie viele Dinge sie bereits besser können als die Kleinen. Fast alle Schulkinder, die sehen, daß ein Jüngeres Probleme beim Basteln, Turnen oder Anziehen hat, gehen direkt auf das Kind zu und zeigen ihm, wie das Schwierige zu bewältigen ist. Die Älteren stärken auf diese Weise ihr Selbstwertgefühl und lernen, indem sie lehren.

Gleichzeitig brauchen Schulkinder immer die Möglichkeit, unter sich zu bleiben, wenn sie es wollen. Sie sind nicht zur Kooperation verpflichtet und brauchen eigene Bereiche, zu denen die Jüngeren keinen oder nur ausnahmsweise Zutritt haben. Die Kindergartenkinder tolerieren diese Vorrechtsstellung meist problemlos.

EINGEWÖHNUNG

Kinder, die bereits einen Kindergarten besucht haben, finden sich sehr schnell im Hortalltag zurecht, auch wenn sie die Einrichtung noch nicht kennen. Meist genügen ein bis zwei von den Eltern begleitete Besuche, und die Sechsjährigen haben ihre ersten FreundInnen gewonnen. Schwieriger ist es für Kinder, die sich bis zum Schuleintritt ausschließlich in der Familie aufgehalten haben. Ihnen sollte eine langsame Eingewöhnungszeit ermöglicht werden: Am besten beginnt man damit einige Wochen vor der Einschulung und kommt mit dem Kind zu Schnupperstunden und stundenweisen Besuchen. Dann lernt es die anderen Kinder, die ErzieherInnen und Räumlichkeiten kennen. Mit dem Schulbeginn sollte der Hort schon zum weitgehend vertrauten Raum geworden sein, sonst überfordert die Neuanpassung an zwei verschiedene Situationen die Kinder.

Schule

Mit der Schule beginnt ein Lebensabschnitt, der die letzten Jahre der Kindheit bestimmt und das ganze weitere Leben beeinflussen wird. Für die Kinder ist es aufregend, täglich dazulernen zu können – aber auch anstrengend. Die Schule ist für die Kleinen von Anfang an Schwerarbeit. Die Eltern können ihnen davon nicht allzuviel abnehmen, ihnen aber als verständnisvolle, tolerante Verbündete zur Seite stehen.

Kinder sind von Natur aus neugierig. Sie wollen ständig dazulernen, sich erproben, neue Fähigkeiten erwerben und diese laufend verbessern.

Die meisten freuen sich deshalb auf die Schule. Die Kleinen wissen, daß große Kinder in die Schule gehen, und viele können es gar nicht erwarten, dazuzugehören. Manche Kindergartenkinder blicken geradezu neidisch zu älteren Geschwistern oder FreundInnen auf: Sie können schon lesen, rechnen und schreiben und brauchen nicht bei jedem gedruckten Wort, dessen Bedeutung sie verstehen wollen, zu den Eltern zu laufen. Sie selbst sind aus dieser Welt noch ausgeschlossen und wollen, daß das so bald wie möglich anders ist.

Kleine bekommen mit, wie stolz und respektvoll die meisten Erwachsenen über die ersten Schreib- und Leseversuche ihrer Kinder berichten. Und sie wollen den Eltern zeigen, daß sie das auch können.

Lernen macht Spaß

Der Wissensdurst von Kindern ist kaum zu stillen. Sie finden alles interessant, freuen sich über jede neue Erkenntnis. In der Grundschule erwerben sie zunächst die Fähigkeiten, die ihnen den Eintritt in eine neue Welt ermöglichen: Lesen, schreiben und rechnen zu können bedeutet für ein Kind ein klein wenig mehr Autonomie.

Erst sind es noch wenige Buchstaben, aber mit jedem Tag wird das Wissen größer. Und jede Lektion hilft, die Welt ein bißchen besser zu verstehen. Plötzlich werden Bilderbücher noch attraktiver. Der Erstkläßler kann die Urlaubskarte von der Tante schon allein entziffern. Alles wird noch einmal und gründlich wie nie zuvor entdeckt: die Aufschriften der Spielzeugkartons, das Straßenschild an der Ecke, die Preisschilder im Kaufhaus.

Erwachsene können ein wenig von diesem Gefühl von ihren Auslandsreisen her nachempfinden: Wer die Landessprache beherrscht, ist nicht auf andere angewiesen, fühlt sich wohler und empfindet sich den Mitreisenden gegenüber als überlegen, weil er Speisekarten, Hinweisschilder oder die Aufschrift »Musée des arts modernes« lesen und verstehen kann.

Lernen ist schwierig

Leider hat die Schule vom ersten Tag an auch Schattenseiten. Die meisten Kinder haben zwar schon begriffen, daß sie nicht immer und zu jeder Zeit alles tun können, wonach ihnen gerade ist. Sie haben erlebt, daß die Erwachsenen nicht begeistert sind, wenn sie im Restaurant herumtollen, zähneknirschend haben sie zu akzeptieren gelernt, daß sie am Abend spätestens beim dritten Ordnungsruf in ihr Bett verschwinden müssen.

In der Schule werden aber viel höhere Ansprüche an ihre Bereitschaft gestellt, eigene Wünsche zurückzustecken. Da locken hinten im Klassenzimmer die Spiel- und Bastelsachen – aber der Lehrer oder die Lehrerin bestehen darauf, daß jetzt gelesen wird. Sie sagt: »Wir zeichnen jetzt ein Haus.« Das ist zwar lustiger als das Lesen, aber kaum hat man damit angefangen, kommt sie schon und kritisiert: »So geht das nicht.« Wenn sie Haus sagt, meint sie Haus – und keinen Wolkenkratzer. Bei den ersten Rückwärts-Zählübungen meinen die Kinder, es sei wie auf dem Spielplatz: nach »drei, zwei, eins« wird lautstark der Start einer Rakete simuliert. An Krach haben LehrerInnen aber erst recht keine Freude.

Kindern fällt es schwer, die eigenen spontanen Bedürfnisse zurückzustellen, sich den Sachzwängen des Unterrichts anzupassen und einen ganzen Vormittag lang feste Regeln einzuhalten. Offene Schul- und Unterrichtsformen berücksichtigen das und versuchen, den Übergang vom Spielen zum Lernen fließend zu gestalten (> Die richtige Schule finden, Seite 657). Wird der Druck zu groß, ist die Lust am Neuen rasch dahin. Kinder machen dann die Schule dafür verantwortlich, daß sie nicht mehr zum Spielen kommen. Beim Lesen wollen sich dann keine Fortschritte mehr einstellen, und die Schrift wird nicht runder (> Schulpflicht und Schulreife, Seite 653).

Wenn die erste Schulkrise da ist, haben Eltern nur sehr begrenzte Möglichkeiten, ihr gegenzusteuern. Von der Auswahl der richtigen Schule abgesehen, können sie Kindern am besten dadurch helfen, indem sie den Alltag zu Hause möglichst streßfrei und entspannend gestalten (> Eltern sind keine LehrerInnen, Seite 649).

Ein bißchen erwachsen sein

Schule ist etwas für große Kinder. Für die Kleinen im Kindergarten ist das ein Anreiz. Sie wollen auch dorthin, um so bald wie möglich dazuzugehören. Kaum sind sie wirklich in der Schule, sehen sie, daß der Alltag der Großen ziemlich anstrengend sein kann.

Vieles von dem, was bisher die Eltern erledigt haben, müssen sie nun allein machen; selbständiger als je zuvor müssen sie ihren Alltag gestalten und organisieren lernen. Am Morgen müssen die Kleinen selbst wissen, welche Hefte und Bücher sie heute brauchen. In der Schule hilft irgendwann niemand mehr beim Anziehen. Und am Nachmittag müssen sie daran denken, welche Aufgaben sie für den nächsten Tag erledigen müssen. Das Übungsblatt darf nicht in der Schule liegenbleiben, Lesebuch und Mitteilungsheft müssen vom Hort mit nach Hause genommen werden. Wer seine Turnsachen vergißt, hockt die ganze Stunde am Spielfeldrand und bekommt zudem noch einen Rüffel, später sogar eine schlechte Note.

Darüber hinaus haben Kinder eine ganze Reihe Fähigkeiten zu lernen, ohne die sie in der Schule nicht weiterkommen. Sie werden zum ersten Mal in ihrem Leben gemessen und beurteilt (> Die Not mit den Noten, Seite 671). LehrerInnen loben und tadeln, sind gerecht oder ungerecht; es sind wichtige Personen, mit denen man klarkommen und Konflikte austragen muß, ohne gleich in Mutters Arme flüchten zu können.

Schule als Teil der Welt

Schule ist für Kinder vom ersten Tag an mehr als der Ort, an dem sie schreiben, lesen und rechnen lernen. So wie der Arbeitsplatz für Erwachsene nicht nur eine Möglichkeit zum Broterwerb ist, wird die Schule für die Kinder zu einem wichtigen Teil der Welt. Schließlich verbringen sie einen großen Teil ihrer Zeit im Klassenzimmer. Dort finden und treffen sie FreundInnen, denen man unbedingt erzählen muß, was gestern nachmittag noch alles passiert ist, welche neuen Spielsachen man bekommen hat und was einen sonst noch beschäftigt. Dort bilden sich Cliquen, zu denen man dazugehören will und von deren Mitgliedern man anerkannt werden möchte. Und dort gibt es die LehrerInnen: Für SchulanfängerInnen sind sie wichtige Bezugspersonen, zu denen sie Vertrauen aufbauen und denen sie gefallen wollen.

Viele Abc-Schützen strengt es mehr an, diese neue Welt zu erobern, als den Lehrstoff zu bewältigen. Sie müssen ihren Platz in der Klassengemeinschaft finden, Positionen erobern und behaupten. Eltern und LehrerInnen unterschätzen diese Belastung oft, wenn sie angestrengt nach möglichen Ursachen für die Lernschwierigkeiten ihres Kindes suchen. Einem Kind, das im Klassenverband noch nicht integriert ist oder das sich von LehrerInnen abgelehnt fühlt, mag das Lernen des Einmaleins vergleichsweise unwichtig erscheinen.

Schule ist Schwerarbeit

Den ganzen Vormittag stillsitzen, vier bis fünf Stunden konzentriert arbeiten, sich immer wieder auf einen neuen Lernstoff und möglicherweise auf neue LehrerInnen einstellen – was schon für Erwachsene anstrengend ist, bedeutet für Kinder Schwerarbeit.

Dazu kommen dann noch die Hausaufgaben (> Seite 669), Vorbereitungen auf Klassenarbeiten und Tests und Nachhilfestunden. In Summe verbringen die meisten Kinder mit der Schularbeit mehr Stunden, als die Gewerkschaften für Erwachsenenarbeit gerade noch als zumutbar betrachten (> Kinder brauchen Zeit, Seite 436).

Für Eltern bedeutet das oft, daß sie ihren bisherigen Wochenplan umstellen müssen. Die Zeit, in der die Nachmittage uneingeschränkt für spontane Aktivitäten zur Verfügung standen, ist endgültig

VERTRAUEN MACHT STARK

Wenn ein Kind in die Schule kommt, hat es bereits etwa sechs Jahre lang eine Menge gelernt: Ohne offiziellen Unterricht und aus eigenem Antrieb kann es sich inzwischen sprachlich ausdrücken, hat Laufen, Springen, Spielen und Begreifen gelernt und kann über viele Dinge nachdenken.

Das ist eine beachtliche Leistung. Eltern haben also allen Grund, ihrem Kind zu vertrauen. Kann das Kind dieses Vertrauen auch erleben, wird das sein Selbstvertrauen stärken.

Kinder brauchen vor allem Lob und Ermutigung, nicht Tadel und Kritik. Das Selbstvertrauen, das Kinder auf diesem Weg gewinnen können, ist eine ebenso gute Voraussetzung für erfolgreiches Lernen wie die Neugier.

Richtschnur für die Leistung eines Kindes sind seine Fähigkeiten und nicht äußere Normen wie »Die Lehrerin sagt, daß du das schon können müßtest« oder Vergleiche mit anderen Kindern »Der Uwe kann das schon«. Die Anstrengungen eines Kindes verdienen auch dann Anerkennung, wenn sie nicht immer und sofort zum gewünschten Erfolg führen.

vorbei. Jetzt haben Hausaufgaben und die Vorbereitung auf Klassenarbeiten Vorrang.

Am Wochenende, nach fünf oder sechs Tagen schwerer Arbeit, brauchen die SchülerInnen in erster Linie Ruhe und Erholung. Eltern müssen deshalb genau überlegen, ob der Besuch bei den Großeltern, der Familienausflug in die Berge, das Kindertheater oder ein Kinobesuch wirklich der Entspannung dienen. Speziell Schulkinder brauchen möglichst viel Freiraum und noch mehr Gelegenheit als früher, ihn selbst zu gestalten. Wenn sie wenig Lust und Laune zeigen, FreundInnen am anderen Ende der Stadt zu besuchen, und statt dessen lieber die spärlich gewordene Freizeit beim Spielen oder in der Kuschelecke verbringen, signalisieren sie damit, wie dringend sie Erholung brauchen.

Auch Eltern müssen lernen

Man kann es an jedem ersten Schultag beobachten: Die Eltern, die ihre Abc-Schützen zum Schultor begleiten, sind meist aufgeregter als die Kinder selbst.

Für die Kinder beginnt ein neuer Lebensabschnitt, für Eltern geht einer zu Ende. Auch sie sind stolz, daß ihre Kinder jetzt zu den Großen gehören – gleichzeitig aber auch traurig, weil sie nicht mehr zu den Kleinen zählen. Die Vorbereitungen auf den ersten Schultag machen ihnen unmißverständlich klar, daß ihr Nachwuchs von nun an einen Teil seines Lebens ohne sie gestalten und nicht mehr bei jeder Gelegenheit in ihre Arme flüchten wird. Fast immer scheint ihnen die Zeit, in der die Kleinen sie bedingungslos gebraucht haben, verklärt und viel zu schnell vergangen.

Die Schule nährt Hoffnungen und schürt Ängste: Sie ist der Ort, an dem das Kind lernen und sich weiterentwickeln wird. Und sie ist die Institution, die Rollen und Positionen für das weitere Leben zuweist. Zu Beginn scheint noch alles offen:

Der Chefsessel ist ebenso möglich wie die Reservebank.

Viele Eltern haben schon bei der Anmeldung in der Grundschule den kompletten Karriereweg ihrer Kinder vor Augen. Und der soll meist weiter führen als der eigene: Die Realschule erscheint ihnen als Minimum, die Uni ist oft schon fest eingeplant (> Schul-Wege, Seite 678).

Erinnerungen an die eigene Schulzeit werden wieder wach: Gab es da nicht eine ganze Reihe unfähiger LehrerInnen? War Ungerechtigkeit da nicht an der Tagesordnung? Und konnten nicht auch die eigenen Eltern kaum je etwas dagegen unternehmen?

Vielen Eltern fällt es schwer zu akzeptieren, daß von nun an jemand anderer zumindest einige Stunden des Tages über ihre Kinder verfügt. Und es gelingt ihnen um so schlechter, je mehr sie darunter leiden, zu sehen, wie wichtig die LehrerInnen für ihre Kinder sind. Sie strengen sich nicht an, um den Eltern, sondern um der Lehrerin oder dem Lehrer zu gefallen. Für kurze Zeit kann das Wort der PädagogInnen sogar mehr wiegen als das der Eltern: »Die Lehrerin hat aber gesagt, daß es so ist.«

Eltern versuchen häufig, ihre Ängste, Verletzungen und Ohnmachtsgefühle dadurch auszugleichen, daß sie zu Hause die »bessere Schule« inszenieren. Jede schlechte Note bestätigt ihre Befürchtungen: »Mein Sohn ist eben doch noch zu klein; ohne meine Unterstützung kann er es nicht schaffen.« Daraufhin überwachen sie die Hausaufgaben streng, verordnen Lernstunden oder engagieren NachhilfelehrerInnen.

Im Endeffekt bekommen solche Eltern oft ungewollt recht: Die Kinder können den zusätzlichen Druck nicht mehr verkraften. Aus Anlaufschwierigkeiten werden so wirkliche Lernprobleme.

Schule ist Kindersache

Wenn die Kleinen von der Schule nach Hause kommen, haben sie meist eine Menge zu erzählen: Wie es bei der Klassenarbeit gegangen ist; warum sich die Lehrerin wieder geärgert hat; was andere Kinder für Schwierigkeiten haben.

Für Eltern sind solche Berichte eine wichtige Informationsquelle. Wer geduldig zuhört und nicht jedes Detail besserwisserisch kommentiert, wird sich ein Bild vom Alltag der Kleinen machen können.

Ständiges Nachfragen kann die Quelle aber rasch versiegen lassen. Kinder spüren genau, ob die Erkundigung »Na, wie war's denn heute in der Schule?« ehrliches Interesse ausdrückt, oder ob sich dahinter der Wunsch nach Kontrolle verbirgt. Und sie können sehr störrisch reagieren, wenn sie das Gefühl bekommen, daß die Eltern den eben eroberten Freiraum ständig überwachen oder gar einzuschränken versuchen.

Neben wem das Kind in der Schule sitzen will, wen es sich zur Freundin oder zum Freund nimmt, wann und mit wem es die Hausaufgaben macht – all das ist Kindersache. Schließlich muß das Kind auch in der Klasse mit LehrerInnen und MitschülerInnen klarkommen, ohne daß Mutter oder Vater zu Hilfe eilen könnten.

Kinder wissen genau, wann sie Unterstützung, Rat und Hilfe brauchen. Und es gibt ihnen Sicherheit zu wissen, daß die Eltern bei jedem ernsthaften Problem da sind.

Eltern sind keine LehrerInnen

Kinder brauchen zu Hause Verbündete, keine ÜberlehrerInnen. Eltern müssen begreifen, daß LehrerInnen von nun an in Schulangelegenheiten den Großteil der Spielregeln bestimmen. Sie sind die Instanz, die entscheidet, ob ein Kind genug oder zu wenig für die Schule arbeitet. Sie müssen mit der Hausaufgabe zufrieden sein und wissen in der Regel besser, zu welchen Leistungen Kinder in einem bestimmten Alter fähig sind. Wenn sich Eltern als die »besseren LehrerInnen« gebärden, Seiten aus Übungsheften herausreißen,

zu Hause »Prüfungen« abhalten, ohne ersichtlichen Grund Vokabellernstunden einschieben, sollten sie darüber nachdenken, ob sie dabei wirklich nur die Anforderungen der Schule im Auge haben.

Eltern, die ihre Kinder begleiten, anstatt sie zu kontrollieren, werden genug Gelegenheiten finden, mit LehrerInnen ins Gespräch zu kommen. Sie werden rechtzeitig erfahren, wenn der Schulerfolg gefährdet ist, und mit den PädagogInnen gemeinsam Förderungspläne schmieden. Solange die LehrerInnen zufrieden sind, sollten es die Eltern auch sein. Für ein Kind ist die Schule auch dann schon Druck genug, wenn die Eltern zu Hause nicht ständig fordern, daß es alles schöner, schneller und besser machen soll.

BERATUNGS-STELLEN

Die in den Schulpsychologischen Beratungsstellen tätigen PsychologInnen beraten bei Fragen der Schulwahl, bei Schulproblemen wie Lern- und Verhaltensschwierigkeiten, Schul- und Prüfungsangst und vermitteln bei Schwierigkeiten zwischen LehrerInnen, Kindern und Eltern.

Die Beratungen stehen Eltern und SchülerInnen kostenlos und vertraulich zur Verfügung.

Die Beratungsdienste sind keine Therapieeinrichtungen, sondern eine erste Anlaufstelle, in der man nach möglichen Ursachen für bestimmte Probleme sucht und an entsprechende Stellen weiterverweist.

Die Adresse der nächstgelegenen Beratungsstelle findet sich in Lokalzeitungen oder kann in der Schule oder beim zuständigen Schulamt erfragt werden.

Kinder sind nicht nur SchülerInnen

Kinder werden nicht automatisch zu kleinen Erwachsenen, wenn sie in die Schule gehen. Die neue Aufgabe macht ihnen Spaß, fordert sie heraus und regt sie an. Gleichzeitig bleibt aber das, was vorher wichtig war, für sie weiter interessant.

Für Eltern sollte das auch so sein. Kinder reagieren äußerst verstört, wenn sie das Gefühl bekommen, daß ihren Eltern nur noch ihre Schulerfolge wichtig sind. Sie sind es gewohnt, ihr ganzes Tun an der Reaktion der Erwachsenen zu messen. Die tollsten Legoburgen, die schönste Zeichnung verlieren an Wert, wenn die Erwachsenen sich nicht mehr dafür interessieren. Wenn die Liebenswürdigkeit des Kindes nicht mehr zählt und die Eltern nur noch mit Schulangelegenheiten aus der Reserve zu locken sind, werden die Kleinen an der neuen Aufgabe nicht lange Freude haben.

Kinder wollen als Personen geliebt werden. Sie merken genau, wenn die Eltern beim Treffen mit anderen Erwachsenen keine Anekdoten mehr über ihre witzigen Aussprüche oder Eskapaden erzählen, sondern sich nur noch über Noten, Schulhefte und das, was der Lehrer gesagt hat, unterhalten.

Schule macht dann am meisten Spaß und am wenigsten Schwierigkeiten, wenn sie in den Alltag integriert wird. Wenn es nie möglich ist, einmal ein bißchen später schlafen zu gehen, wenn morgens nicht ein einziges Mal alle trödeln dürfen, kann auch Kindern, denen die Schule Spaß macht, der Preis zu hoch sein.

Wenn Eltern in die Schule gehen

Die meisten Eltern gehen erst dann in die Schule, wenn es ein Problem gibt. Fassungslos stehen sie dann vor den LehrerInnen, hören die Klagen und wollen es nicht wahrhaben: »Ausgerechnet mein Kind soll die ganze Klasse stören.« »Das kann doch nicht sein, daß die Fünf in Mathematik nicht mehr zu vermeiden ist.«

Viele fühlen sich dann schuldig, gekränkt, in ihrem Ehrgeiz getroffen oder ungerecht behandelt. Sie verstehen die Berichte der PädagogInnen dann nicht als Aufforderung, gemeinsam nach Lösungen zu suchen, sondern als Anklage. Fast automatisch tauchen Bilder aus der eigenen Schulzeit auf, plötzlich stehen Eltern den eigenen LehrerInnen gegenüber. Unter ihnen gab es genug Unfähige, Ratlose und Ungerechte – warum sollte dieser anders sein? Anstatt Lösungswege zu suchen, enden die Gespräche dann oft in Schuldzuweisungen: »Wenn Sie es nicht schaffen, den Kindern genug beizubringen, dann ist das Ihr Problem.«

KINDER LERNEN SICH KRANK

Die Zeitschrift »Eltern« hat zum Thema Schulstreß einige Studienergebnisse aus jüngster Zeit zusammengestellt:

● Jedes dritte Kind kommt wegen Schulproblemen und Schulversagen zu Kinderärztin oder Kinderarzt.
● Die Hälfte der 13- bis 16jährigen nimmt täglich, regelmäßig oder gelegentlich Kopfschmerztabletten.
● Jedes zehnte Kind im Alter zwischen 13 und 16 nimmt Schlaf- und Beruhigungsmittel ein.
● Nach 13 Jahren Schule haben 96 Prozent der Mädchen und Jungen kein ungetrübtes Verhältnis zur Schule.
● Bei der Hälfte der GymnasiastInnen und RealschülerInnen beeinträchtigen schlechte Leistungen in der Schule die Beziehung zu den Eltern.

»Zu Hause ist mein Sohn ein braves Kind, also dürfte es doch wohl an der Schule liegen, wenn er in der Klasse so aggressiv ist.«

Wer den Schulweg seiner Kinder von Anfang an aufmerksam beobachtet, regelmäßig Kontakt mit den LehrerInnen hält und so auch die guten Nachrichten hört, wird bei eventuellen Problemen anders reagieren.

Eltern sollten vom ersten Schultag an jede Gelegenheit zur Information wahrnehmen. Elternabende und Sprechtage sollten auch dann einen festen Platz im Terminkalender haben, wenn alles in Ordnung zu sein scheint. Nur so können sich PädagogInnen und Eltern in entspannter Atmosphäre kennenlernen, mehr über die gegenseitigen Vorstellungen erfahren und einander rechtzeitig auf eventuelle Schwierigkeiten vorbereiten. Wenn Eltern beim Sprechtag von der schweren Krankheit der geliebten Großmutter erzählen, können LehrerInnen das Kind aufmerksam beobachten und rücksichtsvoll mit ihm umgehen. Wenn die Eltern daran denken, daß ihr Kind in den nächsten Wochen mehrere Klassenarbeiten schreiben muß, können sie zu Hause darauf Rücksicht nehmen und den geplanten Wochenendbesuch bei den Verwandten vielleicht verschieben.

Kinder sollten in diese begleitende Kontrolle immer einbezogen sein. Sie sollen wissen, wann die Eltern in die Schule gehen, mit welchen LehrerInnen sie sprechen werden, und nachher erfahren, was sie gesagt haben. Nur so haben die Kleinen Gelegenheit, auch ihre Sicht der Dinge einzubringen, können erklären, warum sie im Deutschunterricht immer stören oder die Matheaufgabe nun schon zum dritten Mal nicht gemacht haben.

Auch eventuelle Konsequenzen aus der Eltern-LehrerInnen-Begegnung müssen mit den Kindern besprochen werden. Sie wollen erklärt bekommen, warum die Hausaufgaben plötzlich zu einer anderen Zeit gemacht werden sollen, oder warum die Mutter auf einmal die Englischhefte besonders genau durchsieht. Kinder, die informiert sind über

VOM UMGANG MIT LEHRERINNEN

● Nur wer regelmäßige Gespräche mit LehrerInnen sucht, kann eine Vertrauensbasis aufbauen, noch ehe konkrete Probleme auftreten.
● Finden Gespräche erst statt, wenn es bereits Schwierigkeiten gibt, verhindert gegenseitiges Mißtrauen oft die Suche nach Lösungen und Auswegen.
● Wer sich zu den Sprechstunden anmeldet, gibt LehrerInnen die Chance, sich auf das Gespräch vorzubereiten.
● Auf Elternabenden fehlt gerade Eltern von Kindern mit Schwierigkeiten oft der Mut, offen die Probleme zu diskutieren. Sie fühlen sich als Minderheit und fürchten, von den Eltern leistungsstarker Kinder überstimmt oder lächerlich gemacht zu werden. Schon deshalb ist es ratsam, vorher Kontakt mit Eltern zu suchen, deren Kinder ähnliche Probleme haben.
● Unbehagen und Kritik sollten anhand konkreter Beispiele belegt werden, etwa Umfang und Schwierigkeitsgrad von Hausaufgaben.
● Auch bei gravierenden Schwierigkeiten sollte immer der richtige Weg eingehalten werden: Sie sollten immer erst dem oder der betreffenden LehrerIn, dann KlassenlehrerInnen, der Schulleitung, dem Schulamt und zuletzt dem Kultusministerium vorgetragen werden.
● Informationen, wie bei Problemen mit LehrerInnen zu verfahren ist, erteilt jeder Schulpsychologische Dienst.

das, was LehrerInnen und Eltern gemeinsam verabreden, werden nicht das Gefühl bekommen, daß die Erwachsenen sich gegen sie verschwören, sondern daß sie alle zu seinem Besten zusammenarbeiten.

Auch andere Kinder haben Probleme

Wenn es Schwierigkeiten in der Schule gibt, die Noten schlechter werden oder das Kind eindeutige Zeichen von Überforderung zeigt, suchen die meisten Eltern die Ursachen dafür zuerst bei ihrem Kind.

Wenn Kinder die Matheaufgabe aber immer wieder nicht verstehen, liegen die Ursachen dafür oftmals bei der Schule. Statt die Textbeispiele am Abend noch einmal zu erklären oder sogar vorzulernen, sollten Eltern schon bei den ersten Schwierigkeiten den Kontakt mit anderen Familien suchen.

Wenn sich dabei herausstellt, daß andere Kinder ähnliche Probleme haben, sollten die LehrerInnen das wissen. Gute PädagogInnen schätzen es, wenn sie rechtzeitig erfahren, daß die Hausaufgaben zu viel werden. Sie brauchen Rückmeldungen, um zu erkennen, daß sie mit dem Lehrstoff zu schnell vorangegangen sind.

Eltern, die sich allzu schnell zu HilfslehrerInnen machen, nehmen sich und der Schule die Chance, Korrekturen dann vorzunehmen, wenn sie noch möglich sind. LehrerInnen, die schließlich nicht erkennen können, daß ihre SchülerInnen die Hausaufgaben in den meisten Fällen nur mit Hilfe der Eltern bewältigen können, werden im gleichen Tempo weitermachen.

Schulpartnerschaft

Die Schule ist für viele Jahre Lebensmittelpunkt eines Kindes. Für viele Eltern ist das ein guter Grund, im Elternbeirat der Schule ihres Kindes mitzumachen und die Schule mitzugestalten. Die rechtliche Basis dafür lieferte 1980 die Kultusministerkonferenz. »Die Schule muß den Eltern Gele-

genheit zu verantwortlicher Mitarbeit geben«, hieß es damals. In Österreich regelt das Schulunterrichtsgesetz die »Schulpartnerschaft«, die Rechte und Pflichten von Klassenforum, Schulforum und Schulgemeinschaftsausschuß.

Die Elternbeiräte sind eine Vermittlungsinstanz zwischen Eltern und Schule. Vielfach können sie mitentscheiden, wann der Unterricht beginnen soll, wie die Hausordnung aussieht oder welche Lehrmittel gewählt werden. Darüber hinausgehende Rechte haben die Bundesländer höchst unterschiedlich geregelt. So dürfen die Eltern in Hamburg in der Grundschule auch den Unterricht mitgestalten. In einigen anderen Bundesländern muß der Kultusminister die ElternvertreterInnen wenigstens anhören, in Niedersachsen kann die Landeselternvertretung sogar Erlasse des Kultusministeriums stoppen und eine Diskussion darüber erzwingen.

Jedes Kultusministerium informiert interessierte Eltern über ihre Rechte. Sich dort gelegentlich einmal zu erkundigen, ist schon allein deshalb ratsam, weil bei weitem nicht alle Schulen die gesetzlichen Vorgaben einhalten (> Kontakte, Seite 656).

Erweist sich eine Schulleitung als besonders störrisch, können Kontakte zu anderen Schulen neue Ideen liefern und reformwilligen Eltern den Rücken stärken. Wenn es auf dem Dienstweg nicht klappt, läßt sich notfalls über Medien oder Demonstrationen meist einiges bewirken. Oft zwingt erst öffentlicher Druck die Schulbehörden, LehrerInnen und PolitikerInnen zum Einlenken.

Ungerechte LehrerInnen

PädagogInnen, die alle SchülerInnen gleich behandeln, kann es nicht geben. Immer wird Sympathie und Antipathie, die sie für ein bestimmtes Kind empfinden, ihre Beurteilungen und ihr Verhalten beeinflussen.

Problematisch wird es, wenn LehrerInnen einem Kind das Schulleben gezielt schwermachen. Für die Kleinen ist es eine unvorstellbare Belastung, wenn sie einem Lehrer überhaupt nichts recht machen können, er sie vor der Klasse bewußt bloßstellt, besonders streng prüft oder ignoriert.

Auch wenn die Eltern derartiges nur schwer beurteilen können – schließlich sehen sie ja nicht, was in der Schule geschieht –, sollten sie die Klagen der Kinder ernst nehmen. Manchmal fällt es LehrerInnen gar nicht auf, wenn sich ein Kind zurückgesetzt oder schlecht behandelt fühlt. Ein Gespräch, in dem die Eltern den PädagogInnen ohne Vorwürfe und Schuldzuweisungen das Problem erläutern, kann helfen, Mißverständnisse auszuräumen.

Hilft das nicht, sollten Eltern zunächst Kontakt mit MitschülerInnen suchen. Kinder merken sehr genau, wer bei LehrerInnen hoch im Kurs steht und wer eher zu den Ungeliebten zählt. Sie wissen auch, ob das ein Einzelfall ist oder andere Kinder das gleiche Problem haben. Sollte sich der Verdacht bestätigen, bleibt Eltern nur das Gespräch mit der Schulleitung. Die Chancen, daß sich dabei wesentliche Verbesserungen erzielen lassen, sind freilich begrenzt. Zuneigung oder Verständnis lassen sich auch durch »eine Rüge von oben« nicht erzwingen, aber es kann helfen, wenn die betroffenen LehrerInnen erfahren, daß ihre Arbeit und ihr Verhalten aufmerksam verfolgt wird.

Wenn abzusehen ist, daß sich die Situation nicht bessern wird, sollten Eltern mit der Schulleitung gemeinsam überlegen, ob das Kind in eine andere Klasse wechseln kann.

VORBEREITUNG AUF DIE SCHULE

Jedes Kind muß in die Schule. Doch schon das Alter, in dem sie eingeschult werden, unterscheidet sie. Manche Kinder kommen auch gut vorbereitet aus Kindergarten oder Vorschule dorthin, andere wieder vertauschen den Platz in der Sandkiste mit der Schulbank.

Doch die meisten Eltern haben den allerersten Schultag meistens schon lange vorbereitet: Grundsätzliche Überlegungen und Diskussionen führten zur Wahl gerade dieser Schule fürs Kind; den Schulweg haben sie mit ihrem Schützling sorgfältig eingeübt (> Verkehrserziehung, Seite 413) und die Schultasche besorgt.

Schulpflicht und Schulreife

Auf dem Papier ist alles einfach: Jedes Kind, das bis zum 30. Juni (in Österreich: bis zum 31. August) das sechste Lebensjahr vollendet hat, ist im selben Jahr schulpflichtig.

Ob das Kind zu diesem Zeitpunkt schulreif ist, ist eine andere Frage. In Broschüren, die bei der Anmeldung zur Schule verteilt werden, heißt es oft nur: »Um sich in der Schule wohl zu fühlen und dem Unterricht folgen zu können, muß die körperliche, geistige und soziale Entwicklung des Kindes so weit fortgeschritten sein, daß es sich eine bestimmte Zeit konzentrieren kann.«

Solche Anleitungen helfen ebensowenig weiter wie die meisten Schulreifetests: Mit dem sogenannten »Philippinermaß« – dazu muß das Kind einen Arm über den Kopf zum gegenüberliegenden Ohr strecken – können SchulärztInnen oder DirektorInnen nur die Proportionen von Arm und Kopf beurteilen. Mehr nicht. Die körperliche Entwicklung ist aber nur ein vergleichsweise unbedeutendes Kriterium für die Schulfähigkeit.

Andere Fertigkeiten sind zumindest einigermaßen zuverlässig per Test zu ermitteln. Kann das Kind zum Beispiel ähnliche Buchstaben voneinander unterscheiden? Kann es Kreise, Dreiecke oder Kreuze auseinanderhalten und nachmalen?

Am wichtigsten für die Beurteilung der Schulreife sind jedoch soziale und emotionale Faktoren: Wie findet sich das Kind in einer Gruppe zurecht? Wie gut kann es eigene Ansprüche zugunsten gemeinsamer Aufgaben zurückstellen? Kann es täglich mehrere Stunden ohne seine Bezugsperson auskommen? Kann es sich längere Zeit auf dieselbe Sache konzentrieren?

Solche Fragen zu beantworten, fällt Eltern aus gutem Grund schwer.

Wer sich nicht sicher ist, ob sein Kind den Ansprüchen des Bildungssystems genügt, sollte deshalb bei ExpertInnen Rat suchen (> Das können Schulreifetests, Seite 655). Auch ein Gespräch mit KindergärtnerInnen kann weiterhelfen: Sie können oft besser als die Eltern beurteilen, wie es um Konzentrationsvermögen und Gruppenverhalten des Kindes steht, weil sie die Kinder auch am Vormittag erleben und nicht nur am Nachmittag, wenn die Kleinen bereits einen spielintensiven Tag hinter sich haben. Sie haben das Verhalten der Kinder in einer schulähnlichen Situation über längere Zeit hinweg beobachtet und wissen, wie das Kind in einer Gruppe zurechtkommt.

Der richtige Zeitpunkt

Das Bündel von Fähigkeiten, das der Begriff Schulfähigkeit zusammenfaßt, hängt nur zum Teil vom Alter des Kindes ab. Jedes Kind entwickelt sich anders, unterschiedlich schnell und immer wieder sprunghaft. Viele sind mit sechs Jahren noch weit davon entfernt, den Ansprüchen der Schule zu genügen, wohingegen mancher Fünfjährige damit keinerlei Probleme hat.

Um den unterschiedlichen Entwicklungen Rechnung zu tragen, sieht das Gesetz die Möglichkeit vor, Kinder, die ihren Geburtstag zwischen dem 30. Juni (in Österreich: dem 31. August) und dem 31. Dezember feiern, vorzeitig einzuschulen. Umgekehrt können Eltern, die das Gefühl haben, ihr Kind sei noch zu verspielt und wäre vom Schulbesuch überfordert, den Schulbesuch um ein Jahr verschieben.

Diese Entscheidung können Eltern allerdings nicht allein treffen. In beiden Fällen müssen Schulleitung und SchulärztInnen die elterliche Einschätzung bestätigen.

Ein wichtiges Kriterium ist auch die Art der Schule, für dessen Besuch das Kind reif genug sein soll: In Schulen, die offene Formen des Lernens praktizieren (> Die richtige Schule finden, Seite 657), haben Kinder, die sich bei ihrer Entwicklung mehr Zeit lassen, deutlich weniger Probleme als in Schulen, in denen traditionelle Unterrichtsmethoden im Vordergrund stehen. Vorteilhaft ist es, wenn Kinder ihr Lerntempo selbst bestimmen dürfen und dabei auf die Unterstützung durch andere Kinder zählen können.

Vorzeitig einschulen

In ihrem gutgemeinten Ehrgeiz neigen viele Eltern dazu, dem kindlichen Wunsch »Ich will auch in die Schule gehen« allzuleicht nachzugeben. Dagegen spricht nur dann nichts, wenn eine besonders sorgfältige Prüfung die Schulreife des Kindes bestätigt hat.

Andernfalls laufen Kind und Eltern Gefahr, den Eintritt in die Welt der Pflichten mit Rückschlägen und Enttäuschungen zu beginnen. Solche negativen Erfahrungen können nach Meinung von ExpertInnen die gesamte Schullaufbahn und das spätere Berufsleben negativ beeinflussen. Wer in den ersten Wochen und Monaten vornehmlich unter Mißerfolgen und Überforderung, LehrerInnenschelte und SchülerInnenspott zu leiden hat, wird rasch die Freude an der Schule und am Weiterlernen verlieren. Die Hoffnung, daß sich das »irgendwann schon geben wird«, ist nicht immer berechtigt: Das Kind wird sein ganzes Schulleben lang zu den Jüngsten seiner Klasse gehören und läuft Gefahr, die Defizite der Anfänge mitzuziehen. Die Schule nimmt darauf aber keine Rücksicht – der Leistungsdruck wächst von Klasse zu Klasse.

Zurückstellen

Eltern, die sich der Schulfähigkeit ihres Kindes nicht sicher sind, sollten den Schulbesuch im Zweifelsfall aufschieben. So schenken sie dem Kind ein zusätzliches Jahr schulfreier Kindheit und ersparen ihm eine Serie unnötiger Rückschläge.

In manchen Bundesländern Deutschlands und in Österreich müssen Kinder, die ein Jahr später als vorgesehen mit der Schule beginnen, sogenannte Vorbereitungs-, Vorschulklassen oder Schulkindergärten besuchen. Sie sollen den Kleinen einen weniger abrupten Einstieg ins Schulleben ermöglichen. Übungseinheiten unterbrechen immer wieder Phasen, in denen die Kinder frei spielen können. Dabei wird jedoch nicht der Unterrichtsstoff der ersten Klasse vorweggenommen, sondern versucht, die Konzentrationsfähigkeit und die Ausdauer der Kinder zu fördern. Wo es den Eltern freisteht, sollten sie ihre Kinder lieber im gewohnten Kindergarten lassen. Auch wenn es dort keine Vorschulübungen gibt, haben Kinder in der vertrauten Umgebung die besseren Chancen, ihre Fähigkeiten auszubauen und so zu »reifen« SchülerInnen heranzuwachsen.

Weil der Schulalltag Testergebnisse häufig widerlegt, können Abc-Schützen zunächst auch einmal mit der Schule beginnen und dann – nach Bundesländern unterschiedlich – bis zum Ende des ersten Halbjahrs (in Österreich: bis Weihnachten) zurückgestellt werden.

Dabei können Eltern oft nur schwer beurteilen, ob die Probleme nur Anlaufschwierigkeiten sind oder bereits eine Überforderung anzeigen. Das abzuwägen ist nicht leicht, aber wichtig. Wer die Notbremse zu früh zieht, mutet dem Kind einen vielleicht gar nicht notwendigen Schritt zu, den es dann als Zeichen seines Versagens erleben kann.

Wer jedoch zu lange wartet, riskiert, das Kind aus einer Klassengemeinschaft herauszureißen, in die es sich schon integriert hat. In der Vorschulklasse

DAS KÖNNEN SCHULREIFETESTS

Die traditionellen Schulfähigkeitstests ermitteln die verschiedenen Fähigkeiten, die ein Kind braucht, um in einer Klasse bestehen zu können. So muß es etwa Dreiecke, Quadrate und Kreise nachzeichnen. Bei der »simultanen Zahlenerfassung« soll das Kind auf einen Blick drei, vier oder fünf Einheiten erfassen, ohne zu zählen. Daran erkennen TestleiterInnen, ob das Kind bereits optische Formen erfassen, qualifizieren und differenzieren kann.

Manchmal müssen Kinder Zahlenreihen mit drei Ziffern nachsprechen. Daran wird gemessen, ob sie imstande sind, sich Reihenfolgen zu merken.

Beim Nachsprechen ähnlich klingender Buchstaben wie b und d zeigt sich, ob das Kind bereits akustisch differenzieren kann.

Bei der gemeinsamen Arbeit an einem Tisch, wo meistens etwas gezeichnet werden soll, zeigt sich, ob das Kind fähig ist, einen Auftrag zu Ende auszuführen; ob es imstande ist, sich zu konzentrieren, ob es reif genug ist, seine Arbeit eigenständig zu erledigen, ohne andere Kinder dabei zu stören.

Der Aussagewert solcher Tests ist freilich umstritten. Welche Aufgaben Kinder bewältigen, hängt immer auch von ihrer Tagesverfassung und Gemütslage ab.

Pragmatisch betrachtet, haben die diversen Testverfahren aber zumindest *einen* praktischen Nutzen: Sie geben einen Hinweis auf die Erfolgschancen des Kindes in der Schule, wo ja auch teilweise lebensferne Anforderungen gestellt werden.

Kontakte

Baden-Württemberg:
Ministerium für Kultur und Sport, NEUES SCHLOSS, 70173 STUTTGART.

Bayern:
Bayerisches Staatsministerium für Unterricht und Kultur, SALVATORSTRASSE 2, 80333 MÜNCHEN.

Berlin:
Senatsverwaltung für Schulwesen, Berufsbildung und Sport, BRETSCHNEIDERSTRASSE 5, 14057 BERLIN.

Brandenburg:
Ministerium für Bildung, Jugend und Sport, HEINRICH-MANN-ALLEE 107, 14473 POTSDAM.

Bremen:
Senatsverwaltung für Bildung, Wissenschaft und Kunst, REMBERTIRING 8–12, 28195 BREMEN.

Hamburg:
Behörde für Schule und Berufsbildung, HAMBURGER STRASSE 31, POSTFACH 761048, 22060 HAMBURG.

Hessen:
Kultusministerium, LUISENPLATZ 10, 65185 WIESBADEN.

Mecklenburg-Vorpommern:
Ministerium für Bildung, Wissenschaft, Kultur, Jugend und Sport,
WERDERSTRASSE 124, 19055 SCHWERIN.

Niedersachsen:
Kultusministerium, SCHIFFGRABEN 12, 30159 HANNOVER.

Nordrhein-Westfalen:
Kultusministerium, VÖLKLINGER STRASSE 49, POSTFACH 1103, 40221 DÜSSELDORF.

Rheinland-Pfalz:
Kultusministerium, MITTLERE BLEICHE 61, POSTFACH 3220, 55116 MAINZ.

Saarland:
Ministerium für Kultur, Bildung und Wissenschaft, HOHENZOLLERNSTRASSE 60,
POSTFACH 1010, 66117 SAARBRÜCKEN.

Sachsen:
Sächsisches Staatsministerium für Kultur, Jugend und Sport, ARCHIVSTRASSE 1, 01097 DRESDEN.

Sachsen-Anhalt:
Ministerium für Bildung, Wissenschaft und Kultur, Bezirksverwaltungsbehörde,
OLVENSTEDTER STRASSE 1–2, 39108 MAGDEBURG.

Schleswig-Holstein:
Kultusministerium, DÜSTERNBROOKER WEG 64–68, 24105 KIEL.

Thüringen:
Thüringer Kultusministerium, WERNER-SEELENBINDER-STRASSE 1, 99096 ERFURT.

Österreich:
Schulservice des Bundesministeriums für Unterricht und Kunst,
MINORITENPLATZ 5, 1014 WIEN.

steht der Neuankömmling dann einer schon länger eingespielten Gruppe gegenüber.

In keinem Fall sollte eine Rückstufung über den Kopf des Kindes hinweg beschlossen werden. Statt es vor vollendete Tatsachen zu stellen, sollte der Wechsel gemeinsam besprochen werden. Fast alle Kinder spüren genau, wenn sie von der Schule überfordert werden. Manche wollen allerdings trotzdem in ihrer Klasse bleiben: Sie haben genau mitbekommen, daß die Eltern von ihnen enttäuscht sind, und möchten ihnen die Schmach ersparen, ihr Kind zurückzustellen.

Die richtige Schule finden

Das wichtigste Kriterium, um eine Grundschule zu beurteilen, ist die Unterrichtsform: Traditionellen Frontalunterricht vom ersten Tag an können Kinder nur schwer verkraften.

In Schulen, die offenes Lernen und integrative Unterrichtsformen praktizieren, gestaltet sich der Übergang vom Spielen zum schulischen Lernen fließend, oftmals sind die Unterschiede kaum zu bemerken. Moderne Unterrichtsformen berücksichtigen, daß nicht alle Kinder gleich weit entwickelt sind und sich unterschiedlich schnell weiterentwickeln. Die SchülerInnen erhalten Aufgaben, die ihren jeweiligen Fähigkeiten entsprechen. Für einen Sechsjährigen, der besser schreiben und lesen kann als seine MitschülerInnen, kann das auch bedeuten, daß er denen hilft, die noch nicht soweit sind, und sie unterstützt.

Davon abgesehen sollten sich Eltern, die nach der »richtigen« Schule für ihr Kind suchen, von ihrem Gefühl leiten lassen. Schon beim Betreten eines Schulgebäudes läßt sich ein wenig »erspüren«, welche Atmosphäre dort herrscht. An der Gestaltung der Flure und Klassenzimmer, aber auch am Verhalten der Kinder während der Pause läßt sich ablesen, wie wichtig man in dieser Schule die Bedürfnisse der Kinder nimmt. Bei Gesprächen mit zukünftigen LehrerInnen lassen sich Fragen nach Art und Umfang der zu erwartenden Hausübungen (> Hausaufgaben, Seite 669) oder der Benotung (> Die Not mit den Noten, Seite 671) klären.

Schnuppertage, wie sie die meisten Grundschulen für angehende Abc-Schützen und ihre Eltern anbieten, vermitteln zwar nie ein konkretes Bild des normalen Schulalltags, aber sie zeigen zumindest, wie die LehrerInnen mit den Kindern umgehen und ob sich die Kinder wohl fühlen.

Klassen mit ausländischen Kindern

Der vermeintlich oder tatsächlich hohe Ausländeranteil in deutschen und österreichischen Schulen zählt zu den emotionsgeladensten Themen in der Schulpolitik.

Die Sorgen der Eltern, ihre Kinder würden durch die ausländischen Kinder in ihrem Lernerfolg behindert, sind fast immer unbegründet. Die meisten Statistiken weisen Kinder ausländischer Eltern auch dann als »fremdsprachig« aus, wenn sie bereits fließend Deutsch sprechen. Von wenigen Ausnahmen abgesehen, hat sich die Schule auf die Verhältnisse rechtzeitig eingestellt: Klassen mit einem höherem Anteil an ausländischen und schlecht deutsch sprechenden Kindern werden durch angemessene Unterrichtsmethoden unterstützt: mit leistungsdifferenziertem Unterricht, BegleitlehrerInnen, muttersprachlichem Ergänzungsunterricht und interkulturellem Lernen. Manche wohlhabende Eltern geben für ähnliches an internationalen Privatschulen eine Menge Geld aus.

Klassen mit behinderten Kindern

Der Aufgabe, geistig oder körperlich behinderte Kinder in den normalen Schulunterricht zu integrieren, stellen sich leider erst wenige Schulen. Dabei zeigen internationale Erfahrungen, daß davon nicht nur die behinderten, sondern auch die nichtbehinderten SchülerInnen profitieren.

Kinder mit Handikaps erbringen im normalen Schulverband oft Leistungen, die deutlich über dem liegen, was ihnen in einer Sonderschule möglich gewesen wäre (> Behinderungen, Seite 892).

Die Sorge vieler Eltern und PädagogInnen, die besondere Fürsorge und Aufmerksamkeit, die solche Kinder brauchen, würde zu Lasten der anderen gehen, hat sich als vollkommen unbegründet herausgestellt. Repräsentative Vergleichsstudien zeigen, daß begleitende Maßnahmen wie zum Beispiel der Einsatz von StützlehrerInnen und gezielten Förderprogrammen immer der gesamten Klasse zugute kommen. Daher sind auch die Leistungen der nichtbehinderten Kinder in Integrationsklassen ein wenig höher als in den üblichen Klassen.

Was muß das Kind schon vorher können?

Die meisten Kinder interessieren sich schon vor dem ersten Schultag für Buchstaben und Zahlen. Das können die Eltern spielerisch aufgreifen, ohne dabei jedoch schon an die Schule zu denken. Man kann Kindern Sinn und Bedeutung von Buchstaben und Zahlen erklären, ihnen ihren Namen vorschreiben und beim Lösen einfacher Rechenaufgaben helfen. Tempo und Intensität dieses »vorschulischen Lernens« bestimmen dabei ausschließlich die Kinder.

Die Befürchtung vieler Eltern, Kinder, die schon vor der Schule lesen und schreiben lernen, würden sich später im Unterricht langweilen, deshalb nicht mitmachen und schließlich den Anschluß verpassen, ist unbegründet. Die Grundschulen gehen heute nicht mehr davon aus, daß jedes Kind, das eingeschult wird, weder Buchstaben noch Zahlen kennt. Sie versuchen, während der ersten paar Wochen individuell auf die Schülerinnen und Schüler einzugehen. Wer das A schon kann, darf andere Übungen machen

als Kinder, denen die Buchstaben noch völlig fremd sind. Meistens dauert es nur ein paar Wochen, bis alle Kinder einen annähernd gleichen Wissensstand erreicht haben.

Ein klares Bild der Schule zeichnen

Vorschulkinder haben anfänglich eine diffuse Vorstellung davon, was Schule und in die Schule gehen bedeutet. Sie freuen sich darauf, weil Schule »dazulernen dürfen« bedeutet (> Lernen macht Spaß, Seite 645). Sie beobachten aber auch, daß ältere FreundInnen über Hausaufgaben stöhnen und plötzlich keine Zeit mehr zum Spielen haben, erleben, wie die Eltern auf schulische Mißerfolge von älteren Geschwistern reagieren, und lauschen andächtig, wenn die Erwachsenen mit Unbehagen in der Stimme von der eigenen Schulzeit erzählen.

Für Eltern ist die Vorbereitung auf den neuen Lebensabschnitt immer eine Gratwanderung: Berichten sie allzu schönfärberisch von der Schule, sind spätere Enttäuschungen und ein Verlust an Glaubwürdigkeit vorprogrammiert. Sind ihre Beschreibungen dagegen allzu realistisch, können sie den Kindern die Freude nehmen und Schule schon lange vor dem ersten Schultag zu etwas Negativem machen.

Das gilt um so mehr, wenn Eltern die ambivalenten Gefühle ihres Vorschulkindes gegenüber der Schule für Erziehungsmaßnahmen mißbrauchen. Sätze wie »Warte nur, bis du in der Schule bist, dort wird man dir schon Benehmen beibringen« oder auch »Daumenlutschen, das tut ein Schulkind doch nicht mehr« beschreiben die Schule als autoritäre Übermacht, die den kindlichen Bedürfnissen jeden Raum nimmt.

An die Gruppe gewöhnen

Schulkinder sollten den Umgang mit Gleichaltrigen gewohnt sein. Für Kinder, die einen Kindergarten besucht haben, ist das im allgemeinen kein

Problem. Sie kennen die Palette sozialer Verhaltensweisen. Sie wissen, wie man sich durchsetzen kann, aber auch, daß es ganz ohne Unterordnung nicht geht. Sie haben die Erfahrung gemacht, daß sie nicht immer im Mittelpunkt stehen können, haben erlebt, daß sie sich nach einer Rauferei oder einem Streit mit ihren KameradInnen wieder aussöhnen können und haben – neben ihren Eltern – auch andere ErzieherInnen akzeptieren gelernt. Und nicht zuletzt haben sie sich an bestimmte Regeln und Pflichten gewöhnt, etwa pünktlich zum Mittagessen bei Tisch zu sitzen oder nach dem Spielen aufzuräumen (> Kindergarten, Seite 618).

Die Fähigkeit, sich in eine Gruppe einzufügen, erleichtert Kindern den Schulstart. Schon deshalb sollten Kinder, die keine Gelegenheit hatten, in einen Kindergarten zu gehen, in den letzten Monaten vor dem Schulbesuch möglichst oft mit Gleichaltrigen zusammenkommen.

Selbständigkeit lernen

Von Schulkindern wird ein gewisses Maß an Selbständigkeit und Verantwortungsgefühl erwartet. LehrerInnen haben wenig Freude, wenn sie nach der Turnstunde der halben Klasse beim Anziehen helfen müssen, und sie können nach dem Unterricht nicht bei jedem Schüler und jeder Schülerin kontrollieren, ob sie alle Sachen, die sie daheim für die Aufgaben brauchen, mitgenommen haben.

Die Fähigkeit, einen Teil des Alltags selbst zu organisieren, lernen Kinder nicht von heute auf morgen. Kinder, deren Eltern ihnen jeden Handgriff abnehmen, sie ständig bevormunden und sehr behüten, werden in der Schule größere Schwierigkeiten haben als freiere Kinder. Kinder, die es gewohnt sind, selbst zu entscheiden, was sie anziehen, wann sie essen, wie sie ihre Freizeit verbringen wollen, haben gelernt, den eigenen Fähigkeiten zu vertrauen, und sind imstande, zu planen und zu organisieren.

Schulsachen kaufen

Wer in der ersten Schuleuphorie sofort einkaufen geht, strapaziert den Geldbeutel oft unnötig. Die meisten LehrerInnen haben sehr klare Vorstellungen davon, welches Material sie mit ihren SchülerInnen verwenden wollen. Es sollte ihnen überlassen bleiben, welche Hefte, Einbände und Stifte die Kinder verwenden.

Wenn LehrerInnen das benötigte Material nicht ohnehin für die ganze Klasse besorgen, sollten Eltern unbedingt auf Qualität bestehen. Scheren, die nicht schneiden, Buntstifte, die immerfort abbrechen, oder Tuschkästen, deren Farben nicht richtig decken, können Kindern rasch die Lust am Arbeiten verleiden. Billigprodukte, die zu Schulbeginn immer wieder auftauchen, sind oft unbrauchbar.

Inzwischen gibt es auch eine Menge umweltverträglicher Erzeugnisse: Hefte und Blöcke aus Altpapier, unlackierte Stifte, Radiergummis aus Kautschuk, Holzlineal, Filzschreiber ohne Formaldehyd, Umschläge, Einbände und Ordner aus Papier und Pappe.

Schultasche

Kinder schleppen viel zuviel, oft bis zu einem Drittel ihres Körpergewichts. Dabei sollte der Schulranzen maximal ein Zwölftel ihres Gewichts ausmachen. Am besten geeignet sind leichte, aber stabile Taschen mit verstellbaren, gepolsterten Tragriemen, die das Kind bequem auf dem Rücken tragen kann. Solche Tornister belasten das Rückgrat gleichmäßig; Umhängetaschen oder Aktentaschen ziehen hingegen eine Körperseite nach unten. Ein weiterer Vorteil: Das Kind hat die Hände frei und kann sich, wenn es stürzt, besser abfangen.

Bunte Schultaschen mit Leuchtfarben und reflektierendem Material machen nicht nur den Kleinen Spaß, sie sind auch aus Gründen der Verkehrssicherheit empfehlenswert. Seit 1991 entsprechen sie der Sicherheitsnorm DIN 58 124.

DAS ERSTE SCHULJAHR

»Kulturtechniken« nennen Fachleute das, was die Kinder in den ersten Schuljahren lernen müssen: Schreiben, Lesen, Rechnen. Dabei ist es für sie eine ungeheure Leistung, die konkreten Dinge, die sie hören, sehen und anfassen, in den merkwürdig geformten Kringeln wiederzuerkennen und schließlich auch damit auszudrücken, die die Großen »Buchstaben« und »Zahlen« nennen.

Schreiben lernen

Bei den ersten Schreibversuchen sind die Abc-Schützen in erster Linie auf ihr Gehör angewiesen. Sie schreiben spiln statt spielen. Ein ch fühlt sich hinten in ihrem Rachen so an wie ein r. Sie bringen Nart statt Nacht zu Papier – und finden das in Ordnung.

Für die Eltern sollte es das ebenfalls sein. Befürchtungen, das Kind könnte LegasthenikerIn (> Lese- und Rechtschreibschwierigkeiten, Seite 665) sein und werde sein ganzes Leben lang kein fehlerfreies Deutsch schreiben können, sind meist unbegründet. Schreiben lernen heißt für Kinder experimentieren. Sie schreiben einmal Esl, ein anderes mal Essel, dann Esel. Das sind keine Schwächen, die mit gezielten Übungen ausgemerzt werden müssen, sondern ein Zeichen, daß es dem Kind Freude macht zu erproben, wie sich Sprache in Schrift übersetzen läßt. Mit Rechtschreibregeln können die meisten Kinder erst gegen Ende der ersten oder zu Beginn der zweiten Klasse etwas anfangen. Bis dahin haben es die meisten geschafft, ihre optischen und motorischen Fähigkeiten so weit abzustimmen, daß sie beim Lesen erkennen können, was sie beim Schreiben falsch gemacht haben. Irgendwann schaut der »Essel« einfach falsch aus.

Eltern brauchen daher keine Rotstifte –

korrigiert werden die Arbeiten ohnehin in der Schule. Zu Hause soll das Kind schreiben dürfen, wie und was es will. Wenn der Brief an die Mama vor Fehlern nur so strotzt, sollte trotzdem Freude die vorherrschende Reaktion sein – darüber, daß die Tochter oder der Sohn geschrieben hat. Das Kind freut sich, wenn es für seine Bemühungen gelobt wird, und es ist stolz, wenn die Eltern alles entziffern können.

Lesen lernen

Die in der Schule gelernten Buchstaben nachzumalen ist eine Sache – sie in einem Buch wiederzuerkennen und vorzulesen, ist eine andere. Kinder müssen erst lernen, den Symbolen die richtigen Laute zuzuordnen. Solange sie noch damit beschäftigt sind, Buchstabe für Buchstabe zu entziffern, fällt es schwer, zusammenhängend ganze Wörter zu lesen. Sie lesen »Z« – »Ohhhh« – »Ohh«, ohne dabei den »Zoo« zu erkennen.

Die einzelnen Buchstaben auseinanderzuhalten ist für die Kleinen eine beachtliche Leistung. Für sie sehen p und q, b und d, u und n zunächst völlig gleich aus, weil sich die Symbole nur durch ihre Stellung im Raum unterscheiden. Der Henkel einer Kaffetasse ist für sie schließlich immer ein Henkel – egal, ob er links oder rechts von der Tasse sitzt.

Kinder erleben bei den ersten Leseversuchen oft ihre blauen Wunder. In ihrer Phantasie ist das Wort »Kuh« länger und größer als »Regenwurm«, weil eine Kuh eben größer ist als ein Wurm. Sie müssen erst lernen, daß geschriebene Wörter willkürliche Symbole sind.

Eltern unterstützen ihre Kinder bei den ersten Leseversuchen am besten dadurch, daß sie ihnen Zeit lassen, wenn sie versuchen, Straßenschilder, Aufschriften oder Plakate zu entziffern. Wenn die Erwachsenen das schwer verständliche »L« – »Ehh« – »G« – »Ohh« am Ende der Buchstabierversuche als »Lego« vorlesen, lernen die Kleinen meist rasch, zusammenhängend zu lesen. Zu Hause kann man das Interesse an den Buchstaben am besten durch gemeinsames Lesen fördern. Bücher für LeseanfängerInnen haben kurze Texte und werden nicht so schnell langweilig, Comics begeistern Kinder ohnehin. Man kann sie auch mit verteilten Rollen lesen.

Rechnen lernen

Ziffern sind für Kinder abstrakte Symbole, mit denen sie zunächst keine Mengenvorstellungen verbinden. Sie sehen, daß fünf Spielzeugautos mehr sind als drei, aber sie erkennen nicht, daß die Zahl eine Million höher ist als die Zahl sieben. Um Relationen herstellen zu können, müssen die Kleinen den Zahlen immer konkrete Gegenstände zuordnen können. Am deutlichsten wird das, wenn Kinder ihre Finger abzählen und so erkennen, daß zwei plus drei fünf ist.

Rechnen lernen Kinder am besten, indem sie den Operationen konkrete Handlungen zuordnen. Wenn sie die ersten Rechenaufgaben lösen, indem sie nachzählen, wieviel Spielzeugautos übrigbleiben, wenn vier von neun weggenommen werden, sollten Eltern die Spielsachen deshalb nicht vom Schreibtisch verbannen. Erst wenn sich das Kind in einem bestimmten Zahlenraum souverän bewegen gelernt hat, werden sich die Rechenvorgänge automatisieren, und es wird die Finger weglassen. Das kann auch bis ins dritte Schuljahr hinein dauern.

Erste Schwierigkeiten

Die Statistik zeigt, daß etwa jedes sechste Kind zu Beginn seiner Schulkarriere Mißerfolge hat. In der Bundesrepublik werden etwa acht Prozent der schulpflichtigen Kinder vom Schulbesuch zurückgestellt. Etwa zwei Prozent werden während der ersten beiden Klassen in Sonderschulen überstellt. Ein Teil der Kinder muß bereits die erste oder zweite Klasse wiederholen.

LINKSHÄNDER-INNEN

Kinder, die mit der linken Hand arbeiten, wurden bis vor kurzem regelmäßig umtrainiert. Mit der »falschen« Hand zu schreiben – so viel Abweichung von der Norm konnte das herkömmliche Schulsystem nicht einfach hinnehmen.

Diese Methode war nicht nur brachial, sie war auch unsinnig, denn die Händigkeit eines Menschen ist in seinem Gehirn fixiert. Bei RechtshänderInnen steuert die linke Gehirnhälfte die Bewegung der rechten Hand, bei linkshändigen Menschen ist es umgekehrt.

Kinder, die umtrainiert werden, müssen sich regelmäßig beim Schreiben ihrer »falschen« Gehirnhälfte bedienen und sind so ihren KlassenkameradInnen gegenüber benachteiligt.

Daß Kinder, die schon zu Hause auf die Verwendung der rechten Hand umdressiert wurden, in der Schule oft besonders schlechte Schreib- und Zeichenleistungen erbringen, ist daher logisch: Sie müssen mit der »unterentwickelten« rechten Hand arbeiten, während die leistungsstärke und besser entwickelte Linke untätig bleiben muß.

Bei den ersten Schreibversuchen kommen LinkshänderInnen manchmal ein wenig langsamer voran als ihre KollegInnen: Wer mit der linken Hand schreibt, verdeckt automatisch die schon ausgeführten Buchstaben und kommt leichter aus dem Takt. Mit zunehmender Routine verschwinden diese Unterschiede aber gänzlich.

Für Kinder kann ein mißglückter Schulstart einen starken Einbruch ihres Selbstvertrauens, ihrer Lernfreude und ihrer positiven Einstellung zur Schule bedeuten.

In so einer Situation sind die Kleinen besonders auf die Hilfe der Eltern angewiesen. Zuviel elterlicher Ehrgeiz und Enttäuschungen werden beim Kind Schuldgefühle und Versagensängste auslösen.

Schulangst

Es gibt wohl kaum ein Kind, das die Schule völlig angstfrei erlebt. Das große Gebäude, die langen Gänge, der seltsame Geruch, das große Klassenzimmer, der fremde Lehrer, die strenge Direktorin – all das kann gewaltig verunsichern.

Meistens sind diese Eingewöhnungsschwierigkeiten rasch überwunden. Die Kinder schmücken ihr Klassenzimmer mit den ersten Bildern und Bastelarbeiten aus, lernen LehrerInnen als Menschen kennen, mit denen sie auch spielen können, und das Schulgebäude verliert seine Schrecken, wenn die Kleinen in der Pause alle Winkel und Ecken erforscht haben.

Wenn das flaue Gefühl im Magen auch nach ein paar Wochen nicht verschwinden will, hat die Schulangst meist andere Ursachen. Schule wird unheimlich, wenn die Erwachsenen ständig vom »Ernst des Lebens« erzählen, der nun beginnen soll. Und ein Kind spürt, ob die Eltern Erwartungen mit der Schule verbinden, die es nicht oder noch nicht erfüllen kann. Wenn sie an den ersten Zeilen des Sprößlings nur herummäkeln, ihrer Meinung nach die Hefte nie ordentlich genug geführt sind und sie die Schule allzusehr in den Mittelpunkt des Lebens rücken, fühlen sich Kinder zwangsläufig überfordert (> Kinder sind nicht nur SchülerInnen, Seite 650).

Auch Geschwister oder FreundInnen können ein negatives Bild von der Schule prägen. Wenn ein Erstkläßler ständig hört, wie abfällig der ältere Bruder von der Schule spricht, er ihn heulend über den nicht enden wollenden Aufgaben sieht oder miterlebt, wie streng die Eltern die Schwester wegen ihrer schlechten Noten behandeln, wird er die eigene Schulkarriere mit gemischten Gefühlen beginnen.

Angst vor MitschülerInnen

Eine Klassengemeinschaft ist eine komplizierte Sache. Schon in der ersten Klasse der Grundschule beobachten LehrerInnen gruppendynamische Verhältnisse, von denen Eltern meinen, so etwas gäbe es nur im Arbeitsleben. Da gibt es immer einen, der stärker sein will als die anderen, Gruppen, die miteinander konkurrieren, und den Liebling der Lehrerin, auf den alle anderen neidisch sind.

Für SchulanfängerInnen kann das eine sehr große Belastung bedeuten (> Streß für Kinder, Seite 716). Sie müssen erst Freundschaften schließen und sich einen Platz in der Gemeinschaft erobern. Es tut weh, nicht zur führenden Clique zu gehören, und es macht angst, wenn ihr Anführer in jeder Pause zu stänkern anfängt.

Solange es bei Drohgebärden und harmlosen Schubsereien bleibt, sollten sich die Eltern lieber nicht einmischen. Die Kleinen müssen lernen, ihre Position in der Gemeinschaft zu finden. Eltern, die

---

WAS LRS NICHT SIND

Nach dem heutigem Wissensstand sind Lese- und Rechtschreibschwierigkeiten

- kein Problem, das überwiegend LinkshänderInnen haben.
- keine Wahrnehmungsstörungen.
- kein Ergebnis eines bestimmten Leselernverfahrens.
- keine Frage der Intelligenz.
- keine Krankheit.

LESE- UND RECHTSCHREIB- SCHWIERIGKEITEN

Früher wurden Schwierigkeiten beim Lesen- und Schreibenlernen mit »Legasthenie«, »Psycho-Organischem-Syndrom« oder »Dyslexie« bezeichnet. Heute hat sich der Begriff »Lese- und Rechtschreibschwäche« (LRS) durchgesetzt.

Schon die Fülle an Bezeichnungen läßt erahnen, daß selbst in Expertenkreisen immer noch Unklarheit über Ursache und Begleitumstände von massiven Schreib- und Leseschwierigkeiten herrscht.

Nicht einmal über die Symptome, mit denen sie sich bemerkbar machen, sind sich die Fachleute völlig einig.

Allerdings gibt es einige Anzeichen, die bei Kindern mit LRS häufig zu beobachten sind:

● Beim Lesenlernen erkennen sie häufig geübte, schon bekannt gewesene Buchstaben nicht wieder.

● Am Ende der ersten Klasse gelingt es immer noch nicht, bekannte und oft geübte Wörter des Grundwortschatzes zu lesen oder zu schreiben.

● Ein typischer Fehler beim Schreiben ist die falsche Buchstabenfolge, etwa »udn« oder »nud« statt »und«.

● Beim Lesen machen sie deutlich mehr Fehler, als bei Gleichaltrigen zu beobachten sind.

● Beim Schreiben benutzen sie im Vergleich zum mündlichen Wortschatz deutlich weniger Worte.

● Kinder mit LRS vermeiden Lesen und Schreiben, sooft es nur geht, oder verweigern beides total.

Früher meinten ForscherInnen, daß Kinder, die beim Lesen- oder Schreibenlernen größere Probleme hatten, an organischen Defekten litten. Legasthenie, so die Schlußfolgerung, sei ein unabänderliches Schicksal, eine Folge nicht behebbarer organischer Schwächen.

Vereinzelt können Probleme beim Lesen oder Schreiben natürlich auch organische Ursachen haben: Wenn ein Kind nicht gut sieht oder hört, kann es Buchstaben nur mit Mühe den dazugehörigen Lauten zuordnen. Als Folge dieser Unsicherheit wird das Kind eher raten als lesen, sein Lesetempo ist entsprechend langsam.

In der großen Mehrzahl der Fälle, so vermuten ExpertInnen heute, ist massive LRS nichts anderes als eine überwiegend harmlose Entwicklungsverzögerung (> Teilleistungsschwächen, Seite 352). Jedes Kind lernt unterschiedlich und unterschiedlich schnell. Auf jeder Stufe des Lesen- oder Schreibenlernens treten bei allen Kindern charakteristische Fehler auf. Typisch für LRS-Kinder ist, daß sie länger auf den ersten Stufen verharren und langsamer Fortschritte machen als andere.

Wenn sie die notwendige Zeit nicht bekommen, beginnt ein Teufelskreis: Ihre Leistungen fallen hinter die der KlassenkollegInnen zurück, die Anforderungen steigen weiter, und irgendwann stellen sich überhaupt keine Erfolgserlebnisse mehr ein.

Kinder, bei denen sich die Schwierigkeiten verfestigen, leiden vielfach unter dramatischen seelischen Problemen. Wenn verständnislose LehrerInnen das Kind immer mehr unter Druck setzen, wenn es von MitschülerInnen verspottet und von ehrgeizigen Eltern zu Höchstleistungen angetrieben wird, flüchten sich solche Kinder in körperliche Krankheit, Depression oder totale Verweigerung.

Wird bei einem Kind LRS beobachtet, sollten immer speziel geschulte Kinder- oder SchulpsychologInnen aufgesucht werden.

KONZENTRIEREN

Selbstgewählten Aufgaben und Spielen können sich Kinder oft stundenlang hingeben. Bei Schreib- oder Rechenaufgaben verfliegt ihre Konzentration dagegen meist rasch. Wie lange sich Kinder auf fremdbestimmte Aufgaben konzentrieren können, überschätzen die meisten Erwachsenen erheblich. Als Richtwerte gelten:

5 bis 7 Jahre	bis zu 15 Minuten
7 bis 10 Jahre	bis zu 30 Minuten
10 bis 14 Jahre	bis zu 40 Minuten
ab 14 Jahre	bis zu 60 Minuten

Wenn Kinder tatsächlich Schwierigkeiten haben, sich länger als ein paar Minuten mit einer Sache zu beschäftigen, kann das auch mit den Lebensumständen zusammenhängen.

● Ist ein Kind überfordert, weil ein zu großer Teil seiner Freizeit mit verpflichtenden Freizeitprogrammen wie Sport, Tanzen oder Musikunterricht verplant ist? (> Kinder brauchen Zeit, Seite 436)

● Ist es mit Fernsehen, Computerspielen und Video übersättigt? (> Medien, Seite 480)

● Besondere Unruhe können die Reaktion auf Änderungen innerhalb der Familie sein (Scheidung, Seite 88), (Wütende Liebe, Seite 83).

● Spiele wie etwa Halma oder Mikado können die Konzentrationsfähigkeit und die Aufmerksamkeit des Kindes fördern.

● Medikamente sind kein Weg, die Konzentrationsfähigkeit zu verbessern. Gesunde SchülerInnen brauchen weder Doping noch Beruhigungsmittel.

mit drohendem Zeigefinder auf dem Schulhof auftauchen, verschlimmern die Situation meist noch. Gespräche mit LehrerInnen helfen da schon eher: Sie können im Unterricht auf die Schwierigkeiten eingehen. Besonders bei den Kleinen macht es noch enormen Eindruck, wenn sich LehrerInnen der Schwächeren annehmen (> Schwierige SchülerInnen, Seite 668).

Die schwerste Übung: Stillsitzen

Für viele Erwachsene gilt ein Kind bereits dann als unkonzentriert, wenn es sich nicht längere Zeit mit einer Sache beschäftigen kann, wenn es träumt oder trödelt, unaufmerksam ist, oberflächlich arbeitet oder seinen Bewegungsdrang nicht bremsen kann.

Für Kinder zwischen fünf und sieben Jahren bedeutet es jedoch bereits eine große Anstrengung, sich 15 bis 20 Minuten auf dieselbe Sache zu konzentrieren.

LehrerInnen, die den ganzen Vormittag damit beschäftigt sind, die Kleinen ruhig auf ihren Stühlen zu halten, haben oft vorschnell Urteile und Diagnosen parat: Sie sprechen von Konzentrationsstörungen und Hyperaktivtität (> Problemkinder, Seite 348), wenn ein besonders lebhaftes Kind ihnen das Unterrichten schwermacht.

Bevor Eltern ihr Kind zu Ärztin oder Arzt beordern, sollten sie erst überprüfen, wie sich das Kind in anderen Situationen verhält. Meist stellt sich dann heraus, daß das Kind durchaus in der Lage ist, sich konzentriert mit einer Sache zu beschäftigen, solange sie nur interessant genug ist. Ein Kind, das 20 Minuten zeichnet, mit Eifer an der Legoburg baut oder eine Stunde lang gebannt den Geschehnissen auf dem TV-Bildschirm folgen kann, hat kaum ernsthafte Konzentrationsstörungen.

Treten die Probleme nur im Zusammenhang mit der Schule auf, sollte Eltern klären, ob es MitschülerInnen des Kindes auch so geht. Denn sehr oft sind »Konzentrationsschwächen« nichts anderes als die verständliche Reaktion auf einen langweiligen Unterricht.

Die ersten schlechten Noten

Auch wenn es in den meisten Grundschulen noch keine Noten gibt: Die Leistung wird trotzdem beurteilt. LehererInnen malen Sterne und Haken unter die ersten Zeilen, vergeben Gesichter mit lachendem oder traurig verzogenem Mund und bringen so Anerkennung oder Mißfallen zum Ausdruck.

Wie sinnvoll solche Zensuren schon bei Abc-Schützen sind, ist fraglich: Alle AnfängerInnen finden ihre Buchstaben schön. Egal, ob der Strich auf dem T gerade ist oder eine Wellenlinie, egal, ob der i-Punkt wirklich ein Punkt ist oder ein Kreis. Alles, was Kinder in dieser Phase brauchen, ist Ermunterung – wenn sie mit Freude und Begeisterung weitermachen, werden die Striche früher oder später von allein gerade.

Ein weinender Clown unter den ersten Werken aber signalisiert »Da ist jemand traurig«, »Ich mache ihn traurig, weil ich alles falsch mache«. Was könnte die Freude über die neuen Fähigkeiten nachhaltiger verderben? Die Enttäuschung ist auch deshalb so groß, weil die Zensuren nur zeigen, daß der oder die LehrerIn unzufrieden ist; sie sagen jedoch nichts darüber, was das Kind falsch gemacht hat oder wie es die Aufgabe beim nächsten Mal besser machen könnte.

Ganz fatal können sich Botschaften auswirken, die LehrerInnen unter die Arbeiten setzen: Sie schreiben »Du mußt Dich mehr anstrengen« oder »Ordentlicher arbeiten« unter die Hausübung – obwohl die SchulanfängerInnen gerade zwei Buchstaben lesen können. Wenn die Eltern diese Anmerkungen der LehrerInnen dann zu Hause verlesen, erscheinen sie dem Kind zudem noch als Botschaften der Eltern.

Nicht alle LehrerInnen verteilen Noten, weil sie ihre Lust an der Zensur nicht unterdrücken können. Oft nehmen sie an, die Eltern würden genau das erwarten. Wird das Thema bei einem der ersten Elternabende angesprochen, stellt sich vielleicht heraus, daß auch die Mehrheit der Eltern gut ohne Zensuren leben kann.

Wenn nicht, liegt es an den Eltern, allzu große Enttäuschungen aufzufangen. Wenn sie die Schulhefte durchsehen, können sie das Urteil der LehrerInnen zumindest relativieren. Der traurige Clown wird dem Kind weniger Kummer bereiten, wenn es merkt, daß wenigstens die Eltern die Leistung loben und das Erreichte toll finden.

SCHULALLTAG

Der Wechsel von der Grundschule in die weiterführende Schule ist für fast alle Kinder schwer. Die Schule dauert länger, der Schulweg meist auch, die LehrerInnen, an die sie gewöhnt waren und zu denen sie Vertrauen hatten, sind weg. Dafür gibt es plötzlich jede Stunde eine andere Lehrkraft und Fächer, von denen sie noch nie gehört haben. Die Hausaufgaben werden mehr, und die KlassenkameradInnen, die früher vielleicht zum Aufgabenmachen und gemeinsamen Lernen gekommen sind, gehen jetzt in eine andere Schule.

In der Grundschule gab es immer nur Einser und Zweier, plötzlich reicht es gerade für eine Vier. Eltern, die darauf panisch reagieren, werden das Kind noch stärker verunsichern. Wer zusätzliche Nachhilfestunden zu Hause einschiebt, Fernsehverbot erteilt oder die gewohnte Gitarrestunde absagt, damit mehr Zeit zum Lernen bleibt, verdirbt garantiert die Lust am Lernen.

Schlechte Noten sollten für Eltern vielmehr Anlaß sein, über ihre eigenen Erwartungen nachzudenken. Der Wechsel aufs Gymnasium macht aus Elfjährigen noch keine kleinen Erwachsenen. Zudem fällt er in eine Zeit, in der für Kinder gerade eine ohnehin schwierige Entwicklungsphase beginnt (> Die reifen Schulkinder, Seite 277). Die neue Schule macht angst. Deshalb ist es wichtig, daß sich die Kleinen wenigstens zu Hause sicher fühlen und spüren, daß nicht nur die Leistung zählt. Wer von Kindern mehr erwartet, als sie leisten können, darf sich nicht wundern, wenn die Schulprobleme immer intensiver werden (> Orientierungsstufe, Seite 682).

Schwierige SchülerInnen

Klassenkasper, Störenfried, aggressiver Rowdy. LehrerInnen haben oft schnell Etiketten für sogenannte »Problemkinder« zur Hand. In der Tat sind die PädagogInnen um ihre Aufgabe nicht zu beneiden. Immer mehr Kinder, so ihre Klage, zeigen »Verhaltensauffälligkeiten«, die den täglichen Unterricht in der Klasse zum Streßjob machen.

Eltern, die mit solchen Klagen konfrontiert werden, sind allerdings gut beraten, sich das angeblich problematische Verhalten ihres Kindes sehr genau schildern zu lassen. Gerade Kinder, die es gewohnt sind, zu widersprechen, nachzufragen und sich mit bestimmten Dingen nicht ohne weiteres abzufinden, werden in einem autoritären Klima schnell zu Problemfällen abgestempelt.

Alle Irritationen der PädagogInnen lassen sich damit freilich nicht erklären. Wenn Kinder tatsächlich ständig den Unterricht stören, keine Minute stillsitzen wollen, sich in den Pausen unentwegt mit MitschülerInnen prügeln, sollte das für Eltern und LehrerInnen ein Signal zum Nachdenken sein. Mit solchen »Verhaltensauffälligkeiten« machen Kinder immer auf gröbere Probleme aufmerksam, mit denen sie allein nicht zurecht kommen; sie bitten Erwachsene auf diese Weise um Hilfe.

Klassenkasper und Störenfried

Kinder, die mit ihren Clownerien ständig den Unterricht stören, LehrerInnen mit frechen Antworten reizen oder sich fortwährend laut mit den SitznachbarInnen unterhalten, wollen vor allem eines: Aufmerksamkeit auf sich lenken. Die meisten suchen auf diesem Weg Anerkennung, die ihnen sonst zu Hause oder in der Schule vorenthalten bleibt. Oft dienen die Machtkämpfe mit den LehrerInnen auch dazu, innerhalb der Klassengemeinschaft eine angesehene Position zu erobern. Wer zu LehrerInnen frech ist, Antworten verweigert oder Ermahnungen ignoriert, traut sich was und wird von MitschülerInnen gerade deshalb geschätzt und anerkannt.

Mit Strenge ist solchen Schwierigkeiten nicht beizukommen. Etliche Untersuchungen haben gezeigt, daß vor allem solche Kinder, die in sehr disziplinbewußten Familien aufwachsen, den größeren Freiraum in der Schule nutzen und sich dann – vorzugsweise bei großzügigen LehrerInnen – austoben.

Stille und Schüchterne

Kinder, die in der Schule still in ihren Bänken sitzen, machen LehrerInnen keine Schwierigkeiten und gelten deshalb nur bei aufmerksamen PädagogInnen als »ProblemschülerInnen«.

Die Ursachen für ein besonders zurückgezogenes Verhalten können ebenso in der Familie wie in der Schule liegen. Ein Kind, das zu Hause nie um seine Meinung gefragt und von den Eltern ständig bevormundet wird, wird sich auch in der Schule kaum ungefragt zu Wort melden. Kinder, die von LehrerInnen bloßgestellt oder von MitschülerInnen verlacht und verspottet werden, ziehen sich ganz bewußt in ihr »Schneckenhaus« zurück.

Bei Gesprächen mit LehrerInnen sollten sich Eltern daher nicht mit der Antwort »Alles in Ordnung« zufriedengeben, sondern gezielt nachfragen, wie sich das Kind im Unterricht verhält, ob es mitarbeitet, Fragen stellt und sich traut, Antworten zu geben.

Leistungsverweigerer

Wenn Kinder die Mitarbeit in der Schule total einstellen, keine Hausaufgaben mehr machen und sich für Klassenarbeiten nicht mehr vorbereiten, ist das sehr oft ein Zeichen von Überforderung. Sie spüren, daß sie den Anforderungen der Eltern und/oder der LehrerInnen nicht gewachsen sind, halten es für sinnlos, noch viel Aufwand in die ohnehin »verlorene Sache« zu investieren, lassen in ihren Leistungen immer mehr nach, geraten unter noch größeren Druck, weil die Wissenslücken immer größer werden, und resignieren schließlich völlig.

Wenn sich erste Anzeichen von Leistungsverweigerung zeigen, sollten Eltern, am besten gemeinsam mit den Lehrkräften, nach den Ursachen suchen.

Hausaufgaben

Wenn die Schule aus ist, ist sie für die meisten Kinder noch lange nicht vorbei. Schon GrundschülerInnen sitzen am Nachmittag stundenlang über ihren Hausaufgaben. In den weiterführenden Schulen wird es meist noch schlimmer (> Kinder brauchen Zeit, Seite 436).

Kinder sind damit ganz klar überfordert. Mit gutem Grund legen die Kultusministerien der meisten Bundesländer in ihren Erlassen für die Hausaufgaben eine Obergrenze von 30 Minuten fest, in denen die Hausaufgaben zu bewältigen sein müssen.

Wenn Kinder immer länger über ihren Arbeiten sitzen oder merkliche Schwierigkeiten haben, sie zu bewältigen, sollten Eltern handeln. Wer Kontakt mit anderen Familien sucht, stellt zumeist fest, daß auch andere Kinder kaum mehr zum Spielen kommen. Ein gemeinsamer Vorstoß am nächsten Elternabend wird auch den LehrerInnen das Problem klarmachen.

Wenn Interventionen nichts nutzen, sollten Eltern gerade in diesem Punkt auch radikalere Maßnahmen nicht scheuen. Wenn GrundschülerInnen länger als eine oder ältere Kinder länger als zwei Stunden über ihren Hausaufgaben sitzen, sollen sie aufhören dürfen. Eine Nachricht der Eltern, daß dies in ihrem Sinn geschehen sei, bringt uneinsichtige LehrerInnen unter Zugzwang. Wenn die ElternvertreterInnen außerdem bei der Schulleitung vorsprechen, sollte das Problem damit endgültig aus der Welt zu schaffen sein.

ERTRÄGLICHE HAUSAUFGABEN

- Ein üppiges Mittagsmahl schlägt auf den Magen und macht den Kopf schwer, weil zu viel Energie zum Verdauen gebraucht wird. Eine leichte Mahlzeit mindert dagegen das Leistungstief am frühen Nachmittag.
- Eine halbe Stunde Mittagspause ist das Minimum. Kinder, die nach der Schule ein wenig spielen, malen oder Musik hören können, werden bei den Aufgaben weniger Probleme haben.
- Je schwerer der Schulalltag, desto länger sollten die Pausen sein. 14jährige, die sechs Stunden Unterricht und vielleicht einen anstrengenden Schulweg haben, brauchen mehr Erholung als GrundschülerInnen.
- Leichtere Aufgaben sollten zuerst gemacht werden, schwierige Übungen erst nach einer längeren Erholungsphase.
- Zwei Tageszeiten sollten grundsätzlich aufgabenfrei sein: der spätere Abend und der frühe Morgen vor Schulbeginn. Arbeit bis zum Schlafengehen stört die Nachtruhe, zusätzliche Hektik in der Frühe macht den Vormittag in der Schule unerträglich.

Hilft das jedoch alles nichts, halten fast alle ExpertInnen einen Klassen- oder gar Schulwechsel für das kleinere Übel.

Erst das Vergnügen, dann die Arbeit

Wie Erwachsene auch, haben Kinder zwischen 12 und 15 Uhr ein Leistungstief. Sie müssen ihre Aufgaben deshalb nicht gleich nach Schulschluß erledigen.

Vier bis sechs Stunden Unterricht, die Fülle an Zahlen, Daten und Fakten – es braucht seine Zeit, bis das verdaut ist. Müde Kinder benötigen für ihre Aufgaben deutlich mehr Zeit, und sie haben weniger davon. Sinnvolle Aufgaben sollen das Erlernte wiederholen und vertiefen. Beides geht mit ein wenig Abstand leichter.

Kinder spüren selbst am besten, wann sie Erholung brauchen und wann sie sich wieder an die Arbeit machen können. Wenn sich SchülerInnen gleich nach dem Mittagessen freiwillig hinsetzen und eifrig an einem Aufsatz schreiben, hilft ihnen die Motivation, das Leistungstief zu überdecken. Wenn andere lieber bis vier Uhr spielen, wird ihnen die Aufgabe leichter von der Hand gehen. Solange Kinder keine Schwierigkeiten beim Lernen haben, sollten sie ihre Arbeitszeiten selbst bestimmen können (> Erträgliche Hausaufgaben, Seite 669).

Hilfe zur Selbsthilfe

Hausaufgaben sollen Orientierung bieten: den Kindern, den Eltern und vor allem den LehrerInnen. Nur wenn sie sehen, wo die SchülerInnen Schwierigkeiten haben, wo sie allein nicht weiterkommen, können sie gezielt wiederholen und Wissenslücken füllen.

Und Hausaufgaben sollen die Selbständigkeit fördern. In der Schule bekommen Kinder den Lehrstoff meist vorgebetet. Zu Hause sollen sie ihn noch einmal in ihrem eigenen Tempo bearbeiten und individuelle Lösungsmöglichkeiten für bestimmte Aufgaben finden.

Deshalb sind Hausaufgaben in erster Linie Kinderarbeit. Eltern, die ihrem Kind beim Aufgabenmachen ständig über die Schulter schauen und sich bei der ersten Hürde sofort einmischen, schaden mehr, als sie helfen: Die Kleinen werden schlechter lernen, Defizite zu erkennen und selbständig daran zu arbeiten. Die Folgen werden sie bei Klassenarbeiten spüren, in denen sie auf sich allein gestellt sind.

Auch auf die Gefahr hin, daß die Hausaufgaben nicht ganz perfekt werden: Eltern müssen lernen, ihr Kind ein Stück weit loszulassen, Verantwortung abzugeben und ihre Kontrolle einzuschränken. Sich bei jeder Kleinigkeit einzumischen, zeigt dem Kind, wie wenig die Eltern von seinen Fähigkeiten halten.

Das heißt nicht, daß sich die Eltern um die Hausaufgaben gar nicht zu kümmern brauchen. Nach einem Schulwechsel (> Seite 501), längerer Krankheit oder momentanen Schwierigkeiten in bestimmten Fächern (> Problemfächer, Seite 677) sind Kinder oft auf elterliche Hilfe angewiesen.

Wenn Kinder darüber hinaus Probleme mit ihren Arbeiten haben, können Eltern Hilfe zur Selbsthilfe bieten. Ein Kind, das aufgefordert wird, seine Schwierigkeiten zu beschreiben, kommt damit oft auch der Lösung ein Stück näher. Der Hinweis auf ein Nachschlagewerk oder Schulbuch zeigt dem Kind, wie es eigenständig Lösungswege finden kann. Wenn diese Denkanstöße nicht genügen, sollte das Kind die Arbeit abbrechen dürfen. Statt der geforderten Aufgabe sollten LehrerInnen dann etwa folgende Nachricht im Hausheft finden: »Mein Kind konnte die Aufgabe nicht machen. Ich habe das Gefühl, daß es sie nicht verstanden hat. Ich bitte Sie, die Aufgabe noch einmal zu erklären.« Viele LehrerInnen sind dankbar, wenn sie auf diese Weise erfahren, an welcher Stelle sie weiterarbeiten sollen.

Gemeinsam geht es leichter

Wenn Kinder aus der Nachbarschaft kommen, können Hausaufgaben zu einer gemeinsamen –

und daher schon wesentlich leichteren – Übung werden. Der eine hat in der Mathestunde besonders gut aufgepaßt und kann das Problem noch einmal erklären. Die andere weiß dafür genau, worauf es bei der nächsten Englischarbeit ankommen wird. Wenn Kinder miteinander Vokabeln pauken, lernen alle etwas dabei.

Kinder orientieren sich beim gemeinsamen Lernen am liebsten an Gleichaltrigen. Sie sehen, wo die anderen stehen, und möchten nicht ins Hintertreffen geraten. Und se lernen lieber und konzentrierter, wenn sie keine Angst zu haben brauchen, daß die SpielkameradInnen zur selben Zeit tolle Abenteuer am Spielplatz erleben, die sie sonst verpassen würden.

Die Not mit den Noten

Für viele Kinder ist der Tag, an dem Klausurergebnisse mitgeteilt oder Zeugnisse ausgeteilt werden, ein Schwarzer Tag, an dessen Ende auch noch der Familiensegen schiefhängt. Er beginnt oft mit abwertenden Kommentaren ungeschickter LehrerInnen: »Wenn du so weitermachst, sehe ich schwarz.« Dann kommt die Angst, das Zeugnis den Eltern zu zeigen, und es gipfelt in allerlei unschönen Szenen zu Hause.

Die Kinder sind in solchen Momenten sehr, sehr einsam. In jedem Fall sollten sich Eltern den Tag, an dem es Zeugnisse gibt, von anderen Verpflichtungen freihalten, um ihren Kindern beispringen zu können, wenn die unter der so vielleicht doch nicht erwarteten Beurteilung zusammenzubrechen drohen. Manchen scheint es an diesem Tag, alle Welt hätte sich gegen sie verschworen. Nicht umsonst haben viele Städte Kindertelefone eingerichtet, und deren Beratungskapazität reicht am Zeugnistag kaum aus. Damit die Eltern ihren Kindern aber helfen können und nicht durch ihr eigenes Verhalten das Leid der Kinder noch vergrößern, sollten sie sich schon möglichst lange vor dem Zeugnis-

UMGANG MIT NOTEN

- Schimpfen und Strafen machen die Noten nicht besser. Kinder zum intensiven Pauken zu verdonnern und Hobbies und Freizeitaktivitäten zu verbieten ist der sicherste Weg, um ihnen auch noch die letzte Freude an der Schule und am Lernen zu nehmen.
- Eine Fünf wird nicht besser, wenn die halbe Klasse eine geschrieben hat, und sie wird nicht schlechter, wenn sie die einzige war.
- Kinder können meist recht gut erklären, wie es zu schlechten Noten gekommen ist und woran es mangelte. Ein ausführliches Gespräch über die Ursachen des schlechten Ergebnisses erleichtert und ist der erste Schritt, um es das nächste Mal besser zu machen.
- Ein Kind, das unter schlechten Noten leidet, empfindet es als Erleichterung, wenn die Eltern gestehen, daß sie in bestimmten Fächern auch schlechte SchülerInnen waren.
- Im Gespräch mit LehrerInnen läßt sich herausfinden, woran es mangelt und wie die Wissenlücken am besten geschlossen werden können.
- Kinder mit schlechten Noten sind besonders liebebedürftig und brauchen verstärkte Zuwendung.
- Wichtig ist, nach einem enttäuschenden Zeugnis nicht ausschließlich negativ oder vorwurfsvoll zu reagieren. Das Kind wird in den vergangenen Monaten auch eine Menge gelernt und in verschiedenen Gebieten Fortschritte gemacht haben. Dafür hat es Lob verdient.

FEHLER BEI HAUSAUFGABEN

Das Kind weiß seine Hausaufgaben nicht mehr

Mögliche Ursachen:
● LehrerInnen stellen die Hausaufgaben unverständlich, und geben keine Gelegenheit für Rückfragen.
● Das Kind ist am Ende der Unterrichtsstunde so erschöpft, daß es die Aufgabe nicht mehr einordnen und nicht richtig verstehen kann.

Mögliche Hilfen:
● Gemeinsam mit dem Kind nachdenken. Beim Durchblättern von Schulbüchern erinnern sich viele wieder an die verlangte Aufgabe.
● Ein Anruf bei MitschülerInnen bringt Klarheit und ist außerdem eine Kontrolle, ob sie ähnliche Probleme haben.
● Ein Anruf bei LehrerInnen ist für diese eine Rückmeldung, daß ihre Art, Aufgaben zu stellen, möglicherweise unzulänglich ist.

Das Kind will nicht alleine arbeiten

Mögliche Ursachen:
● Das Kind hat eine hohe Mißerfolgserwartung und traut sich nicht zu, die Aufgabe allein zu bewältigen.
● Dem Kind fehlen die notwendigen Kenntnisse.
● Das Kind fürchtet, die selbstgemachte Aufgabe könnte den Anforderungen der Eltern nicht genügen.
● Das Kind hat die Erfahrung gemacht, daß sich die Eltern am ehesten für schulische Dinge Zeit nehmen.

Mögliche Hilfen:
● Auch bei mangelhaft gemachten Aufgaben lassen sich Leistungen finden, die ein Lob verdient haben.
● Die Selbständigkeit der Kinder in allen Lebensbereichen fördern und unterstützen.

Das Kind schiebt seine Aufgaben vor sich her

Mögliche Ursachen:
● Zu Mittag haben die meisten Kinder ein Leistungstief.
● Das Kind findet rund um seinen Arbeitsplatz zu viele Ablenkungsmöglichkeiten.
● Das Kind hat wichtigere Probleme. Wenn die erste Liebe zu Ende gegangen ist, interessieren mathematische Kurven die Jugendlichen verständlicherweise wenig.
● Es sind zu viele Aufgaben.
● Das Kind weiß aus Erfahrung, daß die Mutter nach einiger Zeit kommt und bei den Aufgaben hilft..

Mögliche Hilfen:
● Erst nach einer längeren Mittagspause beginnen.
● Klarstellen, daß das Kind sich selbst einen Dienst erweist, wenn es seine Aufgaben zügig erledigt. Das gelingt freilich nur, wenn Kinder über die Zeit nach der Aufgabe auch wirklich selbst verfügen dürfen.
● Wenn die Ursache für das Nicht-anfangen-Können darin liegt, daß dem Kind nötige Kenntnisse fehlen, helfen Gespräche mit LehrerInnen, die Wissenslücken aufzuspüren.

Das Kind braucht überdurchschnittlich lange

Mögliche Ursachen:
● Die LehrerInnen geben zu viele Aufgaben auf.
● Die LehrerInnen stellen schwierige Aufgaben, ohne

die zur Lösung notwendigen Hinweise zu geben.

● Das Kind hat eine Lese-Rechtschreib-Schwäche (> Seite 665), so daß es für alle mit Schreiben verbundenen Aufgaben besonders viel Zeit benötigt.

● Die Eltern stellen zu hohe Ansprüche, so daß das Kind sie besonders sorgfältig machen will.

● Das Kind hat Schwierigkeiten, sich zu konzentrieren.

● Es gibt keinen guten Grund, sich mit den Aufgaben zu beeilen, weil danach keine attraktive Freizeitbeschäftigung, sondern ein langweiliger Flötenkurs, Hausarbeit oder ähnliches auf dem Programm steht.

Mögliche Hilfen:

● Wenn die Aufgaben überhandnehmen, sollten die KlassenlehrerInnen informiert werden.

● Die Gewißheit, daß Kinder nach der Aufgabe selbst bestimmen dürfen, womit sie den Rest des Nachmittags verbringen dürfen, beflügelt.

Das Kind macht seine Aufgaben unordentlich

Mögliche Ursachen:

● Die LehrerInnen legen keinen Wert auf ordentliche Heftführung oder schöne Schrift.

● Das Kind hat zu viele Aufgaben und schreibt sehr schnell, um noch genug Zeit zum Spielen zu haben.

● Das Kind hat eine Sehschwäche.

● Das Kind hat geringfügige motorische Störungen und deshalb Schwierigkeiten, flüssig und gleichmäßig zu schreiben.

● Das Kind hat einen ungünstigen Arbeitsplatz .

● Das Kind ist durch andere Probleme so aus dem Gleichgewicht gebracht, daß alles, was es macht, ebenfalls aus dem Gleichgewicht gerät.

● Die Eltern machen die Ordnungsansprüche Erwachsener oder der eigenen Schulzeit zum Maßstab.

Mögliche Hilfen:

● Unsaubere Arbeiten noch einmal schreiben zu lassen, hat zumeist keinen Sinn: Welchen Grund krakelige Buchstaben auch haben – durch nochmaliges Schreibenmüssen werden sie nicht verschwinden.

● Wenn die LehrerInnen die Hefte in Ordnung finden, sollten Eltern das akzeptieren.

● Eltern, die ihren Kindern eine ordentliche Handschrift beibringen wollen, tun das am besten durch ihr Vorbild.

● »Schönschrift« wird von keinem Lehrplan und von keinem Personalchef mehr verlangt. Gefragt ist eher die Fähigkeit, schriftliche Arbeiten übersichtlich zu gestalten.

Das Kind macht seine Aufgaben gar nicht

Mögliche Ursachen:

● Die Hausaufgaben werden nicht kontrolliert.

● Nicht gemachte Aufgaben ziehen keine ernsthaften Konsequenzen nach sich.

● Es sind so viele Aufgaben, daß das Gefühl, es ohnehin nicht zu schaffen, vom Anfangen abhält.

● Es sind so wenig Aufgaben, daß das Kind glaubt, sie auch in der Schule erledigen zu können.

● Die Aufgaben bieten so wenig Anreiz, daß es schwerfällt, Interesse dafür aufzubringen.

● Das Kind macht seine Aufgaben nicht, um in der Schule aufzufallen.

● Das Kind rebelliert gegen die Wertvorstellungen seiner Eltern. Es weigert sich, »immer schön fleißig« zu sein und Schulleistungen als »das Wichtigste im Leben« anzuerkennen.

Mögliche Hilfen:

● Wenn LehrerInnen die Hausaufgaben nicht wichtig sind, ist es den Kindern nicht zu verdenken, wenn sie dafür nicht auf attraktivere Möglichkeiten der Nachmittagsgestaltung verzichten.

● Im Pubertätsalter kann die Verweigerung von Aufgaben Teil der Rebellion sein. (> Seite 279)

● Kontrollen, Zwang und Strafen helfen so gut wie nie, verschlechtern dafür aber immer die Beziehung zwischen Eltern und Kind.

Zum Weiterlesen
Elternratgeber Hausaufgaben, BRITTA KOHLER, *Beltz Verlag, 1989*

NOTENLOTTERIE

International existieren inzwischen etwa hundert Abhandlungen über die Zufälligkeit von Schulnoten. Wann immer WissenschaftlerInnen überprüften, wie sehr SchülerInnen und Eltern sich auf die Objektivität der Leistungsbeurteilung verlassen können, war das Ergebnis eindeutig.

Eine Berliner Studie ergab, daß dieselbe Mathematikarbeit – also eine Prüfung in einem Fach, wo sich Leistung nach halbwegs objektiven Maßstäben bewerten läßt – bei einem Lehrer mit einer Zwei, bei einem anderen mit einer Vier benotet wurde. Zuvor hatten die ForscherInnen allerdings Einsen, Fünfen und Sechsen eliminiert. Sonst wäre die Streuung wohl noch breiter ausgefallen. Ist ein Text dem Auge der Lehrerin oder des Lehrers gefällig, haben die AutorInnen eine gute Chance auf eine gute Note. Obwohl die PädagogInnen den Auftrag hatten, bei der Beurteilung eines Aufsatzes nicht auf die äußere Form zu achten, zeigen Untersuchungen immer wieder, daß schön geschriebene Arbeiten etwa eine Note besser abschneiden als derselbe Aufsatz in schlampiger äußerer Form.

Tests zeigen immer wieder, daß es Lehrer und Lehrerinnen im Idealfall gelingen kann, innerhalb einer Klasse eine halbwegs gerechte Rangreihe der Noten aufzubauen. Aber SchülerInnen können nicht sicher sein, ob die Beurteilung bei anderen LehrerInnen oder an einer anderen Schule nicht völlig anders wäre. Die Annahme ist durchaus gerechtfertigt, daß SchülerInnen, die bei einem Lehrer oder einer Lehrerin durchfallen, bei anderen noch bestanden hätten.

tag darüber klarwerden, wie relativ Zensuren sind.

● Sie sagen nichts über den Lernfortschritt, sondern beschreiben nur den Istzustand.

● LehrerInnen, die objektiv urteilen, gibt es nicht. Mehr oder weniger fließt die Beziehung zu den einzelnen SchülerInnen in die Note ein, und zwar nach nicht nachvollziehbaren Kriterien. Ein Lehrer kann dazu neigen, schlechte Noten zu geben, weil er ein Kind nicht mag, oder er benotet es schlecht, gerade weil er es besonders gerne hat, sich dessen bewußt ist und es nicht besser behandeln will als andere (> Notenlotterie, Seite 674).

● Noten sagen eher etwas über die Position in der Klasse als über die wirkliche Leistung. Beim Korrigieren der Schularbeitshefte haben viele LehrerInnen so etwas wie eine Normal-Verteilungskurve im Kopf: Ein Viertel ist gut, ein Viertel ist schlecht, zwei Viertel landen im Mittelmaß. Was in einer Klasse nur für eine Vier reicht, hätte in einer anderen vielleicht eine Zwei werden können.

Lernschwierigkeiten

Wenn Kinder stundenlang Vokabeln pauken und die Englischarbeit am nächsten Tag trotzdem Dutzende Fehler aufweist, wenn sie dem Unterricht angestrengt folgen und die Hausaufgaben am Nachmittag trotzdem nicht schaffen, kann das ein Zeichen für sogenannte Lernstörungen sein.

Die Grundsteine für solche Störungen werden nicht selten schon vor Beginn der Schullaufbahn gelegt. Kinder lernen bei allem, was sie tun, und lange bevor sie in die Schule kommen (> Spielen, Seite 440). Der Prozeß des Lernens folgt dabei immer dem gleichen Schema: Kinder probieren Verhaltensweisen und Fertigkeiten aus und überprüfen anschließend die Wirkung ihres Tuns. Die wichtigste Lernmotivation ist Lob. Wenn die Leistungen der Kinder keine Anerkennung finden oder gar Tadel nach sich ziehen, ist ihre Bereitschaft, weiterzulernen, rasch dahin. Wenn die ersten Leseversuche eines Kindes Ermahnungen und Verbesserungen oder besorgte und mißbilligende Mienen provozieren, wird es sich ständig bestraft vorkommen und schließlich glauben: »Ich kann das nicht.«

ExpertInnen haben zwei Grundmuster herausgearbeitet, die sich in den Biographien von Kindern mit Lernschwierigkeiten immer wieder finden lassen.

Zu hohe Anforderungen

Mißerfolgserlebnisse sind geradezu programmiert, wenn Kinder überfordert werden, indem sie immer wieder vor Aufgaben gestellt werden, die sie noch nicht lösen können. SchulanfängerInnen, von denen schon bei den ersten Schreibversuchen tadellose Schönschrift und fehlerfreie Grammatik verlangt werden, müssen zwangsläufig Fehler machen (> Schreiben lernen, Seite 660). Ständige Korrekturen und Ermahnungen helfen den Kleinen nicht weiter, sondern behindern sie eindeutig in ihrem Lernprozeß. Statt sich in aller Ruhe über die Weiterentwicklung der eigenen Fähigkeiten freuen zu können, bescheren ihnen die Einmischungen der Eltern oder LehrerInnen andauernd Mißerfolgserlebnisse. Solche Kinder werden versuchen, das Unangenehme möglichst rasch hinter sich zu bringen, oder sie schalten innerlich ab. Dadurch machen sie noch mehr Fehler, und bald glauben sie selbst an ihre »Unfähigkeit«.

Zu geringe Anforderungen

Daß provozierte Mißerfolge beim Lernen eine Hauptursache von Lernstörungen sind, darf nicht zu dem trügerischen Umkehrschluß verleiten, man müsse den Kleinen jeden Mißerfolg ersparen. Eltern, die immer und sofort helfend einspringen, wenn ihr Kind den nächsten Buchstaben nicht weiß oder beim Lösen einer Mathematikaufgabe Schwierigkeiten hat, bringen das Kleine um eine entscheidende Erfahrung. Es kann nicht lernen, daß Anstrengung, Ausdauer und wiederholtes Probieren zum Ziel führen. Vielmehr signalisiert das Verhalten der Eltern, wie wenig sie von den Fähigkeiten des Kindes halten. Beim Lernen verhalten sich die Kinder dann, wie man es ihnen beigebracht hat: »Wenn es schwierig wird, hör' ich auf und sehe meine Mami an. Die wird mir schon sagen, was ich machen soll.«

Lust aufs Lernen machen

Die beste »Lernhilfe« für Kinder sind Eltern, die täglich vorleben, wie man interessiert auf Unbekanntes zugeht. Der Vater, der dann, wenn er nicht weiterweiß, aufsteht und im Lexikon nachschaut, zeigt, daß auch Erwachsene nicht alles wissen und daß Lernen ein Prozeß ist, der ein ganzes Leben lang dauert. Die Mutter, die beim Essen begeistert über einen interessanten Vortrag, ein gelesenes Buch oder einen aufregenden Film berichtet, weckt Interesse weit über den Schulunterrichtsstoff hinaus.

Kinder finden am Lernen dann Gefallen, wenn sich die Eltern für die gelernten Inhalte und nicht nur für die Zensuren interessieren. Die meisten erzählen mit Begeisterung, was sie schon alles gelernt haben, und genießen es, einmal schlauer als Mama und Papa zu sein. Beinahe alles, was im Klassenzimmer durchgenommen wurde, läßt sich außerdem – ganz ohne Lernatmosphäre – in den Alltag integrieren: Die Mathematikkenntnisse erleichtern es, das Haushaltsbudget aufzustellen, der Geographiestoff hilft, das nächste Urlaubsziel auszuwählen und vorzubreiten, das Physikwissen erklärt, warum die Kartoffeln im Druckkochtopf schneller gar werden, als wenn man sie im herkömmlichen Topf kocht.

Klassenarbeiten

Klassenarbeiten, Prüfungen und Tests sind Streßsituation, in denen auch Kinder versagen können, die alles gelernt haben. Erwachsene erleben das bei Vorstellungsgesprächen oder wichtigen Präsentationen: Die solideste Vorbereitung scheint keine Spuren im Gedächtnis hinterlassen zu haben, kein Satz will wie geplant über die Lippen kommen – und erst, wenn der ganze Spuk vorbei ist, fällt einem alles wieder ein.

Ein möglichst gelassener Umgang mit Noten ist das Wichtigste, was Eltern ihren Kindern in dieser Situation an Unterstützung bieten können. Kinder, die sicher sein können, daß eine verpatzte Klassenarbeit zu Hause kein Drama bedeutet, werden sich weniger verkrampfen, wenn die Aufgaben verteilt werden.

KLASSENARBEITEN OHNE STRESS

● Wer erst in den letzten zwei Tagen vor einer Arbeit zu lernen beginnt, hat meist zu Recht das Gefühl, nicht ausreichend vorbereitet zu sein.

● Bei schriftlichen Arbeiten immer mit der leichtesten Aufgabe beginnen. Das Erfolgserlebnis, das eine gefundene Antwort bereitet, hilft, die übrigen Aufgaben zu lösen.

● Ein gelegentlicher Blick auf die Uhr hilft, die Zeit einzuteilen. Wer für eine Aufgabe partout keinen Lösungsweg findet, tut gut daran, sich anderem zuzuwenden und erst am Ende wieder zur ungelösten Aufgabe zurückzukehren.

● Wenn einem bei mündlichen Prüfungen die Antwort nicht einfallen will, obwohl man genau weiß, den entsprechenden Abschnitt im Lehrbuch genau gelesen zu haben, kann man LehrerInnen bitten, eine andere Frage vorzuziehen.

Nachhilfe

Jahr für Jahr geben Eltern Millionenbeträge für Nachhilfeunterricht aus. Was die Schule nicht leistet, wird zu Hause mit PrivatlehrerInnen nachgeholt.

Das kann sinnvoll sein, wenn akute Schwierigkeiten überwunden werden sollen (> Wann Nachhilfe?, Seite 677). Aber es darf nicht zur Dauereinrichtung werden. Wenn die Kinder jeden Nachmittag, nach vier bis sechs Stunden Unterricht und nach den Hausaufgaben, zusätzlich pauken müssen, sind sie bestimmt überfordert. Außerdem werden sie so eines mit Sicherheit nicht lernen: autonom zu arbeiten und selbständig Lösungswege zu finden.

Nachhilfe kann die Bedeutung eines Themas oder einer Aufgabe in einer längerfristig angelegten Unterrichtsreihe immer nur unzureichend berücksichtigen. Schon allein deshalb sollten die Eltern den Unterricht zu Hause immer mit den LehrerInnen in der Schule absprechen. Sie können am besten entscheiden, ob die Nachhilfe gerade jetzt wirklich notwendig ist; sie wissen genau, was nachgeholt und aufgearbeitet werden muß, und helfen, geeignete KandidatInnen zu vermitteln (> NachhilfelehrerInnen, Seite 678). Nach ein paar Wochen können LehrerInnen auch beurteilen helfen, was der Zusatzunterricht gebracht hat.

Eltern sind meist die schlechtesten NachhilfelehrerInnen. Sie sind emotional zu sehr engagiert und sollten die wenig prestigeträchtige Rolle lieber anderen überlassen.

Ausgebildete PädagogInnen sind meist teurer als Hilfskräfte, beherrschen dafür aber den Lehrstoff und wissen, wie er am besten zu vermitteln ist. Ältere SchülerInnen sind eine billigere und oft ebenso effiziente Alternative. Sie haben den gleichen Stoff vor nicht allzu langer Zeit durchgenommen und vielleicht ähnliche Probleme gehabt. Möglicherweise hatten sie sogar dieselben LehrerInnen und wissen deshalb genau, worauf sie Wert legen. Älteren macht es oft Spaß, ihr Wissen an die Jüngeren weiterzugeben und sich selbst einmal in der LehrerInnenrolle zu erproben.

Problemfächer

Die wenigsten Kinder sind in allen Fächern gleich gut. Die einen tun sich mit Mathematik und Physik leicht und haben dafür in Deutsch und Englisch Schwierigkeiten, die anderen begeistern sich für Geographie und Geschichte, haben aber mit Musik- und Werkunterricht wenig Freude.

Das hängt zum einen mit den verschiedenen LehrerInnen zusammen, die es eben mehr oder weniger gut verstehen, die Kinder für einen Gegenstand zu begeistern und ihr Wissen zu vermitteln. Zum anderen haben Kinder lange vor Schulbeginn prägenden »Unterricht« durch die Eltern genossen.

Wenn Eltern unter den durchschnittlichen bis schlechten Leistungen ihrer Sprößlinge in bestimmten Fächern leiden, sollten sie zunächst ihren eigenen Zugang zu diesen Wissensgebieten überprüfen. Familien, in denen Lesen und Diskussionen zum Alltag gehören, werden Lust am Sprechen und Schreiben wecken; wenn sie regelmäßig Musik hören oder selbst musizieren, wecken sie die Freude an musischen Tätigkeiten; und Eltern, die Wanderungen und Spaziergänge als Expeditionen gestalten, werden Interesse für die naturwissenschaftlichen Fächer wecken.

Schuleschwänzen

Kinder, die die Schule schwänzen, haben immer gute Gründe: Sie haben Angst vor der Klassenarbeit oder ihre Hausaufgaben nicht gemacht; sie rechnen sich aus, daß sie heute zur Prüfung dran sind, oder sie haben die Schule allgemein oder bestimmte LehrerInnen einfach satt.

Wer sein Kind beim Schuleschwänzen ertappt, tut gut daran, das nicht noch zum zusätzlichen Pro-

---

WANN NACHHILFE?

Nur in begründeten Ausnahmen sollte ein Kind zusätzlichen Unterricht erhalten:
- Bei Anfangsschwierigkeiten nach dem Übertritt in eine andere Schulart (> Schulalltag, Seite 667).
- Nach einem Schulwechsel (> Seite 501).
- Nach längerer Krankheit.
- Bei großen Schwierigkeiten in einem einzigen Fach.
- Wenn Grundkenntnisse in einem Fach fehlen und das Kind keine Chance hat, den Anschluß zu finden.
- Bei besonderen Problemen innerhalb der Familie, wie Scheidung (> Scheiden tut weh, Seite 88) oder einem Todesfall (> Leben mit dem Tod, Seite 594).
- Kurz vor Abschlußprüfungen, wenn das Ziel in einem oder wenigen Fächern gefährdet scheint.

Nachhilfe ist nicht sinnvoll:

- Als Dauereinrichtung neben dem normalen Schulunterricht.
- Wenn das Kind noch nicht versucht hat, den Anschluß allein zu finden.
- Als Unterstützung für die Hausaufgaben.
- Um den Unterrichtsstoff »vorzulernen«.
- Wenn der Abschluß in fast allen Fächern gefährdet ist.
- Wenn sich die Lernschwierigkeiten trotz Zusatzunterricht häufen.

NACHHILFE-LEHRERINNEN

Ideale ZusatzlehrerInnen sollen fachlich geschult, methodisch geschickt, geduldig, einfühlsam, verständnisvoll, dabei konsequent, zuverlässig, pünktlich, nie krank und immer erreichbar sein. Mit anderen Worten: Es gibt sie nicht.

Einige Mindestanforderungen sollten die HilfspädagogInnen aber dennoch erfüllen:

● Sie sollten mit den LehrerInnen in der Schule Kontakt haben oder sogar von ihnen empfohlen sein.

● Sie sollten im Umgang mit Schulkindern erfahren sein. Nur so besteht die Chance, die Ursachen für die Lernprobleme herauszufinden.

● Gute NachhilfelehrerInnen müssen Wissenslücken und Defizite aufspüren können. Dazu werden sie einen Lehr- und Zeitplan erstellen.

● Nachhilfe kann nur geben, wer die fachlichen Voraussetzungen mitbringt. Wenn große Stoffgebiete nachgeholt werden sollen, braucht man den Überblick und muß über kindgerechte Wege der Wissensvermittlung Bescheid wissen.

● Nachhilfe sollte immer auch Anleitung zur Selbsthilfe sein. Seriöse LehrerInnen werden deshalb danach trachten, sich so bald wie möglich überflüssig zu machen.

● NachhilfelehrerInnen sollen Interesse für das Fach wecken und Anleitungen zum lustvollen Lernen geben. Wenn ihre SchülerInnen sie ablehnen, kann das kaum gelingen. Kinder sollten sich ihre PrivatlehrerInnen deshalb möglichst selbst aussuchen dürfen.

blem zu machen, sondern sollte lieber nach den ohnehin vorhandenen suchen. Wenn die Angst vor einer Schularbeit so groß ist, daß das Kind vor dem Schultor umkehrt, sagt das oft etwas über den Umgang der Eltern mit schulischen Leistungen und Mißerfolgen (> Die Not mit den Noten, Seite 671). Wenn die Angst, sich bei einer Prüfung zu blamieren, übermächtig wird, kann das auf Schwierigkeiten mit den KlassenkameradInnen hinweisen (> Angst vor MitschülerInnen, Seite 664). Wenn sich das Kind nicht zutraut, den Stoff der letzten Geschichtsstunde zusammenzufassen, wird der Unterricht vielleicht nicht sonderlich spannend gewesen sein.

Beim Thema Schuleschwänzen sollten Eltern außerdem, bevor sie schimpfen und schelten, die eigene Vorbildwirkung überprüfen: Wenn Kinder beobachten, daß auch Vater oder Mutter sich im Büro »krank« melden, bloß weil sie sich einen freien Tag machen wollen, bringt sie das auf die Idee, die Schule mal für einen Tag ausfallen zu lassen.

Durchgefallen

Wenn ein Kind die Versetzung in die nächste Klasse nicht schafft, bedeutet das für Eltern und Kind fast immer eine große Enttäuschung und Verunsicherung. Sie denken möglicherweise: »Das ganze Jahr war verloren.« »Die vielen Nachhilfestunden und der ganze Streß waren umsonst.« »Wer weiß, ob es beim nächsten Mal anders wird.«

Kinder, die das Klassenziel nicht erreicht haben, brauchen keine Vorwürfe, sondern vor allem Trost. Sie leiden auch ohne elterliche Vorwürfe genug unter ihrem »Versagen«, müssen sich aus einer eingeschworenen Klassengemeinschaft verabschieden und sich neuen KollegInnen stellen, die genau wissen, daß der oder die Neue »durchgerasselt« sind.

Statt über die »Schande« zu klagen, sollten Eltern den Neustart als Chance betrachten. Kein Kind, das eine Klasse wiederholen muß, hat das ganze Jahr über gar nichts gelernt. Der zweite Anlauf füllt Wissenslücken und bietet die Chance, das Neue mit dem schon Erlernten zu verbinden. Oft gehören WiederholerInnen in der neuen Klasse vom Anfang an zu den besten. Gerade den Kindern, die vorher massive Schwierigkeiten hatten und Schule nur als eine nicht enden wollende Serie von Mißerfolgen und Rückschlägen erlebt haben, beschert der Wissensvorsprung bislang unbekannte Erfolgserlebnisse.

Schulwechsel

Für ein Kind ist ein Schulwechsel, besonders während des Schuljahres, eine große Belastung. Es verliert die FreundInnen und vertrauten LehrerInnen und muß sich in einer neuen, unbekannten Umgebung zurechtfinden.

Oft erwarten die Eltern von den Kindern, daß sie an dem neuen Ort weitermachen, als wäre nichts geschehen. Viele Kinder schaffen das aber nicht. Solange sie sich fremd und verunsichert fühlen, können sie sich nicht auf den Unterricht konzentrieren; sie müssen sich statt dessen zuerst mit ihren neuen Lebensumständen auseinandersetzten.

Mit den bevorstehenden Änderungen sollten die Eltern ihr Kind so früh wie möglich vertraut machen. Am besten gelingt das, wenn sich die Familie bereits lange vor dem Schulwechsel in der neuen Schule umsieht und frühzeitig Kontakt mit den LehrerInnen sucht. Dabei können sie klären, welche Schulbücher dort verwendet werden. Vielleicht kann das Kind diese schon früher bekommen, damit es sich in Ruhe ein wenig damit auseinandersetzen kann.

Genauso wichtig ist, daß künftige LehrerInnen erfahren, welche Lehrmittel die neue Schülerin bzw. der neue Schüler bisher verwendet haben und wieviel sie von dem Lernstoff schon durchgenommen haben.

Ist die neue Klasse auf einem ganz anderen Wissensstand, kann ein Nachhilfeunterricht für einige Zeit möglicherweise die Anfangsphase überbrücken.

Ein Kind braucht in einer solchen Situation in erster Linie Geduld und Verständnis. Druck und leistungsfördernde Appelle werden den Streß des Kindes nur steigern (> Streß für Kinder, Seite 716).

Erst wenn sich das Kind in seiner neuen Umgebung wohl fühlt und Freundschaften schließen konnte, wird es den Kopf wieder zum Lernen freihaben.

VERPATZTE FERIEN

● Ferien sind in erster Linie zur Erholung da. Schulkinder werden das ganze Jahr über genug belastet. Für Aufholjagden in Sachen Schule sind die Ferien nicht geeignet.

● Während der ersten Ferienhälfte sollten die Kinder die Schulangelegenheiten gänzlich vergessen dürfen. Anschließend können sie dann etwas für die Schule tun, um im bevorstehenden Schuljahr Anfangsschwierigkeiten zu vermeiden.

● Länger als eine Stunde täglich sollten die Schularbeiten aber nicht dauern. Die mit dem Kind abgesprochene Zeit sollte nicht überzogen werden.

● Gerade im Urlaub dürfen Eltern die Kinder beim Lernen nicht allein lassen. Ein Kind wird es als Strafe erleben, wenn es allein im Hotelzimmer pauken soll, während sich die restliche Familie am Strand vergnügt.

Schul-Wege

Die Vielfalt der deutschen Schulformen und -wege ist für die meisten Eltern verwirrend. Zwar gibt es überall Grundschulen, aber in manchen Ländern dauern sie sechs, in anderen vier Jahre. Es gibt auch fast überall Gymnasien, Haupt- und Realschulen, aber ihr pädagogischer Stellenwert ist nicht überall gleich. Daneben gibt es Gesamtschulen, Orientierungs- und Förderstufen, und überall führt ein anderer Weg zum Abitur.

Das Wichtigste vorweg: Auch wenn ein Kind im Saarland mit der Grundschule beginnt, kann es später in Nordrhein-Westfalen die Realschule besuchen, in Hamburg zur Hochschulreife kommen und in Dresden studieren. Die Anforderungen, die in den verschiedenen Schulformen gestellt werden, sind unter den Ländern abgestimmt, und die jeweiligen Abschlüsse werden gegenseitig anerkannt. Die einzige Ausnahme ist eine besondere Form der Hochschulreife in Nordrhein-Westfalen (> Seite 702), mit der die AbsolventInnen ausschließlich in Nordrhein-Westfalen studieren können. In allen anderen Fällen ist jedes Abitur, jeder Haupt- oder Realschulabschluß quer durch die Republik

gleich viel »wert«. Um ihn zu erreichen, müssen die Kinder zwischen Bayern und Mecklenburg-Vorpommern überall gleichartige Anforderungen erfüllt haben. Darauf hat sich die »Ständige Konferenz der Kultusminister der Länder« geeinigt.

Die Länderunterschiede entstehen also nicht durch die Abschlüsse, sondern durch die Wege dahin: Gibt es viele Möglichkeiten, in die gymnasiale Oberstufe zu kommen, oder nur wenige? Gibt es viele Angebote, von einer Schulform in die andere zu wechseln, oder nur wenige? Und: Wie alt sind die Kinder, wenn die wichtigsten Entscheidungen über die Schulwahl fallen – zehn, zwölf oder fünfzehn Jahre?

Frühe Entscheidung

Vielen Kindern wird bereits in der vierten Klasse die folgenschwere Frage gestellt: »Wie soll es weitergehen?« Seit Jahren kritisieren ExpertInnen diesen Zwang zur frühen Wahl als pädagogischen Unsinn. Für die meisten Kinder, Eltern und LehrerInnen ist es kaum möglich, bereits während der vierten Klasse zu wissen, wo die individuellen Begabungen und Fähigkeiten eines Kindes liegen. Viele Zehnjährige sind noch sehr verspielt und entwickeln sich erst mit elf, zwölf Jahren zu aufmerksamen SchülerInnen. Andere wirken in der Grundschule scheinbar ziel- und interesselos und engagieren sich erst mit vierzehn Jahren für spezielle Fächer und Fragen.

Das hierarchisch gegliederte Schulsystem kann diese Entwicklungsunterschiede kaum berücksichtigen.

Nur Berlin (> Seite 695) und Brandenburg (> Seite 696) gewähren ihren Landeskindern eine sechsjährige Grundschulzeit und damit eine längere Phase, bis sie sich für eine bestimmte Schulform entscheiden müssen. Eine ähnliche Möglichkeit bieten die Orientierungsstufen (> Seite 683) oder Gesamtschulen (> Seite 683).

Empfehlung der Grundschule

In den meisten Ländern gibt es zusammen mit den Grundschulzeugnissen eine Empfehlung oder ein Gutachten, das festhält, für welche weiterführende Schule sich das Kind eignet. Zusätzlich wurden fast überall Gesetze geschaffen, die den Übergang in die nächste Schulform regeln, wenn die Eltern etwas anderes wollen, als das Gutachten der Grundschule vorsieht. In diesem Konflikt um das »letzte« Wort überlassen inzwischen viele Länder die entscheidende Wahl den Eltern. Nur noch wenige sehen im Konfliktfall eine Aufnahmeprüfung im Gymnasium oder einen Probeunterricht für das Kind vor.

Entscheidung der Eltern

Immer wieder zeigt sich, daß auch jene Kinder, die nicht in die Realschule oder ins Gymnasium empfohlen wurden, in diesen Schulformen bestehen können. Inzwischen ist der Begriff »Vielleicht geeignet« zu der mit Abstand beliebtesten Prognoseformel an den Grundschulen geworden. Woran sollen sich die Eltern also orientieren?

Jedes Kind sammelt in den ersten Schuljahren Erfolge und Mißerfolge, kämpft mit LehrerInnen und MitschülerInnen. Je besser es ihm dabei gelingt, seine Schwierigkeiten selbständig zu meistern, um so leichter fällt das weitere Schulleben. Kinder, die immer wieder von sich aus zeigen, daß sie bereit sind, mit Ausdauer und Anstrengung Probleme anzugehen, sind auf jeden Fall für einen höherwertigen Bildungsabschluß geeignet.

Darauf sollten Sie achten

Grundsätzlich ist es wichtig, eine Schulform zu finden, die auch nach der zehnten Klasse viele Variationen der weiteren Bildung nach »oben« offenhält und einen möglichst einfachen Übergang zwischen verschiedenen Schulformen bis zur zehnten Klasse und zur Sekundarstufe II ermöglicht.

Durchlässigkeit

Durchlässige Systeme geben den Kindern bis zum zehnten Schuljahr auf vielfältige Weise die Chance, von einer Schulform in die andere zu wechseln. Vor allem die Lehrpläne der fünften und sechsten Klasse müssen dabei aufeinander abgestimmt sein. Erfahrungsgemäß ist dieser Übergang in Gesamtschulen (> Seite 683) und Schulen, die sogenannte Orientierungs- oder Förderstufen (> Seite 683) anbieten, am ehesten gewährleistet. Beide Varianten ermöglichen dem Kind weitere Entwicklungsjahre, bevor es sich endgültig für eine Schulform entscheiden muß.

Wo es weder Gesamtschulen noch Orientierungsstufen gibt, zeigt sich, daß viele Eltern ihr Kind vorerst »auf jeden Fall« ins Gymnasium schicken und gegebenenfalls einen Abbruch risikieren (> Falsche Wahl, Seite 682). Eine durchaus verständliche Entscheidung, denn jeder Wechsel der Schulform – von der Haupt- in die Realschule oder ins Gymnasium – ist mit Auflagen, Hürden und individuellen Problemen für das Kind verbunden. Eltern, die daran zweifeln, daß der geplante Bildungsgang für ihr Kind tatsächlich durchlässig ist, sollten auf jeden Fall nachfragen: Wie viele SchülerInnen der fünften Klasse konnten im letzten Jahr in die sechste Klasse einer anspruchsvolleren Schule »aufsteigen«? Wenn sich zeigt, daß es zwar die Möglichkeit zum Umstieg gibt, daß die Chancen jedoch sehr gering sind, sollten die Eltern auf jeden Fall vorerst die anspruchsvollere Schulform für ihr Kind wählen (> Realschule, Seite 686, > Gymnasium, Seite 687).

Vielgestaltigkeit

Eine Schullaufbahn ist dann am besten gewählt, wenn der jeweilige Abschluß nach der zehnten Klasse möglichst viele »Anschlüsse« bietet, also weder eine Einbahnstraße noch eine Sackgasse ist. Hohe Hürden verleiden fast immer das weitere Fortkommen, zum Beispiel wenn verlangt wird, daß spezielle Prüfungen absolviert oder ganze Fachgebiete nachgelernt werden müssen.

Mit LehrerInnen beraten

Die LehrerInnen in den Grundschulen, Orientierungs- und Förderstufen (Klassen 5/6) kennen das Kind seit Jahren und wissen meist, wo seine Stärken und Schwächen liegen. Wenn sie den Eltern dringend abraten, ein Kind in die Realschule oder ins Gymnasium zu schicken, können sie dafür gute Gründe haben. Fast immer steckt die Sorge dahinter, daß es überfordert wird (> Lernschwierigkeiten, Seite 673). Gleichzeitig wissen aber die meisten LehrerInnen, daß Noten oder ausgefuchste Eignungstests nur wenig Vorhersagequalitäten haben. Sie beschreiben den aktuellen Stand und die zurückliegende Entwicklung, nicht aber, was in zwei, drei oder vier Jahren sein könnte.

Die meisten Eltern müssen sich also zu einem Balanceakt durchringen, wenn sie sich nicht an das Gutachten der Grundschule halten wollen. Was dann geschieht, wurde bisher nur in Niedersachsen und Berlin für die SchülerInnen der siebten Klasse erfaßt: Drei Viertel der »ungeeigneten« Kinder erreichte im Gymnasium das Klassenziel und wurde von der siebten in die achte Klasse versetzt. Von den als »ungeeignet« begutachteten RealschülerInnen wurden rund zwei Drittel in die nächsthöhere Klasse versetzt. Die Chancen der scheinbar »ungeeigneten« Kinder stehen also nicht schlecht.

Falsche Wahl

Es gibt keine Garantie, die vor einer falschen Wahl schützt, auch »geeignete« Kinder können im emp-
fohlenen Bildungsgang scheitern. Wichtig ist, daß die Familie das Kind nicht zum Versager stempelt. Die Kinder brauchen Rückenstärkung und die innere Sicherheit: Meine Eltern vertrauen weiter auf mich (> Durchgefallen, Seite 500). Oft stellen sich nach dem Wechsel in einen neuen Bildungsgang Erfolge ein, die Noten verbessern sich. Wer die Zuversicht der Kinder stärkt, hilft ihnen, den meist kränkenden »Abstieg« zu verkraften. Gemeinsam mit dem Kind kann dann nach weiteren Umstiegsmöglichkeiten gesucht werden: Wie ist es auch ohne Realschule möglich, zur mittleren Reife zu kommen (> Seite

WAS HEISST BEGABUNG?

Auch heute noch wird in manchen Empfehlungen an die Eltern ein höchst irreführender Rat gegeben: Achten Sie darauf, ob Ihr Kind eher »praktisch« (= Hauptschultyp) oder eher »theoretisch« (= Gymnasialtyp) orientiert ist. Diese Unterscheidung widerspricht jedoch allem, was bisher über Begabung bekannt ist. Kinder, die gerne am Fahrrad basteln oder ihre elektrische Eisenbahn professionell zerlegen, können genausogut geeignet sein, Aufsätze zu schreiben und Englisch zu lernen, wie jene, die anscheinend ungeschickt mit praktischen Dingen hantieren.

Kaum ein Mensch hat seine Begabungen gleichmäßig über alle Fähigkeiten und Fertigkeiten verteilt. Besondere Ausprägungen gehören dazu. Das gilt auch für Kinder: Manche sind spachlich gewandter als musisch begabt, andere sind in Mathematik talentierter als in den Geisteswissenschaften. Ein »Schulformtyp« läßt sich daras nicht ableiten, höchstens die Differenzierung nach Neigungen (> Gesamtschule, Seite 683).

685)? Wie ist es auch ohne Gymnasium möglich, die (Fach-)Hochschulreife zu erlangen (> Seite 687)?

Orientierungsstufe/Förderstufe

Eine zweijährige Orientierungs- oder Förderstufe in der fünften und sechsten Klasse gibt den Kindern die Chance, ihre individuellen Begabungen, Fähigkeiten und Stärken nach und nach auszubilden. Die

WICHTIGE FRAGEN

● Wie lernt das Kind? Wie erarbeitet es sich die unterschiedlichen schulischen Aufgaben: eher selbständig, oder braucht es sehr viel Unterstützung? Kinder, die in der Grundschule sehr viel Unterstützung brauchen, haben unter Umständen im Gymnasium Anlaufschwierigkeiten.

● An welcher Schule werden seine Stärken am besten unterstützt und seine Schwächen am besten ausgeglichen? Gibt es differenzierte Fördermöglichkeiten? Solche Chancen bieten am ehesten Orientierungsstufen (> Seite 682) und Gesamtschulen (> Seite 683).

● Wie leistungsfähig ist das Kind? Noten haben dabei relativ wenig Aussagekraft. Wichtiger ist, daß das Kind konzentriert und beharrlich auf ein Ziel hinarbeiten kann. Mit Ausdauer, Ehrgeiz und Selbstvertrauen lassen sich in jeder anspruchsvollen Schulform Erfolge erzielen.

● Welche Unterrichtsformen kommen dem Kind am ehesten entgegen? In traditionellen Schulen gibt es hauptsächlich Frontalunterricht; in Gesamtschulen dagegen arbeiten die Kinder häufiger in Gruppen und Projekten.

wichtige Frage: »Geht es nun weiter ins Gymnasium, in die Haupt- oder Realschule?« stellt sich erst mit der siebten Klasse. Unabhängig von ihrer Herkunft oder ihren Noten bleiben die Kinder bis zum zwölften Lebensjahr – ähnlich wie in der Gesamtschule – zusammen. Es gibt keine »Vorauslese«, jedoch eine Differenzierung nach Kursen. So werden meist die Fächer Englisch und Mathematik auf drei unterschiedlichen Niveaus unterrichtet: Die Kinder können je nach Leistung den Kurs wechseln und werden auf die entsprechenden Schularten ab der siebten Klasse vorbereitet. Danach entscheiden meist die Noten über den weiteren Bildungsweg.

Beobachtungsstufe

In den zweijährigen Beobachtungsstufen traditioneller Schulen sind die Kinder bereits nach GymnasiastInnen, Haupt- und RealschülerInnen getrennt, aber sie haben bei entsprechendem Erfolg die Möglichkeit, die Schullaufbahn noch einmal zu korrigieren und ab der siebten Klasse neu zu wählen. Wenn die Lehrpläne aufeinander abgestimmt sind, kann der »Umstieg« relativ gut gelingen (> Durchlässigkeit, Seite 681).

Gesamtschule

Die ursprüngliche Idee, daß die Gesamtschule irgendwann alle anderen Schulformen von der fünften bis zur zehnten Klasse ablösen und zur »gemeinsamen« Schule für alle Zehn- bis Fünfzehnjährigen wird, hat sich bis heute nicht erfüllt. Dennoch ist es in vielen Ländern gelungen, die Gesamtschule als wichtigen Bestandteil des Regelschulwesens zu etablieren, in anderen ist es immer nur bei »Versuchen« geblieben.

Integrierte Gesamtschule

In der integrierten Gesamtschule sind die traditionellen Schulformen aufgelöst, sie sind in einem großen Ganzen zusammengefaßt (integriert). Es gibt keine organisatorische oder pädagogische Trennung nach unterschiedlichen Bildungsgängen, sondern meist nur nach Kursen in bestimmten Fächern. Alle Kinder werden – unabhängig davon, welche Empfehlung sie aus der Grundschule mitbringen – gemeinsam bis zur zehnten Klasse unterrichtet. Keine andere Schulform hält den Kindern den weiteren Bildungsgang so lange offen – bis zum sechzehnten Lebensjahr –, und in keiner anderen Schulform sind die Chancen sozialen Lernens größer.

Dabei bedeutet gemeinsames Lernen nicht, daß alle Kinder in den »gleichen Topf« geworfen werden. Je nach individuellem Interesse, nach persönlicher Stärke und Schwäche gibt es spätestens ab der siebten Klasse verschiedene Anforderungen. So kann ein Kind, das sich in Mathematik besonders stark fühlt, einen anspruchsvollen Leistungskurs besuchen; in Englisch, wo es vielleicht Schwierigkeiten mit dem Basiswissen gibt, wird der Grundkurs belegt. Neben Deutsch, Mathematik und einer Fremdsprache gibt es auch in den Naturwissenschaften mindestens zwei Anspruchebenen. Die Leistungsdifferenzierung wird von Jahr zu Jahr ausgeweitet. Bei der Möglichkeit, »Pflichtfächer« zu wählen, sollten Kinder und Eltern in der siebten Klasse auf die zweite Fremdsprache achten. Wer eine zweite Sprache wählt, hat einen Teil der Eintrittskarte zur gymnasialen Oberstufe in der Hand (> Zweite Fremdsprache, Seite 686).

Mit der zehnten Klasse können die Kinder alle Schulabschlüsse erwerben, die es im traditionellen Schulsystem gibt: Den Haupt- und/oder mittleren Abschluß, aber auch die Berechtigung, ein Gymnasium zu besuchen. Wer die entsprechenden Noten und Beurteilungen aufweist, kann in die elfte Klasse der gymnasialen Oberstufe übertreten (> Seite 688), entweder am Gymnasium oder an der Gesamtschule.

Kooperative Gesamtschule

In der kooperativen Gesamtschule, die in den Ländern unter verschiedenen Namen zu finden ist, sind alle Schulformen »unter einem Dach« und unter einer Leitung bis zur zehnten Klasse zusammengezogen. Die traditionelle Gliederung nach Gymnasium, Haupt- und Realschule bleibt bestehen. Die Lehrpläne sind jedoch oftmals aufeinander abgestimmt, und viele LehrerInnen planen ihren Unterricht gemeinsam, so daß es für die Kinder leichter wird, zwischen den Schulformen zu wechseln (> Durchlässigkeit, Seite 681). Nach der neunten beziehungsweise zehnten Klasse können

WAS WILL DAS KIND?

Für Zehnjährige ist es nahezu unmöglich, die Folgen einer Schulwahl abzuschätzen. Dennoch ist ihre Vorstellung wichtig. Die Kinder kennen ihre eigenen Stärken und Schwächen meist sehr gut und sollten bei allen wichtigen Gesprächen in der Familie und Schule dabeisein. Vielleicht sehen sie ihre Interessen und Vorlieben auf ganz anderen Gebieten, als Eltern und LehrerInnen es vermuten. Außerdem brauchen die Kinder ein klares Bild über alle Möglichkeiten, Alternativen und Anforderungen. Auch »Kleinigkeiten« können eine wichtige Rolle spielen:

● »Mein Freund geht in die Gesamtschule, da will ich auch hin«, ist ein wichtiges Argument, denn gute Freundschaften stärken den Schulerfolg (> Gemeinsam geht es leichter, Seite 672).

● »Ich will in meiner Umgebung bleiben«, kann viele Vorteile haben. Lange Schulwege können sehr belasten, eine vertraute Umgebung stabilisiert das innere Gleichgewicht. So kann die naheliegende, kleine und übersichtliche Schule vielleicht besser sein als ein weiter entfernt liegendes Großsystem.

die traditionellen Abschlüsse erworben werden, die sich nach dem jeweiligen »Zweig« oder der »Abteilung« (Haupt- und/oder Realschule) richten; ebenso ist die Versetzung in die elfte Klasse der gymnasialen Oberstufe möglich (> Seite 688).

Hauptschule

Die Hauptschule soll eine weiterführende allgemeine Bildung vermitteln. Die SchülerInnen werden differenziert unterricht, es gibt Mathematik- und Englischkurse auf unterschiedlichen Anspruchniveaus. In manchen Schulen werden

HAUPTSCHULE

Darauf sollten Sie achten:

● Solange eine integrierte Gesamtschule (> Seite 684) erreichbar ist, sollten Sie die Hauptschule vermeiden.

● Wenn keine andere Möglichkeit offensteht, sollten Sie auf jeden Fall nach einer kooperativen Einheit, zum Beispiel mit einer Realschule, oder nach einer additiven Gesamtschule suchen.

● Wo die Möglichkeit besteht, freiwillig eine zehnte Klasse in der Hauptschule zu besuchen, sollten die Kinder ihre Chance auf jeden Fall wahrnehmen. Sie haben dadurch vielfältigere Übergangsmöglichkeiten.

● Einige Länder bieten einen sogenannten »qualifizierenden« Hauptschulabschluß an. Diese Variante bietet ebenfalls vielfältige Anschlußvariationen.

● In einigen Ländern gibt es eine sogenannte »Aufbaurealschule«. Dann können HauptschülerInnen in die sechste oder siebte Klasse der Realschule wechseln und darüber höherwertige Abschlußmöglichkeiten finden.

zusätzlich Deutsch oder naturwissenschaftliche Fächer auf verschiedenen Ebenen angeboten. Kinder, die sehr gute Noten auf »hohem« Niveau sammeln, können mit dem entsprechenden Zeugnis in eine andere weiterführende Schulform wechseln. Die Chance, in der Realschule oder im Gymnasium erfolgreich zu bestehen, setzt jedoch sehr viel Energie und Fleiß voraus, denn die Lehrpläne der Schulformen sind nicht aufeinander abgestimmt.

Zusätzlich leidet die Hauptschule an einer weiteren Krankheit: Wer zum mittleren Abschluß kommen will, muß in den meisten Ländern einen erheblichen Zeitverzug in Kauf und den längeren Weg über berufliche Schulen nehmen. Der traditionelle Abschluß (9. Klasse) eröffnet nämlich nur zwei weitere Möglichkeiten: den Besuch einer Berufsfachschule (> Seite 688) oder die Ausbildung in einem Betrieb (> Berufsschule, Seite 688).

Viele Länder bieten daher eine »freiwillige« zehnte Klasse an, um weitere Anknüpfungspunkte zu schaffen; nur wenige Länder führen die Hauptschule immer bis zur zehnten Klasse und eröffnen den Kindern damit automatisch mehrere Anschlußvariationen (> Bremen, Seite 697; > Nordrhein-Westfalen, Seite 702).

Realschule

Die Realschule soll eine über die Hauptschule hinausgehende allgemeine Bildung bis zur zehnten Klasse vermitteln. Die Kinder kommen auf direktem Weg zur mittleren Reife, ohne dafür Umwege oder zusätzliche Hürden bewältigen zu müssen. Damit ergeben sich relativ gute Anschlüsse. Jugendliche, die ein Realschulzeugnis in der Tasche haben, finden relativ rasch einen Ausbildungsplatz. Wer sich mit seinen Noten und/oder über Prüfungen entsprechend qualifiziert (Qualifizierter Sekundarabschluß I) kann oft auch in die elfte Klasse der gymnasialen Oberstufe übertreten und zur allgemeinen Hochschulreife kommen. Alle anderen können in die Fachoberschule (> Seite 688) oder ins Fachgymnasium (> Seite 689) eintreten und auf diesem Weg die (Fach-)Hochschulreife erlangen. Jedes Jahr wird etwa ein Drittel der Berechtigungen zum Besuch einer Hochschule auf diesem Weg ausgestellt.

Zweite Fremdsprache

In der Realschule werden die SchülerInnen ab der siebten Klasse speziell gefordert. Dabei fällt eine wichtige Entscheidung: die Wahl einer zweiten Fremdsprache. Sie hat unmittelbare Auswirkungen auf die Schullaufbahn nach der zehnten Klasse. Der nahtlose Übergang in die gymnasiale Oberstufe ist fast immer an eine zweite Fremdsprache gebunden. Für das Abitur sind zwei Fremdsprachen Voraussetzung.

Gymnasium

Das Gymnasium führt zur allgemeinen Hochschulreife. In den Pflichtfächern Deutsch, Mathematik, Biologie, Erdkunde, Musik, Kunst, Sport, Geschichte, Sozialkunde, Physik, Chemie und Fremdsprachen (mindestens zwei) werden alle Kinder gemeinsam unterrichtet. Mit dem erfolgreichen Abschluß der zehnten Klasse erhalten sie einen besonderen mittleren Abschluß, der den nahtlosen Übergang in die gymnasiale Oberstufe ermöglicht. Während der elften Klasse löst sich die Klassengemeinschaft in der Regel auf, und es beginnt ein Kurssystem (> Gymnasiale Oberstufe, Seite 688).

NACH DEM MITTLEREN ABSCHLUSS

Die meisten Jugendlichen gehen nach der mittleren Reife an eine berufliche Schule, und viele kombinieren schließlich unterschiedliche Bildungswege bis zur »Hochschulzugangsberechtigung«. Etwa 30 Prozent dieser begehrten Bestätigungen werden inzwischen über das berufliche Bildungswesen erworben, ein Drittel davon mit Abiturprüfungen. Die Erfahrungen an den Hochschulen zeigen, daß StudentInnen mit diesem Bildungsweg ebenso erfolgreich sind wie gymnasiale AbsolventInnen.

DER MITTLERE ABSCHLUSS

Diese Wege führen zu einem mittleren Bildungsabschluß (auch als mittlere Reife oder Fachoberschulreife bezeichnet)

- Gute Noten und/oder spezielle Prüfungen nach der zehnten Klasse Hauptschule (> Seite 685).
- Entsprechende Noten nach der zehnten Klasse an einer integrierten Gesamtschule (> Seite 684).
- Erfolgreicher Abschluß der zehnten Klasse Realschule.
- Erfolgreicher Abschluß der zehnten Klasse einer Wirtschaftsschule (> Bayern, Seite 694).
- Erfolgreicher Abschluß der zehnten Klasse Gymnasium (> Seite 687).
- Erfolgreicher Abschluß einer mindestens zweijährigen Berufsfachschule (> Seite 688).
- Besonderer Notendurchschnitt nach der neunjährigen Hauptschule und einer abgeschlossenen Berufsausbildung (> Bayern, Seite 694; > Baden-Württemberg, Seite 693).
- Erfolgreicher Abschluß einer mindestens einjährigen Berufsaufbauschule (> Seite 688), die neben der Ausbildung oder danach besucht werden muß.

Jugendliche, die mit fünfzehn oder sechzehn Jahren bereits großes Interesse an speziellen Fragen zeigen und sich gern beruflich orientieren wollen, haben also ein relativ breites Spektrum an Möglichkeiten (> Berufliche Schulen, Seite 688). Jene, die mit der Berufsausbildung lieber noch warten wollen, steht die gymnasiale Oberstufe offen, wenn sie sich bisher entsprechend behaupten konnten.

GYMNASIUM IM WANDEL?

Viele Jugendliche besuchen ein Gymnasium, obwohl sie schon mit sechzehn oder siebzehn Jahren wissen, daß sie eigentlich nicht studieren wollen. Sie haben das Abitur vor Augen, das inzwischen zur wichtigsten »Eintrittskarte« für besonders begehrte Ausbildungsberufe geworden ist.

Obwohl dieser Trend seit vielen Jahren sichtbar ist, stellen die Gymnasien ihr pädagogisches Konzept kaum um. Viele Länder versuchen sogar, den »gymnasialen« Charakter zu verstärken und alle Aspekte, die mit der Arbeitswelt zu tun haben, auszuschließen. Gleichzeitig wachsen in den Großstädten, wo die Gymnasien um SchülerInnen konkurrieren, immer öfter Reformgedanken. So gibt es an einigen Oberstufen Betriebspraktika und Projekte, die mit der Arbeitswelt vertraut machen und Einblick in berufliche Fragen gewähren. Jugendliche, die mit sechzehn Jahren deutlich signalisieren, daß sie eigentlich nicht studieren wollen, können also nach der zehnten Klasse eventuell wechseln, um in einem Gymnasialtyp mit »neuem« Profil zur allgemeinen Hochschulreife zu kommen.

Gymnasiale Oberstufe

Wer nicht direkt vom Gymnasium kommt, muß meist über besondere Noten oder Notendurchschnitte, Extraprüfungen oder besondere Empfehlungen die »Berechtigung« zum Besuch einer gymnasialen Oberstufe zuerkannt bekommen. Manchmal heißt die Eintrittskarte »qualifizierter Realschulabschluß«, »erweiterter mittlerer Abschluß«, »erweiterter Sekundarabschluß« oder auch »qualifizierte Fachoberschulreife«.

Die gymnasiale Oberstufe beginnt fast immer mit der elften Klasse und endet in der Regel mit der dreizehnten. Je nachdem, wofür sich die SchülerInnen interessieren, können sie Kurse aus einem erweiterten Fächerangebot wählen und Schwerpunkte bilden. Die Grundkurse sollen die allgemeine Bildung sichern, die Leistungskurse sollen auf wissenschaftliches Arbeiten an der Universität vorbereiten. Am Ende steht das Abitur mit der allgemeinen Hochschulreife.

Berufliche Schule

Die berufliche Bildung gehört zur Schulpflicht und beginnt in der Regel nach der neunten oder zehnten Klasse.

Berufsschule

Die Berufsschule und die betriebliche Ausbildung in einem der anerkannten 380 Berufe gehören zusammen (duales System). Die Ausbildungsdauer liegt zwischen zwei und dreieinhalb Jahren. Danach bekommen die AbsolventInnen ein Abschlußzeugnis, das zusammen mit dem Facharbeiter- oder Gesellenbrief entweder den Zugang zum erlernten Beruf oder den Eintritt in eine Fachschule ermöglicht. Mit der abgeschlossenen Berufsausbildung kann man jedoch auch direkt in die zwölfte Klasse der Fachoberschule gehen und auf diesem Weg zur Fachhochschulreife kommen.

Berufsfachschule

Für Berufsfachschulen braucht man, je nachdem, welcher Beruf gewählt wird, entweder das Abschlußzeugnis der Hauptschule oder die mittlere Reife. Das Angebot umfaßt handwerkliche, kaufmännische, hauswirtschaftliche, künstlerische und sozialpflegerische Berufe, Gesundheits- oder Fremdsprachenberufe. Die Ausbildung dauert mindestens ein Jahr, meist jedoch länger. Zusatzprogramme können zur Fachhochschulreife führen.

Berufsaufbauschule

Berufsaufbauschulen können nur neben der Berufsschule oder nach der abgeschlossenen Berufsschulpflicht besucht werden. Sie sollen die allgemeine und berufliche Bildung vertiefen und dauern mindestens ein Jahr. Damit kann man die mittlere Reife erwerben und hat die Voraussetzung für bestimmte Berufsfachschulen, für das berufliche Gymnasium und die Fachoberschule.

Fachschule

Fachschulen bauen auf einer beruflichen Erstqualifikation auf. Sie sollen die berufliche Bildung vertiefen und die »allgemeine« fördern. Man braucht dafür schon den Abschluß in einem einschlägigen Ausbildungsberuf und/oder eine entsprechende praktische Berufstätigkeit. Die Ausbildung in einer der sechzig möglichen Fachrichtungen dauert meist zwei Jahre. Zusatzprogramme können zur Fachhochschulreife führen.

Fachoberschule

Die Fachoberschule baut auf dem Realschulabschluß oder der mittleren Reife auf und dauert zwei Jahre. Es gibt zahlreiche Richtungen, wie beispielsweise für Technik, Wirtschaft und Verwaltung,

HOCHSCHUL-REIFE

Der Weg zur allgemeinen oder fachgebundenen Hochschulreife

● Abitur in der gymnasialen Oberstufe (> Seite 688).
● Abitur an einer Aufbauform des Gymnasiums für entsprechend qualifizierte RealschulabsolventInnen oder entprechend qualifizierte RealschulabsolventInnen oder SchülerInnen der berufsbildenden Schulen.
● Doppelqualifizierender Bildungsgang (> Seite 689).
● Zweijährige technische Oberschule oder Berufsoberschule (> Seite 689) nach einer abgeschlossenen Berufsausbildung.

Mit der »allgemeinen« Hochschulreife ist es möglich, an allen Hochschulen ohne Beschränkung zu studieren. Die »fachgebundene« Hochschulreife legt die AbsolventInnen bei der Studienwahl auf bestimmte (fachgebundene) Richtungen fest.

Der Weg zur Fachhochschulreife

● Erfolgreicher Abschluß der Fachoberschule, die den mittleren Bildungsabschluß voraussetzt.
● Zusatzprogramme an Berufsfachschulen (> Seite 688) und Fachschulen (> Seite 688).
● Ergänzungsprüfungen an Fach- oder Berufsakademien (> Seite 689).
● Erfolgreicher Besuch der zwölften Klasse in der gymnasialen Oberstufe und abgeschlossene Berufsausbildung oder einjähriges Praktikum (> Brandenburg, Seite 696).

Mit der Fachhochschulreife kann man an Fachhochschulen und – mit Einschränkungen – an Universitäten studieren.

Ernährung und Hauswirtschaft, für Sozialwesen, für Gestaltung oder Seefahrt. Sie vermitteln allgemeine und fachliche Kenntnisse und führen zur Fachhochschulreife.

Berufsoberschule, technische Oberschule

Sie bauen auf dem Realschulabschluß oder einem gleichwertigen mittleren Abschluß auf. Die BewerberInnen brauchen eine abgeschlossene Berufsausbildung oder müssen eine ausreichende Berufserfahrung nachweisen. Die Schule dauert mindestens zwei Jahre und schließt mit der fachgebundenen Hochschulreife ab.

Fachakademie, Berufsakademie

Sie setzt mindestens den mittleren oder Realschulabschluß voraus. Sie sollen auf eine »gehobene« Berufslaufbahn, meist im Wirtschafts- oder Sozialbereich, vorbereiten und dauern mindestens zwei Jahre. Über Ergänzungsprüfungen kann die Fachhochschulreife erworben werden.

Berufliches Gymnasium (Fachgymnasium)

Das berufliche Gymnasium baut auf dem Realschulabschluß oder der mittleren Reife auf und dauert drei Jahre. In der Regel schließen die SchülerInnen mit der allgemeinen Hochschulreife ab. In manchen Ländern ist das Fachgymnasium auch als gymnasiale Oberstufe mit speziellen beruflichen Schwerpunkten eingerichtet.

Doppelqualifizierender Bildungsgang (Kollegschule)

Häufig werden in besonderen Verbundsystemen Bildungswege angeboten, die mehrere Abschlüsse gleichzeitig anbieten (Studien- und berufliche Qualifikation). Sie sind entweder an den unterschiedlichen Formen des Gymnasiums oder an beruflichen Schulen angesiedelt.

ETWAS ANDERE SCHULEN

Neben dem offiziellen Schulsystem gibt es in Deutschland noch die sogenannten »freien Schulen«. Mit diesem Sammelbegriff werden alle Bildungseinrichtungen bezeichnet, die von nichtstaatlichen Trägerorganisationen geführt werden.

Für Eltern, die ihre Kinder in eine nichtstaatliche Schule schicken wollen, ist es wichtig zu unterscheiden, ob es sich dabei um eine sogenannte Ersatz- oder eine Ergänzungsschule handelt.

Ersatzschulen unterscheiden sich von staatlichen nur durch ihren Träger. Schultyp, Lehrpläne und Struktur sind völlig identisch, die Schulen werden in der Regel vom Staat subventioniert; ihr Besuch ist kostenlos.

Ergänzungsschulen sind Schulen, die vom Profil des staatlichen Bildungssystems mehr oder weniger deutlich abweichen, eigene pädagogische Konzepte verfolgen und nach anderen Lehrplänen unterrichten. Neben einigen Schulen, die spezielle inhaltliche Schwerpunkte setzen, wie etwa Kosmetik- oder Sportschulen, haben sich vor allem die Waldorfschulen (> Seite 690) und die Montessori-Schulen (> Seite 692) etabliert. Eltern, die ihre Kinder in eine Ergänzungsschule schicken wollen, sollten auf jeden Fall folgende Punkte beachten:
● Da diese Schulen in der Regel Schulgeld verlangen, ist die soziale Schichtung in den einzelnen Klassen normalerweise weniger ausgewogen als in öffentlichen Schulen.
● Durch das geringe Angebot und die teilweise große Nachfrage sitzen in den meisten Klassen erheblich mehr SchülerInnen als in anderen Schulen.
● Ergänzungsschulen müssen bestimmte Kriterien erfüllen, um zugelassen zu werden. In der Regel haben die SchülerInnen deshalb keine Probleme, wenn sie in einen anderen Schultyp oder eine weiterführende Schule übertreten wollen.

Rudolf Steiners Waldorfpädagogik

Jeder Lehrer und jede Lehrerin, so forderte es der Anthroposoph Rudolf Steiner (1861–1925), »soll die dem Kind innewohnenden Fähigkeiten erkennen und fördern«. Dieser Zugang zur Pädagogik, der die Schülerpersönlichkeit in den Vordergrund stellte, statt wie damals üblich alle SchülerInnen einem gleichförmigen System zu unterwerfen, kam gut an. Seit der Gründung der ersten »Waldorfschule« in Stuttgart im Jahr 1919 auf Intiative des Besitzers der Zigarettenfabrik Waldorf-Astoria – daher der Name »Waldorf« – hat die »Waldorfpädagogik« erst in Deutschland und dann international eine große Verbreitung gefunden. Derzeit orientieren sich weltweit etwa 500 Schulen an den Steinerschen Erziehungsidealen. In Deutschland gehören sie zu den »freien Schulen«, in Österreich sind sie als Privatschulen geführt.

Schulphilosophie

Kindern, die eine Steiner-Schule besuchen, soll nicht nur Wissen und Können, sondern auch »ein stützender Lebensgehalt« und ein »Sinnhorizont für das Leben« vermittelt werden. Sie werden abseits des staatlichen Schulwesens nach einem Konzept unterrichtet, in dem Erfolg, Prestige, Anerkennung, Aufstieg und Einkommen als nebensächlich gelten. Folgerichtig stehen in der Waldorfpädagogik Prüfungen nicht hoch im Kurs. Kinder werden am Ende eines Schuljahres ausführlich schriftlich beurteilt, Sitzenbleiben gibt es nicht. Statt auf Zeugnissen, Zensuren, Selektion und Notendruck liegen die Schwerpunkte des Unterrichts im pädagogisch-sozialen, künstlerischen oder sprachlichen Bereich.

Einer der Kernbegriffe ist »Motivation«. So werden die Unterrichtsthemen daran orientiert, was ein Kind in seiner jeweiligen Entwicklungsstufe gerade beschäftigt.

Unterrichtspraxis

Einer der Hauptpfeiler des Unterrichts in den Steiner-Schulen ist der »Epochenunterricht«. Drei bis vier Wochen lang beschäftigen sich SchülerInnen täglich die beiden ersten Schulstunden ausschließlich mit einem Thema. Der Unterricht ist immer »ganzheitlich«. Wird etwa im Unterricht »der Tintenfisch« durchgenommen, so soll das Kind ihn gleichsam »begreifen« und »erleben«. LehrerInnen beziehen dann nicht nur die Lebensumstände und Fähigkeiten des Tintenfisches in den Unterricht mit ein, sondern stellen ihm ein gänzlich anderes Tier gegenüber: etwa das Känguruh mit seiner Vielgliedrigkeit und seiner gänzlich anderen Fortbewegungsart und anderen Verhaltensweisen. Jede »Epoche« endet mit einer Abschlußpräsentation vor elterlichem Publikum.

Die Waldorfpädagogik setzt auf Erleben und nicht auf reine Wissenvermittlung. So erlernen SchulanfängerInnen Mathematik, indem sie etwa Zahlenreihen aufsagen und dabei bei jeder zweiten oder dritten Zahl stampfen, klatschen oder singen. Das wird immer wieder vor- und rückwärts geübt, bis das Kind es »ganzkörperlich erfaßt« hat. Bei der Multiplikation soll das Kind begreifen, daß etwa die Zahl 12 etwas ist, bei dem es 4x3 oder 3x4 oder 2x6 oder 6x2 Schritte getan hat.

Lebensjahrsiebte

Der Aufbau des Unterrichts folgt Steiners Auffassung von der Entwicklung von Kindern und Jugendlichen. Demnach findet während der ersten sieben Jahre (»Lebensjahrsiebt«) eines Kindes die Ausformung und Strukturierung der Organe und des Gehirns statt, später folgt nur noch Größenwachstum. Das Kind sei als »Sinnwesen« in diesem Alter ganz besonders empfänglich, weil es in erster Linie nachahme. Deshalb bemüht sich die Steiner-Pädagogik, in der Umgebung des Kindes all das auszuschließen, was sie für nicht nachahmungswürdig hält. Ungeordnetes, chaotisches Verhalten

Erwachsener sei für ein Kind ganz besonders schädlich. Im Wiederholen von Liedern, Sprüchen, Märchen und Reigenspielen sollen die Kinder eine rhythmisch geordnete Tages- und Wochengestaltung erleben. Der miterlebte Wechsel der Jahreszeiten gibt ihnen laut Waldorfpädagogik innere Sicherheit und Ruhe. Spielzeug aus Plastik ist verpönt, dafür sollen Gegenstände aus Naturmaterialien wie Holz, Schafwolle, Bienenwachs oder Ton die kindliche Vorstellungskraft beleben.

Dieses erste Lebensjahrsiebt ist mit dem Zahnwechsel beendet.

Anschließend werden laut Steiner die Kräfte des »Lebensleibes« frei – ein von ihm häufig verwendetes Wort, mit dem er die Kräfte meint, die den körperlichen Aufbau bedingen. Es findet eine Umbildung des Charakters und des Gedächtnisses statt. Das Kind ist nun schulreif, Steiner spricht von einer weiteren Geburt.

Steiners Meinung zufolge sucht das Kind nun nach Autoritäten, denen es nachfolgen kann, ErzieherInnen werden zu Vermittlern zwischen dem Kind und den Dingen, die es umgeben. Die Steiner-PädagogInnen müssen »Sinnvolles« in Gleichnissen und Bildern darstellen, die ein Kind verstehen kann. Abstraktionen werden abgelehnt. Der Lehrstoff soll in lebendige Bilder umgesetzt werden.

Im Fach »Heimat- und Sachkunde« etwa werden SchulanfängerInnen mittels »märchenhaft-phanta-sievoller Erzählungen über das Wirken der »Elementargeister« Himmel, Wolken, Sterne, Pflanzen, Steine, Tiere usw. in ihre »Erdenumgebung« eingeführt. In der zweiten Klasse soll das Erleben von Tag und Nacht, der Jahreszeiten und des Wasserkreislaufs das Kind zur »innigen Verbundenheit mit der Umwelt« führen.

In der dritten Klasse sollen sich die Kleinen mit Hausbauen, Feld bestellen und Brotbacken beschäftigen.

Der Fremdsprachenunterricht bewegt sich parallel zum Deutschunterricht und zur sprachlichen Entwicklung, zunächst im Singen, Spielen und freien Sprechen. Die SchülerInnen sollen in der fremden Sprache leben und denken und einen aktiven Wortschatz und eine gute Aussprache erreichen. Erst in der vierten Klasse beginnen die ersten Grammatik- und Schreibübungen.

Das zweite Lebensjahrsiebt geht mit der Geschlechtsreife zu Ende. Laut Steiner beginnt die »Geburt des Empfindungsleibes«. Es bildet sich die Fähigkeit zum abstrakten Denken und die Urteilskraft aus.

Besonders wichtig ist dabei der Unterricht in fächerübergreifenden Projekten. Dabei sollen Kinder nicht nur Initiative und selbständiges Arbeiten lernen, sondern auch ihre sozialen Kompetenzen schulen. Zum Beispiel sollen sie sich die LehrerInnen, deren Unterstützung sie brauchen, ebenso auswählen, wie BeraterInnen außerhalb der Schule.

Kritik

Die Entscheidung für eine Waldorfschule hat unweigerlich Auswirkungen auf die eigenen vier Wände. Elternhaus und Schule sollen eine möglichst einheitliche Kultur bilden. Entsprechend der Steinerschen Ansicht über fördernde und störende Einflüsse auf die »Menschwerdung« fordern WaldorflehrerInnen, daß es zu Hause keinen Fernsehapparat gibt bzw. die Kinder nicht fernsehen.

Die »sanfte« Welt von Kunst, Handwerk und Kunsthandwerk, die die Schule den Kindern präsentiert, widerspricht ihrem sonstigen Alltag, der

---

Kontakte

Bund Freier Waldorf-Schulen
HEIDEHOFSTRASSE 32
70184 STUTTGART
TEL.: 0711/21042-0

Bund Freier Waldorf-Schulen
ENDRESSTRASSE 100
1238 WIEN

eben von Plastik und digitalen Medien bestimmt wird. Die Waldorfpädagogik geht außerdem von starren Rollenzuweisungen für Frau, Mann und Kinder aus, die mit den heutigen Interessen der Frauen nichts mehr gemein haben.

Die Steinerschen Lehren klammern Aggressivität und Sexualität weitgehend aus oder tabuisieren sie sogar. Das, so meinen KritikerInnen, kann Kinder behindern.

Montessori-Pädagogik

Die italienische Kinderärztin Maria Montessori hatte im Jahr 1907 in Rom erstmals Gelegenheit, ihre pädagogischen Vorstellungen in einem größeren Rahmen zu verwirklichen. Den Anlaß dafür bot ein Sanierungsprojekt in einem Elendsviertel. Dort hatte eine Baugesellschaft einen Komplex von Miethäusern ausschließlich mit Familien besetzt, bei denen beide Eltern arbeiteten. Das kleine Heer unbeaufsichtigt herumstreunender Kinder richtete auf dem Wohngelände bald einen derartigen Schaden an, daß die Baugesellschaft die Kinder zu Gruppen zusammenschloß und von jeweils einer Frau beaufsichtigen ließ. Maria Montessori übernahm die Leitung des Projekts und konnte damit zum ersten Mal ihre Programme, die sie zuvor an einer Schule für geistig behinderte Kinder entwickelt hatte, an gesunden Kindern ausprobieren.

Heute gibt es in der Bundesrepublik eine Vielzahl von Schulen, die sich an Montessoris Pädagogik orientieren, darunter zwei Gymnasien. In Österreich werden Montessori-Klassen an Volks- und Hauptschulen als kostenlose Schulversuche geführt. In Holland gibt es auch eine Universität, die auf der Montessori-Pädagogik aufbaut.

Montessoris Grundbegriffe

Laut Montessori lernen Kinder gerne. Sie tun dies, anders als Erwachsene, nicht auf intellektuelle Weise, sondern mit Hilfe des »absorbierenden Geistes«. Anders als Erwachsene, die ihr Wissen mit Hilfe der Intelligenz aufnehmen, absorbiert es das Kind mit seinem »psychischen Leben«. Das Schicksal kindlicher Fähigkeiten hängt weitgehend davon ab, welche Erfahrungen die Umwelt dem Kind ermöglicht und aktiv anbietet. Um die kindlichen Potentiale besonders gut zu nutzen, ist eine entsprechend »vorbereitete Umgebung« notwendig. In ihr findet das Kind von Montessori eigens geschaffenes »Entwicklungsmaterial« vor und kann sich aussuchen, welches seinen Bedürfnissen gerade am meisten entspricht. Damit sollen die Kinder mathematische, sprachliche oder naturwissenschaftliche Inhalte selbständig erarbeiten.

Diese vorbereitete Umgebung ist die pädagogische Struktur, die nach Montessoris Auffassung für offenen Unterricht notwendig ist. Dieser klare pädagogische Rahmen bietet ihnen Orientierung und macht selbständiges Arbeiten erst möglich.

Am effizientesten lernen Kinder während der »sensiblen Phasen«, Perioden besonderer Empfänglichkeit, die in ihrer Entwicklung immer wieder auftreten. Weil die LehrerInnen nicht die sensiblen Phasen aller SchülerInnen kennen können, sollen die Kinder selbst entscheiden, was für sie im Moment besonders wichtig ist, und sich die Materialien dazu selbst aussuchen.

Der Kern von Montessoris pädagogischem Entwurf der »freien Erziehung« sind Konzepte wie Selbsttätigkeit, Selbsterprobung und Selbstinstruktion. »Ein Mensch ist das, was er ist«, schrieb sie, »nicht wegen der Lehrer, die er hatte, sondern durch das, was er selbst gewirkt hat.«

Montessoris Entwicklungsmaterial

»Materialien zu den Übungen des praktischen Lebens« sollen den Kindern helfen, Bewegungsabläufe und Ordnung zu erlernen. Sie hantieren mit Schaufel und Besen, Tassen und Tellern und sollen sich so angewöhnen, für ihre Umgebung und ihre Mitmenschen Verantwortung zu übernehmen.

»Sinnesmaterialien« zielen auf »Sinnerziehung« ab. Mit Tastbrettern, Farbtäfelchen, Geräuschbüchsen oder geometrischen Dreiecken, die nach Farbe, Form, Maß, Klang, Oberflächenbeschaffenheit und Gewicht geordnet sind, sollen Kinder ihre Wahrnehmungen und Sinnesorgane schulen.

Dazu kommen didaktische Materialien zur Einführung in die Sprache, das Zählen, die Grundrechnungsarten, die Flächen- und Körperberechnung. Da werden zum Beispiel Buchstaben aus Sandpapier ausgestanzt und auf einen glatten Karton aufgeklebt. Die Kinder berühren die Formen. Damit wird die erste Kenntnis der Buchstaben durch den Tastsinn vermittelt.

Beim Ordnen verschiedener Glocken nach ihrer Tonhöhe schulen die Kinder ihr Gehör. Wenn eines mit verbundenen Augen versucht, Metallzylinder verschiedener Größe in entsprechende Löcher, die in einen Holzrahmen gebohrt wurden, zu stecken, wird dabei sein Tastsinn und das Ver-

ständnis von Größendimensionen trainiert. Wo immer möglich, ist eine Fehlerkontrolle eingebaut, so daß die Kinder ihre Leistungen regelmäßig selbst überprüfen können.

Ab dem 14., 15. Lebensjahr werden die Materialien zunehmend durch Bücher ersetzt. Weiterhin angewendet wird der Grundsatz des freien, offenen Lernens allein oder in der Gruppe.

Schulpraxis

Das Klassenzimmer präsentiert den Kindern in Regalen ein breites Angebot an didaktischem »Entwicklungsmaterial«. Jedes Kind sucht sich selbst aus, womit es sich beschäftigt, und spielt lernend oder lernt spielend, allein oder in der Gruppe. Dabei nehmen sich die LehrerInnen weitgehend zurück und greifen nur indirekt ein, indem sie auf die kindlichen Bedürfnisse reagieren. Auf Wunsch erhalten Kinder von der Lehrerin oder dem Lehrer eine kurze Lektion, wie sie mit dem Material arbeiten können. Der Leitgedanke ist: »Hilf mir, es selbst zu tun.« Das verlangen sich die Kinder auch untereinander ab, indem sie von ihren KollegInnen Information und Instruktion einholen.

Die Dauer der Freiarbeit können die Kinder jeden Tag von neuem selbst bestimmen. SchulanfängerInnen arbeiten meistens zweieinhalb bis drei Stunden. Dann wird das offene Lernen durch ein Gespräch beendet, in dem Kinder berichten, was sie gearbeitet haben.

Kritik

Ordnung und Disziplin spielen in der Montessori-Pädagogik eine auffallend große Rolle. »Übungen zur Stille«, die Kindern helfen sollen, ihr »inneres Chaos« gestalten zu lernen, nehmen einen breiten Raum ein. KritikerInnen bewerten das geordnete Raum- und Materialangebot als verdeckten und dafür um so wirkungsvolleren Anpassungsdruck auf die Kinder.

Kontakte

Deutsche Montessori-Gesellschaft e.V.
POSTFACH 5461
97004 WÜRZBURG

Deutsche Akademie für Entwicklungs-Rehabilitation
HEIGLHOFSTRASSE 63
81377 MÜNCHEN

Montessori-Pädagogik-Verein-Wien Pädagogische Akademie des Bundes
ETTENREICHGASSE 45A
1100 WIEN

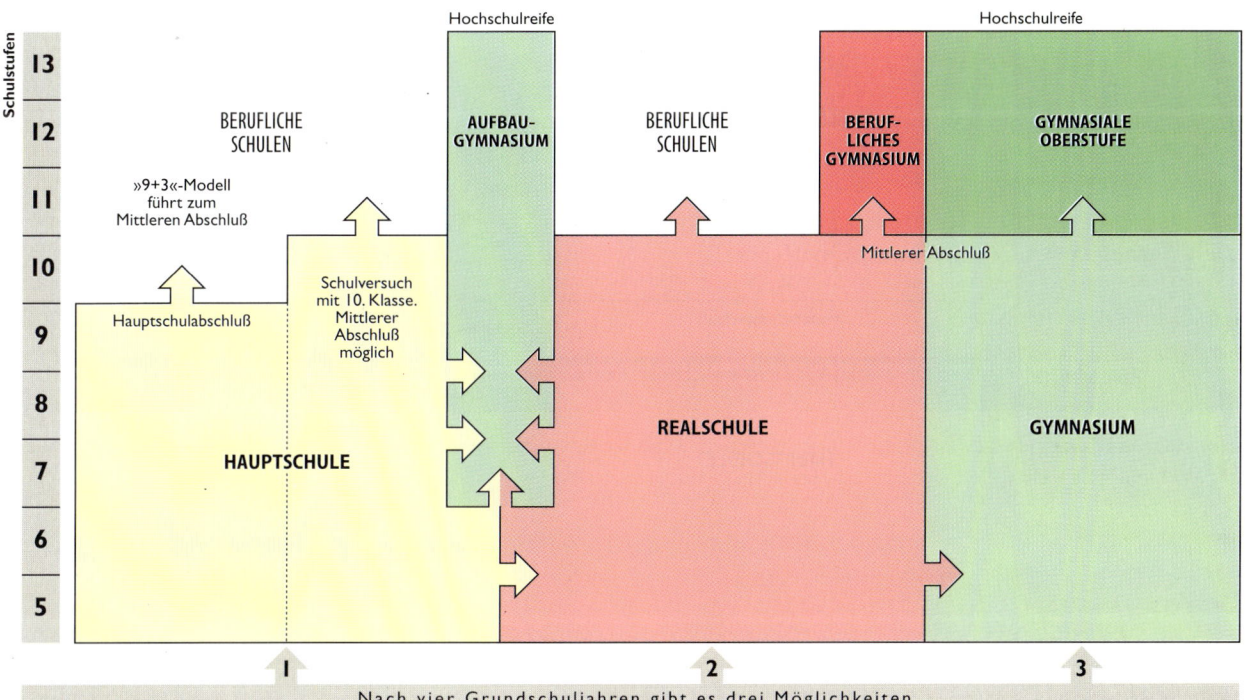

Schulstufen: 13, 12, 11, 10, 9, 8, 7, 6, 5

Hochschulreife

BERUFLICHE SCHULEN

»9+3«-Modell führt zum Mittleren Abschluß

Hauptschulabschluß

AUFBAU-GYMNASIUM

Schulversuch mit 10. Klasse. Mittlerer Abschluß möglich

HAUPTSCHULE

BERUFLICHE SCHULEN

REALSCHULE

Hochschulreife

BERUF-LICHES GYMNASIUM

GYMNASIALE OBERSTUFE

Mittlerer Abschluß

GYMNASIUM

1   2   3

Nach vier Grundschuljahren gibt es drei Möglichkeiten

Baden-Württemberg

Orientierungs- oder Förderstufen (> Seite 683) gibt es nicht als generelles Angebot. Nur 0,5 Prozent aller Elfjährigen besuchen Schulen, die diese Möglichkeit anbieten. Bei allen anderen entscheidet der Zensurendurchschnitt und ein Gutachten der Grundschule über den weiteren Weg ins Gymnasium, in die Haupt- oder Realschule. Eltern, die sich für ihr Kind einen anderen Bildungsgang als den von der Klassenkonferenz empfohlenen vorstellen, können dies versuchen: Das Kind muß allerdings eine Aufnahmeprüfung mit gutem Ergebnis bestehen.

Besonderheiten

Der Hauptschulabschluß wird in der neunten Klasse erworben. Daneben ist es im Rahmen eines Schulversuchs möglich, die zehnte Klasse in der Hauptschule zu besuchen. In diese Modellvariante sind derzeit rund ein Drittel aller HauptschülerIn-

nen einbezogen. Mit entsprechenden Noten können sie die mittlere Reife erwerben. Die Teilnahme ist jedoch an die Empfehlung der Klassenkonferenz und/oder den Notendurchschnitt in der neunten Klasse gebunden.

Gleichzeitig wird das sogenannte »9+3«-Modell angeboten. Es bedeutet, daß jene SchülerInnen, die nach neun Hauptschuljahren und drei Jahren Berufsausbildung im dualen System einen Gesamtnotendurchschnitt von 2,5 erreichen, ebenfalls den mittleren Bildungsabschluß erhalten. Rund ein Drittel der Jugendlichen mit Realschulabschluß gehen an »Berufskollegs« weiter, die der Fachoberschule entsprechen. Der Übergang ins berufliche Gymnasium setzt den mittleren Abschluß und einen Notendurchschnitt von 3,0 in Deutsch, Englisch und Mathematik voraus, wobei keine Note schlechter als »ausreichend« sein darf. Daneben gibt es auch Aufbaugymnasien mit Internat, in die Kinder mit sehr guten Noten nach der sechsten, siebten bzw. achten Klasse wechseln können.

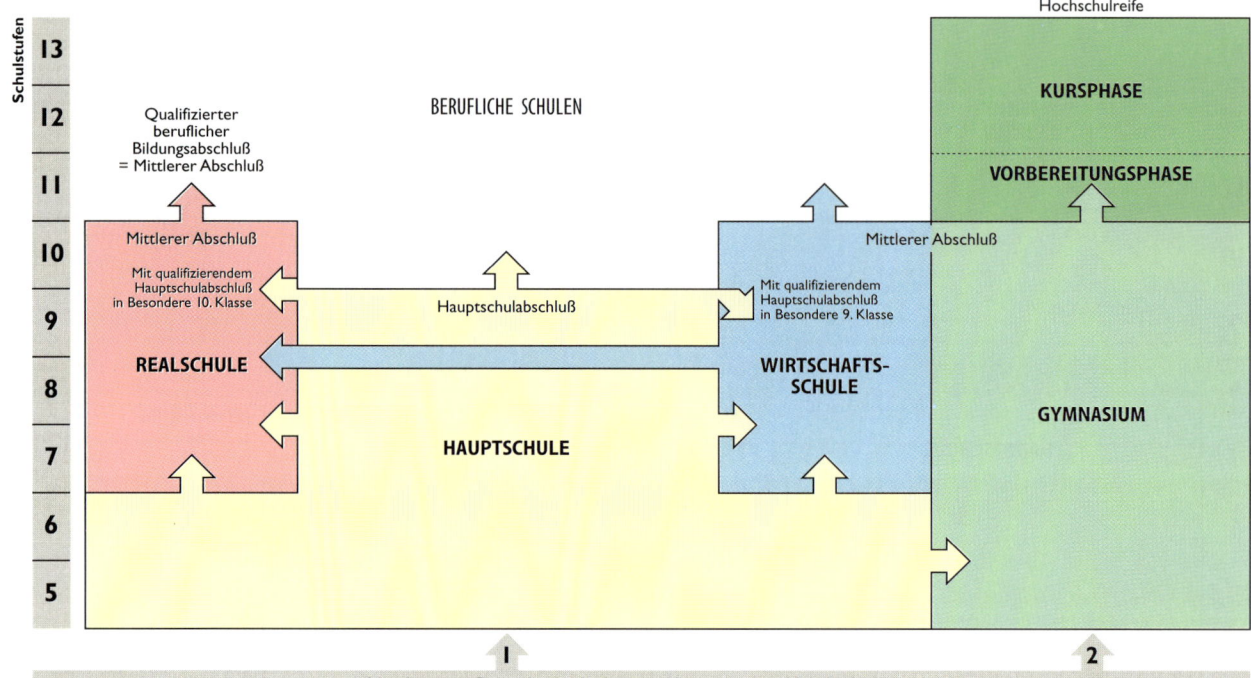

Schulstufen

13
12
11
10
9
8
7
6
5

Qualifizierter beruflicher Bildungsabschluß = Mittlerer Abschluß

BERUFLICHE SCHULEN

Hochschulreife

KURSPHASE

VORBEREITUNGSPHASE

Mittlerer Abschluß

Mit qualifizierendem Hauptschulabschluß in Besondere 10. Klasse

REALSCHULE

Hauptschulabschluß

Mittlerer Abschluß

Mit qualifizierendem Hauptschulabschluß in Besondere 9. Klasse

WIRTSCHAFTS-SCHULE

GYMNASIUM

HAUPTSCHULE

1   2

Nach vier Grundschuljahren gibt es zwei Möglichkeiten

Bayern

Über den Bildungsgang entscheidet immer der Notendurchschnitt und ein Gutachten der Schule, unabhängig davon, ob es sich um die Aufnahme ins Gymnasium, in die Real- oder Wirtschaftsschule handelt. Kinder, die die verlangten Voraussetzungen nicht erfüllen, können an einem Probeunterricht teilnehmen. Die letzte Entscheidung liegt in der Hand der Schulleitung. Generell öffnet sich der Weg in die Realschule erst nach der sechsten Klasse.

Besonderheiten

Bayern ermöglicht nach der fünften Klasse kaum noch Übertrittsmöglichkeiten ins Gymnasium. Aufbauformen oder berufliche Gymnasien gibt es nicht. In der Hauptschule ist es möglich, einen »qualifizierenden Abschluß« nach der neunten Klasse zu bekommen. Alle SchülerInnen können an einer besonderen Leistungsfeststellung teilneh-men und, falls sie die Gesamtbewertung 3,0 erhalten, in die »Besondere 10. Klasse« der Realschule oder in die »Besondere 9. Klasse« der Wirtschaftsschule weitergehen. Auf diese Weise wird ein mittlerer Abschluß möglich.

Die Wirtschaftsschulen zählen bereits zum beruflichen Bildungsbereich und sind eine bayerische Besonderheit. Sie sollen die Allgemeinbildung der Kinder fördern und Grundkenntnisse für die Wirtschafts- und Verwaltungsberufe vermitteln. In der Regel treten die Jugendlichen nach der sechsten oder siebten Klasse Hauptschule ein und schließen mit dem Wirtschaftsschulabschluß (= mittlere Reife) in der zehnten Klasse ab. Eine weitere Variante ist der »qualifizierte berufliche Bildungsabschluß«, mit dem Jugendliche, die gute Durchschnittsnoten in Schule und Berufsausbildung erhalten haben, ebenfalls einen mittleren Abschluß bekommen. Damit wird der Weg zur Fachhochschulreife möglich. Die allgemeine Hochschulreife kann bis zur 13. Klasse, jedoch nur im üblichen Gymnasium erworben werden.

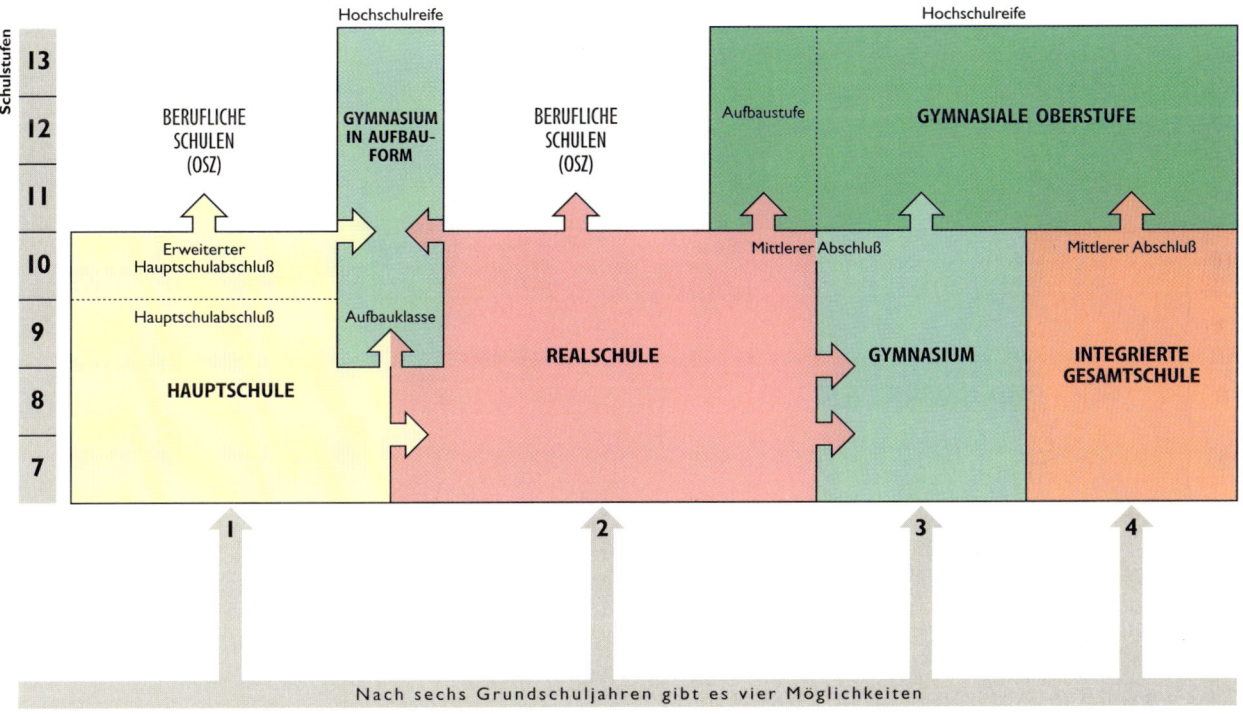

Schulstufen

Schulstufen			
13			
12	BERUFLICHE SCHULEN (OSZ)	GYMNASIUM IN AUFBAU-FORM (Hochschulreife)	BERUFLICHE SCHULEN (OSZ)
11			
10	Erweiterter Hauptschulabschluß		Mittlerer Abschluß
9	Hauptschulabschluß	Aufbauklasse	
8	HAUPTSCHULE	REALSCHULE	GYMNASIUM / INTEGRIERTE GESAMTSCHULE
7			

Aufbaustufe — GYMNASIALE OBERSTUFE (Hochschulreife)

Mittlerer Abschluß

Nach sechs Grundschuljahren gibt es vier Möglichkeiten

1   2   3   4

Berlin

Die LehrerInnen erstellen während der sechsten Klasse Grundschule ein Gutachten und geben eine weiterführende Schulempfehlung für das Kind ab. Die Eltern sind jedoch nicht an diese Empfehlung gebunden (> Darauf sollten Sie achten, Seite 681). Das Gymnasium und die Realschule beginnen allerdings immer mit einem Probehalbjahr, so daß das Kind auch noch während der siebten Klasse die Schule wechseln kann, wenn Lernschwierigkeiten auftreten.

Besonderheiten

Alle Berliner Kinder gehen – bis auf sehr wenige Ausnahmen – sechs Jahre in die Grundschule und haben dann vier Wahlmöglichkeiten: Gymnasium, Haupt-, Real- oder Gesamtschule. Die Hauptschule umfaßt generell die zehnte Klasse und ermöglicht nach dem erfolgreichen Besuch den »erweiterten Hauptschulabschluß«. Übertrittsmöglichkeiten für Haupt- und RealschülerInnen ins Gymnasium gibt es in der siebten und achten Klasse. Zusätzlich werden besondere Aufbauklassen für Vierzehnjährige (9. Jahrgangsstufe) angeboten, die ebenfalls den Übergang ins Gymnasium ermöglichen. Kinder, die ihre Realschulzeit mit mindestens befriedigenden Leistungen abschließen, können in die gymnasiale Oberstufe (Aufbauform) oder in ein Oberstufenzentrum wechseln.

In den Oberstufenzentren (OSZ) sind die beruflichen Schulen nach bestimmten Feldern organisatorisch zusammengefaßt, um den »schulischen« Anteil der beruflichen Bildung zu stärken. Eine Reihe von Oberstufenzentren bieten gymnasiale Oberstufen an, in denen sich die berufliche und allgemeine Bildung verzahnen. In der Einführungsphase (11. Klasse) haben die beruflichen Fächer dann einen wichtigen Anteil am Stundenplan. Über das Abitur erreichen die Kinder damit – wie in den anderen Gymnasien – die allgemeine Hochschulreife.

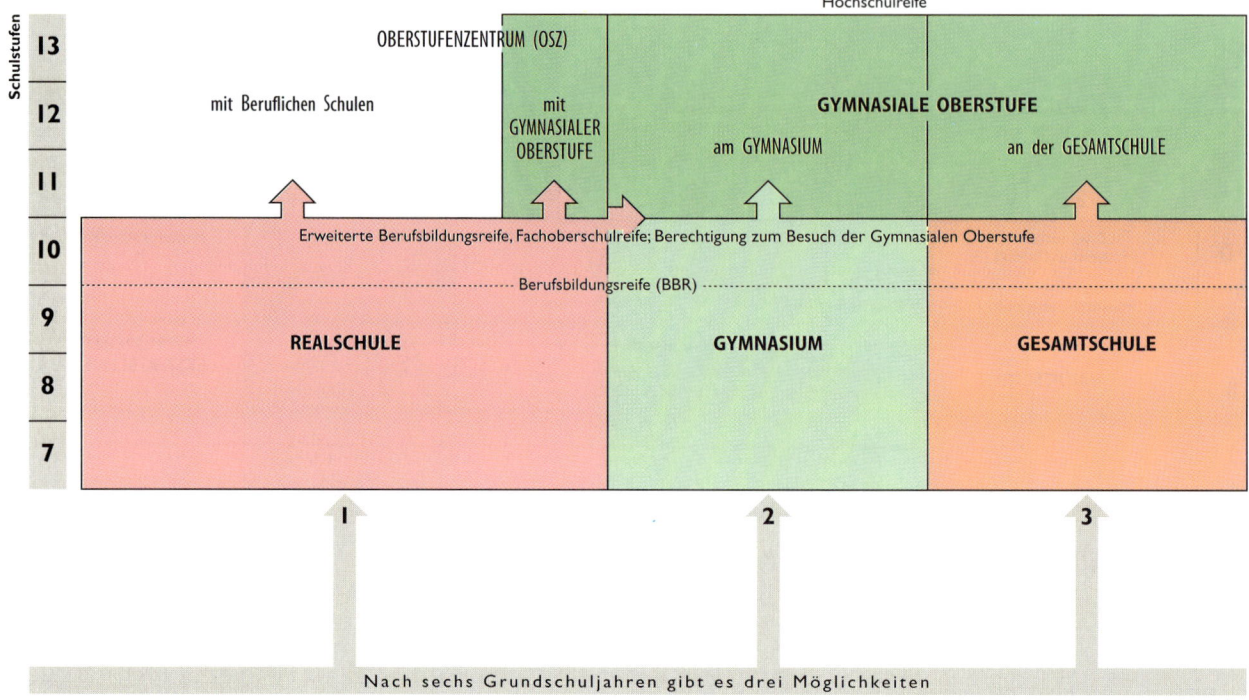

Nach sechs Grundschuljahren gibt es drei Möglichkeiten

Brandenburg

Am Ende der sechsjährigen Grundschulzeit wird ein Gutachten erstellt, das beschreibt, für welche weitere schulische Förderung das Kind am besten geeignet erscheint: Gesamtschule, Gymnasium oder Realschule. Diese Empfehlung soll eine Entscheidungshilfe für die Eltern sein. Sie können den weiteren Bildungsgang bestimmen. Sobald eine Schule das Kind aufgenommen hat, steht die Entscheidung fest. Wer einmal aufgenommen ist, behält gewissermaßen ein Bleiberecht.

Besonderheiten

Brandenburg hat keine Hauptschule und führt alle Kinder bis zum Ende der zehnten Klasse. Dadurch wird allen SchülerInnen – nach dem erfolgreichen Abschluß der zehnten Klasse – ein mittlerer Abschluß ermöglicht, ohne daß dafür die sonst übliche Hürde von der Haupt- in die Realschule

überwunden oder spezielle Prüfungen abgelegt werden müßten. Wer die neunte Klasse erfolgreich absolviert, erhält die Berufsbildungsreife (BBR), die in anderen Ländern dem Hauptschulabschluß entspricht.

Alle Schulformen – Gymnasium, Real- und Gesamtschule – vergeben nach der zehnten Klasse, je nach Erfolg des Kindes, die erweiterte Berufsbildungsreife, die dem erweiterten Hauptschulabschluß anderer Bundesländer entspricht, die Fachoberschulreife (= »mittlere Reife«) und die Berechtigung zum Besuch der gymnasialen Oberstufe, wenn das Kind ein bestimmtes Leistungsniveau erreicht hat. Alle Schulen unterrichten nach gleichen Rahmenplänen, also stufen- statt schulformbezogen. Dadurch fällt der Schulwechsel (> Seite 676) – falls nötig – leichter.

Die beruflichen Schulen sind in Oberstufenzentren (OSZ) organisatorisch zusammengefaßt und bieten alle beruflichen Schulformen und die gymnasiale Oberstufe an.

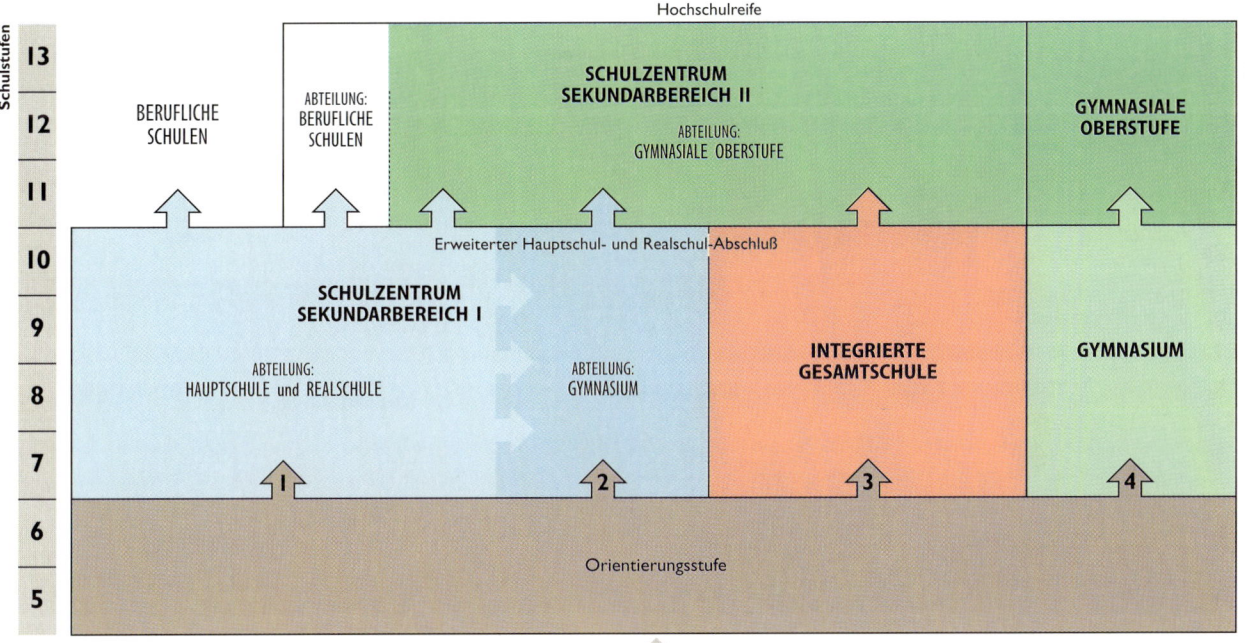

Bremen

Nach der Grundschule und der zweijährigen obligatorischen Orientierungsstufe entscheiden die Eltern über den weiteren Weg des Kindes. Im Gymnasium und in der Realschule gilt die siebte Klasse als Probejahr: Wer nicht versetzt wird, muß den Bildungsgang wieder verlassen.

Besonderheiten

Die meisten Schulen sind sogenannte Schulzentren (Sekundarstufe I), die »unter einem Dach« drei Abteilungen zusammenfassen: die Orientierungsstufe, das Gymnasium und die Haupt- und Realschule. Jede Lehrerin und jeder Lehrer soll in jeder Abteilung unterrichten. Das entspricht im wesentlichen der Struktur kooperativer Gesamtschulen. Diese Organisation erleichtert es Kindern mit guten Leistungen, jeweils am Ende eines Schuljahrs von einer Schulform in die andere zu wechseln.

Dort, wo es die Eltern und Lehrerkollegien mehrheitlich wollen, können die Schulzentren in integrierte Gesamtschulen weiterentwickelt werden.

Die Hauptschule umfaßt immer auch die zehnte Klasse. Sie endet mit dem erweiterten Hauptschulabschluß, und Kinder, die einen besonders guten Notendurchschnitt erhalten, können ihren Abschluß auch mit dem Realschulabschluß gleichstellen lassen. Um von der Realschule in die gymnasiale Oberstufe weitergehen zu können, brauchen die Jugendlichen ein Abschlußzeugnis mit »im Durchschnitt befriedigenden« Leistungen. Dieser Weg ist auch ohne zweite Fremdsprache möglich.

Die gymnasialen Oberstufen und beruflichen Schulen sind ebenfalls meist in Schulzentren (Sekundarstufe II) zusammengefaßt. Durch die organsiatorische Zusammenfassung soll es auch außerhalb des Pflichtunterrichts für BerufsschülerInnen und GymnasiastInnen möglich werden, in Projekten und Arbeitsgemeinschaften zusammen zu lernen.

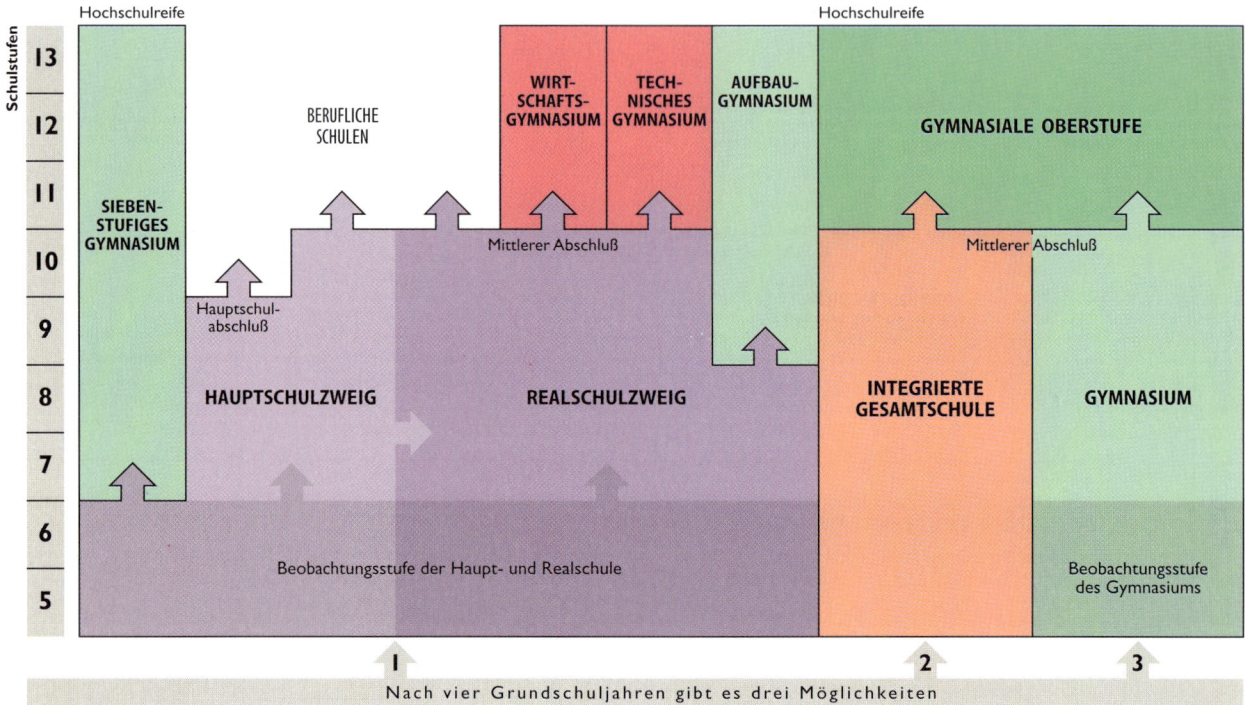

Schulstufen

Hochschulreife

Hochschulreife

13

12

11

10

9

8

7

6

5

SIEBEN-STUFIGES GYMNASIUM

BERUFLICHE SCHULEN

WIRT-SCHAFTS-GYMNASIUM

TECH-NISCHES GYMNASIUM

AUFBAU-GYMNASIUM

GYMNASIALE OBERSTUFE

Hauptschul-abschluß

Mittlerer Abschluß

Mittlerer Abschluß

HAUPTSCHULZWEIG

REALSCHULZWEIG

INTEGRIERTE GESAMTSCHULE

GYMNASIUM

Beobachtungsstufe der Haupt- und Realschule

Beobachtungsstufe des Gymnasiums

1

2

3

Nach vier Grundschuljahren gibt es drei Möglichkeiten

Hamburg

Die Eltern entscheiden darüber, ob ihr Kind nach der Grundschule ins Gymnasium, in die Gesamtschule oder in die gemeinsame Beobachtungsstufe der Haupt- oder Realschule weitergehen soll. Nach dem Abschluß der Beobachtungsstufe wird die »erfolgreiche Mitarbeit« der Kinder zur Voraussetzung für den weiteren Weg.

Besonderheiten

Die Noten entscheiden am Ende der Beobachtungsstufe (6. Klasse) darüber, ob ein Kind in der gewählten Schulart bleibt oder wechseln muß. Auf diese Weise wirkt die Beobachtungsstufe wie eine zweijährige Probezeit. Eigene Orientierungsstufen gibt es nur noch an sehr wenigen Schulen.

Die Hauptschule führt bis zur neunten Klasse. Wer den Hauptschulabschluß erworben hat, kann freiwillig die zehnte Klasse besuchen. Die Haupt- und Realschule sind meist organisatorisch zusammengefaßt. Um den Übergang zu erleichtern, werden in einigen Modellschulen die Haupt- und RealschülerInnen gemeinsam unterrichtet. Jene Kinder, die in der Beobachtungsstufe einen guten Notendurchschnitt bekommen, können von der Haupt- und Realschule in das siebenstufige Gymnasium wechseln.

Eine weitere Übergangsmöglichkeit von der Realschule ins Gymnasium (Aufbauform) gibt es für die SchülerInnen nach der achten Klasse, wenn sie die »Voraussetzungen für eine erfolgreiche Mitarbeit« erfüllen. Mit dem Realschulabschluß (mittlerer Abschluß) ist es immer möglich, in ein Wirtschafts- oder technisches Gymnasium weiterzugehen oder ein Aufbaugymnasium zu besuchen: Sie führen alle zur allgemeinen Hochschulreife. Wer an der gymnasialen Oberstufe kein Abitur machen will, kann – unter bestimmten Voraussetzungen – nach der zwölften Klasse auch den »schulischen« Teil der Fachhochschulreife zuerkannt bekommen.

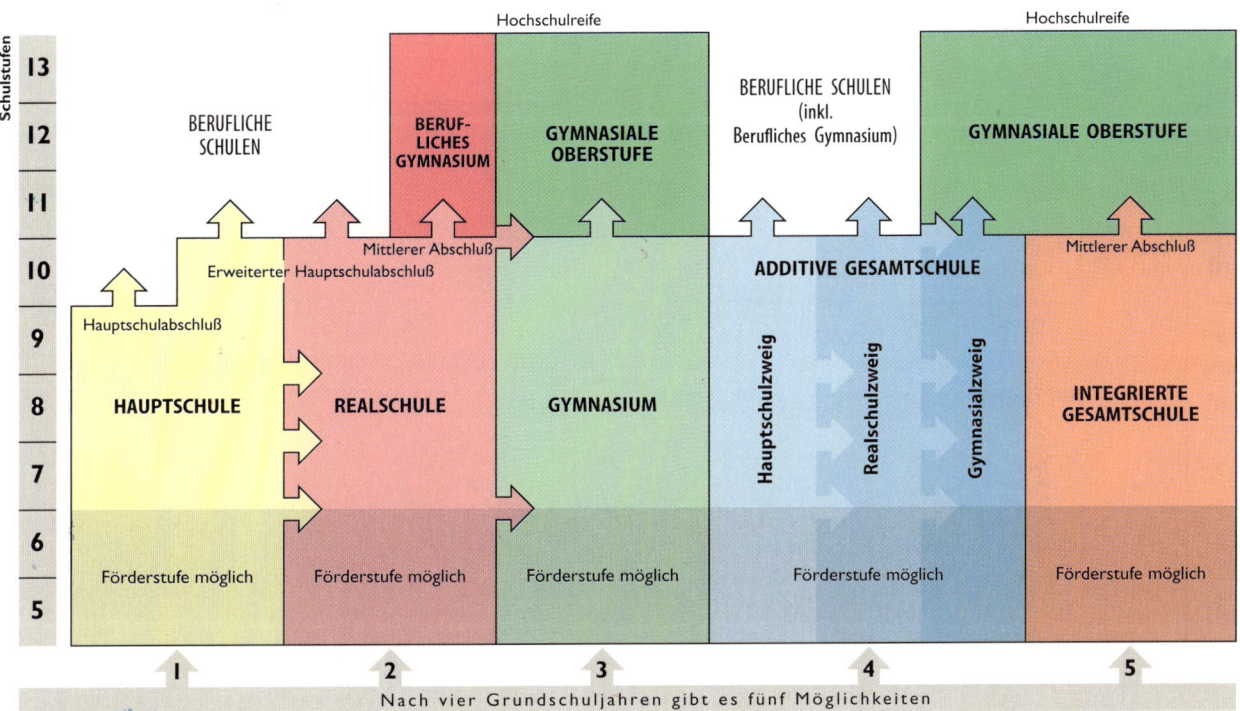

Schulstufen

| 13 | 12 | 11 | 10 | 9 | 8 | 7 | 6 | 5 |

BERUFLICHE SCHULEN

Hochschulreife

BERUF-LICHES GYMNASIUM

GYMNASIALE OBERSTUFE

BERUFLICHE SCHULEN (inkl. Berufliches Gymnasium)

Hochschulreife

GYMNASIALE OBERSTUFE

Mittlerer Abschluß

Erweiterter Hauptschulabschluß

Hauptschulabschluß

ADDITIVE GESAMTSCHULE

Mittlerer Abschluß

HAUPTSCHULE

REALSCHULE

GYMNASIUM

Hauptschulzweig   Realschulzweig   Gymnasialzweig

INTEGRIERTE GESAMTSCHULE

Förderstufe möglich   Förderstufe möglich   Förderstufe möglich   Förderstufe möglich   Förderstufe möglich

1   2   3   4   5

Nach vier Grundschuljahren gibt es fünf Möglichkeiten

Hessen

Die Wahl des Bildungsgangs ist Sache der Eltern. Wenn sie sich wünschen, daß ihr Kind ins Gymnasium oder in die Realschule gehen soll, erstellt die Grundschule eine Art Prognose darüber, ob die bisherige Lernentwicklung, und die Arbeitshaltung des Kindes eine erfolgreiche Teilnahme in der gewählten Schulform erwarten lassen.

Besonderheiten

Hessen verfügt über eine breites Angebot an integrierten Gesamtschulen. Daneben bieten die meisten Förderstufen eine zusätzliche Orientierungsmöglichkeit. Die Kinder werden in Mathematik und Englisch auf drei Anspruchsebenen unterrichtet und – je nach Leistung und Begabung – auf die siebte Klasse im Gymnasium, in der Haupt- oder Realschule vorbereitet. So ist

der Übergang, beispielsweise von der Haupt- in die Realschule, nach der sechsten Klasse ohne Hürden möglich. Die Hauptschule führt bis zur neunten Klasse; ein Teil der Hauptschulen bietet ein freiwilliges zehntes Jahr an. Die Kinder erhalten danach den »erweiterten Hauptschulabschluß« und können über spezielle Prüfungen den Realschulabschluß erwerben (= mittlerer Abschluß). Die mittlere Reife ist – unter bestimmten Voraussetzungen – auch nach dem Abschluß in einem anerkannten Ausbildungsberuf möglich, wenn die Jugendlichen mindestens »befriedigende« Noten in Deutsch, Englisch und in den berufsbezogenen Fächern erhalten haben.

Der Realschulabschluß eröffnet den üblichen Zugang zu den beruflichen Schulen, zu den beruflichen Gymnasien und – bei entsprechender Eignung – zur elften Klasse der gymnasialen Oberstufe. Auf diesem Weg kann die Allgemeine Hochschulreife erreicht werden.

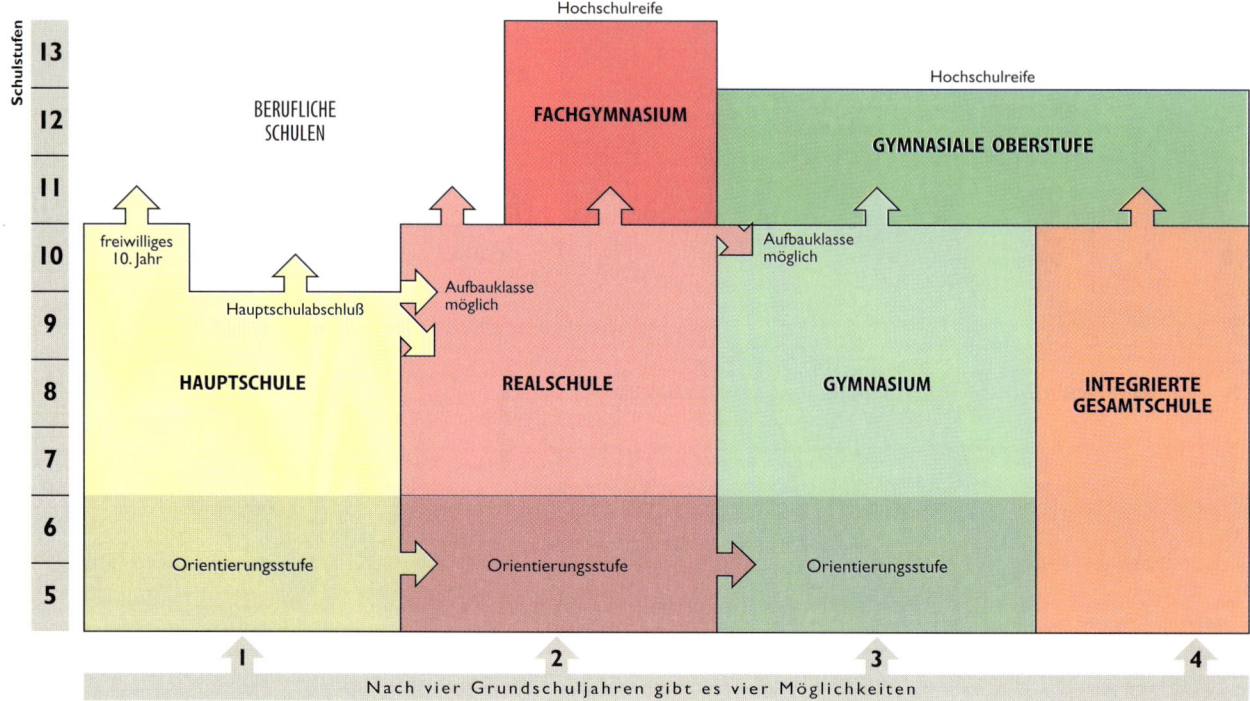

Nach vier Grundschuljahren gibt es vier Möglichkeiten

1   2   3   4

Mecklenburg-Vorpommern

Nach der Grundschulzeit geben die LehrerInnen eine Empfehlung über die weitere Schullaufbahn des Kindes ab. Falls die Eltern diesem Vorschlag nicht folgen wollen, entscheidet letztlich der Elternwille über den weiteren Bildungsweg.

Besonderheiten

In den unterschiedlichen Schularten gibt es jeweils eine zweijährige Orientierungsphase, in der die Kinder noch einmal Sicherheit über »ihre« individuelle Laufbahn gewinnen können. Die Hauptschule führt bis zur neunten Klasse. Einige Schulen bieten ein freiwilliges zehntes Jahr an, verbinden damit jedoch keinen »erweiterten Abschluß«. HauptschülerInnen, die zur mittleren Reife wollen, müssen ihre Schullaufbahn um ein Jahr verlängern: Mit entsprechenden Leistungen können sie nochmals in die neunte Klasse gehen, diesmal

jedoch in der Realschule. Besonders Begabten wird der Wechsel in die zehnte Klasse Realschule ermöglicht. Zusätzlich können Realschulaufbauklassen (10.) eingerichtet werden, wenn sich genügend SchülerInnen dafür finden.

Ein ähnliches Verfahren ist bei RealschülerInnen möglich, die sich in Richtung Studium orientieren. Mit guten Noten können sie in die zehnte Klasse Gymnasium wechseln, wenn sich in einer Schule genug Jugendliche für die Einrichtung einer gymnasialen Aufbauklasse interessieren. Neben den anderen beruflichen Schulen eröffnet das dreijährige Fachgymnasium eine weitere Möglichkeit zum Abitur für jene, die den mittleren Abschluß erreicht haben. Damit ist dieser Weg zur allgemeinen Hochschulreife um ein Jahr länger (bis zur 13. Klasse) als für jene Landeskinder, die bereits in der fünften Klasse Gymnasium oder Gesamtschule starten: Mecklenburg-Vorpommern gehört zu jenen Ländern, die eine nur zweijährige gymnasiale Oberstufe haben und damit bereits den Achtzehnjährigen das Abitur ermöglichen.

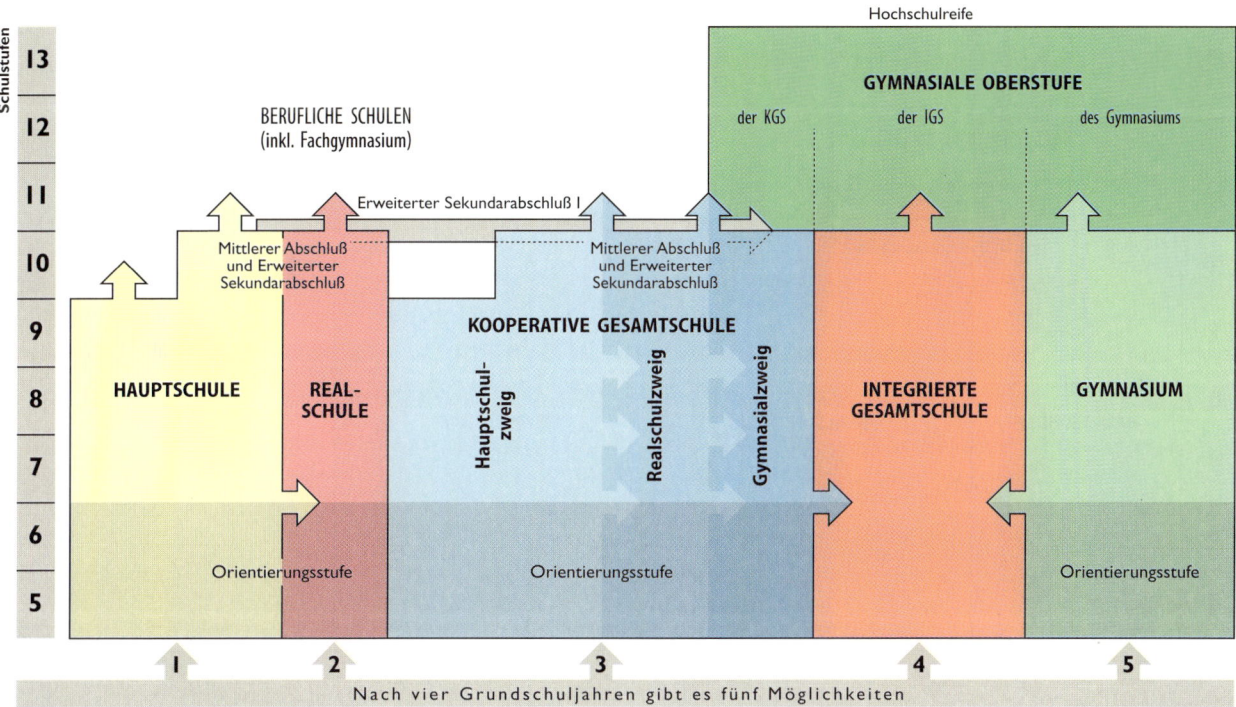

Schulstufen

13 12 11 10 9 8 7 6 5

Hochschulreife

GYMNASIALE OBERSTUFE

der KGS   der IGS   des Gymnasiums

BERUFLICHE SCHULEN
(inkl. Fachgymnasium)

Erweiterter Sekundarabschluß I

Mittlerer Abschluß
und Erweiterter
Sekundarabschluß

Mittlerer Abschluß
und Erweiterter
Sekundarabschluß

KOOPERATIVE GESAMTSCHULE

HAUPTSCHULE   **REAL-SCHULE**   Hauptschul-zweig   Realschulzweig   Gymnasialzweig   **INTEGRIERTE GESAMTSCHULE**   **GYMNASIUM**

Orientierungsstufe   Orientierungsstufe   Orientierungsstufe

1   2   3   4   5

Nach vier Grundschuljahren gibt es fünf Möglichkeiten

Niedersachsen

In Niedersachsen besuchen alle Kinder nach der Grundschule die zweijährige Orientierungsstufe. In der sechsten Klasse fällt die Entscheidung über den weiteren Bildungsweg des Kindes, je nachdem, wie die bisherigen Erfolge sind (> Darauf sollten Sie achten, Seite 681).

Besonderheiten

Teilweise bieten die Hauptschulen nach der neunten Klasse eine freiwillige zehnte Klasse an und ermöglichen auf diese Weise den »qualifizierten Hauptschulabschluß«. Damit können die Jugendlichen in das dritte Halbjahr der Berufsaufbauschule (> Seite 688) wechseln. Gleichzeitig ist mit der zehnten Klasse der Realschulabschluß möglich und, mit den entsprechenden Noten, der »erweiterte Sekundarabschluß I«: Er öffnet den Weg zur gymnasialen Oberstufe und den Fachgymnasien.

Viele Haupt- und Realschulen werden als kombinierte rechtliche Einheiten geführt. Dabei gibt es meist nur wenig Abstimmung untereinander. Der Wechsel von einer Form in die andere ist für die Kinder also schwierig. Größere Chancen auf einen Umstieg bieten sich an den kooperativen Gesamtschulen.

An den integrierten Gesamt- und Realschulen Niedersachsens gibt es keine Anforderungsdifferenzierung in den Pflichtfächern. Das heißt, die Kinder einer Klasse werden auf einer Anforderungsebene unterrichtet, für besonders engagierte SchülerInnen können besondere Leistungskurse eingerichtet werden.

Jugendliche, die eine Real- oder Gesamtschule mit entsprechendem Erfolg abschließen, können den »erweiterten Sekundarabschluß I« erwerben und damit in jede andere Schule des Sekundarbereichs II weitergehen. So ist es für die SchülerInnen auf diesem Weg auch immer möglich, zur allgemeinen Hochschulreife zu kommen.

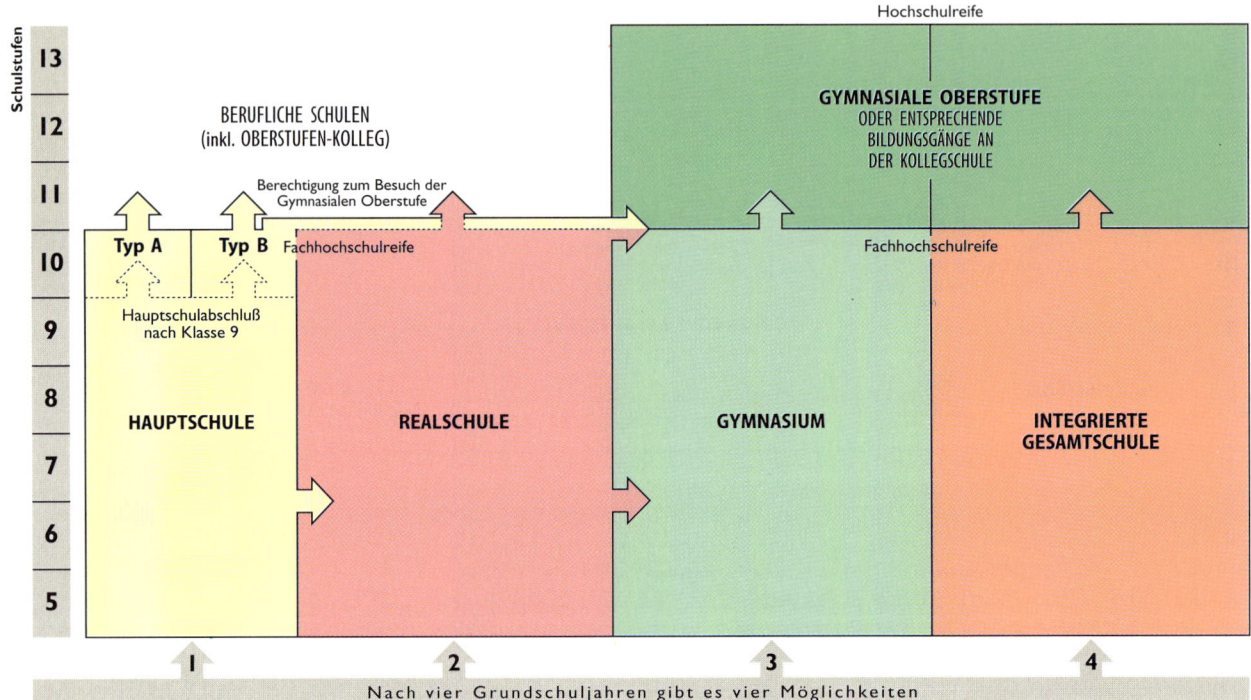

Schulstufen: 13 12 11 10 9 8 7 6 5

Hochschulreife

GYMNASIALE OBERSTUFE
ODER ENTSPRECHENDE
BILDUNGSGÄNGE AN
DER KOLLEGSCHULE

BERUFLICHE SCHULEN
(inkl. OBERSTUFEN-KOLLEG)

Berechtigung zum Besuch der
Gymnasialen Oberstufe

Typ A   Typ B   Fachhochschulreife

Fachhochschulreife

Hauptschulabschluß
nach Klasse 9

HAUPTSCHULE   REALSCHULE   GYMNASIUM   INTEGRIERTE GESAMTSCHULE

1   2   3   4

Nach vier Grundschuljahren gibt es vier Möglichkeiten

Nordrhein-Westfalen

Kinder, die von der Grundschule ausdrücklich als »nicht geeignet« für die Realschule oder das Gymnasium beurteilt werden, müssen, um in die gewünschte Schulform zu kommen, erfolgreich an einem Probeunterricht teilnehmen.

Besonderheiten

Alle Hauptschulen bieten eine zehnte Klasse an. Danach kommt es zu einer Differenzierung: Es gibt zehnte Klassen nach dem Typ A und nach dem Typ B. Nach dem Typ A können die Jugendlichen über berufliche Schulen und entsprechende Noten die mittlere Reife (= Fachoberschulreife) erreichen.

Der Typ B stellt eine Besonderheit dar. In ihn können nur jene Kinder eintreten, die in Deutsch, Mathematik und Englisch mindestens befriedigende Leistungen erreicht haben. Mit dem Abschluß dieses Klassentyps bekommen die Jugendlichen den mittleren Abschluß und erhalten, wenn sie in den Fächern Deutsch, Mathematik und Englisch gute Leistungen erbracht haben, die Berechtigung, eine gymnasiale Oberstufe zu besuchen. Damit ermöglicht der Hauptschulabschluß den gleichen weiterführenden Bildungsweg wie ein qualifizierter Realschulabschluß. Auch mit ihm können die SchülerInnen nahtlos in die gymnasiale Oberstufe weitergehen, wenn sie in den Fächern Deutsch, Mathematik und Englisch mindestens gute Leistungen erbracht oder befriedigende Noten in diesen drei plus drei weiteren Fächern bekommen haben.

Neben diesen Anschlußmöglichkeiten gibt es auch für jene Jugendlichen einen Weg an die Universität, die keine zweite Fremdsprache (> Seite 686) erlernt haben: Sie können mit der Abiturprüfung die »Hochschulreife für das Land Nordrhein-Westfalen« erwerben und damit an den Universitäten und Hochschulen des Landes studieren (Ausnahme: z.B. Numerus-clausus-Fächer).

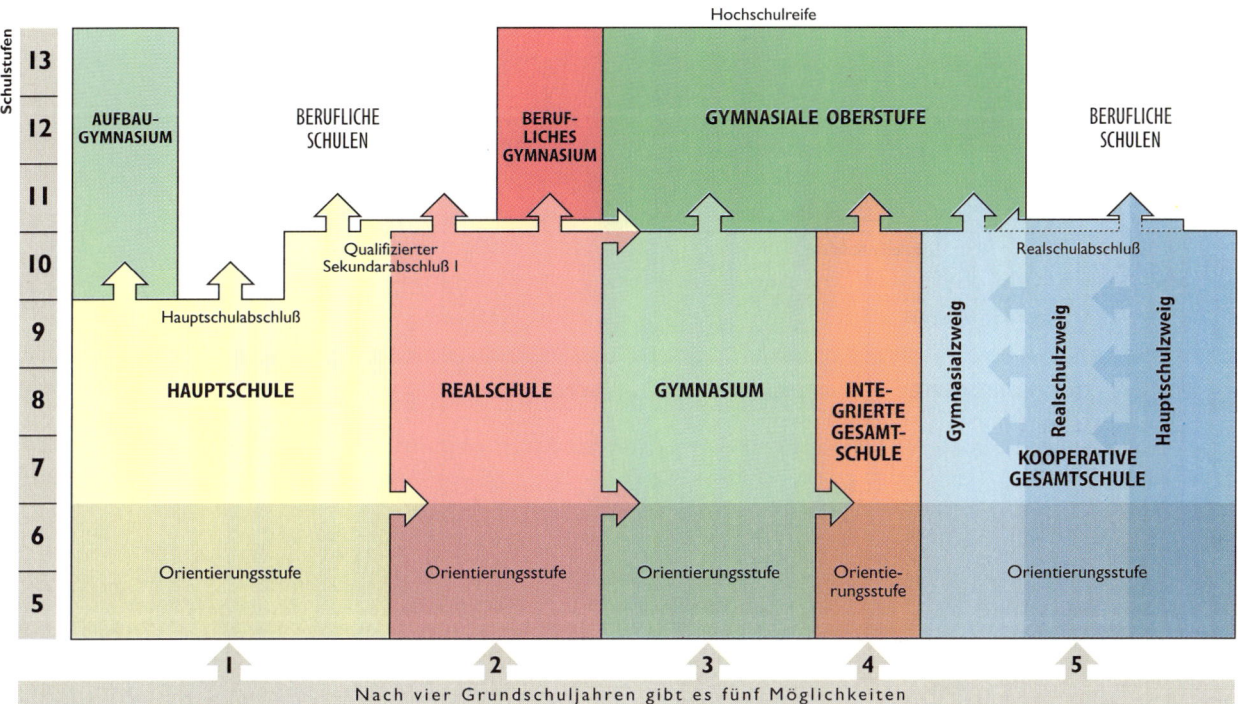

Schulstufen

Schulstufen		
13		
12		
11		
10		
9		
8		
7		
6		
5		

Hochschulreife

AUFBAU-GYMNASIUM

BERUFLICHE SCHULEN

BERUF-LICHES GYMNASIUM

GYMNASIALE OBERSTUFE

BERUFLICHE SCHULEN

Qualifizierter Sekundarabschluß I

Realschulabschluß

Hauptschulabschluß

HAUPTSCHULE

REALSCHULE

GYMNASIUM

INTE-GRIERTE GESAMT-SCHULE

Gymnasialzweig

Realschulzweig

Hauptschulzweig

KOOPERATIVE GESAMTSCHULE

Orientierungsstufe

Orientierungsstufe

Orientierungsstufe

Orientie-rungsstufe

Orientierungsstufe

1   2   3   4   5

Nach vier Grundschuljahren gibt es fünf Möglichkeiten

Rheinland-Pfalz

Nach der Grundschule können die Eltern die zukünftige Schullaufbahn ihres Kindes frei wählen. Die fünfte und sechste Klasse entsprechen einer Beobachtungsstufe. Wer in die siebte Klasse einer anspruchsvolleren Schulform »aufsteigen« will, braucht dafür eine besondere Empfehlung. Wer von der Hauptschule in die siebte Klasse Realschule weitergehen will, muß unter Umständen eine Aufnahmeprüfung bestehen.

Besonderheiten

Insgesamt gibt es nur sehr wenige integrierte und kooperative Gesamtschulen, die viele Jahre ausschließlich als »Versuch« geführt und erst 1991/92 im Regelschulwesen etabliert wurden.
Die überwiegende Mehrheit der Kinder sind ab dem zehnten Lebensjahr bereits nach den verschiedenen Schulformen getrennt, aber sie können mit der entsprechenden Empfehlung zwischen der sechsten und siebten Klasse noch einmal »zur Seite« wechseln. Für »besonders empfohlene« HauptschülerInnen gibt es ein vierjähriges Aufbaugymnasium, das unmittelbar an die neunte Klasse anschließt, in der Regel mit einem Internat verbunden ist und zur Hochschulreife führt.
In zentral gelegenen Hauptschulen können leistungsfähige SchülerInnen ein freiwilliges zehntes Schuljahr besuchen. Wer diese zehnte Klasse erfolgreich absolviert, hat den mittleren Abschluß (= qualifizierter Sekundarabschluß I) erreicht. Mit guten Noten und einer besonderen Empfehlung ist es möglich, in die elfte Klasse der gymnasialen Oberstufe weiterzugehen. Das gilt auch für die RealschülerInnen nach der zehnten Klasse.
Die beruflichen Gymnasien werden mit den Schwerpunkten Wirtschaft oder Technik angeboten. Wer aufgenommen werden will, braucht nicht nur den mittleren Abschluß, sondern mindestens den Notendurchschnitt 3,0.

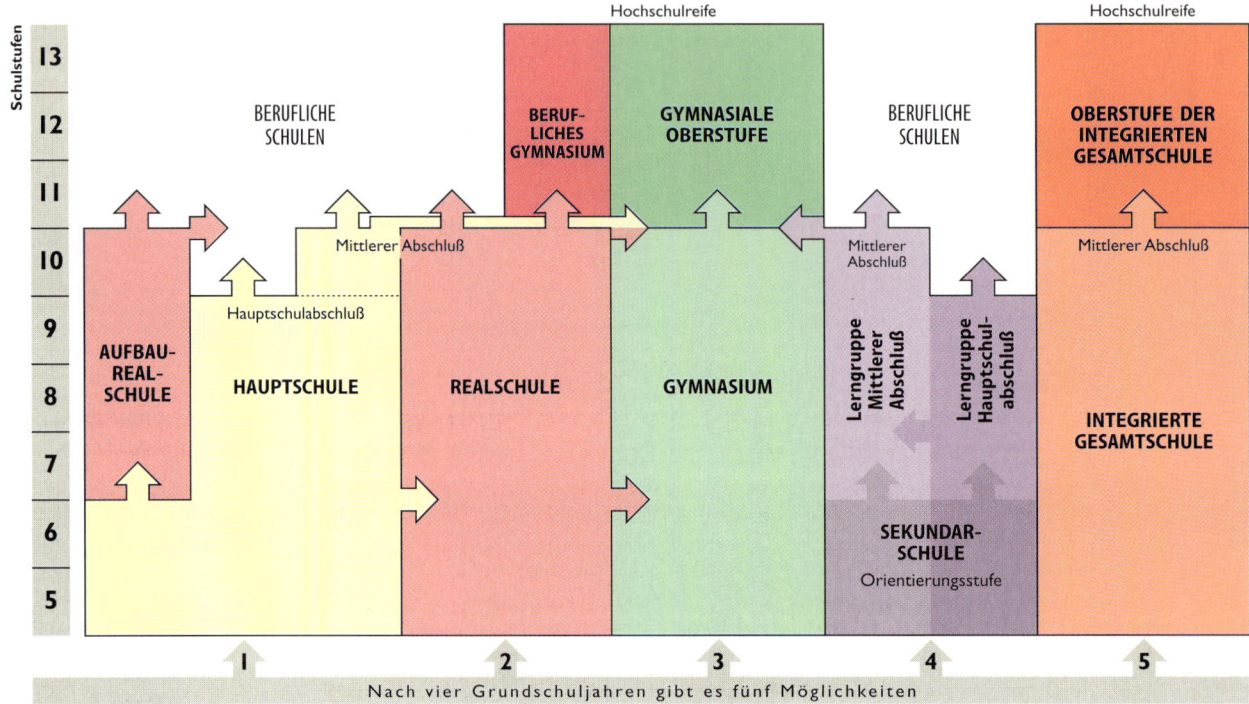

Saarland

Die Eltern bekommen einen Bericht über die Entwicklung des Kindes während der Grundschulzeit und können den weiteren Bildungsgang bestimmen. In allen Schulformen gibt es eine Art Orientierungsphase (5./6. Klasse), an deren Ende die Klassenkonferenz über die weitere Schullaufbahn entscheidet.

Besonderheiten

Die Hauptschule führt bis zur neunten Klasse. Ab der achten Klasse werden einige Fächer unter erhöhten Anforderungen und/oder in eigenen Leistungskursen unterrichtet. SchülerInnen, die dabei mit besonders guten Noten in Deutsch, Französisch, Mathematik, Physik/Chemie und Arbeitslehre abschneiden, können mit ihrem Abschlußzeugnis »freiwillig« in das zehnte Schuljahr der Hauptschule eintreten und dadurch den mittleren Bildungsabschluß erreichen. Der Weg zum mittleren Abschluß ist auch über eine vierstufige Aufbaurealschule möglich, in die jene Kinder aufgenommen werden, die in der sechsten Klasse der Hauptschule eine entsprechende Empfehlung von der Klassenkonferenz bekommen.

Die Sekundarschulen sind eine kooperative Einheit aus Haupt- und Realschule, in der die Kinder zunächst zwei Jahre lang gemeinsam unterrichtet werden (Orientierungsstufe), bis es in der siebten Klasse zur Trennung kommt: Eine Gruppe wird auf den Hauptschulabschluß vorbereitet, die andere auf den mittleren Abschluß, gleichbedeutend dem Realschulabschluß. Mit einem besonders guten Abschlußzeugnis aus der Realschule ist es auch ohne Aufnahmeprüfung möglich, in die elfte Klasse der gymnasialen Oberstufe weiterzugehen.

Die integrierte Gesamtschule führt immer bis zur dreizehnten Klasse und ist in der Oberstufe genauso organisiert wie die gymnasiale Oberstufe.

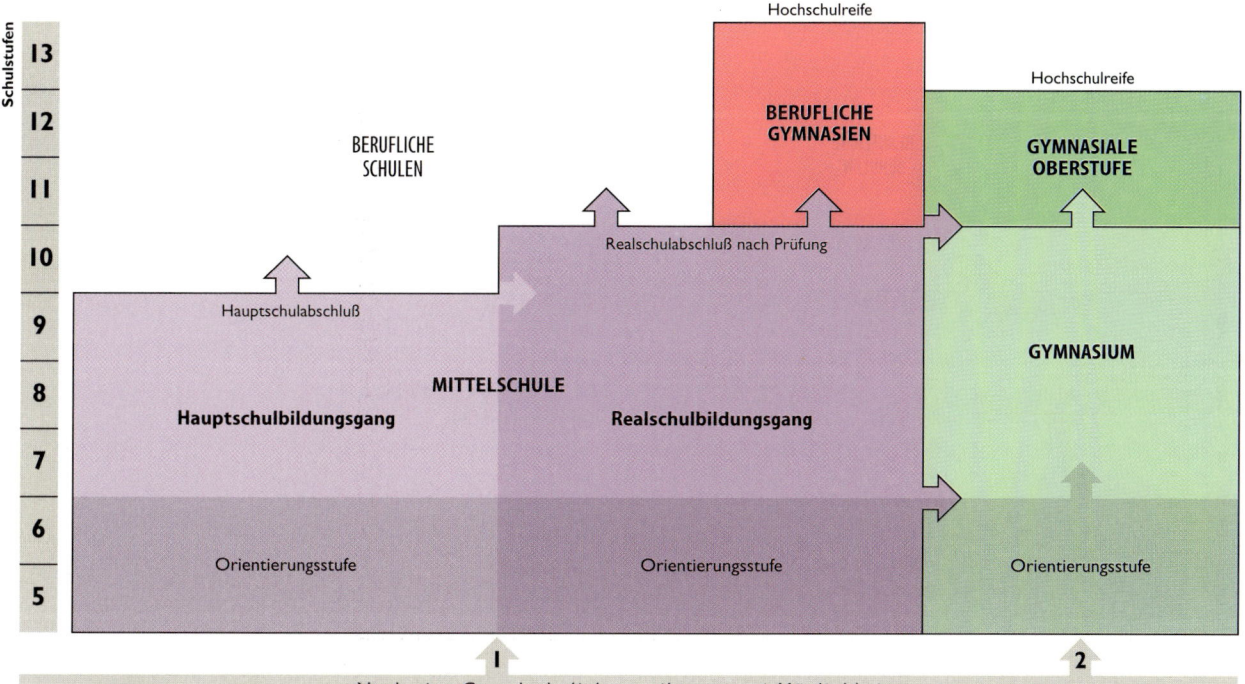

Schulstufen

13				Hochschulreife	
12		BERUFLICHE SCHULEN		BERUFLICHE GYMNASIEN	Hochschulreife
11					GYMNASIALE OBERSTUFE
10		Hauptschulabschluß		Realschulabschluß nach Prüfung	
9			MITTELSCHULE		GYMNASIUM
8		Hauptschulbildungsgang	Realschulbildungsgang		
7					
6		Orientierungsstufe	Orientierungsstufe		Orientierungsstufe
5					

1   Nach vier Grundschuljahren gibt es zwei Möglichkeiten   2

Sachsen

Kinder, die ins Gymnasium wollen, brauchen eine Bildungsempfehlung und einen bestimmten Notendurchschnitt aus der Grundschule. Eltern, die sich entgegen dieser Empfehlung verhalten wollen, können es versuchen: Das Kind muß dann eine Aufnahmeprüfung im Gymnasium erfolgreich bestehen. Die endgültige Entscheidung liegt in der Hand der Schulleitung.

Um den Kindern nach der fünften oder sechsten Klasse noch einen Wechsel ins Gymnasium zu ermöglichen, wird versucht, die Lehrpläne der Mittelschule und des Gymnasiums in der Orientierungsstufe anzugleichen.

Besonderheiten

Nach der Grundschule besuchen die Kinder eine zweijährige Orientierungsstufe, entweder im Gymnasium oder in der Mittelschule. Mit dem Abschluß der sechsten Klasse gabelt sich der weitere Weg in der Mittelschule. Eine Richtung führt zum Hauptschul-, die andere zum Realschulabschluß. Beide Schulformen sind unter einem Dach zusammengezogen, aber nicht integriert. Ein Wechsel des Bildungsgangs ist nach der sechsten Klasse nicht mehr vorgesehen.

Der Hauptschulbildungsgang (HSBG) endet mit dem neunten Schuljahr. Im neunten Jahr ist es zusätzlich möglich, eine besondere Leistungsprüfung abzulegen und damit den »qualifizierenden Hauptschulabschluß« zu erwerben. Kinder, die bei dieser Prüfung mit guten Noten abschneiden, bekommen die Berechtigung, in die zehnte Klasse des Realschulbildungsgangs (RSBG) weiterzugehen. Alle Jugendlichen, die einen Realschulabschluß erhalten wollen, müssen eine eigene Abschlußprüfung bestehen. Wer dabei die entsprechenden Noten erreicht, kann in ein berufliches Gymnasium eintreten. Sie bauen auf der zehnten Klasse auf und führen zur allgemeinen Hochschulreife.

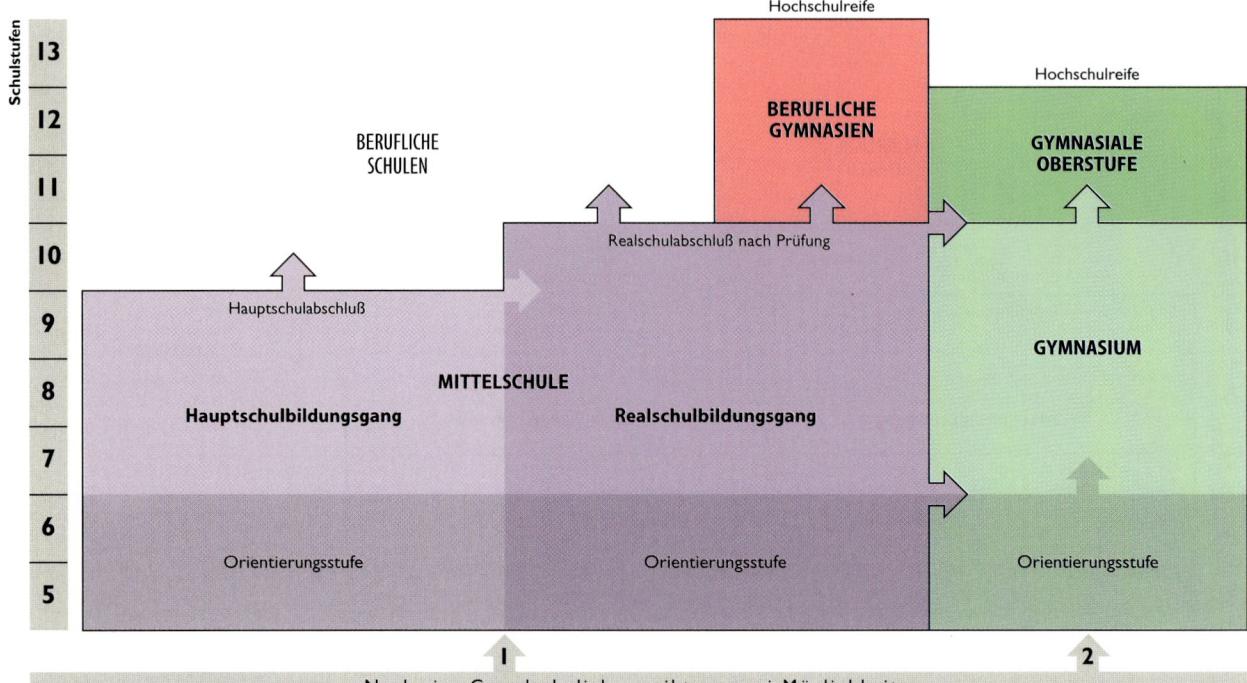

Nach vier Grundschuljahren gibt es zwei Möglichkeiten

Sachsen-Anhalt

Am Ende der Grundschulzeit erhalten die Eltern eine Empfehlung für die Wahl des weiteren Bildungsweges ihres Kindes. Was geschieht, wenn die Eltern dieser Empfehlung nicht folgen wollen, ist noch nicht eindeutig geregelt.

Besonderheiten

Nach vier Grundschuljahren fällt die Entscheidung, ob das Kind ins Gymnasium oder in die differenzierte Förderstufe der Sekundarschule weitergeht. In der Förderstufe werden einzelne Fächer bereits auf unterschiedlichem Niveau unterrichtet. Nach der sechsten Klasse gibt es noch einmal eine Schullaufbahnempfehlung für die Eltern: Nun teilt sich der Weg in einen Hauptschul- und einen Realschulbildungsgang. Beide Schulformen sind zwar »unter einem Dach« zusammengezogen, aber deutlich voneinander

getrennt. Ein weiterer Wechsel des Bildungsgangs ist nach der sechsten Klasse nicht mehr vorgesehen.

Der Hauptschulbildungsgang reicht bis zur neunten Klasse. Kinder, die das Jahr erfolgreich beenden, können in einer speziellen Prüfung den »qualifizierten Hauptschulabschluß« erwerben. Wer dabei gute Noten bekommt, kann in die zehnte Klasse des Realschulbildungsgangs eintreten. Um einen entsprechenden mittleren Abschluß zu erhalten, müssen alle Kinder eine eigene Prüfung bestehen (= Realschulabschluß). Mit den entsprechenden Noten ist es möglich, ein berufliches Gymnasium zu besuchen, das nach drei Jahren zur allgemeinen Hochschulreife führt. Das »allgemeinbildende« Gymnasium schließt bereits in der zwölften Klasse mit der Reifeprüfung ab, die teilweise als »Zentralabitur« organisiert ist.

Diese Angaben entsprechen dem Stand vom Januar 1993, mit der Neufassung auf der Grundlage des Novellierungsentwurfs vom 24.11.1992.

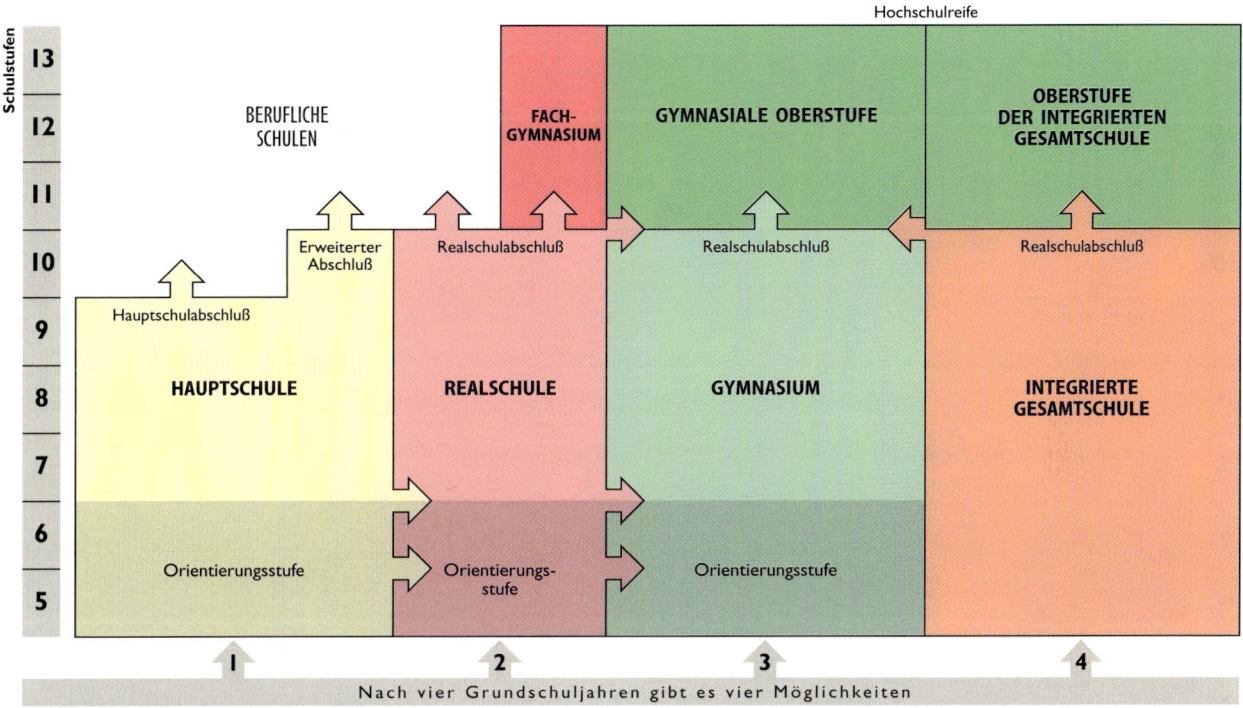

Hochschulreife

Schulstufen

13	
12	BERUFLICHE SCHULEN
11	
10	
9	
8	
7	
6	
5	

FACH-GYMNASIUM

GYMNASIALE OBERSTUFE

OBERSTUFE DER INTEGRIERTEN GESAMTSCHULE

Erweiterter Abschluß

Realschulabschluß

Realschulabschluß

Realschulabschluß

Hauptschulabschluß

HAUPTSCHULE

REALSCHULE

GYMNASIUM

INTEGRIERTE GESAMTSCHULE

Orientierungsstufe

Orientierungs-stufe

Orientierungsstufe

1   2   3   4

Nach vier Grundschuljahren gibt es vier Möglichkeiten

Schleswig-Holstein

Nach dem Besuch der vierjährigen Grundschule entscheiden die Eltern, ob ihre Tochter oder ihr Sohn entweder in eine Orientierungsstufe oder in die integrierte Gesamtschule weitergehen soll. Die Eltern bekommen einen Entwicklungsbericht, der während der fünften und sechsten Klasse fortgeschrieben wird. Vor dem Übergang in die siebte Klasse beschließt die Klassenkonferenz, in welche Schulform das Kind gehen soll.

Besonderheiten

Um in der zweijährigen Orientierungsstufe einen Wechsel zu ermöglichen, sind die Rahmenrichtlinien und Lehrpläne der unterschiedlichen Schulformen in der fünften und sechsten Klasse aufeinander abgestimmt. Alle Kinder sollen in dieser Phase ohne Versetzung aufsteigen. Vor Beginn der siebten Klasse fällt dann die endgültige Entscheidung.

Die Hauptschule führt mit der neunten Klasse zum Hauptschulabschluß. Das freiwillige zehnte Jahr wird nahezu flächendeckend angeboten und führt zu einem erweiterten Abschluß. Seit 1990/91 ist es Teil der Hauptschule und kann bei Bedarf überall eingerichtet werden. Die SchülerInnen, die am zehnten Schuljahr mit überdurchschnittlichem Erfolg teilnehmen, können auf diesem Weg in eine Fachoberschule eintreten, die in allen anderen Ländern einen mittleren Bildungsabschluß voraussetzt. Um die Realschule abzuschließen, müssen die Jugendlichen eine Prüfung bestehen. Sie kann auch dazu berechtigen, in die gymnasiale Oberstufe weiterzugehen oder über ein Fachgymnasium zur allgemeinen Hochschulreife zu gelangen. In beiden Fällen wird ein gutes Zeugnis vorausgesetzt. Wer kein Abitur machen will, kann in der zwölften Klasse Gesamtschule oder Gymnasium den schulischen Teil der Fachhochschulreife erwerben und nach einem einjährigen Fachpraktikum an die Fachhochschule weitergehen.

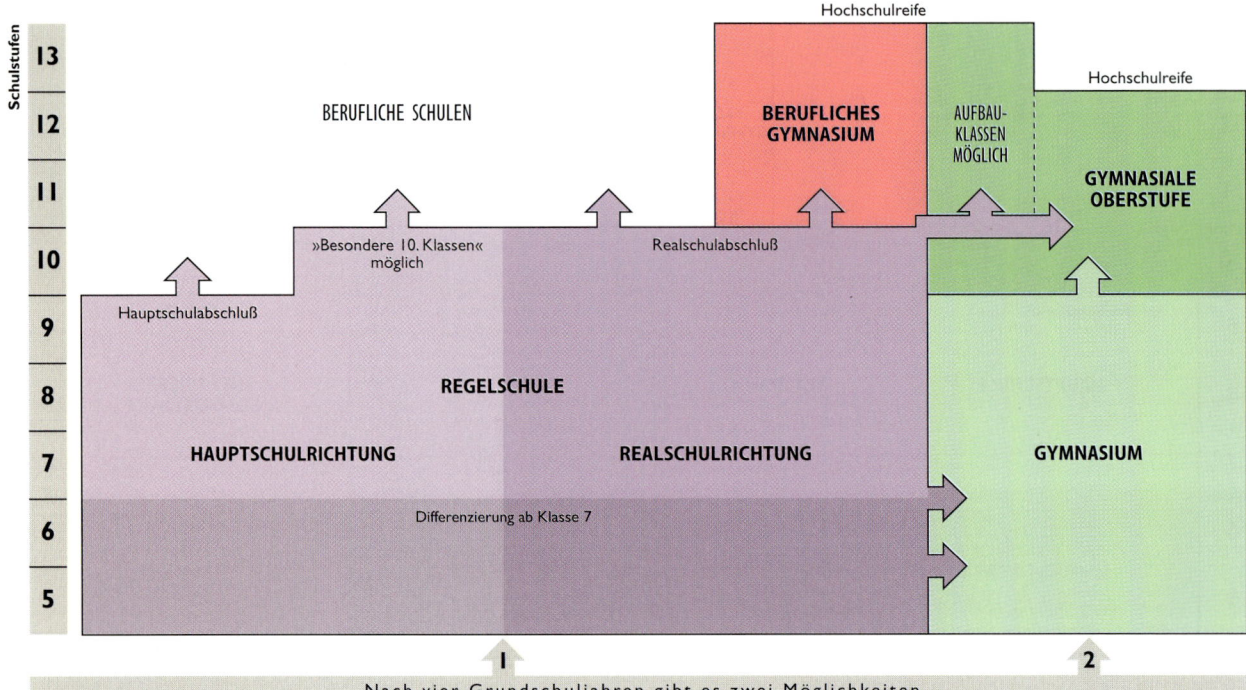

Schulstufen

13	
12	BERUFLICHE SCHULEN
11	
10	
9	Hauptschulabschluß
8	REGELSCHULE
7	HAUPTSCHULRICHTUNG
6	Differenzierung ab Klasse 7
5	

Hochschulreife

BERUFLICHES GYMNASIUM

AUFBAU-KLASSEN MÖGLICH

Hochschulreife

GYMNASIALE OBERSTUFE

»Besondere 10. Klassen« möglich

Realschulabschluß

REALSCHULRICHTUNG

GYMNASIUM

Nach vier Grundschuljahren gibt es zwei Möglichkeiten

1   2

Thüringen

Um in das Gymnasium aufgenommen zu werden, müssen die Kinder eine von zwei Bedingungen erfüllen: entweder haben sie im Halbjahreszeugnis in Deutsch, Mathematik, Heimat- und Sachkunde mindestens ein »Gut« bekommen, oder sie haben eine entsprechende Gymnasialempfehlung von der Klassenkonferenz. Wenn ein Kind keine der beiden Voraussetzungen erfüllt, entscheidet das Ergebnis einer Aufnahmeprüfung.

Besonderheiten

In der sogenannten Regelschule werden die Kinder in der fünften und sechsten Klasse nach gemeinsamen Lehrplänen unterrichtet. Beide Klassen gelten als eine Art Beobachtungsphase vor der Trennung in der siebten Klasse. Die Klassenkonferenz entscheidet darüber, in welche »Richtung« der Regelschule die Kinder weitergehen: Ein Teil soll auf den

Hauptschulabschluß vorbereitet werden, der andere auf den Realschulabschluß.

Am Ende der neunten Klasse gibt es für die Jugendlichen aus dem Hauptschulzweig die Möglichkeit, freiwillig eine Prüfung abzulegen, um zum »qualifizierenden Hauptschulabschluß« zu gelangen. Für jene Kinder, die zusätzlich mit überdurchschnittlichen Leistungen auffallen, können »besondere zehnte Klassen« eingerichtet werden: Die SchülerInnen bekommen dadurch den Realschulabschluß.

Nach der zehnten Klasse ist es mit entsprechender Empfehlung der Klassenkonferenz möglich, in die gymnasiale Oberstufe zu wechseln. Um den Wechsel zu erleichtern, bekommen die SchülerInnen Förderstunden (2. Fremdsprache!), oder sie werden in Aufbauklassen zusammengefaßt, die nach drei und nicht wie üblich in zwei Jahren zur allgemeinen Hochschulreife führen. Die schriftlichen Prüfungen werden als »Zentralabitur« mit landeseinheitlichen Aufgaben gestellt.

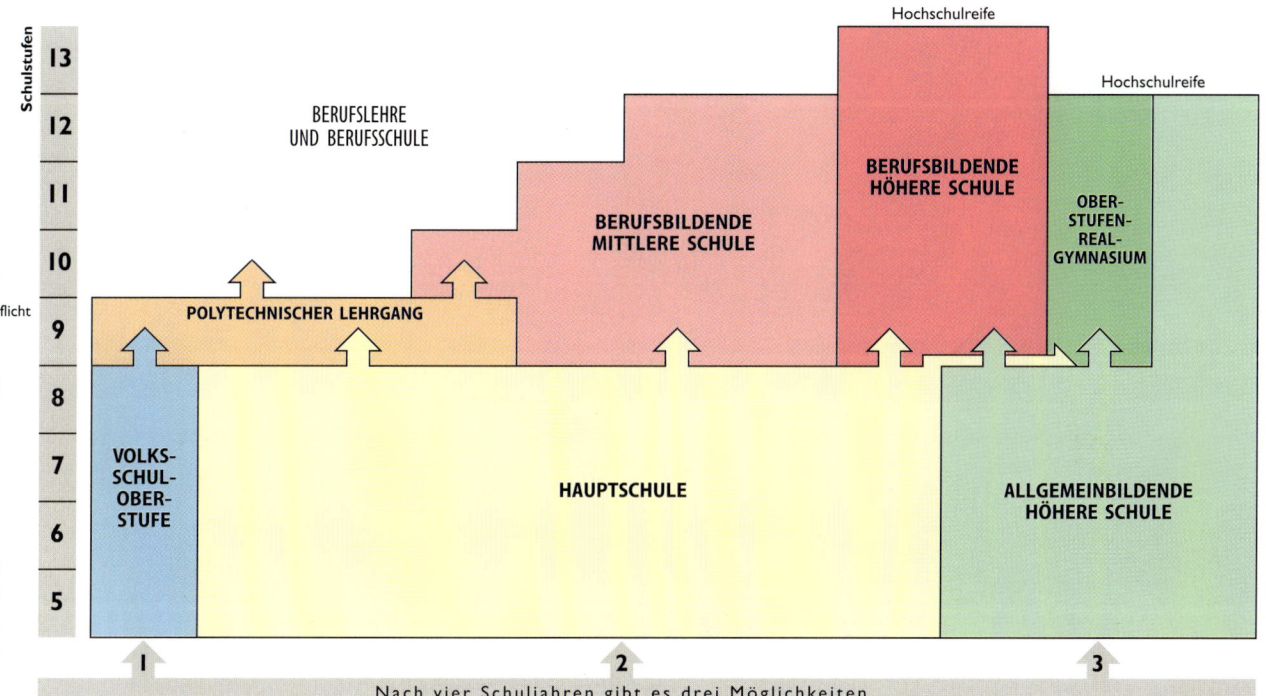

Schulstufen

13
12
11
10
9 — pflicht
8
7
6
5

Hochschulreife

BERUFSLEHRE
UND BERUFSSCHULE

POLYTECHNISCHER LEHRGANG

BERUFSBILDENDE
MITTLERE SCHULE

Hochschulreife

BERUFSBILDENDE
HÖHERE SCHULE

OBER-
STUFEN-
REAL-
GYMNASIUM

VOLKS-
SCHUL-
OBER-
STUFE

HAUPTSCHULE

ALLGEMEINBILDENDE
HÖHERE SCHULE

1   2   3

Nach vier Schuljahren gibt es drei Möglichkeiten

Österreich

In Österreich besteht keine Schulpflicht, sondern eine Bildungspflicht. SchülerInnen können also auch von Eltern oder PrivatlehrerInnen unterrichtet oder an Privatschulen ohne Öffentlichkeitsrecht ausgebildet werden. Zum Abschluß müssen alle PrivatschülerInnen eine Prüfung in einer staatlich anerkannten Schule ablegen.

Volksschulen, die länger als vier Jahre geführt werden, gibt es in Österreich nur noch vereinzelt. Üblicherweise müssen sich die Zehnjährigen zwischen Hauptschule und Gymnasium entscheiden. Der Eintritt in die allgemeinbildende höhere Schule, wie die verschiedenen Gymnasialtypen genannt werden, ist für alle offen. Aufnahmeprüfungen oder andere Auswahlverfahren gibt es nicht.

Die Hauptschulen, insbesondere die in den städtischen Gebieten, bereiten nur mangelhaft auf den Besuch weiterführender Schulen vor. In der Praxis stoßen SchülerInnen, die nach der Hauptschule in die AHS-Oberstufen oder in eine berufsbildende höhere Schule (BHS) wechseln wollen, auf relativ schwer zu überwindende Hürden.

Wer die AHS oder eine BHS mit der Matura – gleichbedeutend dem Abitur – abschließt, hat automatisch die Hochschulberechtigung erworben. In Österreich gibt es weder einen Numerus clausus noch andere Beschränkungen des Hochschulstudiums. Bei Studienrichtungen wie etwa Latein oder Jura müssen allenfalls Prüfungen für Fächer abgelegt werden, die im jeweiligen Schultyp nicht unterrichtet wurden.

Besonderheiten

Gesamtschulen und ganztägige Schulformen gibt es im österreichischen Schulsystem offiziell nicht. Allerdings werden beide Schulformen in bescheidenem Ausmaß als praktisch auf Dauer eingerichteter »Schulversuch« angeboten.

GESUNDHEIT

Gesundbleiben und Krankwerden

Von Husten, Schnupfen und Kinderkrankheiten bleibt kein Kind verschont. Manche scheinen allerdings mehr krank als gesund zu sein. Dann suchen Eltern nach Mitteln zum Vorbeugen und Kurieren. Die einen vertrauen dabei der Ärztin an der Ecke, die anderen setzen auf einen Naturdoktor – und alle freuen sich, wenn die Malaise überstanden ist. Doch nicht immer geht es glimpflich ab. Manche Krankheiten trotzen der ärztlichen Kunst und werden chronisch, andere widerstehen ihr gar ganz.

Die einen rennen im Winter ohne Mütze, im Sommer ohne Schuhe und erkälten sich nicht, die anderen meiden nasse Füße, stehen nicht verschwitzt im Zug und sind dennoch mehr krank als gesund. Über Gesundheit und Krankheit bestimmt offenbar mehr als das, worauf Eltern gemeinhin ihre Aufmerksamkeit richten und was sie in Form von Geboten und Verboten an ihre Sprößlinge weitergeben.

Vor 100 Jahren waren Krankheiten, mit denen Kinder auf die Welt kamen, Schicksal. Gleichgültig, ob zum Beispiel Fehlbildungen im Erbgut angelegt waren oder Behinderungen und Beeinträchtigungen durch Bedingungen während Schwangerschaft oder Geburt entstanden sind – sie waren vorher

nicht zu erkennen und hinterher kaum zu beeinflussen. Die Ursache von Krankheiten, die später
auftraten, lagen meist in unzureichender
Ernährung und schlechten hygienischen Bedingungen, so daß Infektionen leichtes Spiel hatten. Sie
überwand der Körper entweder aus eigener Kraft,
oder die Medizin half mit den wenigen Medikamenten, die ihr zur Verfügung standen.

Viel hat sich seitdem verändert. Vorgeburtliche
Untersuchungen machen es möglich, Behinderung
als Schicksal »abzuwählen« (> Tests für das »richtige« Kind, Seite 139). Verbesserte Lebensbedingungen und potente Medikamente haben den Seu-
chen Einhalt geboten und vielen Krankheiten ihren
Schrecken genommen. Heute dagegen fürchten

sich Eltern, daß Umwelteinflüsse ihren Kindern
Schaden zufügen (> Umwelt, Seite 719). Und auch
der Einfluß, den die Psyche auf den Körper hat
(> Körper und Seele, Seite 715), wird stärker beachtet – was manche Eltern dahin gebracht hat, daß sie
bei jedem Schnupfen ihres Sprößlings ihr Gewissen
prüfen, ob sie die Kinderseele denn auch genug
beachtet haben.

Alles zusammengenommen stellt sich als verwir-
rendes Geflecht von Faktoren dar, die sich gegenseitig bedingen und beeinflussen und die dann, wenn
sie stark genug sind, zu einer Krankheit führen.
Manche Erkrankungen brauchen zusätzlich noch
eine im Erbgut verankerte Bereitschaft, damit sie
sich entwickeln können.

IMMUNSYSTEM

Im Immunsystem laufen die verschiedenen Fäden von Ursache und Wirkung zusammen. In ihm gibt es zwei getrennt marschierende, aber vereint schlagende Mechanismen: das »unspezifische Abwehrsystem« mit seinen angeborenen Reaktionen und das »spezifische Abwehrsystem«, das lebenslang dazulernt. Für die Abwehr arbeiten in beiden Systemen Zellen, die zur großen Gruppe der weißen Blutkörperchen gehören.

Eine Voraussetzung für diese Arbeit des Immunsystems ist, daß es sehr genau zwischen »selbst« und »fremd« unterscheiden muß. Ist diese Fähigkeit gestört, greift die Abwehr körpereigene Zellen an. Es kommt zu sogenannten Autoimmunkrankheiten. Zu ihnen gehört beispielsweise die Multiple Sklerose, bei der das Abwehrsystem die Zellen auflöst, die die Nerven schützend umhüllen. Bei Kindern sind solche Störfälle noch sehr selten. Allerdings vermuten WissenschaftlerInnen, daß ein noch unbekannter Auslöser das Immunsystem veranlaßt, bei Rheuma die Zellen der Gelenkinnenhaut und bei der Zuckerkrankheit Jugendlicher die insulinproduzierenden Zellen der Bauchspeicheldrüse zu zerstören (> Zuckerkrankheit, Seite 843).

Unspezifische Abwehr

Die äußere Haut und die Schleimhaut von Magen-Darm-Trakt und Atemwegen sind bei Gesunden Barrieren für Viren, Bakterien, Pilze und andere Keime. Hat etwas Fremdes diese Grenzen überwunden, meldet das Immunsystem den Überfall einer zentralen Steuerungsdrüse im Gehirn. Sie, die auch die Körpertemperatur reguliert, schickt als erstes die unspezifische Abwehr los. Deren Freß- und Killerzellen greifen die Eindringlinge an. Auch gegen körpereigene Zellirrtümer, die Krebszellen, gehen sie vor. Untersuchungen zeigen, daß Menschen, die viele Infektionskrankheiten durchgemacht haben, im Durchschnitt seltener an Krebs erkranken als immer Gesunde. Vermutlich profitiert die Krebsabwehr von dem Abwehrtraining.

Kaskadenartig ineinandergreifende Vorgänge in diesem Teil des Abwehrsystems bewirken im Gewebe die Zeichen einer Entzündung: Rötung, Wärme, Schwellung. Bei manchen Krankheiten – etwa Allergien – läuft diese Entzündungsreaktion ab, ohne daß Keime sie ausgelöst hätte.

Spezifische Abwehr

Die Tätigkeit des spezifischen Abwehrsystems ist für das verantwortlich, was wir Immunität nennen. Wenn fremdes Eiweiß in den Körper gelangt, bildet das System Antikörper, die exakt auf diesen Fremdling zugeschnitten sind. Diese Reaktion erlebt der Mensch in Schattierungen zwischen unmerklichem Unwohlsein bis zu schwerer Krankheit. Und weil das Immunsystem von Kindern all die vielen Keime, die es umgeben, erst kennenlernen muß, sind sie so oft krank. Jede neue Umgebung – Kindergarten, Schule, Reisen – fordert das Abwehrsystem heraus. Es ist die Lehrzeit des Immunsystems.

Kinder, die kaum Kontakt zu Fremdem haben, trainieren ihr Immunsystem nur wenig. Eine Scharlacherkrankung zum Beispiel verläuft bei ihnen entschieden schwerer als bei Kindern, die viele Kontakte haben und deren Abwehr sich mit mannigfaltigen Erregern auseinandersetzen muß.

Aufgrund einer Art von Gedächtnis erkennt das Immunsystem Eindringlinge, mit denen es sich einmal beschäftigt hat, auch nach langen Jahren wieder. Dann läuft die Abwehrmaschinerie in so rasantem Tempo, daß der Mensch gar nicht erst »richtig« krank wird. Diesen Vorgang machen sich die Impfungen zunutze (> Seite 724).

Der große Zusammenhang

Wann und wie die Aktivität des Immunsystems hoch- und wieder heruntergefahren wird, bestimmt ein unglaublich komplizierter Regelkreis, dessen einzelne Elemente die Forschung nach und nach zu entschlüsseln lernt. Das Ganze läuft auf ein Netzwerk zwischen Gehirn und Nerven, Hormonen und Immunsystem hinaus.

In den lymphatischen Geweben (> Lymphsystem, Seite 851) lernen die verschiedenen Gruppen weißer Blutkörperchen, was sie im Abwehrgeschehen zu tun haben. Diese Gewebe sind über Nervenverbindungen in direktem Kontakt mit dem Gehirn.

Interpretiert das Gehirn einen Reiz als Auftrag für das Abwehrsystem, kann es sich mit Hilfe der Botenstoffe der Hormondrüsen in das Immungeschehen einschalten. Streß, Schock, Angst oder aufgestaute Aggressivität sind etwa solche Reize. Die Widerstandsfähigkeit eines Menschen wird also wesentlich davon mitbestimmt, wie gut er emotionale Belastungen verarbeiten kann. Auch das Umgekehrte wurde bereits beobachtet: Spannungen abzubauen und Seelenmüll abzuladen, kräftigt den Körper so, daß er das niederringt, was bisher unüberwindlich schien.

Im Gegenzug wirken viele Signalsubstanzen im Immunsystem auf die Gehirnaktivität und den Gemütszustand zurück.

Die Leistungen des Immunsystems sind immens. Doch auch seine Belastbarkeit hat Grenzen. Ist es damit ausgelastet, Schadstoffe unschädlich zu machen, die negative Wirkung von Spannungen auszugleichen, körperliche Überforderung aufzufangen, genügt manchmal schon ein kalter Wind, und nur einige wenige Viren lösen eine Erkältung aus.

KÖRPER UND SEELE

Die Einheit von Körper und Seele wird bei kleinen Kindern unvermittelt, total und direkt sichtbar. Sie brechen in Tränen aus, wenn sie enttäuscht werden; sie zittern vor Angst und stottern vor Aufregung; sie bekommen einen roten Kopf, wenn sie sich schämen; und sie können vor Wut blau anlaufen.

Alle diese Reaktionen des vegetativen Nervensystems im Wechselspiel mit den Gefühlen sind auch Erwachsenen vertraut. Sie kontrollieren jedoch ihre

Gefühlslandschaft und die entsprechenden körperlichen Impulse ungleich stärker als Kinder. Vielen ist es deshalb gar nicht mehr möglich, die Einheit von Körper und Seele bewußt wahrzunehmen. Auch Kinder werden im Laufe ihrer Entwicklung daran gewöhnt, Gefühle zu verdrängen. Unbemerkt kann auf diese Weise der Grundstein zu späteren Beschwerden und Krankheiten gelegt werden.

So behindern alle Hinweise, mit sich selbst unnachgiebig umzugehen, die Chancen des Kindes, sich selbst wahrzunehmen, auf den eigenen Körper zu hören und seine Signale ernst zu nehmen. Mit Sprüchen wie »Reiß dich zusammen«, »Da mußt du

REAKTION DER GESCHLECHTER

Auf die Überlastung durch Schul- und Familienprobleme, erste Liebesabenteuer und den Streß der Identitätssuche reagieren viele Jugendliche »körperlich«, aber Mädchen und Jungen unterschiedlich: Mädchen leiden eher an Befindlichkeitsstörungen, Jungen agieren die Überforderung eher nach außen ab. So zeigte eine Untersuchung an der Uni Bielefeld nach Befragung von 1.700 Jugendlichen, daß die Tendenz, Probleme in sich hineinzufressen, bei den Mädchen gehäuft zu Kopfschmerzen, Nervosität und Schlaflosigkeit führt. Die Jungen leiden eher »sozial«: Sie fallen durch Lernprobleme, Überaktivität und absonderliches Verhalten auf; bei den körperlichen Beschwerden waren sie nur halb so häufig vertreten wie die Mädchen. Das WissenschaftlerInnenteam wertete die Ergebnisse als deutlichen Hinweis darauf, daß das gängige Rollenverhalten fortbesteht: Männer dürfen psychische Belastungen nach außen agieren, Frauen sollen zurückhaltend sein.

STRESSTEST FÜR KINDER

Was Erwachsenen banal erscheint, kann für Kinder bereits »Streß« sein. Die Tabelle gibt Erfahrungswerte von Psycholog-Innen wieder, wie stark ein Ereignis Kinder belastet.

Streßsituation	Punktezahl
Ein Elternteil stirbt	100
Die Eltern lassen sich scheiden	73
Ein Elternteil ist viel unterwegs	63
Ein nahes Familienmitglied stirbt	63
Das Kind erkrankt oder verletzt sich	53
Ein Elternteil heiratet wieder	50
Ein Elternteil wird arbeitslos	47
Die Eltern versöhnen sich	45
Die Mutter wird berufstätig	45
Ein Familienmitglied erkrankt	44
Die Mutter wird schwanger	40
Schulschwierigkeiten	39
Neue LehrerInnen oder neue Klasse	39
Änderung der Finanzlage der Familie	38
Neue außerschulische Aktivitäten	36
Änderung der Haushaltspflichten	29
Außergewöhnliche Leistungen	28
Umzug	26
Verlust eines Haustieres	25
Ärger mit LehrerInnen	24
Änderung der Kindergartenöffnungszeit	20
Einschulung in eine andere Schule	20
Urlaub mit der Familie	18
Neue FreundInnen	18
Teilnahme an einem Ferienlager	17
Familientreffen	15
Änderung der Eßwohnheiten	15
Geburtstagsfeier	12

durch«, »Stell dich nicht so an« und »Beiß die Zähne zusammen« fordern sie den Kleinen eine Selbstdisziplin ab, die sich im späteren Leben rächen kann (> Vorleben statt erziehen, Seite 324). Oft ist es Jugendlichen und Erwachsenen dann nicht mehr möglich, die körperlichen Signale von Überarbeitung, Überlastung oder Überforderung bewußt wahrzunehmen und entsprechend zu reagieren. Chronische Krankheiten, Störungen von Kreislauf, Verdauung, Atmung und des Stoffwechsels können die Folge sein.

Streß für Kinder

Zu den »Stressoren«, die Kinder am meisten belasten, zählt, daß sie unsere gesellschaftliche Normen einüben und verinnerlichen sollen. Was Erwachsenen meist problemlos gelingt – mit Leistungsanforderungen, Erfolg und Mißerfolg, Disziplin und Ordnung umzugehen –, müssen Kinder erst mühsam lernen. Vor allem aber zerrt die Erfahrung, »klein« und »ohnmächtig« zu sein, an ihrem Nervenkostüm – gleichgültig, wie alt sie sind. Sie müssen Wut, Zorn und gewalttätige Impulse »kultivieren«; auf dem Weg zum Erwachsenwerden müssen sie lernen, das, was im Inneren bebt und herauswill, zu kontrollieren.

Kinderstreß entsteht auch in sozialen Konfliktlagen, wenn die Kleinen gehänselt, ausgelacht und gekränkt werden, oder wenn Schule und Elternhaus die Zeit so verplanen, daß zum Spielen und Träumen nichts mehr übrigbleibt. Dabei ist Spielen für sie die beste Möglichkeit, innere Konflike zu bewältigen und Spannungen abzuführen. Doch das gönnen Eltern ihren Kindern immer weniger (> Kinderpsychotherapie, Seite 761). Der gesunde Wechsel zwischen Anspannung und Entspannung fehlt vor allem Schulkindern immer öfter (> Kinder brauchen Zeit, Seite 436).

Nach Schätzungen leiden etwa fünfzehn Prozent der Kinder und Jugendlichen an psychischen Störungen; sie sind in ihrer Wahrnehmung, ihren Gefühlen und ihrem Sozialverhalten erheblich beeinträchtigt. Von psychovegetativen und funktionellen Beschwerden wie Nervosität, Unruhe,

Schlafstörungen oder Kopfschmerzen in unterschiedlicher Ausprägung berichten etwa zehn Prozent der Kinder und Jugendlichen.

Kinder zeigen mit ihren Beschwerden sehr direkt, daß im familiären und sozialen Umfeld oder im schulischen Bereich etwas nicht stimmt. Das können Probleme sein, die sich direkt zuordnen lassen wie zum Beispiel die Montagsübelkeit aus Angst vor der verhaßten Schule, oder die deutliche Unlust und Niedergeschlagenheit auf dem Weg in den Kindergarten, in dem seit einigen Wochen eine ungeliebte Erzieherin arbeitet. Die Beschwerden verschwinden, sobald sich das Kind entlastet fühlt. Am Wochenende oder in den Ferien ist es wie ausgewechselt, fröhlich und entspannt.

Kindern, die langdauernden Belastungen ausgesetzt sind wie beispielsweise seelischer Mißhandlung oder körperlicher Gewalt (> Gewalt gegen Kinder, Seite 372), gelingt es hingegen kaum noch, den emotionalen Streß »schadlos« zu verarbeiten. Sie signalisieren mit ihrem ganzen Körper, daß »nichts mehr stimmt«, werden krankheitsanfällig und leiden deutlich in ihrem gesamten Befinden (> Befindlichkeitsstörungen, Seite 717).

Ähnlich ist es bei sozialen Problemen, wenn der Sog der Entmutigung und Resignation durch die Arbeitslosigkeit der Eltern auch die Kinder erfaßt. Sie leiden dann häufiger unter Schlafstörungen, Nervosität und Konzentrationsstörungen als Kinder aus gesicherten materiellen Verhältnissen.

Befindlichkeitsstörungen

Unter Befindlichkeitsstörungen versteht die Wissenschaft unangenehme Stimmungen und Körperwahrnehmungen, die weder die Funktionsabläufe verändern, noch an Organen Veränderungen hervorrufen:
● Kleinere Kinder zeigen unerwartete Angstgefühle, sie wirken unsicher, unruhig, zerfahren und beginnen, sich erneut an ihre Bezugspersonen zu klammern.
● Die Größeren scheinen innerlich getrieben und doch apathisch. Sie verschließen sich und interessieren sich nicht mehr für FreundInnen oder Außenkontakte.
● Die Kinder wirken niedergeschlagen, trödelig, ignorieren Lieblingsspielsachen, beteiligen sich nur noch lustlos am Familienleben und stellen sich bei Spielen mit anderen freiwillig an den Rand.
● Auch das scheinbare Gegenteil ist möglich: Zappelig und aufgedreht stürzen sie sich von einer Aktion in die nächste, werden aggressiv, gereizt und gewalttätig (> Problemkinder, Seite 348).
● Ältere Kinder benennen ihre seelische Totalerschöpfung und -überforderung klar und deutlich: Sie können nicht mehr, sie wollen nicht mehr, sie haben die Schnauze voll und keinen Bock mehr.

Funktionelle Störungen

Unter funktionellen Störungen versteht die Wissenschaft ein gestörtes Zusammenspiel oder Funktionieren der Organe, ohne daß diese krankhaft verändert sind. Zu den bekanntesten Störungen dieser Art zählen:
● Eß-, Schluck- und Verdauungsstörungen wie zum Beispiel Durchfall (> Seite 835), Verstopfung (> Seite 836), Erbrechen oder Übelkeit (> Seite 834) und Gewichtsveränderungen.
● Atembeschwerden, Atemnot, zeitweiliger Stimmverlust, Fremdheitsgefühle im Hals.
● Kopfschmerzen und Migräneanfälle (> Seite 772).
● Schlafschwierigkeiten (> Seite 358), Bettnässen (> Seite 361), Einkoten.
● Herzklopfen, Herzjagen, Herzstechen, allgemeine Mattigkeit, Kreislaufschwäche oder Ohnmacht.
● Schmerzhafte Menstruation (> Regelmäßige Schmerzen, Seite 864).

Widerstreitende Gefühle

Kinder sind fast immer Gefangene in einem familiären System, das ihnen Positionen zuordnet, die sie nicht ablehnen oder verweigern können

(> Beratung und Psychotherapie, Seite 757). Dramatisch können sich beispielsweise elterliche Auseinandersetzungen oder Trennungen auswirken, bei denen die Mutter und der Vater das Kind zum Verbündeten machen wollen (> Kinder sind keine Schiedsrichter, Seite 97). Mit dem Gefühl, an der Trennung der Eltern »schuldig« zu sein, gerät das Kind in tiefe innere Konflikte und muß mit sich widersprechenden Wünschen zurechtkommen: Es will seine Eltern »zusammenhalten« und wird doch von beiden als trennender Keil in der Beziehung benutzt. Diese ausweglose Situation kann sich ebenfalls in körperlichen Beschwerden äußern und zu größerer Krankheitsanfälligkeit führen (> Scheiden tut weh, Seite 88).

Das sollten sich Eltern fragen

Störungen des Wohlbefindens und funktionelle Störungen (> Seite 717) sind Alarmsignale, die immer ernst genommen werden müssen:
● Leidet das Kind tatsächlich an einer organischen Krankheit, die sich in Mattigkeit und Apathie, in Durchfall oder Erbrechen äußert? Die Ursachen müssen mit Ärztin oder Arzt abgeklärt werden.
● Probiert der Nachwuchs verschiedene »Körperphänomene« aus? Fast alle Kinder durchlaufen in ihrer Entwicklung verschiedene »Ticks«, zwinkern plötzlich nervös, gehen tagelang nicht »groß« auf die Toilette oder suchen sich andere »Besonderheiten". Das ist unbedenklich, wenn es nach einiger Zeit wieder vergeht (> Problemkinder, Seite 348).
● Könnte Ihr Kind einen besonderen Kummer mit sich herumtragen und Zuwendung brauchen? Eine zerbrochene Freundschaft, der Abschied von einer geliebten Erzieherin, Mißerfolge in der Schule oder Ablehnung auf dem Spiel- und Sportplatz können sich tief in die Kinderseele eingraben.
● Ist das Kind gezwungen, sich in Umgebung oder Familie neu zu orientieren? Geschwisterzuwachs (> Geschwister, Seite 83), die Einschulung (> Seite 659), der neue Lebenspartner der Mutter, die Wiederverheiratung des Vaters (> Leben in einer Stieffamilie, Seite 118) oder der Umzug in eine andere Stadt können ein Kind hart fordern.
● Ist es möglich, daß das Kind Ihre eigenen Probleme im Alltag und in der Partnerschaft ausdrückt? Nur selten erkennen die Eltern selbst, daß sie ihren Liebling in familiäre Auseinandersetzungen oder »fremde« Rollen hineindrängen. In solchen Fällen wird professioneller Rat wichtig (> Beratung und Psychotherapie, Seite 757).

Das sollten Eltern tun

Durch ein Klima von Offenheit und Zuwendung können Eltern dem Entstehen psychosomatischer Beschwerden vorbeugen. Bestimmte Rituale beispielsweise erleichtern es Kindern, ihr Herz auszuschütten: In der Stunde vor dem Zu-Bett-Gehen plaudern sie gerne von dem, was sie während des Tages erlebt, geflüchtet oder erfahren haben.

Manche Familien haben ihre Gesprächsrunde zur Institution gemacht und nach festgelegten Regeln gestaltet (> Familiendemokratie, Seite 334). Hier dürfen ältere Kinder von dem berichten, was sie ärgert, kränkt oder verletzt. Reihum sagt jeder, was er empfindet, was belastend ist. Die Erwachsenen dürfen nur aufmerksam zuhören, nicht kommentieren oder korrigieren. Allerdings sollten sie die Kinder sehr aufmerksam anschauen. Vielen ist es nicht möglich, ihre inneren Konflikte in Worte zu kleiden, doch sie »versprachlichen« ihre Erlebnisse in Bildern, Darstellungen und Rollenspielen.

Eltern, die erfahren wollen, wie es um ihr Kind steht, können wie in einen Spiegel blicken, wenn sie es beim Spielen beobachten. Je mehr Möglichkeiten die Kinder zum Malen, Basteln und Darstellen bekommen, desto leichter können sie sich ihrer seelischen Belastungen entledigen (> Beratung und Psychotherapie, Seite 757).

FreundInnen und Bekannte sehen oft mehr, als Eltern wahrhaben wollen. Dieses Potential könnten die ErzieherInnen nutzen: Wenn einmal andere vertraute Personen an einer Gesprächsrunde teilnehmen, können sie vielleicht den »blinden Fleck«

in der Familie sichtbar machen. Denn psychosomatische Beschwerden von Kindern sind – wie auffällige Verhaltensweisen – nichts anderes als ein Warnsignal: Hier stimmt etwas nicht.

UMWELT

Die Furcht von Eltern, Umweltschadstoffe könnten ihre Lieben unbemerkt und langsam, aber stetig um ihre Gesundheit oder gar das Leben bringen, bringt der Klinische Ökologe Randolph auf den Punkt: Der Mensch ist allergisch gegen das 20. Jahrhundert. Sein Immunsystem rebelliert gegen die Flut von Kunststoffen, Medikamenten, Abgasen und Giften in der Luft (> Wohngifte vermeiden, Seite 397). Dem Schutz staatlich abgesegneter Grenzwerte vertrauen nur wenige. Den Informationen über Ungefährlichkeit oder Risiken noch weniger.

Wenn Umweltschadstoffe auch nur selten allein eine Krankheit verursachen, so steht doch außer Zweifel, daß sie dafür mitverantwortlich sind, daß allergische Erkrankungen zunehmen. Durch sie produzieren manche Pflanzen mehr Pollen als in Reinluftgebieten, sie haben mehr allergene Strukturen und sind so verändert, daß sie tiefer in die Atemwege eindringen können. Für eine Reihe anderer Beschwerden und Störungen ist der Zusammenhang wahrscheinlich. Ursache und Wirkung sind allerdings oft schwer aufzudecken: Minimale Veränderungen im Immunsystem lassen sich kaum nachweisen und allfällige späte Auswirkungen den Ursachen kaum mehr zuordnen.

Umwelt als Krankheitsursache nur auf Schadstoffe zu reduzieren, hieße allerdings, das Problem zu verkürzen. Zur Umwelt in diesem Sinne gehört vieles, was modernes Leben ausmacht: der Konsum elektronischer Unterhaltung, die Überreizung der Hörnerven durch Krach von außen und freiwillig erduldetes Musikdröhnen, die rastlose Hetze von Termin zu Termin, die motorische Einfalt des Stillsitzens, das schnelle, vorgefertigte Essen.

Blei

Die bedeutendste Bleiquelle ist immer noch die Verbrennung verbleiten Benzins. Allerdings sinken die Blutbleispiegel seit der Einführung bleifreien Benzins. Doch auch heute noch sind GroßstädterInnen stärker bleibelastet als EinwohnerInnen kleinerer Gemeinden. Bleihütten, Müllverbrennungsanlagen und das Verfeuern von bleihaltiger Kohle pustet jährlich 2.500 Tonnen Bleistaub in die Luft. Im Haus stammt Blei aus Wasserrohren, von glasiertem Keramikgeschirr oder aus Zigarettenrauch.

Blei lagert sich in den Knochen ab. Das Schwermetall beeinträchtigt die Blutbildung und das Nervensystem. Schon ganz geringe Mengen stören die Entwicklung der Intelligenz; dieses wahrscheinlich deshalb, weil Blei im zentralen Nervensystem eingelagert wird und bei Säuglingen dieses Organ in seiner empfindlichsten Entwicklungsphase stört. Kinder, die besonders bleibelastet aufwachsen, bleiben in ihrer geistigen Entwicklung zurück. Hören- und Sprechenlernen geschieht langsamer. Das Wachstum ist verlangsamt. Diesen Rückstand holen sie bis zur Volljährigkeit nicht wieder auf. Wahrscheinlich beeinflußt das Metall auch das Immunsystem.

Es gibt keine Grenze, unterhalb derer man eine Bleibelastung als harmlos ansehen kann. Dennoch hat zum Beispiel die amerikanische Gesundheitsbehörde einen Grenzwert erlassen. Und gemessen an ihm hat vermutlich jedes zehnte deutsche Kind mehr Blei im Blut, als zulässig wäre.

Bei Kindern geht mindestens fünfmal mehr vom aufgenommenen Blei ins Blut über als bei Erwachsenen.

Drei Viertel ihrer Bleimenge nehmen Kinder mit der Nahrung auf; dabei spielt das Trinkwasser die wichtigste Rolle. Über die Atmung gelangt nur wenig Blei ins Blut. Besonders im Norden Deutschlands und in Berlin gibt es noch viele Haushalte, bei denen das Trinkwasser aus Bleirohren fließt.

Vermeidung

● Mit Putzen, Waschen und Schälen lassen sich mehr als die Hälfte des aufgelagerten Bleis von Obst und Gemüse entfernen.
● Äußere Blätter wegwerfen.
● Keine Innereien essen.
● Wasserqualität überprüfen lassen (> Wasseruntersuchungen, Seite 583). Dieses ist besonders wichtig, wenn das Wasser verwendet wird, um damit Säuglingsnahrung zuzubereiten.
● Bleirohre austauschen. Bis dahin das Wasser ungenutzt ablaufen lassen, das lange Zeit in der Leitung gestanden hat.
● Für Kinder Mineralwasser wählen, das weniger als zehn Mikrogramm Blei pro Liter enthält.

Kadmium

Papier wird mit kadmiumhaltigen Farben bunt bedruckt; Kunststoffe enthalten das Metall. In die Luft gelangt Kadmium durch das Verbrennen kadmiumhaltiger Kohle, aus Müllverbrennungsanlagen und aus Zigarettenrauch.

Die Weltgesundheitsorganisation meint, daß Erwachsene pro Woche schadlos 400 bis 500 Mikrogramm Kadmium aufnehmen können. Menschen der industrialisierten Länder kommen bereits auf 200 Mikrogramm pro Woche.

Das Metall sammelt sich besonders in den Nieren an, und das beginnt schon im Säuglingsalter. Durch den Metallgehalt der Milch können die Kadmiumwerte bei Kindern in den ersten drei Jahren ein Drittel der der Erwachsenen erreichen. Etwa 30 Jahre dauert es, bis zumindest die Hälfte des Schwermetalls ausgeschieden ist.

Durch Kadmium verringert sich die Menge an sauerstoffübertragendem Farbstoff in den roten Blutkörperchen. Es hat eine Wirkung auf den Kalzium- und Phosphat-Stoffwechsel und beeinträchtigt den Spurenelement-Haushalt. Kadmium begünstigt die Entstehung von zu hohem Blut-

druck. Ob das Metall das Erbgut schädigt und Krebs auslöst, wird noch diskutiert.

Vermeidung

● Möglichst wenig Innereien essen.
● Wenig wild gewachsene Pilze, besonders Wiesenchampignons, essen.

Quecksilber

Das Metall gelangt aus den Abwässern von Elektrolysebetrieben und Papierfabriken in Flüsse und Meere und reichert sich in Fischen an. Batterien auf der Mülldeponie entlassen es in den Boden; die Müllverbrennung schickt es in die Atemluft. Zusätzlich tragen Zahnfüllungen aus Amalgam zur Quecksilber-Belastung bei (> Karies, Seite 828).

Quecksilberdampf und -salze nimmt der Körper über die Lungen, die Schleimhaut des Magen-Darm-Trakts und die Haut auf. Das Metall lähmt die Nerven und schädigt das Gehirn. Kleinkinder sind gegenüber Quecksilber erheblich empfindlicher als Erwachsene. Sogar das Ungeborene ist schon gefährdet. Zeichen einer chronischen Quecksilbervergiftung sind psychische Auffälligkeiten, Schlafstörungen und Appetitlosigkeit kombiniert mit Hautsymptomen: Rötung an Nase, Händen und Füßen, juckender Ausschlag.

Vermeidung

● Wenig wild gewachsene Pilze, besonders Wiesenchampignons, essen.
● Nur selten Fisch aus der küstennahen Region von Nordsee, Ostsee oder Mittelmeer essen.
● Bei Kindern unter sechs Jahren Amalgamfüllungen vermeiden. Wenn irgend möglich, auch später keine solchen Füllungen (> Karies, Seite 828).

Dioxine und Furane

Ein Teil der Dioxine und Furane, einer Gruppe von 200 eng verwandten Chlorverbindungen, gehören zum Giftigsten, was Menschen unbeabsichtigt aufnehmen können. Eine dieser Verbindungen ist unter dem Namen »Seveso-Gift« zu trauriger Berühmtheit gelangt.

Dioxine gelangen als Holz- und Flammschutzmittel und als Pestizide in die Umwelt; sie entweichen, wenn chlorhaltige Kunststoffe verbrennen. Dioxine sind in Wasser, Boden und Luft nachweisbar. Von dort gelangen sie in die Nahrungskette. Tiere und Menschen speichern Dioxine vornehmlich im Fettgewebe. Mit tierischen Fetten und eiweißhaltiger Nahrung nehmen Menschen Dioxine auf.

A la longue fördern diese Substanzen die Krebsentstehung. Veränderungen im Blut belasteter Kinder deuten darauf hin, daß das Gift die Immunabwehr beeinträchtigt. In Regionen mit hoher Dioxinbelastung sind mehr Kinder mit Fehlbildungen geboren worden, als gemäß der statistischen Wahrscheinlichkeit zu erwarten gewesen wären. Dabei handelte es sich vornehmlich um Spaltbildungen im Gesicht.

Das deutsche Bundesgesundheitsamt hat 1992 festgelegt, daß die tägliche Dioxinaufnahme des Menschen unter einem Pikogramm pro Kilogramm Körpergewicht liegen sollte, um Gesundheitsgefahren zu vermeiden. Die Umweltbehörde der USA hat demgegenüber 0,006 Pikogramm/kg Körpergewicht täglich als Grenzwert vorgeschlagen. Die tatsächliche durchschnittliche Aufnahmemenge liegt in Deutschland jedoch beim Doppelten des vom Bundesgesundheitsamt für unbedenklich gehaltenen Werts, bei gestillten Kindern kann sie sogar das 150fache betragen. Brustkinder nehmen während der Stillzeit etwa 4 Prozent ihrer gesamten Lebens-Dioxinmenge auf. Untersuchungen wiesen jedoch nach, daß die Dioxinmenge im Fettgewebe des Säuglings geringer ist als die von Erwachsenen.

Eine Reihe staatlicher Maßnahmen soll den Dioxinausstoß in der Zukunft verringern.

GEFÄHRLICHER BLAUER DUNST

Im Vergleich zu dem, was Passivrauchen bei Kindern anrichtet, treten alle anderen Schadstoffquellen ganz weit in den Hintergrund: Kinder rauchender Eltern haben gegenüber solchen, deren Eltern nicht rauchen, öfter Allergien und Mittelohrentzündungen, doppelt so oft akute Atemweginfekte, Asthma verschlimmert sich deutlich. Hat ein Kind Neurodermitis, bekommt es – wenn die Eltern es in blaue Schwaden hüllen – doppelt so oft noch zusätzlich Asthma.

Auch Langzeitfolgen hat das Passivrauchen: Allein das Lungenkrebsrisiko ist um 40 Prozent erhöht.

Das braucht niemanden zu verwundern: ist Tabakrauch doch ein Chemikaliencocktail mit mindestens 40 krebserregenden Substanzen. Ungerechterweise sind sie im Nebenstromrauch, den RaucherInnen ihren Mitmenschen überlassen, konzentrierter als in dem Rauch, den sie inhalieren. Die Deutsche Forschungsgemeinschaft hat den stinkenden Qualm darum schon vor Jahren auf die Liste der krebserregenden Substanzen gesetzt.

Schwedische WissenschaftlerInnen meinten gegenüber ihrem Gesundheitsministerium, das Rauchen von Eltern in Gegenwart eines Kindes sei gleichzusetzen mit Kindesmißhandlung. Schließlich komme es auf das gleiche heraus, ob das Kind mit Prellungen und Knochenbrüchen ins Krankenhaus eingeliefert wird oder mit einem akuten Asthmaanfall.

PCB (Polychlorierte Biphenyle)

Seit 1983 wird PCB in Deutschland nicht mehr hergestellt. Doch weltweit wurde bis heute über eine Million Tonnen dieses Kunststoffs produziert, und die Industrie verwendete ihn vielfältig. Aus Deponien und Müllverbrennungsanlagen entweichen PCB weiterhin in Boden oder Luft und lagern sich in Nahrungsmitteln ein.

PCB schädigt Leber, Immunsystem und Haut und wird für Fehlbildungen bei Neugeborenen verantwortlich gemacht. Die PCB-Aufnahme bei älteren Kindern ist relativ gering, so daß sie nicht akut gefährdet scheinen. Voll gestillte Säuglinge nehmen jedoch viel von dem Gift auf. Es ist zwar nicht nachgewiesen, daß ihre Gesundheit dadurch gefährdet ist, doch eine gewisse Unsicherheit bleibt.

Ozon

Aus den reichlich vorhandenen Abgasen der Großstädte entsteht bei intensiver Sonnenbestrahlung in Bodennähe Ozon. Was in 20 Kilometer Höhe ein Schutzschild vor allzuviel UV-Strahlung ist, reichert die Atemluft mit Reizgas an.

Eingeatmet schädigt Ozon die feinen Strukturen im Innern der Lunge. Sind die Atemwege vorgeschädigt, verstärkt Ozon alle negativen Effekte für die Lunge. Asthma wird zum Beispiel schlimmer, wenn ein Kind ozonhaltige Luft atmen muß. Außerdem verursacht das Gas ungewöhnliche Müdigkeit und Kopfschmerzen.

Vielerorts werden in den Sommertagen Ozonmeßwerte bekanntgegeben. 200 Mikrogramm Ozon pro Kubikmeter entsprechen in Österreich der Vorwarnstufe. Registrieren zwei getrennte Meßstellen diesen Wert für mehr als drei Stunden, sollen Kinder nicht mehr im Freien herumtollen. Auch Größere sollten sich dann draußen nicht mehr so betätigen, daß sie tief atmen müssen. Die Warnstufe I tritt bei 300 Mikrogramm in Kraft, Warnstufe II bei 400 Mikrogramm.

Doch andere Länder halten sich an deutlich niedrigere Grenzwerte und tragen damit der Erfahrung Rechnung, daß Menschen bereits bei 80 Mikrogramm Auswirkungen des Ozons spüren. Pflanzen sind sogar noch empfindlicher.

Vermeidung

Liegt die Ozonkonzentration über 200 Mikrogramm pro Kubikmeter, sollten alle in der Wohnung bleiben. Dorthin dringt das Gas zwar auch, doch zerfällt es sehr schnell beim Kontakt mit großen, rauhen Flächen wie Tapeten, Vorhängen und Teppichen.

In der Zeit der hohen Ozonwerte ist die Belastung auf dem Land größer als in der Stadt, weil die Auspuffgase das Ozon nicht nur mitverursachen, sondern es auch wieder »auffressen«. Verringert sich der Autoverkehr in den Tagen der hohen Ozonbelastung, wird in den darauffolgenden ein, zwei Tagen mehr Ozon in der Luft sein als zuvor.

Niedrigstrahlung

Einem gewissen Anteil an radioaktiver Strahlung sind alle Menschen ausgesetzt. Sie stammt vor allem

---

Kontakte

Initiative gegen die Verletzung ökologischer Kinderrechte
WUNDTSTRASSE 40
14057 BERLIN
TEL.: 030/3257443

Hilfswerk für umweltgeschädigte Kinder in Europa
THOMAS-MANN-STRASSE 16
18055 ROSTOCK

---

aus dem Boden und dem Weltall. Ihr gesellt sich Strahlung hinzu, die menschliche Aktivität produziert: durch Abbau uranhaltigen Gesteins, den Betrieb von Kernkraftwerken und Wiederaufbereitungsanlagen und aus Atombombentests. Den größten Anteil an künstlicher Strahlung erfahren Menschen derzeit durch medizinische Tätigkeiten wie Röntgenaufnahmen oder Strahlenbehandlung.

Niedrigstrahlung vergrößert das Risiko, krebskrank (> Leukämie, Seite 849) oder unfruchtbar (> Unerfüllter Kinderwunsch, Seite 226) zu werden. Sie kann Ungeborene geistig und körperlich schädigen. Diese von SkeptikerInnen immer wieder angezweifelten Auswirkungen bestätigten Untersuchungen nach dem Reaktorunfall in Tschernobyl: In den Gebieten, in denen der Inhalt der radioaktiven Wolke niederging, starben deutlich mehr Neugeborene als dort, wo der Fall-out nicht hingelangte; es gab und gibt noch immer mehr Frühgeburten und mehr Kinder mit Fehlbildungen.

Da Kinder besonders strahlensensibel sind, es lange Jahre dauern kann, bis sich ein Krebs entwickelt, und Kinder noch eine lange Lebenszeit vor sich haben, sollten zumindest die Faktoren so gering wie möglich gehalten werden, die man beeinflussen kann, zum Beispiel die medizinische Strahlungsmenge. Konkret heißt das: Nur röntgen, wenn es unbedingt notwendig ist (> Bildgebende Verfahren, Seite 753).

DIE ABWEHR STÄRKEN

Vorschulkinder machen normalerweise vier bis neun Infekte jährlich durch, Schulkinder drei bis sechs. Aufmerksame Eltern spüren dabei meist recht genau, wie weit die Selbstheilungskräfte ihres Sprößlings reichen. Mit einer Ärztin oder einem Arzt an ihrer Seite, die hilfreich eingreifen, wenn die Familie allein nicht mehr weiterweiß, fällt ihnen dieses Abwarten leichter. Die Geduld lohnt sich: Eine Null-Therapie läßt das Immunsystem lernen und stärkt das Vertrauen des Kindes in die Kraft des eigenen Körpers.

Eine Reihe von Maßnahmen kann helfen, die Abwehrkräfte so zu stärken, daß das Kind Angriffe auf seine Gesundheit besser pariert oder schneller wegsteckt: Vollwertige Ernährung (> Seite 568), reichlich Bewegung in frischer Luft (> Sport und Bewegung, Seite 506) und alles, was auf den altmodischen Namen »Abhärtung« hört.

Heiß und kalt

Wechselnde Reize von heiß und kalt – bei kleinen und empfindlichen Kindern warm/kühl – vermittelt man meist über Wasser. Die Impulse an der Haut werden ans Gehirn weitergeleitet und wirken dort anregend. Für Herz und Kreislauf ist dieses Kontrastprogramm ein ausgezeichnetes Training. Das gute Vorbild der selbst mitkneippenden Eltern hilft dem Nachwuchs, das Programm durchzuhalten.

Bevor das Kind mit kühlem Wasser traktiert wird, müssen seine Haut und das Zimmer warm sein.

Abreibungen

Abends: Ein Frotteetuch mit kaltem Wasser netzen, und das Kind von außen zur Körpermitte hin rasch abreiben. Ohne Abtrocknen in den Schlafanzug und ins Bett.

Güsse

Morgens: Aus einem Schlauch kaltes Wasser über die Unterschenkel fließen lassen.

Wechselfußbad

Füße für drei Minuten in heißes Wasser stellen, anschließend für fünf bis zehn Sekunden in kaltes Wasser.

Abwehrstärkende Medikamente

Sogenannte Immunmodulatoren sind ein Renner der Pharmaindustrie. Ein deutsches Arzneimittelverzeichnis nennt etwa 100 pflanzliche Produkte, die das Immunsystem stärken sollen. Die in der Kinderheilkunde beliebtesten sind Contramutan (D), Echinacea (D), Echinacin (D), Esberitox N (D).

SAUNA

Die alten Römer taten es, die Indianer taten es, und zu Finnland gehört sie wie die Rentiere: die Sauna. Heiß-trockene Luft von bis zu 100°C in der obersten Sitzreihe und etwa 40°C in Bodennähe, in der die SaunafreundInnen still vor sich hinschwitzen. Nach der Wüste dann das Eismeer: ein kalter Wasserstrahl oder besser noch ein Tauchbad schaffen den Kontrast.

Das Schwitzen entzieht dem Blut Wasser. Als Ausgleich schickt der Körper welches aus dem Gewebe ins Blut, und mit ihm viele Schadstoffe.

Der Wechsel von heiß und kalt trainiert die Blutgefäße. Kreislauflabile und Menschen mit Hautproblemen profitieren davon. Stoffwechsel, Hormonproduktion und Immunsystem bekommen einen Schubs. Ihre vorbeugende Wirkung gegen Infekte entfaltet Sauna, wenn man sie regelmäßig wöchentlich nutzt. Verboten ist sie für den, der spürt, daß er krank wird. Auf dem Arm von Großen können schon Zweijährige Saunieren. Für sie sollte die Abkühlungsphase dann milder ausfallen. Langsam eingewöhnen müssen sich jedoch alle:

1. Woche: zweimal sechs Minuten.
2. Woche: zweimal acht Minuten.
3. Woche: zweimal zehn Minuten.
Ab 4. Woche: bis zu zweimal zwölf Minuten.
Wichtigste Saunaregeln für Kinder: Nur freiwillig; niemals ohne Erwachsene; jedes Kind bestimmt selbst, wann es rausgeht.

Mehr als zwei Saunagänge bringen keinen Vorteil. Auch ein Aufguß ist unnötig. Wird er dennoch gemacht, müssen Kinder mit einer Allergie daran denken, daß ätherische Öle nicht jedem guttun.

Eine naturwissenschaftlich akzeptierte Erklärung, wie diese Mittel wirken sollen, gibt es allerdings bisher nicht. Unklar ist auch, wo die Grenze zwischen nützlichem Reiz und schädlicher Überreizung liegt. Sie ist von Kind zu Kind verschieden und nicht zu jeder Zeit gleich. Statt dessen sind aber heftige Nebenwirkungen, unter anderem allergischer Art, möglich.

Immunmodulatoren können den Lernprozeß des Immunsystems stören. Bei hohem Fieber arbeitet das Abwehrsystem bereits auf Hochtouren, die Stimulantien können es dann bremsen.

Außerdem können die flüssigen Mittel viel Alkohol enthalten: Also Vorsicht bei Kindern!

IMPFUNGEN

Viele Gründe gibt es, sein Kind impfen zu lassen: Manche Eltern wollen den Kleinen eine belastende Krankheit und sich die mühsame Pflege während dieser Zeit ersparen; sie fürchten Komplikationen, Folgekrankheiten und Schäden nach der Erkrankung. Andere verzichten aufs Impfen, um den Dingen ihren »natürlichen« Lauf zu lassen. Eine verantwortungsbewußte Entscheidung für oder gegen Impfungen berücksichtigt die unterschiedlichen Bedingungen jedes einzelnen Kindes. In sie können aber auch grundsätzliche Überlegungen einfließen.

Immunität

Das Immunsystem erkennt Erreger wieder, die es einmal bekämpft hat (> Immunsystem, Seite 714). Bei jeder neuen Begegnung produziert es eine riesige Zahl von Antikörpern, die die Eindringlinge unschädlich machen: Man ist gegen sie immun.

Manche Infektionskrankheiten wie zum Beispiel Diphtherie und meist auch Masern bekommt man nur einmal. Hat der Körper die Krankheit zwar überstanden, aber nicht genügend Antikörper gebildet, kann sie auch mehrmals auftreten.

Anders beim Wundstarrkrampf: Von dem Gift der Tetanusbakterien reicht eine so geringe Menge, um Menschen krank zu machen, daß das Immunsystem nicht genügend Zeit hat, um einen ausreichenden Antikörperschutz zu bilden. Diese Krankheit kann man also immer wieder bekommen.

Produziert das Immunsystem nach einer Impfung große Mengen Antikörper, dauert die Immunität lange an. Lebenslang schützen Impfungen aber nur, wenn die Erreger der Krankheit noch »wild« vorkommen. Dann frischen sie bei jedem unbemerkten Kontakt das »Gedächtnis« des Immunsystems auf. Dem gleichen Zweck dienen Auffrischungsimpfungen. Je mehr geimpft wird, desto weniger Erreger kursieren jedoch »wild« und desto weniger lange hält der Impfschutz vor.

Doch nicht jede Impfung sichert Immunität. Oft reicht der Reiz des Impfstoffs nur für eine mäßige Reaktion des Körpers. Dann läßt der Schutz relativ schnell nach, oder die Impfung verhindert nur, daß die Krankheit massiv zutage tritt. Ein Kind bekommt dann zum Beispiel nur »ein bißchen« Masern. Die Krankheit erscheint nicht so schlimm, kann aber dennoch schwerwiegende Folgen haben.

Außerdem gibt es bei jeder Impfung »Impfversager«. Eine Masernimpfung ist zum Beispiel deutlich weniger wirksam oder gar völlig wirkungslos, wenn das Kind zum Zeitpunkt der Impfung erkältet ist. Viele Menschen sprechen auf eine Impfung auch gar nicht an, ohne daß die Gründe dafür bekannt sind. Sie glauben sich durch Impfungen geschützt, sind es aber nicht.

Argumente für Impfungen

Manche Krankheiten sind so gefährlich, daß jede Schutzmaßnahme recht ist. Bei Tetanus beispielsweise überwiegt der Nutzen das mögliche Impfrisiko bei weitem. Das gleiche gilt, wenn es gegen die Krankheit kein Heilmittel gibt (Diphtherie) oder sie sehr wahrscheinlich schwerwiegende Schäden nach sich zieht (Polio).

Normalerweise werden nur gesunde Kinder geimpft. So kann sich der Körper mit den Erregern auseinandersetzen, wenn er relativ stark ist. Krankheiten treten hingegen auf, wenn das Abwehrsystem geschwächt oder belastet ist.

Argumente gegen Impfungen

Kinderkrankheiten lassen das Immunsystem und den ganzen kleinen Menschen reifen (> Immunsystem, Seite 714). Der Körper ist darauf eingestellt, in den ersten Lebensjahren viele auch bedrohliche Krankheiten zu überstehen. Treten diese typischen Kinderkrankheiten statt dessen im Erwachsenenalter auf, verlaufen sie meist schwerer, und die Gefahr, daß sich Komplikationen einstellen, ist größer. Ins Erwachsenenalter verschieben sich diese Kinderkrankheiten aber immer mehr, weil die Immunität nach einer Impfung nicht lebenslang anhält oder weil die Impfung nicht angegangen ist (> Immunität, Seite 724).

Schutzimpfungen sind freiwillig

Eltern hören oft den Satz »Das Kind muß noch geimpft werden« – geäußert nach einem Blick in das Vorsorgeheft bzw. den Mutter-Kind-Paß, bei Untersuchungen in Kindergarten oder Schule oder durch das Gesundheitsamt. Doch niemand muß geimpft werden.

Die Eltern dürfen durchaus abwägen, welche Vor- und Nachteile Krankheit oder Impfung für ihr Kind mit sich bringen. Diese Überlegung kann für jedes Kind und jede Krankheit anders ausfallen (> Wann gegen was impfen, Seite 726). Ärztin und Arzt sind verpflichtet, die Eltern so zu beraten, daß sie die für ihr Kind angemessene Entscheidung treffen können. Bei öffentlichen Impfterminen wird jedoch praktisch ohne Aufklärung zugestochen.

Auch an den Standardimpfplan muß sich niemand sklavisch halten. Manche KinderärztInnen trennen zum Beispiel die Diphtherie-Tetanus- und die Polio-Impfung voneinander mit der Begründung, daß sie bei Komplikationen dann den Verursacher leichter zuordnen können.

Passive Immunisierung

Bei der »richtigen« Impfung muß das Immunsystem die Abwehrstoffe zu seinem Schutz selbst produzieren. Bei der passiven Immunisierung spritzen ÄrztInnen die Antikörper, die Menschen oder Tiere gegen die Erreger gebildet haben. Das ist sinnvoll, wenn sich jemand wahrscheinlich infiziert hat, es schon zu spät ist, um genügend eigene Abwehrstoffe zu bilden und die Krankheit womöglich schwere Folgen hätte. Diese Immunglobuline oder Gammaglobuline verhindern, daß die Krankheit ausbricht, bzw. sie mildern ihren Verlauf. Dazu müssen die Antikörper jedoch so schnell wie möglich – spätestens drei Tage nach der möglichen Ansteckung – gespritzt werden. Ihre Schutzwirkung hält nur etwa drei bis vier Wochen an.

Bei der passiven Impfung bekommt man körperfremdes Eiweiß gespritzt. Das birgt immer die Gefahr einer allergischen Reaktion, die im schlimmsten Fall durch einen Schock lebensbedrohlich werden kann. Wann die Injektion von Immunglobulinen sinnvoll ist, siehe bei den einzelnen Krankheiten.

Impfschäden

Entgegen dem Eindruck, den ImpfwerberInnen zu vermitteln suchen, sind Impfungen nicht risikolos. Rötungen und Schwellungen am Einstichort, Fieber und Unruhe als leichte Impfreaktionen sind zwar fast immer harmlos, doch sollten die ImpfärztInnen davon wissen. Gefürchtet sind Krampfanfälle und Hirnschäden, die zu schweren Behinderungen führen können.

Damit die Behörden das als Folge einer Impfung anerkennen, verlangen sie den Nachweis, daß Bewußtlosigkeit, Krampfanfälle und Lähmungen als erste Anzeichen drei bis achtzehn Tage nach der Impfung aufgetreten sind. Sie wollen auch die Bestätigung, daß die Symptome auf der Impfung beruhen und keine anderen Ursachen haben. Das ist jedoch nur sehr schwer nachzuweisen.

Zudem sind dieses die Anzeichen eines möglichen Impfschadens bei größeren Kindern oder Erwachsenen. Bei Kleinkindern sind die Zeichen oft schwächer und erheblich schlechter zu erkennen.

Bis 1990 gingen bei den westdeutschen Versorgungsämtern 8.801 Anträge ein, ein Leiden als »entschädigungspflichtigen Impfschaden« anzuerkennen. 68 Prozent von ihnen wurden abgelehnt. In Österreich gibt es seit 1992 ein neues Impfschadengesetz. Es regelt die Entschädigung bei Impfungen, die gemäß dem Mutter-Kind-Paß durchgeführt und nach dem 31.7.1981 verursacht wurden.

Eltern, die den Verdacht haben, daß bei ihrem Kind nach der Impfung etwas nicht stimmt, sollten zunächst die Impfärztin oder den –arzt aufsuchen. Wenn sie bezweifeln, daß das Kind dort angemessen betreut wird, sollten sie sich an andere ÄrztInnen oder an das Gesundheitsamt wenden. Ansprüche müssen sie in Deutschland letztlich beim Versorgungsamt, in Österreich beim Landesinvalidenamt geltend machen. Für diesen langwierigen Instanzenweg können sie Rat und Hilfe dringend brauchen (> Kontakt, Seite 735).

Wann gegen was impfen?

Der Standardimpfplan empfiehlt ÄrztInnen und Eltern Zeitpunkt und Art der Impfung. Er ist aber kein Schema, an das sie sich halten müssen. Zu diesen Impfungen kommen für bestimmte Personen noch »Sonderimpfungen« wie zum Beispiel die »Zeckenimpfung« hinzu (> Seite 734).

Impfpläne verändern sich immer wieder. Sie müssen dem Stand der Wissenschaft und der sich ändernden Krankheitssituation angepaßt werden. Außerdem sollten sich in ihnen neue Erkenntnisse über Nutzen und Risiken einer Impfung niederschlagen.

Impfpaß

Alle Impfungen sollten in das Untersuchungsheft für Kinder bzw. den Mutter-Kind-Paß oder einen speziellen Impfpaß eingetragen werden. Nur so lassen sich zu häufige Impfungen vermeiden.

Tuberkulose

Die »Schwindsucht« ist bei uns selten geworden. Vier bis fünf von 1.000 Kindern infizieren sich jährlich mit Tuberkelbazillen. Tuberkulosekrank werden in Deutschland 21 von 100.000 EinwohnerInnen. Es sind vornehmlich ältere Menschen, Personen, die unter schlechten sozialen und hygienischen Bedingungen leben, und solche, deren Immunsystem geschwächt ist.

Viele Menschen kommen mit den Bakterien in Kontakt und bilden Abwehrstoffe. Sie verhindern, daß die Krankheit lebensbedrohlich wird. Bei diesen Menschen fällt ein Test auf Tuberkulose positiv aus (Tuberkulintest).

Behandlungsmöglichkeit und Gefährdung

Es gibt eine Reihe wirksamer Tuberkulosemittel. Allerdings werden die Erreger zunehmend unempfindlicher gegen die Medikamente.

Gefürchtet ist die tuberkulöse Gehirnhautentzündung. Deren Anzeichen können vor allem bei Kleinkindern lange Zeit unbemerkt bleiben.

Impfrisiko

Säuglinge belastet die Impfung sehr, weil sie den Impfstoff immer tiefer eingespritzt bekommen, als es wünschenswert wäre. Je tiefer aber die Injektion, desto größer das Risiko von Nebenwirkungen. Drei bis vier Wochen nach der Impfung kann Fieber auftreten. Bei vier von 1.000 Geimpften bildet sich an der Impfstelle oder an benachbarten Lymphknoten ein Geschwür.

Entscheidungshilfe

Ein Säugling sollte nur geimpft werden, wenn für ihn die Ansteckungsgefahr besonders groß ist, zum Beispiel wenn in der Familie oder näheren Umgebung ein Tuberkulosekranker lebt oder wenn die Familie oft in Länder reist, in denen Tuberkulose noch häufig vorkommt. Dann empfiehlt sich die Impfung gleich nach Geburt. Sie schützt nicht vor der Infektion, verhindert aber etwa fünf bis zehn Jahre lang lebensbedrohliche Tuberkuloseformen.

Tetanus

Die Erreger des Wundstarrkrampfs leben nahezu überall. Tiefe, verschmutzte Wunden sind eine besondere Infektionsgefahr. Doch die Erreger können auch durch kleine, unbemerkte Wunden in den Körper gelangen.

Tetanus steckt nicht an und macht nicht immun.

1991 wurden in Deutschland 18 Tetanuserkrankungen gemeldet.

Behandlungsmöglichkeit und Gefährdung

Gegen das Gift der Tetanusbakterien gibt es kein Medikament.

Die intensiven Krämpfe der Krankheit erfassen die gesamte Muskulatur. Etwa die Hälfte der Erkrankten stirbt, weil Kreislauf oder Atmung versagen.

Impfrisiko

Die Tetanusimpfung ist eigentlich gut verträglich. Impfen ÄrztInnen jedoch, obwohl vorangegangene Impfungen noch ausreichend schützen, kann sich das Gewebe an der Einstichstelle verändern, oder die benachbarten Lymphknoten können anschwellen. Auch allergische Reaktionen sind möglich.

Entscheidungshilfe

Gegen Tetanus sollte jedes Kind geimpft sein. Die Impfung schützt mindestens zehn Jahre.

Die meisten ÄrztInnen impfen nach Verletzungen nahezu automatisch gegen Tetanus. Das ist jedoch nur angebracht, wenn die letzte Impfung länger als fünf Jahre zurückliegt. Nach Bißverletzungen ist die Tetanusimpfung wenig sinnvoll, weil Speichel nur sehr selten Tetanuserreger enthält.

Passive Tetanusimpfung

Die passive Tetanusimpfung nach Verletzungen ist sinnvoll, wenn
● die oder der Verletzte noch nicht gegen Tetanus geimpft wurde oder der Impfschutz nicht sicher ist.
● nicht bekannt ist, ob und wann sie oder er geimpft wurde.

Diphtherie

Diphtherie ist bei uns selten geworden: 1991 registrierte das deutsche Bundesgesundheitsamt zwei Kranke. Etwa die Hälfte der Erwachsenen ist durch unbemerkten Kontakt mit dem Erreger immun.

Behandlungsmöglichkeit und Gefährdung

Gegen Diphtherie gibt es kein Medikament. Etwa ein Viertel der Infizierten leidet unter schweren Folgeerkrankungen oder stirbt. Wer die Krankheit übersteht, ist lebenslang dagegen immun.

Impfrisiko

Die Einstichstelle kann sich röten oder anschwellen. Ist diese Reaktion sehr stark, sollte nicht nochmals gegen Diphtherie geimpft werden. Je älter Menschen sind, desto schlechter vertragen sie die Impfung. Sie reagieren dann eher mit Nervenlähmungen und -entzündungen oder Nierenentzündungen. Nach dem Einschulungsalter oder wenn das Kind eine Allergie hat, sollten ÄrztInnen darum den »d«-Impfstoff verwenden. Er ist schwächer dosiert.

Entscheidungshilfe

Die Diphtherieimpfung ist sowohl im Kindes- als auch im Erwachsenenalter sinnvoll. Die ersten drei Impfungen schützen etwa fünf bis sieben Jahre. Wird im sechsten Lebensjahr noch einmal nachgeimpft, währt der Schutz wesentlich länger.

Passive Diphtherieimpfung

Das Diphtherie-Antikörperkonzentrat stammt vom Pferd. Das Fremdeiweiß verursacht relativ häufig Nebenwirkungen, die schwer verlaufen können. Darum wird die passive Impfung nur in lebensbedrohlichen Situationen durchgeführt.

Keuchhusten (Pertussis)

Keuchhusten war selten geworden, doch nachdem die Impfung eine Zeitlang nicht mehr zu den »öffentlich empfohlenen Impfungen« gehörte, wurde die Krankheit wieder häufiger.

Behandlungsmöglichkeit und Gefährdung

Kurz nach der Infektion könnten Medikamente den Krankheitsverlauf noch mildern. In dieser Zeit wird der Keuchhusten jedoch nur selten erkannt. Später ist er mit Medikamenten nicht mehr zu beeinflussen (> Keuchhusten, Seite 728).

Im ersten Lebenshalbjahr sind Säuglinge besonders gefährdet. Mehr als die Hälfte der Kinder erkrankt in dieser Zeit. Die schlimmsten Komplikationen sind Lungenentzündungen, Atemstillstände, Herzbeschwerden und Gehirnschäden. 1989 starben in Deutschland zwei Kinder an Keuchhusten.

Impfrisiko

Bei der Hälfte der Kinder schmerzt die Einspritzstelle, viele bekommen zum Teil sehr hohes Fieber. Oft schwellen die Lymphknoten an. Der Blutzuckerspiegel kann absinken. Weil das zur Bewußtlosigkeit führen kann, soll das Kind nach der Keuchhustenimpfung unter Aufsicht bleiben.

Die Keuchhustenimpfung galt lange Zeit als besonders problematisch, weil man mit ihr den plötzlichen Kindstod und Schädigungen des zentralen Nervensystems in Zusammenhang brachte. Nun zeigten Langzeituntersuchungen jedoch, daß Krämpfe oder bleibende Gehirnschäden seltener vorkommen als früher angenommen. Deshalb empfehlen ImpfärztInnen seit 1991 die Keuchhusten-Impfung wieder für alle Kinder – ausgenommen solche mit einem Hirnschaden oder mit Krampfanfällen.

Entscheidungshilfe

Kritische KinderärztInnen raten nur dann zur Keuchhusten-Impfung, wenn das Kind in einer Krippe untergebracht ist, viele Geschwister hat oder sich aus ähnlichen Gründen besonders leicht anstecken kann.

Der Schutz der Impfung ist nicht sicher und währt höchstens fünf Jahre. Wegen der Nebenwirkungen sollte das Kind nicht vor dem dritten Lebensmonat geimpft werden. Damit ist es in der gefährlichsten Zeit ohne sicheren Schutz.

Passive Keuchhustenimpfung

Die Beurteilung von Keuchhusten-Immunglobulin schwankt zwischen nicht sicher und wirkungslos.

Polio (Poliomyelitis, Kinderlähmung)

Seit mit dem Schluckimpfstoff gegen Kinderlähmung geimpft wird, trat diese Krankheit in Europa

---

IMPFHINWEISE FÜR ELTERN

Vor Reihen-, Massen- oder Schulimpfungen werden die Kinder nur selten gründlich untersucht, ob sie wirklich gesund sind. Den Zeitpunkt einer Impfung bei Kinderärztin oder -arzt bestimmen Sie selbst.

ÄrztInnen sind verpflichtet, Ihnen zu erklären, welches Risiko die Impfung bei Ihrem Kind haben kann.

Sie sollten wissen, welche Reaktionen nach einer Impfung auftreten können, welche unbedenklich sind und bei welchen Erscheinungen Sie mit dem geimpften Kind was tun sollen. Am besten schreiben Sie nach der Impfung alles auf, was Ihnen ungewöhnlich erscheint:

- Schläft das Kind viel mehr als sonst?
- Verliert es jegliches Interesse?
- Schreit es ohne erkennbaren Grund?
- Ist es ungewöhnlich unruhig?
- Ist es schreckhafter als sonst?
- Ist es überraschend reizbar?
- Erbricht es?
- Hat es Fieber, wenn ja, wieviel?

Hatte das Kind im Anschluß an eine Impfung einen Fieberkrampf, sollte nicht weiter geimpft werden.

Vorsicht vor Impfungen bei folgenden Bedingungen:
- Das Kind hat eine Eiweißallergie.
- Es hat eine Erkrankung des zentralen Nervensystems (z. B. Epilepsie).
- Es nimmt Medikamente, die das Abwehrsystem schwächen (z. B. Kortison).
- Das Immunsystem ist krank (z. B. Leukämie oder Lymphknotenkrebs).

kaum noch auf. In Deutschland gab es 1991 drei Poliokranke. 1992 erschreckten jedoch Pressemeldungen, denen zufolge eine unerwartet hohe Zahl EuropäerInnen, die nicht gegen Polio geimpft waren, daran erkrankten.

Behandlungsmöglichkeit und Gefährdung

Gegen Polio gibt es kein Medikament. Nervenlähmungen machen den Erkrankten bewegungsunfähig.

Impfrisiko

Manchmal ist der Stuhlgang nach der Impfung etwas dünner. Bleibende Lähmungen treten bei einem von etwa zwei Millionen Geimpften auf.

Der Geimpfte scheidet die Erreger mit dem Stuhl aus. Dadurch können sich andere mit Polio infizieren, die nicht geimpft sind bzw. deren Impfschutz nicht mehr ausreicht. Sicherheitshalber sollten darum alle Familienmitglieder schluckimpfen, die ihre letzte Portion Polio-Impfstoff vor mehr als fünf Jahren bekamen.

Entscheidungshilfe

Säuglinge überstehen eine Polioinfektion praktisch immer schadlos. Bei unseren Lebensgewohnheiten infiziert sich jedoch kaum noch ein Kind in dieser Zeit. Später verursacht die Krankheit häufig bleibende Lähmungen. Darum erscheint die Impfung sinnvoll. Der Impfschutz hält mindestens zehn Jahre an.

Masern

Seit viel gegen Masern geimpft wird, erkranken immer weniger Kinder, aber zunehmend mehr Erwachsene an dieser typischen Kinderkrankheit (> Impfziele – Am Beispiel der Masern, Seite 731). 1989 starben in Deutschland sechs Menschen an Masern.

Behandlungsmöglichkeit und Gefährdung

Die Masernerkrankung selbst läßt sich nicht behandeln, nur ihre Begleiterscheinungen lindern.

Kleinkinder leiden bei Masern vornehmlich an Entzündungen der Atemwege. Diese bakteriellen Infektionen können in dem geschwächten Körper leicht Fuß fassen. Solche Folgekrankheiten waren die Ursache vieler Todesfälle nach Masern, als es noch keine Antibiotika gab, und sie sind es noch heute in den Ländern, in denen diese Medikamente nicht ausreichend zur Verfügung stehen.

BefürworterInnen der Masernimpfung argumentieren vor allem mit dem Schutz vor Masernenzephalitis, einer Gehirnentzündung. Sie tritt um so häufiger auf, je später Menschen masernkrank werden. Die Angaben darüber, wie häufig, variieren jedoch. Verläßliche Zahlen gibt es nicht. Kritische KinderärztInnen haben aber ermittelt, daß die offiziell genannte Zahl von einer Gehirnentzündung bei 800 masernkranken Kindern mindestens zehnfach zu hoch ist. Die Sterblichkeitsrate bei Erwachsenen-Masern ist hingegen zehnfach höher als bei Kindern.

Impfrisiko

Bis zu 5 von 100 Kindern bekommen etwa eine Woche nach der Impfung Hautausschlag hinter den Ohren und leichtes Fieber. Beides verschwindet schnell wieder und braucht nicht behandelt zu werden.

Das Risiko von Gehirnentzündungen bezeichnen ImpfbefürworterInnen als »sehr gering«. Deutsche Untersuchungen sprechen dagegen von einer Gehirnentzündung auf 35.000 Geimpfte, andere sogar von einer auf 17.500.

Entscheidungshilfe

Wer die Standard-Impfempfehlungen akzeptiert, wird sein Kind impfen lassen. Für deutsche Kinder sind mittlerweile zwei Masernimpfungen vorgesehen. Damit sollen die Kinder erfaßt werden, bei

IMPFZIELE – AM BEISPIEL MASERN

Eigentlich sollte man meinen, das Ziel jeder Impfung sei, den einzelnen Menschen vor Krankheiten zu schützen. Doch hinter diesem anscheinend uneigennützigen Argument stehen viele Interessen: Die Krankenkassen wollen Behandlungskosten sparen; GesundheitspolitikerInnen wollen die Verantwortung für Gesundheit und Krankheit von der Gemeinschaft auf den einzelnen abwälzen; Pharmafirmen wollen am Verkauf der Impfstoffe verdienen; MedizinerInnen wollen ihre Disziplin mit dem Satz schmücken »Wir haben die Krankheit ausgerottet.«

Gerade diese letzte, ehrgeizige Idee wird immer eine Utopie bleiben. Sie kann nur gelingen, wenn man – wie bei den Pocken – alle Menschen weltweit zwangsweise impft. Freiwillige Impfprogramme dagegen, wie sie in demokratischen Gemeinschaften üblich sein sollten, bergen langfristig womöglich mehr Risiken als Nutzen.

Ein Beispiel: Amerikanische MedizinerInnen haben sich vorgenommen, ihr Land gänzlich masernfrei zu bekommen. 95 Prozent der Kinder sind gegen Masern geimpft. Trotzdem sind in den vergangenen Jahren zehnmal mehr Menschen an Masern gestorben als vor Beginn des Impfprogrammes im Jahr 1982. Weil nicht durchgängig alle Menschen gegen Masernviren immun sind oder durch Impfungen gemacht werden können, erkranken nun zunehmend mehr ältere Menschen. Die sind aber durch die Komplikationen einer Masernerkrankung viel stärker bedroht als kleine Kinder.

Vier Gruppen von Menschen sind durch fehlende Immunität besonders gefährdet:
● Die, die aus medizinischen, weltanschaulichen oder religiösen Gründen nicht geimpft werden können oder wollen.
● Die, deren Impfung nicht »angegangen« ist, die also nicht ausreichend Antikörper gebildet haben. Bei der Masernimpfung ist das nach heutiger Schätzung etwa jeder Zehnte. Doch die Betroffenen wissen nur selten davon, denn der Erfolg einer Impfung wird nur in Ausnahmefällen durch eine Antikörperbestimmung kontrolliert.
● Die, deren Impfschutz schwächer geworden ist. Das tritt wahrscheinlich etwa zehn Jahre nach der letzten Impfung ein. Dementsprechend müßten sich bis ins hohe Alter alle Menschen regelmäßig und zuverlässig nachimpfen lassen.
● Säuglinge bis zur ersten Impfung. Es ist unmöglich, schon Neugeborene gegen alle Krankheiten zu impfen. Bisher war das auch nicht notwendig, weil die Kleinen von ihrer Mutter Antikörper gegen viele Krankheiten mitbekommen. Die gegen Masern schützen die Babies normalerweise mindestens vier Monate lang. Hat die Mutter die Krankheit jedoch nicht selbst durchgemacht, sondern wurde gegen Masern geimpft, hat sie nur wenig oder gar keine Antikörper (mehr). Und was sie nicht hat, kann sie dem Säugling nicht weitergeben.

Insgesamt sind nur etwa 40 Prozent aller AmerikanerInnen ausreichend gegen Masern geschützt. Damit wird die Kinderkrankheit immer mehr zur Erwachsenenkrankheit. Das Risiko von Komplikationen, das man verringern wollte, steigt – nur verlagert es sich von den Kleinen auf die Großen.

IMPFPLAN

DEUTSCHLAND

Die Tuberkuloseimpfung wird nicht mehr generell empfohlen. Dennoch sprachen ÄrztInnen 1990 in Niedersachen wieder eine allgemeine Impfempfehlung für Tuberkulose aus.

Alter	Impfungen
3. Monat	Diphtherie, Tetanus, Keuchhusten, Polio, Haemophilus influenzae b (Hib)
4. Monat	Diphtherie, Tetanus, Keuchhusten
5. Monat	Diphtherie, Tetanus, Keuchhusten, Polio, Hib
ab 15. Monat	Masern, Mumps, Röteln, Diphtherie, Tetanus, Keuchhusten, Polio, Hib
6. Jahr	Tetanus, Diphtherie (mit Td-Impfstoff), Masern, Mumps, Röteln
ab 10. Jahr	Polio
11.–16. Jahr	Tetanus, Diphtherie (mit Td-Impfstoff), bei Mädchen Röteln
7.–15. Jahr	Tuberkulose (wenn Tuberkulintest negativ)
13. Jahr Mädchen:	Röteln
14.–15. Jahr	Diphtherie, Tetanus (mit Td-Impfstoff), Polio

denen die erste Impfung nicht angegangen ist (> Immunität, Seite 724). In Österreich hält man derzeit noch eine einmalige Impfung für ausreichend. Daß die Impfung lebenslang schützt, wird immer unwahrscheinlicher je mehr Menschen geimpft sind (> Impfziele, Seite 731).

Eltern, die der Masernimpfung kritisch gegenüberstehen und eine Kinderärztin oder einen Kinderarzt haben, der sie darin unterstützt, können etwa bis zum 14. Lebensjahr abwarten, ob ihr Kind die Krankheit durchmacht. Dann sollten sie mit einer Untersuchung den Masern-Antikörper-Gehalt des Blutes feststellen lassen. Liegt er zu niedrig, empfiehlt sich die Impfung, reicht er aus, kann sie unterbleiben.

Passive Masernimpfung

Masern-Immunglobulin (D/Ö) enthält genügend Antikörper, um den Ausbruch der Krankheit zu verhindern. Es sollte jedoch nur gespritzt werden, wenn das Immunsystem der oder des möglicherweise Infizierten besonders belastet ist oder sie oder er einen Gehirnschaden hat.

Mumps (Ziegenpeter)

Durch die Impfungen werden immer weniger Kinder mumpskrank.

Behandlungsmöglichkeit und Gefährdung

Gegen Mumps gibt es kein Medikament.

Etwa jedes zehnte Kind mit Mumps (> Seite 883) hat um den zehnten Krankheitstag herum eine leichte Gehirnhautentzündung, die folgenlos vergeht. Gefürchtet ist die Entzündung der Bauchspeicheldrüse, in deren Folge eine Zuckerkrankheit entstehen kann, und die Entzündung der Hoden bei Jungen bzw. die der Eierstöcke bei Mädchen. Doch erst bei älteren Kindern sind diese Entzündungen häufig der Grund einer Unfruchtbarkeit.

Wie alle Kinderkrankheiten ist Mumps bei Erwachsenen problematischer als in jungen Jahren.

Impfrisiko

Komplikationen werden als selten angegeben, doch ein bis zur Impfung verborgener Diabetes kann danach ausbrechen. Von den 5,5 Mio. Menschen, die in zwölf Jahren gegen Mumps geimpft wurden, wurden 18 anschließend zuckerkrank. Eine Person bekam die Krankheit als Impfschaden anerkannt.

Entscheidungshilfe

Wie bei Masern, > Seite 730.

Die durchgemachte Erkrankung schützt ziemlich sicher ein Leben lang. Für die Impfung ist das fraglich.

Passive Mumpsimpfung

Mumps-Immunglobuline schützen nicht sicher vor der Krankheit. Sie verhindern auch nicht die möglichen Hoden- oder Eierstockentzündungen.

Röteln

Röteln sind völlig harmlos (> Seite 879). Erkrankt jedoch eine Schwangere, bedroht das ihr Kind. Dann kann nur ein Schwangerschaftsabbruch die Geburt eines mißgebildeten Kindes sicher verhindern (> Schwangerschaftsabbruch, Seite 147). In Deutschland wurden 1990 drei Kinder mit Mißbildungen geboren, weil sich die Mutter während der Schwangerschaft mit Röteln angesteckt hatte. Die Impfung soll also Kinder schützen, die zum Zeitpunkt der Impfung des Mädchens noch nicht einmal geplant sind.

Der deutsche Standardimpfplan sieht vor, im zweiten und sechsten Lebensjahr Mädchen und Jungen zu impfen. So hofft man, die Zahl der Rötelnerkrankungen und damit die Ansteckungsgefahr für schwangere Frauen zu verringern. Weil

der Impfschutz aber nicht verläßlich ist, sollen alle Mädchen vor der Pubertät noch einmal nachgeimpft werden.

Impfrisiko

Kinder vertragen die Impfung gut. Zwei bis fünf Prozent der Geimpften bekommen leichtes Fieber und Hautausschlag.

Entscheidungshilfe

Röteln verlaufen so leicht, daß es sinnvoll ist, gesunde Mädchen mit rötelnkranken Kindern zusammenzubringen. Eine durchgemachte Infektion schützt mindestens zehnmal besser als die Impfung.

IMPFPLAN

ÖSTERREICH

3. Monat	Diphtherie, Tetanus, (evt. Keuchhusten)
4. Monat	Diphtherie, Tetanus (evt. Keuchhusten), Polio (Wiederholungen im Abstand von sechs Wochen)
5. Monat	Diphtherie, Tetanus (evt. Keuchhusten), Polio
6. Monat	Polio
14. Monat	Masern, Mumps
12.–18. Monat	Diphtherie, Tetanus
7. Jahr	Diphtherie, Tetanus (mit Td-Impfstoff), Polio

Auffrischungsimpfungen

Tetanus: alle 10 Jahre
Diphtherie (»d«-Impfstoff): alle 10 Jahre
Polio: alle 10 Jahre
FSME (Zeckenimpfung): alle 5 Jahre

Ab etwa dem zehnten Lebensjahr sollte bei Mädchen der Röteln-Antikörper-Gehalt des Blutes bestimmt werden. Ist er zu niedrig, empfiehlt sich die Impfung.

Bei fünf bis zehn von hundert Menschen versagt die Impfung. Außerdem läßt der Schutz mit der Zeit nach. Es sind bereits etliche Kinder mit Mißbildungen geboren wurden, weil sich Frauen durch die Impfung geschützt glaubten, es aber nicht mehr ausreichend waren.

Passive Rötelnimpfung

Sie kommt nur für schwangere Frauen in Frage.

Zeckenimpfung – FSME (Frühsommer-Meningoenzephalitis)

Bei weitem nicht jeder Zeckenstich überträgt die Erreger der FSME, und nicht jeder von einer solchen Zecke Gestochene erkrankt an FSME. In Bayern trägt nur etwa jede 900. Zecke das Virus, in Österreich etwa jede 30. Nur etwa ein Drittel derjenigen, die mit einem FSME-Virus infiziert werden, erkranken und davon wieder nur wenige schwer.

In Deutschland gibt es jährlich 60 bis 120 FSME-Erkrankungen. Betroffen sind der Odenwald, die Gegend um Bad Kreuznach, der Bodensee-Raum, die Donau-Seitentäler, der südliche Schwarzwald, die Umgebung von Passau, Stuttgart und Karlsruhe.

Virustragende Zecken gibt es in Österreich entlang der Donau und ihren Seitentälern, im Waldviertel, Wienerwald, in der Steiermark und in Kärnten mit Ausnahme des Hochgebirges und in wenigen Bereichen in Westösterreichs.

Behandlungsmöglichkeit und Gefährdung

Gegen die FSME gibt es kein Medikament. Ihre Symptome ähneln denen einer Grippe, die Krankheit bleibt oft unbemerkt. In ihrer Folge kann sich eine Hirnhautentzündung entwickeln. Bei Kindern bis zu drei Jahren kommt das nur selten vor.

Impfrisiko

Etwa ein Fünftel der Geimpften vermeldet Nebenwirkungen: Hautrötungen an der Einstichstelle, Fieber, Gliederschmerzen, Müdigkeit, allergische Erscheinungen.

Als schwerwiegende Komplikationen traten Krampfanfälle, Kopf- und Nackenschmerzen als Vorboten einer Gehirnhautentzündung und Lähmungen auf. MedizinerInnen rechnen das Risiko mit eins auf 32.000 Impfungen aus.

Problematisch ist ferner, daß die Zeckenimpfung ein falsches Sicherheitsgefühl gegenüber einer anderen, durch dieselben Zecken übertragenen Infektionskrankheit vermittelt: der Lyme-Borreliose. Deren Erreger sitzen in sehr viel mehr Zecken, als es die FSME-Viren tun. Außerdem kommen Borrelien-tragende Zecken überall und nicht nur in bestimmten Regionen vor.

Entscheidungshilfe

Die Impfung empfiehlt sich für Kinder, deren Eltern folgende Fragen bejahen müssen:
● Lebt Ihr Kind ständig in einem Gebiet, in dem FSME-Erkrankungen häufig vorkommen? Die jeweils gültige Verbreitungskarte der FSME können Sie anfordern.
● Ist Ihr Kind sehr viel in Wald und Feld unterwegs?
● Sind Sie ängstlich? Es ist unsinnig, auf die Impfung

Kontakte

Die Verbreitungskarte der FSME verschicken:

Gesellschaft für Immunmedizin
POSTFACH 40 08 49; 80708 MÜNCHEN

MA 15 der Stadt Wien, Gesundheitsamt
GONZAGAGASSE 23; 1013 WIEN

zu verzichten, dem Kind aber nach jedem Zecken-stich eine Immunglobulinspritze geben zu lassen.

Vor dem ersten Geburtstag sollten Kinder nicht geimpft werden. Bis zum dritten Lebensjahr ist die Impfung nicht notwendig, weil so kleine Kinder von den schweren Folgen der FSME praktisch nicht betroffen sind.

Nach der Grundimmunisierung sind mehr als 95 Prozent der Geimpften geschützt. Nach fünf Jahren wird eine Auffrischungsimpfung empfohlen.

Passive Zeckenschutzimpfung

Viele ÄrztInnen spritzen Nicht-Geimpften aus »Sicherheitsgründen« in den ersten zwei Tagen nach einem Zeckenstich FSME-Immunglobulin. Es schützt aber nur zu etwa 60 Prozent vor der Krankheit.

Haemophilus influenzae b (Hib)

Die Hib-Impfung hat ihren Namen nicht von einer Krankheit, sondern bezeichnet einen Erreger. Auf ihn geht etwa ein Drittel aller eitrigen Gehirnhaut-entzündungen von Kindern unter fünf Jahren zurück (> Gehirnhautentzündung, Seite 775). Auch für die Epiglottitis, eine lebensbedrohliche Entzündung des Kehlkopfdeckels (> Pseudokrupp – Kehlkopfdeckel-Entzündung, Seite 815), die allerdings seltener auftritt als die Hirnhautentzün-dung, ist Hib oft verantwortlich. Hib ruft noch eine Reihe anderer Erkrankungen hervor, die aber weniger schwer verlaufen.

Behandlungsmöglichkeit und Gefährdung

Je früher die Hib-Infektion erkannt und behandelt wird, desto günstiger sind die Heilungschancen. Einem Kind mit Kehlkopfdeckelentzündung kann nur im Krankenhaus, dort aber erfolgreich gehol-fen werden.

Säuglinge sind etwa drei Monate lang durch die von der Mutter mitgegebenen Antikörper vor einer Hib-Infektion geschützt. Bis zum zweiten Lebens-jahr sind die Kinder dann relativ stark gefährdet. 60 bis 80 Prozent aller Hib-Infektionen liegen in die-ser Zeit. Bis etwa zum fünften Geburtstag haben fast alle einen ausreichenden Schutz aus eigenen Antikörpern aufgebaut.

Über die Gefährlichkeit der Hib-Hirnhautent-zündung gibt es keine verläßlichen Daten. Einige MedizinerInnen meinen, daß in Deutschland jähr-lich 200 bis 800 Kinder durch eine solche Infektion schwer geschädigt werden, 65 bis 200 daran sterben.

Impfrisiko

An Nebenwirkungen wurden bisher gemeldet: Bei jedem achten Kind Rötung und Schwellung an der Einstichstelle, Fieber, Hautausschläge und die Ver-stärkung von Allergien. Ob entzündliches Rheuma und Krampfanfälle ursächlich mit der vorher durchgeführten Impfung zusammenhängen, ist noch unklar.

Entscheidungshilfe

Die Hib-Impfung ist noch recht neu. Die Stimmen der ImpfbefürworterInnen sind laut und deutlich, die der KritikerInnen noch dünn, da es erfahrungs-gemäß einige Zeit braucht, bis langfristige Folgen in der Praxis sichtbar werden.

In jedem Fall sollten sich die Eltern klarmachen, daß die Hib-Impfung nicht »die Impfung gegen Hirnhautentzündung« ist.

Kontakte

Schutzverband für Impfgeschädigte
POSTFACH 1160
57259 HILCHENBACH
TEL.: 0271/55019

Erste Hilfe

Nicht immer ist der Notarztwagen oder die Rettung schnell genug zur Stelle, wenn sich ein Kind ernsthaft verletzt hat. Dann kommt es für die Eltern darauf an, rasch und richtig zu handeln. Darum sollten alle Eltern Erste-Hilfe-Maßnahmen beherrschen. Doch nicht alle Handgriffe und lebensrettenden Maßnahmen, die die Standardkurse vermitteln, sind bei verletzten Kindern in gleicher Weise anwendbar und sinnvoll.

Jedes Jahr verunglücken in Deutschland mehr als 20.000 Menschen tödlich. Fast 900mal sind Kinder unter 15 Jahren die Opfer. Ein Drittel der tödlichen Unfälle ereignet sich in den eigenen vier Wänden. Erst danach kommt der Straßenverkehr, der mit einem Viertel zur Opferbilanz beiträgt.

Jedes fünfte Unfallopfer, schätzen die ExpertInnen des Roten Kreuzes, hätte überleben können, wenn rechtzeitig Erste Hilfe geleistet worden wäre.

Obwohl Deutschland und Österreich über ein gut ausgebautes Rettungswesen verfügen, ist es für Eltern notwendig, zumindest die Grundbegriffe lebensrettender Maßnahmen zu beherrschen. Wenn

bei einem Kind die Atmung versagt, können schon drei bis fünf Minuten, in denen das Gehirn nicht mit Sauerstoff versorgt wird, eine ernsthafte Schädigung bedeuten. Ein Rettungswagen braucht in der Stadt mindestens zehn Minuten zum Unfallort – meist sogar erheblich länger.

Von fünf BundesbürgerInnen ist nur eine Person in Erster Hilfe ausgebildet. Allerdings haben auch die schon nach zwei Jahren etwa 80 Prozent des Erlernten wieder vergessen. Nur jeder zweite Absolvent bzw. Absolventin eines Erste-Hilfe-Kurses traut sich zu, im Ernstfall rasch und wirkungsvoll zu helfen.

Die lebensrettenden Sofortmaßnahmen sollte sich daher jeder immer wieder ins Gedächtnis

zurückrufen. Es kostet nur ein paar Minuten, sich gelegentlich eine fiktive Notfallsituation vorzustellen und gleichzeitig zu überlegen »Wie würde ich mich verhalten?«, „Welche Maßnahmen müßte ich jetzt ergreifen?«. Wer diese Fragen nicht sicher beantworten kann, ist gut beraten, wenn er sein Wissen schnellstens wieder auffrischt.

Eltern sollten gelegentlich an ihren Kindern üben, wie sie die Vitalfunktionen kontrollieren. Beatmung und Herz-Kreislauf-Wiederbelebung dürfen sie allerdings niemals am lebenden Objekt trainieren. Dafür bieten Hilfsorganisationen wie etwa das Rote Kreuz Kurse mit Übungspuppen an.

NOTRUF

	Deutschland	Österreich
Polizei	110	133
Unfall	110	144
Feuer	112	122

Rettungsdienst
in Deutschland: 19222 (evtl. Ortsvorwahl)

Folgende Angaben sind wichtig:

● Die genaue Ortsangabe. Bei Adressen, die schwer zu finden sind – etwa in großen Wohnsiedlungen – muß die genaue Zufahrtsmöglichkeit erklärt werden. Besonders schwierig ist es für ÄrztInnen oder Rettung, einen Unfallort in freier Natur zu finden. Nehmen Sie sich Zeit, markante Punkte zu beschreiben, notfalls markieren Sie welche mit auffälligen Gegenständen (Jacken, Decken, Regenschirme).
● Die präzise Schilderung der Unfallsituation (Verkehrsunfall, Brand, Ertrinkungsunfall, Krankheit). Für das Rettungspersonal ist es wichtig, genau zu wissen, was sich ereignet hat, um die entsprechende Ausrüstung parat zu haben oder um zusätzliche Hilfe anfordern zu können.
● Genaue Angaben über die Zahl der verunglückten Personen, damit genügend Rettungskräfte zum Unfallort gesandt werden.
● Genaue Beschreibung der Unfallfolgen. Weisen Sie bereits am Telefon auf Bewußtlosigkeit, Atem- oder Herzstillstand hin. Sagen Sie, daß es sich beim Unfallopfer um ein Kind handelt und sagen Sie das Alter dazu.
● Warten Sie auf Rückfragen, legen Sie erst auf, wenn die Rettungsleitstelle Ihnen bestätigt, alle erforderlichen Informationen erhalten zu haben.

Keine Panik

Leider gibt es kein Patentrezept, in welcher Reihenfolge in einer Notfallsituation was zu tun ist. Prinzipiell gilt in der Notfallmedizin der Grundsatz: In einer Akutsituation hilft in den ersten zwanzig Minuten fast jede Maßnahme, nach dieser Zeit fast keine mehr.

Natürlich können falsche Handgriffe – oder solche, die zum falschen Zeitpunkt erfolgen – mitunter mehr schaden als nutzen. Deshalb muß im Unglücksfall Panik unbedingt vermieden werden.

● Verschaffen Sie sich rasch einen Überblick.
● Retten Sie das Kind aus der akuten Gefahrensituation (Stromkreislauf, Wasser).
● Sichern Sie die Gefahrenstelle soweit wie möglich ab.
● Kontrollieren Sie erst dann die Vitalfunktionen des Kindes (Bewußtsein, Atmung, Herz-Kreislauftätigkeit).
● Rufen Sie rasch Hilfe, und beginnen Sie mit der Basisversorgung.

Helfen oder Hilfe rufen?

Wenn ein Telefon greifbar ist, sollte der Notruf noch vor den Erste-Hilfe-Maßnahmen erfolgen, da das Kind so am schnellsten in ärztliche Versorgung gelangt (> Notruf, Seite 738).

Befindet sich kein Telefon in unmittelbarer Nähe, ist je nach Situation zu entscheiden, ob Sie ohne wesentlichen Zeitverlust mit dem Kind ins Haus oder die Wohnung laufen können, oder ob weniger Zeit vergeht, wenn Sie sofort mit der Versorgung beginnen und gleichzeitig laut um Hilfe rufen, damit NachbarInnen oder PassantInnen den Notruf tätigen können.

Bei Unfällen außerhalb eines Wohngebietes würde der Weg zum nächsten Telefon meist zuviel Zeit kosten. In der Regel ist hier die Entscheidung richtig, sofort mit der Basisversorgung zu beginnen und auf weitere Hilfe zu warten.

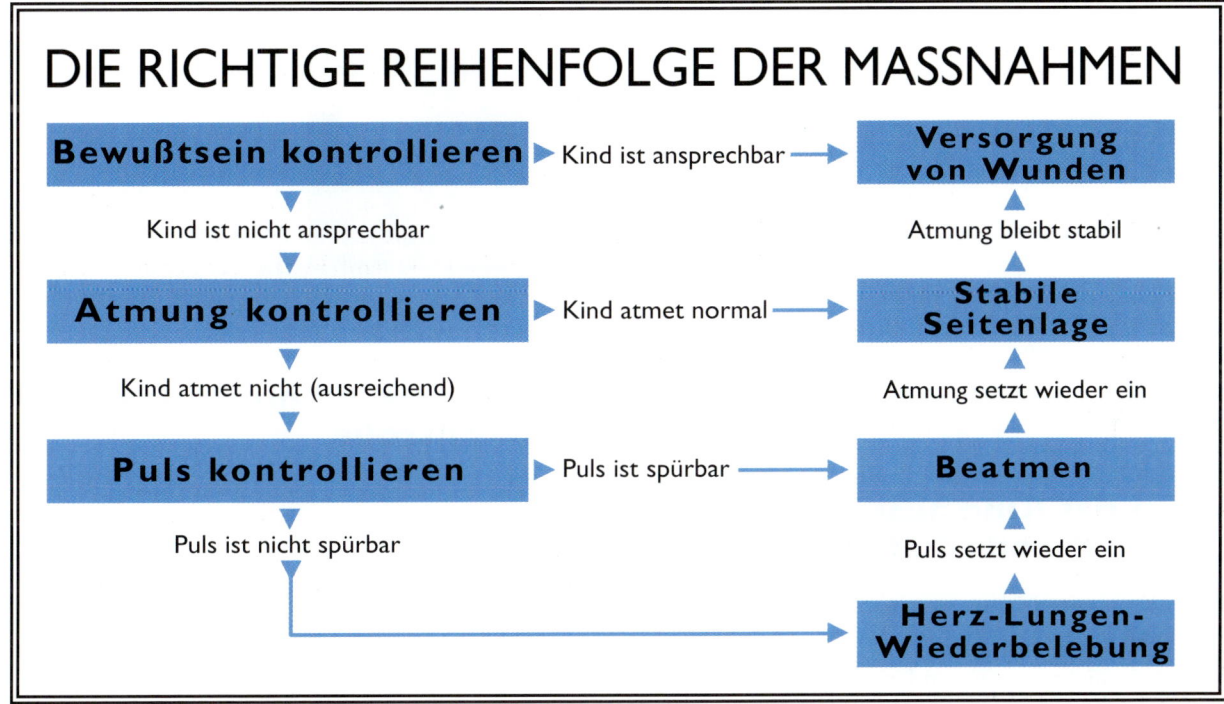

DIE RICHTIGE REIHENFOLGE DER MASSNAHMEN

Bewußtsein kontrollieren → Kind ist ansprechbar → Versorgung von Wunden

Kind ist nicht ansprechbar

Atmung kontrollieren → Kind atmet normal → Stabile Seitenlage

Atmung bleibt stabil

Kind atmet nicht (ausreichend)

Puls kontrollieren → Puls ist spürbar → Beatmen

Atmung setzt wieder ein

Puls ist nicht spürbar

Puls setzt wieder ein

Herz-Lungen-Wiederbelebung

BEWUSSTLOSIGKEIT

Bewußtlosigkeit ist für jeden Laien problemlos feststellbar. Jedes Kind, egal, welchen Alters, ist – auch wenn es tief schläft – zum Öffnen der Augen oder zu Lautäußerungen zu bewegen, indem man es anspricht, anfaßt oder sanft rüttelt. Reagiert es darauf nicht, ist es mit Sicherheit bewußtlos.

Bei Bewußtlosigkeit besteht akute Lebensgefahr, weil das Kind ersticken kann. Reagiert das Kind eingeschränkt oder verlangsamt, ist es zumindest »eingetrübt« oder apathisch. Dann steht zu befürchten, daß es in kurzer Zeit bewußtlos werden wird. Es handelt sich also auch dann um eine Notfallsituation.

Ohnmacht

Die einzige Form von Bewußtseinsstörung, die nicht zwangsläufig eine akute Gefahr für das Kind bedeu-

tet, ist die Ohnmacht. Darunter versteht man eine kurzzeitige Bewußtlosigkeit, die nicht durch Gewalteinwirkung hervorgerufen wurde und die beendet ist, sobald das Kind flach auf dem Boden liegt. Ohnmacht ist die Folge einer Kreislaufschwäche, die etwa durch langes Stehen in verbrauchter Luft oder durch Aufregung hervorgerufen werden kann.

Was tun: Atemkontrolle

Ist das Kind bewußtlos, achten Sie auf den Brustkorb, und überprüfen Sie, ob Atembewegungen zu sehen sind. Halten Sie Ihr Ohr dabei an den Mund des Kindes, und kontrollieren Sie, ob Atemgeräusche zu hören sind oder ausgeatmete Luft zu spüren ist..

Hinweise auf ungenügende Atmung sind:
● Eine bläuliche oder blaßgraue Verfärbung der Haut, insbesondere an den Lippen, den Fingernagelbetten und den Ohrläppchen.

● Bei Krampfzuständen im Bereich der Atemwege oder wenn Fremdkörper in die Atemwege eingedrungen sind, ist meist deutlich zu erkennen, daß die Atmung behindert ist. Das Kind hat Angstzustände; es bläht die Nasenflügel beim Einatmen deutlich; das Gewebe im Bereich der Schlüsselbeine und der Brustkorb ziehen sich beim Versuch einzuatmen zusammen; der Bauch wölbt sich nach außen.

● Pfeifende Geräusche beim Einatmen deuten darauf hin, daß der Bereich der oberen Luftwege verlegt ist. Pfeifen, Giemen oder Brummen beim Ausatmen sind ein typisches Zeichen dafür, daß die unteren Luftwege verlegt sind. (> Seite 749)

Wenn das Kind ausreichend atmet: Stabile Seitenlage

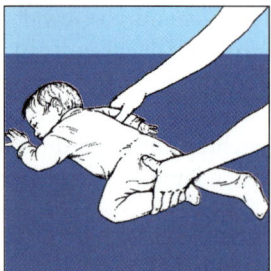

● Drehen Sie das Kind auf den Bauch, legen Sie Arme und Beine so, daß es nicht in eine andere Position rutschen kann, drehen Sie den Kopf des Kindes zur Seite, und beugen Sie seinen Kopf leicht in den Nacken.

● Überprüfen Sie laufend die Atmung: Wenn das Kind schlecht Luft bekommt, korrigieren Sie die Lage des Kopfes. Wenn die Atmung aussetzt, beginnen Sie sofort mit der Beatmung.

● Legen Sie das Kind auf den Rücken.

● Winkeln Sie das rechte Bein des Kindes an.

● Ziehen Sie seinen linken Arm quer über den Körper.

● Fassen Sie das Kind an Schulter und Hüfte, und drehen Sie es auf die Seite.

● Schieben Sie die neben dem Kopf liegende Hand unter das Gesicht des Kindes. Der Mund soll etwas nach unten zeigen.

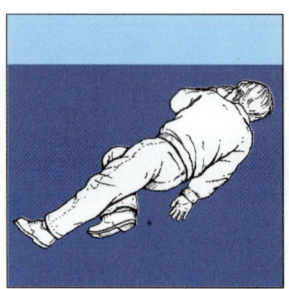

● Beugen Sie den Kopf des Kindes leicht in den Nacken, und öffnen Sie den Mund des Kindes.

● Überprüfen Sie laufend die Atmung: Wenn das Kind schlecht Luft bekommt, korrigieren Sie die Lage des Kopfes. Wenn die Atmung aussetzt, beginnen Sie sofort mit der Beatmung. (> Seite 741)

Wenn das Kind nicht atmet: Pulskontrolle

Bei Bewußtlosigkeit und Atemstillstand muß unbedingt die Funktion von Herz und Kreislauf überprüft werden. Den Puls am Handgelenk zu suchen ist bei Kindern nicht sinnvoll. Selbst wenn der Kreislauf noch funktioniert, fällt der Blutdruck normalerweise so sehr ab, daß die Durchblutung in der Außenregion des Körpers zusammenbricht.

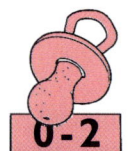

Bei Säuglingen läßt sich der Puls am besten durch Tasten des Herzspitzenstoßes feststellen. Dazu werden die Finger etwas unterhalb der linken Brustwarze auf die Haut gedrückt.

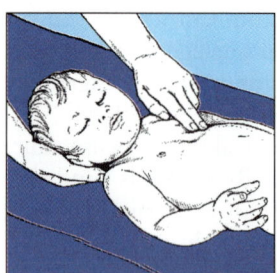 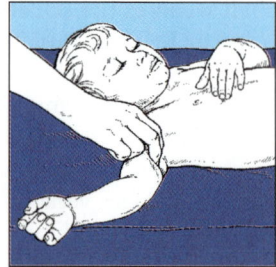

Eine andere Möglichkeit ist das Tasten des Pulses am Oberarm. Dabei wird der Daumen an die Außenseite, die anderen Finger an die Innenseite des Oberarms gelegt. Indem man das dort verlaufende Blutgefäß mit den Fingern leicht gegen den Oberarmknochen drückt, läßt sich der Puls zuverlässig fühlen.

Bei Kindern, die älter als zwei Jahre sind, läßt sich der Puls am zuverlässigsten an der Halsschlagader tasten. Dazu werden zwei oder drei Finger auf den Kehlkopf des Kindes gelegt. Dann

ab 2

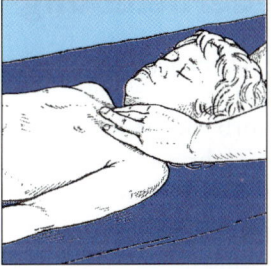 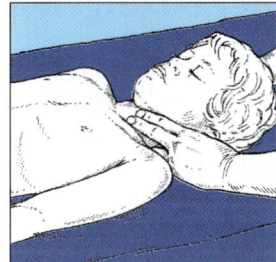

läßt man die Finger nach außen gleiten. In der Vertiefung zwischen Kehlkopf und Halsmuskulatur läßt sich der Puls durch leichten Druck tasten. Wenn kein Pulsschlag zu spüren ist, sollte der Vorgang auf der anderen Halsseite wiederholt werden. Erst wenn auf beiden Seiten kein Puls bemerkbar ist, kann das einen Herz-Kreislauf-Stillstand bedeuten.

Wenn der Puls spürbar ist: Beatmen

1. In Schnüffelstellung bringen

● Legen Sie das Kind flach auf den Rücken.
● Wenn sich Fremdkörper im Mund- und Rachenraum befinden, drehen Sie den Kopf des Kindes leicht zur Seite, und entfernen Sie Erbrochenes, Blut oder Schleim.
● Halten Sie die Atemwege des Kindes frei, indem Sie das Kinn des Kindes anheben und den Kopf leicht in den Nacken beugen. Die dadurch erreichte Kopfhaltung wird als »Schnüffelstellung« bezeichnet.

Bei ganz kleinen Kindern sollte der Kopf nicht zu weit nach hinten gebeugt werden. Bei Säuglingen bleibt der Kopf in seiner normalen Position, d.h. in Mittelstellung. Lediglich das Kinn wird mit zwei Fingern leicht angehoben.

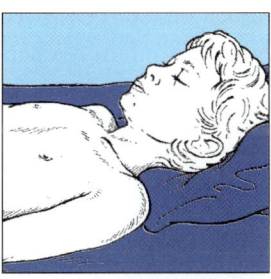 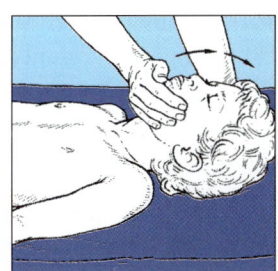

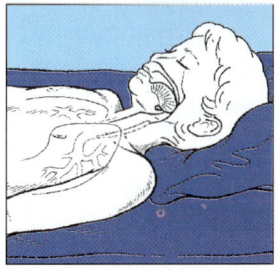 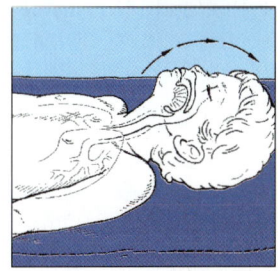

● Kontrollieren Sie erneut die Atmung. Beginnt das Kind auch jetzt nicht klar erkennbar zu atmen, müssen Sie unverzüglich mit der Beatmung beginnen.

2. Beatmen

Kontrollieren Sie nach zwei Beatmungen noch einmal den Puls des Kindes. Falls er nicht mehr spürbar ist, müssen Sie unverzüglich mit der Herz-Lungen-Wiederbelebung beginnen (> Seite 744).

0-6

● Umschließen Sie Mund und Nase des Kindes mit dem Mund. Blasen Sie dem Kind »portionsweise« Ihre Atemluft ein. Bei Säuglingen reicht jene Menge Luft, die Sie mit leicht geblähten Wangen im Mund behalten können. Neugeborene sollten etwa

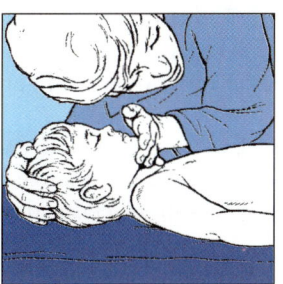 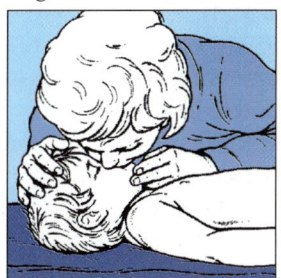

40 Beatmungen pro Minute, Säuglinge 30 bis 35 Beatmungen bekommen. Bei Kleinkindern reichen 20 bis 30 pro Minute.

● Verschließen Sie mit dem Daumen den Mund des Kindes. Umschließen Sie mit Ihrem Mund dicht die Nase des Kindes, und blasen Sie Ihre Atemluft gleichmäßig ein.

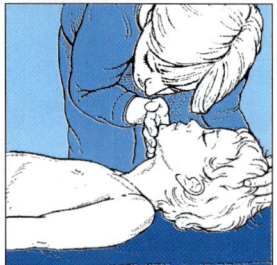 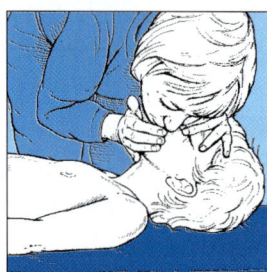

● Sind die Luftwege im Bereich der Nase verschlossen (starker Schnupfen, Verwachsung, Verletzung), gibt es die Alternative der Mund-zu-Mund-Beatmung. Verschließen Sie dazu mit zwei Fingern der Hand, die auf der Stirn des Kindes liegt, die Nase, und blasen Sie Ihre Atemluft über den Mund ein.

Probleme beim Beatmen

Bei richtiger Beatmung hebt sich der Brustkorb des Kindes während des Einblasens der Luft, die Ausatmung erfolgt selbständig.

● Wenn das nicht der Fall ist, wird das Kind nicht ausreichend mit Luft versorgt. Steigern Sie leicht die abgegebene Luftmenge, und kontrollieren Sie noch einmal, ob die Atemwege des Kindes wirklich frei sind.

● Falls auch eine gesteigerte Luftdosis nicht den gewünschten Erfolg bringt, beugen Sie den Kopf des Kindes versuchsweise etwas mehr oder weniger in den Nacken.

● Vermeiden Sie, die Luft stoßweise abzugeben, da bei zu großem Beatmungsdruck die Luft über die Speiseröhre in den Magen gelangt. (Gefahr des Erbrechens!)

● Wenn die Atmung wieder einsetzt, bringen Sie

das Kind in die stabile Seitenlage und kontrollieren die Atmung bis zum Eintreffen des Rettungsdienstes.

Wenn kein Puls spürbar ist: Herz-Lungen-Wiederbelebung

● Legen Sie das Kind auf eine ebene, harte Fläche (nicht aufs Bett oder eine Matratze).

● Machen Sie den Brustkorb des Kindes frei. Achten Sie dabei auf die Gefahr des Unterkühlens. Kleidungsstücke, die hoch- oder weggeschoben werden können, sollen nicht ausgezogen werden.

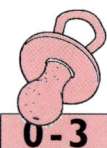

● Suchen Sie den richtigen Druckpunkt. Der befindet sich einen Finger breit unter der gedachten Verbindung der beiden Brustwarzen.

● Legen Sie Zeige- und Mittelfinger

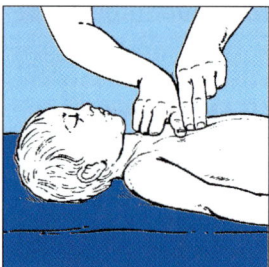 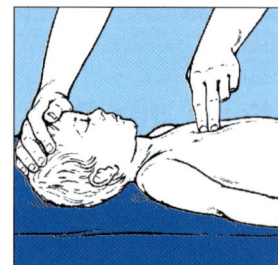

einer Hand parallel zum Brustbein auf diesen Punkt. Dann drücken Sie das Brustbein etwa ein bis zwei Zentimeter tief in Richtung Wirbelsäule.

Achtung:

Der Brustkorb eines kleinen Kindes ist überraschend leicht verformbar. Beginnen Sie Ihre Druckmassage daher vorsichtig, und steigern Sie bei Bedarf den aufgewendeten Druck.

● Führen Sie fünf schnelle Kompressionen hintereinander aus, dann beatmen Sie das Kind einmal, anschließend führen Sie wieder fünf Kompressionen durch.

● Suchen Sie den richtigen Druckpunkt. Der befin-

det sich einen Finger breit unter der gedachten Verbindung der beiden Brustwarzen.

● Legen Sie dort den Ballen einer Hand parallel zum Brustbein möglichst

3 - 6

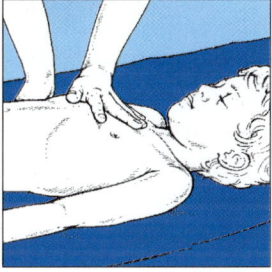 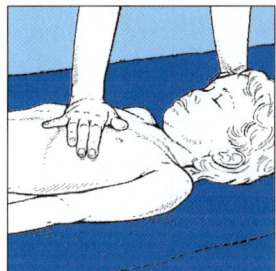

punktförmig auf, und drücken Sie das Brustbein etwa zwei Zentimeter in Richtung Wirbelsäule. Achten Sie dabei darauf, daß der Druck wirklich senkrecht von oben kommt. Der Brustkorb eines kleinen Kindes ist überraschend leicht verformbar. Beginnen Sie Ihre Druckmassage daher vorsichtig, und steigern Sie bei Bedarf den aufgewendeten Druck.

● Führen Sie fünf schnelle Kompressionen hintereinander aus, dann beatmen Sie das Kind einmal, anschließend führen Sie wieder fünf Kompressionen durch.

ab 6

● Suchen Sie den richtigen Druckpunkt. Setzen Sie dazu einen Finger dort auf, wo der Rippenbogen auf das Brustbein stößt. Legen Sie zwei Finger der anderen Hand quer daneben in Rich-

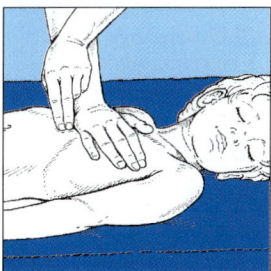 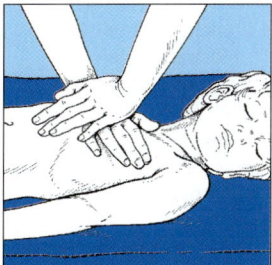

tung Hals. Direkt darüber befindet sich der Druckpunkt.

● Legen Sie dort den Ballen einer Hand parallel zum Brustbein möglichst punktförmig auf. Dann legen Sie die andere Hand über die erste und drücken nun senkrecht nach unten. Die maximale Drucktiefe sollte dabei etwa drei bis vier Zentimeter betragen.

Halten Sie Ihre Arme dabei gestreckt, und achten Sie darauf, daß sich ihr Schwerpunkt direkt über dem Druckpunkt befindet. Achten Sie außerdem darauf, daß Sie den Druckpunkt nach der Belastung wieder vollständig entlasten, damit sich das Herz wieder füllen kann.

● Führen Sie 15 Kompressionen durch, danach beatmen Sie zweimal jeweils eine Sekunde lang.

● Nach vier Durchgängen wird der Puls erneut kontrolliert.

Wiederbelebung durch zwei Helfer

Wenn zwei Retter Erste Hilfe leisten können, führt der erste fünf Herzmassagen aus, dannach beatmet der zweite einmal. Nach zehn Durchgängen mit je fünf Herzmassagen und je einer Beatmung wird der Puls noch einmal kontrolliert.

Wenn der Puls wieder einsetzt

Kontrollieren Sie den Puls jede Minute einmal (bei Kindern ab sechs Jahren nach einer Sequenz von 4 mal 15 Kompressionen und 4 mal 2 Beatmungen). Wenn der Puls wieder tastbar wird, können Sie mit der Druckmassage aufhören. Wenn die Atmung immer noch nicht eingesetzt hat, beatmen Sie das Kind weiter. Ist die Atmung wieder in Gang gekommen, bringen Sie das Kind in die stabile Seitenlage.

Setzt der Puls nicht ein, so führen Sie die Herz-Lungen-Wiederbelebung auf jeden Fall bis zum Eintreffen des Rettungsdienstes weiter. Normalerweise sichern diese Maßnahmen eine Durchblutung des kindlichen Gehirns von etwa einem Drittel des Normalwerts. Es besteht daher die Hoffnung, daß Gehirnschädigungen vermieden – oder zumindest begrenzt – werden können.

HERZ-LUNGEN-WIEDERBELEBUNG

 **0-2**

 **2-6**

ab 6

Säugling/Kleinkind

Kind auf ebene, harte
Unterlage legen

Brustkorb freimachen

Druckpunkt suchen

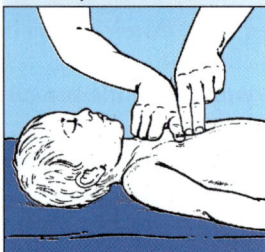

Herzdruckmassage
5 Kompressionen

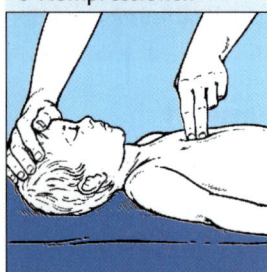

1x beatmen

Herzdruckmassage und
Beatmung im Verhältnis
5:1 (5x Herzmassage,
1x beatmen)

Kleinkind

Kind auf ebene, harte
Unterlage legen

Brustkorb freimachen

Druckpunkt suchen

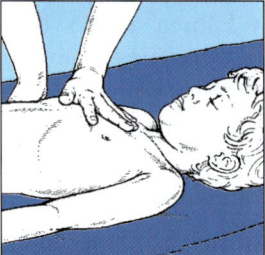

Herzdruckmassage
5 Kompressionen

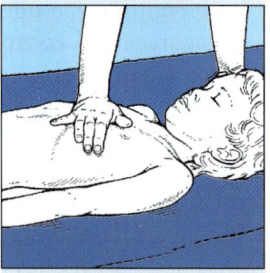

1x beatmen

Herzdruckmassage und
Beatmung im Verhältnis
5:1 (5x Herzmassage,
1x beatmen)

Schulkinder und Jugendliche

Kind auf ebene, harte
Unterlage legen

Brustkorb freimachen

Druckpunkt suchen

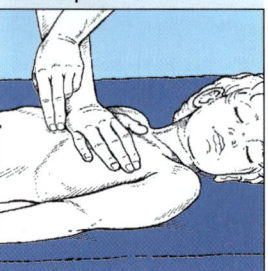

Herzdruckmassage
15 Kompressionen

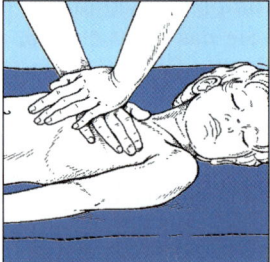

2x beatmen

4 Durchgänge mit je
15 Herzmassagen und
2 Beatmungen durch-
führen (ca. 1 Minute)

bei 2 Helfern

Herzdruckmassage
5 Kompressionen
(1. Helfer)

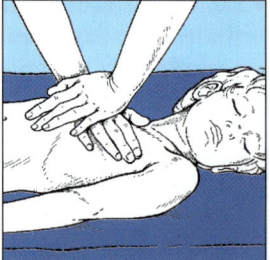

1x Beatmen (2. Helfer)

10 Durchgänge mit je
5 Herzmassagen und
1 Beatmung durch-
führen (ca. 1 Minute)

Nach einer Minute Pulskontrolle

Tasten des Herzspit-
zenstoßes oder des
Pulses am Oberarm

Tasten des Pulses am
Oberarm oder an der
Halsschlagader

Tasten des Pulses an der Halsschlagader

Wenn Puls tastbar: Atemkontrolle

Wenn Puls nicht tastbar: Herz-Lungen-Wiederbelebung fortsetzen

NOTFALLSITUATIONEN

Schock

Bei jedem verletzten Kind, egal ob es äußere oder innere Verletzungen, erlitten hat, besteht die Gefahr, daß sich sein Zustand durch einen Schock zusätzlich verschlechtert.

Im schlimmsten Fall kann der Schock zu Bewußtlosigkeit führen, in der Folge funktionieren Lunge, Nieren und das Gehirn nicht mehr verläßlich.

Bei kleinen Kindern besteht außerdem die Gefahr, daß ihr Zustand in der Anfangsphase des Schocks relativ gut scheint, sie im weiteren Verlauf aber plötzlich einen totalen Zusammenbruch erleiden können.

Anzeichen für Schock können sein:
- Das Kind ist aufgeregt und ängstlich.
- Die Haut fühlt sich kalt oder kalt-schweißig an.
- Der Puls wird zunehmend schwächer.
- Flacher, schneller Puls, der am Handgelenk schlecht zu tasten ist.
- Die Haut verfärbt sich blaßgrau, die Lippen werden leicht bläulich.

Was tun?

- Halten Sie das Kind warm.
- Wenn das Kind ansprechbar ist, ausreichend atmet und aufgrund der Unfallsituation nicht mit einer Verletzung der Wirbelsäule oder einem Beinbruch gerechnet werden muß, bringen Sie das Kind – sofern es sich nicht dagegen wehrt – in Schocklage: Flach auf den Rücken legen, die Beine hochlagern.
- Sorgen Sie für größtmögliche Ruhe am Unfallort..
- Nehmen Sie das Kind in den Arm. Reden Sie beruhigend auf das Kind ein, streicheln Sie es.

Nicht sinnvoll

Sie sollten dem Kind nichts zu essen oder zu trinken geben. Das erhöht bei einer eventuell eintretenden Bewußtlosigkeit die Gefahr des Erbrechens.

Blutungen stillen

Bei großflächigen oder tiefgehenden stark blutenden Wunden besteht die Gefahr, daß das Kind in eine Schocksituation gerät oder im Extremfall sogar verblutet. Wenn eine Wunde länger als fünf Minuten blutet, ist es deshalb wichtig – neben der Kontrolle der Vitalfunktionen und den daraus resultierenden Maßnahmen – auch die Blutung so rasch wie möglich zum Stillstand zu bringen.

Was tun?

Solange Sie noch damit beschäftigt sind, die Vitalfunktionen zu kontrollieren und zu überwachen, sollten Sie nicht mehr als eine Basisversorgung der Wunde vornehmen. Das Anlegen eines richtigen Druckverbandes kann zuviel Zeit kosten.
- Pressen Sie möglichst keimfreies Material – oder als Notlösung die Hand – auf die Wunde.
- Bei stark blutenden Wunden im Bereich der Arme halten Sie den verletzten Arm hoch. Wenn die Blutung nicht zum Stillstand kommt, drücken Sie die Oberarmschlagader des Bizeps gegen den Knochen.

Druckverband

Erst wenn sich die Situation halbwegs beruhigt hat, sollten Sie einen richtigen Druckverband anlegen.
- Legen Sie ein Verbandpäckchen direkt auf die Wunde, und befestigen Sie es mit zwei, drei lockeren Bindengängen.
- Nachdem Sie die Wundauflage befestigt haben, legen Sie ein Druckpolster direkt über die Wunde. Dafür eignet sich ein geschlossenes Verbandpäckchen oder eine noch verpackte Mullbinde.
- Dieses Druckpolster wird mit einigen Bindengängen fest angelegt. Der Knoten sollte direkt über dem Polster liegen, weil das zusätzlichen Druck erzeugt.
- Der Verband sollte fest, aber nicht zu fest sein, da sonst die an der Hautoberfläche verlaufenden Venen zusammengedrückt werden und kein Blut mehr zum Herzen transportieren können.

Fremdkörper in der Wunde

Wenn sich Fremdkörper, etwa ein größerer Glassplitter, in der Wunde befinden, darf kein Druckverband angelegt werden. In diesem Fall üben Sie mit den Fingern Druck auf das verletzte Blutgefäß aus, ohne dabei auf den Fremdkörper zu drücken.

Fremdkörper sollten nie aus der Wunde entfernt werden. Der Versuch des Herausziehens könnte weitere Verletzungen zur Folge haben. Außerdem könnte es sein, daß der Fremdkörper einen Teil des verletzten Gefäßes verschließt und sein Entfernen nur noch stärkere Blutungen hervorruft.

Verbrennungen, Verbrühungen

Schwere Verbrennungen und Verbrühungen können bei Kindern – auch wenn sie nur relativ geringe Teile der Körperoberfläche betreffen – lebensbedrohlich werden. Schon wenn acht bis zehn Prozent

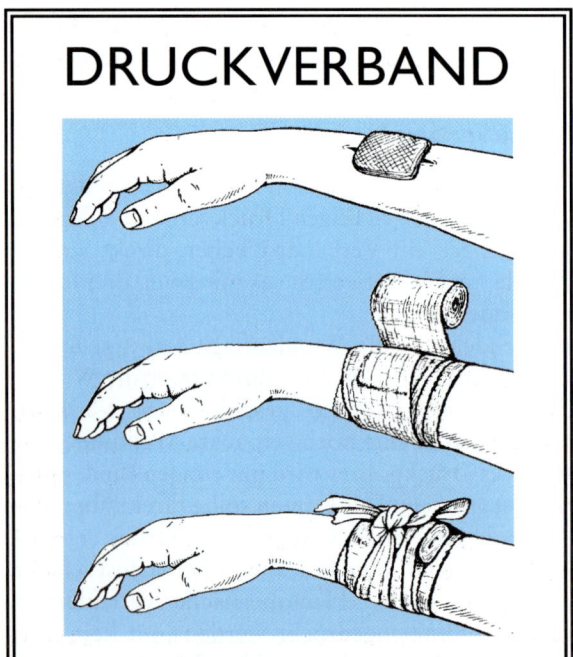

DRUCKVERBAND

der Hautoberfläche verbrannt sind, besteht akute Lebensgefahr. (Bei Erwachsenen etwa ab 15 Prozent.) Die Handoberfläche eines Kindes entspricht dabei etwa einem Prozent der Körperoberfläche.

Bei Verbrennungen des Gesichts besteht immer akute Gefahr, da dabei zusätzlich mit Hitzeschäden der Atemwege zu rechnen ist. Kontrollieren Sie daher bei Gesichtsverbrennungen unbedingt die Atemfunktion des Kindes.

Was tun?

Verbrennung

1. Feuer löschen. Entflammte Kleidung kann mit einer Decke, einem Mantel oder ähnlichem erstickt oder mit Wasser gelöscht werden. Bei Löschversuchen mit handelsüblichen Feuerlöschern (Pulver oder Halon) achten Sie darauf, daß der Löschstrahl nicht direkt ins Gesicht gelenkt wird.
2. Eingebrannte Kleidung nicht von der Körperoberfläche entfernen.

Verbrühung

1. Entfernen Sie die mit heißer Flüssigkeit durchtränkte Kleidung so rasch wie möglich, um die Einwirkzeit der hohen Temperatur zu begrenzen.
2. Spritzer, die auf die Haut des Kindes gelangt sind, auf keinen Fall von der Haut abreiben. Dadurch würde der Schaden für die Haut und das darunterliegende Gewebe noch vergrößert.
3. Wenn die Vitalfunktionen des Kindes in Ordnung sind, verbrannte oder verbrühte Körperstellen so rasch wie möglich mit lauwarmem Wasser von etwa 20 Grad abspülen oder die Körperpartien in Wasser eintauchen. Das Wasser darf nicht zu kalt sein, da besonders bei jüngeren Kindern die Gefahr einer Unterkühlung groß ist.
4. Wenn Sie die verletzten Körperstellen nicht mit Wasser spülen können oder die Spülung beendet haben, decken Sie die verbrannten oder verbrühten Körperstellen keimfrei mit Verbandmaterial ab. Verwenden Sie kein Verbandmaterial, das mit der Wunde verkleben kann.

Nicht sinnvoll

Verwenden Sie – außer Wasser – keine »Hausmittel« zur Wundversorgung. Mehl, Puder, Öle oder ähnliches verschmutzen nur die Wunde und schaffen zusätzliche Probleme.

Verschlucken von Gegenständen

Wenn Fremdkörper in die Atemwege eingedrungen sind, atmen Kinder heftig und schnell. Im Bereich der Schlüsselbeine, bei schwerer Atemnot auch im gesamten Brustraum, zieht sich die Haut deutlich ein. Gleichzeitig wölbt sich der Bauch deutlich nach außen

Was tun?

● Nehmen Sie das Kind hoch, legen Sie es je nach Alter mit dem Oberkörper nach unten auf Ihre Hand oder Ihren Oberschenkel. Klopfen Sie dem Kind rasch vier- bis sechsmal zwischen die Schulterblätter.
● Wenn sich der Zustand nicht bessert, alarmieren Sie auf jeden Fall die Rettung.
● Legen Sie das Kind mit dem Rücken auf einen harten Untergrund, und drücken Sie mit einer Hand auf den Bauch, mit der anderen Hand auf das Brustbein des Kindes.

● Klopfen Sie dem Kind in rascher Folge vier bis sechsmal mit dem Handteller zwischen die Schulterblätter. Bei größeren Kindern ist diese Methode fast immer erfolgreich.
● Falls die Atemwege nicht frei werden, umfassen Sie das Kind von hinten. Legen Sie die geballte Faust in die Magengrube unterhalb des Brustbeins. Ziehen Sie die Faust mit Ihrer anderen Hand aufwärts in Richtung Zwerchfell.
● Wenn das Kind schon so groß ist, daß Sie es nicht mehr halten können, legen Sie es auf eine harte

Fläche. Drücken Sie mit beiden Händen auf den Oberbauch, wobei der Druck nach oben gerichtet sein soll. Das Hochdrücken des Zwerchfelles steigert den Druck im Brustkorb.

Wenn diese Maßnahmen keinen Erfolg bringen, beginnen Sie unverzüglich mit der Beatmung. (> Seite 741). Wenn der Puls aussetzt, muß sofort mit der Herz-Lungen-Wiederbelebung begonnen werden (> Seite 744).
   Auch wenn es gelungen ist, die Atemwege wieder freizumachen, sollten Sie mit dem Kind unbedingt eine Ärztin oder einen Arzt aufsuchen.

Vergiftung

Erkennbare Anzeichen einer Vergiftung können Schmerzen, Brechreiz, Übelkeit oder plötzliche Schläfrigkeit sein. Wenn der Verdacht besteht, das Kind könnte giftige Substanzen eingenommen haben, aber noch keine Vergiftungserscheinungen bemerkbar sind, rufen Sie sofort die nächste Vergiftungszentrale an. Halten Sie dabei die Verpackung des aufgenommenen Stoffes bereit, um genaue Angaben über Art und Menge der giftigen Substanz machen zu können.
   Wenn das Kind bereits Vergiftungserscheinungen zeigt, müssen Sie unverzüglich selbst handeln.

Was tun?

● Wenn das Kind eine nichtschäumende, ätzende Substanz (Haushaltsreiniger, Spülmittel für Geschirrspüler, Natronlauge) geschluckt hat, geben Sie ihm reichlich Wasser oder Tee zu trinken.
● Achten Sie darauf, daß das Kind beim Trinken keinen Brechreiz bekommt. Beim Erbrechen würde die Säure oder Lauge wieder mit der Speiseröhre in Berührung kommen und erneuten Schaden anrichten.
● Wenn das Kind von selbst erbricht, achten Sie darauf, daß die Atemwege freibleiben.

• Bei Vergiftungen durch Medikamente, Alkohol oder giftige Pflanzen können Sie versuchen, das Kind künstlich zum Erbrechen zu bringen. Allerdings nur dann, wenn es bei klarem Bewußtsein ist.
• Reizen Sie dazu die Rachenhinterwand mit dem Finger oder einem Löffelstiel. Hat das Kind nur wenig im Magen und würgt nur, geben Sie ihm Wasser oder Saft – auf keinen Fall aber Salzwasser – zu trinken. Wiederholen Sie die Prozedur, bis das Erbrochene klar ist.

Nicht sinnvoll

Nehmen Sie zum Verdünnen der giftigen Substanz im Magen weder kohlensäurehaltige Getränke noch Milch. Milch ist kein Gegengift. Fettlösliche Gifte werden durch das Milchfett sogar schneller ins Blut transportiert.

Elektrounfall

Bei einem Elektrounfall sind Verbrennungen möglich. Die Hauptgefahr liegt jedoch in den Auswirkungen des elektrischen Stroms auf den Herzmuskel. Hat er lange und intensiv genug auf das Herz eingewirkt, arbeitet der Muskel unkontrolliert (Kammerflimmern). Von den Auswirkungen auf das Kreislaufsystem betrachtet, kommt dieser Zustand einem Herzstillstand gleich.

Was tun?

• Zuerst den Stromkreis unterbrechen.
 Ist das nicht möglich, können Sie versuchen, das Kind von der Stromquelle wegzuziehen. Fassen Sie das Kind dabei nie direkt an, sondern benutzen Sie einen schlecht leitenden Gegenstand (Ledergürtel, Besenstiel).
• Kontrollieren Sie sofort die Vitalfunktionen.
• Bringen Sie das Kind – auch wenn keine Störungen der Vitalfunktionen feststellbar sind – unbedingt zu Ärztin oder Arzt, da der Herzrhythmus auch noch einige Zeit nach dem Unfall störungsanfällig sein kann.

Ertrinken

Wenn Sie bei einem Kind, das Sie aus dem Wasser gerettet haben, Bewußtlosigkeit und Atemstillstand feststellen, beginnen Sie unverzüglich (!) mit der Beatmung. Wenn Sie bei der anschließenden Pulskontrolle keinen Puls ertasten können, beginnen Sie unverzüglich mit der Herz-Lungen-Wiederbelebung. (> Seite 744)

Nicht sinnvoll

Machen Sie keine Versuche, Wasser aus der Lunge des Kindes zu entfernen. Sie verschwenden nur Zeit und verlängern die Phase der Sauerstoffunterversorgung des Gehirns.
 Sollte das Kind ausgekühlt sein, verlieren Sie – wenn Sie allein sind – keine Zeit mit Versuchen, das Kind aufzuwärmen.

KLEINE VERLETZUNGEN

Muskelprellung, Bluterguß

Ein Bluterguß (Hämatom) entsteht, wenn Druck, Stoß oder Schlag Gefäße verletzen und Blut ins Gewebe übertritt. Sind tiefer liegende Gefäße verletzt, kann der betreffende Körperteil anschwellen. Der Fleck verfärbt sich von violettblau nach gelbbraun, wenn der Körper das Blut abbaut.
 Normalerweise sind solche Verletzungen harmlos. Nur starke Blutungen in ein Gelenk können dessen Funktionsfähigkeit beeinträchtigen. Ausgedehnte Blutungen schaden dem Muskelgewebe.

Was tun?

Kälte hält den Bluterguß so klein wie möglich und lindert die Schmerzen.
 Nach der Erstbehandlung kann Wärme in Form

von warmen Bädern, Rotlicht und Wärmepackungen helfen, den Bluterguß schneller verschwinden zu lassen (> Hausmittel, Seite 749) .

Bei einer sehr starken Prellung oder wenn besonders empfindliche Körperteile wie Kopf oder Genitalien verletzt wurden, sollten Sie unbedingt Ärztin oder Arzt aufsuchen. Nach einer starken Kopfprellung gehören Kinder für zwei bis drei Tage unter ärztliche Beobachtung. Blutungen, die das Gehirn schädigen können, zeigen sich oft erst nach mehreren Tagen (> Gehirnerschütterung, Seite 774).

Verstauchung

Eine starke Verstauchung kann anhaltende Schmerzen und eine sichtbare Schwellung verursachen.

Durch die Verletzung von kleinen Blutgefäßen kann Blut ins Gelenk gelangen. Wenn das häufig vorkommt, kann sich das Gelenk so verändern, wie es sonst erst nach langen Jahren der Benutzung der Fall ist.

Was tun?

Das verletzte Gelenk hochlagern und ruhigstellen. Kältebehandlung (> Hausmittel, Seite 749). Nach ein bis zwei Tagen Wärmebehandlung.

Wenn das Gelenk nach drei bis fünf Tagen noch deutlich geschwollen ist und das Kind unsicher geht, sollten Ärztin oder Arzt aufgesucht werden.

Verrenkung (Luxation)

Wird ein Gelenk gewaltsam in eine Richtung bewegt, für die es nicht gemacht ist, können sich seine Knochen ganz und gar gegeneinander verdrehen. Die Bänder, die das Gelenk halten, und die Sehnen, die mit ihm verbunden sind, können reißen. Die Knochen können Risse bekommen oder gar brechen.

Bei Kindern passiert das selten. Wenn, dann kommen Verrenkungen an Ellenbogen, Kniescheibe oder Handknöchel vor. Dann schmerzt das Gelenk heftig, schwillt an und läßt sich nur noch unter starken Schmerzen bewegen. Häufigere Verrenkungen bei Kindern sprechen für eine Schwäche der Bänder.

Was tun?

Das verletzte Gelenk hoch lagern und nicht bewegen. Dannach sollte das Kind unbedingt zu Ärztin oder Arzt gebracht werden. Nur Fachleute können ein ausgerenktes Gelenk – meist in Narkose – wieder einrenken.

HAUSMITTEL

Der Nutzen vieler Hausmittel beruht auf ihrem Kühleffekt.

● Quarkwickel: Quark einen Zentimeter dick auf die verletzte Stelle auftragen, mit Tüchern umwickeln, zwei Stunden einwirken lassen.

● Alkoholumschläge: Umschläge mit 70prozentigem Alkohol oder – genauso wirksam, aber preiswerter – mit 70prozentigem Isopropanol = Isopropylalkohol.

● Arnikaumschläge: Zwei Eßlöffel Arnikatinktur auf einen halben Liter Wasser. Umschläge auflegen und erneuern, wenn sie warm geworden sind. Arnika hilft zusätzlich, daß der Körper den Bluterguß schneller abbaut.

Hausmittel zur Wärmebehandlung:

● Schrotpackung: Aus Weizenschrot und Wasser einen dicken Brei kochen. So heiß auflegen, wie das Kind es verträgt. Mit einem Tuch umwickeln. Eventuell mit Plastikfolie abdecken.

Kindgerechte Medizin

Ob Wintergrippe, Kinderkrankheiten oder chronische Leiden wie Asthma oder Allergien – bei fast allem versuchen Eltern zunächst einmal, die Selbstheilungskräfte des Kindes mit Hausmitteln zu mobilisieren. Dann wird das Kinderzimmer zum Krankenzimmer. Oft müssen Eltern und Kind aber auch Ärztin oder Arzt in Anspruch nehmen. Sie untersuchen die Kleinen und verordnen Medikamente. Manchmal ist sogar ein Krankenhausaufenthalt nicht zu vermeiden.

Schon bald nach ihrer Geburt lernen die neuen ErdenbürgerInnen die untersuchenden Hände von Kinderärztin oder -arzt kennen. Idealerweise betreuen sie die Kinder von nun an, bis sie erwachsen sind. Diese Kontinuität erleichtert es den Fachleuten, die individuelle Reifung des Kindes zu beurteilen. So können sie dasjenige, das sich für seine Entwicklung mehr Zeit nimmt als andere, oder das, das alle Phasen besonders schnell durchläuft, leichter von einem Kind unterscheiden, dessen Entwicklung der Hilfe bedarf. Gut wäre es, wenn die MedizinerInnen auch die Familien- und Wohnsituation, Krankheiten von Eltern und Geschwistern kennen, so daß sie den Zusammenhängen zwischen Gesund-

heit und Krankheit eher auf die Spur kommen können.

KinderärztInnen berichten von zwei völlig kon-
trären Verhaltensweisen: Die einen Eltern schleppen ihre Schützlinge mit jeder Erkrankung in die
Praxis. Sie spüren nicht mehr, wann eine Krankheit
ärztlicher Hilfe bedarf, und sie trauen sich nicht zu,
ihr Kind beim Gesundwerden genügend zu unterstützen. Seinen Selbstheilungskräften vertrauen sie
noch weniger. Sie setzen auf die Autorität der
Weißkittel und delegieren an sie möglichst viel Verantwortung für das Wohlergehen des Kindes.

Die anderen kommen erst, wenn es schon fast zu
spät ist. Weil sie keine Zeit haben, das Kind ihnen
ohnehin jede freie Minute raubt, weil es sich nicht

so anstellen soll oder es früher auch ohne ÄrztInnen ging, vergeuden sie kostbare Zeit.

Der wünschenswerte Mittelweg sind Eltern, die
ihr krankes Kind aufmerksam beobachten: Trinkt
es noch? Ißt es noch? Spielt es noch? Lacht es
noch? Lautet nur eine Antwort »ja«, kann es nicht
schwer krank sein. Wohl aber so malade, daß es im
Bett bleibt und Pflege braucht. Mit Hausmitteln
wie Wickeln oder Tee überbrücken sie dann die
nächsten Stunden oder ein, zwei Tage, bis deutlich
wird »Das Kleine schafft's allein« oder »Jetzt muß
der Doktor ran«. In diesem Fall sichert der Fach-
mensch im Hintergrund kompetente Hilfe, läßt
Eltern und Kind aber genügend Spielraum, um
Gesundheit eigenverantwortlich zu gestalten.

Mit dem Kind in die Praxis

Den meisten Kindern ist der Gang in die Arztpraxis nicht geheuer. Der besorgte, ernste oder ängstliche Tonfall der Eltern, die lautere Stimme oder die mitleidsvolle Geste haben ihnen signalisiert, daß sie dort nichts Angenehmes erwartet. So wird für manche Familien der Arztbesuch zum Horrortrip mit brüllendem Kind, schweißnassen Eltern und

---

PRAXISBESUCH VORBEREITEN

● Beim Verdacht auf eine Kinderkrankheit oder wenn das Kind einen Hautausschlag und Fieber hat, sollten Sie das der Ärztin oder dem Arzt vor dem Besuch telefonisch mitteilen.

● Möglichst genaue Beschreibung der Beschwerden.

● Wie lange schon?

● Haben Geschwister, FreundInnen, Eltern ähnliche Beschwerden?

● Genaue Beschreibung des Zustandes des Kindes: Wieviel ißt und trinkt es? Wieviel schläft es? Spielt es noch? Lacht es noch?

● Hat das Kind Fieber? Wieviel Grad? Seit wann?

● Was haben Sie bisher unternommen?

● Hat das Kind Medikamente bekommen?

● Nimmt es regelmäßig Medikamente ein?

● Wenn ja, welche?

● Bei Durchfall und Erbrechen: Wie oft in welcher Zeit? Wie sah der Durchfall/das Erbrochene aus?

● Außerdem mitnehmen: Kinder-Untersuchungsheft, in Österreich: Mutter-Kind-Paß, Impfpaß, Röntgenpaß (> Seite 753).

---

verärgertem Arzt. Das ließe sich vermeiden, wenn alle das Kind als selbständige Person akzeptierten, seine Ängste und Bedürfnisse respektierten – wie es bei jedem Erwachsenen selbstverständlich ist.

Handelnde Personen sind Ärztin oder Arzt und Kind. Mama und Papa begleiten, helfen, unterstützen, wenn die anderen allein nicht weiterkommen. Eltern, die jedoch drängeln oder das Kind gar eigenhändig entkleiden, nehmen Ärztin oder Arzt und Kind die Chance, sich einander vertrauensvoll zu nähern. Kleinkinder können zunächst vom Schoß der Mutter oder eines anderen Begleiters die bedrohlich-unbekannte Umgebung erkunden, während die Großen das Gespräch abwickeln. Ältere Kinder können sehr wohl allein Auskunft geben, was ihnen fehlt.

In der angespannten Situation wird ein Kind jedes noch so gut gemeinte Wort der Eltern mißverstehen. Sinnvoller als Worte sind schützende Gesten, die dem Kind signalisieren: Es ist unangenehm, muß aber sein, und ich steh' dir bei.

Mit Erzählungen, Bilderbüchern und Spielen können die Eltern ihr Kind auf einen Arztbesuch vorbereiten. Dabei sollte das Kleine etwas über die Fakten des Geschehens erfahren: Wie sieht es in der Praxis aus? Wozu dienen die Geräte? Was tut der Arzt? Auch über mögliche Gefühle läßt sich sprechen: »Was denkst du dir denn, wenn du so eine Spritze siehst?« Sinnlos ist es jedoch, dem Kind Empfindungen vorgeben zu wollen. Was der Satz »Du brauchst keine Angst zu haben, wenn wir da hineingehen« wirklich bedeutet, versteht das Kind ganz genau. Schließlich sagen seine Eltern so etwas nicht, wenn sie mit ihm in den Supermarkt gehen.

Hausbesuch

Selbst fiebernde Kinder können – warm eingepackt – per Auto in die Praxis gebracht werden. In diesem Fall ist es sinnvoll, sich vorher telefonisch anzumelden, damit die Wartezeit entfällt.

Wer möchte, daß Ärztin oder Arzt zum kranken Kind ans Bett kommt, muß sich dagegen auf eine längere Wartezeit einstellen. Manche ÄrztInnen machen auch nur ungern Hausbesuche, weil sie dafür schlecht bezahlt werden und weil sie meinen, daß sie ihre kleinen PatientInnen in der Praxis besser versorgen können.

UNTERSUCHUNGEN

Für eine genaue Diagnose sind meist Untersuchungen von Blut und Urin notwendig, oft fordern ÄrztInnen auch Bilder vom Körperinnern. Doch bei weitem nicht alles, was geprüft werden kann, muß auch getestet werden. Um unnötige Belastungen des Kindes zu vermeiden, sollten sich die Eltern vorher genau erkundigen, ob Ärztin oder Arzt mit der geplanten Untersuchung etwas erfahren können, was sie nicht schon wüßten, ob es auch andere Möglichkeiten dafür gibt und was aus dem Untersuchungsergebnis folgt.

Bildgebende Verfahren

Bilder vom Körperinnern bekommen Mediziner-Innen, indem sie Röntgenstrahlen, Magnetfelder und Ultraschall einsetzen. Machen Röntgenstrahlen das Körperinnere sichtbar, entstehen Röntgenbilder, Tomogramme oder Szintigramme; durch Magnetfelder MR- oder NMR-Tomogramme; Schallwellen lassen Ultraschallbilder entstehen. Die Strahlen- bzw. Wellenbelastung der einzelnen Verfahren ist unterschiedlich und hängt auch davon ab, welche ärztlichen Fragen die Bilder beantworten sollen. Von allen genannten Verfahren gilt die Ultraschalluntersuchung als am wenigsten belastend. Dennoch sollte sie ähnlich überlegt eingesetzt werden wie eine Röntgenuntersuchung.

Vordergründig belastet es die PatientInnen nicht, solche Bilder anzufertigen. Dementsprechend unkritisch beugen sich viele der ärztlichen Anordnung, es müsse zum Beispiel eine Röntgenaufnahme gemacht werden. Selbstverständlich gibt es auch gute Gründe für solche Untersuchungen. Darum sollten Ärztin oder Arzt erklären, welche Fragen die Aufnahme ihnen beantworten soll.

Jede Röntgenuntersuchung birgt grundsätzlich die Gefahr, Zellen zu verändern. Theoretisch kann schon eine einzige strahlengeschädigte Zelle den Beginn einer Krebserkrankung bedeuten. Sind Zellen in Eierstock oder Hoden geschädigt, kann es

VORSICHT BEIM RÖNTGEN

● Nicht röntgen lassen, wenn nicht vollkommen klar ist, warum es unbedingt notwendig ist und nicht durch eine weniger gefährliche Untersuchung ersetzt werden kann.

● Eierstöcke bzw. Hoden müssen immer mit einer Bleischürze oder -platte abgedeckt werden. Eine Nachkontrolle von Beckenaufnahmen ergab, daß dieser »Gonadenschutz« bei 40 Prozent der Aufnahmen fehlte und bei einem Drittel so plaziert war, daß er nicht schützte.

● Nur mit einem Röntgenpaß, in den jede Untersuchung eingetragen wird, behalten Sie den Überblick. Sie bekommen ihn in Deutschland bei Ihrer Krankenkasse. In Österreich gibt es einen solchen Paß zwar nicht, aber jeder kann sich auf einem Zettel bestätigen lassen, wann welche Untersuchung mit welcher Strahlenintensität durchgeführt wurde, und diese sammeln.

● Bei erfahrenen UntersucherInnen ist für die Patienten das Risiko geringer, daß die Röntgenaufnahmen wiederholt werden müssen, weil sie unbrauchbar sind.

LERNPROZESS?

Selbst Fachleute streiten, ob in der Kindergynäkologie alles getan werden soll, was möglich ist. Die einen sagen: Die Untersuchung muß selbstverständlich werden. Ab der Geburt sollte jede Vorsorgeuntersuchung die Genitalien einbeziehen. Je früher und regelmäßiger Mädchen das erleben, desto natürlicher wird es für sie und desto eher nutzen sie die späteren Krebsvorsorgeuntersuchungen.

Die anderen halten dagegen, der Blick in Körperöffnungen sei nur sinnvoll, wenn dort eine Krankheit vermutet wird. Jede ärztliche Handlung berührt die Intimsphäre. Allemal im Genital-Analbereich. Diese Intimität zu respektieren sei das höhere Gut gegenüber vermuteten Lernprozessen, die sicher auch anders erreicht werden können.

Mit ihrer Forderung nach gynäkologischen Untersuchungen von der Wiege bis zur Bahre machen GynäkologInnen – ein immer noch von Männern dominierter Berufsstand – das Frausein zu einer lebenslänglichen Krankheit, die kontrolliert und behandelt werden muß. Eine sichere Einnahmequelle für sie. Die Schwärmerei eines Kinderarztes unterstreicht das: »Neue Horizonte werden erschlossen. Die ‚Öffnung nach oben‘ kann erreicht werden: Mit 18 verabschiedet sich die langjährige Patientin, kinder- und jugendgynäkologisch wohlvorbereitet. Mit 20 kommt sie wieder und präsentiert ihr Neugeborenes!«

Bezeichnenderweise erachtete man entsprechende Untersuchungen für Knaben nie für notwendig. Dabei nutzen Männer Krebsvorsorgeuntersuchungen nachweislich erheblich weniger als Frauen.

bedeuten, mißgebildete Kinder zu bekommen. Zum Glück kann der Körper Strahlenwirkungen wieder reparieren. Dennoch ist das Argument »Die eine Aufnahme schadet nicht« falsch (> Niedrigstrahlung, Seite 722). Medizintechnischer Fortschritt und lange Lebenszeit machen es wahrscheinlich, daß Kinder, die heute heranwachsen, viele Male geröntgt werden. Vorsicht ist also unbedingt angebracht.

Vorsorgliche Untersuchungen

Ihr erstes Scheckheft erhalten alle Kinder kurz nach ihrer Geburt: in Deutschland das Kinder-Untersuchungsheft, in Österreich den Mutter-Kind-Paß. Es garantiert ihnen in Deutschland bis zum 5. Lebensjahr neun Gratis-Untersuchungen. In Österreich sind es elf, und die Eltern werden für die Nutzung finanziell belohnt: Die drei Teilzahlungen staatlicher Beihilfe gibt es nur, wenn die im Paß eingetragenen Untersuchungen absolviert wurden.

Erfreulich viele Eltern nutzen das Gesundheitsangebot der Krankenkassen. Doch mit zunehmendem Alter des Kindes erlahmt das Interesse. Die letzte Untersuchung nimmt nur noch etwa die Hälfte wahr.

Die ersten beiden Untersuchungen werden meist noch in der Klinik durchgeführt, alle folgenden bei KinderärztInnen, FamilienärztInnen oder im Gesundheitsamt, in Österreich auch in den Ambulatorien für Kinderheilkunde oder in den Mutterberatungsstellen.

In den ersten Untersuchungen geht es vornehmlich darum, Fehlbildungen von Organen und eindeutige Fehlentwicklungen festzustellen. Bluttests geben Störungen im Stoffwechsel und der Schilddrüse zu erkennen. Später richtet sich das Augenmerk zunehmend auf die Sinnesentwicklung und die damit Hand in Hand gehende geistige Entwicklung des Kindes (> Soziale und geistige Entwicklung, Seite 256).

So notwendig der medizinische Blick ist, um Entwicklungsstörungen rechtzeitig erkennen und frühzeitig behandeln zu können – elterliche Aufmerksamkeit ist durch nichts zu ersetzen. Ihre Wahrnehmungen und Fragen sollten Ärztin und Arzt, die vornehmlich den Körper im Blick haben, auf Probleme im Bereich der geistigen, sozialen und seelischen Entwicklung hinweisen. Mit welchen Tests Eltern die Seh- und Hörfähigkeit ihrer Kinder selbst überprüfen können, > Sehfehler erkennen, Seite 251, 800; Hörfehler erkennen, Seite 252.

MEDIKAMENTE

Drei Indikationen nennen kritische KinderärztInnen, bei denen sie Antibiotika für unverzichtbar halten: Harnweginfekt, Hirnhautentzündung, Scharlach. Alles andere geht zunächst einmal ohne. Nur aufmerksam muß man bleiben: Senken Wadenwickel das Fieber nicht, muß anderes geschehen. Selbstverständlich verordnen auch sie einem Säugling Vitamin D, wenn seine stillende Mutter nicht sagen kann, auf welche Weise sie genügend Vitamin D in ihre Milch befördert. Nicht jedoch einem Flaschenkind, dessen Fertigmilch ausreichend Vitamin D enthält.

Was heißen soll: Bevor ein Kind Medikamente bekommt, gilt es, einige Fragen zu klären.

● Was soll das Mittel? Kranke gesund machen? Gesundheit erhalten? Ruhe schaffen? Bessere Leistungen fördern? All das muß der kleine Mensch ganz alleine schaffen. Arzneimittel können kurzzeitig helfen, überbrücken, wenn es gar nicht anders geht. Menschen und Situationen verbessern sie nicht.

● Kann das Mittel das, was es soll? Ein Antibiotikum kann keine Virusinfektion heilen. Ein Beruhigungsmittel glättet zwar Nervosität, macht das unruhige Kind aber nicht ausgeglichen. Ein Schlafmittel sichert zwar die Nachtruhe, schenkt dem Kind aber nicht die Sicherheit, damit es sich ver-

SCHLUCKEN UND SCHWEIGEN

Am Anfang war die D-Fluorette, und das Valium im Alter von 14 ist noch lange nicht das Ende. Vielleicht aber der Anfang davon, denn die Jahre dazwischen bergen noch unzählige Flaschen und Schachteln mit Tropfen und Pillen. Viele SuchtexpertInnen sind überzeugt, daß weder Haschisch noch Zigaretten die Einstiegsdroge für härtere Sachen sind, sondern die kleinen runden Problemvertuscher der Kindheit (> Sucht, Seite 365). ÄrztInnen und Eltern arbeiten dabei Hand in Hand. Ein Viertel ihrer Medikamente erhalten Kinder zwischen 6 und 14 von ihren Erzeugern »verordnet«.

Die neue Generation drückt aus »Unsere Lebenswelt ist gestört«. Ihre Signale sind Kopfschmerzen, Nervosität, Unruhe, Kreuz- und Rückenschmerzen, Konzentrations- und Schlafstörungen, Schwindel, Magenbeschwerden. Sie lassen sich leicht als Körperproblem klassifizieren und wegtherapieren. Wie die Alten, so greifen auch die Jungen nach den Hilfsmitteln, damit es nicht mehr so mühsam ist, sich mit den Anforderungen des Lebens auseinanderzusetzen. Die Probleme bleiben, nur stören sie nicht mehr so spürbar. Eine Sonderforschungsgruppe der Uni Bielefeld fand heraus, daß ein Drittel der Jugendlichen zwischen 12 und 17 Jahren in Nordrhein-Westfalen regelmäßig jede Woche Medikamente einwirft. Und das finden die Eltern auch noch in Ordnung. Sprachen sich 1978 erst 18 Prozent der Eltern für eine medikamentöse Behandlung ihrer Kinder aus, waren es vier Jahre später bereits doppelt so viele.

trauensvoll in den Schlaf fallen lassen kann (> Schlafschwierigkeiten, Seite 358).

● Gibt es andere Möglichkeiten? Nervosität aufgrund eines Terminplans, in dem Spielen nicht mehr vorkommt, braucht einen anderen Tagesablauf (> Kinder brauchen Zeit, Seite 436). Schlafstörungen, weil sich das Kind vor den Trennungsgedanken der Eltern fürchtet, brauchen vielleicht therapeutische Hilfe (> Scheiden tut weh, Seite 88). Chronischem Husten helfen möglicherweise vier Wochen Nordsee besser als zwei Wochen Safari (> Ferien, Urlaub, Reisen, Seite 426).

Auch Homöopathie und Akupunktur sind nur Krücken – wenn auch andere als die pharmazeutische Industrie sie anbietet.

● Was tun die Eltern bei Beschwerden? Am Morgen Katerpillen, mittags Kräuterschnaps, abends Müdemacher, zwischendurch noch Nasentropfen – auf Dauer folgen die meisten Kinder dem elterlichen Vorbild.

HOMÖOPATHISCHE BEHANDLUNG

Das Charakteristische an dieser Behandlungsart sind ihre Arzneimittel. Jede Substanz gibt es nahezu grenzenlos verdünnt, kenntlich an der Zahl und der Ziffer hinter dem Substanznamen, zum Beispiel Arnica D6. Je größer die Zahl, desto stärker verdünnt. HomöopathInnen sagen potenziert statt verdünnt, weil sie überzeugt sind, daß die Wirkkraft der Stoffe mit jedem Verdünnungsschritt zunimmt.

Welches Mittel in welcher Verdünnung bei welcher Krankheit wie wirkt, bestimmte Hahnemann, der Vater der Homöopathie, auf seine Art. Die naturwissenschaftliche Medizin kann das nicht nachvollziehen. Für sie ist Homöopathie aus vielerlei Gründen wirkungslos.

In der Homöopathie haben sich mittlerweile drei verschiedene Richtungen etabliert. Die »klassische« arbeitet nach Regeln, wie Hahnemann sie vorgab. Sie wird dem »Ganzheits«-Begriff am ehesten gerecht, versucht sie doch, das Wesen des ganzen Menschen zu erfassen und zu beeinflussen. Hierzu sind vorbereitend ausführliche Gespräche mit Kind und Eltern notwendig, und die Behandlung erfordert Geduld.

Die »wissenschaftlich-kritische Homöopathie« behandelt Beschwerden oder erkrankte Organe mit wenigen, nur relativ schwach verdünnten homöopathischen Mitteln. In ihnen wirkt noch die gelöste Substanz. Dieser Richtung folgen die Angaben zu homöopathischen Mitteln bei einzelnen Krankheiten in diesem Buch. Auch die Empfehlungen, die ApothekerInnen einem Buch oder ihrem Computer entnehmen können, gehören dazu.

Die »Komplexmittel-Homöopathie« verwendet gemischte Homöopathika, die oft unter dem Namen typischer Anwendungsbereiche, wie zum Beispiel Heuschnupfenmittel, verkauft werden. Sie widersprechen den Grundlagen der klassischen Homöopathie, sind aber sehr beliebt, weil für ihren Gebrauch geringe Kenntnisse der Homöopathie genügen.

Die Behandlung vieler Krankheiten kann man mit homöopathischen Mitteln unterstützen. Ihre Domäne sind jedoch chronische und psychosomatische Erkrankungen und Allergien.

Homöopathische Mittel richtig verwenden

● Homöopathische Mittel möglichst »im Mund zergehen lassen«.

● Tropfen nicht mit Metall in Berührung bringen.

● Nicht gleichzeitig mit ätherischen Ölen einnehmen.

● Kindern keine Tropfen, lieber Globuli oder Tabletten eingeben. Tropfen enthalten fast immer Alkohol. 5 Tropfen entsprechen 5 Globuli oder einer Tablette.

● Keine Homöopathika bis D8 verwenden, in deren Namen folgende Worte vorkommen: Arsenum, arsenicosum, Cadmium, cyanatum, Hydrargyrum, Jodum, kakodylicum, Mercurius. Sie enthalten Gifte wie Arsen, Kadmium oder Quecksilber, die Langzeitfolgen haben können (> Umwelt, Seite 719).

● Homöopathika mit folgenden Bezeichnungen nicht verwenden: Acidum arsenicosum, Anthracokali, Arsenum bromatum, Arsenum jodatum, Arsenum metallicum, Arsenum sulfuratum rubrum, Aurum arsenicosum, Benzolum, Calcium arsenicosum, Carboneum tetrachloratum, Chininum arsenicosum, Cobaltum metallicum, Cuprum arsenicosum, Ferrum arsenicosum, Kalium arsenicosum, Natrium arsenicosum, Niccolum sulfuricum, Pix liquida, Plumbum aceticum, Plumbum phosphoricum, Stibium arsenicosum (Antimonium arsenicosum).

Sie stehen im Verdacht, Krebs auszulösen, bzw. sind stark krebsgefährdend.

KLIMAKUR

Wenn ÄrztInnen es für notwendig halten – sei es zur Krankheitsvorsorge, sei es als Therapie oder zur Rehabilitation –, können sie Kindern eine Kur verordnen. Weil sich der Körper nur langsam an das Reizklima gewöhnt, meinen MedizinerInnen, sie sollte mindestens sechs Wochen dauern, bei ernsten Krankheiten auch noch länger.

Das Klima an der Nordsee bietet Reizendes und Schonendes. Reizfaktoren sind der Wind und die im Vergleich zum Binnenland kräftigere UV-Einstrahlung, weil die Luft reiner ist. Bläst der Wind vom Meer, trägt er einen Sprühnebel aus salzhaltigem Wasser in die Atemwege.

Schonend wirken auf eine angegriffene Gesundheit die reine Luft, ausgeglichene Temperatur und Luftfeuchtigkeit und die Luft, die kaum Allergene mit sich trägt.

Für die Ostsee gilt das gleiche abgeschwächt. Daher eignet sie sich besonders für Kleinkinder.

Viele Eltern meinen, daß sie ihr Kind zur Kur begleiten sollten. Wie sinnvoll das ist, muß man jedoch von Fall zu Fall individuell abwägen. An vielen chronischen Erkrankungen sind Verstrickungen im Beziehungsgeflecht der Familie beteiligt (> Körper und Seele, Seite 715). Möglicherweise tut es allen Beteiligten gut, einmal ganz auf sich gestellt zu sein.

Kosten

Wenn ÄrztInnen in Deutschland eine Kur verordnen und den Grund dafür plausibel machen können, bezahlen die Krankenkassen sie auch. Dies allerdings nur für vier Wochen. Halten Ärztin oder Arzt es für notwendig, daß Mutter oder Vater ihr Kind begleiten, kommt die Krankenkasse auch für diese Kosten auf.

In Österreich können Vorschulkinder auf ärztliche Verordnung zweimal innerhalb von vier Jahren kuren. Einen Aufenthalt am Meer bezuschußt die Krankenkasse drei Wochen lang mit 90 Schilling pro Tag, eine Kur, die mit einem Aufenthalt in einem Heilstollen verbunden ist, im Inland mit 200 Schilling pro Tag. Wird das erholungsbedürftige Kind in ein Kurheim eingewiesen, übernimmt die Kasse die Hälfte der Kurkosten. Ab dem Schulalter wird erwartet, daß jene Kinder, die Kuren brauchen, in den Ferien an sogenannten Kinderaktionen teilnehmen.

BERATUNG UND PSYCHOTHERAPIE

Unabhängige, professionelle Hilfe und Beratung kann befreiend und erlösend wirken. Egal, ob es sich um Probleme mit dem Kind oder um Ehekonflikte handelt: Oft erleichtert es schon, endlich mit jemandem reden zu können, der nicht ins Familienleben verstrickt ist, jemanden zu finden,

FAMILIEN-THERAPIE

In der ersten Sitzung geht es immer darum, Vertrauen zu schaffen, Ängste und Scham zu reduzieren. Kinder und Eltern stellen in dieser Situation meist erstaunt fest: Es wird nicht nach Schuldigen oder Sündenböcken gesucht, sondern gemeinsam versuchen alle Beteiligten, die Strukturen in der Familie zu deuten und verstehen zu lernen:

● Nach welchen Regeln funktioniert die Familie? Welche Bedeutung haben zum Beispiel das ordentliche oder das chaotische Kinderzimmer für jeden einzelnen? Wer reagiert wie darauf?

● Welche Riten haben sich festgefahren? Was bedeutet es zum Beispiel für jeden einzelnen, daß man immer gemeinsam beim Abendessen sitzen muß?

● Welche »Spiele« spielt die Familie? Gibt es zum Beispiel das berühmte Kreisspiel der gegenseitigen Schuldzuweisung: »Weil du so oder so bist, bin ich so.« »Aber ich bin doch nur so, weil du so bist«. »Aber ich wäre anders, wenn du anders wärst« usw. usw.

● Was bedeuten die familiären Grenzen für jeden einzelnen? Hat sich zum Beispiel eine Art »Festung« gebildet, in der jedes Problem nach außen verlagert wird: in den fiesen Chef, in die unfähigen LehrerInnen, in die erbschleicherischen Verwandten? Oder ist die Familie eher ein »Sanatorium«, in dem, wie es den Anschein hat, ausschließlich Harmonie herrscht, als müsse man ständig Kranke schonen?

der aufmerksam zuhört. (Mit-)geteiltes Leid ist halbes Leid. Dennoch scheuen viele Eltern den Schritt in eine Beratungsstelle. Groß ist die Angst, als VersagerIn gebrandmarkt zu werden, oder die Angst, sich einzugestehen: Ich habe Probleme mit meinem Kind. Oft sind es schließlich KinderärztInnen, LehrerInnen oder ErzieherInnen, die den Betroffenen empfehlen, »außer Haus« Hilfe zu suchen. Erleichtert stellen dann die meisten Eltern fest, daß sich Beratungsstellen ebenso an die Schweigepflicht halten wie ÄrztInnen und daß dort niemand nach Schuldigen sucht, sondern nach neuen Sichtweisen und Lösungen.

Wann ist eine therapeutische Unterstützung sinnvoll?

Professionelle Hilfe ist immer wichtig, wenn in der Familie oder Beziehung etwas geschieht, das eigentlich den eigenen Vorstellungen und Bedürfnissen widerspricht. Die Dinge laufen plötzlich falsch, aber sie sind so schwer zu fassen oder zu durchbrechen, und man fühlt sich in einem bestimmten Muster gefangen. Die Situation erscheint aussichtslos. Dazu zählt beispielsweise das Gefühl, überfordert zu sein, mit den eigenen Kräften nicht mehr auszukommen nur noch nörgeln, reglementieren oder disziplinieren zu können. Man fühlt sich wie gelähmt und leidet unter dem Eindruck, daß einfach alles aus dem Ruder läuft. Irgendwie hat man die eigene Position verloren und kann keine Grenzen mehr setzen: weder für sich noch gegenüber dem Kind.

Entscheidend sind aber auch die Signale der Kleinen. Viele Eltern merken erst durch ihr Kind: »Hier läuft etwas schief« (> Problemkinder, Seite 348). Das Verhalten der Kinder ist wie eine Warnblinkanlage zu verstehen, mit der sie auf familiäre Veränderungen reagieren und zeigen, daß sie Unterstützung brauchen. So können Protest, Aggression, Ängste, Schlaf- oder Eßstörungen, Apathie oder Anklammerungsversuche auch als Hilferufe verstanden werden.

Beratung

Im weit ausgebauten Netz der Erziehungs- und Familienberatungsstellen arbeiten heute gut ausgebildete Fachleute, die fast immer eine sozialpädagogische, eine psychologische und/oder psychotherapeutische Ausbildung absolviert haben. Die Hauptaufgabe der Einrichtungen besteht darin, vorerst eine Orientierung zu ermöglichen: Wo steckt eigentlich das Problem für das Kind? Wo für die Eltern? Gibt es ungewöhnliche Belastungen? Hat sich im Familienleben etwas verändert? Gab es große Umstellungen, mit denen das Kind oder die Eltern nur schwer zurechtkommen? Ist in der Schule etwas Außergewöhnliches passiert? Wie äußern sich die Schwierigkeiten: in Nervosität, Unsicherheit, Ratlosigkeit, Arbeitsstörungen, Schulauffälligkeiten? Wer leidet unter welcher Situation?

Unterstützt von den BeraterInnen gelingt es oft schon nach ein bis zwei Gesprächen, das Problem klarer zu sehen und kleine Lösungsschritte mit dem Kind zu überlegen. Insgesamt können zehn bis zwanzig Treffen notwendig sein, in denen es immer leichter wird, die Schwierigkeiten zu erkennen, verstehen und lösen zu lernen. Das Typische an Beratungsgesprächen ist, daß sich die TherapeutInnen zusammen mit dem Kind und den Eltern auf ein spezielles und sehr konkretes Problem konzentrieren. Die weitere Familiengeschichte wird nicht tiefer ausgeleuchtet. So kann zum Beispiel darüber gesprochen werden, wie man dem Kind am besten über die Scheidung der Eltern hinweghelfen kann. Die tiefen Ursachen der Trennung dürfen weitgehend im Hintergrund bleiben. Damit wird die »klassische« Beratung zur relativ raschen Hilfe zur Selbsthilfe. Beratung ist das häufigste therapeutische Angebot in den Familien- und Erziehungsberatungsstellen.

Wird nach ein bis zwei Gesprächen jedoch deutlich, daß doch eine tiefergehende Klärung der Schwierigkeiten notwendig ist, dann entscheiden alle gemeinsam:

- Braucht die ganze Familie, das ganze System, Beratung und therapeutische Unterstützung? (> Familientherapie, Seite 759)
- Braucht nur das Kind oder der Jugendliche Hilfe und Entlastung? (> Kinderpsychotherapie, Seite 761)
- Brauchen nur die Eltern therapeutische Begleitung? (> Ehe- und Paartherapie, Seite 761)

Familientherapie

Die Familientherapie ist – neben der Beratung – die am häufigsten praktizierte Therapierichtung bei Problemen mit Kindern. Viele Einrichtungen haben sich auf diesen Zweig der Psychotherapie spezialisiert oder Behandlungsansätze davon in die eigene Arbeit übernommen. Gleichzeitig gibt es niedergelassene PsychologInnen, die nach einem familientherapeutischen Konzept arbeiten.

Den meisten Eltern scheint es anfangs unverständlich, warum sie selbst an einer Therapie teilnehmen sollen, wo es doch eigentlich um den unkonzentrierten, nägelbeißenden Sohn oder um die aggressiv-wütende Tochter geht. Aber meist wird sehr schnell deutlich, warum nicht das Kind allein, sondern die ganze Familie gefragt ist: In jedem Beziehungsgeflecht haben die verschiedenen Mitglieder ihre Rollen. Auch Kindern werden Positionen zugeordnet, die sie mit mehr oder weniger großem Erfolg einnehmen. Meist sind die Kleinen das empfindlichste Element in einer Familiendynamik und haben es am schwersten, sich gegen eine bestimmte Rolle zu wehren.

In der Therapie wird nun nicht das »kranke« Kind in den Mittelpunkt gestellt, sondern man sucht gemeinsam mit der Therapeutin oder dem Therapeuten nach den Beziehungsstrukturen. Daran können auch schon kleine Kinder ab etwa drei Jahren teilnehmen, die beispielsweise im Rollenspiel zeigen, wie sie ihren Vater wahrnehmen, wenn sie in seine Position schlüpfen. Und der Vater kann im Spiel die Rolle des Kindes einnehmen und seinerseits zeigen, wie er das Kleine sieht. Dabei wird deutlich, daß jede Familie ihre eigene Form von Kommunikation hat, die manchmal zu einem Schema erstarrt ist. Dann kommt es zum Beispiel zu der Daueranklage »Du bist ein Versager« oder zur immerwährenden Beschwichtigung »Ach, es ist ja gar nicht so schlimm«. Manche Eltern rationalisieren ihr Verhalten »Unsere Strafen sind immer gut überlegt«, oder sie lenken ab: Sie reißen bei heiklen Themen Witze oder stellen sich taub und reagieren nicht auf die Bemerkung der anderen. In der Therapie gelingt es meist, zu erkennen, welche Position jedes Familienmitglied in diesem System einnimmt. Und fast immer gelingt es, eine Familie von AnklägerInnen in ein Team von gemeinsam Forschenden zu verwandeln.

Systemische Familientherapie

Bei der »systemischen« Therapie, einer speziellen Richtung der Familientherapie, richten die TherapeutInnen alle Aufmerksamkeit auf die Gesetzmäßigkeiten in der Familie: Wie funktionieren die verschiedenen Konstellationen? Mit dem Vorschlag, neue Verhaltensnormen oder Rollen auszuprobieren, versuchen sie, das erstarrte Regelwerk zu durchbrechen. Oft erzielen sie schon in wenigen Stunden erstaunliche Erfolge.

So werden in gemeinsamen Gesprächen – Schritt für Schritt – neue Regeln vereinbart und bisher völlig verzwickt erscheinende »Knoten« gelöst. Vielen Eltern erscheint es anfangs völlig unmöglich, mit den bisherigen Strukturen zu brechen, doch der Versuch lohnt sich.

● Man kann beispielsweise vereinbaren, daß von nun ab für die Dauer von drei Wochen beim Essen nicht mehr über die Schule gesprochen wird. Plötzlich tauchen bei Tisch neue Gesprächsthemen auf, und es entstehen neue Konstellationen.

● Ähnlich ist es bei der Regel, alle persönlichen Sätze nur noch mit »Ich« zu beginnen. Das beschuldigende »Du« fällt weg. Jeder muß nun über seine eigenen Gefühle nachdenken und diese mit einem »Ich« zum Ausdruck bringen.

● Auch der völlige Bruch mit Ritualen ist denkbar: Für zwei, drei Wochen wird beispielsweise nicht mehr gekocht oder aufgeräumt. Und man beobachtet gemeinsam, welche neuen Strukturen sich aus dieser Veränderung entwickeln. Wer gerät unter Druck? Wer hat mehr Freiraum?

Ihre Impulse, Anregungen und Vorschläge ent-

ALLE SOLLTEN MITMACHEN

Oft scheitern Familientherapien daran, daß sich ein Teil des Systems, ein Mitglied der Familie weigert, an den Sitzungen teilzunehmen. Die TherapeutInnen sind dann meist bereit, mit der »Restfamilie« zu arbeiten. Dennoch sollten Sie versuchen, den oder die sich Verweigernden zu motivieren:

● Scheuen Sie sich nicht, auch Druck auszuüben. Es geht um das Kind, das leidet und dringend Hilfe braucht.

● Es geht auch um die gemeinsame Beziehung. PartnerInnen, die sich weigern, an einem gemeinsamen Strang zu ziehen, signalisieren meist mehr als nur Desinteresse.

● Sie brauchen den »fehlenden« Teil nicht davon zu überzeugen, daß er sich auf eine besonders gute Sache einläßt. Wichtig ist nur, daß er mitkommt. Es ist nicht nötig, daß sich alle Familienmitglieder in gleicher Weise etwas Positives von den Sitzungen versprechen.

● Weigern sich der Partner oder die Partnerin dennoch, ist es sinnvoll, trotzdem mit der Therapie zu beginnen. Schon dadurch, daß zwei Familienmitglieder – zum Beispiel Mutter und Sohn – plötzlich etwas ganz anderes tun, kommt Bewegung in das System.

wickeln die SystemtherapeutInnen jeweils gemeinsam mit der Familie, sie sind daher höchst unterschiedlich. Entscheidend ist, daß sich jeder auf die Vereinbarungen berufen kann: Jedes Familienmitglied, das Kind und die Eltern sind verantwortlich, daß die neue Regel eingehalten wird. Bei der nächsten Sitzung hat sich das Beziehungsgeflecht manchmal schon verändert. Oft reichen für die Lösung des »Familienknotens« zwei bis fünfzehn therapeutische Sitzungen, zwischen denen auch zwei bis vier Wochen Abstand liegen können. Die Hauptarbeit wird nicht in der Therapie, sondern zu Hause geleistet beim Durchbrechen und Verändern der Strukturen, bis eine neue Form des Zusammenlebens gefunden wurde.

Analytisch orientierte Familientherapie

In der analytisch ausgerichteten Familientherapie versuchen alle Beteiligten – unterstützt von einer Therapeutin oder einem Therapeuten – den Ursachen der Familienauffälligkeiten auf die Spur zu kommen. Dabei können auch die jeweiligen Kindheitserfahrungen der Eltern zum Thema werden. Ihre eigenen Leiden, Enttäuschungen oder Kränkungen wirken oft in der nächsten Generation weiter. Sie folgen einer Choreografie, die schon die Großeltern entworfen haben. Die Beteiligten befinden sich dabei wie in einem Theaterstück, das sie nicht entschlüsseln können, aber in dem jeder seine besondere Rolle hat. Die analytisch orientierte Familientherapie hilft, solche Traditionen bewußt wahrzunehmen und aus hilflosen »SchauspielerInnen« selbst »ChoreografInnen« zu machen.

Ein Beispiel für eine solche unbewußte Choreografie wären unbewußte Erfolgswünsche der Mutter, die diese in die Tochter legt, wobei aber weder die eine noch die andere weiß, woher diese Wünsche kommen. Manchmal steckt das verdrängte Gefühl der Mutter dahinter, im eigenen Leben versagt zu haben. Was sie selbst als junge Frau nicht geschafft hat, soll nun die Tochter vollbringen. Doch das Mädchen verweigert sich jedem Erfolg.

Erst wenn der »Knoten« gelöst ist und beide verstehen, woher die hohen Anforderungen der Mutter kommen, ist es schießlich auch der Tochter möglich, ihre Verweigerungshaltung aufzugeben.

Auch die analytisch orientierte Familientherapie kann relativ rasch erfolgreich sein. Manchmal genügen zehn bis zwanzig therapeutische Gespräche, um die »heimliche Choreographie« zu entschlüsseln. Die Sitzungen finden meist in wöchentlichen Abständen statt.

Ehe- oder Paartherapie

Eine reine Ehe- oder Paartherapie – ohne Kind – kann sinnvoll werden, wenn das Beratungsgespräch zeigt, daß das Kind vor allem darunter leidet, daß die Eltern in ihre eigenen Probleme hoffnungslos verstrickt sind. Ein Beispiel dafür sind PartnerInnen, die sich seit Jahren scheiden lassen, aber dennoch zu keiner Trennung kommen. Das Kind leidet mit, entwickelt entsprechende Symptome, hat aber im Gesamtsystem nur einen nachgeordneten Platz. Gehen die Eltern in eine Paartherapie, wie sie viele Familienberatungsstellen anbieten, befreit sich das Kind meist sehr schnell von seinem »auffälligen« Verhalten.

Die Gespräche verlaufen meist ähnlich wie bei der systemischen Familientherapie: Gemeinsam versuchen die Beteiligten herauszufinden, nach welchen Regeln ihre Beziehung funktioniert und wie sich neue Strukturen finden lassen.

Kinderpsychotherapie

KinderpsychotherapeutInnen spezialisieren sich meist im Laufe einer langjährigen analytischen Ausbildung auf die besonderen Behandlungsbedürfnisse von Kindern und Eltern. Viele TherapeutInnen arbeiten in freier Praxis oder in Kliniken, und dort meist in der Kinder- und Jugendpsychiatrie. In allen größeren Städten gibt es außerdem eigene Institute für analytische Kinder-

und Jugendpsychotherapie, die kostenlose Erstgespräche anbieten und für die Fortsetzung Therapieplätze bei niedergelassenen Fachleuten vermitteln.

Einzeltherapien können besonders wichtig werden, wenn Kinder traumatische Erlebnisse wie

KOSTEN UND ANLAUFSTELLEN

Familien- und Erziehungsberatungsstellen laufen meist unter der Trägerschaft der Caritas, Diakonie, Arbeiterwohlfahrt oder des Paritätischen Wohlfahrtsverbandes. Oft bieten auch kommunale Einrichtungen Unterstützung an. Die Telefonnummern sind den örtlichen Telefonverzeichnissen zu entnehmen oder über die Telefonseelsorge (Tel.: 11101) zu erfragen. Die Erstberatungen sind kostenlos. Kommt es zu einer Familien- oder Paartherapie, wird meist ein geringer Betrag erhoben, der sich nach dem Einkommen staffeln kann. Wenn die Krankenkasse die Kosten für eine Familientherapie übernehmen soll, müssen die Eltern dafür meist einen eigenen Antrag formulieren. Die Kassen verlangen außerdem fast immer die Überweisung einer Kinderärztin oder eines Kinderarztes. Ähnlich ist es in den Einzeltherapien für Kinder, die ebenfalls meist ein Bewilligungsverfahren bei der Kasse durchlaufen müssen. Dabei lohnt es sich, mit der Kasse zu verhandeln und gegebenenfalls auch die Geschäftsleitung direkt anzusprechen, wenn die Bitte um Kostenübernahme abgelehnt wurde. Fast immer gibt es einen »Verhandlungsspielraum«. Die Adressen ausgebildeter KindertherapeutInnen sind über die Ärztekammern, die Krankenkassen oder Beratungsstellen zu erfragen.

Gewalt oder sexuellen Mißbrauch erleben mußten, oder den Tod eines Elternteils, eine Scheidung, einen Unfall oder eine schwere Krankheit psychisch verarbeiten müssen. Einzeltherapien können aber auch nötig werden, wenn ein Kind mit seinen Eltern in Partnerersatzrollen verstrickt ist oder in seiner inneren Autonomie gestärkt werden muß, weil es sich auf keinem anderen Weg aus der intensiven Mutter- oder Vaterbindung befreien kann.

Auch die Kinderpsychotherapie verlangt, daß die Eltern in regelmäßigen Abständen mitarbeiten. In der begleitenden Elterntherapie sollen die Erwachsenen ihre eigenen Erwartungen, unbewußten Wünsche und Vorstellungen erkennen, die sie auf den Nachwuchs projizieren. Gleichzeitig sollen die Eltern aber auch lernen, sich in das Kind einzufühlen, und seine innere Welt kennenzulernen.

Grundlage der Kinderpsychotherapie

KindertherapeutInnen versuchen dem Kind vor allem ein Gegenüber zu sein, das nach anderen Regeln reagiert als diejenigen, die es bisher kennengelernt hat. Gleichzeitig beobachten die TherapeutInnen, wie das Kind die neue Beziehung einrichtet und handhabt. Dazu brauchen sie meist viel Geduld und Zeit, in der gespielt und gemalt wird.

Aus der Art, wie das Kleine seine neue Beziehung aufbaut, können die TherapeutInnen oft schließen, was in dem Kind vor sich geht, um welchen inneren Konflikt seine Gedanken kreisen und wie es seine bisherigen Hauptbeziehungen gestaltet hat. Bis zum zehnten Lebensjahr sprechen Kinder selten über ihre Probleme, aber sie äußern sie auf vielfältige andere Weise: beim Malen und Zeichen, beim Spielen mit Puppen oder Tieren oder im Rollenspiel (> Spiele spiegeln die Seele, Seite 441). Hier können sie teilweise loswerden, was ihnen nicht bewußt ist, was sie aber dennoch innerlich beschäftigt.

Zum Teil müssen die Kinder dabei hart arbeiten, denn vieles können sie auch im Spiel oder in der Inszenierung noch nicht benennen. Sie brauchen die Unterstützung der TherapeutInnen, die nachfragen: »Ich glaube, du bist jetzt ziemlich wütend.« Oder: »Mir scheint, du ärgerst dich jetzt sehr.« Aus dem Wechselspiel von Frage und Antwort entwickelt sich das therapeutische Gespräch, in dem beide Seiten beschreiben, wie sie einander erleben. Schritt für Schritt verdeutlicht sich, welche inneren Überzeugungen das Kind tragen: Was empfindet es? Wie sieht es seine Eltern? Wie erklärt es sich bestimmte Erlebnisse und Erfahrungen? So können beispielsweise das Gefühl »Ich bin schuld an der Scheidung meiner Eltern« oder Gewissensbisse »Ich mache meine Mutter unglücklich« in kindgemäßer Form berarbeitet und gelöst werden.

Andere therapeutische Möglichkeiten

PsychotherapeutInnen bieten vielfältige Anregungen, um Kinder zu unterstützen. Dazu zählt auch die einfach anmutende Empfehlung, ein überaggressives Kind eine aggressive Sportart erlernen zu lassen oder sein Selbstbewußtsein zu stärken, indem es für ein Tier sorgen darf (> Seite 500).

Beim Rugby oder Judo lernen Kinder nicht nur, wie sie ihre aggressiven Impulse modulieren und variieren können, sie durchleben auch, wie befreiend es sein kann, Aggressionen nach Regeln loswerden zu dürfen: Hier darf ich draufschlagen, ich darf mich austoben, aber nach Regeln (> Bewegung und Sport, Seite 506). Die Therapieempfehlungen können sehr unterschiedlich sein. So können intensive Rhythmus- und Musikerfahrungen Kinder von Stotter- und Stammproblemen befreien. Wichtig ist, daß geschulte Fachleute ein Konzept für das Kind und damit indirekt auch für die Eltern entwickeln, das individuell auf das Kleine zugeschnitten ist. In Kindertherapien genügt es oft, nur eine Tür zu einer anderen Entwicklungsmöglichkeit aufzustoßen – den Weg finden die Kinder meist allein.

KRANK ZU HAUS

Kinder, die sich schlecht fühlen, bleiben meist von selbst liegen. Doch kein Kind muß im Bett bleiben, weil es krank ist. Der Umgebungstemperatur entsprechend angezogen, kann es durchaus in der Wohnung spielen.

Kranke Kinder haben meist keinen Appetit. Damit schützt sich ihr Körper vor Überlastung: Die Kraft, die er für die Stoffwechselarbeit brauchen würde, kann er sinnvoller zur Krankheitsabwehr einsetzen.

Wenn das Kinder- zum Krankenzimmer wird und in den Schlafpausen immer wieder die Klage ertönt »Mir ist langweilig«, ist Phantasie gefragt. Dann wird das Einlegebrett vom Ausziehtisch zur Spielplatte über dem Bett, auf dem das kranke Kind malen und mit Legosteinen bauen kann. Aus Kastanien und Eicheln werden Ketten, die Schere schneidet aus Papier Spitzendecken, und Vater kann zeigen, wie man Schwalben faltet. Endlich ist Muße für das Buch vom Geburtstag und all die ungehörten Radiosendungen (> Radio, Seite 490).

Auch Berufstätige haben kranke Kinder

Viele Tarifverträge in Deutschland sehen vor, daß ArbeitnehmerInnen für die Pflege ihres kranken Kindes frei bekommen, als wären sie selbst krank. Wenn das nicht der Fall ist, springen die Krankenkassen ein, indem sie Krankenpflegegeld gewähren.

Jedem erwerbstätigen Vater und jeder erwerbstätigen Mutter steht jährlich pro Kind für zehn Arbeitstage Kinderpflegegeld zu, AlleinerzieherInnen für 20 Arbeitstage. Bei zwei Kindern erhöht sich die Zahl der Kinderkrankengeld-Tage auf 20 bzw. 40 für AlleinerzieherInnen. Bei drei und mehr Kindern sind es maximal 25 bzw. 50 Tage. Das Kinderpflegegeld entspricht dem Krankengeld, beträgt also 80 Prozent des Bruttogehalts.

Voraussetzungen:
● Das Kind ist jünger als zwölf Jahre.

SELTEN KRANK

Manche Kinder sind erstaunlich selten krank. Die Gründe dafür können auch im psychischen Bereich liegen, und sie sind nicht immer nur positiv. So »brauchen« manche Kinder keine Krankheit, um zu spüren, daß sie liebgehabt werden. Andere wieder »verzichten« darauf, weil sie ohnehin »nichts davon haben«. »Ich war viel zu selten krank«, erzählt die 17jährige Amelie. »Leider, denn das war immer so schön. Ich lag in Decken eingekuschelt auf der Liege, quer vor der Küchentür, und schaute meiner Mutter bei der Arbeit zu. In die Küche hätte das Lager nicht hineingepaßt, dazu war sie zu klein. Wenn Mutter hinausmußte, stieg sie mit großem Schritt über mich hinweg. Wir haben miteinander geredet, sie hat mir etwas vorgesungen, und ich bekam von allem, was sie zubereitete, ein Häppchen ab. Ein Gefühl, ähnlich wie Advent. Wenn ich müde wurde, ging ich in mein Bett zurück. Das roch dann so kühl, weil es lange gelüftet hatte.«

»Kranksein? Hab' ich mir als Kind kaum geleistet.« So die 18jährige Carla. »Wozu denn? Es war ja keiner da, der mich hätte pflegen können. Wenn, dann hieß es, geh ins Bett, hier hast du den Walkman, den Fernseher stelle ich dir auch hin. Aber so richtig gekümmert hat sich niemand um mich. Die mußten doch alle immerzu arbeiten. Und wenn dann mal jemand zu Hause blieb, dann nutzte er die Zeit, um all das Liegengebliebene aufzuarbeiten. Die ein, zwei Tage, die ich im Fieber verschlafen habe, gingen ja noch. Aber dann hab' ich immer zugesehen, daß ich als gesund galt und wieder zu den anderen konnte.«

• Im Haushalt lebt keine andere Person, die das Kind entsprechend versorgen kann.
• Ärztin oder Arzt verordnen Betreuung, Beaufsichtigung oder Pflege für das Kind.
• Die Kinder müssen in der gleichen Krankenkasse versichert sein wie derjenige, der das Pflegegeld beantragt.

Braucht ein Kind fachlich kompetente Pflege, kann die Krankenkasse eine Pflegekraft einsetzen, wenn dadurch ein Krankenhausaufenthalt vermieden wird. Die Kosten für diese häusliche Krankenpflege trägt sie im Regelfall für vier Wochen.

Ansprechadresse:
Mobile Kinderkrankenpflege Frankfurt
Mechthild Olbrich
Bottenhorner Weg 37
60489 Frankfurt

In Österreich müssen erwerbstätige Eltern mit fünf Tagen Pflegefreistellung auskommen. Geplant ist eine Erweiterung auf zehn Tage. Auch AlleinerzieherInnen bekommen nicht mehr. Wer keine helfende Hand findet und sein Kind nicht ins Krankenhaus bringen möchte, kann in Wien auf eigene Kosten folgenden Dienst in Anspruch nehmen:

Kinderpflege daheim
Betreuungsdienst für erkrankte Kinder
Bauernmarkt 6
1010 Wien
Tel.: 0222/5354252

KRANK IM KRANKENHAUS

Zum Glück geschieht es nur selten, daß ein Kind mit Blaulicht ins Krankenhaus transportiert werden muß. Die meisten Aufenthalte dort sind geplant. Damit haben die Eltern Zeit, sich selbst und ihren Schützling behutsam auf das vorzubereiten, was auf sie zukommt. Mit weniger Angst wird das Kind es ihnen danken, wenn es bereits aus

Erzählungen oder Bilderbüchern Geräte oder Handgriffe kennt und über den Tagesablauf im Krankenhaus Bescheid weiß. Vielleicht können auch die Kinderärztin oder der Familienarzt einen Teil der Aufklärungsarbeit übernehmen.

Wichtig ist auch, daß das Kind so lange wie möglich seine Entscheidungsfreiheit behält. So kann es zum Beispiel selbst seinen Klinikkoffer packen, denn wer wüßte besser als es selbst, welches Schmusetier am besten tröstet und welchen Schlafanzug es am liebsten trägt?

Eltern gehören zum Kind

Besonders den Eltern kleiner Kinder schneidet es ins Herz, wenn sie sie allein dem Fremden überantworten sollen. Und die Erfahrung zeigt: Kleine Kinder kommen mehr oder minder geschädigt aus der Klinik zurück. Nachgewiesenermaßen genesen sie schneller, wenn ein Elternteil sie in dieser Ausnahmesituation begleitet.

Dieses Wissen drückt manche Eltern als moralische Pflicht. Doch auch wenn sie ihre Kinder nicht begleiten, sind sie keine Rabeneltern. Folgende Punkte sollten reiflich überlegt werden, bevor jemand mit dem Kind ins Krankenhaus zieht:
● Wie wird die übrige Arbeit organisiert? Haushalt und weitere Kinder wollen versorgt sein.
● Können Sie sich mit einer anderen, dem kranken Kind vertrauten Person abwechseln?
● Können Sie Ihrem Kind Sicherheit und Zuversicht vermitteln, wenn es leidet? Eltern, die vor Mitleid zerfließen, helfen dem Kind wenig.

Kritische Augenblicke

Die kritischsten Augenblicke für das Kind im Krankenhaus sind der Aufnahmetag – einer Untersuchung zufolge begegnen einem Kind dort 143 fremde Personen –, die Vorbereitungen zu einem Eingriff und das Aufwachen aus der Narkose. Wie weit Eltern ihrem Kind da zur Seite stehen dürfen, ist von Haus zu Haus, von Ärztin zu Arzt unter-

MIT DEM KIND IM KRANKENHAUS

Deutschland
Bei Kindern bis zu zwölf Jahren bezahlen die Krankenkassen Unterbringung und Verpflegung des im Krankenhaus mit aufgenommenen Elternteils.
Die Begleitpersonen haben nur Anspruch auf Sachleistungen. Damit ist nicht sicher, daß die Krankenkassen einen Zuschuß zahlen, wenn sich jemand statt im Krankenhaus in einer Pension einquartiert.

Arbeitsgemeinschaft Kind im Krankenhaus
Vor dem Kirchforst 1
65232 Taunusstein
Tel.: 06128/1357

Österreich
Mütter von Säuglingen haben zwar auf dem Papier das Recht, mit ihrem Kind ins Krankenhaus aufgenommen zu werden; in der Praxis wird das jedoch meist an die Voraussetzung gebunden, daß sie das Kind noch stillen. Für alle anderen gilt, daß sie mit dem Spital verhandeln müssen.
Was Sie von welchem Spital zu welchem Preis erwarten können, listet eine Broschüre auf, die beim Bundesministerium für Umwelt, Jugend und Familie, Radetzkystr. 2, 1030 Wien anzufordern ist.

Verein Kinderbegleitung
Pelzgasse 22
1150 Wien
Tel.: 0222/9824729-0

ARZTBESUCH OHNE ELTERN

Deutschland

ÄrztInnen dürfen Minderjährige ohne Wissen der Eltern beraten und behandeln, wenn sie ihre Einwilligungsfähigkeit annehmen können. Ab 14 geht man meist davon aus, daß ein Mädchen, das sich zielbewußt um empfängnisverhütende Mittel bemüht, selbstbestimmt entscheiden kann.

Sind Ärztin oder Arzt von der Reife des Mädchens überzeugt, kann auch der Einspruch der Eltern die Pillenverordnung nicht verhindern. Eltern haben auch kein Recht, über das informiert zu werden, was Ärztin oder Arzt von dem Mädchen erfahren haben. Die junge Patientin kann sich voll und ganz auf die Schweigepflicht der MedizinerInnen verlassen.

Bei einem Mädchen unter 14 müssen ÄrztInnen noch stärker abwägen, ob sie die Pille verschreiben oder nicht. Vor dem Gesetz ist jeder Geschlechtsverkehr mit einem so jungen Mädchen sexueller Mißbrauch. Sind sich ÄrztInnen jedoch sicher, daß das Mädchen dazu nicht gezwungen wird, können sie durchaus entscheiden, daß ein Kind mit Kind schlimmer wäre als die Einnahme der Pille ohne Wissen der Eltern.

Österreich

In den von Bund und Land getragenen Familienplanungsstellen kann sich jedes Mädchen kostenlos und anonym beraten lassen.

Die Schwangerschaft eines Mädchens unter 14 Jahren ist anzeigepflichtig. Damit ist der Beweis erbracht, daß eine Straftat – Beischlaf mit Minderjährigen – stattgefunden hat.

schiedlich. Allerdings haben sie das Recht, sich den Ansprüchen der Eltern zu verweigern, wenn sie nur so ohne Beeinträchtigung arbeiten können.

Mit der Begründung »Kein Bett frei« werden Eltern, die ihr Kind ins Krankenhaus begleiten wollen, oftmals abgewiesen. Doch der Platzmangel hat Methode: Die meisten Zimmer, in denen Mütter oder Väter mit ihrem kranken Kind untergebracht werden könnten, sind von PatientInnen belegt, die sich den Anspruch auf ein Ein- oder Zwei-Bett-Zimmer mit einer Zusatzversicherung erkauft haben. In manchen Klinken werden Zimmer auch extra für solche PatientInnen freigehalten. Obwohl großer Bedarf an Eltern-Kind-Zimmern besteht, sind die meisten Klinikhalter nicht bereit, die Möglichkeiten dafür zu schaffen.

Wenn Kinder allein bleiben

Kinder, die allein ins Krankenhaus ziehen, brauchen die Versicherung, daß die Eltern sie regelmäßig besuchen. Eine Zusage, die sie dann unbedingt einhalten müssen. Wie lange die Eltern dort bleiben, ist weniger wichtig, als daß sie möglichst täglich kommen.

Das Abschiednehmen nach einem solchen Krankenbesuch fällt naturgemäß schwer. Wenn die Eltern schon möglichst früh ankündigen, daß sie nun bald gehen müssen, können sie die unvermeidlich fließenden Tränen noch selbst trocknen. Sich unter einem Vorwand davonzustehlen, untergräbt das Vertrauen des Kindes.

Ambulantes Operieren

Bei weitem nicht jeder Eingriff, der bei Kindern durchgeführt werden muß, erfordert einen mehrtägigen Krankenhausaufenthalt. Entschieden mehr Operationen, als man früher annahm, können ambulant durchgeführt werden. Dazu gehören die Operation von Brüchen (> Seite 845), Vorhautverengung (> Seite 867) und die Entfernung der Mandeln (> Mandelentzündung, Seite 813).

Seit 1990 gibt es an der Deutschen Klinik für Diagnostik (DKD) in Wiesbaden die erste Tagesklinik für Kinder, die chronisch krank sind oder komplizierte medizinische Probleme haben. Sie bleiben tagsüber so lange wie nötig in der Klinik und verbringen die Nacht zu Hause. Manche gehen zwischendurch auch in die Schule oder auf den Spielplatz.

GEHIRN UND NERVEN

Der Schmerz des aufgeschlagenen Knies und das Gefühl von Haut an Haut, einen Vogel hören und ihn als Kuckuck erkennen, malen und Zukunftspläne schmieden – das alles sind Leistungen von Gehirn und Nerven.

Als zentrales Nervensystem (ZNS) bezeichnet man Gehirn und Rückenmark, als peripheres Nervensystem alle Nerven, die sich außerhalb des ZNS befinden (> Seite 767). In beiden Systemen gibt es Ansammlungen von Nervenzellen, die als Knotenpunkte besondere Aufgaben wahrnehmen, und Bahnen, die wie Kabel Reize weiterleiten.

Das periphere Nervensystem hält den Kontakt mit der Außenwelt. Es nimmt Reize auf und leitet sie ans Zentrum weiter. Was dort als Erregung ankommt, wird mit vergangenen Erfahrungen verknüpft, mit anderen Reizen abgeglichen und bewertet. Die Antwort, die das Zentrum der Peripherie gibt, kann auf drei Ebenen erfolgen: als unbedingter Reflex, erlernter Reflex oder als Willenshandlung.

Unbedingte Reflexe sind eine Art »neurologische Grundausstattung«. Sie gehen meist vom Rückenmark aus, das einen Reiz sofort eigenständig beantwortet, ohne vorher das Gehirn einzuschalten. Reflexe laufen also unbewußt ab und entlasten das Gehirn. ÄrztInnen testen zum Beispiel einen Reflex, wenn sie bei einem übergeschlagenen Bein auf die Sehne unterhalb der Kniescheibe schlagen. Dann schnellt der Unterschenkel automatisch nach vorn.

Ein Beispiel für einen erlernten Reflex ist der aufrechte Gang. Für die Fortbewegung wäre es äußerst hinderlich, wenn wir uns ständig klarmachen müßten, welche Muskelgruppen in Aktion treten müssen, um stehen zu können. Diesen Reflex auszubilden, lernen Kinder, wenn sie beginnen, sich fortzubewegen. Das Kleinkind entscheidet dann als Willenshandlung, ob es auf allen vieren kriecht oder auf Zehenspitzen balanciert.

Gehirn

Das weiche Gehirn (Enzephalon, Cerebrum) liegt gut geschützt in einer festen Knochenkapsel. Es ist von drei Häuten (Meningen) umgeben. Eine relativ harte Haut verbindet das Innere der Schädelknochen mit dem Gehirn. Unter ihr befindet sich eine weiche Schicht. Sie ist von der dritten Haut, die der Hirnoberfläche dicht anliegt, durch einen mit Flüssigkeit gefüllten Raum getrennt. Diese innerste Haut leitet dem Gehirn Blutgefäße zu. Bei einer Gehirnhautentzündung sind diese drei Schichten entzündet (> Seite 775).

Die Hohlräume im Inneren des Hirns (Hirnventrikel) füllt das Gehirnwasser (Liquor cerebrospinalis) aus. Es umspült auch das Rückenmark und hat die Aufgabe, Stöße aufzufangen und bei der Krankheitsabwehr mitzuhelfen. Da alle Räume im zentralen Nervensystem miteinander verbunden sind, kann die Flüssigkeit in ihnen kursieren.

Viele Erkrankungen des Gehirns und der Hirnhäute verändern die Zusammensetzung der Gehirnflüssigkeit. Auch Tumorzellen kann man in ihr finden. Darum untersuchen ÄrztInnen den Liqour, wenn sie Näheres über das zentrale Nervensystem wissen wollen. Bei einer Lumbalpunktion stechen sie in Höhe der Lendenwirbel in das untere Ende des Wirbelkanals – an eine Stelle, an der kein Rückenmark mehr liegt, das sie dabei verletzen könnten – und entnehmen ein wenig Gehirnwasser (> Lumbalpunktion, Seite 888).

Die Schaltzentren für etwa 200 verschiedene

Funktionen hat man in der Hirnrinde bereits lokalisiert. Eine Reizung des Bewegungszentrums führt zum Beispiel zu Lähmungen oder Krämpfen. Ist dieses Zentrum zerstört, sind die Muskeln der gegenüberliegenden Körperseite gelähmt. Diese Lähmungen können wieder vergehen, wenn unversehrte Nachbarfelder oder die andere Gehirnseite die Funktionen des zerstörten Gebiets übernehmen.

Dem Gehirn entspringen zwölf Paar Hirnnerven. Sie sind für lebenswichtige sensible Funktionen wie Sehen, Hören, Riechen, Schmecken, Gleichgewicht halten usw. verantwortlich, und sie steuern motorische Funktionen wie die Bewegungen der Augen, das Saugen, Schlucken, Küssen, Sprechen usw.

Rückenmark

Das Rückenmark ist die Fortsetzung des Gehirns nach unten. Es zieht sich im Inneren der Wirbelsäule bis zum dritten Lendenwirbel, füllt die Wirbelsäule also nicht in ganzer Länge aus. Es ist beim Erwachsenen etwa 45 Zentimeter lang und wird nach unten zu immer dünner. Das Rückenmark ist genauso aufgebaut wie das Gehirn, ebenfalls von Häuten umhüllt und von Gehirnflüssigkeit umgeben. 31 Paar Nerven verbinden das Rückenmark mit der Haut und den inneren Organen vom Rumpf und den Armen und Beinen.

Peripheres Nervensystem

Im peripheren Nervensystem gibt es Bahnen, die nach oben leiten (sensible Bahnen), und solche, die nach unten leiten (motorische Bahnen). Die ersten geben von außen kommende Empfindungen und Wahrnehmungen an die Zentrale weiter, die letzteren übertragen die Anweisungen des Zentralnervensystems an Muskeln und Organe.

Informationen zu transportieren bedeutet im Nervensystem, daß zwischen den einzelnen Zellen ganz schwache elektrische Ströme fließen, chemische Reaktionen stattfinden oder Botenstoffe Nachrichten übermitteln.

Somatisches und vegetatives Nervensystem

MedizinerInnen unterscheiden im peripheren Nervensystem das somatische und das vegetative Nervensystem. Das somatische oder willkürliche Nervensystem ist vom Bewußtsein steuerbar. Es macht aus Aufträgen Taten: Den Entschluß »Ich gehe jetzt« setzt es in Gehbewegungen um.

Das vegetative oder autonome Nervensystem regelt den inneren Betrieb des Organismus, stimmt die Leistungen der Organe aufeinander ab und paßt sie wechselnden Erfordernissen an. Das Vegetativum steuert weitgehend unabhängig vom Bewußtsein Atmung, Herzschlag und Verdauung. Doch Techniken wie Autogenes Training oder Biofeedback, mit denen man lernen kann, Eingeweidemuskeln oder Blutgefäße zu entspannen, zeigen, daß das Bewußtsein auch das autonome Nervensystem erreichen kann.

Innerhalb des vegetativen Nervensystems steuern zwei große Nervenbereiche gegensätzliche Funktionen und ergänzen einander. Der Sympathikus ist zuständig für Aktivität, Anstrengung und Energieabbau, der Parasympathikus sorgt für die Erholung und Speicherung von Energie.

FIEBER

Beschwerden, Ursachen, Häufigkeit

? Das Kind ist matt, müde und spielt kaum noch. Es ist auffallend anhänglich, weinerlich, manchmal auch unleidlich. Essen mag es kaum noch, dafür aber trinken. Anfangs fröstelt es, später ist ihm warm. Das Gesicht glüht; die Augen glänzen eigenartig.

Der Körper ist auf eine Betriebstemperatur von

TEMPERATUR MESSEN

Erfahrene Eltern gebrauchen weniger das Thermometer als vielmehr ihre Hand, um zu fühlen, wie heiß das Kind ist, und ihre wache Aufmerksamkeit, um festzustellen, wie krank es dabei ist: Wie sehr weicht sein Verhalten von dem sonstigen ab?

Kinder überstehen Temperaturen bis 41°C schadlos. Steigt das Fieber über 41°C, werden Säuglinge und Kleinkinder häufig verwirrt und schwer ansprechbar, ab etwa 42°C bewußtlos. Manche Kinder neigen zu Fieberkrämpfen (> Seite 771).

Wer die exakte Körpertemperatur braucht, kann sie an drei Orten messen:

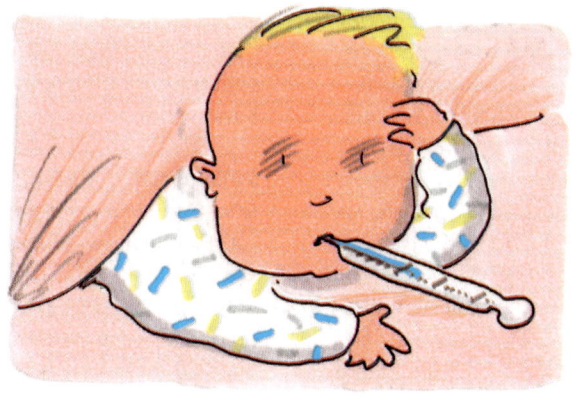

● Unterm Arm (axillär). Das Kind muß das Thermometer in der Achselhöhle mindestens fünf Minuten lang eng an den Körper pressen. Die Unter-Arm-Temperatur liegt etwa ein Grad unter der des Blutes im Körperinnern. Diese Meßmethode ist sehr ungenau.

● Unter der Zunge (oral). Das Kind bekommt das Thermometer unter die Zunge gelegt, soll die Zungenspitze fest an die unteren Zähne drücken und die Lippen schließen. Zwei bis drei Minuten lang im Mund lassen. Die so gemessene Temperatur liegt etwa ein halbes Grad unter der im Körperinnern. Die Messung ist ausreichend genau. Ganz kleine und sehr unruhige Kinder könnten das Thermometer jedoch zerbeißen und sich verletzen.

● Im After (rektal). Die rektale Temperatur liegt ein halbes Grad über der des Blutes. Das Thermometer wird mit Creme gleitfähig gemacht und etwa zwei Zentimeter tief eingeführt. Bei Säuglingen hält man mit einer Hand die Beine hoch, mit der anderen das Thermometer im Po fest. Ältere Kinder liegen am besten mit angezogenen Beinen auf der Seite. Zwei bis drei Minuten genügen für die Messung. Bei den meisten Kindern wird Fieber zwar auf diese Weise gemessen, doch auch beim Kind gehört der After zum Intimbereich, an dem andere nicht ohne dringende Notwendigkeit manipulieren sollten.

Thermometer

Die herkömmlichen Geräte enthalten Quecksilber oder gefärbten Alkohol. Sie sind geeicht und messen relativ genau. Vor dem Messen muß eine kräftige Armbewegung die Flüssigkeit in das Auffanggefäß hinunter befördern.

Bei einem zerbrochenen Quecksilberthermometer sollte der Inhalt so gut wie möglich mit Papier oder Kunststoff eingesammelt und mitsamt den Bruchresten des Thermometers in einem Kunststoffbehälter dem Sondermüll zugeführt werden. Wer die winzigen silbernen Kügelchen mit dem Staubsauger aufsaugt, muß den Beutel anschließend als Sondermüll entsorgen.

Elektronische Digitalthermometer zeigen die maximale Temperatur bereits nach etwa einer Minute – allerdings nur, wenn die Batterie noch funktioniert. Sie lassen sich leicht ablesen, sind ebenso zuverlässig wie andere Thermometer, kosten aber ein Vielfaches. Verletzungsgefahr bergen sie nicht.

Glas- und Digitalthermometer benötigen nach Gebrauch eine Reinigung – aber nicht mit heißem Wasser. Mehr als 43°C vertragen sie nicht. Das Abwischen mit verdünntem Alkohol desinfiziert sie ausreichend.

Plastikstreifen, die an die Stim gedrückt werden und dort die Temperatur in Ziffern anzeigen, sind höchst ungenau.

etwa 37°C eingestellt. Abends liegt sie etwa 1°C höher als morgens. Stoffwechselvorgänge sorgen für ständigen Energie- und damit Wärmenachschub. Durch ein anstrengendes Spiel oder emotionale Belastungen kann die Temperatur um etwa 1°C ansteigen, nach schwerer Arbeit sogar kurzzeitig um 2 bis 3°C. Die überschüssige Wärme führt der Körper über Haut und Atmung ab. Regulationsorgan für den Wärmehaushalt ist eine Art Thermostat im Zwischenhirn.

Wenn das Immunsystem gegen ungewöhnlich viele Bakterien oder Viren ankämpft, entstehen fiebererzeugende Stoffe. Sie verstellen den Thermostat im Gehirn. Die Temperatur, die bisher angenehm war, erscheint jetzt als zu kalt. Also heizt sich der Körper ein: Er stellt die Blutgefäße der Haut eng. Darum sind Hände und Füße kalt. Außerdem machen seine Muskeln kleine Zitterbewegungen. Dieser Schüttelfrost produziert Wärme. Ist die gewünschte Temperatur erreicht, wird es dem Kranken zu warm. Nun versucht der Körper, sich abzukühlen. Er stellt die Blutgefäße weit, so daß sie Wärme abgeben können: Die Haut ist heiß und rot.

Die erhöhte Temperatur unterstützt die Abwehrarbeit des Körpers gegen Krankheitskeime. Bei mehr als 38,5°C vermehren sich Viren und einige Bakterienarten nicht mehr so schnell. Statt dessen bilden sich vermehrt Stoffe, die der Krankheitsabwehr dienen.

Bei einer Reihe von Krankheiten sind Verlauf und Höhe des Fiebers so charakteristisch, daß es ÄrztInnen als Hinweis für die Diagnose dient. Die Höhe des Fiebers sagt nichts darüber, wie schwer die Erkrankung ist.

Wann zu Ärztin oder Arzt?

 Bei Kindern unter sechs Wochen, wenn die Temperatur über 38°C liegt (unter der Achsel gemessen).

Im 1. Jahr

Bei mehr als 38°C Fieber (unter der Achsel gemessen) und/oder wenn das Kind

- erbricht.
- jede Nahrung verweigert.
- auffällig blaß ist.
- weggetreten wirkt.
- gar nicht mehr lächeln mag.
- krampfartig zuckt.

1 bis 6 Jahre

Bei Temperaturen über 38°C (unter der Achsel gemessen) und/oder wenn das Kind

- nichts mehr ißt.
- nicht mehr spielt.
- gar nicht mehr lacht.
- freiwillig im Bett bleibt.

Außerdem: Wenn es für hohes Fieber keine einleuchtende Erklärung wie zum Beispiel eine Erkältung oder eine Kinderkankheit gibt.

Bei Fieber über 40°C, das sich nicht senken läßt, sollten möglichst bald eine Ärztin oder ein Arzt das Kind sehen.

Selbsthilfe, Behandlung

 In der Aufheizphase brauchen die PatientInnen Wärme durch Decken, Wärmflasche, ein heißes Bad. Das Abkühlstadium läßt sich unterstützen, indem man die Kleidung entfernt und den Körper kühlt. Sinnvoll ist das, wenn das Kind selbst nach Linderung verlangt, das Fieber sehr hoch ist oder das Kind schon einmal einen Fieberkrampf hatte (> Seite 771). Der Effekt ist aber nicht von Dauer.

Je größer die gekühlte Hautoberfläche und je kälter das Mittel, desto ausgeprägter die Fiebersenkung. Eine Behandlung mit lauwarmem Wasser lassen Kinder aber eher über sich ergehen als eine mit kaltem Wasser.

Wadenwickel

Sie kommen erst in Frage, wenn Füße und Unterschenkel heiß sind. Vorher kann der Körper noch keine Wärme abgeben.

Ein Tuch in kaltes Wasser tauchen, auswringen und um die Beine wickeln. Hat sich das

Tuch erwärmt, ist seine Kühlwirkung erschöpft. Eventuell muß der Wickel erneuert werden.

Abkühlungsbad

Badewasser von einer Temperatur einlassen, die zwei Grad unter der des kranken Kindes liegt. Die üblichen Badethermometer messen so ungenau, daß das Fieberthermometer vorzuziehen ist. Kind ins Wasser setzen. Langsam kaltes Wasser zulaufen lassen, so daß die Temperatur in zehn Minuten auf 30°C sinkt. Nur wenn sich das Kind wohl fühlt noch weiter abkühlen. Nicht länger als 25 Minuten baden.

Homöopathie (> Seite 756)

Homöopathische Mittel bessern die Begleitumstände des Fiebers, obwohl die Temperatur meist nicht nennenswert sinkt. Dosierung: Anfangs stündlich drei Globuli oder drei Tropfen.

Ängstliches, durstiges Kind mit trockener Haut, dessen Fieber sehr rasch stieg: Aconitum D6.

Erregtes, schwitzendes Kind mit rotem Kopf und kalten Füßen, dessen Erkrankung stürmisch begann: Belladonna D6.

Ruhiges, blasses, fröstelndes Kind, dessen Fieber allmählich anstieg: Ferrum phosphoricum D6.

Ärztliche Behandlung

Fiebersenkende Medikamente sind angebracht, wenn das Kind sichtlich leidet, Abkühlung nicht geholfen hat, die BetreuerInnen für solche Prozeduren keine Zeit haben oder wenn ein Fieberkrampf verhindert werden soll (> Seite 771).

Geeignet sind Präparate, die nur Parazetamol enthalten, für Kinder am besten als Saft, evt. als Zäpfchen (z.B. Ben-u-ron [D], Enelfa [D/Ö], Mexalen [Ö], Mono-Trimedil [D], Treupel mono [D]). Ein Kind, das sich gegen das Verabreichen von Zäpfchen wehrt, schützt damit seinen Intimbereich. Dieses sollten Eltern unbedingt respektieren.

Fieberkrampf

Beschwerden, Ursachen, Häufigkeit

? Das Kind verliert das Bewußtsein, wird steif und verdreht die Augen. Es beginnt, heftig mit Armen und Beinen zu zucken. Wenn der Atem stockt, verfärbt sich das Gesicht bläulich. Manchmal tritt ihm Schaum vor den Mund; manche Kinder nässen ein.

Bei fast der Hälfte der Kinder dauern die Krämpfe länger als zehn Minuten.

Nach dem Krampf wacht das Kind kurz auf, kann sich an nichts erinnern und schläft dann einige Zeit fest.

Ein Fieberkrampf tritt am häufigsten auf, wenn das Fieber gerade erst anzusteigen beginnt, also zu einem Zeitpunkt, an dem das Kind eben noch gesund schien. Seltener ist er, wenn das Kind schon stark fiebert.

Möglicherweise ist der Fieberkrampf eine Fehlreaktion des kindlichen Gehirns auf den abrupten Temperaturwechsel beim »Umstellen des Thermostats« (> Fieber, Seite 768).

Einer von 25 Menschen krampft in der Kinderzeit einmal. Bei den meisten bleibt es bei einem Anfall.

Bei einem bis drei von hundert Kindern sind Fieberkrämpfe das erste Zeichen einer späteren Epilepsie (> Seite 777). Dauern die Krämpfe länger als 15 Minuten, sind sie eher das Zeichen für eine Epilepsiebereitschaft. Unter folgenden Voraussetzungen sind Fieberkrämpfe harmlos:

● Sie finden etwa zwischen dem 6. Monat und dem 5. Lebensjahr statt.
● Sie treten nicht öfter als drei- bis viermal auf und wiederholen sich nicht mehrmals während derselben Krankheit.
● Sie dauern nicht länger als zehn Minuten.
● Sie erfassen den ganzen Körper und nicht nur eine Seite.
● Die geistige und körperliche Entwicklung verlaufen altersentsprechend.
● Die Hirnstromkurve (EEG) zeigt nichts Auffälliges.

Wann zu Ärztin oder Arzt?

 Sofort zu Ärztin oder Arzt, wenn sich der Krampf nach zehn Minuten nicht zu lösen beginnt.

Zumindest telefonischer Kontakt: Bei jedem Krampf, damit Ärztin oder Arzt entscheiden können, ob eine Krankenhauseinweisung notwendig ist.

Die Untersuchungen in der Klinik sollen klären, ob die Krämpfe organische Ursachen haben. Dazu dienen Blutuntersuchungen, eine Hirnstromkurve (EEG) und gegebenenfalls eine Lumbalpunktion (> Seite 888).

Folgen

 Kinder, die Fieberkrämpfe hatten, unterscheiden sich in ihrer körperlichen oder geistigen Entwicklung nicht von solchen, die keine hatten.

Vorbeugung

 Bei Kindern, die schon einmal gekrampft haben, sollen Abkühlung und Medikamente verhindern, daß das Fieber über 38,5°C ansteigt (> Fieber, Seite 768). ÄrztInnen können auch ein Beruhigungsmittel (Diazepam, z.B. Valium [D/Ö], Gewacalm [Ö]) verordnen, das die Eltern ihrem kranken Kind während der ersten zwei bis drei Tage eines fieberhaften Infekts vorsorglich eingeben.

Selbsthilfe, Behandlung

 Ein Anfall, der innerhalb von zehn Minuten vergeht, braucht keine Behandlung. Ein längerer Anfall muß mit einem Diazepam-Einlauf durchbrochen werden. NotärztInnen werden dem Kind ein Beruhigungsmittel spritzen.

Kopfschmerzen

● Bei oder nach einer Erkältung (> Erkältung, Seite 810 und Nasennebenhöhlenentzündung, Seite 812.)

● Nach einem Unfall evt. mit Übelkeit und Erbrechen (> Kopfverletzungen, Seite 774).
● Mit Fieber und Übelkeit oder Erbrechen (> Gehirnhautentzündung Seite 775).
● Mit Schwindel, Übelkeit, Erbrechen, evt. steifem Nacken, ohne vorausgegangenen Unfall, ohne Fieber oder sonstige Erkrankung, evt. aber mit Krampfanfällen oder Lähmungen (> Gehirntumor, Seite 781).

Beschwerden, Ursachen, Häufigkeit

 Kopfschmerzen, manchmal verbunden mit Übelkeit, können in jedem Alter auftreten. 14 Prozent der Kinder lernen sie schon vor dem vierten Lebensjahr kennen.

Kopfschmerz-Kinder plagen sich oft auch mit Reisekrankheit (> Seite 433), Schlafschwierigkeiten (> Seite 358) und Schwindel durch niedrigen Blutdruck (> Seite 847).

Migräneartige Kopfschmerzen beginnen am häufigsten zwischen sechs und zehn Jahren. Wie beim Erwachsenen sind es pochende Schmerzen, verbunden mit Magen-Darm-Störungen und Schwindel, manchmal begleitet von Kribbeln in Armen und Beinen, kurzzeitiger Bewegungsunfähigkeit und Sprachstörungen. Eine Migräneattacke dauert bei Kindern zwischen einer halben und drei Stunden. Anders als bei Erwachsenen ist der Schmerz selten nur auf eine Seite beschränkt und von eigenartigen Bildern begleitet.

Kopfschmerzen können das Symptom einer organischen Erkrankung sein. Doch bestätigt sich diese Befürchtung nur bei höchstens jedem hundertsten Kind. Meist sind sie – wie MedizinerInnen sagen – funktionell bedingt: Es ist der verzweifelte Versuch des Körpers, innere oder äußere Belastung, Druck oder Verkrampfung loszuwerden. Sehr häufig überfordern Eltern ihren Nachwuchs mit Ansprüchen: Sie sollen sich so verhalten, das leisten, so sein, wie sie es für richtig halten (> Körper und Seele, Seite 715). Oft verinnerlichen Kinder diese Anforderungen und setzen sich damit selbst unter Druck. Auch in einem anscheinend harmonischen Familienleben, dessen unterschwellige Atmosphäre jedoch höchst aggressiv ist, kann kein Kind fröhlich und entspannt leben.

Daß Kinder darauf mit Kopfweh reagieren, hat etwas mit ihrem Umfeld zu tun: Sieht der Sprößling die Großen sich immer wieder mal leidend an den Schädel greifen, lernt er, daß solche Beschwerden die übliche Form sind, auf Mißbefinden zu reagieren, und tut es auch.

Migränekranke können oft die Auslöser ihrer Anfälle ausmachen. Bei Kindern ist das in bis zu 80 Prozent psychischer Streß (> Streßtest für Kinder, Seite 716). Verschwindend selten sind es Überanstrengung, die Unverträglichkeit eines Nahrungsmittels, Hunger, Verletzungen, Infekte oder grelles Licht.

Fast drei Viertel aller 14jährigen hatte schon einmal Kopfschmerzen. Chronisch im Sinne einer Migräne sind sie bei 5 bis 20 Prozent. Ab dem zehnten Lebensjahr stellt sich bei Migräne die erwachsenentypische Verteilung ein, das heißt, Frauen bzw. Mädchen leiden erheblich häufiger daran als Männer.

Wann zu Ärztin oder Arzt?

Wenn die Schmerzen das Kind lange oder immer wieder quälen und Selbsthilfemaßnahmen nicht weiterhelfen, sollten Fachleute zu Rate gezogen werden. AugenärztInnen müssen Sehstörungen ausschließen, die besonders bei Schulkindern häufig zu Kopfschmerzen führen (> Fehlsichtigkeiten, Seite 799).

Viele KinderärztInnen sind überfordert, die Zusammenhänge zwischen Kinderseele und Kopfschmerzen richtig zu deuten. Dann kann die Überweisung zu einer Schmerzfachfrau oder einem –mann sinnvoll sein. Daß in deren Berufsbezeichnung meist die Elemente »Neuro« oder »Psychiatrie« auftauchen, sollte Eltern nicht schrecken. Hilfe von außen ist deshalb oft notwendig, weil die Beteiligten in ihren Konflikten so miteinander verstrickt sind, daß sie allein nicht

mehr herausfinden (> Beratung und Psychotherapie, Seite 757).

Um den Ursachen des Wehs auf die Spur zu kommen, kann ein Kopfschmerzkalender helfen. Dort trägt man ein: Angaben über Beginn, Dauer und Charakter des Schmerzes, wie häufig er auftritt und wo er sitzt. Ein vorgedrucktes Exemplar versendet die Deutsche Schmerzhilfe (> Kontakte, Seite 774).

Erst wenn solche Angaben ausgewertet sind, die Situation des Kindes in Familie und Schule ausreichend beleuchtet wurde und sich daraus ein berechtigter Verdacht auf eine organische Erkrankung ergibt, sind hochtechnische Untersuchungen angebracht. Ein EEG, die Aufzeichnung der Hirnstromkurven, ist nur selten sinnvoll.

Folgen

Wie ein Kind auf Schmerzen reagiert, hängt auch davon ab, was seine Umgebung tut. Ruhige, zuversichtliche Erwachsene helfen dem Kind, Leid zu ertragen. Angst, Unruhe, aber auch Mitleid bestätigen seine Furcht, mit ihm sei etwas Schlimmes geschehen. Das unterhält den Kreislauf von Angst und Schmerz.

Viele medizintechnische Untersuchungen tragen ebenfalls dazu bei. Mit dem Gedanken »Da muß doch etwas sein« werden Kinder immer wieder neuen ÄrztInnen und Diagnoseverfahren ausgesetzt. Das ermöglicht allen Beteiligten, den Blick statt auf Druck, Angst und entbehrte Zuwendung auf Computerausdrucke und Körperinnenansichten zu richten.

Kopfschmerzen mit Schmerzmitteln wegzuschlucken, hilft zwar momentan, nimmt den Heranwachsenden aber die Chance zu lernen, wie man mit schwierigen Situationen anders umgehen kann. Der einmal gelernte schnelle Griff zur Pille bleibt als – untaugliche – Problemlösungsstrategie lebenslang erhalten (> Schlucken und schweigen, Seite 755).

In der Zeit der Pubertät verlieren viele Teenies ihr Kopfweh, um später doch wieder damit zu tun zu haben. Drei von fünf Kindern, die an Migräne leiden, werden auch im Erwachsenenalter über häufige Kopfschmerzen klagen.

Vorbeugung

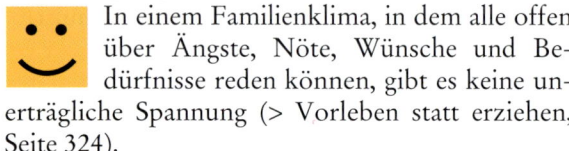 In einem Familienklima, in dem alle offen über Ängste, Nöte, Wünsche und Bedürfnisse reden können, gibt es keine unerträgliche Spannung (> Vorleben statt erziehen, Seite 324).

Viele Kopfschmerz-Kinder profitieren von einem regelmäßigen Lebensrhythmus, in dem reichlich Spiel und Bewegung vorkommen, gleichbleibende Schlafenszeiten und wenig, was ihnen in kurzer Zeit die Einstellung auf immer wieder Neues abverlangt, wie zum Beispiel längere Fernsehzeiten, häufiger Besuch bei fremden Menschen usw.

Kinder, deren Kopfschmerzen eindeutig als Migräne erkannt sind, und die mehrmals im Monat sehr oder sehr lange darunter leiden, können mit den Medikamenten Flunarizin (Sibelium [D/Ö]) oder Propranolol (z.B. Arcabloc [Ö], Beta-Tablinen [D], Dociton [D], Inderal [Ö], Propra [D]) weiteren Anfällen vorbeugen bzw. sie erträglicher machen.

Kontakte

Bundesverband Deutsche Schmerzhilfe
Woldsenweg 3
20249 Hamburg
Tel.: 040/465646
Mo-Do 9-12.30 Uhr

Kopfschmerzambulanz der Uniklinik für Neuropsychiatrie des Kinder- und Jugendalters
Währinger Gürtel 18-20
1090 Wien
Tel.: 0222/40400-3011

Selbsthilfe, Behandlung

 Alles Entspannende lindert die Schmerzen: Sich im abgedunkelten Zimmer hinlegen, wenig Geräusche, ein warmes Bad, sanfte Massage, warme oder kalte Kompressen auf Stirn oder Nacken.

Akupunktur

Sie hat bei Kindern mit migräneartigen Kopfschmerzen verblüffende Erfolge. Für Kinder eignet sich besonders die Laser-Akupunktur, weil sie schmerzlos ist.

Ärztliche Behandlung

Das wichtigste Behandlungselement ist der Abbau von Angst und Spannung beim Kind und der Familie. Autogenes Training und Biofeedback zur Entspannung können auch Kinder schon lernen.

Schmerzmittel sollten immer der allerletzte Ausweg bleiben und keinesfalls längere Zeit eingenommen werden. Geeignet ist dann Parazetamol (> Fieber, Seite 768).

Kopfprellung, Gehirnerschütterung, Hirnblutung

Beschwerden, Ursachen, Häufigkeit

 Kopfprellung: Das Kind ist für Sekunden bewußtlos, weint heftig und erholt sich rasch. Eventuell erbricht es sich ein- oder zweimal.

Gehirnerschütterung: Das Kind wird bewußtlos, erbricht heftig und kann sich später an den Unfall nicht mehr erinnern. Evtl. bekommt es Krämpfe, Sehstörungen und Kopfschmerzen, redet wirr und ist unruhig. Sehr oft tritt Stunden nach dem Unfall Fieber auf.

Hirnblutung: Die Symptome gleichen denen einer Gehirnerschütterung, nur sind sie schwächer. Erst mehrere Stunden nach dem Unfall stellen sich

Bewußtseinsstörungen und Blässe als Zeichen eines Kollaps ein.

Unfälle sind bei Kindern, die dem Säuglingsalter entwachsen sind, die häufigste Todesursache. Etwa die Hälfte erleidet Kopfverletzungen. Ein Fünftel von ihnen hat einen Schädelbruch.

Stoß, Schlag oder Aufprall verursachen im Kopf ebenso eine »Beule« wie am Bein. Nur wirkt es sich am Gehirn anders aus. Die Beschwerden sind die Zeichen einer leichten Hirnschwellung.

Bei einer Kopfprellung oder Gehirnerschütterung gab es keinen bleibenden Schaden. Die Hirnblutung zeigt hingegen dort eine Gewebeverletzung an, wo die Gewalt einwirkte, und auf der gegenüberliegenden Seite, wo die Hirnmasse gegenschlug.

Wann zu Ärztin oder Arzt?

 Sofort ins Kinderkrankenhaus: Wenn das Kind nach einer Kopfverletzung länger als zehn Minuten bewußtlos ist oder wenn es nach mehreren beschwerdefreien Stunden blaß wird, zu krampfen beginnt und über heftige Kopfschmerzen klagt.

Sonst genügt es, möglichst bald Ärztin oder Arzt aufzusuchen.

Folgen

 Je nach Schwere der Verletzung können ausgetretenes Gewebewasser oder Blut das Gehirn schädigen. Die Folgen reichen von Kopfschmerzen, Schwindelgefühl und Konzentrationsschwäche über Krampfanfälle bis zu bleibender Behinderung.

Bei Kindern, die nach einem Unfall länger als zwölf Stunden bewußtlos waren, muß mit anhaltenden Beschwerden gerechnet werden.

Kinder unter etwa zehn Jahren können sich durch entsprechende Rehabilitationsmaßnahmen wieder vollständig erholen, wenn die Bewußtlosigkeit nicht länger als sechs bis acht Tage andauerte. Bei älteren Kindern liegt die Grenze bei acht bis elf Tagen.

Vorbeugung

 Je nach Alter sind die häufigsten Unfallarten: Sturz von der Wickelkommode, aus dem Kinderwagen, die Treppe hinunter, mit Roller, Fahrrad, Roll- oder Schlittschuhen, von der Schaukel, beim Rodeln oder Skifahren.

Selbsthilfe, Behandlung

 Wenn das Kind im Bett zu halten ist, sollte es für einige Stunden Bettruhe einhalten.

Hält eine Bewußtseinstrübung länger an oder verschlechtert sich das Befinden, muß das Kind im Krankenhaus bleiben. Dann müssen Röntgenaufnahmen oder eine Computertomographie des Schädels Aufschluß darüber geben, ob eine schnelle Operation notwendig ist.

Je nach Schwere der Verletzung wird im Krankenhaus mit intensivmedizinischen Maßnahmen versucht, den Schaden des Gehirns so gering wie möglich zu halten.

Anschließend sollen Rehabilitationsmaßnahmen die beeinträchtigten Gehirn- und Nervenfunktionen wieder ausgleichen.

Gehirnhautentzündung (Meningitis)

Beschwerden, Ursachen, Häufigkeit

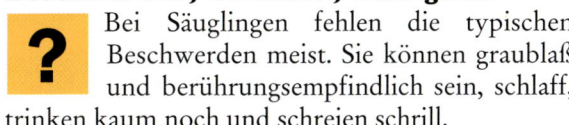 Bei Säuglingen fehlen die typischen Beschwerden meist. Sie können graublaß und berührungsempfindlich sein, schlaff, trinken kaum noch und schreien schrill.

Ältere Kinder haben Fieber, Kopfschmerzen und Erbrechen und können lichtempfindlich sein. Die typische Nackensteifigkeit, bei der das Kind den Kopf nicht nach vorn beugen kann, tritt nur im Alter von ein bis drei Jahren auf.

Bakterien oder Viren haben die das Gehirn umgebenden Häute oder das Gehirn infiziert. Die Keime sind auf dem Blutweg an die Hirnhäute gelangt, nachdem sie vorher an anderer Stelle –

meist in den oberen Luftwegen – eine Infektion verursacht haben.

Waren Bakterien die Auslöser, sprechen MedizinerInnen von eitriger Hirnhautentzündung. Sie tritt vornehmlich im ersten Lebensjahr auf, und da besonders in den ersten vier Wochen. Auf die Bakterienart Haemophilus influenzae b (> Impfung, Seite 735) geht etwa ein Drittel der eitrigen Gehirnhautentzündungen von Kindern unter fünf Jahren zurück.

Nichteitrige Entzündungen sind im Klein- und Schulkindalter häufiger.

Wann zu Ärztin oder Arzt?

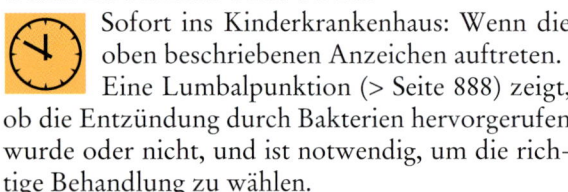 Sofort ins Kinderkrankenhaus: Wenn die oben beschriebenen Anzeichen auftreten. Eine Lumbalpunktion (> Seite 888) zeigt, ob die Entzündung durch Bakterien hervorgerufen wurde oder nicht, und ist notwendig, um die richtige Behandlung zu wählen.

Folgen

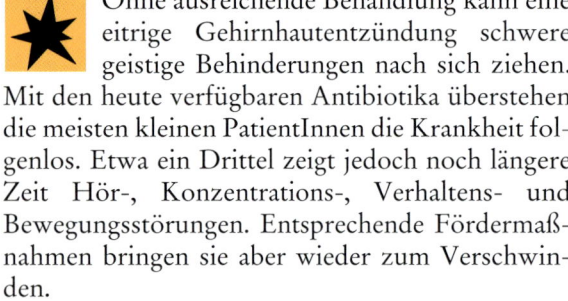 Ohne ausreichende Behandlung kann eine eitrige Gehirnhautentzündung schwere geistige Behinderungen nach sich ziehen. Mit den heute verfügbaren Antibiotika überstehen die meisten kleinen PatientInnen die Krankheit folgenlos. Etwa ein Drittel zeigt jedoch noch längere Zeit Hör-, Konzentrations-, Verhaltens- und Bewegungsstörungen. Entsprechende Fördermaßnahmen bringen sie aber wieder zum Verschwinden.

Eine virusbedingte Hirnhautentzündung ist nicht zu behandeln, verläuft aber meist gutartig, solange nicht das Gehirn selbst betroffen ist.

Vorbeugung

Gegen die Bakterienart Haemophilus influenzae b (Hib) gibt es einen Impfstoff (> Seite 735). Es ist jedoch nicht »die« Impfung gegen Hirnhautentzündung. An Hirnhautentzündungen, die von den vielen anderen Erregern hervorgerufen werden, kann auch ein geimpftes Kind erkranken.

Infektionsfachleute raten denjenigen, die engen Kontakt zu einem Kind mit eitriger Meningitis hatten, zwei Tage lang vorbeugend Antibiotika einzunehmen.

Menschen, die Impfungen weitgehend befürworten, meinen, daß man mit den Impfungen gegen Masern oder Mumps auch die durch diese Viren manchmal ausgelösten Gehirnhautentzündungen verhindert. KritikerInnen stehen dem skeptisch gegenüber (> Argumente gegen Impfungen, Seite 725).

Selbsthilfe, Behandlung

 Sowohl für die Lumbalpunktion als auch für die anschließende Infusionstherapie mit Antibiotika muß das Kind im Krankenhaus bleiben (> Krank im Krankenhaus, Seite 764). Eine komplikationslose Behandlung dauert üblicherweise zwischen zwei und drei Wochen.

Gehirnentzündung (Enzephalitis)

Beschwerden, Ursachen, Häufigkeit

 Die Erkrankung beginnt meist ähnlich einer Erkältung mit Kopf- und Bauchschmerzen, Fieber und Erbrechen. Später kommen Bewußtseinsstörungen, Krampfanfälle oder Lähmungen hinzu.

Viren oder selten Bakterien haben das Gehirn infiziert. Bei einem von hundert Kindern mit einer Gehirnhautentzündung ist auch das Gehirn mit betroffen.

Wann zu Ärztin oder Arzt?

Sofort zu Ärztin oder Arzt, wenn das Bewußtsein des Kindes »trüb« erscheint oder Lähmungen auftreten.
Eine Lumbalpunktion (> Seite 888) muß zeigen, ob eine Gehirnentzündung vorliegt und welche Erreger sie verursacht haben.

Folgen

Etwa ein Fünftel der Kinder, die im ersten Lebensjahr eine Enzephalitis durchmachen, leiden später unter Krampfanfällen, Störungen von Bewegung, Sprache, Intelligenz und Verhalten. Tritt die Erkrankung später auf, sind die Folgen meist nicht so schwerwiegend.

Vorbeugung

Da Gehirnentzündungen im Gefolge von Masern, Mumps, Röteln, Keuchhusten und nach Zeckenbiß auftreten können, meinen ImpfbefürworterInnen, mit den entsprechenden Impfungen auch einer Gehirnentzündung vorbeugen zu können. KritikerInnen sehen das anders (> Argumente gegen Impfungen, Seite 725).

Selbsthilfe, Behandlung

Gegen manche Erreger gibt es spezielle Medikamente, zum Beispiel gegen Herpesviren. Meist müssen sich die ÄrztInnen jedoch darauf beschränken, Atmung und Kreislauf stabil zu halten, Krämpfe zu verhindern und den überhöhten Hirndruck durch entwässernde Medikamente zu verringern.

Epilepsie (Fallsucht)

Beschwerden, Ursachen, Häufigkeit

Die Anzeichen eines großen Krampfanfalls (Grand mal):

Die oder der Betroffene stürzt unvermittelt zu Boden, wird steif und verdreht die Augen. Arme, Beine und Gesicht zucken heftig. Wenn der Atem stockt, verfärbt sich das verzerrte Gesicht bläulich. Bei Kleinkindern kann diese Phase fünf bis zehn Minuten dauern, bei älteren Kindern meist nur ein bis zwei Minuten.

Während des Anfalls fließt Speichel aus dem Mund. Urin kann abgehen, Kot seltener.

Hinterher sind die Krampfenden erschöpft und schlafen einige Zeit. An das Gewesene können sie sich nicht erinnern.

Ereignet sich derartiges im Schlaf, machen Speichel- oder Blutflecke oder auch ein nasses Bett bei sonst schon trockenen Kindern darauf aufmerksam.

Manchmal kündigt sich ein Anfall einige Zeit vorher durch verändertes Verhalten an (Aura).

Kleine Anfälle (Petit mal) scheinen harmloser als die großen. Doch das trügt: Sie sind wesentlich häufiger als große Anfälle und schaden den PatientInnen auch. Besonders schlimm ist, daß Unerfah-

EPILEPSIE

- Nur wenn ein Anfall länger als 15 Minuten dauert oder mehrere Anfälle so schnell aufeinanderfolgen, daß die oder der Betroffene zwischendurch nicht mehr zu Bewußtsein kommt: *Sofort Ärztin oder Arzt rufen.*
- Gegenstände wegräumen, an denen sich Krampfende verletzen können; von unfallträchtigen Orten wie Glastür oder Treppe entfernen. Etwas Weiches unter den Kopf legen.
- Ein Krampfanfall erfordert keine besonderen Maßnahmen. Die Zuckungen lassen sich nicht verhindern. Beim Versuch, die zusammengepreßten Zähne auseinanderzuziehen oder etwas dazwischenzuschieben, kann man Krampfende verletzen. Beatmung ist nicht notwendig, der Atem setzt von selbst wieder ein.
- Nach dem Ende des Anfalls so auf die Seite legen, daß der Speichel aus dem Mund laufen kann.
- Den Ablauf des Anfalls möglichst genau festhalten. Die Angaben sind für ÄrztInnen wichtig, um die Art der Epilepsie bestimmen zu können.

rene kleine Anfälle häufig als Tagträumerei oder dumme Angewohnheit abtun. Statt der wünschenswerten frühzeitigen Behandlung bekommt das Kind dann Schelte.

Die Anzeichen kleiner Anfälle im 1. Jahr:
Für kurze Zeit werden auf einer Seite Arm und

Kontakte

Deutsche Epilepsie-Liga
POSTFACH 6
77686 KEHL-KORK
TEL.: 07851/3144

Informationszentrum Epilepsie
HERFORDER STRASSE 5–7
33602 BIELEFELD
TEL.: 0521/124117

Österreichische Liga gegen Epilepsie
NEUROLOGISCHE UNIVERSITÄTSKLINIK IM
AKH
WÄHRINGER GÜRTEL 18–20
1090 WIEN
TEL.: 0222/40400-3107

Zum Weiterlesen

Unser Kind hat Anfälle.
ANSGAR MATTHES
Trias-Verlag, 1990

Michaels Fall.
URSULA SCHUSTER
Überreuter-Verlag, 1990.

Jakob und seine Freunde.
WILLI FÄHRMANN
Arena Verlag, 1993.

Bein steif, zittern oder zucken. Das Baby verzieht das Gesicht. Der Volksmund nennt das »Stäupchen«.

Der Säugling fährt blitzartig zusammen, als hätte er sich plötzlich erschrocken.

Das Kind krümmt sich zusammen, nimmt die Hände vor den Kopf und zieht die Beine an den Bauch. Das wiederholt sich oft mehrmals hintereinander. Unerfahrene BeobachterInnen können das als Ausdruck von Bauchschmerzen mißdeuten.

**Die Anzeichen kleiner Anfälle
im 2. bis 8. Jahr:**
Für mehrere Sekunden zwinkern die Kinder rasch mit den Augen oder nicken ruckartig. Es wirkt, als seien sie »nervös« oder hätten einen Tick. Manche stürzen wie vom Blitz getroffen hin.

Im Schulalter kann es sogenannte Absenzen geben. Die Kinder – vor allem Mädchen – scheinen irgendwie weggetreten. Sie blicken für wenige Sekunden starr auf einen Punkt und reagieren nicht. Manche schmatzen oder kauen, murmeln etwas vor sich hin, und die Hände machen automatisch mit dem weiter, was sie vor dem Anfall taten. Diese Anfälle können viele, viele Male pro Tag auftreten und als Geistesabwesenheit mißdeutet werden.

**Die Anzeichen kleiner Anfälle
im 9. bis 16. Jahr:**
Häufig kurz nach dem Aufstehen geht ein Ruck, einem elektrischen Schlag ähnlich, durch den Körper. Diese Art von Anfällen erleben die Kranken völlig bewußt.

Bei zwei weiteren Typen von kleinen Anfällen läßt sich keine besondere Altersabhängigkeit ausmachen. Sogenannte einfache Herdanfälle erleben die Betroffenen als Kribbeln, taubes oder schweres Gefühl in einem Körperteil, der sich nach dem Anfall schlaff oder gelähmt anfühlt. Herdanfälle können sich, von einer Stelle ausgehend, über die ganze Körperseite ausbreiten und manchmal sogar in einen großen Krampfanfall münden.

Ein komplexer Herdanfall (Temporallappen-Anfall) dauert Minuten, in denen die Kranken nicht ganz bei sich sind. Sie tun und äußern Sinnloses, werden manchmal ausfallend, aggressiv, ohne es stoppen zu können. Hinterher ist ihnen zwar klar, daß etwas Ungewöhnliches geschehen ist, können es aber nicht erklären.

Etwa jeder Hundertste ist EpileptikerIn. Bei drei Vierteln entwickelt sich die Krankheit vor dem 20. Lebensjahr. In Deutschland gibt es an die 200.000 EpileptikerInnen unter 16 Jahren, in Österreich sind es 10.000 bis 12.000.

Nervenzellen übermitteln Informationen durch chemische Reaktionen und elektrische Ladung und Entladung. Bei einem epileptischen Anfall sind diese Entladungen ungewöhnlich stark, ähnlich einem Blitz oder einem Kurzschluß. Der Krampfanfall zeigt, daß Funktionen im Gehirn gestört sind.

Bei Kindern kennen MedizinerInnen für die Störung folgende Ursachen: Das Gehirn konnte sich während der Schwangerschaft nicht ungestört entwickeln. Gründe dafür können Infektionen der Mutter sein, Blutungen, Vergiftungen, überreichlicher Alkoholkonsum, Drogen, Medikamente, außerdem Sauerstoffmangel oder Hirnblutungen während der Geburt oder Störungen im Stoffwechsel des Gehirns. Zwischen dem ursächlichen Schaden und dem ersten Krampfanfall können viele Jahre vergehen.

Bei Epilepsien, für die sich keine Ursache finden läßt, scheint es eine ererbte Bereitschaft zu geben, auf Belastungsfaktoren mit Krampfanfällen zu reagieren.

Anfallauslösende Faktoren können sein:
● Störungen des Schlafrhythmus durch späteres Ins-Bett-Gehen als sonst üblich.
● Lichtblitze (Diskothek) und flimmernde Bilder, zum Beispiel bei einer Bildstörung im Fernsehen oder bei manchen Computerspielen.
● Außergewöhnliche körperliche oder psychische Belastungen.

DER DÄMON EPILEPSIE

Eine Krankheit, die das für den denkenden Menschen wertvollste, das göttliche Organ, das Gehirn, trifft – das macht angst. Wie man mit EpileptikerInnen in der Vergangenheit umging, prägt noch heute die Einstellung zu ihnen: als Geisteskranke in Irrenanstalten eingesperrt, als unwertes Leben sterilisiert und umgebracht. Aberglaube, Unwissen und Angst lassen Menschen vor Anfallkranken zurückschrecken.

Dieses kulturelle Erbe belastet die Einstellung der Eltern zu ihrem epileptischen Kind und die Kinder selbst. Erst wenn die Wurzeln der Ablehnung und Panik freiliegen, öffnet sich der Weg für das Leben mit einer belastenden Krankheit, die aber auch nicht schlimmer sein muß als andere chronische Krankheiten.

Oft ist bei Problemen mit anfallkranken Kindern nicht auszumachen: Liegt es an der Krankheit, an den Arzneimitteln oder daran, daß die Eltern mit dem kranken Kind anders umgehen, als sie es mit einem gesunden täten? Das Kind hat keinen Begriff von seinem Kranksein. Es erlebt sich im Spiegel der Welt, die es umgibt. Wird es in übertriebene Fürsorge gehüllt, traut es sich selbst nichts mehr zu und erweckt den Eindruck, zurückgeblieben zu sein. Übertriebene Strenge kann das Kind so lähmen, daß es von sich den Eindruck gewinnt, Anforderungen ohnehin nicht zu schaffen. Es erklärt sich unbewußt für dumm und entkommt damit dem Druck. Anfallkranke Kinder können alle Ausbildungswege gehen, die ihrer Begabung entsprechen. Ist das Kind den Anforderungen der Grundschule nicht gewachsen > Behinderungen, Seite 892.

● Die Veränderung der Konzentration der Hormone zueinander bei Beginn der Regel.
● Das Wetter, zum Beispiel Frontdurchgänge oder Föhn.

Wann zu Ärztin oder Arzt?

Nach dem ersten Krampfanfall oder bei dem Verdacht, das Kind könnte epileptische Anfälle haben, ist ein Arztbesuch notwendig. Für die ausgefeilte Therapie, die die Zukunft der Kinder mit bestimmt, sind Kinder- und HausärztInnen nur selten ausreichend ausgebildet. Erfahrener sind Kinder-EpileptologInnen (Adressen vermittelt die Epilepsie-Liga, > Seite 778), allenfalls noch NeurologInnen.

Eine Reihe medizintechnischer Untersuchungen sind dann notwendig:
● EEG, die Aufzeichnung der elektrischen Hirnströme. Es zeigt ÄrztInnen, von welcher Stelle des Gehirns die Anfälle ausgehen und wie aktiv die Krankheit ist.
● Computertomographie, Röntgenaufnahme von vielen »Scheiben« des Gehirns. Aus ihnen errechnet ein Computer die Innenansicht des Gehirns (> Seite 753).
● Kernspin- oder Magnetresonanz-Tomographie. Sie stellt das Gehirn ebenfalls schichtweise, aber noch genauer dar.

Folgen

Was früher unabänderliches Schicksal war, kann heute eine zwar langwierige und sehr belastende, aber doch heilbare Krankheit sein. Immerhin macht eine gelungene Medikation drei Viertel der EpileptikerInnen anfallfrei. Vieren von zehn gelingt es mit einer langjährigen, konsequenten Behandlung sogar, auch ohne Tabletten für mehr als fünf Jahre anfallfrei zu leben.

Eine unbehandelte Epilepsie hat Folgen:
● Beim großen Krampfanfall bekommt das Gehirn nicht genügend Sauerstoff. Nervenzellen gehen zugrunde. Auf lange Zeit gesehen können sich dadurch Verhalten und Intelligenz ändern. Der entstandene Schaden kann wiederum Ausgangspunkt neuer Anfälle werden.
● Kleine Anfälle machen – besonders wenn sie mehrmals täglich auftreten – das Kind zum Sonderling. Sie schädigen zwar die Nervenzellen nicht, beeinträchtigen aber Aufnahmefähigkeit und Konzentrationsfähigkeit, so daß die Kinder in der Schule und auch sonst mit ihren KameradInnen nicht mithalten können.

Bei unvermittelten Stürzen kann sich das Kind erheblich verletzen. Besonders gefährlich ist das im Straßenverkehr.

Selbsthilfe, Behandlung

Antiepileptika verringern die übersteigerte Erregbarkeit der Nervenzellen. Möglichst frühzeitig und richtig behandelt, können acht von zehn EpileptikerInnen anfallfrei leben, die anderen die Zahl der Anfälle erheblich verringern. Solche Erfolge erzielen aber nur ÄrztInnen, die mit der Behandlung der Epilepsie sehr vertraut sind. Bei einigen Menschen ist die Krankheit jedoch stärker als die Medikamente.

Nach Möglichkeit versuchen ÄrztInnen, mit einem Medikament auszukommen. Das geeignete Präparat und die richtige Dosierung zu finden, dauert oft sehr lange und ist manchmal nur im Krankenhaus möglich.

Als wichtigste Nebenwirkungen belasten die Medikamente die »Epis« mit Müdigkeit und Magen-Darm-Beschwerden. Oft verbindet sich mit dem Erfolg der Anfallfreiheit eine bis dahin nicht übliche Aggressivität – als ob das Gehirn seine überschießende Energie nun anders als in Anfällen entlädt.

Ist die Therapie einmal festgelegt, muß das Kind die Tabletten in der besprochenen Menge unbedingt und regelmäßig einnehmen. Vergessene Tabletteneinnahme ist der häufigste Grund für neuerliche Krampfanfälle und kann den Behandlungserfolg der ganzen vergangenen Zeit zunichte machen. Als Belohnung für braves Schlucken und zwei anfallsfreie Jahre winkt einem Teil der Kinder dann der Versuch, die Behandlung zu beenden. Das muß in winzigen Schritten geschehen, so daß sich der Körper an den abnehmenden Schutz ganz langsam gewöhnen kann. Diese »Ausschleich«-Phase kann noch einmal bis zu einem Jahr dauern.

Leider krampft etwa ein Viertel der Kinder dann doch erneut. Sie müssen dann die Medikamente ihr Leben lang einnehmen.

Kinder, die Antiepileptika einnehmen, dürfen nicht jedes beliebige andere Mittel einnehmen. Epilepsie-Mittel beeinträchtigen die Wirksamkeit vieler Arzneimittel, unter anderem der Pille. Sie ist für Epileptikerinnen kein ganz sicherer Empfängnisschutz.

Vier Zentren in Deutschland (Bethel, Nürnberg, München, Bonn) haben sich auf Gehirnoperationen bei Epilepsien spezialisiert, die mit Medikamenten nicht zu bessern sind, bei denen sich aber der Anfallsherd genau lokalisieren läßt. Unter optimalen Bedingungen können 80 bis 90 Prozent der Operierten hinterher anfallfrei sein.

Gehirntumore

Beschwerden, Ursachen, Häufigkeit

Die Beschwerden gleichen denen einer Gehirnhautentzündung: Kopfschmerzen, Schwindel, Übelkeit, Erbrechen und ein steifer Nacken. Manchmal tritt das Erbrechen morgens völlig unmotiviert auf. Bei etwa einem von hundert Kindern beruhen epileptische Anfälle auf einem Tumor im Gehirn. Lähmungserscheinungen und Sehstörungen treten meist erst spät auf.

Gehirntumore sind bei Kindern die zweithäufigste Krebsart. Jungen erkranken doppelt so oft wie Mädchen.

Als Tumor bezeichnen MedizinerInnen jedes Gewebewachstum, das den normalen Umfang überschreitet. Als bösartig gilt, wenn sich Zellen ständig vermehren, der Körper dieses Wachstum nicht mehr kontrollieren kann, die Funktion dieser Zellen nicht mehr den üblichen Steuerungsmechanismen unterliegt und das Tumorgewebe die Organe beeinträchtigt oder zerstört, die zum Leben notwendig sind.

Die Gewebevermehrung selbst ist bei einem Hirntumor meist gutartig. Durch ihren Sitz ist sie aber oft lebensgefährlich, zumal das Hirngewebe in seiner harten Knochenkapsel nicht ausweichen kann. Warum Gehirntumore entstehen, ist unbekannt.

Wann zu Ärztin oder Arzt?

Sofort zu Ärztin oder Arzt bei den oben genannten Beschwerden. Eine exakte Prüfung der Nervenfunktionen und Untersuchungen, die das Innere des Kopfes sichtbar machen (Röntgen, Computertomographie, Kernspintomographie, > Bildgebende Verfahren, Seite 753), klären, ob es sich um einen Gehirntumor handelt. Meist muß auch das Gehirnwasser untersucht werden, das durch eine Rückenmarkpunktion (> Lumbalpunktion, Seite 888) gewonnen wird.

Folgen

Meist sammeln sich um den Tumor herum Gewebewasser oder Blut an. Dieses und die Gewebewucherung selbst beeinträchtigen oder verhindern je nach ihrem Sitz die Steuerung lebenswichtiger Funktionen.

Wie bei jeder anderen Tumorerkrankung werden Diagnose, Behandlung und ihre Folgen auch bei Gehirntumoren zum lebensbestimmenden Schicksal von Kind, Eltern und Geschwistern (> Krebs, Seite 885).

Selbsthilfe, Behandlung

Wenn es der Sitz des Tumors erlaubt, wird er chirurgisch entfernt. Ob Kopf und evtl. Rückenmark bestrahlt werden, hängt von der Art des Tumors ab und wie vollständig er entfernt werden konnte (> Krebs, Seite 885).

Spina bifida – Offener Rücken

Beschwerden, Ursachen, Häufigkeit

 Die Wirbelsäule schließt sich in der zweiten bis vierten Schwangerschaftswoche zu einem knöchernen Ring um das Rückenmark. Manchmal geschieht das unvollständig, die Wirbelsäule hat einen Spalt. Durch ihn können sich das Rückenmark und/oder die Haut, die es umgibt, nach außen drängen. Meist befindet sich der Spalt in der Lendenregion.

Eine leichte Spaltbildung an der Wirbelsäule ohne Rückenmarkdefekt hat jeder Zehnte. Davon ist äußerlich nichts zu bemerken. Muttermale, ungewöhnliche Behaarung, Blutschwämme oder eine Fettgeschwulst sind oft die einzigen Hinweise.

Ein bis zwei von 1.000 Kindern werden mit einer ausgeprägten Spina bifida geboren, bei der Rückenmark und Nervengewebe im schwersten Fall ohne Hautbedeckung bloß daliegen. Sie zieht Lähmungen und nervlich bedingte Ausfallerscheinungen nach sich.

Warum sich die Wirbelsäule bei manchen Menschen nicht schließt, ist nicht bekannt. Doch es gibt Hinweise, daß ein Mangel an Folsäure daran mitbeteiligt ist (> Vorbeugung).

Für Eltern, die bereits ein Kind mit einer solchen Fehlbildung haben, ist das Risiko, daß nachfolgende Kinder ebenfalls krank geboren werden, um das Zehnfache erhöht.

Wann zu Ärztin oder Arzt?

Kinder mit dieser Fehlbildung werden von Geburt an ärztlich betreut.

Bei Kindern, deren Fußfehlbildung sich nicht plausibel erklären läßt, kann eine Röntgenaufnahme klären, ob zusätzlich eine unbemerkte Spina bifida vorliegt.

Folgen

Eine ausgeprägte Spaltbildung ist immer mit einer Fehlentwicklung des Rückenmarks verbunden. Die Folgen können von einer leichten Gangstörung bis zur kompletten Lähmung der Beine reichen (> Behinderungen, Seite 892).

Vorbeugung

 Es mehren sich die Anzeichen, daß die Versorgung mit Folsäure (> Seite 154) in den ersten Schwangerschaftswochen bei der Entstehung einer Rückenmarkfehlbildung eine Rolle spielt. Welche Dosis und Zeitdauer der Folsäureeinnahme optimal ist, ist aber noch nicht klar.

Mit einer Fruchtwasseranalyse und einer Ultraschalluntersuchung können ÄrztInnen während der Schwangerschaft gezielt nach Fehlbildungen der Wirbelsäule suchen lassen (> Vorgeburtliche Untersuchungen, Seite 140). Neun von zehn Spaltbildungen können damit so früh erkannt werden, daß die Eltern sich überlegen können, ob sie die Schwangerschaft abbrechen lassen wollen (> Schwangerschaftsabbruch, Seite 147).

Selbsthilfe, Behandlung

 Die Behandlung richtet sich nach den vorliegenden Schäden. Der offene Rücken muß verschlossen, das sich meist ansammelnde überschüssige Gehirnwasser abgeleitet werden.

Je nach Art der Lähmung wird versucht, den Kindern zur größtmöglichen Selbständigkeit zu verhelfen.

Vom Gehirn ausgehende Kinderlähmung (Infantile Cerebralparese, ICP)

Beschwerden, Ursachen, Häufigkeit

 Die motorische Entwicklung der Kinder weicht erheblich von der anderer Kinder ihres Alters ab (> Liegen, stehen, gehen, Seite 251). Ob das eine einfache Verspätung ist oder krankheitsbedingt, können nur regelmäßige ärztliche Untersuchungen zeigen.

Die meisten Kinder mit einer ICP bewegen sich unkontrolliert, weil sich viele ihrer Muskeln gleichzeitig zusammenziehen, aber nur schwer wieder loslassen (Spastik). Manche können nur mühsam die Balance halten, ihr Kopf schwankt hin und her, andere machen unkontrollierte, weit ausfahrende Bewegungen (Athetose).

Diese Bewegungsabläufe belasten die Muskeln ungleichmäßig, so daß sich die Form von Armen und Beinen, manchmal auch der Wirbelsäule, verändert.

Die Ursache dieser Störung ist meist ein Gehirnschaden durch Sauerstoffmangel während der Geburt. Auch Verletzungen bei der Geburt oder Infektionen vor oder kurz nach der Geburt kommen in Frage.

Drei bis vier von 1.000 Neugeborenen haben eine Zerebralparese. Bei den Vorsorgeuntersuchungen U4 und U5 im dritten bis sechsten Monat werden allerdings etwa dreimal mehr Kinder als »bewegungsgestört« eingestuft, als es tatsächlich sind.

Wann zu Ärztin oder Arzt?

 Bei dem Verdacht, daß die Entwicklung des Kindes nicht altersgerecht verläuft (> Soziale und geistige Entwicklung, Seite 256; > Körperliche Entwicklung, Seite 246).

Folgen

 Der Gehirnschaden bildet sich nicht wieder zurück, er greift aber auch nicht weiter um sich. Die Folgen hängen davon ab, welcher Teil des Gehirns betroffen ist. In vielen Fällen bedeutet eine Zerebralparese ein Leben als Behinderter (> Seite 892).

Vorbeugung

 Frauen, deren Schwangerschaft möglicherweise nicht ganz problemlos zu Ende gehen wird, sind besser in einer Klinik aufgehoben, die auf Risikofälle eingestellt ist.

Selbsthilfe, Behandlung

 Die Behandlung richtet sich jeweils nach der Art der Störung. Krankengymnastische und medizinische Therapien sollen den Betroffenen so weit wie möglich an ein selbständiges Leben heranführen. Das gleiche Ziel verfolgen auch beschäftigungs- und sozialtherapeutische Bemühungen.

BEWEGUNGSAPPARAT

Gerichtete Bewegung ist nur möglich, wenn Knochen, Muskeln, Gelenke, Sehnen und Bänder koordiniert zusammenarbeiten. Den Befehl dazu geben die Nerven.

Knochen

Die Knochen schützen Gehirn und innere Organe; sie tragen den Körper, speichern Kalzium- und Phosphorsalze und sind blutbildendes Organ. Unerwünschte Stoffe wie zum Beispiel Blei lagert der Körper in ihnen ab.

Außen sind Kinderknochen von einer relativ dicken Haut (Periost) umschlossen, in der Blutgefäße und Nerven verlaufen. Durch kleine Kanäle reichen sie bis ins Knocheninnere, die Markhöhle.

Je nach Art und Stärke der Belastung, die die Knochen zu tragen haben, unterscheidet sich ihr Aufbau. Bei langen Röhrenknochen wie dem des Oberschenkels ist das Knochenmaterial sehr dicht und fest gepackt (Kompakta); im Inneren befindet sich die Markhöhle. Die Knochen der Wirbelsäule sind anders aufgebaut. Da gleicht das Knochengewebe im Inneren einem Schwamm (Spongiosa). Erst dieser ganz stabile »Schwamm« macht diese Knochen tragfähig. In den »Löchern« des Schwamms befindet sich das rote Knochenmark, in dem die Blutzellen entstehen.

Muskeln

Alle Muskeln bestehen aus vielen haarfeinen, oft sehr langen Muskelfasern. Bindegewebe hält das ganze Bündel zusammen.

Muskeln sind notwendig, damit sich der Körper bewegen kann. Das geschieht, indem sich die Muskelfasern extrem schnell und immer wieder zusammenziehen und wieder loslassen. Das Signal zur Arbeit der Muskeln geben die Nerven.

Jeder Muskel ist über Sehnen mit einem Knochen oder einem Gelenk verbunden. Den Zug des Muskels überträgt die Sehne auf den Knochen. So wird Muskelarbeit zur gerichteten Bewegung. Erst die Muskeln mit ihrem Halteapparat, der weite Teile des Körpers überspannt, halten einen Menschen aufrecht.

Sehnen und Bänder

Sehnen sind kaum dehnbar. Dafür halten viele enormem Zug stand. Sie bewegen sich in einer Art Gleitlager, den Sehnenscheiden. Schleimbeutel sorgen dafür, daß Haut, Sehnen und Muskeln reibungslos gegeneinander gleiten und verteilen den Druck gleichmäßig auf alle Schichten.

Die Bänder ähneln in ihrer Struktur den Sehnen, doch sie haben eine andere Funktion: Sie halten und sichern die Gelenke.

Gelenke

Gelenke sind die »Scharniere« des Körpers. Sie verbinden die starren Knochen miteinander und machen Menschen beweglich. Ohne Kniegelenk könnte kein Kind hüpfen und springen, ohne Schultergelenk nicht achselzuckend sein Desinteresse bekunden.

Eine Kapsel aus Bindegewebe, durch Bänder verstärkt, umschließt das Gelenk außen. Meist gehen die Bänder in Sehnen über und verbinden das Gelenk mit den Muskeln.

Im Innern kleidet eine gut durchblutete Schleimhaut die Gelenkkapsel aus. Diese Gelenkinnenhaut (Synovialis) produziert zähe Gelenkflüssigkeit (Synovia). Sie ist Schmiermittel, Stoßdämpfer und Schutzfilm des Gelenks und transportiert Nährstoffe zu den Knorpelzellen. Diese Funktionen kann sie jedoch nur erfüllen, wenn das Gelenk bewegt wird.

Alle Veränderungen im Blut beeinflussen langsam, aber doch die Gelenkflüssigkeit. Sie reagiert, indem sich Menge und Zähigkeit verändern. Dadurch können Bewegungen des Gelenks schmerzhaft werden.

Gelenkknorpel

An seinen Enden überzieht den Knochen eine Kuppe aus elastischem, druckfestem Knorpel. Die Zellen im Knorpelinnern sondern das Baumaterial ab, das den Knorpel wachsen läßt und ihn elastisch hält. Die Nährstoffe dazu bekommen sie aus der Gelenkflüssigkeit, denn das Knorpelgewebe ist nicht durchblutet. Funktioniert dieser Nährstofftransport nicht, sterben die Knorpelzellen ab. Toter Knorpel wird langsam abgebaut. Dann reiben die ungeschützten Knochenenden schmerzhaft aufeinander.

Wirbelsäule

Die Wirbelsäule ist bei Kindern aus viel Knorpel, aber auch Knochen, Muskeln, Gelenken, Sehnen und Bändern zusammengefügt. Ohne sie könnten sie nicht aufrecht gehen.

Übereinanderliegende Wirbel mit einem Loch bilden das Längsgerüst des Körpers. Diese knöcherne Röhre (Wirbelkanal) schützt Rückenmark und Nerven (> Seite 767). Kleine Gelenke verbinden die Wirbel miteinander. Erst dadurch kann man gebückt unter etwas hindurchkriechen oder sich nach jemandem umdrehen.

Die oberen sieben Wirbel mit ihren Bandscheiben gehören zur Halswirbelsäule. Sie sind sehr beweglich und tragen den Kopf.

Zwölf Baueinheiten bilden die Brustwirbelsäule, die mit den Rippen des Brustkorbes verbunden und recht unbeweglich ist. Dieser knöcherne Käfig schützt das empfindliche Herz und die Lunge.

Die Lendenwirbelsäule besteht aus fünf Baueinheiten und ist sehr biegsam. Auf ihrem letzten Wirbel und dem dann folgenden Kreuzbein ruht die Hauptlast des Körpergewichts. Das Kreuzbein und sein unterer Anhang, das Steißbein, sind fest miteinander verwachsene Knochenteile.

Zwischen den Wirbeln liegen die Bandscheiben als Stoßdämpfer. Sie haben eine feste Schale und einen gallertigen, nicht durchbluteten Kern. Tagsüber drücken die normalen Belastungen den weichen Kern zusammen. Im Liegen dehnt er sich wieder aus, weil die Bandscheiben Flüssigkeit aus dem Gewebe aufsaugen und so wieder prall werden. Sie erholen sich um so gründlicher, je besser die Wirbelsäule entspannt wird.

Füße

Bis aus Babyfüßen Schulkinderfüße werden, durchlaufen sie mehrere Stadien, die medizinische Bezeichnungen tragen: Die Kinder werden mit Plattfüßen geboren, haben beim Laufenlernen einen Knickfuß, manchmal sogar einen Knicksenkfuß (> Seite 788). Erst bei Schulkindern sind die Füße erwachsenenähnlich gebaut. Dann tragen drei Punkte die Hauptlast des Körpergewichts – die Ferse, der erste und fünfte Mittelfußknochen. Dazwischen spannen sich ein Längs- und Quergewölbe. Sie werden von vielen Bändern, Sehnen und Muskeln gehalten und machen den Fuß zu einem kompliziert konstruierten Gebilde.

Zu den Auswirkungen der Schuhe auf die Füße > Schuhe, Seite 541.

AUFRECHT

Wohl alle Eltern wünschen sich ein Kind, das eine gute Figur macht. Mit »Sitz gerade« und »Geh nicht so krumm« versuchen sie, darauf hinzuwirken. Wenn sie damit etwas erreichen – was eher verwunderlich wäre –, betrifft das aber nur das knöcherne Element der Haltung, die Wirbelsäule. Doch ohne Bewegung ist Haltung Starre. »Nehmen Sie Haltung an« lernt der Soldat und steht stramm.

Den Kopf hoch tragen, die Nase im Wind – das können nur Kinder mit innerem Halt. Ihr Körper zeigt, was sie erleben: Ich bin hier richtig. Daß ich wachse, Raum beanspruche, ist in Ordnung. Bei dem mühsamen Weg werde ich liebevoll unterstützt. Mutter und Vater sind sogar bereit, mich über sich hinauswachsen zu lassen. Solche Kinder können Rückgrat zeigen, geradlinig und beständig sein.

Doch bei Jugendlichen ist Cool-sein in. Lässigkeit und Null-Bock haben Konjunktur. Ihre Absage an die Welt ist sichtbar: Sie hängen herum. Ihre gebückte Haltung erzählt von Traurigkeit und Verzweiflung; der Kopf zwischen hochgezogenen Schultern von Angst.

Ist einer der Teenies so schnell in die Höhe geschossen, daß sie oder er die KollegInnen überragt, sinken sie in sich zusammen, um weniger aufzufallen. Ihre Konflikte sind ihnen nicht bewußt, sie können ihre Haltung nicht einfach ändern. Sie brauchen jemanden, der den Appell dieser Körpersprache versteht, sonst werden Sitzbuckel und Hohlkreuz »normal«.

Die körperlichen Folgen spüren zunehmend öfter schon Heranwachsende: Rückenschmerzen infolge Verschleißerscheinungen, besonders in der Kreuzbeingegend.

Hinken

Beschwerden, Ursachen, Häufigkeit

Kinder, die Schwierigkeiten beim Gehen haben, hinken. Meist nur auf einem, manchmal auch auf beiden Beinen. Damit schonen sie sich vor schmerzhaften Bewegungen. Ursache können unpassende Schuhe sein (> Seite 541), ein eingetretener Gegenstand, Schwielen oder Druckstellen. Vielleicht ahmt das Kind auch einen hinkenden Menschen nach, der es besonders beeindruckt hat.

Andere mögliche Ursachen: Ungleich lange Beine (> Seite 786); eine Erkrankung des Nervensystems (> Vom Gehirn ausgehende Kinderlähmung, Seite 729); Erkrankung des Hüftkopfes (> Perthessche Erkrankung, Seite 791); Entzündungen und Wucherungen in Gelenken.

Wann zu Ärztin oder Arzt?

Immer sollten Ärztin oder Arzt nach dem Grund suchen, warum ein Kind andauernd hinkt.

Ist eine Erkrankung die Ursache, finden ÄrztInnen dafür bei einer ausführlichen Untersuchung des Körpers weitere Anzeichen. Dann können sie mit Röntgenaufnahmen und Laboruntersuchungen gezielt weitersuchen. Ohne einen solchen Verdacht bleiben diese Untersuchungen blindes Suchen.

Finden Ärztin oder Arzt keinen Hinweis auf eine Krankheit, können die Eltern davon ausgehen, daß nichts Ernsthaftes vorliegt. Vielleicht hat das Kind jemand humpeln sehen? Möglich auch, daß es mit dieser Extravaganz die Großen daran erinnern möchte, daß es auch noch da ist (> Problemkinder, Seite 348).

Ungleich lange Beine

Beschwerden, Ursachen, Häufigkeit

Vollkommen symmetrisch ist kaum jemand. Differenzen der Beinlänge bis zu eineinhalb Zentimetern gehören zur normalen Schwankungsbreite. Der Körper gleicht das selbst problemlos aus.

Ist der Unterschied jedoch erheblich größer, verhindert das einen harmonischen Gang und angenehme Haltung. Außerdem belastet es die Gelenke von Fuß, Knie, Hüfte und Wirbelsäule.

Beinlängendifferenzen können angeboren sein oder nach Brüchen, Verletzungen oder Entzündungen entstehen, wenn dabei die Aktivität der Wachstumszone (> Längenwachstum, Seite 249) gehemmt oder stark angeregt wird. Ein in der Beweglichkeit eingeschränktes Hüft- oder Kniegelenk kann den Bewegungsablauf beim Gehen so behindern, daß ein Bein verkürzt erscheint.

Wann zu Ärztin oder Arzt?

Bei deutlich ungleich langen Beinen sollten ÄrztInnen nach der Ursache suchen und klären, ob eine Behandlung notwendig ist.

Manche Beinlängendifferenzen wachsen sich im Laufe der Zeit aus, andere prägen sich durch das Wachstum stärker aus.

Selbsthilfe, Behandlung

Ob und wie eine Beinlängendifferenz behandelt wird, richtet sich nach dem Alter, in dem sie auftritt, und ihrem Ausmaß. Wichtiger als ein lehrbuchmäßiges Röntgenbild der Knochen ist die Balance der Wirbelsäule. Die Ausgleichsmöglichkeiten reichen von einer Erhöhung der Schuhsohle (bis ca. 4 cm) bis zur operativen Verkürzung der Knochen (bei mehr als 5 cm Differenz).

Knieschmerzen

Beschwerden, Ursachen, Häufigkeit

Bei kleinen Kindern sind Knieschmerzen ungewöhnlich. Heranwachsende klagen jedoch oft darüber. Anders als bei Erwachsenen sind bei ihnen nur selten die Bänder oder der Meniskus schuld. Meist ist die Kniescheibe das Problem. Besonders bei Mädchen ist sie häufig ein wenig verrenkt. Dann tut das Gelenk beim Treppensteigen und nach längerem Sitzen weh.

Selbsthilfe, Behandlung

 Meist beruhigt sich das Knie wieder, wenn es eine Zeitlang weniger aktiv sein muß. Übungen, die den großen Oberschenkelmuskel stärken, kommen auch der Kniescheibe zugute.

Wenn es nicht anders geht, können leichte Schmerzmittel für kurze Zeit Erleichterung bringen. Hat sich nach sechs Wochen nichts Wesentliches gebessert, sollten sich Orthopädin oder Orthopäde mit einem Spezialgerät das Gelenk von innen anschauen (Arthroskopie).

Rückenschmerzen

Beschwerden, Ursachen, Häufigkeit

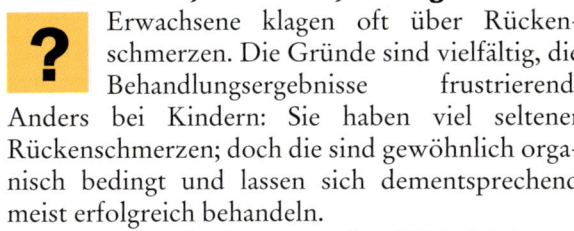 Erwachsene klagen oft über Rückenschmerzen. Die Gründe sind vielfältig, die Behandlungsergebnisse frustrierend. Anders bei Kindern: Sie haben viel seltener Rückenschmerzen; doch die sind gewöhnlich organisch bedingt und lassen sich dementsprechend meist erfolgreich behandeln.

Schmerzgründe können sein: Wirbelgleiten – dabei ist im Bereich der Lendenwirbelsäule ein Wirbelbogen so verändert, daß der Wirbel ungewöhnlich beweglich ist –, bei Jugendlichen die Scheuermannsche Erkrankung (> Seite 792). Je älter die Kinder sind, desto wahrscheinlicher werden bei ihnen Rückenschmerzen aufgrund mangelnder Bewegung (> Bewegung und Sport, Seite 506).

Wann zu Ärztin oder Arzt?

 Rückenschmerzen sind immer ein Grund, ÄrztInnen nach den Ursachen fahnden zu lassen.

Klumpfuß

Beschwerden, Ursachen, Häufigkeit

 Ein bis zwei von tausend Kindern kommen mit einem Klumpfuß zur Welt. Mädchen sind doppelt so oft betroffen wie Jungen.

Bei dieser Fehlbildung zeigt der Fuß entweder steil nach unten, die Ferse steht hoch; oder die Ferse ist stark nach nach innen gekippt; oder der vordere Teil des Fußes ist gegenüber dem hinteren einwärts gedreht.

Warum Kinder mit einem Klumpfuß geboren werden, ist unklar. Möglicherweise hatten manche in der Gebärmutter zu wenig Platz, um die Füße auszustrecken und immer wieder in eine andere Position zu bringen.

Wann zu Ärztin oder Arzt?

 Sofort in orthopädische Behandlung. Nie wieder sind die Fußgelenke so formbar wie in den ersten Lebenstagen.

Folgen

 Mit einem Klumpfuß können die Kinder nur schwer stehen und gehen lernen.

Selbsthilfe, Behandlung

 Art, Dauer und Ergebnis der Behandlung hängen sehr davon ab, wie ausgeprägt die Fehlbildung ist.

Immer bekommt das Kind sofort nach der Geburt bis zum Ende des 3. oder 4. Monats einen Gipsverband. Dann entscheidet eine Röntgenaufnahme, ob operiert werden muß.

Geht es ohne Operation, bekommt das Kind Schienen angepaßt, die es mindestens so lange tragen muß, bis es gehen lernt. Dann genügt es, sie nur noch nachts anzulegen. Ab dem 3. Geburtstag kann man sie dann meist weglassen.

Operierte Kinder bekommen für sechs Wochen einen Gips und müssen anschließend fast rund um die Uhr Schienen tragen, bis auch sie gehen lernen wollen.

Eine ambulante Operation ist möglich, wenn die Eltern in den ersten zwei Tagen danach das Krankenhaus schnell erreichen können. Blutungen und Schmerzen machen manchmal ein ärztliches Eingreifen notwendig.

Sichelfuß

Beschwerden, Ursachen, Häufigkeit

 Sichelfüße entwickeln sich meist erst nach der Geburt: Sie biegen sich wie ein C nach innen.
Die Ursachen sind unklar, doch scheint es eine erbliche Belastung zu geben.

Wann zu Ärztin oder Arzt?

 Nur OrthopädInnen können beurteilen, ob sich ein Sichelfuß von selbst auswächst oder behandelt werden muß.

Folgen

 Knochen und Muskeln verändern sich. Die Kinder laufen »über den großen Onkel« – teilweise so ungeschickt, daß sie über ihre eigenen Füße fallen.

Selbsthilfe, Behandlung

 Ist die Fehlbildung nur gering, können die Eltern Handgriffe lernen, die die Weichteile auf der Innenseite des Fußes dehnen; die Muskeln am Fußaußenrand können sie mittels Massage mit einer weichen Bürste stimulieren, so daß er sich von selbst in die richtige Position zieht.

Ausgeprägte Sichelfüße müssen durch Eingipsen geradegerückt werden. Insgesamt dauert das meist sechs Wochen. Dann folgen für einige Monate spezielle Schuhe oder korrigierende Einlagen, um das Erreichte zu festigen. Diese Behandlung verspricht jedoch nur im ersten Lebensjahr Erfolg.

Knickfuß, Knicksenkfuß, Knickplattfuß

Beschwerden, Ursachen, Häufigkeit

 Beim Knickfuß scheint die Ferse nach außen wegzukippen. Er verstärkt sich noch zum Knicksenkfuß, wenn sich im zweiten Lebensjahr die Beine x-förmig stellen (> Körperliche Entwicklung, Seite 246).

Beim Knickplattfuß ist zusätzlich das Längsgewölbe des Fußes abgesunken.

Wenn nicht noch andere Fehlstellungen hinzukommen, machen Knick- und Knicksenkfüße normalerweise keine Beschwerden.

Bei Kleinkindern ist der Knickfuß normal.

Der Knicksenkfuß macht auf eine Schwäche von Bändern und Muskeln aufmerksam.

Der Knickplattfuß ist entweder angeboren oder entstand durch Verletzungen oder Entzündungen. Es ist die einzige der drei Fußdeformitäten, die man als »Krankheit« ansprechen könnte.

Wann zu Ärztin oder Arzt?

 Schmerzende oder nicht frei bewegliche Füße sollten sich OrthopädInnen anschauen. Eine Röntgenaufnahme ist nur notwendig, wenn die Beschwerden auch nach eingehender Untersuchung nicht erklärlich sind.

Folgen

 Die meisten Knick- und Knicksenkfüße wachsen sich ohne Behandlung aus. Doch selbst wenn sie bestehenbleiben, bedeutet das nicht notwendigerweise, daß ihre TrägerInnen in ihrer Beweglichkeit eingeschränkt wären. Sogar sportliche Höchstleistung sind mit solchen Füßen möglich.

Der Knickplattfuß kann bei Belastungen sehr schmerzen.

Selbsthilfe, Behandlung

Viel barfuß laufen; auf ausreichend breite Schuhe achten (> Schuhe, Seite 541).

Eine Behandlung braucht normalerweise

nur der Knickplattfuß. Sie sollte möglichst früh und mit einem speziellen Fußbett bzw. Einlagen in weiten Schuhen geschehen. Länger als eineinhalb bis zwei Jahre braucht das Kind sie nicht zu tragen. Besonders effektiv sind sie in den Phasen, in denen das Kind stark wächst.

Ein angeborener Plattfuß muß operiert werden.

Knochenbruch (Fraktur)

Beschwerden, Ursachen, Häufigkeit

 Schmerzen und Schwellungen deuten nach einer Verletzung auf einen Bruch hin. Manchmal steht der gebrochene Körperteil seltsam oder ist ungewöhnlich beweglich.

Bei Kindern hält die relativ dicke Knochenhaut gebrochene Knochen manchmal so gut zusammen, daß dem Körperteil von außen nichts anzusehen ist. Dann ist der Schmerz das einzige Hinweiszeichen.

Wann zu Ärztin oder Arzt?

 Sofort zu Ärztin oder Arzt, wenn der Verdacht auf einen Knochenbruch besteht. Röntgenaufnahmen sind notwendig, um den Schaden zu erkennen.

Folgen

Wie gut ein Knochenbruch verheilt und welche Komplikationen es geben kann, hängt wesentlich vom Alter des Kindes ab, welcher Knochen wie gebrochen ist und wie die Behandlung verläuft.

Wenn ÄrztInnen die Bruchstücke zusammenfügen und den Körperteil ruhigstellen, heilen die meisten Brüche bei Kindern problemlos aus. Geringe Fehlstellungen gleicht der Körper im Laufe des Wachstums aus.

Eine verletzte Wachstumsfuge (> Längenwachstum, Seite 249) wird nicht wieder ganz heil. Verknöchert die Fuge vorzeitig, wächst der Knochen

nicht mehr. Bei einem Gliedmaßenknochen wird die betroffene Seite also kürzer sein als die gesunde. Die Differenz ist um so größer, je jünger das Kind bei der Verletzung war.

Aber auch das Umgekehrte ist möglich: Der vom Körper sofort eingeleitete Reparaturprozeß verstärkt die Durchblutung. Das kann das Wachstum so anregen, daß dieser Körperteil etwas länger wird als der gesunde.

Nach komplizierten Brüchen, die sich nicht exakt wiederherstellen lassen, kann die Beweglich-

---

VORSICHT BEI GIPSVERBÄNDEN

● Sofort zu Ärztin oder Arzt, wenn kurz nach dem Eingipsen Schmerzen oder Taubheitsgefühl auftreten. Sie deuten auf eine mangelhafte Durchblutung hin. Schon nach sechs bis acht Stunden können Schäden an Muskeln und Nerven entstanden sein, die nicht wiedergutzumachen sind.
● Später verweisen Schmerzen auf Druckstellen. Sie können Haut und Gewebe zerstören. Ursache können zum Beispiel Gegenstände sein, die zwischen Gips und Haut geschoben wurden.

Reinlichkeit trotz Gips

Ein Gips sollte möglichst trocken bleiben. Feuchtigkeit, die sich darunter sammelt, verdunstet schlecht, weicht die Haut auf und macht sie anfällig für Infektionen. Am besten ist es, sich während der Gipszeit nur zu waschen. Ein Plastiküberzug schützt den Gips beim Duschen nicht ausreichend. Eventuell kann kalte Luft aus einem Fön beim Trocknen der Haut helfen.

keit eingeschränkt sein. Dadurch können Gelenke falsch belastet werden und sich schneller abnutzen.

Selbsthilfe, Behandlung

 Damit ein Knochenbruch heilt, müssen die Bruchstücke dicht aneinander anliegen. Außerdem dürfen sie während der Heilung nicht bewegt werden, und sie müssen gut durchblutet sein.

Knochenenden, die nicht so liegen, wie sie zusammenwachsen sollen, müssen ÄrztInnen in die richtige Stellung bringen (Reposition). Dazu ist meist eine Vollnarkose notwendig. Das erspart den Kindern heftige Schmerzen und erleichtert den ÄrztInnen die Arbeit, weil die Muskeln in Narkose schlaff sind. Manchmal müssen Gewichte helfen, die verschobenen Knochenteile auseinanderzuziehen (Extensionsbehandlung).

Ein Gips verschafft den Knochen die zum Heilen notwendige Ruhe.

Etwa zwei Wochen lang kann das Bein von Kindern, deren Gips entfernt wurde, noch geschwollen sein. Vier bis sechs Wochen lang können sie wegen der schwachen Muskulatur hinken. An Krankengymnastik braucht aber erst gedacht zu werden, wenn sich zwei Wochen lang nichts bessert.

Operation

Bei Kindern ist es nur selten notwendig, Brüche zu operieren, um Knochenteile mit Schrauben, Nägeln, Platten oder Draht zusammenhalten. Es geschieht meist, wenn Knochen an ihren Enden oder Gelenke gebrochen sind. Eine zweite Operation muß die Metallteile nach der Heilung wieder entfernen.

Die Operation birgt neben dem üblichen Operationsrisiko noch eine Gefahr durch die Arbeit am offenen Knochen: Infektionen, Störungen bei der Heilung. Bei fünf von hundert Operierten wirkt das Metall als Fremdkörper, löst Entzündungen aus und schädigt Weichteile und Knochen.

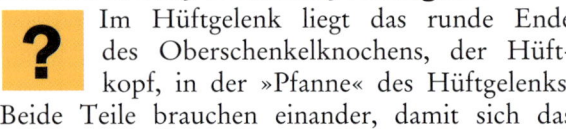

Hüftdysplasie, Hüftluxation

Beschwerden, Ursachen, Häufigkeit

 Im Hüftgelenk liegt das runde Ende des Oberschenkelknochens, der Hüftkopf, in der »Pfanne« des Hüftgelenks. Beide Teile brauchen einander, damit sich das Gelenk gut ausformt. Bei einer Hüftfehlbildung ist meist die Gelenkpfanne nicht richtig ausgebildet.

0 bis 3 Monate

Es gibt nur wenige und unsichere Zeichen, an denen Eltern eine Hüftdysplasie oder eine -luxation bemerken können. Liegt ein gesunder Säugling auf dem Rücken, fallen seine Beine weit auseinander. Hat ein Kind eine fehlgebildete Hüfte, hält es die Beine dichter am Körper. ÄrztInnen sprechen von einer Abduktionshemmung.

Ist die Fehlbildung stärker ausgeprägt, sind bei dem Kind die Pofalten und Falten in den Oberschenkeln asymmetrisch. Das Bein auf der Seite der fehlgebildeten Hüfte kann verkürzt scheinen.

Spätestens bei der dritten Vorsorgeuntersuchung im ersten Lebensmonat sollten Kinderärztin oder -arzt die Fehlbildung erkannt haben.

Ab 1 Jahr

Kinder mit einer unbehandelten Hüftluxation hinken meist.

Die meisten Kinder werden mit dieser Fehlbildung, für die es eine Anlage zu geben scheint, geboren. Eine Steißlage und Fruchtwassermangel während der Schwangerschaft können zu der Reifungsstörung beigetragen haben.

Zwei bis fünf von hundert Kindern kommen mit einer Hüftfehlbildung zur Welt. Meist ist es die linke Seite. Mädchen trifft es fünf- bis achtmal häufiger als Jungen.

Wann zu Ärztin oder Arzt?

Zu Orthopädin oder Orthopäden bei jedem Verdacht auf eine Hüftfehlbildung bzw. bei familiärer Veranlagung.

Eine Ultraschalluntersuchung deckt die Fehlbildung während des ersten Lebensjahres sicher auf. Da die Bilder aber relativ schwierig zu beurteilen sind, sollten nur solche ÄrztInnen die Sonografie durchführen, die darin besonders ausgebildet sind. Nach dem bisherigen Wissensstand schadet die Untersuchung dem Kind nicht.

Nach dem ersten Geburtstag sind die Elemente, die das Hüftgelenk bilden, so weit verknöchert, daß nur noch Röntgenaufnahmen brauchbare Bilder liefern. Sie müssen auch den Behandlungserfolg bestätigen (> Bildgebende Verfahren, Seite 753.)

Folgen

Eine unbchandelte Fehlbildung der Hüfte behindert das Gehen. Bewegungen belasten das Gelenk so sehr, daß es früh verschleißt.

Vorbeugung

Kinder mit Fußfehlstellungen haben häufig Hüftprobleme.

Selbsthilfe, Behandlung

Im Knie gebeugte, auseinandergespreizte Beine drücken den Oberschenkelkopf in die Hüftpfanne und halten ihn dort. Durch den Kontakt bilden sich Kopf und Pfanne normal aus.

Diesen Weg geht jede Frühbehandlung. Zum Spreizen der Beine dienen Spreizhosen, -zügel, -gips oder -schienen. Je früher sie angelegt werden, desto wahrscheinlicher reift die Hüfte normal heran. Die Hilfsmittel müssen Tag und Nacht getragen werden, bis Ultraschall- oder Röntgenaufnahme bestätigen, daß die normale Hüftform erreicht ist. Bei drei Vierteln der Kinder ist das nach drei bis sechs Monaten der Fall.

Eine ausgeprägte Hüftluxation muß mit einer Dehnungsbehandlung eingeleitet werden. Das geschieht meist im Krankenhaus.

Lag der Hüftkopf bei Behandlungsbeginn schon lange außerhalb der Pfanne, ist er manchmal nur noch operativ in Normalstellung zu bringen. Eine operierte Hüfte dürfen die Kleinen nur langsam belasten. Sie sollen möglichst lange krabbeln und sich später zunächst mit einem Laufrad oder Laufpferd bewegen. Auch Tretroller, –auto oder Fahrrad befriedigen den Bewegungsdrang, ohne die Hüfte zu belasten.

Perthessche Erkrankung

Beschwerden, Ursachen, Häufigkeit

Die Kinder hinken deutlich, klagen aber höchstens über leichte Schmerzen in Hüftgelenk oder Knie. Bewegung macht sie schnell müde.

Bei der Pertesschen Erkrankung stirbt der Hüftkopf ab, weil er nicht mehr durchblutet wird. Warum das geschieht, ist nicht bekannt. Innerhalb eines halben bis ganzen Jahres bildet der Körper neue Blutgefäße. Wenn nun die Durchblutung wieder einsetzt, der Körper das abgestorbene Material abtransportiert und neues aufbaut, setzen die Schmerzen und das Hinken ein.

Die meisten Kinder mit dieser Erkrankung sind zwischen vier und acht Jahre alt. Jungen sind viermal häufiger betroffen als Mädchen. Bei jedem fünften bis zehnten greift die Krankheit beide Hüften an.

Wann zu Ärztin oder Arzt?

Zu Orthopädin oder Orthopäden, wenn ein Kind über Schmerzen im Hüftgelenk klagt oder sichtbar hinkt. Erst ein Röntgenbild sichert die Diagnose.

Folgen

Hat die Krankheit vor dem vierten Lebensjahr begonnen, führt die Selbstreparatur des Körpers meist wieder zu einem normal ausgebildeten Gelenk.

Nach dem 7. oder 8. Jahr wird der Hüftkopf trotz angemessener Behandlung nur selten wieder richtig rund. Mit einem deformierten Kopf nutzt sich das Gelenk jedoch viel schneller ab. Das bedeutet, daß es wahrscheinlich und früher als bei Menschen ohne diese Erkrankung durch ein künstliches ersetzt werden muß.

Das Bein auf der betroffenen Seite ist meist etwas verkürzt. Entsprechend gestaltete Schuhe können diese Differenz ausgleichen.

Selbsthilfe, Behandlung

 Die eigentliche Krankheit können ÄrztInnen nicht beeinflussen. Was sie tun, soll die Beschädigung des Hüftkopfes so gering wie möglich halten.

In der Phase des Neuaufbaus ist der Hüftkopf geleeartig weich. Abspreizgeräte sollen ihn in der Hüftpfanne festhalten, so daß er seine runde Form behält.

Bei Schulkindern dauert die Behandlung zwei bis drei Jahre, bei jüngeren Kindern weniger. In ihrem Verlauf sind eine ganze Reihe von Röntgenaufnahmen notwendig (> Bildgebende Verfahren, Seite 753).

Scheuermannsche Krankheit

Beschwerden, Ursachen, Häufigkeit

 An die laxe Haltung Jugendlicher haben sich die meisten Eltern schon gewöhnt und ihre Ermahnungen bezüglich »schlechter Haltung« eingestellt (> Aufrecht, Seite 785). Deshalb fällt der ausgeprägt krumme Rücken bei der Scheuermannschen Erkrankung in kaum einem Fall frühzeitig auf. Über Rückenschmerzen klagt höchstens ein Viertel der Betroffenen.

Aus unbekannter Ursache sterben Teile der Wirbel im Bereich der Brustwirbelsäule ab. Der vordere Teil der Wirbel, der größeren Belastungen ausgesetzt ist als der hintere, wird dadurch stärker zusammengedrückt: Die Wirbel verändern sich keilförmig, die schmale Seite zeigt nach vorne. Gleichzeitig verändern sich die Bandscheiben.

Für die Scheuermann-Erkrankung scheint es eine erbliche Veranlagung zu geben.

»Der Scheuermann« ist eine typische Krankheit der Pubertät. Sie beginnt in dieser Zeit und kommt mit dem Ende des Wachstums zum Stillstand.

Jungen sind doppelt so häufig betroffen wie Mädchen.

Wann zu Ärztin oder Arzt?

 Wenn ein deutlich krummbuckeliger Jugendlicher über Rückenschmerzen klagt. Röntgenaufnahmen sollten nur gemacht werden, wenn sie für die Diagnose, die Entscheidung über die Art der Behandlung und deren Kontrolle unerläßlich sind. Das Röntgen der Wirbelsäule belastet das blutbildende Knochenmark und die Geschlechtsorgane relativ stark (> Bildgebende Verfahren, Seite 753).

Folgen

 Der Rücken versteift in unterschiedlichen Rundformen. Die Veränderungen der Wirbel und Verlagerungen der Bandscheiben können Schmerzen bereiten.

Selbsthilfe, Behandlung

Heranwachsende mit einem Scheuermann sollten die Haltekraft ihres Rückens nicht überfordern, indem sie schwer tragen oder lange und gebückt sitzen oder arbeiten.

Doch jede Art von Sport ist wünschenswert. Zum einen, weil er Spaß macht und das Selbstbewußtsein stärkt. Das brauchen Jugendliche, die etwas anders aussehen als andere, besonders dringend. Zum anderen, weil ihrem Rücken jedes Muskeltraining zugute kommt.

Wärme und Massagen können Beschwerden lindern.

Einfache Schmerzmittel (> Kopfschmerzen, Seite 772) bringen für kurze Zeit Erleichterung.

Ärztliche Behandlung

Intensive Krankengymnastik über mehrere Jahre kann bei noch relativ jungen PatientInnen die Muskeln so stärken, daß sie die Wirbelsäule in die angestrebte Form ziehen. Diese Arbeit verlangt viel Eigenverantwortung von den Heranwachsenden, zu der aber noch nicht jeder die notwendige Reife hat.

Genügt das Muskeltraining nicht, sind die Betroffenen schon älter oder werden die Schmerzen immer stärker und häufiger, kann eine Korsettbehandlung notwendig werden.

Korsettbehandlung bedeutet, die Stütze Tag und Nacht zu tragen. Der Nacht kommt dabei besondere Bedeutung zu, weil die dann entspannten Muskeln der Umformung weniger Widerstand entgegensetzen.

Diagnose und Behandlung eines »Morbus Scheuermann« fordert ÄrztInnen und Eltern immer auch auf, einen kritischen Blick auf sich und ihren Anspruch an eine »gute Haltung« des Nachwuchses zu richten (> Aufrecht, Seite 785). Es hat wenig Sinn, mit einer zeitaufwendigen Krankengymnastik, die der oder dem Jugendlichen kaum noch Gelegenheit für Unternehmungen mit Gleichaltrigen läßt, eine gerade Wirbelsäule zu erzwingen, ihnen dabei aber – im übertragenen Sinn – das Rückgrat zu brechen.

Skoliose

Beschwerden, Ursachen, Häufigkeit

 Als Skoliose bezeichnen MedizinerInnen eine seitliche Verbiegung der Wirbelsäule mit gleichzeitiger Verdrehung um die Längsachse. Sie entwickelt sich meist langsam und fällt erst auf, wenn sie schon stark ausgeprägt ist. Die Kinder sind dann 13 bis 14 Jahre alt. Meist steht ihre rechte Schulter etwas höher als die linke, und das Schulterblatt steht ab. Die eine Hüfte springt stärker hervor. Beugen sie sich nach vorne, sieht man von hinten, daß sich eine Rückenhälfte nach hinten vorwölbt (Rippenbuckel oder Lendenwulst).

Die meisten Skoliosen entstehen aus unbekanntem Grund. Es scheint aber eine erbliche Komponente zu geben. Nur selten sind Lähmungen oder angeborene Fehlstellungen die Ursache.

Eine seitliche Wirbelsäulenverkrümmung kommt recht häufig vor, bei Mädchen etwa viermal öfter als bei Jungen. In Deutschland gibt es etwa 15.000 Skoliosekranke.

Wann zu Ärztin oder Arzt?

Gründe für einen Arztbesuch sind: Wenn ein Rundrücken sichtbar ist und das Rückgrat eine seitliche Verbiegung erkennen läßt; Rückenschmerzen.

Röntgenaufnahmen sollten nur gemacht werden, wenn sie für die Diagnose, die Entscheidung über die Art der Behandlung und deren Kontrolle unerläßlich sind. Erfahrungsgemäß ist das bei sechs von hundert SchülerInnen im Alter von 12 bis 14 Jahren notwendig. Das Röntgen der Wirbelsäule belastet das blutbildende Knochenmark und die Geschlechtsorgane relativ stark (> Bildgebende Verfahren, Seite 753).

Nur bei einem Drittel der Geröntgten zeigt das Bild eine Skoliose – und zwar in einem Ausmaß, daß sie nicht behandelt, sondern nur zweimal jährlich kontrolliert zu werden braucht. Versierte FachärztInnen kommen dabei ohne Röntgenaufnahmen aus.

Nur bei etwa drei von tausend Untersuchten ist dann wirklich eine Behandlung notwendig.

Folgen

 Während der Pubertät verstärken sich manche Skoliosen rasch. Ist die Zeit des Wachstums vorbei, verlangsamt sich der Vorgang. Manchmal kommt die Wirbelsäulenverkrümmung auch zum Stillstand.

Erwachsene mit einer ausgeprägten, unbehandelten Skoliose haben häufiger Rückenschmerzen als Menschen ohne Wirbelsäulenverkrümmung. Im höheren Lebensalter kann der verbogene Brustkorb die Funktionen von Herz und Lunge beeinträchtigen.

Vorbeugung

Eine frühzeitig erkannte und behandelte Skoliose kann dem Kind eine Operation ersparen.

Selbsthilfe, Behandlung

Leistungssport verbietet sich zwar, aber Schwimmen und Gymnastik stärken die Muskulatur. Gymnastik allein kann eine fortschreitende Skoliose jedoch nicht aufhalten. Die Übungen unterstützen aber die Korsettbehandlung.

Das Korsett, die »Orthese«, wird nach einem Abguß individuell gefertigt und drängt die Wirbelsäule durch Druck und Zug in die gewünschte Richtung.

Wieviel Stunden die oder der Jugendliche das Korsett täglich tragen muß, richtet sich nach dem Alter und der Stärke der Wirbelsäulenverbiegung. Meist heißt es jedoch: Tag und Nacht, bis das Wachstum abgeschlossen ist – bei Mädchen etwa mit 15, bei Jungen zwei Jahre später. Die wichtigste Tragezeit ist die Nacht. Die während des Schlafs entspannten Muskeln setzen der Umformung weniger Widerstand entgegen.

Bei vielen PatientInnen gelingt es, mit dem Korsett das Fortschreiten der Verkrümmung aufzuhalten oder zu verhindern und ihnen möglicherweise eine Operation zu ersparen.

Kontakte

Bundesverband Skoliose Selbsthilfe e.V.

Düstergasse 9a
42897 Remscheid
Tel.: 02191/63993

Die Behandlung der jungen Menschen mit einem solchen Panzer fällt just in die Zeit, in der sie sich gegen Beschränkungen und Begrenzungen aller Art vehement zur Wehr setzen. Das Korsett drückt, behindert und ist selbst dann kaum zu verstecken, wenn gerade weite Kleidung Mode ist. Entsetzlich ist für sie auch der Gedanke, bei den ersten Begegnungen mit dem anderen Geschlecht der oder dem Auserwählten den Griff nach Kunststoff und Metall zuzumuten.

So notwendig die Orthese ist – das Leben der TrägerInnen muß dennoch lebenswert bleiben. Ihnen sollte die Dringlichkeit klar sein, die Stütze permanent tragen zu müssen. ÄrztInnen und Eltern sollten ihnen aber auch die Freiheit zugestehen, sich ausnahmsweise, aber ohne schlechtes Gewissen für eine beschränkte Zeit davon zu befreien.

Operation

Die Skoliose-Operation ist eine »große« Operation. Sie wird nur bei einer ausgeprägten, verunstaltenden und die Gesundheit erheblich beeinträchtigenden Wirbelsäulenverkrümmung durchgeführt und verringert die Krümmung der Wirbelsäule um etwa die Hälfte.

Der betroffene Wirbelsäulenteil wird mit Stäben stabilisiert und veranlaßt, so zu verwachsen, daß die Wirbelsäule an dieser Stelle unbeweglich wird. Ist die Lendenwirbelsäule verbogen, kann die Operation auch vom Bauchraum aus durchgeführt werden. Die Korrekturergebnisse sind besser, die Operation aber noch aufwendiger als bei einem Eingriff vom Rücken aus.

Nach der Operation muß die oder der Betroffene für etwa ein Jahr ein Korsett tragen, damit die operierte Stelle ungestört versteifen kann. Bei neueren Operationsverfahren ist das manchmal schon überflüssig.

Da der Eingriff in unmittelbarer Nähe des Rückenmarks durchgeführt wird, besteht das Risiko einer Querschnittlähmung. Drei bis acht von tausend PatientInnen trifft dieses Schicksal.

Muskelkrankheiten (Muskelatrophien, Muskeldystrophien)

Beschwerden, Ursachen, Häufigkeit

 Als Muskelschwäche oder Muskelschwund bezeichnen Laien das, was als Symptom der vielen verschiedenen Muskelerkrankungen auffällt: Gehstörungen, Schwierigkeiten beim Treppensteigen und Aufstehen aus dem Sitzen oder Liegen. Fachleute teilen diese angeborenen Krankheiten in zwei Gruppen: Muskelatrophien und Muskeldystrophien.

Bei einer Muskelatrophie sind die Muskeln eigentlich gesund. Weil die Nerven, die sie steuern sollen, aber keine Impulse aussenden, verkümmern die Muskeln. Die Krankheit aus dieser Gruppe, von der Kinder am häufigsten betroffen sind, ist die spinale Muskelatrophie (SMA). Die Anzeichen dafür können schon in den ersten Lebensmonaten sichtbar werden: Das Baby kann den Kopf nicht hoch halten; sitzen, gehen und stehen gelingen meist nicht.

Bei den Muskeldystrophien sind die Muskeln selbst krank; ihr Stoffwechsel ist gestört. Die bei Kindern am häufigsten vorkommenden Krankheitsarten sind die Muskeldystrophie vom Duchenne-Typ und die vom Typ Becker-Kiener.

Schätzungsweise 40.000 bis 50.000 Menschen leiden in Deutschland unter Muskelschwund. Wie viele Kinder darunter sind, ist nicht bekannt.

An der Duchenne-Dystrophie erkranken nur Jungen; Frauen bleiben gesund, können die Anlage zur Krankheit aber weitergeben.

Wann zu Ärztin oder Arzt?

 Zu Ärztin oder Arzt, wenn zu Muskelschmerzen noch Kraftlosigkeit und Lähmungserscheinungen hinzukommen. Um den Krankheitsverlauf abschätzen zu können, müssen Spezialuntersuchungen die einzelnen Krankheiten voneinander unterscheiden. Das ist nur in Kliniken bzw. bei FachärztInnen für Nervenkrankheiten (NeurologInnen) möglich.

Folgen

 Manche Muskelerkrankungen verlaufen nicht allzu schwer, so daß die Betroffenen ein relativ normales Leben führen können. Bei der SMA betrifft die Muskelschwäche aber auch die Atemmuskulatur. Diese Kinder werden selten älter als zwei Jahre.

Duchenne-Jungen können nach wenigen Jahren der Krankheit nicht mehr gehen und stehen. Mit etwa zehn Jahren sind sie auf den Rollstuhl angewiesen. Fast alle entwickeln zusätzlich eine Skoliose (> Seite 793). Sie macht ihnen, die ohnehin große Atemprobleme haben, das Leben noch zusätzlich schwer. Trotz intensiver häuslicher Pflege erreichen Duchenne-Patienten nur selten das 30. Lebensjahr.

Andere Muskeldystrophien verlaufen deutlich milder.

Vorbeugung

Die Bemühungen der GentechnologInnen, den bei der Duchenne-Dystrophie gefundenen Gendefekt zu reparieren, waren bisher erfolglos.

Kontakte

Deutsche Gesellschaft zur Bekämpfung der Muskelkrankheiten e.V.
RENNERSTR. 4
79106 FREIBURG
TEL.: 0761/277932

Österreichische Gesellschaft zur Bekämpfung der Muskelkrankheiten
NEUROLOGISCHE UNIVERSITÄTSKLINIK
WÄHRINGER GÜRTEL 18-20
1097 WIEN
TEL.: 0222/40400-3112
(MO-FR 10-14 UHR)

Selbsthilfe, Behandlung

 Mit einem muskelkranken Kind zu leben, bedeutet, mit einem behinderten Kind zu leben (> Seite 892). Die Lebenserwartung dieser Kinder hängt ganz wesentlich von den Problemen mit der Atmung und der Intensität der Pflege ab.

Da es keine ursächliche Behandlung gibt, bleibt nur, mit Krankengymnastik und Atemtherapie das zu stärken und zu pflegen, was an Kraft vorhanden ist. Frühzeitige Operationen sollen die Skoliose soweit geraderücken, daß sie die Atmung nicht beeinträchtigt.

Sehr hilfreich sind Sauerstoffkonzentratoren. Aus ihnen nehmen die PatientInnen bei jedem Atemzug so viel Sauerstoff auf, daß ihr Körper auch bei geringer Atemleistung ausreichend versorgt ist.

Rheuma – Gelenkentzündungen (Juvenile Oligo- oder Polyarthritis, Rheumatoide Arthritis)

RheumatologInnen unterscheiden fünf Arten von chronischen Gelenkentzündungen bei Kindern. Von Oligoarthritis sprechen sie, wenn weniger als fünf Gelenke entzündet sind, von Polyarthritis, wenn es mehr sind. Als chronisch gelten Gelenkentzündungen, die mindestens drei Monate lang andauern.

Beschwerden, Ursachen, Häufigkeit

Oligoarthritis: Sie fällt oft spät auf, weil die Beschwerden erträglich sind. Ein Knie kann geschwollen sein, schmerzt aber kaum. Bei älteren Kindern – vornehmlich Jungen – sind vor allem die Knie- und Sprunggelenke entzündet. Auch Schmerzen an der Ferse sind ein Hinweis.

Polyarthritis: Fünf oder mehr Gelenke sind geschwollen und schmerzen. Meist sind es links und rechts die gleichen. Die Krankheit beginnt oft an der Hand.

Ab dem Schulalter ähneln die Beschwerden einer Polyarthritis denen des Erwachsenen-Rheumas: geschwollene, schmerzende Gelenke; morgens für mehr als 30 Minuten steife Finger und Schmerzen bei jeder Bewegung.

SJCA – Systemische juvenile chronische Arthritis: Der Begriff »systemisch« sagt, daß die Entzündung alle Körperorgane betreffen kann. Diese Rheumaform beginnt immer mit hohem Fieber, das Wochen oder Monate dauern kann, und zugleich mit einem roten, nicht juckenden Hautausschlag. Die inneren Entzündungen verursachen starke Bauch- oder Brustschmerzen. Gelenkbeschwerden treten oft erst nach Monaten auf.

Warum jemand an Polyarthritis erkrankt, ist noch unklar. Mit Sicherheit ist diese Art von Rheuma jedoch eine Erkrankung des Immunsystems (> Seite 714). MedizinerInnen vermuten, daß ein Reiz das Abwehrsystem zu einer Reaktion bringt, die sich dann verselbständigt und der internen Steuerung entgleitet.

Ein Zeichen dafür, daß das Abwehrsystem an der Arthritis beteiligt ist, sind die Rheumafaktoren. Es sind Antikörper gegen körpereigenes Eiweiß. Eine Blutuntersuchung zeigt, ob sie vorhanden sind oder nicht. Rheumafaktoren dienen ÄrztInnen als Hinweis, um die Art des Rheumas zu bestimmen. Daraus läßt sich der wahrscheinliche Krankheitsverlauf besser abschätzen. Rheumafaktoren beweisen jedoch nicht, daß eine Polyarthritis vorliegt. Andererseits bedeutet ihr Fehlen nicht, daß die oder der Untersuchte gesund ist.

Bei Rheuma entzündet sich die Gelenkinnenhaut und sondert zuviel und veränderte Flüssigkeit ab. Dadurch schwillt das Gewebe um das Gelenk herum an und schmerzt. Eine verdickte Gelenkinnenhaut stört das reibungslose Funktionieren des Gelenks, und das wiederum schädigt den Knorpel. Eine fortdauernde Entzündung der Gelenkinnenhaut zerstört also letztlich die gesamte Gelenkstruktur. Das Gelenk verformt und verbiegt sich und versteift. Auch die das Gelenk umgebenden Bänder und Sehnen werden in Mitleidenschaft gezogen. Weil jede Bewegung schmerzt, können sich die Betroffenen kaum noch belasten, und so verkümmern schließlich auch die Muskeln.

Wann zu Ärztin oder Arzt?

 Halten Gelenkbeschwerden länger als sechs Wochen an oder treten sie gemeinsam mit Fieber auf, sind Kinder- oder AllgemeinärztInnen die ersten AnsprechpartnerInnen. Für die schwierige Diagnose »Rheuma« und die diffizile Behandlung sind jedoch eher InternistInnen und OrthopädInnen mit der Zusatzbezeichnung »Rheumatologen« geeignet. Eine spezielle Rheuma-Kinderklinik gibt es in Garmisch-Partenkirchen.

Folgen

 Sind nur wenige Gelenke betroffen, heilen bei vielen Kindern die Entzündungen aus, ohne bleibende Schäden zu hinterlassen. Eine Polyarthritis verläuft meist schwerer als eine Oligoarthritis. Es ist eine Krankheit in Schüben: Auf Zeiten mit unerträglichen Schmerzen folgen beschwerdefreie Wochen und Monate. Die Form, bei der sich im Blut Rheumafaktoren finden lassen (seropositive Polyarthritis), schreitet besonders rasch fort. Manchmal sind die Gelenkknochen schon nach wenigen Monaten ernsthaft angegriffen.

Die Polyarthritis beeinflußt fast immer das Knochenwachstum. Manchmal ist es auf der entzündeten Seite beschleunigt, manchmal verlangsamt; manchmal gleicht sich das im Laufe der Zeit wieder aus, oft auch nicht. Für etwa die Hälfte der Kranken bedeutet diese Form des Rheumas ein Leben mit erheblichen Beeinträchtigungen (> Behinderungen, Seite 892).

Die Rheumaform, bei der innere Organe betroffen sind, zieht vornehmlich Leber, Milz und Herz in Mitleidenschaft. Auf lange Sicht kann eine Funktionseinschränkung der Nieren zum Problem werden. Das Wachstum dieser Kinder ist eingeschränkt. Besonders die Gelenke von Hand und Hüfte sind von Zerstörungen bedroht.

Jedes fünfte bis zehnte Rheumakind hat eine Regenbogenhautentzündung. Am häufigsten ist sie bei der Form, bei der nur wenige Gelenke entzündet sind. Die Augenerkrankung verläuft lange, ohne Beschwerden zu machen und ist von außen nicht zu erkennen. Trotzdem gefährdet sie die Sehfähigkeit. Darum müssen Augenärztin oder Augenarzt möglichst alle sechs bis acht Wochen die Augen untersuchen.

Selbsthilfe, Behandlung

 Ernährung
Manche erwachsenen RheumatikerInnen fühlen sich besser, wenn sie sich vollwertig ernähren (> Seite 568) oder auf Schweinefleisch verzichten. Bei Kindern ist der Einfluß gering. In

---

Kontakte

DEUTSCHLAND:
Deutsche Rheuma-Liga
RHEINALLEE 69
53173 BONN
TEL.: 0228/355425

Kinder- und Rheuma-Kinderklinik
GEHFELDSTRASSE 24
82467 GARMISCH-PARTENKIRCHEN
TEL.: 08821/7010

ÖSTERREICH:
Österreichische Rheuma-Liga
KETZERGASSE 200
1235 WIEN
TEL.: 0222/8653537

Selbsthilfegruppe Eltern rheumakranker Kinder
ANTON-STÖRCK-GASSE 81/7
1210 WIEN
TEL.: 0222/3054725

keinem Fall heilt eine spezielle Ernährungsform entzündliches Rheuma.

Ärztliche Behandlung

Jede Rheumabehandlung wird auf die Art der Krankheit, ihren Verlauf und das Alter des Kindes abgestellt. Ihr Ziel ist, die Entzündungen zur Ruhe zu bringen und möglichst viel Beweglichkeit zu erhalten.

Krankengymnastik

Die Übungen sollen Bewegungseinschränkungen bessern, Gelenkversteifungen verhindern und die Muskulatur kräftigen. Sie sind das A und O jeder Rheumabehandlung, aber auch einer der schwierigsten Behandlungsteile. Erfahrene KrankengymnastInnen und andere Eltern können Tips geben, wie man den Kindern das Unvermeidliche erleichtern kann.

Behandlung mit Medikamenten

Weil Kinder noch ein langes Leben vor sich haben, müssen ÄrztInnen bei den Rheumamedikamenten Langzeitfolgen stärker berücksichtigen als bei älteren Menschen.

»Normale« Rheumamittel

Bei Kindern versuchen ÄrztInnen, mit nichtsteroidalen Antirheumatika (NSAR) auszukommen. Sie lindern schnell Schmerzen und senken Fieber. Die entzündungshemmende Wirkung braucht oft mehrere Wochen.

Bevorzugte Substanzen sind Diclofenac (Allvoran [D], Deflamat [Ö], Effekton [D], Magluphen [Ö], Monoflam [D], Tratul [Ö], Voltaren [D/Ö]) und Indometacin (Amuno [D], Flexidin [Ö]). Es gibt sie auch als Saft und in Zäpfchenform. Für ältere Kinder, die tagsüber längere Zeit außer Haus sind, ist das länger wirkende Naproxen nützlich (Proxen [D/Ö]).

Basismedikamente

Sie werden notwendig, wenn die »normalen« Rheumamittel nicht ausreichend wirken. Bei der Polyarthritis ist das meist der Fall. Diese Medikamente verlangsamen die Gelenkzerstörung. Allerdings kann das drei bis sechs Monate dauern. Verordnung und Einstellung dieser Medikation gehören unbedingt in die Hände erfahrener KinderrheumatologInnen.

Die gebräuchlichsten Basismedikamente sind Goldsalze (Aureotan [D], Auro-Detoxin [D], Tauredon [D/Ö]) und zwei Malariamittel (Plaquenil [Ö], Quensyl [D/Ö], Resochin [D/Ö]). Das Gold muß alle zwei Wochen gespritzt werden. Das Mittel zum Schlucken, das es für Erwachsene gibt, ist für Kinder nicht zugelassen und außerdem weniger wirksam als gespritztes.

Die Malariamittel können geschluckt werden. Sie wirken schwächer als Gold, sind dafür aber besser verträglich.

Eine andere Gruppe von stark wirkenden Basismedikamenten sind Immunsuppressiva wie Methotrexat (Abitrexat [Ö], Farmitrexat [D]). Sie stoppen das Abwehrsystem, das bei der chronischen Polyarthritis körpereigenes Gewebe angreift. Sie sind sinnvoll, wenn die Krankheit besonders aggressiv verläuft und andere Behandlungsmethoden erfolglos geblieben sind oder nicht ausreichen.

Die schnell spürbaren Nebenwirkungen dieser Medikamente sind Übelkeit, Erbrechen und Bauchschmerzen. Regelmäßige ärztliche Kontrollen müssen rechtzeitig auf Schäden am blutbildenden System und der Leber aufmerksam machen.

Kortison

Es kann Rheuma lindern, aber nicht heilen. Für Kinder ist es nur angebracht, wenn die Entzündung innerer Organe anders nicht zu stoppen ist. Wurde ein Rheumakind einmal eine Zeitlang mit Kortison behandelt, geht es später meist nicht mehr ohne. Dann überwiegen unerwünschte Wirkungen wie Wachstumshemmung und ausgeprägte Knochenentkalkung den Nutzen der Behandlung.

Kortison direkt ins Gelenk zu spritzen kann angebracht sein, wenn nur ein Gelenk oder wenige heftig entzündet sind.

Bei einer Regenbogenhautentzündung kommt man ohne kortisonhaltige Augentropfen nicht aus. Beenden sie die Entzündung nicht, muß das Kind sogar Immunsuppressiva schlucken, um das Augenlicht nicht zu gefährden.

Operationen

Bei hartnäckigen Entzündungen eines oder weniger Gelenke, denen anders nicht beizukommen ist, kann die Entfernung der Gelenkinnenhaut notwendig werden. Das geschieht bei örtlicher Betäubung während einer Gelenksspiegelung oder unter Vollnarkose im Krankenhaus. Wie erfolgreich diese Operation ist, hängt entscheidend von der krankengymnastischen Nachbehandlung ab. Dazu müssen die Kinder aber schon verständig mitarbeiten können. Tun sie das nicht, kann das operierte Gelenk schnell in gebeugter Stellung versteifen.

AUGEN

Geschützt in einer Knochenhöhle liegt das Auge. Durch Öffnungen im Knochen ziehen sich Blutgefäße und der Sehnerv hindurch, der Auge und Gehirn verbindet.

Geführt durch sechs Muskeln, kann das Auge sich in alle Richtungen bewegen. Muskeln sind es auch, die die Augenlinse in die Form ziehen, die notwendig ist, um in Nähe oder Ferne gleichermaßen scharf sehen zu können.

Das Licht, das das Auge trifft, muß mehrere lichtdurchlässige Medien passieren: Hornhaut, Pupille, Kammerwasser, Linse und Augapfel. Erst dann kann es an der Netzhaut den Sehvorgang auslösen. An ihm sind zwei Sorten lichtempfindlicher Zellen – nach ihrer Form Stäbchen und Zäpfchen genannt – beteiligt. Die Stäbchen ermöglichen das Sehen bei schwachem Licht, die Zäpfchen das Sehen von Farben im Hellen.

Die Bilder der Welt, die dabei auf der Netzhaut entstehen, stehen auf dem Kopf. So gibt sie der Sehnerv jedes Auges an das Gehirn weiter. Da sich die beiden Nerven aber im Gehirn kreuzen, erscheint in der rechten Gehirnhälfte alles, was das linke Auge sieht, in der linken das, was das rechte Auge sieht. Die beiden Teile muß das Gehirn vom Kopf auf die Füße stellen und aus zwei Bildern ein einziges klares Bild formen. Auf diese Weise kommt räumliches, dreidimensionales Sehen zustande (> Körperliche Entwicklung, Seite 246).

Die Bindehaut (Konjunktiva) kleidet den gesamten vorderen Augenabschnitt aus – ausgenommen den Bereich der Hornhaut – und schützt das Auge vor äußeren Einflüssen. Sie ist reichlich mit Blut- und Lymphgefäßen und Nerven durchzogen. Auf Reize reagiert sie sehr schnell und heftig: Die Gefäße erweitern sich und zeichnen sich hellrot ab.

Die Augenfarbe eines Menschen hängt von dem Pigmentgehalt seiner Regenbogenhaut (Iris) ab. Enthält sie wenig Farbstoff, ist sie blau; eine Iris mit viel Pigment erscheint dunkel.

Tränen bestehen weitgehend aus Wasser, enthalten aber auch Eiweiß, Enzyme und Zellen des Immunsystems. Damit schützen sie die Augen vor Infektionen. Die Tränenflüssigkeit reinigt das Auge und läßt die Augenlider reibungslos über das Auge gleiten.

Fehlsichtigkeiten

Beschwerden, Ursachen, Häufigkeit

Kurzsichtige sehen Naheliegendes scharf, doch die Ferne verschwimmt vor ihren Augen. Weitsichtigen erscheint unscharf, was direkt vor ihnen liegt, sie finden sich bei Fernerliegendem besser zurecht. Beide Fehlsichtigkeiten entstehen, weil sich die Lichtstrahlen, die das Auge treffen, nicht genau auf der Netzhaut vereinigen. Beim Kurzsichtigen tun sie es davor, beim Weitsichtigen dahinter.

Die meisten Kinder werden mit einem relativ kurzen Augapfel geboren; sie sind weitsichtig (> Körperliche Entwicklung, Seite 252). In der Zeit des Wachstums überbrückt die jugendlich elastische Augenlinse das, indem sie ihre Form so ändert, daß die Weitsichtigen dennoch scharf sehen. Wie anstrengend diese Arbeit ist, zeigt sich bei vielen erst im Schulalter, wenn Kopfschmerzen und gerötete Augen darauf aufmerksam machen.

Kurzsichtigkeit (Myopie) fällt selten früher als bei der Einschulung auf. Oft entwickelt sie sich erst ab etwa dem zehnten Lebensjahr, wenn sich der Wachstumsschub der Pubertät auch am Augapfel

---

SEHTEST FÜR KINDER

Wo hat der Kreis das Loch?

Halten Sie diese Abbildung an eine gut beleuchtete Wand. Das Kind soll vier Meter davon entfernt stehen. Nun halten Sie ihm mit der Hand locker ein Auge zu. Das Kind soll mit der Hand die Richtung zeigen, an der der Kreis sein Loch hat.

Zweijährige sollen die erste Reihe erkennen können; Dreijährige auch die zweite, ältere Kinder auch die dritte.

---

bemerkbar macht. Dann blinzeln die Kinder oft, weil sie auf diese Weise in der Ferne besser sehen können. Auch Kopfschmerzen und nachlassende Schulleistungen können darauf hindeuten, daß das Kind nicht gut sieht.

Warum der Augapfel so viel länger wird, als es für normal scharfes Sehen notwendig ist, ist nicht bekannt. Es scheint eine erbliche Veranlagung zu geben, auf die psychische und Stoffwechselbedingungen so einwirken, daß das Kind wirklich kurzsichtig wird (> Psychosomatik und Auge, Seite 803).

Manchmal sieht ein Kind mit einem Auge erheblich schlechter als mit dem anderen (Anisometropie). Das Gehirn unterdrückt dann das unscharfe Bild des sehschwachen Auges und nimmt nur das klare Bild des anderen Auges wahr. Bleibt das unkorrigiert, nimmt die Sehkraft des schwachen Auges immer weiter ab, bis das Kind schließlich einäugig schaut.

Eine solche Sehschwäche eines Auges gibt es auch, ohne daß sich dafür eine organische Ursache finden ließe (Amblyopie). Sie entwickelt sich in den ersten acht Lebensjahren und bleibt unbemerkt, solange das andere Auge das Manko ausgleicht. Diese Form der Schwachsichtigkeit läßt sich nicht mit Sehhilfen korrigieren, nur mit Augenübungen, wie sie zur Schielbehandlung dazugehören, bessern (> Seite 802).

Wann zu Ärztin oder Arzt?

Kinder, die oft blinzeln oder mit den Augen zittern, sie zusammenkneifen oder ständig mit schräg gehaltenem Kopf schauen, gehören zur xUntersuchung zu Augenärztin oder -arzt.

Selbsthilfe, Behandlung

Befinden AugenärztInnen, daß das Kind eine Brille braucht, sollte es sie auch tragen. Schon für die ganz Kleinen gibt es Sehhilfen, die so gut sitzen, daß sie das Kind in seinem Bewegungsdrang weder behindern noch dabei gefährden.

Vorschulkinder dazu zu bringen, die Brille auf der Nase, nicht in der Hand zu tragen, ist nicht leicht. Einigen hilft es zu wissen, warum sie eine Brille tragen dürfen. Wichtig ist auch, sie selbst aussuchen zu können und auszuprobieren, wie Brillen »Typen« machen können. Das sicherste Mittel, den Kindern das Nasenfahrrad zu verleiden, ist, sie damit zu verspotten oder mit Vorschriften, Strafen und Belohnungen aus dem Brillentragen eine Gehorsamkeitsübung zu machen.

Mit etwa acht bis zehn Jahren sind Kinder ausreichend geschickt und gewissenhaft, um Kontaktlinsen tragen und selbst pflegen zu können. Die Handhabung lernen Eltern und Kind zunächst beim Optiker bzw. der Anpasserin gemeinsam. Später werkelt Junior allein mit den Linsen, und die Eltern schauen zu, ob alles so läuft, wie es notwendig ist, um die Augengesundheit nicht zu gefährden. Erweist sich der Nachwuchs als zuverlässig, genügen regelmäßige Kontrollen von Augen und Linsen beim Anpasser.

Schon Säuglinge können Kontaktlinsen tragen, wenn sie nur so eine Sehfähigkeit erreichen, wie sie für ihre Entwicklung notwendig ist (> Körperliche Entwicklung, Seite 246). Dann können Linsen sinnvoll sein, die Tag und Nacht im Auge bleiben. In diesem Fall sind Kontrollen bei Augenarzt oder -ärztin in kurzen Abständen unabdingbar, und die Eltern müssen wissen, wie sie sich verhalten sollen, wenn sie Auffälliges an den Babyaugen bemerken. Diese Linsen werden mindestens einmal im Monat gegen neue ausgetauscht.

Kindern, deren eines Auge erheblich schlechter sieht als das andere, kann manchmal nur eine Kontaktlinse zu befriedigendem Sehen verhelfen. Versucht man, die Differenz mit einer Brille auszugleichen, entstehen auf der Netzhaut derart ungleich große Bilder, daß das Gehirn sie nicht mehr zu einem Ganzen verschmelzen kann.

Bei der Entscheidung, ob Brille oder Kontaktlinsen, müssen Kinder, die zu Allergien neigen, daran denken, daß Kontaktlinsen-Pflegemittel all-

SEHSTÖRUNGEN

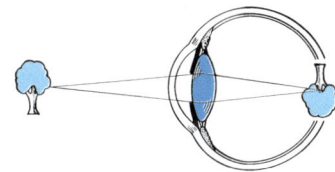

Normalsichtigkeit:
Die Lichtstrahlen vereinigen sich auf der Netzhaut, das Kind sieht scharf.

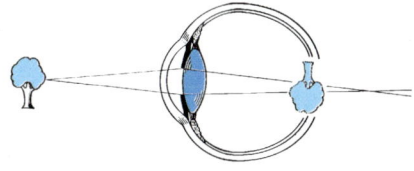

Weitsichtigkeit:
Der Augapfel ist zu kurz. Die Lichtstrahlen vereinigen sich hinter der Netzhaut. Was sich dicht vor den Augen befindet, sieht das Kind unscharf.

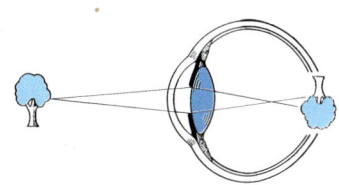

Kurzsichtigkeit:
Der Augapfel ist zu lang. Die Lichtstrahlen vereinigen sich vor der Netzhaut. Was in der Ferne liegt, sieht das Kind unscharf.

KASSEN-LEISTUNGEN

Deutschland

● Die Krankenkassen bezahlen immer dann eine neue Brille, wenn Augenärztin oder -arzt sie für notwendig halten, zum Beispiel wenn die Kopfform sich so verändert hat, daß die alte Sehhilfe nicht mehr richtig sitzt.

● Die OptikerInnen bekommen von den Krankenkassen Festbeträge für Gestell (DM 20) und Gläser (variabel nach Stärke). Wer keine BrillenspezialistInnen findet, die damit auskommen, kann sich bei seiner Krankenkasse beraten lassen.

● Kunststoffgläser gibt's generell für Vorschulkinder. Später nur, wenn die Brillenstärke über ±5 Dioptrien liegt.

● Kontaktlinsen bezahlen die Krankenkassen ab ± 8 Dioptrien, wenn die Differenz zwischen beiden Augen größer ist als 2 Dioptrien, und bei speziellen Bedingungen, die die AugenärztInnen angeben müssen.

Österreich

● Die Krankenkassen übernehmen die Kosten für eine Brille, wenn ÄrztInnen sie verordnet haben.

● Kunststoffgläser zahlen sie für Menschen bis 15 ohne Einschränkungen.

● Kontaktlinsen bezahlen die Krankenkassen, wenn ein Auge um 2,5 Dioptrien oder mehr schlechter sieht als das andere, wenn die Kurzsichtigkeit von Jugendlichen deutlich zunimmt, bei Kurz- und Weitsichtigkeit ab 6 Dioptrien und bei besonderen Augenerkrankungen.

ergisierende Stoffe enthalten können (> Allergien, Seite 851).

Kontaktlinsen – hart oder weich?

Weiche Linsen spürt man von Anfang an kaum im Auge. Sie sind aber in der Pflege viel anspruchsvoller als harte Linsen und müssen öfter gegen neue ausgetauscht werden. Beides wird häufig nicht ernst genug genommen. Außerdem verändern Weichlinsen das Milieu in den vorderen Augenabschnitten stärker als gasdurchlässige harte Linsen. Darunter leidet die Immunabwehr des Auges. Im Ergebnis haben WeichlinsenträgerInnen ein vierfach größeres Risiko, eine Augenentzündung zu bekommen, als HartlinsenträgerInnen. Konkret heißt das, daß einer von 2.500 Menschen, die weiche Kontaktlinsen tragen, eine Augenentzündung erleidet, aber nur einer von 10.000 HartlinsenträgerInnen.

Schielen

Beschwerden, Ursachen, Häufigkeit

Fünf bis sieben von hundert Kindern schielen. Die, deren Augen kreuz und quer schauen, fallen auf und gelangen meist relativ früh in augenärztliche Behandlung. Um aber die vielen zu finden, bei denen sich der Sehfehler verbirgt, braucht es eine spezielle Untersuchung möglichst vor dem vierten Lebensjahr.

Weil Säuglinge erst langsam lernen, beide Augen gleichzeitig auf dasselbe Objekt zu richten – zu fixieren – (> Körperliche Entwicklung, Seite 246), verwundert eine »Entgleisung« nicht. Besonders die bei kleinen Kindern übliche Weitsichtigkeit prädestiniert zum Schielen, aber auch, wenn ein Auge deutlich besser sieht als das andere. Manchmal stellt sich Schielen nach Infektionskrankheiten ein, weil Bakteriengifte den Linsenmuskel geschwächt haben oder die Krankheit die Fähigkeit des Gehirns beeinträchtigt hat, die zwei gesehenen Bilder zu vereinen.

PSYCHOSOMATIK UND AUGE

Neugeborene begreifen sehr schnell, was in ihrer Familie gespielt wird, und reagieren ihren Anlagen entsprechend: Ein Teil der Kinder entzieht sich allzu fordernden Eltern, die die Welt zu beherrschen scheinen, indem sie sich auf das Naheliegende konzentrieren. Die andern denken sich in eine Ferne hinein, die die Eltern nicht mehr erreichen können.

Auch die Erfahrungen der frühen Kindheit, wie die Eltern mit Gefühlen umgehen, tragen zur Entwicklung einer Fehlsichtigkeit bei. Nicht umsonst sind die Hälfte der JapanerInnen kurzsichtig. Kultur und Tradition lehren sie, Spontaneität zu unterdrücken und statt dessen Höflichkeit, Zurückhaltung und Ehrgeiz anzustreben. Im Gegensatz dazu die SüdamerikanerInnen: Sie

haben ein sprühendes Temperament, sind offen, laut und fröhlich. Ihre Arbeit darf auch immer wieder von entspannenden Pausen durchbrochen werden. Bei ihnen sind nur zwei von hundert kurzsichtig.

Was das Kind beim Sehen erlebt, prägt dann auch seine Vorlieben: Findet es sich in der weiten Welt schlecht zurecht, spielt es lieber im Haus, liest und arbeitet am Tisch. Solche Naharbeit fördert die Tendenz zur Kurzsichtigkeit noch. Wenn dann noch Angst vor Ungeschicklichkeit und Unfällen den Mut des Kindes zu Entdeckungsreisen schon im Keim erstickt, schließt sich der Kreislauf.

Genau umgekehrt erleben die Weitsichtigen die Welt. Sie erkennen das Detail schlecht und streben darum nach draußen, wo ihnen alles klar und verständlich erscheint. Für ihr weiteres Leben resultieren daraus nicht selten Charaktereigenschaften, die man als extrovertiert, nach außen gerichtet, beschreibt.

Das krieg' ich nicht mehr auf die Reihe

Acht Monate alte Säuglinge können noch nicht sagen, daß sie die allzu unterschiedlichen Botschaften der beiden Eltern nicht zu einem Bild vereinen können; den Inhalt können sie aber mit ihrem Körper sehr wohl zum Ausdruck bringen.

Da sind Eltern, die miteinander nicht klarkommen können. Das Kind sucht sie als Fixpunkt, fühlt aber: Einer strebt hierhin, der andere bricht dorthin aus. Das Fixieren, also zwei Bilder zu einem zu verschmelzen, wird ihm schwer. Vielleicht findet es seinen Ausweg darin, daß es an einem »vorbeisieht«. Dann richtet es ein Auge auf den Elternteil, der ihm nähersteht, dessen Verhalten es eher nachvollziehen kann, das andere schweift seitwärts ab.

Manchen Kleinkindern gelingt es auch nicht, die Anforderungen ihrer Eltern und die eigenen Bedürfnisse unter einen Hut zu bringen. Ihre Augen verraten, daß sie sich innerlich zweiteilen: Das eine Auge »geht in Spur«, verhält sich so, wie es die Großen wünschen. Das andere weicht aus und zeigt, daß sich der kleine Mensch dem Konflikt nicht gewachsen fühlt.

Eine psychoanalytische Beschäftigung mit dem Phänomen des Schielens kann in manchen Fällen sogar aufdecken, mit welchem Elternteil das Kind Probleme hatte: Das rechte Auge gilt als »Vaterauge«, das linke als »Mutterauge«.

Wann zu Ärztin oder Arzt?

Jedes Kind mit Silberblick gehört zu Augenärztin oder -arzt.

Folgen

Mögen manche Leute einen leichten Silberblick auch attraktiv finden – die meisten Kinder leiden unter den Hänseleien. Viel wichtiger als der Schönheitsaspekt ist jedoch, daß das Schielen die Funktionsfähigkeit der Augen erheblich beeinträchtigt. Schielende Augen schicken zwei verschiedene Bilder ins Sehzentrum im Gehirn. Um nicht ständig Doppelbilder zu sehen, muß das Gehirn ein Bild ausschalten.

Den Verhältnissen beim wechselseitigen Schielen, bei dem mal das eine, mal das andere Auge von der Sehrichtung abweicht, passen sich Netzhaut und Sehbahnen so an, daß letztlich beide Augen schlechter sehen, als wenn sie parallel schauten.

Beim einseitigen Schielen unterdrückt das schwächere Auge sein Bild. Da nicht mehr funktioniert, was nicht gebraucht wird, wird dieses Auge dauerhaft sehschwach. Der Mensch sieht nur noch einäugig, und das heißt auch, nicht mehr räumlich. Damit ist er einer erhöhten Unfallgefahr ausgesetzt und von bestimmten Berufen ausgeschlossen.

Selbsthilfe, Behandlung

Je früher das Schielen behandelt wird, desto leichter sind die Augen »in Spur« zu bringen. Die Behandlungsmethoden unterscheiden sich nach der Art der Störung, aber auch nach den Möglichkeiten und Erfahrungen, die die ÄrztInnen bzw. die Klinik gesammelt haben.

Weitsichtigkeit kann in jedem Lebensalter mit einer Brille korrigiert werden. Diese muß fortan zum Kind dazugehören wie seine Nase. Wird sie ab und an für nur wenige Stunden weglassen, kann das den Behandlungserfolg vieler Monate zunichte machen.

Okklusionsbehandlung bei einseitigem Schielen

Das führende Auge wird mit einem dicht abschließenden Pflaster zugeklebt. So wird das schwächere Auge trainiert. Bei Kindern, die jünger sind als vier Jahre, kann sich auf diese Weise das Sehvermögen schon nach wenigen Wochen bessern. Bei älteren Kindern dauert die Okklusionsbehandlung oft viele Monate.

Fast immer müssen Schielkinder bei OrthoptistInnen ihre Sehfähigkeit mit Augenübungen trainieren.

Bei vielen Kindern kann letztlich nur eine Operation, die die Stellung der Augenmuskeln verändert, die Augen zum Parallelsehen bringen. Anschließend folgt meist ein Schieltraining.

Operation

Eine Schieloperation sollte etwa bis zum Schuleintritt durchgeführt worden sein. Später verbessert sie zwar noch das Aussehen des Kindes, ändert jedoch nichts mehr an den Funktionsausfällen.

Bindehautentzündung (Konjunktivitis)

Beschwerden, Ursachen, Häufigkeit

Trockene, staubige Luft und kalter Wind können die Bindehaut reizen, so daß sie sich rötet und es sich beim Lidschlag anfühlt, als sei Sand im Auge.

Sondert das gerötete Auge ein gelbliches, klebriges Sekret ab und tut das Auge weh, haben wahrscheinlich Bakterien die Bindehaut infiziert.

Bei der allergischen Bindehautentzündung jucken die Augen meist zusätzlich (> Allergien, Seite 851).

Wann zu Ärztin oder Arzt?

Sondert das Auge gelbliches Sekret ab, sollten Augenärztin oder -arzt es sich anschauen.

Folgen

Bindehautreizung und -entzündung verlaufen meist harmlos. Nur selten greift eine Entzündung auf andere Augengewebe über.

Selbsthilfe, Behandlung

Ist die Bindehaut lediglich gereizt, können Kompressen, getränkt mit frischgekochtem Kamillentee und auf das Auge gelegt, beruhigen.

Augentropfen wie Biciron (D), Otriven (D/Ö), Visadron (D/Ö), Vistabalon (D) und Yxin (D) verengen die Blutgefäße der Bindehaut. Sie gelten als »kosmetische Weißmacher« und sollten nicht verwendet werden.

Sondert das Auge etwas Gelbliches ab, bedarf es ärztlicher Behandlung. Alle Augentropfen, die Bakterien bekämpfen, sind verschreibungspflichtig.

Zur Behandlung der allergisch bedingten Bindehautentzündung gibt es Augentropfen mit den gleichen Substanzen, die auch bei Heuschnupfen tauglich sind (> Allergien, Seite 851).

Verstopfter Tränenkanal

Beschwerden, Ursachen, Häufigkeit

Bei etwa drei von hundert Neugeborenen tränen die Augen viel. Bei ihnen ist der Tränen-Nasen-Gang noch verstopft, durch den die Tränenflüssigkeit normalerweise in den Nasenraum abfließt. Bei manchen Kindern öffnet sich dieser Hohlraum erst innerhalb der ersten drei Lebensmonate. Entzündet sich das gestaute Sekret, sind die Augen nach dem Aufwachen verklebt.

Selbsthilfe, Behandlung

Bei den meisten Säuglingen öffnet sich der Gang im ersten Lebenshalbjahr von selbst. Geschieht das nicht, öffnen Augenärztin oder -arzt den Tränengang. Der Eingriff wird ambulant unter kurzer Narkose durchgeführt.

Die Entzündung muß vor dem ärztlichen Eingriff immer mit Antibiotika zum Abklingen gebracht werden.

LIEBE SONNE SCHEINE ...

... auf meine nackten Beine, sangen die Kinder früher. Die ausgedünnte Ozonschicht läßt es heute jedoch ratsam erscheinen, Hosen und T-Shirts zu tragen. Auch die Augen sollte starke UV-Strahlung besser nicht treffen. Die noch sehr klare Augenlinse der Kinder läßt viel Strahlung hindurch, die schlimmstenfalls an der Netzhaut einen Sonnenbrand verursachen kann. Die Linse quittiert fortwährende UV-Einstrahlung, indem sie sich schneller, als es dem Alter entspricht, eintrübt. Es ist also durchaus sinnvoll, wenn sich Kinder an der See oder im Gebirge einen Sonnenschutz auf die Nase drücken.

Abgesehen davon, daß die Sonnenbrille natürlich toll aussehen muß, sollte sie so dunkel sein, daß man die Augen dahinter nur noch ahnen kann. Dann filtert sie 60 bis 70 Prozent Licht ab. Einen UV-Filter braucht sie noch zusätzlich; aber der ist leider nur selten deklariert. Auch der Preis gibt darüber keine Auskunft. Eine Untersuchung der Uni Innsbruck zeigte, daß von 30 Brillen sowohl die teuerste als auch die billigste zufriedenstellend vor UV-Licht schützten. Die preislich dazwischenliegenden allerdings nicht. Polaroid-Sonnenbrillen haben immer einen UV-Filter.

OHREN

Sichtbar ist vom Hörorgan nur die knorpelige Ohrmuschel mit der Öffnung des äußeren Gehörgangs, der innen am Trommelfell endet. An dieser Membran beginnt das Mittelohr mit der Paukenhöhle und den Gehörknöchelchen Hammer, Amboß und Steigbügel. Zum Mittelohr gehören auch die Hohlräume des hinter dem Ohr gelegenen Warzenfortsatzes (Mastoid).

Die Eustachische Röhre (Ohrtrompete, Tube) ist die Verbindung zwischen Ohr und Nasen-Rachen-Raum. Bei kleinen Kindern ist sie noch sehr kurz und versieht ihre Aufgabe – Druckausgleich und Belüftung des Mittelohrs – nur unzureichend. Wenn die Tube wächst, heilen viele chronische Mittelohrkatarrhe von selbst ab.

Hören

Physikalisch gesprochen wird beim Hören zweimal Energie in eine andere Form umgewandelt. Schallwellen treffen auf das Trommelfell und versetzen es in Schwingungen. Das Mittelohr verwandelt diese Bewegungsenergie in mechanische Energie und leitet sie als Druck an die Gehörknöchelchen weiter. Im Innenohr werden in der Schnecke (Cochlea), dem eigentlichen Hörorgan, daraus elektrische Impulse. Sie erreichen tief im Innern des Ohrs den Hörnerv, der sie als Information an das Gehirn weitergibt.

In Innenohr befindet sich zusätzlich noch das Gleichgewichtsorgan.

Mittelohrkatarrh (Tubenkatarrh)

Beschwerden, Ursachen, Häufigkeit

 Kinder haben häufig Mittelohrkatarrhe. Dabei haben sie den Eindruck, das Ohr sei »voll« oder irgend etwas würde im Innern drücken. In den meisten Fällen hören die Kinder schlecht.

Der Grund ist eine verschlossene Eustachische Röhre (> Ohren, Seite 806). Im Mittelohr entsteht ein Unterdruck, die Schleimhaut schwillt an. Ursache des Verschlusses sind Infektionen im Nasen-Rachen-Raum. Vor allem häufige Mandelentzündungen sorgen immer wieder für Erregernachschub.

Wann zu Ärztin oder Arzt?

 Kinderärztin oder Hausarzt sollten Kinder mit diesen Beschwerden sehen.

Folgen

 Unbehandelt kann die Erkrankung zu bleibenden Hörstörungen führen.

Vorbeugung

 Sind vergrößerte und häufig entzündete Mandeln an der Erkrankung beteiligt, können sie entfernt werden.

Selbsthilfe, Behandlung

 Abschwellende Nasentropfen sollen die Tube öffnen (> Schnupfen, Seite 811). Mit einem Ballon können Ärztin oder Arzt Luft von der Nase in die Tube pressen. Meist heilt der Katarrh dann von selbst aus. Wenn nicht, steht die Entfernung der Rachenmandel zur Diskussion.

Außerdem kann in das Trommelfell ein »Paukenröhrchen« eingelegt werden, das für den Druckausgleich zwischen Mittelohr und äußerem Gehörgang sorgt. Weil damit der Weg zum Mittelohr offen ist, befürchten viele ÄrztInnen und Eltern vermehrte Infektionen. Diese Gefahr ist jedoch gering. Auch Haarewaschen, Baden und Schwimmen sind erlaubt, wenn das Ohr zugestöpselt wird. Nur Tauchen und Kopfsprünge empfehlen sich nicht.

Akute Mittelohrentzündung (Akute Otitis media)

Beschwerden, Ursachen, Häufigkeit

Heftigste Ohrenschmerzen und Fieber; bei Kleinkindern manchmal Übelkeit und Erbrechen. Die Schmerzen lassen sofort nach, wenn sich das eitrige Sekret eine Abflußmöglichkeit durch das Trommelfell geschaffen hat.

Ursache ist eine Infektion mit Viren oder Bakterien, zum Beispiel durch verunreinigtes Badewasser. Mittelohrentzündungen kommen auch im Gefolge von Kinderkrankheiten vor.

Bei Kleinkindern sind sie zwar recht häufig, aber seltener als die Verordnungen von Antibiotika vermuten lassen. Möglicherweise unterscheiden ÄrztInnen nicht deutlich zwischen einer Entzündung des Mittelohrs und der des äußeren Gehörgangs. Letztere braucht nur selten eine antibiotische Behandlung.

Wann zu Ärztin oder Arzt?

Halten die Schmerzen länger an und kommt Fieber hinzu, sollten ÄrztInnen sich das Ohr anschauen.

Folgen

Die Infektion kann auf die Knochen des Warzenfortsatzes übergehen (Mastoiditis) und muß dann operativ behandelt werden. Mit einer solchen Entzündung ist zu rechnen, wenn eine akute Mittelohrentzündung nach zwei bis drei Wochen nicht ausgeheilt ist.

Vorbeugung

Wer beim Baden oder Schwimmen wasserdichte Ohrstöpsel trägt, verhindert, daß Wasser in den Gehörgang eindringt. Zum Tauchen oder bei Sprüngen aus mehr als einem Meter Höhe sind die Pfropfen ungeeignet.

Eine vergrößerte Rachenmandel, die die Eustachische Röhre einengt, kann entfernt werden.

VIEL ZU LAUT

Kinder kommen mit viel empfindlicheren Ohren auf die Welt, als sie später als Erwachsene haben. Was für die Großen lästiger Krach ist, kann für die Kleinen schon unerträglicher Lärm sein. Der aber wirft die winzigen Hörzellen um, von denen 20 nebeneinander so breit sind, wie ein Haar dick ist. Teilweise können sie sich davon wieder erholen, häufigem Radau halten sie aber nicht stand. Und dann wird offenbar, daß Lärmschwerhörigkeit unheilbar ist.

Untersuchungen zeigen: In den siebziger Jahren hatten österreichische Jugendliche noch keine Hörprobleme. 1991 gab es hingegen bei 40 Prozent einen Hörverlust von 20 Dezibel. Als Ursache gelten Verkehrslärm, Walkman und Diskokrach.

Ein Walkman wird mit durchschnittlich 95 Dezibel gefahren. Bei einem Open-air-Konzert dröhnen bis zu 130 Dezibel ins Ohr – mehr als ein Tiefflieger bieten kann. Wer sich davor nicht mit Ohrstöpsel schützt, dem pfeift's am nächsten Tag im Ohr – die mißhandelten Hörzellen wimmern als Warnung.

Ganz anders leiden kleine Kinder unter Krach. Ihr noch nicht ausgereiftes Gehirn ist mit allzu vielen verschiedenen Geräuschen überfordert. Sie verlieren die Übersicht, können wichtige und unwichtige Geräusche nicht mehr unterscheiden und geraten dadurch besonders im Straßenverkehr in gefährliche Situationen.

Andauernder Lärm streßt den Körper. Das belastet nicht nur das Wohlbefinden, sondern mindert auch die Abwehrkraft.

Selbsthilfe, Behandlung

 Wärme lindert die Schmerzen: Das Kind kann sich mit dem entzündeten Ohr auf eine Wärmflasche legen. Auch ein Zwiebelwickel tut gut: Rohe Zwiebeln klein hacken, in ein Tuch wickeln und über dem Ohr festbinden.

Ein ölgetränkter Wattepropfen und ein einfaches Schmerzmittel (> Kopfschmerzen, Seite 772) erleichtern die Zeit der größten Schmerzen.

Ohrentropfen helfen nicht. Von außen ist der Ort der Entzündung nicht zu erreichen. Eher sinnvoll sind schon Nasentropfen (> Schnupfen, Seite 811), die den Nasen-Rachen-Gang abschwellen lassen, so daß das Ohr wieder belüftet wird.

Eine Antibiotikabehandlung ist nur notwendig, wenn Ärztin oder Arzt sehen, daß sich das Trommelfell vorwölbt, weil sich dahinter eitriges Sekret staut. Beseitigt das Medikament Schmerzen und Vorwölbung nicht, müssen ÄrztInnen das Trommelfell durchstechen, damit der Eiter abfließen kann (Parazentese).

ATMUNGSORGANE

Der erste Schrei – eine Premiere, bei der nichts schiefgehen darf. Und das ohne Probe, denn im Bauch der Mutter sorgte sie für den Sauerstoff im Babyblut.

Die Atemwege sind vom ersten Atemzug an voll funktionsfähig, wenn auch noch nicht fertig ausgebildet. Die durch die Nase eingeatmete Luft strömt durch Rachen, Kehlkopf und Bronchien in die Lunge. In deren feinsten Baueinheiten, den Lungenbläschen, treten die Sauerstoff-Moleküle der eingeatmeten Luft ins Blut über. Im Austausch wandern die Kohlendioxid-Moleküle aus dem Blut in den Bronchialraum und werden als verbrauchte Luft ausgeatmet.

Das Atemzentrum im Gehirn und »Meßstellen« für den Sauerstoff- und Kohlendioxidgehalt des Blutes an anderen Orten des Körpers bestimmen, wie oft Luft geholt wird. Besonders in den ersten Lebensmonaten ist das Wechselspiel dieser Regulationsstellen noch nicht stabil aufeinander abgestimmt. Darum können in dieser Zeit immer mal wieder Atemstillstände auftreten, die die Eltern zwar enorm beunruhigen, aber völlig harmlos sind.

Der gesamte Atemtrakt von der Nase bis in die feinsten Verästelungen der Bronchien ist mit Schleimhaut ausgekleidet. Das Sekret, das die Drüsen dieser Schleimhaut produzieren, wird in dünner Schicht von winzigen Flimmerhärchen von der Nase nach unten bzw. von den kleinsten Bronchien nach oben zur Mundhöhle transportiert. Kleine Kinder verschlucken es, größere spucken es meist aus.

Die kindlichen Atemwege sind eng, in der Nase eines Neugeborenen zum Beispiel nur etwa einen Millimeter weit. Dementsprechend groß ist der Widerstand, den Säuglinge beim Ein- und Ausatmen überwinden müssen – 10- bis 20mal mehr als bei Erwachsenen. Schwillt die Schleimhaut bei einer Entzündung an, bleibt für die durchströmende Luft nur noch sehr wenig Raum. Kleine Kinder geraten darum relativ schnell in Atemnot.

Nase

Das knöcherne Nasenbein und die daran ansetzenden Knorpel bestimmen die Form der Nase. Eine knöcherne Scheidewand teilt den inneren Hohlraum, die Nasenhöhle, in zwei Abteilungen, so daß der bohrende Finger ins linke oder rechte Nasenloch fahren kann. Öffnungen verbinden die Nasenhöhle mit dem oberen Rachenraum. Außerdem gibt es Verbindungskanäle der Nasenhöhle durch den Tränennasengang zum Auge und durch die Eustachische Röhre zum Mittelohr.

In den Knochen neben, hinter und über der Nase gibt es mehrere luftgefüllte Hohlräume (Sinus): Kieferhöhle, Stirnhöhle, Siebbeinlabyrinth, Keilbeinhöhle – zusammen als Nasennebenhöhlen bezeichnet. Sie entwickeln sich jedoch erst im Laufe der Kindheit. Beim Säugling sind sie noch winzig. Die Stirnhöhle beginnt zum Beispiel erst im dritten Lebensjahr, sich mit Luft zu füllen.

Die Höhlen sind mit der gleichen Schleimhaut ausgekleidet wie die Nase und reagieren wie sie. Bei einem Schnupfen produziert also auch immer die Schleimhaut der Nasennebenhöhlen vermehrt Sekret.

Die Nasenschleimhaut, die auch das Geruchsorgan enthält, befeuchtet die eingeatmete Luft, reinigt sie und wärmt sie an. Bei einem zehnjährigen Kind sind das mehr als 8.000 Liter Luft am Tag. Kann ein Kind nicht durch die Nase atmen, belastet diese nicht körpergerecht vorbereitete Luft die tieferen Luftwege. Hals- und Bronchialentzündungen mehren sich.

Nasenpolypen sind gutartige Wucherungen der Schleimhaut in Nase und Nasennebenhöhlen. Bei Kindern sind sie selten.

Rachen

Der Weg der eingeatmeten Luft geht durch die Nase, ihre Nebenhöhlen und führt an dem vorbei, was MedizinerInnen den lymphatischen Rachenring nennen. Er setzt sich zusammen aus den Gaumenmandeln, von Laien schlicht »Mandeln« genannt, der Rachenmandel (»Wucherungen« oder »Polypen«) und den sogenannten Seitensträngen. Sie alle sind wichtige Abwehrorgane. Weil Kleinkinder oft und intensiv mit Keimen in Kontakt kommen, sind diese Organe meist stark vergrößert. Ab dem fünften Lebensjahr werden sie kleiner.

Hals

Vom Rachen (Pharynx) aus gelangt die Luft in den Kehlkopf (Larynx). Dessen Deckel (Epiglottis) ist beim Atmen offen. Beim Essen oder Trinken ist er geschlossen, so daß der Nahrung nur der Weg in die Speiseröhre bleibt. Ist der Kehlkopfdeckel einmal nicht ganz dicht, gerät etwas »in den falschen Hals«.

An der engsten Stelle des Kehlkopfs muß die Luft die Stimmritze, einen Spalt zwischen den beiden Stimmbändern, passieren. Die Ausatmungsluft kann sie in Schwingungen versetzen, so daß die Stimme entsteht.

Wenn sich die Schleimhaut an diesen extrem engen Stellen des Atemwegs entzündlich verdickt, geraten Kinder in eine lebensbedrohliche Situation (> Kehlkopfdeckel-Entzündung, Seite 815).

NASENBLUTEN

Bei Kindern blutet die Nase immer mal wieder. Vielleicht sind zwei beim Raufen zusammengestoßen, oder es hat sich der Finger in der Nase verirrt, oder das Schneuzen fiel zu heftig aus. Auch in sehr trockener Luft blutet die Nase leicht. Bei häufigem, unerklärlichem Nasenbluten sollten Ärztin oder Arzt abklären, ob die Zusammensetzung des Blutes in Ordnung ist.

Der Blutfluß läßt sich stoppen, indem man Zellstoff oder Watte in das blutende Nasenloch steckt und den Nasenflügel der blutenden Seite fünf Minuten lang zur Nasenmitte drückt. Ein mit kaltem Wasser getränkter Lappen oder ein Eiskissen im Nacken beschleunigen die Blutstillung. Dadurch verengen sich die Blutgefäße der Nase.

Läßt sich das Nasenbluten gar nicht stillen oder beruht es auf einer ernsthaften Verletzung, tamponieren ÄrztInnen die Nase mit dicht gepackter Gaze. Sie drückt die blutenden Gefäße zusammen. Der Verband muß mehrere Stunden liegenbleiben und darf nur von Ärztin oder Arzt entfernt werden.

Bronchien und Lunge

Aus dem Kehlkopf zieht die Luft in die Luftröhre (Trachea). Sie gabelt sich in zwei Hauptbronchien, die jeder in einen Lungenflügel eintreten. Wie ein Baum verzweigen sich die Bronchien mehr als zwanzigmal in immer kleinere Äste (Bronchiolen). Sie sind von Muskelfasern umgeben, die die Bronchien weiter oder enger stellen können. Die feinste Verzweigungseinheit ist dicht mit Lungenbläschen (Alveolen) besetzt.

Bis zum Schulalter gliedert sich dieser »Baum« noch weiter auf, bildet aus kleinen Bronchien Bronchiolen, und die Lungenbläschen vergrößern sich.

Diese feine Verästelung schafft eine riesige Fläche – beim Erwachsenen etwa so groß wie ein Tennisplatz –, auf der der Gasaustausch stattfindet. An die Membran der Lungenbläschen lagern sich feinste Blutgefäße an, so dicht, daß die Sauerstoff-Moleküle aus dem Raum der Lungenbläschen in die Blutgefäße übertreten können. Den umgekehrten Weg geht das Kohlendioxid des Bluts.

Wie Nase und Rachen sind auch die Innenwände der Bronchien mit Schleimhaut ausgekleidet. Deren Flimmerhärchen transportieren den mit Staub, Pollen, Bakterien und anderem beladenen Schleim in Richtung Mundhöhle.

Anhaltende oder ständig wiederkehrende Reize wie Tabakrauch, Schadstoffe oder Infektionen können die Flimmerhärchen schädigen. Dann staut sich das Sekret, Bronchien und Lunge werden zunehmend anfälliger für Infektionen.

Erkältung (»Grippe«)

Beschwerden, Ursachen, Häufigkeit

Das Kind hat Schnupfen, Halsschmerzen, Husten, Kopfschmerzen, Gliederschmerzen, Fieber und ist abgeschlagen.
Viren haben die oberen Luftwege infiziert. Kälte spielt dabei nur insofern eine Rolle, als sich Men-

schen mehr in geschlossenen Räumen aufhalten, wenn es kalt ist. Damit vergrößert sich die Ansteckungsgefahr.

Vier bis neun Infekte pro Jahr gelten bei Säuglingen und Kleinkindern als normal, bei Schulkindern drei bis sechs. Rechnet man diese Zeiten zusammen, ist ein Kleinkind zwei bis fünf Monate des Jahres krank. Das muß so sein, weil es Hunderte von Virusarten gibt und das Immunsystem des Kindes den Kontakt mit jedem einzelnen braucht, um seine Abwehrkraft zu stärken (> Gesundbleiben und Krankwerden, Seite 712).

Wann zu Ärztin oder Arzt?

Wenn die Erkältung länger als eine Woche andauert und sich deutlich verschlimmert.

Folgen

Die Erkältung an sich ist harmlos und nach einer Woche vorüber. Bei Erkältungen, die sich länger als eine Woche hinziehen, haben sich auf den angegriffenen Schleimhäuten noch Bakterien breitgemacht.

Vorbeugung

Es ist ein Unterschied, ob Krankheitserreger auf ein normal starkes oder ein geschwächtes Immunsystem treffen. Möglicherweise ist das Kind nicht weniger krank, wird aber besser damit fertig. Maßnahmen, die die Abwehrkräfte stärken, > Die Abwehr stärken, Seite 723.

Selbsthilfe, Behandlung

Bleibt das Kind freiwillig im Bett, kann es das tun; notwendig ist Bettruhe nicht.
Zu den einzelnen Krankheitssymptomen: Fieber > Seite 768, Halsschmerzen > Seite 813, Schnupfen > Seite 811, Husten > Seite 816.

Gegen Virusinfekte können auch ÄrztInnen nichts ausrichten. Hat sich die Krankheit ausgeweitet, müssen die Entzündungen der Organe gezielt behandelt werden.

Schnupfen

Beschwerden, Ursachen, Häufigkeit

Die Nase läuft, das Kind atmet durch den Mund. Zunächst ist das Sekret wässrigklar, später wird daraus dickflüssiger, grünlichgelber Schnupfen. Fast jede Erkältung beginnt so. Viren haben in der Schleimhaut der Nase eine Entzündung ausgelöst. Sie schwillt an und produziert vermehrt Sekret.

Die Schwellung geht mit einer besseren Durchblutung einher. Dadurch gelangen mehr Abwehrzellen ins Krisengebiet, und die anfallenden Abbauprodukte können schnell entsorgt werden. Mit abschwellenden Nasentropfen die Durchblutung zu reduzieren, ist also kontraproduktiv und nur zu erwägen, wenn die Atmung erheblich beeinträchtigt ist.

Allergischer Schnupfen > Allergien, Seite 851.

Folgen

Säuglingen fällt das Saugen und Trinken mit verstopfter Nase schwer. Sie müssen erst lernen, durch den Mund zu atmen. Eine verstopfte Nase verlegt die Belüftungsgänge des Ohres. Das kann Mittelohrentzündungen begünstigen.

Selbsthilfe, Behandlung

Am besten reinigt sich die Nase selbst. Wer das Sekret dennoch entfernen will, kann es mit einer Pipette oder einer speziellen Nasenpumpe absaugen.

Bis sich die Kleinen richtig schneuzen können – ein Nasenloch zuhalten, durch das andere die Luft kräftig nach außen pusten – dauert es einige Zeit. Hochziehen können sie dagegen schon von Anfang an. Medizinisch ist das unbedenklich, der Schnupfen setzt sich dadurch nicht fest.

Kinder mit Schnupfen haben großen Durst.

Wer die Nasenschleimhaut anfeuchten möchte, kann einen Tropfen Kochsalzlösung (ein Mokkalöffel Speisesalz auf ein Achtelliter Wasser) in jedes Nasenloch tropfen (Fertigpräparat: Isole [D]).

Pflanzliches

Pfefferminzöl, Menthol, Eucalyptusöl oder Kampfer einzuatmen, vermittelt das Gefühl, besser Luft zu bekommen. Tatsächlich schwillt aber die Nase noch mehr zu. Ältere Kinder, die damit zufrieden sind, können die Öle, in Salben eingearbeitet, eingerieben bekommen. Säuglinge und Kleinkinder sind durch stark riechende Substanzen gefährdet: Sie können durch sie einen Stimmritzenkrampf oder Kreislaufkollaps bekommen.

Nasensalben oder Nasenöle – nicht die durchsichtigen Gelees – schaden der Nasenschleimhaut.

Homöopathie (> Seite 756)

Bei Beginn des Schnupfens: Luffa D6, fünfmal täglich eine Tablette.

Bei laufender Nase mit wässrigem Sekret: Allium cepa D6, fünfmal täglich fünf Tropfen.

Bei verstopfter Nase: Sambucus D3, pro Mahlzeit fünf Tropfen.

Als homöopathische Nasentropfen werden Euphorbium comp S (D) immer beliebter. Es ist eine Mixtur aus acht Homöopathika, unter anderem der Zubereitung aus Schweine-Nasenschleimhaut und eitrigem Nasenschleim. Seine Anwendung hat mit der klassischen Homöopathie nichts mehr gemein.

Sinfrontal (D) und Sinuselect (D) sind schon allein deshalb abzulehnen, weil sie – wenn auch stark verdünnt – das Langzeitgift Quecksilber enthalten (> Quecksilber, Seite 720).

Ärztliche Behandlung

ÄrztInnen verordnen die auch ohne Rezept erhältlichen Nasentropfen oder -sprays (Nasentropfen Ratiopharm [D], Nasivin [D/Ö], Olynth [D], Otriven [D], Otrivin [Ö]). Sie verengen die Blutgefäße der Nasenschleimhaut. Läßt die Wirkung nach vier bis sechs Stunden nach, schwillt sie jedoch stärker an als zuvor. Also wird erneut getropft. Damit daraus kein Teufelskreis entsteht, sollten diese Mittel nicht länger als drei Tage angewendet werden.

Schnupfenmittel mit mehr als einem Wirkstoff sind abzulehnen. Das gleiche gilt für Schnupfenmittel zum Schlucken. Wenn sie Antihistaminika enthalten (> Allergien, Seite 851), bessern sie den Schnupfen kaum, machen aber müde (Arbid [D/Ö]). Die meisten Präparate kombinieren Müdemacher und anregende Substanzen (Actifed [D], Balkis [D], Rhinopront [D/Ö]). Die Anreger können bei Kindern psychotische Reaktionen auslösen.

Nasennebenhöhlenentzündung (Sinusitis)

Beschwerden, Ursachen, Häufigkeit

 Kleinkinder haben noch keine Nebenhöhlenentzündung, weil die luftgefüllten Hohlräume des Schädels erst wenig ausgebildet sind (> Nase, Seite 808). Ab dem Schulalter können verstopfte Nase und Husten bei Kindern mit einer Nebenhöhlenentzündung zum Dauerzustand werden. Das Sekret ist grünlich-gelb. Die Kinder klagen über Schmerzen im Bereich der betroffenen Gebiete und über Kopfschmerzen.

Die Schleimhaut der Nasennebenhöhlen ist ebenso beschaffen wie die der Atemwege. Bei jedem Schnupfen – auch allergischem – und jeder Bronchitis reagiert sie mit. Nach drei bis fünf Tagen klingt das wieder ab.

Wenn ab dem Schulalter bei Atemwegerkrankungen die Verbindungswege zur Nase zuschwellen, kann sich das Sekret stauen und sich in der Höhle durch Bakterien eine chronische Entzündung entwickeln.

Wann zu Ärztin oder Arzt?

 Bei den genannten Beschwerden sollten Ärztin oder Arzt aufgesucht werden; außerdem, wenn eine Erkältung nach einer Woche noch nicht deutlich gebessert ist bzw. sich gleich danach wiederholt.

Blutuntersuchungen helfen, sicher zwischen den harmlosen virusbedingten Infekten und einer bakteriellen Entzündung zu unterscheiden. Eine Röntgenaufnahme ist nur ganz selten angebracht. Sie ist mit einer hohen Strahlenbelastung verbunden (> Bildgebende Verfahren, Seite 753).

Folgen

 Erst eine bakterielle Nasennebenhöhlenentzündung bedarf der Aufmerksamkeit. Bei Kleinkindern könnte sie im schlimmsten Fall auf Auge und Gehirn übergreifen.

Bei Schulkindern kann die Entzündung chronisch werden.

Vorbeugung

Oft behindern vergrößerte Gaumen- oder Rachenmandeln (> Rachen, Seite 809) das Luftholen durch die Nase. Ihre Entfernung macht den andauernden Nebenhöhlenentzündungen vielfach ein Ende.

Selbsthilfe, Behandlung

Die Behandlung in Eigenregie erfolgt wie bei Schnupfen, > Seite 811.

Wenn die Beschwerden abklingen, kann man den Kopf des Kindes mehrmals täglich zehn Minuten mit einer Rotlichtlampe bestrahlen. Vorher vergrößert Wärme die Druckbeschwerden.

Pflanzliches

Sinupret (D/Ö) ist eine Mischung aus fünf Pflanzenextrakten. PflanzenheilkundlerInnen lehnen derartiges ab, weil die einzelnen Bestandteile viel zu gering dosiert sind, um wirken zu können.

Homöopathie (> Seite 756)

Verstopfte Nase, eitriges Sekret, Verschlechterung bei trocken-kaltem Wetter: Hepar sulfuris D6, dreimal täglich eine Tablette.

Verstopfte Nase, eitriges Sekret, Stirnkopfschmerzen: Kalium jodatum D6, dreimal täglich eine Tablette.

Immer wiederkehrende Erkältungen, eitriges Nasensekret, Husten verschlechtert sich bei feucht-kaltem Wetter: Thuja occidentalis D12, zweimal täglich fünf Globuli.

Fertigpräparate > Schnupfen, Seite 811.

Ärztliche Behandlung

Nasentropfen (> Schnupfen, Seite 811) sollen die Schleimhäute abschwellen lassen und die Belüftung wiederherstellen. Bei einer bakteriellen Entzündung ist es meist notwendig, zehn Tage lang Antibiotika einzunehmen.

Halsschmerzen

Beschwerden, Ursachen, Häufigkeit

Im Hals brennt und kratzt es. Er ist innen rot, die Zunge weißlich belegt. Das Schlucken tut weh. Oft kommt Fieber hinzu. Die Lymphdrüsen am Hals, unterhalb des Kiefers, können geschwollen sein.

Der Hals tut bei den meisten Erkrankungen der Atemwege weh (> Erkältung, Seite 810). Infektionsursache sind meist Viren. Sie rufen an der Schleimhaut des Rachens (Pharyngitis) oder an den Gaumenmandeln eine Entzündung hervor (> Mandelentzündung, Seite 813). Bakterien sind nur selten die Übeltäter. Allerdings schädigen Virusinfekte die Schleimhaut, so daß Bakterien dann leichteres Spiel haben.

Folgen

Viel zu oft diagnostizieren KinderärztInnen eine »eitrige Mandelentzündung« (> Seite 813) und verordnen Antibiotika. Bei Virusinfektionen sind sie jedoch wirkungslos.

Vorbeugung

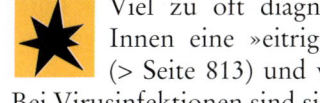
Zigarettenrauchgeschwängerte Luft ist niemandem zuträglich. Am wenigsten kranken Kindern (> Gefährlicher blauer Dunst, Seite 721; > Gesundes Wohnen, Seite 396).

Selbsthilfe, Behandlung

Das lindert Halsschmerzen:
- Salbei- oder Eibischtee mit Honig trinken.
- Halswickel aus einem mit Öl getränkten Tuch oder als Zwiebelwickel. Dazu feingehackte Zwiebeln in ein Taschentuch einwickeln, auf den Hals legen, zweites Tuch darüber, abschließend einen Wollschal. Nach zehn Minuten entfernen.
- Bonbonlutschen (Salbei, Eibisch), Kaugummikauen und Gurgeln befeuchtet die Rachenschleimhaut. Als Gurgelmittel eignen sich Kamillen- oder Salbeetee (schwach zubereitet, damit er nicht zu bitter schmeckt) oder eine schwach salzig schmeckende Kochsalzlösung.

Die Gurgelmittel und Halsschmerztabletten der pharmazeutischen Industrie sind unnötig. Sie enthalten Desinfektionsmittel, Antibiotika und/oder örtliche Betäubungsmittel. Gegen Viren können sie nichts ausrichten, und bei einer bakteriellen Infektion genügt die oberflächliche Behandlung nicht.

Virusbedingte Halsschmerzen muß der Körper selbst überwinden. Bei bakteriellen Infektionen können ÄrztInnen Antibiotika verordnen.

Mandelentzündung (Tonsillitis, Angina)

Beschwerden, Ursachen, Häufigkeit

Fieber, Bauch-, Kopf- und Gliederschmerzen. Die Halslymphknoten sind geschwollen. Wider Erwarten stehen Halsschmerzen und Schluckbeschwerden bei einer Mandelentzündung nicht im Vordergrund. Der Blick in den Hals zeigt rote und geschwollene Gaumenmandeln.

Bei Kindern kommen Mandelentzündungen häufig vor. Meist waren Viren die Übeltäter. Diese Entzündungen sind ein Lernprozeß des Immunsystems, aus dem der Körper mit gestärkten Abwehrkräften hervorgeht (> Gesundbleiben und Krankwerden, Seite 712).

Nur selten ist eine Mandelentzündung die Folge eines bakteriellen Infektes. Dann bekommen die Mandeln kleine gelbe Stippen, die sie später als eitriger Belag ganz überziehen können.

Die bekannteste Variante der eitrigen Mandelentzündung wird durch Streptokokken hervorgerufen. Kommt noch ein typischer Ausschlag hinzu, bezeichnet man das als Scharlach (> Seite 881).

Wann zu Ärztin oder Arzt?

 Wenn Fieber und/oder Halsschmerzen länger als drei Tage andauern.

Folgen

 »Rheumatische Komplikationen« nach einer unbehandelten eitrigen Mandelentzündung sind sehr, sehr selten. Als solches bezeichnen MedizinerInnen Entzündungen der Gelenke, Herzklappen oder Nieren vier bis sechs Wochen nach der ursprünglichen Infektion.

Selbsthilfe, Behandlung

 > Halsschmerzen, Seite 813.
Homöopathie (> Seite 756)
Angina mit roten Mandeln, aber ohne Beläge: 50 Tropfen Belladonna D6 in ein Glas Wasser, davon viertelstündlich einen Schluck.

Mundschleimhaut dunkelrot, Mandeln stark geschwollen: Phytolacca americana D6, anfangs jede Stunde drei Globuli.

Geschwollene Mandeln, die zu eitern beginnen; übler Mundgeruch: 3- bis 4mal täglich 3 Globuli Guajacum D6.

Ärztliche Behandlung

Bei einer virusbedingten Mandelentzündung ist die Behandlung mit Antibiotika unsinnig. Bei einer eitrigen Angina sollen diese Mittel vor allem die Folgeentzündungen verhindern. Mit der Antibiotika-Verordnung können ÄrztInnen getrost warten, bis sich die typischen Zeichen einer eitrigen Mandelentzündung zeigen.

Operation

Früher wurden den Kindern die Mandeln schon nach wenigen Entzündungen entfernt. Man hielt sie schlicht für überflüssig. Seit ihre Aufgaben bei der Immunabwehr jedoch bekannt sind, sitzt ÄrztInnen das Skalpell nicht mehr ganz so locker.

Die Mandeln zu entfernen ist angebracht, wenn das Kind pro Jahr mehr als vier eitrige Mandelentzündungen hat, die mit Antibiotika behandelt werden müssen.

An der Operation fürchten ÄrztInnen vor allem Nachblutungen. Deswegen möchten sie die kleinen PatientInnen eine Woche in der Klinik behalten. Es gibt aber durchaus MedizinerInnen, die mit Erfolg anderes praktizieren. Sie operieren morgens früh, und abends kann das Kind mit den Eltern nach Hause fahren. Voraussetzungen:
● Die Operation und die Stunden danach müssen komplikationslos abgelaufen sein.
● Die Eltern müssen innerhalb von ein bis zwei Stunden die Klinik erreichen können.

Die erste Nacht soll das Kind noch im Schlafzimmer der Eltern schlafen, ansonsten kann es wie gewohnt essen, trinken, spielen.

Pseudokrupp

Beschwerden, Ursachen, Häufigkeit

Vornehmlich Kleinkinder beginnen nachts zwischen zwei und drei Uhr bellend zu husten und sind heiser. Beim Einatmen kann man manchmal ein ziehendes Geräusch hören. Je schwerer dem Kind das Luftholen fällt, desto ängstlicher und unruhiger wird es.

Ist der Anfall überstanden, erinnern sich die Eltern meist, daß das Kind Tage oder Stunden vorher die ersten Anzeichen einer Erkältung aufwies. Daraus entwickelt sich am nächsten Tag manchmal eine ausgeprägte Erkältung. In der dem Anfall folgenden Nacht kehren die Symptome meist in abgeschwächter Form wieder.

Etwa eines von zehn Kindern im Vorschulalter hat mindestens einen Pseudokruppanfall gehabt. Ursache ist eine Virusinfektion.

Umweltbelastungen spielen ebenso wie Tabakrauch in der Atemluft und Chemikalien-Ausdünstungen in Wohnräumen eine Rolle als Wegbereiter für die Krankheit. Sie schädigen die Schleimhaut der Atemwege und machen sie so anfälliger für Infektionen (> Gesundes Wohnen, Seite 396).

Wann zu Ärztin oder Arzt?

In jedem Fall zu Ärztin oder Arzt, wenn das Kind einen Pseudokruppanfall hat. Sofort in die Kinderklinik, wenn

● das Kind nicht heiser ist, aber kloßig spricht und hohes Fieber bekommt (> Kehlkopfdeckel-Entzündung, Seite 815).
● das Kind deutliche Atemnot hat und sich die Haut zwischen den Rippen nach innen einzieht.
● sich die Haut bläulich verfärbt.
● sich die Atemnot trotz Behandlung nach einer Stunde nicht bessert.

Folgen

Fast immer geht der Anfall von selbst folgenlos vorüber. Daß ein Kind wegen der Atemnot im Krankenhaus behandelt werden muß, ist selten.

Kleinkinder, die einmal einen Pseudokruppanfall hatten, neigen öfter dazu.

Vorbeugung

Nicht rauchen und Belastungen durch Chemikalien-Ausdünstungen wie zum Beispiel aus Spanplatten vermeiden (> Gesundes Wohnen, Seite 396).

Ist bereits einmal ein Pseudokruppanfall aufgetreten, ist es sinnvoll, daß Ärztin oder Arzt Kortison-Zäpfchen verschreiben. Im Wiederholungsfall gegeben, lassen sie die Schleimhaut schneller abschwellen. Ihr Nutzen im Anfall überwiegt das Risiko der möglichen, geringen Nebenwirkungen.

Selbsthilfe, Behandlung

● Die Angst des Kindes verringert sich, wenn die Eltern selbst ruhig bleiben und durch ruhiges, zielgerichtetes Handeln Sicherheit vermitteln.

Alle weiteren Maßnahmen helfen Kindern unterschiedlich gut:
● Kalte, frische Luft zum Beispiel am offenen Fenster beruhigt die wunden Atemwege.

KEHLKOPFDECKEL-ENTZÜNDUNG

Ein Kind mit Kehlkopfdeckel-Entzündung wirkt sehr krank: Es hat hohes Fieber, spricht kloßig und hat so starke Halsschmerzen, daß es seine Spucke nicht mehr schlucken kann. Um sich das Atmen zu erleichtern, sitzt es aufrecht. Die Atemnot wird in wenigen Stunden lebensbedrohlich: Sofort in die Kinderklinik. Es besteht Erstickungsgefahr.

Bei einigen Kindern genügt es, wenn sie – unter intensiver ärztlicher Überwachung – Antibiotika bekommen und Kochsalzlösung mit Kortisonzusatz inhalieren. Andernfalls müssen ÄrztInnen mit einem dünnen Schlauch zwischen Nase und Kehlkopf der Luft einen Weg offenhalten, bis die Entzündung abgeklungen ist. Dafür sorgen Antibiotika.

Bei dieser Krankheit ist der Kehlkopfdeckel durch eine Infektion mit Haemophilus influenzae-Bakterien entzündet. Der Kehlkopfdeckel und seine Umgebung schwellen sehr schnell an und können den Atemweg gänzlich versperren.

Ob die Hib-Impfung (> Seite 735) die Kinder vor einer Kehlkopfdeckel-Entzündung ausreichend schützt, ist nicht sicher.

● Bevor das Kind wieder ins Bett geht, nasse Bett-laken im Zimmer aufhängen, damit es auch dort feuchte Luft atmen kann.
● Im Bett den Kopf hochlagern.
● Viel zu trinken geben.
● Temperatur im Kinderzimmer nicht über 18°C.
● Ist die Nase verstopft, können abschwellende Nasentropfen die Atmung erleichtern.

Akupunktur

Die Ergebnisse sind sehr unterschiedlich. Manche BehandlerInnen können von einer deutlichen Besserung bei mehr als der Hälfte ihrer PatientInnen berichten.

Homöopathie (> Seite 756)

Anfänglich alle Viertelstunde drei Globuli Aconitum D6 oder Spongia D4.

Ärztliche Behandlung

In der Kinderklinik können über die angegebenen Anfall-Maßnahmen hinaus noch andere abschwellende Medikamente inhaliert werden. Sehr ängstliche Kinder bekommen vielleicht ein Beruhigungsmittel.

Husten (Akute Bronchitis, Chronische Bronchitis)

Beschwerden, Ursachen, Häufigkeit

? Mit Husten versucht der Körper, die Luftwege von dem zu befreien, was Ein- und Ausatmen behindert. Das Hustenzentrum im Gehirn veranlaßt reflexartig eine extrem kräftige Ausatmung, die das Störende herausdrücken soll. Stört die entzündete Schleimhaut, gelingt das natürlich nicht. Dann dauert der Husten an.

Akute Bronchitis: Das Kind ist erkältet; es hustet, mag nichts essen, hat etwas Fieber. In den ersten beiden Tagen ist der Husten meist trocken, das Kind muß noch nichts ausspucken. Anschließend wird er lockerer, wobei sich mit jedem Hustenstoß etwas Schleim löst. Jüngere Kinder verschlucken ihn meist, ältere spucken ihn aus.

Aus ein bis zwei der vielen Erkältungen im Jahr wird eine akute Bronchitis. Fast immer haben Viren die Entzündung in den Atemwegen hervorgerufen.

Chronische Bronchitis: Ohne andere Zeichen einer Erkältung husten die Kinder länger als acht Wochen, manchen Eltern scheint: den ganzen Winter lang. Bevorzugte Hustenzeiten sind die Nacht und die frühen Morgenstunden.

Etwa 10 von 100 Kleinkindern haben einen Dauerhusten, bei den Schulanfängern sind es noch 5 pro 100, später nur noch einer.

Eine erste Infektion hat die Bronchialschleimhaut so geschädigt, daß sich weitere Keime, und nun auch Bakterien, leichter ansiedeln können. Die Bronchialschleimhaut produziert sehr viel und sehr zähes Sekret, das immer schlechter abgehustet werden kann. Dieser Belag ist Keimen sehr willkommen. Besonders bei kleineren Kindern können Erreger aus einer entzündeten Kieferhöhle nach unten wandern.

Bei Kleinkindern sind gar nicht so selten versehentlich in die Luftwege geratene Fremdkörper wie zum Beispiel kleine Nußstücke die Ursache eines Dauerhustens (> Verschlucken von Gegenständen, Seite 747).

Quälender Reizhusten kann Zeichen einer Mukoviszidose sein (> Seite 144).

Mit einem allergischen Dauerhusten reagieren manche Kinder auf Feuchtstellen in der Wohnung, an denen sich Schimmel festgesetzt hat (> Allergien, Seite 851).

Ebenso wie die Körperhaut ist die Schleimhaut der Atemwege ein Grenzorgan zwischen Mensch und Umwelt. Die Zeit der vielen Infekte ist auch die Zeit, in der das Kind lernt, »ich« und »du« zu unterscheiden. Probleme bei dieser Grenzziehung können als körperliche Reaktion die Bereitschaft der Atemwege für Infektionen begünstigen (> Körper und Seele, Seite 715).

Wann zu Ärztin oder Arzt?

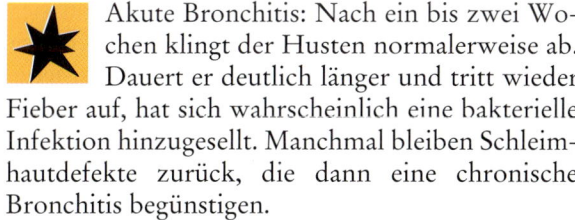

Wenn der Husten länger als eine Woche dauert oder mit Fieber verbunden ist. Blutuntersuchungen weisen bei einer chronischen Bronchitis nicht auf die Krankheit hin. Auch das Röntgenbild der Lunge zeigt nur manchmal etwas Auffälliges.

Folgen

Akute Bronchitis: Nach ein bis zwei Wochen klingt der Husten normalerweise ab. Dauert er deutlich länger und tritt wieder Fieber auf, hat sich wahrscheinlich eine bakterielle Infektion hinzugesellt. Manchmal bleiben Schleimhautdefekte zurück, die dann eine chronische Bronchitis begünstigen.

Chronische Bronchitis: Die Schleimhautveränderungen können noch fortbestehen, wenn der Husten aufgehört hat. Etwa ein Drittel der Kinder behält seine chronische Bronchitis auch als Erwachsene.

Vorbeugung

Kindern, die wegen einer vergrößerten Rachenmandel ständig durch den Mund atmen, sollte diese Wucherung entfernt werden. Die Entfernung der Gaumenmandeln beeinflußt den chronischen Husten nicht.

So gut es geht für gute Luft sorgen: Nicht rauchen (> Gefährlicher blauer Dunst, Seite 721), viel lüften, Waldspaziergänge (> Luftfeuchtigkeit, Seite 398) und möglichst schadstoffarme Möbel kaufen (> Wohngifte vermeiden, Seite 399).

Chronische Bronchitis: Eine konsequente Langzeitbehandlung soll Dauerschäden der Lunge verhindern.

Lebt das kranke Kind in einer Gegend mit stark verschmutzter Luft, kann ein mehrwöchiger Aufenthalt in einem anderen Klima den Atemwegen Gelegenheit geben, sich zu erholen (> Klimakur, Seite 856).

Ein Kind, das zu Dauerhusten neigt, sollte den Kontakt mit erkälteten Menschen meiden.

Selbsthilfe, Behandlung

Thymiantee löst Verkrampfungen der Atemwege, erleichert das Abhusten des Schleims und wirkt keimtötend. Tee aus Spitzwegerichkraut mildert den Hustenreiz und bekämpft Bakterien.

Homöopathie (> Seite 756)

Trockener, schmerzhafter Husten mit Schmerzen in der Brust: Bryonia cretica D6, drei- bis viermal täglich fünf Globuli.

Trockener Krampfhusten bis zum Erbrechen mit Atemnot: Cuprum aceticum D6, drei- bis viermal täglich eine Tablette.

Trockener Husten, bei dem es in der Lunge rasselt, mit vorangegangener Erkältung: Ammonium carbonicum D6, dreimal täglich eine Tablette.

Reichlich zähes Sekret, das aber nicht abgehustet werden kann, blasses Kind: Antimonium tartaricum D6, dreimal täglich eine Tablette.

Ärztliche Behandlung

Bei beiden Arten von Bronchitis versucht man, den Schleim dünnflüssig zu halten und das Abhusten zu erleichtern. Dazu verordnen ÄrztInnen schleimlösende Medikamente mit den Wirkstoffen Ambroxol (Ambrobene [Ö], Broxol [Ö], Mucosolvan [D/Ö], Mucophlogat [D]), Bromhexin (Bisolvon [D/Ö]) oder Acetylcystein (ACC Hexal [D], Aeromuc [Ö], Fluimucil [D], Mucret [D/Ö]). Ob diese Mittel wirksam sind, beurteilen MedizinerInnen unterschiedlich.

Antibiotika einzugeben ist nur angebracht, wenn alle Zeichen auf eine zusätzliche bakterielle Infektion hinweisen: Husten länger als zwei Wochen, erneutes Fieber, grüngrauer Auswurf. Bei chronischer Bronchitis müssen die Medikamente manchmal monatelang geschluckt werden.

Hustendämpfende Mittel wie Paracodin (D), Sedotussin (D) oder Silomat (D/Ö) verhindern das wichtigste Ziel der Bronchitisbehandlung: das Abhusten des Schleims. Sie sind bestenfalls vertretbar, wenn Kind oder Eltern nach mehreren schlaflosen Hustennächten endlich einmal wieder durchschlafen wollen.

Die Kombination von Hustenstillern mit weiteren Stoffen (Codipront [D/Ö], Rhinotussal [D]) ist abzulehnen.

Krampfhusten (Bronchiolitis, Obstruktive Bronchitis, Spastische Bronchitis)

Beschwerden, Ursachen, Häufigkeit

 Vornehmlich Säuglinge scheinen zunächst eine normale Erkältung mit Schnupfen und Husten zu haben, werden jedoch innerhalb von ein bis zwei Tagen zunehmend kurzatmiger und bekommen kaum noch Luft. Beim Ausatmen entsteht ein pfeifendes Geräusch.

Krankheiten, bei denen die Atemwege verengt sind, gehören zu den häufigsten im Kindesalter. Durch eine Virusinfektion schwillt die Schleimhaut der kleinsten Bronchien an und produziert vermehrt Sekret. Weil kleine Kinder so enge Atemwege haben, führt das ganz schnell zur Atemnot.

Die ständig steigende Zahl an Bronchiolitis-kranken Kindern spiegelt die Qualität der Luft wider, die die Kinder einatmen: In den alten Bundesländern bedeutet atmen, im Jahr durchschnittlich 40 Kilogramm Schwefeldioxid und zehn Kilogramm Staub in die Lunge zu ziehen. Im Raum Cottbus, Halle, Leipzig und Bitterfeld sind es gar 300 Kilogramm Schwefeldioxid und 130 Kilogramm Staub – pro Kopf.

Wann zu Ärztin oder Arzt?

 Sofort in die Kinderklinik, wenn
● Säuglinge nicht ausreichend trinken.
● das Kind deutlich unter Atemnot leidet oder sich seine Haut bläulich verfärbt.
● das Kind schwerkrank wirkt: Es hat blaßgraue Haut und ist in sich gekehrt.

Eine Bronchiolitis gehört immer in ärztliche Behandlung. An den Geräuschen, die Ärztin oder Arzt über der Lunge hören, können sie erkennen, ob vielleicht ein Asthma oder eine Lungenentzündung vorliegt.

Folgen

 Nach drei bis vier Tagen klingt die Krankheit normalerweise folgenlos ab. Nur selten ist eine Intensivbehandlung im Krankenhaus notwendig.

Bei etwa der Hälfte der Kinder wiederholt sich die Bronchiolitis mehrfach. Sind die Kinder älter und ihre Atemwege etwas weiter, kristallisieren sich die Asthmakinder heraus, deren Luftnot auf einer zusätzlichen Verkrampfung der Bronchialmuskeln beruht.

Vorbeugung

 Für Atemluft sorgen, die frei von Zigarettenrauch ist und möglichst wenig andere Schadstoffe enthält.

Das Bronchiolitis-kranke Kind braucht Ruhe. Auch Weinen strengt an und kann die Atemnot verschlimmern.

Selbsthilfe, Behandlung

 Bronchienerweiternde Medikamente, wie AsthmatikerInnen sie einnehmen müssen, helfen bei der Bronchiolitis nicht. Daß Kortison das Atmen erleichtert, ist ebenfalls nicht bewiesen. Antibiotika richten gegen die Virusinfektion nichts aus.

Im Krankenhaus erhält ein Kind mit starker Atemnot mit Sauerstoff angereicherte Atemluft. Außerdem kann es dort ein Medikament gegen die verursachenden Viren inhalieren.

Lungenentzündung

Beschwerden, Ursachen, Häufigkeit

 Im 1. Jahr
Die Kinder wirken deutlich krank, haben aber nicht unbedingt hohes Fieber. Sie

mögen nichts essen und erbrechen sich. Husten kann, muß aber nicht bestehen. Meist fällt ihnen das Atmen schwer, und sie bewegen dabei die Nasenflügel.

Ab 1. Jahr

Meist hohes Fieber. Anfangs oft quälender, schmerzender Reizhusten, später dann mit Auswurf. Die Kinder atmen sehr schnell. Sind größere Teile der Lunge entzündet, können sich Lippen und Haut durch den Sauerstoffmangel blau färben. Das Kind ist blaß, matt und schwitzt stark.

Lungenentzündungen werden vornehmlich durch Viren verursacht. Sie schädigen die Bronchialschleimhaut so, daß sich zusätzlich Bakterien festsetzen können. Auch im Gefolge von Maserninfektionen können sie auftreten.

Bei Kindern gibt es relativ häufig Lungenentzündungen durch Magensaft, Krümel, winzige Spielzeuge oder ähnliches, was in den falschen Hals geraten ist und sich dort festgesetzt hat (Aspirationspneumonie).

Das durch die Entzündung vermehrt abgesonderte Sekret und abgestorbene Zellen verstopfen die feinsten Teile des Lungengewebes.

Im Vergleich zu den häufigen Infekten der oberen Luftwege und den Bronchitiden sind Lungenentzündungen sehr selten.

Wann zu Ärztin oder Arzt?

Im 1. Jahr
Sofort in die Kinderklinik.
Ab 1 Jahr
Sofort in die Kinderklinik, wenn das Kind Atemnot hat.
Sofort zur Ärztin oder zum Arzt, wenn der Verdacht auf eine Lungenentzündung besteht.

Folgen

In der Phantasie vieler Erwachsener verbindet sich die Lungenentzündung oft mit dem Gedanken an Tuberkulose und das wiederum mit dem drohenden Tod. Doch seit Lungenentzündungen mit Antibiotika behandelt wer-

den können, heilen sie meist in zwei bis drei Wochen folgenlos ab.

Mit der Lunge entzündet sich manchmal das Lungenfell, das die Lunge umhüllt, oder das Rippenfell, das den Brustkorb innen auskleidet (Pleuritis). Bei frühzeitiger antibiotischer Behandlung sind diese Komplikationen aber selten.

Ist eine solche Entzündung »trocken«, tut sie sehr weh. Wird Sekret produziert, sprechen ÄrztInnen von feuchter Rippenfellentzündung oder Rippenfellerguß. Die Flüssigkeit von großen Ergüssen oder Eiteransammlungen muß manchmal im Krankenhaus mit einem Schlauch abgeleitet werden.

Selbsthilfe, Behandlung

Bei Lungenentzündung verordnen ÄrztInnen immer Antibiotika, obwohl sie gegen die oft virusbedingten Entzündungen nichts ausrichten können. Da es aber am Anfang keine Möglichkeit gibt, bakterielle von viralen Lungenentzündungen zu unterscheiden und sich Bakterien doch oft hinzugesellen, ist diese Therapie sinnvoll.

Asthma

> Allergien, Seite 851

Beschwerden, Ursachen, Häufigkeit

Ein Asthmaanfall beginnt meist mit Husten und entwickelt sich innerhalb von Stunden. Das Ausatmen, bei dem ein Pfeifen zu hören ist, fällt zunehmend schwerer. Dadurch bleibt immer mehr Luft in den Lungen, bis das Kind schließlich kaum noch einatmen kann. Es sitzt aufrecht und ringt nach Luft.

Zwischendurch gibt es immer wieder Hustenattacken, bei denen es manchmal sehr zähes Sekret hochwürgt. Es kann auch sein, daß das Kind das Sekret verschluckt und nach dem Anfall erbricht. Nach ein bis zwei Tagen haben sich alle Erscheinungen wieder normalisiert.

Wie Asthma verläuft, ist von Kind zu Kind unterschiedlich und kann auch bei demselben Kind immer wieder anders sein.

Etwa jedes 15. bis 20. Kind ab drei Jahren leidet unter Asthma, davon sind doppelt bis dreimal so viele Jungen wie Mädchen.

Die Bronchialschleimhaut eines für Asthma anfälligen Kindes ist überempfindlich. Auf Reize reagiert sie wie bei einer Entzündung: Sie schwillt an und produziert viel zähes Sekret. Zusätzlich verkrampfen sich die Bronchialmuskeln. Bei zwei Dritteln der Kinder ist das Asthma allergisch bedingt.

Vielen Kindern macht die Krankheit das ganze Jahr über zu schaffen, weil Atemweginfektionen die Beschwerden des allergischen Asthmas verstärken und die Bereitschaft der Schleimhaut, auf Reiz-

---

SCHWERER ASTHMAANFALL

● Ruhig bleiben, und das Kind beruhigen. Angst vergrößert die Luftnot.
● Die von Ärztin oder Arzt verschriebenen Medikamente wie besprochen anwenden. Bei einem schweren Asthmaanfall heißt das meistens:
● Ein bronchienerweiterndes Mittel inhalieren,
● eine in Wasser aufgelöste Kortisontablette trinken,
● eine Ampulle mit dem Arzneimittel Theophyllin austrinken.
Notieren Sie, wann und wieviel das Kind von welchem Medikament bekommen hat.
● Bekommt das Kind nach etwa einer Stunde nicht deutlich besser Luft, müssen Ärztin oder Arzt gerufen bzw. das Kind in die Kinderklinik gebracht werden.

---

stoffe überempfindlich zu reagieren, immer erhalten bleibt.

Nur bei einem kleinen Teil der Kranken lösen Anstrengungen wie zum Beispiel sportliche Aktivitäten die Anfälle aus.

Wann zu Ärztin oder Arzt?

 Jedes asthmakranke Kind gehört in ärztliche Behandlung. Jede Selbstbehandlung sollte nur nach Absprache erfolgen.

Folgen

 60 bis 70 Prozent der asthmakranken Kleinkinder sind im Alter von acht bis zehn Jahren wieder gesund. Zwei Drittel derjenigen, die ihr Asthma dann immer noch haben oder erst bekommen, behalten es ihr Leben lang. Die Meinung, Asthma verschwinde mit der Pubertät, ist falsch. Etwa jedes zehnte Asthmakind behält ein schweres Dauerasthma, das die Lunge schädigt.

Kinder mit Asthma leben das beschwerliche Leben von chronisch Kranken. Bei ÄrztInnen sind sie Stammgäste, Medikamente sind ihr täglich Brot. Obwohl die Behandlung so gestaltet werden sollte, daß sie Spiel- und Schulzeiten möglichst wenig beeinträchtigt, ist das Leben von Asthmakindern oft durch Verbote und Vorsichtsmaßnahmen eingeschränkt, ihr Stundenplan durch ärztlich verordnete Übungen blockiert.

Krankenhaus-Aufenthalte können die Seele kleinerer Kinder belasten (> Seite 764), größeren das Fortkommen in der Schule erschweren.

Eltern, die ihr Kind möglichst gut behüten wollen, drängen es zusätzlich in eine Sonderrolle.

Vorbeugung

 ● Passiv mitrauchende Kinder entwickeln eher Asthma als Kinder in Nichtraucher-Haushalten, und sie leiden stärker daran (> Gefährlicher blauer Dunst, Seite 721). Schadstoffe in Innenräumen sind vermeidbar (> Gesundes Wohnen, Seite 396).
● Schwimmen kräftigt die Muskulatur. Kinder, die

bei Anstrengungen einen Anfall befürchten müssen, können sich damit trainieren. AllergikerInnen hilft es ebenfalls, weil das Wasser die Pollen bindet und das Kind feuchte Luft einatmet.

● Die Langzeitbehandlung mit Medikamenten soll Zahl und Schwere der Asthmaanfälle verringern.

Selbsthilfe, Behandlung

 Die allgemeine Behandlung von Allergien ist auf Seite 851 beschrieben. Die speziellen Asthmabehandlungen sind folgende:

Akupunktur

Sie kann die Atemnot lindern. Ob sich die Bronchien dadurch wirklich erweitern oder die Kinder nur den Eindruck haben, sie bekämen besser Luft, ist nicht klar. Wenn sie sich allerdings besser fühlen, die Luftwege aber eng bleiben, fehlt ein wichtiges Zeichen, das den PatientInnen sonst hilft, die richtigen Medikamente zur rechten Zeit anzuwenden.

Ärztliche Behandlung

Eine Asthma-Behandlung ist nur erfolgreich, wenn die Eltern und möglichst früh auch die Kinder selbst genau wissen, was sie warum tun sollen. Bereits mit acht Jahren können Kinder, die von Ärztin oder Arzt sorgfältig instruiert werden, ihre Therapie eigenverantwortlich in die Hand nehmen. Anfallauslösende Stoffe und Ereignisse können sie dann selbst erkennen und meiden bzw. besser damit umgehen.

Hilfreich ist dabei ein Peak-flow-Meter – ein Gerät, das den Atemwegwiderstand mißt. Es zeigt den Grad der Verengung der Bronchien an und gibt dem Kind Hinweise, wann es welches Medikament anwenden muß.

Das Ziel dieser Patientenschulung ist ein Kind, das sein Asthma selbst managt. Von Eltern, KindergärtnerInnen und LehrerInnen verlangt das große Zurückhaltung und das Vertrauen, daß sich das Kind an sie wenden wird, wenn es Hilfe braucht. Gelingt dieses Zusammenspiel, stärkt das das Selbstbewußtsein des Kindes ganz erheblich. Das wird wieder zum positiven Faktor für Befinden und Immunsystem und damit zur Überwindung der Krankheit.

Hat das Kind wiederholt schwere Asthmaanfälle, muß eine medikamentöse Langzeitbehandlung sie künftig so gut wie möglich verhindern. Der Schweregrad des Asthmas bestimmt dabei Art und Anzahl der Medikamente und ob sie das ganze Jahr über angewandt werden müssen oder nur bei Beschwerden.

Asthmabehandlung heißt vornehmlich inhalieren, und zwar Cromoglicinsäure (DNCG [D], Intal [D/Ö]). Das Mittel verhindert, daß Körperzellen die Stoffe freisetzen, die Asthmaanfälle hervorrufen.

Drängt das die Beschwerden nicht ausreichend zurück, muß das Kind Kortisonhaltiges inhalieren. Nur diese Medikamente können den Schaden begrenzen, den die Entzündung auf lange Sicht gesehen an der Bronchialschleimhaut anrichtet. Präparate: Auxiloson (D), Becloturmant (D), Becotide (Ö), Inhacort (D), Pulmicort (D/Ö), Sanasthmax (D), Sanasthmyl (D), Viarox (D). Bei Kindern müssen ÄrztInnen die Kortisonmenge jedoch so knapp wie möglich halten, da es das Längenwachstum beeinträchtigen kann.

Kontakte

Selbsthilfeorganisation für asthmakranke Kinder
ARBEITSGEMEINSCHAFT ALLERGIEKRANKES KIND
POSTFACH 11 41
35721 HERBORN
TEL.: 02772/41237

Zum Weiterlesen

Asthma bei Kindern.
KARL PETER PAUL
Springer Verlag, 1992.

Heiserkeit und eine erhöhte Anfälligkeit für Mundsoor sind die häufigsten Nebenwirkungen von Kortison-Inhalationen. Sie lassen sich verringern, indem das Kind nach jeder Inhalation kräftig den Mund ausspült.

Spielt sich die Atemnot vornehmlich nachts ab, muß das Kind ein langwirkendes (Retard) Theophyllin-Präparat einnehmen (Afonilum [D/Ö], Bronchoretard [D], Euphyllin [D/Ö], Isophyllen [Ö], Mundiphyllin [Ö], PulmiDur [D/Ö], Solosin [D], Uniphyllin [D]). Bei Kleinkindern kann man den Inhalt der Kapseln – winzig kleine Kugeln – mit etwas Brei verrühren.

Theophyllin und Koffein sind verwandte Verbindungen. Dementsprechend ähneln sich die Nebenwirkungen: Unruhe, Schlafschwierigkeiten, Aggressivität.

Von einer Klimakur an der Nordsee können asthmakranke Kinder sehr profitieren (> Klimakur, Seite 856). War das der Fall, sollten sie die Kur möglichst jährlich wiederholen und nicht erst abwarten, bis es wieder schlechter wird.

Mukoviszidose (Zystische Fibrose)

Beschwerden, Ursachen, Häufigkeit

Mukoviszidose ist eine erbliche Erkrankung aller Drüsen, die ihre Produkte nach außen abgeben, nicht ins Blut wie die Hormondrüsen. Solche Drüsen kommen unter anderem in der Haut, an der Schleimhaut der Atemwege und des Magen-Darm-Trakts vor.

In Mitteleuropa wird etwa eines von 2.000 Kindern mit dieser Stoffwechselstörung geboren. Das Gen, das die Bildung eines bestimmten Eiweißbestandteiles festlegt, ist verändert. Dementsprechend »falsch« ist das daraus gebaute Eiweiß. Die Folge: Die Drüsen produzieren dickes, stark salzhaltiges Sekret, das ihre Ausführungsgänge verstopft.

Atemwege: Verdickter Schleim verstopft die klei-

nen Bronchien, läßt sich kaum abhusten und wird zum Nährboden für gefürchtete Keime.

In den ersten beiden Lebensjahren zeigt sich die Krankheit nur selten eindeutig. Später haben die Kinder immer wiederkehrende Hustenattacken, oft verbunden mit Luftnot. Es entwickelt sich ein chronischer Husten mit all seinen Komplikationen: Andauernde Nasennebenhöhlenentzündungen, immer wiederkehrende Lungenentzündungen.

Verdauungstrakt: Das zähe Sekret der Bauchspeicheldrüse verstopft die Ausführungsgänge der Drüse. Die Zellen stellen ihre Produktion ein, das Organ wandelt sich so um, daß es seine Aufgaben als Verdauungsdrüse nicht mehr wahrnehmen kann. Zusätzliche Funktionsabweichungen der Zellen im Magen-Darm-Trakt bringen die gesamte Verdauung in Unordnung.

Die Kinder gedeihen schlecht, selbst wenn sie ihren dauernden Heißhunger stillen. Sie scheiden fettigen, schaumigen Stuhl aus, der widerlich riecht. Ihr Bauch wirkt aufgetrieben, und sie neigen zu Verstopfung.

Die Mangelernährung führt durch Eiweißmangel zu Wassereinlagerungen im Körper. Es treten Vitaminmangelkrankheiten wie Rachitis oder Blutgerinnungsstörungen auf.

Wann zu Ärztin oder Arzt?

Wenn ein Kind fortwährend Husten hat und schlecht gedeiht.

Muko-Kinder bedürfen ständiger Betreuung und Behandlung, und zwar in enger Zusammenarbeit zwischen ÄrztInnen, Eltern und Kind. Zum Team gehören unbedingt auch erfahrene PhysiotherapeutInnen für die Techniken, die das Abhusten des Schleims erleichtern sollen.

Folgen

Mukoviszidose bedeutet, mit einer unheilbaren Krankheit leben zu müssen und von frühem Tod bedroht zu sein. Die durchschnittliche Lebenserwartung eines Mukoviszidosekranken hängt wesentlich davon ab, ob die Krankheit leicht oder schwer verläuft, ob sie intensiv oder ungenügend behandelt wird.

Sauerstoffangereicherte Luft einzuatmen, kann eine Zeitlang die eingeschränkte Lungenfunktion ausgleichen. Doch irgendwann reicht die Lungenkapazität nicht mehr, um den Körper vom ständig gebildeten Kohlendioxid zu befreien. Dieser Prozeß kann sich lange hinziehen und bedeutet für die PatientInnen, daß sich ihre Lebensqualität ständig verringert.

Den Eltern stellt sich die schwierige Aufgabe, diesen Kindern, die in geistig-seelischer Hinsicht sind wie alle anderen, ein weitgehend normales Leben zu ermöglichen.

Atemwege: Durch die ständige Keimbesiedelung bilden sich in der Lunge Bezirke mit vermehrtem Luftgehalt (Zysten) und solche, in die keine Luft mehr hineingeht. Beide tragen zur Versorgung des Körpers mit Sauerstoff nichts mehr bei. Das Lungengewebe vernarbt immer stärker (Fibrose). Über das Schicksal der Mukoviszidosekranken entscheidet meist die Bakterienart Pseudomonas. Früher oder später findet sie sich in den Lungen aller CF-PatientInnen und kann nie wieder ganz beseitigt werden. Die Gegenwehr des Körpers gegen diese Keimart zerstört das Lungengewebe noch weiter. Die Betroffenen haben für Belastungen immer weniger Luft, so daß sie letztlich an Bett oder Rollstuhl gefesselt sind. Der Sauerstoffmangel zieht das Herz in Mitleidenschaft.

Verdauungstrakt: Die gestörte Verdauung führt zur Unterernährung. Das Wachstum bleibt zurück, die Pubertät tritt verspätet ein oder bleibt ganz aus.

Bei etwa jedem zehnten Muko-Kind ist schon der erste Stuhl (Mekonium) so zäh, daß er den Darm verschließt. Meist hilft dann nur eine Operation. Auch bei älteren Kindern kann es manchmal zu einem Darmverschluß kommen.

Das in der Leber gebildete Gallensekret kann so zäh sein, daß es die Ausführungsgänge verstopft und die Leber in Mitleidenschaft zieht.

HEIM-MONITORE

Scheint ein Baby wirklich gefärdet, können Ärztin oder Arzt auf Kosten der Krankenkasse den Eltern einen Monitor verordnen, der – je nach Typ – verschiedene lebenswichtige Funktionen des Kindes während des Schlafs überwacht. Auch Eltern, die bereits ein Kind verloren haben oder besonders ängstlich sind, kann ein solches Gerät ein wenig beruhigen. Sie sollten allerdings bedenken, daß das Gerät allein noch nichts verhindert. Die Eltern müssen intensiv geschult sein, die Monitor-Meldungen richtig zu interpretieren. Ist es zu einem Atemstillstand gekommen, müssen sie schnell und professionell wie Klinikpersonal reagieren: Nur wenn sie Atemspende und Herzmassage an ihrem eigenen, dem Tode nahen Kind gezielt anwenden können, haben sie vielleicht eine Chance, die Katastrophe zu verhindern. Doch wie werden sie damit fertig, wenn ihr Kind unter den eigenen Händen stirbt?

Hinzu kommt: Keines der Geräte funktioniert optimal. Manche lösen keinen Alarm aus, wenn es nötig wäre, die meisten stören mit Fehlalarmen das ohnehin extrem belastete Familienleben. MedizinerInnen, die sich intensiv mit den Ängsten von Eltern und ihrem Bedürfnis nach Sicherheit auseinandergesetzt haben, lehnen übereinstimmend ab, daß sich Eltern ohne ärztliche Unterstützung Monitore ins Kinderzimmer stellen – selbst wenn sie sich mit einem so vielversprechenden Namen wie »Babyprotector« anbieten.

Eltern, die bereits ein Kind verloren haben, verschaffen sich etwas mehr Ruhe, indem sie ihr neues Baby im elterlichen Bett, zumindest aber im selben Zimmer schlafen lassen.

Vorbeugung

Die Arbeiten, das veränderte Erbgut gentechnisch zu reparieren, befinden sich noch im Versuchsstadium. Aber es gibt Tests, um eine Mukoviszidose bereits während der Schwangerschaft zu erkennen (> Chorionzottenuntersuchung, Seite 142; > Fruchtwasseruntersuchung, Seite 139) oder kurz nach der Geburt.

Selbsthilfe, Behandlung

Wie Eltern ihren CF-Kindern das Leben mit der Krankheit erleichtern können und was sie mit ihnen tun müssen, lernen sie in auf die Behandlung dieser Krankheit spezialisierten Zentren. Dort weiß man auch, welche psychologische Beratungsstelle ihnen und ihren Kindern bei der Bewältigung der Probleme helfen kann.

Atemwege: Bei PhysiotherapeutInnen lernen die Eltern Vibrationen oder Schüttelungen des Brustkorbs, die es dem Kind erleichtern, den Schleim abzuhusten. Wie effektiv das Abklopfen des auf bestimmte Weise gelagerten Kindes ist, ist umstritten. Die Autogene Drainage schult besonders die Körperwahrnehmung des Kindes. Sie ist sehr wirkungsvoll, aber schwer zu erlernen. Inhalationen und die medikamentöse Therapie zielen darauf ab, den zähen Bronchialschleim zu verflüssigen. Langdauernde Antibiotikabehandlungen sollen verhindern, daß sich in der Lunge Keime festsetzen.

Verdauungstrakt: Die Kinder müssen ihr Leben lang die Verdauungsenzyme schlucken, die ihr Körper nicht oder nicht genügend produziert (Kreon [D/Ö], Pankreatan [D], Pankreon [D/Ö], Panpur N [D]). Außerdem sind ständig Multi-Vitaminpräparate notwendig.

Operation

Für Menschen, deren Krankheit so weit fortgeschritten ist, daß sie ständig auf Sauerstoff angewiesen sind und trotzdem das Haus nicht mehr verlassen können, gibt es seit einigen Jahren die Möglichkeit einer Lungentransplantation. Das heilt zwar die Mukoviszidose nicht, gibt den PatientInnen aber eine normal funktionierende Lunge.

Organtransplantation bei Mukoviszidose sind noch relativ neu. Die Chancen, diesen schweren Eingriff gut zu überstehen und danach ein weitgehend normales Leben führen zu können, steigen mit zunehmender Erfahrung. Wo sie durchgeführt werden, wissen die Selbsthilfe-Vereinigungen (> Kontakte, Seite 824).

Kontakte

Deutsche Gesellschaft zur Bekämpfung der Mucoviszidose
ADENAUERALLEE 11
53111 BONN
TEL.: 0228/221535-36

Mukoviszidose-Hilfe e.V.
TULPENSTR. 50
71394 KERNEN 1
TEL.: 07151/41048

Österreichische Gesellschaft zur Bekämpfung der Cystischen Fibrose
WIENERBRUCKSTR.90
2344 MARIA ENZERSDORF
TEL.: 02236/84977

Plötzlicher Säuglingstod (Krippentod, Sudden infant death syndrome – SIDS)

Beschwerden, Ursachen, Häufigkeit

Kaum daß ein wenig Routine in den Alltag mit dem Neugeborenen eingekehrt ist, wird den Eltern das Kind jäh entrissen: Sie finden ihr Baby, das kurz zuvor noch gesund und munter schien, tot in seinem Bett auf. Gestorben im

Schlaf. Meist liegt es mit dem Kopf unter der Decke oder ist gar in sie hineinverwickelt.

1989 starben in den alten Bundesländern 1.041 Kinder im ersten Lebensjahr plötzlich und unerwartet, die meisten im zweiten oder dritten Monat. Da immer weniger Neugeborene aus anderen Gründen sterben, machen die SIDS-Kinder mittlerweile mehr als 40 Prozent der Sterbefälle im Säuglingsalter aus. Damit ist der plötzliche Säuglingstod die häufigste Todesursache bei Babies jenseits der ersten Lebenswoche geworden.

Die eigentliche Ursache ist immer noch unbekannt. Folgende Theorie des Ablaufs erscheint zur Zeit am ehesten plausibel:

In den Übergangsphasen zwischen Wachen und Schlafen und zwischen den ruhigen und den Traumphasen des Schlafs ist das Gehirn ein wenig instabil. Ein Zeichen dafür kennen die meisten Menschen: unwillkürliche Zuckungen beim Einschlafen. Was sich beim Erwachsenen nach wenigen Sekunden wieder normalisiert, kann beim Säugling aufgrund seiner noch unreifen Hirnstrukturen minutenlang andauern.

Hinzu kommen Entwicklungsschübe, die jedes Kind in Abständen durchmacht und es manchmal über Nacht als deutlich gereiften Menschen erscheinen lassen. In dieser Zeit werden neu ausgebildete Hirnstrukturen den alten hinzugeschaltet. Das verläuft jedoch nur dann reibungslos, wenn sich das Neue harmonisch zum Alten fügt.

Die meisten Kinder sterben im zweiten bis vierten Lebensmonat am plötzlichen Säuglingstod. Das ist die Zeit, in der sich das Kind erstmals deutlich als von der Mutter getrennt erlebt. Es vollzieht sozusagen innerlich seine Geburt, tritt als Individuum ins Leben – oder verweigert sich.

Gibt es beim Zuschalten dieser Reifestrukturen Anpassungsschwierigkeiten und treffen sie gerade auf eine Übergangsphase des Schlafs, können sie die Gehirnfunktion tiefgreifend stören. Wie schnell es dem Kind gelingt, aus dem gestörten wieder in einen stabilen Zustand zurückzufinden, könnte dann lebensentscheidend sein. Risiken während der Schwangerschaft wie Alkohol- und Drogeneinnahme, Überforderung der Frau in körperlicher oder seelischer Hinsicht oder eine problematische Geburt könnten Faktoren sein, die die Anpassungsleistung des Gehirns vermindern.

Dem todbringenden Ereignis gehen sehr wahrscheinlich mehrere kleine Attacken voraus. Auf das, was das Kind dabei erlebt, reagiert sein Körper, indem er Streßhormone ausschüttet. Sie lassen das Kind stark schwitzen und die Körpertemperatur ansteigen. Die Körperbewegungen in dieser Situation führen wahrscheinlich dazu, daß sich das Kind in seine Zudecke verwickelt.

Kontakte

Nur wenn Eltern das Furchtbare mitteilen, wenn sie Verzeiflung, Wut, Vorwürfe, Angst, Trauer und all die Gefühle, die der Tod eines Kindes mit sich bringt, aussprechen, ist es möglich, von ihm Abschied zu nehmen. Sehr hilfreich ist dabei das Gespräch mit Menschen, die ähnliches erlebt haben.

GEPS – Gesellschaft zur Erforschung des Plötzlichen Säuglingstods
KLEINBACHSTR. 18
76227 KARLSRUHE
TEL.: 0421/406530

SIDS-Austria. Elterninitiative Wien
MARIE TISCHLER
TEL.: 0222/8045391

Preyersches Kinderspital der Stadt Wien
FRANZ PAKY
TEL.: 0222/60113-209

Die eigentliche Todesursache scheint die gestörte Regulation der Tätigkeit von Atmung, Herz und Kreislauf zu sein.

Folgen

 Viele Eltern stehen dem grausamen Schicksal lange Zeit fassungslos gegenüber. Schuldfragen und Selbstzweifel quälen besonders die Mutter. Für die Ehe und das Zusammenleben mit den Geschwisterkindern bedeutet der plötzliche Tod eines Kindes oftmals eine enorm große Belastungsprobe (> Wenn das Kind stirbt, Seite 600).

Auch die Geschwister brauchen eine Möglichkeit, den Verlust des Babys zu verarbeiten. Verhaltensauffälligkeiten wie Schlafstörungen, Angstattacken oder Weinkrämpfe gibt es bei manchen Kleinen noch bis drei Jahre später. Sind die Kinder älter als drei, häufen sich Aggressivität und Überaktivität (> Problemkinder, Seite 348). Bei vielen bessert sich das sofort, nachdem ein neues Kind den leeren Platz eingenommen hat.

Selbstverständlich kann und darf ein neues Kind das verlorene nicht ersetzen. Doch aus medizinischer Sicht spricht nichts gegen eine erneute Schwangerschaft. Familiäre Risikofaktoren, die eine Wiederholung des Dramas wahrscheinlich machen, gibt es nicht.

Vorbeugung

 Kurze Atempausen während des Schlafs sind völlig normal. Dauern sie aber länger als etwa 20 Sekunden oder wird das Kind während eines kurzen Atemstillstandes auffallend blaß, blau oder schlaff, ist das ein ernst zu nehmendes Alarmzeichen. In diesen Fällen ist es unbedingt ratsam, das Baby in einer Klinik gründlich untersuchen zu lassen.

Faktoren, die das Risiko des Kindes möglicherweise verringern können:
- Beim Schlafen Rücken- statt Bauchlage.
- Nichtrauchende Eltern.
- Stillen.

ZÄHNE

Die Zierde ihres Mundes ist bei den neuen ErdenbürgerInnen bereits im Kiefer angelegt. Nach der Geburt entwickelt sich nur noch die Zahnkrone, das, was vom Zahn allein sichtbar ist. Das erste Gebiß mit den Milchzähnen wird etwa ab dem Schulalter gegen die bleibenden Zähne ausgetauscht (> Körperliche Entwicklung, Seite 246).

Ob beim Kind die Kiefer eng und schmal oder breit sind, bestimmen erbliche Faktoren mit. Doch auch das Zusammenspiel von Kiefer-, Zungen-, Wangen- und Lippenmuskulatur hat darauf einen Einfluß, und dieses wird wiederum durch das Stillen angeregt: Es beansprucht die Mund- und Kiefermuskeln etwa 60mal stärker als das Saugen aus der Flasche.

Konsequente Zahnpflege (> Richtig Zähneputzen, Seite 552), gesunde Ernährung mit möglichst wenig Süßigkeiten (> Seite 577) und eine ausreichende Fluoridversorgung (> Zum Thema Fluorid, Seite 829) sollen zunächst die Milchzähne, später die bleibenden Zähne möglichst heil halten. Hat sich dennoch ein Loch hineingefressen, müssen Zahnärztin oder -arzt es wieder stopfen, damit der Zahn erhalten bleibt. Diese Sorgfalt brauchen auch die Milchzähne.

Zu Zahnärztin oder Zahnarzt

Den vorsorglichen Zahnarztbesuch haben die deutschen Krankenkassen attraktiver gemacht, indem sie erhöhte Zuschüsse beim Zahnersatz davon abhängig machen, ob die oder der Betreffende regelmäßig zur Untersuchung erschienen ist. Von Kindern ab zwölf Jahren erwarten sie, daß sie zweimal jährlich zu Zahnärztin oder -arzt gehen und sich den Besuch im Bonusheft, das jede Krankenkasse vergibt, bestätigen lassen. Für Kinder ab sechs Jahren sind die vorsorglichen Untersuchungen möglich, in jedem Fall wünschenswert, aber noch nicht verpflichtend.

Mit dem Satz »Ich muß zum Zahnarzt« verbindet sich für viele Unbehagen, bei manchen sogar Angst. Das spüren auch die Kinder, und sie wehren sich meist schon gegen den allerersten Besuch. Folgendes kann dem Kind helfen:

● Es darf Sie bei Ihrer Zahnkontrolle begleiten. So lernt es Personen, Räumlichkeiten und Gerätschaften kennen, ohne selbst angefaßt zu werden. Voraussetzung ist allerdings, daß Sie ruhig und gelassen sind und nicht durch feuchte Hände und Herzklopfen Ihre eigene Angst verraten.

● Den voraussichtlichen Ablauf der Untersuchung kann man vorher üben. Ein Rollenspiel, bei dem jeder einmal Zahnärztin oder -arzt sein darf, eignet sich besonders.

● Unrealistische Versprechungen vergraulen jedes Kind. Daß Untersuchung oder Behandlung ohne Schmerzen ablaufen, kann niemand voraussagen. Versichern kann man dem Kleinen allerdings, daß Zahnärztin oder -arzt sofort aufhören, wenn es weh tut.

● Der Mensch in Weiß braucht Zeit und Geduld für seine neuen PatientInnen. Manche haben dafür eigens eine Kindersprechstunde eingerichtet.

● Weigert sich das Kind partout, den Mund aufzumachen, ist das das Ende dieses Besuches. Neuer Termin, neues Glück.

Zahnen

»Bestimmt kommt wieder ein Zahn.« Dieser Satz soll ab etwa dem sechsten Monat manches Quengeln und Schreien, Infekte und einen wunden Po erklären. In Wahrheit ist das eine nicht die Ursache des anderen, sondern es fällt nur zeitlich zusammen.

Bei vielen Babies kündigt sich ein kommender Zahn dadurch an, daß sie viel sabbern, der Kiefer gerötet ist und vielleicht schmerzt. Oft hilft es, wenn sie dann auf etwas Hart-Elastischem wie einer Brotrinde kauen dürfen.

Sogenannte »Zahnungshilfen« (Dentinox [D/Ö]) enthalten ein Mittel zur örtlichen Betäubung. Das macht die bestrichene Stelle für einige Zeit unempfindlich. Allerdings enthalten diese Mittel Süßstoffe und gewöhnen so schon das Kleine an Süßes.

LOCH IM ZAHN

Warum Kinder so zuverlässig und gründlich ihre Zähne putzen sollen, ist ihnen manchmal schwer klarzumachen. Vielleicht hilft den Kleinen eine Geschichte, ihnen das Geschehen im Mund zu verdeutlichen.

In jedem Mund lebt eine große Schar unsichtbarer Wichte. Besonders gern klammern sie sich an die Zähne. Eigentlich sind es ja keine Böse-Wichte, aber wenn sie Zucker schmecken, ist es mit ihrer Gutmütigkeit vorbei. Dann mampfen sie so lange, bis sie das ganze Süße in Zitronensaft-Saures verwandelt haben. Und das drücken sie Tröpfchen für Tröpfchen an den Zahn. Klar, daß ihn das langsam, aber beständig anfrißt. Haben die Wichte in den Zahnmantel aber erst einmal ein Loch gebohrt, ist es leicht, darunter langsam, eine richtige Höhle zu bauen.

Jedesmal, wenn sich etwas Hartes an den Zähnen reibt, zum Beispiel der Apfel, in den du hineinbeißt, schiebt das die Wichte weg. Richtig an den Kragen geht es ihnen aber erst, wenn die Zahnbürste kommt. Jeder Borstenstrich fegt ein paar von ihnen hinweg. Wenn du lange und in alle Richtungen schuderst, schaffst du es, die kleinen Klammeraffen von den Zähnen zu verscheuchen. Für immer und ewig bringt die Wichte allerdings niemand fort. Einige Zeit nach dem Putzen kleben sie sich erneut an den Zähnen fest. Und dann muß die Bürste wieder ran.

Karies (Zahnfäule)

Beschwerden, Ursachen, Häufigkeit

 Erste Anzeichen einer beginnenden Karies sind weißliche oder braune Flecken auf den Zähnen. Angegriffene Zähne reagieren außerdem meist empfindlich auf Kälte und Wärme, Saures und Süßes.

Schmerzen stellen sich erst ein, wenn die Läsion das Innere des Zahns erreicht hat. Dann bleibt nur, auf dem schnellsten Wege Zahnärztin oder -arzt aufzusuchen. In der Zwischenzeit kann ein feucht-kalter Umschlag auf der Wange die Schmerzen lindern. Wer meint, sein Kind könne die Wartezeit bis zum nächsten freien Zahnarzt-Termin nicht ohne Schmerzmittel ertragen, kann ihm ein Präparat geben, das nur Parazetamol enthält (> Kopf-schmerzen, Seite 772).

Folgen

 Auch Milchzähne müssen plombiert werden, wenn sie kariös sind, um einen allzu frühen Verlust zu vermeiden. Fallen sie vor der Zeit aus, können sie den nachfolgenden Zähnen ihren Platz nicht mehr freihalten, und Zahnfehlstellungen sind so gut wie sicher.

ZAHN RAUS? ZAHN REIN!

Bei Kindern und Jugendlichen sind die Chancen besonders gut, daß ein ausgeschlagener und wieder einoperierter Zahn auch einwächst. Das einfachste Transportbehältnis für den Zahn zum Operateur ist der eigene Mund. In H-Milch eingelegt, überleben ausgeschlagene Zähne bis zu fünf Stunden, in speziellen »Rettungsboxen« sogar bis zu 48 Stunden.

Vorbeugung

 Gründliche und regelmäßige Zahnpflege (> Richtig Zähneputzen, Seite 552) kann – gemeinsam mit einer Ernährung ohne viel Süßigkeiten – Karies weitgehend verhindern.

Die praktischen, kleinen, leichten Teeflaschen, an denen manche Kinder dauernuckeln, werden zum Zahntöter, wenn sie ein zuckerhaltiges Getränk enthalten.

Selbsthilfe, Behandlung

 Der Blick in den Mund zeigt den Fachkundigen, wie tief die Karies in den Zahn hineinreicht. Danach entscheiden Ärztin oder Arzt, ob der Zahn vor dem Bohren »einschlafen muß«, also mit einer Betäubungsspritze unempfindlich gemacht wird, oder ob es auch ohne geht. In jedem Fall muß das marode Material gründlich ausgebohrt werden. Dann wird zunächst eine Unterfüllung aus Zement gemacht. Sie schützt das Zahnmark. Erst dann folgt die eigentliche Plombe. Sie muß nach frühestens einem Tag noch poliert werden: Auf einer rauhen Oberfläche haften Bakterienbeläge allzu gut.

Bisher war Amalgam, eine Mischung aus Quecksilber, Silber, Zinn, Zink und Kupfer, das gebräuchliche Zahnfüllmaterial. Zunehmend lauter wurden in den vergangenen Jahren die Stimmen derer, die vor der Giftwirkung des im Amalgam enthaltenen Quecksilbers warnten. Sie bringen Kopfschmerzen, Nervosität, Depressionen, Rheuma und anderes damit in Verbindung.

Ein definitiver Zusammenhang zwischen diesen Beschwerden und der Quecksilber-Belastung läßt sich zwar nicht herstellen. Sicher ist jedoch, daß das Metall aus den Plomben durch Abrieb und Korrosion in den Körper gelangt. Zähneputzen, heiße Getränke, Kaugummikauen und Zähneknirschen erhöhen die Menge des abgegebenen Quecksilbers. So vergrößert es die Belastung mit Schadstoffen, die uns ohnehin umgeben (> Umwelt, Seite 719). Quecksilber lagert sich in Nieren und im zentralen Nervensystem ein.

ZUM THEMA FLUORID

Fluoridhaltiger Zahnschmelz setzt den Zahnkillern Zucker, Säure und Bakterien mehr Widerstand entgegen als ein fluoridarmer. Damit alle neu durchbrechenden Zähne gut präpariert ihren Dienst antreten, muß das Element Fluor dem Körper von der Geburt bis etwa zum zwölften Lebensjahr ausreichend und permanent zur Verfügung stehen.

Die schon sichtbaren Zähne schützen Fluoride, indem sie sich von außen in den Schmelz einlagern.

Die gängigste Art der Fluoridversorgung ist, den Kleinen täglich eine Tablette zu verabreichen. Doch in der eigentlich optimalen Weise – Tablette zerkauen, eine Minute lang mit dem Speichel im Mund hin- und herbewegen, dann hinunterschucken – geschieht das nur selten.

In jedem Fall aber prägt das Verfahren in den Kids sehr früh den – unerwünschten – Gedanken: Tabletten machen gesund bzw. sorgen dafür, daß ich gesund bleibe. So konditionierte Kinder greifen später kritikloser zu Medikamenten als solche, die ohne die tägliche Tablettendosis aufgewachsen sind.

Es geht aber auch ohne die tägliche Fluorid-Tablette. Die normale Ernährung gibt Kindern täglich durchschnittlich 0,1 bis 0,2 Milligramm Fluorid. Damit hätten sie im ersten Jahr die Menge, die die Deutsche Gesellschaft für Ernährung für erforderlich hält. In den folgenden drei Jahren müssen sie aber noch gut die Hälfte dazulegen, bis zum Schuleintritt das Fünffache und von da ab das Achtfache. Mit einer bewußten Ernährung ist das möglich (> Fluorid, Seite ###). Eltern, die sich den Streß nicht antun wollen, die tägliche Fluoridaufnahme ihrer Kinder zu planen, können Zahnärztin oder Zahnarzt bitten, die Kinderzähne in regelmäßigen Abständen mit Fluoridlack zu bepinseln. So entfällt die tägliche Tabletteneinnahme, und das Kind kann gleichzeitig den Zahnarztbesuch als selbstverständlichen Gang erleben, bei dem nichts Furchterregendes geschieht.

Eine andere Möglichkeit ist, einmal wöchentlich ein Fluorid-Gel in die Zähne einzubürsten oder – bei Kindern, die schon sicher spülen und ausspucken können – täglich einmal den Mund mit einem fluoridhaltigen Mundwasser zu spülen. Auch die Verwendung von fluoridhaltigen Zahnpasten trägt ihren Teil zur Fluoridierung des Zahnschmelzes bei.

Alles zusammengenommen, was Eltern ihren Kindern auch ohne ärztliche Mitwirkung an Fluoridhaltigem geben können – Essen, Trinken, Zahnpasta, Mundwasser, Tabletten – kann dann jedoch schon zuviel des Guten sein. Bis zu einem Viertel der Kinder bekommen weiße oder braune Flecken an den Zähnen als Zeichen dafür, daß sie zuviel Fluorid aufgenommen haben. Das kann schon bei einem Milligramm Fluorid täglich der Fall sein.

Vollends danebengegangen ist die gute Absicht der Fluoridierung aber dann, wenn Eltern und Kinder meinen, Zähneputzen sei nun weniger wichtig. Eine Studie aus den USA von 1990 zeigte, daß Kinder mit und ohne fluoridiertem Trinkwasser gleichermaßen schlechte Zähne hatten. Das Gegenbeispiel liefert die Schweiz: Intensives Bemühen um Zahnpflege und gesunde Ernährung und zusätzliche Fluoridgaben haben dort die Zahl löchriger Kinderzähne drastisch verringert.

ZAHNSPANGEN

● Ob eine Behandlung notwendig ist, können Zahnärztin oder -arzt oft schon beurteilen, wenn die bleibenden seitlichen Schneidezähne durchtreten. Die definitive Entscheidung hat aber meist bis zum elften Lebensjahr Zeit.

● Im Mund des Kindes oder an einem Abdruck sollten KieferorthopädInnen den »Krankheitswert« der Abweichungen erläutern. So kann das Kind eher die Notwendigkeit einer solchen Behandlung einsehen. Und diese Einsicht ist notwendig. Die Bereitschaft des Kindes, den Apparat zur Kieferkorrektur regelmäßig zu tragen, bestimmt wesentlich den Behandlungserfolg. Wenige Tage der Nachlässigkeit können den Fleiß von Monaten zunichte machen.

● Die aktive Behandlung dauert zwei bis drei Jahre. Anschließend muß für ein bis zwei Jahre die »Klammer« noch nachts getragen werden. Nur beides zusammen sichert die Chance gerader Zähne.

● Während der Zeit müssen die Zähne penibel gepflegt werden. Unter den Apparaturen entwickelt sich sonst schnell Karies.

● Eine gute Zusammenarbeit zwischen Kind und KinderorthopädIn ist unerläßlich. Wenn sie fehlt, können falsche Eingriffe in das komplizierte System des Kauapparats die Folge sein und eine ganze Lawine negativer Veränderungen ins Rollen bringt.

● Die Behandlung ist teuer, und die Krankenkassen übernehmen nicht alle Kosten. Darum sollten Zahnärztin oder -arzt vorher einen Behandlungs- und Finanzierungsplan erstellen, die mit der zuständigen Krankenkasse besprochen werden.

Das bundesdeutsche Gesundheitsamt hat 1992 eine »Orientierungshilfe zur Anwendung von Amalgamen in der ärztlichen Therapie« herausgebracht. Danach sollen Amalgame bei Kindern unter sechs Jahren – und noch dringender bei Kindern unter drei Jahren und bei Nierenkranken – möglichst gar nicht verwendet werden. Aber auch später, wenn der Körper für die schädliche Wirkung des Quecksilbers vielleicht nicht mehr ganz so empfindlich ist, sollte Amalgam nur noch bei Backenzähnen zum Einsatz kommen. Für deren relativ große Füllungen, die dem Kaudruck standhalten müssen, gibt es noch keine alternativen Materialien zu vergleichbarem Preis.

Die einzig wirklich brauchbare Alternative zu Amalgam ist derzeit Gold. Sich die Löcher seiner und seiner Kinder Zähne damit füllen zu lassen, reißt allerdings Riesenlöcher ins Portemonnaie. Die Krankenkassen fühlen sich für diesen »Luxus« nicht zuständig. Sie meinen, an der Front und den Seiten können Schäden mit Kunststoffen ausgebessert werden; für die Backenzähne tut's ein »besseres« Amalgam – von dem KritikerInnen allerdings wissen, daß es nach der Verarbeitung mehr Quecksilber enthält als das bis dato verwandte.

Als Resümee empfiehlt die Zahnärztekammer, sich vor jeder Zahnbehandlung mit der Zahnärztin oder dem Zahnarzt zu beraten und mit der zuständigen Krankenkasse über die Erstattung der voraussichtlichen Kosten zu verhandeln.

Fehlstellung von Zähnen und Kiefer

So um das zehnte Lebensjahr herum grüßen ganz viele Kids mit »stählernem Lächeln«. Bei fast der Hälfte aller Kinder stehen Zähne oder Kiefer so, daß man es als häßlich empfindet und auf Dauer gesehen Schäden an den Zähnen wahrscheinlich sind. Etwa 1,3 Millionen PatientInnen wurden

1990 in den westlichen Bundesländern kieferorthopädisch behandelt.

Solche Fehlstellungen sind zum einen anlagebedingt, zum anderen durch nicht rechtzeitig behandelte und deshalb früh ausgefallene Milchzähne zustande gekommen, oder das Kind hat sie sich regelrecht »erarbeitet«: Ab etwa dem dritten Lebensjahr entwickelt das Kind beim intensiven Fingernuckeln so viel Kraft, daß Zug und Druck und der im Mund erzeugte Unterdruck die Kiefer verformen können. Ähnliches geschieht, wenn Kinder über lange Zeit und ausdauernd die Zunge an den Kiefer pressen, sich auf Lippen oder Nägel beißen, oder den Schnuller verwenden (> Kuscheldecken, Daumen, Nuckel und andere Leidenschaften, Seite 265).

Folgen

 Wenn die Einzelteile des Gebisses nicht gut miteinander verzahnt sind, werden die Zähne ungünstig belastet. Dadurch nutzen sie sich schneller ab. Stehen sie zu dicht, kann man sie schlechter sauberhalten – Karies entwickelt sich schneller, Füllungen lassen sich schlechter legen. Bei Zähnen, die nicht gerade stehen, werden die Wurzeln falsch belastet. Dadurch lockert sich das Gewebe vorzeitig, es bilden sich Taschen – Parodontose entsteht.

Bei manchen Kindern beeinträchtigt die Fehlstellung das Sprechen und Kauen; oder sie atmen vorwiegend durch den Mund, weil sie die Lippen nicht schließen können.

Die meisten bekommen ihre Spange aber wohl, weil ein Gesicht mit geraden Zähne, recht ordentlich nebeneinander aufgereiht, ansprechender ausschaut.

Vorbeugung

 Ein Kind, das nach dem dritten, vierten Geburtstag noch immer intensiv und ausdauernd an Nuckeln, Fingern, Bettzipfeln oder ähnlichem saugt, hat dafür einen Grund (> Daumennuckeln, Seite 353).

Selbsthilfe, Behandlung

 Ist die Behandlung beschlossen, erstellt der Kieferorthopäde einen detaillierten Behandlungsplan. Aus ihm geht hervor, welche »Klammer« er wählt und warum. Es gibt verschiedene Regulierungsapparaturen: herausnehmbare und festsitzende; Spangen, Platten und Aktivatoren. Bei etwa der Hälfte der Kinder genügen herausnehmbare Geräte.

Außerdem müssen Eltern und Kind eingewiesen werden, wie Apparatur und Zähne zu pflegen sind und was zu tun ist, wenn sich an dem Gerät etwas Unvorhergesehenes verändert.

Umgang mit herausnehmbaren Spangen
● Anfangs spürt man den Fremdkörper im Mund sehr stark. Das gibt sich nach wenigen Tagen. Wer Schwierigkeiten mit dem Sprechen hat, kann sie mit lautem Lesen wegtrainieren.
● Spange nicht an den Drähten anfassen. Sie verbiegen sich leicht.
● Spange in einem starren Gefäß aufbewahren, das sie vor Bruch schützt.

Umgang mit festsitzenden Spangen
● Nach jeder Mahlzeit besonders sorgfältig Zähne putzen. Zusätzlich gut geeignet sind Wasserstrahlgeräte.
● Täglich prüfen, ob sich an dem Apparat etwas gelockert hat. Wenn ja, muß das so schnell wie

---

Zum Weiterlesen

Zahn um Zahn
KRISTA FEDERSPIEL
Verlag Kiepenheuer & Witsch, 1992.

**Zahn- und Kieferregulierung:
warum, wann, wie?**
HERWIG POHL
Trias-Verlag, 1989.

möglich wieder in Ordnung gebracht werden. Sonst schiebt und zieht die Klammer das Gebiß womöglich in die falsche Richtung.

VERDAUUNGSTRAKT

Was sich in ihrem Bauch abspielt, bestimmt die Lebensäußerungen bei kleinen Kindern ganz wesentlich. Doch auch größere Kinder leben noch intensiv »aus dem Bauch heraus«. Während am Anfang vornehmlich die Art der Nahrung bestimmt, wie reibungslos oder belastend die Verdauung funktioniert, spielen Sich-Fühlen und Sich-Befinden später eine zunehmend größere Rolle.

Im Verdauungstrakt wird in erster Linie Gegessenes und Getrunkenes so verwandelt, daß es der Körper ins Blut aufnehmen und an die Verbrauchsstellen verteilen kann. Zusätzlich ist der lange Weg vom Mund bis zum After, der zur Gänze mit Schleimhaut ausgekleidet ist, Kontakt- und Grenzfläche für das, was von außen ins Innere gerät.

Der Feinbau der Mundhöhle ist beim Säugling ganz aufs Saugen ausgerichtet. Das ändert sich mit den ersten Zähnen. Die Kräfte, die Zähne, Zunge und das Kauen ausüben, sorgen dafür, daß sich das Innere des Mundes und sogar die Gesichtsknochen umgestalten.

Beim Kauen wird die Nahrung zerkleinert und mit Speichel vermischt. Enzyme aus den Speicheldrüsen beginnen bereits im Mund, Kohlenhydrate zu zerlegen. Diese Verdauungsarbeit, bei der Kohlenhydrate, Fette und Eiweiße in ihre kleinsten Bestandteile gespalten werden, setzt der Magen mit seiner Säure und weiteren Enzymen fort. Von dort gelangt der Nahrungsbrei in den Zwölffingerdarm, den ersten Teil des Dünndarms. In ihn münden die Gänge der Bauchspeicheldrüse und der Gallenblase, die weitere Verdauungssäfte zusetzen.

Im Dünndarm treten Nährstoffe, Vitamine und Mineralien ins Blut über. Für diese Resorptionsaufgabe ist seine Schleimhaut vielfach gefältelt:

Unzählige Zotten bilden eine riesige Oberfläche. Eine Krankheit wie die Zöliakie (> Seite 839), die diese Darmzotten verschwinden läßt, führt zu massiven Ernährungsstörungen.

Die Leber ist die größte Drüse im Körper. Sie produziert die Gallenflüssigkeit mit den Gallensäuren, die die Fette der Nahrung zerteilen helfen. Überschüssige Gallenflüssigkeit wird in der Gallenblase gespeichert.

Der Dickdarm übernimmt den Speisebrei, der kaum noch Nährstoffe enthält. Seine Aufgabe ist es, dem Gemisch das Wasser zu entziehen. Entzündliche Darmerkrankungen wie die Colitis ulcerosa (> Seite 841), die die Arbeit des Dickdarms behindern, machen sich darum mit Durchfällen bemerkbar. Der verbleibende Rest des Nahrungsbreis wandert durch den Mastdarm und wird als Stuhl (Kot) ausgeschieden.

Am Übertritt des Dünndarms in den Dickdarm liegt der Blinddarm. Dessen fingerförmiges Anhängsel, der Wurmfortsatz (Appendix), heißt allgemein »der Blinddarm«. Üblicherweise liegt er im unteren, rechten Bauchraum. Sehr oft findet man ihn aber auch an anderen Stellen, im Extremfall sogar hinter der Leber oder in der Nähe der Gebärmutter. Die genaue Funktion des Appendix ist nicht bekannt. Weil er jedoch viel Lymphgewebe enthält, vermutet man in ihm ein Organ der Immunabwehr, eine Art »Mandel des Dickdarms«.

Bauchschmerzen

● Bauchschmerzen, die mit Durchfall und evtl. Erbrechen einhergehen, können auf einer Magen-Darm-Infektion beruhen: > Durchfall, Seite 835.
● Kommt zu den meist starken Bauchschmerzen evtl. Fieber hinzu, vielleicht Durchfall, manchmal auch Erbrechen und kalter Schweiß, sollte man den Verdacht auf eine Blinddarmentzündung abklären: > Seite 838.
● Hat ein mattes, müdes, appetitloses Kind oft Bauchschmerzen, evtl. auch Durchfall, könnte der

Darm entzündet sein: > Morbus Crohn, Seite 840; > Colitis ulcerosa, Seite 841.

● Folgen auf Beschwerden, die denen einer Erkältung ähneln – Kopfschmerzen, hohes Fieber, evtl. Erbrechen, Bauchschmerzen – Krampfanfälle und Lähmungserscheinungen, kann das auf eine Gehirnentzündung hindeuten: > Seite 775.

● Hinter Bauchschmerzen, begleitet von Fieber und – besonders bei Kleinkindern – häufigem Erbrechen kann ein Harnweginfekt stecken: > Seite 857.

● Bei älteren Mädchen > Regel-mäßig Schmerzen, Seite 864.

Beschwerden, Ursachen, Häufigkeit

Im 1. Jahr

Das Baby weint – nicht immer steht das in zeitlichem Zusammenhang zu den Mahlzeiten. Doch ihre Verdauungsarbeit beschäftigt die Kleinen sehr. Wenn sie beim Trinken viel Luft schlucken und das Zusammenspiel der noch unreifen Organe nicht richtig klappt, gibt es oft schmerzhafte Blähungen (> Dreimonatskoliken, Seite 837).

1 bis 6 Jahre

Für kleine Kinder ist ihr Bauch, ihr Nabel das Zentrum des Ichs. Fühlen sie sich unwohl, geht es ihnen schlecht, tut ihnen etwas weh – immer heißt es: Mein Bauch tut weh. Manchmal wandert nur eine Luftblase durch die Eingeweide, manchmal beginnen sogar Hals- und Ohrenentzündungen als Bauchweh.

Viel mehr als Erwachsene leben Kinder »aus dem Bauch heraus«. Sie sagen: »Ich hab Bauchweh«, aber ihr Inneres meint: »Du hast mich heute noch nicht richtig wahrgenommen«, »Du arbeitest so hastig und lustlos« oder »Du baust eine Mauer um dich«. Aber auch Spannungen in der Familie, im Kreis der Geschwister und FreundInnen und Probleme in Kindergarten oder Schule fahren ihnen in den Bauch. Der zeitliche Zusammenhang zwischen den Bauchschmerzen und dem Ereignis kann, aber muß nicht immer ersichtlich sein (> Körper und Seele, Seite 715).

Wann zu Ärztin oder Arzt?

Wenn die Bauchschmerzen sehr beunruhigen, kann ein Arztbesuch vielleicht für Klärung sorgen. Wenn sie über längere Zeit bestehenbleiben, ohne daß sich eine organische Erklärung dafür finden läßt, empfiehlt es sich, eine psychotherapeutisch ausgerichtete Beratungsstelle aufzusuchen (> Beratung und Psychotherapie, Seite 757).

Folgen

Viele Menschen, bei denen die Wellen in Geist und Seele den Bauch rumoren lassen, behalten diese Empfindlichkeit ihr Leben lang. Sie lernen, damit zu leben.

Aufmerksamen Eltern kann das Bauchweh der Kinder als Seelenzustandsanzeiger dienen. Sie reagieren auf die frühen Signale und verhindern damit größere Probleme.

Eltern, die im Bauchweh ausschließlich den Schrei des Körpers hören, werfen mit Hilfe von ÄrztInnen oftmals eine ganze Diagnostikmühle an, die in den meisten Fällen überflüssig ist. Beherrscht von dem Gedanken »Da muß doch was zu finden sein«, fixieren sie auch das Kind auf »Krankheit«. Mit der Zeit lernt es so, sein zugrundeliegendes Gefühl nicht mehr wahrzunehmen und sich statt dessen für krank zu halten. Psychosomatische Krankheiten des Erwachsenenalters können so ihren Anfang nehmen.

Selbsthilfe, Behandlung

Als erste Hilfe kann der Kinderbauch Entspannung brauchen: Das Kind hinlegen, feuchten Leibwickel, beim Ruhen vielleicht eine Geschichte vorlesen, leise Musik anstellen. Auch ein Vollbad lockert den Krampf. Bei Blähungen tut es Großen und Kleinen gut, den Bauch sanft mit zehnprozentigem Kümmelöl zu massieren.

Mit dem Essen hat es Zeit, bis es dem Kind bessergeht. Am ehesten rutschen dann leichte Speisen in kleiner Portion.

Feuchter Leibwickel

Ein Handtuch in warmes Wasser oder Kamillentee tauchen und auf den Bauch legen. Mit einem größeren Tuch fixieren und etwa eine Viertelstunde liegenlassen. Die Wärme sollte dem Kind angenehm sein. Löst der Wickel gegenteilige Empfindungen aus, sollten Sie Ärztin oder Arzt zu Rate ziehen (Verdacht auf Blinddarmentzündung, > Seite 838).

Tee gegen Blähungen

Gleiche Teile Anis, Fenchel und Kümmel mischen. Für eine Tasse Tee einen Eßlöffel der Mischung fein zerstoßen, mit heißem Wasser aufgießen und zehn Minuten ziehen lassen. Lauwarm zu trinken geben.

Übelkeit, Erbrechen

● Tritt Erbrechen gemeinsam mit Durchfall auf, kann das ein Zeichen einer Magen-Darm-Infektion sein: > Durchfall, Seite 835.
● Erbricht sich das Kind, hat es starke Bauchschmerzen – vielleicht nur an einer bestimmten Stelle – und fühlt sich allgemein krank (eventuell mit Fieber, kaltem Schweiß): > Blinddarmentzündung, Seite 838.
● Erbricht sich das Kind nach einem heftigem Hustenanfall: > Keuchhusten, Seite 728.
● Wenn sich Kleinkinder wiederholt erbrechen, zusätzlich Fieber und Bauchschmerzen haben: > Harnweginfekt, Seite 857.
● Treten Übelkeit oder Erbrechen, eventuell mit Schwindel und Kopfschmerzen nach einem Unfall oder einer Verletzung auf: > Kopfverletzungen, Seite 774.
● Übelkeit und Erbrechen gemeinsam mit hohem Fieber, Kopfschmerzen und eventuell Lichtempfindlichkeit können Anzeichen einer Gehirnhautentzündung sein: > Seite 775.
● Folgen nach Übelkeit und Erbrechen, Kopf- und Bauchschmerzen mit hohem Fieber noch Bewußtseinsstörungen, Krampfanfälle oder Lähmungen: > Gehirnentzündung, Seite 775.

Beschwerden, Ursachen, Häufigkeit

Im 1. Jahr
Säuglinge spucken nach jeder Mahlzeit ein wenig geronnene Milch aus. So werden sie die Luft los, die sie beim Trinken mitschlucken. Das ist völlig normal und kein Erbrechen.

Anders ist es, wenn das ein bis drei Wochen alte Baby im Schwall und hohen Bogen erbricht und das von Tag zu Tag schlimmer wird. Obwohl das Kleine anschließend sofort wieder trinkt, verliert es an Gewicht. Diese sehr charakteristische Art des Erbrechens ist Zeichen eines Pförtnerkrampfs (Pylorusstenose), einer Verengung des Magenausgangs zum Dünndarm hin. Sie ist bei 3 von 1.000 Säuglingen bereits bei der Geburt angelegt, bei Jungen fünfmal öfter als bei Mädchen. Obwohl die Erkrankung nicht erblich zu sein scheint, tritt sie in manchen Familien gehäuft auf.

Ab 1. Jahr
Je jünger Kinder sind, desto leichter können sie erbrechen, desto seltener kündigt es sich aber auch durch Übelkeit an. Bei den einen läuft das, was hinaussoll, einfach hinaus, bei anderen entlädt sich der Mageninhalt in hohem Bogen.

Was Fachbücher Ernährungsstörung nennen, kennen Eltern zum Beispiel als Nach-Kindergeburtstags-Erscheinung. Es war von allem zuviel – zuviel Süßes, zuviel Saures, zuviel Aufregung. Der Magen wehrt sich und schickt zurück, was ihn überfordert.

Viele Kinder übergeben sich, wenn sie plötzlich heftiges Fieber bekommen (> Seite 768).

Ab dem Krabbelalter sollten Eltern bei sonst unerklärlicher Übelkeit ihres Sprößlings auch immer an Vergiftungen mit Reinigungsmitteln oder Pflanzen denken (> Vergiftung, Seite 747).

Und es gibt viele Gründe für Angst, die Kindern das Innere nach außen kehrt: Angst vor Strafe, vor lautstarken Auseinandersetzungen der Eltern, vor einer Klassenarbeit.

Ab etwa 10 Jahren

Bei manchen Kindern gehen Kreislaufstörungen mit Übelkeit und Erbrechen einher (> Niedriger Blutdruck, Seite 847).

Wann zu Ärztin oder Arzt?

 Im 1. Jahr

Sofort zu Ärztin oder Arzt bei dem charakteristischen Erbrechen der Magenverengung.

Ab 1. Jahr ist ein Arztbesuch notwendig,
● wenn sich das Kind sechs Stunden lang immer wieder erbricht.
● wenn es keine Flüssigkeit bei sich behält.
● wenn Fieber hinzukommt.

Folgen

 Im 1. Jahr

Speikind – Gedeihkind. Der Volksmund sagt, was vom Spucken der Kleinen zu halten ist. Erst wenn das Baby ab- statt zunimmt, ist das ein Grund zur Besorgnis.

Bei richtigem Erbrechen verliert der Körper Flüssigkeit und Salze. Ein paarmal kann er das leicht ausgleichen. Wiederholt es sich jedoch oft und behält das Kind auch keinen Tee mehr im Magen, bringt das seinen Flüssigkeitshaushalt aus dem Gleichgewicht. Das Baby trocknet aus. Unbehandelt kann das tödlich enden. Die Zeichen einer beginnenden Austrocknung > Durchfall, Seite 835.

Größere Kinder sind durch diese Austrocknung nur in seltenen Ausnahmefällen bedroht.

Selbsthilfe, Behandlung

 Als »Behandlung« genügt es, den Schaden zu begrenzen: Speikinder nach dem Trinken hochnehmen und umhertragen, dabei ein Tuch auf die Schulter legen, das den Überlauf auffängt.

Manchen Kindern kommt es so schnell hoch, daß sie kein Auffanggefäß mehr erreichen. Da hilft kein Schimpfen, nur noch Wischen.

Ist es wahrscheinlich, daß sich das Kind erbre-chen wird, kann es einen Eimer oder eine große Schüssel vor das Bett gestellt bekommen. Wenn die Angst wegfällt, es zur Toilette nicht mehr zu schaffen, drückt der Magen oft gleich weniger.

Den nützlichen Reflex, das hinauszuwerfen, was im Moment mehr belastet als guttut, sollte niemand mit einem Medikament unterbinden.

Durchfall

Beschwerden, Ursachen, Häufigkeit

 Im 1. Jahr

Das Braune in der Windel ist immer wieder mal dünner als gewohnt. Durchfall ist das erst, wenn hintereinander viele, wässrig-dünne Stühle ausgeschieden werden. Dann verändern sich auch Farbe und vor allem der Geruch.

Bekommen Säuglinge zum Beispiel Pfirsiche oder Aprikosen gefüttert, kann dadurch der Stuhl erheblich dünner werden. Manche Kinder bekommen durch Milch Durchfall.

Ab 1. Jahr

Durchfälle kommen immer wieder vor. Meist haben Viren Magen und/oder Darm infiziert. Oft begleitet eine Erkältung die Rebellion im Verdauungstrakt. Vor einem infektbedingten Durchfall sind die Kinder appetitlos und meist unleidlich. Viele übergeben sich, manche bekommen Fieber.

Sind mehrere Menschen, die zusammen gegessen haben, gleichzeitig erkrankt, fällt der Verdacht auf Bakterien wie zum Beispiel Salmonellen.

Manche Kinder haben vier- bis fünfmal am Tag Durchfall, gedeihen aber prächtig. Der Grund dafür ist nicht bekannt, eine Behandlung unnötig.

Älteren Kindern fährt Angst oft in den Bauch – sie haben »Schiß« und bekommen Dünnpfiff.

Wann zu Ärztin oder Arzt?

Sofort zu Ärztin oder Arzt bei den Anzeichen einer Austrocknung (> Folgen).

Sonst, wenn der Durchfall bei einem jungen Säugling länger als sechs Stunden dauert, wenn ein älteres Kind nicht trinkt oder wenn der Durchfall länger als drei Tage andauert.

Folgen

Bei starkem Durchfall verliert der Körper viel Wasser und Salze. Das muß ausgeglichen werden, damit Wasserhaushalt und Kreislauf nicht durcheinandergeraten. Säuglinge im ersten Lebensjahr bedroht diese Austrocknung wirklich. Bei älteren Kindern besteht die Gefahr zwar auch, ist aber erheblich geringer.

Die Zeichen einer Austrocknung sind:
- Das Kind ist matt und teilnahmslos.
- Sein Mund ist trocken.
- Seine Haut ist schlaff.
- Es hat länger als sechs Stunden keinen Urin ausgeschieden.
- Es atmet besonders tief mit offenem Mund.

Vorbeugung

Im 1. Jahr
Gestillte Kinder sind weniger anfällig für Durchfälle als Flaschenkinder.
Flaschen und Sauger sauberhalten.

Ab 1. Jahr
Sauberkeit in Küche und Bad sind zwar wichtig, verhindern Infektionen aber nicht generell.

Selbsthilfe, Behandlung

Gestillte Kinder brauchen keine besondere »Therapie«. Sie bekommen weiter die Brust und eventuell zusätzlich Tee.
Sonst ist die erste sinnvolle Maßnahme: Teepause machen. Das heißt, das Kind soll trinken statt essen, und zwar oft und in kleinen Portionen, kleine Kinder auch nachts. Geeignet sind: Dünner Fenchel-, Kamillen- oder Schwarztee mit einem gestrichenen Teelöffel Zucker und einer Prise Salz pro Tasse.

Bei nicht bedrohlichem Durchfall ebenfalls tauglich und von Kindern eher akzeptiert sind 1/3 Apfel- oder Orangensaft oder 1/3 Cola-Getränk verdünnt mit 2/3 kohlensäurearmem, natriumreichem Mineralwasser wie zum Beispiel Fachinger.

Fertige Elektrolyt-Mischungen gibt es in der Apotheke zu kaufen (Oralpädon [D/Ö], GES 60 [D]). Die Lösungen schmecken allerdings so salzig, daß viele Kinder sie ablehnen. Die Produkte Elotrans (D) und Normolyt (Ö) enthalten für mitteleuropäische Verhältnisse zuviel Natrium.

Durchfall braucht keine andere Behandlung als Flüssigkeitsersatz. Stopfende Mittel sind Stuhlkosmetik, Antibiotika schaden mehr, als sie nutzen.

Hat sich das Innenleben beruhigt, kann das Kind wieder normal essen. Magen und Darm freuen sich aber, wenn sie sich an ihre Arbeit mit leichter, fettarmer Kost und kleinen Portionen gewöhnen können. Leichte Kost sind getoastetes Brot, Zwieback, Reis, Nudeln, Bananen, geriebene Äpfel, Karotten, Quark.

Ein langsamer Nahrungsaufbau, wie er früher propagiert wurde, ist nicht notwendig. Wer ihn dennoch durchführen möchte, gibt dem Kind nach der Teepause zunächst Reisschleim, Karottensuppe und/oder geriebene Äpfel.

Verstopfung

Beschwerden, Ursachen, Häufigkeit

Eltern haben sehr unterschiedliche, dafür aber um so fester gefügte Vorstellungen davon, wie oft ein Kind müssen muß. Dabei ist es bei jedem Kind und immer wieder verschieden, wie oft es ein großes Geschäft macht. Zweimal pro Woche kann ebenso normal sein wie dreimal am Tag. Von Verstopfung kann man erst sprechen, wenn der Kot so fest ist, daß das Kind große Mühe hat, ihn herauszudrücken, und wenn es nicht recht gedeiht.

Wer wenig und wenig Ballaststoffreiches ißt, kann nicht viel ausscheiden. Veränderte Lebensgewohnheiten – zum Beispiel auf Reisen – können ebenfalls einen vorübergehenden Engpaß im Darm bedingen.

Morgens nach den ersten Bissen und Schlucken ist der Stuhldrang am größten. Herrschen in dieser Zeit hektische Aufbruchstimmung oder Stau vor der Badezimmertür, unterdrücken die Kinder ihr Bedürfnis.

Da die Toiletten in Kindergarten oder Schule nur selten zum Verweilen einladen, ist eine Darmträgheit vorprogrammiert.

Eine immer wiederkehrende und über lange Zeit anhaltende Verstopfung weist entweder auf eine zugrundeliegende Krankheit oder auf eine gestörte Beziehung zwischen dem Kind und seinen wichtigsten Bezugspersonen hin (> Macht durch Kot, Seite 290). Mit dem »Dichtmachen« kann die Seele ausdrücken:
● Protest gegen allzu fordernde Eltern: Mein Inneres bekommst du nicht.
● Angst: Was bleibt von mir, wenn ich das auch noch hergebe?
● Die Kinder haben gelernt, daß alles »da unten« pfui, bäh, bäh ist. Und weil sie außerdem erfahren haben, daß saubere Kinder liebe Kinder sind, schließen sie messerscharf: Aa ist Dreck. Weil ich aber lieb (sauber) sein möchte, darf ich keinen Dreck machen.
● Furcht, in dem tiefen, dunklen Loch der Toilette zu verschwinden.

Wann zu Ärztin oder Arzt?

Tritt die Verstopfung länger als ein Jahr immer wieder auf, sollten ein Arzt oder eine Ärztin nach den Ursachen schauen. Wenn Fragen wie »Hast du heute schon? Wann warst du denn zum letzten Mal?« zum beherrschenden Familienthema werden, ist es Zeit für eine psychotherapeutische Beratung (> Seite 757).

Folgen

Je mehr sich ein Kind quälen muß, um seinen Kot loszuwerden, desto häufiger versucht es, sich darum zu drücken. Beim Pressen können kleine Einrisse am After die Entleerung wirklich schmerzhaft machen.

Vorbeugung

● Ballaststoffreiche Kost (> Gesunde Ernährung, Seite 568), viel Flüssigkeit und Bewegung.
● Auf nüchternen Magen ein Glas Wasser oder Birnen- oder Aprikosensaft trinken.
● Für genügend Zeit und Ruhe bei der morgendlichen Sitzung sorgen.
● Feste Sitzungszeiten können kleinen Kindern helfen – sofern daraus kein Strafsitzen wird.
● Keine Sauberkeitserziehung (> »Sauber werden«, Seite 254).

Selbsthilfe, Behandlung

Einläufe oder ein Glyzerinzäpfchen sorgen normalerweise schnell für Entleerung. Fertige Minieinläufe gibt es in der Apotheke (Babylax [D/Ö], Microklist [D/Ö]). Wer den Einlauf mittels Irrigator selbst machen möchte: Flüssigkeitsmenge bei Säuglingen 50 bis 150 Milliliter, bei Kleinkindern 200 bis 300, bei älteren Kindern 500 bis 1.000.

Allerdings ist zu bedenken, daß all diese Manipulationen im Intimbereich des Kindes stattfinden. Wehrt es sich dagegen, ist dieser Schutz der Intimsphäre zu respektieren. Es gibt auch Abführmittel zum Einnehmen.

Dreimonatskoliken

Beschwerden, Ursachen, Häufigkeit

Im zweiten bis dritten Lebensmonat, besonders am späten Nachmittag und Abend und meist ohne zeitlichen Zusammenhang zu den Mahlzeiten, haben die Babies Schreiphasen. Sie brüllen und sind durch nichts zu beruhigen. Wenn sie langsam ruhiger werden, geht meist viel Luft ab.

Solche Schreikinder trinken meist gut, aber gierig. Sie schlafen weniger als andere, sind sehr aufmerksam, oft schreckhaft und verspannt.

Eindeutige Ursachen lassen sich für die Schreiattacken nicht benennen. Die manchmal angeschuldigte Unverträglichkeit von Kuhmilcheiweiß gilt bei weitem nicht für alle Schreikinder.

Bezeichnenderweise treten die »Koliken« erst auf, wenn das Kind längere Zeit wach ist und intensiv auf seine Umgebung reagiert. Möglicherweise sind sie eine Art »Sicherung vor Überspannung«. Schreien ist in diesem Alter die einzige Möglichkeit, Belastendes loszuwerden.

Mit drei bis vier Monaten verschwindet der Spuk. Dann ist das Kind so weit entwickelt, daß es seine Spannungen auf andere Weise abreagieren kann, zum Beispiel durch heftiges Strampeln. Damit ist aber nur die eine Ausdrucksform verschwunden, nicht das Problem selbst.

Wann zu Ärztin oder Arzt?

Was Eltern auch an Ratschlägen bekommen – nur geduldiges Abwarten, bis die Attacken von selbst aufhören, hilft wirklich. Der Besuch bei Ärztin oder Arzt ist nur notwendig, wenn anderes auf eine Erkrankung hindeutet oder das Kind nicht gedeiht.

Blinddarmentzündung (Appendizitis)

Beschwerden, Ursachen, Häufigkeit

Im rechten Unterbauch tut es weh. Das Kind mag sich nicht mehr hinsetzen. Die Bauchdecke kann gespannt, die Temperatur leicht erhöht sein. Manche Kinder haben zu Beginn Durchfall, manche müssen sich übergeben.

Die Beschwerden können so oder ganz anders sein, die Schmerzen können auch an anderen Stellen auftreten.

Kleinkinder können eine Blinddarmentzündung ohne die typischen Zeichen haben.

Im Wurmfortsatz befindet sich viel lymphatisches Gewebe (> Lymphsystem, Seite 851), das bei jeder Entzündung im Körper mitreagiert. Daraus

muß jedoch nicht notgedrungen eine akute Entzündung des Blinddarms folgen. Sicher ist: Verschluckte Fruchtkerne oder Kaugummis, auch Würmer sammeln sich nicht im Wurmfortsatz und lösen die Entzündung aus.

Eigentlich betrifft die akute Blinddarmentzündung Männer und Frauen gleichermaßen; nur in Deutschland und Österreich soll das anders sein. Hier werden ungleich mehr Mädchen und Frauen operiert. Der psychosomatische Zusammenhang, daß Blinddarmschmerzen oft in psychisch belastenden Situationen, so zum Beispiel bei Mädchen in der Zeit der beginnenden Pubertät, auftreten, wird hier weitgehend ignoriert.

Die gesamte restliche medizinische Welt hat die »chronische« Blinddarmentzündung als historischen Irrtum ad acta gelegt. Nur im deutschsprachigen Raum bedient man sich ihrer weiter. Aus Vorsichtsgründen werden viel mehr Kinder operiert als notwendig wäre. Um das im nachhinein zu rechtfertigen, heißt es dann, es war eine »chronische Blinddarmentzündung«.

Nachuntersuchungen bei Blinddarmoperationen ergaben eine Fehldiagnoserate von 50 bis 60 Prozent. Das heißt, mehr als die Hälfte wurde überflüssigerweise operiert. Das geben die ChirurgInnen jedoch nicht zu: Im Operationsbericht sprechen sie bei über einem Drittel der Fehldiagnosen von einer akuten Blinddarmentzündung. Bei etwa drei Vierteln wird das Ausmaß der Entzündung übertrieben.

Wann zu Ärztin oder Arzt?

Wenn Beschwerden auf eine Blinddarmentzündung hindeuten, sollten sich Ärztin oder Arzt das Kind anschauen. Da die Symptome sehr variabel sein können und der Blinddarm relativ oft nicht an der im Lehrbuch eingezeichneten Stelle liegt, ist es oftmals nicht leicht, eine wirklich akute Blinddarmentzündung, die operiert werden muß, zu erkennen. Auch moderne technische Diagnoseverfahren helfen dabei nicht weiter. Im Zweifelsfall bleibt nur

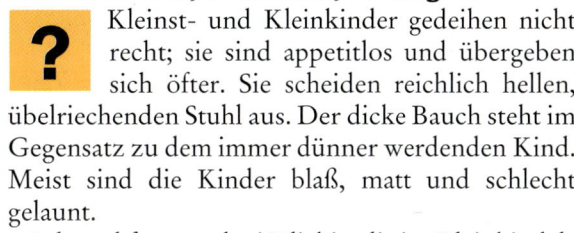

die genaue Beobachtung des Kindes. Sein Befinden und seine Befunde müssen in kurzen Zeitabständen kontrolliert werden, um so eine Verschlechterung rechtzeitig erkennen zu können.

Folgen

Eine unbehandelte akute Blinddarmentzündung ist lebensbedrohlich, weil die Entzündung in die Bauchhöhle durchbrechen kann.

Als ÄrztInnen erkannten, wie segensreich die rechtzeitige Entfernung eines entzündeten Blinddarms ist, begannen sie, schon vorsorglich zu operieren, bzw. sie operieren auch dann, wenn die Entzündung gar nicht sicher feststeht.

Selbsthilfe, Behandlung

Die einzig sinvolle Behandlung einer akuten Blinddarmentzündung ist die Operation. In einigen Krankenhäusern wird sie bereits ambulant durchgeführt.

Daß eine Blinddarmentfernung Risiken birgt, scheinen die meisten PatientInnen nicht zu wissen. Anders als vor anderen Eingriffen hat vor dieser Operation kaum jemand Angst. Doch bei jedem 10. bis 20., der unnötig operiert wird, gibt es eine Komplikation. Bei einem von 100 Operierten entwickelt sich ein Darmverschluß – Grund für eine erneute Operation; und jeder 400. bis 500. unnötig Operierte stirbt an der Entfernung des Blinddarms. Außerdem vermutet man, daß das Risiko bestimmter Krebserkrankungen steigt, weil das lymphatische Organ Blinddarm nun fehlt und infolgedessen keine schützende Abwehrarbeit mehr leisten kann.

Psychosomatisch ausgerichtete ÄrztInnen vermerken ferner, daß die Operierten – manchmal erst nach Jahren – andere Bauchkrankheiten entwickeln, weil ihnen das Organ fehlt, an dem sie ihre innere Not bisher festmachen konnten. Frauen ohne Blinddarm finden sich deutlich häufiger in gynäkologischen Kliniken als solche, die ihn behalten durften.

Zöliakie

Beschwerden, Ursachen, Häufigkeit

Kleinst- und Kleinkinder gedeihen nicht recht; sie sind appetitlos und übergeben sich öfter. Sie scheiden reichlich hellen, überriechenden Stuhl aus. Der dicke Bauch steht im Gegensatz zu dem immer dünner werdenden Kind. Meist sind die Kinder blaß, matt und schlecht gelaunt.

Schwachformen der Zöliakie, die im Kleinkindalter nicht entdeckt wurden, machen später durch verringertes Wachstum, eine verzögerte Pubertät und Störungen der Knochen- und Zahnbildung auf sich aufmerksam.

Die Bereitschaft, an Zöliakie zu erkranken, ist angeboren. Auf diesem Boden entwickelt sich ein immunologisches Geschehen, das die Zotten des Dünndarms zerstört (> Verdauuungstrakt, Seite 832).

Das Kind reagiert allergisch auf Gliadin, einen Eiweißbestandteil des Glutens, das wiederum in der Kleberschicht von Getreide enthalten ist. Weizen, Roggen, Gerste und Hafer enthalten Gliadin, nicht jedoch Hirse, Dinkel, Buchweizen, Mais oder Reis.

Etwa eines von 500 bis 1.000 Kindern hat eine Zöliakie. In den vergangenen Jahren hat sich die Zahl der erkrankten Kinder verringert. Es ist aber noch unklar, ob die Krankheit wirklich zurückgeht oder sich lediglich vom Kindes- ins Erwachsenenalter verschiebt.

Wann zu Ärztin oder Arzt?

Wenn ein Kind über einen längeren Zeitraum nicht zunimmt oder gar abnimmt, sollten ein Arzt oder eine Ärztin die Ursachen abklären. Erfahrungsgemäß vergehen jedoch zwischen den ersten Symptomen und der sicheren Diagnose ein halbes Jahr und mehr.

Einige veränderte Blutwerte weisen deutlich auf die Zöliakie hin. Um die Diagnose zu sichern, ist aber immer eine Dünndarmbiopsie notwendig. Dazu muß das Kind im Krankenhaus einen Schlauch schlucken, an dessen Ende sich die Biopsiekapsel befindet. Sie ist 1,5 Zentimeter lang und 0,5 Zentimeter dick. Durch Speiseröhre und Magen wird sie in den Zwölffingerdarm vorgeschoben. Dort saugt das Gerät ein winziges Stück Darmschleimhaut ab, das unter dem Mikroskop untersucht wird.

Kleinere Kinder bekommen vor der Untersuchung ein Beruhigungsmittel, größere können es – gut vorbereitet – ohne versuchen. Die meisten Kliniken führen diese Untersuchung ambulant durch.

Früher forderten MedizinerInnen drei Biopsien, um die Diagnose zu sichern. Das gilt heute als überholt, wenn die Symptome typisch waren und bei glutenfreier Ernährung völlig verschwinden.

Folgen

Die zerstörte Dünndarmschleimhaut kann Nahrungsbestandteile nur noch ungenügend aufnehmen; sie verliert sogar noch Wasser, Salze und Eiweiß. Der Mangel an energieliefernden Stoffen, an Vitaminen, Mineralstoffen und Spurenelementen führt zu jener Form von Unterernährung, deren Folgen unter Beschwerden beschrieben sind.

Bei glutenfreier Ernährung normalisieren sich alle Erscheinungen innerhalb von Monaten.

Die Überempfindlichkeit gegenüber Gliadin bleibt fast immer lebenslang bestehen, das heißt, die glutenfreie Ernährung muß beibehalten werden. Da der Darm älterer Kinder und Erwachsener Diätfehler jedoch besser ausgleichen kann als der von Kleinkindern und warnende Beschwerden oft erst nach Jahren auftreten, halten sich manche Kranke nach einiger Zeit nicht mehr so genau an die Ernährungsrichtlinien. Die böse Folge nach vielen Jahren: Diese Menschen haben ein erheblich größeres Risiko, bösartige Tumore zu entwickeln, und zwar besonders solche, die von einer Sorte weißer Blutkörperchen ausgehen (maligne Lymphome).

Vorbeugung

Da die Unverträglichkeit erst auftreten kann, wenn das Kleine Getreideprodukte bekommt, zögert langes Stillen den Krankheitsbeginn hinaus.

Selbsthilfe, Behandlung

Die Behandlung der Zöliakie ist unproblematisch – wenn es anfänglich auch schwierig scheint: Das Kind muß alles Glutenhaltige meiden. Eine unentbehrliche Hilfe dazu sind die Selbsthilfegruppen. In ihren Büchern und Broschüren finden sich Listen glutenfreier Nahrungs- und Arzneimittel, Hersteller und Bezugsquellen entsprechender Gerichte und Backwaren, Rezepte, Tips usw.

Morbus Crohn (Crohnsche Krankheit)

Beschwerden, Ursachen, Häufigkeit

Die Kinder sind blaß, appetitlos und matt, haben Bauchschmerzen und Durchfälle, die oft blutig-schleimig sind. Sie nehmen nicht mehr zu und wachsen nicht mehr. Die Pubertät kann sich verzögern. Sehr oft gibt es schmerzhafte Einrisse, Spalten und Fisteln am After.

Die Ursachen der Krankheit, die am häufigsten im Alter von 12 bis 14 Jahren auftritt, liegen im dunkeln.

Wann zu Ärztin oder Arzt?

Ärztin oder Arzt sollten sich Kinder mit den beschriebenen Beschwerden anschauen. Für eine sichere Diagnose und um festzustellen, wie weit sich die Entzündung ausgedehnt hat, ist es nötig, das Innere des Darms zu untersuchen. Dazu werden sehr dünne, biegsame Geräte (Endoskop) einmal vom Mund, einmal vom After her bis in die entzündeten Darmabschnitte vorgeschoben. Mit diesen Geräten wird Gewebe entnommen und anschließend mikroskopisch untersucht.

Folgen

Der Morbus Crohn ist eine chronische Entzündung der Darmschleimhaut. Meist ist die letzte Schlinge des Dünndarms oder der dann folgende Darmabschnitt betroffen. Durch die fortwährende Entzündung entstehen im Darm Risse, Narben und Verengungen. Fisteln können in den Bauchraum durchbrechen; aus ihnen kann Eiter in andere Bauchorgane eindringen.

Eine Verengung kann bis zum Darmverschluß fortschreiten. Jede chronische Darmentzündung erhöht das Risiko, daß sich daraus ein Krebs entwickelt.

Die Krankheit verläuft in Schüben. Stabile und belastende Phasen wechseln einander ab, ohne daß dafür Regeln erkennbar wären. Sehr wahrscheinlich begünstigen psychische Faktoren wie Angst, Kummer oder Streß das Wiederaufflackern. Auch die Angst, die sich mit einer solchen Krankheit verbindet, ist ein Belastungsfaktor, der immer wieder neue Schübe auslösen kann.

Während die Betroffenen in den stabilen Phasen ein nahezu beschwerdefreies Leben führen können, belasten die Zeiten mit Durchfällen, schlechtem Ernährungszustand, Diät und Operationen sehr.

Selbsthilfe, Behandlung

Die Medikamente Sulfasalazin (Azulfidine [D], Colo-Pleon [D/Ö]) oder Kortison sollen die Entzündung stoppen. Anders als Erwachsene, die sie nur während eines Krankheitsschubs einnehmen, sollen Kinder sie kontinuierlich schlucken, bis sie ausgewachsen sind.

Unterstützt wird die Behandlung durch eine Spezialdiät, bei der dem Körper Nährstoffe, Vitamine und Spurenelemente in einer Form zugeführt werden, die kaum noch Verdauungsarbeit erfordert und nahezu rückstandsfrei aufgenommen wird.

Operationen, mit denen Fisteln oder Verengungen saniert werden sollen, kommen im Leben von Morbus-Crohn-Kranken immer wieder vor. Sind die Zerstörungen im Bauchraum groß, bleibt manchmal nur, das entzündete Darmstück zu entfernen.

Um die Belastungssituationen, die immer wieder einen Entzündungsschub auslösen, besser erkennen und anders bewältigen zu lernen, ist es sinnvoll, sich therapeutische Hilfe zu holen (> Beratung und Psychotherapie, Seite 757).

Colitis ulcerosa

Beschwerden, Ursachen, Häufigkeit

Blutig-schleimige Durchfälle, auch nachts, die sich schmerzhaft drängend ankündigen. Die Kinder sind blaß, müde und appetitlos.

Die Ursachen der Krankheit sind unbekannt. Es scheint eine erbliche Anlage zu geben, auf deren Basis es zu Reaktionen des Immunsystems kommt. Sie führen zur Entzündung der Schleimhaut des unteren Dickdarmendes.

Bei Erwachsenen sind an der Krankheit ziemlich sicher psychische Komponenten beteiligt, bei Kindern ist das unsicher. Allerdings löst Streß auch bei ihnen einen Krankheitsschub aus (> Streßtest für Kinder, Seite 716), und das Krankheitsgeschehen kann sie so sehr ängstigen, daß Seele und Körper in ihren Reaktionen miteinander völlig verwickelt erscheinen.

Wann zu Ärztin oder Arzt?

 Ärztin oder Arzt sollten sich Kinder mit den beschriebenen Beschwerden anschauen. Die Diagnose verläuft ähnlich wie beim Morbus Crohn (> Seite 840).

Folgen

 Eine unbehandelte Colitis schwächt das Kind durch Durchfälle und Blutverlust. Besteht die Entzündung über viele Jahre fort, erhöht sich das Risiko, daß sich daraus ein Krebs entwickelt.

Bei einigen wenigen Kindern verläuft die Colitis besonders heftig. Der Darm bricht an einer Stelle durch, es kommt zur Bauchfellentzündung mit hohem Fieber. Dieses »toxische Megakolon« muß sofort in der Klinik operiert werden.

Selbsthilfe, Behandlung

 Die Behandlung erfolgt wie beim Morbus Crohn (> Seite 840).

Kontakte

**Deutsche Morbus Crohn/
Colitis ulcerosa-Vereinigung**
SCHWABSTRASSE 68
72074 TÜBINGEN
TEL.: 07071/21351

**Österreichische Morbus Crohn/
Colitis ulcerosa-Vereinigung**
OBERE AUGARTENSTRASSE 26–28
1020 WIEN
TEL.: 0222/3568772 (DI 9–12 UHR)

Würmer

Beschwerden, Ursachen, Häufigkeit

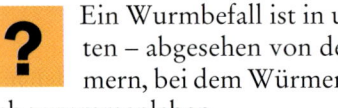 Ein Wurmbefall ist in unseren Breiten selten – abgesehen von dem mit Madenwürmern, bei dem Würmer und Mensch friedlich zusammenleben.

Viele Kinder haben einmal Madenwürmer. Sie machen sich, besonders vor dem Einschlafen, durch Juckreiz am After bemerkbar. Oftmals kratzen sich die Kinder dann reflexartig, ohne den Eltern mitzuteilen, was sie belästigt.

Die Wurmeier werden mit Staub, Wäsche oder Kleidung weitergegeben. Aus ihnen werden im Dünndarm Larven, später erwachsene Tiere, die durch den Dickdarm nach außen wandern und dort ihre Eier ablegen. Beim Kratzen gelangen die Eier unter die Fingernägel, an die Finger, von dort in den Mund, und der Kreislauf beginnt von neuem.

Wann zu Ärztin oder Arzt?

 Ein Arztbesuch ist bei starkem Juckreiz am After notwendig, weil die Wurmmittel meist verschreibungspflichtig sind. Mit durchsichtigem Klebeband können ÄrztInnen Eier vom After abnehmen und unter dem Mikroskop identifizieren.

Selbsthilfe, Behandlung

 Um den Infektionskreislauf zu durchbrechen, soll man dem Händewaschen nach jedem Gang zur Toilette und vor dem Essen besondere Aufmerksamkeit schenken. Die Wurmmittel Combantrin (Ö), Helmex (D), Molevac (D/Ö), Vermox (D) und Pantelmin (Ö) beseitigen die Parasiten zuverlässig. Die Einnahme sollte nach zwei bis drei Wochen wiederholt werden, um die in der Zwischenzeit geschlüpften Tiere abzutöten.

Meist haben sich die übrigen Familienmitglieder und engen FreundInnen auch infiziert, so daß sich die Behandlung für sie ebenfalls empfiehlt.

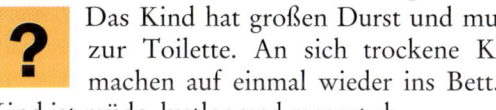

Neugeborenen-Gelbsucht

Beschwerden, Ursachen, Häufigkeit

Alle Neugeborenen bekommen am zweiten Lebenstag eine leichte Gelbsucht. Sie hält etwa fünf Tage lang an und klingt spätestens nach zwei Wochen ab.

Sie ist stärker bei Frühgeborenen und bei Kindern, deren Blut sich mit dem der Mutter nicht verträgt.

Vor der Geburt ist das Hämoglobin der roten Blutkörperchen des Kindes anders beschaffen als danach. Wenn der Abbau des alten Hämoglobin die Leber überfordert, verursacht überschüssiger Farbstoff im Blut die Gelbsucht.

Wann zu Ärztin oder Arzt?

Wenn das Kind eine gelbliche Hautfarbe bekommt, sollten Ärztin oder Arzt die Farbstoffmenge im Blut bestimmen.

Folgen

Eine leichte Gelbsucht ist ungefährlich. Zuviel Farbstoff im Blut kann jedoch das Gehirn schädigen.

Selbsthilfe, Behandlung

Bei einer leichten Gelbsucht wird das nackte Kind mit verbundenen Augen mit blauem Licht bestrahlt (kein UV-Licht). Dabei wandelt sich der gelbe Farbstoff in der Haut in einen wasserlöslichen Stoff um, den die Nieren ausscheiden können. Eine starke Gelbsucht macht einen Blutaustausch notwendig.

Wann wie behandelt werden muß, darüber gibt es jedoch unterschiedliche Standards. Deutschsprachige MedizinerInnen halten die entsprechenden Behandlungsschritte sehr viel eher für notwendig als skandinavische. Nachdem die NordländerInnen aber nachgewiesen haben, daß die Kinder keine Nervenschäden davontragen, wenn man sie erst bei einer ausgeprägten Gelbsucht bestrahlt, beginnen nun auch die MedizinerInnen im deutschsprachigen Raum umzudenken.

Zuckerkrankheit (Diabetes)

Beschwerden, Ursachen, Häufigkeit

Das Kind hat großen Durst und muß oft zur Toilette. An sich trockene Kinder machen auf einmal wieder ins Bett. Das Kind ist müde, lustlos und magert ab.

Diese Symptome können sich von einem Tag auf den andern entwickeln und sind schon nach wenigen Wochen nicht mehr zu übersehen.

In Westdeutschland sind etwa 20.000 Kinder und

Kontakte

Deutscher Diabetiker-Bund
DANZIGER WEG 1
58511 LÜDENSCHEID
TEL.: 02351/85051

Österreichische Diabetikervereinigung
MOOSSTRASSE 18/1
5020 SALZBURG
TEL.: 0662/827722

**Besondere Informationen
über Schulungen**
INSULINER – FRAU KUHN-PRINZ
AM HEYDWOLF 16
3575 KIRCHHAIN-SCHÖNBACH
TEL.: 06422/6799 (MO–FR 10–12 UHR)

Arbeitsgruppe Diabetikerschulung
DR. HELGA GRILLMAYR
HÖRNESGASSE 16
1030 WIEN
TEL.: 0222/7130408

LEBENSLANG – TROTZDEM FREI

Disziplin, Pünktlichkeit und Verzicht fordert die Krankheit Diabetes – Tugenden, die Kinder enorm »pflegeleicht« machen würden. Spontan, eigenverantwortlich und selbstbewußt wünscht man sie sich aber als Erwachsene. Das eine zu erreichen und das andere nicht zu versäumen, ist ein Erziehungskunststück.

Doch noch mehr Gegensätze gilt es zu vereinen. Vertrauen hilft dem Schulkind, seine Diabeteseinstellung selbst zu managen. Kontrolle braucht es, um das Risiko für Spätschäden gering zu halten. Injektionen und Tests in Eigenregie auf der einen Seite, Hilfe bei Unterzuckerungen auf der anderen. Manche Eltern nutzen darin unbewußt die Chance, sich möglichst lebenslang unentbehrlich zu machen. Andere rebellieren dagegen, ständig einsatzbereit sein zu sollen. Alle Eltern erleben phasenweise beide Extreme mit all ihren Schattierungen dazwischen. Sich und dem Kind das einzugestehen, öffnet beiden den Weg zu gegenseitigem Verständnis.

In der Pubertät, wenn äußere Grenzen ohnehin Anlaß zur Rebellion sind, wird die Diabeteseinstellung auch sonst braver Kinder meist schlecht. In Diabetes-Schulungen und entsprechenden Ferienlagern kann versucht werden, sie bei der Stange zu halten. Für Eltern heißt diese Zeit jedoch auch im Hinblick auf die Krankheit ihres Kindes: loslassen. Es drängt jetzt danach, die Verantwortung für sein Leben in die eigenen Hände zu nehmen. Das gilt es zu akzeptieren – auch wenn es für einige Zeit so aussieht, als würde sich das Kind gegen das Leben entscheiden.

Jugendliche zuckerkrank. In Österreich gibt es etwa tausend Diabetes-Kinder unter 15. Die Zahl der Neuerkrankungen nimmt ständig zu, in den vergangenen zehn Jahren etwa um das Doppelte. Bei der Diabeteshäufigkeit in Europa gibt es ein unerklärliches Nord-Süd-Gefälle.

Die Ursachen des jugendlichen Diabetes sind immer noch nicht letztgültig geklärt. Man geht davon aus, daß eine Virusinfektion die insulinproduzierenden Zellen der Bauchspeicheldrüse so verändert, daß der Körper sie als »fremd« bekämpft. Für die Entwicklung einer solchen »Autoimmunreaktion« braucht es eine genetische Anlage; Umweltfaktoren scheinen die Entstehung zu begünstigen.

Wann zu Ärztin oder Arzt?

Bei jedem Verdacht auf eine Zuckerkrankheit möglichst bald zu Ärztin oder Arzt.

Folgen

Das Hormon Insulin ist der »Schlüssel«, ohne den der im Blut zirkulierende Zucker Glukose in die meisten Zellen nicht hineinkann. Ihn brauchen sie jedoch, um arbeiten zu können. Bei Insulinmangel müssen sie ihren Energiebedarf auf andere Weise decken. Auf dieser Stoffwechselumstellung beruhen die Zeichen der Überzuckerung, mit denen sich der Diabetes bemerkbar macht. Im schlimmsten Fall kommt es dabei zum lebensbedrohlichen Koma.

DiabetikerInnen müssen für den Rest ihres Lebens das fehlende Insulin ersetzen, und das heißt spritzen, weil der Magen geschlucktes Insulin unwirksam macht. Abgesehen von mehreren Injektionen täglich sind Kontrollen des Blutzuckers und gewisse Beschränkungen notwendig, was man wann ißt.

Dem Normalzustand möglichst nahe zu kommen ist wichtig, weil über längere Zeit zuviel Zucker im Blut die inneren Organe schädigt. Spät-

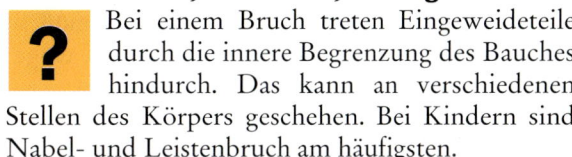

folgen der Zuckerkrankheit können sein: Empfindungsstörungen, weil die Nerven Schaden genommen haben, Durchblutungsstörungen, die schlimmstenfalls zu Erblindung und Nierenversagen führen können.

Zu Beginn der Krankheit verringert sich der Insulinbedarf nach einiger Zeit meist wieder. Diese Phase dauert wenige Monate bis zwei Jahre. Sie ist jedoch nie von Dauer.

In der Zeit der Pubertät und des gleichzeitigen Wachstumsschubes gerät die bis dahin befriedigende Stoffwechseleinstellung fast immer durcheinander. Erst wenn der junge Mensch körperlich und seelisch etwas stabiler geworden ist, beruhigt sich das wieder.

Vorbeugung

 Dem jugendlichen Diabetes kann man – anders als dem der Erwachsenen – nicht vorbeugen; wohl aber die Spätfolgen der Krankheit durch eine gute Einstellung möglichst lange hinauszögern.

Selbsthilfe, Behandlung

 Was früher strenge Diät und zwei Spritzen täglich waren, ist heute ein ausgefeiltes Diabetes-Management: verschiedene Sorten Insulin, in variabler Dosierung gespritzt, mehrere Blutzuckertests am Tag, weitgehende Liberalisierung bei der Nahrungsauswahl, Kontrollen der Langzeit-Einstellung. Damit können jugendliche DiabetikerInnen ein zwar belastetes, aber weitgehend normales Leben führen.

Derartiges lernt sich jedoch nur in einer intensiven Schulung, die viele Kliniken für PatientIn und Familie anbieten. Jugendliche DiabetikerInnen, die nicht in der intensivierten Insulintherapie geschult worden sind, sollte es heute nicht mehr geben.

Selbsthilfegruppen, wie sie sich mittlerweile fast in jeder größeren Gemeinde finden, helfen mit ihren in langen Jahren von vielen Betroffenen gesammelten Erfahrungen, das Diabetikerleben zu meistern. Eltern und Kinder sollten das nützen.

Bruch (Hernie)

Beschwerden, Ursachen, Häufigkeit

 Bei einem Bruch treten Eingeweideteile durch die innere Begrenzung des Bauches hindurch. Das kann an verschiedenen Stellen des Körpers geschehen. Bei Kindern sind Nabel- und Leistenbruch am häufigsten.

Nabelbruch: Eine Fünftel aller Neugeborenen hat einen Nabelbruch, bei Frühgeborenen sind es sogar 80 Prozent.

Der Ring um den Nabel hat sich nicht vollständig geschlossen. Beim Schreien oder Husten wölben sich etwa kirschgroße Teile des Bauchfells nach außen. Bei Entspannung gleitet die Beule wieder zurück, bzw. sie läßt sich leicht zurückdrängen. Beschwerden macht ein Nabelbruch nur ganz selten.

Leistenbruch: Beim Jungen wandern die Hoden durch den Leistenkanal aus dem Bauchraum nach unten. Nach der Geburt verengt sich dieser Kanal, manchmal allerdings nur unvollständig. Wird in diese Schwachstelle eine Darmschlinge hineingedrückt, ist das als längliche Beule in der Leistengegend zu sehen.

Da bei Mädchen der Leistenkanal sehr schmal ist, kommen bei ihnen Brüche viel seltener vor.

Leistenbrüche sind der häufigste Operationsgrund im ersten Lebensjahr.

Wann zu Ärztin oder Arzt?

 Sofort in die Kinderklinik, wenn das Kind starke Schmerzen hat, weil der Leistenbruch eingeklemmt ist.

Von einer Schwellung in der Leistenbeuge sollten Ärztin oder Arzt wissen. Dabei müssen sie sich ganz auf die Schilderung der Eltern verlassen, denn einen zurückgeglittenen Bruch können sie nicht mehr erkennen.

Folgen

Nabelbruch: Er bildet sich meist in den ersten vier Lebensjahren von selbst zurück und braucht deshalb keine Behandlung.

Leistenbruch: Läßt sich der Bruchinhalt wieder zurückdrücken, ist alles in Ordnung. Wenn das nicht gelingt, wird die eingeklemmte Darmschlinge nicht mehr durchblutet und stirbt ab. Es muß so schnell wie möglich operiert werden. Ein eingeklemmter Leistenbruch ist sehr schmerzhaft.

Selbsthilfe, Behandlung

 Nabelpflaster oder Bruchbänder helfen nicht. Ein einmal aufgetretener Leistenbruch sollte operiert werden, bevor er als eingeklemmter Bruch notfallmäßig versorgt werden muß.

Bei Jungen wird der Leistenkanal so weit zugenäht, daß Samenleiter und Blutgefäße noch hindurchführen; bei Mädchen wird er ganz verschlossen.

Die Operation kann ambulant durchgeführt werden. Ein Klinikaufenthalt ist nur selten notwendig.

HERZ UND KREISLAUF

23 Tage ist der Embryo alt, 2,2 Millimeter lang, da beginnt sein Herz zu schlagen. Und das tut es fortan hunderttausendmal am Tag. Bis zur letzten Sekunde.

Eine Wand teilt das Innere des fleißigen Muskels in zwei Hälften. Jede Hälfte besteht noch einmal aus zwei Teilen, und ein Ventil regelt ihre Verbindung zueinander.

In der linken Herzhälfte kommt das in den Lungen mit Sauerstoff beladene Blut an und wird vom Herzen weg in die Arterien gepumpt. Diese Blutgefäße verzweigen sich auf ihrem Weg durch den Körper und verengen sich immer mehr. Sie werden zu schmalen Arteriolen und letztlich zu den haarfeinen Kapillaren. Sie durchziehen alle Gewebe wie ein feines Netz und tragen Sauerstoff und Nährstoffe an jede Zelle heran.

Auf dem Rückweg von den Geweben zum Herzen vollzieht sich das Ganze umgekehrt: Kapillaren führen die Abbauprodukte des Stoffwechsels fort, sammeln sich zu kleinen Venen und bilden schließlich die großen Hohlvenen. Diese münden in der rechten Seite des Herzens. Von dort wird das Blut in die Lungen geschickt, damit es sein Kohlendioxid abgeben und sich der Kreislauf wiederholen kann.

Fehlbildungen von Herz und Gefäßen

Daß ein Kind einen angeborenen, aber nicht lebensbedrohlichen Herzfehler hat, fällt oft kaum auf. Säuglinge sind manchmal ungewöhnlich ruhig oder unruhig, blaß, mögen nicht trinken und schwitzen viel.

Ältere Kinder mögen vielleicht nicht essen, werden schnell müde und kommen beim Rennen und Spielen nicht recht mit.

ÄrztInnen können Herzfehler manchmal an der abweichenden Färbung von Haut und Schleimhäuten erkennen.

Beschwerden, Ursachen, Häufigkeit

 In Deutschland kommen jährlich etwa 6.000 Kinder mit einer Fehlbildung an Herz oder Gefäßen zur Welt.

Warum das so ist, kann in den wenigsten Fällen genau geklärt werden. Irgend etwas ist bei der Entwicklung des komplizierten Organs nicht ganz gelungen. Nur in den seltensten Fällen lassen sich dafür eine Rötelninfektion oder die Einnahme von Medikamenten während der Schwangerschaft verantwortlich machen. Meist bleibt die Ursache im dunkeln. Dementsprechend gibt es auch niemanden, der daran »schuld« ist.

Wann zu Ärztin oder Arzt?

 Schwere Herzfehler werden meist gleich nach der Geburt erkannt; leichtere erst bei den Vorsorgeuntersuchungen (> Seite 754) oder zufällig.

Folgen

Mit leichten Herzfehlern können Kinder jahrelang ohne große Probleme leben. Manchmal bleiben sie ein wenig in ihrer Entwicklung zurück.

Ausgeprägte Herzfehler machen eine Operation notwendig. Sie kann aber erst erfolgen, wenn das Kind ein bestimmtes Alter bzw. Gewicht hat. Bis dahin lebt die ganze Familie zwischen Hoffen und Bangen.

Am Herzen erkrankt zu sein, an dem Organ, mit dem wir Leben und Liebe verbinden, schockiert alle Beteiligten und konfrontiert unweigerlich mit Leben und Tod (> Leben mit dem Tod, Seite 594).

Kinder, die mit Medikamenten leben oder eine erfolgreiche Operation hinter sich haben, bedürfen im allgemeinen keiner besonderen Schonung. Sie können und sollen Kindergarten und Schule besuchen wie andere Kinder auch. Bei unzureichender Sauerstoffversorgung bremsen sie ihre Aktivitäten selbst, wenn es nicht mehr geht.

Wett- und Kampfsportarten sind diesen Kindern meist nicht zuträglich. Besser eignen sich Schwimmen, Radfahren, Angeln, Reiten, Tischtennis, Segeln, Judo, Fechten und Golf (> Bewegung und Sport, Seite 506).

Vorbeugung

Für manche Herzdefekte scheint es eine erbliche Anlage zu geben. Eltern, die selber eine Fehlbildung hatten oder schon ein betroffenes Kind haben, können sich vor einer neuerlichen Schwangerschaft in einer humangenetischen Beratungsstelle (> Seite 140) Rat holen, wie groß das Risiko ihres neuen Kindes sein wird.

Selbsthilfe, Behandlung

Fehlbildungen des Herzens müssen fast immer operiert werden – 5.000 sind es jährlich in Deutschland. Vorher sind sehr eingehende Untersuchungen notwendig, die Art und Lage des Fehlers erkennen lassen. Derartiges

NIEDRIGER BLUTDRUCK

Dem Kind fällt das Aufstehen am Morgen schwer. Es ist matt und schwindlig. Nach längerem Sitzen oder Stehen kann ihm schwarz vor den Augen werden. Auch Ohnmachten kommen vor (> Seite 739).

Ein Blutdruck, niedriger als andere ihn haben, ist eine anlagebedingte Eigenart mancher Menschen. Bei großen Schlanken kommt es häufiger vor als bei kleinen Dicken. Herz und Kreislauf arbeiten dabei ganz normal.

Schwindel und Ohnmachtsanfälle sind in der Pubertät häufig, bei Mädchen scheinen sie fast dazuzugehören. Die Teenis sind so schnell in die Höhe geschossen, daß ihr Innenleben nicht Schritt halten konnte. Mit zunehmender Reife gibt sich das.

Sich ab und zu mal schwindlig zu fühlen ist zwar unangenehm, aber ungefährlich.

Die Eigenart des Kreislaufs ist nicht zu verändern. Man kann ihm allerdings etwas auf die Sprünge helfen:

● Vor Schulbeginn wechselwarm duschen.

● Wassertreten (> Heiß und kalt, Seite 723).

● Systematisches körperliches Training durch Jogging, Gymnastik, Schwimmen (> Bewegung und Sport, Seite 506).

● Eine Tasse Kaffee oder Tee regt durch den Koffeingehalt den Kreislauf an.

● Wer die Knie weich werden fühlt, sollte sich flach hinlegen.

Medikamente sollten Ausnahmen vorbehalten bleiben. Ihre Wirkung ist gering, und außerdem gewöhnt sich der Körper schnell an sie.

ist nur in speziellen kinderkardiologischen Einrichtungen möglich.

BLUT

Blut ist ein besonderer Saft, eine Flüssigkeit (Plasma) mit Zellen und Eiweißen. Es verteilt von außen Kommendes wie Sauerstoff, Nährstoffe, Salze und Wasser. Es transportiert aber auch Produkte des Körpers. Kohlendioxid zum Beispiel zur Lunge, Enzyme, Hormone und Abwehrstoffe an die Orte, wo sie gebraucht werden.

Seine Kraft, mit der es die Gefäße füllt, wird als Blutdruck gemessen.

Der Körper ist bemüht, die Konzentration der Festbestandteile und Salze im Blut penibel einzuhalten. Geringe Veränderungen kann er ausgleichen, größere wie zum Beispiel der Verlust von Wasser und Salzen beim Durchfall, führen jedoch zu schwerwiegenden Störungen (> Durchfall, Seite 835).

Rote Blutkörperchen (Erythrozyten)

Seine rote Farbe hat das Blut vom Hämoglobin, dem Farbstoff der roten Blutkörperchen, zu dessen Aufbau Eisen nötig ist. Hämoglobin wird in der Lunge mit Sauerstoff beladen, trägt ihn in alle Gewebe und tauscht ihn dort gegen das im Stoffwechsel anfallende Kohlendioxid. In der Lunge gibt es das Gas an die Ausatmungsluft ab (> Bronchien und Lunge, Seite 810).

Das Knochenmark bildet kontinuierlich rote Blutkörperchen. Sie bleiben etwa drei Monate funktionstüchtig und werden dann vor allem in Milz und Leber abgebaut. Aus dem Hämoglobin wird dabei der Gallenfarbstoff Bilirubin. Eisen und Eiweiß verwendet der Körper wieder.

Das Hämoglobin des Neugeborenen unterschei-

det sich von dem später gebildeten. Vier Monate dauert etwa die Phase der Mauserung. Eine Neugeborenen-Gelbsucht (> Seite 843) entsteht, wenn kurz nach der Geburt besonders viel fetales Hämoglobin zerfällt.

Massiver Eisenmangel oder Krankheiten des Knochenmarks verändern Menge und Bauart der roten Blutkörperchen. Diese Erkrankungen werden von MedizinerInnen unter Anämien zusammengefaßt.

Weiße Blutkörperchen (Leukozyten)

Zu den weißen Blutkörperchen gehört eine ganze Gruppe von Zellen, aber nur ein Teil von ihnen kursiert im Blut. Die meisten arbeiten stationär: in den Geweben, im Knochenmark und anderen Organen. Dort spielen sie Fremdenpolizei und sortieren Freund und Feind. Außerdem beteiligen sie sich an der Abwehr von Infektionen, an Entzündungsreaktionen und Allergien.

Produktionsstätte der weißen Blutkörperchen ist das Knochenmark. Doch eine Zellart heißt Lymphozyten, weil sie vor allem in den lymphatischen Organen Thymus, Milz, Lymphknoten, Mandeln und in den Lymphorganen des Darms und im Wurmfortsatz gebildet werden (> Lymphsystem, Seite 851).

Die bei Kindern häufigste Krankheit des weißen Blutbildes ist Leukämie (> Seite 849).

Blutgerinnung

Blut muß fließen, aber es muß damit auch ganz schnell aufhören, wenn ein Gefäß undicht ist. Darum enthält Blut eine Reihe von Eiweißstoffen und Zellen (Thrombozyten), deren Wirkung stufenweise ineinandergreift und so zur Blutgerinnung führt. Das Endergebnis ist der Schorf, der eine Wunde abdichtet.

Störungen der Blutgerinnung äußern sich zum Beispiel durch das häufige Auftreten von Nasenbluten und vieler blauer Flecken, selbst bei nur banalen Verletzungen.

Blutarmut (Eisenmangel-Anämie)

Beschwerden, Ursachen, Häufigkeit

 Auf einen Eisenmangel deutet nichts Spezifisches hin. Müdigkeit, Appetitlosigkeit und Blässe kommen auch bei Kindern ohne Eisenmangel vor.

Der Körper braucht Eisen, um das Hämoglobin der roten Blutkörperchen aufzubauen. Reicht die Zufuhr nicht, greift er auf seine Eisenspeicher zurück. Erst wenn sie erschöpft sind und nicht mehr genügend roter Blutfarbstoff gebildet werden kann, liegt ein Eisenmangel vor.

Wann etwas als »Mangel« gilt, hängt davon ab, was als »normal« zugrunde gelegt wird. Die Normal-Eisenwerte wurden bei sich »normal« ernährenden Menschen ermittelt, das heißt solchen, die relativ viel Fleisch essen. Vegetarier-Studien zeigen, daß ein sehr viel geringerer Eisengehalt des Blutes ebenso normal sein kann.

Im ersten Lebensjahr ist die Versorgung mit Eisen immer knapp. Darauf ist der Körper aber eingestellt. Bei älteren Kindern können Krankheiten des Verdauungsapparats (> Zöliakie, Seite 839) oder – seltener – Blutungen im Magen-Darm-Trakt zu Eisenmangel führen. Teenis, die dem Schlankheitswahn erliegen und nur wenig essen, nehmen wenig Eisen auf (> Eßstörungen, Seite 564).

Folgen

Bei extremer Blutarmut sind Wachstum und Leistungsfähigkeit eingeschränkt. Doch Kinder mit Eisenwerten, die viele MedizinerInnen schon als »Mangel« einstufen, sind nicht kränker als andere. Säuglinge mit niedrigen Eisenwerten haben sogar seltener Infekte.

Selbsthilfe, Behandlung

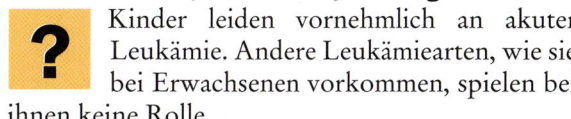 Eisenmangel ist meist ein Zufallsbefund bei einer Blutuntersuchung. Bevor Ärztin oder Arzt sie behandeln, müssen sie die Ursache – zum Beispiel Erkrankungen im Magen-Darm-Bereich oder Blutungen – herausfinden. Ohne sie abzustellen, ist jede Eisenzufuhr unsinnig.

Eisen gibt es zum Einnehmen als Tabletten oder in flüssiger Form (Ferro 66 [D], Ferrobet [Ö], Ferro Sanol [D/Ö], Ferroglukonat Ratiopharm [D], Lösferron [D/Ö], Spartocine [D]). Wie lange das Kind ein solches Mittel einnehmen soll, müßten Ärztin oder Arzt aus Körpergewicht, Eisen-Ist- und –Sollwert und einem Faktor ausrechnen. Zuviel Eisen zu schlucken, kann schaden. Das Blutbild gibt über den Eisenstatus erst nach mehreren Wochen Auskunft.

Achtung: Eisenpräparate färben den Stuhl schwarz. Sie können Übelkeit, Bauchschmerzen, Erbrechen, Durchfall oder Verstopfung verursachen.

Leukämie

Beschwerden, Ursachen, Häufigkeit

 Kinder leiden vornehmlich an akuter Leukämie. Andere Leukämiearten, wie sie bei Erwachsenen vorkommen, spielen bei ihnen keine Rolle.

Zwei Arten der akuten Leukämie unterscheiden ÄrztInnen nach den Blutzellen, die sie unter dem Mikroskop sehen können: ALL – Akute lymphoblastische Leukämie und AML – Akute myeloblastische Leukämie. Diese Unterteilung wird wichtig bei der Art der Behandlung und deren möglichem Erfolg.

Bei einer Leukämie wirkt das Kind »irgendwie nicht in Ordnung«: Es mag nicht essen, ist müde, hat vielleicht Bauchweh, Knochen- und Gelenkschmerzen und Fieber, für das es keine rechte Erklärung gibt.

Manchmal deuten punktförmige Blutungen in der Haut und häufiges Nasen- und Zahnfleischbluten auf die Krankheit hin.

Akute Leukämie ist bei Kindern die häufigste Krebserkrankung. In Deutschland erkranken jährlich etwa 400 Kinder daran.

Blutzellen im Knochenmark teilen sich unkontrolliert. Ihre eigentlichen Aufgaben zu erfüllen sind sie nicht fähig. Statt dessen füllen sie nach und nach das gesamte Mark aus und verhindern so die normale Blutbildung. Schließlich überschwemmen sie den gesamten Körper.

Ursache dieses veränderten Zellwachstums sind Veränderungen der Chromosomen. Sie tragen die Information, welche Aufgabe die Zelle wie erfüllen soll. Chromosomenveränderungen können spontan entstehen, aber auch durch Medikamente oder Strahlung. Letztere können aber nur diejenigen krank machen, die damit in Kontakt gekommen sind, nicht die Nachkommen.

In der Umgebung von Atomkraftwerken oder kerntechnischen Anlagen erkranken mehr Menschen an Leukämie, als man mit »Zufall« erklären kann. Das nährte den Verdacht, daß die von dort ausgehende radioaktive Belastung unterschätzt wurde. Leukämie ist eine typische Strahlenkrankheit. Die bisher durchgeführten Untersuchungen lassen zwei mögliche Schlüsse zu: Radioaktive Belastung ist schon unterhalb der gesetzlich zugelassenen Grenzwerte schädlicher als bisher angenommen. Aus den Anlagen ist mehr Strahlung ausgetreten, als öffentlich zugegeben wird.

Das schwedische Institut für Umweltmedizin veröffentlichte 1992 eine Studie, derzufolge die elektromagnetischen Felder, die Hochspannungskabel umgeben, ebenfalls das Leukämierisiko bei Kindern erhöhen.

Wann zu Ärztin oder Arzt?

 Jeder Verdacht auf Leukämie sollte zu Ärztin oder Arzt führen. Um die Krankheit sicher diagnostizieren zu können, müssen sie das Knochenmark punktieren und die Zellen untersuchen (> Knochenmarkpunktion, Seite 887). Hat sich der Verdacht bestätigt, muß auch Rückenmarkflüssigkeit entnommen werden (> Lumbalpunktion, Seite 888), um festzustellen, ob sich auch im zentralen Nervensystem Leukämiezellen befinden.

Folgen

Eine unbehandelte Leukämie führt nach wenigen Wochen bis Monaten zum Tod. Doch Leukämie bei Kindern ist – richtig behandelt – die Krebserkrankung mit der größten Heilungschance. Etwa sieben von zehn Kindern mit ALL und vier von zehn mit AML leben sechs Jahre nach der Behandlung ohne Krebs.

Allerdings bleibt die aggressive Behandlung nicht immer folgenlos. Eine Reihe von Kindern besiegt zwar die Leukämie, doch zwei von hundert sehen sich nach zwanzig Jahren einer zweiten Krebserkrankung gegenüber.

Wie bei jeder anderen Krebserkrankung werden Diagnose, Behandlung und ihre Folgen bei Leukämie zum lebensbestimmenden Schicksal von

Kind, Eltern und Geschwistern. Was das bedeutet, > Krebs, Seite 885.

Vorbeugung

Der Erkrankung des einzelnen kann man nicht vorbeugen, wohl aber sich Initiativen anschließen, um PolitikerInnen in die Pflicht zu nehmen, weniger belastende Lebensbedingungen für unsere Kinder und nachfolgende Generationen zu schaffen.

Selbsthilfe, Behandlung

Die Behandlung kann nur in speziellen Zentren für Kinder-Krebserkrankungen (pädiatrische Onkologie) erfolgen. Sie beginnt immer mit einer Chemotherapie, der sich eine Langzeitbehandlung mit Medikamenten anschließt. Manchmal muß auch der Kopf bestrahlt werden. Wenn die erste Chemotherapie die Leukämie nicht besiegt hat, ist manchmal eine Knochenmarktransplantation möglich (> Krebs, Seite 885).

LYMPHSYSTEM

Die Namen zweier Organe des lymphatischen Systems kennt man gemeinhin als Operationsobjekt: Mandeln und Wurmfortsatz, genannt »Blinddarm«. Zu dem Organ gehören aber auch noch Knochenmark, Thymus, Milz und Lymphknoten.

Sie alle produzieren Lymphozyten, eine Sorte weißer Blutkörperchen. Diese Mitglieder des Immunsystems sind für die Abwehr von Krankheitskeimen, fremden Zellen und im Körper immer wieder spontan entstehenden Krebszellen zuständig.

In vorderster Front gegen geschluckte und eingeatmete Krankheitserreger stehen die Mandeln. An ihnen müssen die Keime vorbei, sie reagieren als erste auf die Eindringlinge. Kein Wunder also, daß sie so oft entzündet sind. Doch gerade um ihrer Schutzfunktion willen sollten sie so lange wie mög-

lich an Ort und Stelle bleiben (> Mandelentzündung, Seite 813).

Im Thymus werden Lymphozyten für ihre immunologischen Aufgaben geschult. Diese Drüse liegt hinter dem Brustbein und ist nur bei Kindern voll ausgebildet. Später wird sie in einen Fettkörper umgewandelt. Eine Art Gedächtnis sorgt dafür, daß auch später gebildete Lymphozyten noch wissen, was sie tun haben.

Die einzelnen Organe des lymphatischen Systems sind durch Lymphgefäße miteinander verbunden. Dieses Gefäßsystem ähnelt dem des Blutes: Ein Netz von kleinsten Gefäßen durchzieht das Gewebe, nimmt Flüssigkeit und winzige Festbestandteile auf und leitet das Ganze als Lymphe in die größeren Lymphgefäße. Sie alle münden im Brustraum in eine Vene. So wird die Lymphe wieder in den Blutkreislauf eingespeist.

Wie Klärwerke sind Lymphknoten in dem Lymphstrom zwischengeschaltet. Wenn sie sich verändern, erlaubt das einen Rückschluß, welches Organ oder Gewebegebiet erkankt ist.

ALLERGIEN

Beschwerden, Ursachen, Häufigkeit

Manchen Kindern tränen die Augen, und die Nase läuft, anderen bleibt die Luft weg, ihre Haut schlägt aus und juckt – sie haben eine Allergie. Den einen ärgert eins der Symptome, andere quälen gleich mehrere. Kinder, die nicht recht gedeihen, vertragen vielleicht ein Nahrungsmittel nicht.

Allergische oder, wie MedizinerInnen sagen, atopische Erkrankungen werden immer häufiger. Sie äußern sich als Bindehautentzündung, Heuschnupfen, Asthma (> Seite 819) und Hauterkrankungen (> Neurodermitis, Seite 872). Ein Drittel aller EuropäerInnen reagiert auf irgend etwas allergisch. Untersuchungen zeigen, daß allergische Erkrankungen mit dem Alter zunehmen: Im Kindergar-

ALLERGENE

● Der häufigste Allergieauslöser ist der Kot der Hausstaubmilbe. Die Tierchen sind 0,3 Millimeter groß und damit unsichtbar. Bis zu 2.000 leben in einem Gramm Staub. Die Achtbeiner ernähren sich von Hautschuppen und der Feuchtigkeit der Luft. Ihr pollenkorngroßer Kot zerbröselt und wird eingeatmet.

● Blütenpollen. Die, die der Wind weiterträgt, sind für AllergikerInnen am unangenehmsten. Umweltschadstoffe scheinen das Grünzeug zu dopen: Manche Pflanzen produzieren bis zu sechsmal mehr Pollen, sie haben mehr allergene Strukturen als in Reinluftgebieten und werden so verändert, daß sie tiefer in die Atemwege eindringen können.

● Katzenallergene entstammen den Talgdrüsen ihrer Haut. Wenn sich die Tiere lecken, verteilen sie die Allergene über den ganzen Körper; schütteln sie sich, präparieren sie die Staubpartikel der Luft.

● Schimmelpilze. Sie verstreuen ihre Sporen aus dem Stockfleck der Tapete, dem Bewuchs von Fensterrahmen und Kühlschrankdichtung, dem Bart auf schimmelndem Obst und Brot, der Blumenerde.

● Nickel. Diese Allergie ist ein Produkt der Mode. Jeansknöpfe und Modeschmuck enthalten das Metall. Im Preis für das Stechen von Ohrlöchern war bis 1992 eine 15fache Ekzemchance inkludiert. Seitdem dürfen nur noch nickelfreie Stecker verwendet werden.

● Quecksilber. Es ist vor allem in Konservierungsmitteln in Kosmetika, Kontaktlinsen-Pflegemitteln und Impfstoffen enthalten.

● Nahrungsmittel.

● Insekten, allen voran Bienen und Wespen.

● Medikamente jeder Art.

tenalter sind knapp 5 Prozent der Kinder sensibel für Gräserpollen, bei Schulkindern bereits 24 Prozent. Ein Teil dieser Kinder trägt die Allergiebereitschaft in sich, hat aber keine Beschwerden. Das kann sich später ändern.

Eine Untersuchung an bayerischen Schulkindern ergab, daß bei ihnen Neurodermitis die häufigste Allergieform ist. An zweiter Stelle liegen Nahrungsmittelallergien, dann folgt Heuschnupfen. Acht von 100 Kindern haben nächtliche Asthmaanfälle.

Mit der Anlage, eine Allergie zu entwickeln, wird man geboren. Hat keiner der Elternteile mit einer Allergie zu tun, liegt das Risiko, daß das Kind allergiekrank wird, bei 10 bis 20 Prozent, ist einer der Eltern Allergiker, liegt es bei 30 bis 50 Prozent, sind es beide, liegt es bei 40 bis 75 Prozent. Ob sich die Allergie wirklich entwickelt, entscheidet sich offenbar in den ersten Lebensmonaten, in denen das Immunsystem noch nicht voll ausgeprägt ist.

Das Immunsystem antwortet auf das, was sich im Blut abspielt und was Nerven und Gehirn spüren und empfinden (> Körper und Seele, Seite 715). Jeden Tag erleben Kinder Neues, sehen sich Anforderungen gegenüber und müssen sich bewähren. Sie müssen verkraften, daß etwas mißlingt, daß sie etwas nicht können und ohnmächtig sind (> Streß für Kinder, Seite 716). Diese Belastungen aktivieren den Teil des Nervensystems, der die Nebenniere veranlaßt, Hormone auszuschütten. Das Hormon Kortison regt eine Sorte weißer Blutkörperchen an, mehr von den Antikörpern zu produzieren, die für eine Allergie typisch sind. Die Antikörper verbinden sich mit den Allergenen, auf die der Körper besonders empfindlich reagiert (> Allergene, Seite 852), und docken an Zellen an, die daraufhin Gewebehormone freisetzen. Eines davon heißt Histamin. Unter seinem Einfluß verkrampfen sich die Muskeln der kleinsten Bronchien – die Luft wird knapp. Die Blutgefäße stellt es dagegen weit – die Bindehaut rötet sich. Gemeinsam mit anderen Gewebehormonen ruft Histamin eine Entzündung hervor – die Nase läuft, die Haut juckt.

Gleichzeitig mit dem Kortison geht Adrenalin ins Blut. Das blockiert Überträgersubstanzen im Nervensystem. Das Ergebnis sind wieder mehr Histamin, Entzündungsreaktionen, verstärkter Juckreiz.

Beim ersten Allergenkontakt sind diese Reaktionen noch unmerklich bis moderat. Doch sie steigern sich mit jedem neuen Kontakt. Besteht eine Allergie sehr lange, kann sich das Geschehen so verselbständigen, daß es gar keinen Auslöser mehr braucht. Die Krankheit ist und bleibt.

Wann zu Ärztin oder Arzt?

Jedes allergiekranke Kind braucht ärztliche Behandlung.

Folgen

Aus nicht bekannten Gründen vergehen manche Allergien nach einiger Zeit. Oft verwandelt sich eine Art der Überempfindlichkeit jedoch in eine andere: Aus Heuschnupfen wird Asthma (»Etagenwechsel«), aus einer Nahrungsmittelallergie eine Hautallergie.

Allergische Kinder sind infektanfälliger. Bei ihnen steigert sich ein Virusinfekt zum Beispiel schnell zu einem Krampfhusten.

Menschen, die die Allergie während der Kindheit nicht losbringen, müssen bei ihrer Berufswahl ihre Empfindlichkeit berücksichtigen.

Allergieauslöser zu meiden und heftigen -attacken vorzubeugen kann zum tagesfüllenden Programm werden: inhalieren, schmieren, jeden Bissen, jeden Schluck argwöhnisch beäugen. Damit die Kinder ihre Eltern nicht nur als mahnende, pflegende Kontrollinstanz erleben, sollten diese immer wieder Zeit finden, mit ihrem allergiekranken Kind etwas zu tun, was allen Spaß macht und Freude bringt.

Vorbeugung

● Muttermilch ist die Säuglingsnahrung mit dem geringsten Allergierisiko. Frauen, die ihr Kind stillen, sollten im ersten halben Jahr möglichst nichts anderes zufüttern. Läßt die Familiensituation ein besonders hohes Allergierisiko des Babys erwarten, kann die Mutter während Schwangerschaft und Stillzeit noch auf Milch, Milchprodukte, Eier, Fisch, Rindfleisch und Erdnüsse verzichten. Eine solche Diät muß aber mit Ärztin oder Arzt abgesprochen sein. Die fehlenden Mineralstoffe müssen unbedingt ersetzt werden.

● Kann das Kind aus einer allergiebelasteten Familie nicht gestillt werden, empfiehlt es sich, eine hypoallergene Fertignahrung zu füttern (> Fertigmilchprodukte, Seite 223).

● Zigarettenrauch in der Atemluft erhöht das Allergierisiko drastisch (> Gefährlicher blauer Dunst, Seite 721).

● Keine Instanttees. Manche sind auf ein eiweißhaltiges Trägermaterial aufgezogen.

● Während die Allergie besonders stark ist, sollten Kinder nicht geimpft werden.

Selbsthilfe, Behandlung

Die sicherste Möglichkeit, nicht unter der Allergie zu leiden, ist, den Auslöser zu meiden. Um ihn zu erkennen, braucht es ärztliche Hilfe, Zeit und viel Geduld. Das Kind vorbeugend vor allem möglicherweise Gefährlichen bewahren zu wollen würde bedeuten, es zu isolieren. Meist sind vier Schritte notwendig:

● Genaue Selbstbeobachtung der Beschwerden: Wann? (Jahreszeitliche Unterschiede?) Seit wann? Wo? (Unterschiede je nach Aufenthaltsort, Witterung?) Nach bestimmten Speisen oder Getränken?

● Laboruntersuchungen, mit denen der Gehalt des Blutes an allergietypischen Antikörpern bestimmt wird.

● Hauttests. Allergenextrakte werden auf die Haut aufgebracht. Reagiert sie mit einer Rötung oder einer Quaddel, weist das auf die Allergieneigung hin. Es beweist sie jedoch noch nicht. Das gelingt erst mit

● Provokationstests. Das spezielle Allergen wird – stark verdünnt – auf die Schleimhaut von Nase oder Augen gebracht, eingeatmet oder geschluckt. Weil dabei die Gefahr einer sehr heftigen allergi-

ALLERGENE IN DER NAHRUNG

Allergien an Auge und Nase beruhen nur selten auf Nahrungsmitteln, die an Lunge, Haut und Magen-Darm-Trakt sehr wohl. Eine Eliminationsdiät soll die Allergene aufspüren. Dazu gibt man das Kind in die Obhut einer Allergieklinik oder von DiätassistentInnen. Für 10 bis 21 Tage bekommt das Kind nichts als Lamm, Salat, Reis, Kartoffeln, Möhren, Birnen und Mineralwasser – sie lösen praktisch nie eine Allergie aus. Bleibt alles unverändert, sind Essen und Trinken schuldlos. Bessern sich die Beschwerden, werden nach und nach andere Nahrungsmittel eingeführt und die Reaktionen beobachtet. Im Idealfall kristallisiert sich dann heraus, was das Kind zukünftig meiden soll.

Milch und Eiweiß sind die häufigsten Allergene. Trotzdem können Kinder auf diese lebenswichtigen Stoffe nicht verzichten. Es muß also mit Fachleuten ein ganz spezieller Speiseplan ausgetüftelt werden.

Die Trefferquote solcher Nahrungsmitteltests ist bescheiden; ebenso der Erfolg der Diäten. Von Neurodermitiskindern wird berichtet, daß sich bei mehr als der Hälfte die Haut unter einer Eliminationsdiät bessert. Nach sechs Monaten ist allerdings wieder alles beim alten.

Bevor Eltern ihrem Kind jahrelang eine Spezialernährung zumuten, sollten kombinierte Tests bestätigt haben, daß das Nahrungsmittel wirklich zu Recht verdächtigt wird. Schließlich ist immer verzichten zu müssen auch eine Art von Streß, der die Allergie verstärken kann, wenn kein Erfolg spürbar ist.

schen Attacke besteht, dürfen solche Tests nur dort vorgenommen werden, wo sofort lebensrettende Maßnahmen möglich sind.

Folgendes kann das Leben mit einer Allergie erleichtern:
● In der ganzen Wohnung Rauchverbot für alle.
● In der Wohnung nicht mit Sprays, Farben, Lösungsmitteln und ähnlichem hantieren (> Gesundes Wohnen, Seite 396).
● Sich so ernähren, daß der Körper nicht noch reichlich Histamin von außen erhält. Fische mit dunklem Fleisch und reifer Käse enthalten viel Histamin. Erdbeeren und Tomaten veranlassen den Körper, besonders viel davon auszuschütten.
● Viele AllergikerInnen profitieren von einer vollwertigen Ernährung, wenn es gelingt, den Weg zwischen »so allergenarm wie möglich, so vollwertig wie möglich« zu finden. Vollwertige Nahrung ist entschieden allergenreicher als die übliche Einheitskost. Darum können Eltern, die damit beginnen, bei ihrem Neurodermitiskind Ekzem und Juckreiz zunächst jedoch förmlich explodieren sehen. Andererseits besteht mit dieser Kost die Chance, dem Immunsystem all die Stoffe zu geben, die es für ein kraftvolles Funktionieren braucht.

Bei Pollenallergie
● Der oder die Betroffene sollte die problematischen Pflanzen möglichst schon von weitem erkennen. Dann können sie einen Bogen darum machen.
● An sonnigen, trockenen Tagen die Fenster höchstens zwischen 22 und 3 Uhr öffnen.
● Abends duschen, Haare waschen und Kleidung wechseln, damit die tagsüber aufgesammelten Pollen nicht nachts im Bett quälen.
● Honig meiden. Er enthält Pollen.

Bei Hausstauballergie
● Fußboden aus Holz oder Linoleum.
● Gestrichene Wände. Keine Dekorationen mit rauher Oberfläche. Statt dessen: Poster direkt auf die Wand kleben.
● Gardinen aus glattem, waschbarem Material.

- Offene Bücherregale sind Staubfänger.
- Sitzmöbel mit glatter, abwischbarer Oberfläche.
- Matratze aus allergengeprüftem, vollsynthetischem Material.
- Kissen und Decken aus waschbarem, vollsynthetischem Material.
- Keinen Stauraum unter dem Bett.
- Lieber feucht wischen als staubsaugen. Der Staubsauger nimmt vorne den groben Schmutz auf und bläst die feinen Allergenpartikel hinten hinaus. So gelangen sie vom Boden in Atemhöhe. Feinstaubfilter verbessern das Phänomen, vermeiden es aber auch nicht ganz.
- Das Präparat Acarosan (aus der Apotheke) ballt Milbenkot zu größeren Partikeln zusammen, so daß er leichter entfernt werden kann.

Bei Nickelallergie

NickelallergikerInnen reagieren oft schon auf Spuren des Metalls. Sie verbergen sich in Schmuck, Münzen und Werkzeug; in pflanzlichen Nahrungsmitteln steckt mehr als in tierischen. Konservennahrung, Hülsenfrüchte, Haferprodukte, Schokolade, Innereien und vor allem Sojaprodukte enthalten viel Nickel.

Ärztin oder Arzt können Allergien auf zweierlei Arten behandeln. Die Hyposensibilisierung soll den Körper an die Allergene gewöhnen. Medikamente können dem heftigen Allergieausbruch vorbeugen. Andere Arzneimittel lindern die akuten Beschwerden.

Hyposensibilisierung

ÄrztInnen spritzen dem Allergiekind eine winzige Menge besonders reinen Allergenextrakts unter die Haut. In ganz kleinen Schritten wird die Dosis erhöht. Die höchste gerade noch verträgliche Menge wird dann über längere Zeit hinweg injiziert. Auf diese Weise soll sich der Körper an das Allergen langsam »gewöhnen«.

Das Verfahren ist risikoreich. Immer wieder gibt es bei solchen Injektionen lebensbedrohliche allergische Reaktionen, die die Kinder – wenn überhaupt – nur durch intensive Notfallmaßnahmen überleben. Manche ÄrztInnen führen Hyposensibilisierungen darum nicht durch.

Eine Hyposensibilisierung auf gut Glück zu versuchen ist riskant. Es können immer heftigste allergische Attacken auftreten, besonders bei AsthmatikerInnen. Die offizielle deutsche Meldestelle verzeichnet jedes Jahr zwei bis drei Todesfälle nach solchen Verfahren.

Eine Hyposensibilisierung sollte nur unter folgenden Voraussetzungen versucht werden:
- Eines oder wenige Allergene sind eindeutig als Verursacher nachgewiesen.
- Sie können auch bei bestem Willen nicht gemieden werden.
- Vorbeugende Medikamente verhindern die allergischen Erscheinungen nicht ausreichend.

Die Wirksamkeit der Hyposensibilisierung ist umstritten; sie nimmt in dieser Reihenfolge ab: Insektengiftallergie, Pollenallergie, Tierhaar- und Schimmelpilzallergie.

Bequemer ist die Hyposensibilisierung mit geschlucktem Allergenextrakt, die besonders Kindern oft angeraten wird. Bei welchen Allergien sie wie wirksam ist, ist noch umstrittener als bei der Spritzenmethode. Am ehesten überzeugen die Ergebnisse noch bei einer Birkenpollenallergie.

Auf dem Prinzip der oralen Hyposensibilisierung dürfte auch der Rat anthroposophischer ÄrztInnen beruhen: Bei Heuschnupfen das ganze Jahr über täglich einen Teelöffel Honig aus der Wohnumgebung, möglichst mit Wabenresten, einnehmen.

Vorbeugung mit Medikamenten

Das Arzneimittel Cromoglizinsäure verhindert, daß die Gewebezellen viel Histamin freisetzen. Mindestens zwei Wochen vor dem erwarteten Allergenkontakt konsequent eingenommen, kann es die Beschwerden erheblich verringern.

Produkte für Augen und Nase: Cromohexal (D), Lomupren (D/Ö), Opticrom (D/Ö), Vividrin (D); zum Inhalieren: DNCG (D), Intal (D/Ö).

Behandlung mit Medikamenten

Arzneimittel aus der Gruppe der Antihistaminika schwächen die allergischen Beschwerden ab. Welches sich aus der großen Palette der Mittel bei welcher Allergie am besten eignet, muß man individuell herausfinden.

Die wichtigste Nebenwirkung: Antihistaminika machen müde. Bei Kindern, denen die Beschwer-den die Nachtruhe rauben, kann das sogar erwünscht sein. Tagsüber eignen sich allerdings eher Mittel, die diesen Effekt vermeiden.

Kinder unter einem Jahr sollten keine Antihistaminika erhalten, Vorschulkinder nur mit besonderer Vorsicht. Sie können mit Krampfanfällen oder Halluzinationen reagieren. Besonders risikoreich sind Mittel mit Langzeitwirkung, kenntlich an dem Zusatz Retard, Depot.

Müdemachende Antihistaminika: Avil (D/Ö), Fenistil (D/Ö), Mereprine (D), Omeril (D), Soventol (D/Ö), Tavegil (D/Ö).

Kaum müdemachende Antihistaminika: Hismanal (D/Ö), Inhibostamin (D), Lisino (D), Teldane (D), Triludan (Ö), Zyrtec (D).

Zur spezifischen Behandlung von allergischen Hauterscheinungen > Seite 851, Asthma Seite 819.

Klimakuren

Tapetenwechsel wirkt bei Allergien manchmal Wunder. Dabei kombinieren sich verschiedene Effekte: anderes Klima, schadstoffarme Luft an der See oder im Gebirge, raus aus dem alltäglichen Einerlei. Welche Spezialklinik an welchem Ort geeignet ist, wissen die Selbsthilfeverbände. Kuren, die weniger als vier Wochen dauern, bringen meist nicht viel.

Homöopathie

Eine individuelle homöopathische Behandlung kann die übliche Behandlung von Allergien unterstützen.

Hilfe bei den Kosten

● Die Krankenkassen müssen das Präparat Acarosan bezahlen, wenn seine Anwendung die Beschwerden von HausstauballergikerInnen wesentlich verringert. In diesem Sinne ist das Präparat als Medikament anzusehen.

● Bestätigt ein amtsärztliches Attest, daß der Kauf allergenarmer Möbel die Allergie lindert oder zu deren Heilung beiträgt, sind die Ausgaben als außergewöhnliche Belastungen anzusehen und mindern die Steuerschuld.

Kontakte

Telefonische Pollenflugvorhersage Deutschland:
BUNDESWEIT EINHEITLICH (0)11601

Österreich:
WIEN 40400-3309
WIEN-NIEDERÖSTERREICH 0222/1529
LINZ 0732/2806-3406
GMUNDNER BERG 0660/6013
SALZBURG 0662/1529
PINZGAU 06542/3631-357
TIROL 0512/1529
STEIERMARK 0316/9128-3516
KÄRNTEN 0463/1529

Arbeitsgemeinschaft allergiekrankes Kind
HAUPTSTR. 29
35745 HERBORN
TEL.: 02772/41237

Zum Weiterlesen

Allergien.
ROBERT DAVIES, SUSAN OLLIER
Verlag Spektrum der Wissenschaft, 1991.

Allergien.
Stiftung Warentest, Berlin, 1991.

• Klimakuren bezahlen die Krankenkassen unter bestimmten Voraussetzungen (> Klimakur, Seite 856). Wer sein Kind auf eigene Rechnung zur Kur schickt, kann von seiner deutschen Krankenkasse zu Unterkunft, Verpflegung oder Fahrt einen Zuschuß von DM 15 pro Tag bekommen. Ist das Kind in einem Kinderheim untergebracht, sind die Mehrkosten als außergewöhnliche Belastung steuerlich absetzbar.

NIEREN UND HARNWEGE

Der Körper ist zwar bemüht, so ökonomisch wie möglich zu arbeiten, dennoch bleiben Reste, die nicht mehr zu verwerten sind. Diese Stoffwechselendprodukte auszuscheiden und den Salz- und Wasserhaushalt zu regulieren sind die Hauptaufgaben der Nieren. Zusätzlich sind sie an der Produktion von Vitaminen und Hormonen beteiligt und beeinflussen Blutbildung, Knochenstoffwechsel und die Regulierung des Blutdrucks.

Etwa in Taillenhöhe liegt links und rechts der Wirbelsäule je eine Niere (Ren). Beim Erwachsenen sind sie etwa zehn Zentimeter lang und fünf Zentimeter breit. In jeder Niere befinden sich mehr als eine Million harnbildende Einheiten (Nephrone). Sie bestehen aus einem Knäuel von Blutgefäßen (Glomerulus), deren Blut dort filtriert wird. Die Porengröße dieses Filters ist so beschaffen, daß zum Beispiel Salze und Zucker hindurchschlüpfen, Eiweiße jedoch zurückgehalten werden. Weisen ÄrztInnen im Urin Eiweiß nach, kann das ein Zeichen sein, daß in diesem Bereich etwas in Unordnung ist. Innerhalb eines Tages pressen die Nierenglomeruli eines Erwachsenen etwa 180 Liter Flüssigkeit aus dem Blut. Als Preßdruck fungiert der Blutdruck.

Diese riesige Flüssigkeitsmenge scheidet natürlich niemand aus. In einem Kanalsystem (Tubulus), das sich an den Glomerulus anschließt, werden 99 Prozent des Wassers und die meisten Festbestandteile des Filtrats wieder ins Blut aufgenommen. Was dann übrigbleibt, fließt als Urin ins Nierenbecken und von dort durch den Harnleiter (Ureter) in die Blase.

Von jeder Niere mündet ein etwa 30 Zentimeter langer Harnleiter in die Harnblase. Eine Art Ventil verhindert, daß der sich in der Blase sammelnde Urin in die Nieren zurückgedrückt wird. Schließmuskeln dichten die Blase an ihrem unteren Ende ab, wo sie in die Harnröhre (Urethra) übergeht. Die Harnröhre von Frauen ist knapp 5 Zentimeter lang, die von Männern etwa 20 Zentimeter. Der Längenunterschied ist mit ein Grund dafür, daß Blasenentzündungen bei Frauen häufiger auftreten: Von außen kommende Bakterien können die kurze Strecke eher überwinden als eine viermal so lange.

Direkt unterhalb der Blase umschließt beim Mann die Vorsteherdrüse (Prostata) die Harnröhre. Sie entleert ihr Sekret in die Harnröhre; auch die Samenleiter münden hier. Von dieser Stelle an ist die Harnröhre beim Mann sowohl Kanal für den Urin als auch für die Samenflüssigkeit.

Harnweginfekt – Blasenkatarrh: Blasenentzündung (Zystitis), Nierenentzündung (Pyelonephritis)

Beschwerden, Ursachen, Häufigkeit

 Kleinkinder machen einen kranken Eindruck. Sie haben Fieber, Erbrechen, Bauchschmerzen.

Ab etwa vier Jahren müssen Kinder oft zur Toilette, machen jedoch nur wenig. Das Wasserlassen kann weh tun und brennen. Kinder, die bisher trocken waren, nässen auf einmal wieder ein. Bauch- oder Kreuzschmerzen und Fieber können hinzukommen.

Bakterien haben in Harnröhre und Blase evtl.

auch in den Nieren eine Entzündung hervorgerufen. Sie gelangen meist von außen, nur selten auf dem Blutwege dorthin.

Während der ersten fünf Lebensjahre machen fünf von hundert Mädchen und einer von hundert Jungen mindestens einen Harnweginfekt durch.

Folgende Faktoren begünstigen wahrscheinlich eine Harnweginfektion:
● Bei Mädchen die im Vergleich zu Jungen viermal kürzere Harnröhre und die eng benachbarten Öffnungen von Darm und Harnröhre, durch die Keime leicht von dort nach hier übertragen werden können.
● Kälte von außen.
● Baden oder Schwimmen in kaltem Wasser.

Harnweginfekte sind häufiger bei Kindern mit einer Fehlbildung der harnableitenden Wege (> Seite 857). Das kann eine Harnleiterverengung sein oder das »Ventil« zwischen Harnleiter und Blase schließt nicht dicht, so daß der Harn in die Nieren zurückgedrückt wird (Reflux).

Wann zu Ärztin oder Arzt?

 Im 1. Jahr möglichst bald ins Kinderkrankenhaus, wenn das Kind Fieber hat, blaß ist, aber nichts auf eine Erkältung hindeutet, und sich heftig erbricht.

Nach dem 1. Jahr möglichst bald zu Ärztin oder Arzt; ganz besonders, wenn das Kind Fieber hat, denn das deutet auf eine Nierenbeteiligung hin.

Der Bakteriennachweis im Urin, auf den sich eine antibiotische Behandlung gründet, ist nicht ganz einfach. Vermutlich sind eine ganze Reihe von »Harnweginfekten« nur das Ergebnis einer unsachgemäßen Untersuchung.

Auf seinem Weg von der Blase ins Sammelgefäß nimmt der Harn immer Keime aus der Genitalregion mit. Stand der Urin vor der Untersuchung schon eine Weile, hatten die Bakterien Zeit, sich zu vermehren. Dann weist das Labor nach, was im Sammelgefäß geschah, nicht das, was sich in der Blase abspielt.

Der Harn für die Untersuchung sollte immer erst in der Praxis gelassen werden. Säuglinge bekommen dazu einen Plastikbeutel über die Genitalregion geklebt, in dem der Urin aufgefangen wird. Größere Kinder können schon Mittelstrahlurin liefern: Die erste, mit vielen Bakterien von außen verunreinigte Portion fließt in die Toilette, erst das dann Nachlaufende dient der Untersuchung.

Bilder für die Diagnose

Eine Ultraschalluntersuchung ist leicht gemacht und belastet das Kind kaum. Doch was so leicht geht, verführt dazu, es allzuoft einzusetzen. Die Kinder werden dadurch zu DauerpatientInnen, und oft ziehen die Untersuchungsergebnisse unnötige Behandlungen nach sich.

Eine Ultraschalluntersuchung ist immer dann notwendig, wenn ein Harnweginfekt sicher nachgewiesen ist. Sie zeigt Lage, Größe und Form der Nieren, des Nierenbeckens und der harnableitenden Wege. Fällt dabei etwas Ungewöhnliches auf, sollte die Blase geröntgt werden (Zystographie). Dieses Bild zeigt, ob und wenn ja wo sich der Urin in den Harnleitern staut (> Bildgebende Verfahren, Seite 753).

Bei Pyelographie und Szintigraphie bekommt das Kind ein Mittel ins Blut gespritzt, dessen Ausscheidung durch die Nieren die ÄrztInnen beobachten. Das gibt Aufschluß über die Funktion der Nieren.

Folgen

 Je häufiger solche Infektionen sind und je länger sie anhalten, desto wahrscheinlicher gelangen Keime in die Nieren. Jede Nierenentzündung zerstört Gewebe, hinterläßt Narben und beeinträchtigt die Funktion des Organs.

Vorbeugung

 ● Nur wenn das Kind bequem sitzt, kann es seine Blase so entleeren, daß in ihr kein keimhaltiger Rest bleibt. Ein Toiletteneinsatz oder eine Fußbank verhindern, daß es sich krampfhaft festhalten muß, um nicht abzurutschen.
● Keine Schaumbäder. Der Schaumzusatz verän-

dert die Oberfläche der Harnröhre so, daß Badewasser von unten nach oben aufsteigen kann.

● Wenn Harnweginfektionen oft wiederkehren, raten viele ÄrztInnen, über ein halbes Jahr oder noch länger Antibiotika zu schlucken, um erneuten Infektionen vorzubeugen. Das Medikament hält nachts, wenn der Urin lange in der Blase steht, die Bakterienzahl gering. Studien zeigen hingegen, daß bei den Mädchen, die zwar Bakterien im Urin, aber keine Beschwerden haben, auch ohne Langzeitbehandlung kein erhöhtes Risiko einer Nierenentzündung besteht.

Eltern, die die Langzeitbehandlung vermeiden wollen, können statt dessen wöchentlich den Harn auf Bakterien kontrollieren.

● Fehlbildungen der Harnwege, die die Nieren gefährden, können operativ korrigiert werden (> Fehlbildungen der Nieren und Harnwege, Seite 859).

Selbsthilfe, Behandlung

Blasen- und Nierentees allein verscheuchen die Erreger nicht. Doch zur unterstützenden Behandlung eignen sich Bärentraubenblätter, Birkenblätter, Goldrutenkraut, Hauhechelwurzel, Orthosiphonblätter, Schachtelhalmkraut.

Nieren- und Blasentee für Kinder:

20 g Birkenblätter

20 g Orthosiphonblätter

25 g Goldrutenkraut

30 g Bärentraubenblätter

5 g Pfefferminzblätter

Homöopathie (> Seite 756)

Starker Harndrang, starke, brennende Schmerzen: Lytta vesicatoria (Cantharis) D6, anfangs stündlich drei Globuli.

Vermehrter Harndrang mit krampfartigen Schmerzen, weinerliches Kind: Pulsatilla pratensis D6, anfangs stündlich drei Globuli.

Wenn nach dem Absetzen des Antibiotikums erneut Infekte auftreten: Solidago virgaurea D2, vier bis sechs Wochen lang dreimal täglich fünf Globuli.

Immer wiederkehrende akute Harnweginfekte: Fabiana imbricata D4, dreimal täglich fünf Globuli.

Ärztliche Behandlung

Selbst ÄrztInnen, die sonst mit Medikamenten nicht so schnell bei der Hand sind, sind sich einig: Jeder Harnweginfekt muß sofort mit Antibiotika behandelt werden.

Sinnvoll sind Saft oder Tabletten mit dem Antibiotikum Cotrimoxazol (Cotrim [D], Kepinol [D], TMS [D], Eusaprim [D/Ö], Bactrim [D/Ö]) oder mit Amoxicillin (Amoypen [D], Amoxi [D], Clamoxyl [D/Ö], Sigamopen [D], Supramox [Ö]).

Normalerweise dauert die Behandlung zehn Tage. Harnuntersuchungen zeigen, ob das ausreichte.

Fehlbildungen der Nieren und Harnwege

Beschwerden, Ursachen, Häufigkeit

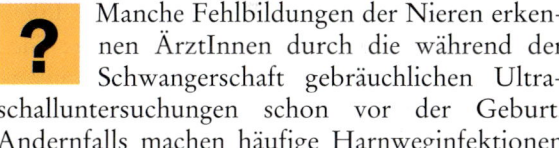

Manche Fehlbildungen der Nieren erkennen ÄrztInnen durch die während der Schwangerschaft gebräuchlichen Ultraschalluntersuchungen schon vor der Geburt. Andernfalls machen häufige Harnweginfektionen darauf aufmerksam.

Ein bis zwei von hundert Kindern werden aus unbekannten Gründen mit solchen Fehlbildungen geboren. Ob sie vererbt werden, ist nicht bekannt.

Folgen

Viele Menschen leben ohne Probleme mit Fehlbildungen der Niere. Erst wenn der Harnabfluß gestört ist, sind Infektionen häufiger. Das ist meist der Fall, wenn

● das »Ventil« zwischen Harnleiter und Blase nicht dicht schließt, so daß der Harn in die Nieren zurückgedrückt wird (Reflux).

● ein Harnleiter doppelt angelegt ist. Auch dann ist ein Reflux häufig.

● ein Harnleiter dort verengt ist, wo er aus dem Nierenbecken austritt.

Selbsthilfe, Behandlung

 Genaue Untersuchungen der Lage und des Schweregrads der Fehlbildung und Nierenfunktionsprüfungen entscheiden über das weitere Vorgehen. In vielen Fällen genügt es, häufige Harnweginfektionen zu verhindern. Manchmal ist es aber sinnvoller und für das Kind auf Dauer weniger belastend, wenn die Fehlbildung operativ korrigiert wird

GESCHLECHTSORGANE

Zu Aufbau, Funktion und Wachstum der Organe bei Mädchen und Jungen > Seite 301.

Gynäkologisches

Ob sie bei ihrer Vierjährigen eine Scheidenentzündung vermuten oder sich die 14jährige die »Pille« verschreiben lassen möchte – gynäkologische Themen der Tochter konfrontieren die Eltern unvermeidlich mit ihrer eigenen Sexualität. Unsicherheit und Ängste können dabei aufbrechen (> Eltern sein, Seite 52).

»Ist das noch normal oder nicht?« fragen sich manche Eltern bei der Geschlechtsentwicklung ebenso wie beim Laufenlernen. Meist wenden sie sich dann an Haus- oder KinderärztInnen. Die sind aber für die Probleme von kleinen Mädchen oder Teenis kaum ausgebildet und eingerichtet. Daß es GynäkologInnen gibt, die sich dieser Gruppe von Patientinnen besonders annehmen, ist kaum bekannt. Außerdem praktizieren diese wenigen nur selten in der Nähe. Wo man sie findet, erfahren Sie bei der auf Seite 861 genannten Adresse.

Wie das Mädchen die ersten Untersuchungen »da unten« erlebt, entscheidet, wie sie zukünftig zu ihren Gängen zu FrauenärztInnen steht. Das Verhalten von zwei Personen prägt sie dabei entscheidend: das der Mutter und des Menschen in Weiß.

Mütter, die ihr Frausein und ihre Sexualität bejahen und selbstbewußt leben, können ihren Termin bei der Frauenärztin oder dem -arzt ohne Angst und Scham erledigen. Ihre Töchter werden das übernehmen – trotz anfänglicher Scheu vor dem Neuen. Sie wissen dann auch, an wen sie sich wenden können, wenn sie Fragen über ihre Entwicklung und zur Sexualität haben. Bedauert die Frau ihre Tochter jedoch, daß »das jetzt schon losgeht«, überträgt sie ihre Abwehr unvermeidlich auf das Kind. Sperrt sie sich innerlich, daß die Tochter den Tabubereich entblößen muß, übernimmt diese den Widerwillen.

Ein Zeichen für den unkomplizierten Umgang mit Geschlechtlichem kann sein, daß Frauen ihre Kinder, Mädchen wie Jungen, zu den Besuchen bei Frauenärztin oder Frauenarzt mitnehmen. Ob sie mit ins Untersuchungszimmer gehen, hängt davon ab, wie weit die Mutter das zulassen mag, und auch Ärztin bzw. Arzt müssen zustimmen. Begleiten die Kinder die Mutter, sollten sie vorher wissen, wie es in den Räumen aussieht und was dort geschieht. Daß die Mutter anscheinend hilflos daliegt, könnte kleine Kinder ängstigen.

So als Teil des Alltagslebens kennengelernt, ist die gynäkologische Praxis nichts Geheimnisvolles mehr, in dem das junge Mädchen Bedrohliches fürchten muß. Und der Knabe, der mit den frauenspezifischen Vorgängen bei seiner Mutter vertraut ist, wird später seine Freundin viel selbstverständlicher auf ihren Besuchen zu Frauenärztin oder -arzt begleiten.

Untersuchung

Routinemäßige gynäkologische Untersuchungen an Kindern sind umstritten (> Lernprozeß, Seite 754). Eine gynäkologische Untersuchung ist unbedingt notwendig:
● bei Verletzungen von Vulva oder Vagina.
● bei in Menge oder Farbe ungewöhnlichem Ausfluß, vor allem, wenn er schon mehrfach aufgetreten ist (> Seite 865).

- bei Blutungen aus der Scheide im Kindesalter.
- beim Verdacht auf Fremdkörper in der Scheide.
- beim Verdacht auf einen Tumor im Unterleib.

Sie ist sehr anzuraten:
- bei Mißbildungen und starken Abweichungen vom normalen Entwicklungsgang (> Geschlechtsorgane der Mädchen, Seite 301) bzw. wenn man unsicher ist, ob alles normal ist.

Irgendwann zwischen dem fünften und achten Lebensjahr lassen Kinder die Gegend unterhalb des Nabels nicht mehr so selbstverständlich betrachten wie den Hals. Einfühlsame ÄrztInnen werden alles tun, damit das Kind seine Schamschranke selbst öffnet.

Auf die fremde Ärztin oder den ungewohnten Arzt muß sich das Kind einstellen. Jede weitere fremde Person sollte vermieden werden, ein vertrauter Mensch aber dabeisein, wenn das Kind es wünscht.

Die meisten ÄrztInnen halten es für notwendig, auch kleine Mädchen auf dem gynäkologischen Stuhl zu untersuchen. Es geht aber auch auf einer Liege wie das Kind sie kennt.

Bei der Untersuchung befühlen ÄrztInnen den Bauch und betrachten das äußere Genitale. Darf das Kind seine Hand auf die Hand von Ärztin oder Arzt legen, nimmt ihm das »Mituntersuchen« die Furcht. Erst dann verwenden ÄrztInnen Geräte, mit denen sie das Innere der Scheide betrachten. Diese Instrumente gibt es in den kindlichen Genitalorganen angepaßten Größen, und sie sollten angewärmt sein. Nur wenn es notwendig ist, beendet der tastende ärztliche Finger in Scheide und Rektum die Untersuchung.

Die Untersuchung darf nicht weh tun. Das Kind muß sicher sein können, daß Ärztin bzw. Arzt sie abbrechen, wenn Schmerzen auftreten.

Das Jungfernhäutchen bleibt bei gynäkologischen Untersuchungen unverletzt.

Genaueres Wissen über die inneren Geschlechtsorgane vermittelt auch bei Kindern eine Ultraschalluntersuchung. Doch nur wenige Fachleute sind erfahren genug, um sie richtig durchzuführen und die Bilder zu interpretieren. Wo man diese Fachleute findet, erfahren Sie bei der auf Seite 861 angegebenen Adresse.

Teenager bei GynäkologInnen

Manche Mädchen suchen relativ früh Gynäkologin oder Frauenarzt auf. Sie wollen sich vergewissern, daß bei ihnen alles in Ordnung ist. Spätestes jedoch, wenn sich bei der Tochter die Brust zu wölben beginnt, sind die Eltern gefordert, mit ihr über ihre künftige gynäkologische Betreuung zu sprechen. Möglichst bald sollte es klare Absprachen geben:
- Möchte die Tochter zur selben Gynäkologin oder zum selben Frauenarzt gehen wie die Mutter?
- Wenn nein: Wie findet sie jemand anderen?
- Sollen Mutter oder Vater sie begleiten?
- Erwarten die Eltern, daß die Tochter sie über jeden Besuch bei ÄrztInnen, über Diagnose und Therapie informiert?
- Darf sich das in der Familie mitversicherte Mädchen, ohne zu fragen, einen Krankenschein nehmen? Ohne Wissen der Eltern kann sich das Mädchen ihn bei der Krankenkasse direkt abholen

---

Kontakte

Arbeitsgemeinschaft für Kinder- und Jugendgynäkologie
AM BONNESHOF 30
40474 DÜSSELDORF
TEL.: 0211/434591

Kostenlose Beratung für 14- bis 19jährige Mädchen:
Jungendgynäkologische Ambulanz des Krankenhauses Rudolfstiftung
JUCHGASSE 25
1030 WIEN
MITTWOCHS 13 BIS 16 UHR

VERFRÜHTE PUBERTÄT

Die Frage »Ist das noch normal?« beschäftigt Eltern und Kinder sehr. Meist können sie jedoch ganz beruhigt sein, weil das, was sich abspielt, im üblichen Variationsrahmen liegt. Auch in der Geschlechtsentwicklung gibt es Frühentwickler und Spätzünder.

Ab wann MedizinerInnen von einer verfrühten Pubertät sprechen, ist eine willkürliche Vereinbarung. Folgt man ihr, gibt es etwa ein Kind unter 7.500, das vorzeitig in die Pubertät kommt; unter ihnen sind fünfmal mehr Mädchen als Jungen.

Bei den Mädchen beginnen dann Brustentwicklung und Behaarung vor dem 8. Geburtstag, die Menstruation vor dem 9. Geburtstag. Bei den Jungen tritt vor dem 9. Geburtstag die typische Schambehaarung auf, und die Hoden vergrößern sich.

MedizinerInnen unterscheiden eine verfrühte Pubertät und eine verfrühte Pseudopubertät. Bei der ersten gibt die Steuerungsdrüse im Gehirn das Signal zur Sexualentwicklung zu früh. Die Ursache dafür bleibt meist unbekannt. An der verfrühten Pseudopubertät ist das Gehirn unbeteiligt. Meist produzieren Gewebewucherungen der Nebennierenrinde oder der Keimdrüsen die Geschlechtshormone. Dabei bleiben Eierstöcke bzw. Hoden unentwickelt, während die übrige Entwicklung der normalen Pubertät gleicht.

In ihren äußeren Körpermerkmalen erinnern diese Kinder an Erwachsene, ihre geistig-seelische Entwicklung ist aber altersgemäß kindlich. Diese Diskrepanz belastet sie sehr: Im Kreise ihrer KameradInnen sind sie AußenseiterInnen, von der Umwelt werden sie oft überfordert, weil man sie für älter hält. Daraus resultieren oft Verhaltensprobleme: Sie sind entweder besonders unleidlich und aggressiv, oder sie werden scheu und ziehen sich zurück. Als Kinder sind die Betroffenen erheblich größer als ihre AltersgenossInnen. Als Erwachsene sind sie aber später sehr klein und haben auffallend kurze Arme und Beine. Der Grund: Die Kinder haben zu früh zu wachsen aufgehört, weil sich durch den Einfluß der Geschlechtshormone die Wachstumsfugen der Knochen zu früh geschlossen haben (> Längenwachstum, Seite 249).

Wenn Kinder vor dem angegebenen Zeitraum sekundäre Geschlechtsmerkmale entwickeln, sollten ÄrztInnen prüfen, ob es sich um eine verfrühte Pubertät handelt. Dazu müssen Hormonbestimmungen aus dem Blut klären, welche Hormone der Körper zuviel produziert. Durch Untersuchungen der Geschlechtsorgane, der hormonproduzierenden Drüsen und des Kopfes versuchen ÄrztInnen, die Ursachen aufzuspüren.

Eine relativ langsam verlaufende verfrühte Pseudopubertät sollte mindestens ein halbes Jahr lang nur beobachtet werden. Manchmal endet sie nämlich von selbst.

Verursachen Tumore die Hormonproduktion, werden sie meist operativ entfernt. Veränderungen an den Eierstöcken können ÄrztInnen durch regelmäßige Ultraschalluntersuchungen überwachen. Sie sollten nur operieren, wenn es gar nicht anders geht, so daß dem Mädchen die Eierstöcke möglichst erhalten bleiben.

Hat die Steuerungsdrüse im Gehirn die verfrühte Pubertät eingeleitet, unterbricht man deren Wirkung mit den Gegenhormonen Buserelin (Suprecur [D/Ö], Suprefact [D/Ö]) oder Triptorelin (Decapeptyl [D]). Das erste wird ein- bis zweimal als Nasenspray angewendet und über die Nasenschleimhaut ins Blut gebracht, das zweite wird einmal pro Monat gespritzt.

VERSPÄTETE PUBERTÄT

Bei Mädchen zeigen sich bis zum 14. Geburtstag weder Schamhaare noch eine Brustknospe. Das Mädchen ist 16 Jahre alt geworden, ohne daß ihre Regel eingesetzt hätte. Bei Jungen haben sich bis zum 14. Geburtstag die Hoden noch nicht vergrößert (> Geschlechtsorgane der Jungen, Seite 305); Schamhaare sind auch mit 15 noch nicht zu sehen. Meist sind die Kinder auffällig klein. Bei Jungen verspätet sich die Pubertät häufiger als bei Mädchen.

Oft handelt es sich um eine familientypische Spätentwicklung. In seltenen Fällen sind die Steuerungsfunktionen der Drüsen im Gehirn gestört oder die Hoden beziehungsweise Eierstöcke fehlgebildet oder gar nicht vorhanden.

Eltern sorgen sich vornehmlich um ihren Sohn: Während dessen Kameraden deutlich sichtbar dem Idealbild des großen, breitschultrigen Mannes entgegenwachsen, steht der eigene Sohn klein und schmächtig daneben. Der Unterschied plagt alle um so mehr, je stärker die Eltern hofften, ihr Kind würde eine stattlichere Figur abgeben als sie selbst.

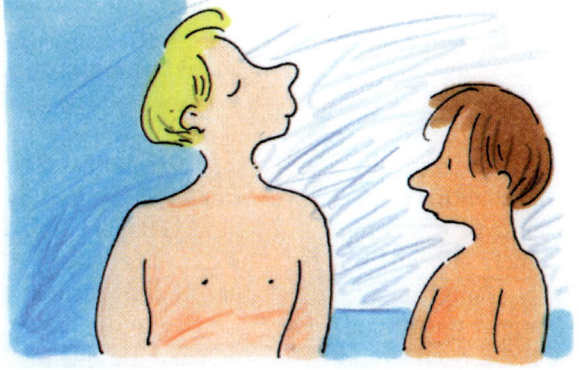

Anders zu sein als die anderen belastet aber auch die Mädchen. Außerdem leiden sie darunter, daß ihnen die weiblichen Reize fehlen, auf die sich die Blicke des Umschwärmten richten könnten.

Wenn bis zum o.a. Alter noch keine Reifezeichen zu sehen sind, sollte eine eingehende medizinische Untersuchung die Ursachen klären. Bleibt die Pubertät aus und wird sie auch nicht medikamentös eingeleitet, können Männer weder Geschlechtsverkehr ausüben noch Kinder zeugen, Frauen keine Kinder bekommen.

Um die zwar belastende, aber medizinisch unproblematische Spätentwicklung von echten Fehlbildungen abzugrenzen, müssen ÄrztInnen miteinander vergleichen: Größe, Gewicht und deren bisherige Entwicklung; das Knochenalter - ein Röntgenbild der Hand zeigt, wie weit die Knochen schon zu Erwachsenenknochen umgebildet

sind; die Pubertätsentwicklung der Eltern. Meist stellt sich dann heraus, daß die körperliche Entwicklung in allen Bereichen gleichmäßig gemächlich abläuft und es bei den Eltern ebenso war. Auch der pubertäre Wachstumsschub setzt bei diesen Kindern später ein als bei Gleichaltrigen. Dafür wachsen sie länger als andere und erreichen ihre Endgröße später. Hünen werden aus ihnen aber trotzdem nicht, da ihr Erbgut das nicht vorsieht.

Eine medizinische Behandlung sollte nicht vor dem 15. oder 16. Lebensjahr beginnen und nur, wenn alle Entwicklungszeichen mindestens zwei Jahre Verspätung haben. Die Pubertät der Jungen wird dann mit dem Hormon Testosteron, das die Keimdrüsen nicht selbst produzieren, angeschoben, und auch die Knochen wachsen. Die Behandlung darf höchstens zehn Monate dauern. Sonst schließen sich die Wachstumsfugen zu schnell (> Längenwachstum, Seite 249), und der Knabe bleibt kleiner, als er es ohne Behandlung geworden wäre. Nach dem Ende der Therapie übernimmt der Körper meist selbst die von ihm geforderte Hormonproduktion.

Bei einer Fehlbildung der Drüsen im Gehirn oder der Keimdrüsen werden nach einem ausgeklügelten Schema die Steuerungshormone gespritzt.

Bei Mädchen zeigt ein Hormonpräparat dem Körper, wie der Zyklus ablaufen sollte. Tritt nach dreiwöchiger Einnahme eine Blutung ein, ist erwiesen, daß das Mädchen menstruieren kann. Ob sie jedoch Kinder bekommen kann, ist damit nicht gesagt. Nach der Konzentration der einzelnen Hormone und des Verhältnisses, in dem sie zueinander stehen, richtet es sich, ob die Frau die Hormone fortdauernd einnehmen muß.

oder HausärztInnen um eine Überweisung bitten.
● Bei Privatversicherten: Die Rechnung der Ärzt-
Innen geht an das junge Mädchen. Wer bezahlt die
Rechnung, aus der auch hervorgeht, was getan und
diagnostiziert wurde? Wer reicht sie bei der Versi-
cherung zur Rückerstattung ein?
● Erwarten die Eltern, daß ihre Tochter sie über
Diagnose und Therapie informiert?

Regel-mäßige Schmerzen

Beschwerden, Ursachen, Häufigkeit

Mindestens ein Drittel der Mädchen verspürt schon bei der allerersten Blutung
Schmerzen. Später klagt etwa die Hälfte
über Bauch- und Rückenschmerzen, manchmal begleitet von Kopfschmerzen und Kreislaufstörungen.
Manche Frauen klagen in der Woche vor der Regel
über unerklärliche Traurigkeit oder Aggressionen.

Die Schmerzen entstehen unter anderem durch
zu viel Prostaglandine. Diese Gewebehormone verengen die Blutgefäße und vermindern die Durchblutung. Das äußert sich als Schmerz. Wieviel Prostaglandine der Körper produziert, hängt auch von
der psychischen Verfassung ab. Eine Frau, die ständig unter Strom steht oder in Beziehungen lebt, die
nur noch Krampf sind, kann sich nicht entspannen.
Dann werden Regelschmerzen zur Regel.

Die meisten Mädchen leiden aber deshalb unter
ihren Tagen, weil ihre Mütter darüber klagen. Wer
zwölf Jahre lang mitbekommen hat, daß Frausein
heißt, mindestens einmal im Monat Schmerzen zu
ertragen oder zu beklagen, wird kaum anders empfinden können, wenn sie selbst blutet. Das
Mädchen erwartet Schmerzen, und es bekommt sie.

Wann zu Ärztin oder Arzt?

Schmerzen, die jedesmal fast gleich heftig
sind, machen den Besuch bei einer Gynäkologin oder einem Gynäkologen notwendig (> Seite 860). Sie klären, ob es organische
Ursachen gibt.

Selbsthilfe, Behandlung

Abhilfe schafft zum einen das Wissen,
daß Schmerzen während der Regel kein
unabänderliches Schicksal sind. Ein Mädchen, das lernt, ihre Frauenrolle anders zu definieren als ihre darunter leidende Mutter, kann
ihre Regel im allgemeinen ohne Probleme überstehen. Eine typisch weibliche Erziehung, die
dem Mädchen Anpassung, Sanftmut und Nach-
giebigkeit nahelegt, prädestiniert dagegen geradezu dafür, regelmäßig unter Schmerzen zu
leiden. Negative Gefühle werden dann auf »typisch
weibliche« Weise in Form körperlicher Leiden
verarbeitet, denn an Menstruationsschmerzen darf
das Mädchen leiden, an ihrer Frauenrolle aber
nicht.

Selbsthilfemaßnahmen

● Ruhe und feuchte Wärme entkrampfen: ein längerer Aufenthalt in der Badewanne; mit einem
feuchten Leibwickel ins Bett. Die trockene Wärme
eines Heizkissens oder einer Wärmflasche nützt
hingegen nicht viel.
● Einreiben des Unterleibs mit einigen Tropfen
der Mixtur, die man sich in der Apotheke mischen
lassen kann:

    20,0 g Kamillenöl
    10 Tropfen Kümmelöl
    10 Tropfen Fenchelöl
    1,2 g Pfefferminzöl

● Angenehme Tätigkeiten lenken ab.
● Rückenmassage entspannt und lindert.
● Mit Entspannungstechniken wie Autogenem
Training oder Atemübungen können sich auch
Jugendliche helfen.
● Ist es unvermeidlich, die Beschwerden mit
Medikamenten zu lindern, genügen rezeptfreie
Schmerzmittel wie Azetylsalizylsäure (Aspirin
[D/Ö], ASS [D/Ö], Melabon [D], Temagin [D])
oder Parazetamol (Ben-u-ron [D], Enelfa [D/Ö],
Mexalen [Ö], Mono-Trimedil [D], Treupel mono
[D]). Bei Einnahme der »Pille« wird die Blutung
schwächer, die Schmerzen geringer.

Ausfluß (Weißfluß, Fluor)

Beschwerden, Ursachen, Häufigkeit

? Der klare, weißliche Schleim in der Vulva von Neugeborenen ist eine Nachwirkung der Hormone der Mutter und für zwei bis drei Wochen normal.

Bis zum Pubertätsbeginn kann im Verlauf von Infektionskrankheiten, besonders bei Masern und Scharlach, für kurze Zeit wäßriger Ausfluß auftreten. Sonst gibt es in dieser Zeit keinen »normalen« Ausfluß. Er ist meist das Zeichen einer Infektion (> Entzündungen von Vulva und Scheide, Seite 865).

Ab einem Alter von etwa zehn Jahren zeigen helle Flecken von durchsichtigem, manchmal weißlich-gelblichem Sekret im Slip die zunehmend stärkere Wirkung der Östrogene an.

Mit Beginn der Periode tritt in den ersten zwei Wochen glasiger Schleim aus, dann zwei Wochen lang ein weißlich-cremiges Sekret.

Ausfluß, dessen Farbe und Geruch anders sind als üblich, deutet auf eine Infektion hin. Dann sollte eine Frauenärztin oder ein Gynäkologe zu Rate gezogen werden. Der übliche Ausfluß bedarf keiner Behandlung, Infektionen aber sehr wohl.

Entzündungen von Vulva und Scheide (Vulvitis, Kolpitis, Vulvovaginitis)

Beschwerden, Ursachen, Häufigkeit

? Die Vulva erscheint rot, wund und kann schmerzen. Juckreiz macht die Mädchen unruhig. Es brennt beim Wasserlassen. Bei menstruierenden Mädchen kann der Ausfluß unangenehm riechen oder eine ungewöhnliche Farbe annehmen.

Bei Säuglingen kann die Ursache in einer Pilzinfektion unter dem Windelpaket liegen (> Der wunde Po, Seite 871).

Bis zum Beginn der Pubertät ab etwa zehn Jahren können die üblichen Darm-, Urin- oder Haut-

keime in der Vulva zu einer Entzündung führen, die sich bis in die Scheide hinein ausbreiten kann. Einen Herpes kann das Kind selbst vom Mund zur Vulva verschleppen. Er infiziert dann aber nur die Vulva, nicht das Scheideninnere. Pilzinfektionen treten allenfalls bei Diabetikerinnen auf, bei stark geschwächter Immunabwehr oder bei der Behandlung mit Kortison oder Antibiotika.

Infektionen des Scheideninneren mit Trichomonaden, Herpesviren oder den Erregern von Syphilis oder Gonorrhoe kommen nur durch Sexualkontakt zustande. In der Kindheit werfen sie die Frage eines sexuellen Mißbrauchs auf (> Seite 379).

Ab einem Alter von etwa zehn Jahren verändern die Östrogene die Genitalschleimhaut so, daß sich außer den Körperkeimen auch Trichomonaden und Pilze ansiedeln können. Pilze kann sich das Mädchen zum Beispiel auf nassen Bänken im Schwimmbad oder in der Sauna einfangen.

Auch Fremdkörper können in der Scheide eine Entzündung hervorrufen. Sie können unbemerkt dorthin gelangt sein wie zum Beispiel Puderreste oder Wattefussel bei Säuglingen, Toilettenpapierreste oder Faserstücke von Tampons bei älteren Mädchen.

Entzündungen im Genitalbereich sind die häufigsten gynäkologischen Probleme junger Mädchen.

Wann zu Ärztin oder Arzt?

 Jede Entzündung im Genitalbereich macht einen Arztbesuch notwendig.

Folgen

 Die Entzündung schmerzt und verunsichert. Die Gefahr, daß sie über die Gebärmutter zu den Eierstöcken aufsteigt, besteht erst ab der Pubertät.

Vorbeugung

 Richtiges Toilettenverhalten und Genitalhygiene (> Richtig pflegen, Seite 550) können einer Infektion der Vulva mit Keimen vorbeugen. Würden in die Scheide gerutschte Gegenstände gleich entfernt, könnten sie kein Unheil anrichten. Scham und Angst vor Strafe verhindern das aber oft.

Ein eigenes Handtuch unterzulegen, bevor man sich auf Bänken, Liegen usw. in Schwimmbad und Sauna hinsetzt, kann vor Pilzinfektionen schützen.

Selbsthilfe, Behandlung

● Damit die Vulva heilen kann, muß das helle, fettige Sekret zwischen den Schamlippen mit Öl entfernt werden.
● Zehnminütige Sitzbäder in einem Absud aus Eichenrinde oder Hamamelisblättern desinfizieren. Ebenfalls geeignet ist eine Kaliumpermanganatlösung (Apotheke). Dazu in eine Schale mit lauwarmem Wasser so viel von den dunklen Kristallen streuen, daß sich das Wasser hellviolett färbt. Achtung: Die Lösung färbt Gefäß und Gesäß braun.
● Umschläge mit Joghurt mit viel rechtsdrehender Milchsäure kühlen die entzündete Schleimhaut, und die Milchsäure schafft ein Milieu, das die Krankheitskeime nicht vertragen.

Beseitigen Sitzbäder die Entzündung der Vulva nicht, verordnen ÄrztInnen bei Mädchen vor der Pubertät keimtötende Mittel zur äußerlichen Anwendung (z.B. Betaisodona [D/Ö]). Antibiotika zu schlucken ist nur in Ausnahmefällen nötig.

Ist das Mädchen älter als etwa zehn Jahre, verordnen ÄrztInnen je nach Art der Erreger spezielle Medikamente als Salbe oder Scheidenzäpfchen. Bei Pilzinfektionen z.B. Canesten (D/Ö), Gyno-Daktar (D/Ö), Gyno-Pevaryl (D/Ö).

Tabletten gegen Trichomaden-Infektionen gibt es zum Einführen und Schlucken (Arilin [D/Ö], Clont [D], Flagyl [D/Ö]).

Hat das Mädchen einen Sexualpartner, muß sich der auch behandeln, damit sich die beiden nicht immer wieder gegenseitig anstecken.

Im Anschluß an eine solche Infektionsbehandlung kann es sinnvoll sein, daß das Mädchen ihre Scheidenflora mit einem speziellen Bakterienpräparat wieder aufbaut (Döderlein med [D/Ö]).

Urologisches

Von FrauenärztInnen hört jedes Kind irgendwann einmal was – MännerärztInnen gibt es nicht. Wenn Jungs Probleme haben, die sie mit den Eltern nicht besprechen wollen oder für die sie ärztliche Hilfe brauchen, sind sie restlos aufgeschmissen.

Suchen sie einen Urologen auf, sitzen sie im Wartezimmer wie in einem Altherrenclub. Dementsprechend bewandert ist der Arzt in Sachen Prostata und Nierensteine. Auf die Probleme der Jungmänner ist er kaum gefaßt.

Dieses Manko ist nur zu beschreiben – Abhilfe ist nicht in Sicht. Den telefonischen Beratungsdienst hat die Pharmaindustrie eingerichtet.

Hodenhochstand (Kryptorchismus, Maldescensus testis)

Beschwerden, Ursachen, Häufigkeit

Einer oder beide Hoden sind nicht im Hodensack zu tasten. Können Ärztin oder Arzt sie am Ende des Leistenkanals fühlen, sprechen sie von Leistenhoden; liegen sie noch weiter im Innern, sind es Bauchhoden.

Beim Gleithoden kann man die Hoden zwar in den Hodensack (Skrotum) ziehen, sie rutschen aber sofort wieder zurück. Pendelhoden sagen MedizinerInnen, wenn sich die Hoden zwar weit zurückziehen, aber von selbst wieder an ihren normalen Platz zurückkehren.

Der Hodenhochstand ist eine Fehlbildung, oft begleitet von einer der Harnwege. Manchmal ist der Leistenkanal zu eng. Eine andere Ursache ist, daß noch im Mutterleib die Hoden auf die Sexualhormone, die das Herabwandern auslösen, nicht ausreichend reagieren oder daß nicht genügend Hormone produziert werden.

Etwa fünf von hundert neugeborenen Jungen haben dieses Problem. Bei Frühgeborenen betrifft es fast ein Drittel der Knaben.

Wann zu Ärztin oder Arzt?

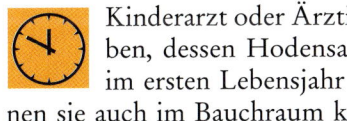

Kinderarzt oder Ärztin sollten jeden Knaben, dessen Hodensack sich leer anfühlt, im ersten Lebensjahr kontrollieren. Können sie auch im Bauchraum keinen Hoden tasten, muß ein Hormontest klären, ob sie überhaupt angelegt sind.

Folgen

Im Bauchraum ist es 2 bis 5°C wärmer als im Hodensack. Die höhere Temperatur schädigt das Samengewebe. Jungen, deren Hoden länger als ein Jahr nicht am vorgesehenen, kühlen Platz sind, haben als Männer meist eine reduzierte Fruchtbarkeit. Da die Hoden aber – gleichgültig, wo sie liegen – auf die Steuerungshormone der Drüsen im Gehirn reagieren, ist die Entwicklung zum Mann nicht gefährdet.

Das Krebsrisiko eines Hodens, der am falschen Platz liegt, ist erheblich größer als bei normal liegenden. Für den zweiten, eigenständig herabgewanderten Hoden ist es zwar kleiner, aber immerhin doch größer, als wenn beide von Anfang an normal gelegen hätten. Es ist umstritten, ob sich dieses Risiko dadurch verringern läßt, daß der Hoden operativ im Hodensack fixiert wird.

Selbsthilfe, Behandlung

Viele Hoden pendeln hin und her. Eine Behandlung ist nicht notwendig. Das hindert ÄrztInnen aber nicht, trotzdem zu einer operativen Befestigung zu raten.

Manche Lageabweichungen korrigieren sich innerhalb des ersten Lebensjahrs von selbst. Wenn nicht, muß die Behandlung am Ende des ersten Lebensjahrs beginnen, um die Chance der Fruchtbarkeit zu erhalten.

Zur Behandlung dienen Hormonpräparate, die die im Kopf gelegene Steuerungsdrüse für die Sexualfunktion anregen. Das Spritzen des Sexualhormons selbst ist veraltet. Das Medikament kann als Spray über die Nase (Kryptocur [D/Ö]) oder gespritzt in den Körper gebracht werden (Chora-gon [D], Predalon [D], Pregnesin [D], Pregnyl [Ö], Primogonyl [D/Ö]). Die Injektionsbehandlung ist bei höchstens der Hälfte der Knaben erfolgreich. Bei der Sprühbehandlung sind sich die MedizinerInnen uneinig: Sie geben Erfolgsraten zwischen 0 und 78 Prozent an. Bei beiden Behandlungsarten kann der anfängliche Erfolg wieder vergehen, die Therapie muß dann wiederholt werden.

Läßt sich der Hodenhochstand so nicht beheben, müssen die Hoden durch eine Operation ins Skrotum gebracht werden. Als unerwünschte Folge ist es bei einem von 200 Operierten möglich, daß die Hoden verkümmern; bei ebenso vielen verwachsen die Hoden narbig an dem Ort, wo sie nicht bleiben sollten.

Unabhängig von der Behandlungsmethode bleiben die Hoden nur bei etwa der Hälfte der Patienten am gewünschten Platz.

Vorhautverengung (Phimose)

Beschwerden, Ursachen, Häufigkeit

Was manche Eltern für einen Defekt halten, muß im Kleinkindalter so sein: Vorhaut und Eichel sind miteinander verklebt. Offensichtlich hat die Natur in diesem zarten Alter noch keine Genitalhygiene vorgesehen.

AIDS

Aids (Acquired immune deficiency syndrome; erworbene Immunschwäche) ist eine Infektion mit HI-Viren (Humanes Immunschwäche-Virus). Sie verändern die Menge bestimmter weißer Blutkörperchen zueinander. Dadurch wird der körpereigene Schutz gegen Krankheitskeime und Krebszellen immer schwächer. Die Hauptübertragungswege der Krankheit bei Erwachsenen und Jugendlichen sind Geschlechtsverkehr ohne Kondom, Spritzen und Kanülen mit infiziertem Blut und mit dem Virus verseuchte Blutprodukte.

Kleine Kinder haben das Virus meist durch ihre HIV-positive Mutter bekommen. Das Übertragungsrisiko beim Stillen ist extrem gering. Einige wenige Säuglinge wurden durch eine Blutübertragung oder durch nicht ordentlich geprüfte Blutprodukte infiziert. Erst seit 1985 können MitteleuropäerInnen wirklich gänzlich sicher sein, kein HIV-verseuchtes Blut mehr zu erhalten.

Ein Bluttest kann zwar nicht die gefährlichen HI-Viren selbst, dafür aber die vom Körper gegen das Virus gebildeten Antikörper nachweisen. Um ihn durchführen zu lassen, kann man sich an die Ärztin oder den Arzt seines Vertrauens wenden, an das Gesundheitsamt oder sich von den Aids-Hilfe-Organisationen AnsprechpartnerInnen nennen lassen. Der Test kann anonym oder auf Krankenschein erfolgen. Noch vor kurzem dauerte es eineinhalb Jahre, bis man sicher nachweisen konnte, ob sich ein Kind bei der Mutter angesteckt hat. Mit neuen Testmethoden ist das nun schon ab dem dritten Monat möglich. Ende 1992 waren beim Bundesgesundheitsamt 1038 HIV-positive Kinder unter 14 Jahren gemeldet.

Die Krankheitszeichen bei Kindern sind Fieber, Durchfälle, Gewichtsabnahme, vergrößerte Lymphknoten und eine verzögerte körperliche und geistige Entwicklung, die länger als zwei Monate anhalten und durch nichts anderes zu erklären sind. Sie können schon nach wenigen Monaten, aber auch erst nach Jahren auftreten.

Von Aids spricht man dann, wenn der Körper infolge der Veränderungen im Immunsystem mit Krankheiten kämpfen muß, die sonst selten sind oder leichter verlaufen. Dazu gehören vor allem bestimmte Lungenentzündungen.

Eigentlich sollten HIV-positive Kinder aufwachsen können wie andere Kinder auch. In der Praxis ist das jedoch nur selten so. Was bei behinderten Kindern schon schwer ist – nämlich mit ihrem Anderssein umzugehen –, wird durch die Angst vor einer HIV-Infektion fast unmöglich. Diese Angst ist zwar begründet, doch die Vorstellungen über die Möglichkeiten und das Risiko, sich anzustecken, sind vielfach übertrieben und falsch (> Schutz vor Aids, Seite 298).

Von Kindern unter sechs Jahren kann man kaum erwarten, daß sie sich immer so verhalten, wie es ihrer besonderen Situation entspricht. Deshalb sind sie in einer kleinen Kindergruppe, bei der die BetreuerInnen über den Umgang mit Infizierten Bescheid wissen, am sichersten aufgehoben. Größere Kinder können wie alle anderen auch in die Schule gehen, wenn sie keine offenen Verletzungen haben und nicht unberechenbar aggressiv sind.

Bei der Aids-Hilfe können Eltern eine Liste von ÄrztInnen anfordern, die sich der Betreuung Aids-kranker Kinder besonders annehmen. Dort erhalten sie auch Beratung über psychosoziale Hilfe, Rechtsberatung, Steuerliches und anderes mehr.

Nur wenn sich beim Vierjährigen die Vorhaut noch nicht über die Eichel zurückziehen läßt, liegt eine Fehlbildung vor. Das ist bei etwa fünf von hundert Jungen der Fall.

Wann zu Ärztin oder Arzt?

Kleinkinder sollen zur Ärztin oder zum Arzt, wenn der Harn nur als feiner Strahl austritt oder beim Verdacht auf eine Entzündung; die Vierjährigen, wenn sich die Vorhaut nicht genügend bewegen läßt.

Folgen

Wenn sich die Vorhaut bewegen läßt, sollte ihr teigiges Sekret, das Smegma, täglich beim Waschen oder Baden entfernt werden. Geschieht das nicht, kann es zum Ausgangspunkt für Entzündungen werden (> Körperpflege praktisch, Seite 546).

Eine wirklich zu eng angelegte Vorhaut behindert den Harnstrahl, führt wiederholt zu Entzündungen und macht Erektionen schmerzhaft.

Vorbeugung

Wer bei kleinen Knaben versucht, die Vorhaut zurückzuziehen, kann winzige Einrisse produzieren, die vernarben und so wirklich zur Verengung führen.

Selbsthilfe, Behandlung

Nur eine Beschneidung (Zirkumzision) beseitigt das Hindernis. Die Operation kann ambulant durchgeführt werden. Bei ein bis zwei Prozent der Kinder tritt eine Nachblutung auf. Sehr häufig sind Infektionen der Wunde. Kamillenumschläge lindern die Schmerzen.

HAUT

Das Organ Haut vereint zwei Extreme: Sie lädt ein – zum Berühren, zum Streicheln, zum Draufhauen, und sie weist zurück – Wind und Wetter, Schmutz und Keime. Einerseits umhüllt und schützt sie das Innere des Körpers, andererseits ist sie die größte Kontaktfläche zwischen Ich und Du.

Jede Berührung geht unter die Haut – Streicheln lindert die Schmerzen des aufgeschlagenen Knies, aber auch die Wunde, die das böse Wort des Freundes geschlagen hat.

Zum Leidwesen vieler spricht die Haut sogar, lautlos zwar, doch überdeutlich: Der ertappte Lügner wird rot; das Ekzem blüht auf, wenn eine Klassenarbeit auf der Seele lastet. Umgekehrt leiden alle Hautkranken darunter, daß sie ihr Problem nicht verbergen können. Und jeder Pickel ist ein Angriff auf das Selbstwertgefühl der Heranwachsenden.

Ob dünnhäutig oder dickfellig – bei allen Menschen besteht das Körperorgan Haut aus drei Schichten: der Oberhaut (Epidermis) mit Talg-, Schweiß- und Duftdrüsen, Haaren und Nägeln, der darunterliegenden Lederhaut (Korium) und der Unterhaut, einem Bindegewebe, das die Haut mit dem Körper verbindet.

Das Sekret der Talgdrüsen fettet Haut und Haare. Die Flüssigkeit, die die Schweißdrüsen absondern, kühlt den Körper und unterstützt ein wenig die Arbeit der Nieren. Duftdrüsen gibt es vor allem in der Achselhöhle, um die Brustwarzen herum und im Genitalbereich. Sie beginnen ihre Arbeit erst zur Zeit der Pubertät. Wahrscheinlich spielen die Duftstoffe eine Rolle bei der sexuellen Anziehung; wir unterscheiden Menschen, die wir »riechen« können, und solche, die wir »nicht riechen« können.

Ob wir schwitzen oder frieren, reguliert die Haut. Durch weit gestellte Gefäße strömt viel Blut und kühlt sich dabei ab. Der verdunstende Schweiß kühlt die Haut ebenfalls. Ein frierender Körper verengt die Blutgefäße der Haut und verringert gleichzeitig die Hautoberfläche, indem sich die Muskeln am Fuße der Haarbälge zusammenziehen – es entsteht eine Gänsehaut.

Zusätzlich ist die Haut noch das größte Sinnesorgan des Körpers. In ihr sitzen Empfangsorgane für das Gefühl von Schmerz, Druck, Wärme und Kälte.

ALLES MITEINANDER VERWICKELT

»Unsinn. Ich bin nicht schuld an Kais Hautgeschichte.« Empört wirft die Frau den Zeitungsartikel auf den Tisch. Doch so vehement sie die Unterstellung auch zurückweist – ein bohrender Stachel bleibt. Hätte sie doch länger als drei Monate stillen sollen? War es falsch, berufstätig zu bleiben? Spiegelt Kais Haut ihre Zweifel, ob sein Vater wirklich der richtige Partner für sie ist?

Psychosomatische Krankheitserklärungen verwandeln sich in vielen Köpfen in Schuldzuweisungen. Dagegen wehren sich die Angesprochenen mit Recht. Daß das Befinden eines Kindes seine Krankheitsbereitschaft beeinflußt, steht außer Zweifel. Daß das Verhalten von Eltern das Befinden ihrer Kinder beeinflußt, ebenfalls. Mit

dem christlichen oder moralischen Begriff »Schuld«, der Verhalten wertet und bestraft, hat das jedoch nichts zu tun.

Jede Form von Belastung fordert das Kind heraus, und die größte Herausforderung ist für Kinder, sich so verhalten zu lernen, wie es den Normen und Regeln seiner Familie entspricht (> Körper und Seele, Seite 715).

Mit dem Streß dieses Anpassungsprozesses wird jeder anders fertig. Bei manchen, die dafür besonders veranlagt sind, äußert er sich als Allergie. Dieses ist dann besonders wahrscheinlich, wenn noch andere Faktoren wie zum Beispiel Chemikalien, Umweltschadstoffe oder Ozon dem Reaktionsorgan Haut zusetzen (> Umwelt, Seite 719). Eine besonders

»dünne«, sensibilisierte Haut reagiert darauf viel rascher und intensiver als ein »dickes Fell«.

Es kommt hinzu, daß die erste Allergieerfahrung zum zusätzlichen Streßfaktor werden kann. Ein Kind, das einmal eine schlaflose Nacht mit dem Kratzen seiner entzündeten Haut verbracht hat, fürchtet sich vor dem nächsten Erlebnis dieser Art. Dem Kind, das einmal die Todesangst eines Asthmaanfalls durchlitten hat, steckt die Angst, daß sich das wiederholen könnte, tief in den Knochen. Alles, was diese Furcht lebendig werden läßt, fördert einen neuen Ausbruch.

Auch wie die Eltern auf die Krankheit reagieren und mit ihr umgehen, kann zu einer Belastung werden, die die Allergie unterhält. Die Stimmung in der Familie ist oft gespannt; die Eltern glauben, ständig mahnen und pflegen zu müssen. Sie selbst können ungeduldig und aggressiv werden, wenn lange Mühen erfolglos bleiben. Egal, ob sich das entlädt, oder ob sie es zu verbergen suchen – meist sind Schuldgefühle die Folge. Der Wunsch, die ungerechte Wut wiedergutzumachen, verstärkt ihre Fürsorge das kranke Kind. Das aber behindert die Entwicklung des Kindes zu einer starken, selbstsicheren Persönlichkeit und verbaut ihm den Weg zu lernen, Spannungen anders als über allergische Reaktionen abzubauen.

Beratung und Psychotherapie (> Seite 757) können viel dazu beitragen, dem Kind die anfallauslösenden Situationen aufzudecken. Es kann lernen, den Belastungen die Spitze zu nehmen und anders als mit einem Asthma- oder Juckreizanfall auf sie zu reagieren. Das gesamte häusliche Klima kann sich dadurch entspannen.

Haare und Nägel sind für MedizinerInnen lediglich Anhängsel der Haut. Sie bestehen aus Horn, totem Material. Ein Haar wächst im Monat etwa einen Zentimeter, und das drei bis fünf Jahre lang. Dann fällt es aus und macht einem neuen Platz. Die Fingernägel schaffen nur etwa drei Millimeter Länge monatlich, noch langsamer wachsen die Fußnägel.

Der wunde Po (Candida-Mykose, Soor, Windeldermatitis)

Beschwerden, Ursachen, Häufigkeit

Der ehemals rosige Popo ist wund und rot. Die Babies weinen, weil ihnen das weh tut. Ammoniak aus dem Urin, Enzyme und Keime aus dem Stuhl haben die Haut im Windelpaket angegriffen.

Wenn die roten Stellen scharf gegen die übrige Haut abgegrenzt sind und sich schuppen, deutet das auf eine zusätzliche Infektion mit Pilzen hin.

Eine Pilzinfektion kurz nach der Geburt hat der Säugling wahrscheinlich von der Mutter mitgenommen. Später haben Pilze relativ leichtes Spiel, weil die Abwehrkräfte des Babys noch schwach sind. Nach einer Behandlung des Kindes mit Antibiotika gibt es häufig Pilzinfektionen.

Vorbeugung

Die Haut mancher Säuglinge reagiert besonders empfindlich auf Zitrusfrüchte und manche Gemüsesorten.
Viel Licht und Luft am Hinterteil machen es den Pilzen schwer, Fuß zu fassen.

Selbsthilfe, Behandlung

Je trockener der Po, desto unwahrscheinlicher, daß er wund wird. Pilze wachsen nur, wo es feucht ist.
● Das Baby möglichst oft mit nacktem Hinterteil strampeln lassen.

VON DER SONNE VERWÖHNT

Sonnenschein macht munter und belebt die Sinne. Die Haut braucht Licht, damit sich in ihr Vitamin D bilden kann. Doch weil allzuviel UV-Strahlen ungesund sind, schuf sich die Haut einen Schutz. In der Tiefe der Epidermis bilden Zellen den schwarzen Farbstoff Melanin, bei hellhäutigen Menschen wenig, bei dunklen Typen mehr. Licht regt die Melaninbildung an – den Effekt schätzen wir als sonnengebräunte Haut. Die Färbung schützt die Zellen tieferer Schichten vor UV-Strahlen. Dieser hauteigene Sonnenschutz hat jedoch seine Grenzen. Sind sie überschritten, entsteht ein Sonnenbrand. Der tut nicht nur weh, sondern jeder Sonnenbrand vergrößert auch das Risiko, daß in der Haut im Laufe des Lebens ein Krebs entsteht. Der Geschmack der Zeit »Braun ist schön« und die immer stärker ausdünnende Ozonschicht brachten es mit sich, daß mittlerweile erschreckend viele Menschen an Hautkrebs erkranken.

Sonnenbrand vorbeugen
● Die Mittagshitze meiden.
● Kopfbedeckung nicht vergessen. Je kleiner die Kinder, desto größer ist die Fläche ihres Kopfes im Vergleich zum restlichen Körper. Und durch die dünnen Haare gelangt besonders viel Licht auf die Kopfhaut.
● Möglichst viel Haut mit leichter Kleidung bedecken. Durch sie können immer noch etwa 20 Prozent UV-Strahlen hindurchdringen.
● Sonnenschutzmittel mit hohem Lichtschutzfaktor verwenden. Dabei auch die Lippen eincremen.

● Stoffwindeln ohne Gummihose statt Papierwindeln mit Kunststoffbeschichtung.

● Nach dem Waschen den Po mit dem Fön trocknen – aber auf mildester Wärmestufe.

Die wunden Stellen lassen sich gut mit Kamillenöl reinigen und mit einem Bad beruhigen, dem Kamillenblüten oder Stiefmütterchenkraut zugesetzt sind.

Als Pflegecreme eignet sich Zinkpaste (Apotheke). Zink ist Balsam für wunde Pos.

Bei einer Pilzinfektion verordnen ÄrztInnen Pilzmittel zum Auftragen: Candio-Hermal (D/Ö), Moronal (D), Mycostatin (Ö).

Neurodermitis (Atopische Dermatitis)

> Allergien, Seite 851

Beschwerden, Ursachen, Häufigkeit

Eine Zeitlang galt diese Hautkrankheit als reine Nervensache – der Vorsatz »Neuro« deutet es an. Für manche war sie ein Leiden an der Umwelt, für andere eine Allergie. Heute hat sich die Auffassung durchgesetzt, daß bei dieser Überempfindlichkeit der Haut alle Faktoren mitspielen können (> Alles miteinander verwickelt, Seite 870). Auch eingeatmete Allergene und solche aus Nahrungsmitteln können Hautbeschwerden machen.

Als erster Vorbote kann sich im dritten Lebensmonat Milchschorf zeigen: nässende, juckende Bläschen am Kopf und im Gesicht. Mit etwa eineinhalb Jahren vergeht diese Erscheinung meist wieder. Nur bei einem von zehn Kindern entwickelt sich daraus die chronische Hauterkrankung Neurodermitis.

Dabei ist die Haut in Ellenbeugen und Kniekehlen, an Handgelenken, am Haaransatz, in Nacken und Gesicht gerötet, verdickt, schuppt sich und juckt heftig. Sie ist generell sehr trocken. Etwa die Hälfte der Kinder leidet auch unter Asthma oder Heuschnupfen.

Wann zu Ärztin oder Arzt?

Kinder mit einer ausgeprägten Neurodermitis sollten von Ärztin oder Arzt behandelt werden.

Folgen

Das schlimmste an der Krankheit ist der unerträgliche Juckreiz. Er quält die Kinder und belastet die Eltern, die das Kratzen zu verhindern suchen.

Der Juckreiz quält vor allem nachts sehr. Schlafmangel beeinträchtigt dann die Aufmerksamkeit während der Schulstunden und in der Folge die schulischen Leistungen. Unausgeschlafene Kinder sind oft unleidlich und aggressiv.

Für die Betroffenen bedeutet Kratzen Spannungsabfuhr. Im Moment ersetzt das Gefühl des Schmerzes das des unerträglichen Juckreizes. Hinterher juckt es allerdings um so mehr, weil Kratzen die Entzündungsreaktion verstärkt. Besser wäre es, zu kühlen, zu streicheln, zu kneifen oder zu drücken. Trotz aller gut gemeinten Hilfsbereitschaft sollten sich Eltern aber immer klarmachen: Das Kind hat das Recht, sich zu kratzen.

Solange die Kinder noch klein sind, bleibt den Eltern nichts anderes, als die lindernden Kühl- und Schmieraktionen selbst durchzuführen. Ab etwa dem Schulalter kann man diese Aktivitäten den Kindern jedoch nach und nach selbst überantworten.

In der Pubertät leiden Ekzemkinder meist noch stärker als ohnehin unter ihrem Anderssein. Ihre Haut lädt nicht gerade zum Kontaktaufnehmen, zum Näherkommen ein. Sie pendeln zwischen Hader und Wut gegen sich selbst und die Umgebung, Rückzug vor der Welt und anhänglichem Bedürfnis nach Nähe.

Selbsthilfe, Behandlung

Folgendes ist in Eigenregie zusätzlich zu dem bei Allergien auf Seite 851 Genannten möglich, um die Beschwerden gering zu halten:

● Nur mit klarem Wasser waschen. Alkalifreie Seife nur, wenn es unbedingt nötig ist (> Seife oder Syndet, Seite 548).

● Lieber duschen als baden. Badewasser nicht wärmer als 35°C. Möglichst Ölbäder verwenden.

● Fingernägel kurz schneiden.

● Unkontrolliertes Kratzen läßt sich am ehesten noch bei Säuglingen verhindern, indem man ihnen Handschuhe anzieht.

● Betroffene Stellen dünn einfetten (Pasta zinci mollis aus der Apotheke). Bei Milchschorf die Kopfhaut mitsamt den Haaren einölen.

● Keine parfümierten oder konservierten Cremes, Lotionen oder Kosmetika benutzen.

● Die Kinder sind wärmeempfindlich. Darum Zimmertemperatur um 20°C; lockere, leichte Kleidung, möglichst nackt schlafen.

● Kleidung aus Wolle oder Kunststoff-Fasern meiden; Baumwolle und Leinen wird meist gut vertragen (> Kleider machen kleine Leute, Seite 538).

● Wäsche gründlich mit klarem Wasser spülen, keinen Weichspüler verwenden.

● Vor dem Schwimmen es den Enten gleichtun: Die Haut kräftig einfetten.

● Sonnenlicht bessert zwar das Ekzem, doch ist Ekzemhaut sehr empfindlich gegenüber UV-Strahlen. Sonnenbäder also minutenweise beginnen und langsam steigern. Sonnenschutzmittel meiden, sie sind Reizstoffe.

Mit Hilfe psychotherapeutisch geschulter Fachleute können jugendliche EkzematikerInnen ihre ganz persönlichen Juckreizauslöser besser kennenlernen, und sie lernen, anders darauf zu reagieren als mit den bisher praktizierten Kratzorgien (> Beratung und Psychotherapie, Seite 757). Mit Autogenem Training können sie zum Beispiel Spannungen, die zum Anlaß für neue Krankheitsschübe werden, besser begegnen. Biofeedback-Training hilft, die Durchblutung der Haut zu steuern.

Die Palette ärztlicher Maßnahmen beschränkt sich auf Hautpflegemittel, Antihistaminika (> Allergien, Seite 851) und Kortison.

Kortisonhaltige Cremes und Salben stoppen die akute Entzündung hervorragend. Sie heilen aber die Krankheit nicht und haben vielfältige Nebenwirkungen auf die Haut und den ganzen übrigen Körper – je wirksamer, desto mehr. Bei richtiger Verwendung lassen sich unerwünschte Effekte weitgehend verhindern:

● Nur auf möglichst kleine Flächen aufgetragen.

● Nur in dünner Schicht.

● Nur für möglichst kurze Zeit.

● Nicht öfter als zweimal am Tag, vorzugsweise am Abend.

● So bald wie möglich auf ein schwächer wirkendes Präparat umsteigen.

Stark wirkende Produkte: Amciderm (D), Betnesol (D/Ö), Celestan (D), Diprosone (D), Jellin (D), Nerisona (D/Ö), Topisolon (D/Ö), Ultralan (D/Ö).

Mittelstark wirkende Produkte: Alfason (D),

NEURODERMITIS-BADEKUR

In der im Vergleich zum Binnenland reineren Luft an der Nordsee gibt es die meisten Allergene nicht. Das Reizklima verbessert die Durchblutung der Haut. Durch den salzhaltigen Sprühnebel in der Luft und die UV-Einstrahlung heilen Wunden besser (> Klimakur, Seite 856). Mit noch mehr Intensität wirken dieselben Faktoren bei einem »Kurlaub« am Toten Meer.

Der Badende schreckt vielleicht zunächst vor dem Brennen zurück, das das Salzwasser an den offenen Hautstellen auslöst. Doch wer es aushält, profitiert davon: Es stillt den Juckreiz, dringt in die verhornten oberen Hautschichten ein und löst sie ab. Die Ekzeme können zuheilen.

Decoderm (D/Ö), Dermatop (D/Ö), Emovate (D/Ö), Kaban (D), Sermaka (D), Volon (D/Ö).

Schwach wirkende Produkte: Linola HN (D), Sanatison Mono (D), Tuttozem (D), Vaspit (D).

● Möglichst oft statt des Kortisonpräparats die wirkstofffreien Pflegeprodukte auftragen.

Ein neuer Behandlungsansatz ohne belastende Begleitumstände steckt in dem Öl der Samen der Nachtkerze. In Kapseln geschluckt soll es rauhe Haut weicher machen und Juckreiz lindern. Wie effektiv es wirklich ist, darüber streiten sich die WissenschaftlerInnen noch (Präparate u.a.: Efamol 500, Epoc 500, Epogam).

Kontakte

An vielen Orten haben sich Selbsthilfegruppen gebildet, die individuell beraten und Empfehlungen zum Umgang mit diesem Leiden geben.

Bundesverband Neurodermitiskranker
SABELSTR. 39
56154 BOPPARD
TEL.: 06742/2598

Deutscher Neurodermitikerbund
MOZARTSTR. 11
22083 HAMBURG
TEL.: 040/2205757

**Selbsthilfegruppe für
Neurodermitis/atopisches Ekzem**
KEGELGASSE 34–38/1/20
1030 WIEN

Zum Weiterlesen

Neurodermitis.
S. BORELLI, J. RAKOSKI
Falken-Verlag, 1992.

Mitesser, Akne

Beschwerden, Ursachen, Häufigkeit

? Kleine Kinder haben eine Pfirsichhaut. Mit zunehmendem Alter wird sie jedoch gröber und fettiger. Während der Pubertät zeigen sich dann bei allen Mitesser, Pickel, Wimmerl im Gesicht, an Schultern, Rücken und Brust. Sie entstehen, wenn der Kanal der Talgdrüse so eng ist, daß das Sekret nicht mehr abfließen kann. Unter der Haut wird dann ein Knötchen spürbar (geschlossener Mitesser). Bleibt eine kleine Öffnung erhalten, zeigen sich Mitesser mit schwarzem Kopf. Der Pfropf besteht aus abgestoßenen Zellen, Bakterien, Haaren und Talg.

Wenn sich die Bakterien in der Talgdrüse vermehren, ohne daß der Eiter abfließen kann, greift die Entzündung auf tiefere Hautschichten über: Eine Aknepustel entsteht. Je nachdem wie tief die Entzündung reicht, heilt die Beule mit mehr oder weniger ausgeprägten Narben ab.

Den typischen pubertären Hautproblemen entgeht niemand. Wie ausgeprägt sie sind, ist zum einen erblich angelegt, zum anderen hormonell gesteuert. Männliche Sexualhormone fördern die Produktion der Talgdrüsen. Darum ist die Akne bei Knaben meist schlimmer als bei Mädchen. Bei denen verschwinden die Pickel, wenn der Körper so viel Östrogene produziert, daß sie die männlichen Hormone, die in ihrem Körper auch kursieren (> Geschlechtsorgane der Mädchen, Seite 301), in Schach halten. Im allgemeinen ist der hormonelle Umstellungsprozeß mit 20 bis 25 Jahren abgeschlossen, und die Akne vergeht.

Viele Teenies erleben bei Streß ihre Haut als Spiegel der Seele: unruhige Zeit, unruhige Haut. Viele Erwachsene, die ihre Jugendzeit reflektieren, kommen drauf, daß ihr häßliches Pickelgesicht sie vor elterlichen Übergriffen bewahren sollte: Sei es, daß die Ansprüche der Eltern in puncto Leistung, Schönheit oder Anpassung sie überforderten, sei es, daß sie sich vor intimen Übergriffen schützen wollten (> Sexueller Mißbrauch, Seite 379).

Über Akne gibt es einige Vorurteile:
- Nichts beweist, daß bestimmte Nahrungsmittel Pickel fördern. So angebracht eine ausgewogene Ernährung ist (> Gesunde Ernährung, Seite 568) – weder der Verzicht auf Schokolade, noch der auf Chips, Mayonnaise, Ketchup oder Gewürze dämmt die Pickel ein.
- Die »unreine Haut« hat nichts mit Reinlichkeit zu tun. Mitesser sind schwarz durch das Hautpigment Melanin, nicht durch Schmutz.

Wann zu Ärztin oder Arzt?

Pickel brauchen keine ärztliche Behandlung. Wer allerdings seiner ausgeprägten Akne ernsthaft zu Leibe rücken will, kommt um einen Arztbesuch nicht herum.

Folgen

Weder Mitesser noch Akne sind eine Krankheit. Weil sie aber das ohnehin labile Befinden der Jugendlichen massiv beeinträchtigen können, müssen sie so ernst genommen werden wie eine »richtige« Krankheit.
Bis in die Tiefe entzündete Pusteln hinterlassen beim Abheilen Narben. Sie dokumentieren lebenslang, wie schwierig die Jugendzeit war.

Selbsthilfe, Behandlung

Schwarze Pickel, gelbe Stippen und rote Pusteln verlocken geradezu, sie auszudrücken. Unsachgemäß getan, schadet das mehr, als es nutzt. Wer es sich leisten kann, sollte damit eine Kosmetikerin betrauen. Eine regelmäßige Behandlung im Salon kann Hautunreinheiten erheblich bessern. Gutscheine dafür sind für Jung-Männer und -Frauen eine willkommene Geschenkidee.

Akne ist zwar nicht heilbar, aber mit Hilfe einer Reihe von Medikamenten gut in den Griff zu bekommen. Doch alle Mittel müssen regelmäßig angewendet werden, und bis zum sichtbaren Erfolg brauchen die Hilfesuchenden zwei bis drei Monate Geduld.

PICKELIGE HAUT PFLEGEN

- Waschen mit seifenfreien Produkten (> Putzteufel, Seite 548) oder Babyseife.
- Keine fetthaltigen Cremes verwenden.
- Möglichst kein Make-up. Es kleistert die Ausführgänge der Talgdrüsen noch mehr zu und enthält manchmal Pigmente, die die Akne fördern. Wenn schon, dann getönte Aknemittel verwenden. Sie sind fettfrei. Zur Nacht jedes Make-up unbedingt gründlich entfernen.
- Für Jung-Männer: Lieber trocken als naß rasieren. Die Klinge kratzt die Pickel auf.
- UV-Licht in Maßen desinfiziert und kann die Pickel bessern.

Die richtige Pickel-Ausdrück-Technik
- Haut zehn Minuten mit einer heißen Kompresse aufweichen.
- Vor und nach dem Drücken mit 70%igem Isopropanol desinfizieren.
- Finger mit einem sauberen Tuch umwickeln.
- Zunächst die Haut um den Pickel herum auseinanderziehen, dann aus der Tiefe herausdrücken.
- Eiterpickel mit einer Einmal-Injektionsnadel aufstechen. Das erspart dem Gewebe das Quetschen, bis es aufplatzt.
- Keine Komedonenquetscher verwenden. Sie belasten die Haut zu sehr.
- Nach der Prozedur die Haut mit einer Packung aus Heilerde und Kamillenextrakt besänftigen.

An erster Stelle steht das Schälmittel Benzoylperoxid (Präparate u.a.: Aknefug oxid [D], Akneroxid [D], Cordes BPO Gel [D], Klinoxid [D], Oxy-Fissan [D], Panoxyl [D/Ö], Sanoxit [D], Scherogel [D/Ö]). Es löst die Verhornungen, reduziert die Talgproduktion und hemmt das Bakterienwachstum.

Das zweite Schälmittel, Tretinoin, müssen ÄrztInnen verschreiben (Präparate u.a.: Airol [D/Ö], Cordes-VAS [D], Epi-Aberel [D], Eudyna [D/Ö]). Es wirkt wie Benzoylperoxid, ist aber aggressiver und hat dementsprechend stärkere Nebenwirkungen: Schuppen, Brennen, Jucken der Haut. In den ersten zwei bis vier Behandlungswochen kann die Akne besonders stark aufblühen, bevor sie endlich abklingt.

Die dritte Gruppe von Aknemedikamenten sind Antibiotika (Aknereduct [D], Aknosan [D], Akne-Mycin Lösung [D], Inderm Lösung [D], Klinomycin [D], Minocin [Ö]). Äußerlich angewandt oder als Tabletten geschluckt, beseitigen sie die Bakterien in den Talgdrüsen. Kinder unter zwölf Jahren dürfen diese Produkte nicht verwenden. In Kombination mit einem Schälmittel bessern sie nach zwei Monaten bei 40 Prozent der Betroffenen die Akne, nach vier Monaten bei 60 Prozent und nach einem halben Jahr bei 80 Prozent.

Bei extrem schweren Akneformen haben sich Isotretinoin (Roaccutan [D/Ö]) und Etretinat (Tigason [D/Ö]) bewährt. Diese Substanzen haben allerdings beträchtliche Nebenwirkungen.

Junge Mädchen, die sich für die Pille als empfängnisverhütendes Mittel entschieden haben, können sich von Ärztin oder Arzt ein Präparat verordnen lassen, das die Pickel günstig beeinflußt (Diane [D/Ö], Eunomin [D], Neo-Eunomin [D], Gestamestrol [D]).

Folgende Produkte können die Hautpflege unterstützen, eignen sich jedoch nicht, um Pickel und Pusteln gezielt zu behandeln: Akne-Aid Creme, Aknederm, Aknefug, Aknelan, Aknichthol, Aknin, Brasivil, Clearasil, Jaikal, Jaikin, Stepin, Wisamt.

Läuse

Beschwerden, Ursachen, Häufigkeit

Die Krabbeltiere, die der Nachwuchs aus Kindergarten oder Schule am häufigsten mit nach Hause bringt, sind Kopfläuse. Kleider- oder Filzläuse kommen bei Kindern praktisch nicht vor.

Die zwei bis drei Millimeter großen Insekten sitzen am liebsten hinter den Ohren, sind aber schlecht zu erkennen. Am ehesten entdeckt man noch ihre Nissen – kleine, weißliche Knötchen, die ganz fest an den Haaren haften. Sie bergen die Läuseeier.

Läuse müssen alle paar Stunden Blut saugen. Ihr Biß löst den Juckreiz aus, mit dem sich der Läusebefall zu erkennen gibt.

Immer häufiger mußten Kinder-Institutionen in den vergangenen Jahren melden »Wir haben Läuse«. In Berlin gehen die Gesundheitsämter davon aus, daß fünf bis zehn Prozent aller Kinder ständig Läuse haben. Als Grund nimmt man an, daß die Möglichkeiten, die Tiere von einem Kopf zum anderen zu übertragen, vielfältiger geworden sind.

Läuse geraten vom Kopf in Kämme und Bürsten, Schals, Mützen und Kragen, auf Schmusetiere, gepolsterte Autositze und Kopfstützen. Die Läusewanderung beginnt, wenn Kinder ihre Köpfe zusammenstecken, wenn sie Kleidungstücke austauschen oder sie ihr Zeug in den Umkleideräumen beim Sport eng zusammenhängen oder übereinanderwerfen.

Folgen

Ein Läusekopf bleibt selten allein. Meist sind FreundInnen, SchulkollegInnen, Geschwister und andere MitbewohnerInnen auch bald von den unliebsamen Tierchen befallen.

Aus Angst und Scham vor dem Makel, »verlaust« zu sein, versuchen Eltern zu verschweigen, daß ihr Kind Läuse hat. Damit leisten sie der Verbreitung Vorschub.

Vorbeugung

Haben die Busenfreundin oder der beste Freund Läuse, sollten der Ausleih-Betrieb und gegenseitige Übernachtungsbesuche für kurze Zeit unterbrochen werden.

Anoraks, Wintermäntel, Jeansjacken und dicke Pullover oder Westen sind beliebte Unterschlüpfe für alle Arten von Läusen und sollten deshalb öfter als einmal im Jahr gereinigt werden – auch wenn man sie nicht mal eben in die Waschmaschine stecken kann.

Selbsthilfe, Behandlung

Um eine allzu große Verbreitung von Läusen zu verhindern, müssen KindergärtnerInnen und LehrerInnen wissen, daß einer ihrer Schützlinge Läuse hat. Die befallenen Kinder dürfen erst wieder am Unterricht teilnehmen, wenn sie garantiert lausfrei sind.

- Haarbürsten und Kämme auskochen.
- Haarschmuck aus Stoff wegwerfen.
- Handtücher und Bettwäsche heiß waschen.
- Gegenstände, die nicht waschbar sind, entweder vier Wochen lang in einem Plastiksack in einem höchstens 20°C kaltem Raum aufbewahren oder für einen Tag bei etwa 35°C.
- Wer die Viecher gar nicht losbringt, kann alles in einer Desinfektionsanstalt entwesen lassen.

Den Tieren auf dem Kopf rückt man mit Gift zu Leibe. Empfehlenswerte Präparate: Goldgeist forte (D), Aescalon (Ö). Alle anderen Produkte sind weniger sinnvoll. Die Anwendung sollte nach einer Woche wiederholt werden, um auch die Tiere zu vernichten, die in der Zwischenzeit aus den Nissen geschlüpft sind.

Säuglinge und Kleinkinder dürfen nur nach ärztlicher Anleitung behandelt werden. Für sie kann das Läusegift zu stark sein.

Selbst wenn alle Krabbeltiere beseitigt sind, bleiben die Nissen an den Haaren zurück. An ihnen kann sich zwar niemand mehr anstecken, trotzdem sollten sie mit einem feinzinkigen Läusekamm (Apotheke, Drogerie) ausgekämmt werden.

KINDERKRANKHEITEN

Die Hardliner sprechen eine militante Sprache: Sie wollen Erreger bekämpfen, Krankheiten eliminieren, Masern ausrotten.

Aufmerksame Eltern berichten jedoch Positives von ihren Sprößlingen nach überstandener Kinderkrankheit. Sie können, was ihnen vorher nicht gelang, sind zugewandter und verständnisvoller, erscheinen gereifter – kurz, sie haben einen Schritt nach vorn gemacht. Besonders auffällig ist das, weil viele Kinder in der Zeit vor der Krankheit so unleidlich sind, daß Eltern das Bevorstehende schon ahnen; wenn sie gute Erfahrungen damit gemacht haben, es sogar herbeisehnen.

Den klassischen Kinderkrankheiten Masern, Röteln, Scharlach ist gemeinsam, daß die Haut reagiert. Beim Keuchhusten ist es die riesige Schleimhaut, die die Atemwege auskleidet (> Atmungsorgane, Seite 808). Die Haut ist aber das größte Organ im Kontakt mit der Umwelt. An ihm spielen sich Zärtlichkeit und Nähe, aber auch Abgrenzung und Verletzung ab. Bezeichnenderweise mündet der fulminante Verlauf mit Fieber und Ausschlag in eine Häutung, der auch eine geistig-seelische Erneuerung entspricht, meist verbunden mit mehr Ich-Bewußtsein.

MedizinerInnen beobachten, daß nach einer Masernerkrankung Ekzeme, Asthma oder häufige Atemweginfektionen deutlich gebessert sein können. Sie erklären das mit einer Reifung des Immunsystems, das aus dem überstandenen Kontakt mit neuen Erregern stabiler hervorgeht.

Impfungen können keine solche Herausforderung sein. Auf ihre abgeschwächten Erreger reagiert der Körper viel schwächer. Eltern, die den Abwehrkräften ihres Kindes vertrauen und damit gute Erfahrungen gemacht haben, die sich die Zeit nehmen können, das Kind während seines Krankenlagers zu pflegen und betreuen, die Kinderärztin oder -arzt haben, der sie dabei unterstützt, können ihren Kindern die Chance geben, Kinderkrankheiten selbst zu bewältigen.

Masern

Beschwerden, Ursachen, Häufigkeit

Einige Tage lang ist das Kind ausgesprochen unleidlich. Für drei bis vier Tage täuschen Fieber, Schnupfen, Halsschmerzen, Husten und gerötete Augen eine Erkältung vor. Dann jedoch steigt das Fieber, und hinter den Ohren blüht ein hellroter Ausschlag auf, der sich innerhalb von zwei Tagen über Rumpf, Arme und Beine ausbreitet. In den meisten Fällen tut dem Kind das Tageslicht in den Augen weh, und der Ausschlag wird begleitet von einem quälenden Juckreiz am ganzen Körper.

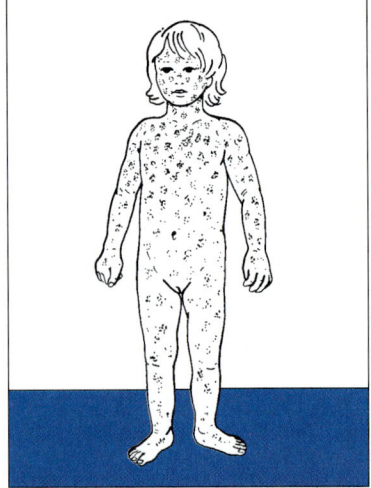

Typisches Bild von Masern

Nach drei Tagen wird das Fieber schwächer, und der Ausschlag verschwindet allmählich.

Manchmal bleiben noch eine Zeitlang bräunliche Flecken auf der Haut, die aber nicht zu beunruhigen brauchen.

Masern sind eine Virusinfektion, die nur von Personen, nicht durch Gegenstände weitergegeben wird.

Früher war praktisch jedes Kind vor der Einschulung masernkrank. Da heute viele Kinder geimpft werden, ist das nicht mehr der Fall. Geimpfte Kinder bekommen manchmal allerdings noch »ein bißchen« Masern, weil die Impfung nicht richtig »angegangen« ist; das heißt, daß sich nicht genügend Antikörper gebildet haben, um das Krankwerden ganz zu verhindern.

Wann zu Ärztin oder Arzt?

Sofort ins Kinderkrankenhaus: beim Verdacht auf eine Beteiligung des Gehirns. Die Enzephalitis beginnt, nachdem der Ausschlag schon blasser geworden ist, mit einem neuerlichen Fieberanstieg; evtl. treten Krämpfe auf.

Sonst genügt es, wenn Kinderärztin oder -arzt bestätigen, daß das Kind masernkrank ist. Wegen der Ansteckungsgefahr sollten sie vorher von dem Verdacht wissen.

Entwickelt das Kind im Zuge einer Masernerkrankung eine Mittelohr- oder Lungenentzündung, müssen Ärztin oder Arzt selbstverständlich eingreifen.

Folgen

Da das Immunsystem mit den Masernviren beschäftigt ist, haben Bakterien leichteres Spiel: Mittelohr- und Lungenentzündung kommen im Gefolge von Masern öfter vor (> Mittelohrentzündung, Seite 807; Lungenentzündung, Seite 818).

Gefürchtet ist die nach Masern mögliche Entzündung des Gehirns (> Gehirnentzündung, Seite 776), weil sie tödlich verlaufen kann und ein Viertel der Kranken teilweise schwere Schäden zurückbehält. Die Häufigkeit einer solchen Gehirnentzündung wird meist mit einer bei 1.000 Masernerkrankungen angegeben. Es besteht jedoch der begründete Verdacht, daß diese Zahl um das Zehnfache zu hoch angesetzt ist.

Masern mit nur wenig Ausschlag und geringen anderen Beschwerden verlaufen nicht notwendigerweise besonders »leicht«. Komplikationen sind bei ihnen mindestens ebenso häufig wie bei stürmisch verlaufenden Erkrankungen.

Vorbeugung

Masern sind sehr ansteckend, und zwar vom Beginn der vermeintlichen Erkältung bis zum Abklingen des Ausschlags. Allerdings vergehen 8 bis 14 Tage zwischen Ansteckung und den ersten Krankheitszeichen. Eine durchgemachte Masernerkrankung schützt gewöhnlich ein Leben lang.

Auf den sicheren Schutz vor einer Masernerkrankung durch Impfung kann sich nur derjenige verlassen, bei dem ein Antikörpertest eine genügend große Menge Antikörper nachgewiesen hat.

Säuglinge sind mindestens die ersten vier Monate vor Masern durch mütterliche Abwehrstoffe geschützt, wenn diese selbst Masern gehabt hat. Geimpfte Mütter können keinen solchen »Nestschutz« weitergeben (> Impfung-Masern, Seite 730).

Selbsthilfe, Behandlung

 Das masernkranke Kind braucht viel Ruhe, Wärme und Zuwendung. Wenn möglich, sollte es erst nach drei fieberfreien Tagen wieder aufstehen.

● Ein abgedunkeltes Zimmer tut den Augen wohl. Manche Kinder mögen noch einige Tage lang mit einer Sonnenbrille im Bett liegen.

● 40°C Fieber gehören zu Masern dazu. Wadenwickel oder Medikamente kommen erst in Betracht, wenn das Fieber noch höher klettert (> Fieber, Seite 768).

● Um den Juckreiz zu lindern, kann man das Kind mehrmals täglich mit kühlem Wasser abwaschen.

Homöopathie (> Seite 756)

Das typische Masernmedikament ist Pulsatilla pratensis D6, drei- bis viermal täglich fünf Globuli.

Sind die Augen besonders stark betroffen: Euphrasia officinalis D4, drei- bis viermal täglich fünf Globuli.

Bei trockenem, bellendem Husten: Euspongia officinalis D6, drei- bis viermal täglich fünf Globuli.

Ärztliche Behandlung

Es können nur die Beschwerden gelindert werden.

Zusätzliche bakterielle Infektionen machen oftmals eine Behandlung mit Antibiotika notwendig. Das heißt jedoch nicht, daß jedes masernkranke Kind Antibiotika einnehmen muß.

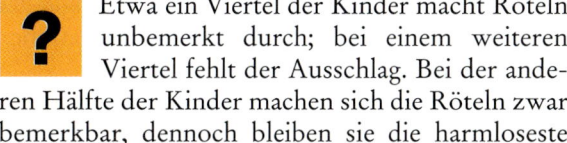

Röteln

Beschwerden, Ursachen, Häufigkeit

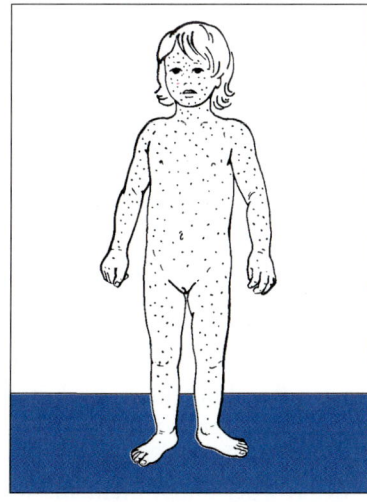 Etwa ein Viertel der Kinder macht Röteln unbemerkt durch; bei einem weiteren Viertel fehlt der Ausschlag. Bei der anderen Hälfte der Kinder machen sich die Röteln zwar bemerkbar, dennoch bleiben sie die harmloseste Kinderkrankheit.

Das häufigste Anzeichen für diese Krankheit sind geschwollene Lymphknoten, besonders im Nacken. Von dem meist hochroten Gesicht breitet sich der Ausschlag als linsengroße, rote Flecken über den ganzen Körper aus. Fieber ist kaum vorhanden.

Typisches Bild von Röteln

Röteln sind eine Virusinfektion, die nur von Personen, nicht durch Gegenstände weitergegeben wird.

Da zunehmend mehr Kinder gegen Röteln geimpft werden, erkranken auch immer weniger an dieser Kinderkrankheit.

Wann zu Ärztin oder Arzt?

 Kinderärztin oder -arzt sollten bestätigen, ob das Kind rötelnkrank ist. Wegen der Ansteckungsgefahr sollten sie vorher von dem Verdacht wissen.

Folgen

 Komplikationen oder begleitende bakterielle Infektionen sind bei Röteln äußerst selten.

Bei Schwangeren, die nicht genügend Röteln-Anti-körper in ihrem Blut haben, kann die Krankheit zu Mißbildungen bei dem noch ungeborenen Kind führen. Diese Gefahr ist um so größer, je jünger der Embryo noch ist (> Gefahren und Komplikationen – Röteln, Seite 169).

Eine schwangere Frau, die sich mit dem Rötel-virus infiziert hat und nicht ausreichend geschützt ist, kann das Risiko, ein mißgebildetes Kind zu bekommen, durch eine passive Rötelimpfung zu verringern suchen (> Passive Rötelnimpfung, Seite 734).

Vorbeugung

Zwei bis drei Wochen vergehen zwischen Ansteckung und den ersten Krankheits-zeichen. Ansteckend sind Röteln etwa fünf Tage vor dem Beginn des Ausschlags bis sieben Tage danach. Nach der Krankheit ist man meist ein Leben lang gegen Röteln gefeit. Diese Sicherheit erreichen die Impfungen nicht.

Eine durchgemachte Rötelninfektion schützt mindestens zehnmal besser als die Impfung. Bei einer ganzen Reihe von Menschen versagt die Impfung, das heißt, der Körper bildet nicht so viel Antikörper, daß er vor der Krankheit geschützt wäre. Außerdem verringert sich die Schutzwirkung einer Impfung mit der Zeit. Es gibt bereits einige Kinder, die mit Mißbildungen geboren wurden, weil ihre Mutter sich durch eine Impfung geschützt glaubte, es aber nicht mehr ausreichend war.

Damit Frauen bei einer Schwangerschaft möglichst sicher geschützt sind, sollten sie die Krankheit am besten als kleine Mädchen durchmachen.

> Impfung, Seite 733.

Selbsthilfe, Behandlung

Eine Behandlung der Viruserkrankung Röteln ist nicht möglich und auch nicht nötig, weil sie so leicht verläuft.
Meist kurieren die Kinder ihre Infektion selbst, indem sie viel schlafen. Wärme kann den Kindern helfen, deren Lymphknoten schmerzen.

Windpocken (Feuchtblattern, Varizellen)

Beschwerden, Ursachen, Häufigkeit

Nur kurze Zeit Fieber und allgemeines Krankheitsgefühl, dann zeigt sich am Rumpf und im Gesicht der typische Ausschlag: Linsengroße Bläschen mit klarem, später trübem Inhalt. Sie trocknen ein, bilden eine Kruste und heilen innerhalb einer Woche ab. In

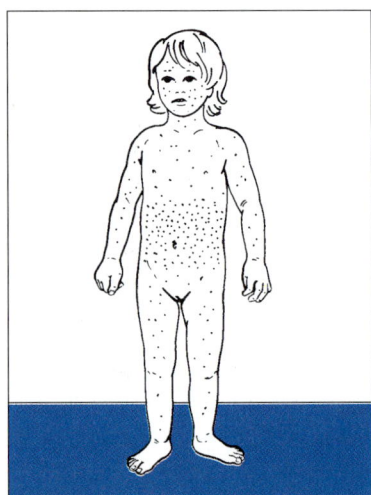
drei bis vier Schüben kommen neue Bläschen hinzu, die auch auf dem behaarten Kopf, im Mund, an den Augen oder an den Genitalien sitzen können. Der Ausschlag juckt meist sehr. Windpocken sind eine Infektion mit einer Art von Herpes-viren, die »mit dem Wind« übertragen werden. Im Vorschulalter sind sie am häufigsten.

Typisches Bild von Windpocken

Wann zu Ärztin oder Arzt?

Kinderärztin oder -arzt sollten bestätigen, ob das Kind windpockenkrank ist. Wegen der Ansteckungsgefahr sollten sie vorher von dem Verdacht wissen.

Folgen

Die Pusteln können sich entzünden. Beim Abheilen bleiben dann Narben zurück. Bei Kindern mit einer ausgedehnten Neurodermitis (> Seite 872) verlaufen die Windpocken manchmal schwer.

Als Windpocken bezeichnet man die erste Krankheit nach der Infektion mit dieser Virusart. Gegen Ende der Krankheit ziehen sich die Viren in Nervenzellen zurück. Dort bleiben sie unbemerkt, bis eine geschwächte Immunabwehr erlaubt, den Körper erneut zu infizieren. Diese Zweitkrankheit mit demselben Erreger heißt Gürtelrose (Herpes zoster).

Vorbeugung

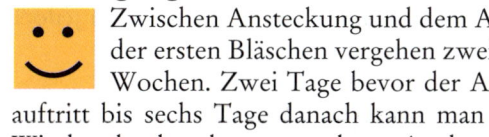 Zwischen Ansteckung und dem Auftreten der ersten Bläschen vergehen zwei bis drei Wochen. Zwei Tage bevor der Ausschlag auftritt bis sechs Tage danach kann man sich bei Windpockenkranken anstecken. Auch mit dem Inhalt der Windpocken- oder Gürtelrosebläschen kann man sich infizieren.

Kinder, die noch keine Windpocken hatten, können sich also bei Gürtelrose-kranken Erwachsenen anstecken.

Bei Kindern, die durch Windpocken besonders gefährdet sind, kann das Spritzen von Immunglobulinen (> Passive Immunisierung, Seite 726) oder die Gabe des Medikamentes Aciclovir (Zovirax [D/Ö]) verhindern, daß die Krankheit besonders schwer wird.

Selbsthilfe, Behandlung

Dem Kind ist am wichtigsten, daß der unerträgliche Juckreiz nachläßt.
● Den Juckreiz im Mund kann das Gurgeln mit Salzwasser (einen Teelöffel Speisesalz auf ein Glas Wasser) lindern.
● Duschen lindert ebenfalls den Juckreiz oder Baden in lauwarmem Wasser, dem eine Tasse Natriumbicarbonat (Apotheke) zugesetzt wurde.
● Baumwollene Kleidung reizt die Haut kaum.
● Kurzgeschnittene Fingernägel können die Pusteln nicht so schnell aufkratzen.

Homöopathie (> Seite 756)

Plötzlicher Beginn mit kräftigem, rotem Ausschlag: Belladonna D6, drei- bis viermal täglich fünf Globuli.

Im Bläschenstadium: Rhus toxicodendron D12, zwei- bis dreimal täglich fünf Globuli.

Wenn sich schon Krusten bilden: Antimonium crudum D12, zwei- bis dreimal täglich eine Tablette.

Ärztliche Behandlung

Puder (Ingelan [D/Ö]) bremsen den Juckreiz wenig. Flüssigkeiten wie Lotio alba (aus der Apotheke) oder Palacril (D) sind für kurze Zeit angenehm, weil sie das Gefühl »juckt« durch »kalt« ersetzen.

Bei einem besonders schweren Krankheitsverlauf können ÄrztInnen das Virusmittel Aciclovir (Zovirax [D/Ö]) einsetzen.

Scharlach

Beschwerden, Ursachen, Häufigkeit

Scharlach beginnt meist mit Fieber um 38°C, das am zweiten Tag seinen Höhepunkt erreicht und dann langsam zurückgeht. Hals- und Kopfschmerzen können hinzukommen. Am ersten Krankheitstag erbrechen sich fast alle Kinder.

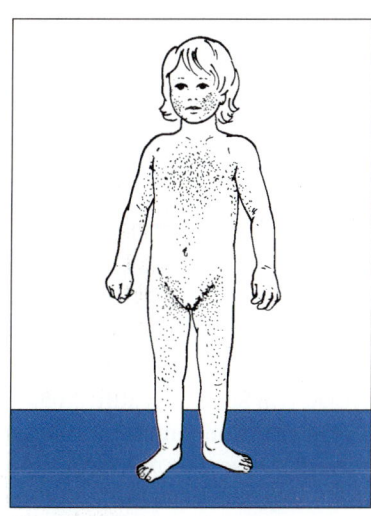

Typisches Bild von Scharlach

Meist am zweiten Krankheitstag blüht die Haut in charakteristischer Weise auf: Am Dekolleté, in Achsel- und Leistenbeuge beginnt der Ausschlag und breitet sich innerhalb eines Tages über den Körper aus. Das Gesicht kann zwar rot sein, doch die Umgebung des Mundes bleibt blaß. Der Ausschlag besteht aus winzigen roten Stippen, die so dicht zusammenstehen, daß es wie Sandpapier wirkt.

Die Zunge ist anfangs weiß belegt und wird am dritten bis vierten Tag knallrot (Erdbeerzunge) mit kleinen Punkten.

Nach einer Woche beginnt die Haut, sich abzuschuppen. Das dauert mindestens drei, manchmal sogar bis zu acht Wochen.

Scharlach ist eine Infektion mit Bakterien (Streptokokken), die meist von Mensch zu Mensch weitergegeben werden.

Streptokokkeninfektionen sind längst nicht so häufig, wie es die Antibiotikaverordnungen vermuten lassen. Möglicherweise unterscheiden ÄrztInnen nicht immer exakt zwischen Halsentzündungen, die durch Viren hervorgerufen werden (> Mandelentzündung, Seite 813) und solchen, die auf Bakterien beruhen.

Jedes Kind kann mehrere Male an Scharlach erkranken, weil es viele Typen von Scharlacherregern gibt und sich die Immunität immer nur gegen einen spezifischen Typ richtet. Bekommen Kinder bei Scharlachverdacht sehr früh Antibiotika verabreicht, können sich möglicherweise nicht genügend Antikörper bilden, so daß derselbe Erregertyp das Kind gleich mehrmals krankmachen kann.

Wann zu Ärztin oder Arzt?

 Kinderärztin oder -arzt sollten bestätigen, ob das Kind Scharlach hat. Wegen der Ansteckungsgefahr sollten sie vorher von dem Verdacht wissen.

Folgen

 Entzündungen von Lymphknoten, Mittelohr, Nasennebenhöhlen und Lunge können im Gefolge von Scharlach auftreten.

Die Erreger des Scharlachs können Herz, Nieren und Gelenke infizieren. Diese Krankheiten sind jedoch selten geworden, seit Scharlach mit Antibiotika behandelt wird.

Vorbeugung

 Zwischen Ansteckung und Fieberbeginn vergehen zwei bis vier Tage. So lange ist Scharlach auch ansteckend. Gegen Scharlach gibt es keine vorbeugende Impfung.

Selbsthilfe, Behandlung

 Ein scharlachkrankes Kind gehört ins Bett – drei Wochen lang, wenn es keine Antibiotika bekommt. Zehn Tage, mindestens aber eine Woche Schonzeit empfehlen sich jedoch auch für antibiotisch behandelte Kinder.

Homöopathie (> Seite 756)

Typischer Scharlach mit Ausschlag und Erdbeerzunge: Belladonna D6, drei- bis viermal täglich fünf Globuli.

Geschwollene Rachenschleimhaut, wenig Durst: Apis mellifica D6, drei- bis viermal täglich fünf Globuli.

Geschwollene Lymphknoten, Gelenkschmerzen: Phytolacca americana D6, drei- bis viermal täglich fünf Globuli.

Ärztliche Behandlung

Penicillin wirkt sicher gegen Scharlacherreger. Schon nach zwei Behandlungstagen ist die Krankheit nicht mehr ansteckend. Doch erst, wenn das Kind das Mittel zehn Tage lang eingenommen hat, darf es wieder in den Kindergarten oder die Schule gehen.

Die früher übliche »Umgebungsprophylxe«, bei der Eltern und Geschwister des kranken Kindes vorsorglich Antibiotika schluckten, sollte nicht mehr durchgeführt werden.

Dreitagefieber (Exanthema subitum)

Beschwerden, Ursachen, Häufigkeit

 Drei Tage lang sehr hohes Fieber, oft auch Fieberkrämpfe, aber kaum Anzeichen einer Erkältung. Im ersten Jahr noch oft zusätzlich Erbrechen und Durchfall. Dann geht das Fieber schlagartig zurück, und ein Hautausschlag überzieht den ganzen Körper mit hellroten Flecken. Ein bis drei Tage später ist der Spuk wieder vorbei.

Die Krankheit beruht auf der Infektion mit einem Virus (HHV 6) aus der Reihe der Herpesviren. Am häufigsten tritt sie zwischen sechstem Monat und zweitem Jahr auf.

Wann zu Ärztin oder Arzt?

Kinderärztin oder -arzt sollten bestätigen, ob das Kind Dreitagefieber hat. Wegen der Ansteckungsgefahr sollten sie vorher von dem Verdacht wissen.

Folgen

In den Tagen mit hohem Fieber, aber noch ohne Ausschlag wird die Krankheit nicht immer erkannt. Unnötige Antibiotikabehandlungen sind dann oft die Folge.

Treten im Gefolge des Dreitagefiebers Fieberkrämpfe auf, halten die damit oft verbundenen Lähmungen öfter als sonst für einige Wochen an.

Wer die Krankheit durchgemacht hat, ist ein Leben lang dagegen immun.

Selbsthilfe, Behandlung

Dem Fieber kann auf die übliche Weise begegnet werden (> Fieber, Seite 768).

Mumps (Ziegenpeter, Parotitis epidemica)

Beschwerden, Ursachen, Häufigkeit

Die Kinder bekommen eine »dicke Backe«, zuerst auf der einen, ein bis zwei Tage später auch auf der anderen Seite. Die vor dem Ohr gelegenen Ohrspeicheldrüsen sind geschwollen und schmerzen sehr. Kauen und Schlucken tun weh. Fieber und Kopfschmerzen können hinzukommen.

Nach einer Woche sind die Schwellungen wieder verschwunden.

Die Krankheit beruht auf einer Virusinfektion, die besonders die Ohrspeicheldrüsen und selten auch das zentrale Nervensystem betrifft.

Zwischen vier und zehn Jahren erkranken Kinder am häufigsten an Mumps.

Wann zu Ärztin oder Arzt?

Sofort ins Kinderkrankenhaus: Beim Verdacht auf eine Beteiligung des Gehirns (> Gehirnentzündung, Seite 776).
Kinderärztin oder -arzt sollten bestätigen, ob das Kind Mumps hat. Wegen der Ansteckungsgefahr sollten sie vorher von dem Verdacht wissen.

Folgen

Die häufigste Mumpskomplikation ist eine Gehirnhautentzündung. Sie trifft Jungen viermal öfter als Mädchen. Erst nach der Pubertät zieht die Mumpserkrankung bei einem Drittel der Kranken die Keimdrüsen in Mitleidenschaft: bei Jungen Hoden, Nebenhoden oder Prostata, bei Mädchen die Eierstöcke. Das kann, allerdings seltener als früher angenommen, Unfruchtbarkeit zur Folge haben.

Mumps ist häufig die Ursache, wenn Kinder schwerhörig werden.

Selten kommt es vor, daß sich im Verlaufe einer Mumpserkrankung ein latent vorhandener Diabetes zeigt.

Vorbeugung

18 bis 21 Tage vergehen zwischen Ansteckung und ersten Krankheitszeichen. Zwei Tage vor Beginn der Schwellung bis eine Woche danach scheiden die Infizierten Viren aus.
> Impfung, Seite 732.

Selbsthilfe, Behandlung

Die Wärme einer Wärmflasche auf den Ohren mildert die Beschwerden. Breiige, fettarme Kost erleichtert das Essen.

Sind bei einem erkrankten Jungen zusätzlich die Hoden entzündet, muß er im Bett bleiben.

Keuchhusten (Stickhusten, Pertussis)

Beschwerden, Ursachen, Häufigkeit

 In den ersten beiden Wochen ähnelt der Keuchhusten einer Erkältung mit Schnupfen, Husten, Bindehautentzündung und leichtem Fieber. Übrig bleibt davon nur der Husten, der in den folgenden drei bis acht Wochen zu den typischen Anfällen führt: Viele Hustenstöße folgen ganz dicht aufeinander und scheinen das Kind zu ersticken, bis es endlich geräuschvoll einatmet. Während des Anfalls färbt sich das Gesicht erst rot, später sogar blau. Am Schluß der Attacke erbricht sich das Kind oft. Nach einem solchen Anfall schläft es erschöpft ein.

Die Hustenanfälle können sich viele Male wiederholen, treten besonders nachts auf und strengen das Kind sehr an. Dazwischen wirkt es allerdings gesund. Erst nach ein bis zwei Monaten läßt der Husten allmählich nach.

Säuglinge haben manchmal Nies- statt der typischen Hustenanfälle.

Keuchhusten ist eine Infektion mit Bakterien, die nur von Personen, nicht durch Gegenstände weitergegeben werden.

Der gute Ernährungs- und Gesundheitszustand der Kinder und die weite Verbeitung der Impfung haben dazu geführt, daß Keuchhusten in Europa immer seltener wurde.

Mehr als die Hälfte aller Keuchhustenkinder ist jünger als ein Jahr.

Wann zu Ärztin oder Arzt?

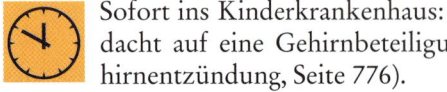 Sofort ins Kinderkrankenhaus: Beim Verdacht auf eine Gehirnbeteiligung (> Gehirnentzündung, Seite 776).
Bei jedem Husten, der länger als zwei Wochen dauert, sollten Kinderärztin oder -arzt prüfen, ob das Kind Keuchhusten hat. Wegen der möglichen Ansteckungsgefahr sollten sie vorher von dem Verdacht wissen.

Folgen

 Wirklich gefährlich ist Keuchhusten für Säuglinge, je jünger sie sind, desto mehr. Zwei Kinder starben 1989 in Deutschland an der Krankheit.

Statt Hustenanfälle zu bekommen, kann bei den ganz Kleinen die Atmung aussetzen. Um das zu verhindern, müssen keuchhustenkranke Säuglinge ins Krankenhaus gebracht und dort ständig überwacht werden.

Kinder, bei denen schon Essen und Trinken einen Hustenanfall provozieren und die nach dem Husten oft erbrechen, können Ernährungsstörungen und Störungen im Wasserhaushalt bekommen.

Eine eitrige Mittelohrentzündung tritt im Verlauf des Keuchhustens häufig auf. Auch eine zusätzliche Bronchitis oder Lungenentzündung kommt vor.

Bei Säuglingen und Kleinkindern kann das Gehirn mit erkranken. Ein Zeichen dafür sind Krämpfe und Bewußtlosigkeit.

Vorbeugung

Zwischen Ansteckung und ersten Krankheitszeichen, die aber noch gar nicht auf Keuchhusten hindeuten, vergehen ein bis zwei Wochen. In den beiden Wochen, in denen der Keuchhusten eine Erkältung vortäuscht, ist er am ansteckendsten. Aber noch vier Wochen nach dem Beginn der Hustenanfälle kann er andere krank machen. Bekommt ein Keuchhustenkranker Antibiotika, scheidet er etwa eine Woche später keine Erreger mehr aus.

Gegen Keuchhusten bringen Neugeborene keine schützenden Antikörper von der Mutter mit auf die Welt. Sie sind also vom ersten Lebenstag an infektionsgefährdet. Hatte ein Säugling Kontakt mit einem Keuchhustenkranken, sollte er vorbeugend Antibiotika bekommen.

> Impfung, Seite 728.

Selbsthilfe, Behandlung

Ruhe und Gelassenheit mildern die Hustenanfälle, Angst verschlimmert sie. Während der Attacken braucht das Kind die tröstende Nähe einer vertrauten Person. Kleinere Kinder kann man auf den Arm nehmen, größere auf den Schoß und ihnen beim Husten den Kopf an der Stirn stützen. Worte können dabei helfen: »Jetzt aushusten, wieder einatmen und kräftig weiterhusten.«

Aufmerksamkeit erfordert die Krankheit von den Eltern auch im letzten Stadium, wenn die Anfälle seltener werden. Manche Kinder bauen den Husten dann zu einer Art »Tick« aus, mit dem sie die Familie in Atem halten.

Aufenthalt im Freien und Atemluft mit 60 Prozent Luftfeuchtigkeit (> Seite 398) tun dem keuchhustenkranken Kind gut. Spaziergänge sind eher angebracht als Laufspiele in Wind und Wetter.

Essen und Trinken sollte in kleinen Portionen in den Pausen zwischen den Hustenattacken stattfinden.

Homöopathie (> Seite 756)

Im Stadium der Erkältung: Ferrum phosphoricum D6, drei- bis viermal täglich eine Tablette.

Bei Hustenanfällen mit Erbrechen: Drosera D12, zwei- bis dreimal täglich fünf Globuli.

Bei Hustenanfällen mit zähem Sekret: Coccus cacti D6, zwei- bis dreimal täglich fünf Globuli.

Bei Hustenanfällen, die sehr erschöpfen: Cuprum metallicum D6, zwei- bis dreimal täglich eine Tablette.

Ärztliche Behandlung

Zur Zeit der Hustenanfälle können Antibiotika gegen die Krankheit nichts mehr ausrichten. Bei Begleiterkrankungen können sie allerdings notwendig werden.

Im Erkältungsstadium sind Antibiotika für ein Kind sinnvoll, wenn es wahrscheinlich mit Keuchhusten in Kontakt gekommen ist und

● jünger ist als ein Jahr.

● durch eine andere Erkrankung besonders gefährdet ist.

Hustendämpfende Medikamente unterdrücken die Anfälle nicht. Beruhigungsmittel sind entbehrlich, wenn eine vertraute Person dem Kind während der Anfälle die Angst nimmt.

Gespritztes Keuchhusten-Antikörper-Konzentrat (Tussoglobin [D], Pertussis-Immunglobulin [Ö]) ist ohne Effekt auf die Krankheit.

KREBS

Große Fortschritte sind den MedizinerInnen in den letzten Jahren gelungen. Die Heilungschance bei der an sich so bedrohlichen Krankheit Krebs ist im Kindesalter am größten. Mehr als die Hälfte der Kinder können mittlerweile geheilt werden. Dies allerdings um den Preis einer langdauernden und sehr belastenden Behandlung.

Der Schicksalsschlag

»Sie müssen jetzt sehr tapfer sein.« Sätze wie dieser trennen jährlich bei etwa 1.300 Familien in Deutschland das Leben in »vorher« und »nachher«. Keine andere Erkrankung trifft Eltern und Kinder so sehr wie ein bösartiger Tumor, eine bösartige Blutkrankheit, kurz: Krebs.

Manchmal per Zufall entdeckt, manchmal als Untersuchungsergebnis nach unspektakulären Beschwerden – kaum je bleibt Zeit, sich auf das Kommende vorzubereiten, mit dem Geschehen vertraut zu machen. Fast immer muß das Kind sofort im Krankenhaus bleiben, fast immer beginnen sofort schmerzhafte Untersuchungen und Behandlungen.

In den ersten Stunden und Tagen zweifeln viele Eltern noch, ob sich die ÄrztInnen nicht doch geirrt haben. Sie schwanken zwischen der Hoffnung auf Heilung und der Verzweiflung, ihr Kind womöglich zu verlieren. Später zerfressen Fragen

MÄCHTIGES IM HINTERGRUND

Irgendwo tief drinnen ist sie verborgen, die Angst, dem Kind die Krankheit vererbt zu haben, es nicht genug behütet, nicht ausreichend umsorgt zu haben. Diese phantasierte Schuld muß wiedergutgemacht werden: durch Anwesenheit und Pflege am Krankenbett bis zur Selbstaufopferung, indem man dem Kind jeden Wunsch von den Lippen abliest, indem man es dann, wenn es wieder zu Hause ist, aller Pflichten enthebt, alle Verbote lockert und alles durchgehen läßt.

Schnell lernen Kinder auch, daß sie mit ihrem »Weil ich krank bin« die Eltern manipulieren können.Wenn nach langer Zeit der Sorge, vielen Bemühungen und oft genug auch horrenden Kosten das Kind letztlich doch nicht gesund geworden ist, stauen sich in vielen Eltern auch Ärger und Zorn. Dann gibt es im undurchschaubaren Dickicht der Seele schon mal den Gedanken: »Dieses Kind weigert sich, meine Mühen anzunehmen. Es will einfach nicht gesund werden.« Weil sich dieser Vorwurf nicht bewußt gegen das schutzbedüftige, kranke Kind richten darf, verwandelt er sich unbemerkt in übertriebene Fürsorge.

Das kranke Kind braucht die Sicherheit einer vertrauten Person in seiner Nähe, doch können das auch zwei bis drei Personen sein. FreundInnen und Verwandte können ihr Mitleid in Tätigkeit verwandeln, indem sie die Wäsche bügeln, einkaufen, Rasen mähen, die Geschwisterkinder mit in den Zoo nehmen usw. So überschatten die zu Hause wartenden Arbeiten nicht noch die Betreuungsarbeit in der Klinik.

nach Schuld, Schmerz und Gram die Gedanken. Sie sind wütend auf das Schicksal, das gerade sie so hart trifft, und hadern mit Gott und der Welt.

Diese Gefühlsstürme toben in allen Eltern. Nur gehen sie unterschiedlich damit um. Die einen fliehen in hektische Betriebsamkeit, die anderen ersticken sie. Wie gut, wenn sie FreundInnen und Verwandte haben, denen sie von all dem berichten können, die zuhören, ohne zu bewerten oder die Geplagten mit Ratschlägen zu erschlagen. Ungemein hilfreich sind in dieser schwierigen Zeit Gespräche mit gleichermaßen betroffenen Eltern – in Selbsthilfegruppen oder mit denen, die man auf dem Krankenhausflur trifft.

Auch der Austausch mit dem eigenen Partner, der Partnerin ist wichtig, doch nicht immer gelingt es dem Paar, im richtigen Moment wechselseitig stark zu sein. Was auf Eltern in dieser Zeit zukommt, übersteigt häufig ihre Kraft: Das kranke Kind begleiten und stützen, den Geschwistern ein weitgehend normales Lebens erhalten, die eigene Arbeit fortsetzen, sich mit dem drohenden Tod – dem des kranken Kindes und dem irgendwann kommenden eigenen – auseinandersetzen. All das belastet das Eheleben. Partnerprobleme sind an der Tagesordnung. Auffallend hoch ist die Scheidungsrate bei Eltern, deren Kind an Krebs gestorben ist.

In anderen Familien fördert das Geschehen jedoch den Zusammenhalt. Alle Beteiligten gehen daraus gereift und gestärkt hervor.

Todkrank

Das Entsetzliche den Kindern verschweigen zu können,wäre so schön – doch an ihnen finden die Untersuchungen statt, sie müssen die Behandlung durchstehen, sie erleben ihre bisher so überlegenen Eltern traurig und hilflos. Sie wissen von ihrer Krankheit weit mehr, als die Umgebung wahrhaben will. Spricht man sie nicht auf ihre Gedanken an, bleiben sie damit allein (> Wie Kinder sich Totsein vorstellen, Seite 594).

Von selbst durchbrechen sie das Schweigen ihrer Eltern kaum. Sie folgen deren unausgesprochenem Wunsch, die Krankheit zu ignorieren. Damit schützen sie zwar die Eltern, sich selbst aber isolieren sie. Sie versuchen, Schmerzen und Angst zu verbergen, und erscheinen oft als besonders tapfere Kerlchen, bloß um die Eltern nicht mit der Wahrheit zu konfrontieren.

Was in ihnen wirklich vorgeht, offenbaren oftmals erst die Bilder, die sie malen, oder die Geschichten, die sie erzählen. Jedes Kind hat eigene Vorstellungen von den Gründen für seine Krankheit. Viele interpretieren sie als Bestrafung für falsches Verhalten. Nur wer sich dem Kind als BegleiterIn in diese Phantasien anbietet, kann es dort auch herausführen.

Schattenkinder

Mit der Diagnose »bösartig« bricht fast immer ein Chaos über die Familie herein. Verwirrt, hilflos und allein stehen mittendrin die Geschwister. An sie, die im Schatten des kranken Geschwisters stehen, denken die Beteiligten zuletzt. Und dabei spielt sich in ihnen ähnliches ab wie in allen anderen (> Wenn Geschwister sterben, Seite 600).

Untersuchungen

Vor jeder Behandlung steht eine Reihe von Untersuchungen. Urin- und Blutproben verlangen dem Kind noch nicht viel ab, auch Röntgenaufnahmen erscheinen ihm harmlos (> Bildgebende Verfahren, Seite 753). Punktionen und Operationen, mit denen Krebserkrankungen gezielt ausgeschlossen oder aufgespürt werden sollen, sind jedoch sehr schmerzhaft.

Knochenmarkpunktion

Im Knochenmark werden die Blutzellen gebildet. Eine Knochenmarkprobe zeigt, inwieweit dieses

KAMPF GEGEN BÖSEWICHTE

»In deinem Körper sind seit kurzem ganz viele kleine, böse Zellen«, erklärt die Mutter der siebenjährigen Gundi. »Wenn sie noch länger da bleiben, machen sie alles kaputt. An manchen Stellen ist ihnen schon ein wenig davon gelungen: Deshalb hast du so viele blaue Flecken. Und weil sie in dir so wild herumtoben, warst du in letzter Zeit immer so müde. Die Medikamente, die du jetzt bekommst, schaffen diese Zellen weg. Weil sich aber einige Bösewichte immer irgendwo verstecken, bekommst du die Mittel ziemlich lange. Erst wenn auch wirklich der letzte dieser Krankmacher weg ist, bist du wieder ganz gesund.«

Nur wenn die Kinder verstehen, warum das, was geschieht, unabdingbar notwendig ist, können sie begreifen, daß Eltern und ÄrztInnen sie nicht mutwillig quälen.

Mit der Krankheit verlieren sie zumindest für einige Zeit vieles, worauf sie stolz waren, was sie gefreut hat: Selbständigkeit, Beweglichkeit, das Spiel mit FreundInnen, die Erfolge bei schulischen Leistungen. Mit etwas Phantasie kann man ihnen noch Teile davon erhalten. Ob sie die Behandlung wollen oder nicht, können sie nicht entscheiden. Wohl aber, wer sie zur Bestrahlung begleiten soll, ob die Puppe mit in die Klinik kommt und wer in der Abwesenheit das Meerschwein betreuen darf.

All der vielen Tricks und Hilfen bedarf das kranke Kind immer wieder: An das, was ihm angst macht – Punktionen, Injektionen, Infusionen –, gewöhnt es sich nicht.

Gewebe seiner Aufgabe ordnungsgemäß nachkommt. Meist wird das Knochenmark aus dem Beckenkamm entnommen, bei jüngeren Kindern auch aus dem Schienbein, bei Jugendlichen aus dem Brustbein.

Je nachdem, wie ängstlich das Kind ist, wird die Untersuchung bei örtlicher Betäubung oder in Vollnarkose durchgeführt. Bei der örtlichen Betäubung spürt das Kind den Stich der Injektionsnadel und oft auch einen Schmerz, wenn das Knochenmark angesaugt wird.

Lumbalpunktion

Mit einer Injektionsnadel entnehmen MedizinerInnen am tiefen Rücken aus dem Wirbelkanal etwas Gehirnwasser. Dazu stechen sie in Höhe der Lendenwirbel in das untere Ende des Wirbelkanals – eine Stelle, an der kein Rückenmark mehr liegt, das sie dabei verletzen könnten (> Wirbelsäule, Seite 785). Wenn es im Bereich von Gehirn oder Rückenmark Krebszellen gibt, können die ÄrztInnen in der gewonnenen Flüssigkeit Hinweise darauf finden.

Vor Lumbalpunktionen fürchten sich Kinder besonders, weil sie »hinter ihrem Rücken« stattfinden. Zudem werden sie meist noch in rundbuckeliger Haltung ganz festgehalten, damit sie sich auf keinen Fall durch eine Bewegung in Gefahr bringen. Die Schmerzen sind aber meist nicht viel stärker als bei einer normalen Injektion.

Nach der Untersuchung müssen die PatientInnen einige Stunden ruhig auf dem Bauch liegen.

Behandlungen

Operation, Medikamente (Chemotherapie) und Strahlen (Radiotherapie) – mit diesen drei Behandlungsarten, einzeln oder miteinander kombiniert, gehen MedizinerInnen gegen den Krebs vor. Daraus resultiert eine Behandlung, die nur in speziellen Abteilungen von Kinderkrankenhäusern möglich ist. Auf Krebs spezialisierte KinderärztInnen (OnkologInnen), ChirurgInnen und RadiotherapeutInnen müssen dafür eng zusammenarbeiten.

Chemotherapie

Zytostatika, Medikamente zur Chemotherapie, verhindern, daß sich Zellen teilen, und zerstören sie so möglichst schnell. Es werden verschiedene Mittel zugleich eingesetzt, um die Zellteilung in verschiedenen Phasen zu unterbrechen.

Die Mittel ziehen gesunde wie kranke Zellen in Mitleidenschaft, die gesunden aber etwas weniger, weil sie sich langsamer teilen als Krebszellen. Außerdem soll ein ausgeklügelter Terminplan, nach dem die Medikamente gegeben werden, die Wirkung auf die gesunden Zellen so gering wie möglich halten.

Daß sie dennoch Schaden nehmen, zeigen die oft sehr belastenden Nebenwirkungen dieser Therapie. Essen und Trinken tun weh, weil die Mundschleimhaut angegriffen ist. Das Kind fühlt sich elend und muß sich übergeben, weil die Magenschleimhaut nicht mehr mitspielt. Es verliert die Haare, weil sich die Zellen, aus denen sie herauswachsen, ziemlich schnell teilen. Wird das Kind zusätzlich noch mit Kortison, einem Hormon, behandelt, wird es aufgedunsen und dick. Weil die Therapie die blutbildenden Zellen des Knochenmarks angreift, ist das Kind sehr infektionsgefährdet. Andere Arzneimittel sollen die verschiedenen Nebenwirkungen wiederum in Grenzen halten.

Letztendlich werden die kleinen PatientInnen mit einer ganzen Reihe von Arzneimitteln traktiert, und ein Gutteil von ihnen muß mittels Spritzen in den Körper hineingebracht werden. Da die Kinder öfter auch noch bei Knochenmark- und Lumbalpunktionen mit Spritzen attackiert werden, ist es nicht verwunderlich, daß manche schon bei dem Gedanken an das Bevorstehende zu toben beginnen. Erträgt das Kind die ständige Stecherei nicht mehr, können ÄrztInnen ihm im Brustraum einen Katheter einoperieren, der während der Behandlungszeit als Zugang zum Körperinneren liegenbleibt.

Kindern, die die Chemotherapie vehement ablehnen, können Entspannungsverfahren helfen. Die Progressive Muskelentspannung ist bei ihnen recht erfolgreich, für Autogenes Training sind sie meist zu verkrampft. ÄrztInnen, die damit umzugehen wissen, haben mit Hypnose und Biofeedback-Verfahren gute Erfolge erzielt.

Bestrahlung

Auf teilungsfähige Zellen wirken Röntgenstrahlen ähnlich wie Krebsmedikamente: Sie verhindern ihre Vermehrung. Um möglichst wenig gesunde Zellen zu schädigen, werden Lage und Ausdehnung des Tumors genau bestimmt und nur dieser Bereich bestrahlt.

Leukämiekranke Kinder bekommen meist eine Schädelbestrahlung, wenn bei der Lumbalpunktion Leukämiezellen nachgewiesen wurden. Die Medikamente der Chemotherapie können nicht bis ins zentrale Nervensystem gelangen, weil es zwischen Blut und Nervenwasser eine Art Schranke gibt.

Die Bestrahlung tut nicht weh, doch fürchten sich manche Kinder zunächst davor, allein in dem Raum mit den ungewohnten, großen Geräten zurückzubleiben – obwohl sie durch eine Sprechanlage mit draußen verbunden sind.

Je nach Stärke der verabreichten Strahlendosis kann das Kind hinterher einen »Strahlenkater« haben: Es ist müde, hat vielleicht Kopfschmerzen, und ihm ist schlecht. Die Haut über dem bestrahlten Gebiet ist besonders empfindlich und bedarf aufmerksamer Pflege.

Nach längerer Behandlungszeit zeigen Leukämiekinder relativ häufig ein bis dahin für sie ungewöhnliches Verhalten; sie sind unkonzentriert, unleidlich, aggressiv, zurückgezogen. Manche MedizinerInnen haben versucht, das mit der Schädelbestrahlung in Zusammenhang zu bringen. Ob das zutrifft oder die Folge der langen, ungewöhnlich belastenden Behandlungszeit ist, ist nicht entschieden.

Knochenmarktransplantation

Diese Behandlungsmethode gewinnt für leukämiekranke Kinder, bei denen die Krankheit nach einer Zeit der Besserung wieder auftritt, immer mehr an Bedeutung. Sie ist nur in spezialisierten Zentren durchzuführen.

Das Kind bekommt Krebsmedikamente in sehr hoher Dosierung, sein ganzer Körper wird bestrahlt. Die aggressive Behandlung zerstört sein Knochenmark, das anschließend ersetzt werden muß.

Das neue Knochenmark kann von den Kranken selbst kommen, denen es vor der Therapie entnommen wurde. Spezielle Verfahren haben es – hoffentlich vollständig – von Krebszellen befreit. Als fremde SpenderInnen kommen nur Menschen mit genau definierten Gewebeeigenschaften in Betracht. Am besten eignen sich Geschwister. Die Knochenmarkspende geschieht in Vollnarkose, weil das Gewebe mit vielen einzelnen Punktionen entnommen werden muß. Die Gesundheit der SpenderInnen beeinträchtigt diese Entnahme nicht.

Das neue Knochenmark wird durch einen Katheter in den Blutkreislauf des Kranken gebracht. Im günstigsten Fall nehmen die Knochenmarkzellen nach drei bis vier Wochen die Produktion neuer Blutzellen auf. Während dieser Zeit ohne ausreichend funktionsfähiges Knochenmark ist das Empfängerkind durch Infektionen und Blutungen extrem gefährdet. Es braucht viele Transfusionen und Injektionen, um diese Zeit zu überbrücken, und muß währenddessen von der übrigen Umgebung streng isoliert sein. Doch daß Leukämiezellen auch diesen Angriff überstehen, ist nie ganz auszuschließen.

Mit den Folgen der Behandlung leben

Die Behandlung verringert die Zellen, die die Abwehrarbeit leisten (> Immunsystem, Seite 714), sehr stark. Darum dürfen nur wenige Vertraute das

Krankenzimmer betreten. Geschwister und andere Kinder haben meist keinen Zutritt. Sind die kleinen PatientInnen zwischen den Behandlungsserien zu Hause, dürfen sie meist keinen Kontakt mit fremden Kindern haben. Mit öffentlichen Verkehrsmitteln dürfen sie nicht fahren. Sie können sich im Umgang mit fremden Menschen und Begebenheiten nicht weiter erproben und sind statt dessen an ihre engsten Betreuungspersonen gekettet. Dagegen rebellieren die einen, die anderen verharren in ihrem Kinderdasein; sie wollen nicht selbständig werden.

Schon während der Zeit ihrer Genesung brauchen die Kranken so viel Alltagsherausforderungen wie möglich. An ihnen sollen sie sich reiben und lernen, sich ohne Unterstützung der Eltern durchzusetzen. Auch Fehlschläge und Enttäuschungen dürfen sein. Die Hilfestellung der Eltern besteht darin, die Kinder in dem Gefühl zu sichern, gemocht zu werden und mit ihren Sorgen nicht allein zu sein, nicht jedoch darin, ihnen jedes Problem abzunehmen.

Haarverlust

Als Folge der aggressiven Therapie verlieren viele Kinder ihre Haare. Manchmal dünnt es nur aus, doch wenn der Schädel bestrahlt wurde, wird der Kopf fast immer kahl. Aber nur für einige Zeit. Die

---

Haare wachsen ganz sicher wieder nach. (Einzige Ausnahme: Wenn ein Tumor im Schädelinnern mit sehr starker Strahlung verkleinert werden mußte.) Manchmal verändert sich die Farbe ein wenig, manchmal werden vorher glatte Haare lockig.

Die Zeit, bis die neuen Haare nachgewachsen sind, kann das Kind mit einer Perücke überbrücken. Manchen Kindern gelingt es aber auch, aus der Not eine Tugend zu machen: Sie schlingen sich bunte Tücher pfiffig um den Kopf, motivieren andere, es ihnen gleichzutun, und etablieren so eine neue Mode in Schule oder Kindergarten.

Noch mehr Folgen

Während der Behandlung wachsen die Kinder meist nicht mehr. Zum einen liegt das an der großen Menge des Hormons Kortison, das sie bekommen haben, zum anderen an der Schädelbestrahlung. Sie hat die Funktion der Drüsen im Gehirn beeinträchtigt, die das Wachstumhormon produzieren.

Nach dem Ende der Therapie holen viele Kinder die fehlenden Zentimeter schnell auf. Manche müssen das Wachstumhormon aber auch als Medikament gespritzt bekommen.

Erst zur Zeit der Pubertät wird offenbar, ob die Behandlung die Keimdrüsen geschädigt hat. Ist das der Fall, können geschluckte Hormone dem Körper zwar geben, was er selbst nicht produziert, was das jedoch für das Leben als Frau bzw. Mann bedeutet und die Möglichkeit, einmal eigene Kinder zu haben, ist noch unklar und kann bei jedem Menschen anders sein. Es ist aber nicht auszuschließen, daß diese Menschen unfruchtbar sind.

Seit ausgeklügelte Therapien es möglich machen, daß so viele Kinder eine bösartige Erkrankung überleben, stellt sich nach vielen Jahren als neues Problem, daß manche erneut an Krebs erkranken. Sehr wahrscheinlich liegen die Ursachen in der aggressiven Behandlung. Das Risiko eines solchen Zweittumors wird pauschal nach 15 Jahren mit zwei bis drei von hundert angegeben, ist aber je

---

Zum Weiterlesen

Mein Kind hat Krebs
GERLIND BODE, ULLA SCHMALENBACH
Hrsg.: Deutsche Leukämie-Forschungshilfe, 1989
Aktion für krebskranke Kinder, Joachimstr. 20;
53113 Bonn (Schutzgebühr DM 10).

Unser Kind hat Krebs
EVA PICHLER, RENATE RICHTER
Trias Verlag, 1992.

nach Art des ersten Krebses und seiner Behandlung für jeden unterschiedlich.

Schule

Kranke Kinder sind oft besonders bemühte Schüler-Innen. Dort können sie die Bestätigung finden, die ihnen in anderen Bereichen versagt blieb. Unterricht am Krankenbett, dessen Intensität danach bemessen wird, wie belastbar das Kind ist, hilft, den Anschluß an das Klassenpensum zu halten.

Die lange Zeit des Krankseins trennt Kind und KlassenkameradInnen voneinander. Um so wichtiger ist es, daß die MitschülerInnen über das Geschehen informiert wurden, bevor das kranke Kind wieder am Unterricht teilnimmt. Idealerweise kommt diese Information von einer medizinischen Fachperson und bezieht Eltern, LehrerInnen und SchülerInnen gleichermaßen ein.

Sterben

Sind die Bemühungen aller, das Leben des Kindes zu erhalten, vergeblich gewesen und zeichnet sich ab, daß es nicht mehr lange leben kann, bleibt den Eltern nurmehr zu entscheiden, wo ihr Kind sterben soll und wer es in der letzten Zeit medizinisch betreuen soll. Oft ist es durchaus möglich, dem Kind den Wunsch zu erfüllen, in die heimatliche Umgebung zurückkehren zu können.

Meist sind sich die Kinder ihrer zu Ende gehenden Kräfte sehr viel stärker bewußt, als Erwachsene es wahrhaben wollen. Und von dem, was sterben heißt, haben sie – je nach Alter – ihre ureigenen Vorstellungen (> Wie Kinder sich Totsein vorstellen, Seite 594).

Eltern wie Kinder, deren Hoffnung auf Heilung zerronnen ist, können nun vielleicht an ihre Stelle die Hoffnung auf einen schmerzarmen Tod setzen oder – besonders für jüngere Kinder hilfreich – auf ein Wiedersehen mit all jenen, die es kennt, an einem anderen Ort.

SO GEHT'S AUCH

Kurz nach seiner Entlassung aus der Klinik begleitet der fünfjährige Markus seinen Vater in die Kantine an dessen Arbeitsplatz. Markus trägt seine Baskenmüske auf dem Kopf. Als sie sich zum Essen hinsetzen, bemerkt Markus, wie die Leute scheu, aber neugierig zu ihm hinüberschauen. Nach einer kurzen Weile steht er auf, nimmt seine Mütze ab, schaut in die Runde und sagt laut: »Was glotzt ihr mich alle so blöd an?« Die Leute sind peinlich berührt, viele schauen weg und wenden sich wieder schweigend ihrem Essen zu.

Dieses Auftreten eines krebsbehandelten Kindes, in dem Buch »Psychologie chronischer Krankheiten im Kindes- und Jugendalter« angeführt, können Kinder lernen. Noch in der Klinik können PsychologInnen mit ihnen proben, wie sie reagieren, wenn die anderen »Glatzkopf!« hinter ihm herrufen. Es läßt sich durchsprechen, aber auch in Szene setzen. So üben die Kinder das Verhalten, das ihnen im Alltag weiterhelfen soll.

Die anderen keß mit ihrem dummen Verhalten zu konfrontieren, ist aber nur eine von vielen Möglichkeiten. Eine andere ist konsequentes Ignorieren. Wer überhaupt nicht merkt, daß er gemeint ist, der kann wohl nicht gemeint sein. Allerdings muß das Kind dann vorher wissen, daß viele Menschen darauf zunächst einmal beleidigt reagieren. Und auch das muß das Kind wegstecken lernen. Eine schwere Übung, die dadurch erleichtert wird, wenn die Kinder sie gemeinsam mit anderen vorher proben können.

Behinderungen

Manche Kinder sind in gewissen Fähigkeiten und Fertigkeiten beeinträchtigt. Das kann sich so verfestigen, daß sie unfähig sind, manches zu tun: Sie sind in ihrem Leben behindert. Wird die Schwäche früh erkannt und das Kind angemessen gefördert und gestützt, kann es seine Schwächen ausgleichen, vorhandene und neue Fähigkeiten entwickeln. Doch immer noch wird viel zu wenigen Kindern diese Hilfe zuteil, so daß sie als »Behinderte« leben müssen.

Den Anblick eines blinden Menschen, der sich mit dem Metallstock über die Straße tastet, empfinden die meisten als »irgendwie eigenartig«. Manche wenden den Blick von dem Blinden ab oder passieren ihn betont unauffällig, andere schieben ihn forsch beiseite oder geben vor, ihn gar nicht gesehen zu haben.

Ob wir einer Rollstuhlfahrerin begegnen, einem Amputierten, einem kleinwüchsigen oder mongoloiden Menschen – wir wissen nicht, wie wir uns verhalten sollen. Innerlich verstört, täuschen wir äußerlich Gelassenheit vor oder versuchen ein zwanghaftes Lächeln. Die Betroffenheit zeigt sich beim Versuch zu helfen: Irgendwie handeln wir anders als bei anderen Menschen, merken es ver-

schämt, wissen aber dennoch nicht, was wir anderes hätten tun sollen.

Doch wie hätten wir angemessenes Verhalten lernen sollen? Die Nachkriegsjahre, in denen Versehrte zum Straßenbild gehörten, sind vorüber. Eine ausgefeilte Technik schuf unsichtbare Prothesen: Hüftkranke zum Beispiel müssen nicht mehr durchs Leben humpeln, sie bekommen ein Kunstgelenk eingepflanzt. Geistig behinderte Menschen tauchen im Alltagsleben kaum je auf. Deutlich sichtbar sind nur die RollstuhlfahrerInnen. Und dennoch: In Deutschland lebten Ende 1989 5,3 Millionen schwerbehinderte Menschen. In Österreich gab es 1986 über 1,5 Millionen körperlich beeinträchtigte Menschen.

Doch nicht nur die fehlende Erfahrung, auch Angst verunsichert uns. Angst, selbst einmal betroffen sein zu können. Unbewußt wissen alle, was Richard von Weizsäcker aussprach: »Nicht behindert zu sein ist kein Verdienst, sondern ein Geschenk, das jedem von uns jederzeit genommen werden kann.«

Ein grausames Schicksal, um so mehr in einer Gesellschaft, die Eigenschaften wie jung, schön, sportlich, dynamisch zum Maßstab erkoren hat, nach dem jemand dazugehört oder abseits steht.

Um mit behinderten Menschen selbstverständlich zu leben, müssen wir einen Begriff überwinden, der unser ganzes Leben prägt: Normalität.

Normalität

Für technische Geräte, Papier oder Schreibtische gibt es eine DIN-Norm. Was ihr nicht entspricht, erfüllt die festgelegten Qualitätsansprüche nicht. Etwas schwieriger wird es schon in der Biologie. Dort gilt als »normal«, was in großer Zahl mit immer denselben Merkmalen auftritt, wobei es allerdings immer auch vieles gibt, was ähnlich ist, aber ein wenig abweicht, und einiges, was noch mehr abweicht. Noch problematischer wird es, wenn man diesen Normalitätsbegriff auf Menschen bezieht, weil »nicht normal« fast immer auch ein Werturteil ist.

Die Bezeichnungen »gesund« und »krank« beruhen auf der Annahme, daß irgend etwas auf eine bestimmte Weise sein soll. Wenn man nun aber zum Beispiel voraussetzt, daß Kurz- und Weitsichtigkeit nicht normal sind – ist dann die Hälfte der Bevölkerung krank, weil sie BrillenträgerInnen sind? Für die medizinische Diagnose und Behandlung sind solche Definitionen notwendig. Wird daraus jedoch – bewußt oder unbewußt – ein Werturteil über Menschen, ist der Bereich der Medizin überschritten, und es beginnt der der sozialen und ethischen Verantwortung dem Mitmenschen gegenüber.

Der Begriff des »Normalen« birgt etwas ungemein Trennendes. Selbst wenn man fließende Übergänge annimmt, gibt es doch jemanden, der auswählt, und jemanden, der ausgeschieden wird. Im Zusammenleben mit behinderten Menschen hat das verheerende Folgen.

Ingrid Häusler, Mutter eines autistischen Kindes, schreibt in ihrem Buch »Kein Kind zum Vorzeigen«: »Es ist empörend, wie das Thema Behinderung, vor allem geistige Behinderung, in unserer Gesellschaft tabuisiert ist. Nicht nur, weil es jeden treffen kann, sondern weil wir anscheinend nicht fähig sind, uns damit auseinanderzusetzen, daß wir alle nicht vollkommen sind.« Uns fehlt das Wissen, was behindert zu sein für uns und den anderen Menschen bedeutet. Solange wir dieses Thema ignorieren, es tabuisieren, werden wir nicht fähig sein, mit behinderten Menschen selbstverständlich zusammenzuleben.

Definition: Behinderung

Die meisten Menschen verwenden den Begriff »behindert« für eine körperliche und/oder geistige Beeinträchtigung. Damit kann ein Kind mit dem Down-Syndrom (Mongolismus) gemeint sein oder mit einem »offenen Rücken« (> Spina bifida, Seite 782), oder die Beeinträchtigung kann zum Beispiel durch Sauerstoffmangel während der Geburt verursacht sein. Manche Behinderungen entwickeln sich im Laufe einer langdauernden Krankheit wie zum Beispiel Mukoviszidose (> Seite 822).

Vieles, was als »Behinderung« erscheint, ist es nicht von Anfang an. Sehr oft sind die Entwicklungsmöglichkeiten eines Kindes auf irgendeine Weise beeinträchtigt. Wird das nicht von Beginn an konsequent ausgeglichen, wird das Kind unfähig, Bestimmtes zu tun oder sich auf bestimmte Weise zu verhalten. Erst wenn sich diese Einschränkung verfestigt, ist eine Behinderung entstanden.

Wie sehr eine Beeinträchtigung dann auch andere nach sich ziehen kann, wurde erst in den vergangenen zwanzig Jahren deutlich; es entstand der Begriff der Mehrfachbehinderung. So mündet zum Beispiel eine Hörbehinderung leicht in eine Lernbehinderung, denn in der Entwicklungszeit sind Hören, Sprechen und Denken besonders eng aneinander gekoppelt (> Denken und sprechen, Seite 268). Möglich aber auch, daß das Kind problemlos lernt, sich aber ungewöhnlich verhält (> Problemkinder, Seite 348). »Mehrfachbehinderung« meint also zweierlei: Es können mehrere Teile oder Organe des Körpers geschädigt sein; aus der Beeinträchtigung eines Systems kann aber auch eine zweite Schwäche resultieren.

Geistige Behinderung

Die Weltgesundheitsorganisation bezeichnet die Menschen als geistig behindert, deren unterdurchschnittliche Intelligenz während ihrer Entwicklungszeit entstanden ist und deren Anpassungsvermögen und Möglichkeiten, mit anderen Menschen in soziale Beziehungen zu treten, beeinträchtigt sind.

Geistig leicht behinderte Menschen brauchen lange, um sich Fähigkeiten anzueignen, und beherrschen sie auch dann oft nicht ganz. Viele können dennoch ein relativ selbständiges Leben führen.

Etwas stärker geistig Behinderte können zwar lernen, sich selbst zu versorgen, bleiben aber immer von der Fürsorge anderer abhängig.

Die Mehrheit der schwer geistig Behinderten lebt in Institutionen – was aber weniger auf den Grad ihrer Behinderung zurückzuführen ist als darauf, daß es zu wenig alternative Einrichtungen gibt (> Wohngruppen, Seite 906). Schwer geistig behinderte Menschen zeigen wenig eigenständiges Verhalten und sind nur eingeschränkt in der Lage, mit anderen in Kontakt zu treten.

Körperbehinderung

Bei einem körperbehinderten Menschen sind Organe des Haltungs- und Bewegungsapparats geschädigt bzw. in ihrer Funktion gestört.

Ursachen

Geistige oder körperliche Behinderungen können vielfältige Ursachen haben. Nur selten haben Eltern die Anlage dazu mit ihrem Erbgut weitergegeben. Viel häufiger entstehen Behinderungen, weil auf dem langen Entwicklungsweg von der ersten Zelle zum fertigen Baby etwas schiefläuft. Während der Schwangerschaft können Infektionen, die die Mutter durchmacht, Röntgen- oder radioaktive Strahlung oder Medikamente das Kind schädigen (> Gefahren und Komplikationen, Seite 167). Während oder nach der Geburt ist es oft Sauerstoffmangel, der eine Behinderung hervorruft, später sind es häufig Unfälle.

AN DER REALITÄT REIFEN

Irgendwann drückt jedes Kind aus, wie »anders« es sich im Vergleich zu anderen erlebt. Es forscht nach den Gründen und verlangt Erklärungen. Schon zwei- bis dreijährige Kinder wollen wissen, warum sie noch nicht gehen können. Ausflüchte wie »Das lernst du schon noch« oder »Schau nicht auf die anderen« helfen ihnen nicht weiter. Sie verstehen aber die Erklärung, warum ihre Beine das (noch) nicht können.

So schmerzhaft die Realität auch sein mag – das Kind braucht die Wahrheit, und es erträgt sie am leichtesten, wenn es sich sicher sein kann, daß die Eltern es umhegen und liebhaben.

Eine intensive, tiefgreifende Krise durchschreiten behinderte Jugendliche, wenn ihre Wünsche nach einem Freund oder einer Freundin wach werden und unerfüllt bleiben. Sie fühlen sich als VersagerIn, minderwertig und von den anderen abgelehnt.

Die Frage »Warum gerade ich?« taucht auf und muß letztlich doch unbeantwortet bleiben. Hier sind die Eltern gefordert, ein psychologisches Kunststück zu vollbringen: Das Kind muß so stark werden, daß es für lange Zeit oder gar für immer darauf verzichten kann, daß sich seine Sehnsucht erfüllt, ohne sich dabei aber hart zu machen, abzukapseln oder zu resignieren.

Eltern, die sich dabei überfordert fühlen, sollten in ihrem eigenen und im Interesse ihrer Kinder rechtzeitig bei professionellen HelferInnen Unterstützung suchen (> Beratung und Psychotherapie, Seite 757).

Vorsorgliche Untersuchungen

Eltern, die sich Sorgen machen, ob sie gesunde Kinder bekommen können, können sich an eine humangenetische Beratungsstelle wenden (> Seite 140).

Einige Krankheiten, die zu Behinderungen führen können, wie zum Beispiel Mongolismus, Mukoviszidose oder offener Rücken, können bereits in den ersten Schwangerschaftswochen erkannt werden. Dazu untersuchen Ärztin oder Arzt ab der zehnten Schwangerschaftswoche Zellen der Chorionzotten (> Seite 142) oder ab der 16. Schwangerschaftswoche das Fruchtwasser (> Seite 139).

Liegt eine Schädigung vor, bestimmen allein die Eltern, ob sie ihr Kind bekommen wollen oder nicht. Diese Entscheidung müssen sie unter großem Zeitdruck fällen, denn ein Abbruch aus diesem Grund ist nur bis zur 22. Schwangerschaftswoche straffrei möglich (> Rechtslage, Seite 143).

Um Veränderungen am Kleinstkind aufzuspüren, die äußerlich nicht sichtbar sind, sehen die ersten Vorsorgeuntersuchungen eine Reihe von Tests vor (> Seite 754). Dem gleichen Zweck dienen spätere Untersuchungen, bei denen überprüft wird, ob die körperliche und geistige Entwicklung des Kindes erheblich von der der Kinder gleichen Alters abweicht.

ÄrztInnen und Eltern müssen dabei den Weg zwischen zwei Extremen finden: Einerseits wollen sie Entwicklungsprobleme möglichst früh feststellen, weil sie die Vorteile kennen, die eine frühe Förderung für das Kind bedeuten kann. Andererseits wissen sie, daß es Kinder gibt, bei denen nichts krankhaft, aber alles nervenaufreibend langsam abläuft.

Behandlung

Die meisten behinderten Kinder brauchen mehrmals wöchentlich medizinische und physiotherapeutische Behandlungen. Sie bringen es immer wieder mit wechselnden Personen in Kontakt und fordern ihm Kraft und Konzentration ab. Allein schon die häufigen Reisen zu den verschiedenen Therapieorten belasten das Kind. Um so wichtiger ist eine stabile emotionale Beziehung, Regelmäßigkeit im Tagesablauf und ausreichend Zeit für Kind und Eltern, um sich von den Strapazen der Behandlung zu erholen.

Fast immer werden die Eltern aufgefordert, die in der Therapie gelernten Übungen zu Hause mit ihrem Kind fortzusetzen und zu vertiefen. Sie müssen von ihm Leistungen fordern, dürfen es aber nicht überfordern. Diese Gefahr ist um so größer, je vielfältiger die Therapieprogramme sind.

Geistig behinderte Kinder

Geistig behinderte Kinder erlernen vieles nur mühsam und nach oft jahrelangem Training. Darum sind Üben und Wiederholen so wichtig für ihre Fortentwicklung.

Die gleichen Tätigkeiten, mit denen gesunde Kinder ihre Umwelt begreifen lernen, regen auch die Entwicklung von geistig behinderten Kindern an: Berührung des Mundes, Geschmacksanregungen und Finger-Mund-Spiele helfen ihnen, trinken, essen und sprechen zu lernen; Körperkontakt und Schaukelbewegungen stärken das Körper- und Bewegungsgefühl; Materialien wie Holz, Ton und Gummi lehren sie das Be-greifen und Er-fassen.

Geistig behinderte Kinder sind häufig auffallend rhythmisch und musikalisch begabt. Musik, die Behinderten wie Nichtbehinderten wortlos unter die Haut geht, regt sie an, selbst Töne zu produzieren. Diese Art von Beschäftigung, die zudem noch Freude macht, eignet sich somit besonders, die Entwicklung des Kindes zu fördern.

Körperlich behinderte Kinder

Je älter das Kind wird, desto notwendiger werden Übungen, die die motorische Entwicklung fördern

– notfalls mit Hilfsmitteln wie zum Beispiel einem Rollwagen. Nur wer seine Umwelt be-greifen kann, lernt, sich in ihr zu bewegen (> Liegen, stehen, gehen, Seite 251). Ein Kind, das sitzen kann, sieht die Welt aus einer anderen Perspektive als eines, das nur liegen kann. Kann es gehen, erobert es den Raum und erweitert damit seinen geistigen Horizont (> Soziale und geistige Entwicklung, Seite 256).

Wenn der für eine zielgerichtete Bewegung zuständige Gehirnabschnitt den Gliedmaßen die erforderlichen Impulse nicht erteilt, bewegt sich dieser Körperteil entweder unkoordiniert oder gar nicht. Mit viel Übung kann man andere Gehirnabschnitte veranlassen, die Aufgabe des ausgefallenen Bezirks zu übernehmen. Die Fähigkeit, sich »umschulen« zu lassen, nimmt vermutlich mit dem Alter ab.

Krankengymnastik spielt in jeder Entwicklungsphase eine wichtige Rolle. Wie gesunde verfügen auch körperbehinderte Menschen über eine Reihe von reflexartig ablaufenden Bewegungen. Mittels Krankengymnastik lassen sie sich so trainieren, daß daraus gezielte Handlungen werden.

Bewegungsgestörten Kindern verordnen ÄrztInnen immer noch recht häufig spezielle Gymnastik-Programme (z.B. nach Bobath oder Vojta). Daß sie den Kindern jedoch wirklich helfen, ist zweifelhaft.

Mit Hilfe von Beschäftigungs- oder ErgotherapeutInnen lernen die Kinder ihre vorhandenen oder neu erworbenen Fähigkeiten in die Praxis des täglichen Lebens umzusetzen. Sie üben zum Beispiel, sich allein anzuziehen, zur Toilette zu gehen, zu waschen usw.

Mit apparativen Hilfen lernt das Kind zu sitzen, zu stehen und sich fortzubewegen. Zu ihnen gehört auch der Rollstuhl.

Mehrfachbehinderte Kinder

Mehrfachbehinderte Kinder können ambulant und in allen zentralen Kinderkliniken versorgt werden. Ist die Reise dorthin zu beschwerlich, kommen

STERILISATION OHNE ZWANG

Bis Ende 1991 wurden in Deutschland jährlich etwa eintausend geistig behinderte Frauen unfruchtbar gemacht – aufgrund eigener Entscheidung bzw. der ihrer Angehörigen. Seit 1992 definiert ein neues Gesetz die Voraussetzungen, wann ÄrztInnen geistig behinderte Frauen und Männer sterilisieren dürfen.

● Geistig Behinderte haben ein Recht auf Sexualität ohne Furcht vor ungewollter und nicht verantwortbarer Schwangerschaft.

● Zwangsmittel um das Ausleben der Sexualität zu verhindern, wie etwa die Unterbringung in einer geschlossenen Anstalt, sind nicht zumutbar.

● Eine Sterilisation kommt nur in Betracht, wenn mit anderen zumutbaren Verhütungsmitteln eine ungewollte Schwangerschaft nicht sicher zu verhindern ist.

● Können der oder die geistig Behinderte Bedeutung und Tragweite des Eingriffs einsehen, entscheiden sie selbst über die Operation.

● Die Operation bedarf der Einwilligung besonderer BetreuerInnen und einer gerichtlichen Genehmigung.

● Eine Sterilisation ist zulässig, wenn eine Schwangerschaft die Gesundheit der Frau gefährden könnte.

● Zwangssterilisationen sind verboten. Jede Reaktion oder Äußerung der oder des geistig Behinderten, die als Ablehnung interpretiert werden kann, verbietet den Eingriff.

● Die Sterilisation Minderjähriger ist in jedem Fall verboten.

FrühförderInnen – vermittelt durch Sozialbehörde oder Jugendamt – auch ins Haus.

EIN BEHINDERTES KIND KOMMT IN DIE FAMILIE

Wird ein behindertes Kind geboren, verändert sich die Situation der Familie völlig, oft erscheint es als Katastrophe. Nichts geht so weiter wie vordem. Und die Verzweiflung ist um so größer, wenn das Kind geistig behindert ist. Die Angst, selbst psy-

---

INTIMSPHÄRE

● Vielen Eltern scheint es undenkbar, daß ihr behindertes Kind ein Wesen mit eigenständiger Sexualität wird. Ist es dann soweit, entziehen sie dem Heranwachsenden nicht selten ihre Zärtlichkeit. Ihm ist das völlig unbegreiflich. Um diesen Schock zu vermeiden, sollte es klare Schlafverhältnisse geben: Spätestens im Schulalter kann auch ein behindertes Kind im eigenen Bett, wenn möglich im eigenen Zimmer schlafen.

● Schamgefühl und Intimsphäre des behinderten Kindes haben die anderen Familienmitglieder zu respektieren.

● Jeder behinderte Mensch braucht einen Bereich, zu dem andere nicht ohne weiteres Zutritt haben.

● Voraussetzung für eine Paarbeziehung ist, daß beide Partner sie freiwillig eingehen. Nutzt ein Gesunder die Behinderung eines anderen aus, um eigene Bedürfnisse zu befriedigen, ist das Mißbrauch (> Seite 379).

---

chisch krank, nicht ganz richtig im Kopf zu sein, bringt viele dazu, diese Menschen ins Abseits zu schieben. Als Randgruppe stehen sie auf der alleruntersten Stufe; schließlich bewertet diese Gesellschaft geistige Betätigung ungleich höher als körperliche.

Eltern

Mit einem behinderten Kind zusammenzuleben verändert das Bild von der Welt, dem eigenen Leben und der Zukunft. Um beruflich erfolgreich zu sein und das genießen zu können, was unsere Gesellschaft für attraktiv hält, sind Zeit, Energie und eine kräftige Portion Konkurrenzdenken notwendig. Kinder aber brauchen Mitgefühl, Liebe und Menschlichkeit; ein behindertes Kind zusätzlich noch eine Unmenge an Zeit, Kraft und Geduld. Nach ihm und seinen oft schwachen Beinen muß sich fortan der Gang des Familienlebens richten.

Diese Anforderung reicht bis in die elterliche Paarbeziehung hinein. Oftmals bleiben nur wenig Zeit und Kraft für vertraute Gemeinsamkeiten. Ehen zerbrechen, weil sich einer so ausschließlich dem Kind widmet, daß sie als eine Einheit erscheinen, und der andere völlig andere Wege geht. Damit das nicht geschieht, müssen die Eltern im offenen Austausch miteinander bleiben und einander unterstützen.

Die Bewältigung des Wissens, unser Kind ist behindert, vollzieht sich für die Eltern in vier Stufen.

Mitteilung

Immer beginnt alles mit einem Schock: Die Auskunft der Ärztin, des Arztes oder der Hebamme, manchmal taktvoll, manchmal schonungslos, oft ohne Blick dafür, was die Mitteilung in den Eltern anrichtet, immer aber unbarmherzig hart in der Sache: Dieses Kind ist anders, ist kein gesundes Kind, es wird möglicherweise nie selbständig ohne Pflege und Hilfe leben können. Keine Mutter, kein

Vater wird je den Tag, die Stunde vergessen, in der ihnen diese Wahrheit zugemutet wurde.

Danach beginnt ein langer, mühsamer Weg der Auflehnung, Verzweiflung und Traurigkeit. Manche wünschen – bewußt oder unbewußt – den Tod des Kindes oder ihren eigenen, weil sie glauben, sein Leben nicht ertragen zu können. Auch der Gedanke, den anderen Kindern ein solches Geschwister nicht zumuten zu können, kommt auf.

Die meisten Eltern fühlen sich isoliert und reagieren zunächst mit Totschweigen: Niemand soll es erfahren, niemand soll das Kind sehen. Die ärztliche Diagnose wird verdrängt, umphantasiert. Häufig lehnen sie das Kind ab, das sie sich so nicht gewünscht haben. Hinter solchem Verhalten stecken nicht nur enttäuschte Hoffnung, Eitelkeit und Feigheit. Es ist die gequälte Natur zutiefst getroffener Eltern, die wie alle den Gedanken, ihr eigenes Kind könne behindert sein, nie wirklich zu Ende gedacht haben.

In dieser Phase ziehen sie sich häufig aus ihrem Lebensumfeld zurück. Sie meinen, zur Welt der Gesunden, Erfolgreichen nun nicht mehr dazuzugehören. Manche Mütter, seltener Väter, flüchten aus Kummer in die Einsamkeit. Die Mütter quälen sich mit Selbstzweifeln über mögliches Fehlverhalten während der Schwangerschaft. Nicht selten macht sie der Partner indirekt für die Behinderung verantwortlich. Sie bleiben allein mit ihrem Schützling zurück, während der Kindesvater seinen Beruf ausübt und der häuslichen Enge entfliehen kann. Viele Partnerschaften zerbrechen an dieser ungeheuren Belastung.

Aufklärung

Zu Beginn der Aufklärungsphase bohren in den Herzen der Eltern die alten Fragen der Menschheit: Warum trifft dieses Schicksal gerade uns? Wer hat das Recht, uns das zuzumuten? Was haben wir verschuldet?

ÄrztInnen und SpezialistInnen können sie nur selten zufriedenstellend über die Ursache der Behinderung aufklären. Dann können sich die Fragen in Vorwürfe und tiefes Mißtrauen verwandeln und in das Gefühl des Verratenseins münden:

Haben die Weißkittel in der Schwangerschaft oder bei der Geburt etwas versäumt oder übersehen?

Selten gibt es darauf befriedigende Antworten. Dann werden aus den offenen Fragen schon mal Anschuldigungen gegen den Partner, oder sie entladen sich als Wut an den gesunden Geschwisterkindern.

Verarbeitung

Bei allen Eltern stellt sich die Liebe zum Baby erst allmählich ein (> Mutterglück, Seite 55; > Vaterfreuden, Seite 58). Bei einem behinderten Kind bekommt das jedoch eine andere Dimension: Was für ein Kind umhegen wir hier? Wie wird es sich entwickeln? Wie wird es einmal aussehen? Wird es uns nur Sorgen und Demütigungen bringen? Werden wir es wirklich annehmen können?

Viele Eltern wollen die Wahrheit über ihr Kind nicht glauben, wechseln von Ärztin zu Arzt und hoffen auf ein Wunder. Sie klammern sich an die Vorstellung, ihr Kind sei ein Spätentwickler und schließlich würde alles gut werden.

Andere Eltern akzeptieren zwar die Behinderung, nicht aber deren Ausmaß. Sie können kein unverklärtes Bild von der Zukunft, dem Zusammenleben mit dem behinderten Kind entwerfen.

Nur wenige Eltern akzeptieren ihr behindertes Kind ohne Vorbehalte, ohne Illusionen, ohne Lebenslügen. Meist beanspruchte deren Kind schon vom ersten Lebenstag an ganz besonders viel Pflege und Fürsorge.

Bei den anderen entwickelt sich erst allmählich jene Zuwendung zum Kind, ohne die kein menschliches Wesen leben und gedeihen kann. In dieser wachsenden Zuwendung, der langsam erstarkenden Liebe zu ihrem Kind, verändern sich auch Abwehr und Trauer.

Entscheidung

Im Säuglingsalter läßt sich eine Behinderung noch relativ leicht »verheimlichen«. Doch spätestens wenn das Kind zu laufen beginnt oder wenn das körperbehinderte Kind nicht laufen lernt, wenn es selbst mit seiner Umwelt in Kontakt treten möchte, werden NachbarInnen und FreundInnen aufmerksam auf das Anderssein.

Hier entscheidet sich, ob die Eltern fähig sind, sich mutig und selbstverständlich hinter ihr Kind zu stellen, oder ob die Anforderungen ihre Kräfte übersteigen.

Eine nüchterne, der Realität angemessene Einstellung zu so einem schicksalhaften Ereignis kann nicht in einem Anlauf gelingen. Nur wer seine Gefühle zuläßt und sich mit ihnen auseinandersetzt, wer Auflehnung, Abwehr und Verzweiflung annehmen kann, kann das Leben mit einem gehandikapten Kind bewältigen. Wie gut es den Eltern gelingt, sich mit ihrer Einstellung zu Behinderung und behinderten Menschen auseinanderzusetzen, entscheidet, wie konfliktgeladen oder harmonisch, wie belastend oder bereichernd, wie zwanghaft oder selbstverständlich das Leben mit dem behinderten Kind ausfällt.

Solch eine Bewältigung kann kein Mensch allein aus sich heraus schaffen. Dazu bedarf es der Gespräche mit dem Partner und der Partnerin, mit FreundInnen und Verwandten, möglichst auch mit anderen Betroffenen und kompetenten Fachleuten.

Geschwister

Ein behindertes Geschwister verändert auch die Situation der anderen Kinder. Noch mehr als sonst bei einem Neuankömmling richtet sich alles nach ihm. Es bindet Aufmerksamkeit, Zuwendung, zeitlichen und finanziellen Aufwand so sehr, daß sich bei den anderen schnell das Gefühl einstellen kann, zu kurz zu kommen.

Einerseits ist das behinderte Geschwister ein Familienmitglied wie jedes andere, andererseits hat es Privilegien, die die Eltern den anderen Kindern nicht zugestehen: Ihnen sieht man nach, wenn sie Spielzeug wegnehmen oder kaputtmachen. Unruhe

RECHTSLAGE

Grundlage für finanzielle Leistungen und Hilfen ist der Schwerbehindertenausweis. Behinderung im Sinne des Gesetzes setzt voraus, daß die Abweichung des körperlichen, geistigen oder seelischen Zustandes von dem anderer Menschen nicht nur vorübergehend ist. Das Schwerbehindertengesetz unterscheidet vier Ausweisstufen. Alle Menschen, deren Behinderungsgrad 50 übersteigt, haben Anspruch auf einen Schwerbehindertenausweis.

Die Eltern schwerbehinderter Kinder haben Anspruch auf

● steuerliche Berücksichtigung ihrer höheren Aufwendungen.

● steuerliche Begünstigungen, wenn sie häusliche Pflege, eine ambulante Pflegekraft oder eine Haushaltshilfe in Anspruch nehmen müssen.

● einen Ausbildungsfreibetrag, wenn das behinderte Kind jünger als 18 Jahre und auswärts untergebracht ist.

Die rechtliche Stellung

● Das Betreuungsgesetz vom 1.1.1992 hat die Entmündigung abgeschafft. Das Vormundschaftsgericht bestellt für Volljährige, die aufgrund einer psychischen Krankheit oder körperlichen oder geistigen Behinderung ihre Angelegenheiten ganz oder teilweise nicht besorgen können, eine Betreuerin oder einen Betreuer. Im Mittelpunkt dieses Gesetzes steht der Gedanke, daß die oder der Behinderte so weit wie möglich selbst entscheiden soll. Nur bei weitreichenden Entscheidungen wie einer Heilbehandlung oder der Kündigung eines Mietvertrages müssen die BetreuerInnen bzw. das Vormundschaftsgericht zustimmen.

Informationen

Bundesarbeitsgemeinschaft Hilfe für Behinderte: Die Rechte behinderter Menschen und ihrer Angehörigen. 1991.

Rechtslage Österreich

Eltern, die ein körperlich oder geistig erheblich behindertes Kind versorgen, haben Anspruch auf finanzielle Hilfe vom Staat.

Wer mehr als 120 Stunden im Monat auf fremde Hilfe oder Pflege angewiesen ist, wird in Stufe 3 eingereiht und erhält ÖS 5.400.- im Monat.

Stufe 4 gilt für behinderte Menschen, die zumindest 180 Stunden im Monat gepflegt oder unterstützt werden müssen. Sie erhalten eine Zuwendung von ÖS 8.100.

Um Stufe 5 zu erhalten, muß ein »erheblicher Pflegeaufwand« und ein Betreuungbedarf von mehr als 180 Stunden im Monat notwendig sein. Schwerbehinderte erfüllen diese Kriterien und bekommen monatlich ÖS 11.000.

Für Stufe 6 (ÖS 15.000) gilt die gleiche Mindeststundenzahl. Zusätzlich müssen die oder der Betroffene auf dauernde Beaufsichtigung angewiesen sein.

20.000 Schilling (Stufe 7) erhält, wer auch noch bewegungsunfähig ist.

Die Anträge müssen beim Amt der jeweiligen Landesregierung eingebracht werden.

Die Eltern erheblich behinderter Kinder haben darüber hinaus Anspruch

● auf eine erhöhte Familienbeihilfe.

● auf Selbstversicherung in der Pensionsversicherung bis zur Vollendung des 27. Lebensjahres des Kindes.

● auf steuerliche Berücksichtigung der Mehraufwendungen (§ 34 EStG).

und Umtriebigkeit, vermeintliche Bosheiten und zerstörerisches Verhalten, schlechte Manieren – bei ihnen wird entschuldigt, wofür die anderen getadelt werden.

Die Kinder erfahren täglich aufs neue, wie wenig sie die Eltern auch noch mit ihren Ansprüchen belasten können. Die einen passen sich dem auffällig brav an, die anderen rebellieren. Besonders jüngere Kinder, die noch sehr auf ihre Eltern angewiesen sind, kann die Sondersituation überfordern. Sie reagieren mit Konzentrationsstörungen, Kontaktscheu, Schulversagen oder gar neurotischen Störungen (> Problemkinder, Seite 348).

Geschwister von behinderten Kindern haben das gleiche Recht wie andere Kinder, ihren eigenen Entwicklungsweg zu gehen, mit allen Fehlern, Rückschlägen und Umwegen, die dazugehören. Eltern, die – unbewußt oder bewußt – erwarten, daß die gesunden Kinder die Mängel des Geschwisters ausgleichen, werden dem Kind nicht gerecht. Aber auch die, die ihre gesunden Kinder überängstlich behüten, schränken deren Entwicklungsraum ungebührlich ein.

Ganz gleich, wie alt die Geschwister sind – die Fragen nach Schuld und Strafe, die Angst, selbst so zu werden, bewegen auch sie. Um damit fertig zu werden, brauchen sie Eltern, die diese Gefühle ansprechen und sie über die Fakten aufklären. Solche Gespräche sind in den verschiedenen Entwicklungsstufen der Kinder immer wieder erneut notwendig. Die Kinder sollten über die Behinderung wissen:
● Worin liegt die Ursache?
● Können sie selbst oder ihre eigenen Kinder davon auch betroffen werden?
● Sind sie als Erwachsene verpflichtet, für das kranke Geschwister zu sorgen, wenn die Eltern es nicht mehr tun können?

Eltern, die sich damit allein überfordert fühlen, finden in Einrichtungen der Familienberatung oder -therapie Hilfe (> Beratung und Psychotherapie Seite 757).

Großeltern und andere Verwandte

Dieselben Fragen, die Eltern quälen, beschäftigen auch die Großeltern. Waren sie mit der Partnerwahl ihres Kindes von Anfang an nicht einverstanden, wird nicht selten die oder der Abgelehnte für das behinderte Kind verantwortlich gemacht. Während sich die einen von der jungen Familie abwenden, demonstrieren andere ihr »Bessersein«, indem sie das behinderte Kind besonders verwöhnen. An solchem Verhalten kann der schwelende Konflikt zwischen den beiden Paaren aufbrechen.

Nur wenn die Beziehung zwischen Alt und Jung geklärt ist, können Großeltern die Behindertenfamilie wirklich unterstützen. Übernehmen Großmutter und -vater verbindlich einen regelmäßigen Pflegeanteil, müssen sie miteinander klären, wie das in ihr Lebenskonzept paßt. Differenzen dabei können auch eine langdauernde Beziehung noch erschüttern.

Für das Alltagsleben brauchen Großeltern
● ebenso detaillierte Informationen über Art, Umfang und Umgang mit der Behinderung, wie die Eltern sie haben.
● klare Absprachen, denen alle Beteiligte zustimmen, ob sie regelmäßig einen Anteil an der Betreuung des Kindes übernehmen oder dann aushelfen, wenn die Eltern einmal eine Zeit ohne ihr Kind sein wollen.

LEBEN MIT DEM BEHINDERTEN KIND

Eltern, die ihr Sorgenkind vor dem Kontakt mit anderen Kindern bewahren oder von den SpielkameradInnen besondere Rücksichtnahme fordern, drängen ihr Kind in eine Außenseiterrolle und verbauen ihm die Chance, aus neuen Situationen zu lernen.
In der Begegnung mit der Umwelt hilft es Betroffenen und Fremden gleichermaßen, wenn die Eltern

- sich zum Anderssein dieses Kindes bekennen.
- offen und sachlich darüber sprechen.
- von sich aus auf andere zugehen und die Behinderung des Kindes ansprechen.

Geistige Behinderung und Sexualität

Die Sexualität geistig behinderter Menschen ist wohl das schrillste Tabu unserer Zeit. Seit Jahren wirken liberale BetreuerInnen darauf hin, behinderten Menschen ihr Recht auf Sexualität zuzugestehen. Die Fachwelt und mit ihnen die Eltern der betroffenen Menschen sind verunsichert. Der eine Teil mißbilligt jede Form der sexuellen Betätigung geistig Behinderter. Der andere Teil plädiert für einen geschützten Raum, wo sie die Möglichkeit bekommen, eine intime Beziehung aufzubauen und zu leben. Umstritten ist auch, ob die behinderten Männer und Frauen genügend Einfühlungsvermögen haben und aufeinander Rücksicht nehmen können. Doch geistig Behinderte suchen wie alle andern Menschen Zärtlichkeit und Körperkontakt. Und sicher können sie eine Paarbeziehung mit erotischer Komponente und Zärtlichkeiten eingehen.

Von wenigen Ausnahmen abgesehen verläuft die sexuelle Entwicklung bei geistig behinderten ebenso wie bei anderen jungen Menschen (> Entwicklung der Geschlechter, Seite 288). Die Vorstellung, ihr sexuelles Verhalten sei »schamloser«, »ungezügelter« als das anderer Jugendlicher, ist das Produkt ihrer behindernden Erziehung. Wenn das Alltagsleben diesen jungen Menschen viel zuwenig Gelegenheit gibt, Zuwendung zu erfahren, Spannungen auf- und wieder abzubauen – wie es in Heimen der Fall ist –, schaffen sie sich Ersatz bei und mit der einzigen Person, die ihnen uneingeschränkt zur Verfügung steht: sich selbst. Behinderte Jugendliche, die umsorgt und gestützt, aber nicht abgesondert heranwachsen dürfen, entwickeln ein deutlich ausgeprägtes Schamgefühl. Wenn sie in ihrem Verhalten die Grenzen zwischen privatem und öffentlichem Raum überschreiten, können Eltern darauf genauso reagieren wie bei ihren gesunden Kindern.

Geistig behinderte Jugendliche drücken ihre Emotionen meist ganz spontan und sehr viel direkter aus als andere Menschen. Wenn sie sich über etwas freuen, kann es sein, daß sie ihrer Begleiterin auf der Stelle um den Hals fallen. Solche offenen Gefühlsbekundungen sind den zuschauenden Menschen »fremd«; ihnen erscheint das Naheliegende und Direkte als ungewohnt und »anormal«.

Körperbehinderung und Sexualität

Die Probleme der Sexualität Körperbehinderter liegen im Anderssein ihres Körpers. Mit verkrüppelten Gliedmaßen Liebe zu geben und zu empfangen, scheint vielen schwer vorstellbar. Um so mehr sollten Eltern auch in dieser Hinsicht eine normale Entwicklung ihres Kindes fördern. Im Bereich der Sexualität gehört dazu, daß die Eltern es zum Beispiel bei den ersten Versuchen mit der Liebe nicht stören.

Empfängnisverhütung

Behinderte Teenager mit sexuellen Beziehungen zum anderen Geschlecht brauchen – wie andere Jugendliche auch – einen Schutz vor ungewollter Empfängnis. Dazu sind im Prinzip alle Methoden geeignet (> Empfängnisverhütung, Seite 298), die die beiden so sicher anwenden können, daß sie auf ihren Schutz vertrauen können.

LEBEN IN DER FAMILIE ODER AUSSERHALB?

Behinderte Säuglinge und Kleinkinder brauchen konstante Bezugspersonen, viel Körperkontakt und liebevolle Ansprache. Gerade in der Kindheit spielt die Familie eine immens wichtige Rolle. In ihrer Geborgenheit lernen die Kinder, das Vertrauen zu entwickeln, um mit anderen Menschen Kontakt aufnehmen und sich an sie binden zu können. Untersuchungen zeigen, daß geistig behinderte Kinder, die in der Familie aufwachsen, sozial reifer und intelligenter sind und nicht so häufig unter Verhaltensstörungen leiden wie Heimkinder.

Die Frage, ob das behinderte Kind außerhalb der Familie aufwachsen soll, stellt sich meist erst später. Sie weckt viele Gefühle und schlafende Konflikte. Sachargumente stehen im Vordergrund der Entscheidung. Doch immer ist sie auch durch innere Motive mitbestimmt, die den Handelnden oft nicht bewußt sind. Sie sollten es aber sein, damit Verdecktes nicht irgendwann das zum Scheitern bringt, was gut gedacht war. So kann sich hinter der Bereitschaft, sich selbstlos aufzuopfern, der Wunsch verbergen, dieses eine Kind ganz für sich haben zu wollen. Dessen Abhängigkeit gibt der Betreuerin oder dem Betreuer dann das Gefühl, unentbehrlich zu sein. Andererseits schützt die Begründung, das Kind sei im Heim besser betreut, davor, sich dem Wunsch zu stellen, nicht mehr so beschwert leben zu wollen.

Kontakte

Institutionen, die Hilfe vermitteln

Bundesarbeitsgemeinschaft Hilfe für Behinderte e.V.
KIRCHFELDSTRASSE 149
40215 DÜSSELDORF
TEL.: 0211/3100630

Österreichische Arbeitsgemeinschaft für Rehabilitation
BRIGITTENAUER LÄNDE 42
1200 WIEN
TEL.: 0222/336101

Das Ziel der Erziehung eines behinderten Kindes ist das gleiche wie das eines gesunden Kindes: so viel an Selbstbestimmung, Eigenverantwortung und Eigeninitiative wie möglich.

Fragenkatalog für Eltern, die ihr behindertes Kind zu Hause aufwachsen lassen wollen

Die Frage, ob das Kind in der Familie aufwächst oder außerhalb, kann auch eine Art Stufenplan sein, in dem das Alter des Kindes, der Grad seiner Behinderung und die Situation der Eltern den Ausschlag geben, die Bedingungen aber von Zeit zu Zeit überprüft werden.

● Erlauben es Alter und Gesundheit, das Kind bis zum Jugendalter zu begleiten?

● Wer trägt den Großteil der Arbeit?

● Wie ist die zusätzliche Arbeit zu schaffen?

● Wie verkraftet die- oder derjenige den Verzicht auf berufliches Fortkommen bzw. bezahlte Arbeit?

● Reicht die körperliche Kraft, um nicht nur das kleine, sondern auch das heranwachsende Kind zu umsorgen?

● Reichen die intellektuellen Fähigkeiten, um das Kind seinem Wesen entsprechend zu fördern? Die Lernfähigkeit eines geistig behinderten Kindes braucht ständig Anregung, Entwicklungsreize und Ermutigung.

● Reichen die finanziellen und organisatorischen Möglichkeiten? Es kann notwendig sein, medizinische und physiotherapeutische Einrichtungen oder Bildungseinrichtungen in Anspruch zu nehmen, die vom Wohnort der Familie weit entfernt sind. Dann muß entweder jemand das Kind ständig befördern, mit ihm eine Zeitlang die Familie verlassen, oder die ganze Familie zieht um.

● Ist die Partnerschaft so stabil, daß sie die Belastung verkraftet?

● Wer kann regelmäßig Verantwortung (mit) übernehmen?

● Wer wird für den behinderten Erwachsenen sorgen, wenn es die Eltern nicht mehr tun können, sie oder er aber nicht selbständig leben kann?

Als Alternative zur Betreuung von behinderten Kindern in der Familie ist eigentlich nur die betreute Wohngruppe akzeptabel. Dort leben die Kinder in kleiner Gruppe mit einer Betreuungsperson zusammen und besuchen Kindergarten und Schule wie gesunde Kinder auch. Sie erfahren Betreuung, Pflege und Förderung durch fachlich geschultes Personal, sind im Kontakt mit Gleichartigen und können von ihnen lernen: zum Beispiel selbständig essen, sich anziehen, angemessenen mit Gefühlen wie Trotz, Wut und Zuneigung umgehen.

Wer entscheidet?

Beim Abwägen und Überlegen müssen alle mithelfen, die zu dem behinderten Kind eine intensive Beziehung aufgebaut haben, auch die Geschwister. Entscheiden müssen jedoch diejenigen, die die Hauptlast der Verantwortung zu tragen haben.

Wenn die Geschwister des behinderten Kindes an dem Entscheidungsprozeß teilnehmen, können sie die sachlichen Gründe begreifen, warum die Schwester oder der Bruder nicht in der Familienwohnung bleibt. Wird ihnen das verwehrt, kann sich in ihnen die Angst aufbauen, sie selbst könnten eines Tages »verstoßen« werden, oder sie fühlen sich schuldig, daß das Geschwister weggegeben wird.

Auch das betroffene Kind selbst sollte im Umzug eine positive Möglichkeit sehen können. Es braucht einsehbare Gründe, warum es sich von der Familie trennen soll. Auch geistig behinderte Kinder verstehen Sätze wie die folgenden: »Du darfst in diese Gruppe, weil du dort Freunde findest.« »Immer wenn du zu uns kommst, hast du deinen Platz, der nur dir gehört.«

Anstalten

Sie kombinieren auf einem mehr oder minder geschlossenen Gelände Wohnmöglichkeit, Arbeits-plätze, Einrichtungen zur Ausbildung, Beschäftigung und Therapie miteinander.

In solchen »Heimen« werden immer noch behinderte Menschen untergebracht, weil es noch nicht genügend Plätze in betreuten Wohngruppen gibt. Doch dort fehlen ihnen Unterstützung und Anregung. Statt dessen werden ihnen alle Alltagstätigkeiten abgenommen, die zu lernen ihnen viel weiterhelfen würde.

Die Menschen dort leben von der Gesellschaft isoliert. Meist müssen sie Schlaf- und Wohnraum mit anderen teilen; sie haben keinen oder zu wenig Intimbereich. Die Behandlung ist auf Pflege ausgerichtet, weniger auf Förderung und Eingliederung.

Die Bilder von Kindern, die in solchen »Heimen« vor sich hinkümmern müssen, wecken Mitleid und vermitteln ein falsches Bild von ihren Möglichkeiten.

Pflegeheime

Pflegeheime sind vornehmlich auf die Betreuung alter, pflegebedürftiger Menschen ausgerichtet. Die vielen jungen behinderten Menschen, die dennoch in ihnen untergebracht sind, erfahren bei weitem nicht die Förderung, die sie brauchtes. Statt voranzutreiben, was möglich ist, ist die Betreuung in Pflegeheimen darauf ausgerichtet, zu bewahren, was ist.

Dorfgemeinschaften

Wohnung, Arbeit, Beschäftigung, Freizeitangebot und medizinisch-pflegerische Versorgung befinden sich innerhalb einer dörflichen Siedlung. Wie behinderte und nichtbehinderte BewohnerInnen dort zusammenleben, hängt wesentlich von den Wertvorstellungen der Trägergemeinschaften ab. So haben die der Anthroposophie Rudolf Steiners verbundenen »Camphill«-Dorfgemeinschaften familienähnliche Strukturen. Es gibt auch kibbuzähnliche Gemeinschaften.

Vorteil: Das Zusammenleben und gemeinsame

Arbeiten von Behinderten und Nichtbehinderten bereichert beide.

Nachteil: Die Dorfgemeinschaften isolieren die behinderten Menschen von der übrigen Gesellschaft in ähnlicher Weise wie die Anstalten. Die Wohn- und Lebensverhältnisse in den Dorfgemeinschaften sind zwar überschaubar, aber eher gleichförmig.

Wohnheime

Sie bieten den behinderten Menschen ein Zuhause, die an einem geschützten Arbeitsplatz tätig sind und nicht im Elternhaus bleiben können oder wollen. Um in ein Wohnheim aufgenommen zu werden, muß der behinderte Mensch in der Lage sein, sich weitgehend ohne Hilfe versorgen zu können. In Wohnheimen können sie oder er Kontakt zu Gleichartigen pflegen, und es bieten sich verschiedene Möglichkeiten, die Freizeit zu gestalten. Nachteilig ist die verstärkte Isolation und daß Kontakte zu den Gesunden fehlen.

Wohngruppen

In einer Wohngruppe leben drei bis acht behinderte Menschen zusammen. Wohnung oder Haus liegen in einer normalen Wohngegend und wurden durch einen Träger gemietet oder gekauft. Er organisiert auch die Betreuungs- und Hilfsdienste.

Die Gehandikapten gehen tagsüber zur Schule oder arbeiten und werden zu bestimmten Zeiten von BetreuerInnen versorgt. Dieses Konzept verlangt, daß die Wohngruppen-Mitglieder ein gewisses Maß an Selbständigkeit mitbringen.

Vorteile: Die behinderten BewohnerInnen erhalten die Möglichkeit zu nachbarschaftlichen Kontakten. Alltagsaktivitäten wie Einkaufen, Arztbesuche, Spaziergänge usw. finden in einer normalen Wohnumwelt statt. Die Erlebnis- und Erfahrungswelt der Behinderten gleicht sich der Nichtbehinderter an. Der enge Kontakt in der Gruppe hilft dem einzelnen, seine Grenzen und Möglichkeiten realistisch einzuschät-

zen. In der Wohngruppe erleben die BewohnerInnen wechselseitige Erfolge und Veränderungen in einem Klima sozialer Anerkennung und Geborgenheit.

Nachteil: Nicht behindertenspezifisch, aber dennoch ein Problem: Das Zusammenleben verschiedener Menschen unter einem Dach ist oft spannungsgeladen. Da die Gruppen aber kleiner sind als in »Heimen«, lassen sich die Probleme meist entschieden besser auffangen.

Wohngemeinschaften

In WGs schließen sich Personen freiwillig zusammen, die gemeinsam wohnen und ihren Hilfebedarf gemeinsam organisieren wollen. Es gibt Wohngemeinschaften nur mit behinderten Menschen und solche von Behinderten und Nichtbehinderten. Es existieren selbstorganisierte WGs und solche, die durch Trägerorganisationen initiiert und unterstützt werden.

Einzelwohnung

Die Einzelwohnung als Wohnstatt gewinnt für behinderte Menschen an Bedeutung, je besser ambulante Hilfsdienste funktionieren. Sie können von sozialen Diensten, Selbsthilfegruppen oder durch eine Trägerorganisation gestellt werden.

Vorteile: Ein selbständiges und selbstbestimmtes Leben wird möglich.

Nachteile: Wenn die unterstützenden Maßnahmen nicht ausreichen, können sich die BewohnerInnen allein fühlen. Dann fällt es ihnen zum Beispiel auch schwer, ihren Kultur- und Freizeitbereich zu gestalten.

Spezialwohnstätten

In Spezialwohnstätten (Herbergen) können behinderte Leute vorübergehend untergebracht werden, um Familien während der Ferien oder in Notsituationen zu entlasten. Hierzu gehören auch Internate mit begleitender Berufsförderung, Wohntrainingsangebote in speziellen Wohngruppen und Übergangsheime, die die BewohnerInnen auf das Leben in einer anderen Wohnstätte vorbereiten sollen.

KINDERGARTEN UND SCHULE FÜR BEHINDERTE KINDER

Wie die Zeit des Kindergartens und der Schule abläuft, entscheidet wesentlich über das zukünftige Leben eines behinderten Menschen.

Der Kindergarten kann dem behinderten Kind eine wohltuende Abwechslung zum Alltag in der Familie bringen. Es kann mit anderen Kindern spielen und hat Gelegenheit, Freundschaften zu schließen. Es lernt mit der Zeit auch, sich den Regeln des Kindergartens anzupassen. Für die Eltern bietet der Kindergartenbesuch jene Erholungspause, in der sie neue Energie tanken können.

In der Schule werden die Weichen für den späteren Beruf gestellt. Das Ziel sollte immer sein, die oder den Beeinträchtigten in einer Regelschule zu unterrichten. Dort können sie ihre soziale Integration vorantreiben und einen Abschluß erwerben, der ihnen reelle Chancen auf dem Arbeitsmarkt bietet.

Integrierte Kindergärten

In einem integrierten Kindergarten leben, spielen und lernen nichtbehinderte Kinder und solche mit verschiedenen Behinderungen gemeinsam (> Integrative Kindergärten, Seite 630). Um diese Aufgabe erfüllen zu können, sind die Einrichtungen behindertengerecht ausgestattet, und es gibt Fachkräfte

mit einer Ausbildung in Sonderpädagogik. Die Kinder können den ganzen Tag über dort bleiben.

Als Hilfe für die Betreuung von mehrfach behinderten Kindern gibt es Fachkräfte, die »fliegenden SonderkindergärtnerInnen«, die diese Gruppen regelmäßig besuchen.

Leider gibt es derzeit nur wenig integrierte Kindergärten. In Deutschland sind es etwa 160, in Österreich stehen nur wenige und die vornehmlich in Wien und Niederösterreich zur Verfügung.

Die Kosten für den Kindergartenbesuch müssen die Eltern selbst tragen. Eltern von behinderten Kindern bekommen jedoch eine Ermäßigung. Die Finanzierung der heilpädagogischen Betreuungsperson übernimmt die Sozialhilfe.

Sonderkindergärten

Gibt es keinen integrierten Kindergarten oder ist sein Besuch aufgrund der Behinderung nicht möglich, kann das Kind in einen Sonderkindergarten gehen. Auch dort wird es von geschultem Personal fachkundig betreut.

Nachteilig ist die Absonderung. Sie verhindert, daß das behinderte Kind frühzeitig Erfahrungen macht, die es braucht, um das normale Leben zu bewältigen. Außerdem liegen solche Sonderkindergärten nur selten in der Nähe des Wohnorts.

Für mehrfach behinderte Kinder ab drei Jahren stehen Sonderkindergärten zur Verfügung, in denen sie individuell betreut werden.

Den Besuch eines Sonderkindergartens finanziert normalerweise die Sozialhilfe.

Mobile SonderkindergärtnerInnen

Sie betreuen ein behindertes Kind halb- oder ganztägig zu Hause. Damit bleiben ihm die langen Reisen zu den Sonderkindergärten erspart. Nachteilig ist, daß das Kind keine Möglichkeit bekommt, Gleichaltrige kennenzulernen. Die Kosten müssen die Eltern übernehmen.

Integrierter Schulunterricht

Klassen, in denen behinderte und nichtbehinderte SchülerInnen gemeinsam unterrichtet werden, gibt es sowohl an Grund- (in Österreich Volks- und Hauptschulen) als auch an weiterführenden Schulen (> Klassen mit behinderten Kindern, Seite 657). Sie entstanden primär durch den unermüdlichen Einsatz von Elterninitiativen behinderter Kinder.

Am ehesten wurden bisher körperbehinderte SchülerInnen in eine Normalklasse aufgenommen. Aber auch der gemeinsame Unterricht mit seh- oder hörgeschädigten SchülerInnen wird forciert. Einige Schulen integrieren auch geistig behinderte Kinder in den Klassenverband – teilweise als Modellversuch, teilweise auch bereits regulär.

Die Entscheidung, ob ein Kind in eine solche Schule gehen darf, fällt ein Beratungsteam der Behörde gemeinsam mit LehrerInnen und den Eltern.

Vorteile:
● Die behinderten Sprößlinge lernen, sich trotz des Handikaps als Teil der Gesellschaft zu betrachten.
● Ihre Ausbildung unterscheidet sich nicht von der anderer. Das stärkt ihr Selbstvertrauen.
● Sie lernen, sich in die gesellschaftlichen Verhältnisse einzugliedern und sich in ihnen zurcchtzufinden.
● Der Abschluß einer Regelschule verbessert ihre Chancen auf einen Arbeitsplatz.

Nachteil:
● Individuelle Betreuung und Förderung hängen sehr davon ab, wie viele Kinder die StützlehrerInnen betreuen müssen.

Sonderschulen

Wenn keine Integrationsklassen bestehen, wird das Kind in eine Sonderschule eingeschult. Dieses sind Halb- oder Ganztagsschulen, teilweise mit angeschlossenem Internat. 1986 wurden in Deutschland über 250.000 behinderte SchülerInnen an Sonderschulen unterrichtet.

Wie lange die Schulpflicht an Sonderschulen dauert, regeln die einzelnen Bundesländer unterschiedlich. Zum Teil verlängern sie bei bestimmten Behinderungsarten die Schulpflicht in der Sonderschule um drei Jahre. In manchen Bundesländern sind es zwei Jahre mehr, als die normale Schulpflicht dauert, auf Elternwunsch noch ein weiteres Jahr. In aller Regel endet die Schulpflicht aber auch für behinderte SchülerInnen spätestens mit dem 21. Lebensjahr.

Vermag ein Kind dem Unterricht einer Sonderschule für schwerstbehinderte Kinder nicht zu folgen, kann es auf Antrag der Eltern oder des Schulleiters von der Schulpflicht befreit werden.

Kinder, die außerhalb der Regelschule unterrichtet wurden, können eine sogenannte Externistenprüfung ablegen. War sie erfolgreich, ist deren Zeugnis dem des entsprechenden Regelschultyps gleichgestellt.

Vorteile:
Die theoretischen Vorteile der Sonderschulen – in Sonderpädagogik ausgebildete LehrerInnen, geringe SchülerInnenzahlen, individuelle Förderung – realisiert die Praxis kaum je.

Nachteile:
● Die behinderten Kinder haben keine Möglichkeit, mit gesunden Kontakt zu knüpfen.
● Die Realität der Gesellschaft bleibt draußen vor der Tür.
● Ein Sonderschulabschluß ist keine gute Eintrittskarte ins Berufsleben.

FRÜHKINDLICHER AUTISMUS

Bei einem autistischen Kind ist die Fähigkeit, soziale Beziehungen einzugehen, stark gestört. Die

EIN UNGEWÖHN-LICHES KIND

»Mama, komm mal!« Dieser Ruf des sechsjährigen Markus war für seine Mutter der schönste Moment seit Jahren. Bedeutete er doch neue Hoffnung. Bisher verkroch sich der Blondschopf in der Zimmerecke, reihte seine Bausteine fein säuberlich hintereinander auf und nahm von Mutter und Vater keine Notiz. Auch heute sitzt er auf seiner Schaffelldecke, schaukelt hin und her und starrt auf seine Spielzeugreihe. Doch für seine Mutter ist es nun nur noch eine Frage der Zeit, bis Markus wieder ein »richtiges« Kind sein wird.

Als Baby plapperte ihr Sohn zwar nicht viel, wirkte aber zufrieden, lächelte und schmiegte sich an. Das änderte sich jedoch, als er etwa zehn Monate alt war. Markus bekam einen Teddybären geschenkt, den er mit lautem Schrei an den Ohren packte und auf die Erde warf. Markus konnte den Teddy nicht ausstehen. Immer, wenn er ihn sah, katapultierte er ihn mit Geheul an die Wand.

Gleichzeitig begann der Kleine, sich von seinen Eltern abzukapseln. »Es war, als ob er uns weder hören noch sehen könnte. Jeder Versuch, ihn mit Spielzeug zu beschäftigen, jedes zärtliche Streicheln quittierte Markus mit ohrenbetäubendem Gebrüll. Er verschwand, so schnell er konnte, in der Zimmerecke zu seinen bunten Bausteinen.« Wenn die Großen ihm etwas vorsagten oder Grimassen schnitten — Markus imitierte sie nicht, er ging nicht darauf ein.

Weder der Gang zum Hals-Nasen-Ohren-Spezialisten noch ein Sehtest erklärte den Eltern dieses ungewöhnliche Verhalten. Erst der Besuch bei einem Kinderpsychologen verschaffte Gewißheit: Markus ist Autist.

Für die Eltern war es ein Schock. »Wenn ich mit ihm sprach, nahm er mich einfach nicht wahr. Er sah mich zwar an, aber sein Blick war starr, er durchbohrte mich. Sein Gesicht blieb ebenso regungslos wie sein Körper. Er war so abweisend. Beim Essen bestand er lange Zeit auf Nudeln und Gemüsesuppe. Alles andere fegte er mit einer Handbewegung vom Tisch. Seine Bausteine mußten monatelang unverändert in der Ecke stehenbleiben. Ersetzte ich sie durch anderes Spielzeug, bekam er Tobsuchtsanfälle. Er schlug mit dem Kopf so lange gegen die Wand, bis die alten Bausteine wieder an ihrem Platz waren. Aber nicht, daß er mit ihnen gespielt hätte. Aufgereiht wie die Zinnsoldaten mußten sie sein und bleiben.«

Die Liebe seiner Eltern unterzog Markus einer harten Prüfung. Manchmal weigerte er sich halsstarrig, in den integrierten Kindergarten zu gehen. Mancher Einkauf im Supermarkt endete unerledigt, weil Markus schrie und wild um sich schlug. Ein Spaziergang konnte unbeschreiblichen Streß bedeuten, weil Markus nicht im Buggy sitzenblieb, sondern zu seinen Bausteinen in der Zimmerecke zurückwollte.

Dem hoffnungsspendenden ersten Satz von Markus folgte eine lange Zeit mühsamen Sich-verständigen-Lernens. Er sprach von sich als »Du«, wiederholte unaufhörlich dieselben Worte, begriff nicht, was man von ihm wollte. Endlos lange dauerte es, bis die Eltern mit Markus ein Gespräch führen konnten, bis er auf ihre Sätze und Gedanken einging. Noch heute wirkt seine Sprache eigenartig monoton.

Die zwanghaften Baustein- und Essensrituale hat Markus mittlerweile aufgegeben. Doch locker und unbeschwert, impulsiv und spontan ist sein Leben bei weitem nicht.

Zum Weiterlesen:

Birger Sellin: Ich will kein inmich mehr sein; Verlag Kiepenheuer & Witsch, 1993. Das Buch ist das eindrucksvolle Tagebuch eines 18jährigen autistischen Jungen.

Kinder scheinen völlig in ihrem Inneren eingemauert zu sein. Daß sie nichts von außen Kommendes erreicht, ist jedoch ein Irrtum. Einige erwachsene Autisten, die einen Weg gefunden haben, sich ihrer Umwelt mitzuteilen, geben davon Zeugnis, wie sehr sie darunter gelitten haben, die anderen wohl rufen zu hören, aber nicht mit ihnen in Kontakt treten zu können.

Ursachen

Frühkindlicher Autismus besteht von Geburt an oder beginnt in den ersten 30 Lebensmonaten. Warum ein Kind diese Beziehungsstörung entwickelt, ist noch unklar. Frühere Theorien, die die Ursache emotional kühlen, stark am Intellekt ausgerichteten Eltern zuschrieb, ließen sich nicht bestätigen. Autismus tritt in allen sozialen Schichten gleichermaßen auf.

Häufigkeit

Eines von fünftausend Kindern hat einen frühkindlichen Autismus. Davon sind dreimal mehr Knaben als Mädchen betroffen.

Behandlung

Die therapeutischen Bemühungen sollen autistischen Kindern vornehmlich Sprechen, Sich-Ausdrücken und Kommunizieren ermöglichen. Gelingt das, erweitert das ihre Möglichkeiten ungemein, mit ihren Mitmenschen in Kontakt zu treten und damit die Isolation in ihrem Inneren zu verlassen.

Bei speziellen TherapeutInnen lernen die Eltern diese Übungen, ihr Kind zur Kontaktaufnahme anzuregen. Die Übungen sind in winzige Lernschritte zerlegt, enthalten spielerische Elemente, und die Eltern müssen sie mehrmals täglich mit dem Kind durchführen.

Die ausgeprägte Aggression autistischer Kinder richtet sich gegen Sachen, oftmals aber auch gegen sich selbst. Psychotherapeutische Aktivitäten können helfen, diese Selbstverletzungen einzudämmen und ein insgesamt zerstörerisches Verhalten zu bessern. Ein Verfahren dafür ist die Festhaltetherapie. Mit ihr soll das Kind körperliche Nähe akzeptieren lernen. Die Meinung von TherapeutInnen zu dieser Behandlungsmethode, bei der auf die vehemente Gegenwehr des Kindes keine Rücksicht genommen wird, ist jedoch sehr unterschiedlich.

Wie bei allen anderen behinderten, ist auch bei autistischen Kindern die Behandlung so anzulegen, daß das Kind weiterhin in seiner Familie leben kann.

BLINDHEIT

In der medizinischen Definition trennt der »Sehschärfewert« diejenigen, die gut sehen können, von denen, die es nicht können. Ein Sehgeschädigter mit einer Sehschärfe von 5/15 sieht im Abstand von fünf Metern das, was ein Normalsichtiger in 15 Metern Entfernung erkennt. 5/15 gilt als kritischer Wert. Sieht jemand schlechter, spricht man von einer Sehbehinderung bzw. Sehstörung. Liegt der Sehschärfewert bei 1/20, spricht man von einer hochgradigen Sehbehinderung bzw. »praktischer Blindheit«. Bei einem Sehschärfewert von 1/50 beginnt die Blindheit, bei der manche Menschen aber noch Hell-Dunkel-Unterschiede wahrnehmen können.

Ursachen

Verschiedene angeborene Fehlbildungen im Auge bzw. der Sehnerven können zur Blindheit führen.

Häufigkeit

Etwas mehr als 6.000 Deutsche sind von Geburt an blind.

Konsequenzen

Nicht sehen zu können wirkt sich auf die Gehirnregionen aus, die die Bewegungsabläufe und das Gleichgewicht steuern (> Körperliche Entwicklung-Augen, Seite 252). Die fehlende Sicht des Raumes gleichen Blinde durch Wahrnehmungen aus, die ihnen ihre anderen, häufig exzellent geschulten Sinne vermitteln. Daraus resultiert mit der Zeit eine den Normalsichtigen eigenartig anmutende Form, sich zu bewegen.

Störungen im Stoffwechsel, Wachstum und beim Schlaf beruhen ebenfalls auf den fehlenden Lichtreizen. Sie sind notwendig, um die Produktion bestimmter Botenstoffe und Hormone im Gehirn anzuregen.

Behandlung

Hausfrühbetreuung: Ausgebildete Kräfte kommen regelmäßig ins Haus und helfen den Eltern, ihre Kinder sehbehindertenspezifisch zu erziehen. Zunächst soll das Kind lernen, sich in seinem unmittelbaren Wohn- und Spielbereich zurechtzufinden. Später wird der Erfahrungsraum auf die weitere Umgebung ausgedehnt.

Diese Betreuung umfaßt aber noch mehr. Sie soll den Eltern helfen, das Problem »Wir haben ein sehbehindertes Kind« als solches zu bewältigen und Förderungs- und Entwicklungsmöglichkeiten auch für die Zukunft aufzeigen.

Kindergarten: Die Entwicklung blinder Kinder kann bis zum Kindergartenalter etwas langsamer verlaufen sein als bei solchen, die gut sehen können. Trotzdem sollten sie nach Möglichkeit einen normalen Kindergarten besuchen (> Seite 630).

Blindenschule: Diese Sonderschulen vermitteln einerseits Wissen, trainieren andererseits aber auch die Mobilität des Kindes. Es lernt, trotz der Behinderung mit Hilfsmitteln allein seine Wege zu gehen, sich zu versorgen, Sport zu treiben und seine Freizeit zu gestalten.

DAS KÖNNEN ELTERN TUN

● Schulung des verbliebenen Sehrests: Die Kinder bekommen Dias mit großen, intensiv leuchtenden Formen gezeigt, die farblich kontrastieren (z.B. rot-grün). In einen dunklen Raum wird ein heller Lichtkreis projiziert. Nun muß das Kind mit dem Lichtstrahl einer Taschenlampe den Lichtkreis nachzeichnen.

● Schulung der restlichen Sinne: Bewußtes Riechen, Hören, Tasten und Schmecken vermitteln dem Kind Eigenschaften seiner Umwelt.

Tasten: Das Kind soll den Inhalt von Beuteln erraten, in denen sich unterschiedliche Materialien (Reis, Sand) verbergen. Perlen auf Schnüre auffädeln. Steckspiele.

Riechen: Verschiedene Gerüche identifizieren.

Schmecken: Speisen immer wieder gering in ihrem Geschmack verändern. Die Veränderungen besprechen.

Hören: Das Kind soll aus den Geräuschen erraten, was die Personen im Haushalt gerade tun.

Auch ohne Sichtkontrolle kann jedes Kind lernen, sich selbst an- und auszuziehen, zu essen und seinen Körper zu pflegen.

● Blinde Kinder lernen ohne Mühe sprechen. Doch es ist notwendig, daß die Eltern immer den Gegenstand und die dazugehörigen Worte mit einer Sinneserfahrung verbinden, zum Beispiel indem sie über Form, Gewicht, Geruch und Geschmack einer Zitrone erzählen und das Kind das alles an der Frucht fühlen, riechen und schmecken lassen.

DIE AUTORINNEN UND AUTOREN

ANDREA ERNST,

Jahrgang 1957; Studium der Soziologie in Wien. Seit 1985 freie Sozialwissenschaftlerin und Journalistin u. a. für die »Brigitte«, den Westdeutschen Rundfunk und die Stiftung Warentest. Mitautorin der Bücher »Gift-Grün – Chemie in der Landwirtschaft« (1986), Sozialstaat Österreich – bei Bedarf geschlossen (1987), »Schlucken und Schweigen – wie Arzneimittel Frauen zerstören können« (1988), »Kursbuch Gesundheit« (1990), »Kinder Report – wie Kinder in Deutschland leben« (1991).

Lebt in Köln und Wien. Ihr Partner ist geschieden und hat einen 15jährigen Sohn, der seine Freizeit teilweise bei der Mutter, teils beim Vater verbringt.

VERA HERBST,

Jahrgang 1949; Studium der Pharmazie in Braunschweig, Arbeit als Apothekerin. Seit 1986 freie Autorin und Journalistin u. a. für die Stiftung Warentest und den österreichischen Verein für Konsumenteninformation. Mitherausgeberin des Lehrbuches »Der pharmazeutisch-technische Assistent«, Mitautorin der Bücher »Kursbuch Gesundheit« (1990), »Die andere Medizin« (1991), Autorin von »Unsern Kindern helfen« (1991).

Lebt in Wien. Ihre beiden Töchter (16 und 18 Jahre) lebten sechs Jahre gemeinsam mit den Eltern, dann fünf Jahre bei der Mutter und anschließend beim Vater.

KURT LANGBEIN,

Jahrgang 1953; Studium der Soziologie in Wien. 1979–1989 beim Österreichischen Rundfunk als Magazin-Journalist und Dokumentarfilmer, dann Leiter des Inlands-Ressorts beim Wiener Wochenmagazin »profil«, seit 1992 freiberuflicher Autor und Journalist u. a. für die Hamburger Wochenzeitschrift »Die Woche«, für das »profil« und für SAT 1. Mitautor der Bücher »Gesunde Geschäfte« (1981), »Bittere Pillen« (Erstausgabe 1983, Neuauflage 1993), »Gift-Grün – Chemie in der Landwirtschaft« (1986), »Sozialstaat Österreich – bei Bedarf geschlossen« (1987), »Kursbuch Gesundheit« (1990), »Land der Sinne – Liebe, Sex und Partnerschaft in Österreich« (1991).

Lebt mit seiner Partnerin und dem gemeinsamen sechsjährigen Sohn in Wien. Die Partnerin ist geschieden, die zwei Kinder aus ihrer Ehe sind bereits erwachsen.

CHRISTIAN SKALNIK,

Jahrgang 1963, Studium der Publizistik in Wien. 1987 bis 1992 Redakteur im Inlands-Ressort beim Wiener Wochenmagazin »profil«. Seit 1992 freier Autor und Journalist u. a. für die Hamburger Wochenzeitschrift »Die Woche«, für das »profil« und für SAT 1.

Lebt mit seinem einjährigen Sohn und dessen Mutter in Wien. Die Partnerin ist geschieden, der siebenjährige Sohn aus ihrer Ehe lebt bei ihnen.

DETLEF KERSTEN,

1948 in Berlin geboren, studierte Grafik-Design (bei Professor Jürgen Spohn) an der Hochschule der Künste in Berlin. Seit 1975 lebt und arbeitet er in der Nähe von Hannover. Als Autor und Illustrator hat er zahlreiche Bilderbücher veröffentlicht und als Cartoonist und Zeichner an über 50 Buchveröffentlichungen mitgearbeitet.

Detlef Kersten arbeitet als Redakteur bei einer Eltern- und Kinderzeitschrift (»spielen + lernen«), wo er für die Gestaltung verantwortlich ist.

EITEL SCHWARZER,

Jahrgang 1943, Studium der Malerei und Kunstgeschichte in Köln, freier Maler mit eigenen Ausstellungen. Daneben Arbeiten auf dem Gebiet der Grafik und Werbung. Illustration von Sachbüchern, u. a. 1990 das »Kursbuch Gesundheit«. Eitel Schwarzer lebt in Köln.